절반의 중국사

절반의 중국사

한족과 소수민족, 그 얽힘의 역사

가오훙레이 지음 | 김선자 옮김

메디치

일러두기

1. 이 책은 高洪雷,《另一半中國史》(文化藝術出版社, 2010)를 완역한 것이다.
2. 이 책에 나오는 과거 중국 인명과 지명은 우리 한자음 표기를 원칙으로 했고, 오늘날의 경우
　　중국어 발음으로 표기했다.
3. 중국어 발음 표기는 국립국어원의 외래어표기법을 따랐다.
4. 몽골, 튀르크, 티베트 등 중국 이외의 인명과 지명은 해당 지역의 발음에 가깝게 표기했다.
5. 원서의 주석은 각주로, 옮긴이 주석은 미주로 구분했다.
6. 각 세기별 형세도는 내용 이해를 돕기 위해 민족들의 개략적인 위치를 표시했다.
7. 본문의 사진은 모두 옮긴이가 제공했다.

들어가는 말

지금까지 우리가 '중국사'라고 불러온 것은 반쪽짜리 중국사이다. 역사학자 대부분은 중원 왕조의 흥망성쇠만 기록하고 여러 소수민족[1]에 대해서는 아주 가끔씩만 언급해왔다. 즉 중원 왕조와 얽힌 관계 때문에 어쩔 수 없이 살짝 짚고 넘어가는 정도에 불과했던 것이다. 그들에 관한 사료가 부족한 상황에서 중국의 변경에 위치했던 소수민족의 역사를 전문적으로 다룬다는 것은 '정통' 역사학자들과 힘을 겨룬다는 것을 의미하고, 그것은 초등학생이 책상에 앉아 심오한 진리가 들어 있는 《주역周易》을 읽는 것만큼이나 어려운 일이다. 그러나 나는 절대 후회하지 않는다.

지난 여러 해 동안 많은 젊은이들이 내게 물었다.

"오손이나 월지, 누란 같은 실크로드의 오아시스 왕국들은 어떻게 해서 사라졌나요? 이글거리는 태양과 같았던 흉노나 유연, 돌궐 등의 초원제국은 어째서 그리도 아득하게 사라져버린 걸까요? 중원에서 각축을 벌였던 선비나 갈, 저, 강 같은 유목민족은 어떻게 한족과 융합된 건가요? 그리고 월이나 야랑, 남조, 대리국같이 별처럼 빛나던 남방의 여러 왕조에는 왜 후손이 없는 건가요?"

그때부터 나는 먼지가 뽀얗게 덮인 각 민족의 궁전으로 들어가기 시작했다. 그리고 누렇게 변한 고대의 책들을 뒤적이기 시작했고, 온갖 고생을 하며 유목부락의 신비로운 자취를 찾아다니기 시작했다. 그리고 마침내

40여만 자에 달하는 중국 소수민족 역사 이야기를 쓰기 시작했다.

이 책에는 단대사斷代史가 담고 있는 웅대함은 없다. 또한 편년사編年史의 치밀함도 없다. 이 책은 그저 역사라는 강물에서 찰랑거리는 소리를 내며 흘러갔던 변방 민족에 관한 이야기일 뿐이다. 내가 독자들에게 들려드리는 이 이야기들은 이미 일어났던 사건들이고 또한 다른 사람들이 이미 언급했던 이야기일 수도 있다. 조금 다른 점이 있다면 기원을 찾으려는 나의 노력을 통해 모호했던 각 민족의 기원이 조금 더 명확해졌다는 것, 자료 정리를 통해 사라졌던 민족 기억이 계통을 찾았다는 것, 분석적 사유를 통해 단조롭고 재미없던 역사적 사건이 살아 있는 것처럼 느껴진다는 것, 아마 그 정도일 것이다. 이 책에 대해 관심을 갖고 읽는 독자라면 현재 중국에서 살고 있는 수십여 개의 소수민족이 어디서부터 시작됐는지, 조금이라도 답을 찾을 수 있을 것이다.

그러면 이제 '진의 밝은 달, 한의 관문秦時明月漢時關'(본문 45쪽 참조)을 넘어 매가 날아오르고 준마가 치달리며 천막집들이 점점이 자리 잡고 있는 거친 사막, 즉 중국의 첫 번째 '호인胡人'의 정신적 고향으로 들어가보자.

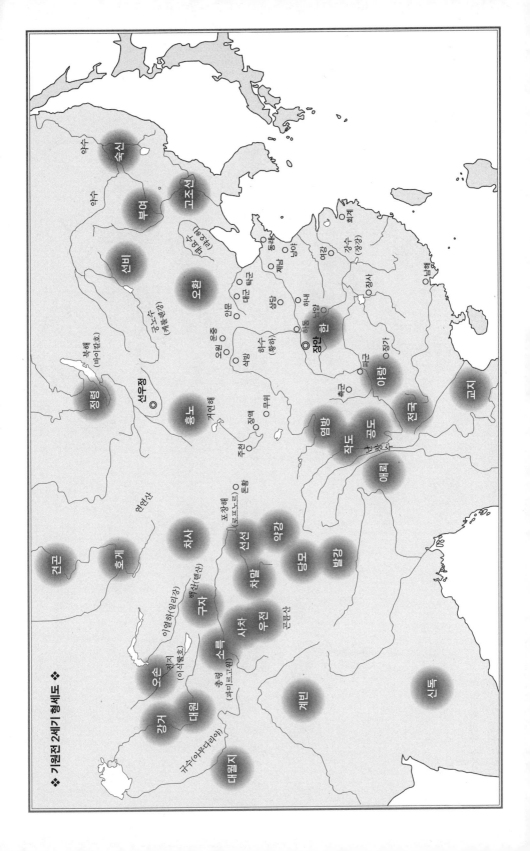

❖ 기원전 2세기 형세도 ❖

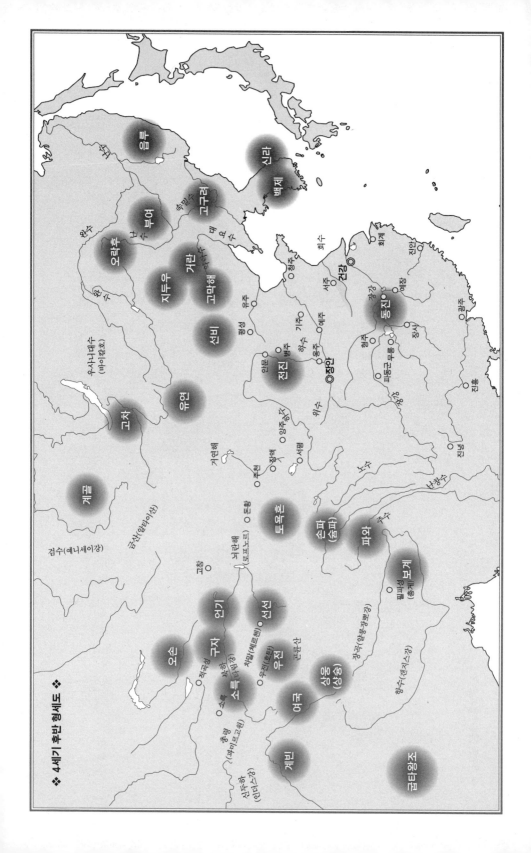

❖ 4세기 후반 형세도 ❖

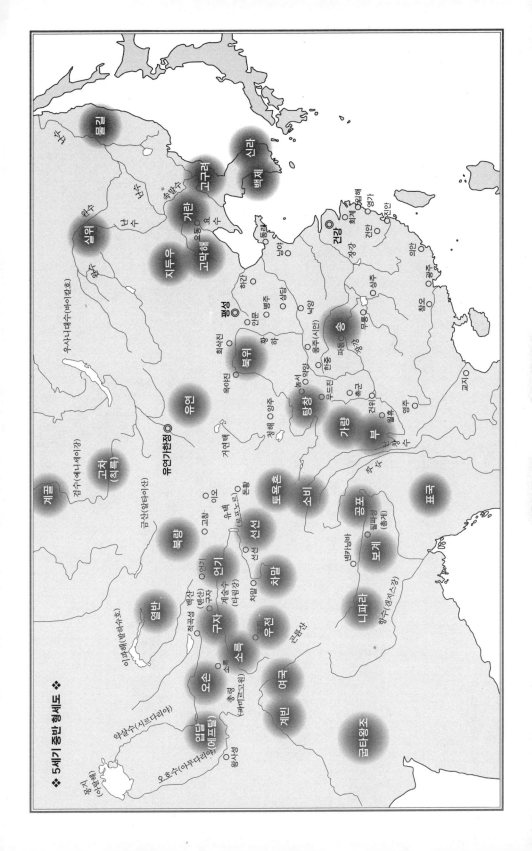

❖ 5세기 중반 형세도 ❖

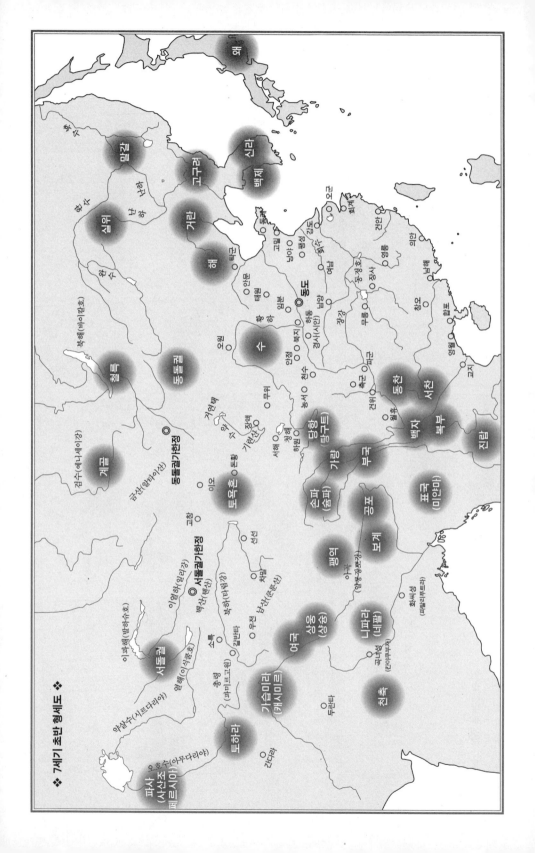

❖ 7세기 초반 형세도 ❖

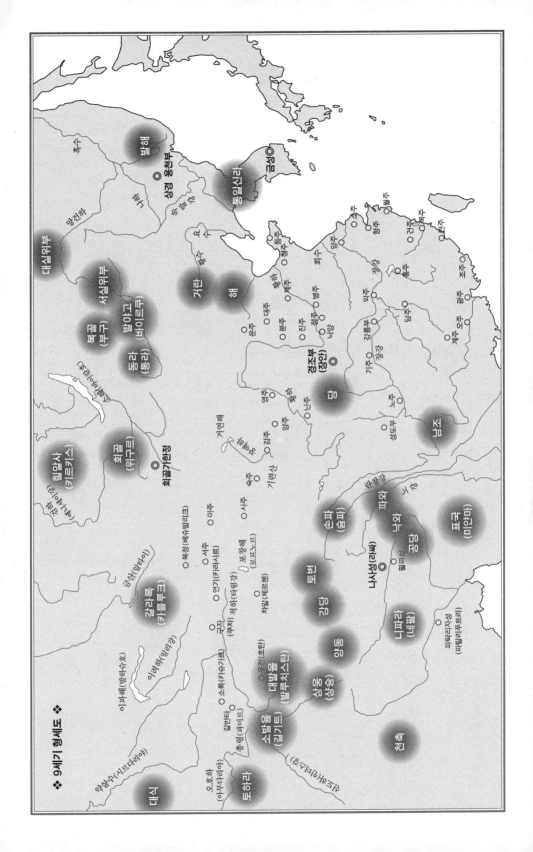

❖ 9세기 형세도 ❖

대식

토하라

약살수(시르다리야)

오호하(아무다리야)

톳령(과미르)

갈반타

소륵(카슈가르)

이려하(일리강)

이오케(반수호)

금산(알타이)

쿠차

언기(카라샤르)

서주

북정(베슈발리크)

티베트(토번)

전축

소발률(길기트)

대발률(발루치스탄)

우전(호탄)

차말(체르첸)

저하(타림강)

상웅(샹슝)

동여

니파라(네팔)

파탈리자성(파탈리푸트라)

강담

토번

나사성(라싸)

팔파성

곤당

니와

표국(미얀마)

순파(슘파)

파와

랸창강

노강

기련산

거연해

회골가한정

회골(위구르)

힐알사(키르키스)

금수(일티시)

카를룩(카를루크)

동라(통라)

발야고(바이르쿠)

복골(부구)

서설위부

대설위부

돌궐

말갈하

연락수

요수

황수

거란

해

제주

안주

단주

영주

영주

황하

황하

영주

대주

분주

진주

낙양

당

경조부(장안)

노주

성도부

남조

검주

장강

양주

초주

황하

남주

아주

수주

융주

공주

조주

광주

담주

제주

오주

검주

정강

이주

무주

항주

월주

소주

복주

건주

천주

천주

발해

상경 용천부

송화강

압록강

두만강

금성

통일신라

축수

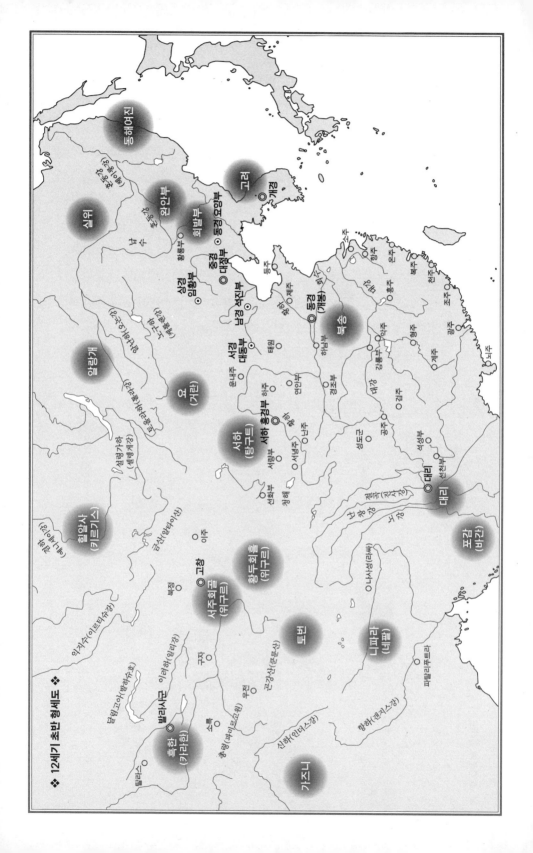

❖ 12세기 초반 형세도 ❖

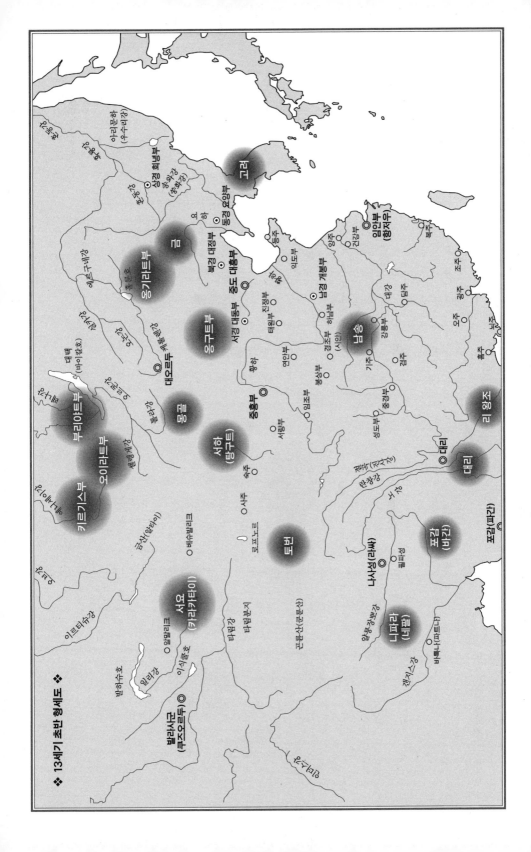

❖ 13세기 초반 형세도 ❖

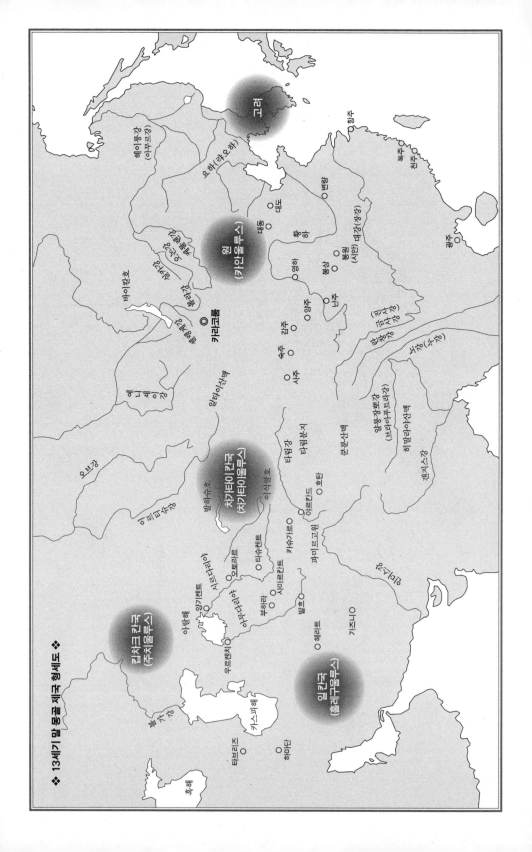

❖ 13세기 말 몽골 제국 형세도 ❖

고려

헤이룽강
(아무르강)

요하(랴오허)

원
(카안울루스)

대도

메두

황하

변량

항저우

복주

취안저우

광저우

봉상 (시안 다징허(창장))

우르군강
몽골 울루스

임황

엽하

단주

쿰주

앙주

룬산산맥

바이칼호

카라코룸

숙주

서주

(진사 강)
진사 강

란창 강

난창 (난장)

에니세이 강

알타이산맥

오브 강

발하슈호

이시쿨호

타림강

타림분지

알룽장푸강
(브라마푸트라강)

히말라야산맥

갠지스강

차가타이한국
(차가타이울루스)

이르티슈강

이시쿨호

카라코룸

아르칸드

호탄

파미르고원

인더스강

킵차크한국
(주치울루스)

이길

앙기켄트

시드나리야

오트라르

타슈켄트

카스피 해

아무다리야

사마르칸트

부하라

발흐

헤라트

일한국
(훌레구울루스)

가즈니

티브리즈

하마단

우르겐치

볼가 강

흑해

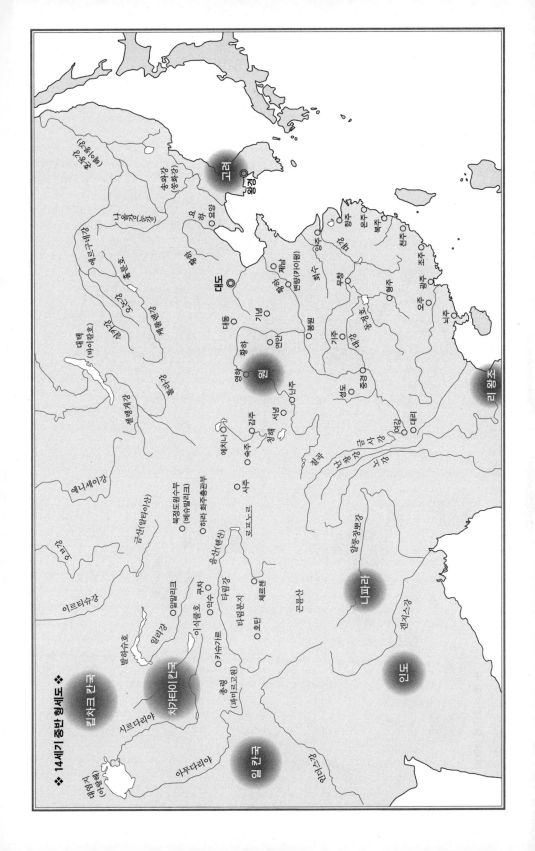

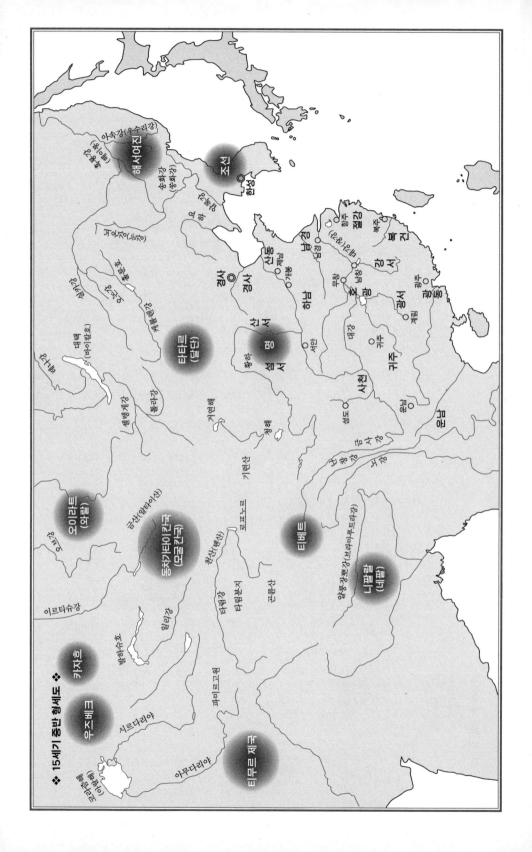

❖ 15세기 종반 형세도 ❖

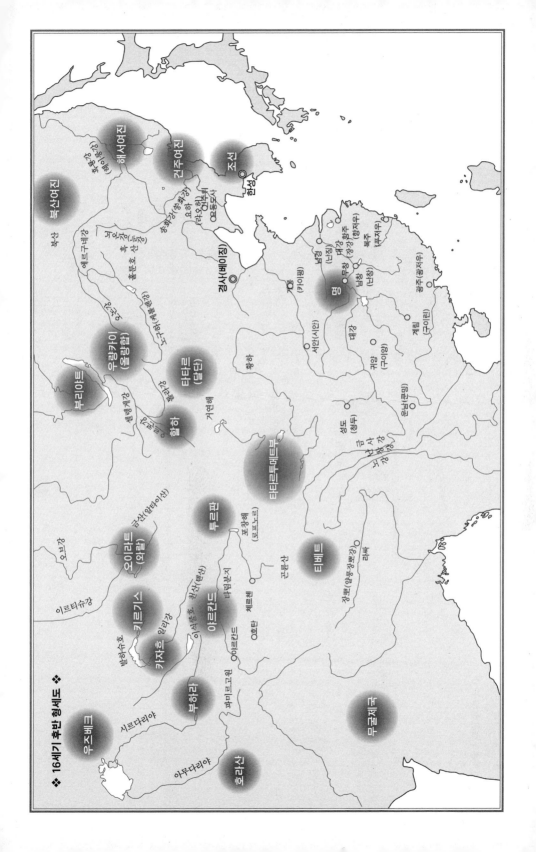

❖ 16세기 후반 형세도 ❖

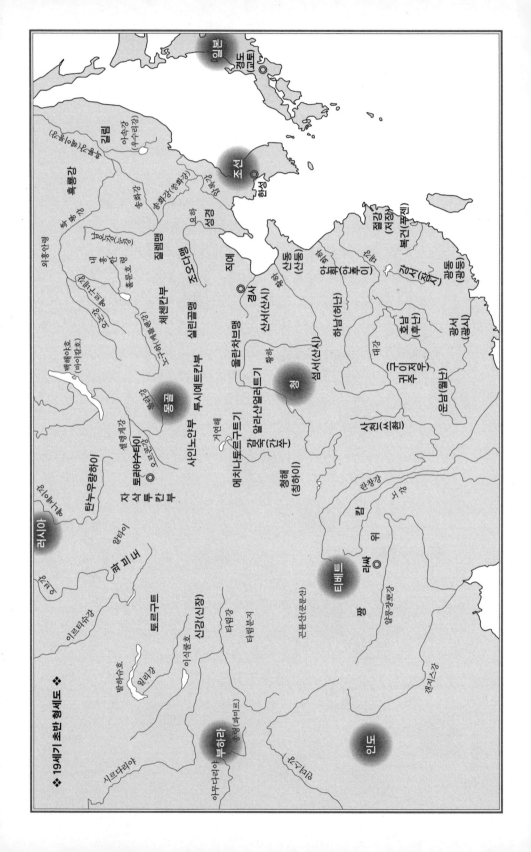

❖ 19세기 초반 형세도 ❖

차례

제7장 거란

제8장 말갈

제9장 강

제10장 토번

제1장

흉노

匈奴

왜 '호'라고 불렀는가?

이것은 진시황의 출생에 관한 문제만큼이나 오래된 의문이다. 하지만 믿을 만한 말에는 기교가 없고 좋은 물에는 아무런 향기가 없듯, 그 답안은 신비롭거나 낭만적이지 않으며 복잡하지도 않다. 수수께끼를 풀려면 그들이 살았던 지리 환경과 그에 상응하는 민족 심리부터 살펴봐야 한다.

　오늘날의 내몽골 오르도스와 다칭산大靑山 일대에서 일어난 흉노匈奴는 전형적인 유목민족[1]이었다. 그들은 비옥한 풀이 자라는 곳을 찾아 계절에 따라 이동했다. 수시로 새로운 땅을 찾아서 이동하는 생활은 흉노 전체가 유격전에 강해지도록 만들었다.

　더욱 무시무시한 것은 흉노 군단이 전리품을 국고에 귀속시키지 않았다는 점이다. 전쟁이 나기만 하면 전쟁 포로는 잡아온 자의 노예가 되었고, 약탈해온 재물은 빼앗아온 자의 소유가 되었다. 게다가 적의 머리 하나를 베면 술 한 동이가 상으로 내려왔다. 이는 흉노의 말 탄 전사들이 전쟁에 용맹스럽게 참여하도록 독려하는 불쏘시개 역할을 했을뿐더러 전쟁의 지속적인 동력이 되었다. 그래서 흉노 사람에게는 사람을 죽이고 술을 퍼마시는 것이 인생의 즐거움이었다. 말하자면 말 위에서 이어지는 생활에는 아주 단순한 두 가지 일만 있었다. 하나는 채찍을 휘두르면서 유목을 하는 것, 다른 하나는 칼을 휘두르면서 사람을 죽이는 것이다. 유목은 물질적 수요를 만족시켜주었으며 사람을 죽이는 데서 정신적 즐거움을 누렸다.[2]

또한 연 강수량 400밀리미터를 기준으로 만주의 대싱안링大興安嶺산맥[3]부터 내몽골의 인산陰山산맥, 닝샤후이족자치구의 허란산賀蘭山,[4] 티베트 서부의 캉 린포체산岡底斯山[5]을 따라 동북쪽에서 서남쪽에 이르는 선은 계절풍 지역(여름 계절풍 영향을 받는 지역)과 비계절풍 지역을 구분한다. 이 역시 흉노에 가혹하게 작용한 요소였다. 계절풍 지역의 평균 강수량은 400 밀리미터 이상으로 농사를 짓기에 적당하다. 그러나 비계절풍 지역은 대륙성온대기후에 속해 건조하고 바람이 많이 불어 유목을 할 수밖에 없다. 기후가 건조하고 목초가 말라가는 계절에 비계절풍 지역에 사는 말 위의 약탈자들이, 반 년 동안 농사를 지으며 먹을 것을 쌓아놓은 계절풍 지역의 농경민을 습격하는 것은 필연적이었다.

가끔씩 치고 내려오던 횟수가 점차 늘어나면서 전쟁으로 확대되었다. 자기 것을 지키려는 농경민은 복수를 시도했고, 때로 먼저 전면적인 전쟁을 벌이기도 했다. 이렇게 새외塞外의 유목민과 관내關內의 농민이 장성長城을 따라 2천여 년에 걸쳐 피비린내 나는 전쟁을 하기 시작한 것이다. 초원민족이 풍족하게 먹고살 수 있었다면, 무엇하러 생명의 위험을 무릅쓰고 드높은 악명을 감수하면서까지 다른 사람의 땅에 침입해 재물을 빼앗아가려 했겠는가?

'어쩔 수 없'는 이유로 초원민족은 천년 이상의 세월 동안 중원 민족에게 비하와 멸시를 당했다. 문자를 발명했으며 역사 편찬의 권리를 갖고 있었던 중원의 관료와 문인은 초원민족에 모욕적인 이름을 붙였다. 이민족을 호칭하는 데 대부분 '견犭'자가 붙은 것이 가장 확실한 증거이다.

흉노는 고대의 중국 사서에서 '훈육葷粥'이라고 불렸다. 경계를 넘어와서 노략질을 하던 그들이 중원 민족의 우두머리인 황제黃帝에 의해 황량한 초원으로 쫓겨났다고 해서 상대商代에는 '귀방鬼方'이라 불렸다. 후에 서주西周의 역사가들은 그들을 '험윤玁狁'이라고 불렀다. 주 무왕이 군대를 이끌고 황하를 넘어 조가朝歌로 진군할 무렵, 험윤이 허를 찌르고 관중關中으로 들어와 주가 남긴 권력의 공백을 잠시 메운 적이 있었다. 하지만 몇 년 후 주 선왕宣王이 대장 윤길보尹吉甫를 보내 험윤을 내쫓았다. 그 후 저氐, 강羌과 함께 '융적戎狄'이라 불렸다. 전국시대가 되어서야 비로소 사람들에게 공포감을 불러일으키는 명칭인 '흉노'라고 불리기 시작했다.[6]

중원 사람들은 흉노가 귀찮게 구는 것을 더는 참을 수 없었다. 그래서 진한秦漢 시기에는 더욱 강한 멸시의 의미를 넣어 '호胡'라고 부르기 시작했다. 그들뿐 아니라 한나라 주변에 있던 다른 민족도 덩달아 미움을 받아, 흉노의 동쪽에 사는 오환烏桓과 선비鮮卑 부락은 동호東胡, 흉노의 서쪽에 사는 서역 오아시스 민족은 서호西胡라고 불렸다. 이후 한족漢族 사람들은 서방과 북방의 유목민족을 '호인'이라 통칭했다.

만리장성

전국시대가 되자 흉노는 조趙와 진秦 북부에, 동호는 연燕 북부에 자주 출몰하기 시작했다. 이때부터 중원 왕조의 흥망성쇠는 한족만의 닫힌 무대에서 이루어질 수 없었다. 그들은 서로 대치하고 충돌하고 융합해가면서 무대에서 이루어지는 '이야기'를 변화시켜갔다.

호인을 추격하거나 막아내기란 여간 어려운 일이 아니었다. 그 자취를 쫓아다니는 것이 그리 녹록치 않았던 것이다. 그때 누군가가 한 가지 제안을 내놨다. 중원의 수도에 만들어놓은 것 같은 성벽을 국경선에 만들면 어떻겠냐는 것이었다.

이 제안은 조정과 민간을 막론하고 시끄럽게 만들었다. 1만 리에 달하는 국경선에 성벽을 만든다니, 그야말로 기상천외하고도 불가사의한 생각이었다. 왕은 국가의 안전과 백성의 평화를 위해 성을 쌓기로 결정했다. 더 나은 다른 방도가 없었던 것이다. 그리하여 연 소왕昭王, 조 무령왕武靈王, 진 소왕昭王이 각각 구간을 나누어 성을 쌓기 시작했다.

"이건 단순한 성벽이 아니야. 그야말로 하나의 길고 긴 '장성'이구먼!"

누군가가 탄성을 질렀고, 사람들이 이에 호응하면서 마침내 '장성'이라는 멋진 이름이 탄생했다.

흉노는 농경민이 자신들을 두려워하는 것을 보면서 갈수록 더 기고만장했다. 이 점을 이용한 사람이 바로 이목李牧이라는 조나라 장군이다. 이목은 먼저 정찰병을 보내 흉노의 상황을 살피게 했다. 흉노 진영에 어떤 움직임이 보이면 그들은 즉시 봉수대에 연기를 피워 올렸다. 봉수대에 연기가 올라오는 것을 보면 군인과 백성들은 재빠르게 물품을 챙겨 말을 끌고 견고한 성루 안으로 들어갔다. 몇 년 동안 그렇게 도망치기만 하니 조 군대에는 어떠한 피해도 없었고 흉노 역시 아무것도 얻는 것이 없었다. 이 상황이 반복되자 흉노는 이목을 겁쟁이라고 여겨 더욱 거침없이 군대를 보내 습격했다. 흉노가 그렇게 하는 동안 조 군대는 아무도 모르게 조용히 힘을 길렀다. 그렇게 많은 시간이 흘러갔다. 잘 먹기만 하고 힘을 쓸 일이 없으니 조 병사들의 손이 근질거렸고, 마침내 자발적으로 출정하게 해달라고 요청하기에 이르렀다. 그들은 팽팽하게 당겨진 활시위 같았다.

사실 이목은 몇 년에 걸쳐 전차 1,300승乘, 잘 조련된 말 1만 3천 필, 용사 5만 명, 사수 10만 명을 준비해 몰래 훈련하고 있었다. 또한 국경 주민으로 하여금 아무 일도 없다는 듯이 목축을 하도록 하는 용의주도함을 보였다. 흉노가 보기에 전쟁 준비는 낌새조차 찾을 수 없었다. 실제로 적은 병력으로 침입해도 조 군대는 바로 무너져버렸고, 수천 명의 주민이 흉노에 포로로 잡혀가곤 했다.

이런 달콤한 승리에 취해 흉노는 결국 조나라를 얕잡아 보고, 대규모 병력을 일으켜 침범하고자 결심했다. 얼마 지나지 않아 흉노의 우두머리가 친히 대규모 군대를 이끌고 조나라 국경으로 치고 내려왔다.

가을날의 안문관雁門關[7]은 드넓은 들판에 쪼그리고 앉은 노인이 꾸벅꾸벅 졸고 있는 것 같은 한가한 모습이었다. 농민 몇 명만이 무심한 표정으로 들판에서 일하고 있었다. 겉으로 보기엔 마냥 평화로워 보였다. 하지만 안문관의 대로 양옆에는 무기를 든 조나라 병사 20만 명이 매복한 채 흉노가 넘어오기를 기다리고 있었다.

마침내 흉노 병사들이 정해진 지점으로 들어온 순간, 이목의 복병들이 양쪽에서 벌 떼처럼 쏟아져 나왔다. 이전까지 비겁한 겁쟁이로 보였던 조 군사가 갑자기 용맹스런 군대가 되어 치고 나오니 흉노의 10만 철기군은 순식간에 섬멸되고 말았다. 흉노의 우두머리는 소수의 친위대를 이끌고 황망히 후퇴했고, 팔다리가 잘린 흉노 병사의 시신만이 황량한 요새에 흩어져 차가운 가을바람에 말라갔다.

이후 장성을 지키는 병사의 수염이 하얗게 변할 만큼 오랜 세월이 흐른 뒤에도 안문관에서는 흉노의 그림자조차 볼 수 없었다.

진시황 26년(기원전 221), 진이 6국을 통일하기로 마음먹고 최후의 결전을 치를 무렵에 흉노의 기마병이 바람처럼 변방의 요새에 나타났다. 그들은 선우單于 두만頭曼이 이끄는 병사로서 원래 조나라에 속해 있던 오르도스(하투河套) 이남 지역을 기습 공격해 점령해버렸다.

집 마당의 사나운 개들도 아직 다 없애지 못했는데 바깥의 늑대를 어찌 처리한단 말인가? 하릴없는 탄식 속에서 진시황의 악몽은 6년이나 지속되었다. 피가 끓는 젊은 황제에게 6년의 세월은 견디기 힘든 시간이었다. 그 때문에 내부를 다스리자마자 적극적으로 외부를 정리하기 시작했는데, 거기에는 기이하고도 묘한 이유가 있었다. 진시황 32년(기원전 215), 나라의 강산을 공고히 하려는 열망이 매우 강했던 진시황은 방사方士 노생盧生을 머나먼 동쪽 바다의 삼신산三神山에 살고 있다는 신선들에게 보내 미래에 대한 예언을 받아오라고 했다. 하지만 방사는 목적을 달성하지 못하고 돌아왔는데, 그가 갖고 온《녹도서錄圖書》라는 참위서에 기가 막힌 예언이 적혀 있었다.

"진을 망하게 할 자는 호이다."

물론 여기에서 가리키고 있는 '호'가 진시황의 아들 호해胡亥였다는 것이 나중에 밝혀졌지만, 방사가 책임을 면하려고 둘러댄 이 구절 때문에 진나라는 호인에 대해 일련의 미친 짓을 벌였다.

진시황 32년(기원전 215), 몽염蒙恬 장군은 30만 대군을 이끌고 빠르게

'중화제일관中華第一關'이라는 현판이 걸려 있는 안문관. 산시山西성 다이현代縣 인근에 있다.

절반의 중국사

행군해 북쪽 변경 지역에 이르렀다. 몽염은 폭풍이 몰아치듯 흉노의 천막과 말을 박살냈고, 황하 이북의 고궐高闕, 음산陰山 길을 발밑에 두었다. 길고 웅대하게 이어진 장성의 안팎엔 검은 매들이 낮게 날았고, 숨을 몰아쉬는 호마胡馬와 몸이 잘린 호인이 피바다 속에 여기저기 널려 있었다.

이렇게 침략자를 쫓아내긴 했지만 호인이 다시 돌아오지 않는다는 보장은 누구도 하지 못했다. 만일 권토중래를 꿈꾸며 돌아온다면 그 길목은 어디일 것인가. 북방 제후국들이 쌓아놓은 장성의 무너진 틈새임이 자명했다. 오래도록 편히 지내기 위한 방법은 단 하나뿐이었다. 잠시 힘들지라도, 반드시 장성을 쌓아야 했다. 이제 막 6국과의 전쟁을 끝내 재정이 축났고 인구도 줄어들었지만, 진시황 33년(기원전 214)에 진은 다시 79만 명의 군대와 백성을 동원해 고산준령 위에 진·조·연이 쌓았던 장성을 연결하는 거대 토목사업을 일으켰다. 서쪽으로 임조臨洮(간쑤성甘肅省 민현岷縣)에서부터 동쪽으로 요동遼東[8]에 이르는 만리장성을 쌓기 시작한 것이다.

그러나 높이 솟은 히말라야산맥조차 탐험가를 막지 못했는데, 사람이 쌓은 만리장성이 어찌 침입자의 구름사다리를 막을 수 있겠는가? 아무리 기세가 웅대하다고 해도 결국 성벽에 불과할 뿐이었다. 한 왕조가 장성 뒤에 완벽하게 숨어 있는 것은 불가능했다. 게다가 이 거대한 토목공사 때문에 수많은 사람의 생명과 재산을 바쳐야 했으니, 사람들은 전국시대 초기의 맹강녀孟姜女와 100년 후의 진시황을 연결지어 "맹강녀가 울어서 장성을 무너뜨리다"라는 신비로운 전설을 만들어냈다.[9] 맹강녀 전설에는 장성을 짓는 곳에서 죽어간 남편 혹은 가족에 대한 보통 사람들의 그리움, 토목공사를 일으킨 자에 대한 분노가 담겨 있다.

하지만 장성은 인도의 시인 타고르가 말한 것처럼 "무너져 내림으로써 생명의 힘을 보여주며, 굽이굽이 이어지면서 오래된 나라를 상징하고 있다." 장성은 이제 침략자를 막아주는 성벽이 아니라, 중국인의 마음속에 깊이 뿌리내린 강대한 정신적 힘으로 변했다. 국가가 어려움에 처했을 때에는 "우리의 피와 살로 새로운 장성을 쌓자!"[10]라는 외침이 되었고, 개혁개방 시기에는 "우리의 장성을 쌓고, 우리의 중화를 사랑하자!"[11]라는 구호가 되었다. 또한 민족 부흥의 대장정에서 "장성에 오르지 않으면 사나이가 아니다!"[12]라는 말은 웅혼함의 상징이 되었다. 장성은 웅대하고 장엄한 서사시이다. 그것은 절대 무너지지 않는 강인한 투쟁의 표지이며 또한 영원히 사라지지 않고 이어지는 중화민족의 토템이다.

맏아들을 폐위하고 막내를 세우다

역사를 돌아볼 때 '장자상속제를 없애고 말자末子상속을 택한다'는 것은 무척이나 예민한 문제였다. 대부분의 세습왕조에서는 맏아들이 아버지의 뒤를 잇는다는 것을 철칙처럼 지켜왔다. 그것은 지금의 입헌군주제 국가도 마찬가지이다. 그러나 이런 법칙을 믿지 않는 흉노 사람이 있었다.

그의 성은 연제씨攣鞮氏, 이름은 두만이다. 그는 진시황처럼 개혁적인 사고를 한 인물이었다. 그는 군대가 주둔하는 곳을 '두만성(내몽골 바오터우包頭 경내)'이라고 불렀을 뿐 아니라 스스로를 흉노의 '선우'라 칭했다. 선우의 원래 호칭은 '탱리고도선우撑犁孤涂單于'이다. 그것은 한어의 '천자天子'에 해당하는 것으로, 이집트 파라오가 스스로를 '태양의 아들'이라고 부른 것과 마찬가지 의미였다.

선우의 권력은 중원의 황제와 같았다. 더 설명할 필요 없는 지고무상의 존재였다. 말을 치달리며 신하든 백성이든 개의치 않고 누구든 죽일 수 있었고, 미녀도 마음대로 취할 수 있었다. 그 때문에 선우 자리를 둘러싸고 권력 쟁탈전이 끊이지 않았다. 조금만 방심하면 아버지가 아들을 죽이고 아들이 아버지를 죽이며, 형과 동생이 서로를 죽이는 비극이 일어났다.

그런데 그 모든 것을 뛰어넘는 의외의 사건이 일어났다. 최초의 선우가 계승권 문제에 누구도 생각하지 못했던 일을 저질렀다. 두만은 자신의 애첩이 낳은 막내아들을 계승자로 세우려 했다. 그래서 맏아들 묵돌冒頓('영웅'이라는 뜻)[13]을 인질로 삼아 월지月氏로 보냈다. 흔히 나라와 나라 사이에 인질을 보내는 것은 서로 침범하지 않겠다는 징표로 삼는다는 의미였다. 그러나 두만의 애첩은 두만을 조종해 일부러 월지를 침공하게 했다. 그렇게 하면 화가 난 월지가 인질을 죽일 것이기 때문이었다. 말도 안 되는 사건이 흉노 땅에서 벌어진 것이다.[14]

하지만 아무리 무거운 바위로 눌러놓는다고 해도 작은 싹이 돋아나는 것은 막지 못하는 법이다. 바로 '영웅'의 특징이다. 삶과 죽음의 기로에서 일찌감치 준비하고 있던 묵돌은 준마 한 필을 훔쳐내어 월지의 국경을 넘어 탈출했다.

사연을 품은 동풍이 서서히 초원으로 불어왔다. 선우의 큰 천막 안에는 봄바람이 불고 있었다. 뜻을 이루었다고 생각한 두만의 애첩이 막 선우에게 술잔을 바치는 중이었다. 순리대로라면 이제 곧 월지에서 묵돌을 죽였다는 소식이 전해질 터, 자신의 어린 아들이 선우의 유일한 계승자가 될 것이었다. 그러나 생각지도 못했던 순간이 닥쳐왔다. 굳어버린 조각상처럼 핏발 선 눈을 크게 뜨고 온몸에 초원의 먼지를 뒤집어 쓴 묵돌이 갑자기 그들의 천막에 들이닥친 것이다. 두만과 애첩은 기절초풍하며 놀랐다.

두만이 자신의 행동을 후회했던 것인지, 아니면 맏아들의 영웅적 기개에 감동했던 것인지 자세히 알 수는 없다. 두만은 막내아들을 계승자로 세우려던 계획을 잠시 접어두고 맏아들에게 1만의 병마를 하사했다.

하지만 아버지는 매처럼 눈빛이 깊은 맏아들을 낮게 평가했다. 아버지의 의도가 무엇인지 마침내 알게 된 묵돌은 아버지에게 원한을 품게 되었다. 부자지간의 정 따위는 잔혹한 현실 앞에서 무정하게 사라져버렸다. 사실 별로 이상할 것도 없는 일이다. 닭이 알을 낳지만, 알은 더는 닭에 속해 있지 않았다.[15]

묵돌은 뼈화살을 하나 만들어 위쪽에 구멍을 뚫었다. 이 화살을 쏘면 귀를 울리는 소리가 났다. 묵돌이 화살로 소리를 내면 바로 다른 화살을 쏘라는 명령을 내리는 것과 마찬가지였기에 그 화살을 '우는 화살', 즉 '명적鳴鏑'이라고 불렀다. 그는 부하들에게 이런 명령을 내렸다.

"내가 명적으로 무엇을 쏘든, 너희들도 무조건 따라서 쏴야 한다. 이 명령을 어기면 즉결처분이다!"

묵돌은 명적으로 먼저 자신이 아끼는 말과 아내를 쏘았다. 차마 쏘지 못하는 부하를 묵돌은 가차 없이 죽였다. 그다음에는 아버지가 아끼는 말을 쏘았다. 부하들은 더 이상 망설일 수 없었다. 명령대로 하지 않았다가는 제 목숨이 날아갈 판이었다. 결국 두만의 말은 순식간에 고슴도치처럼 되었다. 묵돌은 자신의 훈련법이 이제 성공했다고 생각했다. 그리하여 진秦 2대 호해 원년(기원전 209)의 어느 날, 수렵을 하러 나갔을 때 묵돌은 아버지를 향해 단호하게 명적을 날렸다. 초원제국의 첫 번째 선우인 두만은 무슨 일이 일어난 것인지도 모른 채 쏟아지는 화살 세례 속에 죽어갔다. 맏아들을 폐하고 막내아들을 세우려고 했던 시도에서 비롯된 '아버지 시해'라는 기막힌 사건이 번개처럼 짧은 시간에 끝나버렸던 것이다. 결국 두만은 자신의 적수였던 진시황보다 겨우 1년이라는 시간밖에 더 살지 못했다.

범죄심리학의 관점에서 볼 때, 범죄자는 처음 살인을 저지를 때 머뭇거리지만, 일단 시작만 하면 그 행위를 계속하는 데 아무런 심리적 장애를 느끼지 못한다. 마찬가지로 묵돌은 아버지 시해에 뒤이어 계모와 동생, 아버지의 측근들까지 모조리 없앴다. 그리고 마침내 스스로 선우가 되었다.

그리하여 맏아들을 폐하고 막내아들을 세우려는 시도는 피비린내 속에 막을 내렸다. 성공한 것이든 실패한 것이든 '폐장입유廢長立幼(맏아들을 폐위하고 막내를 세우다)'는 언제나 예외 없이 피비린내 나는 충돌을 가져왔다. 당사자가 일단 계승권의 유혹에 빠져들기만 하면 절대 헤어나지 못했기 때문이다. 역사의 장을 넘겨보면 계승권 때문에 피비린내가 진동하는 무시무시한 사건이 일어난 적이 한두 번이 아니었지만, 결과를 두려워해 어리석은 행위를 중단하는 사람은 매우 적었다.

지나간 일이 채 잊히기 전에 비극은 다시 반복되었다. 묵돌의 계모와 이복동생의 울음소리가 아직도 맴돌고 있을 무렵, 이웃한 한 왕조에서도 폐장입유의 비극이 막을 올리고 있었다.

한 고조 유방劉邦이 젊고 아름다운 척부인戚夫人을 맞이했다. 척부인은 눈부시게 아름다울 뿐 아니라 춤과 노래로도 그 이름이 널리 알려진 여인이었다. 그녀가 춤[16]을 추기만 하면 유방은 정신을 차리지 못했다. 그런 그녀가 아들 여의如意를 낳은 후 유방에게 폐장입유를 부추겼던 것이다. 유방은 여러 차례 태자를 바꾸려고 했지만 대신들이 격렬하게 반대했기에 잠시 계획을 유보했다.

역사에는 언제나 놀라울 정도로 비슷한 일이 일어나곤 한다. 황제가 죽고 나면 그에게 기대던 인물들의 고난이 시작된다는 점 역시 마찬가지다. 유방이 죽고 태자 유영劉盈이 즉위한 지 얼마 지나지 않아, 여후呂后는 척부인의 아름다운 머리카락을 잘라버리고 목에 무거운 쇠사슬을 채운 뒤 노예처럼 영항永巷[17]에서 쌀을 찧게 했다. 하지만 오늘날 산둥성 출신인 이 강인한 여인은 쌀을 찧으면서도 아름다운 목소리로 노래를 불렀다.

"아들은 왕이 되었는데 어미는 노비가 되었구나. 종일 쌀을 찧으며 아침저녁으로 죽음과 벗하고 있네! 3천 리나 떨어져 있으니 누가 나를 위해 이 일을 말해줄거나."

척부인의 이 노랫소리가 여후의 귀에 들어갔고, 여후는 척부인의 아들인 조왕趙王 여의를 독살해버렸다. 그리고 노래 부르는 여인의 사지를 자르고 눈을 파낸 다음 말을 잃게 하는 약을 먹여 변소에 던져 '인체人彘(인간돼지)'로 만들어버렸다.

가장 강성한 흉노

모든 아름다운 꽃은 열매를 맺기 위해 스스로 시들어 떨어진다. 구천에 있는 두만에게 영혼이 있었다 한들 죽음이 억울하다고는 차마 말하지 못했을 것이다. 두만의 아들이 놀라운 지혜와 피가 뚝뚝 떨어지는 칼을 들고 자신도 이루지 못한 꿈을 완성했기 때문이다. 묵돌은 정치군사 이원체제를 수립했다. 선우의 아래에서 좌우골도후左右骨都侯가 보정을 했고, 좌우도기왕左右屠耆王이 지방행정을 담당했다.[18] 좌방左方이 동부를, 우방右方이 서부를 관리했고 선우는 직접 중부를 관리했다. 선우는 친히 모든 군대를 통솔했고, 좌우현왕左右賢王, 녹리왕谷蠡王,[19] 대장, 대도위大都尉부터 좌우대당호左右大當戶까지 모두가 각각 맡은 군사를 통솔해 작전을 수행했다. 만기萬騎를 이끄는 스물네 명의 군사 지도자는 만기장萬騎長이라 했고, 만기 이하에는 천기장千騎長, 백기장百騎長, 십기장十騎長, 비소왕裨小王, 상봉相封, 도위都尉, 당호當戶, 저거且渠 등의 관직을 설치했다. 완벽하고도 치밀한 군정 체계가 정식으로 형태를 갖추었다.

격정이란 감정은 폭발시키는 것보다 자제하는 것이 중요하다. 묵돌은 비범한 자제력을 지녔고, 그 덕분에 많은 이익을 보았다. 묵돌이 아버지를 시해했다는 소식이 퍼져나가자, 자신을 웃어른이라고 여겼던 강성한 동호 대인大人이 분노를 표하며 특사를 파견했다. 묵돌에게 군대를 보내 아버지를 죽인 죄를 묻겠다는 것이었다. 그러면서 동호 대인은 두만의 천리마를 달라고 공개적으로 요구했다. 묵돌은 자신의 큰 천막에서 신하들을 모아놓고 대책을 숙의했다. 모두가 한목소리로 반대했다.

"우리에겐 천리마가 한 필밖에 없습니다. 어찌 쉽게 남에게 내어줄 수 있겠습니까?"

그러나 묵돌은 무표정하게 말했다.

"어찌 말 한 필 때문에 이웃 나라에 죄를 짓겠느냐? 그들에게 줘버려라."

몇 순이 지나 동호 대인이 이번엔 더 무리한 요구를 해왔다. 묵돌이 가장 총애하는 연지(선우의 아내)를 보내라는 것이었다. 대신들의 분노가 하늘을 찌를 듯했다.

"동호는 정말 무례합니다. 선우께서는 즉시 동호를 치십시오!"

그러나 묵돌은 여전히 편안한 표정으로 앉아 고개를 끄덕이며 말했다.

"어찌 여자 하나 때문에 이웃 나라에 죄를 짓겠느냐? 연지를 그에게 보내거라."

대신들은 그를 의심하기 시작했다. 많은 사람들이 슬그머니 묵돌의 능력에 의심을 품었다. 그의 적수들은 회심의 미소를 지었다. 자기 아버지까지 살해했던 묵돌이 이렇게 비겁한 겁쟁이였다니! 이렇게 되자 동호 대인은 낮에는 말을 타고 치달리고 밤에는 미인들을 끼고 살며 조금도 방비를 하지 않았다. 온갖 모욕을 참고 견디던 묵돌만이 맑은 정신으로 홀로 깨어 있었다. 그의 강한 표정과 깊은 눈빛이 그것을 말해주었다.

몇 달 후, 방자함으로 더 거리낄 것이 없어진 동호 대인은 사람을 보내 두 이웃 나라 사이에 있는 땅을 달라고 요구했다. 묵돌은 다시 사람들을 모아 대책을 논의했다. 지난 두 번의 회의 결과를 도무지 납득하기 어려웠던 대신들은 어떻게 하는 것이 좋은지 몰랐다. 어떤 자는 땅을 주자고 했고, 어떤 자는 절대 주어서는 안 된다고 했다. 그런가 하면 어떻게 해야 할지 모르겠다는 자도 있었다. 이때 묵돌이 거세게 탁자를 치며 벌떡 일어나

크게 소리를 질렀다.

"땅은 국가의 근본이거늘 어찌 함부로 남에게 주겠는가?"

그러면서 땅을 주자고 했던 대신을 천막 밖으로 끌어내어 목을 베었다. 오랫동안 기회를 기다려온 묵돌의 무서운 속셈이 곧 드러났다.

바람 불고 달 밝은 밤, 필승의 의지를 다진 말 탄 병사들이 차가운 달빛에 번쩍이는 칼을 들고 홀연히 동호의 국경지대에 나타났다. 동호의 천막은 모조리 뽑혔으며 병사들의 목이 날아갔다. 묵돌의 연지를 끌어안고 향락에 젖어 있던 동호 대인은 생포되었다. 안하무인으로 일세를 풍미했던 동호 대인이 교교한 달빛 아래에서 덜덜 떨며 묵돌의 발밑에 엎드렸다. 묵돌의 눈에는 일말의 연민이나 동정심도 보이지 않았다. 묵돌은 망설임 없이 원수의 목을 베었고, 그의 목으로 자신의 요강을 만들었다.

이후 그는 북으로 혼유渾庾, 굴사屈射, 정령丁靈 등을 격파했고 멀리 바이칼호까지 영역을 넓혔다. 서쪽으로는 하서주랑河西走廊에서 유목을 하던 월지를 밀어내고, 누란樓蘭 등 26개 서역 왕국을 복속시켰다. 남쪽으로는 누번樓煩, 백양하남왕白羊河南王을 정복했고 오르도스 이남의 드넓은 땅을 차지했다. 넓고 광활한 초원제국이 정식으로 탄생한 것이다.

묵돌에 관한 이야기를 보고 있노라면 "무엇인가를 얻으려면 반드시 먼저 내주어야 한다"라고 했던 《노자》 36장의 글귀가 생각난다. 또한 기독교 교리에 대한 어떤 서방 철학자의 주해가 떠오른다.

"누가 너의 오른뺨을 때리려고 하면 그에게 내주거라. 그러나 그가 다시 너의 왼뺨을 때리려고 하거든 너도 그의 뺨을 때리거라. 만약 왼뺨마저 내준다면 그는 너의 왼쪽 다리와 오른쪽 다리를 가져갈 것이기 때문이다. 누군가가 너의 겉옷을 달라고 하면 주거라. 그러나 그가 다시 너의 내의를 달라고 하거든 그에게 준 겉옷을 다시 찾아오너라. 내의마저 준다면 아마 그는 너의 살갗까지 가져가려 할 것이기 때문이다."

물론 묵돌은 이들 경구를 접하지 않았지만, 누구보다 이런 이치를 잘 알고 있었다. 묵돌에 관한 이야기들은 500년 전 춘추시대 정鄭 장공莊公이 "불의를 많이 행하다가 죽음에 이른" 동생 공숙단을 물리쳤던 이야기[20]와 비교해보아도 손색이 없을 정도로 흥미롭다.

'화친'의 유래

묵돌은 진시황이나 한 무제 같은 황제들처럼, 가슴속에 불처럼 타오르는 격정을 품고 있었다. 한 고조 6년(기원전 201), 묵돌은 마읍馬邑(산시성山西省 쉬현朔縣)을 지키고 있던 한신韓信을 투항하게 했고, 장성을 넘어 진양晉陽(산시성 타이위안太原)을 점령했다.

전쟁에서 패배했다는 소식이 그곳에서 그리 멀지 않은 장안까지 눈발이 휘날리듯 전해지자, 건국한 지 얼마 되지 않은 전한제국은 엄청나게 놀랐다. 이듬해 초겨울, 유방은 친히 보병 32만 명을 거느리고 흉노를 치러 나섰다. 막상막하의 전력이 피 튀기게 부딪치는 전쟁은 피할 수 없었다. 태원 부근에서 치른 두 번의 전쟁에서 유방의 군대는 모두 이겼다. 날이 무척 추운 데다 지원군이 아직 도착하지 않았고, 또한 누경婁敬이 그토록 애타게 간언을 했음에도, 유방은 승리의 여세를 몰아 선두 기병부대를 거느리고 평성平城(산시성 다퉁大同) 동쪽 백등산白登山으로 쳐들어갔다.

그곳은 원래 수많은 나무가 빽빽하게 자라 무척이나 아름다운 곳이었다. 그러나 유방이 진격을 감행할 때에는 모든 것이 사라져버린 엄동설한이어서 스산하기만 했다. 머리 위에는 푸른 옥돌처럼 눈이 시리게 파란 하늘이 펼쳐져 있었고, 발밑에는 서리 내린 이파리가 두텁게 깔려 있었다. 칼날처럼 매서운 바람이 불어왔지만 유방은 조금도 한기를 느끼지 않았다.

미국 웨스트포인트 육군사관학교에 이런 가르침이 있다. "공격이 지나치게 순조롭다면 그것은 분명히 함정에 빠진 것이다." 하지만 승리에 도취한 유방은 선두부대를 이끌고 자신도 모르는 사이에 묵돌의 함정에 빠져버렸다. 결국 유방은 흉노의 40만 기병에게 겹겹이 포위당하고 말았다. 게다가 포위당한 부대와 지원군 사이의 연결도 끊어져버렸다. 아무리 이리저리 빠져나가보려고 해도 이레 밤낮을 꼼짝도 못하고 갇혀 있어야 했다.

마음이 급해진 유방은 모사 진평陳平의 계책을 받아들여 연지에게 몰래 보물을 보내 매수했다. 재물에 미혹된 연지는 묵돌에게 베갯머리송사를 했다.

"당신이 한나라 황제를 포위하고 놓아주지 않는다면 한나라 병사들이 그를 구하기 위해서 죽음을 각오하고 싸우려 들지 않겠어요? 게다가 저는 이곳의 기후가 도무지 몸에 맞지 않아요. 아무래도 군대를 거두어 돌아가는 것이 좋겠어요."[21]

베갯머리송사가 효과가 있었는지, 아니면 한왕 신의 부장인 왕황王黃과 조리趙利 등이 때맞춰 오지 않는 것이 마음에 걸렸는지, 밤새 연지의 품에 안겨 있던 묵돌은 게슴츠레한 눈을 겨우 뜬 채[22] 명령을 내려 두터운 포위망의 한쪽을 슬그머니 뚫어주었고, 유방은 안개가 가득한 틈을 타서 잽싸게 도망쳐 나왔다.

흉노에게 혼이 난 유방은 현실을 바로 보게 되었다. 출정을 반대하는 간언을 하는 바람에 가둬버렸던 누경에게 미안하다고 사과했을 뿐 아니라, '화친和親'이라는 놀라운 건의를 하는 누경의 말에 귀를 기울였다. 안정을 추구하는 수정綏靖정책을 추진하는 것에 누경은 이런 설명을 덧붙였다.

"묵돌선우는 아버지를 시해한 자입니다. 무력밖에 모르는 자이지요. 그를 누를 수 있는 유일한 방법은 한의 공주를 묵돌에게 시집보내는 것입니다. 혼수품을 듬뿍 갖고 가게 해서 말입니다. 그렇게 한다면 묵돌은 한을 공격해서 강제로 물건을 빼앗지 않아도 큰 재산을 거머쥐게 될 것이니 전쟁을 일으킬 필요가 없어질 겁니다. 게다가 한 왕조의 사위가 되는 것이니 장인과 맞서려 하지 않겠지요. 공주의 아들이 장차 흉노의 뒤를 잇게 된다면, 한 왕조와 흉노는 외삼촌과 조카의 관계를 맺게 되는 것 아닙니까. 그렇게 되면 조카가 어찌 외삼촌과 대적하려 하겠습니까?"

이 말을 듣는 순간, 유방은 답답하게 가려져 있던 눈앞이 갑자기 밝아지는 느낌이 들었다. 그는 즉시 명령을 내려 자신의 외동딸인 노원魯元공주를 이혼시킨 후 흉노에 시집보내려 했다. 그러나 아내 여후의 반대로 이루어질 수 없었다. 하지만 유방은 황실 집안의 자수子收를 흉노의 선우에게 시집보냈다. 이것이 바로 중국 역사에 나타난 화친정책의 시작이다. '여성과 평화를 바꾸는' 화친정책의 원조인 것이다.

물론 어쩔 수 없는 상황에서 나온 일종의 '발명'이었지만, 무미건조하던 민족 교류사에 화친으로 인한 훈훈한 분위기가 감돌기 시작했다. 그리고 참으로 많은, 아름다우면서도 처량한 이야기들이 생겨났다. 그런 식으로 황후나 비빈, 공주뿐 아니라 세군細君이나 해우解憂, 소군昭君, 문성文成 등 일종의 '가짜 공주'('공주'로 봉해진 친왕親王의 딸과 궁정의 여자)들이 역사서에 등장하게 되었다.

그 어떤 비범한 영웅이라 해도 시대의 한계를 벗어날 수 있는 자는 없다. 묵돌은 사실 이전 시대의 선배들과 별 차이가 없었다. 가장 큰 차이라고 해봐야 편지로 사람을 모욕할 줄 알았다는 것 정도일 것이다. 한 고조가 죽은 뒤 여후가 정치판을 장악했을 때, 묵돌이 여후에게 편지를 보내 과부가 된 여후를 자기 아내로 맞이하겠다고 했다. 잠깐의 통쾌함만 생각했을 뿐 멀리 내다볼 줄 몰랐던 묵돌의 역사적 한계성 때문에 그의 후손들은 머지않은 장래에 피의 대가를 치러야만 했다.

한나라 장군과 '연지'

타고르가 말한 것처럼, 인류의 역사는 학대받는 자들의 승리를 인내심을 갖고 기다려왔다.

한 왕조는 고조부터 경제景帝에 이르는 60여 년간의 휴식기를 거친 후, 한 무제가 즉위할 무렵이 되자 슬슬 힘이 생기기 시작했다. 고조가 백등산에서 포위당했던 일, 묵돌의 편지 때문에 여후가 모욕당했던 일들을 되갚아줄 수 있는 실력이 생겼을 무렵, 무제 유철劉徹은 원광元光 2년(기원전 133)부터 여러 차례에 걸쳐 흉노의 군신軍臣선우를 향해 폭풍처럼 휘몰아치는 공격을 감행했다. 중국 북부 초원의 지평선에는 끊임없이 흙먼지가 일어났으며, 몰아치는 그 흙먼지 속에 나타난 기마부대의 선두에는 이광李廣, 위청衛靑, 곽거병霍去病 등 세 명의 위풍당당한 장수들이 있었다.

이광은 장군 집안 출신이다. 그는 말을 잘 탔고 활도 잘 쏘았다. 원광 6년 (기원전 129), 한 무제가 위청과 이광 등 네 명의 장군을 파견해 침범해오는 흉노에 맞서 싸우게 했다. 흉노는 이미 나이가 많이 든 이광 장군에게 병력을 집중해 공격했고, 이를 대적하기엔 역부족이었던 이광은 결국 부상을 입고 흉노 군대에 붙잡혔다. 흉노 군인들은 이광을 두 마리 말 사이에 묶어놓은 그물망 위에 눕혀놓았다. 그런데 행군하던 도중, 누워 있던 이광 장군이 몸을 솟구치더니 그대로 적병의 말 위로 뛰어올라 말을 몰고 적진을 헤쳐 나갔다. 그뿐인가, 몸을 돌려 활을 쏘아 쫓아오는 흉노 병사를 몇 명이나 죽였다. 이때부터 흉노 사람들은 이광을 '비장군飛將軍'이라 불렀다. 흉노의 병사들 모두가 그의 용기를 두려워했으며, 이름만 들어도 떨며 무서워했다고 한다. 물론 그 누구도 감히 이광이 지키는 곳은 공격하지 못했다. 당唐대의 변새시인邊塞詩人 왕창령王昌齡도 그에 대한 흠모의 정을 담아 〈출새出塞〉라는 시를 썼다.

진의 밝은 달, 한의 관문은 여전한데,

만 리 길 전쟁터에 나갔던 사람들은 돌아오지 않는구나.

위청과 이광 장군이 지금도 있다면,

북쪽의 적들이 음산을 넘어오지 못하게 할 텐데.[23]

秦時明月漢時關,

萬里長征人未還,

但使龍城飛將在,

不敎胡馬度陰山.

　　위청은 기노騎奴(기병 노비) 출신이지만 그가 전쟁터에서 세운 공은 결코 이광 장군보다 작지 않았다. 원광 6년(기원전 129), 세 갈래로 출정한 한 왕조의 군대가 아무런 공도 세우지 못하고 돌아올 무렵, 위청은 병사를 거느리고 흉노의 근거지인 용성으로 직접 쳐들어가 흉노 포로 700명을 잡아 돌아오는 전공을 세워 단숨에 이름을 떨쳤다. 2년이 지난 뒤, 위청은 철기군을 거느리고 흉노의 누번왕樓煩王, 백양왕白羊王 두 부部를 공격해 소와 양 100만 마리 이상을 빼앗아 왔으며, 오르도스 이남의 광활하고도 비옥한 땅을 다시 찾아왔다. 이렇게 탁월한 전공을 인정받아(황제의 비였던 누이 위자부衛子夫의 영향도 있었겠지만) 장평후長平侯에 봉해졌다.

　　곽거병은 위청의 조카로서 전무후무한 소년 영웅이다. 18세에 위청을 따라 출정했는데, 첫 번째 출정에서 혼자 800명의 기병을 이끌고 흉노의 후방을 습격, 선우의 숙부를 포로로 잡아서 끌고 오는 대승을 거두었다. 한 무제 원수元狩 2년(기원전 121), 곽거병은 1만 기병을 이끌고 하서주랑 지역의 흉노를 정벌했으며, 흉노의 혼야왕渾邪王이 4만 명을 거느리고 투항하게 했다. 2년이 지난 후 곽거병과 위청이 5만 명의 정예부대를 이끌고 흉노를 공격했는데, 위청은 정양定襄에서부터 출격해 이치사伊稚邪 선우

(군신선우의 동생)[24]를 격파했고, 곽거병은 아득한 황사를 뚫고 좌현왕을 대파했으며 낭서산狼胥山[25] 기슭까지 그를 쫓았다.

곽거병은 무제가 자신을 위해 거대한 저택을 지어주겠다고 했을 때, "흉노가 아직 평정되지 않았는데 무슨 집을 이루겠습니까"라는 강인한 맹세의 말을 남겼다. 그가 젊은 나이에 눈을 감았을 때, 무제는 그를 자신의 무덤인 무릉茂陵 곁에 묻는 영광을 내렸고, 기련산祁連山의 형상을 본떠 거대한 무덤을 만들어주었다. 그리고 무덤에는 '마답흉노馬踏匈奴'와 '와호臥虎' 등의 커다란 돌 조각상을 만들어놓아 용감무쌍했던 소년 영웅 곽거병의 하늘을 찌르는 호방함을 기렸다.

흉노 진영을 휘젓고 다닌 이광과 위청, 그리고 하서주랑을 평정한 곽거병 등은 흉노에 큰 타격을 입혔다. 그리하여 흉노의 여성들은 낮고 유장한 목소리로 애조 띤 노래를 불렀다.

우리의 기련산을 잃으니,
가축들이 번식하지 못하네.
우리의 언지산을 잃으니,
시집가는 여자들 연지를 바르지 못하네.
우리의 금신인을 잃으니,
하늘에 제사를 지내지 못하네.
亡我祁連山,
使我牲畜不繁殖.
失我焉支山,
使我嫁婦無顔色.
奪我金神人,
使我不得祭於(于)天.

흉노 여인에게 가축을 기르는 땅을 잃은 것은 그리 상심할 일이 아니었다. 다른 곳에서도 새로운 목장은 찾을 수 있기 때문이다. 금신인金神人[26]을 잃은 것도 마찬가지였다. 하늘에 제사 지내는 것은 여성이 아닌 남성의 일이기 때문이다. 하지만 언지산을 잃은 것은 큰일이었다. 그녀들이 시집 갈 때 신부화장을 할 수 없기 때문이다.

언지산에는 '홍람화紅藍花'[27]라고 불리는 식물이 자라는데 꽃잎에 붉은색과 노란색 색소가 들어 있다. 그것을 돌그릇에 찧으면 노란 즙이 나오고, 거기서 선명한 붉은색 안료를 얻을 수 있었다. 선우의 아내 연지가 그 안료에 기름을 섞어 뺨에 살짝 바르면 강한 햇살 때문에 좀 타고 약간은 거칠어 보이는 얼굴에 발그레한 생기가 감돌았다. 그것을 보고 흉노의 귀족 부녀자들이 앞다퉈 연지의 화장을 따라했고, 안료는 흉노 부녀자를 대표하는 화장품이 되었다. 이 화장품이 언지(yānzhī)산에서 나왔고 연지閼氏(yānzhī)가 처음으로 사용했다고 해서 중국에서 '연지胭脂(yānzhī)'라고 부르게 된 것이다.

소무가 양을 치다

이광 장군이 모래먼지 휘날리는 전쟁터에서 죽고, 위청도 나이가 들어 쇠약해졌으며, 곽거병도 일찍 죽었다. 위대한 장군들이 사라진 세월은 이제 밋밋하기만 했다. 한 무제 말년, 흉노와 싸우느라 피곤해진 한 왕조는 흉노와 타협하기 시작했다. 백성들은 한 무제 시절의 이 귀한 평화를 반겼다. 그 평화는 흉노와 한족 백성 모두에게 다 기쁜 일이었다. 그리고 그 기쁜 소식을 전한 이는 사신使臣들이었다. 길고 긴 장군의 명단은 이제 소무蘇武나 장건張騫, 반초班超 같은 외교가의 명단으로 교체되었다.

첫 번째 외교관은 소무였다. 그는 명장 소건蘇建의 후손이다. 한 무제 천한天漢 원년(기원전 100), 흉노가 한 왕조에 화친을 요청했고, 그 대답으로 한 무제는 중랑장中郞將* 소무를 흉노로 보냈다. 부중랑장 장승張勝과 가리假吏** 상혜常惠 등 100여 명이 소무를 따라갔다. 그 무렵, 나이 마흔이 다 된 소무는 어쩔 수 없이 아내와 이별해야 했다. 소무는 눈물을 흩뿌리면서, 〈두고 가는 아내에게(留別妻)〉를 써내려갔다.

머리 묶어 올려 부부가 되어, 서로 사랑함에 의심 없었네.

오늘 밤 이렇게 행복하니, 기쁘고 좋은 시간 놓치지 말아야지.

나 내일 먼 길 가야 하니, 눈을 들어 밤이 얼마나 지났는지 살펴보네.

새벽 별도 하늘가로 저물고, 이제 이별하고 떠나야 할 때.

지금 가면 전쟁터 가는 것과 마찬가지라, 언제 다시 만나게 될지.

손잡고 좋은 시간 오래 함께 하니, 눈물이 흘러내리네.

아름다운 봄날을 맘껏 누려야지, 함께 한 기쁨 잊지 말아요.

살아서 마땅히 돌아와야겠지만, 설사 죽는다고 해도 이 그리움 오래 갈 것이라오.

結髮爲夫妻, 恩愛兩不疑.

歡娛在今夕, 媚婉及良時.

征夫懷遠路, 起視夜何其.

參辰皆已沒, 去去從此辭.

行役在戰場, 相見未有期.

---

* 관직 명칭. 전한 시대에는 오관(五官), 좌우삼중랑서(左右三中郞署)가 있었는데 각각 중랑장을 두어 황제의 시위(侍衛)들을 관리했다.

** 임시로 직무를 대리하는 관리.

握手一長歡, 淚別爲此生.

努力愛春華, 莫忘歡樂時.

生當復來歸, 死當長相思.

소무가 시에서 이렇게 노래한 것은 결코 괜한 걱정이 아니었다. 그 시대의 사신은 머리를 쓰고 혓바닥을 놀려 전쟁을 해야 하는, 위험성이 높은 직업군에 속하는 것이었기 때문이다. 아니나 다를까, 소무가 흉노에 도착하자마자 골치 아픈 사건이 터졌다. 전에 위률衛律을 따라 흉노로 갔던 우상虞常이 자신의 옛 친구인 한나라 부중장랑 장승과 몰래 내통해 흉노를 따르고 있던 완고한 위률을 죽이고 선우의 어머니를 납치해, 중원으로 돌아가 상을 받으려는 계획을 세웠던 것이다. 그러나 불행하게도 그 음모는 곧 발각되었고, 차제후且鞮侯 선우(제9대 선우)는 주모자인 우상의 목을 베어버리고 공범인 장승을 가두었다. 아무것도 모르고 있던 소무와 상혜 역시 갇혔다. 그런데 심문 결과가 매우 뜻밖이었다. 우상과 공모했던 장승은 고통을 참지 못하고 아예 일찌감치 항복해버렸고, 소무와 상혜는 절대 굽히지 않았던 것이다. 흉노는 소무를 큰 동굴 속에 가둬버리고 먹을 음식과 마실 물을 주지 않았다. 때마침 큰 눈이 내려 소무는 담요에 눈을 적셔 겨우 목마름을 면했다. 며칠이 지났지만 소무는 여전히 살아 있었다.

소무가 살아 있다는 소식이 선우의 천막에 전해지자 줄곧 신을 믿어왔던 선우는 소무를 신이 도와주고 있다고 생각해 더 이상 그를 굶기지 않았다. 그리고 소무를 그의 시종과 각각 다른 곳으로 보내버렸다. 소무가 쫓겨간 곳은 사람이 살지 않는 황량한 북해北海(바이칼호)[28]였고, 그는 그곳에서 숫양을 길러야 했다. 소무가 사신이라는 특수한 신분이었던 것을 감안해 흉노는 명목상 그를 종신토록 그곳에 보내는 것은 아니라고 했다. 다만 "숫양에게서 젖이 나오면(숫양이 새끼를 낳으면) 고향으로 돌려보내준다"고 소무에게 약속했다. 소무는 엄청나게 실망했다.

중원에서 태어나고 자라난 소무가 막북漠北[29]의 열악한 자연환경에서 살아가자니 하루가 일 년처럼 길었다. 더 가혹한 것은 흉노가 먹을 것을 주지 않는 것이었다. 흉노는 그렇게 하면 소무가 항복할 것이라고 생각했다. 그러나 소무는 절대 굽히지 않고 풀뿌리를 캐내어 연명하며 버텼다. 푸른 하늘과 초원, 모래바람, 엄혹한 추위, 늑대 떼, 적막함 등을 벗 삼아 이 강인한 사나이는 몇 년을 견뎌냈다. 그렇게 흘러가는 수많은 세월 속에서 그는 가을날의 물빛을 바라보며 멀리서 들려올지도 모르는 소식을 기다렸고, 수많은 어두운 밤을 보내며 남쪽의 별들을 바라보면서 고국과 가족을 그리워했다.

이때부터 정형화된 이미지 하나가 중국 역사에 나타난다. 하얀 수염을 휘날리며 얼굴 가득 초연함이 깃든 노인이 손에 황제의 사신을 뜻하는 상징물인 정절旌節[30]을 들고 멀리 남쪽 하늘을 바라보고 있는 모습이다. 아득한 초원을 배경으로 무리를 이룬 숫양 떼가 보이고, 높이 날아가는 기러기와 처량한 저녁노을이 있는 이미지, 그것이 바로 소무를 표현한 것이다.

푸른 하늘은 아득하기만 하고 계절은 천천히 흘러갔다. 흉노의 선우는 이미 세 번이나 바뀌었다. 이릉李陵의 장인 차제후, 차제후의 맏아들 호록고狐鹿孤, 호록고의 아들 호연제壺衍鞮가 그들이다. 어린 호연제가 생모인 전거顓渠 연지와 정령丁零왕 위률에 의해 선우의 자리로 올라간 후, 한 소제昭帝 유불릉劉弗陵 시원始元 2년(기원전 85), 마침내 흉노는 분열했다. 한 소제는 그 틈을 타서 흉노에 사신을 보내 소무를 보내달라고 했다. 그러나 돌아온 답은 소무가 이미 죽었다는 것이었다.

소무는 이해할 수 없었다. 들풀의 슬픈 울림은 왜 머나먼 고향까지 전해지지 않는 것인가? 기러기 울음소리는 왜 그의 귀환을 일깨워주지 않는 것인가? 하지만 그는 진실이 존재하기만 한다면 언젠가는 모든 것이 밝혀질 것이라고 굳게 믿고 있었다. 마침내 한나라의 두 번째 사신이 흉노에 도착했다. 그때 흉노 땅에 머물고 있던 상혜가 큰돈을 써서 흉노 수비병을 매수한 뒤, 소무가 양을 기르고 있다는 사실을 몰래 한나라 사신에게 알리도록 했다. 짐짓 아무렇지도 않은 체하며 술수를 부리는 것, 거짓말을 거짓이 아닌 것처럼 말하는 것은 사신의 기본 소양이다. 흉노가 소무를 억류하고 있다는 사실을 알게 된 한나라 사신은 선우를 만났을 때 넌지시 말했다.

"한나라 황제께서 상림원上林苑에서 사냥을 하시다가 기러기 한 마리를 쏘아 잡았는데, 기러기 발목에 편지가 하나 묶여 있었지요. 그 편지에는 소무가 북해에서 양을 치고 있다는 소식이 적혀 있었소."

호연제선우의 놀라움은 이루 다 설명할 수 없었다. 선우는 분명히 소무의 충성스러움과 의로움을 알고 있었다. 또한 '지성이면 감천'이라는 한나라 말도 알고 있었다. 그러나 기러기가 사람에게 감동한다는 말은 들어본 적이 없었다. 게다가 그 기러기가 모래바람 가득한 그 머나먼 하늘을 어찌 가로질러 갔단 말인가. 놀란 그는 황급히 소무를 북해에서 불러다가 한나라 사신에게 보내주었다. '홍안전서鴻雁傳書'라는 고사성어가 바로 여기에서 생겨났다.

물질은 사라지지 않으며 우주도 사라지지 않는다. 푸른 하늘과 유일하게 견줄 수 있는 것은 절개뿐이다. 소무가 귀국할 때 장안의 골목길이 텅텅 빌 정도로 모두가 성 밖으로 몰려나와 그를 영접했다. 19년 동안의 눈보라와 거친 바람 때문에 그의 머리는 온통 하얗게 되었고 얼굴엔 주름이 가득했다. 변하지 않은 것은 자신의 장엄한 사명을 대표하는 정절을 여전히 손에 꼭 쥐고 있었다는 점이다. 오랜 세월이 흐른 뒤, 당唐대의 시인 두목杜牧은 이렇게 감탄했다.

어디선가 들려오는 호가소리 엷은 하늘에 깔리고,

변새 성벽에 새들은 높이 나는데, 늑대 똥 태우는 봉수 연기 오르지 않네.

나그네는 한 번만 들어도 머리가 하얗게 될 지경인데,

소무는 19년 동안 갇혀 있으면서 어찌 견뎌냈는지![31]

何處吹笳薄暮千,

塞垣高鳥沒狼烟.

遊人一聽頭堪白,

蘇武爭禁十九年!

한편 소무와 함께 한나라로 돌아온 사람은 모두 아홉 명이었다. 한나라 사신에게 소무가 살아 있음을 알렸던 상혜와 서성徐聖, 조종근趙終根은 모두 중랑에 제수되었다. 그러나 나머지 여섯 명은 너무 늙어 각각 돈 10만 전씩을 주어 고향으로 돌아가 쉬게 했다.

하지만 소무에게는 더 이상 가정이라는 것이 없었다. 형제들은 모두 자결했고 어머니는 이미 세상과 이별했으며, 아들은 죄를 얻어 죽었고 아내는 다른 사람에게 시집갔다.

세월은 물과 같았다. 그리고 그 물은 지나간 사랑처럼 깊었다. 시간이라는 거대한 파도는 사랑의 동화 속에 들어가 있던 두 사람을 집어삼켰다. 이때부터 그는 더 이상 부귀 같은 건 중요하지 않고, '진정한 마음' 따위는 없다고 생각했다. 많은 상을 받았으나 그는 그것을 옛 친구들에게 나눠주었고, 자신은 한 푼도 지니지 않았다. 또한 전속국典屬國[32]이라는 높은 직책을 가졌고 관내후關內侯에 봉해졌지만, 늙어 죽을 때까지 그는 다시 아내를 취하지 않았다.

이릉이 흉노에 항복하다

한 무제 천한天漢 2년(기원전 99), 흉노가 소무를 억류하고 있었다는 소식
이 전해지면서 흉노와 한 사이에 다시 응어리가 생겼고 이어서 전운이 감
돌았다.

한 무제는 사랑하는 아내 이부인李夫人의 오빠인 이광리李廣利 장군에
게 기병 3만을 내주었다. 그리고 주천酒泉으로 출병시켜 흉노를 공격하게
했다. 한편 비장군 이광의 손자 이릉李陵에게는 보병 5천을 이끌고 거연居
延에서 출발해 새외 깊숙한 곳으로 들어가 흉노를 견제하게 했다. 이광리
는 흉노와의 교전에서 대패해 돌아왔고, 이릉의 군대만 남아 고군분투하
고 있었다. 하지만 5천 명밖에 안 되는 이릉의 보병부대가 차제후선우가
이끄는 6만 기병의 포위를 뚫기는 어려웠다. 결국 이릉 장군은 패했으며
포로가 됐다.

한 무제는 비장군 이광 집안의 장수가 포로로 잡혔다는 사실을 도저히
받아들일 수가 없었다. 그래서 이릉의 가족을 감옥에 가두었으며 신하들
을 소집해 이릉의 죄를 물으려 했다.

도피나 투항, 자살 등의 문제에 대해 중국은 서방과는 가치가 완전히 다
르다. 중국 사람들은 군영에서 도망치는 탈영병은 이해해주었으나 적에게
투항하는 자는 용서치 않았다. 서방인은 저항할 도리가 없는 상황에서는
자살을 하거나 도망치기보다는 적에게 투항했다. 그것이 바로 군인의 책임
을 다하는 일이며 또한 가장 존귀한 생명을 지킬 수 있는 방법이기 때문이
다. 투항은 결코 부끄러운 일이 아니었던 것이다. 반면 군영에서 도망친다
는 것은 군인의 책임을 다하지 않는 것이므로 군인 최대의 치욕이라고 생
각했다. 도망친 군인은 도의적 책임을 져야 했고 군법으로 엄하게 다스려
졌다. 이것이 바로 제2차 세계대전 때 서방 군대에서 탈영병보다 투항병이

더 많았던 이유이며, 중국의 경우에는 투항병보다 탈영병이 더 많은 데 대한 심층적 분석이다. 그래서 그냥 퇴각해버린 이광리 장군은 아무런 제재도 받지 않은 것이고, 어쩔 수 없는 상황이었음에도 항복한 이릉 장군은 이구동성으로 대신들의 비난을 받았던 것이다.

오직 태사공太史公 사마천司馬遷만이 이릉을 위해 변호했다. 사마천은 이릉이 겨우 5천 명의 군사로 흉노 병사 수만 명을 죽였음을 역설했고, 이릉이 자살하지 않은 데에는 분명 이유가 있을 것이라고 말했다. 그러나 글만 썼던 사마천은 한 무제를 이해하지 못하고 있었다. 한 무제는 전형적인 전제군주였다. 한 무제의 논리에 따르면 포위된 장군은 제국의 명성을 위해 마땅히 자결해야만 했다. 어쩌면 한 무제는 사마천이 이릉을 변호하는 동시에 황제의 처남인 이광리 장군의 도망에 대한 불만을 표출하고 있다는 것을 이미 알고 있었는지 모른다. 그래서 사마천을 '이사 장군을 비방했다'라는 죄명으로 관직을 박탈하고 감옥에 가두었으며, '오망죄汚罔罪'[33]라는 죄명으로 그에게 가장 잔인한 형벌인 부형腐刑, 즉 궁형을 내렸다.

황제의 권위가 지고무상이던 시대에 인간의 권리를 말하는 것은 사치에 불과했다. 수치와 분노 때문에 사마천은 거의 자살할 생각까지 했으나 결국 그는 깊이 깨달았다. 자신처럼 미미한 존재가 죽어봐야 수많은 귀족 눈에는 "아홉 마리의 소 가운데 털 하나가 사라지는 것에 불과한 것이니, 개미 따위의 죽음과 다를 것이 무엇인가?"라는 생각을 한 것이다(여기에서 '구우일모九牛一毛'라는 고사성어가 유래했다). 그래서 그는 실명한 상태에서 《좌전左傳》을 쓴 좌구명左丘明, 무릎이 잘리는 형벌을 받았으면서도 병법을 쓴 손빈孫臏, 쫓겨났던 초나라 시인 굴원屈原, 자신의 뜻을 알아줄 군주를 찾아 세상을 떠돌아다녔던 공자孔子 등을 본보기로 삼아 스스로를 채찍질하며 심혈을 기울였고, 그 결과 중국 최초의 기전체紀傳體 통사인《사기》를 완성했다. 이렇게 굽히지 않는 정신이 "거세당한" 그를 다시 역사의 봉우리에 우뚝 서게 했다. 그리고 그러한 불굴의 정신은 사마천으로 하여 금 "사람은 어차피 한 번 죽는 것, 태산처럼 무거운 죽음도 있고 기러기 깃 털처럼 가벼운 죽음도 있노라!"라고 외치게 했다.

그 후 이릉이 흉노의 군사들을 훈련시키고 있다는 소식이 전해져왔고 (실제로 흉노 병사를 훈련시킨 자는 이릉이 아닌 이서李緖였다), 황제는 이릉의 삼족을 멸하라는 명령을 내렸다. 일이 이 지경에 이르자 이릉으로서는 도 저히 한나라로 돌아올 수가 없었다. 소무가 한나라로 돌아가기 전, 이릉은 그를 위해 잔치를 베풀었다. 그 자리에서 이릉은 가슴 가득한 억울함과 슬 픔을 감출 수 없어 길고 긴 노래를 부르며 통곡을 했다. 오랜 친구를 위해, 그리고 또한 눈물로 누렇게 변한 한나라 역사의 한쪽에 그 유명한 〈이별의 노래(別歌)〉를 남긴 것이다.

> 만 리 길 지나 사막을 건너왔지, 황제 위해 와서 흉노와 싸웠네.
> 길은 막히고 끊겼으며, 화살과 칼날은 부러졌네.
> 병사들은 다 죽고, 명성도 이제 무너져버렸구나.
> 늙으신 어머님도 이미 돌아가셨으니,
> 은혜에 보답하려 하나 어찌 돌아갈까![34]
> 徑萬里兮渡沙漠, 爲君將兮奮匈奴,
> 路窮絶兮矢刃摧, 士衆滅兮名已隤,
> 老母已死,
> 雖欲報恩將安歸!

마음이 죽어버린 것보다 더 큰 슬픔은 없고, 뜻을 잃은 것보다 더 큰 서 글픔은 없다. 이때부터 마음이 재가 되어버린 이릉은 선우의 딸을 아내로 삼아 스스로를 춥고 머나먼 견곤堅昆[35]에 가둬두고 타향에서 객사하고 말

왔다. 이때부터 붉은 머리카락에 초록색 눈의 견곤인(키르기스인) 중 검은 머리카락을 가진 사람들은 이릉의 후손이라고 했고, 그들 스스로도 자신들을 도위의 후손이라고 말하고 있다.

한편, 이광리 장군은 매부 한 무제의 비호를 받았으나 그는 고작 그림자극의 고수일 뿐이었다. 전쟁만 하면 마지못해 억지로 하니 무승부 아니면 패배하기 일쑤였고, 겨우 몇 차례 작은 승리만을 거뒀을 뿐이다. 이릉이 흉노에게 투항한 지 7년이 지났을 때, 이광리는 14만 대군을 거느리고 흉노를 공격했다. 그런데 그때 장안의 한 환관이 이광리와 재상 유굴모劉屈牦가 조카인 유박劉髆을 황태자로 옹립하려고 한다고 폭로했다. 게다가 이광리의 부인이 무당을 불러다가 한 무제가 빨리 죽으라고 주술을 썼다고도 했다. 무제는 즉시 재상 유굴모 가족의 목을 베어 내걸었고, 이광리 부인은 천뢰天牢[36]에 가둬버렸다. 모처럼 승기를 잡아 흉노를 쫓고 있던 이광리는 이 소식을 듣자마자 곧 군대를 통수하는 자신의 지위를 내버리고 흉노에 투항했다. 대장이 투항하니 대군은 흐지부지 흩어져버렸다.

이렇게 매일매일 스스로를 '고孤(대중을 얻을 수 없다)', '과인寡人(덕이 적은 사람)', '불곡不谷(착하지 못하다)'이라고 겸손하게 낮춰 부르면서도 친히 이릉과 사마천, 이광리의 비극을 연출해낸 황제는 정말로 스스로가 외롭고, 덕이 없으며, 착하지 못하다는 사실을 알고는 있었을까? 만년의 한 무제는 조금이라도 뭔가를 깨달았는지, 태산泰山을 순행할 때 쓴 〈윤대조輪臺詔〉에서 이렇게 말했다.

"짐이 즉위한 후 행한 한심하고 어리석은 일들이 세상을 걱정스럽게 하고 고통스럽게 했는데, 후회해도 소용없었다. 이제라도 백성을 고통스럽게 하는 일이나 천하를 나쁘게 만드는 일이 있다면 모두 그만둘 것이다."

첫 번째 '매국노'

나라를 팔아먹고 적에게 투항한 매국노를 중국에서 보통 '한간漢奸'이라고 부른다. 한나라 때에 적에게 투항한 자들이 바로 최초의 '한간'이었다. 사실 따지고 보면 이릉은 '한간' 중에서 가장 직급이 높은 자는 아니다. 직급이 높은 한간은 이사貳師장군 이광리였다. 물론 그도 벼슬이 가장 높은 것은 아니었으니, 가장 높은 자는 한 문제文帝 때의 중항열中行說이다. 그는 한나라 궁정의 태감이었다.

한 문제 유항劉恒 6년(기원전 174), 묵돌의 아들 계육稽粥(노상선우라 불렸다)이 선우의 자리를 이었다. 화친 관례에 따라 한 문제는 황실의 딸을 노상선우에게 시집보냈다. 동시에 한 문제는 중항열에게 '공주'를 따라 변방으로 떠나라는 명령을 내렸다. 중항열은 통곡을 하면서 남아 있기를 청했지만 받아들여지지 않았다. 떠나기 전, 그는 한마디를 남겼다.

"폐하께서 저에게 꼭 변방으로 떠나라고 하신다면, 한나라 왕조에 이제 평화는 없을 것이외다."

사람들은 그것이 그저 중항열이 화가 나서 내뱉은 말이었을 뿐이라고 했지만, 중항열은 말을 한번 하면 그대로 행하는 사람이었다. 초원으로 가자마자 흉노에게 투항해 명실상부한 '매국노'가 되어버린 것이다. 보통 사람 하나가 투항해버리는 것이야 뭐 문제가 되겠는가. 문제는 그가 그냥 보통 사람이 아니었다는 점에 있었다. 한나라 궁실에서 온 이 환관은 한나라의 군사 기밀을 자세하게 알고 있었을 뿐 아니라 계략도 뛰어났다. 얼마 되지 않아 그는 흉노 노상선우의 최측근 모사가 되었다. 그는 흉노 귀족이 한화漢化하는 것을 극력 반대했다. 한나라의 비단이 아름답기는 하지만 초원에서 입기엔 적당하지 않다고 했으며, 한나라 음식이 맛있기는 하지만 치즈처럼 휴대하기 간편하지는 못하다고 했다. 초원 철기군의 우세함을 유지하려면 반드시 민족 고유의 전통을 지켜야만 한다고 주장했다.

그는 먼저 흉노를 도와 '소기疏記' 제도를 확립해 경제적 수입을 정기적으로 확인했을 뿐 아니라 남아 있는 것이 얼마나 되는지를 조사했다. 그리고 유랑을 하다가 추수를 하는 계절이 되면 관내로 들어가 한나라 농민들이 추수한 곡식을 빼앗아왔다. 이렇게 하면 필요한 군량미를 충당할 수 있고, 1년에 걸친 힘든 노동의 결과물을 빼앗긴 한나라 농민들에게 큰 타격을 줄 수 있었다. 그러면서도 한 왕조의 전면적인 공격은 받지 않아도 되었다. 일거양득이 아니라 일거삼득이었던 셈이니, 그야말로 영악함의 극치를 보여주었다. 외교 방면에서도 그는 물을 만난 고기와 같아서, 한나라 외교관이 오면 아예 입을 벌리지 못하게 막아버렸다.

중항열 이외에 또 한 명, 조신趙信이 있다. 그는 원래 흉노에서 갈라져 나온 작은 지파의 우두머리였는데, 내부 분란 중에 세력을 잃어 한나라에 투항해 흡후翕侯[37]로 봉해졌다. 후에 위청을 따라 출정했다가 패하자 다시 흉노에 투항했다. 한나라라면 이렇게 간에 붙었다 쓸개에 붙었다 하는 인간은 절대 용서치 않았을 것이다. 그러나 흉노는 그렇지 않았다. 초원을 휩쓰는 넓은 도량으로 돌아온 탕자를 용서하고 받아들였다. 이치사선우는 그를 '자차왕自次王(자신의 다음가는 사람이라는 뜻)'으로 봉했고, 자신의 누이를 그에게 시집보내기까지 했다. 조신은 흉노에게 막북으로 철군해 한나라 군대와 직접 접촉하는 상황을 피하라고 건의했다. 이러한 정책은 한나라와 흉노가 서로 균등한 세력을 유지할 수 있는 계기를 만들어주었다.

조신처럼 흉노를 배반하고 한나라에 투항했지만 다시 돌아와 봉작을 받은 인물로는 정령왕 위률이 있다. 물론 한족 투항자도 동등한 대우를 받았다. 연왕燕王 노관盧綰은 동호노왕東胡盧王에 봉해졌고, 이릉은 우교왕右校王에, 진량陳良은 분도후賁都侯에 봉해졌다. 유일한 예외는 이광리였다. 이광리는 흉노에 투항한 후 또 다른 투항자인 위률에게 모함을 당해 살해되었다. 하지만 나중에 선우는 그를 위해 사당을 세워주었으니 일종의 보상을 받은 셈이다. 사람 죽이는 본성을 지녔다는 흉노가 어찌 이렇게 넓은 도량을 가졌던 것일까? 투항자에 대해 관용을 베풀고 신임을 하는 것이 한족보다 훨씬 나았던 것은 도대체 어떤 이유에서였을까?

이를 설명하자면 흉노의 습속부터 이야기를 풀어나가야 한다. 흉노는 문자가 없고 고정된 정착지가 없는 민족이다. 그들의 성격은 매우 직설적이고 개방적이며 활달하다. 용감무쌍해 전쟁터에서는 후퇴하지 않았지만 섬세하게 사고하지 못했다. 멀리 내다보고 지략을 발휘할 모사도 없었고 제대로 진을 짜는 장군도 없었다. 정치 투쟁의 지혜이든 군사적 투쟁의 지략이든, 수천 년 문명의 역사를 지닌 중원과는 상대가 안 되었던 것이다. 예를 들면 흉노는 전국시대 조나라 장군 이목의 계략 때문에 고통을 겪은 바 있었고, 백등의 전투에서는 진평의 뇌물 공세에 당하기도 했다. 그래서 흉노는 온갖 수단을 동원해서라도 인재를 구하려고 했고, 도망자라고 해도 그 죄를 묻지 않았던 것이다. 바로 이렇게 용서하고 관용을 베푸는 도량 덕분에 흉노는 수백 년 동안 초원에서 위업을 달성할 수 있었으며, 바다처럼 모든 걸 받아들이는 지혜로운 정책 덕분에 서쪽으로 밀려갔을 때에도 그 기세가 여전히 무지개처럼 찬란할 수 있었던 것이다(훈족의 왕인 아틸라 수하에도 서양 모사들이 여럿 있었다고 한다).

이렇게 아량과 지혜를 지닌 흉노 지도자의 자세를 보며, 이릉의 가족을 몰살시킨 한 무제는 과연 어떤 생각을 하고 있었을까?

형제끼리 싸우다

한나라 외교계의 '스타' 소무가 세상을 떠났지만 그의 조수 상혜는 여전히 살아 있었다. 한 선제宣帝 유순劉詢 본시本始 3년(기원전71), 상혜가 중간 역할을 해 한나라와 오손烏孫이 힘을 합해 흉노에 공격을 감행한 결과, 흉노 친왕親王과 부하 4만 명을 포로로 잡았다. 한 선제 신작神爵 2년(기원전60)에는 서역을 지키던 흉노 일축왕日逐王이 새로운 선우 도기당屠耆堂에 불만을 품고 돌연 부하를 이끌고 한 왕조에 귀순해 서역의 판도를 넘겨주었다.

설상가상으로, 얼마 지나지 않아 흉노에는 기근이 들었고 이어서 내분이 발생해, 한 선제 오봉五鳳 원년(기원전57)에 이르자 다섯 명의 선우가 쟁패하는 국면에 이르렀다.

여러 차례의 투쟁을 거쳐 마침내 남북으로 대치하는 두 명의 선우가 남았다. 북방의 선우 질지郅支가 형이고, 남방의 선우 호한야呼韓邪가 동생이었다. 형이 동생보다 지지자가 많았기 때문에 호한야는 점차 세력을 잃어갔다. 더 이상 어쩔 수 없는 상황에서 호한야는 한 선제 감로甘露 3년(기원전51)에 남흉노 백성과 기르던 가축을 이끌고 한 왕조에 투항했다. 한 선제는 감천궁甘泉宮에서 먼 길을 온 호한야를 접견했다. 손님과 주인이 열정적이고 우호적인 분위기에서 이야기를 나누던 중, 호한야가 선뜻 신하를 자처하면서 한나라를 대신해 변방을 지키겠다고 했다. 유순이 매우 기뻐하며 즉시 명령을 내렸다.

"호한야가 오르도스 지역으로 옮겨와 거주할 것을 윤허하노라. 대장 한창韓昌은 군대를 이끌고 보호할 것을 명하노라. 필요할 때엔 연합해 북흉노를 공격해도 좋다."

선제는 그에게 '흉노선우새匈奴單于璽'를 하사했다. 또한 호한야가 한나라에 귀부한 후, 한 왕조와 흉노는 전쟁이 끝났음을 선포했다. 동시에 "흉노와 월越은 중원의 정삭正朔을 받아들이지 않는다"는 관례도 깨졌다. 북방민족의 정권이 중원 왕조의 영도를 따르는 선례를 열게 된 것이다.

소식이 막북으로 전해지자 북흉노 질지선우는 급히 서쪽으로 길을 뚫었다. 그리고 서역 북부의 견곤과 정령丁零을 점령했다. 그곳에 뿌리를 내린 후 그는 한 왕조에 인질로 잡혀 있는 태자를 보내줄 것을 요구했다.

약삭빠르게 멀리 떠나버린 질지에 대해 한 왕조는 고자세를 취했으나 불원천리하고 사신 곡길谷吉을 파견해 태자를 돌려보냈다. 그러나 생각지도 못한 일이 일어났다. 태자를 만난 질지는 '강을 건넜으니 다리를 끊는다'는 식으로 멀리서 온 한나라 사신의 머리를 베어버린 것이다. 나중에야 냉정함을 되찾은 선우는 자기가 얼마나 큰 잘못을 저질렀는지 깨달았다. 그래서 점령한 견곤을 버리고 한 왕조에서 멀리 떨어진 서쪽으로 갔다.

한 원제元帝 유석劉奭 초원初元 5년(기원전 44), 즉 로마제국의 위대한 지도자 율리우스 카이사르가 암살당한 바로 그해에, 질지선우는 부하들을 이끌고 멀리 서쪽의 강거康居에 도착했다. 그는 강거왕의 딸과 혼인한 후 강거국의 보호자를 자처하며 오늘날 카자흐스탄 남부에 있는 잠불을 자신의 이름을 따서 '질지성郅支城'이라 불렀다. 흉노는 서역 각국에 조공을 바치라고 명령을 내렸으며, 낙타 방울 소리가 들려오던 실크로드를 봉쇄해버렸다.

8년 후, 한나라는 마침내 질지에 대한 공격을 시작했다. 거대한 사막의 모래는 눈처럼 하얗게 빛나고 있었고 갈고리 같은 달이 연산燕山 위에 떠 있었다. 달빛 쏟아지는 중앙아시아 대초원에 엄청난 군대가 하무[38]를 입에 문 채 질풍처럼 진군하고 있었다. 한 왕조 서역도호부의 감연수甘延壽와 부교위副校尉인 진탕陳湯이 교지를 고쳐 병사를 일으키는 모험을 감수하면서까지 황제의 이름으로 비밀리에 서역 각국의 군대를 징발했다. 둔전을 하던 군사까지 합쳐 모두 4만 명이 남로南路와 북로北路로 나누어 질지성을 공격했다. 남로는 파미르고원을 넘어 대원大宛을 가로질렀고, 북로는 오손烏孫을 지나갔다. 그렇게 두 개의 길을 지나온 군대가 함께 만나 질지성을 포위했다.

동이 터올 무렵, 눈부신 햇살이 오아시스를 비추기 시작할 때, 흙벽을 나무로 덮어 쌓은 질지성이 한나라 원정군의 시야에 들어왔다. 한나라 장군의 깃발이 휘날리는 순간, 한 왕조의 군대는 질풍노도와 같이 질지성을 포위해 들어갔다. 달콤한 잠에 빠져 있던 흉노 군인들이 당황한 상태에서 응전했지만 성은 금방 함락되고 말았고, 북흉노는 그렇게 멸망했다. 질지 선우는 강거 동부에서 군후軍侯 두훈杜勳에 의해 목이 잘렸고, 그의 머리는 빠른 말에 실려 3,300리 밖에 떨어져 있는 장안으로 보내졌다. 이후 질지는 불명예스러운 기록 두 가지를 남겼다. 하나는 그가 한나라 군대에 의해 전쟁터에서 목이 잘린 최초의 선우라는 것, 목과 몸이 따로 떨어져 한데 매장되지 못한 최초의 묵돌 후손이라는 것이다. 또한 당시 포로가 되었던 자들 중에는 검은 옷을 입고 방패를 든 서방 군인들이 있었는데, 그들은 안식安息과 전쟁을 할 때 패배한 후 동방으로 도망쳤던 로마 군단의 병사들이라고 한다.

큰 공을 세운 감연수와 진탕은 한 원제에게 쓰는 보고서에서 "한나라를 욕보인 자들은 아무리 먼 곳에 가 있다고 해도 반드시 찾아내 죽여야 합니다!"라고 기세등등하게 말했다고 한다.

왕소군이 새외로 나가다

한 원제는 도움을 요청했던 호한야를 초원으로 보내 뒷수습을 하게 했다. 고비사막의 모래바람과 전마戰馬의 울음소리에 익숙했던 호한야는 한나라 변경을 떠나 북쪽에 있는 흉노의 땅으로 돌아갔고, 그곳에서 다시 흉노를 통일했다.

한 원제 경녕竟寧 원년(기원전 33), 호한야는 자신의 지위가 안정되자 원제에게 한 왕조의 사위가 되고 싶다는 뜻을 전했다. 그런데 한 원제는 자기의 딸이나 황실 귀족의 딸이 아니라 수없이 많은 자신의 궁녀들 중에서 다섯 명을 골라 선우에게 보냈다. 사람들은 그 이유를 알 수 없어 했지만, 그렇게 하면 황실 사람들의 원망을 듣지 않아도 될 뿐 아니라 호한야의 화친 요구를 만족시켜주는 셈이 되었던 것이다.

그러나 원제는 세심하지 못했다. 그에게는 두 가지 취미가 있었는데, 하나는 음악이고 다른 하나는 미녀였다. 그는 세상의 모든 미녀를 골라 입궁하게 했다. 그러나 얼굴을 하나하나 보는 것이 귀찮아 초상화를 보고 마음에 드는 미녀를 골랐다. 그래서 궁녀들은 화가에게 뇌물을 주고 자기를 예쁘게 그려달라고 했는데, 그 비용이 많으면 10만, 적어도 5만 전은 되었다. 이런 상황에서 등장하는 전형적인 피해자가 바로 왕소군王昭君이었다.

왕소군의 원래 이름은 왕장王嬙이다. 자는 소군인데, 초나라 시인 굴원의 고향인 자귀秭歸 향계수香溪水 근처 평민의 집에서 태어났다. 향계수 근처의 젊은 남녀들은 모두가 노래와 춤에 뛰어났고 쟁箏과 축筑을 잘 타기로 유명했다. 한 왕조의 '악부樂府'라는 관청에서는 노래와 시를 수집했던 터라, 노래와 음악에 뛰어난 여자들을 후궁으로 충당했다. 재주와 미모가 뛰어난 왕소군은 운 좋게 한 왕조의 궁실로 들어가게 되었고, 시골 사람들은 왕소군이 황후의 자리에 거의 다가갔다고 생각했다. 그러나 한나라 궁실의 후비 등급은 그야말로 엄격해서 원제 때에는 소의昭儀, 첩여婕妤, 아娥, 용화容華, 미인美人, 팔자八子, 충의充依, 칠자七子, 양인良人, 장사長使, 소사少使, 오관五官, 순상順常, 무연無涓 등 14개의 등급이 있었다. '양가자良家子'가 되어 입궁한 왕소군에게는 아무런 직급도 없었으니, 14개 등급의 밖에 있었던 것이다. 왕소군은 '액정대조掖庭待詔',[39] 즉 언제든지 '후보'가 되는 보통 궁녀였다. 게다가 왕소군은 스스로를 남보다 아름답다고 여겨 궁정 화가에게 뇌물 따위는 주지 않았다. 그러자 궁정화가 모연수毛延壽는 그림에 수작을 부려 눈에 그려 넣어야 할 단청丹靑을 뺨에 찍어버렸다. 그 결과 왕소군은 입궁한 후 원제의 얼굴을 단 한 번도 볼 수가 없었다.

왕소군은 인격적인 면에서 스스로의 존엄을 지켰고, 미모는 자부심을 가져도 될 정도였다. 또한 황궁이 언제나 어둠에 묻혀있지는 않을 거라 여겼다. 그래서 외롭지만 고고하게 당시의 일반적 관례에 저항했다. 스스로 붉은 담 푸른 기와로 된 감옥 속으로 들어선 것이다. 하늘의 달이 둥글었다가 이지러지고, 궁 안의 나무가 푸르렀다가 시들기를 여러 해 반복했다. 세월은 무심하게 흘러갔지만 저 높은 곳에 있는 황제는 여전히 그림으로 사람을 뽑고 있었다. 얼굴에 점이 찍힌 그림 속의 왕소군이 황제를 만날 확률은 거의 없었다. 궁중의 관례에 따른다면 왕소군은 황제가 죽은 후 죽임을 당하거나 아니면 먼 곳으로 쫓겨나야 할 비참한 운명에 처해 있었다.

그런데 원제로부터 선택된 궁녀는 흉노와 혼인해야 한다는 명령이 내려왔다. 외로운 등불 아래 쓸쓸한 달과 함께 3년을 보낸 소군은 다른 네 명의 궁녀들과 함께 명령을 받고 호한야선우 앞으로 나아갔다. 하늘의 선녀처럼 아름다운 왕소군은 단번에 호한야의 눈에 들었다. 원제는 곧 "소군을 공주로 삼아 멀리 시집보내라"라는 조서를 내렸다. 소군의 조카 왕흡王歙도 화친후和親侯가 되어 고모를 따라 새외로 나가게 되었다.

햇빛 찬란한 어느 날 오전, 한 원제는 외교적 관례에 따라 그림에서만 보았던 '공주'를 보내려고 나왔다. 붉은 등이 높다랗게 걸렸고, 문무대신이 대전 양쪽에 늘어서 있었다. 황후와 비빈들이 만면에 홍조를 띤 황제를 둘러쌌고, 조정에는 잔치 분위기가 물씬 풍겼다. 호한야선우와 왕소군이 함께 황제 앞에 무릎을 꿇고 감사의 인사를 올릴 때, 소군의 하늘거리는 잘록한 허리는 마치 버들가지가 바람에 흔들리듯 아름다웠고, 분을 바른 발그레한 뺨은 햇빛 속의 연꽃처럼 아름다웠다. 살짝 미간을 찌푸린 모습까지도 배꽃이 비를 머금은 듯했다. 텅 빈 골짜기의 향기로운 난초 같은 청아함이 담겼고, 푸른 하늘과 맞닿은 가을날의 물처럼 맑은 느낌이 감도는 절세 미녀의 모습이었다. 소군의 눈매에는 《초사楚辭》나 《시경詩經》, 한나라의 부賦나 당나라 시詩보다 더 아름다운 품격이 감돌았다. 그 모습을 바라보며 원제는 후회막급했으며 질투심까지 솟구쳐 올랐다. 그러나 이미 조서를 내려버린 터, 쏟아진 물을 다시 주워 담을 수는 없는 노릇이었다.

왕소군이 장안을 떠나 새외로 간 노선은 다음과 같다. 북지군北地郡, 상군上郡, 서하군西河郡, 삭방군朔方郡을 지나 오원五原에 이르는 길이니, 그곳은 오늘날 산시성陝西省과 간쑤성, 내몽골의 경계 지역이다. 그 길을 따라 소군은 흉노 땅 깊숙한 곳으로 들어갔다. 소군이 간 그 길은 누런 흙먼지가 흩날리는 곳으로, 구름조차 누런빛을 띨 지경이고 풀은 메말랐으며 휘날리는 모래 먼지에 모든 것이 흐릿하게 보이는 곳이었다. 역사에서 왕소군은 언제나 품에 비파를 안고 석양의 마른 풀 사이에 말없이 쓸쓸하게 서 있는 모습으로 그려진다. 이때부터 소군의 아름다운 비단옷은 두터운 가죽옷으로 바뀌었고, 흐르는 물길에 떠 있는 붉은 꽃잎들은 아득한 누런 모래로 바뀌었으며, 남국 물가의 꿈은 새외의 피리 소리로 바뀌었다.

양관 만 리 머나먼 곳에서, 한 사람도 돌아가는 것을 보지 못했지.
오직 강가의 기러기만이, 가을이 오면 남으로 날아가네.[40]
陽關萬里遙, 不見一人歸.
唯有河邊雁, 秋來南向飛.

그러나 왕소군은 후회하지 않았다. 어차피 새외로 나가기로 결정했다면 강해져야 했으며 책임을 져야했다. 그녀는 그때부터 남들과 달라졌다. 그저 '낙안落雁'(열을 지어 땅으로 내려앉은 기러기라는 뜻으로 소군의 아름다움과 비파 소리는 기러기까지도 모래 위로 내려와 앉게 했다고 전해진다)의 아름다움만 지니고 있는 것이 아니라 희생하는 마음을 갖게 되었다. 흉노 땅으로 간 뒤 호한야는 왕소군을 영호寧胡 연지로 봉했다. 그 후 한나라와 흉노 사이를 두고 "변방이 평안해져 관문이 닫혔다. 소와 말이 들판에 가득하고, 3대 동안 개 짖는 소리가 없었으며, 백성들은 전쟁을 하지 않게 되었다."[41]라는 이야기가 전해졌다. 마침내 1세기 만에 봉화가 꺼졌고, 변경에는 민가의 밥 짓는 연기가 평화롭게 피어올랐다. 연약한 한 여인이 한나라와 흉노의 평화로운 나날을 만들어낸 것이다. "한 몸을 막북에 보내 여러 세대가 지나도록 전쟁이 일어나지 않게 했네"라는 미담에 "공명을 세운 것으로 논하자면 위청이나 곽거병과 거의 같다"[42]라는 찬사까지 나오게 되었다.

왕소군이 먼 곳으로 시집간 것이 못내 아까웠는지, 원제는 원통함이 병이 되어 그해 여름에 한을 품고 죽었으니 그때 나이 마흔하나였다. 그러나 왕소군은 초원의 유목민이 마시는 따뜻한 양젖차처럼 진한 생활 속으로 녹아들어갔다. 소군은 호한야와의 사이에 아들 하나(훗날의 우일축왕右日逐

내몽골 후허하오터 왕소군 무덤에 서 있는 왕소군과 호한야선우의 동상.

절반의 중국사

王)를 낳았고, 호한야의 맏아들 복주루復株累선우와의 사이에서 두 딸을 낳았다. 그 후의 기나긴 세월 동안 그녀의 딸과 사위, 외손은 모두 한나라와 흉노 사이의 평화를 위해 노력했다.

왕소군은 한나라 성제 유오劉驁 홍가鴻嘉 2년(기원전 19)에 세상을 떠났다. 그때 그녀의 나이 서른셋이었으니, 활짝 핀 아름다운 부용화와 같은 나이였다. 영면한 왕소군은 내몽골 후허하오터 대흑하大黑河 남쪽의 충적 평원에 묻혔다. 사람들은 모두 왕소군을 가엾게 여겼다. 그나마 초목이 모두 시드는 겨울에도 왕소군 무덤 곁에는 푸른 풀이 무성했기 때문에 사람들은 약간이라도 마음을 편하게 할 수 있었다. '청총'이라 불리는 그 무덤을 보고 당唐대 시인 두보杜甫는 이런 시구를 남겼다.

> 온갖 산들과 골짜기들이 형문으로 나아가는데,
> 왕소군 살았던 곳에 아직도 마을이 있네.
> 궁전 있는 곳을 떠나니 바로 막북 흉노의 땅으로 이어지는데,
> 저녁노을 속에 푸른 무덤 하나 남아 있네.[43]
> 群山萬壑赴荊門,
> 生長明妃尙有村,
> 一去紫臺連朔漠,
> 獨留靑冢向黃昏.

남흉노와 북흉노

목초가 누렇게 변했다 푸르러지고, 푸르른 풀이 다시 누렇게 변해도 역사의 강은 계속 흐르고 있었다. 그러다 중원의 외척 하나가 유씨의 한 왕조

를 대신해 급진적인 개혁을 추진하기 시작했다. 그가 바로 왕망王莽이다.

문자를 통일하고 수레바퀴 폭을 통일하며 군현을 설치했던 진시황의 개혁정책과 비교해볼 때 개혁의 추진력과 광범위함, 기세는 결코 진시황에 뒤지지 않았을뿐더러 어떤 부분에서는 넘어섰다. 다만 결과가 진시황의 개혁만 못했을 뿐이다. 개혁적인 생각으로 머리가 가득 찼으며 계략이 넘치는 이 백면서생은 자신의 왕조를 '신新'이라고 명명했다. 그리고 이미 오래전에 유명무실해진 정전제井田制를 다시들고 나와 천하의 모든 토지를 '왕전王田'이라고 명명, 땅을 인구에 따라 다시 배분하도록 했다. 시중에 오랫 동안 유통되어 오던 오수전五銖錢을 폐지하고 새롭게 28종의 화폐를 사용하도록 했다. 거기에는 고대에 유통되었던 조개껍데기 화폐까지 포함되어 있었다. 가장 민감한 민족 문제에도 손을 대어 흉노를 15개의 선우로 제멋대로 갈라버렸다. 흉노의 선우를 왕王에서 후侯로 강등시켰으며, 흉노선우를 '항노복우降奴服于'라고 불렀다. '흉노선우새'도 '항노복우장降奴服于章'으로 이름을 바꿨고,[44] 고구려를 하구려下句麗로 바꿔버렸다.

중국에는 "옛것을 변화시키고 항상 해오던 것을 함부로 바꾸면 죽음 아니면 멸망뿐이다"[45]라는 옛말이 있다. 생각해보라. 점진적인 개혁도 수시로 거대한 반발에 부딪치는 법인데 이렇게 몽유병 환자처럼 행동하다니, 그 결과가 어땠겠는가. 국내의 반대파, 기아에 시달리는 농민들, 주변의 작은 나라들이 시끄럽게 굴기 시작했고, 왕망은 아주 빠르게 사면초가 상태에 빠졌으며 흉노 역시 그 기회를 틈타 다시 남하하기 시작했다.[46]

그런데 흉노가 한나라 국경을 향해 걸음을 옮기고 있을 무렵, 흉노에 무시무시한 메뚜기 재해가 발생했다. 구름처럼 하늘을 뒤덮은 메뚜기 떼가 지나간 곳엔 목초고 나무고 아무 것도 남지 않았다. 사람과 가축이 거의 절반이나 죽어나갔고, 오환이 그 기회를 틈타 군사를 이끌고 침범하니, 흉노의 주력군은 어쩔 수 없이 북쪽으로 수천 리나 밀려 올라가야 했다. 남방의 여덟 개 흉노 부락은 호한야선우의 손자인 비比의 영도하에, 북방으로 간 포노蒲奴선우에게 도전해 따로 남흉노국을 세웠다. 그리고 비는 자신의 할아버지 호칭을 그대로 사용해 자칭 호한야선우 2세라 했다. 스스로를 선우로 봉했으나 세력이 미약했던 터라, 남흉노는 북흉노와의 전쟁에서 금방 열세에 처하게 되었다. 결국 후한 광무제光武帝 유수劉秀 건무建武 26년 (50), 초원에서 자리를 차지할 수 없었던 남흉노는 한 왕조에 구원을 요청했고, 광무제는 그들이 내지[47]로 옮겨와 북지北地, 삭방朔方, 오원, 운중雲中, 정양, 안문雁門, 대군代郡 등에 자리를 잡고 살 수 있게 해주었다.

남의 울타리 아래에서 살아가는 생활이 안전하기는 했지만 그들의 지위는 하락할 수밖에 없었다. 후한과 흉노의 관계는 호한야선우 1세 때의 준군신관계에서 이제 명실상부한 군신관계로 바뀌었다.[48] 후한은 해마다 남흉노에게 원조 물자를 제공했고, 흉노중랑장匈奴中郎將을 설치해 선우를 보좌하게 했다. 명색이 보좌일 뿐, 사실은 흉노의 동향을 감시하고 흉노 각 부 사이의 분쟁을 처리하는 것이었다. 하지만 흉노는 후한이 흉노를 지켜준다는 명분하에 군인과 백성을 대거 흉노의 지역으로 이주시킨 데 대한 항의도 제대로 못한 채 속을 끓이고 있었다. 후한은 이렇게 함으로써 남흉노를 병합하려는 목적이 있음이 분명했다.

유사 이래, 줄곧 제멋대로 왔다가 떠나가곤 했던 흉노가 이제 망할 날만 기다리게 된 것인가?

호가의 노래 열여덟 수

채문희蔡文姬의 원래 이름은 채염蔡琰이며, 책 향기 넘치는 문인 집안 출신이었다. 아버지 채옹蔡邕은 후한의 명사였다. 박학하기로 이름난 채옹은 전권을 휘두르던 환관에게 미움을 받아 변방으로 쫓겨나 있었다. 그때 전권을 장악한 동탁董卓이 채옹을 불러들여 벼슬을 무려 세 직급이나 올려주었다. 인심을 무마하고 헛된 명성이라도 얻으려는 의도에서 나온 행동이었다. 전쟁으로 권력을 얻은 동탁은 조정의 모든 권력을 자기에게 집중시켰을 뿐 아니라 제멋대로 한나라 황제를 폐위시켰다. 또한 백성을 쥐어짰을 뿐 아니라 낙양 주민을 새로운 도읍인 장안으로 이주하라고 들볶았다. 그러자 신하며 백성이 모두 분노에 차서 들고 일어나 동탁을 죽이려 했다. 《삼국연의三國演義》를 보면 사도司徒 왕윤王允이 '폐월閉月(달에게 절을 할 때면 그녀와 아름다움을 다투기 싫어 달도 숨어버렸다고 한다)'의 아름다움을 지닌 초선貂蟬을 동탁에게 바친 뒤 다시 초선을 동탁이 가장 신임하는 부장 여포呂布에게 보낸다. 동탁과 여포가 초선을 두고 서로 질투하며 싸워 원수가 되게 만들어 여포의 손으로 동탁을 제거하게 한 것이다.

동탁이 죽은 후 동탁에 의해 중용되었던 채옹은 동탁과 같은 무리라고 해 잡혀 들어갔고, 옥중에서 억울하게 죽었다. 그 후 동탁의 부장들이 다시 난리를 일으키는 바람에 관중 땅은 온통 혼란에 빠졌고, 장안성은 사람이 살지 않는 귀신의 땅처럼 되었다. 그 와중에 난민을 따라 유랑하던 채문희는 난국을 틈타 침입했던 흉노 병사들에게 잡혀갔다.

난민 틈에 숨어있던 채문희는 입은 옷도 남루하고 머리도 헝클어져 엉망이었지만 여전히 우아하고 기품 있는 분위기를 지니고 있었다. 그런 그녀의 모습을 보고 단박에 마음이 기운 흉노의 좌현왕左賢王이 문희를 아내로 삼았다. 당시 스물세 살의 채문희는 흉노 땅에서 12년 동안 살면서 아적괴阿迪拐와 아미괴阿眉拐라는 두 아들을 낳았다.

채문희는 먼 곳에 있는 정다운 고향에 더 이상 돌아갈 수 없었다. 그러나 뜻밖에도 중원 땅에는 아직 그녀를 생각하고 있는 사람이 있었다. 흉노에게 채문희를 찾아달라는 명령을 내린 조조曹操가 바로 그였다. 한 헌제獻

帝 유협劉協 건안建安 13년(208), 조조는 사신 주근周近에게 황금 천 냥과 하얀 벽옥 한 쌍을 갖고 남흉노로 가라고 했다. 흉노의 좌현왕에게 자신의 친한 친구 채옹의 딸을 돌려달라고 한 것이다.

좌현왕은 조조의 뜻을 감히 거스를 수 없어 사랑하는 아내를 돌려보낼 수밖에 없었다. 12년간 흉노 땅에서 생활해온 채문희에게는 그 무엇도 두려운 것이 없었다. 그러나 채문희 가슴속의 그 한없는 처량함을 누가 알 수 있었을까? 갈 것인가 남을 것인가, 그야말로 고민이었다. 중원의 고향 마을이 이쪽에 있다면 두 아이가 저쪽에 있었다. 이쪽은 고향을 떠난 자가 꿈에도 그리워하는 곳이었고 저쪽은 깊고 깊은 어머니의 마음이 있는 곳이다. 자식과 고향이라는 선택을 앞에 두고 채문희는 울려고 해도 눈물조차 나오지 않았고, 심장은 칼로 도려내는 것 같았다. 당시 서른다섯 살이었던 채문희는 한나라 사신의 재촉하에 제정신이 아닌 상태로 수레에 올랐다. 수레바퀴가 철커덕거리며 움직이기 시작할 때, 12년 세월이 거센 빗방울처럼 가슴을 두드렸다.

이런 상황에서 채문희는 피눈물을 흘리며 〈호가십팔박胡笳十八拍〉(〈호가명胡笳鳴〉이라고도 한다)을 써내려갔다. 그야말로 '쑥풀을 흔들리게 하고 모래와 자갈을 날아다니게 하는',[49] 즉 바람이 휘몰아치는 것 같은 느낌을 주는 천고의 절창이다. 채문희가 포로로 잡혀가서 고향을 그리워하던 마음, 아이들과 이별해 한나라로 다시 돌아오게 된 기구한 인생에 대한 읍소가 작품 전체를 관통하고 있다. 또한 전쟁 상황에서 겪어야 했던 재주 많은 한 여인의 만남과 이별 등 파란만장한 생애가 생생하게 묘사되어 있다. 글자 하나하나에 피가, 노래 한 수마다 눈물이 서려 있는 그 작품을 읽다 보면 울며 호소하는 듯한 채문희의 목소리가 들려온다.

"하늘에 눈이 있다면 어찌 나 홀로 떠돌아다니는 것을 보고만 있단 말인가? 신에게 영혼이 있다면 어찌 내가 하늘 끝 바다 끝 머나먼 곳에 있도록 둔단 말인가? 내가 하늘에 잘못하지 않았거늘, 어찌 하늘은 나를 벌하시는가? 내가 신을 저버리지 않았거늘, 신은 어찌 나를 죽여 머나먼 황량한 곳에 버려두셨는가? 8박을 지어 우울함을 말해보고자 하지만, 노래 다 만들어도 수심은 어찌해 다시 생겨난단 말인가?"

"성군을 만나 다행히 다시 돌아올 수 있었으나, 탄식하며 어린 두 아들과 이별했으니, 다시 만날 길 없네. 12박에 슬픔과 기쁨이 모두 들어 있구나. 떠나고 남는 두 가지 정을 모두 서술하기 어렵도다."

"16박에 생각이 아득하구나, 나와 아이들이 각각 다른 곳에 있네. 해는 동쪽에 달은 서쪽에 있어 서로 바라만 보고 있도다. 서로 만날 수 없으니 애간장 끊어지는구나."

재기가 넘치는 채문희는 업성鄴城(허베이성 린장臨漳)으로 돌아온 후 조야의 존경을 받았다. 조조의 중매로 서른다섯 살의 채문희는 둔전도위 동사董祀에게 다시 시집갔다. 한편 채문희는 아버지가 남긴 경전의 문장을 다 외우고 있었다. 그래서 그 기억에 의존해 경전을 다 써서 위나라에 고귀한 정신적 자산을 남겨주었다.

왕소군의 무덤은 그녀가 묻힌 후 끊임없이 수리되었으나, 같은 한 왕조의 미녀 채문희의 고향인 오늘날 허난성河南省 치현杞縣 위진圉鎭에는 그녀를 기억하게 하는 그 어떤 유물이나 유적도 남아 있지 않다. 문희가 그토록 그리워했던 채씨화원은 이미 무너져 나뭇잎으로 무심하게 뒤덮여 있고, 그리 정교하다고 할 수 없는, 한백옥漢白玉으로 만든 채문희 상 하나가 먼지 휘날리는 교차로에 서 있을 뿐이다.

첫 번째 이민족 왕조

채문희를 데리고 온 조조는 내친 김에 조금 더 욕심을 부렸다. 흉노의 합법적 선우가 한 헌제 건안 21년(216)에 평양平陽(산시성山西省 린펀臨汾 서북쪽)에서 업성으로 와서 한 왕조의 재상이자 위국공魏國公인 조조를 만났다. 그때 조조는 그를 위나라 궁정 안에 머물게 하고 온갖 영화를 누리게 해주었다. 사실상 인질로 잡은 것이었다.

조조는 흉노 우현왕右賢王 거비去卑에게 선우를 대신해 국가를 관리하게 했고, 남흉노를 5부로 나누어 오늘날의 산시성陝西省과 산시성山西省, 허베이성 북쪽의 인구가 적은 변경 지역에 머물게 했다. 좌부左部 1천여 락落은 산시山西 린펀, 우부右部 6천여 락은 산시 치현祁縣에, 남부南部 3천여 락은 산시 시현隰縣에, 북부北部 4천여 락은 산시 신현忻縣에, 중부中部 6천여 락은 산시 원수이현文水縣에 머물게 했다. 각 부에는 흉노부수匈奴部帥를 한 명씩 두었고, 한족인 사마司馬를 한 명씩 두어 감독하게 했다.

인질로 잡힌 흉노 선우의 이름은 호주천呼廚泉이었다. 그는 인질이 된 후 순종적인 인간이 되어 스스로 그 상황을 즐기며 세상을 떠날 때까지 그렇게 살았다. 많은 사람들은 초원에서 질풍노도처럼 달리던 사람이 어찌 그렇게 비굴하게 타락할 수 있는지 이상하다고 말한다. 하지만 나는 그의 인내심과 희생정신에 깊은 감동을 받았다. 흉노 지도자의 굴종과 인내 덕분에 예전처럼 위세를 떨치지 못했던 흉노인이 한족에 의해 살육당하고 유린당하는 비참한 운명을 피할 수 있었고, 중국의 북부 변경 지역에서 편안하게 살아갈 수 있었다. 말을 타고 활을 쏘는 그들의 원숙한 기술은 후에 중원 군대의 중요한 구성 요소가 되었다. 이렇게 해 중국 변경과 그 방어체계 주변에 반한화半漢化된 흉노인이 많이 모여들었다. 이것은 후기 로마제국의 상황과 매우 비슷하다. 그 무렵 로마의 대부분 변경 지역과 방어체계는 게르만 '오랑캐'의 수중에 들어갔다. 라틴과 게르만이 함께 후대 유럽을 만들어간 것처럼, 중화제국 후대의 역사도 '오랑캐'와 한족이 함께 만들어 가기 시작한 것이다.

그 후 오랜 세월이 지난 뒤, 진晉 왕조의 태양은 점점 서쪽으로 기울어가고 있었다. 당시 황제의 자리는 매우 어리석었던 혜제惠帝의 손에 들어와 있었다. 황후 가남풍賈南風이 조정의 대권을 장악했는데, 가남풍의 통치 방식은 아주 간단했다. 친왕親王 한 사람의 힘을 빌려 많은 병사를 거느린 친왕을 통제하는 것이었다. 그러나 다른 친왕이 따르지 않는 바람에 16년에 걸친 팔왕八王의 난이 일어났다. 진나라는 점차 전쟁에 휩싸였고, 천재天災와 유민流民들은 진나라를 멸망 직전에 이르게 만들었다. 156년에 5,600만 명이던 중원의 인구는 306년에 1,600만 명이 채 되지 않을 정도로 줄어들었다. 이러한 상황은 내지로 들어왔던 소수민족이 중원에서 각축할 수 있는 절호의 기회가 되었다.

이미 반쯤은 한화가 진행된 남흉노는 혜제 사마충司馬衷 영안永安 원년 (304)에 기회를 틈타 병사를 일으켰고, 마침내 중국 역사상 첫 번째의 이민족 중원 왕조가 세워졌다. 왕조를 세운 자는 도각屠各 흉노의 유연劉淵이었다. 그는 스스로 남흉노 어부라於扶羅선우의 손자이자 좌부수左部帥 유표劉豹의 아들이라 했다.

북한과 서진, 동진

유연은 보통 사람이 아니었다. 역사서는 청년 시절의 그를 "자태가 의연하고 웅대했다. 키는 8척 4촌에 가슴에 붉은 털 세 개가 나있었는데 그 길이가 3척 3촌이었다"라고 묘사하고 있다. 점쟁이도 그를 보더니만 감탄을 금치 못하며 "참으로 비범하게 생긴 사람이로구나, 이런 사람은 한 번도 본 적이 없어"라고 말했다고 한다.

그는 일찍이 낙양에서 청소년 시절을 보냈다. 그래서 오랫동안 한漢 문화의 세례를 받았다. 유표가 병으로 사망한 후 그는 좌부로 돌아가 아버지의 뒤를 이어 좌부수의 직책을 이어받았다.

'팔왕의 난'이 시작되면서 통제력을 잃은 중원은 파도치듯 흔들렸고, 분수汾水 유역에 자리 잡고 있던 흉노의 5부 역시 꿈틀거리고 있었다. 영안 원년(304), 유연은 난을 틈타 업성에서 오늘날 산시山西로 돌아왔고, 산시 리스離石현에서 스스로를 '대선우'라 칭했다. 그는 5부 흉노를 한 데 모아 5만 명의 기병부대를 구성했다. 아득한 지평선 위에서 새벽 햇살 속에서 새로운 왕조의 그림자가 피와 불의 세례를 받으며 서서히 다가왔다.

같은 해 10월, 그는 오늘날 산시성山西省 리스현離石縣 동북쪽 좌국성左國城 남쪽 교외에 단을 세우고 즉위해 '나라를 되살릴' 것을 선포했다. 관할 구역 내의 한족을 끌어들이기 위해 그는 촉한蜀漢 유선劉禪을 존중한다는 의미로 효회孝懷 황제라 부르며 스스로를 '한왕漢王'이라 칭했다. "즐거움에 빠져 촉을 생각하지도 않았던" 유선은 땅에 묻힌 지 수십 년 후에 갑자기 유씨 성을 가진 흉노 사람이 한 왕조를 재건하겠다고 할 줄은 꿈에도 생각하지 못했을 것이다.

진晉 회제懷帝 사마치司馬熾 영가永嘉 2년(308), 유연은 정식으로 한 황제를 칭하며 평양으로 천도, 국호를 '한(역사서에서는 '북한北漢'이라 부른다)'이라 정했다. 이어 유연은 중화제국의 중심지인 고도 낙양을 목표로 삼았다. 하지만 아쉽게도 그는 목표를 달성하지 못하고 세상을 떠나야 했다.

황제 자리를 계승한 태자 유화劉和는 네 명의 형제가 군권을 장악하고 있다는 것을 알았다. 그래서 비밀리에 계획을 세워 친형제를 제거하기로 했다. 그러나 낮말은 새가 듣고 밤말은 쥐가 듣는 법, 그만 소식이 새어나가고 말았다. 결국 군권을 장악하고 있던 흉노 우부통령右部統領, 즉 넷째 동생 유총劉聰이 경성으로 치고 들어와 아직 시신이 채 식지도 않은 아버지의 영전 앞에서 새로운 황제 유화를 죽였다. 그리고 유총은 꿈에도 그리던 황제 자리에 올라갔다. 이렇게 우연한 사건으로 황제 자리에 올라간 이 젊은이는 감정이 풍부하고 솔직한 사람이었다. 그에게 얽힌 이야기는 진 회제부터 시작된다.

영가 5년(311), 유총은 대장 유요劉曜와 석륵石勒을 보내 낙양을 점령했다. 진 회제 사마치는 포로로 잡혔고, 진 왕조 제왕들의 무덤은 파헤쳐졌다. 이것이 그 유명한 '영가永嘉의 난'이다.

어느 날, 기분이 좋아진 유총이 큰 잔치를 베풀었다. 그리고 포로가 되었다가 회계공會稽公으로 봉해진 사마치를 초대했다. 술이 세 번 돌자 유총은 전전긍긍하며 어찌할 바를 모르는 사마치에게 말했다.

"그대가 예장왕豫章王일 때 당신 집을 방문한 적이 있소. 당신은 나의 명성을 오래 전부터 들었다고 했지. 그리고 짐이 지은 노래에 대해 아주 한참 동안 감탄을 했었소. 그리고 나를 데리고 활도 쏘러 갔지. 내게 멋진 활과 훌륭한 연적을 주었는데, 당신은 그 일들을 기억하오?"

오후부터 해가 질 때까지 두 명의 '오랜 친구'들은 신나게 술을 마셨다. 이별할 즈음, 유총은 흥이 나서 자신이 가장 아끼는 아내인 유귀인劉貴人을 진 회제에게 주기까지 했다.

그러나 장안에 사마업司馬鄴이 진나라의 황태자가 되었다는 소식이 전해졌고, 그 소식을 들은 유총은 분노했다. 영가 7년(313) 설날, 유총은 광극전光極殿에서 신하들을 불러 큰 잔치를 베풀었다. 그 자리에서 유총은 진 회제에게 보여주었던 예의 바른 태도를 갑자기 바꾸더니 그에게 하인들이 입는 푸른 옷을 입게 했다. 그리고 노예들과 함께 그 자리에 앉아 있는 흉노 귀족들에게 술을 따르게 했다. 그렇게 괴롭힘을 당한 후 가엾은 진

회제는 29세의 젊은 나이에 독이 든 술을 마시고 생을 마감했다.

이 불행한 소식은 장안 행대行臺(중앙의 임시기관)에 전해졌다. 장안에서는 황태자 사마업이 제위를 계승했고, 연호를 건흥建興이라 고쳤다. 건업建鄴은 황제가 된 사마업의 이름자를 피해 건강建康으로 이름을 바꿨다.

그러나 건흥이라는 연호는 좋은 운을 가져다주지 않았다. 진 민제愍帝 사마업 건흥 4년(316), 유총이 병사를 이끌고 장안을 포위해 민제에게 투항하라고 압박을 가해왔다. 민제는 포로가 되기 전에 조서를 내려 건강의 낭야왕 사마예司馬睿(사마의司馬懿의 증손자, 사마근司馬覲의 아들)에게 제위를 계승하라고 했다. 다음 해 3월, 민제가 아직 세상에 살아 있었기 때문에 사마예는 건강에서 '진왕晉王'이라 칭했으니, 이것을 역사에서는 '진국기건晉國旣建'이라 부른다.

유총은 득의만만해졌다. 술을 마셨다 하면 크게 취했고, 대신들의 집으로 아무 때나 찾아갔으며, 그 집에서 아름다운 여인을 만나면 바로 자신의 것으로 삼았다. 어느 날 그가 대신 근준靳准의 집에 갔다가 부용화처럼 아름다운 근준의 두 딸 근월광靳月光과 근월화靳月華의 향기로운 자태를 보더니 두 여자를 모두 자신의 빈으로 삼겠다고 말했고, 그날로 새 장인 집에서 신혼 방을 차렸다.

유총은 성실하게 지내는 사마업을 보면서 기분이 그리 나빴던 것은 아니었으나 늘 마음 한 구석에 찝찝한 것이 남아 있는 듯한 느낌이 들어 결국엔 그를 죽여 버렸다. 최후의 황제가 죽었으니 52년 동안 이어져온 서진이 드디어 멸망한 것이다. 황제가 죽었다는 소식을 들은 사마예는 진 원제元帝 사마예 건무建武 2년(318)에 건강에서 즉위식을 거행하고 연호를 대흥大興으로 바꾸면서, 진나라가 동방에서 부흥했다고 선포했다. 역사에서는 이를 '동진東晉'이라 부른다.

권력을 쟁취한 자는 황제가 되고 실패한 자는 도적이 되던 그 시대에 흉노가 얻어냈던 뜨거운 환호성은 그들의 노력이 결코 헛된 것이 아님을 증명했다. 다만 우리가 관심을 가져야 할 것은 유목민의 후예들이 혼란스러운 중원에 과연 무엇을 가져왔으며 또한 가져다 줄 수 있느냐는 점이다. 그들은 과연 서진처럼 그렇게 후대의 웃음거리가 되지 않을 수 있을까?

역사적 사실은 그들이 결코 서진 후기처럼 자멸하는 방향으로 나아가지는 않았음을 보여준다. 유총의 죽음으로부터 북한의 난감한 날들이 시작되었다. 그가 낳은 황당한 아들 유찬劉粲 때문이었다. 유총은 아들인 유찬에게 어떻게 싸울 것인지를 가르친 것이 아니라 어떻게 놀 것인가에 대해서만 가르쳤다. 유찬은 동진 대흥 원년(318), 꽃처럼 아름다운 다섯 명의 계모들을 자신의 것으로 만들어버렸는데, 그중에는 앞에서 언급한 근준의 두 딸도 있었다. 비록 의붓아들이긴 하지만 그녀들은 졸지에 계모에서 황후와 귀비가 되어버렸다. 유찬과 그의 후궁들은 상자 속의 완두콩처럼 한 덩어리가 되어 지냈다. 작은 상자 밖에서 어떤 일이 일어나건 그들은 아무것도 알지 못했다. 그러자 유찬의 장인이자 아버지의 장인인 근준이 조정의 대권을 장악했고, 두 달도 되지 않아 황당한 짓을 저질렀던 유찬은 장인에 의해 머리가 잘리게 되었다. 근준은 유씨 성을 가진 황족들을 모조리 죽여 없앴으며, 유연과 유총의 무덤을 파헤치라는 명령을 내렸다. 이미 썩어버린 유연의 시신은 마구 난도질당했으며 아직 채 썩지 않은 유총의 목은 잘려버렸다. 북한은 이렇게 사라져갔다.

도각흉노의 황권

아쉽게도 북한은 역사에서 사라졌지만 황제를 세우려는 흉노의 꿈은 계속되었다. 근준의 정변이 발생한 후, 북한의 친왕 유요와 대장 석륵은 북한

이 남긴 공백을 메우려 했다.

유요는 도각흉노부 출신이다. 부모님이 일찍 돌아가시자 유연이 거두어 길렀다. 그는 위풍당당하고 이름난 명사수가 되어 진晉을 멸망시키는 데 공을 세웠다.

동진 대흥 원년(318), 상국相國으로서 장안을 지키고 있던 유요는 근준이 도성에서 난을 일으켰다는 소식을 듣고 즉시 군대를 이끌고 평양을 향해 갔다. 유요의 대군이 적벽赤壁(산시성 허진河津시 츠스천赤石川)에 이르렀을 때 평양에서 도망쳐 나온 두 명의 대신을 만났는데, 그들은 황제 유찬이 살해당했다는 소식을 들려주었다.

이에 유요는 신하들의 옹립을 받아 황제 자리에 올라 연호를 광초光初로 바꾸고 나라 이름을 조趙라고 했다(유요는 일찍이 중산왕中山王에 봉해진 적이 있었는데, 중산은 고대에 조趙라고 불렸다). 이제 다음 임무는 온 힘을 다해 반란자들을 제거하는 것이었다.

유요는 장안에서, 석륵은 양국襄國(허베이성 싱타이邢臺)에서 각각 평양을 향해 진군했다. 근씨 가족은 이전의 유씨 황족이 그러했듯, 모조리 다 죽임을 당했다. 높이 솟아 있던 궁전은 몽땅 타서 재가 되어버렸고, 상당히 큰 규모였던 평양성의 이름은 역사적으로 유명한 성들의 명단에서 영원히 지워졌다.

평양성을 평정한 후에 유요는 병사를 이끌고 장안으로 돌아갔다. 하지만 유요는 장안으로 돌아가는 기나긴 길에서 조금도 외로움을 느끼지 않았다. 그가 낙양을 공격할 때 빼앗아온 진 혜제의 황후 양씨羊氏가 줄곧 그의 곁에 함께 있었기 때문이다. 장안으로 돌아온 유요는 일찍이 위세를 떨쳤고 나이 서른에도 자태가 여전히 고운 양씨를 황후로 삼았다. 아름다운 여인까지 취했지만 유요의 사업은 그다지 순탄하지 못했다. 그의 타고난 적수인 석륵이 있었기 때문이다. 가만히 보면 유요는 정신이 나간 듯했다.

자신의 경쟁자인 석륵을 조공趙公에 봉하다니, 이것이야말로 스스로 무덤을 판 것이 아니고 무엇이겠는가? 이때의 석륵은 아직 유요를 격파할 능력이 자기에게 없다고 생각했다. 그래서 유요가 내려준 봉작을 순순히 받아들여 자신의 근거지인 양국으로 돌아갔고, 역사에서 '후조後趙'라고 불리는 나라를 세웠다. 두 개의 조나라가 앞서거니 뒤서거니 생겨난 것이다. 이것은 그들이 목숨 걸고 싸워야 하는 운명임을 예고해주었다.

일찍이 순자荀子는 "겸병兼幷은 쉬우나 견고하게 뭉치기는 어렵다"라고 말했다. 유요가 처음에 관중으로 들어올 때엔 옆 사람들의 간언을 잘 받아들였다. 그러나 양왕涼王을 격살하고 저강氐羌을 거두어들인 후부터는 사람들의 간언을 듣지 않았다. 게다가 밖에는 강적이 있고 안으로는 국력이 피폐해진 상황인데도 엄청난 돈을 들여 부모를 위한 영원릉永垣陵과 현평릉顯平陵을 세웠다. 그런 토목사업은 조정을 더욱 피폐하게 만들었고, 백성의 원망은 들끓었다.

그때 후조가 기회를 틈타 공격을 감행했다. 낙양에서 격전이 벌어졌고, 두 나라 황제는 친히 전투에 참가했다. 때는 광초 11년(328), 석륵이 한 마리 용감한 맹호였다면 유요는 돼지에 불과했다. 석륵이 조심스럽게 전투를 진행할 준비를 하고 있을 때, 유요는 매일 측근들과 술을 마시고 도박을 했다. 누구라도 간언을 했다가는 바로 끌려가 죽임을 당했다. 결전이 시작되었을 때에도 유요는 이미 만취한 상태였다. 말을 탄 유요는 침착한 척 하느라 다시 술을 몇 모금 더 마셨다. 양군의 교전이 벌어져 패퇴하던 도중, 취기가 아직 가시지 않은 유요는 말을 몰다 돌 틈으로 빠지는 바람에 얼음 위에 떨어지고 말았다. 몸에 생겨난 십여 개의 상처에서 피가 흘러나왔다. 그는 마침내 후조의 대장 석감石堪에게 생포되었고, 5만 부하의 목도 모두 날아가고 말았다.

정신이 혼미해진 유요는 후조의 도성인 양국으로 압송되어 더럽고 어두운 작은 집에 던져졌다. 유요가 술에서 겨우 깨어났을 때, 석륵은 유요에게 아들 유희劉熙에게 항복하라는 편지를 쓰라고 강요했다. 그러나 칼이 목에 들어왔는데도 유요의 영웅적 기개는 사라지지 않았다. 그는 아들에게 주는 편지에 "대신들과 함께 사직을 보존하라, 나 때문에 생각을 바꾸지는 말아라!"라고 아주 명확하게 썼다. 분노에 가득 찬 석륵은 죽음 앞에서 아무런 두려움도 보이지 않는 이 포로를 죽여버렸다.

사실 아들에게 내린 유요의 마지막 지시가 어처구니없지는 않았다. 아들이 관중을 견고하게 지킬 수만 있다면 전조가 석륵과 대항할 수 있는 바탕이 되어줄 것이 분명했기 때문이다. 하지만 그는 고난을 겪어본 적이 없는 아들들을 너무 높이 평가했다. 광초 12년(329) 정월, 유요가 살해당했다는 소식이 장안에 전해지자 태자 유희와 형 유윤劉胤은 당황해 어찌할 바를 몰랐다. 그래서 그들은 도성을 견고하게 시키던 대군과 도성을 버려두고 서쪽으로 상규上邽(간쑤성 톈수이天水)로 도망쳐버렸다.

주군이 도망치면 대체 누굴 위해 생명을 바친단 말인가? 장안을 지키던 전조의 장군들은 10만 군대를 이끌고 성문을 연 뒤 투항해버렸다. 낙양의 군대는 10만 정병을 더 동원해도 공략하기 힘들었던 견고한 성을 칼날에 피 한 방울 묻히지 않고 차지했다.

기러기 울음소리 들려오는 9월, 가쁜 숨을 몰아쉬던 유윤은 애초에 장안을 버려서는 안 되었다며 후회했다. 그리고 수만 정병을 이끌고 힘을 가다듬어 장안을 치려고 했다. 그러나 유윤은 지나치게 순진했다. 역사는 한번 물러난 자에게는 결코 다시 자리를 내어주지 않는 법이라는 사실을 그는 알아야만 했다.

이 소식을 듣고 석륵은 펄쩍 뛸 정도로 기뻐했다. 열려 있는 천국의 문으로 들어가지 않고 굳이 닫혀 있는 지옥문으로 들어오다니! 석륵은 즉시 중산공 석호石虎에게 증원군 2만 기병을 주어 장안으로 보냈다. 결국 유윤은 의거義渠의 전투에서 패한 뒤 다시 서쪽으로 도망쳤다. 석호가 쫓아가며 죽이니, 시신이 천리에 널렸다. 그리고 내친 김에 미처 성문을 닫지 못한 상규성까지 치고 들어가 전조의 왕과 장군, 재상을 일망타진했다. 그 후 5천여 명의 왕공과 귀족들을 낙양으로 끌고 와 몽땅 갱살阬殺*시켜버렸다. '하늘의 총애를 받는 아들(天之驕子)'이라고 했던 도각흉노는 이렇게 모조리 참담하게 죽었다.

유연의 전조는 겨우 12년 동안 지속되었을 뿐이다.

노수호 북량국

이제 노수호盧水胡에 관한 이야기를 해보자. 노수호는 남흉노가 월지, 강羌 등과 섞여 살 때 생겨났다. 대대로 노수(칭하이성青海省 시닝西寧 서쪽)에 거주했기 때문에 그런 이름을 얻었다.

이야기의 첫 번째 등장인물은 저거씨沮渠氏 몽손蒙遜이라 한다. 그는 부족의 우두머리 집안에서 태어났다. 그의 선조는 흉노와 전진前秦의 관리들이었다. 어느 날, 후량後凉의 대신이었던 두 명의 큰아버지가 그들을 모함하는 말을 들은 후량의 국왕 여광呂光에 의해 억울하게 죽었다. 복수의 불꽃이 몽손의 두 눈에 이글거리며 타올랐다. 집에 돌아와 큰아버지 장례를 치르는 틈을 타 그는 태수太守 단업段業과 함께 여광을 배신했다.

---

* 이 단어는 후에 '갱살(坑殺)'이라고 쓰였기 때문에 종종 '산 채로 묻어 죽이다'라는 의미로 잘못 해석되었다. '갱(阬)'은 원래 '높은 문루(門樓)'를 뜻하며 '경관(京觀)'과 의미가 같다. 다시말해 '갱살'이란 전쟁 포로를 죽인 후 그 시체를 길의 양쪽에 흙을 사용해 쌓아올려, 피라미드 형태의 흙무더기를 만드는 것을 말한다. '경관' 혹은 '무군(武軍)'이라고도 불렸는데 이것을 함으로써 무공(武功)을 과시하고 적들을 두렵게 만들었다.

절반의 중국사

몽손이 단업을 추대하니, 단업은 동진 안제安帝 사마덕종司馬德宗 융안隆安 원년(397)에 스스로 '대도독大都督', '양주목凉州牧이라 칭했고, 2년 후에는 양왕凉王이라 칭했다(역사에서는 이를 '북량北凉'이라 부른다). 하지만 단업은 속이 좁아 시간이 지나면서 두 사람의 사이가 점차 멀어졌고, 큰아버지의 비극과 같은 사건이 다시 벌어졌다. 실권을 쥔 몽손이 먼저 난을 일으켜 충신을 해쳤다는 이유로 주군인 단업을 죽였다. 몽손은 대도독·대장군·양주목·장액공張掖公이 되었다.

북량을 손에 넣은 몽손이었지만 그에게는 그리 자랑할 만한 것이 없었다. 당시 중국 판도를 보면 정통이라 자칭하던 동진과 나날이 강해지던 북위를 비롯해 장안에는 후진後秦의 요흥姚興(강羌)이 있었고 원천苑川에는 서진西秦의 걸복건귀乞伏乾歸(농서선비)가 있었다. 서평西平(청하이성 시닝시)에는 남량南凉의 독발리록고禿發利鹿孤(하서河西선비)가, 고장姑臧(간쑤성 우웨이武威)에는 후량後凉의 여륭呂隆이, 돈황敦煌(둔황)에는 서량西凉의 이호李暠 등이 있었다. 그들 중 하나라도 잘못 보이면 속수무책으로 재난의 심연으로 빠져 들어갔다. 상황이 그랬으므로 몽손은 후진에게 공물을 바치는 동시에 남량에도 돈을 바쳤다. 나라 밖에서만 힘들었던 것이 아니라 나라 안에서도 온 힘을 다해 다스려야 했으니, 한신이 남의 가랑이 사이를 지나갔던 굴욕을 당했을 때나 구천句踐이 복수를 다짐하며 인고의 시간을 보낸 것과 비슷했다.

북위 명원제明元帝 탁발사拓跋嗣 영흥永興 2년(410), 자신감이 있었던 북량은 원교근공책을 쓰기 시작했다. 즉 북위에만 신하를 자처했을 뿐, 다른 이웃 나라에는 공물을 바치지 않았던 것이다. 그러자 남량왕 독발녹단禿發傉檀이 벌컥 화를 내며 즉시 사신을 보내 북량을 비난했다. 그러나 북량은 남량의 사신을 쫓아버렸고, 결국 두 나라는 전쟁을 하기로 결정했다.

그때 별로 알려지지 않은 곳이었던 궁천窮泉(간쑤성 산단현山丹縣 동남쪽)

에서 격렬한 전쟁이 일어났다. 큰 전쟁을 전혀 준비하지 않았던 남량 군대는 철저하게 궤멸했고, 남량의 도성 고장姑臧의 주인이 바뀌어버렸다. 2년이 지난 후, 몽손은 장액에서 고장으로 도성을 옮기고 '하서왕河西王'이라 자칭했다.

북위 명원제明元帝 태상泰常 6년(421), 몽손은 다시 힘을 기울여 서량을 멸망시키고 유명한 오아시스 도시인 주천酒泉주취안과 돈황을 손에 넣었으며, 꿈처럼 아름답고 풍요로운 하서주랑을 점거했다. 하서주랑은 중원에서 서역으로 가는 황금 노선이었으며 실크로드를 따라 불교가 중원으로 들어오는 중요 통로였다. 불교에 심취하고 불경 번역과 불상 조성에 마음을 쏟던 저거씨가 하서로 들어온 후 불교예술이 찬란한 꽃을 피우기 시작했다. 하서주랑 서쪽 입구에 자리한 돈황의 막고굴, 주천의 문수산文殊山석굴, 장액張掖(장이)의 마제사馬蹄寺와 천불동, 금탑사金塔寺, 무위武威(우웨이)의 천제산天梯山석굴 등은 서쪽에서 동쪽으로 면면히 흐르는 문명의 긴 강 역할을 하면서 오래 된 중국 땅에 불교라는 범선을 실어왔다. 그 범선의 노를 젓는 자들 중의 하나가 바로 몽손이었다.

그러나 영웅에게도 해가 저무는 날은 있는 법, 몽손은 북위 태무제太武帝 탁발도拓跋燾 연화延和 2년(433)에 큰 병에 걸렸다. 임종 전에 그는 셋째 아들 목건牧犍에게 재삼 부탁했다.

"북위와 친하게 지내는 것이 우리의 국가 정책이다. 아들아, 반드시 기억해두어라."

아버지의 부탁에 따라 목건은 북위에 신하를 자처하는 정책을 계속 시행했고, 누이동생인 흥평興平 장공주長公主*를 북위 탁발도에게 보내 우소

---

* 황제의 딸을 '공주'라 하고 황제의 누이를 '장공주'라 부른다. 황제의 고모는 '대장공주(大長公主)'라 한다.

의右昭儀로 삼게 했다. 북위 역시 탁발도의 누이동생 무위武威 공주를 목건에게 보내 아내로 삼게 했다. 북위라는 거인이 받쳐주고 있으니 북량에는 장기간 아무 일도 없을 것 같았다.

문제는 무위 공주의 피부색이 너무 검다는 데 있었다. 호색한이었던 목건은 그녀를 그저 '보살'처럼 여겨 높은 곳에 두고 받들기만 했을 뿐, 거들떠보지도 않았다. 실제로는 하얀 옥으로 깎은 듯 아름다운 꽃 같은 과부 형수 이씨와 같이 살았다. 그런데 뜻하지 않은 일이 일어났다. 이씨가 시동생인 목건과 영원히 함께 살고 싶은 마음에 그만 무위 공주가 먹는 음식에 독을 넣었던 것이다. 다행히 북위 황제가 보낸 어의가 빠른 말을 타고 급히 당도해 죽어가던 여동생을 겨우 살려놓았다. 분노한 탁발도는 매부인 목건에게 이씨를 내놓으라고 했다. 그러나 목건은 그녀를 몰래 주천에 숨겨버렸다. 이 유명한 분홍빛 스캔들이 일어난 해는 북위 태무제 태연太延 5년(439)이었다. 격노한 탁발도는 친히 군사를 일으켜 무정하고 의리 없는 매부를 치기로 했다.

북량 사람들은 이 기회에 북위와 자웅을 겨루고자 했다. 그런데 이때 "보루는 내부에서부터 무너진다"라는 속설처럼 저거조沮渠祖와 저거만년沮渠萬年이 성 안에서 몰래 북위와 내통하는 바람에, 단단하기로 이름났던 고장성 성문이 열려버렸다. 목건은 어쩔 수 없이 문무관원 5천 명을 거느리고 매부 겸 외삼촌인 태무제 앞에 무기를 버리고 투항했다. 두 명의 국왕을 거치며 겨우 39년을 버텨온 북량이 역사의 제단에서 내려온 것이다.

그러나 노수호의 모든 부部가 다 투항한 것은 아니었다. 목건의 남동생 세 명은 다행히 외부에 주둔하고 있어서 난을 면했다. 그들은 돈황에서 선선선善*으로 갔고, 마지막에는 고창高昌**까지 가서 망명정부를 세웠다. 그들은 한때 차사전국車師前國***의 도성까지 점령했으니, 교하交河성은 그때부터 도성의 행렬에서 물러나게 되었다. 북위 문성제文成帝 탁발준拓拔濬 화평和平 원년(460), 이 작은 망명정부는 초원의 새로운 패자인 유연柔然에 마침내 멸망당했다.

철불대하

핏빛 황혼과 더불어 찬란하기 이를 데 없는 저녁노을이 펼쳐진다. 흉노가 전반적으로 약해져갈 무렵, '철불鐵弗'이라고 불리는 흉노부部가 처량하고 아름다운 마지막 노래를 부르기 시작한다. '철불'이란 흉노 아버지, 선비 어머니의 후예라는 뜻이다. 진晋 영가 4년(310), 철불흉노는 오늘날의 산시성 북부에서 출발해 힘차게 흐르는 황하를 건너 내몽골 오르도스 지역으로 이주했다. 그들은 그곳에서 북한의 유총, 후조의 석호, 전진의 부견苻堅, 서연의 모용영慕容永, 후진의 요장姚萇 등에게 의탁했다.

북위 도무제道武帝 탁발규拓拔珪 등국登國 6년(391)의 어느 겨울 밤, 다급한 말발굽 소리가 초원의 고요함을 깼다. 북위가 철불흉노의 우두머리 유위진劉衛辰의 본거지인 대래성代來城(내몽골 우라터기烏拉特旗 동남쪽)을

---

* 고대 서역의 나라 이름. 오늘날 신장위구르자치구에 있다. 한대(漢代)에는 실크로드의 유명한 도시였으며 원래 이름은 누란(樓蘭)이다. 나중에 선선으로 이름을 바꿨다.

** 오늘날 신장위구르자치구 투르판에서 4킬로미터 떨어진 곳에 있다. 한대 실크로드의 주요 도시였으며 북량의 국도, 회골고창국(回鶻高昌國)의 수도였다. 1275년에 전쟁으로 폐허가 되었다.

*** 서역의 나라 이름. 국도는 교하성(오늘날 투르판 교하고성 유적지). 북량의 공격을 받고 450년에 언기(焉耆) 동부 지역으로 이동했다.

습격했던 것이다. 유위진은 어지러운 상황에서 피살당했고, 당시 나이 겨우 열한 살이었던 셋째 아들 유굴혈劉屈孑이 겹겹이 둘러쳐진 포위망을 뚫고 겨우 살아나 후진後秦으로 도망쳤다. 유굴혈은 말도 잘 탔고 활도 잘 쐈으며 지혜로웠지만, 살육을 좋아하는 성격을 갖고 있었다. 후진의 대신들은 그런 점을 걱정하고 불안해했다. 하지만 후진의 고평공高平公 몰혁우沒奕于는 딸을 유굴혈에게 시집보냈다. 인재와 관계 맺는 것을 좋아했던 후진의 황제 요흥姚興도 그를 무한 신임했다.

그러나 서로를 아끼는 것만큼이나 서로를 배반하는 것은 역사 발전의 중요한 계기가 되곤 한다. 유굴혈이 삭방에 파견되어 장인 몰혁우를 돕고 있던 때였다. 유굴혈은 유연의 가한可汗이 요흥에게 바친 전마 8천 필을 압류했다. 그리고 사냥을 할 때 장인인 몰혁우를 등 뒤에서 쏘아 죽였다. 그 후에 장인의 백성과 말을 모조리 차지했고, 이어서 요흥이 북위와 몰래 손을 잡았다는 핑계를 대며 홀로 설 것임을 선포했다.

자신을 하후씨夏后氏의 후예라고 여겼기에 유굴혈은 북위 도무제道武帝 천사天賜 4년(407), '대하천왕大夏天王'·'대선우'를 자칭하고, 연호를 용승龍升이라 했다. 그는 조상들이 한나라 공주의 성을 따라 유씨라고 한 것은 흉노의 일대 치욕이라고 말하며 이런 조서를 내렸다.

"제왕이란 하늘의 아들이니 그 '빛나는 아름다움(徽赫)'이 실로 하늘과 이어질 만하다(天連). 그러니 이제 성을 '혁련씨赫連氏'로 바꿀 것이다. 모두가 위대한 하늘을 따른다는 '서협황천庶協皇天'이라는 뜻이다."

이때부터 유굴혈은 자신의 이름을 '혁련발발赫連勃勃'로 바꾸었다. 야심만만하던 혁련발발은 용승 7년(413), 10만 명을 징발해 흑수黑水의 남쪽에 도성을 세웠다. 부하들이 그에게 새로운 도성에 이름을 지으라고 청하자 그는 자신만만하게 말했다.

"내가 천하를 통일하고 만방을 거느리고 있는 중이다. 이 도성은 '통만성統萬城'이라 부르라!"

또한 네 개의 성문에 의미 있는 이름을 지어 붙였다. 남문은 조송朝宋문, 북문은 평삭平朔문, 동문은 초위招魏문, 서문은 복량服凉문[50]이라 했으니, 이는 장제스蔣介石가 타이완으로 간 후 타이베이의 큰 거리에 대륙의 성省 이름을 붙인 것과 의미가 비슷하다.

혁련발발의 명령을 받아 성을 축조한 질간아리叱干阿利는 조금도 게으름을 부리지 않았다. 한 층씩 쌓을 때마다 그는 친히 성벽을 검사했다. 쇠 송곳으로 성벽을 찔러보아 한 치라도 들어가면 성을 쌓은 자들을 죽였다. 심지어 시체까지도 성 안에 넣어 쌓아버렸다. 피를 물로 삼고, 백골을 담으로 삼아 쌓은 이 성은 그야말로 난공불락이었다. 후에 북량과 남량이 함께 이 성을 2년 동안이나 포위했지만 무너뜨리지 못했다.

교만하고 독단적이며 변덕스러운 혁련발발에게 뜻밖에도 다시 기회가 찾아왔다. 동진 안제安帝 의희義熙 13년(417), 동진 태위 유유劉裕가 후진後秦을 멸망시킨 후, 대군을 이끌고 낙양으로 돌아가 진晉을 찬탈하려는 계획을 세웠다. 그리고 겨우 열두 살밖에 안 된 둘째 아들 유의진劉義眞을 장안을 지키라며 남겨 두었다. 혁련발발은 그 기회를 틈타 장안을 포위했고, 거친 공격을 감행했다. 그렇게 공격한 지 2년째가 되자 견고하던 장안성의 한 귀퉁이가 뚫렸다. 장안성에 진입한 그는 저항하는 자들을 모조리 베어 버렸다. 시신이 작은 산을 이루어 승리자들의 구경거리가 되었다. 그는 그 것에 '촉루대髑髏臺'라는 기막힌 이름을 붙였다. 그러고 난 후 황제가 되었음을 선포했다.

혁련발발은 늘 성벽 꼭대기에 서서 칼과 활을 곁에 두고, 마음에 들지 않는 자가 생기면 바로 그자를 쏘거나 베어 죽였다. 대신들 중 그를 똑바로 바라보는 자가 있으면 눈을 파버렸고, 그를 보고 웃는 자가 있으면 입술을 잘라버렸으며, 간언하는 자가 있으면 혀를 잘라버렸다. 어느 날 그는 친히

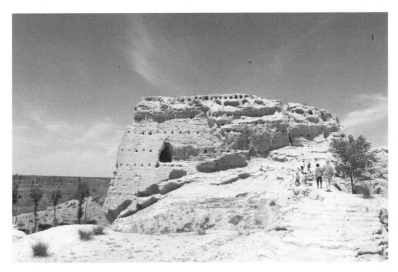

산시陝西省성 위린楡林시 징볜靖邊현에 위치한 통만성.

병기 제조공장에 가서 병기의 품질을 살폈다. 만든 화살이 갑옷을 뚫지 못
하면 화살을 만든 자를 베어버렸고, 만든 화살이 갑옷을 뚫으면 갑옷을
만든 장인을 죽였다.

만년의 혁련발발은 '경쟁을 통해 후계자를 결정'한다는 어이없는 명령
을 내려, 태자 혁련궤赫連璝, 둘째 아들 혁련창赫連昌, 막내아들 혁련륜赫連
倫이 서로를 공격해 죽이게 했다. 결과적으로 혁련창이 가장 뛰어나 혁련
발발의 눈에 들었고, 발발은 그를 새로운 태자로 세웠다.

하夏 진흥眞興 8년(425), 혁련발발이 죽고 태자 혁련창이 황제로 즉위했
다. 그러나 경쟁을 통해 자리에 올라간 인물이 언제나 재주가 뛰어난 것은
아니다. 더구나 경쟁에 참가했던 인물은 겨우 형제 세 명뿐이었으니, 그야
말로 '도토리 키 재기'였던 셈이다. 황제가 된 혁련창에게는 아버지와 같
은 책략도, 잔인함도 없었다. 게다가 서로 죽고 죽이는 형제들 간의 투쟁
역시 아직 끝난 것이 아니었다. 며칠 전까지만 해도 푸른 나무 그늘 우거졌

던 '대하大夏'는 이제 시들어가는 깊은 가을로 접어들었다.

이듬해, 북위 국왕 탁발도가 병사를 이끌고 대하를 공격하니, 대하는 먼저 장안을 버리고 다음으로 통만성을 버렸다. 왕공, 재상과 장군, 후궁, 궁녀는 모두 포로가 되었다. 다행스럽게도 혁련창은 7만의 군인과 백성을 거느리고 도망쳤다. 얼마 지나지 않아 잠시 숨을 돌리고 있던 안정성安定城에서 탁발도에게 생포되었다. 그는 왕공으로 봉해졌고, 탁발도의 여동생 시평始平공주를 아내로 맞이했다. 그러나 혁련창은 다른 사람에게 의탁하는 것을 부끄러워했고, 결국 반기를 들었다가 도망치던 중 북위 경기병에 의해 목이 날아갔다. 이렇게 되자 스물다섯 번의 '여름夏'을 보낸 '대하'는 서쪽으로 넘어가는 저녁 햇살처럼, 떠들썩했던 한 시대의 막을 내렸다.[51]

대하가 멸망했지만 대하의 도읍이었던 통만성(산시성陝西省 위린시楡林市 서남쪽 백성자白城子)은 지금도 남아 있다. 기나긴 세월 속에서 꿋꿋하게 서 있는 이 견고한 성은 언제나 반역 정신을 불러일으켰던 듯하다. 수隋 양제煬帝 양광楊廣 대업大業 13년(617), 양사도梁師都가 이곳에서 할거하며 칭제稱帝한 적이 있으며, 오대五代 때부터 송대宋代까지는 탕구트족, 즉 당항黨項이 이곳을 근거지로 삼아 송에게 대항해 서하西夏를 세웠다. 그러다 보니 자연스레 중앙 조정의 눈엣가시 같은 곳이 되었다. 그래서 송 태종 조경趙炅 순화淳化 5년(994), 송나라 정부는 철옹성 같은 이곳을 파괴하라는 명령을 내렸고, 20만 명의 거주민들은 강제로 쫓겨났으며, 오랜 세월 동안 휘황찬란했던 백성자는 결국 폐허가 되었다.[52]

지난 날 향기로운 풀들이 우거지고 물이 졸졸 흘러갔던 무정하 상류에 지금은 지는 노을에 푸른 매가 맴돌고, 불어오는 새외의 모래바람만 가득하다. 푸른 물결 찰랑이던 무정하 강가 흉노 사람의 천막집은 나라의 나아갈 방향을 가리키던 새외의 이름난 성이 되었고, 다시 모래바람 가득 찬 역사의 유적지가 되었다. 500년 세월 동안 통만성은 그렇게 무시무시한 윤회를 겪어왔던 것이다.

사라진 계호

흉노 이야기를 마무리하기 전에, 역사의 한 귀퉁이에서 아직 숨을 쉬고 있는 흉노 부락을 소개한다.

계호稽胡(보락계步落稽라고도 한다)는 남흉노의 일파이다. 북한과 전조가 쇠망해가고 있을 무렵, 그들은 오늘날의 산시陝西와 산시山西 북부의 산골짜기로 흘러들어와 현지 여인과 만나 가정을 꾸리면서, 적막하지만 안정적인 생활을 영위하고 있었다.

수 문제文帝 양견楊堅 개황開皇 원년(581), 수나라에서는 "계호를 동원해 장성을 쌓으니 스무날 만에 끝냈다"고 한다. 그때 그들이 문제를 일으켰다는 기록은 없다.

하지만 가렴주구를 일삼던 양제가 황제가 된 후 그들은 더 이상 참지 못했다. 오늘날의 산시성 리스離石를 근거지로 삼았던 흉노의 우두머리 유용아劉龍兒가 수만 명의 계호를 이끌고 반란을 일으켰다. 그러나 수나라 조정의 군사들에 의해 모두 죽임을 당했다. 참담하고 비통한 실패였다. 하지만 그것이 그들의 반항의 불길을 끄지는 못했다. 유계진劉季眞과 동생 유육아劉六兒가 다시 병사를 일으켰고, 석주石州를 공격해 함락했으며, 자사왕검王儉을 죽였다. 유계진은 '돌궐 가한突厥可汗'이라고 칭했고, 유육아는 탁정왕拓定王으로 봉해졌다.

세월이 흘러 중원의 황제가 수나라 국척國戚인 이연李淵으로 바뀌어갈 무렵, 계호의 가한도 이전의 탁정왕 유육아로 바뀌었다. 당唐 주변에서 할거하던 정권이 하나하나 사라져가는 것을 보며 지혜로운 유육아는 당 고조 이연 무덕武德 2년(619), 당에 사신을 보내 투항했고, 당 고종은 그를 남주총관嵐州總管으로 임명했다. 이치대로라면 이제 그들은 편안한 나날을 보낼 수 있었다. 그러나 흉노인의 핏줄 속에는 길들여지지 않는 거친 피가 흐르고 있었다. 평안하고 안온한 생활은 그들의 성격과 맞지 않는 것이었다. 당 고조 무덕 4년(621), 계호의 우두머리 유헌성劉仚成은 기병 수만을 이끌고 당 왕조의 변경을 소란스럽게 했고, 순식간에 변경엔 늑대 똥을 태워 피워 올리는 봉수대 연기가 자욱해졌으며, 변경의 관문에는 구원을 청하는 다급한 소식들이 당도했다. 당 고조 이연은 태자 이건성李建成에게 명해 10만 대군을 거느리고 가서 그들을 정벌하라고 했다.

나중에 동생 이세민李世民에 의해 죽게 되는 건성은 역사서에서 묘사하고 있는 것처럼 그렇게 우유부단하거나 평범하지 않았다. 역사서는 이세민의 신하들이 쓴 것이기 때문에 그렇게 묘사한 것일 뿐이다. 전쟁은 시종일관 태자의 계획에 따라 진행되었으며, 유헌성은 투구와 갑옷을 내던지고 도망쳐야 하는 지경에 이르렀다. 결국 유헌성은 자신의 목숨을 살려준다는 약조를 받고서 투항을 선포했다. 그러나 건성은 그들의 행동을 믿을 수 없다는 핑계를 대며 이미 투항한 흉노인 수천 명을 모조리 갱살시켜버렸다. 패기가 넘치던 남주성은 순식간에 적막해졌고, 화살 하나를 날려도 아무런 메아리조차 들려오지 않았다.

유성이 허공으로 사라지고 생명이 땅으로 돌아가듯, 또한 작은 냇물이 모여 강이 되어 흘러가듯, 계호와 모든 흉노인은 이제 중국 땅에서 영원히 사라져버렸다. 당나라 후기의 역사서에서는 더 이상 그들의 이름을 찾을 수 없다. 남아 있는 것은 그저 모호해 알 수 없는 역사의 기억 뿐이다. 5호五胡를 내지로 이주시킬 때 선봉 노릇을 했던 남흉노 각 부는 그들이 만들었던 북한, 전조, 북량, 대하와 함께 위진남북조라는 거대한 역사의 소용돌이 속으로 휘말려 들어갔다. 그 무엇에도 얽매이지 않고 자유롭게 초원을 질주하는 혈통을 지녔던 흉노인이 점차 한족, 강, 선비 속으로 섞여 들어갔던 것이다.

전통 중국 역사서에서 흉노의 역사는 이렇게 끝난다. 그러나 어쩌면 역사는 이렇게 묻고 있을지도 모른다.

"그토록 강인한 생명력을 지녔고 그처럼 많은 부部가 있었던 흉노가 정말 그렇게 쉽게 역사의 뒤안길로 사라져버린 것일까?"

그렇다. 흉노의 역사는 거기서 끝나지 않았다. 중국에서 흉노의 역사는 막을 내렸지만, 그와 동시에 세계를 향한 흉노의 여정은 이제 막 경쾌한 발소리를 내기 시작했던 것이다.

하늘 끝으로 망명하다

유럽에 느닷없는 '황색 돌풍'을 일으키면서 세계사 속에 흉노의 역사를 써내려 간 것은 서쪽으로 이주한 북흉노였다. 북흉노가 내몽골 초원으로 대규모 서천西遷을 감행한 것은 1세기 중엽의 일이다. 앞에서 서술한 것처럼, 한 왕조의 사신을 죽인 일 때문에 강거로 이주했던 질지선우는 서역도호부가 이끄는 각국 연합군에 의해 결국 죽임을 당했다.

역사는 변주곡처럼 끊임없이 변조가 생기지만 결국은 원점으로 돌아온다. 그러면서 알 수 없이 반복되기도 한다. 한 세기 후, 초원의 흉노는 다시 남북으로 분열되었다. 남흉노는 한 왕조에 투항했지만, 북흉노 포노蒲奴선우는 지배당하려 하지 않았다.[53] 그래서 한 왕조는 네 차례에 걸쳐 북흉노를 맹렬하게 공격했다. 특히 후한 화제和帝 유조劉肇 영원永元 3년(91), 경기耿夔가 오늘날의 알타이산에서 북흉노를 대파했다. 북흉노의 선우는 혼란스런 전쟁의 와중에 어디로 사라졌는지 알 수 없었다.[54] 당나라 시인 노륜

盧倫은 그 상황을 〈새하곡塞下曲〉에서 이렇게 묘사하고 있다.

달도 없는 밤 기러기 높이 나는데,
선우가 야밤에 도망치네.
경기병이 따라잡으려 하지만,
큰 눈 내려 칼과 활에 가득 찼네.
月黑雁飛高, 單于夜遁逃,
欲將輕騎逐, 大雪滿弓刀.

북흉노를 더 힘들게 한 것은 원래 흉노에 복속되어 있던 다른 부족이 대거 일어나 북흉노를 공격한 것이다. 결국 북흉노의 잔여 세력은 영원 5년 (93), 황망하게 서쪽으로 도주했고, 남은 10만여 명은 이곳을 점령한 선비鮮卑에 합병되었다. 몽골 초원에서 수세기 동안 이어졌던 흉노의 시대는 이제 종언을 고하고 있었다.

제국은 사라졌다. 그러나 움직이는 제국의 남은 맥박은 여전히 뛰고 있었다. 이때부터 그들은 말발굽을 붓으로 삼아 유라시아 초원을 배경으로 거의 400년 동안 지속된 이주의 비장한 서사시를 써내려갔다.

대장의 깃발이 쓰러지지 않는 한, 북흉노는 계속 서쪽으로 나아갔다. 준가르분지의 동쪽을 거쳐 발하슈호 부근의 열반悅般을 지나고, 아무다리야강 유역의 강거康居(160~260)를 지나 자라프샨강 유역의 소그드 (260~350)로 갔다. 그 후 유연柔然의 압박을 받은 북흉노는 지는 해를 따라 계속해서 서쪽으로 갔다.

운명은 복잡해서 무상하기도 하지만 때론 느닷없이 기회가 생겨나기도 한다. 길을 잃은 그 지점이 바로 새로운 비상구가 되어주기 때문이다. 최초에 서쪽으로 갈 때엔 그다지 내키지도 않았고, 어쩔 수 없이 떠나야 했던 서천 길이었기에 자존심이 상하기도 했다. 그것은 실패에 대한 묵인이었으며 생명에 대한 굴종이었다.

그러나 그렇게 떠난 그 길이 역사의 새로운 한 페이지를 넘겼다. 무엇보다 놀라운 것은 태양이 지는 서쪽이 결코 황량한 곳이 아니었다는 점이다. 당시에는 사람이 서쪽으로 계속 가면 지평선 서쪽 끝에서 밑으로 떨어져 버리거나, 아니면 태양열에 타버릴 것이라고 생각했는데, 사실은 그렇지 않았다. 서쪽으로 갈수록 지세는 낮아졌고 기후는 사람이 살기에 적당해졌으며 목초는 더욱 기름져서 그야말로 극락에 가까이 다가온 것 같은 느낌이었다. 이 놀라운 소식을 먼저 전해온 것은 정찰대였다. 서역 땅에서 더 가야 할지 어째야 할지 망설이고 있던 흉노는 말을 타고 날래게 달려온 정찰대가 전해주는 반가운 소식을 들었다. 그것은 한 명에서 열 명에게로, 열 명에서 백 명에게로 퍼져나갔다. 그렇게 서쪽으로 가는 사람들이 점점 더 많아졌다. 남녀노소 모두가 기병의 호위하에 질서 있게 행진을 시작했다. 자신들이 일구어낸 성과에 만족해하며 흉노는 한족과 멀리 떨어진 곳에 자신들의 새로운 제국을 만들고자 했다.[55]

이미 난을 피해 서쪽으로 가서 정복자가 된 흉노의 선발부대는 4세기 중엽에 킵차크초원으로 들어가서 그곳의 패주인 알란족[56]을 만났다. 그들은 모험을 즐겼고 사람 죽이는 것을 영광으로 삼는 사람들이었다. 하지만 알란족의 전차는 흉노의 철기군을 막을 수 없었다. 알란 국왕은 죽었고, 포로가 된 알란 무사들은 흉노 군대에 강제 편입되었다.[57]

20년 후, 초원에 큰 가뭄이 들었다. 수십 만 명의 흉노와 알란 연합군은 무장을 하고 채찍을 휘두르면서 말을 몰아 돈강과 도나우강의 비옥한 초원을 향해 나아갔다. 흉노의 군대는 곧바로 고트족을 겨냥했다.

고트족은 게르만의 일파로 3세기에 흑해 연안 지역으로 들어가 드네스트르강을 경계로 동쪽은 동고트, 서쪽은 서고트라 불렸다. 흉노가 점점 가까이 다가올 무렵, 동고트는 유명한 지도자 에르마나리크의 영도하에 흑해 북쪽을 독점하려는 야심을 실현하고 있었다. 에르마나리크의 부하들은 그를 '고트족의 알렉산더 대제'라 불렀다.

374년 한겨울, 금발에 푸른 눈의 게르만이 세운 동고트 국경지대에 한 무리의 검은 머리 사람들이 나타났다. 누런 피부에 체구는 작았지만 단단해 보이는 외지인들이었다.

이들은 지구의 어느 쪽에서 온 것일까? 도대체 몇 명이나 되는 걸까? 어떻게 전투를 하는 걸까? 동고트족 중 누구도 외지인의 정체를 알지 못했다. 그들의 놀라움은 우리가 오늘날 외계인을 만난 것만큼이나 컸다. 이 신비로운 철기부대 인간들은 마치 말 위에 붙어 있는 것 같았다. 칼과 활을 모두 쓰는 그들은 홀연히 나타났다가 순식간에 사라졌다. 오고 가면서도 아무런 흔적을 남기지 않았다. 그들은 동고트족이 진영을 갖추기도 전에 높은 산에서 휘몰아치는 폭풍우처럼 '하늘에서 쏟아져 내려왔다'. 전쟁에서 져본 적이 없던 동고트 부대는 이런 비참한 패배를 당해본 적이 없었다. 이렇게 갑작스러운 결말을 받아들일 수 없었던 에르마나리크는 절망해서 자살해버렸다.

"신이여, 우리를 용서하소서!"

많은 동고트족이 항복했고 아름다운 공주를 흉노의 우두머리 발라미르(혹은 발람베르)에게 바쳤다. 굴욕을 참지 못한 사람들은 서아시아 지역으로 도망쳤고, 그들이 겪은 놀라움과 공포를 자신들과 같은 민족인 서고트족에게 전했다.

유럽의 대란

전쟁의 불길이 아름다운 도나우강 유역을 불태웠다. 동고트가 멸망했다는 소식이 드네스트르강 서쪽과 도나우강 북쪽에 살고 있던 서고트에 전해졌다. 세 개의 부部로 나뉘어 있던 서고트족은 급히 연합해 강의 서쪽에 철통 방어선을 만들어놓고 어디서 왔는지 알 수 없는 이 신비로운 무리에게 일격을 가할 준비를 하고 있었다.

그러나 발라미르는 결코 잠깐의 승리에 도취하거나 신혼의 단꿈에만 젖어있는 인물이 아니었다. 그는 대군을 이끌고 교묘하게 길을 돌아 드네스트르강 상류에서 몰래 강을 건너는 데 성공했고, 서고트 연합군을 배후에서 쳤다. 서고트 연합군은 싸워보지도 못한 채 궤멸했고, 서고트 군대와 백성 수만 명은 도나우강 유역으로 밀려갈 수밖에 없었다.

갈 곳이 없어진 서고트족은 파도처럼 넘실거리는 도나우 강과 강대한 로마제국만이 흉노를 막아줄 수 있을 것이라고 생각했다. 그래서 로마제국에 그들을 받아달라고 요청했다. 도나우강을 건너게만 해준다면 로마의 시민이 되어 로마를 위해 국경을 지키겠다고 했다. 병사가 모자라 고민 중이었던 당시 로마 황제 발렌스Valens는 얼른 동의했다. 조건은 서고트족이 무장을 해제하고 아내와 아이들을 인질로 내놓는 것이었다. 그 상황은 마치 중국 남북조 시대 때 양梁 무제武帝가 후경侯景을 받아들이던 장면[58]을 떠오르게 한다.

376년, 지칠 대로 지치고 기아 상태에 있던 서고트족은 어쩔 수 없이 로마의 요구를 받아들였다. 서고트족은 앞다투어 독목선獨木船을 타고 황망하게 도나우강을 건너 로마 땅으로 들어섰다. 그들은 새로운 주인의 압제하에 구차한 목숨을 연명했다. 그러나 굴욕을 참지 못한 서고트족이 봉기를 일으켜 서로마 황제 발렌스를 불태워 죽이는 사건이 일어난다.[59] 470

년, 결국 그들은 위대한 로마를 점령했다. 노예제를 통해 강력한 권력을 영위하고 있었던 '영원한 성' 로마가 자신들이 '야만인'이라고 여겼던 노예의 발밑에 엎드리게 된 것이다.

이렇게 보면 흉노 기병의 도래가 유럽 역사상 전례가 없는 엄청난 격변을 일으킨 셈이다. 뒤에서 밀려오는 물결이 앞의 물결을 밀어내는 것처럼, 그것은 막을 수 없는 것이었다. 서고트족은 이탈리아에 들어가 서로마제국을 멸망시키고, 다시 갈리아Gallia를 넘어 이베리아반도의 에스파냐 땅으로 가서 서고트왕국을 건설했다. 원래 에스파냐에 거주하던 반달족은 어쩔 수 없이 지중해를 건너 북아프리카로 가서 반달왕국을 건설하는 수밖에 없었다. 라인강 하류에 거주하던 프랑크족은 갈리아 일대로 남하해 프랑크왕국을 건설했다. 원래 유럽 동부에 거주하던 동고트족은 이탈리아반도와 시칠리아로 도망친 후 동고트왕국을 세웠다. 이때부터 유럽 고전 문명의 판도가 전면적으로 변하게 되었으니, 서방 학자들이 게르만과 흉노를 '고전 문명의 종결자'라고 탓하는 것도 무리는 아니다. 물론 이 모든 사건의 원인을 제공한 것이 흉노였음은 두말할 필요도 없다.

이 무렵, 앞서거나 뒤서거나 유럽에 도착한 흉노 각 부는 이미 울딘(울두즈)의 휘하에 들어갔고, 유럽 역사서에서는 울딘을 '도나우강을 제외한 모든 지역 야만인들의 우두머리'로 기록한다. 당시 흉노가 로마 문명에 대한 호기심과 존경심을 느꼈기 때문인지, 도나우강 유역에 막 도착한 흉노와 로마제국은 어느 정도 우호관계를 유지했던 듯하다. 울딘은 400년에 비잔티움제국(동로마제국) 반군 장수를 죽여 그 수급首級을 비잔티움에 보내주었으며, 404년에는 서로마와 힘을 합해 이탈리아를 공격하는 동고트족을 패퇴시키기도 했다.

하지만 흉노의 지위가 상승함에 따라 흉노인도 점차 오만해지기 시작했다. 비잔티움제국 국경의 관리가 울딘에게 국경의 안전을 서로 존중하자고 했을 때, 울딘은 협박조로 이렇게 말했다.

"태양이 비치는 모든 곳, 내가 원한다면 어디든 정복할 수 있다."

이솝 우화에 나오는 파리가 수레바퀴 축에 앉아 윙윙거리며 "수레를 앞으로 나아가게 하는 것은 나의 힘이다!"라고 말했던 것을 생각하게 하는 이야기이다. 자신만만해 하는 것 정도는 어쩔 수 없지만 제 분수를 정확하게 파악하지 못하면 곤란하다. 408년의 어느 날, 울딘은 무리를 이끌고 비잔티움제국의 경내로 들어가 약탈을 자행했다. 탈취한 대량의 전리품을 챙겨 기세등등하게 막 철수하려고 할 때, 매복한 채 기다리고 있던 비잔티움 군대의 습격을 받았다. 흉노 군대는 심각한 타격을 받았고, 울딘도 자칫 죽을 뻔했다. 울딘의 위신이 땅바닥에 떨어졌고 자신감도 사라져버렸다. 그런 어려운 상황에서 누가 앞장서서 나아갈 것인가?

들끓는 비난과 소란 속에서 새로운 왕족 하나가 막 나타나고 있었다.

신의 채찍

그들은 세 형제인 옥타르, 루아, 문주크였다. 첫 번째 집정자인 옥타르는 용감했으며 자신의 능력을 충분히 보여준 지도자였다. 그는 흉노인을 이끌고 서쪽 라인강으로 들어가 흉노의 세력을 중부 유럽과 서부 유럽까지 확장시켰으며, 유라시아대륙 전체를 관통하는 흉노제국의 청사진을 그려낸 인물이다. 두 번째 집정자는 루아였는데 형 옥타르와는 추구하는 방향이 달랐다. 그는 서쪽으로 향하던 철권을 거두어 남부로 확장해갔으며, 아직 몰락하지 않은 부유한 비잔티움제국으로 창끝을 돌렸다. 비잔티움제국 황제 테오도시우스 2세Theodosius II는 어쩔 수 없이 해마다 흉노에게 350파운드의 금을 바쳤으며, 끊임없이 굴욕적 조약을 맺어야 했다.

434년, 비잔티움제국 평화사절단이 아주 공손한 태도로 흉노 땅으로 왔다. 협상을 하러 온 것이었는데, 흉노 땅으로 들어온 로마인들은 남몰래 기뻐했다. 사람들을 공포에 질리게 했던 루아가 이미 죽었고, 루아의 조카이자 문주크의 아들인 블레다와 아틸라가 새 집정자가 되었기 때문이다. 그러나 로마인들은 그 두 명의 젊은 흉노 집정자가 루아보다 더 무서울 것이라고 상상조차 하지 못했다. 그들이 내건 조건은 더 가혹했다. 비잔티움으로 도망쳐간 흉노 왕자 두 명을 죽이고, 비잔티움이 흉노에 바치는 공물을 황금 700만 파운드로 올리라고 요구했다. 또한 도나우강 유역에 시장을 열어 흉노에게 물자를 제공하라고도 했다.

"우리가 당신들과 이렇게 앉아 담판을 해주는 것만으로 다행이라 생각해라. 아예 조건이 없는 것보다는 낫지 않은가?"

비잔티움 사절단은 결국 흉노가 내건 조건을 모조리 다 허락하는 수밖에 없었다.

블레다와 아틸라는 함께 흉노를 10년이나 통치했다. 블레다는 성격이 묵직했고 아틸라는 질풍노도와 같았다. 한 쌍의 이 '쌍둥이 별자리'는 그야말로 흉노의 '미래의 태양'이었다. 444년, 흉노제국(훈제국)[60]이 정식으로 성립되었다. 흉노제국은 판노니아를 중심으로 동쪽으로는 아랄해에서부터 서쪽으로 라인강까지, 남으로는 발칸반도, 북으로는 발트해에 이르기까지, 그 강역이 유라시아대륙을 횡단해 무려 400여 만 제곱킬로미터에 이르렀다.

445년에 블레다가 알 수 없는 이유로 죽었고, 아틸라는 흉노의 유일한 선우가 되었다. 흉노 역사상 아틸라는 묵돌과 그 이름을 나란히 할 수 있는 유일한 정치가이자 군사 전략가이다. 또한 그는 유럽에서도 가장 많은 전설의 주인공이기도 하다.

그가 장악한 흉노제국은 흉노 역사상 최후의, 그리고 가장 찬란했던 한

장을 써내려갔다. 그는 '이로우면 나아가고 불리하면 물러난다. 도망치는 것을 수치로 여기지 않는다'는 군사 책략을 발전시켰다. 수십만 군대를 지휘해 사방을 약탈했으며, 그 족적이 유럽 전체에 미쳤다. 441년, 아틸라는 군대를 이끌고 남하해 비잔티움제국의 수도 콘스탄티노폴리스까지 다가와 해마다 2,100만 파운드의 황금을 바치겠다는 약조를 받아냈다. 그뿐만 아니라 비잔티움제국은 발칸반도 대부분을 훈노에 양도해야 했다.

447년, 아틸라는 도나우강 유역의 교역시장에서 꼬투리를 잡아 대군을 이끌고 비잔티움제국으로 쳐들어갔다. 70여 개의 성을 공격해 무너뜨렸고, 비잔티움제국의 많은 지역을 유린했다. 그 선봉대는 다르다넬스Dardanelles해협[61]과 그리스의 테르모필레Termopylae[62]까지 다가갔다. 이때부터 비잔티움 사람은 아틸라를 '신의 채찍'(이토록 무시무시한 인간이 갑자기 나타난 것은 죄를 많이 지은 자신들에게 신이 채찍을 내려 교훈을 주려는 것이라고 여겼다)이라고 불렀다.

다행인 것은 '신의 채찍'이 콘스탄티노폴리스는 공격하지 않았다는 점이다. 아틸라는 사람을 보내 다음과 같은 조건을 들어주면 철군하겠다고 했다. 우선 도나우강 남쪽 기슭의 15일 여정에 해당하는 넓은 땅을 내놓으라고 했고, 비잔티움으로 도망친 훈노 반란자들을 당장 내놓으라고 했다. 또한 전쟁 중에 포로가 된 훈노 사람을 무상으로 돌려달라고 했다. 하지만 포로가 된 비잔티움인은 1인당 12편片의 황금에 해당하는 몸값을 주어야 돌려보내겠다고 했다. 비잔티움제국은 이 조건을 다 들어주었다. 그야말로 불공평한 거래였는데, 이런 상황은 450년이 되면서 조금씩 변하기 시작했다. 강경한 태도를 고수한 비잔티움제국의 원로 마르시안Marcian이 어리석은 황제 테오도시우스 2세의 뒤를 이어 황제가 되니, 비잔티움의 방위가 공고해졌다. 사실 비잔티움은 이미 훈노에게 계속 약탈당해 더 이상 빼앗길 것도 없었다.

아틸라의 창끝은 이제 비잔티움제국이 아닌, 화려하고 번화한 서로마로 향했다.

사랑에 미치다

아틸라가 이탈리아를 바라보며 침을 흘리고 있을 무렵, 로마 궁정에서는 스캔들이 발생했다. 449년, 서로마 황제 발렌티니아누스 3세Valentinianus III 의 여동생인 호노리아가 호위대 대장과 정을 통하다 발각되었다. 황제는 그녀를 수도원에 연금했다. 아름답고 자유분방했던 호노리아는 외로움을 견디지 못하고 몰래 아틸라에게 구해달라는 편지를 보냈다. 그리고 구해주면 그에게 시집가겠다고 했다. 로마에서 인질 노릇을 했던 적이 있었던 아틸라는 일찍부터 그녀에게 마음을 두고 있었다. 편지를 받자마자 그는 즉시 서로마 황제에게 호노리아를 신부로 맞아들이겠다는 편지를 보냈고, 서로마 영토의 절반을 그녀의 혼수로 같이 달라고 요구했다. 서로마는 무리하고 과분한 이 요구를 당연히 거절했다. 아틸라에게는 서로마를 침입할 수 있는 그럴듯한 명분이 드디어 생긴 것이다.

여기서 탐욕스럽고 잔인한 이야기 하나가 역사에 등장한다. 신비로운 분위기를 지닌 아틸라가 바로 그 주인공이다. 451년, 아틸라는 50만 명의 각 부족 연합군을 이끌고 라인강을 따라 서로마의 갈리아 지방으로 들어왔고, 갈리아의 성들은 차례차례 무너져 내렸다. 라인강을 건널 때 아틸라 군단은 브리튼섬에서 로마로 성지순례를 가는 처녀 1만 명을 가로막았다. 성처녀들은 아틸라 군단이 범하려 하는 것을 강하게 거부했고, 분노한 아틸라는 1만 명의 성처녀들을 모조리 죽여버렸다. 이 잔혹한 만행은 로마 교회를 경악시켰으며, 서로마제국의 모든 야만인들을 놀라게 했다. 그래서 프랑크족과 서고트족, 부르군트족과 서로마인이 연합군을 구성했고, 그들과 아틸라 군단은 오늘날 프랑스 동북부 샹파뉴 평원에서 맞부딪쳤다.

샹파뉴평원은 끝없이 널리 펼쳐진 충적 평원이다. 평원에는 반짝이는 작은 성 샬롱Chalons(혹은 카탈라우눔Catalaunum)이 있었다. 마른Marne강이 구불구불 흐르고, 양쪽 기슭에는 키가 큰 백양나무들이 가득 서 있었다. 샬롱성 밖 5마일 정도 거리에 있는 마른강 유역에 '아틸라 숙영지'라는 작은 산이 솟아올라 있고, 옛 전쟁터의 흔적을 어렴풋이나마 볼 수 있다. 1500년 전, 이곳에서 아틸라의 군대가 해자를 파고 숙영을 했다.

451년 9월 20일, 샴페인 향기가 넘치는 이곳에서 유럽 역사상 가장 큰 규모의 대회전이 펼쳐졌다. 한쪽은 지는 해처럼 기울어가는 서로마제국이었고 다른 한쪽은 떠오르는 태양과 같은 기세를 지닌 '신의 채찍'이었다. 양쪽 모두 100만 명이 넘는 병력을 투입했다. 전쟁이 시작된 지 채 하루가 지나기도 전에 들판에는 시체가 즐비했고 피가 강을 이루었다. 무려 16만 명이 이 전투에서 목숨을 잃었다. 흉노 군대는 숙영했던 작은 산으로 후퇴했다. 커다란 천막을 실은 수레들이 꼬리를 물고 이어졌고, 궁수들이 그 사이에 빽빽하게 들어서서 견고한 방어선을 형성하고 있었다. 아틸라는 나무로 만든 말안장을 쌓아 올려 작은 산을 만들고 황금과 보물, 비빈들을 그 위에 올려놓고 자신은 중간쯤 앉아 있었다. 로마 군대가 군영으로 공격해 들어오면 불을 붙여 자살하려는 것이었다. 아틸라는 자유분방한 한 여인 때문에 그 지경이 된 것을 후회하고 있었을까.

로마제국의 연합군 총사령관은 '최후의 로마인'이라 불리는 아에티우스Flavius Aëtius였다. 그는 파도처럼 밀려들어 오는 야만인의 침입을 막아낼 방법은 없었으나 정치적 지혜와 군사적 재능으로 야만족 부락과 맞서, 망하기 직전의 서로마제국이 전복되지 않게 막고 있었다. 이 명장이 샬롱 전투의 승리로 기고만장하던 흉노 대군을 격파했고, 아틸라의 군단을 마른 강변의 숙영지에서 포위하고 있었던 것이다. 그러나 마지막 몸부림을 치고 있는 아틸라를 앞에 두고, 이유를 알 수 없지만 아에티우스는 망설였다. 최후의 일격을 늦추고 있었던 것이다. 그리하여 아틸라는 운 좋게 헝가리 평원으로 후퇴할 수 있었다.

왕이 된 자의 풍모는 실패한 후 다시 일어나는 과정에서 증명된다. 이듬해 아틸라는 남쪽 길로 알프스산을 넘어 서로마제국의 심장부인 이탈리아로 곧바로 쳐들어왔다. 정신없이 급하게 응전하던 서로마 군대는 줄줄이 패퇴했고 밀라노와 파비아 등 이탈리아 북부 도시들이 철저히 파괴되었다. 오래된 도시 로마의 운명이 경각에 달려 있었다.

이때 기독교 역사에서 유명한 이야기가 나타난다. 로마 교황 레오 1세 Leo I(재위 440~461)가 친히 아틸라의 군영을 찾아가 로마를 점령하려는 계획을 버리라고 설득했다는 것이다. 그의 성스러운 자취를 그린 유화를 보면 교황의 뒤에 비치는 원광이 모든 성도를 감싸면서 구름 위까지 뻗쳐 있고, 아틸라 역시 상제의 인자함에 감복해 자발적으로 기독교에 귀의하는 것으로 그려져 있다.[63] 사실 아틸라는 여전히 오만하게 말 위에 있었고, 교황도 말을 타고 맞은편에 서 있었다. 교황은 아틸라가 서로마제국 침탈을 포기한다면 이탈리아 북부 도시의 수도원에 있는 재물을 주겠다고 했고, 아틸라는 그것을 받아들였다. 그들은 마침내 화의했다. (실은 흉노 군대에 전염병이 발생했고 비잔티움제국 지원군이 곧 로마에 도착할 것이었기 때문이다.)

아틸라는 철군하기 직전, 서로마 황제가 호노리아공주를 보내지 않는다면 다시 돌아올 것이라고 으름장을 놓았다. 로마인은 흉노가 재물을 가득 싣고 돌아가는 것을 멍하니 보고 있을 수밖에 없었다. 이탈리아 북부의 폐허만이 가을날의 황금빛 들판에서 눈물을 흘리고 있었다. 그러나 신비로운 색깔이 덧입혀진 이 이야기는 로마 천주교의 위신을 크게 올려주었고, 중세기 로마교회가 유럽에서 통치력을 행사하는 계기가 되었다.

초원제국의 죽음

유럽에 설마 호노리아보다 더 아름다운 여인이 없었을까? 어느 날 금발의 미녀 하나가 아틸라의 천막으로 왔다. 두 연인이 서로 만나면 보통 두 가지 종류의 필연성을 지닌다. 연분이 있어서 천리 밖에 떨어져 있어도 서로 만나게 되는 것이 그 하나요, 다른 하나는 원수가 만나는 것이다. 이어지는 이 이야기는 짝짓기를 끝낸 뒤 수컷을 잡아먹는 사마귀 암컷을 연상케 한다. 말하자면 혼례식과 장례식이 동시에 이루어지는 기묘한 이야기이다.

453년 봄, 겨우 열아홉 살밖에 안 된 부르군트 소녀 일디코가 지고무상의 권력을 가진 아틸라에게 시집왔다. 보자마자 그들은 서로 사랑하게 되었고, 장년의 아틸라와 한참 청춘인 일디코는 함께 신혼의 첫날밤을 보냈다. 그러나 기쁨이 넘치면 슬픔이 되는 것일까. 아틸라는 아름답고 야성적인 서방 공주의 곁에서 영원한 잠에 들었다. 나이 쉰을 막 넘긴 아틸라가 술 취한 뒤의 흥분 상태에서 밤에 갑자기 죽어간 것이 이상할 것도 없다. 그러나 후에 프랑스인들은(부르군트왕국은 프랑크왕국에 병탄되었다) 아틸라의 죽음을 자신들의 공로로 돌렸다. 일디코가 첫날 밤에 아틸라를 죽였다는 신비로운 이야기를 만든 것이다. 이 이야기는 서방인의 입맛에 딱 맞았다. 성경에 나오는 블레셋인이 힘센 삼손을 죽인 방법과 일디코의 이야기가 비슷하다는 것이다. 19세기 프랑스 화가 외젠 들라크루아Eugène Delacroix의 유화 〈아틸라의 죽음〉에서 일디코는 나라를 위해 스스로를 희생하고 의로운 기운이 넘치는 스파이로 표현되어 있다.

다음 날 사람들이 신방에 들어왔을 때 그들은 혈관이 터져 그 피에 질식해 숨져 있는 아틸라를 발견했다. 신부는 침대 모서리에 쪼그리고 앉은 채 온몸을 덜덜 떨고 있었다. 이 광경을 본 흉노 귀족들은 앞다투어 머리카락을 잘라내고 칼로 자신들의 얼굴에 상처를 내어 피를 흘렸다.[64] 흉노 습속에 의하면 영웅의 죽음 앞에서 필요한 것은 여인의 눈물이 아니라 무사의 신선한 피였기 때문이다.

아틸라의 관은 세 겹으로 만들어졌다. 가장 바깥쪽은 쇠, 중간은 은으로 만든 곽, 안쪽은 금으로 만든 관이었다. 아틸라의 불후의 업적을 상징하는 것이다. 흉노는 강의 물줄기를 막고 강바닥에 관을 안장한 뒤, 다시 물을 흐르게 했다. 그 일에 참여한 모든 기술자와 노예는 다 죽였다. 그래서 후세의 도굴꾼은 아무런 단서도 찾을 수 없었고, 아틸라의 무덤은 지금도 여전히 꿈같은 수수께끼로 남아 있다.

적수를 잃어버린 영웅은 외로운 법, 아틸라를 이겼던 로마 장군 아에티우스도 오래 살지는 못했다. 아틸라가 죽은 지 1년 후, 황제 발렌티니아누스는 딸 오드리아를 아에티우스의 아들에게 시집보내겠다는 약조를 어겼다. 아에티우스는 분노해 황제를 찾아가 따졌지만, 언제나 나약하기만 했던 황제는 갑자기 칼을 뽑아 아에티우스의 가슴을 찔렀다. 주변에 있던 환관과 시종들이 모두 달려들어 아에티우스를 죽이는 데 합세했다. 로마 최후의 명장이 소인배들의 손에 죽은 것이다. 이 사건은 유럽 전체를 충격에 빠뜨렸다. 아에티우스의 친구이든 적수이든 모두 탄식을 금치 못했다. 심지어 어떤 로마인은 황제 앞에서 이렇게 말했을 정도였다.

"폐하께서는 폐하의 왼손으로 오른손을 잘라버리셨군요!"

1년 후, 발렌티니아누스는 아에티우스에게 충성을 다했던 한 흉노 호위병에 의해 죽임을 당했다. 그 자리에 있던 신하와 시위병은 가만히 바라만 보고 있었을 뿐, 아무런 도움도 주지 않았으며 결국 황제는 죽고 말았다. 대들보를 잃은 서로마제국은 20년을 더 연명하다가 결국 서고트족에게 멸망당했다.

그렇다면 과연 아틸라의 계승자에게는 어떤 운명이 기다리고 있었을까? 모든 꽃들이 다 열매를 맺는 것은 아니며, 새들이라고 해서 다 노래를 잘하는 것은 아니다. 제왕의 후손이라고 해서 꼭 중책을 맡을 만한 능력이 있는 것은 아니라는 점을 역사는 일찍이 우리에게 알려주었다. 계승자의 무능함은 강대한 흉노제국을 아주 빠르게 무너뜨렸다. 밀물처럼 일어난 흉노제국은 썰물처럼 무너졌다. 제국 영토 내의 동고트족과 게피다이족이 기회를 틈타 난을 일으켜 454년의 판노니아 대전에서 흉노 기병을 격퇴했으며, 그 전쟁에서 아틸라의 맏아들 엘라크가 전사했다. 그 후 아틸라의 아들들은 두 개의 집단으로 갈라졌다. 세 명의 '겁쟁이'들은 서로마에 제 발로 와서 복종했다. 그중 에르나크는 도브루자에, 엠네자르와 우진두르는 메시아에 안치되었다. '용감한' 뎅기지크는 군대를 이끌고 남러시아 쪽으로 후퇴했다. 468년, 뎅기지크는 도나우강 하류에서 비잔티움제국 군대와 마주쳤고, 전투에서 패해 살해되었다. 비잔티움제국은 이번 승리로 마침내 억압에서 벗어나게 되었다. 사람들은 아틸라의 죽음을 축하한 것만큼이나 그 아들의 죽음을 축하했다. 뎅기지크의 머리는 잘려서 콘스탄티노폴리스의 한 원형경기장에서 열리던 서커스 마당에 내걸렸다. 그 후 남은 것은 일부 흉노 용병들에 관한 단편적 기억뿐이다.

이렇게 전국시대와 진나라, 한나라를 짓밟고 왕망의 신과 서진西晉을 유린하며 거칠게 휘몰아쳐 유럽 민족대이동이라는 봉수대에 연기를 피워 올렸던 흉노, 그 누구보다 강성했던 이 초원민족은 500년이 지난 후 휘황찬란한 역정의 막을 내렸다. 그 어떤 별보다 더 찬란하게 빛나던 거대한 별이 역사의 하늘에서 영원히 사라져간 것이다.

수렵을 하며 땅 위의 들풀과 하늘을 나는 새들에 의지해 살아가던 원시 부락이 농업과 목축, 혹은 공업과 상업을 하는 문명 종족과 충돌을 일으킬 때, 날쌔고 사나운 신체와 기동력 있는 전법을 갖춘 이들은 일시를 풍미할 수 있다. 그러나 궁극적으로는 궤멸과 융합의 운명에서 벗어날 수 없다는 것을 역사는 증명하고 있다. 그것은 언제나 역사의 철칙이다.

헝가리는 흉노의 후손인가?

권력자들이 위대한 자의 이름에 자신의 족보를 갖다 붙이는 것은 약소 민족이나 야만 부족이 사용하는 전형적 수법이다. 돌궐인 티무르가 자칭 '칭기즈칸의 후예'라고 한 것이나 흉노인 유연劉淵이 '유비의 후손'이라고 한 것 등이 바로 그런 예이다. 마찬가지로 초원에서부터 유럽의 중심부로 진출한 한 부部가 돌연 아틸라의 후손을 자청했다.

900년을 전후한 시기, 볼가강 유역에서 고기잡이와 사냥을 주로 했던 이 부족은 흉노 깃발을 높이 치켜들고, 남러시아 초원에서 도나우강 중류와 티사강[65] 일대로 들어왔다. 일곱 개의 부 중 마자르부가 가장 강대했고, 그 우두머리인 아르파드가 대공大公으로 뽑혔다. 그는 자기가 '아틸라의 증손'이라고 자랑스럽게 말했으며, 아틸라의 '전신戰神의 검劍'을 갖고 있다고 주장했다.

아르파드 대공은 군대를 이끌고 비잔티움제국의 대 불가리아 전쟁에 참가했다. 그러나 불가리아와의 전쟁에 참가하느라 텅 비어 있던 본거지가 페체네크인(베세뇨)[66]에 침탈당하는 바람에 카르파티아분지로 퇴각해 이곳저곳을 전전하다가, 나중에 아틸라 흉노 왕조의 귀숙지인 헝가리 평원으로 오게 되었다.

이곳의 게르만인은 이미 용맹스런 전사에서 부드러운 정주민으로 변해 있었다. 말 타고 칼을 휘두르며 달려오는 무시무시한 마자르족을 보고 그들은 "우리를 마자르족의 손에서 구해주소서!"라고 신에게 기도했다고 한다. 몇 차례의 우여곡절 끝에 아르파드의 후손인 성 이슈트반St. Istvan[67]은 1000년에 정식으로 헝가리왕국을 세운다. 헝가리Hungary의 '헝Hun'은 '흉노'라는 뜻이며 '가리gary'는 '사람'이라는 뜻이다. 헝가리를 의역하면 '흉노사람'이라는 뜻이 되는 것이다.

부다페스트 영웅광장의 아르파트를 비롯한 마자르 7부족장.

그러나 1868년에 헝가리가 오스트리아-헝가리제국으로 겸병되면서 정부에서는 헝가리가 흉노와 아무런 관계가 없다고 했다. 언어학자가 헝가리인의 조상은 핀란드-우고르인의 일파(마자르족은 그 7대 부락 중의 하나)라고 한 것에 근거해 그렇게 말한 것이다. 그러나 졸지에 '이등 국민'이 된 헝가리 사람들은 정부의 발언에 대해 아무런 관심도 보이지 않았다. 헝가리 사람들은 자신들이 아틸라의 후손이라는 점을 줄곧 내세워 자긍심을 높여왔기 때문이다.

'헝가리'는 국제적으로 통용되는 공식 호칭이지만, 내부적으로는 '마자르오르사그Magyarorszag' 인민공화국이라고 부른다. 오늘날에도 헝가리에서는 남자 아이들 이름에 '아틸라'를 많이 사용한다. 또한 헝가리에 거주하는 한 부족이 자칭 아틸라의 후손이라고 하면서 헝가리 정부에 '흉노인'이라는 호칭을 회복시켜달라고 신청한 적이 있다. 그러나 국회인권위원회에서는 그 신청서를 돌려보냈다.

어느 날 갑자기 일부 이탈리아인들이 자신들을 아틸라의 후예라고 한다고 해도 그리 놀랄 일은 아니다. 아틸라의 손자 문두스가 비잔티움제국 황제 유스티니아누스Justinianus의 기병사령을 지냈기 때문이다.

다만 마자르족이 곧 흉노라고 하는 것은 다소 억지스러운 부분이 있다. 마자르족에게 흉노의 피가 조금도 섞이지 않았다고 단정적으로 말할 수 없지만, 역사학과 고고학적 자료를 수집하고 혈통에 대한 감정 등을 통해 정확한 증거를 찾아봐야 할 것이다.

사실 서방에서 순수한 혈통을 간직한 흉노인은 이미 사라졌다. 그러나 그들이 남긴 자취는 아직 사라지지 않고 남아 있다. 흉노는 서쪽으로의 이주를 통해 몽골 초원의 도피자들에게 길을 열어주었고, 머나먼 곳의 정복자들에게 매우 유혹적인 목표를 제공했다. 그것은 그들을 계속해서 서쪽으로 이주하게 만든 힘이 되어주었다.

유연, 돌궐, 그리고 몽골 등이 머나먼 동쪽에서 말발굽 소리를 울리며 유럽에 가까이 접근했고, 수많은 유럽인의 아름다운 꿈을 부숴버렸다.

근대에 이르러 유럽은 총 등의 화기로 무장하기 시작하면서부터 비로소 동방의 침입자들에 대한 악몽에서 벗어날 수 있었다. 동방의 침입자들은 전통적으로 화약이나 폭탄 등이 아닌 창 등의 타격 무기를 사용했기 때문에 유럽인들이 전쟁에서 우위를 점할 수 있게 된 것이다. 초원민족에게 야심이 없었기 때문이 아니었다. 그들은 더 이상 말을 타고 태평양에서부터 대서양까지 쳐들어갈 능력을 갖고 있지 못했다.

하나의 생명이 끝나갈 때쯤 되면 다른 생명이 탄생하기 마련이다. 북흉노가 머나먼 이역으로 떠나고 남흉노가 장성을 넘어와 중원에 융합되어갈 무렵, 또 다른 무리들이 흉노가 남긴 공백을 메우고 있었으니, '동호東胡'가 바로 그들이다.

제2장

오환과 선비

烏桓 鮮卑

연 장성의 유래

전국시대에는 흉노를 '호인胡人'이라고 불렀다. 그래서 흉노의 동쪽에 거주하는 또 다른 유목민족을 '동호東胡'라고 불렀다. 동호는 오환烏桓과 선비鮮卑의 조상이다.[2]

'과학기술'이라는 단어가 없던 시절에 힘은 곧 국력과 통하는 것이었다. 말을 타기보다 주로 걸어 다녔던 중원 사람들과 겨뤘을 때, 동호가 당연히 우위를 점했고, 거침없는 기세를 보였다.

동호는 랴오허강遼河 상류에서 빠른 속도로 일어났다.[3] 초원의 이웃이었던 흉노처럼 동호도 자주 연燕의 경계를 넘어가 노략질했다. 작은 규모의 노략질이 점차 커져 전쟁으로 번졌지만, 피해를 입는 것은 언제나 보병 위주여서 움직임이 느렸던 연 사람들이었다.

동주 난왕赧王 희연姬延 3년(기원전312), 연 소왕昭王은 내란을 잠재운 뒤 왕위에 올랐다. 그런데 도무지 이해할 수 없는 일이 벌어졌다. 신하와 백성의 큰 신망을 받았던 소왕이 자신의 심복인 대장 진개秦開를 동호에 인질로 보낸 것이다. 장군을 인질로 보내다니, 저항을 포기했다는 의미가 아닌가. 하지만 단순해 보이는 일일수록 그 내막은 더 복잡하다는 점을 잊지 말아야 한다.

진개는 간첩으로서 동호에 간 것이었다. 그는 동호에 도착한 후 입안의 혀처럼 달콤한 말과 백발백중의 궁술로 곧 동호 대인의 신임을 얻었다. 틈만 나면 진개는 동호의 지리 환경과 풍속, 민간의 분위기, 군사적 역량, 특히 전시의 병력 배치와 동호의 전술 등을 샅샅이 살폈다. 모든 것은 암암리에 진행되어 동호 사람들은 그 사실을 까맣게 모르고 있었다.

진개를 보내고 난 후 잠시 변경 지역의 평화를 얻었던 연 소왕은 황금대黃金臺를 쌓아 지혜로운 사람들을 모아들였다. 멋진 저택을 지어놓고 늙은 대신 곽외郭隗를 스승으로 모시니, 경제학 용어로 '저지대효과'[4]가 연에서 제대로 나타났다. 위의 악의樂毅, 제의 추연鄒衍, 조의 극신劇申 등 천하의 현명하고 지혜로운 지식인이 앞다투어 연으로 모여들었다. 그러자 국세가 기울어가던 연이 급격히 강해지기 시작했다. 그렇게 한숨을 돌린 후 연 소왕은 동호에 있는 진개에게 연으로 돌아오라는 밀명을 보냈다. 밤을 틈타 진개는 쥐도 새도 모르게 조용히 동호를 빠져나와 연으로 돌아왔다. 주 난왕 15년(기원전 300), 연 소왕은 진개를 장군으로 삼아 대군을 이끌고 이제 그 어떤 군사 기밀도 남지 않은 동호를 쳤다. 이리저리 흩어지는 동호 군대를 파죽지세로 격파하니, 동호는 북쪽 1천 리 밖으로 쫓겨났다.

진개는 동호를 격파한 여세를 몰아 동으로 요수遼水를 건너 1천 킬로미터 밖에 위치한 만번한滿番汗(압록강)까지 갔다. 그리고 점령한 땅에 상곡上谷, 어양漁陽, 우북평右北平, 요서遼西, 요동遼東 등 다섯 개의 군郡을 설치했다. 이어서 주 난왕 25년(기원전 290)을 전후한 시기에 서쪽으로 조양造陽(허베이성 장자커우張家口)에서 동쪽으로 양평襄平(랴오닝성 랴오양遼陽)에 이르는 곳에 연북燕北장성을 쌓아 오늘날의 이수이강易水 유역에 쌓은 연남燕南장성과 구분했다.

장성 부근에서 더는 동호의 그림자를 볼 수 없었다.

동호가 둘로 나뉘다

오늘날 라오하강老哈河과 시라무룬西拉木倫강 유역으로 멀리 물러나야 했던 동호인은 한동안 실의에 빠져 있었다. 특히 간첩을 보냈던 연의 작태에 콧방귀를 뀌며 경멸했다. 그러나 어느 날 문득 사방을 둘러보니 자신들이 있는 곳이 동쪽으로는 부여扶餘·읍루挹婁·고구려, 서쪽으로 흉노, 남쪽으로 유주幽州와 접해 있으며, 사람이 살기에 아주 적합한 곳이라는 점을 깨달았다.

그래서 동호는 웅대한 마음을 다잡고 다시 멀리 날아보기로 했다. 이들에게 두만 부자가 통치하는 서쪽의 흉노는 손쉬운 사냥감이었다. 하지만 뒤이은 이야기는 단순했던 마음이 일단 복잡해지면 기쁨과 행복은 점점 더 멀어진다는 것을 알려준다.

사람은 살아가면서 자신의 적수를 사지에 몰아넣을 때조차 절대 상대를 치욕스럽게 하거나 분노하게 만들어서는 안 된다. 그러나 스스로 가장 잘났다고 여기고 제멋대로 행동하던 동호 대인은 흉노인을 거듭 능욕했다. 명마를 달라고 하더니 이어서 흉노 선우의 아내인 연지를 내놓으라고 요구했다. 급기야 두 나라 사이에 있는 땅을 달라고 했다. 그 상황은 푸슈킨의 《어부와 황금물고기》에 나오는 탐욕스러운 노파 이야기와 흡사하다.

한 고조 원년(기원전 206)의 어느 밤, 흉노의 묵돌선우는 군대를 이끌고서 아무런 방비도 없던 동호를 습격했다. 빼앗아온 묵돌선우의 연지를 끌어안고 술을 마시고 있던 동호 대인은 졸지에 포로가 되고 말았다.

달빛이 유별나게 밝고 바람이 유난히 차가운 밤, 동호 대인이 천막에서 끌려 나왔고, 곧 묵돌선우의 명령이 떨어졌다. 흉노 기병의 칼이 높이 올라가더니 '철컥!' 하는 소리와 함께 동호 대인의 잘린 목으로 하얀 달빛이 스며들었다.

묵돌은 동호 대인의 목을 갖고 돌아가 살을 파내고 소가죽을 입혀 자신의 요강으로 삼았다. 누구를 원망할 것인가. 모든 것은 어리석기 그지없는 동호 대인 탓이었다. 이것은 삼국시대 장수張繡의 숙모 추씨鄒氏를 차지하려다가 생명을 잃을 뻔했던 조조나, 성당盛唐 시기에 며느리인 양귀비를 취해 천하대란의 빌미를 제공했던 당 현종 이융기를 떠오르게 한다. 서하西夏 초기, 예비 며느리를 차지하려다가 아들에게 살해되었던 이원호[5] 역시 마찬가지다. 동호 대인을 제압할 정도로 대단했던 묵돌선우도 성공한 뒤엔 자만심에 빠져, 한의 여후에게 자기 아내가 되라는 편지를 보냈다가 유방의 손자들에게 철저히 앙갚음당했다.

역사라는 것은 정신과 힘이 서로 연결되면서 이루어진다. 어리석은 짓을 많이 했든, 억울한 사람들을 많이 죽여 한을 품은 귀신으로 만들었든 상관없이 세상은 매일매일 이어진다. 하늘이 무너지지 않고 땅이 가라앉지 않는 한, 인간은 언제나 강인하게 살아가게 마련이다. 동호 대인이 죽은 뒤 동호인은 두 개 노선으로 나뉘어 퇴각했다. 오환산烏桓山(내몽골 아르호르친기 일대의 한산罕山)으로 물러난 일파는 오환('검은 용'이라는 뜻, 헤이룽강의 원래 이름이 오환수烏桓水)이 되었고, 선비산鮮卑山(대싱안링산맥 중북부, 내몽골 호르친우익전기 일대)으로 물러난 일파는 선비('상서롭다', '길조'라는 뜻)가 되었다.

이때부터 오환와 선비는 갈라져 서로 종속되지 않는 민족이 되었다.

한 왕조의 정찰병

한 원수元狩 4년(기원전 119), 한의 장군 곽거병霍去病이 흉노를 대파하고 흉노 선우를 압박해 선우의 거점을 머나먼 고비사막 북쪽으로 밀어냈다. 오환이 흉노에 지속적으로 인력과 물자를 제공하는 것을 막기 위해 곽거병은 오환을 한 왕조 변경의 다섯 군(상곡上谷, 어양漁陽, 우북평, 요서, 요동)으로 이주시켰고, 그곳에 호오환교위護烏桓校尉를 설치했다.

한족은 글자를 참으로 교묘하게 사용했다. '보호한다'는 의미의 '호護'라는 단 한 글자였지만, 이를 사용함으로써 피지배자는 아예 반역의 마음을 먹지 못했다. 한 왕조가 발명해낸 이 기막힌 관직 명칭은 무척 효과적이었다. 고증에 따르면 교위부校尉府라는 이 기구는 새롭게 설치된 것으로서 오환에 처음으로 적용한 것이라고 한다. 이는 호강교위護羌校尉보다 8년이나 빨리 설치된 것이며, 60년 후에 설치된 서역도호부西域都護府의 모델이 되었다.[6]

이후 기나긴 세월 동안 오환인은 한 왕조와 흉노 쌍방의 기분에 맞춰 양쪽을 왔다 갔다 해야 했다. 서커스단원이 위태로운 외줄타기를 하듯 대외 관계의 균형을 교묘히 유지해야 했던 것이다. 다른 방법은 없었다. 도대체 누가 감히 한과 흉노의 비위를 건드릴 수 있단 말인가?

그런데 어느 날 이 균형이 깨져버렸다. 왕망 때문이었다. 왕망의 개혁안은 매우 다양했다. 그중에는 일부 민족의 이름을 바꾸는 것도 들어 있었다. 왕망은 오환에 이제 '피포세皮布稅'[7]를 흉노에 바치지 말라고 명령했다. 또한 흉노를 공격하라고 지시했을 뿐 아니라 오환 대인의 아내와 아이들을 인질로 잡았다. 이내 명령대로 하지 않으면 인질을 죽이겠다고 협박했다. 오환 대인은 왕망의 작태에 대해 분노가 치밀었지만 화를 낼 수도 없었다. 그렇다고 해서 흉노와 싸울 수도 없었던 것이, 곧 계란으로 바위를 치는 격이었기 때문이다. 그러나 자신의 목숨을 보전하기 위해, 또 가족의 생명을 구하기 위해 오환 대인은 선택을 피할 수 없었다. 그야말로 진퇴양난의 상황이라도 지도자는 선택을 해야 한다.

오환은 스스로를 지키는 선택을 했다. 군대를 이끌고 흉노에 투항해버린 것이다. 그런데 후한 건무 22년(46), 흉노에 내란이 일어났고 메뚜기 재해가 발생했다. 이 상황은 한 왕조에 도움이 되었을 뿐만 아니라 오환에도 판을 뒤엎을 기회였다. 오환은 병력을 이끌고 바람처럼 달려 어려움에 처한 흉노를 쳤다. 그리고 자신들을 하인처럼 대하던 흉노인을 멀리 타향으로 쫓아버리는 데 성공했다. 하지만 이 전쟁을 지나치게 호평하면 안 될 것 같다. 이 최후의 공격은 이미 죽은 적의 관 위에 마지막 못 하나를 박은 정도에 지나지 않기 때문이다.

어쨌든 오환은 초원의 패자가 되었다. 이들은 큰소리를 지르고 춤을 추며 노래를 불렀고, 준마를 타고서 끝없이 펼쳐진 초원을 내달리며 즐거워했다. 그러나 냉정을 되찾고 나니 운명이 자신들을 농락하고 있음을 발견했다. 초원에는 이미 노동력을 제공할 부락이 남아 있지 않았다. 그들의 생명을 유지시켜줄 목초지조차 메뚜기 떼가 모조리 먹어치워 버려 아무것도 없었던 것이다.

그나마 후한 광무제가 원조의 손길을 내밀어 쌀자루를 보내준 것이 다행이었다. 건무 25년(49), 요서 오환 대인 학단郝旦 등 922명이 많은 예물을 갖고 한에 투항했다. 한은 그중 81명의 대인大人과 거수渠帥를 왕후와 군장으로 봉했다. 그리고 이들이 무리를 이끌고 오늘날 동북 지역 다링강大陵河 하류, 허베이성 북부, 산시성陝西省 북부와 중부, 내몽골 남부, 오르도스초원 일대로 가서 거주할 수 있게 해주었다.[8] 여기에 보답하기 위해 오환은 한 변방의 척후병 노릇을 하기로 했다.

오환은 한 왕조에 귀부한 후 점차 가볍게 볼 수 없는 군사적 힘을 형성했다. 이들은 대외적으로는 외적의 침입을 막았고, 대내적으로는 조정을 도와 반란을 평정했다. 오환 기병 수백 명이 한 왕조의 황궁 경비병이 되었다.

오환인을 군인으로 워낙 많이 채용하다보니 반란의 씨앗이 싹트기도 했다. 한 영제靈帝 유굉劉宏 중평中平 4년(187), 유주의 오환 우두머리가 한 왕조의 지방관원인 장순張純, 장거張擧와 군사 동맹을 맺어 꽤 큰 규모의 반란을 일으켰다.

한 헌제憲帝 초평初平 원년(190)에는 요서 오환 대인 구력거丘力居가 병들어 죽었다. 아들 누반樓班이 아직 나이가 어려서 조카인 답돈蹋頓이 왕위를 이었고, 상곡부 지도자인 난루難樓, 요동부 지도자인 소부연蘇仆延, 우북평부 지도자인 오연烏延 등이 삼군三郡 오환을 이끌었다.

이때 중원에는 군웅이 할거해 칼날의 차가운 빛이 사방으로 튀고 있었다. 오환인은 가만히 앉아 호랑이들이 서로 싸우는 것을 그냥 바라만 봐도 되는 상황이었다. 그러나 오환인은 중원의 내란에 끼어들었다. 오환의 도움으로 유주를 점령한 원소袁紹는 한 헌제의 이름으로 오환 삼군의 지도자를 선우로 봉했다. 그리고 자신의 양딸을 답돈에게 시집보냈다.

그러나 어찌 알았으랴. 오환은 줄을 잘못 섰던 것이다. 상황을 제대로 파악해야 했지만 그러지 못했다. 오환인 앞에 거대한 재앙이 서서히 다가오고 있었다.

조조가 오환을 정벌하다

미래 예측 실패를 오환인 탓으로만 볼 수 없다. 당시 중원의 형세를 제대로 파악하기란 쉽지 않았다. 겉으로 보면 군벌 원소가 네 개의 주를 점거하고 천하를 노리고 있었으니, 강성한 그 위세가 다른 누구와도 비할 바 없었다.

문제는 원소에게 맞수 조조가 있었다는 점이다. 조조는 후한 명사 허소 許邵가 "치세의 능신能臣이요, 난세의 간웅奸雄"이라고 평한 인물이다. 조조는 신불해申不害와 상앙商鞅의 법가法家 사상을 채택해 군사적 사무를 처리했고, 한비자韓非子와 백기白起의 기묘한 전략으로 적을 공격했다. 군대에서 세운 공적에 따라 대국大局을 이끌었으며, 원한은 마음에 새겨두지 않았다. 아랫사람을 대할 때에는 온 힘과 마음을 다했다. 조조는 아주 빠르게 원소의 적수로 성장했다.

원소의 최대 실책은 후한의 대장군이라는 직책을 갖고 있으면서도 행거기장군行車騎將軍 조조가 한 헌제를 낙양에서 허현許縣으로 데리고 가도록 내버려 둔 것이다. 이는 조조가 천자를 끼고 제후들에게 명령을 내릴 수 있는 기회를 만들어 주었다. 중원 통일이 걸려 있는 관도지전官渡之戰에서 조조는 자기보다 열 배는 많은 적을 맞이해 '성동격서聲東擊西'와 '탈적치중奪敵輜重'[9]의 전략을 구사했다. 적은 군대로 많은 군대를 상대하고 약자가 강자를 이기는 전형을 보여주면서 원소의 군단을 붕괴시킨 것이다. 후한 건안 10년(205), 원소의 아들 원상袁尙과 원희袁熙는 유주와 기주冀州의 군민 10만여 명을 협박해 함께 오환의 답돈선우에게 투항했다.

동북 변경 지역에 웅거하던 원씨의 잔여 세력은 조조가 남하해 서진하는 데 시종일관 걸림돌이었다. 그야말로 손톱 밑의 가시와 같은 것이었으니, 후환을 제거하지 않는다면 마음이 편할 리 없었다. 조조는 세심하게 준비한 뒤 건안 12년(207)에 대군을 이끌고 오환 정벌에 나섰다. 하지만 재앙을 코앞에 둔 오환은 정보가 차단되어 아무것도 모르고 있었다.

조조는 먼저 오늘날 허베이성 지역에 평로거平虜渠와 천주거泉州渠를 뚫어 곡타하灅沱河, 사하沙河, 구하匈河, 노하潞河를 연결해서 군량미를 운반하는 데 아무런 어려움이 없게 해두었다. 그런 후에 큰길을 버리고 산길을 돌아 노룡새盧龍塞(허베이성 시펑커우喜峰口), 백단白檀(허베이성 청더承德

서남쪽)을 거쳐 8월에 오환의 통치 중심지인 유성柳城(랴오닝성 차오양朝陽 남쪽)으로 바로 치고 들어갔다.

대군이 유성에서 200리쯤 떨어진 곳에 왔을 때에야 답돈 등이 비로소 알아차리고 서둘러 수만 명의 기병을 모아 저항했다. 조조의 군대와 오환의 기병이 백랑산白狼山(랴오닝성 하라친좌익 몽골족자치현의 다양산大陽山)[10]에서 맞닥뜨렸다. 조조가 백랑산 꼭대기에 올라가 살펴보니 오환 기병의 숫자가 많기는 해도 진이 느슨했다. 그래서 대장 장료張遼를 선봉으로 삼아 적진으로 밀고 들어가게 했다. 답돈은 패하고 살해되었으며, 오환의 20만 군대는 모조리 포로가 되었다. 원씨 형제는 요동으로 도망쳤다.

하얀 이슬과 붉은 단풍, 황금빛으로 변한 나뭇잎 사이를 스치는 바람과 날아가는 기러기 등, 가을날의 풍광은 시처럼 아름다웠지만 공전의 승리를 쟁취한 조조의 눈에는 그런 것들이 들어오지 않았다. 63세의 고령이었지만 그는 만족하지 않고 내친김에 유성을 떠나 바다까지 달려갔다. 파도가 넘실거리고 망망하게 펼쳐진 거대한 바다 앞에서 그의 가슴은 터질 듯했다. 장대한 뜻이 구름을 뚫을 듯하니, 조조는 붓을 휘둘러 호방한 기운이 넘치는 〈관창해觀滄海〉[11]를 지었다.

동으로 갈석에 다다라, 푸른 바다를 바라본다.
물은 철렁거리고, 산의 섬이 솟아 있네.
나무가 빽빽하게 자라나고, 온갖 풀이 기름지구나.
가을바람 소슬하게 부는데, 파도가 솟구치네.
떴다가 지는 해와 달이, 그 안에서 나오는 듯.
찬란한 은하수 별빛, 그 속에서 나오는 듯.
운 좋게 이곳에 이르러, 장대한 마음을 노래하노라.
東臨碣石, 以觀滄海.

水河澹澹, 山島竦峙.

樹木叢生, 百草豊茂.

秋風蕭瑟, 洪波涌起.

日月之行, 若出其中.

星漢燦爛, 若出其里.

幸甚至哉, 歌以詠志.

장대한 마음을 아직 거두지 못한 조조는 오환이 투항했다고 해서 이들을 연민하지 않았다. 그는 삼군 오환의 투항자 3만 명과 오환 교위 염유閻柔가 관할하는 유주와 기주의 오환 1만 여 부락을 내지로 이동시켰다. 그곳에서 오환인은 세월의 흐름과 더불어 한족과 동화되어갔다.

원씨 형제의 남아 있는 힘도 얼마 가지 못했다. 조조의 군대가 돌아올 무렵, 요동태수 공손강公孫康이 원씨 형제의 목을 잘라 바쳤던 것이다.

원희가 피살된 후, 스물한 살 된 원희의 아내 견락甄洛을 조조의 맏아들 조비曹丕가 차지했다. 견락은 조예曹睿(위 2대 왕)와 동경東卿공주를 낳았다. 견락이 뱀을 모방해 매일매일 온갖 아름다운 형태로 변화무쌍한 머리 모양을 만들었지만(후세 사람들은 그녀의 머리 형태를 '교탈천공巧奪天工'[12]이라 불렀다) 조비의 사랑을 지속적으로 받지는 못했다. 그녀가 세상을 떠났음을 알았을 때, 조비의 동생 조식曹植은 그녀를 모델*로 삼아 천고의 절창인〈낙신부洛神賦〉를 썼다. 오늘날 우리는 위진 시대를 대표하는 화가인 고개지顧愷之의 그림〈낙신부도洛神賦圖〉를 통해 낙신의 모습을 볼 수 있

---

* "조식이 쓴 작품 속의 낙신이 견락이며, 견락은 조식과 형수, 시동생 사이인데도 애정관계가 있었다"라는 말도 있는데, 이것은 당 문인 이선(李善)이 지어낸 것이라고 한다. 조비가 견락을 취했을 때 조식의 나이는 겨우 13세였으며, 조비가 낙양에 왔을 때 견락은 이미 자살한 지 1년이 지난 때였다는 것이다.

지만, 사실 그걸로 낙신의 자태를 다 보았다고 할 수는 없다. 조식이 그려 낸 낙신은 더욱더 가슴 아프고 애달픈 모습이다.

> 그녀의 자태 가볍기가 나는 기러기 같고, 부드럽기는 춤추는 용과 같네.
>
> 가을날 활짝 핀 국화처럼 풍만하고 오래된 소나무처럼 장중하네.
>
> 엷은 구름에 가린 달을 방불케 하고,
>
> 큰 바람에 날리는 눈처럼 표표하네.
>
> 멀리서 바라보면 차오르는 새벽노을처럼 맑고 깨끗하며,
>
> 가까이 다가가서 보면 막 솟아오른 부용처럼 부드럽네.
>
> 她輕盈像受涼的飛鴻, 柔軟似飛舞的遊龍,
>
> 豊滿如秋日盛開的菊, 莊重若一棵古老的松.
>
> 仿佛, 像薄雲偶爾遮蔽的月,
>
> 飄飄, 似大風吹捲下的雪.
>
> 遠遠望去, 皎潔若初升的早霞,
>
> 走近細看, 細膩若芙蓉剛出水涯.

낙신에 대한 묘사를 볼 때, 낙신에 비견된 견락의 자태는 중국의 고대 4대 미녀보다 더 빼어났던 것 같다.

옛 땅에 남아 있던 오환은 얼마 지나지 않아 같은 조상의 후손인 선비에 점령되었고, 선비 모용씨慕容氏와 우문씨宇文氏, 단씨段氏에 합병되었다. 서진 이후 오환은 다른 민족과 잡거하며 이른바 '잡호雜胡'[13]가 되었다.

그 후에 발생한 사건들은 오환이 삼국시대에 줄을 잘못 서서 당했던 충격에서 아직 헤어나지 못했음을 보여준다. 당 왕조 때 넌강嫩江 이북에 일단의 오환 유민이 모여 자칭 '오환국烏丸國'을 세웠다고 하는데, 그저 작은 마을 정도에 불과했던 것 같다.[14]

이후 그 누구도 다시는 오환이라는 이름을 듣지 못했다. 새로운 발견이 없는 상황에서 우리가 선택할 수 있는 것은 상상과 침묵뿐이다.

선비의 남하

치달리는 준마가 맨 앞에서 우는 것 같아도 마지막에 목적지에 도달하는 것은 언제나 인내심과 끈기를 가진 낙타다. 먼저 기회를 잡았던 오환이라는 준마가 힘이 다해 죽어가는 동안 선비라는 느린 낙타는 제 리듬에 맞춰 용감하게 앞으로 나아가 마침내 일어섰다.

선비는 오환과 마찬가지로 흉노가 쇠락해진 틈을 탔다. 오환이 한 변경 5군으로 이동한 후 대大선비산[15]과 소小선비산에 살고 있던 선비족은 오환의 옛 땅인 시라무룬 강 유역과 오늘날 후룬베얼(훌룬부이르)초원 일대로 남하했다. 후한 영원永元 연간(89~105)에 북흉노가 후한에 밀려 서부로 간 후, 선비는 대규모로 부채꼴 형태를 형성하며 남쪽으로 내려와 서쪽으로 전진해 드넓은 흉노의 옛 땅으로 들어갔다. 선비 역사상 가장 큰 규모의 1차 민족 융합이 시작된 것이다. 이 때문에 선비를 흉노의 후예라고 한다. 한편 미처 도망치지 못한 흉노 10만여 명이 선비인의 '대막大漠'으로 스며들어왔다.

그리하여 남부 초원에는 흉노를 아버지로 하고 선비를 어머니로 하는 '철불흉노'가 나타났고, 음산 이북에는 선비와 칙륵勅勒이 합쳐진 '걸복乞伏선비'의 선조가 나타났다. 시라무룬강 일대에는 '우문宇文선비'가 출현했고, 북선비는 흉노의 옛 땅으로 들어와 흉노의 잔여 부와 합쳐, 선비를 아버지로 하고 흉노를 어머니로 하는 '탁발拓拔(땅의 왕이라는 뜻)씨'[*16]가 되었다. 모용慕容(하늘과 땅의 덕을 사모하고, 해와 달과 별, 세 가지 빛의 모습을

잇는다는 뜻)씨** 일파는 서쪽으로 옮겨간 후 강羌과 융합해 토욕혼吐谷渾***
이 되었다. 이후 우문씨와 모용씨, 단씨는 '동부선비'라 불렸고, 토욕혼과
하서독발씨河西禿發氏, 농우걸복씨隴右乞伏氏는 '서부선비'라 불렸다.

작은 풀은 부드럽지만 그것이 합쳐지면 드넓은 초원이 된다. 2세기 중
엽, 단석괴檀石槐가 여러 부部에서 선비 대인으로 추대되어 오늘날 산시山
西성 양구陽固현 북쪽의 미한산彌汗山에 왕국을 세웠으며, 10만 기병을 거
느리고 중부대인 모용, 동부대인 괴두槐頭, 서부대인 추연推演을 관할했다.
이후 단석괴는 동쪽으로 부여를 공격했고 서쪽으로 오손****을, 북쪽으로 정
령*****을 공격했으며 남으로 한의 변경을 공략해 강력하던 시기의 흉노 옛 땅
을 전면적으로 접수하기 시작했다. 마침내 선비가 초원의 새로운 주인이
된 것이다. 이때부터 초원에는 천년 동안 전승된 선비의 노래, 〈칙륵가勅勒
歌〉가 나타났다.

칙륵의 강물, 음산 아래,

하늘은 둥글고, 천막은 들판을 덮었네.

하늘은 푸르고, 들판은 아득한데,

바람이 불어와 풀들이 누우니 소와 양이 보이는구나.

勅勒川, 陰山下,

天似穹廬, 籠蓋四野.

* 선비의 일파. 원래 아르군강과 대싱안링산맥 북단에 살았다. '별부(別部)선비', '북부(北部)선비'라고
도 부른다.
** 선비의 일파. 원래 선비산에 살아서 '동부선비'라고도 부른다.
*** 선비 모용씨의 일파. 이후에 서쪽으로 이주해 오늘날 간쑤성과 칭하이성 일대에 거주했다.
**** 옛 부족 이름. 최초에는 치롄산(祁連山)과 둔황 일대에 거주했다.
***** 옛 부족 이름. 정령(丁靈), 정령(丁令), 정령(釘靈)이라고도 한다. 한 대(漢代)에는 오늘날 바이칼호 남
쪽에 거주했다.

天蒼蒼, 野茫茫,

風吹草低見牛羊*

　4세기의 중국은 물이 펄펄 끓는 솥 같았다. 뜨거운 물속에서 고통과 희망이 함께 끓어올랐다. 북유럽의 게르만족이 채찍을 휘둘러 말을 타고 남유럽으로 이동하던 시기, 동방에도 전에 없던 대규모 민족 이동이 일어났다. 흉노·선비·갈·저·강 등 이른바 '오호五胡'라 불리는 1천 만여 명이 기름진 땅을 찾아 중원으로 들어와서 진晉 왕조를 뒤엎어버렸으니, 역사는 바야흐로 칼날이 번쩍이는 5호16국 시대로 진입한다.

　소수민족이 등장해 천하를 호령하던 이 시대에는 선비인이 건립한 나라가 가장 많았다. 모용씨는 전연前燕·후연後燕·서연西燕·남연南燕을, 걸복씨는 서진西秦을, 독발씨는 남량南凉을, 탁발씨는 대국代國과 북위北魏를, 우문씨는 북주北周를 세웠다.

　그야말로 천하제패의 이상이 싹트고 영웅이 나타난 시대였다. 비수대전 (제11장 저 '비수의 전쟁' 참조) 이후에 연을 부흥시킨 모용수慕容垂, 무력으로 북방을 통일한 태무제太武帝, 마음먹고 한화漢化를 진행한 효문제孝文帝 등 모두가 영웅이었으며, '멸불滅佛'로 국력을 증강시키려 했던 주周 무제武帝도 영웅의 반열에 들어갔다. 이들 모두는 어디에도 구속되지 않는 기개와 절대 굽히지 않는 정신을 지니고 있었다. 물론 위대한 공적과 잘못된 점이 함께 나타났고, 그래서 비난과 찬양이 엇갈린다. 이미 역사 속의 유물이 되어 구름처럼 사라진 이들을 볼 때 언제나 사색에 잠기게 된다. 어쩌면 이런 인물이 있어서 역사가 더 변화무쌍하고 다채로워진 것이 아니겠는가.

---

*　북조(北朝) 시대 선비족의 민가(民歌)라고 전해진다.《악부시집(樂府詩集)》에 수록되어 있다.

모용선비

1,700여 년 전, 서진西晉 왕조는 요동 지역에서 선비 모용부의 우두머리 섭귀涉歸를 선비 선우로 봉했다. 후에 섭귀의 작은아들인 약락외若洛廆가 적자라는 이유로 선우의 자리를 이어받으니, 서자였던 맏아들 토욕혼이 분노해 멀리 타향으로 떠났다. 중국에서 가장 유명했던 모용씨 가문이 4세기 무렵에 마침내 기세등등하게 등장한 것이다.

약락외의 적장자 모용황慕容皝은 동진 성제成帝 사마연司馬衍 함강咸康 3년(337)에 극성棘城(랴오닝성 이義현 서북쪽)에서 스스로 '연왕燕王'이라 칭했다(역사에서는 '전연前燕'이라고 한다). 모용황에게는 일곱 아들이 있었는데 그중 네 명의 아들이 모두 풍운아가 된다. 둘째 모용준慕容儁은 전연 황제가 되었고, 넷째 모용각慕容恪은 16국 시기의 유명한 장군이 되었으며, 다섯째 모용수는 후연後燕의 개국 황제가 되었다. 막내인 모용덕慕容德은

선비의 발원지인 대싱안링산맥의 가셴동嘎仙洞.

남연南燕의 기틀을 세웠다.

당시 후조後趙에 대란이 일어났는데 모용 가문이 그 기회를 틈타 남쪽을 잠식하고 있었다. 이 혼전 중에 모용각은 '연환마連環馬'[17]를 사용해 살호殺胡 사건[18]의 주모자인 염민冉閔을 생포했고, 그 덕분에 호인胡人 전선에서 위대한 이름을 날린 영웅이 되었다. 동진 목제穆帝 사마담司馬聃 영화永和 8년(352), '연燕'자를 새긴 깃발이 업성鄴城(허베이성 린장臨漳현 서남쪽) 하늘에서 멋지게 휘날리기 시작하면서 모용준이 세자로서 연의 황제로 등극했다.

모용준이 병들어 죽은 후, 황제 자리에 앉을 수도 있었던 모용각은 제갈량이 유선을 보좌했던 것처럼 겨우 열한 살밖에 안 된 조카 모용위慕容暐를 보좌했다. 모용각이 죽을 때 어린 황제에게 자신의 동생 모용수를 대사마로 앉힐 것을 부탁했지만, 그러겠다고 대답했던 어린 황제는 이를 차일피일 계속 뒤로 미뤘다.

하지만 모용수는 다른 마음을 먹지 않고 여전히 충성스러웠다. 특히 싸우기만 하면 언제나 승리하는 동진 장수 환온桓溫이 제3차 북벌을 감행할 때, 모용수가 앞장서서 나아가 방두枋頭(허난성 치淇현 기문도淇門渡)에서 진군대를 대파했다. 이 전쟁을 통해 모용수의 이름이 널리 알려졌고 그 위세가 사방에 떨쳤다.

이렇게 되자 왕실은 바늘방석에 앉은 것 같았다. 장자莊子가 말한 대로, 계수나무는 그 열매를 먹을 수 있기에 베이고, 옻나무는 쓰임새가 있기에 잘린다. 방두에서 큰 승리를 거두는 것을 본 왕실에서는 모용수를 제거하려는 계획에 더욱 박차를 가했고, 모든 상황이 그에게 불리하게 돌아갔다. 반격을 할 것인가, 도망칠 것인가? 모용수는 도무지 잠을 이룰 수 없었다.

결국 그는 사람은 돼지와 씨름을 할 수 없다는 결론을 내렸다. 돼지와 싸워봐야 온 몸이 진흙투성이가 되어버릴 것이니, 이것이야말로 돼지가 좋아하는 결과이기 때문이다. 몇 번을 저울질하다가, 내키지는 않지만 전진前秦 황제 부견苻堅에게 투항하기로 결정했다.

전연 왕조를 받치고 있던 대들보가 무너졌으니, 이제 전연이 망하는 것은 시간문제였다. 얼마 지나지 않아 부견은 승상 왕맹王猛에게 6만 대군으로 연을 정벌하게 했고, 부견도 이어서 친히 10만 대군을 거느리고 연에 도착했다. 연의 도읍이던 업성은 순식간에 무너졌고, 어린 모용위와 모용충慕容冲은 포로가 되었다. 부견은 모용수의 체면을 봐서 이들을 죽이지 않고 적당한 곳에 안치했다.

전진이 진晉을 정벌하려는 계획을 세울 때, 모용수는 부견의 출병을 열렬히 지지하던 몇 안 되는 신하들 중의 하나였다. 그래서 부견은 "나와 더불어 천하를 평정할 자는 오직 경 하나뿐이다"라고 감탄할 정도였다.

모용수는 눈치가 빠르고 총명한 사람이었다. 진을 정벌하는 일이 얼마나 위험한지 예상하지 못한 것은 아니었다. 그는 나름대로의 계산이 있었다. 만일 이긴다면 황제의 출병을 지지했던 그는 상을 받을 것이다. 설사 패배한다고 해도 모용선비의 근거지로 돌아가 기회를 틈타 국가를 다시 부흥하면 될 일이었다. 결과가 어떻든지 모용수는 수혜자가 될 것이었다.

진 정벌은 계획대로 진행되었다. 부견이 친히 정벌에 나섰고, 모용수는 부대장으로 임명되었다. 전쟁이 시작된 지 얼마 되지 않아 모용수는 서로西路軍을 이끌고 운성鄖城(후베이성湖北省 윈鄖현)을 함락했다.

하지만 전쟁은 전쟁이었다. 모용수는 공격을 하는 동시에 도망칠 길도 잘 파악해두라고 수하들에게 일러두었다. 비수대전[19]이 일어났을 때 이들은 적을 주시하면서 다른 눈으로는 가장 가까운 탈출로를 파악해두었다. 그래서 서부 전선에서 작전을 수행했던 모용수와 3만 명의 부하들은 조금의 인명 손실 없이 후퇴할 수 있었다.

하늘이 유별나게 어두웠고 구름은 기묘한 분위기를 내며 낮게 깔려 있었다. 패잔병 수용소 민지澠池[20]는 비장하고 처량한 분위기로 가득 차 있었다. 662년 전, 진秦 소왕昭王과 조 혜문왕惠文王이 회맹한 곳이었다. 문약한 서생이었던 인상여藺相如는 오만한 기세가 하늘을 찔렀던 진 소왕에게 부缶(기와로 만든 타악기)를 치게 해 일약 유명해졌는데,[21] 이후 민지는 두 나라가 강화를 맺은 곳이라고 해서 '구리성俱利城'이라 불렸다. 회맹으로부터 70여 년이 지난 어느 날, 이곳에서 진승陳勝의 수하 대장이었던 주문周文과 그의 수만 대군이 진 장군 장감章邯에게 전멸당했다. 또 비슷한 시기에 10여 킬로미터 떨어진 곳(신안고성新安古城 남쪽의 '초갱楚坑')에서는 초의 항우가 막 개편된 20만 명의 진 군대를 모조리 갱살해버렸다. 이렇게 역사적 이야기들이 흘러넘치고 세월의 흔적이 남아 있는 곳에서, 부상당한 부견이 부하들에게 군사 지원 전략을 묻고 있을 때였다. 모용수가 기회를 틈타 의견을 제시했다.

"나라가 전쟁에서 패하고 나니 북방 부部의 움직임이 심상치 않습니다. 저를 보내 그들을 위무하고, 조상님 무덤에 제사라도 드리고 올 수 있게 해주십시오."

부견은 쾌히 승낙했다. 그러나 모용수를 전연의 옛 땅으로 돌려보낸 것은 호랑이를 산으로 돌려보낸 것과 다름없었고, 용을 바다에 풀어준 것과 같았다. 마침내 모용수는 진 효무제 사마요司馬曜 태원太元 9년(384), 전연제국의 선비인 유민을 불러 모아 나라를 회복할 것을 명했고, 스스로를 '연왕燕王'이라 칭했다. 이를 '후연'이라 한다.

태원 10년(385), 서연西燕의 모용충이 장안을 포위하고 공격하니, 줄곧 인자하기만 했던 부견이 마침내 벽력같이 화를 내며 장안에 연금하고 있던 연의 국왕 모용위와 그 가족을 죽여버렸다. 어떻게 보면 부견이 모용수

---

* 예서주랑(豫西走廊) 중단에 있다.

의 적수를 제거해준 셈이다.

바로 그 무렵, 모용수는 군대를 이끌고 업성을 공격했고, 부견의 맏아들 부비苻丕는 성을 버리고 도망쳤다. 북방 전역에는 이제 위魏와 연燕을 이끄는 두 영웅만이 남았다. 물론 이들은 모두 선비인이었다.

영웅 아버지와 보잘것없는 아들

서양에 "신이 호박 넝쿨 하나를 만드는 데는 석 달이면 충분하지만, 하늘을 찌를 듯 솟은 편백나무 한 그루를 기르려면 100년 이상의 세월이 걸린다"는 속담이 있다. 아마도 모용수는 이런 이치를 몰랐던 듯하다. 일련의 승리를 거두고 낙관적이 된 그는 이내 게을러졌다. 모용수는 권력을 분산시켰고, 가장 중요한 군사행동조차 참가하지 않았다.

어느 날, 모용수가 아들에게 8만 정병을 이끌고 북위 탁발규拓拔珪를 정벌하라는 명령을 내렸다. 태자 모용보慕容寶에게 단련할 기회를 주기 위해서였다고 전해지는데, 아버지의 비호 아래 성장해온 태자는 혼자서 한 번도 작전을 수행해본 적이 없었다. 말 그대로 온실 속의 화초, 심하게 말하면 아주 확실한 바보였다.

이 시기 북위의 군사력은 후연에 훨씬 못 미쳤다. 그래서 총명함이 넘쳤던 탁발규는 꾀를 냈다. 상대 군대를 기고만장하게 만들고자 북위 사람들에게 황하를 건너 서쪽으로 이주하라고 했다. 겁이 나서 마구 도망치는 것 같은 모습을 일부러 보여준 계책이었다.

적군을 뒤쫓은 지 두 달, 모용보는 군대를 이끌고 황하에 도착했다. 그런데 이때 황제의 병이 위중하다는 소식이 궁중에서 들려왔다. 이것은 적군이 흘린 거짓 정보였다. 그러나 어리석었던 모용보는 황위 계승권을 확보하지 못할까 봐 걱정이 되어 황급히 군대를 돌려 돌아갔다.

11월의 황하는 아직 얼지 않았다. 모용보는 적에게 배가 없어 자신들을 추격하지 못할 것이라고 생각했다. 그래서 후방을 끊어줄 군대를 배치하지 않고 여유만만하게 철수했다. 그러나 찬 기운이 갑자기 밀려 내려오는 바람에 황하는 얼어버렸다. 탁발규는 2만 경기병을 이끌고 얼어붙은 황하를 건너 밤새도록 달려, 나흘 만에 아무런 기미도 알아차리지 못한 적군의 후미에 따라 붙는 데 성공했다.

후연 군대가 참합피參合陂(산시陝西성 다퉁大同 외장성外長城 북쪽, 내몽골 량청凉城 동쪽의 다이하이岱海)에 이르렀을 때엔 이미 저녁 무렵이었다. 긴 제방처럼 보이는 검은 기운이 후연 군대의 후미를 감싸며 밀려오는 것 같았다. 후연 군대 전체가 그 검은 기운에 휩싸였다. 지담맹支曇猛이라는 사문沙門(종군 승려)이 뭔가 낌새가 이상하다고 생각해 모용보에게 방어 준비를 하라고 여러 차례 일렀다.

지도자의 판단력을 시험할 수 있는 기회가 눈앞에 펼쳐져 있었다. 지도자에게 가장 중요한 것은 판단력이다. 전쟁터에서는 수많은 사건이 눈 깜짝할 사이에 일어나기 때문에, 순간적으로 판단을 내려야 한다. 착오가 생기면 그의 수하에 있는 수만 명의 생명을 대가로 지불해야 한다.

모용보는 정상적인 사유방식과 거리가 멀었던 것이 분명하다. 지도자라면 황하가 얼 수도 있다고 생각해야 했다. 그러나 모용보는 배도 없는 탁발규의 병사들이 황하를 건너 자신들을 추격한다는 것은 불가능하다고 생각했다. 그런 일을 의심하는 것은 피곤한 일이었다. 그 때문에 그는 전혀 경계하지 않았다.[22]

마침내 날이 저물었다. 피곤함에 지친 후연의 군사들은 행진을 멈추고 참합피 동쪽의 반양산蟠羊山 물가에 군영을 만들었다.

다음 날 새벽 붉은 해가 막 떠오를 무렵, 꿈에서 깨어난 연 병사들은 유령처럼 소리 없이 산위에 불쑥 나타난 위 군대를 바라보고 있어야 했다. 이토록 귀신처럼 무섭게 나타난 군대를 연 사병들은 한 번도 본 적이 없었다. 그런 장면은 아마 현대의 공포영화에서도 보기 드물 것이다. 이들을 보자마자 연 병사들은 모골이 송연해져 혼비백산했다.

탁발규는 병사들을 이끌고 산 위에서부터 쳐들어갔다. 1만여 명이 넘는 연 병사들이 물에 빠져 죽고 말에 깔려 죽었다. 그리고 거의 5만 명이 포로로 잡혔다. 후방을 끊는 책임을 맡았던 모용소慕容紹(모용각의 아들)도 말에 밟혀 죽었다. 대장 모용보와 동생 모용농慕容農, 모용린慕容麟, 숙부 모용덕만이 빠른 말을 탄 덕분에 탈출할 수 있었다.

이어서 역사를 놀라게 한 사건이 발생했다. 탁발규가 능력 있는 연 장수들만을 자신의 수하로 들인 뒤 포로로 잡은 5만여 명의 병사를 모조리 갱살시킨 것이다. 이 사건은 중국 전쟁사에서 세 번째 대량학살 사건으로 기록되었다. 첫 번째는 백기白起가 40만 명의 조 병사를 갱살한 것이고, 두 번째는 항우가 20만 명의 진 병사를 갱살한 것이다.

겨우 목숨을 건져 탈출한 모용수의 아들은 아버지 앞에 엎드려 있었다. 그 모습을 보고 71세의 모용수는 너무나 화가 나서 배알이 뒤틀리고 허파가 뒤집어질 지경이었다. 자신이 어찌 이렇게 모자라는 아들을 두었단 말인가. 게다가 어떻게 그런 아들에게 지휘권을 주어 전쟁터에 병사들을 이끌고 나가게 했단 말인가? 늙은 황제는 놀라운 결정을 내렸다. 용성龍城의 정예 기병을 거느리고 친히 북위 군대를 치겠다는 것이었다.

농구 시합에서 한 팀이 골 하나를 넣어 펄펄 뛰며 기뻐하는데, 골 넣은 선수가 돌아서기도 전에 상대방이 이미 골대 밑까지 쫓아와 반격하는 격이었다. 연 대군은 비밀리에 출발해 태항산太行山 길을 뚫어 북위가 점령한 평성平城(산시성 다퉁)을 습격했다. 평성을 지키던 탁발규의 동생 탁발건拓拔虔 장군이 전사했고, 3만 군대가 전사하거나 연 군대로 흡수, 재편되었다. 승리를 거둔 연 군대는 북쪽으로 방향을 틀어 바로 직전에 비참한 전쟁이 일어났던 참합피로 갔다.

얼마 전까지만 해도 생기가 넘치던 연 병사 수만 명은 시신이 되어 산처럼 쌓여 있었다. '경관京觀'[23]의 표면은 흙으로 새로 덮여 있었지만 무수한 원혼이 그 위를 떠도는 것 같았다. 연 군대는 제단을 설치했다. 죽은 병사의 아버지와 형제들이 함께 통곡했다. 슬픈 울음소리가 산골짜기를 울렸다. 백발이 성성한 모용수도 이들의 처량한 울음소리를 들으며 땅에 가득한 시신을 내려다봤다. 세월의 무정함을 느끼면서도 자신의 뒤를 이을 마땅한 인물이 없는 것이 안타까웠다. 그럼에도 어찌해볼 도리가 없으니 참담하고 한스러웠다. 분노와 원한 때문이었을까, 모용수의 입에서 피가 솟구쳐 나왔다. 열흘 뒤, 철군하는 도중에 모용수는 죽고 말았고, 커다란 희망을 안고 시작했던 토벌은 결국 종결되었다.

일대 효웅의 전투 일생은 이렇게 처량하고 비참하게 마침표를 찍었다. 참합피의 통곡 소리는 영웅 모용수의 이름과 더불어 지금까지 전해 내려오고, 이는 오늘날 진융金庸의 대표적인 소설《천룡팔부天龍八部》에 나오는 '참합지參合指'[24]로 이어진다.

후연에 관한 기괴한 이야기

늙은 황제 모용수가 죽은 후 새로운 황제가 된 모용보는 탁발규가 코앞까지 추격해오자 이리저리 도망치다가 북위 도무제道武帝 천흥天興 원년(398)에 선비의 옛 근거지인 용성으로 들어가 후연을 재정비했다.

하지만 새로운 황제 모용보는 용성에 근거지를 둔 외숙 난한蘭汗에게 죽임을 당할 것이라는 생각은 꿈에도 해보지 않았을 것이다.

모용보의 아들 모용성慕容盛은 혼자 용성으로 돌아와 아버지 장례를 치렀고, 며칠 후에 열린 잔치 자리에서 장인 난한의 목을 베었다.[25] 모용성은 당당하게 왕좌에 올랐고, 후연에는 부흥의 기운이 감돌았다. 그러나 그의 정치는 너무나 가혹했다. 귀족들에게도 잔혹하긴 마찬가지였다. 결국 모용성은 태후의 조카가 휘두른 칼에 찔려 부상을 입는 지경에 이르렀다. 오래 지나도록 상처가 낫지 않아 죽음을 눈앞에 두었을 때, 그는 젊은 태자 모용정慕容定을 보좌하는 중책을 황숙 모용희慕容熙에게 맡겼다.

모용희는 모용수의 막내아들로서 항렬은 높았지만 막 세상을 떠난 조카 모용성보다 열두 살이나 어렸다. 즉 열일곱 살의 소년이었던 것이다. 또한 사랑에 목숨을 건 사람이었다. 모용보의 아내이자 태후인 정씨丁氏는 시동생인 모용희와 줄곧 정을 통하고 있었다. 황제의 후사를 마무리한 뒤 태후는 명령을 내려 태자를 폐위시키고 자신의 연인인 모용희를 새로운 황제로 세웠다.

그러나 정씨는 곧 쓴맛을 보게 된다. 새로운 황제가 즉위한 지 얼마 되지도 않았는데 미녀들을 마구 데려오기 시작한 것이다. 전진 종실의 여자인 부융아苻娥娥와 훈영訓英 자매가 후궁으로 뽑혀 들어왔다. 부용처럼 아름답고 눈썹은 버들잎 같은 천하일색의 자매는 황제의 총애를 듬뿍 받았고, 낮이나 밤이나 함께 있었다. 또한 장인 수만 명을 데려다가 아름다운 정원과 궁전을 만들게 했다. 마치 부차夫差가 서시西施를 위해 만든 관왜궁館娃宮이나 한 무제가 아교阿嬌를 위해 만든 황금옥黃金屋 같았다. 황제의 이런 행동을 지켜보던 정씨는 질투심이 폭발한 나머지 그를 황제로 세운 것을 후회하며 이를 악물고 사람들에게 이렇게 말했다. "내가 그를 황제로 만들었다. 그러니 그를 폐위시킬 수도 있다." 이 소식은 금방 황제의 귀에 들어갔고, 그녀는 결국 자살하는 수밖에 없었다.

그러나 모용희가 총애했던 두 명의 여인도 미인박명이라는 말처럼 금방 세상을 떠났다. 언니 융아가 병들어 죽은 지 얼마 안 되어 여동생 훈영도 죽은 것이다. 사랑에 목숨을 걸었던 모용희는 슬픔에 겨워 울다가 그만 혼절해버렸고, 태의가 한나절을 고생해서야 그를 다시 살려낼 수 있었다.

손을 잡은 곳, 지금 누가 있어,[26]
누구를 위해 시들고 누구를 위해 피는가?[27]
携手處, 今誰在,
爲誰零落爲誰開?

사랑하는 아내의 몸은 이미 관 속에 있었다. 모용희는 부하들에게 관을 열라고 했다. 그가 사랑하는 여인의 모습을 마지막으로 한 번 더 보기 위해 그런 줄 알았던 사람들은 결과를 보고 기절초풍했다. 황제가 사랑하는 왕비의 수의를 찢더니 시신과 교접한 것이었다. 이런 식의 사랑 표현 방식은 고금을 막론하고 세상을 경악시키는 것인데, 하물며 황제가 이런 짓을 하다니, 역사에 없는 일이었다. 조금이라도 이성이 있는 사람이라면 누구나 다 알듯이, 인간은 자연적 존재일 뿐 아니라 도덕적 존재라는 점에서 동물과 다르다. 이런 점에서 볼 때 모용희의 행동은 듣는 사람 모두를 진땀 흘리게 할 만한 기막힌 것이었다.

모용희의 미친 행동은 여기서 그치지 않았다. 그는 대신들에게 대성통곡을 하라고 했으며, 눈물을 흘리며 울지 않는 자가 있으면 모조리 목을 베라고 했다. 당시엔 아직 고추가 중국에 들어오기 전이었던지라, 대신들은 마늘을 찾아 눈에 비벼서라도 눈물을 줄줄 흘리는 수밖에 없었다. 또한 그는 사랑하는 왕비를 위해 몇 리에 달하는 거대한 능묘를 만들라고 명령했다. 시간이 허락하고 장인들이 충분했다면 아마 중국 땅에 또 하나의 타지마할이 탄생했을 것이다.

절반의 중국사

이윽고 장례식이 시작되었다. 방대한 장례 행렬이 커다란 영구차를 따라 서서히 움직였다. 그러나 영구차가 너무 커서 성문을 지나갈 수 없는 바람에 아무 죄도 없는 성문은 철거되어야 했다. 모용희가 통곡을 하며 성문을 나설 때, 황제에 대한 실망이 극에 달한 금위군禁衛軍의 대장이 성문을 닫아버렸다. 그리고 모용보의 양아들인 고구려 사람 모용운慕容雲[28]을 황제로 추대해 '북연北燕'을 건립했다.

사랑에 미친 모용희의 모습과 최후는 타지마할을 만든 샤 자한과 매우 비슷하다. 다만 다른 점은 샤 자한이 왕위를 찬탈한 아들에 의해 성 안에 유폐되었다면, 모용희는 장례 행렬을 이끌고 나갔다가 돌아와 용성을 공격하다가 피살되었다는 것이다. 그때 모용희의 나이 겨우 23세였다.

때는 바야흐로 북위 도무제 천사天賜 4년(407)이었다.

순식간에 사라져버린 서연

숙부인 모용수가 반진反秦의 깃발을 치켜들었다는 이야기를 듣고 모용위의 동생인 모용홍慕容泓도 수천 명의 선비인을 모아 군사를 일으켜 호응했다. 후에 평양平陽에서 군사를 일으킨 동생 모용충慕容冲이 모용홍에게 와서 의탁했다. 두 개의 작은 시냇물이 합쳐져 큰 강이 된 것 같았다. 그는 돛을 올리고 멀리 항해를 떠나듯, 스스로 할거해보려는 야심을 품었다.

형 모용위가 장안에 연금되긴 했지만 형은 어쨌든 여전히 전연의 황제였다. 그래서 모용홍은 사람을 장안으로 보내 지침을 내려줄 것을 청했다. 다음날 이른 아침, 까치가 나뭇가지 끝에서 깍깍 울더니 얼마 지나지 않아 부하 하나가 장안에 있는 형의 말을 전해왔다.

"연의 부흥을 위해 네가 황제가 되어라."

이에 모용홍은 세심한 준비를 거쳐 태원 9년(384)에 스스로 황제라고 선포했다. 역사 속의 '서연西燕'이 대외적으로 문을 연 것이다. 그러나 운명은 예측할 수 없는 것이라, 두 달쯤 지난 후 그는 법을 적용하는 것이 지나치게 각박하다고 생각한 부하에게 찔려 죽고 말았다.

동생 모용충이 그의 뒤를 이었다. 이 소년은 전진의 부견과 풀지 못한 악연이 있었다. 14년 전, 전진이 연을 멸망시킬 때 열두 살이었던 그는 당시 열네 살이었던 누나 청하淸河공주와 함께 장안으로 압송되었다. 남매가 모두 잘 생겨서 부견이 후궁으로 맞아들였으니, 하나는 여성 파트너였고 하나는 남성 파트너였다.

그랬던 예전과 달리 모용충은 이제 수만 명으로 구성된 부대를 이끄는 총사령관이었다. 그는 장안 부근의 아방궁(최근의 고고학 발굴에 의하면 아방궁은 지어진 적이 없다고 한다)을 점령했다. 항우가 불태웠던 그곳에서, 그는 형을 대신해 서연의 황제가 되었다.

어느 날, 부견은 누군가가 도읍을 포위하고 공격한다는 말을 들었다. 그래서 친히 성 위에 올라가 바라보았더니 대군의 총사령관이 바로 예전에 남색의 대상이었던 모용충이었다. 부견은 모용충에게 빨리 비단 도포 한 벌을 보내라는 명령을 내렸다. 과거의 파트너가 자기와의 인연을 생각해 퇴각해줄 것을 청했던 것이다. 그러나 모용충은 비단 도포를 땅바닥에 내던지면서 황제 자리를 자신에게 양보하라고 큰 목소리로 요구했다. 그 말을 듣고 부견은 너무 화가 난 나머지 피를 토할 지경이었다.

부견은 성을 버리고 도망쳤고, 서연은 장안을 점령했다. 그러나 초원의 바람소리에 익숙했던 선비 병사들은 고향 마을로 돌아가고 싶은 마음이 가득했다. 모두들 동쪽의 고향으로 빨리 돌아가자고 요구했다. 하지만 황제는 장안의 번화한 분위기에 빠져 동쪽으로 돌아가는 것을 늦추고 있었다. 이때 민간에서 노래 하나가 유행하기 시작했다.

"봉황(모용충의 어릴 때 이름)이 아방궁에 멈추었네. 봉황이여 봉황, 어찌하여 높이 날아 고향으로 돌아가지 않는가, 어찌하여 여기서 머물며 멸망을 재촉하는가?"

그 노래는 과연 예언이 되었다. '봉황'은 태원 11년(386), 내분의 와중에 살해당하고 만다.

그 후 한 달 동안 나라의 왕이 네 번이나 바뀌었다. 연 장군 단수段隨, 모용의慕容顗, 모용요慕容瑤(모용충의 아들), 모용충慕容忠(모용홍의 아들)이 바로 그들이다.

군대가 마침내 안정되자 대군은 고향을 향해 출발하기 시작했다. 이들이 오늘날 산시성 원시聞喜에 이르렀을 때, '기쁜 소식을 듣는다'는 의미의 지명과는 완전히 다른 나쁜 소식이 전방에서부터 전해져왔다. 모용수가 후연을 세웠고, 전방은 이미 후연의 땅이 되었다는 것이었다. 이에 군대는 그곳에 멈춰 숙영했다. 그리고 무대 뒤에 있던 진짜 주인공 모용영慕容永이 마침내 모습을 드러냈고, 대장군 겸 대선우로 추대되었다.

모용영이 즉시 황제에 오르지 않은 이유는, 일단 한번 승리를 거둔 뒤에 즉위식을 거행하기 위함이었다. 마침 누구나 다 얕보았던 후진後秦 왕 부등苻登이 시금석이 되어주었다. 정양定襄에서 서연은 후진의 군대를 거세게 공격했고, 그들의 그림자가 사라질 때까지 추격했다. 그리고 오늘날 산시성 장예長冶에 있던 장자성長子城을 점령했다. 그곳에서 모용영은 황위에 올랐다.

이제 남은 적수는 조상이 같은 형제 나라인 후연뿐이었다. 이때 동·서 두 개의 연은 서로 대치할 것인가 아니면 함께 중원을 도모할 것인가 하는 문제에 반드시 대답해야 했다.

사람은 날개가 하나밖에 없는 천사이기에 늘 서로 껴안아야만 날 수 있다. 그러나 서연과 후연 모두 이 이치를 잘 몰랐다. 형제 사이의 큰 전쟁이 태원 18년(393)에 드디어 발발했다. 서연의 5만 정예부대가 후연의 진지로 치고 들어갔지만, 아무리 쫓아가도 사람의 그림자조차 볼 수가 없었다. 이들이 망설이면서 이쪽저쪽 두리번거리고 있을 때, 매복하고 있던 후연의 복병이 사면팔방에서 튀어나왔다. 서연은 공전의 참패를 기록했고, 모용영은 퇴각해 수도로 돌아왔다. 하지만 수도는 이미 후연 황제 모용수에게 포위된 후였다.

죽음의 신이 장자성에 드리워져 있었다. 마치 검은색 갈매기가 해지기 전 바다 위의 섬에 몰려드는 것과도 같았다. 마음이 조급해진 모용영이 동진東晉과 북위에 사람을 보내 구원을 요청했지만, 구원병이 채 오기도 전에 모용영의 사촌 형 중 한 명이 성문을 열어 적을 들였다. 그리고 곧 황제의 목이 떨어졌다.

열 살이 채 안 된 서연이라는 '소년少年' [29]은 이렇게 요절해버렸다.

음악 때문에 나라가 망하다

모용씨 가족 중에서 모용각만큼이나 욕심이 없는 사람으로는 모용덕이 있었다.

연 범양왕范陽王인 그는 원래 스스로 황제라고 선포할 마음이 없었다. 그러나 조카 모용수가 북위에 박살나는 것을 보고 실망한 나머지 업성의 10만 군민을 이끌고 동진 경내로 유랑해 들어가 활대滑臺(허난성 화滑현)에서 독립을 선포했다.

그러나 활대는 중원의 한가운데라서 주변이 모두 모용선비의 오래된 적들이 둘러싸고 있었기에 지킬 방법이 없는 곳이었다. 그래서 모용씨의 후손을 지키기 위한 방편으로 새로운 근거지를 찾기 시작했다.

유가의 전통이 깊은 제로齊魯(산둥성 지역) 땅은 인재가 많고 물산이 풍부한 곳일 뿐 아니라 양생하며 실력을 기르기에 좋은 곳이었다. 동진 안제安帝 융안隆安 4년(400), 모용덕은 도성을 광고廣固(산둥성 이두益都, 산둥성 칭저우시靑州市)로 옮겨 정식으로 자신을 황제라고 칭하고, 이름도 모용비덕備德으로 바꿨다. 역사상의 '남연南燕'이 탄생한 것이다.

동진 안제 의희義熙 원년(405), 초복이 시들어가던 계절에 모용비덕도 사라져가고, 이어서 스물한 살의 미소년이 황제 자리에 올랐으니, 그의 이름은 모용초慕容超(384~410)라 했다. 그는 황제의 조카였다.

모용초는 음악을 사랑하는 사람이었다. 거의 대부분의 시간을 궁중에 앉아 오랫동안 훈련을 받은 궁중악단이 연주하는 음악을 들으며 보냈다. 아름답기 그지없는 선율을 따라 그의 마음도 흔들렸고, 음악 소리 속에서 취해 홀린 듯 시간을 보냈다.

시간이 지나면서 음악에 대한 그의 능력도 비범한 단계에 이르렀다. 모용초가 끊임없이 재촉하면서 악사들은 계속 새로운 음악을 탐색하고 만들어냈으며, 마침내 남연 궁중악단의 이름이 널리 알려졌고 세상에 그 명성이 퍼져나갔다.

또한 모용초는 효성스럽고 정을 중시하는 사람이었다. 그는 후진後秦 요흥姚興에게 사신을 보내 돈이든 땅이든 뭐든지 다 주겠다고 하며 요흥이 오랫동안 연금하고 있는 어머니와 아내를 돌려달라고 했다. 그러나 요흥도 음악을 좋아했던 데다가 남연에 일류 궁정악단이 있다는 말을 들은지라, 이렇게 요구했다.

"궁정악단을 보내지 않는 한, 그 어떤 협상도 하지 않겠다."

모용초는 몇 번을 망설이다가, 고통스럽지만 결국 그렇게 하겠다는 답변을 보냈다. 그가 심혈을 기울여 구성한 궁정악단을 빼앗긴 것이다.

의희 5년(409) 새해, 모용초는 동양전東陽殿에서 신하들의 조회를 받았다. 관례에 따라 궁정악단은 상서로운 축복의 음악을 연주했다. 하지만 젊은 황제는 새로 모집한 악사들의 기예나 풍도가 예전 악사만 못하다고 화를 냈다. 그리고 동진이 통치하는 지역에서 아름답고도 총명한 여인들, 즉 '사녀仕女'들을 잡아다가 음악 훈련을 시키라는 명령을 내렸다. 그렇게 다시 일류 궁정악단을 중건하겠다는 것이었다.

그런데 동진은 함부로 건드려서는 안 되는 나라였다. 그때 동진을 실질적으로 통치하고 있던 자가 일대를 호령하던 풍운아 유유劉裕였기 때문이다. 유유가 당시 공격하던 방향은 영남嶺南과 오늘날의 쓰촨四川 지역이었다. 만약 남연에서 동진 사람을 잡아가는 사태가 일어나지 않았다면 유유는 관계가 괜찮았던 이웃의 작은 나라 따위는 건드리지 않았을 것이다.

"스스로 멸망을 자초하다니, 그렇다면 나도 용서치 않을 것이다!"

유유는 대군을 이끌고 건강建康에서 출발해 회하淮河를 지나 사수泗水로 들어와 임구臨朐에서 군대를 지휘하던 모용초와 만났다. 몇 차례 힘겨루기를 한 후, 모용초는 옥새와 어연御輦, 의장儀仗을 버리고 황급하게 도성으로 도망쳤다.

도성인 광고는 겹겹이 포위되었고 물길도 끊겼다. 억지로 넉 달을 버틴 뒤, 모용초는 밤을 틈타 성을 버리고 도망쳤다. 하지만 불행하게도 진 군사들에게 생포되었다.

음악을 사랑하던 황제는 건강으로 압송되었고, 시장 바닥에서 목이 잘렸다. 죽을 때 그의 나이 스물여섯, 형벌을 받기 전에도 그는 목 베는 것을 감독하는 관리에게 이렇게 물었다고 한다.

"어째서 음악 반주를 들을 수 없는 거냐?"

그 후 3천여 명의 모용씨가 모두 참수당했다. 이렇게 중국에서 영향력이 가장 컸던 모용씨 가문이 종적을 감추게 되었다. 진융이 쓴 작품[30] 속에서 연 부흥의 의지를 갖고 있는 인물로 나타나는 모용복慕容復은 문학작품이 만들어낸 허구 속의 주인공일 뿐이다.

음악 때문에 나라를 망하게 한 것은 아마 모용초가 첫 번째일 것이다.

가을날, 붉게 물든 낙엽이 나비처럼 훨훨 날아다니는 것 같지만, 이것은 결국 운명에 흔들리는 인간처럼 가을바람에 사라져간다. 서로 다른 종류의 방식을 선택할 뿐, 가을날에 찬란한 아름다움 하나를 더해준다는 점에서는 같다. 모용초의 종말 역시 이런 게 아니겠는가?

스러져간 서진

역사는 농서隴西선비의 우두머리 걸복국인乞伏國仁에게 조상을 빛낼 수 있는 기회를 부여했다. 전진 부견이 그를 전前장군으로 임명했고, 그는 진晉을 멸망시키는 최전선에서 분전 중이었다.

그러나 걸복국인의 숙부가 반란을 일으켰다는 소식이 농서에서 전해져 왔다. 부견은 그에게 군사를 이끌고 가서 평정하라고 명령했다. 걸복국인은 명령에 따라 남쪽으로 향하던 정벌군단에서 떠났으며, 어쩌면 목이 날아갈 뻔했던 비수대전에서도 벗어났다.

그는 부견에게 충성을 다하는 사람이었다. 수하에 10만 명의 용맹스러운 군사를 거느리고 있었지만 그는 부견이 살아 있는 한, 요장姚萇이나 모용수처럼 따로 독립해 은혜를 원수로 갚을 인물이 절대 아니었다. 어느 날 은인인 부견이 요장에게 죽임을 당하자, 그는 사흘 동안 소리 내어 통곡했다. 그리고 용사성勇士城에서 '서진西秦'(전진前秦을 계승한다는 의미)을 건립해 자칭 대도독·대장군·대선우라 칭했다. 태원 10년(385)의 일이다.

3년 후, 서진의 창업자 걸복국인이 갑작스레 죽었고, 동생 걸복건귀乞伏乾歸가 대업을 이었다. 그는 한다고 마음먹으면 하는 사람이었으며, 용감하고 지략도 뛰어난 강철 같은 사나이였다. 걸복건귀는 토욕혼과 선비, 질두혼此豆渾, 노수위지발盧水尉地跋 등을 정복했고, 침범해오는 후량後凉을 격퇴시켰으며, 도성을 용사성에서 금성金城(간쑤성 란저우蘭州)으로 옮겼다. 마침내 그는 중국 서북 지역의 찬란한 보석이 되었다.

좋은 일이 있으면 나쁜 일도 있는 법이라, 오랜 기간에 걸친 전쟁으로 서진의 국력은 소진되었다. 융안 4년(400), 자신과 이름을 나란히 했던 후진의 요흥이 군대를 이끌고 침입할 무렵, 걸복건귀에게는 이미 대항할 힘이 남아 있지 않았다. 그래서 먼저 자발적으로 투항했다.

인자하기로 이름났던 요흥은 걸복건귀를 사면하고 용서해주었다. 그리고 황제라고 불리지 않았을 뿐, 걸복건귀는 원래 그에게 속했던 땅을 그대로 다스릴 수 있었다. 그는 '귀의후歸義侯'라고 불렸다.

어느 날, 평소처럼 인사를 올리기 위해 귀의후의 행렬이 장안을 향하고 있었다. 그런데 평소에 잘 안 보이던 들오리 떼가 말 행렬에 쫓겨 '푸드득' 소리를 내며 낮게 날아다녔다. 오리들에게 가까이 다가가면 날갯짓을 하며 자꾸 행렬 앞으로 떨어졌다. 마치 알 수 없는 무엇인가를 예언하는 듯했다. 귀의후의 행렬이 장안에 이르렀을 때 불길한 징조는 즉시 현실이 되어 나타났다. 요흥이 갑자기 안면을 바꿔 귀의후를 연금한 것이다. 그리고 그에게 '상서尙書'라는, 아무 의미 없는 직함을 내렸다.

아버지가 장안에 잡혀 있다는 소식을 듣고 아들 치반熾磐은 즉시 원천苑川 도견산度堅山[31]을 점령해 왕이 되었다. 아버지가 이 소식을 듣고 기회를 틈타 탈출해 부자가 함께 잠시 중단되었던 서진 왕조를 계속 이어가기로 했다. 아버지는 왕이, 아들은 태자가 되었다.

하지만 얼마 지나지 않아 이들 가족에게 재앙이 다가왔다. 너무나 더운 어느 여름, 걸복건귀가 조카 공부公府에게 살해당한 것이다. 별것 아닌 말다툼 때문이었다.

화가 머리끝까지 치민 치반은 공부를 죽였고, 비탄과 분노 속에서 제위에 올랐다. 하지만 그는 존재감이 별로 없는 제왕이었다. 17년 동안이나 재위했지만 그에 대한 별다른 이야기가 전해지지 않는다.

북위 태무제 탁발도 신가神麚 원년(428), 치반의 아들 모말暮末이 황제 자리에 올랐고, 모든 것은 그런대로 순조로웠다. 그러나 이리저리 돌아다니던 모말은 동생 수라殊羅가 계모 독발씨와 정을 통하고 있다는 말을 듣게 되었다. 세상을 떠난 지 얼마 되지 않은 아버지에게 초록 모자를 씌우다니![32] 독자 중에는 아마 과부가 된 계모와 아들이 정을 통하는 일이 선비인에게는 원래 별로 이상한 일이 아니었다는 점을 잘 알지 못하는 사람도 있을 것이다. 이들의 풍습으로 볼 때 이것은 그다지 유별난 일이 아니었다. 황제가 그냥 조용히 못 본 척 흘려버리면 아무것도 아닌 일이었다. 그러나 형인 모말은 정통을 표방하면서 황제라는 권력을 제멋대로 마구 휘둘렀다. 사람들 앞에서 동생을 올바르지 못하다며 심하게 면박을 주었던 것이다.

수라는 분노가 치밀었다. 그래서 평소 친하게 지내던 숙부와 작당해 집안에 틀어박혀 주도면밀한 계획을 세웠다. 계획의 첫 단계는 연인 독발씨가 몰래 열쇠를 훔쳐 궁정의 문을 여는 것이었다. 그런 후 병사들을 거느리고 궁으로 들어가 형을 죽이고 숙부와 함께 북량北凉에 투항하려 했다.

대사의 성공 여부가 여인의 몸에 달려 있었다. 그러나 의붓아들과 연인 관계를 맺을 정도로 담이 컸던 과부 독발씨였지만 긴장하는 바람에 실수를 저질렀다. 약속 시간에 문을 열어놓을 방법을 찾지 못했던 것이다. 문지기가 뭔가 이상하다는 생각이 들어 즉시 황제에게 이 사실을 보고했고, 황제는 친히 독발씨를 심문했다. 모든 사실이 만천하에 드러났다. 동생과 숙부, 그의 측근들은 모조리 죽임을 당했고, 일을 제대로 처리하지 못해 실패하게 만든 과부 독발씨 역시 목이 잘렸다.

형제와 측근에 대한 살육은 부족 사람의 불만을 불러일으켰고, 결국 그를 버리고 떠나가는 장수와 병사들이 갈수록 많아졌다. 신가 4년(431) 초, 하국夏國의 왕인 혁련정赫連定이 대군을 보내 서진 도성 남안南安을 포위했고, 힘이 다한 걸복모말은 5천 명과 함께 성에서 나와 투항했다. 하지만 그는 곧 목이 잘렸다.

앞서 사람들은 '남안'을 도성으로 삼으면 안 된다고 했고, 더 많은 사람들이 황제의 이름이 잘못되었다고 지적했다. '남안'의 발음은 '난안難安'과 같으니, 그것은 '지키기 어렵다'는 의미이고, 황제의 이름인 '모말'은 '저물어가는 마지막'이라는 뜻이니, 멸망하지 않으면 이상한 것 아닌가?

남량 판 '돈키호테'

5호16국이라는 어지러운 시대에 선비인의 다른 일파인 독발선비禿髮鮮卑도 이 기회를 틈타 한몫을 챙겼다. 북위 도무제 황시皇始 2년(397), 독발선비는 양주涼州에 미파국尾巴國이라는 작은 나라를 세웠다.

미파국은 후량국 남부에 위치해서 '남량南涼'이라고도 불린다. 남량의 대선우 이름은 오고烏孤였는데, 그는 거칠면서도 농담을 잘하는 사람이었다. 황제가 된 후 그가 했던 첫 번째 일은 국가의 위세를 보이기 위해 군대를 지휘해 군사적 요충지인 금성金城을 공격하는 것이었다.

이때의 오고는 형주荊州를 막 얻었을 때의 유비劉備와 같아서, 가진 것은 별로 없지만 장대한 뜻으로 가득 차 있었다. 하지만 장대한 뜻을 품었다고 해도 절대 넘쳐서는 안 되는 법이었다. 북위 도무제 천흥 2년(399), 가을바람 소슬하게 불고 하늘이 맑고 높은 어느 날, 오고는 신나게 술을 퍼마시고 말을 타고 달리다가 낙마해 목숨이 경각에 달렸다. 이때도 그는 농담하는 것을 잊지 않고 "하마터면 여광呂光 부자[33]에게 웃음거리가 될 뻔했구나"라고 말했다. 이어서 동생 독발리록고禿髮利鹿孤에게 숨찬 목소리로 "양주를 수복하는 중책을 너에게 맡길 수밖에 없도다!"라며 말을 마치더니 세상을 떴다.

형의 장례식을 치른 후 동생 독발리록고가 중책을 짊어졌다. 하지만 독발리록고는 모든 일을 아주 쉽게 생각했고, 자신이 해야 할 일을 남에게 시키는 것이 습관이 된 사람이었다. 그는 모든 일을 동생인 독발녹단禿髮傉檀에게 맡겼고, 독발녹단이 남량의 실권자가 되었다. 독발녹단은 복잡다단한 군대의 사무까지도 잘 파악해 관리했다. 천흥 5년, 형이 세상을 떠난 후 마침내 그가 정권을 이어받았다.

그러나 독발녹단은 만족할 줄 모르는 사람이었다. 악도樂都(칭하이성에 속한 지역)를 점령한 후 시선을 고장姑臧으로 돌렸다. 교활했던 그는 이 목적을 달성하기 위해 자발적으로 연호를 취소하고 후진의 요흥에게 항복했다. 또한 사신을 보내 3천 필의 말을 바쳤다. 그런 태도에 기분이 흐뭇해진 요흥은 독발녹단에게 양주 자사의 직책을 내렸고 고장을 그에게 선물로 주었다.

꿈에도 그리던 고장을 손에 넣게 되자 독발녹단은 드디어 마각을 드러내 더는 요흥의 말을 따르지 않았다. 요흥은 독발씨가 염치를 모르는 소인배라며 대노해 북위 도무제 천사 4년(407), 군대 3만을 보내 보복하려 했다. 이때 녹단은 우리 안에 가둬두었던 소와 양을 한꺼번에 풀어놓았다. 소와 양을 뒤쫓느라 후진 병사들이 우왕좌왕할 때 남량 군대를 출격시켜 스스로를 지키는 반격전의 완벽한 승리를 거두었다. 승리한 후에 그는 후진의 위임장을 불태워버렸다. 양왕涼王의 큰 깃발이 양주라는 뜨거운 땅 위에서 바람을 맞으며 세차게 휘날렸다.

이때부터 독발녹단은 안하무인에 오만방자한 자가 되었다. 북위 명원제明元帝 영흥永興 2년(410), 5만 기병을 이끌고 북량으로 출정했지만 적을 우습게 보고 너무 깊이 들어가는 바람에 저거몽손沮渠蒙孫(366~433)[34]에게 걸려들어 철저하게 패했다. 결국 독발녹단은 홀로 정신없이 고장으로 후퇴해야 했다. 아들을 인질로 보낸 후에야 적은 마지못하며 물러갔다.

시간이 좀 흐르자 그는 자신이 지나치게 소극적이라는 생각이 들어 북량에 본때를 보여주어야겠다고 결심했다. 그래서 부하들의 권고도 듣지 않은 채 오로五路 대군을 소집해 위풍당당하게 북량으로 진격했다. 그러나 하늘은 이때부터 녹단의 편이 아니었다. 광풍이 거칠게 불어오고 비바람이 몰아쳐 병사 모두가 물에 빠진 생쥐 꼴이 되었다. 게다가 저거몽손의 군대가 살기등등하게 치고 들어오니 남량 병사와 말들은 이리저리 고꾸라지며, 참패를 당했다. 녹단도 털 뽑힌 닭 꼴이 되어 미친 듯이 달려 악도로 도망쳐왔다. 하지만 물에 젖은 옷을 벗기도 전에 북량의 대군이 들이닥치니, 이번에도 어쩔 수 없이 아들 하나를 더 인질로 내주는 수밖에 없었다. 인질을 챙긴 후에야 북량은 포위를 풀고 돌아갔다. 이미 금이 간 항아리 같았던 남량은 두 차례의 전쟁을 통해 이제 깨어지기 직전이 되었다.

독발녹단의 변함없는 우둔함을 보고 그에게 의탁했던 형제 부部들이 차츰 스스로 독립하기 시작했다. 군대도 점점 줄어들었다. 그러나 그의 신념은 약해지기는커녕 오히려 더 강해졌다. 마치 돈키호테가 비루먹은 말을 타고 풍차를 향해 돌진하는 것 같았다. 그가 또다시 북량을 향한 정벌의 길에 나섰을 때, 자신의 근거지였던 악도가 겨우 1만 군사를 거느린 서진의 치반에게 점령당했고, 아내와 아이들이 모두 포로로 잡혔다는 소식이 전해져왔다. 그는 눈앞이 캄캄해져 그 자리에서 혼절했다.

푸르고 차가운 하늘에 피처럼 붉은 저녁노을이 드리웠다. 가까운 곳에 있는 고비사막과 먼 곳의 설산이 노을빛을 받아 더욱 비장하고 처량하게 보였다. 녹단이 깨어났을 때 주변에는 기가 죽은 측근 네 명을 제외하고는 아무도 남아 있지 않았다. 이때가 되어서야 50세의 그는 어쩔 수 없이 고개를 숙일 수밖에 없었다.

저물어가는 저녁 햇살 속에 그는 고개를 늘어뜨리고 서평西平으로 가 걸복치반에게 투항했다. 오선지에 드문드문 숨어 있는 검은 음표처럼, 비틀비틀 걸어온 발자국이 그의 뒤에 길게 찍혀 있었다.

그 후 그는 '좌남공左南公'에 봉해졌지만, 1년 뒤 비밀리에 독살당했다.

탁발씨의 건국

군웅이 할거하던 시절, 남에게 뒤지기 싫어했던 탁발선비는 동진 성제 함강 4년(338)에 대국代國을 세웠다. 첫 번째 왕은 십익건什翼犍이었고 도성은 오늘날 내몽골 허린거얼和林格爾(호린골) 서북쪽의 성낙盛樂에 설치했다. 건국 후에 이들은 모용선비가 세운 전연과 형제의 나라가 되었다.

십익건은 아들의 힘으로 일어났지만 또한 아들 때문에 망했다. 동진 간문제簡文帝 사마욱司馬昱 함안咸安 원년(371), 대신 장손근長孫斤이 조정에 들어오더니 곧바로 어좌로 달려가 십익건을 찔러 죽이려 했다. 십익건의 태자 탁발식拓拔寔이 몸으로 아버지를 막아 맨손으로 장손근과 싸웠다. 아버지는 생명을 구했지만 태자는 가슴을 찔려 죽고 말았다. 태자의 위대한 행동은 자리에 있던 사람들을 감동시켰다. 슬픔에 빠졌지만 그런 아들이 자랑스러웠던 아버지는 사람들에게 이런 고지를 내렸다.

"아들이라면 마땅히 탁발식처럼 해야 하느니!"

아버지는 다시 후계자를 선택해야 했다. 하지만 다른 아들 모두가 다 이기적이었다. 죽은 태자와 같은 풍도와 기개를 갖춘 인물이 없었던 것이다. 그런데 전쟁이 빈번하게 일어나는 바람에 태자를 세우는 일을 잠시 미뤄두었다. 이때 전진이 일어나기 시작했다. 부견은 이들의 형제국이었던 전연을 먼저 멸망시키고 창끝을 대국으로 돌렸다.

하지만 십익건은 누가 진정한 적인지 알지 못하고 여전히 작은 이익을 다투며 초원부락과 밀고 당기는 싸움을 하고 있었다. 어느 날 십익건이 흉노인을 패퇴시켰는데, 흉노 수장인 유위진劉衛辰이 남으로 부견에게 도망쳐 구원을 요청했다.

이것은 부견이 북방으로 출병하는 구실이 되어주었다. 태원 원년(376), 20만 전진 대군이 대국으로 곧바로 치고 들어왔다. 십익건은 급히 조카 유고인劉庫仁에게 10만 병사를 이끌고 나가 싸우게 했다. 석자령石子嶺 전투는 그야말로 난타전이었다. 전술을 논할 수 없는 상황에서 숫자가 두 배나 되는 전진 군사들이 당연히 우위를 점했다. 게다가 관건이 되는 중요한 시각에 십익건이 중병에 걸렸다. 어쩔 수 없는 상황에서 그는 측근 일부를 이끌고 음산 이북의 후방으로 후퇴하는 수밖에 없었다.

한 달 후, 전진 군대는 수많은 전리품을 챙긴 뒤 천천히 회군했다.

한숨 돌린 십익건은 운중雲中으로 돌아와 상황을 수습하는 데 힘썼다. 이번 전쟁의 대패로 인해 이제 십익건은 사람들 마음속에서 더 이상 신비로운 존재가 아니었다. 이에 호시탐탐 왕위를 엿보던 장자 탁발식군拓拔寔君이 난을 일으켰다. 그는 먼저 모용비가 낳은 여섯 명의 이복형제를 제거하고, 십익건의 천막으로 들어와 아버지도 제거했다. 대국 내부에서 큰 변란이 일어난 것이다. 이때 한 여자가 여섯 살밖에 안 된 아들을 유고인의 천막에 숨겨 피비린내 나는 대학살을 피하게 했는데, 그가 바로 십익건의 손자이며 탁발식의 아들인 탁발규拓拔珪다.

탁발식군이 아버지를 죽였다는 소식만으로도 분기탱천할 노릇인데, 투항한 유고인이 반란을 평정해줄 것을 전진에 요구했다는 소식까지 듣자, 유가儒家 삼강오륜의 훈도를 깊이 받았던 전진의 부견은 벽력같이 화를 냈다. 그리고 회군하던 군대를 다시 돌려 운중으로 가 대국 내부의 학살자를

철저하게 응징했다.[35]

부견은 불효막심한 아들 탁발식군을 장안으로 압송해 사람들이 오고 가는 시장 바닥에서 거열형에 처하라는 명령을 내렸다. 그리고 탁발식군의 천인공노할 죄상을 포고문으로 써서 발표했다. 포고문에는 이런 내용이 고지되어 있었다.

"이후에 누구든 아버지를 죽이는 자가 있으면 탁발식군처럼 거열형에 처할 것이다."

대국은 이렇게 반면교재가 되었다.

왕의 귀환

멸망한 대국은 부견에 의해 둘로 나뉘었다. 황하를 경계로 하서河西 지역은 유위진에게, 하동河東 지역은 유고인에게 귀속되었다.

유고인이 죽은 후 그의 아들 유현劉顯은 이미 장성한 탁발규를 제거하려 했다. 이 소식을 들은 탁발규의 어머니 하란씨賀蘭氏는 급히 아들을 데리고 친정인 하란부로 돌아갔다.

하란부로 간 것은 아주 잘한 선택이었다. 그 일은 탁발규 인생에 전환점이 되어주었다. 부친의 명성, 특히 십익건의 장손이라는 신분은 그에게 위대한 빛을 더해주었다. 외삼촌 하눌賀訥이 백방으로 힘을 써서 탁발선비는 시라무룬강 유역의 우천牛川에서 대회의를 소집했다. 그곳에서 대국을 회복하겠다는 결정을 내렸고, 탁발규가 대국의 새로운 왕으로 추대되었다. 왕이 된 탁발규는 우천의 땅이 좁다고 여겨 그곳을 버리고 도성을 예전의 대국 도읍지인 성낙으로 옮겼다. 그곳에서 그는 대국을 전국 7웅 중의 하나인 위국魏國(즉, 북위北魏)의 이름을 따 개명했다. 탁발규가 바로 그 유명한 도무제다.

이때가 북위 등국登國 원년(386)이었고, 그때 도무제의 나이 16세였다.

젊은 황제가 등극했을 때 정세는 만만치 않았다. 강한 이웃이 호시탐탐 노리고 있었던 것이다. 남쪽에는 독고獨孤부, 북쪽에는 하란부, 동쪽에는 고막해庫莫奚, 서쪽에는 흉노철불, 음산 이북에는 유연과 고차高車, 태항산 양쪽에는 후연과 서연이 있었다. 그래서 건국한 그날부터 탁발규는 주변국을 정리하는 데 온 힘을 쏟았다. 먼저 독고부와 하란부를 정복하고 유연을 격파했으며, 흉노철불의 우두머리 유위진을 치고, 고차와 고막해를 겸병했다. 등국 9년(394)에 서연도 후연에 멸망당했다. 드넓은 화북 지역에 이제 남은 것은 오래된 후연과 새로 일어난 북위뿐이었다.

남아 있는 두 마리 호랑이는 이제 피할 수 없는 전쟁을 해야 했다.

서연에 승리한 것이 후연 사람들의 머리를 혼미하게 만들었는지, 아니면 멍청한 태자 모용보가 너무 잘난 척했던 탓인지, 등국 10년(395) 참합피 전투에서 거의 5만에 달하는 연의 항복한 병사들이 탁발규에게 갱살당했다. 이 사건으로 두 나라의 역학관계는 신속하게 역전되었다. 후연의 황제 모용수가 죽은 후 탁발규는 더욱 뛰어난 능력을 발휘했고, 2년이 채 되지 않아 후연은 소리 없이 사라졌다.

탁발규는 마침내 공을 이루었고, 능력이 출중했던 그의 이름은 역사에 길이 남게 되었다.

그러나 탁발규에게도 문제점은 있었다. 그는 호색한이었다. 한참 젊었던 시절, 그는 어머니의 부락에서 절세가인인 이모를 만난다. 어린 이모는 이미 결혼한 상태였지만 탁발규는 그녀와 혼인하게 해달라고 어머니에게 끈질기게 요구했다. 어머니는 절대 안 된다고 했다. 그러자 그는 비밀리에 사람을 보내 이모부를 살해하고, 어린 이모를 하란비賀蘭妃로 맞아들여 아들 탁발소拓拔紹를 낳았다.

절반의 중국사

또 다른 문제도 있었다. 만년의 탁발규는 장생불사를 꿈꾸었다. 늘 주사朱砂와 석영石英 같은 유독 성분이 들어간 '한식산寒食散'[36]을 복용하는 바람에 성격이 거칠어졌고 사람을 함부로 죽이곤 했다.[37]

천흥 6년(409)의 어느 날, 탁발규가 아내인 하란비를 욕하며 그녀를 죽여버리겠다고 소리 질렀다. 갇혀 있던 하란비는 아들 탁발소에게 구원을 요청했다. 사람을 너무 많이 죽였기 때문에 탁발규는 늘 사는 곳을 바꿨는데, 그가 어디에 머무는지 아는 사람은 아무도 없었다. 하지만 탁발소는 탁발규가 총애하던 비인 만인萬人과 정을 통하고 있었기 때문에 아버지가 어디에 머무는지 이미 다 알고 있었다.

달이 뜨지 않은 어느 어두운 밤, 비밀리에 만나는 연인이 가르쳐준 대로 탁발소는 몰래 밀실로 들어가 단칼에 아버지를 죽였다. 장생불사를 꿈꾸었던 영웅은 결국 이렇게 질풍노도와 같았던 일생을 마감했다. 향년 39세였으니, 억울하게 죽어갔던 남송의 장군 악비岳飛와 같은 나이였다.

어쩌면 이런 비극은 피할 수 있었을지도 모른다. 탁발규가 그 어린 이모를 취하지 않았더라면, 혹은 자기의 총비가 아들과 사통하지 않았더라면 말이다. 사건이 일어난 후 아버지를 죽인 탁발소는 목이 잘렸다.

수많은 사람들이 이처럼 사랑과 증오, 행복과 재앙, 죽음과 삶의 곤혹감 속으로 빠져들었다. 온갖 어려움을 무릅쓰고 얻은 아내를 탁발규는 왜 아낄 줄 몰랐을까? 분명 제 아버지인데 탁발소는 왜 아버지를 죽이는 지독한 짓을 저질렀을까? 성공하든 실패하든, 아버지를 죽이면 자신의 목숨 역시 날아간다는 것을 알면서도 탁발소는 왜 그렇게 할 수밖에 없었을까?

옳고 그름, 윤리관 등이 혼란을 겪던 시대에 사람들은 당혹스러워하며 서로를 의심했다. 그런 문제에 대한 근본적인 답을 찾지 못하던 시대, 혼란한 시대의 틈 속으로 '해결사' 역할을 한 불교가 슬그머니 들어오게 된다.

불교가 중국으로 들어오다

기원전 3000년 경, 짙은 피부색을 가진 드라비다인이 인더스강 유역에 나일강, 유프라테스강, 황하에서 일어난 문명과 어깨를 나란히 하는 오래된 문명을 건설했다.

기원전 20세기 중기, 오늘날 볼가강과 돈강 유역에 거주하고 있던 고古인도·유러피안의 한 지파가 힌두쿠시산맥과 히말라야산맥을 넘어 남하해 인더스강과 갠지스강, 브라마푸트라강 유역에 이르렀고, 힌두스탄에 찬란한 국가를 만들었다.

정밀하고 우수한 장비를 가진 이 새로운 이주민은 스스로를 '아리안('고귀한 자들'이라는 뜻)'이라 불렀다. 이들은 드라비다인의 땅을 빼앗았으며 여인을 탈취했고, 토착민을 '검은 귀신'이라며 비웃었다.

드라비다인이 수적으로 우세했기 때문에 아리안인은 아직 마음을 놓을 수가 없었다. 그래서 아리안인은 '검은 귀신'을 '그들이 있어야 할 곳'에서 살도록 엄격하게 통제했고, 이전에 없었던 엄밀한 카스트제도를 만들었다. 더구나 계급제도에 종교의 껍질까지 덧씌워 상층 세 개의 계급만이 브라만교를 믿을 수 있다고 했고, 비천한 자는 신성한 정신세계의 바깥으로 배척해버렸다.

상층 계급만을 위해 봉사하는 카스트제도는 하층 백성의 강렬한 불만을 불러 일으켰고, 비탄에 빠진 백성의 울음소리 속에서 세계 3대 종교 중의 하나인 불교가 싹텄다.

뜻밖에도 카스트제도에 대해 반대의 목소리를 낸 사람은 하층 백성이 아니라 카스트제도의 혜택을 본 젊은 귀족들이었다. 사실 역사상 대부분의 개혁가가 문벌가 출신이라는 점은 이해하기 힘들 것이다. 하지만 귀한 집에서 태어난 이들이 대우 받으며 편안하고 행복한 나날을 보내다가 어느 날 갑자기 잔혹하고 무정한 현실을 접하면 엄청난 충격을 받기 마련이다. 이들이 바로 그런 상황에 부닥쳤고, 카스트제도를 없애기 위한 뜻을 굽히지 않았다.

기원전 565년, 높게 솟은 히말라야산맥이 바라다 보이는 곳인 고 인도 카필라국(네팔 경내)에서 정반왕淨飯王(슈도다나)의 아내 마야 부인이 왕자를 낳았다. 왕자의 이름은 고타마 싯다르타였다. 온실 속의 화초처럼 자라던 샤카족 왕자는 주변의 여러 가지 불행들을 지켜보면서 고통스러워했다. 결국 그는 안일하고 편안한 궁정에서 벗어나 고행승의 생활을 하러 떠났다. 네란자나강 주변의 보리수 아래에 앉아 금식을 하며 49일을 보냈고, 마침내 하늘의 계시를 받은 것 같은 순간에 크게 깨달아 그때부터 석가모니로 받들어졌다. 그 의미는 '석가족(샤카족)의 성인'이라는 뜻이다. 또한 '붓다'라고도 하는데 이는 '깨달은 자'라는 의미다.

석가모니가 깨달은 네 가지 진리는 다음과 같다. 첫째, 인생은 고해다. 둘째, 고통의 원인은 욕망에 있다. 셋째, 모든 욕망을 없애는 것만이 고통의 인과를 제거하는 길이다. 넷째, 이 모든 것을 하려면 오직 팔정도八正道(정각正覺, 정사유正思惟, 정어正語, 정업正業, 정명正命, 정정진正精進, 정념正念, 정정正定)을 통해 열반(번뇌를 제거하고 성불하는 것)에 드는 것을 최고 목표로 삼아야 한다. 천문 현상을 이해할 수 없고 운명을 알 수 없던 시대에 새롭게 나타난 불교는 등불과도 같았다. 암흑 속에서 살아가던 고통스러운 대중에게 불교는 환한 '빛'을 가져다주었다. 그래서 불교의 교리는 사람들의 상상을 뛰어넘는 속도로 빠르게 퍼져나갔다.

인류 역사에 기원전 6세기라는 시대는 왜 그렇게 특별한 것일까? 이 시대에 그리스 철학자 헤라클레이토스가 자연의 본질을 탐색하기 시작했고, 이사야가 바빌론의 유대인 틈에서 신의 뜻을 전하고 있었으며, 공자와 노자라는 위대한 사상가가 중국에서 강의를 하고 있었다. 그리고 인도에서는 석가모니가 도를 전하고 있었다. 아테네부터 태평양에 이르기까지, 인류의 모든 사상이 움직이고 있었다. 아마 거기에는 분명 어떤 천기天機가 숨어 있을 것이다. 우리의 지식만으로는 왜 이 시대에 동시에 그런 현상이 일어난 것인지 이해하기 힘들다. 빼어나게 지혜로운 사람들이 만들어 낸 종교와 철학은 혼란에 빠져 헤매는 인류에게 방향을 제시해주었다. 이들 덕분에 우리의 조상은 우매함에서 벗어나 문명으로 나아갈 수 있었다. 또한 이 시절의 사회는 윤리를 만들고 질서를 구축해나가기 시작했다. 인간은 그때부터 왕권과 종교적 사제司祭, 피의 제사血祭 등의 전통에서 벗어나, 민감하고 곤혹스러운 문제를 탐구하기 시작했다. 인류는 2만여 년에 걸친 유년기를 거쳐 이제 청춘기로 들어서고 있었다.

종교에는 신비한 마력이 있었다. 그래서 종교가 없었을 뿐 아니라 사변적인 것을 숭상했던 중국도 아주 빠르게 종교의 행렬 속으로 들어갔다. 기원전 1세기에 실크로드가 열린 이후, 대월지를 거쳐 부루사富樓沙(파키스탄의 페샤와르)에서부터 흰 눈으로 뒤덮인 히말라야산맥을 넘어, 서역 고비사막의 아득한 유사流沙를 뚫고, 온갖 고난의 역정을 거쳐 불교는 마침내 중국에 도달했다. 특히 4세기에 불교가 인도에서 홀대받은 이후 많은 서역 승려들이 경전과 아름다운 불상을 갖고 동쪽으로 왔다.

전파 과정에서 이렇게 오랜 세월에 걸쳐 지워지지 않는 흔적을 남긴 종교는 일찍이 없었다. 오늘날 신장위구르자치구 바이청拜城의 키질석굴, 간쑤성 융딩永靖의 병령사炳靈寺석굴, 간쑤성 톈수이天水의 맥적산麥積山석굴, 허난성의 궁현鞏縣석굴, 허베이성 한단시邯鄲市 남·북 향당산響堂山 석굴, 산시성陝西省 타이위안太原의 천룡산天龍山석굴, 산시성陝西省 다퉁의 운강雲崗석굴, 허난성 뤄양의 용문龍門석굴, 간쑤성 둔황의 막고굴莫高窟*등이 바로 그 흔적들이다. 선비인이 앞장서서 보호한 덕분에 오늘날 중국에 그렇게 진주처럼 아름답고 빼어난 문화유산들이 남아 있는 것이니, 우

산시山西성 린펀臨汾으로 들어서는 황토고원에는 이런 지형들이 많이 보인다.

리는 선비인에게 감사를 표해야 할 것이다. 이처럼 중화문명사에서 가장 중요한 위치를 차지하는 불교의 씨앗은 바로 북위에 의해 중국 전역에 뿌려졌다.

태무제의 불교 탄압

사람들에게 선한 행동을 권하는 불교가 온화하고 품위 있는 중국에서 핍박받을 것이라고는 아무도 생각하지 못했다. 게다가 불교 탄압(폐불廢佛) 사건을 일으킨 황제도 하나가 아니었다. 북위 태무제, 북주北周 무제武帝,

---

* 둔황의 석굴을 처음으로 개착한 사람은 전진의 승려인 낙준(樂傳)이다. 366년에 처음으로 굴을 만들었다. 하지만 대규모로 개착된 것은 북위 시대다. 현재 막고굴에 당나라 때 사람이 이에 관해 쓴 제기(題記)가 있다.

당 무종武宗, 후주後周 세종世宗 등 여러 제왕이 불교를 탄압했다.

태무제 탁발도는 원래 경건한 불교도였다. 그가 막 황위에 올랐을 때에는 선왕들이 했던 것처럼 덕이 높은 승려들을 궁으로 모셔다가 불경 강의를 들었다. 해마다 사월 초파일, 즉 석가탄신일이 되면 그는 또한 친히 불상을 향해 꽃을 뿌리면서 존경을 표했다.

선왕들과 신앙적으로 일맥상통했던 태무제가 '신불信佛'과 '존불尊佛'에서 점차 '반불反佛'과 '훼불毀佛'로 가게 된 데는 최호崔浩라고 불리는 사도司徒와 구겸지寇謙之(365~448)라는 이름의 도사가 관련되어 있다.

북위 태무제 시광始光 원년(424), 도사 구겸지가 30여 년간 은거하던 숭산嵩山을 떠나 60여 권의 《녹도진경錄圖眞經》을 갖고 북위의 수도인 평성으로 왔다. 그리고 즉위한 지 얼마 안 된 태무제를 알현했다. 그는 자신이 수도할 때 태상노군太上老君의 현손玄孫인 이보문李譜文이 숭산에 강림해 친히 그에게 《녹도진경》을 주었다고 했다. 그것을 갖고 북방에 있는 태평진군太平眞君[38]를 보좌하라고 했다는 것이다. 그는 또한 수신修身과 연단煉丹의 기술에 대해 말해 황제의 환심을 샀다. 그러나 황제는 그를 진정으로 믿지는 않았다. 조정대신들도 웃고 말았다.

상황이 변한 것은 사도 최호에서부터 시작되었다. 그의 어머니는 원래 도교 신도였고 그도 역시 점성술과 음양술을 배웠다. 이런 재주 덕분에 그는 북위 원명제元明帝의 가장 가까운 신하가 되었다. 그러나 원명제가 세상을 떠나고 태무제가 등극하면서 최호는 한쪽으로 내쳐졌다. 이때 도사 구겸지가 평성에 온 것이다. 줄곧 세심하게 준비를 해왔던 최호는 다시 최고 권력 근처로 올라갈 수 있겠다는 희망을 갖게 되었고, 구겸지를 스승으로 삼기로 했다. 또한 태무제에게 상소를 올려, 자신의 사부 구겸지를 격려해 달라고 정중하게 부탁했다.

태무제는 스스로를 헌원軒轅 황제黃帝의 후손이라고 하면서[39] 자신이 중원에 들어와 황제가 된 것은 하늘의 부절符節을 받은 것이라고 생각했는데, 최호는 이러한 태무제의 심리를 잘 알고 있었다. 그래서 상소에서도《녹도진경》의 부명설符命說, 즉 제왕이 될 자에게는 하늘에서 징조를 내린다는 설을 적극적으로 내세웠다. 날마다 처리해야 할 일이 산더미처럼 많았지만, 황제는《녹도진경》이라는 경서를 새롭게 들여다보게 되었다.

결국 태무제는 예물을 갖추고 숭산으로 가서 구겸지의 동료 40명을 모두 경사京師로 모셔오라고 사람들에게 명령했다. 황제의 지지와 창도 아래 구겸지가 창립한 '천사도天師道 신법新法'이 아주 빠르게 흥기했고, 구겸지 역시 별 볼일 없는 도사에서 갑자기 제왕의 스승으로 변신해 태무제의 군사 고문 겸 정치 참모가 되었다. 물론 갑작스레 지위가 높아지고 황제의 총애를 받게 된 사부 덕분에 최호 역시 황제 측근의 유명 인사가 되었다.

시광 3년(426), 야심만만했던 태무제는 대하大夏의 왕 혁련발발이 죽은 틈에 군대를 이끌고 대하를 공격하려 했다. 하지만 일부 대신들과 태위 장손숭長孫嵩이 극력 반대했다. 결정하지 못하고 망설이던 태무제는 구겸지를 불러 출병의 득실을 물었다. 구겸지는 적극적으로 출병을 찬성했다.

"반드시 이기실 것입니다. 폐하의 위대한 힘이 드디어 때를 만났습니다. 하늘의 도道로 세상을 다스리시며, 군사를 일으켜 구주九州를 평정하십시오. 먼저 무武를, 나중에 문文을 사용하시면 태평진군이 되실 것입니다."[*]

드디어 걱정을 떨쳐버린 태무제는 대규모로 군대를 일으켰고, 마침내 대하는 궤멸되었다. 그 후 태무제는 말을 치달려 중원을 공략했고, 태무제 태연太延 5년(439), 마침내 중원을 평정해 서진 이후 5호16국의 장기적 분열 국면을 끝장내고 북방을 통일하는 위대한 업적을 달성했다.

태무제는 자칭 '태평진군'이라고 했으며, 440년에는 연호를 아예 '태평

---

[*] 北齊魏收,《魏書》卷114, 中華書局, 1974.

진군' 원년으로 바꿨다. 이때부터 황제는 이미 불문佛門에서 한걸음씩 멀어지고 있었다.

도사들이 선동하고 분위기를 잡는 바람에 태무제는 태연 4년(438)에 불교를 금한다는 조서를 처음으로 내렸고, 청장년 승려들을 강제로 환속시켰다. 그리고 이들에게 노역을 부과했으며 군대에 가게 했다. 태평진군 5년(444), 연달아 두 번의 불교 금지 조서를 내려 왕공王公부터 평민까지 승려에게 공양하는 것을 엄금했다. 또한 승려들이 사원 문밖으로 나와 일반 백성들의 집에 드나드는 것도 금했다. 더 무시무시한 것은 당시 불교계의 고승인 현고玄高(402~444)와 혜숭慧崇에게 가혹한 형벌을 가해 죽게 만든 일이었다.[40]

더 커다란 재난은 태평진군 7년(446)에 터졌다. 당시 행성杏城(산시성陝西省 황릉현黃陵縣)에 주둔하고 있던 개오蓋吳 장군이 난을 일으켜 태무제가 친히 군대를 이끌고 진압하러 갔다. 대군이 장안에 이르러 주둔할 때였다. 어떤 절에 엄청난 분량의 병장기가 숨겨져 있는 것을 우연히 발견했다. 철저하게 조사해본 결과, 술을 빚는 용기들이 나왔고 그다음으로는 관원과 부자 들이 몰래 숨겨놓은 돈과 재물이 어마어마하게 쏟아져 나왔다. 게다가 사원 안에는 매우 정교하게 설계된 데다 그 장식조차 수상한 밀실이 수많이 있었다. 이 밀실들은 '승려들이 귀족 여성과 정을 통하던' 장소였다고 했다.

분노가 극에 달한 태무제가 이성을 잃고 다음과 같은 조칙을 내렸다.

"불상과 불경은 모조리 부수고 태워버려라. 승려들은 어리든 나이가 들었든 상관없이 모조리 갱살시켜라."*

동시에 태자 탁발황拓跋晃에게 이 명령을 수행하게 해 북위 땅 전역에서

---

* 任繼愈,《中國佛教史》, 中國社會科學出版社, 1988.

훼불 조치를 시행했다. 차마 살육을 자행할 수 없었던 태자는 멸불滅佛 조서를 잠시 눌러놓고 일부러 소문을 내 불자들이 도망칠 수 있는 시간을 주었다.[41] 고승 승주僧周는 만년설이 쌓여 있는 한산寒山(산시陝西성 뭬양略陽 남쪽)으로 도망쳤고, 법랑法朗은 국경 서부의 구자龜玆로 도망쳤으며, 혜분慧芬은 오늘날 난징南京에 있는 백마사白馬寺로 갔다. 그러나 각지의 불상과 불탑, 불경이 불태워졌고 경내의 승려들은 모두 환속당했다. 그리고 도망치던 많은 불도들은 잡혀서 목이 잘렸다. 당시 사병들은 이런 명령을 받았다고 한다.

"머리를 깎은 자는 누구든 모조리 죽여라."

그래서 머리가 길지 않은 일부 백성도 연루되어 죽임을 당했다고 하니, 이 상황이 마치 4세기 무렵 대위大魏를 세운 염민이 '살호령殺胡令'을 내려 코가 높고 누런 수염이 달린 자는 모조리 죽이라고 했던 것과 같았다.

향불이 끊이지 않았던 사원은 공포로 뒤덮였고, 지옥에는 머리 깎은 원혼이 끝없이 늘어났다.

불교의 부흥

불의를 많이 행하면 반드시 멸망하게 된다. 불교 탄압을 성공리에 진행하면서 못된 욕심이 더 많아졌던 최호는 위魏의 역사를 쓰는 과정에서 북위 선조의 역사를 야만적인 것이라고 거침없이 써내려갔다. 이 일이 태무제를 분노케 해 태평진군 11년(450)에 죽임을 당했다.[42]

2년 후, 도교를 믿던 태무제가 죽었고 병약한 태자 역시 곧 요절했다. 불교 탄압에 대해 마음속으로 불만을 갖고 있던 장자 문성제文成帝가 새로운 모습으로 나타났다.

할아버지 태무제가 저지른 '멸불' 정책에 대해 회개하는 차원에서 문성제는 도성인 평성 무주산武周山(산시성 다퉁 동북쪽) 기슭에 장인 수만 명을 데려다가 30년 세월에 걸쳐 길이 1킬로미터에 이르는 석굴을 팠다. 현존하는 석굴은 53개, 불상은 5만 1천 존尊인데 이것이 바로 '동방의 로마 석조'라고 불리는 윈강석굴이다. 이곳의 제20굴에 있는 13.7미터 높이의 좌상이 북위 태조 도무제를 모델로 한 것이다. 현대문학가 루쉰魯迅은 윈강의 이 불상을 만리장성에 비견하며 "견고하고 위대한", "모래 바람 속에 불쑥 솟아 있는 거대한 건축물"이라고 말한 바 있다.

북위 효문제 원굉元宏 태화太和 18년(494), 아직 다 이룬 것이 아니라고 생각한 효문제가 낙양으로 천도한 후 다시 낙양 남쪽의 위수渭水 근처에 둔황의 막고굴, 다퉁의 윈강석굴과 더불어 중국 3대 석굴이라 불리는 용문석굴을 개착했다.

불교가 북위에서 널리 받아들여지고 사람들이 높이 숭배하는 이유는 평화를 바라고 피를 반대하는 불교의 교리가 평안을 바라는 북위 사람들의 강렬한 소망과 맞아떨어졌기 때문인 듯하다. 그래서 불교는 중국에서 현지화를 겪으며 변화했다. 불교 조각예술에 나타난 신성神性과 인성人性, 위엄과 자상함, 장대함과 부드러움, 숭고함과 평화로움, 우아함과 세속적인 것이 서로 융합되는 추세를 보였다. 코가 높고 눈이 깊으며 귀가 어깨까지 늘어질 정도로 긴 것이 서역 불상의 특징이라면, 마르고 청아하며 부드럽고 아름다운 것이 중국 불상의 특징인데, 바로 이런 변화 과정이 석굴의 불상에 나타난다. 후대 석가모니 조각은 불조佛祖의 초탈한 모습과 신비로움을 보여주는 동시에 인간 세계의 단정하고 우아함, 온화하고 자상한 친근감도 함께 지니고 있다. 불국佛國으로 향하는 사람들의 갈망을 나타내는 동시에 인간 세계의 분위기와 세속적 취향을 함께 보여주고 있다.

더욱 놀라운 것은 관음보살의 변화다. 여성적 이미지가 심미적 정서를

허난성 뤄양의 용문석굴.

더 잘 표현할 수 있고 따뜻함을 느끼게 할 수 있기 때문인지, 인도에서는
남성이었던 관음보살이 중국에 오자 한 손에 버드나무 가지를 들고 한 손
엔 정병淨甁을 받쳐 든, 연화좌蓮花座에 앉아 있는 자상하고 선량한 여성
관음보살로 변했다. 사람들이 '여래불'은 몰라도 '관음보살'은 다들 알 정
도로 유명해졌다. 그때부터 "보살께서 지켜주시길(菩薩保佑)!"이라는 말은
중국 사람이 관용적으로 사용하는 용어가 되었다. 이것은 불교가 중국에
뿌리를 내릴 수 있었던 중요한 이유가 되었다. 국가의 평안을 기원했던 황
제들의 소망에서 나온 것이 석굴이라면, 난세에 처해 있으면서 평화와 안
정을 기구했던 일반 민중의 마음의 소리가 반영된 것이 바로 미소를 띤 자
상한 관음보살상이다.

효문제의 개혁

제3대 황제 탁발도가 정치를 할 때 북위는 이미 하夏와 북연, 북량을 멸망시켰다. 북방은 전진 시대처럼 오랜만에 통일의 길로 나아갔다. 그리고 '문명'이 그 뒤를 따라왔다.

사실 '문명'은 결코 같은 지점에 오랫동안 머물지 않는다. 보통은 지도 위에서 곡선을 그리며 완만하게 이동한다. 진晉이 쑥 풀 가득한 높은 장벽 안에 한동안 머물렀을 때 문명은 "아휴, 나는 이미 게을러졌어. 게다가 의심 많은 자들과 함께 너무 오래 한군데에 머물렀어."라고 중얼거리고 있는 듯했다. 그래서 문명은 책과 악기, 과학 등을 챙겨 새로운 길을 향해 떠났다. 이것이 이리저리 돌다가 새롭게 탄생한 북위 왕국으로 온 것이다. 이곳은 창의적이고 개방적이며 문명을 추구하는 비옥한 땅이었다.

눈부시게 성장하던 북위의 제6대 황제 효문제 탁발굉拓拔宏은 반半 야만민족의 국왕에 머물고 싶지 않았다. 그는 문명국가의 주재자가 되고 싶었다. 하지만 초원 유목국가인 북위를 농업 국가로 개조하는 것은 절대 쉬운 일이 아니었다. 그에게는 강력한 힘과 지혜로운 두뇌가 필요했다. 더욱 중요한 것은 보수 세력을 잠재울 수 있는 강력한 배경이었다. 때마침 어린 황제는 이 모든 것을 다 갖추고 있었다.

이 시대는 중국 역사가 반드시 기억해야 하는 시대다. 북위 효문제 연흥延興 원년(471)부터 시작해 할머니 풍태후馮太后의 지지[43] 아래 효문제는 강대한 호족의 압박을 물리치고 초원민족이 봉건 중국의 제도를 받아들이는 대수술을 진행했다. 관리들에게는 계절별로 봉록을 내려주었고, 탐관오리를 척결하기 위해 비단 한 필만 뇌물로 받아도 사형에 처했다. 또한 여성 범죄자를 '나체로 처결'하던 것을 금지하는 형법을 만들었다. 여성의 가장 최소한의 인권을 반드시 지키려는 것이었다. 몰수한 토지는 농민에게 분배했고, 농민은 국가에 세금을 냈으며 일정한 요역徭役을 부담했다. 그리고 선비 귀족의 성을 한인의 성으로 바꾸었고* 한인의 옷을 입게 했으며 한인의 언어로 말하게 했다. 동시에 한인과의 통혼을 제창했다. 효문제는 앞장서서 한인 여자를 왕비로 맞아들였으며, 공주를 한인에게 시집보냈다. 효문제는 또한 도성을 옮겨야 한다는 여론을 받아들여 지대가 높은 평성에서 사계절이 분명한 낙양으로 도성을 옮겼다.

문명태후文明太后**가 죽은 지 3년 후인 태화 17년(493) 가을, 효문제는 20만 대군을 이끌고 친히 남조南朝를 정벌했다. 많은 왕공과 대신들이 천도를 극력 반대하는 상황에서 내린 결단이었다. 명분상으로는 남정南征이었지만, 사실상 효문제는 자신의 부족을 낙후된 생산과 생활 습관에서 벗어나게 하고 싶었고, 이리저리 떠돌아다니던 탁발선비인을 문명의 역사 속으로 들어가게 하고 싶었던 것이다.

가을날의 날씨가 갑자기 차가워졌다. 가는 내내 차가운 비가 추적추적 내렸고 선비 대군은 진흙탕을 뚫고 진군해야 했다. 남쪽으로 가면 갈수록 북위 귀족과 장군, 병사들은 점점 더 기후에 적응하기가 힘들었다. 거의 100여 년 동안 평성에서 편안하고 풍족한 생활을 했기에 말 위의 민족이 지녔던 사납고 급하며 거릴낄 것 없던 성격은 이미 사라졌고, 힘든 생활을 견뎌낼 여력이 없었다. 결국 낙양에 이르렀을 때 행진을 멈추었고, 마차바퀴와 말발굽 소리 역시 이 새로운 도성에서 멈춰버렸다.

---

* 496년에 탁발굉은 선비의 복성(複姓)을 한 글자짜리 한족의 성으로 바꾸라는 명령을 내렸다. 황족인 탁발씨는 성을 원(元)으로 바꾸면서 최고 문벌이 되었고, 구목릉씨(丘穆陵氏)는 목(穆)씨로 바뀌었으며, 보육고씨(步六孤氏)는 육(陸)으로 바뀌었다. 독고씨(獨孤氏)는 유(劉), 하뢰씨(賀賴氏)는 하(賀), 하루씨(賀樓氏)는 누(樓), 물뉴씨(勿忸氏)는 우(于), 흘해씨(紇奚氏)는 혜(嵆), 위지씨(尉遲氏)는 위(尉)로 바꾸었다. 이상 여덟 개의 성은 공훈을 세운 집안의 성씨다. 이후 118개에 이르는 선비의 복성은 모조리 사라졌다.

** 490년에 풍태후가 죽은 후 시호를 '문명태황태후'라 했다.

이렇게 한 위대한 민족이 1,500년 전에 평성에서 낙양으로 오는 역사의 옛길에서 사라져버렸다. 깊은 가을의 처량한 바람소리와 쓸쓸한 빗속에서 스러져간 것이다.

봄에 부는 바람은 몸속으로 스며들고, 여름에 내리는 비는 사람을 적신다. 효문제의 한화 개혁은 북방의 각 민족이 빠르게 봉건화되는 계기가 되었고, 이는 북방민족의 대융합을 촉진시켰다. 그리고 북위는 공전의 성세로 접어들었다. 진秦부터 청淸에 이르는 역사의 두루마리를 들춰보면 효문제가 개척자였음을 알게 된다. 초원에서 중원으로 들어온 소수민족 지도자가 자신의 민족이 낙후되어 있음을 깨닫고, 시대 조류에 맞지 않는 옛 제도와 관습을 용감하게 버린 후, 외래 문명의 우수한 점을 자기 것으로 받아들여 형제 민족의 지혜를 모아 함께 나라를 건설한 것이다. 이 대목에서 우리는 백성을 네 등급으로 나누었던 쿠빌라이칸이나, 한인에게도 강제로 머리를 깎으라고 했던 청의 도르곤을 생각하지 않을 수 없다. 효문제의 개혁 정책과 비교해볼 때 이들의 행위는 진땀이 흐르고 얼굴이 붉어질 지경으로 부끄러운 일이었다.

더욱 놀라운 것은 선비가 초원처럼 넓은 호인胡人의 도량을 중원으로 가지고 와, 호탕하고 자유분방한 호인의 피를 온순하고 우아한 한인의 핏줄 속에 주입시켰다는 점이다.[44] 이때부터 위대하고 개방적인 수와 당의 성대한 시대가 열렸다.

북위의 효문제는 수와 당으로 가는 끝없이 넓고 강성한 길을 활짝 열었던 것이다.

절반의 중국사

북위의 남은 이야기

효문제의 아들 원각元恪이 병들어 죽은 후 나이 겨우 여섯 살인 원후가 왕위를 이었고, 원후의 생모인 호씨胡氏가 태후의 신분으로 정무를 총괄하게 되었다.

다정하고 낭만적인 이 여인이 애인을 여러 번 바꾸더니만, 한 차례 실연을 겪은 후 무미건조한 북위 역사에 사랑에 관한 시 한 수를 남겼다.

> 따뜻한 춘삼월,
> 버들이 한꺼번에 꽃을 피우네.
> 봄바람이 밤새 규방에 들어오더니,
> 버들 꽃이 남쪽 집으로 떨어졌구나.
> (연인 양백화楊白花가 사람들을 이끌고 양梁에 투항한 것을 가리킨다)[45]
> 정을 머금고 집을 나서지만 다리에 힘이 없어,
> 버들 꽃 주워 올리니 눈물이 가슴을 적시네.
> 가을 가고 봄이 오니 제비가 쌍쌍이 날아오는구나,
> 버들 꽃 입에 물고 집으로 들어오렴.
> 陽春二三月, 楊柳齊作花.
> 春風一夜入閨闥. 楊花飄落南家.
> 含情出戶脚無力, 拾得楊花淚沾臆,
> 秋去春來雙燕子, 願銜楊花入窠里.*

북위 효명제 원후 무태武泰 원년(528), 여섯 살이었던 어린 황제가 이제

---

* 梅毅,《華麗血時代》, 陝西師範大學出版社, 2005.

열아홉 살의 청년이 되었다. 아들은 어머니가 정권을 잡고 있는 것에 점차 불만을 느꼈고, 어머니가 정부情夫들과 벌이는 행동을 못마땅해 했다. 어찌 황제가 신하를 이기지 못한단 말인가? 하지만 도무지 좋은 방법을 찾을 수가 없었다. 그래서 결국 진양晉陽에 주둔하고 있던 대장 이주영爾朱榮에게 병사를 이끌고 경사京師로 들어오라는 밀령을 내렸다.

그러나 불행하게도 이 소식은 새어나갔고, 호태후는 먼저 난을 일으켜 정부情夫와 힘을 합해 자신의 친아들을 죽였다. 그리고 이어서 세 살밖에 안 된 호태후의 증손 원쇠元釗를 황위에 올렸다.

이런 소식이 경성 밖으로 흘러나가자 외지에 있는 대장들은 모두 격분했다. 경사로 들어오던 이주영은 원후의 숙부 원자유元子攸를 황제로 옹립해 호태후가 새로 세운 꼭두각시 황제와 대립하는 국면이 조성되었다.

하지만 호태후의 정부가 이끄는 부대는 이주영의 군대를 만나자마자 바로 무너졌다. 연인들은 모두 도망치고 호태후 혼자 남으니, 그녀는 머리를 깎고 중이 되어 속죄하겠다고 했다.

그러나 상대방이 이를 허락할 리 없었다. 이주영은 경사로 들어온 후 태후와 어린 꼭두각시 황제를 끌고 왔다. 태후는 한바탕 변명을 늘어놓았지만 그녀의 말은 이주영을 감동시키지 못했다. 결국 일세를 풍미했던 호태후와 불쌍한 어린 황제는 황하의 도도한 물살에 내던져지고 말았다.

원자유를 자기 마음대로 조종하기 위해 이주영은 이미 시집간 딸을 다시 새 황제 원자유에게 시집보냈다. 몰아치는 비바람 앞에서 흔들리는 제국을 위해 새 황제는 새 장인에게 기대는 수밖에 없었다. 제국은 호태후 때문에 너무 부패한 나머지 쓰러지기 직전이었기 때문이다. 그러나 그는 꼭두각시 황제로서 있기는 싫었다. 북위 효장왕孝莊帝 원자유 영안永安 3년 (530) 9월의 어느 날, 원자유는 아들을 낳았다고 거짓말하고 장인더러 외손자를 보러 궁에 들어오라고 했다. 황제는 그렇게 속아서 입궁한 장인을

북위 잡기용雜技俑. 산시성山西省 박물원 소장품.

대전에서 친히 죽였다.

밖에서 군대를 이끌고 있던 이주조爾朱兆(이주영의 조카)는 황족인 소분자小盆子(원엽元曄)를 황제로 세우고, 그해 연말에 낙양을 공격해 함락시킨 후 원자유를 끌어내렸다. 소분자의 황족 혈통이 순수하지 못해서였는지, 조정을 총괄하는 이주조는 효문제 동생의 아들 원공元恭을 새 황제로 세우기로 했다. 불쌍한 소분자는 비밀리에 죽임을 당했다.

그런데 이 황제는 평범한 인물이 아니었다. 호태후가 전권을 휘두르던 시기, 원공은 조정에 불만이 있었지만 말하고 듣는 데 장애가 있는 것처럼 행세하며 낙양성 밖의 용화사龍華寺에 머물렀다. 그는 그렇게 낙양에서 아주 유명한 '청각장애인'이 되었다. 북위 장광왕長廣王 원엽 건명建明 원년(530), 이주조 무리가 원공을 황제로 세우고자 불러냈을 때, 그는 8년 만에 처음으로 입을 열었다.

"하늘이 무슨 말을 하는가."[*]

그러나 원공은 너무 빨리 입을 열었다. 얼마 지나지 않아 대장 고환高歡과 이주조 무리가 공개적으로 갈라섰고, 황족 자제인 원랑元朗을 새로운 황제로 세웠다. 북위 안정왕安定王 원랑 중흥中興 2년(532), 고환이 낙양으로 쳐들어와 반평생을 청각장애인으로 살았던 원공을 폐위시키고 한 달 후 비밀리에 독살했다.

그러나 원랑도 황족 정통 혈통이 아니었다. 그래서 고환은 낙양으로 들어온 후 다시 황제를 바꿨으니, 그가 바로 효문제의 손자인 평양왕平陽王 원수元脩다.

원수는 원래 황제 자리에 오르고 싶지 않았기에 고환이 기병했을 때 시

---

[*] 李雪慧等編著, 《中國皇帝全傳》, 中國工商出版社, 1996.

골로 내려가 허물어진 농가에 숨어 있었다. 하지만 불행하게도 고환에게 잡혀와 억지로 황제 자리에 올라갔다. 그러나 스물세 살의 혈기왕성한 이 젊은 황제는 얼마 지나지 않아 고환과 대립하고, 황제가 있는 낙양과 고환 이 주둔하고 있는 진양은 대치 국면을 형성했다.

아무리 와신상담을 한다고 해도 낙양은 진양의 적수가 되지 못했다. 북 위 효무제 원수 영희永熙 3년(534), 황제는 곧바로 장안으로 도망쳐 또 다 른 선비인 우문선비의 지도자 우문태宇文泰에게 투항했다. 하지만 겨울이 되었을 때 원수는 우문태와 사이가 벌어져 결국 피살되었고 원보거元寶炬 가 새로운 황제로 등극하니, 그때부터 '서위西魏'가 시작되었다. 서위는 원 보거와 아들 원흠元欽, 원곽元廓 3대 꼭두각시 황제를 거치면서 27년 만에 망했다. 서위 공제恭帝 원곽元廓 3년(556), 원곽이 우문각宇文覺에게 황위 를 물려주고 말았던 것이다.

원수를 쫓다가 결과를 얻지 못한 고환은 낙양으로 돌아와 열한 살 된 북위 종실 원선견元善見을 황제로 삼아 업성으로 천도했는데, 이것이 바로 '동위東魏'다. 17년 후, 대권을 장악한 고양高洋이 원선견을 죽이고 북제北 齊 황제로 등극하면서 동위는 역사의 무대에서 공식적으로 사라진다.

2대 반에 걸친 꼭두각시

우문선비가 세운 왕조는 '북주北周'라 한다. 북주의 첫 번째 황제는 우문 각으로, 우문선비의 지도자 우문태宇文泰의 셋째 아들이었다.

북주가 건립되기 1년 전, 즉 서위 공제 탁발곽拓跋廓 3년(556)에 서위 태 사太師 우문태는 이미 황위를 탈취할 모든 준비를 다해놓았다. 그러나 가 을에 북방으로 시찰하러 갔다가 중병에 걸리는 바람에 뜻을 이루지 못했다. 우문태는 임종 직전에 나라 일을 조카 우문호宇文護에게 맡겼고, 자신의 아들을 보좌해 이루지 못한 대업을 완성해달라고 부탁했다.

연말이 되자 우문호는 숙부의 유언에 따라 서위 공제 탁발곽을 핍박, 황제 자리를 우문태의 열여섯 살 된 세자인 우문각에게 '선양'하게 했다.

이듬해 초, 우문각이 황위를 물려받아 황제임을 선포하고 북주를 세웠다. 하지만 그는 피영희皮影戲[46](그림자 연극)의 실에 매달린 꼭두각시 인형 같았다. 무슨 말과 행동을 하든, 막幕 뒤에서 조종하는 사람이 손가락을 움직이는 대로 따라야만 했다. 군정의 실권은 친형인 대사마大司馬 우문호의 수중에 있었다. 꼭두각시 황제 노릇을 해야 했던 우문각도 딱했지만 더욱 가련한 것은 폐위된 황제였다. 북주는 그를 '악공樂公'('스스로 즐거움을 누리라'는 의미)에 봉했는데, 이것이 '눈 가리고 아웅' 하는 식의 속임수라는 것을 누구나 알았다. 한 달 후, 악공은 과연 비밀리에 제거되었다.

우문각은 아직 성년이 되지 않았지만 생각이 많았다. 그래서 암암리에 무사들을 소집해 황실의 원림에서 '금나격투擒拿格鬪'[47]를 연마하게 했다 (후에 청나라 강희제가 소년 시절에 이것을 그대로 따라해 성공을 거둔다). 북주 효민제孝閔帝 우문각 원년(557) 9월, 계획에 참여했던 한 대신이 우문각을 배신하고 몰래 우문호에게 밀고했다. 대사마 우문호는 이 일에 참여한 다른 대신들과 훈련 중인 무사들을 즉각 잡아들였고, 우문각을 약양공略陽公으로 강등했다. 그리고 한 달 뒤, 우문각은 갑자기 죽었다.

그 뒤를 이은 것은 우문각의 큰 형인 23세의 우문육宇文毓이었다. 그는 원래 자사였는데 졸지에 천왕天王으로 임명되었다. 우문육은 우문호가 데려다가 황제 자리에 올렸지만 결코 겁쟁이가 아니었으며 일 처리도 아주 깔끔했다. 우문육은 근면했고 검소했으며 문화적인 것들을 중시했다. 또한 너그러운 사람이어서 그를 따르는 사람들이 많았다. 우문호는 자신이 오히려 허수아비가 될 상황이라고 생각했다. 이에 위기감을 느낀 우문호는 북주 명제 우문육 무성武成 2년(560) 봄에 수하를 시켜 황제가 먹는 과자에 독을 넣었다. 임종 전, 우문육은 코와 입에서 피를 쏟으며 대신들에게 마지막 유언을 남겼다. 동생 우문옹宇文邕을 중심으로 보좌해달라고 부탁한 것이다. 이렇게 제2대 북주 황제도 정권을 농단하던 우문호의 마수에 걸려 세상을 떠나고 말았다.

황제의 유조에 따라 우문태의 넷째 아들인 17세의 우문옹이 제3대 황제 자리에 올랐다.

세 명의 황제를 갈아 치우며 대권을 장악해온 우문호는 약해지기는커녕 오히려 더욱 발호해 기세등등하게 세도를 부리니, 황제 따위는 안중에도 없었다. 우문호와 새 황제가 함께 태후를 알현할 때면 늘 우문호에게 앉는 자리를 내주었고, 황제는 옆에 서 있었다. 황제는 이 모든 것을 눈에 담아두고 가슴에 새겨두었다. 아직 시기가 되지 않았기에 최선을 다해 인내하고 있었던 것이다.

그렇게 시간이 흘러갔다. 우문호가 계속 미친 듯이 행동하고 제멋대로 굴어 많은 신하들이 그에게 반감을 품었고, 과거의 측근들조차 그를 떠나 황제 곁으로 가버렸다. 마침내 우문호의 일거수일투족이 황제의 시선 안에 들어오게 되었다.

드디어 시기가 성숙했다. 황제는 함정도 이미 파두었다. 북주 무제 우문옹 건덕建德 원년(572)의 어느 날, 황제는 우문호와 함께 태후를 알현하러 가기로 했다. 가는 길에 황제는 주周 성왕成王이 지은 글인 〈주고酒誥〉[48]를 우문호에게 건네주었다. 〈주고〉는 사람들에게 술에 취하지 말라고 권하는 내용을 담고 있는 유명한 작품이다. 술을 너무 많이 마시면 몸이 상하니 술을 많이 마시지 말라고 자신이 태후께 정중하게 권할 참이니 자기를 도와달라고 한 것이다. 두 사람은 웃고 떠들며 태후가 머물고 있는 함인전含仁殿에 도착했다. 우문호는 황제가 부탁한대로 태후 앞에서 망설임 없이

〈주고〉를 읽어나갔다. 우문호가 거기 몰입해 있는 틈을 타서 황제는 옥정玉珽[49]을 들어 그를 쳐서 쓰러뜨렸다. 이어서 뒤에 숨어 있던 자들이 뛰쳐나와 우문호를 베어버렸다. 무려 15년에 걸쳐 2대 반 동안 꼭두각시로 지냈던 북주 황제의 인고의 세월이 마침내 끝났다.

그로부터 5년이 지난 후, 넘치는 힘으로 정국을 주도하던 우문옹은 15만 군대를 동원해 오늘날 산시山西성 린펀臨汾현 부근에서 북제와 맞붙었다. 군대를 배치하고 공성전 등이 벌어지긴 했지만, 결정적 전투는 반나절 만에 끝났다. 해가 서산으로 질 무렵, 동방의 제국 북제는 역사 속으로 사라져버렸다. 100여 년에 걸쳐 핏물로 들끓고 원한으로 타올랐던 북방 지역이 이렇게 간단하게 통일의 길로 나아간 것이다.

북제 왕조는 몰락했다. 이는 재앙이었지만, 적어도 이 몰락을 통해 복을 받은 북제의 여인이 있다. 바로 북제 후주後主 고위高緯의 모후母后인데, 북위의 멸망을 재촉했던 호태후와 성이 같았다. 젊은 중과 정을 통하다가 발각되어 구금된 적이 있기도 한 그녀에게, 북제의 멸망은 새로운 생명을 주었다. 그때 북제 호태후의 나이는 아직 40세가 넘지 않았다. 서낭徐娘[50]이 중년에도 아름다운 풍모를 간직했듯 그녀도 여전히 우아했다. 그런 북제 호태후가 갑자기, 그것도 며느리와 함께 기녀가 되었다. 북제 후주 고위의 황후 목야리穆邪利는 당시 나이 20여 세였고 자태가 빼어났다. 호태후와 목야리가 북주의 도성 장안 시내에서 기녀가 된 것이다. 소식이 전해지자 장안의 인사들이 벌떼처럼 몰려들었고, 기방은 일시에 공전의 성황을 이루었다. 그때 호태후는 기쁨에 겨워 며느리에게 이렇게 말했다고 한다.

"창기가 되는 것이 황후 노릇 하는 것보다 훨씬 더 자유롭고 즐겁구나!"

불교가 다시 재앙을 당하다

중국의 역대 통치자들은 전통적으로 종교가 국가의 이익을 위해 봉사해야 한다고 생각했다. 그리고 국가의 정신적 도구가 되어 민중의 번뇌를 없애주는 작용을 해야 한다고 여겼다. 그러나 북위 말기, 종교의 이러한 작용은 강화되기는커녕 오히려 거꾸로 갔다.

그 원인은 천하대란과 빈번한 전쟁에 있었다. 다른 나라를 병탄하려면 거대한 재력이 뒷받침되고 충분한 병력이 있어야 했다. 하지만 백성은 병역을 피하기 위해 앞다퉈 머리를 깎고 승려가 되었다. 불교의 과도한 발전으로 인해 조정과 사원 사이에 첨예한 갈등이 생겨난 것이다.

북주 무성 2년(560), 무제 우문옹이 즉위했을 때 절과 도관道觀이 이미 1만 개를 넘어섰고 이들이 차지하는 땅도 놀랍게 늘어났다. 중과 도사의 수가 100만이 넘었으니, 무려 전체 인구의 10분의 1이나 차지한 것이다.

종교가 과도하게 발전해 국가 정권에 영향을 미치는 상황이 되었다고 판단되면 결국 그 종교는 금지당하는 운명에 처하고 만다는 것을, 역사는 우리에게 아주 냉정하게 보여준다. 교의가 얼마나 신성한지, 신도가 얼마나 많은지, 또한 그 종교를 믿는 주변 국가가 얼마나 지지하는지 하는 것은 아무 상관이 없었다. 거기엔 단 하나의 예외도 없었다. 불법佛法의 빛이 환하게 비추던 새벽, 북주 무제는 '멸불령滅佛令'을 내렸다. 이어서 '그런대로 분수를 지키고 있던' 도교와 멀리서 온 경교景敎에도 재앙이 미쳤다. 많은 불경과 불상, 불탑이 훼손되었으며 절과 도관은 다른 용도로 개조되었다. 중과 도사는 환속시켰고, 토지와 재산은 국가에 귀속시켰다.

'제로섬게임'의 원리를 보면 한쪽이 이기면 다른 한쪽은 지게 되어 있다(따라서 게임의 총합은 언제나 '제로'다). 불교가 고통을 받을 때 북주 무제의 텅 비어 있던 국고는 순식간에 재물로 가득 찼고 토지의 면적도 늘어났으며 거기서 생산되는 물량도 크게 늘었다. 게다가 환속한 남녀가 적지 않은 아이들을 출산했고, 덕분에 병력 역시 신속하게 보충되었다. 북주 무제 건덕 6년(577), 멸불로 이익을 본 무제는 친히 대군을 이끌고 동쪽으로 정벌을 떠났고, 북제의 수도인 업성을 빠르게 치고 들어가 북방을 다시 통일했다. 북제 지역에서 북주 무제는 계속 불교 탄압 정책을 시행했으며, 중원지역 4만여 개 사원이 국고로 귀속되었고, 300만 명의 승려가 환속했다.

북주 무제의 불교 탄압은 북위 태무제의 불교 탄압과 마찬가지로 재원을 확충하고 정권을 공고하게 하려는 목적이 있었지만, 실행 방법에는 상당히 큰 차이가 있었다. 우선 이번에는 여러 차례 토론을 거친 후에 진행되었다는 것이 달랐다. 북주 무제 천화天和 4년(569)부터 건덕 3년(574)까지 무제는 여덟 차례에 걸려 문무백관과 승려, 도사를 소집해 유 · 불 · 도교가 함께 논쟁을 하게 했다. 또한 이번에는 승려나 비구니, 도사 등을 갱살하거나 사원과 도관을 모조리 부숴버리는 일을 하지 않았다. 사원과 도관을 왕공에게 내려주었고, 승려나 비구니는 세금을 내고 관전官田 농사를 짓는 편호偏戶로 바꾸었다. 그리고 이름난 고승과 도사에게는 관직을 내려주었다. 이담以曇은 광록대부光祿大夫, 법지法智는 양천洋川 태수가 되었고 보광普曠은 기산군岐山郡 종사從事가 되었다. 이번 멸불을 통해 북주 정부는 사원과 도관의 많은 재원들을 획득했을 뿐 아니라 근 300만 명에 달하는 편민偏民을 얻어, "조세가 날로 증가했고 병력이 점점 더 많아졌다". 그 후 북주 무제는 군대를 이끌고 남하해 진陳 왕조에 속했던 장강 이북의 넓은 토지를 탈취했다. 이는 이후 북주의 외척인 양견楊堅이 수를 세워 중국을 통일할 수 있는 든든한 기초를 마련해주었다.

북주 무제의 탄압 때문에 불교는 원기가 크게 상해 전면적인 부흥이 불가능했다. 수와 당 시기의 불교 번영은 그저 표면적으로만 그렇게 보이는 것일 뿐, 사람들을 도취하게 만들었던 정도로 보자면 절대 북위를 넘어서

지 못했다. 게다가 또 하나의 심각한 불교 탄압인 회창법난會昌法難[51]이 이어서 곧 일어난다.

스물한 살의 태상황

역사상 가장 젊은 태상황은 다른 사람이 아닌, 바로 북방 효웅 우문옹의 맏아들 우문윤宇文贇이었다.

우문옹이 우문호를 죽이고 정권을 장악한 그해, 열네 살 된 맏아들 우문윤이 태자가 되었다. 깊은 궁궐에서 자라난 태자는 아첨을 좋아하는 습관이 있었다. 그래서 종일 듣기 좋은 말만 하는 자들과 함께 있으니, 이를 한심하게 생각한 우문옹이 태자를 심하게 때리는 사건이 일어났다.

아버지가 무서워서 태자는 잘못을 반성하는 척했는데, 동궁東宮 관리들은 정말 그런 줄로 알았고, 황제조차도 다시는 태자를 비방하는 말을 듣지 못했다.

흐르는 강물처럼 시간이 흘러 눈 깜짝할 사이에 북주 무제 선정宣政 원년(578)이 되었다. 북주의 대군이 돌궐을 정벌하기 위해 고비사막 깊은 곳으로 들어갔는데, 친히 군대를 이끌고 나갔던 우문옹이 정벌하던 중에 병에 걸려 쓰러져 죽으니 그때 겨우 36살, 한창 때였다.

6년 동안 황제 자리가 자신에게 오기를 기다리던 태자가 마침내 황제가 되었다. 일단 황제가 되자 감추고 있던 원래 모습이 드러났다. 아직 아버지 장례식이 끝나지도 않았는데 아버지에게 얻어맞아 생긴 상처를 매만지면서, 남들이 듣거나 말거나 이렇게 소리쳤다.

"아버지는 더 일찍 죽어야 했어!"

아버지의 장례 행렬이 나갈 때 그는 단숨에 세 가지 일을 해치웠다. 아버지가 총애하던 궁녀들을 모조리 자기 것으로 만들었고, 아버지가 중용했던 대신들을 내쫓았으며, 아버지가 내쳤던 소인배들을 불러들였다.

더욱 황당한 일은 그다음에 벌어졌다.

북주 선제 우문윤 대성大成 원년(579) 2월 20일, 황제는 갑자기 좋은 생각이 떠올랐다는 듯 겨우 일곱 살인 태자 우문천宇文闡에게 황제 자리를 물려주고, 자기는 태상황이 되었다. 새로 떠오른 태양과 정오의 뜨거운 햇살이 함께 북주의 드넓은 땅을 비추었다. 스물한 살의 황제가 자청해서 태상황이 되다니, 무려 61년 동안이나 황제 자리에 있었던 청 강희제가 봤다면 무슨 말을 했을지, 그야말로 놀라운 일이었다.

재위 60년 만에 물러나 태상황이 되었던 건륭제처럼, 우문윤의 실제 권력은 황제보다 훨씬 컸다. 태상황이 된 후 그는 스스로를 천제에 비기며 '짐朕'이라는 호칭을 '천天'으로 바꿨다. 그리고 자신이 머무는 곳을 '천대天臺'라고 불렀고, 개제改制를 천제天制, 칙勅을 천칙天勅이라고 바꿨다. 그리고 사람을 때리는 데 사용하는 매도 '천장天杖'이라고 바꿔 불렀다. 대신들이 천대에 가서 태상황을 알현하려면 사흘 동안 채식만 하고 하루 동안 몸을 정결하게 해야 했다.

우문윤은 황제는 오직 한 명의 황후만 두어야 한다는 규칙을 바꿔 다섯 명의 황후를 책봉했다. 다섯 번째 황후의 이름은 위지번치尉遲繁熾인데, 원래는 숙부인 우문온宇文溫의 아내였다. 그녀가 궁정에 알현하러 들어올 때 황제의 눈에 띄었고, 황제는 그녀의 치명적 매력에 취하고 말았다. 위지번치는 거의 완벽한 미인이었다고 하는데, '키가 한 치만 더해도 너무 크고, 한 치만 줄어도 너무 작으며, 분칠을 하면 너무 하얗고, 연지를 칠하면 너무 붉었다'고 전해진다. 고운 눈썹은 푸른 새의 깃털 같았으며 얼굴은 눈처럼 새하얗고, 허리는 흰 비단을 졸라맨 듯 잘록했다. 게다가 하얀 이는 마치 조개를 머금은 듯했다.[52] 그날 황제는 그녀에게 술을 권한 뒤 강제로 범했다. 며칠 뒤 숙부는 알 수 없는 이유로 갑자기 죽었고, 숙모는 아무도 모르는 사이에 후궁이 되었다.

그의 황후 다섯 명 중 수국공隨國公 양견의 맏딸 양려화楊麗華는 성품이 온화하고 품위가 있어 대갓집 여인의 풍모를 갖추고 있었다. 하지만 태상황은 그녀에게 자살하라는 압력을 넣었다. 양견의 아내 독고씨獨孤氏가 궁에 들어와 머리에서 피가 흐를 지경이 되도록 땅에 조아리면서 간청을 한 덕분에 겨우 딸의 목숨을 보전할 수 있었다.

욕심이 지나쳤던 이 태상황은 대성 2년(580) 봄과 여름이 바뀌는 시기에 풍한風寒[53]에 걸려 죽고 말았는데 향년 22세였다.

수에 길을 내어주다

젊은 태상황은 병이 위중해지자 자신이 가장 총애하던 소인배 유방劉昉과 안지의顔之儀를 급히 불러 후사를 부탁했다. 두 사람이 병상에 도착했을 때 태상황은 이미 말을 할 수 없는 지경이었다. 이때 어린 황제 우문천은 겨우 여덟 살이어서 그에게 의탁할 수도 없는 상황이었다. 유방과 또 다른 소인배 정역鄭譯은 자신들의 안전을 위해 몰래 가짜 조서를 꾸며 양견에게 황태후 부친의 신분으로 조정을 통괄하게 했다.

이 가짜 조서를 받은 양견은 즉시 경사의 보위부대를 장악했다. 이어서 계략을 꾸민 자들은 양견에게 그들의 패를 내보였다. 양견과 함께 공동으로 집정하겠다고 요구해온 것이다. 지혜로웠던 양견은 고민에 빠졌다.

얼마 후 양견은 갑자기 승상부丞相府를 만들겠다고 결정했다. 양견이 승상을 겸했으며, 승상부 내에 상부장사相府長史와 상부사마相府司馬를 만들어 각각 유방과 정역에게 맡겼다. 이렇게 하여 두 사람의 입을 막았을 뿐 아니라 이들을 양견의 통제 아래 둔 것이다.

그런 후 양견은 미래의 장애물인 우문씨를 제거하기 시작했다. 젊고 아무것도 모르는 황숙인 상주국上柱國 우문찬宇文贊을 물러나 집에서 쉬게 했으며, 병권을 장악하고 있던 우문태의 다섯 아들도 모두 살해했다. 우문씨의 수많은 제왕과 귀족의 자손이 1년 안에 모조리 도륙당했다.

정의로운 목적을 달성하기 위해서는 때로 정의롭지 못한 수단을 사용하기도 한다. 북주 정제靜帝 우문천 대정大定 원년(581), 설이 막 지났을 때 어린 황제가 퇴위하겠다는 조서를 내렸다. 그 조서는 물론 어떤 자가 대신 작성한 것이었다. 조서에서는 양견을 극력 칭송하고, 사직을 보존하겠다는 큰 국면에서 출발해 순이 요를 대신하고 우가 순을 대신했던 것처럼, 그리고 조비가 한 헌제를 대신했던 것처럼, 선양의 예에 따라 양견이 황제라는 무거운 책임을 맡아줄 것을 당부하고 있었다.

대신들은 조서를 받들고 수왕부隨王府로 갔다. 양견은 미리 짜놓은 대본대로, 그것을 받지 않겠다고 극구 사양했다. 조서를 받들기를 사양하는 표정이 자못 엄숙하고 장중했다. 그러자 모두 같은 편인 양견의 측근들은 재삼 황제 자리를 받아들일 것을 요청했고, 양견은 이렇게 많은 사람들이 여러 차례 요구하는 것을 더는 물리치지 못하겠다고 하며 어쩔 수 없다는 듯이 조서를 받아들었다. 이어서 만조백관이 만세를 불렀고, 뿌듯한 마음을 감출 수 없었던 양견은 일찌감치 준비해두었던 황제의 용포를 걸치고 지고무상의 권력을 상징하는 황제 자리에 올랐다.

세습 수국공이었던 양견은 국호를 '수隨'라고 정하기로 마음먹었다. 그러나 '수隨' 자에 달릴 '주辶' 자가 들어 있는 것이 나라를 오래도록 다스리는 데 불리할 것이라고 여겨 글자를 '수隋'로 바꿨다. 역사상의 수隋 왕조가 이렇게 탄생한 것이다. 하지만 '주辶'를 떼어버린 수 왕조도 겨우 2대밖에 지속되지 못했다.

절반의 중국사

양견에 의해 개국공介國公으로 봉해진 어린 황제는 석 달 뒤, 아무도 모르게 인간 세상에서 증발해버렸다. 이때부터 황제들의 명단에서 '우문선비'라는 이름은 철저하게 사라져버렸다.

당시唐詩에 나타난 나라

요정이 역사의 옷자락을 잡아당길 때엔 조심해야 한다. 그 옷소매에서 이야기가 떨어지고, 잠들어 있는 신비로운 이야기가 깨어나기 때문이다.

이번에도 역시 유랑자에 관한 이야기다. 이들의 나라는 무려 350년 동안이나 지속되어, 소수민족이 세운 정권 중 가장 오랫동안 이어져왔다. 중국 동북 지역 사람들의 호방한 기세가 실크로드 남단에서 나타났다. 이들은 그곳에서 몇 세기에 걸쳐 떠들썩하고 화려한 역사를 만들어냈다. 총명하고 지혜롭게 초원 생활을 영위하며, 유명한 천리마인 '청해총靑海驄'54을 길러내기도 했다. 1,600년 전, 백산白山과 흑수黑水 지역에서 1천 리 머나먼 길을 거쳐 서쪽으로 간 선비 부락인 토욕혼은 신비롭고 아름다운 칭짱靑藏고원(티베트고원)에 이르렀다. 이들은 그곳에서 뜨거운 피와 생명으로, 사람들을 탄식하게 만드는 길고 안타까운 역사의 노래를 써내려갔다.

이야기는 말 싸움에서 비롯되었다.

1,700년 전, 동북방의 백산 흑수 지역에 선비인의 모용부가 살았다. 토욕혼은 우두머리 섭귀의 서장자로서 1,700호를 통솔하고 있었다. 동생 약락외가 적출이었기에 진晉 무제 사마염 태강太康 5년(284)에 선우의 자리를 계승한다. 어느 날 토욕혼과 약락외 두 부의 말들이 초원에서 싸움을 시작했는데, 이것이 형제 사이의 싸움으로 번졌다. 화가 난 나머지 '늘 업신여김을 당하던' 토욕혼이 뛰쳐나가 장장 30년에 이르는 길고 긴 여행을

시작했다.

말떼가 이끄는 대로 이들은 하청산河青山(랴오닝성 이義현 경내)에서 계속 서쪽으로 나아갔다. 그곳에는 알 수 없는 신비로움이 있었다. 오늘날 랴오닝성 북부와 내몽골 초원 남쪽을 거쳐 내몽골 후허하오터 서쪽의 오르도스평원에 이르러 그곳에서 20년 동안 거주했다. 진晉 영가永嘉 6년(312), 탁발선비의 압박으로 토욕혼은 다시 서부로 이주하기 시작했다. 이들은 음산에서 서남쪽으로 이동해 농산隴山을 넘고 조하洮河를 건너 오늘날 간쑤성 린샤臨夏 후이족자치주 서북쪽, 강인羌人이 거주하는 한원罕原 지역으로 들어갔다.

이들은 선진 문화와 쇠 징이 박힌 강인한 말발굽으로 현지의 강인을 정복했다. 계속해서 남쪽으로 오늘날 쓰촨 아바阿貝와 쑹판松潘에 이르는 지역, 서쪽으로는 오링호수, 자링호수에 이르기까지 동서 수천 리에 이르는 지역을 점령했다. 이곳에서 떠돌아다니던 생활을 버리고 집을 짓기로 했다. 마을을 이루고 성을 만들어 선비인과 강인의 연합정권을 이룩할 것을 선언했으며, 오늘날 칭하이성 부하강布哈河 부근의 복사성伏俟城('왕의 성'이라는 뜻)[55]을 도읍으로 삼았다.

동진 건무建武 원년(317), 유랑생활로 점철된 일생을 살았지만 부족이 번성하며 살아갈 수 있는 땅을 찾기 위해 시종일관 노력했던 토욕혼 대인吐谷渾大人이 민족 이주의 역사적 사명을 완수하고 세상과 이별했다. 그때 그의 나이 72세였다.

한 민족과 국가의 기초를 다진 사람은 후손들의 무한한 존경을 받는다. 동진 함화咸和 4년(329), 국부國父를 영원히 기억하기 위해 토욕혼의 손자 엽연葉延은 할아버지의 이름을 왕족의 성씨로 삼았고, 국호 역시 '토욕혼'이라 했다(1천 년 후, 오스만제국의 이름 역시 마찬가지 방식으로 지어졌다). 발음하기 어려운 이 왕조의 명칭은 이때부터 당시唐詩에 빈번하게 나타난다.

토욕혼국이 오랜 세월 동안 지속될 수 있었던 것은 이들이 거주하던 곳이 오지인 데다, 중원 땅에 5호16국이 각축하느라 그쪽에 신경을 쓰지 못했다는 점 등의 이유가 있다. 그러나 수 왕조가 중국을 통일한 이후, 약소국이었던 토욕혼은 더는 행운을 누릴 수 없었다. 수 대업大業 5년(609), 수 양제煬帝가 친히 원정군을 이끌고 와 토욕혼이 대대로 거주하던 목축지를 차지했다. 토욕혼의 복윤伏允가한은 타향으로 망명했으며, 아들 복순伏順은 인질로 잡혔다. 이곳의 원래 이름인 '서해군西海郡'도 수 양제에 의해 개명되어 선주鄯州가 되어버렸다.

토욕혼은 그저 기다리고 기다릴 뿐이었다. 강대한 수에 내란이 발생하고, 그 틈을 타 물고기를 잡을 수 있는 기회가 오기를 기다렸다. 강제로 정복당한 주변 민족은 항상 이런 마음을 갖고 있었는데, 중원의 황궁에서는 왜 언제나 가족 사이의 내분이 일어났는지 도무지 알 수 없다.

수가 내분으로 엉망이 되었을 때 토욕혼 사람들은 기회를 틈타 고향으로 돌아와 기억 속의 토욕혼국을 다시 세웠다. 과거의 좌절은 이들을 더욱 지혜롭게 만들었다. 이들은 당 고조 이연을 도와 오늘날 간쑤성 지역에서 반란을 일으켰던 이궤李軌를 격퇴했다. 이연은 이에 보답하고자 수 양제에게 인질로 잡혔던 복순을 보내주었고, 두 나라는 밀월 관계를 유지했다.

하지만 밀월 관계가 끝나는 날이 마침내 다가왔다. 당 태종 이세민 정관貞觀 8년(634), 토욕혼의 사신 행렬이 장안에서 조공을 하고 돌아가면서 양을 끌고 가는 등 당 변경 백성의 재물을 약탈했다. 약탈이라는 것은 토욕혼 같은 '말 위의 민족'에겐 언제나 있는 일이었지만, 소문이 부풀려지면서 당 조정에까지 들려왔다. 백성을 자식처럼 사랑했던 태종이 이 소식을 듣고 대노해 성지聖旨를 내려 복윤가한에게 친히 장안으로 와서 사과하라는 요구를 했다.

"미안하오. 내가 몸이 약하고 병이 많아 장안으로 갈 수 없소."

복윤은 이렇게 회답했다.

체면이 깎였다고 생각한 당 태종이 분노해 당 공주와 복윤 아들의 혼사를 취소해버렸다. 당 태종이 혼사를 취소해버리자 복윤은 수치감을 느끼며 분노했고, 먼저 전쟁을 일으켜 여러 차례 당 변경을 침입했다. 외교적 사건이 전쟁으로 번진 것이다.

다음 해에는 당 태종이 군대를 일으켜 서쪽을 정벌했다. 이정李靖이 군대를 이끌고 북쪽 길로 토욕혼의 퇴로를 끊었고, 남쪽 길에서는 후군집侯君集과 이도종李道宗이 남쪽 방향으로 도망치려는 토욕혼을 막았다. 두 개의 노선을 통해 달려온 당 군대가 사람 하나 없는 황량한 불모지로 접어들었다. "사람이 얼음을 먹고, 말은 눈을 씹는" 곳에서, 수천 리 머나먼 길을 추격하고 수십 차례 전쟁을 하며, 오늘날 신장위구르자치구 체모且末(체르첸) 서쪽까지 추격해온 것이다. 집요한 추적에 위아래로 길이 막힌 복윤가한은 절망에 빠져 자살하고 말았다. 당의 변새邊塞 시인 왕창령王昌齡은 호방함이 가득한 어투로 이렇게 읊었다.

> 대막에 모래 바람 몰아쳐 태양도 흐릿하게 보이는데,
> 붉은 깃발 반쯤 말아 들고 원문을 나선다.
> 앞선 군대 조하 북쪽에서 밤새 싸워
> 이미 토욕혼을 생포했다 전해오네.[56]
> 大漠風塵日色昏,
> 紅旗半卷出轅門.
> 前軍夜戰洮河北,
> 已報生擒吐谷渾.

토욕혼을 정복한 후, 당은 중원에서 성장한 복순을 가한으로 세웠고, 토

욕혼은 마침내 당 판도 안으로 들어왔다. 토욕혼이 당 왕조와 토번 사이에서 완충지대 역할을 하게 된 것이다. 후에 토번의 잠식을 견디지 못한 토욕혼 사람들이 영주靈州와 삭방朔方으로 들어와 강인·티베트인·몽골인·한인이 섞여 살아가는 형태가 되었고, 마침내 새로운 민족공동체인 투족土族*이 생겨났다.

틈바구니를 오가다

이 밖에 졸졸 흐르는 강줄기가 또 하나 있는데, 우문선비의 또 다른 일파인 고막해庫莫奚가 그것이다.

전연前燕과의 전쟁에서 패배하고 난 후, 고막해는 형님 격인 거란契丹과 함께 송막松漠57 지역으로 도망쳤다. 후에 새로 일어난 북위가 이들을 정복했고, 북위는 고막해와 거란을 강제로 갈라놓았다. 송막의 서부는 고막해, 송막의 동부는 거란이 된 것이다.

"누구 주먹이 강한지, 우리는 강한 자의 말을 들을 것이다"라는 약육강식의 민족 대겸병의 시기, 막 태동해 성장해가던 민족에게는 힘 있는 자를 따르는 것이 지혜로운 선택이었다. 동돌궐한국東突厥汗國조차 수 왕조의 명령을 따르던 시절, 고막해도 강대한 수 왕조에 귀부했고, 이름도 간단하게 줄여 '해奚'라고 바꿨다. 후에 당 왕조가 수를 대신하게 되었다는 말을 듣자 이들은 재빨리 당에 사신을 보내 조공을 바쳤다. 해인奚人의 우두머

---

* 현재 투족의 인구는 20만이며 주로 황수이강(湟水) 이북과 황하 양안, 그 인근 지역에 거주한다. 칭하이성 후주(互助) 투족자치현(土族自治縣), 민허현(民和縣), 다퉁현(大通縣), 퉁런현(同仁縣)과 간쑤성 톈주(天祝) 티베트족자치현(藏族自治縣)이 그곳이다(《五十六個民族五十六朵花》, 雲南敎育出版社, 1997).

리인 소지蘇支는 당 태종을 따라 동쪽으로 고려(즉 고구려)[58]를 정벌하기도 했다. 당 태종은 기분이 좋아져 해인이 거주하는 지역을 요락도독부饒樂都督府로 승격시켜주었고, 해인 우두머리 가도자可度者를 도독으로 삼았으며 누번현공樓煩縣公으로 봉하고 이씨 성을 내려주었다. 그리하여 약했던 해가 갑자기 강대한 거란과 동등한 지위를 누리게 되었다. 당은 문서에서 해와 거란을 '양번兩蕃'이라 기록했다.

'해'와 '거란'이 어깨를 나란히 하고 함께 나아갈 수 있었던 이유는 당이 어느 부락이든지 하나만 유별나게 커지는 것을 원치 않아서였다. 그런데 당이 번진 때문에 골치가 아파 더는 이들을 돌볼 겨를이 없어지자, 해인의 고통스러운 날들이 시작되었다. 북방의 거란이 거리낌 없이 해인을 짓밟기 시작한 것이다. 어쩔 수 없는 상황에서 해인의 우두머리는 측근 일부를 거느리고 장성 안쪽의 규주嬀州(허베이성 화이러우懷柔)로 피난을 갔다. 이에 해인은 둘로 나뉘었다. 장성 안쪽의 해인은 '서해西奚', 초원에 남아 있는 해인은 '동해東奚'가 된 것이다.

이런 국면은 그리 오래 지속되지 않았다. 당이 멸망한 후 보호막을 잃은 서해와 동해는 모두 거란의 왕 야율아보기耶律阿保機에게 정복되었다.

하지만 해인의 사전에는 굴복이라는 단어가 없었다. 이들은 요遼가 내리막길로 접어드는 그날을 기다렸다. 만신창이가 된 요 국토에서 마침내 해왕 회리보回離保가 발해의 후손과 연합해 '대해국大奚國'을 세웠다. 이때부터 해인은 '자신들의 이익에 따라 수시로 귀부했다가 또 수시로 배신한다'[59]는 악명을 얻었다.

얼마 지나지 않아 이들은 새롭게 일어난 대금국大金國에 병탄되었다. '수시로 귀부했다가 배신하는' 해인이 금에 대항하는 것을 막기 위해 금 세종世宗은 해인을 여진족 거주지로 분산해 살도록 했다. 생김새도 같고 성씨도 같으며 풍습도 같은데, 세월이 오래 지났으니 누가 여진이고 누가 해인인지 어찌 분간할 수 있었겠는가?

그러나 사실 좀 더 멀리 거슬러 올라가면 이들의 조상은 모두 같은 사람이었던 것이다.

시보족의 대장정

선비의 후손 중에서 지금도 여전히 '선비'라고 불리는 것은 '시보錫伯' 뿐이다. 시보의 한어 역음은 '시피犀毗', '셴베이鮮卑', '스비矢比'라고 하는데 시보족은 자신들을 중국 고대 북방 선비인의 후손*이라고 말한다.

일찍이 5호16국 시대에 많은 유목부락이 황하 유역으로 이주해 살았다. 하지만 고집스러운 선비 부락 하나가 여전히 넌강과 쑹화강 유역에 남아 주로 사냥과 어획을 했으니 이들이 바로 오늘날의 시보족이다.

그곳에서 조용히 살아가던 이 선비 부는 수십 세기 이후에 역사책에 다시 나타난다. 16세기 후기부터 17세기 초에 시보인은 팔기八旗 몽골과 팔기八旗 만주에 편입되었다. 그리고 청 건륭 29년(1764), 시보족이 세상에 자신을 드러냈다. 청은 시보족을 시보영錫伯營으로 조직해 신강新疆 일리강伊犁河 남쪽으로 이주시켜 변방을 지키게 했다. 조정에서는 60년의 복무기간이 다 지나면 고향으로 돌아와도 좋다고 아주 정중하게 말했다. 하지만 역사적으로 볼 때 이민정책을 실시하면서 이런 말을 하지 않은 정권이 있던가? 평균수명이 겨우 50세 정도였던 그 시절 사람에게 60년 후에 돌

---

* 또 다른 설에 의하면 '시보'는 지명이라고 한다. 청대(淸代) 여도(輿圖)에서는 하이라얼(海拉爾) 남쪽의 실위산(室韋山) 일대를 '시보'라 칭한다고 하면서, 이 지역에 거주하는 사람들을 지명에 따라 '시보'라고 부른 것이라고 한다.

아오는 것이 대체 가능했을까?

　시보족은 그저 복종할 수밖에 없었다. 1,020명의 병사와 가족을 포함한 4천여 명의 시보 사람들이 고통을 감내하며, 자신들의 영혼이 깃든 장소인 고향을 떠나야 했다. 이들은 눈물을 머금고 간단한 짐만 들고 요양遼陽, 개원開原, 의주義州 등지에서 심양瀋陽으로 모여들었다. 그날은 4월 18일이었다. 시보족은 이주가 시작된 이날을 기억하기 위해 '4·18절'이라고 부른다. 이들은 가묘家廟가 있는 태평사太平寺에서 조상에게 제사를 지내고 비장한 표정으로 서쪽으로 가는 기나긴 여로에 올랐다. 이들의 앞에는 높은 산과 큰 강이 가로 놓여있었고 뜨거운 태양과 내리는 눈, 비가 그 여정을 힘들게 했다. 그뿐인가. 굶주림과 피로, 전염병, 죽음까지 이들을 따라왔다. 이 방대한 대오가 창무대彰武臺 변문邊門을 나와 오늘날 몽골 케룰렌 길을 지나 항가이산, 우리야쑤타이, 코브도, 신장위구르자치구의 알타이, 타청塔城, 바얼루커巴爾魯克, 보얼타라博爾塔拉, 타얼치塔爾奇를 지나 만여 리에 달하는 길을 걸었다. 15개월이 지난 후, 원래 계획보다 1년이나 빨리 목적지인 일리에 도착했다. 시보족 역사상 가장 슬프고 가장 찬미할 만한 대장정을 완성한 것이다.[60]

　시보족이 서쪽으로 이주해온 지 18년째 되는 해에 시보영錫伯營 총관總管 투보터圖伯特가 주재해 라마 슘蘇木(한어로는 정원사靖遠寺)을 세웠는데, 오늘날 신장위구르자치구에 남아 있다. 여러 차례 중수를 거쳤지만 건축 조각물은 여전히 섬세하고 정교하며 반짝일 정도로 아름다워 당시의 모습을 잃지 않고 있다. 그때 시보족은 60년이 지난 후 고향으로 돌아갈 수 있기를 축원하고자 이 건물을 세웠다고 하는데, 모든 이민이 그러하듯, 그 소망은 제1세대 이민이 세상을 떠나면서 세월이 흐름에 따라 점차 흐릿해져버렸다. 21세기 현재까지도 그 안타까움은 여전히 계속되고 있다.

　18만 명에 달하는 시보족은 다른 소수민족 지역에서는 보기 힘들다. 서역 초원의 신장 차부차얼察布査爾 시보족자치현에 거주하는 사람들은 새로운 세대이고, 만주의 백산 흑수 지역에 거주하는 사람들은 오랫동안 그곳에서 살아온 원주민이다. 동쪽 끝부터 서쪽 끝까지 이어지는 시보족의 양대 거주지 사이를 왕래하는 일은 가히 '만리장정萬里長征'이라 할 만하다. 만일 두 지역의 시보족 남녀가 혼인을 한다면, 이것이야말로 1천 리에 걸쳐 이어지는 '천리인연千里因緣'일 것이다.

솟구쳐 흐르는 시냇물도 멋진 풍경이기는 하지만 깊은 산을 묵묵히 지키고 있는 호수야말로 더 아름다움을 시보족의 역사는 말해준다.

'오호난화'에 대하여

수 왕조가 건립된 후 중원의 선비는 점차 형제 민족과 섞이며 하나로 융합되었다. 고증에 의하면, 수와 당 황실은 농후한 선비 혈통을 지니고 있다고 한다. 수 양제 양광楊廣, 당 고조 이연의 어머니는 모두 탁발선비 독고씨 출신이며, 당 태종 이세민의 생모는 선비 흘두씨紇豆氏이고, 장손長孫 황후의 부모도 선비 사람이다. 그러니까 엄밀하게 따지면 태종의 아들인 당 고종 이치李治의 한족 혈통은 겨우 4분의 1에 불과한 것이다. 그래서 어떤 사람은 이런 사실에 근거해 수·당 시기의 한족은 '한족을 부계로 하고 선비를 모계'로 하는 '신한족新漢族'이라고 말하기도 한다.

이 주장이 과학적인지 아닌지는 잠시 논외로 치더라도, 선비와 한족이 융합했다는 것은 부인할 수 없는 사실이다. 왜냐하면 이때부터 순수한 선비족이 영원히 사라졌기 때문이다.

그뿐만 아니라 선비·흉노·갈·저·강, 즉 '5호'가 내지로 이동하면서 한족만 독자적으로 확장하던 국면이 타파되었고 원래 물처럼 조용했던 중원이 뒤집어졌다. 이 사건 때문에 중원 지역 사람들의 '혈통'도 자리를 잡아갔다. 그리스와 인도 북부가 아리안화되었다거나 메소포타미아가 셈족화된 것처럼, 전통적 의미의 중국이 몽골인종에 동화된 것이다.

이에 대해 사람들은 가지각색의 의견을 내놓는다. 이것이 중화민족에 큰 행운이었다고 말하는 사람도 있지만 한인 사학자를 포함한 많은 사람은 그렇지 않다고 하며, 심지어 이 사건을 '북방 오랑캐들이 중화를 어지럽혔다(오호난화五胡亂華)'고 말하기도 한다.

물론 '오호난화'라고 보는 후자의 관점을 경시해서는 안 된다. 오늘날에도 민족 융합을 반대하는 사람은 소수가 아니다. 민족주의가 극단적으로 심한 지역에서는 여전히 많은 사람이 민족이 확실하게 구분되어야 한다고 외치며, 심지어는 형제 민족과의 통혼도 거부한다. 그러나 제아무리 표준화된 이상理想이 있다고 해도 거기에 천성적으로 반감을 가지는 것이 대자연임을 세상의 많은 것이 우리에게 알려주고 있다.

간단하게 말해서, 이 세상에서 가장 유용한 것은 모두가 섞여서 이루어진 것, 즉 '하이브리드'다. 가장 지혜로운 사상도 사실은 여러 가지 사상이 결합된 산물이다. 풍요로운 수확을 가져오는 농산물도 잡종교배가 우세를 점한다. 가장 총명하고 아름다운 민족 역시 융합의 결과물이다.

그래서 선비를 포함한 '오호'가 '오래된 한족'과 융합한 것은 '중화민족'에 일대 행운이라고 할 수 있다. 서로 문화적 배경이 다른 민족이 하나로 섞이면서 다민족 공동 발전 번영의 기틀이 다져졌다. 여러 민족이 융합되면서부터 사람들은 전통적이고 단조로운 생활방식을 바꿨다. 오랫동안 예교의 훈도를 받았던 한인의 농업문화는 호방하고 건강한 강심제를 맞은 것 같았고, 긴 세월 동안 야만 상태에 있던 선비 유목문화에는 조화로운 정신세계가 더해졌다. 그래서 사람들의 사상과 관념이 다양해지기 시작했으며, 유가사상이 천하를 통일했던 문화 구조가 깨지면서, 마침내 중화민족의 제2차 사상 해방운동이 폭발했다.

이렇게 지나치게 유가적이고 우아하며 나약했던 남조南朝 문화와 지나치게 강인하며 원시적이던 북조 문화가 수·당 시기의 융합을 거쳐 각자 편향성을 버리고 서로 섞이면서 '박대정심博大精深'한 새로운 시대의 모습이 나타났다. 그래서 마구馬球를 하는 남자, 그네를 타는 여자, 술에 취해 노래하는 시인, 가슴과 어깨를 드러내는 여성 복장, 넓고 곧은 큰 길, 휘황찬란한 사당, 하늘로 높이 솟은 불탑, 빈번하게 오고가는 사신들이 나타나게 되었다. 그리고 마침내 수·당제국이 세계를 향해 넓은 가슴을 열었으며, 휘황한 역사의 당 왕조가 세계 경제와 문화의 위대한 중심이 된 것이다.

미추를 따지지 않으면서 모든 구름을 받아들여 하늘은 그렇게 드넓어졌다. 크고 작음을 따지지 않으며 모든 돌을 받아들여 산은 그렇게 웅대하고 장엄해졌으며, 탁함과 맑음을 따지지 않고 모든 물을 받아들여 바다는 그렇게 한없이 넓어졌다. 같은 이치로, 오호가 내지로 옮겨온 것을 '오호난화'라고 말하는 학자들의 짧은 식견에 탄식하지 않을 수 없다.

자진해서 문명을 포용하고 스스로 혈통을 바쳤으며 이름을 남기려 하지 않았던 사람들에게, 우리는 역사의 찬가를 바쳐야 한다.

이렇게 오환과 선비가 남하한 후, 잘 알려지지 않았던 유목부족이 드넓은 몽골 초원에 새로운 꽃을 피우기 시작했다. 유연柔然이 바로 이들이다.

제3장

유연

柔然

세 번째 초원제국

오환과 선비가 앞서거니 뒤서거니 남하한 이후, 드넓은 몽골 초원에는 유연柔然이라는 이름의 화려한 꽃이 피어났다. 그 꽃은 찬란하고 아름다웠지만, 필자가 내몽골역사박물관을 찾았을 때 그곳엔 유연과 관련된 어떤 흔적도 남아 있지 않았다.

침묵 속에서 아무런 예고도 없이 나타났던 민족이 어느 순간 갑자기 평범하게 변해버리거나 사라지고, 아니면 있었는지 없었는지 기억조차 할 수 없는 경우가 있다. 그저 이름 하나와 단편적인 기억만 남긴 채 그냥 사라져버리는 것이다. 유연이 그러했다.

유연이라는 이름은 '하늘의 나라'라는 뜻이니, '샹그릴라'만큼이나 시적인 의미를 담고 있다. 이들이 어디에서 왔으며 조상이 누구인지에 대해 상당히 많은 견해들이 있다. 동호의 후손이라는 말도 있고 흉노의 별종이라고도 하며, 장성 북부 지역, 즉 새외塞外의 잡호雜胡에 속한다는 주장도 있다.[1] 하지만 필자의 생각에 이들은 '초원부족의 혼혈아'라고 하는 것이 맞을 것이다.

유연의 원래 호칭은 '연연蠕蠕', '예예芮芮', '여여茹茹', '유연柔蠕'이라고 한다. 시조는 목골려木骨閭라는 초원의 방랑자였다. 3세기 말에 탁발선비의 기노騎奴였던 목골려는 100여 명을 규합해 음산 북쪽의 의신산意辛山 일대로 도망쳤고, 그곳에서 부락의 지도자가 되고자 했던 자신의 꿈을 실현시켰다. 후에 목골려는 유연의 첫 번째 가한可汗(칸)[2]에 이름을 올렸다.

엄밀하게 말하자면 목골려는 유연의 창시자는 아니고 다만 기틀을 잡은 사람에 가깝다. 이 부족은 아직 작고 약했으며 정식 명칭도 없었기 때문이다. 말하자면 아직 '찻잔 속의 태풍' 정도였다.

'유연'이라는 이름은 목골려의 아들 거록회車鹿會가 붙였다. 그래서 거록회를 1대 가한이 아닌 2대 가한으로 부르는 것에 대해 많은 사람들이 불만을 갖고 있다. 그 후 거록회의 아들 토노괴吐奴傀가 부족의 지도자가 되었으며, 토노괴의 아들 발제跋提, 발제의 아들 지속원地粟袁이 뒤를 이었다. 물론 이들은 스스로를 '지도자'라 칭했지만 명목상으로는 여전히 탁발선비에 속했다. 거대한 칸국이든 이름 없는 작은 부족이든, 다른 민족이나 나라가 주변에 존재하는 한, 그들은 사방으로 이어지는 좌표의 한 점일 뿐이었다. 한 민족이 이 세상에서 존재하려면 그 점이 종횡으로 서로 연결되어야 한다는 것을 알고 있어야 했다. 다른 나라와의 관련성을 배제하고 존재할 수는 없다는 바로 그 이유 때문에, 한 민족이 선택하는 외교 방향은 때로 생존과 직결되곤 한다.

그런 중요한 외교적 선택에서 유연은 결정적 실수를 범했다. 전진前秦이 대국代國을 멸망시켰을 때, 탁발선비로서는 도움이 절실했다. 하지만 유연은 오히려 철불흉노 유위진부劉衛辰部와 손을 잡았다.

선비의 탁발규는 대국을 회복해 위국魏國이 성립되었다고 선포했고, '반역'을 한 유연에 대해 이미 오랫동안 계획해왔던 기습 공격을 감행했다. 유연의 두 지도자 필후발匹候跋과 온흘제縕紇提(모두 6대 가한)는 무조건 항복했다. 이들은 탁발씨가 쏟아내는 엄청난 비난을 달게 받아야 했고, 새로운 주인을 위해 말고삐를 끌어야 했으며, 수시로 아름다운 여인을 상납해야 했다. 더 참담한 것은 이전의 독립적 지위를 잃고 끝없는 나락으로 떨어져버렸다는 점이다.

하지만 연극에 클라이맥스와 반전이 있듯, 영웅 역시 아득한 어둠 속에서 관중의 환호를 받으며 탄생한다. 온홀제의 아들 사륜社崘이 바로 그 영웅이었다. 그는 아버지의 자리를 이어받은 그날부터 가시밭길을 걸었다. 유연 내부에 있던 또 하나의 지도자 때문이었다. 그는 필후발이었는데, 매우 탐욕스러운 인물이었다. 필후발은 일신의 안위만 도모하며 남에게 굽실거렸으며, 늘 남을 내려다보며 잘난 척했다. 그러면서 선비인의 힘에 기대어 하나부터 열까지 사륜을 누르려 들었다. 하지만 4세기 말에 이르자, 사륜은 날로 높아가는 민족 부흥의 분위기에 힘입어 수구파인 필후발을 과감하게 제거하고 유연 각 부를 통제하게 되었다. 그리고 오원五原 서쪽 각 군郡의 재물들을 모조리 탈취한 후 사람들을 이끌고 머나먼 막북漠北으로 가버렸다. 북위 탁발씨의 시선에서 멀리 벗어나버린 것이다.

적막하긴 했지만 사륜은 그 머나먼 땅에서 귀한 자유로움을 얻었다. 괴롭히는 자도 없고 인적도 드문 그곳에서 사륜과 부하들은 강인하게, 그리고 즐겁게 살아갔다. "1,000명을 군이라 하고 군에는 장을 한 명을 둔다. 100명을 당이라 하고 당에는 수 한 명을 둔다(千人爲軍, 軍置將一人. 百人爲幢, 幢置帥一人)"[3]라는 독특한 군사 편제를 만들어냈으며, "먼저 올라가는 자는 포로를 얻을 수 있고, 퇴각하는 자는 돌로 쳐서 죽인다"[4]는 군대의 상벌제도를 만들었다. 이러한 현상은 역사의 규칙을 다시 한 번 증명해준다. 외부에서 우뚝 서는 것은 정권 내부의 힘이 확장되어가면서 가능해지는 것이다. 내부의 시스템이 견고하지 않은 상황에서는 아무리 휘황찬란해 보이는 성과를 얻었다 해도 지속되기는 힘들었다.

어느 날, 오랫동안 모습을 보이지 않던 유연은 마치 유령처럼 대막大漠 깊숙한 곳에서 치고 나왔다. 약하다고만 생각했던 아이가 어느새 거인이 되어 돌아온 것이다. 유연은 먼저 고차高車를 정복하고 오르콘강과 톨라강 일대의 비옥한 초원 목장을 차지했다. 그리고 몽골 초원 서북의 흉노 잔여 부락인 발야혜拔也稽를 점령했다. 마침내 유연이 막북 초원의 새로운 주인이 된 것이다. 유연의 지도자인 사륜은 북위 도무제道武帝 천흥天興 5년(402)에 자칭 구두벌丘豆伐 가한('구두벌'은 '말을 몰며 새롭게 시작한 왕'이라는 뜻이고 '가한'은 '황제'라는 뜻[5]인데, 가한이라는 호칭은 나중에 돌궐, 회흘, 몽골과 중앙아시아 유목 제국이 이어서 쓰게 된다)[6]이라 칭했고, 마침내 유연한국柔然汗國[7]이 탄생했다.

유연은 아직 원시적이어서 문자가 없었다.[8] 양의 똥 개수를 세어 병사와 장수의 숫자를 기록했고,[9] 나무에 새기는 방식으로 군사적 사건을 기록했다. 그러나 관직으로만 보면 이미 국가의 형태를 갖추고 있었다. 가한 아래

신장위구르자치구 톈산天山산맥의 천지天池.

절반의 중국사

에 국상國相[10]이 있었고 사력발侯力發(군정軍政을 주관하는 구경九卿과 같음), 토두발吐豆發(어사대부 혹은 상서령과 같음), 사리侯利(사력발의 직속으로 대부 大夫와 같음), 토두등吐豆登(토두발 직속으로 어사나 상서와 같음),[11] 막하莫何(대 인大人 혹은 거수渠帥, 부락의 우두머리에 해당함) 등이 있었다.

유연한국은 매우 지혜로웠다. 막북을 먼저 정벌하고 중원 왕조와 결연 을 맺는 책략을 구사했다. 그래서 북위 태무제 시광 4년(427), 유연은 막북 지역을 거의 다 통일했다. 동쪽으로 오늘날의 대싱안링산맥에서 시작해 남쪽으로 음산에서 북위와 대치했고, 서쪽으로는 알타이산까지 진출해 준가르분지를 점거했으니 천산天山 이남의 언기焉耆가 경계였다. 북으로는 오늘날 러시아에 있는 바이칼호까지 진출해 흉노의 옛 땅을 완전히 차지 했다.

이들은 몽골 초원에서 흉노와 선비의 뒤를 이어 일어난 세 번째 초원제 국이었다.

능력 있는 자가 우리를 이끌라

'능력 있는 자가 우리를 이끌라'는 말이 유연 사람의 입이 아니라 한족의 입에서 나왔다고 생각해본다면, 머리가 잘릴 정도는 아니라고 해도 거센 비난을 받기엔 충분했을 것이다.

중국 고대에 홍수를 다스렸다고 알려진 치수治水 영웅 대우大禹가 지도 자의 권좌를 아들 계啓에게 전해준 이후, 선양禪讓이라는 제도는 원시사회 와 더불어 역사의 쓰레기통 속으로 버려졌다.[12] 이후 세습제가 가져온 '봉 처음자封妻蔭子'[13]의 장점은 역대 국왕에게 지고무상의 보물이 되었고 받 들어야 할 성경이 되었다. 그러나 천자의 지위가 대대로 세습되면서 문제점이 생겼다. 태어날 때부터 바보이거나 성품이 악랄한 왕이 나오지 말라는 법이 없었다. 세습제라는 이 성스러운 제도에 처음으로 도전한 인물이 바로 유궁국有窮國의 후예后羿라는 지도자였다. 백성을 위해 가뭄이라는 재난을 없애준(전설에 의하면 그는 아홉 개의 해를 쏘아 떨어뜨렸다고 한다)[14] 이 영웅은 모든 사람에게 갈채를 받았던 신궁神弓이었다. 후예는 날마다 수렵으로 세월을 보내던 하夏 왕조의 국왕 태강太康(계의 아들)을 몰아내고 태강의 동생 중강仲康을 꼭두각시 왕으로 세웠으며, 중강이 죽은 후에는 아예 스스로 왕이 되었다.

사람들이 세습제가 당연한 것만은 아니라는 생각을 하게 된 것은 진승陳勝의 난이 일어났을 때였다. 진秦 시황의 뒤를 이은 2세 황제 호해가 정치를 하던 암흑시대에 젊은 평민 하나가 "왕후장상에 씨가 있다더냐!"라는 청천벽력과 같은 외침과 더불어 나타났으니, 그가 바로 진승이었다. 진승은 비록 짧은 기간이지만 장초왕張楚王이 되기도 했다. 이 사건은 하급관리 출신인 유방이 한의 왕이 되고, 승려 출신 주원장朱元璋이 명을 세우며, 소수민족인 몽골족과 만주족이 중원의 주인 노릇을 하는 이론적 기초가 되어주었다.

그러나 세습제에 도전해 황제의 자리에 올라간 통치자라고 해도 실낱같은 가능성만 있다면 자신이 내다버렸던 혈통 관념과 세습제를 끄집어내다시 높은 자리에 모셔놓았다. 그리고 관련 법률을 만들어서 잠시 중단되었던 세습제의 전통을 재시작했다. 설사 아들이 누구나 다 아는 백치라고 해도 통치자는 절대 다른 총명한 계승자를 찾지 않았다. 황제는 어떤 계책이든지 반드시 짜내, 정통을 이어가면서도 지혜로운 대신을 골라 그에게 바보 아들을 맡기는 방법을 택했다. 서진西晉의 사마충司馬衷은 어려서부터 흙장난만 했으며 자기 아들조차 알아보지 못했던 바보였다. 그러나 사마염司馬炎은 그런 아들 사마충을 사마량司馬亮에게 부탁했다. 그뿐인가,

절반의 중국사

삼국시대 유비는 백제성白帝城에서 바보 아들 유선을 제갈량에게 부탁하는 역사극을 연출했다. 이 모두 같은 경우에 해당한다. 그 결과는 어땠을까? 물론 우리가 알고 있는 바와 같다. 사마충 이후에 '팔왕八王의 난'이 일어나 서진은 멸망했고, 촉蜀 역시 충신과 간신을 알아보지 못했던 유선의 어리석음 때문에 멸망의 길로 들어서야 했다. 상황이 이러했지만 뿌리 깊은 혈통 관념과 세습제를 공개적으로 뒤집는 사람은 여전히 나타나지 않았다. 한漢 문화의 영향을 받은 유연도 예외는 아니었다.

물론 유연 초기의 가한들은 그런대로 능력이 있었다. 사륜(재위 402~410), 곡률斛律(재위410~414), 보록진步鹿眞(재위 414~415) 등의 가한들은 어려서부터 두각을 나타냈다. 그러나 제10대 가한 대단大檀이 재위 (415~429)했던 북위 신가神䴥 2년(429), 태무제 탁발도가 대군을 이끌고 유연을 공격하자 유연은 허무하게 무너졌다. 탁발도가 병사들을 이끌고 동서 5천 리, 남북 3천 리에 걸쳐 종횡으로 군사를 나누어 유연의 잔여 세력을 소탕하니, 아무리 큰 유연한국이라도 하루아침에 무너질 수밖에 없었다. 승리를 얻은 탁발도는 이때부터 유연인의 지능이 낮다며 '꿈틀거리는 벌레' 같다고 해 이후 유연을 '연연蠕蠕'[15]으로 부르라고 명했다.

세상에서 가장 고통스러운 일은 시합에서 지는 것이 아니라 패배와 동시에 상대방에게 멸시당하는 일이다. 게다가 시합을 구경하고 있는 사람들에게 "이 자는 저능아요! 죽지 않을 정도로 몇 대 때리고 그냥 용서해줍시다"라고 말한다면, 그것이야말로 견디기 힘든 모욕일 것이다. 바로 그런 치욕스러운 일을 당한 대단은 분노에 차서 죽고 말았다.

대단의 아들 오제吳提(칙련勅連 가한, 제11대 대가한), 손자인 토하진吐賀眞(처處 가한)도 너무나 화가 났지만 참는 수밖에 없었다. 그러나 토하진의 아들 여성予成(수라부진受羅部眞가한, 재위 464~485)은 더는 침묵하지 않았다. 그는 중원 왕조를 모방해 연호를 '영강永康'이라 정하고(이것이 유연 연호의 시작이다) 고차를 병탄한 후 서역을 항복시켰다. 그 뒤 선진문화를 대표하던 남조의 송宋과 제齊에 가서 공부를 하여, 편지 쓰는 법과 계약서 만드는 법 등을 배웠다. 마침내 그들은 그들만의 학자를 보유하게 되었다.

여성이 죽은 후 아들 두륜豆崙(복고돈伏古敦가한, 재위 485~492)이 가한의 자리에 올랐다. 두륜의 핏줄 속에는 여성의 피가 흐르고 있었지만 아버지와 같은 기백이나 지혜는 지니지 못했다. 게다가 성품이 잔혹해 사람 죽이는 것을 좋아했고, 자신과 다른 의견은 아예 들으려고도 하지 않았다. 무엇이든 제멋대로 하던 이 가한은 얼마 후 북위 효문제와의 전쟁에서 패했고, 그에게 실망한 사람들은 북위로 투항해버렸다. 가장 치명적인 것은, 부하나 다름없었던 고차 부복라부副伏羅部 지도자인 아복지라阿伏至羅가 10만여 명을 이끌고 서역으로 가서 스스로 왕이 된 것이었다. 이에 두륜은 무력을 사용해 멀리 가버린 고차를 자신의 곁으로 끌어오려 했다. 북위 태화太和 16년(492), 그는 숙부인 나개那蓋와 군사를 나눠 아복지라를 공격했다. 두륜은 준계산浚稽山 북쪽에서 출병해 서쪽으로 갔고, 나개는 금산金山에서 출병했다. 그런데 전쟁이 무척이나 극적으로 전개되었다. 숙부인 나개는 전쟁만 하면 이겨 개선의 노래를 불렀지만, 이와 반대로 두륜은 항상 지는 바람에 코가 빠져 있었던 것이다.

능력과 위세, 신망은 비례한다. 사람들은 두륜가한에게 실망하는 한편 두륜가한의 숙부에게 높은 기대감을 가졌다. 둘 중 하나가 반드시 죽어야만 하는 살벌한 전쟁터에서, 싸우기만 하면 패하는 지도자에게 자신의 운명을 맡기고 싶어 하는 사람은 없었다.

"능력 있는 자가 우리를 이끌라"는 말은 지금 보면 이치에 맞는 당연한 것이지만, 당시에는 관례를 어기는 놀라운 발언이었다. 그럼에도 모두가 한 목소리로 그런 말을 한 것이다.

나개는 당연히 거절했다. 그는 머리를 가로저으면서 이렇게 말했다.

"두륜은 정통성이 있는 가한이며, 나의 조카다. 가한의 자리를 찬탈했다는 오명을 뒤집어쓸 수는 없다."

그러자 나개의 부하들은 마음이 급해져 발을 동동 굴렀다. 머리를 수없이 조아렸으며 심지어는 죽겠다는 말까지도 했다. 나개가 가한을 맡아주지 않으면 자신들은 이제 살 수 없다는 것이었다. 그러나 나개는 요지부동이었다. 아무리 해도 나개가 움직이지 않자 장군들은 결국 두륜가한 모자를 죽이고 말았다. 그리고 두륜가한 모자의 시신을 나개 앞으로 들고 가서 보여주며, 가한의 자리를 나개에게 강제로 넘겼다.

부하들을 어렵게 하지 않기 위해, 또한 죽겠다고 말하는 부하들을 살리기 위해 나개는 못 이기는 체하며 가한의 자리를 맡았다. 그는 스스로가 원치 않았는데도 상황에 떠밀려 할 수 없이 가한의 자리를 떠맡았고, 모두가 부하들이 시킨 것이라고 말하는 걸 잊지 않았다. 이런 말을 하는 그의 표정은 고통스러워 보였다. 그는 도살장에 끌려가는 소와 같은 표정을 지으며 어쩔 수 없는 일이라는 듯 가한의 자리에 올랐다.

역사를 돌아볼 때 이런 종류의 연극은 셀 수 없을 만큼 많았다. 당 고조 이연이 아들의 올가미에 잘못 걸려들어(상황을 알지 못한 채 아들이 보내온 수양제의 궁녀를 취했다) 어쩔 수 없이 반란을 일으켰다든가, 송 태조 조광윤趙匡胤이 술에 취해 그만 동생이 걸쳐준 황제의 옷을 입었다든가, 명 태조 '완칭왕綏稱王'[16]주원장이 부하들의 권고에 의해 어쩔 수 없이 황제가 되었다든가 하는 것들이 모두 같은 경우에 해당한다. 사실 이런 것은 모두 '겸양'을 중시하는 민족성 때문에 생긴 일들이다. 일반적으로 겸양은 예의범절이 있고 풍도가 있으며 수양이 잘된 것을 가리킨다. 하지만 앞에서 소개한 것처럼, 그것은 때로 허위이며 사기극에 불과한 것이기도 했다.

사람들의 추대로 가한의 자리에 올라간 나개는 '후기복대고자가한候其伏代庫者'(열락왕悅樂王, 재위 492~506)이라고 불렸다. 그때부터 유연은 민족 부흥의 길로 들어섰다. 13년 동안 조용히 힘을 기른 뒤, 유연은 북위 선문제宣文帝 원각元恪 정시正始 원년(504)에 군대를 여섯 갈래로 나누어 북위를 공격해 남쪽 변경의 활야活野(내몽골 우라터전기烏拉特前旗), 회삭懷朔(내몽골 구양固陽현), 항대恒代(산시山西성 다퉁 동남쪽)를 함락했다.

남쪽으로 영역을 확장해가는 동시에 유연은 서역을 수복할 계획을 세우기 시작했다. 나개의 아들 복도伏圖(제16대 가한)[17]는 서역으로 몇 차례 원정을 떠났으나 거의 도박과 같은 것이어서 승산이 별로 없었다. 서역 원정을 막 시작했을 때 가한은 몇 번 작은 승리를 거두기도 했다. 그러나 서역의 지형에 익숙하지 않은데다가 후방의 공급도 원활하지 못해 시간이 지날수록 곤경에 빠지고 말았다.

북위, 고차와 연달아 치렀던 그 엉망진창인 전쟁은 유연이라는 아름다운 미녀의 얼굴에 빽빽하게 난 여드름을 맑은 거울처럼 비춰 보여주었다. 원래 '여드름'은 청춘의 활력이 넘쳐흐를 때 생겨나는 것이지만, 유연의 여드름은 종류가 다른 곤혹스러운 것이었다. 이들이 치렀던 전쟁은 상승 동력이 완전히 상실된 난감한 상태를 보여주는 일종의 경고였다. 얼마 지나지 않아 복도는 정말로 고차의 왕 미아돌彌俄突에게 죽임을 당했다.

이제 유연 앞에는 더이상 회피할 수 없는 문제가 놓여 있었다. 언제쯤이라야 유연은 끝이 없어 보이는 빙하기에서 벗어날 수 있을 것인가?

'전쟁의 신'과 '성스러운 여인'

관례에 따라 복도의 맏아들 추노醜奴가 두라복발두벌가한豆羅伏拔豆伐('창제지왕彰制之王'이라는 뜻, 제17대 가한, 재위 508~520)이 되었다. 젊고 용맹스러운 추노는 아버지를 위한 복수의 길로 들어섰다. 군대를 조련하는 동시에 양식과 건초를 준비했으며, 대신들을 북위로 보내 한동안 중단되었던 조공 관계를 이어갔다. 서역을 정벌하고 난 뒤 불거질 수 있는 문제를 미리 차단하려는 것이었다.

북위 효명제 희평熙平 원년(516), 적에 대한 분노로 가득 찬 용감무쌍한 기병 부대가 나타났다. 돌풍을 일으키며 나타난 이 군대 앞에서 고차 사람들은 머리를 감싸 쥐고 숨거나 항복했다. 추노는 아버지의 복수를 했을 뿐 아니라 서역의 패권을 다시 장악했다. 고차의 왕 미아돌의 머리를 베어 자신의 요강으로 사용했다고도 한다(이것은 묵돌선우를 흉내 낸 것이 분명하다). 유연 사람들이 숭배하는 '전쟁의 신'이 마침내 탄생한 것이다.

나폴레옹이 조세핀을 사랑했고 항우가 우희를 사랑했듯, 위대한 영웅은 종종 아름다운 여인을 사랑한다. 추노도 예외는 아니었으니, 사실 그리 비난할 일은 아니다. 그러나 문제는 그가 좋아했던 여인이 그저 평범한 미녀만은 아니라는 점이었다.

당시 초원에는 샤머니즘이 유행했다. 처음에 추노는 샤머니즘에 대해 별로 관심이 없었다. 그런데 어느 날 어린 태자 조혜祖惠가 사라지는 사건이 일어났다. 모두들 마음이 급해 어쩔 줄 몰라 하고 있을 때 지만地萬이라는 여성 샤면이 추노 앞에 나타났다. 지만은 조혜가 하늘에 있다면서, 자신만이 조혜를 다시 불러올 수 있다고 말했다. 초조해하던 추노는 한번 해보라고 허락했고, 지만은 큰 습지에 천막집을 만들고 제단을 설치한 후 주문을 외우며 며칠을 보냈다. 그러던 어느 날, 정말로 조혜가 천막집에서 걸어 나오는 것이 아닌가. 조혜는 천신이 자신을 데려갔는데 오늘 돌아가라며 보내주었다고 말했다. 사라졌던 귀한 아들이 돌아오니, 가한은 뛸 듯이 기뻐하며 지만을 '성녀聖女'에 봉했다.

이때부터 성녀는 가한의 천막집에 마음대로 출입하면서 일종의 고급 정치고문 노릇을 했다. 지만은 가한의 곁에 있는 착하고 온순한 여인들과는 달리 신비로운 분위기를 갖고 있었다. 가한은 그런 그녀에게 빠져 정신을 차리지 못했다. 처음에 그는 그녀에게 예의바르게 행동했으나 시간이 지나면서 매우 친밀한 사이가 되었다. 그러자 지만도 겸양의 말을 하지 않았을 뿐 아니라 일부러 도발적으로 행동했다.

지만의 유혹이 성공하면서, 가한은 아내나 첩들보다 훨씬 더 매력적인 그녀를 마치 보물을 얻은 듯, 하늘의 선녀를 만난 듯 귀하게 여겼고 그녀를 가하돈可賀敦(카툰, 유연 가한의 정실부인)에 봉했다. 시간이 지나면서 성녀의 지위와 역할은 가한의 어머니를 능가할 정도가 되었다.

그런데 조혜가 성장한 후, 슬그머니 자신의 친어머니에게 이렇게 말했다. "제가 사람인데 어찌 하늘로 올라가 천신에게 갈 수 있겠어요? 지만이 저를 자기 천막에 머물게 하고 저러러 거짓말을 하라고 한 거랍니다."

어머니는 아들의 말을 들은 그대로 가한에게 전했다. 그러나 이미 지만에게 미혹되어 제정신이 아닌 가한은 머리를 설레설레 흔들며 이렇게 말했다. "지만은 모든 것을 다 아는 여인이라 그럴 리가 없소, 당신은 왜 지만을 질투하는 거요?"

재미있게도 가한은 아내의 말을 지만에게 그대로 전했다. 가한은 순진해도 너무 순진했다. 그는 백합꽃이 썩기 시작하면 잡초보다 더 고약한 냄새를 풍긴다는 것을 모르고 있었던 것이다. 가장 믿고 사랑했던 아름다운 여인일지라도 일단 사악해지기 시작하면 세상에서 가장 무섭게 변하는 법이다. 가한에게서 그 말을 듣고 덜컥 겁이 난 성녀는 가한의 종교에 대한 믿음과 자신에 대한 무한한 신뢰를 이용해 하늘의 뜻이라고 하면서 가한이 자신의 친아들인 조혜를 죽이도록 사주했다.

아이가 없으면 어머니의 사랑도 없다. 어머니의 사랑은 그 어떤 강한 완력으로도 막을 수 없다. 아들을 잃은 가한의 아내는 고민했다. 어차피 가한은 아내인 자신을 믿지 않고 있었다. 그래서 가한의 아내는 죽은 아들의 할머니인 가한의 어머니를 찾아가기로 했다. 가한의 아내는 자신의 시어머니인 후여릉씨候呂陵氏에게 사건의 전말을 모조리 고했다. 두 여인은 서로 부여잡고 통곡했고, 주도면밀한 복수의 계획이 마침내 그녀들의 가슴속에서 자라나기 시작했다. 북위 효명제 정광正光 원년(520), 후여릉씨는 가한이 사냥하러 간 틈을 타서 대신을 보내 성녀를 목 졸라 죽이게 했다.

천막으로 돌아온 가한은 지만이 죽은 것을 보고 폭풍처럼 분노했다. 그는 사건의 진상을 파헤칠 것이라고 공개적으로 선언했다. 자신의 생애에서 가장 사랑했던 여인을 위한 복수를 하겠다는 것이었다.

"사건의 배후에 누가 있든 진상을 밝힐 것이다!"

그러나 지나치게 정이 많으면 그것이 자신의 심장을 겨누는 칼이 되는 법이라고 했던가. 결국 다치는 것은 자신뿐이었다. 가한을 향한 음모가 몰래 진행되고 있었다. 마침 그때 고차의 지도자 아지라阿至羅가 공격을 해왔다. 하지만 추노는 더 이상 백전백승의 '전쟁의 신'이 아니었다. 달궈진 쇠처럼 강인했던 그는 이제 성녀 때문에 약해질 대로 약해져 있었다. 추노는 군대를 이끌고 나가자마자 패배했고, 실의에 빠져 어머니 후여릉씨 곁으로 돌아왔다. 이 지경에 이르자, 부모 자식 간의 정 따위는 중요하지 않았다. 실망감이 극에 달한 어머니는 대신들과 함께 아들을 죽이기로 결정했고, 추노의 동생 아나괴阿那瓖가 새로운 가한으로 등극했다.

역사적으로 일어났던 사건의 내막을 들여다보면 이렇게 극적이니, 굳이 극적 구도의 신화 이야기를 찾아 읽으려 할 필요도 없을 것이다.

은혜를 원수로 갚다

비록 '전쟁의 신'은 죽었지만, 오랫동안 전쟁터에서 살았던 만큼 그의 충실한 추종자들이 여전히 남아 있었다. 그러나 후여릉씨와 새로운 가한 아나괴는 자축하는 분위기에 빠져 추후에 그들을 어떻게 조치해야 할지 생각하지도 못하고 있었다.

곧 소문이 나돌기 시작했다. 그중 가장 큰 소문은 새로운 가한이 옛 가한의 부하들을 제거하리라는 것이었다. 이런 소문이 돌고 있는 판에 추노의 부하들이 가만히 있을 수 있었겠는가. 결국 새로운 가한이 즉위한 지 열흘도 지나지 않아 아나괴의 어머니 후여릉씨와 아나괴의 두 동생이 모두 암살당하고 말았다. 아나괴는 그래도 명줄이 길었는지, 운 좋게 암살을 피한 동생 을거벌乙居伐과 함께 혼인관계가 있는 북위로 피신했다.

아나괴의 숙부 파라문婆羅門은 가한에 충성을 다하는 충실한 군대 수만 명을 거느리고 달려와 단숨에 반군을 궤멸시키고, 스스로 미우가사구 가한彌偶可社句(안정지왕安靜之王, 제18대 가한)으로 칭했다. 그해 7월, 파라문은 고차 왕 미아돌의 동생 이복伊匐에게 패배해 그를 따르는 열 개 부를 거느리고 양주涼州(간쑤성 우웨이武威)로 피신했으며, 북위는 이들을 서해군西海郡(간쑤성 쥐옌居延)에 거주하게 해주었다.

그전에 북위로 먼저 도망쳤던 아나괴는 정광正光 2년(521), 북위 황제의 지원을 받아 병사 30만 명을 이끌고 전쟁을 하면서 떠나온 지 오래된 막북으로 돌아갔다. 그리하여 유연에는 두 명의 가한이 출현하는 국면이 조성되었다. 조카 아나괴는 회삭진懷朔鎭 북쪽(내몽골 구양固陽)에, 숙부 파라문은 서해군에 주둔하게 되었던 것이다.

북위의 입장에서 보자면 두 명의 유연 가한을 세워 서로 견제하도록 만든 것이니, 이것이야말로 제 백성을 보호할 수 있는 가장 좋은 방법이었다. 그러나 반란을 평정하고 가한의 자리에 올라간 파라문으로서는 그것을 도저히 받아들일 수 없었다. 분노를 삼키고 몇 년을 지낸 후, 파라문은 매부가 정권을 잡고 있는 엽달嚈噠(이하 에프탈)로 귀부해버렸다. 그 소식이 북위 양주부凉州府로 전해지자 평서장사平西長史 비목費穆은 정병을 이끌고 달려가 파라문을 체포했다. 그 결과, 북위는 반란의 싹 하나를 일찌감치 잘라버린 셈이 되었고, 쟁반 위의 모래알처럼 흩어졌던 유연은 아나괴 휘하에서 다시 하나로 통일되었다.

효명제 효창孝昌 원년(525), 북위에는 '육진기의六鎭起義'[18]가 일어났다. 황제는 급히 아나괴를 불러 반란을 평정하게 했다. 마땅히 북위에 은혜를 갚아야 했으나, 아나괴는 오히려 그 기회를 틈타 10만 대군을 이끌고 북위를 공격해 막남漠南[19]을 점령했다. 육진기의가 일어난 데다 이주영爾朱榮 (493~530)까지 낙양으로 들어오니, 강대했던 북위 정권도 겹친 타격을 견뎌내지 못하고 빠르게 쇠락해 분열되었다. 줄곧 북위의 그늘에서 살아야 했던 유연으로서는 절호의 기회를 맞이한 셈이다.

서위西魏 문제 원보거元寶炬 대통大統 6년(540), 아나괴는 다시 고차를 공격해 서역을 통제한 후 스스로 칙련두병두벌가한勅連斗兵豆伐(파람왕把攬王, 제19대 가한)으로 칭했으니, 유연의 영웅 사륜이 재림한 것 같았다.

맥적산의 안개비

북위가 중천에 뜬 해처럼 이글거릴 때 유연은 스스로 신하라고 칭하며 조공을 바치면서 북위의 곁에서 조용히 힘을 키웠다. 그러다가 북위가 갈라져 동서로 나뉘는 순간, 유연은 더 이상 신하이기를 거부했고 동위와 서위의 분쟁 속에서 이익을 챙겼다.

유연은 동위, 서위와 다 좋은 관계를 맺고 있었다. 말할 것도 없이 양다리를 걸치면서 이익을 도모하려는 것이었다. 아나괴가한은 먼저 동위에게 혼인을 하고 싶다고 청했다. 동위의 권신權臣 고환高歡(496~547)[20]은 종실의 딸인 난릉蘭陵공주를 가한에게 시집보냈다. 그러자 유연은 군대를 파견해 동위를 도와 서위를 괴롭혔다. 서위는 유연과 동위에 대항할 방도가 없어지자 할 수 없이 대신을 유연으로 보내 화친을 상의했다. 마침 아나괴의 동생 탑한塔寒이 아직 혼인하지 않았기에, 서위는 사인舍人 원익元翌의 딸을 화정化政공주로 봉해 탑한에게 시집보냈다.

화친을 하긴 했지만 동위와 서위에 대한 아나괴의 태도는 좀 달랐다. 동위가 시집보낸 여자는 종실의 딸이었고 아나괴가한의 짝이 되었으나, 서위에서 시집온 여자는 사인의 딸일 뿐이었고 가한의 동생에게로 왔다. 그러다보니 동위에 비해 서위는 좀 소홀하게 대할 수밖에 없었다. 그때 권신 우문태宇文泰의 손에 놀아나던 서위의 문제文帝는 아나괴의 딸을 왕비로 맞아들이고자 했다. 그러나 아나괴가한은 황후의 자리가 아니면 자기 딸을 서위로 시집보내지 않겠다는 소문을 퍼뜨렸다. 이 소문을 들은 우문태는 서위 문제가 총애하던 황후인 을불씨乙弗氏(510~540)[21]를 폐위하라며 문제를 압박했고, 비어 있는 황후의 자리를 새로 채울 것이라는 소문을 일부러 흘렸다. 을불씨는 눈물을 머금고 출가해 비구니가 되었고, 머리를 깎고 외로운 등불 아래에서 경전을 읽으며 적막한 세월을 보내야 했다.

대통 4년(538), 유연의 공주가 장안에 도착해 서위의 존귀한 황후가 되었다. 공주는 겨우 열네 살이었지만 미모와 지략이 뛰어났다. 하지만 질투가 심했다. 폐위된 황후 을불씨가 머리를 깎고 비구니가 되었지만 여전히 도성인 장안에 머물고 있는 것이 마음에 걸렸다. 언제고 황제와 다시 만날 수 있는 가능성이 있다고 생각했던 것이다. 그래서 유연 공주는 끊임없이 의심하고 불만을 가졌다. 이에 서위의 문제는 신부를 기쁘게 해주기 위해 을불씨와 둘째 아들을 머나먼 진주秦州(간쑤성 톈수이天水)로 보냈다. 헤어지는 날, 서위 문제와 을불씨는 눈물의 이별을 했고, 문제는 을불씨에게 먼 훗날을 기약하며 몰래 머리를 기르고 있으라고 말했다.

절반의 중국사

하지만 소식은 새어나가게 마련이라, 그 사실을 알게 된 유연 공주는 서위 문제가 을불씨를 아예 없애버리도록 해달라고 아버지에게 부탁했다. 다음 해, 아나괴는 딸을 위해 군사를 일으켜 서위를 침공해 하주夏州(산시陝西성 징볜靖邊)까지 치고 들어갔다. 서위 문제는 사신을 보내 도대체 왜 자기 나라를 공격하는지 물었고, 가한은 이렇게 대답했다.

"한 나라에 두 명의 황후가 있을 수 없다. 늙은 황후가 이미 폐위되기는 했으나 여전히 복위를 도모할 가능성이 있다. 폐후를 죽이지 않으면 절대 철수하지 않겠다!"

전쟁에 '옳은 것인지 아닌지'를 따지는 것은 쓸데없는 일이었다. 중요한 것은 '복종하느냐 마느냐'에 있을 뿐이다. 서위의 문제는 결국 멀리 진주 맥적산麥積山에 사람을 보내 을불씨에게 독약을 마시고 자결하라는 명령을 내리는 수밖에 없었다. 을불씨는 황제가 보낸 조서를 받고 아름다운 머리를 깎은 뒤 방에 들어가 독약을 마시고 서서히 세상과 작별했으니, 그때 그녀의 나이 서른한 살이었다.

오늘날 중국 4대 석굴 중의 하나인 간쑤성 톈수이 맥적산석굴의 제43호 굴, 좁고 어두운 그 석굴에 죽어서도 눈을 감지 못했던 을불씨가 묻혀 있다. 깎아지른 듯 서 있는 맥적산 절벽에 걸린 계단 곁에는 석굴들이 벌집처럼 빽빽하게 뚫려 있다. 겉으로는 찬란해 보여도 석굴 안은 울다가 말라버린 역사의 눈동자처럼 어두움과 절망, 비애로 가득하다. 석굴을 개착한 때부터 천년의 세월 동안 끊이지 않고 이어져 내려온 바위 두드리는 소리는, 뜨거운 종교적 열정을 의미하는 소리인가 아니면 유장한 비가悲歌인가. 그도 아니면 한없이 이어지는 하소연인가, 희망 없는 기도인가. 맥적산 위를 떠도는 몽롱한 안개비는 을불씨의 원한일까, 푸른 하늘의 눈물일까.

어쨌든 을불씨는 죽었고, 유연 군대는 철수했다. 하지만 남을 해친 자는 결코 오래 살지 못하는 법, 이해에 유연 공주는 아이를 낳다가 난산으로

간쑤성 톈수이의 맥적산. 늘 가랑비가 내린다.

세상을 떠났다. 그때 그녀의 나이는 찬란한 이팔청춘, 열여섯이었다.

대통 12년(546), 서위는 유연과 연합해 동위를 공격했다. 동위의 권신 고환은 소식을 듣자마자 그들을 방어하기 위해 시작한 공사를 서두르는 한편 유연에 사신을 보내 맏아들 고징高澄을 위한 구혼을 했다. 하지만 유연 가한의 대답은 "고환에게 시집가는 것이 아니라면 보내지 않겠다!"라는 것이었다.

51세의 고환에게는 조강지처가 있었다. 고환은 차마 아내를 버릴 수 없었지만 아내인 누소군婁小君이 나서서 정실부인의 자리를 내놓겠다고 했다. 고환은 눈물을 흘리며 평생 처음으로 아내 앞에 무릎을 꿇었다.

마침내 유연 공주는 고환의 아내가 되었다. 유연의 사위가 되었으니 고환은 이제 두려울 것이 없었다. 9월에 고환은 친히 대군을 이끌고 서위가 지키고 있는 옥벽玉璧을 공격했다. 하지만 50여 일이 지나도 서위의 성은 여전히 함락되지 않았다. 심지어 고환의 군사 7만여 명이 병으로 죽어가고 있었다. 그러던 어느 날 밤, 유성 하나가 중병에 걸렸던 고환의 천막으로 떨어졌다. 고환은 눈물을 흘리면서 병사들의 마음을 안정시키고자 〈칙륵가勅勒歌〉를 불렀고, 실의에 빠진 채 철수할 수밖에 없었다.

다음 해 초, 고환은 세상을 떠났고, 유연 공주는 과부가 되었다. 과부가 된 유연 공주는 아직 젊었고 미모도 출중해 여전히 매력이 흘러 넘쳤다. 고환의 아들 고징은 유연의 풍속에 따라 그녀를 아내로 맞이하려 했고, 그 소식이 흘러나갔다. 외로운 등불 아래 잠 못 이루던 그녀 역시 짝을 찾지 못하고 있던 터라, 고징은 소원대로 미녀를 아내로 맞이했고 마침내 귀여운 딸을 낳았다.[22]

지붕 위의 산양

유연이 화친이라는 아름다운 꿈으로 재미를 보고 있을 때, 유연의 '단공鍛工(철공鐵工)' 노릇을 하던 돌궐이 강력하게 성장하고 있었다.

단공이라는 직업은 별것 아닌 것처럼 보이지만 우습게 봐서는 안 된다. 반란을 일으키든 패업을 이루든, 나무 몽둥이나 농기구만 갖고는 불가능하기 때문이다. 칼이나 창 등을 가리키는 이른바 '냉병기冷兵器(타격무기)'의 시대에 병장기가 얼마나 견고하고 날카로운가 하는 문제는 전세를 좌지우지하는 가장 큰 요소였다. 병장기의 우세에 힘입어 돌궐은 짧은 30년이라는 기간 동안 유연에서 독립해 고차를 점령했고, 금산(알타이산)에서 하투河套(오르도스) 이북에 이르는 거대한 지역을 점유했다.

대통 12년(546), 고차국의 잔여 세력이 유연을 기습 공격했을 때 돌궐한국의 지도자인 토문土門(부민 혹은 투멘)이 고차 세력을 물리쳐주었다. 전쟁이 끝나자 토문은 유연을 위해 공을 세웠다고 생각하면서 희망에 부풀었다. 그래서 대통 17년(551)에 유연에 구혼을 했다.

하지만 아나괴는 원래 자신의 부하였던 그를 우습게 여겼다. 그래서 토문의 코를 가리키면서 이렇게 말했다.

"너는 나의 단노[23]다. 단노 따위가 어찌 이런 요구를 한다는 말이냐?"

이 이야기를 읽다 보면 이솝우화에 나오는 〈지붕 위의 산양〉 이야기가 떠오른다. 지붕 위에서 풀을 먹던 산양이 사방으로 먹이를 찾아다니는 늑대를 비웃으니, 분노한 늑대가 지붕 위의 산양에게 말한다.

"지붕 위에 서서 말로만 잘난 척하지 말고 내려와 봐라. 우리가 같은 공간에 서 있기만 하다면 진정한 강자가 누구인지 알게 될 것이다. 너를 높은 곳에 있게 만든 것은 지붕일 뿐이지 너 스스로가 아님을 잊지 말아라!"

지붕 아래에 있던 늑대처럼 분노한 토문은 서위로 가서 구혼했고, 서위는 막 세력을 키우고 있는 '늑대왕'[24]을 자극하기 싫어 장락長樂공주를 그에게 시집보내겠다고 시원시원하게 대답했다.

다음 해, 늑대왕 토문은 먼저 '장인의 나라'인 서위에 중립을 지키겠다는 허락을 얻어냈다. 그런 후 유연과 막상막하의 세력을 겨루던 고차와 연합해 군대를 일으켜 유연을 습격했다.

오랫동안 적수를 찾지 못했던 '지붕 위의 산양' 아나괴는 과거의 부하둘이 사나운 늑대가 되어 그의 천막 앞에 나타나자 정신을 차릴 수가 없었다. 기병을 모아서 효과적인 저항을 해볼 틈도 없었다. 유연의 천막집이 뒤집어졌고, 병사들의 목이 날아갔으며, 부녀자들은 포로가 되었다. 무참한 패배를 당한 후, 유연 왕 아나괴는 자결했고 아나괴의 아들 암라진菴羅辰은 수하를 이끌고 북제에 투항했다.

암라진은 북제 문선제文宣帝에 의해 유연 가한(제20대)이 되어 마읍천馬邑川(산시山西성 쉬朔현 후이허恢河)에 거주하게 되었다. 서위 공제恭帝 원년(554), 유연은 군대를 일으켜 막북으로 철수했다. 얼마 후 다시 약탈을 하러 북제에 왔으나 암라진의 가하돈(카툰)과 3만여 명이 북제 군대에 잡혀 포로가 되었다. 가한만 유일하게 빠져나가 필마로 간신히 도망쳤다.

막북에 남아 있던 자들은 둘로 갈라졌다. 동부는 철벌鐵伐을 지도자로 삼았고, 서부는 아나괴가한의 숙부인 등숙자鄧叔子를 지도자로 세웠다.

갈라진 후의 유연은 물에 빠진 생쥐처럼 처량한 상황이었으니, 동부 유연은 돌궐의 진공을 막을 수 없어 북제에 귀순하고 말았다. 명분상으로는 여전히 '가한'이었지만 실질적으로는 북제에 속한 부족의 지도자에 불과했다. 서부 유연의 신세도 처량하긴 마찬가지였다. 이들은 이리저리 숨어야 했고 이곳저곳으로 유랑해야 했다. 그러다가 마침내 한 차례의 전쟁에서 돌궐 목간木杆가한(무한 카간)에게 궤멸당해 제21대 가한 욱구려郁久閭 등숙자가 수천 명을 이끌고 서위로 투항했다.

이치대로라면 서부 유연은 돌궐과 혼인관계가 있는 서위에 투항해서는 안 되었다. 그러나 폭풍우가 몰려오는데 항구를 골라서 피할 시간이 어디 있었겠는가? 일단 피하는 데 급급해 내린 결정이었으나, 그것은 좋은 선택이 아니었다. 돌궐 가한이 서위로 사신을 보내 등숙자를 내놓으라고 했고, 서위의 재상 우문태는 강대한 돌궐의 요구를 그대로 들어주는 수밖에 없었다. 서위 공제 2년(555), 손에 아무런 무기도 들지 않은 등숙자와 그의 무리 3천여 명이 장안성 청문靑門[25] 밖으로 나왔다. 그리고 돌궐 사신이 그들을 모조리 참살했다. 청문 밖 오래된 길가엔 피가 바다를 이루었고, 슬퍼하는 기러기 떼가 해를 가렸다.

이후 유연의 남은 부락들은 막북으로 흘러들어가 돌궐이나 거란에 병탄되었고, 나머지 또 하나의 잔여 세력은 선비에 귀부해 한인漢人 속으로 섞여 들어갔다. 과거, 오늘날 산시山西와 허난河南 지역에 살았던 여씨閭氏, 욱구려씨郁久閭氏, 여여씨茹茹氏, 여씨茹氏는 모두 유연의 후예다.

그래도 그물을 빠져나간 고기는 언제나 있는 법, 살아남은 자들이 암라

진가한의 영도 아래 서쪽으로 이주해갔다. 남은 햇살은 피처럼 붉게 타오르고 강인羌人의 피리 소리[26]는 사람의 목을 메이게 한다. 갈 곳 없는 자들의 처량함과 쓸쓸함을 안은 채, 황량한 사막의 옛길에 한 무리의 말들이 서서히 서쪽으로 이동하고 있었다.

유럽을 시끄럽게 하다

앞길은 아득하기만 한데, 그물에서 빠져나간 일단의 유연인은 어디로 갔을까? 세계지도를 펼쳐놓고 보면 인도·유러피안 계통의 여러 민족이 거주하는 서부 대초원과 몽골 인종이 거주하는 동부 대초원이 눈에 들어온다. 두 개의 초원은 한없이 이어진 알타이산맥과 톈산天山산맥을 기준으로 둘로 갈라진다. 분계선 서부는 비가 충분하게 내려 목초가 기름지고 풍부하며 소와 양이 무리를 이룬다. 그러나 분계선 동부는 기후가 건조해 말이나 양, 낙타만 기를 수 있을 뿐이다. 바로 이러한 지리 환경이 그토록 오랜 세월 동안 수많은 민족을 동쪽에서 서쪽으로 이동하게 만들었다.

돌궐(튀르크)[27]이 남하해 에프탈을 치는 틈을 타 아시아와 유럽의 경계에 머물고 있던 유목부락인 유연의 아바르족*[28]이 6세기 하반기에 흉노의 오랜 자취를 따라 서쪽으로 이주해왔다.** 이때의 유연이 과연 초기의 유연인지, 아니면 후기의 유연인지 확실하게 말할 수 없다.[29] 그것은 태양이 어떤 때엔 석양빛이 되기도 하고 또 어떤 때엔 떠오르는 해가 되기도 하는 것과 같다. 해가 서산으로 지면서 창백한 저녁 빛을 남길 때 다른 쪽에서는

---

* 중원인은 유연을 줄곧 '아발(阿拔)'이라고 불렀고 돌궐에서는 '아파르'라고 했으며, 유럽 사람들은 '오보르'라고 했다. 즉 아발, 아파르, 오보르는 모두 '아바르'의 발음을 음사한 단어다.

산꼭대기에서 떠오르는 해가 되어 눈부신 아침 햇살을 흩뿌리는 것과 마찬가지 이치다.

558년, 튀르크와 페르시아 군대가 에프탈을 멸망시켰다. 바로 그때 스스로를 '아바르족'이라고 부르는 사절단이 콘스탄티노폴리스(이스탄불)에 도착해 비잔티움에 동맹을 청했다.[30] 뒤이어 도착한 튀르크 사절단은 비잔티움제국이 자신들에게 패배했던 유연에 속하는 아바르족을 받아들인 것에 대해 항의했다. 그때서야 비잔티움은 정신이 번쩍 들었다. 그들은 둘 다 동방의 유목부락이었던 것이다. 비잔티움제국은 아바르족보다 강력했던 튀르크를 선택해야 했다.

비잔티움과 동맹을 맺으려던 계획이 좌절되자 아바르족은 다른 길을 개척했다. 560년 경, 난을 피해 도망친 이들은 남러시아 초원에서 흉노 아틸라의 후손인 쿠트리구르와 우티구르부를 쳐서 접수했다.

그 후 아바르족에게 그 유명한 바얀이 나타났다. 바얀칸은 567년에 게르만의 게피드인을 격퇴했고 고대 흉노 아틸라의 도성 부근에 왕국을 세웠다. 이때부터 강하고 용맹스러운 이 왕국이 점차 서방에 알려졌다. 그들은 이전의 흉노인과 마찬가지로 헝가리 평원을 기반으로 삼아 사면팔방으로 무시무시한 공격을 감행했다.

이 공격으로 인해 민족의 대이동이 일어났다. 이것이 유럽에서 아바르의 출현을 제2의 '황화黃禍'라고 부르는 이유다. 황화는 마치 도미노 현상 같은 결과를 가져왔다. 아바르족은 게르만족의 롬바르드인을 이탈리아로 몰아냈고 롬바르드인은 비잔티움인을 이탈리아반도(아펜니노반도)에서 쫓아냈으며, 그것은 로마제국을 회복하려는 유스티니아누스 1세(527~565)의 꿈을 깨버렸다. 아바르족은 슬라브인을 남쪽의 발칸반도로 밀어냈고,

** 勒內·格魯塞, 《草原帝國》, 商務印書館, 2005.

슬라브인은 이미 그곳에서 오랫동안 살아온 이리리아인과 다키아인[31]을 산악지대로 밀어냈다. 이때부터 발칸반도 북부에는 새로 진입한 슬라브인이 자리 잡았고, 쫓겨난 이리리아인과 다키아인은 이후 어떻게 되었는지 알 수 없다. 이들은 오랜 시간이 흐른 후 근대에 이르러서야 비로소 알바니아인과 루마니아인으로 다시 나타났다.

고전 문명이 중세기에서 과도기로 넘어가던 시절, 대부분 지역의 문명은 다행히 보존되었지만 서방만은 예외였다. 그리고 문명을 파괴했다는 그 죄는 언제나 '야만' 민족인 흉노, 게르만, 아바르, 불가르가 뒤집어써야 했다. 아이러니한 것은 바로 이들이 파괴한 덕분에 서방세계가 새로운 방향으로 나아가 신기술과 제도, 문명 등을 만들어내 근대로 접어들 수 있었다는 점이다. 이렇게 새롭게 형성된 문명은 근대에 이르자 정체되어 있던 다른 문명 지역을 뛰어넘어 놀라운 생명력을 보여주었다.

582년, 바얀칸은 비잔티움제국과 세력을 다퉜고, 한때 오늘날 베오그라드 지역과 당시의 미시아를 점령하기도 했다.

원래 높은 산의 정상에 서 있을 때 절벽 아래로 떨어질 가능성이 더 큰 법이다. 어느 날 도나우강 유역에 해를 가릴 정도로 수많은 깃발이 모였다. 비잔티움의 명장 프리스쿠스가 도나우강을 건너 제국의 심장인 헝가리로 치고 들어와 티서강 근처에서 바얀칸의 군대를 철저하게 패퇴시켰다. 601년, 프리스쿠스는 바얀칸의 네 아들을 죽였고, 그다음 해에 바얀칸은 분노와 수치감을 이기지 못한 채 세상을 떠났다.

비록 한 번 실패하긴 했으나 아바르족은 수많은 승리를 거둔 민족이었다. 이들은 결코 웅대한 마음을 버리지 않았다. 아바르족은 626년에 사산조 페르시아와 연합해 비잔티움제국의 수도 콘스탄티노폴리스를 공격했다. 이때의 비잔티움 문명은 비수대전(383)을 겪기 직전에 중화 문명이 처했던 것과 같은 상황이었다. 만일 이 유목부족이 기독교 세계의 중심이었

헝가리 부다페스트의 도나우강.

던 콘스탄티노폴리스를 함락했다면, 서방 문명은 과연 어떤 모습이 되었을지 상상하기는 쉽지 않다. 그러나 예상과 달리 비잔티움 해군은 바티칸 행정관 보누스의 지휘하에 페르시아 해군을 격퇴했다. 그리고 성을 사수하는 어려운 전투에서 탁월한 성과를 보여주었다. 게다가 비잔티움제국 황제는 군비를 조달하기 위해 성당의 금은 장식과 동상을 녹였다. 그것을 현금으로 만들어 군비를 충당했던 것이다. 비잔티움제국의 결사항전 의지에 놀랐기 때문인지, 아바르 칸은 공격에 실패한 채 헝가리로 철수했다. 서방은 중국의 '비수대전'에 비견될만한 대승리를 거두었던 것이다.

아바르 칸이 페르시아와 연합해서 콘스탄티노폴리스를 공략했으나 성과를 내지 못했다. 이는 아바르족의 날카로운 의지를 꺾었으며 결국 아바르 칸국은 나락으로 빠져들었다. 그러나 아바르족이 쇠약해진 것은 단순히 그 전쟁에서 패배했기 때문은 아니었다. 근본적인 원인은 이들이 말 위에서 전쟁을 하는 사람들이라는 점에 있었다. 아바르족은 말에서 내려 나라를 다스리는 것에 익숙하지 않았다. 이들은 칼과 활로 말하는 사람들이었다. 그러니 문화적인 면에서 피정복자를 동화시키는 방법을 몰랐다. 아바르에는 문자가 없었고 제도나 그 어떤 경제 정책도 없었다. 또한 격조 있는 건축물을 지을 줄도 몰랐다. 때로는 고정된 지역에 머물고 싶어 하지도 않았다. 유랑에 익숙한 민족이 쇠망해가는 것은 사실 이상한 일이 아니다.

이들에게 두각을 나타낼 수 있는 기회가 정말 없었던 것일까? 아바르족은 종말을 향해가는 것 같았다. 먼저 불가르인이 아바르족의 통제에서 벗어났다. 곧 크로아티아인이 도나우강과 사바강[32] 사이에 있는 비옥한 토지를 차지했고, 게르만의 카롤루스 대제(742~814)[33]가 마침내 이 유목민족을 끝장내는 역할을 맡았다. 791년 8월, 카롤루스는 친히 아바르 칸국을 공격했고 도나우강과 드라바강이 만나는 곳까지 쳐들어왔다. 후에 그의 아들 피핀이 두 차례 출정해 아바르족의 성을 무너뜨리고 이들을 정치 패권의 무대에서 밀어냈다.

하지만 불굴의 아바르족은 테오도르칸의 지도 아래 비옥한 도나우강 북부를 버리고 인구가 적었던 판노니아 서부로 갔다. 오늘날 아바르족은 겨우 60만 명 정도만 남아 있는데, 현재 타지키스탄과 아제르바이잔에 살고 있다.

중국 땅에서 유연은 매우 빨리 사라졌다. 지금 이들을 기억하는 사람들은 드물다. 이미 아주 모호하고도 아득해져버린 것이다. 사라진 구름이나 꿈처럼, 그 기억은 멀고도 아득하다. 그렇게 아련한 기억으로만 남아 있기에 오늘날 수많은 중국과 외국 학자들이 시간의 터널을 가로질러 끊임없이 고생해가며 연구 논저를 발표하는 것이다. 국적과 관점이 다양한 학자들이 지속적으로 논쟁하고 있지만, 모두가 의심하지 않는 사실이 하나 있다. 그것은 바로 유연의 뿌리가 고대 중국에 있다고 보는 것이다.

이렇게 유연이 힘을 잃어갈 무렵, 유연에 속했던 작은 부部가 아무런 예고 없이 굴기해 대승불교의 위대한 중심지였던 쿠샨 왕조를 멸망시켰다. 유럽인과 인도인은 그들을 '악훈(백흉노)'이라 불렀다.

제4장

백
흉
노

白
匈
奴

백흉노는 흉노인가?

많은 사람들이 알고 있듯, 백흉노는 흉노와 대월지大月氏의 '혼혈아'라고
한다. 그렇다면 백흉노를 그냥 흉노인이라고 불러도 괜찮지 않느냐고 말할
수도 있다. 흉노 남자 일부가 선비 여자와 혼인해 철불흉노가 나왔고, 선비
남자 중 일부가 흉노 여자와 혼인해 탁발선비가 탄생했으니 말이다. 물론
이러한 주장에 일리가 없는 것은 아니다.

하지만 백흉노를 부르는 호칭은 하나가 아니었다. 중국 학자는 이들을
줄곧 '엽달嚈噠'('강한 자', '용사'라는 뜻)이라고 불러왔고, 그리스 학자는
'압-톨리트Ap-tolits' 혹은 '에프탈라스Ephtalals', 페르시아와 아랍 학자는
'하이탈Haytal', '하이야탈스Hayatals', '헤탈Hethal', 비잔티움제국 학자는
'훈-헤프탈리테Hun-Hephtalites'[1]라고 불렀다. 인도와 유럽 학자들은 '악훈
Ak Hun'(하얀 흉노라는 뜻)이라고 불렀다. 오직 이들 자신만이 스스로를 '흉
노'라고 불렀다.

엽달(이하 에프탈)의 민족 구성에 대해 중국 역사서에서도 논쟁이 끊이
지 않았다. 차사車師의 별종*이라는 설도 있고 대월지의 분파라는 설**도

있는데,[2] 사실 이러한 논쟁은 별로 큰 의미가 없다. 우리는 그저 이들이 흉노와 대월지의 혼혈이라는 것만 정확하게 알면 된다.

그러나 유감스럽게도 언제부터 시작되었는지 정확하게 알 수가 없다. 일단 아무다리야강[3] 남쪽 200킬로미터 지점에 있던 활국滑國, 즉 고대 발저연성拔底延城(아프가니스탄 북동부 바다흐샨주의 파이자바드)에서 기원했다고 볼 수 있겠다. '활滑'이 에프탈을 가리키는 최초의 명칭이기 때문이다.

4세기 이전, 에프탈은 여전히 유연에 속한 힘없는 작은 부족이었다. 민족의 대이동이 일어난 370년 무렵, 두 번째 초원제국 유연 때문에 이들은 살던 곳에서 쫓겨나 기후가 따뜻한 남쪽으로 이동했다. 대월지가 서쪽으로 이동한 노선을 따라 소그디아나로 간 에프탈은 강력한 전투력에 기대어 중앙아시아 시르다리야강, 아무다리야강 사이에 있는 자라프샨 유역(즉 소그드 지역)[4]를 점령했다. 야성이 흘러넘치는 무사들 앞에서 대월지가 세운 그 유명한 쿠샨 왕조[5]는 어려운 상황을 맞았다. 425년, 쿠샨 왕조의 잔여 부락 키다리타는 의기소침해진 채 서쪽으로 갔고, 박트리아의 대월지 잔여 소국은 소탕되었다. 일찍이 한漢과 어깨를 나란히 했던 쿠샨 왕조는 이렇게 에프탈의 손에 사라졌다.

그것은 마치 쥐가 호랑이를 무는 것과도 같았다. 아무런 명성도 없었던 에프탈이 순식간에 유명해진 것이다. 이어서 박트리아를 기반으로 삼은 에프탈은 서쪽의 사산조 페르시아,[6] 남쪽의 인도 굽타 왕조로 동시에 진공했다. 그러다가 잠시 숨을 돌린 뒤, 유연이 쇠락해진 틈을 타서 군대를 보내 타림분지와 준가르분지를 공격했다. 그런 후 얼마 지나지 않아 소륵疏勒, 구자龜玆, 고묵姑墨, 구반句盤, 언기, 반반盤盤, 계빈罽賓, 고차, 우전于闐,

---

* 姚思廉,《梁書》〈滑國傳〉, 中華書局, 1973.

** 李延壽,《北史》, 中華書局, 1974.

주거파朱居波, 갈반타渴磐陀 등 오아시스 도시 국가를 차례대로 정복했다.

사산조 페르시아와 에프탈

에프탈은 정말 그렇게 무시무시한 왕조였을까? 사산조 페르시아는 그렇게까지 에프탈을 무서워할 이유가 없다고 생각했다. 그러다 보니 두 나라 사이에 전쟁이 자주 일어날 수밖에 없었다.

사산조 페르시아의 왕 바흐람 구르(재위 420~438)는 야생 나귀를 사냥하는 것을 매우 좋아했기에 별명도 '야생 나귀'였다. 그의 궁전은 보석으로 번쩍번쩍 치장되었으며 미녀들이 구름처럼 많았고 궁전 안의 길에는 나귀 가죽이 깔려 있었다. 이 이야기는 이내 강대해지기 시작한 에프탈에 전해졌다. 에프탈은 귀가 번쩍 뜨이는 이런 소식을 듣고 가만히 있을 수 없었고, 페르시아를 공격하기로 결정했다.

마침내 에프탈이 아무다리야강를 건너 호레즘에 도착했다. '야생 나귀'는 에프탈이 쳐들어온다는 소식을 듣고 자기가 야생 나귀를 사냥하러 나갔다는 소문을 퍼뜨렸다. 그리고 대낮에 사냥하러 나가는 척한 뒤, 밤이 되자 군대를 결집시켜 동쪽으로 진군해갔다. 아무런 방비도 하지 않고 있던 에프탈은 메뚜기 떼처럼 몰려오는 페르시아 군대에 포위되고 말았다. 결국 에프탈 왕의 목이 떨어졌고, 왕비는 '야생 나귀'의 포로가 되었다. 전쟁이 끝난 후 두 나라는 화친 조약을 맺어 박트라(아프가니스탄 발흐) 서쪽 400킬로미터 지점에 있는 탈레칸(이란 테헤란 서북쪽 135킬로미터 지점)을 두 나라의 경계로 삼았다.

하지만 유목민족은 생래적으로 패배를 인정하고 싶어 하지 않는다. 군대를 재정비한 에프탈은 페르시아와 다시 전쟁을 벌였다. 승부를 가릴 수 없는 두 나라 사이의 전쟁은 '야생 나귀'와 그의 계승자인 야즈데게르드 2세(재위 438~457) 때까지도 끝나지 않았다. 이뿐만 아니라 에프탈은 457년에 야즈데게르드 2세 아들들 사이의 왕위 쟁탈전에도 끼어들어 맏아들인 페로즈를 도와 그가 왕위를 차지하게 만들었다.

페로즈는 절대 굴복하지 않기로 유명한 국왕이다. 그는 굽히지 않는 성격으로 조상을 뛰어넘는 업적을 쌓았다. 480년, 스스로에게 비바람을 부를 수 있는 능력이 있다고 말한 페로즈는 자신을 도왔던 에프탈을 향해 진군했다. 그러나 불행하게도 페르시아는 에프탈에 패배했고, 에프탈은 배은망덕한 '소인배' 페로즈를 생포했다.

하지만 에프탈은 국면이 경색되는 것을 원치 않았다. 그래서 페로즈의 아들 카바드(488~531)를 인질로 잡는다는 전제를 걸고 페로즈를 귀국시키는 것에 동의했다. 물론 선택의 여지가 없었던 페로즈는 에프탈이 내건 조건을 수락했고, 충분한 배상금을 지불한 후 아들 카바드와 함께 자기 나라로 돌아올 수 있었다.

모욕을 당했다고 생각한 페로즈는 두 번이나 복수를 노렸다. 최후의 전쟁은 484년에 발생했는데, 그 전쟁에서 페로즈의 목이 날아갔을 뿐 아니라 페르시아 왕실 군대 역시 거의 궤멸당했다.

이 위대한 승리에 힘입어 에프탈은 국가를 세울 것임을 세계에 선포했고, 발저연성을 수도로 삼았다. 패배한 페르시아의 계승자였던 발라시(484~488)가 제일 먼저 축하하러 와서 기가 죽은 목소리로 스스로를 신하라고 칭하며 조공을 바쳤다. 에프탈은 자신들이 페르시아의 보호자라고 자처했으며, 사산조 페르시아의 내정에 사사건건 간섭했다. 후에 사산조 페르시아의 왕인 카바드가 쫓겨나더니 에프탈로 오게 해달라고 청했다. 에프탈 왕은 그를 받아들였을 뿐 아니라 자기 조카딸을 카바드에게 시집보냈다. 498년을 전후한 시기, 에프탈 왕은 군대를 보내 조카딸과 사위

카바드를 호위해 페르시아로 돌려보냈고, 카바드를 다시 페르시아 왕좌에 오르게 했다. 반란을 일으켜 카바드를 내쫓았던 발라시 왕은 운이 없다고 생각해야 했을 뿐, 감히 에프탈의 조치에 반대할 수 없었다.

인도까지 쳐들어가다

에프탈은 서쪽을 향해 진격하는 동시에 남쪽으로도 군대를 보내 향료와 보석으로 가득한 인도를 공격했다. 최전성기를 누리던 인도 굽타 왕조로서는 골치 아픈 일을 만난 셈이었다.

455년, 에프탈의 선봉부대가 아무다리야강을 건너 인도로 들어가 시알코트[7] 지역과 인도 동북부 말와 지역을 점령했다. 그리고 6세기 초에 인도 펀자브로 천도했다. 마침내 에프탈은 전성기에 이르렀고, 동방의 준가르와 타림분지, 서부의 사산조 페르시아, 남부의 인도 대부분 지역이 모두 이 거대한 유목민족의 발아래 엎드렸다.

에프탈의 침입을 잊을 수 없는 이유는 오랫동안 영향력을 미쳤기 때문이 아니라 그 행동이 난폭했기 때문이었다. 이들은 아틸라 수하의 훈노인과 마찬가지로 여전히 야만 상태에 있었다. 에프탈은 재물을 노략질했으며, 빼앗은 재물을 갖고 본거지로 돌아갔다. 능력이 가장 출중했던 에프탈의 지도자 미히라쿨라(515~545)는 '인도의 아틸라'라고 불렸다. 그는 인도인이 상서로운 존재로 여기는 코끼리를 높은 언덕에서 아래로 굴리며 코끼리가 고통스러워하는 모습을 보기 좋아했다고 한다.[8]

그에게 항복했던 인도 귀족들은 이러한 악행을 보면서 극도의 반감을 느꼈다. 528년, 결국 북인도의 왕공들이 연합해 외부에서 온 이 악한을 공격했다. 늑대 한 마리가 여러 마리의 사냥개를 당해낼 수는 없는 법이라,

에프탈 왕은 패배해 카슈미르로 도망쳤다.

이제 에프탈은 현상을 유지할 정도의 힘만 갖고 있었을 뿐, 반격할 여력은 없었다. 그나마 인도와 페르시아에는 대응이라도 할 수 있었지만, 생각지도 못한 일이 일어났다. 6세기 중반, 유연에 무기를 만들어주던 돌궐인이 빠르게 굴기해 고차와 연합해 서위西魏 폐제廢帝 원년(552)에 과거의 주인이었던 유연을 서쪽으로 몰아내고 드넓은 초원을 쇠로 만든 말발굽 아래 통일한 것이다.

북주北周 효민제孝閔帝 2년(558)부터 돌궐의 목간가한과 사산조 페르시아가 연합해 동쪽과 서쪽에서 에프탈을 협공했다. 사산조 페르시아와 인도가 양동작전을 하니 에프탈은 앞뒤에서 곤경을 겪었다. 이레 낮밤 동안 이어진 부하라 전투에서 에프탈은 철저하게 패배해, 호스로 1세가 모래밭에서 죽었다. 겨우 목숨을 부지한 에프탈인은 힌두쿠시산맥의 산속으로 들어가 프가니스라는 귀족에게 왕의 지위를 잇게 했고, 페르시아에 투항했다. 오늘날 아프가니스탄이라는 나라 이름이 바로 이 왕의 이름에서 유래한 것이다. 아프가니스탄은 '프가니스의 땅'[9]이라는 뜻이다.

그러나 악몽은 아직 끝나지 않았다. 북주 무제武帝 천화天和 2년(567), 목간가한은 숙부 실점밀室點密(이스테미I)에게 열 개의 부락을 이끌고 서쪽으로 진군해 아무다리야강 주변에 있던 에프탈의 오래된 근거지를 파괴했다. 이렇게 100여 년 세월동안 지속되던 에프탈은 처량한 포물선을 그으며 역사의 하늘가로 사라져갔다.

조로아스터교에 마음을 묶고

'배화교'라고도 불리는 천교祆敎는 중국에서 조로아스터교를 가리키는 호칭이다.

천교의 창시자인 조로아스터[10]는 아프가니스탄의 시스탄[11]에서 태어나 세계의 위인들이 탄생했던 기원전 6세기[12]에 살았다. 중국의 공자, 인도의 붓다 역시 같은 시대 인물이다. 그는 오아시스 농업 지역에서 태어났기에 끊임없이 침입해오는 유목민족에 태생적으로 반감을 느끼고 있었다. 그래서 '선善'(원주민인 농민을 가리킴)을 지키고 '악惡'(외래 유목민족을 가리킴)에 대항해야 한다는 의식을 가졌다. 깊은 사색을 거친 후 그는 선악 이원론을 바탕으로 하는 종교인 천교, 즉 조로아스터교를 창시했다.

조로아스터교는 서로 대립하는 두 신을 만들어냈다. '아후라 마즈다'는 최고의 선신이며 빛과 진리, 진솔함을 대표하는 태양의 신이다. 최고의 악신 '앙그라 마이뉴'는 이기적이고 교활하면서 권모술수에 능한 어둠과 밤의 신이다. 아후라 마즈다와 앙그라 마이뉴가 그 종교의 핵심을 이룬다. 두 신의 대립과 투쟁은 인간이 사는 세상도 두 개의 왕국으로 나눈다. 선과

산시山西성 타이위안太原시 산시성박물원 우훙묘虞弘墓 석곽.

진리의 왕국인 아르타,[13] 악과 거짓의 왕국인 드라우가가 바로 그것이다. 역사에 조로아스터교 신도들이 나타났을 때 그들은 이미 종교 의례와 승려(마기)제도를 갖추고 있었다. 조로아스터교는 불교처럼 불상을 모시지는 않았으나 사제와 사원, 성스러운 불이 끊임없이 타오르는 제단을 갖고 있었다. 이들은 시신을 매장하거나 화장하지 않았다. 사람이 죽으면 신의 뜻에 따라 그 시신을 하늘 가까운 곳에 두어 독수리로 하여금 천천히 쪼아 먹게 했다.

근처에 있는 쿠샨 왕조의 모든 백성이 불교를 믿었던 것과 달리 에프탈인이 도래하기 전의 사산조 페르시아 사람들은 조로아스터교를 국교로 삼았다. 그래서 그곳은 세계 조로아스터교의 중심이 되었다.[14] 조로아스터교 지도자의 위세는 국왕에 버금갈 정도였다. 고대 습속에 따르면 국왕은 신성하거나 반쯤 신성한 인물이었다. 그는 최고의 선신 아후라 마즈다와 특수한 관계에 있다고 여겨졌다.

그러나 폭풍처럼 일어난 한 종교의 움직임은 세계를 놀라게 했고 페르시아를 뒤흔들었다. 동방의 불교가 바로 그것이었다. 또한 1세기에 예루살렘에서 일어난 기독교가 강한 기세로 페르시아로 들어왔다. 이에 맞서 영명한 조로아스터교 사람들은 변혁을 도모했고, 새로운 두 개의 지파가 탄생했으니 미트라교(태양신교)와 마니교가 그것이다.

미트라교는 사실 조로아스터교 초기의 변종이다. 미트라교에서는 미트라를 빛의 신이라고 한다. 미트라는 아후라 마즈다가 변한 것으로, 마치 기적처럼 나타났다. 그것은 로마 폼페이우스 장군의 동방 원정 후인 1세기에 유럽으로 들어가 군인과 보통 시민이 가장 좋아하는 종교가 되었다. 그리하여 콘스탄티누스(272~337) 시대에도 조로아스터교는 여전히 기독교의 가장 강한 적수였다.

3세기에 일어난 마니교도 주의 깊게 볼 필요가 있다. 마니는 216년에 바빌로니아(오늘날 이라크) 남부에서 탄생했다. 어릴 때부터 가정에서 종교적 가르침을 받았는데 어느 날 갑자기 한 가지 관념이 그에게 계시를 주었다. 자신이 가장 투명한 '빛'을 얻었다는 것인데, 그 '빛'이 바로 모든 종교를 발생시키는 원동력이었다. 그때부터 마니는 자신의 교의를 퍼뜨리기 시작했고, 25세를 전후해 마니교(중국에서는 '명교明教'라고 한다)를 창시했다.

마니의 교의에는 실제로 여러 신이 뒤섞여 있다. 마니는 이전의 위대한 종교의 창시자들은 모두 옳았으며 모세·조로아스터·붓다·예수는 진정한 선각자였다고 보았다. 그의 책임은 선각자의 불완전하고 혼란스러운 가르침을 확실하게 정리해 마지막으로 완성하는 것이라고 생각했다. 그는 인간 삶의 온갖 혼돈과 모순을 빛과 어둠의 대립구도로 해석했다. 아후라 마즈다는 상제이며 앙그라 마이뉴는 사탄이다. 사람이 어떻게 창조되었는지, 왜 광명한 곳에서 암흑세계로 떨어졌는지, 빛과 어둠을 어떻게 구별하며 구원을 받을지, 예수는 이 기이한 종교적 혼돈 속에서 어떤 작용을 하는지 등에 대해 마니교는 원만한 대답을 낼 수 있는 교리가 있다고 여겼다.

마니는 이란을 오가면서 자신의 사상을 퍼뜨렸으며, 이 사상은 중앙아시아와 인도로 퍼져나갔다. 심지어는 높다란 산맥을 넘어 중국으로도 들어갔다. 회골回鶻인은 한때 마니교의 독실한 신도였으며, 명나라 때에는 주원장朱元璋의 믿음에 힘입어 '명교'라고 불렸다.[15]

270년을 전후해 마니는 추종자를 이끌고 사산조 페르시아로 돌아갔고, 페르시아 국교와 충돌을 일으켰다. 7년 후 페르시아 국왕은 마니를 사제들에게 내주었고, 사제들은 그를 십자가에 못 박아 죽인 뒤 잔인하게도 피부 껍질을 벗겨버렸다. 그들은 마니의 피부 껍질을 성문 위에 내걸어 오가는 사람들이 보도록 했다. 마니교의 신도들도 잔혹한 박해를 받았다. 그렇지만 마니교는 경교景教, 정통 조로아스터교와 함께 페르시아에서 수백 년동안 지속되었다.

425년 이후 쿠샨 왕조를 점령하고 사산조 페르시아를 점차 압박하던 에프탈은 원래 특별한 종교나 신앙이 없었다. 그런데 역사의 일반적 흐름에 따라 상층 유목민족은 피정복민족이 믿던 고도의 문화인 조로아스터교를 아주 빠르게 받아들였다. 에프탈이 왜 불교를 믿지 않고 조로아스터교를 믿었는지에 대해 간단하게 설명하기는 힘들다. 아마도 불교를 믿었던 쿠샨 왕조가 일찌감치 멸망했고 조로아스터교를 믿었던 사산조 페르시아가 여전히 존재했기 때문이 아닐까 추측할 뿐이다. 이 문제는 제12장에서 월지를 다루며 다시 자세하게 언급할 것이다.

어떤 이유에서든 에프탈인은 조로아스터교를 믿었고 불교를 억압하기 시작했다. 불교가 성행하던 아프가니스탄에서 이것은 엄청난 재앙이었다. 불교가 더 이상 왕실의 보호를 받지 못하자 전쟁과 약탈을 중요한 정치적 교류 형식으로 여겼던 에프탈인은 불교 사원의 금, 은, 보석, 금은으로 상감한 기물 등을 약탈했다. 또한 에프탈 왕은 전쟁에서의 큰 승리를 틈타 세계 불교문화의 중심이라 할 수 있는 간다라를 약탈하고 불을 질러 1,600여 개의 불교 건축물을 사라지게 했다.

그나마 에프탈이 통치하던 기간이 길지 않았고, 시간이 지나면서 통치역시 좀 느슨해졌다. 고전 예술을 사랑하는 현대인의 시각에서 보면 다행이었다고 할 수 있을 것이다.

어쩌면 돌아가는 길

에프탈은 사라졌으나 그 백성은 그들이 점령했던 인도에서 여전히 강한 생명을 이어갔다. 그중 가장 걸출했던 사람들은 백흉노의 순수한 후예라고 여겨졌던 라지푸트족이다. 인도 서북부의 라지푸타나 지역이 이들의 이름으로 명명한 곳이다. 라지푸트족은 태생적으로 전쟁을 좋아했던, 명실상부한 군사 귀족이었다. 그래서 인도 주류 사회에서 크샤트리아(무사 계층)로 흡수되어 인도 36개 귀족 가문으로 들어가 힌두교의 독실한 신도가 되었다. 이들의 후예는 대부분 사막 지방인 라자스탄에 거주한다.

라지푸트족의 역사는 평범치 않은 의미를 보여준다. 이는 인도가 수세기에 걸친 전쟁과 침입을 겪었음에도 근본적인 변화가 일어나지 않은 이유를 설명하는 데 도움을 준다. 침략자는 당시 한참 성행하던 카스트제도에 동화되었다. 조금 더 정확하게 말하자면 침략자도 인도 문명에 동화되었다는 것이다. 그래서 중국과 마찬가지로 인도는 전쟁 후에 다시 역사 발전의 과정 속으로 들어갔다. 고전 시기에 형성된 문명에 약간의 변화가 있긴 해도 근본적으로 변화한 것은 아니었던 것이다.

중국 북방과 인도 북방은 같았다. 모두가 야만족에 광적으로 약탈당했다. 그러나 각자 고전 시기에 형성된 독특한 문명을 지켜냈다. 그래서 1세기에 살았던 중국인이 만약 5세기에 다시 살아난다고 해도 자유롭고 만족스러운 생활을 할 것이 분명하다. 5세기의 당이 1세기의 한과 상당히 비슷하다고 느낄 것이고, 예전 언어를 사용할 수 있을 것이며 또한 여전히 비단옷을 입고 유학을 숭상할 것이다. 마찬가지로 1세기에 살았던 인도 사람이 10세기에 부활한다고 해도 분명 낯설지 않다고 생각할 것이다. 사람들은 그의 말을 알아들을 것이며, 그가 입고 있는 복장은 유행에 그리 뒤떨어지지 않았을 것이다. 과거의 힌두교도 여전히 유행하고 있을 것이다.

그러나 같은 시기의 서방은 그리 운이 좋지 못했다. 흉노, 게르만, 아바르족이 번갈아가며 충격을 주는 바람에 서방 고전 문명은 이미 제 모습을 잃은 상태였다. 만일 1세기의 로마인이 천 년 후의 유럽에 다시 태어난다면 그곳은 온통 게르만족으로 뒤덮여 있을 것이고, 게르만어와 로만어가 라틴어를 대신하고 있을 것이다. 고대 로마의 신은 사라지고 기독교의 신으로 뒤덮여 있을 것이다.

서방 문명은 이처럼 유감스럽게도 소멸되어갔으나 뜻밖의 일이 일어났다. 일찍이 발생했던 기술혁명에 장애가 사라졌던 것이다. 그래서 서방은 아무런 구속도 받지 않고 새로운 방향으로 나아갔으며, 중세에 접어들면서 새로운 기술과 제도, 관념, 문명이 발전하기 시작했다. 그리고 근대에 이르자 초기의 농업 문명이 유목 문화에 승리를 거두었던 것처럼, 이 새로운 문명은 유럽 이외의 지역, 특히 '정체된 문명'을 지닌 다른 문명을 앞서 나갔고, 거대한 우월함과 비범하고 충격적인 힘을 보여주었다.

고전 문명을 견고하게 지속해온 인도, 중국, 비잔티움, 페르시아의 경우는 달랐다. 사회가 상대적으로 안정되었고 인구도 번성했으나, 계속되는 반복과 인습의 계승 속에서 고전 문명이라는 무거운 짐은 오히려 후손들을 시대에 뒤떨어지게 만들었다. 이것은 누구나 다 알고 있는 사실이다. '수천 년 동안 한 번도 끊어진 적이 없이 이어지는 문명사'를 우리 민족이 갖고 있다고 신나게 떠들어대는 사람들은 이런 사실을 돌아보며 좀 더 깊이 생각해보아야 할 것이다.

하늘을 가로질러 가는 유성처럼 백흉노는 아득한 하늘 저 멀리로 사라졌다. 중앙아시아의 이 거인을 무너뜨린 것은 유럽과 아시아가 연결되는 곳에서 지금도 여전히 빛나고 있는 별, 즉 '튀르크(돌궐突厥)'였다.

제5장

돌궐

突厥

돌궐의 기원은 어디인가

돌궐은 서위西魏 대통大統 8년(542)에야 역사에 등장한다. 돌궐의 기원은 매우 복잡하다. 《북사北史》에서는 돌궐의 발원지가 함해咸海, 즉 아랄해라고 하며, 《주서周書》[1]에서는 원래 막북 색국索國에서 나왔다고 한다. 당나라 때 단성식段成式은 돌궐의 발상지가 해동海東 아사나굴阿史德窟이라고 했으며,[2] 《수서隋書》[3]에서는 이들을 평량잡호平凉雜胡라고 기록했다.

말하자면 우리 앞에는 엉킨 실타래 한 덩어리가 놓여 있다고 할 수 있다. 역사적 사건 사이에는 언제나 어떤 연관성이 존재한다. 그 연관성이 항상 두드러지지 않지만 일단 관련이 있다는 것이 드러나기만 하면 '잘라도 잘라지지 않고 다듬어도 다시 흐트러지던'[4] 실마리가 확실해지면서, 무협소설의 경맥처럼 모든 것이 순식간에 다 통하게 되곤 한다.

이런 생각의 길을 따라가다 보면 놀랍게도 고대 문헌에 기록된 네 가지 주장이 모두 일리가 있다는 것을 알게 된다. 돌궐의 조상들은 서로 다른 시기, 서로 다른 지역에서 활동했던 것이다. 이 문제를 이렇게 생각해보아도 좋겠다. 돌궐은 아랄해 주변의 스키타이인(사카)에서 유래했다. 기원전

4세기 무렵, 알렉산드로스 대왕의 원정군에 밀려서 일부 스키타이인이 동쪽으로 와 막북으로 갔고, 초원에서 흉노 북부에 위치한 색국(호게呼揭)을 세웠다. 호게는 흉노에게 두 번 정복당했지만 그때마다 다시 일어났다. 진대晉代에 이르러 스키타이인이 세운 색국이 사라지고 그중 일부가 후대의 돌궐족이 된 것이다.

색국의 후예는 숫자가 많지는 않았는데, 최초의 지도자는 '아사나阿史那', 즉 '아시나(암늑대라는 뜻)'[5]라고 불렸다. 이들은 오랜 세월 동안 살을 엘 정도로 추울 뿐만 아니라 늑대가 출몰하기도 하는 시베리아 예니세이강 상류에서 유목을 했다. 천막에서 살았고 가축의 고기와 말 젖을 먹었으며, 무력을 숭상했고, 전쟁터에서 죽는 것을 영광으로 여겼다. 그들은 늑대를 토템으로 삼는 유목부락이었다. 아사나 사람들은 눈이 쑥 들어가고 코가 높으며 수염이 많은 코카서스 인종이었다. 동쪽으로 이주해온 후에 여러 차례에 걸쳐 잡호雜胡와 융합되었으나, 돌궐한국突厥汗國(튀르크 칸국)[6]을 세웠을 때에도 여전히 푸른 눈에 붉은 얼굴로 대표되는 코카서스 인종 고유의 특징을 간직하고 있었다. 역사서에는 목간가한(무한 카간)의 모습을 묘사할 때 '얼굴이 붉고 눈이 유리 같았으며 비단으로 긴 머리를 질끈 묶은 표범의 형상을 한 거구의 사나이'였다고 기록하고 있다.

후에 아사나 씨족은 막북에서 평량으로 이주해왔는데, 이것이 바로 역사서에서 말하는 평량잡호다. 평량으로 오기 전에 흉노에 귀속되었기 때문에 '흉노의 별종'이라고도 했다. 북위 태무제 태연太延 5년(439), 평량은 태무제에게 습격당해 패배했고 아사나 씨족은 북량의 저거씨를 따라 서쪽으로 대막을 지나 오늘날 신장위구르자치구 동부에 있는 선선과 고창 일대로 갔다. 북위 문성제文成帝 화평和平 원년(460), 유연한국柔然汗國이 북량의 잔여 세력인 저거씨를 멸망시켰고, 아사나 씨족은 어쩔 수 없이 밀려서 고창의 북산北山(신장위구르자치구 투르판 보그드산)으로 이주했다.

알타이산의 겨울.

그곳은 따뜻한 봄날과 시원한 여름, 아름다운 가을과 고요한 겨울이 있어서 힘을 기르기에는 아주 적절한 곳이었다. 아사나 씨족은 그곳에서 유목을 하며 야철冶鐵 기술을 배웠다. 당시 고창 지역을 차지하고 있던 고차는 물산이 넉넉한 오아시스 지역만 관리하기에도 버거웠던 상황이었던지라, 산지에 있는 아사나 부락에는 신경 쓸 겨를이 없었다.

하지만 세상에는 원래 낙원이란 없는 법이다. 북위 효명제孝明帝 희평熙平 원년(517), 유연이 고차를 멸망시키더니 유유자적하게 살아가던 아사나 부락을 북산에서 쫓아냈다. 유연은 아사나 부락의 지도자 아현설阿賢設[7]과 그에 소속된 500호戶를 금산金山(알타이산)[8] 남쪽 기슭으로 보내 유연을 위해 무기를 만드는 '단노鍛奴'로 삼았다. 알타이산의 형태가 고대의 투구 같았기에 '돌궐'('두무兜鍪'라고도 함, 달단어韃靼語로 '용감하다'는 뜻)[9]이라 불렸다. 아사나부는 이때부터 돌궐이라 불리게 되었다.

초원의 꿈

씨앗 하나가 땅을 뚫고 올라오려면 적당한 토양뿐 아니라 충분한 수분과 햇볕이 있어야 한다. 북위 태화太和 11년(487)부터 유연과 고차는 서로 싸우기 시작했고 마침내 둘 다 힘이 많이 빠졌다. 이것은 돌궐에 힘을 기를 수 있는 기회와 자유롭게 발전해나갈 수 있는 틈을 주었다. 북위 효명제 정광正光 원년(520), 유연 내부에 균열이 발생했을 때 돌궐이 그 틈을 타서 슬그머니 독립했고, 선진 장비를 갖춘 군대를 조직했다.

'기술자' 출신의 돌궐인은 농민 계층보다 높은 규율을 지녔을 뿐 아니라 다른 계급을 뛰어넘는 지혜를 가졌다. 영토를 확장해나갈 때 돌궐은 흉노나 유연처럼 그저 튼튼한 근육과 피비린내 나는 살육에만 의지하지 않고 무력과 외교, 교화라는 세 가지 수단을 모두 사용했다. 가장 대단한 것은, 피정복자와 혈연관계를 맺기만 하면 자신들이 정복한 땅을 영구히 유지할 수 있다는 사실을 알고 있었다는 점이다.

그래서 돌궐은 먼저 자기들과 생김새가 비슷한 고차(즉 철륵)을 목표로 삼았다. 서위 대통大統 12년(546), 돌궐의 걸출한 지도자였던 토문土門(부민 혹은 투멘)[10]은 군대를 이끌고 동쪽으로 가 고차를 정벌해 5만여 호에 달하는 고차 백성을 거둬들였다. 그런 후에 고차 백성들에게 종교 부흥이라는 유혹적 비전을 보여주었다. 이 소식을 듣고 외부로 도망쳤던 고차 부락 사람들이 잇달아 돌궐에 귀부했다. 이렇게 해 낯선 땅에서 고단하게 생활했던 돌궐은 금세 방대한 부락 연맹으로 변했다.

이어서 돌궐은 초원의 패주인 유연을 겨냥했다. 혼인 연맹을 통해 서위의 중립을 얻어낸 후[11] 서위 폐제廢帝 원년(552), 고차와 연합해 유연을 서쪽으로 몰아냈고, 마침내 몽골 초원을 수중에 넣었다. 토문은 자칭 이리伊利가한('국가의 왕'이라는 뜻), 즉 '일 카간'이라 칭하며 돌궐한국의 깃발을 내걸었다.

진정한 영웅에게는 깊은 비극적 분위기가 감돈다. 씨앗을 뿌리기만 하고 수확에는 참여하지 못하는 것이다. 돌궐한국이 세워진 다음 해, 돌궐의 영웅 토문은 자신의 권리가 가져다줄 영예와 즐거움을 누리지도 못한 채, 자신의 꿈꾸는 영혼이 떠돌던 초원을 영원히 떠났다.

진정으로 토문의 유지를 계승한 인물은 그의 뒤를 이은 과라科羅(콜로 카간)가 아니라 과라가 죽은 후에 그의 뒤를 이은 토문의 또 다른 아들, 목간가한(재위 553~572) 연도燕都였다. 영명했던 목간가한은 북쪽으로 계골契骨(키르기스)을 병탄했고 동쪽으로 거란과 해인奚人을 쫓아냈으며 서쪽의 엽달(에프탈)에 두 차례나 승리를 거두었다. 그는 비범한 위세로 새외塞外 각 민족을 귀속시켰다. 북주北周 천화天和 2년(567), 그는 숙부 실점밀(이스테미 야브구, 재위 552~575)[12]에게 부탁해 열 개 부락을 이끌고 서쪽을 정벌하게 했다. 원정군은 파죽지세로 서쪽을 향해 나아갔고, 그 결과 페르시아와 에프탈이 사라졌다. 이때 돌궐은 흉노의 강역보다 더 광대한 한국汗國(칸국)을 건설했다. 동쪽으로 요해遼海 이서以西부터 서쪽으로 서해西海(이해里海, 즉 카스피해) 만 리, 남쪽으로 사막 이북, 북쪽으로 북해(바이칼호)에 이르는, 무려 5천 리에 달하는 광대한 지역을 차지한 것이다. 돌궐의 총본부이자 가한의 천막인 아장牙帳(오르두)은 오르콘강 근처의 우도금于都金(외투켄)산[13]에 세워졌다.[14]

더욱 대단한 것은 돌궐한국에 문자가 있었다는 사실이다. 돌궐 문자는 중국 유목민족이 만든 최초의 문자다. 문자가 인간관계에서 필수불가결한 요소임을 당시 돌궐 통치 계층이 이미 알고 있었던 것으로 보인다. 더하여 문자 창제는 민족 독립과 확장 과정에 거대하고도 깊은 영향을 미쳤다는 점에서 의미가 깊었다. 이는 돌궐도 짐작하지 못했던 의외의 성과였다. 돌궐 문자가 생김으로써 돌궐이 통치하는 지역에 거주하는 각 민족 간의 경계가 점차 모호해졌으며, 돌궐어를 말하는 많은 다른 민족(특히 회흘인回紇人)도 스스로를 '돌궐 사람(튀르크인)'이라고 칭했다. 이처럼 자신의 문화가 있기 때문에 이후 돌궐인이 다른 곳으로 유랑을 떠나도 영원히 사라지지 않고 지금까지 이어져 내려온 것이다.

돌궐에서는 말과 여인이 가장 귀한 자원이었다. 돌궐한국의 형법은 반란을 일으킨 자, 살인을 저지른 자, 다른 사람의 아내를 간음한 자, 말을 훔친 자를 사형에 처했다. 혼인하지 않은 여자를 간음하면 중벌에 처했으며 재물로 배상하게 했다. 그리고 그 여자를 아내로 맞이해야 했다. 다른 사람의 눈을 멀게 하면 자기 딸을 다친 사람에게 주어야 했고, 딸이 없을 경우 자기 재물로 다친 사람의 아내를 구하도록 했다. 사실 이것은 그리 이상한 일이 아니다. 유목민족에게 말은 생산과 관련된 생존의 수단이었으며, 여인은 초원의 인구를 늘리는 기본 바탕이었기 때문이다.

목간가한의 숙부 실점밀은 원정에서 승리한 정복지에서 스스로 서면西面가한(타르두시 카간)이 되었다. 하나의 하늘에 두 개의 해가 뜨는 국면이 조성된 것이다. 실점밀은 서면가한의 영예로운 호칭을 아들인 달두達斗(타르두)에게 전해주었고, 목간가한은 돌궐 가한의 정통이라는 호칭을 친아들이 아닌 사발략沙鉢略가한(이시바라 카간, 재위 581~587)[15]에게 물려주었다. 한국은 이미 통제 불능의 상황이었다. 얼마 지나지 않아 달두가한은 목간가한의 아들인 아파阿波가한(아파 카간), 탐한貪汗가한과 연합해[16] 사발략에게 도전했고, 수 문제 개황開皇 3년(583)에 서돌궐한국을 세웠음을 선포했다. 돌궐은 동서 두 개의 돌궐로 분열, 결국 두 개의 국가가 되어버렸다.

돌궐 분열의 최대 수혜자는 새로 일어난 수 왕조였다. 수 왕조는 원교근공遠交近攻 정책과 강한 자를 멀리하고 약한 자와 화친한다는 정책을 취해 이간책을 썼다. 양견(재위 581~604)은 안의安義공주를 소小가한의 하나인 돌리突利가한(후에 계민啓民가한으로 이름을 바꿈)에게 시집보냈다. 그렇게 대大가한과 다른 소가한들에 대항하려 한 것이다. 그래서 동돌궐 가한의 정치적 통일은 완전히 수포로 돌아갔다. 동시에 동돌궐이 와해되지 않도록 하는 계책을 세워 달두가한이 두 개의 한국을 통일할 수 있게 했다.

수 왕조가 추진한 이간책의 결과, 가한들은 서로 싸우느라 수 왕조가 국경을 소란케 하는 것을 막을 틈이 없었다.

원한의 씨앗을 뿌리다

20여 년 후, 수 양제가 즉위함에 따라 동돌궐의 집안싸움도 일단락되었다. 이때 동돌궐은 거란·실위·토욕혼·고창을 차지했고, 말을 타고 전쟁터에 나가는 병사의 수가 엄청나게 많아졌다. 이들이 보기에 중원은 이제 두려운 존재가 아니었다.

돌궐 때문에 첫 번째로 쓴맛을 본 사람은 수 양제였다. 대업大業 11년 (615) 수 양제가 새북塞北을 순시할 때 시필始畢가한(사발략의 손자, 시피 카간, 재위 609~619)이 이끄는 동돌궐 군대에 의해 거의 포로가 될 뻔했다. 다행히 돌궐로 시집간 의성義成공주가 먼저 사신을 보내 돌궐의 계책을 알려준 덕분에 수 양제는 돌궐의 대군이 밀려오기 전, 급히 빠져나가 안문관으로 도망칠 수 있었다. 하지만 돌궐의 군대는 재빠르게 안문관을 포위했고, 수 양제의 군대는 놀라서 어쩔 줄 몰랐다. 양제가 할 수 있는 일은 아들을 끌어안고 우는 것밖에 없었는데, 얼마나 울었는지 눈이 퉁퉁 부을 정도였다. 동돌궐 군대에 그렇게 포위당해 있기를 한 달여, 부근의 자사刺史가 급히 달려와 왕을 구해낸 덕분에 겨우 곤경에서 벗어날 수 있었다. 그 후 자신감을 잃고 의기소침해진 양제는 장안을 떠나 남쪽에 있는 강도江都로 내려가 피폐해진 몸과 마음을 쉬고 있었다. 그러나 3년이 지난 후 우둔위

右屯衛장군 우문화급宇文化及에 의해 목욕탕에서 목이 졸려 죽고 말았다.

당의 개국 황제인 이연도 늘 돌궐을 두려워했다. 이연이 태원太原에서 거사할 때 사마司馬 유문정劉文靜을 시필가한에게 보내 구원을 요청해 전마 1천 필과 기병 2천 기를 얻어냈다. 이연은 선비의 혈통을 일부 물려받았기에 당나라를 세운 후 동돌궐에게 뇌물로 많은 재물을 주지 않을 수 없었다. 심지어 돌궐의 내습을 피해 장안을 불태워버리고 양등襄鄧으로 천도할 계획도 고려했다. 사람을 보내 그곳의 지형을 살펴보기까지 했던 것이다. 물론 아들인 이세민의 극력 반대에 부딪혀 그 계획이 실행되지는 않았다. 이연이 재위하던 기간에 중국에 왔던 동돌궐 상인과 사신은 마치 양우리에 들어온 호랑이처럼 사람을 죽이고 겁탈하는 등 악행을 일삼았다. 한 나라의 지존으로서 이연은 분노를 감출 수 없었지만, 감히 그들에게 문제를 제기할 수도 없는 상황이었다.

당 고조 무덕武德 9년(626), 태종 이세민이 황제의 자리를 탈취한 지 몇

산시성陝西省 바오지寶鷄에서 간쑤성 톈수이로 가는 길에서 바라본 위수.

주 지나지 않아 수 왕조 최후의 반란자였던 양사도梁師都가 동돌궐의 품으로 들어갔고, 현무문玄武門의 변變 때에 피살된 두 동생의 부하들도 움직이려 하고 있었다. 이 틈을 동돌궐이 놓칠 리 없었다. 일찍부터 확장의 야심을 품고 있었던 힐리頡利가한(계민가한의 아들, 일릭 카간, 재위620~630)과 조카인 돌리突利가한(시필가한의 아들, 틸리스 카간)이 10만 대군을 이끌고 남하했다. 태종 이세민의 형 이건성李建成의 부장이었던 나예羅藝가 당시 경주涇州를 지키고 있었는데, 그는 잠시 방어하는 척 하다가 병사를 철수시키고 퇴각해버렸다. 돌궐 기병은 가뿐하게 오늘날의 산시성陝西省까지 진입했고, 장안과 20킬로미터 거리의 위수渭水까지 왔다.

그 당시 당의 군사력은 아직 동돌궐에 대항할 정도가 아니었다. 방법은 외교의 기술을 발휘하는 것뿐이었다. 외교 무대에서 장안은 최후 방어선이었고, 그 무대의 주인공은 바로 태종이었다. 그는 해변가 깎아지른 절벽에 선 듯, 산속 깊은 연못에 가라앉은 듯 절박한 느낌으로 외교 무대에 나섰다. 그날 태종은 기병 여섯 기만 데리고 위수로 나갔다. 태종은 강을 사이에 두고 힐리가한에게 왜 남쪽으로 내려와 당을 침범했느냐고 물었다. 힐리가한은 태종이 사람을 적게 데리고 나왔는데도 태연자약한 것을 보고, 이미 전쟁 준비를 다해놓았다고 여겨 화친을 제의했다. 그래서 쌍방은 위수에 설치한 임시 다리 위에서 백마를 죽여 맹약을 맺었다. 당은 돌궐에 황금과 비단을 주기로 했고, 돌궐은 군대를 거두어 돌아가기로 했다.

이것이 바로 당 태종이 훗날까지 두고두고 마음에 걸려 했던 '위수의 맹약渭水之盟'이다. 위기를 넘기는 지혜를 발휘했지만, 군인 출신이었던 당 태종에게 이것은 그리 자랑할 만한 일은 아니었던 것이다.

보복의 기회를 얻다

그런데 당이 돌궐에 보복을 할 수 있는 기회가 뜻하지 않게 빨리 찾아왔다. '위수의 맹약'을 맺은 지 얼마 지나지 않아 동돌궐 내부에 난이 일어났다. 게다가 눈이 많이 내리는 바람에 기근까지 들었다.

당 왕조는 설연타薛延陀(타르두스)의 지도자 이남夷南(이난)을 진주비가眞珠毗伽가한(빌게 카간)으로 책봉하고, 중원에서 많은 곡식을 재빠르게 가져다가 그들을 지원했다. 기근에 시달리던 돌궐 사람들은 앞다퉈 비가가한에게로 몰려왔고, 힐리가한은 당 태종 정관貞觀 3년(629)에 자신이 당 왕조의 번속藩屬이라고 공개적으로 선포하기에 이르렀다.

하지만 당 태종은 그런 소식을 전혀 들은 척도 하지 않았다. 이미 자신이 승기를 쥐었다고 생각했기 때문이었다. 태종은 상승常勝 장군 이정李靖과 이적李勣에게 10만 대군을 주고 정양定襄(오늘날 내몽골 허린거얼和林格爾 북쪽)에서 출격하도록 했다. 이들은 정관 4년(630), 음산에서 동동궐을 대파하고, 동돌궐 권력과 위엄의 상징인 힐리가한의 천막을 뽑아버렸다. 상황이 급해지자 힐리가한은 소가한인 아사나소니실阿史那蘇尼失에게 갔다. 그러나 소니실은 이미 당 왕조로 기울어져 있었다. 힐리가한이 도착하자마자 소니실은 그를 잡아 당나라 군대에 바쳤다. 그리고 돌리가한도 곧바로 무리를 이끌고 투항했다.

당 태종의 명령에 따라 힐리가한은 장안으로 압송되었다. 당 태종은 힐리가한의 면전에서 죄상을 하나하나 꼽으며 그를 난감하게 만들었다. 힐리가한은 아무 말도 하지 못한 채 가만히 입 다물고 있어야 했다. 그러면서도 태종은 그에게 농토와 집을 주고 작위를 내려 귀한 손님처럼 대접했다.

나폴레옹이 키가 작아 발끝을 세우고 걸어 다녔다는 이야기를 들어본 사람이라면 힐리가한의 가슴 속에 가득 차 있었을 상실감과 쓸쓸한 비애를 이해할 수 있을 것이다. 힐리가한은 늘 태종을 위해 춤을 추며 흥을 돋우었지만 혼자 있을 때에는 어쩔 수 없이 마음이 아파지곤 했다. 장안을 떠날 수 없는 정치적 인질이 되어, 적막함과 무료함 속에 남은 생애를 보내야 했던 것이다.

돌궐이 힘을 잃어갈 무렵, 당시 주변의 약소국들은 자신이 의탁할 수 있는 새로운 나라를 찾아야 했는데, 그것은 당연히 당 왕조였다. 정관 4년(630), 서북 각 부족의 우두머리들이 장안으로 태종을 배알하러 와 태종에게 '천天가한(텡그리 카간)'의 호칭을 받아줄 것을 청했다.

'천가한'은 실체가 있는 존재가 아니라 그저 하나의 호칭에 불과했다. 하지만 그 호칭은 만물을 주재하는 제왕의 위엄을 담고, 세상 만방의 중심이라는 의미를 지녔다. 즉 '정통'이라는 것을 의미했으며, 여러 나라 사이에 일어나는 갈등을 중재할 수 있는 권력과 위세가 있음을 뜻하기도 했다. 또한 초원과 중원에서 가장 강대한 세력이 바뀌었음을 나타내는 표지이기도 했다. 사람들은 그것이 초원제국의 종말과 중원 왕조 시대의 개막을 알리는 표징이라고 말했다.[17]

사실 그들이 말하는 '종말'이나 '개막' 같은 것은 없었다. 단지 둘러쳐진 성의 대문만 있을 뿐이었다. 그 대문에서 불세출의 영웅이었던 힐리가한과 이세민이 서로 바라보고 웃으며 어깨를 스치며 지나갔던 것이다.

그런데 둘러쳐진 성 안에서 오래 살다 보면 승리에 도취되어 머리가 흐려지기 마련인데, 영명했던 군주 태종도 예외가 아니었다.[18] 그는 돌궐 사람들의 천성이 쉽게 굴복하지 않는다는 것을 알면서도 많은 대신들이 반대하는 것을 무릅쓰고 10만 명의 돌궐 사람들을 오늘날 허베이성에서부터 산시성에 이르는 당의 국경지대에 머물게 했다. 그리고 돌리가한을 순주順州 도독都督으로, 아사나소니실을 북영주北寧州 도독으로, 힐리가한의 부장 아사나사마阿史那思摩를 북개주北開州 도독으로 삼았으며, 거의 1만 명에 달하는 돌궐 사람들을 수도인 장안에 머물게 했다. 하지만 몇 해가 지나자 돌발적인 사건 하나가 일어났는데, 그 사건은 대신들의 걱정이 비겁한 자들의 기우가 아니었음을 증명했다.

정관 15년(641), 장안에 살고 있던 사납고 거친 돌궐의 공자公子들이 궁전의 담을 뛰어넘어 이세민을 해치려는 사건이 일어났다. 미수에 그쳤지만, 이 사건을 겪은 태종은 돌궐 사람들을 고향으로 돌려보내야겠다고 생각했다. 이때부터 돌궐은 막남에, 설연타는 막북에 각각 거주했다.

당 현종 이융기李隆基 천보天寶 4년(745)을 전후한 시기, 서로 치고받으며 무정부상태로 접어들었던 돌궐은 부하였던 회흘(위구르)부部와 갈라록葛邏祿(카를루크)부部에 패배했다.[19] 회흘인은 돌궐 백미白眉가한(포미 카간)의 머리를 베어 당 왕조에 바쳤으며, 돌궐의 내란에 직접적 책임이 있었던 또 다른 가한의 아내가 무리를 이끌고 현종에게 투항했다. '동돌궐제국'이라는 이름은 이때부터 중국 땅에서 사라져버렸다.

싸우지도 않았는데 자중지란이 일어나다

개국한 지 얼마 안 된 당 왕조가 동돌궐과 싸우는 동안 서돌궐은 서방 경략에 힘을 기울였고, 그 나름대로 수확도 있었다. 당 태종이 동돌궐을 멸망시킬 즈음, 서돌궐은 이미 많은 사람을 놀랍게 만들었다. 통엽호統葉護가한(톤 야브구, 재위 618~630)의 통치 아래 서돌궐은 이미 남쪽으로는 카슈미르, 북쪽으로는 알타이산, 서쪽으로는 사산조 페르시아까지 영역을 확장하고 있었다.

당시 많은 사람들은 '천가한' 당 태종을 정말로 하늘이 돕고 있다고 믿었다. 당 태종이 서돌궐을 향해 눈빛을 한번 날리기만 하면 서돌궐과 싸우지 않아도 내부에서 난이 일어난다는 것이다. 연달아 일어나는 일이 이런 믿음을 더욱 강하게 해주었다. 정관 4년(630), 통엽호는 그가 속했던 부락에 살해당했고, 서돌궐은 이식쿨호와 일리강伊犁河를 따라 두 개의 대립된 집단으로 분열해 각각 서부의 노실필弩失畢(누시피)과 동부의 도륙都陸[20]이 되었다. 이런 상황에서 당 태종은 중국의 전통적인 '이이제이' 정책을 시행하고, 이를 통해 어부지리를 거둘 수 있었다.

물론 나중에는 도륙이 실력으로 모든 한국汗國을 통일했지만 서돌궐에서 두각을 나타낼 가능성이 있는 모든 부락에는 이미 반란의 씨앗이 뿌려져 있었다. 정관 16년, 몇 개 부部의 우두머리들이 도륙의 통치에 불만을 품고 장안으로 사신을 파견해 지도자를 따로 뽑아달라고 부탁했다. 그 기회를 틈타 태종은 을비사궤乙毗射匱 가한(이피사귀 카간, 재위 642~651)을 새로 책봉했다. 그러자 얼마 지나지 않아 대부분의 부락이 새로운 가한에게 투항했고, 도륙은 결국 토화라국吐火羅國(토하리스탄)[21]으로 도망쳤다.

드넓은 서역의 하늘에 밝고 둥근 달이 외롭게 걸렸다. 그 달빛은 오아시스 도시들을 보석처럼 빛나게 밝혀주고 있었다. 적수가 사라진 을비사궤 가한은 기쁨에 겨워 당으로 사신을 보내 청혼을 하면서 타림분지의 오아시스 다섯 개를 예물로 바치겠다고 했다.

한편 도륙이 물러난 후 그의 수하에 있던 용감한 장수 아사나하로阿史那賀魯(재위 651~657)가 중원으로 도망쳐 농우隴右 모주某州의 도독이 되었다. 그러나 하로는 당 태종이 죽었다는 소식을 들은 후 즉시 태도를 바꿨다. 물고기를 잡고 나서 통발을 버리고, 다리를 건너고 나서 다리를 치워버리듯, 자신을 받아준 당 왕조를 배신하고 부하들을 모아 서쪽으로 가 을비사궤의 영지에 침입했던 것이다. 그는 을비사궤를 밀어내고 스스로를 사발라沙鉢羅 가한(샤폴루 카간)이라고 선포한 후 서돌궐제국을 다시 통일했다. 그리고 파미르고원으로 진출해 페르시아와 국경을 맞대는 광활한 지

신장위구르자치구 타슈쿠르간 석두성石頭城에서 바라본 파미르고원의 모습.

역을 장악했다.

당의 군대라면 자기 손바닥 보듯 잘 알고 있다고 생각했던 하로는 여러 차례에 걸쳐 국경을 침범했다. 성격이 온화했던 당 고종高宗조차 더는 참지 못하고 군대를 파견했다. 승부를 가리기 어려운 전쟁이 여러 해에 걸쳐 벌어졌다. 그러다가 소정방蘇定方 장군이 당 고종 이치李治 현경顯慶 2년(657)에 이식쿨호 대전에서 마침내 서돌궐에 대승을 거두었고, 사발라는 아랄해 동남쪽에 있던 석국石國(우즈베키스탄 타슈켄트)으로 물러났다. 하지만 담이 작고 겁이 많았던 석국 사람들은 이를 갈고 있는 당 군사들에게 사발라를 내주고 말았다.

밤이 되자 당의 음산한 감옥엔 정적이 감돌았다. 차가운 달빛 한 줄기가 창문 틈으로 비집고 들어와 죽은 듯 잿빛 얼굴을 하고 있는 서돌궐 가한을 비췄다. 그는 실의에 빠져 있었다. 한없는 후회를 하는 것 같기도 했다. 그는 밤새도록 잠 못 이루고 뒤척이며 새벽을 맞이했다.

다음 날 포로가 된 사발라는 은혜를 베푼 당 태종을 볼 면목이 없으니, 자기를 죽여 당 태종의 무덤인 소릉昭陵에 순장해달라고 했다. 자비로웠던 당 고종은 그 말을 듣자 사발라를 용서해주었다.

'가짜' 당 왕조, 후당

사타沙陀[22]돌궐은 서돌궐의 한 분파다. 당 헌종憲宗 이순李純 원화元和 3년(808), 당 왕조는 이들을 염주鹽州(산시성陝西省 딩볜定邊)에 거주하게 했다. 사타 지도자 주사적심朱邪赤心은 당 왕조의 조정에서 이씨 성을 받아 이국창李國昌으로 개명했다. 이국창의 아들 이극용李克用은 황소 반란군을 진압하는 데 공을 세워 진왕晉王으로 봉해졌다.[23] 이렇게 얻은 왕위는 사타돌궐이 중원에서 각축한다는 것을 알려주는 나팔소리가 되었다.

이때 당 왕조는 이름만 남은 상태였고 번진藩鎭의 세력이 갈수록 커졌다. 천하가 어지럽고 공정한 도리를 찾기 어려운 시절에는 강한 힘을 가진 장수들이 모든 것을 주재한다. 전쟁터에서 오랜 시간을 보낸 용감무쌍한 돌궐 사람은 바로 이런 시대의 영웅이었다. 한 눈이 작아서 별명이 '외눈박이 용'이었던 이극용은 무력에 기대어 하동河東에 근거지를 세운 다음, 당 왕조에 투항한 황소 반란군의 장수 주온朱溫과 어깨를 나란히 했다. 두 사람은 대당제국 최후 20년 동안 서로 끊임없이 싸우면서 함께 전쟁과 대란의 역사를 써내려갔다.

주온이 양梁 왕조(역사에서는 '후량後梁'이라고 함)를 세우던 때, 하동의 이극용과 유주幽州의 유인공劉仁恭은 여전히 북방에서 할거하고 있었다. 당 왕조에 충성을 다하던 이극용은 거란 지도자 야율아보기와 의형제를 맺었고, 반란을 일으킨 주온을 적당한 시기에 함께 공격하기로 약속했다. 후에 야율아보기는 주온의 세력이 커진 것을 보고 몰래 그와 맹약을 맺었다. 이극용은 벽력같이 화를 내다가 몸에 종기가 생겨 쓰러졌다. 임종할 때, 그는 아들 이존욱李存勖을 침대 머리로 불러 말했다.

"나에겐 원수가 셋 있다. 주온은 당을 배신했으니 나의 첫 번째 원수이고, 유인공은 내가 뽑아준 인물인데도 후에 주온에게 투항했다. 야율아보기는 나와 의형제의 관계를 맺었음에도 몰래 맹약을 어겼다. 이 세 명을 없애지 않으면 나는 죽어도 눈을 감지 못한다."

이어 그는 떨리는 두 손으로 세 개의 화살을 아들에게 주며 말했다.

"이 세 개의 화살을 너에게 남긴다. 세 명의 원수를 기억해라. 아비를 위해 반드시 복수를 해다오, 반드시!"

이존욱은 눈물을 머금고 세 개의 화살을 받았다. 아버지의 부탁을 깊이 기억하며 오랫동안 꿇어앉아 일어나지 않았다. 질풍노도와 같이 내달리던 아버지가 영원히 눈을 감는 그 순간까지 그는 자리를 지켰다.

아버지의 뒤를 이어 진왕이 된 이존욱은 군기를 바로 잡자고 결심했고, 군기가 느슨했던 사타의 사병들은 얼마 지나지 않아 천하무적의 군대로 다시 태어났다. 그는 세 개의 화살을 집안의 사당에 정중하게 모셔두었다. 그리고 출정 전에 언제나 화살을 사당에서 꺼내 몸에 지녔다. 부적과 같은 그 세 개의 화살은 그에게 한없는 힘과 끝없는 지혜를 주었다. 전쟁을 할 때마다 그는 세심하게 책략을 세우고 선봉에 섰다. 미친 듯 진군하는 사타 군단은 사람들의 간담을 서늘하게 만들기 시작했다.

결과는 예측대로였다. 여러 차례의 격렬한 힘겨루기를 거쳐 주온의 50만 대군은 궤멸되었고, 주온은 분노하며 세상을 떠났다. 이제 사당의 첫 번째 화살은 부러뜨려도 되었다. 이어서 이존욱은 다시 힘을 내 유주를 공략했고, 은혜를 배신한 유인공과 그 아들 유수광劉守光을 사로잡았다. 그들을 태원으로 데리고 와 참수하니, 아버지의 두 번째 화살 역시 부러뜨려도 되었다. 이제 남은 원수는 야율아보기뿐이었다. 야율아보기가 스스로 황제를 선포한 지 5년이 지난 어느 날, 이존욱은 최후의 화살을 들고 비밀리에 거란으로 가 야율아보기를 쫓아내 아버지의 유언을 달성했다.

후량의 마지막 황제 주우정朱友貞 용덕龍德 2년(922), 이존욱은 위주魏州에서 당 왕조의 계승자라고 자칭하며 대당大唐을 건국했다. 이것을 역사에서는 '후당後唐'이라고 한다. 하지만 후당이 세워진 것을 보면서도 사람들은 의심했다. 과연 후당은 계속 발전할 수 있을 것인가?

어떤 목표를 추구하다가 실패했다면 그것을 추구하던 힘이 약했다는 것을 보여주는 것이니, 힘의 한계를 노출할 수밖에 없다. 또한 성공했을지라도 저지당하는 일이 발생한다면 그것은 추구하던 힘이 얕았다는 것을 보여주는 것이니, 목표의 한계를 드러낼 수밖에 없다. 마침내 성공해 공명을 이루었다고 생각한 이존욱은 깊은 궁궐에 파묻혀 연극에 심취했다. 그는 얼굴에 분장을 한 배우와 환관만을 신임했다. 이존욱의 아내 유옥낭劉玉娘 역시 내부로부터의 몰락을 더욱 악화시켰다. 그녀는 인생에서 가장 큰 즐거움이 바로 돈뿐이라는 듯, 목숨 걸고 돈을 긁어모았다.

마침 중원 땅에 큰 가뭄이 들어 몇 년째 전쟁 중인 병사들이 먹을 식량이 없었다. 전쟁터에 남편과 자식을 내보낸 아내와 부모들은 들판으로 나가 풀뿌리라도 캐 배고픔을 면해야 했고, 캐다가 쓰러져 죽는 일이 비일비재했다. 그러나 이존욱 부부는 이런 상황을 조금도 개의치 않았다. 아무일 없다는 듯 여전히 사냥을 즐기면서, 황제라는 고귀한 자리에 앉아 있을수 있는 것이 장군과 병사들의 충성 덕분임을 완전히 잊은 것 같았다. 재상들은 사태가 심각한 것을 깨닫고, 궁전 안에 산더미처럼 쌓인 금은보화와 비단 등을 풀어 장군과 병사들의 가족 입에 풀칠이라도 할 수 있도록해주자고 건의했다. 국고가 충족해지거든 원래대로 채워놓으면 되지 않겠느냐는 것이었다. 그러나 황후 유옥낭은 건의를 듣자마자 진노해 세 명의 황자皇子에게 은으로 만든 대야 두 개를 들고 재상들에게 말하게 했다.

"궁 안에 남은 것은 이것들뿐이다. 이것들을 팔아서 군량미에 보태라."

재상들은 어이가 없어서 할 말을 잃었다. 그런 저급한 수단으로는 내부의 비판을 막을 수 있어도 적들의 주먹을 막을 수는 없었다. 후당 장종莊宗 이존욱 동광同光 4년(926), 어떤 환관이 원정군 총사령관인 곽숭도郭崇韜가 모반을 일으켰다고 무고했다. 황후 유옥낭은 아무런 조사도 하지 않은 채 곽숭도를 죽여버렸다. 이 사건으로 인해 이극용의 양자인 대장 이사원李嗣源은 업도鄴都(허베이성 다밍大名)에서 정말로 난을 일으켰다.

이존욱은 친히 반란군을 진압하러 출정했다. 그러나 이미 마음이 상할 대로 상한 군인들은 대군이 이동하는 틈을 타 앞다퉈 반군의 행렬로 들어가 버렸다. 이존욱은 가는 길에 수시로 말에서 내려 병사들과 악수하고 어깨를 두드려 주었으며, 자신이 한 말을 곧 행동으로 옮겼고, 군사들에게 상을 내리기도 했다. 그러나 후량과 전쟁할 때 효과를 거두었던 이런 조치는 더는 효력이 없었다. 병사들은 대놓고 말했다.

"부모와 아내가 이미 다 굶어 죽었다. 이따위 상을 받은들 무슨 소용이란 말인가?"

결국 병란이 발생했다. 병란을 주도한 인물은 이존욱이 가장 신뢰하던 배우 곽종겸郭從謙이었다. 그때 마침 궁전에서 아침을 먹고 있던 이존욱은 날아오는 화살에 맞았다. 낙양을 공격해온 이사원이 잿더미 속에서 시신의 일부를 겨우 찾아내 묻어주었다.

남편이 죽자 아내 유옥낭은 몰래 빠져나와 낙양에서 태원까지 도망쳐 우거진 숲 속에 자리 잡은 비구니 암자로 숨어들었다. 엄청난 재물들을 챙겨 보따리 두 개로 만들어 갖고 도망쳤는데, 어쩌면 그 재물이 재앙을 불러왔는지도 모른다. 후당의 새로운 황제인 이사원은 사람을 보내 그녀를 쫓았고, 그녀가 갖고 도망친 금은보화를 모조리 몰수했다. 결국 유옥낭은 비구니 암자의 목어木魚 옆에 숨어 있다가 끌려나와 목이 잘렸다.

그 뒤로 후당은 다시 이사원, 이종후李從厚, 이종가李從珂 세 명의 황제를 거쳤다. 겨우 14년 동안 존속했지만 어쨌든 실력으로 천하를 도모했고, 주온이 창업한 후량을 멸망시키기도 했다. 후당은 뒤이어 나타난 후진後晉에 비하면 그나마 강한 나라였다.

아들 황제

후진의 개국 황제는 거구의 사타 장군 석경당石敬瑭이었다. 젊은 시절, 그는 신체가 강건했고 말을 탄 채로도 활을 잘 쏘았으며 매사에 침착했다. 그래서 후당의 명제明帝 이사원이 그를 매우 아껴 사위로 삼았다.

하지만 명제가 죽은 후 봉강대리封疆大吏로 하동河東을 지키던 석경당은 황제의 총애를 잃었다. 스스로 황제가 되고 싶은 야심이 있었으나 힘이 모자라 고민했던 석경당은 이제 이해득실을 따져보기 시작했다. 계산이 끝나자, 그는 땅을 나눠주고 칭신하는 것을 조건으로 초원의 패주인 거란에 도움을 청했다. 후당 마지막 황제 이종가 청태淸泰 3년(936) 천고마비의 계절에 거란 왕 야율덕광耶律德光은 친히 기병 5만을 거느리고 양무곡揚武谷에서 남하해 석경당의 군대와 함께 무시무시한 세력을 형성했다. 그들은 후당 군대를 격파했고, 마침내 태원이 석경당의 수중에 떨어졌다.

저녁 무렵, 등불의 불빛 아래 추악한 역사극이 막을 열었다. 마흔네 살의 석경당은 신하들을 거느리고 "아들 신하가 아버지 황제를 배알한다"라고 말하며 서른세 살밖에 되지 않은 야율덕광의 발아래에 엎드렸다. 예를 마치자 두 사람은 정중하게 손을 맞잡고 성으로 들어갔다.

거란으로 돌아간 야율덕광은 다시 책봉문을 보내 석경당을 대진大晉(후진) 황제에 봉했다. 어느 맑은 날, 석경당은 거란식으로 옷을 차려입고 태원의 북문 버드나무 숲에 임시로 세워놓은 토대 위로 씩씩하게 걸어 올라가 성대한 즉위식을 거행했으며, 신하들은 열렬하게 축하했다. 정식으로 후진의 개국 황제가 된 석경당은 연호를 '천복天福'으로 바꿨다.

얼마 지나지 않아 석경당의 군대는 낙양을 공격해 함락했고, 후당의 마지막 황제 이종가는 "하늘에서 명을 받았으니 영원히 창성하라(受命於天, 旣壽永昌)"라는 글귀가 새겨진 전국傳國 옥새를 다른 모든 보물과 함께 적성루摘星樓(광무루光武樓) 위에 쌓아놓았다. 그리고 아내와 딸을 데리고 누각에 올라 스스로 분신하며 '옥석구분玉石俱焚'²⁴의 비가悲歌를 연주했다. 이렇게 후진後晉 역시 중원 통일의 대업을 이루었다.

원래 약속대로라면 석경당은 유운십육주幽雲十六州²⁵를 거란에 바치고, 해마다 아버지 황제에게 30만 냥의 황금과 비단 등의 공물을 바쳐야 했다. 석경당은 유운십육주와 자신의 명성을 잃는 대신 원래 자기 것이 아니었던 드넓은 국토와 황제의 존엄을 얻었다. 황제의 존엄은 일상생활의 모든 면에서 나타났다. 끊임없이 올라오는 상주문을 그는 제멋대로 비준했고, 수많은 비빈과 태감과 신하 들이 그의 곁에서 시중을 들었다. 여기저기서 바쳐온 아름다운 마차를 타고 순시하러 다닐 수 있었을 뿐 아니라, 헤아릴 수 없이 많은 산해진미를 맛볼 수 있었다. 그를 위해 만들어지는 거대한 능묘에는 이후 장중한 의식과 함께 그의 시신이 안장될 것이었다.

역사적으로 '아들 황제'는 그리 드문 것은 아니었다. 그러나 대부분은 어리석을 뿐이었지 석경당처럼 고귀함과 비천함, 연약함과 잔혹함을 한 몸에 지닌 인물은 아니었다. 순한 양 같은 동시에 사나운 호랑이 같은 존재, 황제이면서 동시에 노예이기도 한 이런 인물은 보기 힘들었다. 하지만 사실 석경당의 상황은 그다지 좋지 않았다. 스스로 '아들 황제'가 되어 '아버지 황제'를 받들어야 했던 그는 압박감 때문인지 7년 후에 죽고 말았다.

중국의 역사책을 뒤져 보아도 석경당처럼 품격이 모자라고 일을 음험하게 처리하며, 후안무치하고 이름에서 조차 악취가 진동할 것 같은 경우는 정말 찾아보기 힘들다. 이런 점 때문에 석경당의 뒤를 이어 즉위한 조카[26] 석중귀石重貴(914~964)의 체면은 말이 아니었다. 이에 그는 여러 신하에게 거란에 죄를 짓지 않으면서도 후진의 명성을 되살릴 수 있는 묘책을 생각해보라고 했다. 얼마 지나지 않아 경연광景延廣(892~947)[27]이라는 대신이 참으로 웃기는 건의를 했다. 거란에게 자신들을 '손자'라고만 칭하고 '신하'라고 칭하지 말자는 것이었다. 말하자면 '손자'가 '아들'보다는 한 급 아래이니, 더 이상은 '아들 신하'가 아니라는 것이고, 이제는 요遼에 신속臣屬하지 않는다는 의미였다.

역사에서 이런 코미디는 보기 드물다. 어쩌면 그런 생각을 해낼 수 있는지, 후진의 황제와 신하들이 짜낸 이 기발한 사유에 '진심으로 경의를' 표하지 않을 수 없다. 하지만 '눈 가리고 아웅' 하는 식의 이 호칭은 거란이 후진를 멸망시키는 결정적 이유가 되어버렸다. 후진 출제出帝 석중귀 개운開運 4년(947), 거란 군대가 대거 남하해 후진의 도성인 개봉을 함락했고, 후진제국은 겨우 11년 만에 자신들을 있게 한 은인의 손에 끝장나고 말았다. 체면을 살려보려던 가련한 석중귀는 은혜를 저버린 자가 되어 멀리 건주建州로 보내져 스스로의 손으로 농사를 짓고 살아야 하는 농부가 되고 말았다.

두 개의 '한' 왕조를 다시 만들다

사타돌궐의 이야기는 아직 끝나지 않았다. 개봉이 포위되었을 때, 수중에 5만 병력을 장악하고 있었던 하동절도사河東節度使 유지운劉知運은 상황을 수수방관하고 있었다.

거란 군대가 개봉을 점령한 후, 양식을 확보하고 말을 기른다는 명분 아래 사방에서 자행한 약탈은 중원 민중의 일치된 저항을 불러일으켰다. 거란에 귀부한 후진의 번진들도 겉으로는 복종하는 척했지만 속으로는 반항하고 있었다. 야율덕광은 북쪽으로 군대를 철수할 수밖에 없었고, 중원 땅에는 일시적인 권력의 공백 상태가 조성되었다.

이때 수수방관하던 유지운이 소매를 걷어 올리고 나서기 시작했다. 후진 개운 4년(947) 2월, 그는 스스로를 진제晉帝라고 칭했다. 5월에는 진주晉州에서부터 남하해 섬주陝州를 끼고 동진하니, 낙양과 개봉이 앞다퉈 항복했다. 6월에는 나라 이름을 개봉에서 '한漢'으로 바꾸었다. 유씨 성의 한 왕조를 계승했다는 의미다. 역사서에서는 이를 '후한後漢'이라 부른다.

후한 고조 유지운 건우乾祐 원년(948), 아직 채 봄이 오지도 않았을 무렵 유지운이 갑자기 세상을 떠났다. 막 달리기 시작한 후한이라는 자동차의 핸들은 열여덟 살밖에 되지 않은 아들 유승우劉承祐에게 넘어갔다. 하지만 황제의 나이가 너무 어려 대신 몇 명이 국정을 결정하게 되었다. 유승우는 대권에 누수가 생긴 것이 못마땅했지만 아직 모든 세력을 균형 있게 통제할 수 있는 능력이 없었다. 그렇게 3년이 지났을 때, 그는 마침내 무력을 사용하기로 결정했다.

먼저 재상을 포함한 세 명의 고명대신顧命大臣이 아침 조회에 들다가 피살되었다. 그 후 유승우는 외곽에서 군대를 이끌고 있던 동평장사同平章史 곽위郭威를 죽이라는 밀지를 내렸다. 그 소식이 새나가면서 곽위는 대군을 모아 기세등등하게 개봉을 향해 진격했다. 나이 어린 황제가 군대를 독려했지만, 용맹스러운 곽위를 당해낼 수는 없었다. 황제는 결국 개봉의 북쪽 교외에서 부하에게 피살되었다.

개봉으로 들어온 후 곽위는 멀리 서주徐州에 있던 유빈劉贇(유지운의 동생 유숭劉崇의 아들)을 황제로 옹립한다고 선포했다. 마침 이때 거란인이 변경을 침범하는 바람에 곽위는 군사를 이끌고 북쪽으로 전쟁을 하러 나갔다. 그런데 북쪽으로 간 곽위의 군단은 단주澶州에 도착하자 그 자리에서 멈추었다. 병사들은 곽위가 황제 자리에 오르지 않으면 더는 진격할 수 없다고 했다. 이 상황은 후에 송 태조 조광윤이 황제가 되는 상황과 매우 흡사하다. 결과적으로 곽위는 '어쩔 수 없이' 황제의 깃발을 올렸고, 대군을 정비해 개봉으로 돌아왔다. 951년 1월, 곽위가 황제가 되어 국호를 '주周'라 했으니, 이것이 바로 '후주後周'다.

본래 태상황이 되려고 했던 후한의 하동절도사 유숭은 후주가 건립되었다는 소식을 듣고 분기탱천했다. 그는 즉시 진양晉陽에서 황제 자리에 올랐고, 국호를 여전히 '한漢'이라 했다. 유숭이 점유하던 지역이 하동 11주에 불과했기에 역사서에서는 이를 가리켜 '북한北漢'이라고 한다.

세력이 약했던 유숭은 석경당을 따라하기로 결정했다. 즉 거란의 힘을 빌려 후주에 대항하고자 한 것이다. 얼마 지나지 않아 요는 그를 '대한신무황제大漢神武皇帝'에 봉했다. 또 하나의 '아들 황제'가 중국 역사에 탄생한 것이다.

그 후 대를 이어가면서 후주와 사사건건 부딪치던 북한은 유숭부터 아들 유승균劉承鈞에 이르러, 다시 외손 겸 양자인 유계은劉繼恩, 유계원劉繼元에 이르러 마침내 후주를 넘어뜨렸지만 결국엔 북송에 패배한다.

송 태종 태평흥국太平興國 4년(979) 초, 송 군대가 진양을 포위하자, "영원히 부귀를 보장하겠다"는 보장을 받은 후, 유계원이 성에서 나와 투항했다. 그 후 송은 그를 팽성군공彭城郡公, 우위상장군右衛上將軍, 가개부의동삼사加開府儀同三司, 보강군절도사保康軍節度史로 봉했다. 유계원은 거란에 투항했던 석경당보다는 운이 좋았다.

불가리아의 내력

동방이 전쟁에 휩싸여 있던 시절, 서방에도 급박한 말발굽 소리가 울렸다.

　백인종이 주도적 지위를 차지했던 유럽의 중심부에 강인하고 사나운 동방의 기병이 갑자기 들이닥쳤고, 온 유럽은 즉각 공포에 휩싸였다. 생김새든 전법이든, 이들은 그 옛날 유럽을 마구 휘젓고 다녔던 흉노인과 다를 바 없었기 때문이다. 유럽인은 놀라서 소리쳤다.

　"아틸라의 악몽이 이제 막 지나갔는데 다시 흉노인이 왔다!"

　물론 이들은 흉노인이 아니었다. 바로 중앙아시아 돌궐(튀르크)의 일파였다. 이 일파가 626년에 유럽으로 흘러들어 가면서 이제 야성과 멀어진 아바르인이 만들어놓았던 장애물을 깨버리고 쿠반강과 아조프해 사이에 '대大불가리아'를 세웠다. 이제 이들은 '고古불가리아인'[28]이라고 불렸다.

　당시 유럽의 주인이었던 비잔티움제국(동로마제국)의 입장에서 보자면 이들은 복부에 박힌 못과 같은 존재였다. 못은 뽑아버려야 하는 법이라, 비잔티움은 신생 불가리아 토벌을 감행했다. 이 싸움은 공평하지 못했다. 한쪽은 너무 강대했고 다른 한쪽은 너무 약했기 때문이다. 그러나 전쟁 방식의 차이가 전쟁의 저울을 한쪽으로 기울게 했다. 비잔티움은 정규군이었다. 이들은 유럽 교과서에 나오는 정규적인 전법, 즉 방형 행렬로 행진하는 방법을 채택했다. 반면에 불가리아는 게릴라였다. 이들은 동방 유목민족의 전형적 전법을 이용했다. 소리도, 흔적도 없이 순식간에 나타났다가 사라지는 방식이었다. 이 전법 앞에서 비잔티움인은 상대 주력군을 도저히 찾을 수가 없었다. 잠시 숨을 돌리려고 하면 상대방은 질풍처럼 나타나곤 했다. 시간이 지날수록 비잔티움 정규군은 견딜 수 없을 정도의 피로감을 느꼈다. 이쪽을 막으면 저쪽에서 치고 들어오는 바람에 리듬감을 잃은 비잔티움인은 결국 후퇴했고, 승리자는 그 승리를 틈타 오늘날 불가리아 동북부로 들어왔다.

이후 고불가리아의 이웃이 슬라브인으로 바뀌었다. 비잔티움의 위협에 직면했다는 공동 운명이 둘을 연합하게 만들었고, 담판을 거쳐 680년에 하나의 공동 국가를 탄생시켰다. 도성은 플리스카(불가리아 슈멘주 플리스카)[29]에 세웠다. 국가의 지도자가 불가리아 지도자였던 아스파루흐[30]였고 상층 관원이 대부분 고불가리아인이었기에 국명은 결국 '불가리아'로 확정되었다.

그러나 시간이 지날수록 슬라브인들의 수적인 우세가 점차 드러났다. 게다가 그들은 경제와 문화적 측면에서 유목민족보다 우위를 점했다. 그래서 건국할 때만 해도 기세등등했던 고불가리아인은 점차 슬라브인에 동화되었다. 오늘날 불가리아는 불가리아인이라는 명칭을 보존하면서 동시에 슬라브인의 풍격을 간직하고 있으니, 공평하다고 하겠다.

오스만 술탄

서돌궐이 당 고종에게 정복당한 후, 걸출하게 두각을 나타내는 지도자가 없었던 부락들이 천하를 떠돌기 시작했다. 이들은 모험을 하면 반드시 성과가 있다는 것을 알았다. 따라서 생명을 건 도박을 시작했고, 상상하지도 못했던 많은 것들을 얻게 되었다.

대략 11세기에서 13세기에 이르는 시기, 서돌궐의 한 지파가 지도자인 에르투그룰의 인도 아래 넓고 풍족한 땅 소아시아(아나톨리아)로 들어왔다. 그리고 셀주크인이 세운 룸 술탄국에 귀부했다. 그들의 영토는 셀주크제국의 서북단 가장자리, 즉 아시아와 유럽대륙이 갈라지는 전략적 요충지인 다르다넬스해협 주변이었다. 그곳은 비잔티움제국과 대항하는 최전선이기도 했다.

이후 오스만제국 편년사에서는 오스만인에게 고귀한 혈통의 족보를 부여한다. 오스만제국의 역사가 중앙아시아 오구즈튀르크[31]부터 시작되었고 그 위로 거슬러 올라가면 인류의 중간 시조 노아가 있다는 것이다. 이보다 더 거슬러 올라가면 인류의 시조인 아담과 하와까지 이를 것임을 말할 필요도 없다. 하지만 역사를 통해 볼 때 오스만제국이 그 후에 두각을 나타낸 이유는 절대 고귀한 혈통 때문이 아니라 종교, 군사와 정치라는 근본적 요인에서 비롯한 것이다. 물론 또 하나의 흥미로운 요소는 혼인이었다.

에르투그룰이 죽은 후 아들인 오스만[32]이 계승한 영지는 원래보다 그다지 크지는 않았다. 오스만이 명성을 드날리게 된 것은 상당 부분 혼인 관계에 힘입은 바 크다. 그의 아내는 이슬람교 수피파의 장로인 셰이크 에데발리의 딸이었다. 기록에 의하면 덕이 높고 명망이 높았던 장로는 오스만이 즉위할 때 사위에게 장엄한 '승리의 칼'을 주었고, 성전聖戰에 참가하는 '무슬림 가지'의 영광스러운 월계관을 수여했다고 한다. 이 덕분에 오스만은 수피파의 도덕 관념을 갖춘 자일 뿐 아니라 머리 위에 신비로운 빛의 고리를 두른 자로 여겨졌다. 오스만은 '승리의 칼'을 높이 치켜들고 동서양 공략에 나서 단숨에 제국 600년의 위대한 기틀을 세웠다. 이후 장엄한 의례를 거쳐 '승리의 칼'을 반포하니, 그 의례는 이후 역대 오스만 술탄이 즉위할 때의 전통 의례가 되었다.

넘쳐흐르는 찬송 소리 속에 오스만은 1300년에 스스로를 술탄에 봉하고, 아나톨리아에서 셀주크인의 지위를 대신했다. 수많은 튀르크 부락들이 오스만의 이름을 앙모해 그의 휘하로 들어왔다. 그렇게 모여든 튀르크 각 부의 추종자들은 모두 오스만의 이름을 받아들여 '오스만인'이라 불리게 되었다. 이때부터 오스만은 '신앙무사', 즉 무슬림 가지들을 이끌고 거센 파도처럼 비잔티움을 정벌하기 시작했다.

하지만 작은 전쟁은 기초를 닦는 작업에 지나지 않았다. 진정한 혈전은 1317년 부르사성에서 일어났다. 이곳은 아나톨리아 북부에 있는 비잔티움의 군사 중심지였다. 성은 견고해 지키기 쉽고 함락시키기는 어려운 곳이었다. 이곳에서 쌍방은 9년 동안이나 싸웠다. 마침내 탄환이 다하고 식량이 끊어져 부르사성의 비잔티움이 항복했으나, 오스만의 생명 역시 위중한 상태였다. 영원히 그 땅을 점령하기 위해 그의 유체는 그 성의 성당에 안장되었고, 성당은 곧 모스크로 바뀌었다. 오스만은 임종할 때 낮은 목소리로 그의 아들 오르한(재위 1324~1362)에게 고했다.

"언제나 기억하라. 잔인하게 굴지 마라. 국왕에게 가장 해로운 것은 잔혹함이다. 정의를 이끌어라. 정의는 나라를 다스리는 근본이다. 학자를 사랑하라. 법률을 아는 학자들을 곁에 두어라. 진정한 신의 법이 우리의 유일한 무기이기 때문이다. 공평무사하도록 하라. 어질도록 하라. 언제나 너의 신민을 보호하라. 이렇게 하면 너는 영원히 신의 가호를 받을 것이다."

오스만이 세상을 떠난 후 맹렬하게 앞으로 나아가던 튀르크 공국公國은 그의 이름을 따서 '오스만제국'이라 불리게 되었으며 부르사성은 제국의 수도가 되었다. 나라를 세운 튀르크는 '오스만튀르크'라 불렸다. 이후 이들은 서부의 기독교 세계를 향해 시선을 돌렸다.

기독교 속으로

1세기 무렵 다른 민족에 짓밟혔던 유대인이 로마의 노예로 전락했고, 이들은 그 어느 때보다 더욱더 구세주의 도래를 갈망했다. 이런 상황에서 기독교가 탄생했다.

천당의 빛이 2천여 년 전의 유대인 마을 베들레헴의 마구간을 비췄다.

목수인 요셉의 아내 마리아는 이곳에서 예수를 낳았다. 이날은 12월 25일이었고, 이후 성탄절이 되었다. 그해를 기독교에서는 기원 원년이라고 여긴다. 장성한 후에 예수는 인류를 구하기 위해 사방으로 다니며 연설했고, 그것은 통치 집단의 분노를 샀다. 결국 로마 총독 폰티우스 필라투스(본디오 빌라도)는 예수를 '유대인 왕이 되려 했다'는 죄명으로 십자가에 못 박았다. 선교사들에 따르면 예수는 죽은 뒤 사흘 만에 부활해 하늘로 올라가 인류를 구원하는 중책을 짊어졌다고 한다. 구세주의 강림은 절망에 빠져 있던 사람들에게 정신적인 위로를 주었고, 그리하여 예수를 구세주로 믿는 종교가 탄생해 기독교라 불렸다.

기독교라는 겸손한 종교는 사람들에게 '하느님 아버지'와 '기독교 형제'를 가져다주면서 사람들의 마음에 평등 관념을 뿌리내리게 했다. 군신君臣 관념이 강고하던 시대에 예수 그리스도의 교의는 분명 엄청난 충격이었을 것이다. 빈곤하든 부유하든, 비천하든 고귀하든, 주인이든 노예든, 사상가든 어린 아이든, 모든 사람이 하느님의 아이라고 했다. 자비로운 아버지와 같은 하느님의 사랑은 무한한 것이고 그 앞에서 죄짓지 않는 자는 없다. 그러나 하느님은 죄 있는 자도 가엾게 여긴다. 그러나 이런 평등함보다 더 중요한 것은 기독교의 자비로움이었다.

예수의 성스러운 말은 기독교도를 놀라게 했다. 이들은 〈마태복음〉에 들어 있는 예수의 말을 거듭 읽었다. 천국이 곧 올 것이고 마음이 가난한 자는 행복할 것이며, 천국은 그들의 것이었다. 화목한 자는 모두 행복하리니, 그들 역시 하느님의 아들이었다. 모욕당한 자, 능멸당한 자도 행복하니, 그들은 죽은 뒤에 천당에 가서 상을 받을 것이었다. 다른 사람과 원수진 자는 하느님의 심판을 받을 것이었다. 자기의 원수를 사랑해야 했고 자신을 미워하는 자에게도 잘 대해주어야 했으며, 자신을 저주하는 자도 축복해야 했다. 오른쪽 뺨을 때리면 왼쪽 뺨을 내주라고 했다. 자신에게 구하는 자가 있으면 주어야 했고, 누가 자신의 물건을 가져갈지라도 돌려달라고 하지 말아야 했다. 모든 것을 포용하고 모든 것을 믿으며 모든 것에 기대하고 모든 것을 참으라고 했다.

이런 가르침을 들으며 고통에서 몸부림치던 가난한 자와 민주적 공평함을 누리지 못했던 평민은 전에 느껴보지 못했던 은혜로움을 느꼈다. 이런 은혜로움은 공공의 도리 같은 것보다 중요했다. 이 가르침은 그들을 '기쁘게 만드는 메시지'였으니, 이런 메시지를 라틴어에서는 '복음'이라고 했다.

기독교도가 더는 로마 황제의 상像을 받들지 않자, 황제의 권위는 전에 없던 도전을 받게 되었다. 그래서 로마 황제는 기독교를 잔혹하게 탄압하기 시작했다.

시간은 천천히 흘러갔고, 기독교는 계속 존재했다. 기독교에 나쁜 감정을 갖고 있던 황제들은 세월이 흐르면서 세상을 떠났고, 로마 황제를 포함한 각국의 왕들은 기독교의 끈질긴 생명력에 감복했다. 그리고 사람에게 인내를 권하는 기독교 교리가 통치에도 유리하다고 생각해 기독교를 국교로 정하기 시작했다. 이어서 수도원을 많이 지어주었으며 교회에 많은 부동산을 주었다. 가장 유명한 '기증'은 756년에 이루어졌다. 당시 프랑크왕국의 국왕이었던 피핀 3세Pepin III는 로마 교황이 자신을 도와 왕 자리에 올라가게 해준 대가로 새로 빼앗은 이탈리아 중부의 넓은 땅을 교황 스테파노 2세Stephanus PP. II에게 기증했다. 이것이 바로 '피핀의 기증'[33]이다. 이 때부터 교황은 땅과 신하·백성·군대를 소유하고, 세금을 받았으며 정신뿐 아니라 물질적으로도 '황제'의 자리를 누렸으니, 새로운 명사인 '교황국', 즉 '바티칸'이 마침내 생겨나게 되었다. 교황은 유럽의 정치 분규와 군사 투쟁, 왕실 교체, 심지어는 과학 연구와 사상에 이르기까지 두루 간여했으며, 새로운 국왕의 즉위 문제에도 참견했다.

이때부터 교회는 무서운 속도로 커졌고, 숨이 막힐 정도로 부유해졌으며, 기름이 흐를 정도로 비대해졌다. 기독교도는 이제 어둡고 습한 지하교회에서 집회를 하지 않아도 되었고, 화려한 교회당에서 공개적으로 선교를 해도 되었다.

하지만 기독교는 물질을 쫓아가기 시작한 그날부터 점차 감화력을 잃었고, 나중에 와서는 칼과 화형이라는 수단을 사용해야 했다. 영국의 신학박사인 로저 베이컨Roger Bacon은 빛이 일곱 가지 색으로 조성되었다는 견해를 처음으로 제시했는데, 대지가 둥글다고 했다는 이유로 종신토록 갇히는 형벌을 받았다. 이탈리아 수도사 조르다노 브루노Giordano Bruno는 코페르니쿠스의 지동설을 견고하게 믿는다는 이유로 화형을 당했다.

피사의 사탑 실험으로 유명한 갈릴레오 갈릴레이 역시 자신이 발명한 천문 망원경으로 깊이 가라앉은 아름다운 밤하늘에서 돌고 있는 신성을 발견했다. 그리고 멀리 달에 산맥이 있다는 것을 알아내 운동과 정지의 상대성 원리를 제기했다. 그것은 "지구는 정지하고 움직이지 않는다. 지구가 우주의 중심이다"라는 교회의 이론을 근본적으로 뒤흔들었다. 그는 하느님이 만들었다는 세상에 큰 구멍을 내버렸던 것이다. 바로 이 때문에 교회는 갈릴레오를 로마로 압송해 석 달 동안 끊임없는 고문을 했고, "이후 다시는 지동설이라는 사악한 주장을 하지 않겠다"는 선언에 서명하게 했다. 교회는 이후에도 그를 종신토록 가택에 연금했다. 천체운행이론이 사람들의 마음속으로 깊이 들어온 1992년에야 교회는 비로소 갈릴레이를 복권했다.

군대는 교회의 또 다른 무기였다. 고난 속의 구원의 표지인 십자가가 전쟁의 깃발 위에 수놓아졌다. 열광에 빠진 사람들은 십자가 깃발을 군단의 행렬 맨 앞에서 메고 나아갔다. 중세기에 십자군은 교회의 '신성'한 군대가 되어 자기들과 다른 사람들을 토벌했다. 그들의 창끝은 아랍의 이슬람교도를 향했고, 유럽 각지에서 원시 기독교 교의로 돌아가야 한다고 하는 사람들을 '이단'이라 부르며 학살했다. 여러 차례 이어진 십자군 원정은 이 교도의 땅에 수많은 시신을 남긴 채 종말을 고했다. 13세기에 기독교 세력은 유럽대륙 농경지의 대부분을 차지했고, 로마제국을 대신해 서방 세계의 '세금 수금원'이 되었으며, 교황과 주교는 가장 부유한 사람이 되었다.

16세기 초, 교회는 부를 축적하기 위해 수단과 방법을 가리지 않는 지경에까지 이르렀다. 교황은 더욱 많은 돈과 재물을 거둬들이기 위해 '면죄부'라 불리는 것을 생각해냈고, 사람들은 면죄부를 사기만 하면 교황의 은혜를 입어 하느님의 징벌을 피할 수 있다고 생각했다. 면죄부를 사기 위해 지불한 돈이 돈 통에 떨어지는 소리가 울리는 순간, 죽은 자의 영혼이 천당으로 날아올라갈 것이라고 말하기도 했다.

이렇게 허황됨이 극에 달한 시대에는 잘못을 바로잡기 위한 혁신이 반드시 따라오게 마련이다. 평범한 이치처럼 보이지만 이것은 역사 발전의 분명한 법칙이다. 그리고 역사의 거센 소용돌이 속에서 이론가와 개혁가가 마침내 나타났다.

첫 번째로 나타난 사람은 독일 비텐베르크 대학의 신학강사였던 마르틴 루터였다. 그는 1517년 10월 31일에 〈면죄부의 기능에 대해〉(95개조 반박문)라는 글을 교회 대문에 붙여 공개적으로 질의했다. 면죄부를 판매하는 것이 돈을 위해서가 아니라 교회를 건립하기 위한 것이며 사람들의 영혼을 구제하기 위한 것이라면, 교황은 세상에서 가장 부유한 사람인데 왜 그 돈으로 교회를 만들지 않는가? 왜 교황은 가난하고 가련한 신도들의 돈을 원하는 것인가? 루터는 예수를 믿기만 하면 영혼이 구제를 받을 수 있는 것이지 신부가 주재하는 종교 의례와 교회의 도움을 거쳐야만 하는 것은 아니라고 정중하게 문제를 제기했다. 세례와 성체성사는 유일하게 남겨둘 만한 의례라고 했고, 연옥은 존재하지 않으며, 신부도 결혼을 할 수 있다고 했다. 루터는 종교적 권위는 세속적 권위에 속해야 한다고 주장했다.

선언서가 나오면서부터 교단이 면죄부를 판매하는 것에 대한 강렬한 항의의 목소리들이 나왔다. 이는 서방 기독교 역사상 가장 심각한 위기를 불러 일으켰다. 부의 대규모 해외 유출을 막기 위한 의도에서 나온 것이었지만, 마르틴 루터의 행동은 게르만 제후와 통치자들의 지지를 받았다. 그리고 교황에 반대하는 독일인의 미묘한 정치 혁명을 이끌어냈다. 이러한 종교혁명 운동은 아주 신속하게 유럽 다른 나라들로 퍼져나갔다. 이어서 교황의 관할에서 벗어나 현지 봉건지주의 지지를 받는 새로운 교파인 신교가 생겨났다.

기독교는 마침내 공교公敎(천주교), 정교正敎(동방정교)*, 신교新敎의 세 파로 나뉘었으며, 이런 형세는 오늘날까지 계속되고 있다.

비잔티움을 짓밟다

튀르크 정복의 첫걸음은 아나톨리아에 있으면서 기독교 세계에 속하던 비잔티움제국 영토에서 시작되었다. 기독교 농민들은 비잔티움 당국에 불만을 갖고 있었고, 서방 천주교와 동방정교 사이에는 내분이 일어났다. 게다가 중동 각지에서 밀려든 이슬람 무사들이 도우니, 튀르크의 아나톨리아 정복은 1340년에 마침내 완성되었다. 이어서 그들은 다르다넬스 해협을 건너 유럽으로 진군해 초승달과 별이 그려진 튀르크 깃발을 아드리아

---

* 11세기, 기독교 교회는 각각 라틴어를 말하는 로마와 그리스어를 말하는 콘스탄티노폴리스를 중심으로 정식으로 천주교와 동방정교로 분열되었다. 두 종교의 교의는 기본적으로 일치하지만 천주교는 로마 교황을 최고 지도자로 여기고 각국 주교가 모두 교황의 명령을 따른다는 것이 다르다. 동방정교에서는 콘스탄티노폴리스 주교가 명의상의 지도자다. 그러나 각국 주교는 상대적으로 독립적이어서 각국 국왕의 명을 따른다. 또한 동방정교에서는 주교를 제외하고 나머지 사제들은 결혼할 수 있다.

노폴리스[34]와 소피아에 꽂았고 콘스탄티노폴리스로 압박해 들어갔다.

성지가 위험해지자 서방세계는 어쩔 수 없이 급히 연합하기 시작했다. 1396년, 십자군과 튀르크가 마침내 도나우강 유역의 니코폴리스에서 조우했지만, 결국 십자군이 패배했다.

그렇게 승리를 코앞에 두고 있던 오스만제국에 갑자기 재앙이 닥쳐왔다. 1402년, 적을 가볍게 보았던 술탄 바예지드 1세(1360~1402, 재위 1389~1402)[35]가 티무르에게 패해 포로가 되어 죽는 사건이 일어난 것이다. 오스만 군대는 어쩔 수 없이 유럽에서 퇴각해야 했다. 그러나 아름다운 꽃도 잠시뿐이듯, 티무르도 잠시 반짝했을 뿐이었다. 3년 후 티무르가 세상을 떠나자 튀르크는 잠시 중단했던 확장 정책을 다시 시작했다.

겨우 스물한 살이었던 메흐메트 2세(1451~1481, 재위 1444~1446)는 '동로마 황제관 위에 있는 마지막 보석'이라는 콘스탄티노폴리스를 탈취하기로 맹세했다. 1453년 4월, 튀르크는 총공세 준비를 갖췄다. 이때 콘스탄티노폴리스의 인구는 7만 명이 채 안 되었으나 오스만제국에서 전쟁에 참가하는 군인은 8만 명에 달했다. 차이가 이렇게 현저했지만, 콘스탄티노폴리스성을 지키는 장수와 병사들은 콘스탄티누스 11세의 영도 아래 피를 흘리며 싸웠다. 바닷가에 접한 절벽에 형성된 천연의 요새와 금각만金角灣[36] 좁은 입구의 거대한 쇠사슬의 힘을 빌려[37] 무려 60여 일을 버텼다.

이런 상황에 부딪치자 젊은 오스만 술탄은 아무도 상상할 수 없던 기발한 생각을 했다. 배를 사용해 산을 넘어 육지에서 금각만으로 쳐들어가겠다는 결정을 내린 것이다. 다음 날 동이 터올 무렵, 80여 척의 전함이 하늘에서 내려왔고,[38] 해상 선단과 육상에서 성을 공격하던 부대가 집게 모양의 공격 형태를 갖추었다. 5월 29일, 성을 둘러싼 공격과 수비 전투는 전례를 보기 힘들 정도로 참혹했고, 마침내 전쟁이 끝났다. 동로마 황제 콘스탄티누스 11세는 성소피아성당의 계단에 쓰러졌고, 천년 세월을 견디어온 비잔티움제국은 종말을 고했다. 튀르크의 조상이 첫 번째로 이 위대한 수도에 사신을 보냈던 때로부터 900여 년 세월이 흐른 뒤였다.

비잔티움제국의 몰락 후 콘스탄티노폴리스는 이스탄불('이슬람의 도시'라는 뜻)로 이름을 바꿨고 오스만제국의 새로운 수도가 되었다. 오스만의 영역은 오스만 군대가 정복하는 지역에 따라 확장되었다. 시리아, 이집트부터 나중에는 헝가리까지 확장되었으며,[39] 1680년 전후에 오스만은 폴란드의 우크라이나에까지 침입했다. 가장 성대하던 시절에 그들의 영역은 3대주에 걸쳐 있었으며 인구는 무려 5천만 명에 이르렀다.

비잔티움은 중세기 문명의 보석이었으나 결국 쇠약해지고 멸망해버렸다. 화려했던 비잔티움의 몰락은 아무리 빛나는 찬란한 유산을 지니고 있다고 해도 썩어버린 전통을 깨뜨려버릴 힘이 없다면 낡고 낙후한 역사의 유물이 되어 멸망을 피할 수 없음을 보여준다.

그나마 다행스럽게도, 위대한 비잔티움 문명이 완전히 사라진 것은 아니었다. 비잔티움은 혼인과 종교의 방식으로 계속 이어졌다. 비잔티움이 망하기 몇 년 전, 비잔티움제국은 러시아와 혼인관계를 맺었고, 동방정교를 믿던 모스크바 대공大公이 콘스탄티노폴리스 전통의 계승자가 되었다. 두 마리 독수리가 등장하는 오래된 비잔티움의 휘장은 근대 제정러시아의 방패 형태 휘장[40]으로 변형되었다. 제정러시아 황제의 궁전 역시 비잔티움제국의 동방 스타일에 따라 다시 장식되었다. 비잔티움의 기이한 유산은 강대한 생명력을 가지고 러시아라는 광대한 평원에서 면면히 여섯 세기 동안 존재했다. 그것은 제정러시아 마지막 황제 니콜라이 2세가 피살된 20세기 초까지 이어졌다. 그의 시신은 우물 속에 던져졌고 자식은 모조리 살해되었다. 동방정교회의 지위도 콘스탄티누스 대제 이전의 로마 상태로 강등되었다.

동서 교류를 극단적으로 적대시하던 오스만제국은 원元 때 실크로드를 다시 적막 속에 빠뜨렸고, 동방으로 가는 이 거대한 무역로는 이때부터 다시는 기독교 세계에 신선한 자양분을 제공해주지 못했다. 이에 유럽은 서쪽으로 가는 새로운 길을 찾아야만 했다. '발견의 시대'라고 불리는 시기가 드디어 시작된 것이다. 오스만제국의 콘스탄티노폴리스 함락은 대항해 시대의 막을 열었고, 이 덕분에 아메리카대륙과 오세아니아대륙, 남극, 북극이 우리 눈앞에 모습을 드러냈다.[41]

'유럽의 병든 자' 오스만제국

식장을 장식하는 화려하고 아름다운 꽃은 언제나 휘황찬란한 정점에서 시들기 시작한다. 위대한 오스만제국도 정점에 이른 그 순간부터 쇠락하기 시작했다.

제국을 내리막길로 인도한 첫 번째 술탄은 한심한 술주정뱅이였다. 그는 셀림 2세(재위 1566~1574)[42]였다. 게으르고 우둔했으며 방탕하고 술에 절어 살았다. 1571년, '술주정뱅이' 셀림의 해군은 마치 술에 취한 것처럼 아무 곳이나 공격했고, 결국 에스파냐와 베네치아 연합군 함대에 격파당해 지중해 통제권을 상실했다. 이때부터 바보와 미치광이의 제국은 점차 몰락의 길을 걷는다.[43]

오스만제국의 황실 후비들의 궁전은 아랍어로 '하렘('금지된 곳'이라는 뜻)'[44]이라고 했다. 술탄과 그 직계 친족, 아내와 첩, 흑인 환관만이 그곳에 거주할 수 있었다. 전체 궁전은 두 개의 모스크로 구성되었는데 그 안에는 방이 300개, 욕실이 아홉 개, 감옥이 하나 있었다. 외부인이 보기에는 가보고 싶은 곳이지만 안에 있는 사람에게는 간담을 서늘하게 하는 '위성圍城'[45]이었던 셈이다.

중국의 궁전과 마찬가지로 그 안에 거주하던 미녀들은 온갖 계책을 생각해내 술탄의 관심을 끌려고 했으며 술탄의 아들을 낳으려고 했다. 아들을 태자로 만들어야만 어머니와 자식이 모두 귀해지며, 그렇게 되어야 자신이 황후 혹은 태후가 되기 때문이었다. 그러니 궁전이란 결국 서로 속고 속이며 권모술수와 음모가 난무하는 곳이 될 수밖에 없었다.[46]

게다가 하렘이 중국의 궁전보다 더 피비린내 나는 곳이 된 것은 술탄 태자가 일단 등극하고 나면 그의 형제들은 반드시 죽어야 했기 때문이다. 왕조의 사직이 불안해지는 것보다는 수십 명의 목숨을 죽이는 것이 차라리 덜 골치 아픈 일이었다.

1595년, 잔혹한 한 편의 연극이 상연되었다. 새로 무대에 오른 메흐메트 3세(재위 1595~1603)는 아침저녁으로 마주하던 열아홉 명의 형제를 죽였다.[47] 그러나 8년이 지나 메흐메트가 병으로 죽어갈 때, 나이 어린 아들 둘만이 남아 있었다. 관례에 따라 하나를 죽여야 했지만, 만약 남은 하나에게 불행한 일이 일어난다면 어쩔 것인가? 이에 어쩔 수 없이 게임의 법칙을 바꾸어야 했다. 형제를 죽이는 대신 궁전에 연금하는 것으로 법이 바뀌었다.[48] 그러니까 술탄이 죽은 뒤라야 연금되었던 자는 다시 하늘의 해를 볼 수 있고 왕위에 오를 수 있던 것이다.

이런 제도 때문에 계승자의 왕자들은 끝없는 암흑 속에서 술에 취한 채 흥청망청 살아갈 수밖에 없었다. 그들이 아내와 첩을 맞아들이는 것은 허락되었지만 억지로 피임수술을 받아야 했고, 아니면 낳은 아이를 그 자리에서 죽여야 했다. 그 결과 술탄이 즉위한 후에 후손이 없거나 계승자가 없는 일이 비일비재했고, 오랜 유폐 생활로 성격이 괴상하게 변하곤 했다.

무라트 4세(1623~1640)가 재위하던 시절, 그의 동생 이브라힘Ibrahim 역시 무려 20여 년 동안이나 유폐되어 있었다.[49] 이브라힘은 너무나 오랜 세월 동안 세상과 격리되었기에 미치광이나 다름없었다. 그런 이브라힘은 등극하자마자 단숨에 279명의 여자를 왕비로 봉했고, 궁전의 천장부터 바닥까지 모조리 진귀한 모피로 뒤덮어버렸다. 그는 특히 뚱뚱한 여자를 좋아했는데, 총비 세케르 파레('달콤한 사탕'이라는 뜻)의 체중은 무려 92킬로그램이었다. 그런데 사람의 머리카락을 곤두서게 하는 끔찍한 일은 따로 있었다. 이브라힘이 총애했던 '달콤한 사탕'이 내뱉은 말 한마디 때문이었다. 그녀는 이브라힘의 왕비 하나가 다른 남자와 통정했다고 말했다. 그러자 술탄은 어떤 조사도 거치지 않고 즉시 명령을 내려, 278명 모두를 돌에 묶어 마대에 넣고 거칠게 흐르는 강물 속에 던져 넣었던 것이다.

그런데 '그 나물에 그 밥'이라는 말대로, 색마 이브라힘이 죽은 뒤 등장한 메흐메트 4세[50]는 '담배 귀신'이었다. 그는 담배 재배를 장려했다. 페르시아에서 물담배를 들여와 전국의 관원들과 함께 연기 속에서 쾌락을 누렸다. 당시의 평론가는 담배, 커피, 술과 아편이 '향락에 빠진 궁전에서 기대어 쉴 수 있는 필수불가결한 네 개의 쿠션'이라고 말했다.

이렇게 황당한 술탄들이 키를 잡고 있으니 오스만이라는 큰 배가 가라앉지 않고 배겨날 수 있었겠는가? 많은 농민들과 피정복 민족이 항거하기 시작했고, 군사 식읍食邑제도가 시행되자 각 지역에서는 자주적으로 정치를 하겠다고 선언했다. 게다가 침략 정책 때문에 전쟁이 끝없이 이어지니, 제국은 뼈만 앙상하게 남은 상태가 되었다. 더욱이 문화적인 측면에서도 완고하고 보수적인 정책으로 만들어진 변화 없고 수구적인 자세는 뼈만 남은 제국의 기를 끊어지게 했고 빈혈 상태에 빠뜨렸다.

오스만에서 이슬람교는 국교였고 다른 종교는 불법으로 간주되었다. 그러나 이때의 이슬람교는 단순히 종교 의례만 거행하고 경전을 암기하는 정도로 몰락했다. 무슬림 학교는 신학과 법학, 수사학만을 강조하고 천문학과 수학, 의학 등은 가르치지 않아 종교가 문명의 전부인 것처럼 되어버렸다. 이런 학교의 졸업생들은 서방에서 무엇을 하는지 아무 것도 알지 못했다. 물론 오스만제국의 저명한 사학자이자 과학자인 카티프 첼레비 (1609~1657)[51] 같은 걸출한 식견을 지닌 사람이 있긴 했다. 그는 오스만이 인근 서방세계와 관계를 끊지 말고 계속 왕래해야 한다고 주장했다. 임종 전에도 동포들에게 교조주의를 버리지 않는다면 "소처럼 휘둥그레 뜬 눈으로 세상을 바라보게 되는 순간이 올 것"이라고 경고했다.

오스만제국은 이 경고를 무시했다. 같은 시기 멀리 동방에 있던 대청제국 역시 그렇지 않았던가. 오스만과 청제국이 눈을 크게 떴을 땐 커다란 배와 대포를 앞세운 서방이 이미 그들을 식민지로 만들어버린 후였다.[52] 교조주의에다가 맹목적인 자만심이 더해지고, 게다가 무력을 사용해 전쟁을 일삼으니, 오스만은 재난의 심연에 빠져버렸다. 그리하여 19세기부터 20세기 초까지, 그리스와 세르비아, 루마니아, 불가리아가 차례로 오스만에서 독립해 나갔다. 1913년에 오스만제국은 이미 이스탄불 근교 지역만 통치하는 정도로 축소되었다.

20세기 초의 오스만제국은 '유럽의 병든 자'가 되어 있었다. 제국 군대는 유럽 열강에 기대 무기를 제공받았고, 유럽 열강의 지휘를 받아야 했다. 스스로를 지탱할 힘이 이미 사라진 거인 오스만제국이 그나마 1920년대까지 살아남을 수 있었던 것은 유럽 열강이 서로 투쟁하느라 바빴기 때문이었다. 그야말로 처칠의 말 그대로였다.

"유럽은 오스만제국의 죽음을 줄곧 기다려왔다. 그러나 한 해가 지나도 이 환자는 죽으려 하지 않았고, 쇠약해진 두 손으로 거대한 가업의 열쇠를 여전히 꽉 잡은 채 놓지 않고 있다."

터키의 '구세주'

주변국에 아주 큰 골칫덩어리가 되었던 오스만제국은 스스로를 지키기 어려운 상황에서 제1차 세계대전의 소용돌이에 휘말렸는데, 하필이면 독일 편에 서 있었다.

전쟁의 결과는 모두가 아는 그대로였다. 오스만은 패전국이 되어 그들에게 복종하고 속국들을 잃었을 뿐 아니라 자신도 갈라져야 하는 현실과 맞닥뜨렸다. 이렇게 민족 존망의 역사적 시기에 장군 출신인 무스타파 케말 아타튀르크(1881~1938)가 나섰다. 무스타파 케말 아타튀르크, 즉 케말 파샤는 1920년에 애국자들로 이루어진 국민정부를 수립했고, 각지의 유격대를 강대한 정규군으로 편성했다. 2년에 걸친 힘든 전쟁을 치른 뒤, 마침내 그리스 침략군을 격퇴하고 연합국을 압박했다. 1923년 7월, 연합국은 터키와 '로잔조약'[53]을 맺었고, 튀르크는 민족의 독립과 국가의 주권을 회복했다.

교조주의 때문에 피의 대가를 치러야 했던 튀르크 사람들은 이때부터 뒤돌아보지 않고 열심히 전진해 선진문화를 배워 민주와 과학의 방향으로 나아갔다. 1922년 이후 케말 파샤는 술탄 봉건제도를 폐기했고 '아나톨리아 권리 옹호위원회'를 공화인민당으로 바꾸었다. '희생양 술탄' 메흐메트 6세(재위 1918~1922)와 어린 아들은 영국 군함을 타고 도망쳤고, 오스만제국은 마침내 멸망했다.

1923년 10월 29일, 터키공화국이 성립되었고, 케말은 만장일치로 첫 번째 대통령에 뽑혔다. 공화국이 건립된 후 터키 중심 지대에 있는 앙카라로 수도를 이전했으며, 오스만왕국의 모든 구성원과 최후의 칼리프[54]를 쫓아냈다. 또한 코란에 기초한 법률 체계를 폐기했고, 아랍문자를 로마 자모로 대체했다. 일부다처제를 없앴으며, 부녀자들에게 부르카를 쓰지 않도록 했고, 여성에게 의회에 들어갈 수 있는 권리와 선거권을 부여했다. 대대로 전해져 내려오던 복장도 서양식으로 바꿨으며, 터키를 정부와 교회가 분리된 세속국가로 만들었다. 이슬람 세계에서 가장 먼저 '유럽화'된 현대사회로 바뀐 것이다.

수구 세력이 시끄럽게 굴었고 심지어 암살의 위협도 있었지만, 이런 것들은 케말의 굳건한 개혁 의지를 조금도 흔들지 못했다. 짧은 10여 년 사이에 '서아시아의 병든 자'였던 터키는 진정한 민족 부흥의 길로 들어섰다(반면에 '동아시아의 병든 자' 중국은 봉건제도에서 벗어난 후 군벌들이 혼전하는 수렁으로 빠져들었고, 서로 죽고 죽이는 비극적 역사를 계속하고 있었다). 이슬람 국가들이 지금도 소망하지만 감히 실행에 옮기지 못하는 놀라운 조치를 나서서 시행했던 케말의 이름은 역사에 길이 남았다. 1934년, 터키 의회는 그에게 '터키의 아버지(아타튀르크)'라는 칭호를 수여했다.

근대로 접어들면서 거인과 같았던 이스탄불은 점차 몰락한 도시가 되어갔다. 하지만 뉴욕이나 도쿄, 상하이 등의 신흥 강자 앞에서 숨을 몰아쉬는 궁색한 모습을 보여도 이스탄불에 새겨진 수많은 시간의 주름 속에는 사람의 가슴을 뛰게 만드는 이야기가 숨어 있다. 이 이야기들 하나하나가 사람들을 오래도록 귀 기울이게 만든다. 그래서 터키에 가는 여행자들의 첫 번째 목적지는 언제나 수도인 앙카라가 아니라 이 오래된 도시 이스탄불인 것이다. 그 오래된 도시가 남긴 쓸쓸함과 서늘함은 여행자들이 필름 속에 그 모습을 계속 담게 만든다.

알아야 할 것이 아직 남아 있다. 터키인은 튀르크인과 현지의 그리스인, 페르시아인, 아르메니아인이 오랫동안 융합해서 이루어졌다는 사실이다. '터키'라는 글자에 들어 있는 의미는 바로 '튀르크'다.

우상 파괴자

터키의 역사를 다 훑었지만 역사책의 페이지를 앞쪽으로 다시 넘겨 아프가니스탄으로 도망쳤던 부部는 어찌 되었는지 살펴보자.

서돌궐이 당 왕조에 멸망당한 후, 타지크인이 중앙아시아에 건립한 사만 왕조(819~999)로 튀르크의 한 지파가 들어갔다. 그리고 셀주크인처럼 용병이 되었다. 그러나 점차 튀르크인이 병권을 장악하고 영지를 획득하면서 특수한 봉건지주 계층이 되었다.

10세기 후반에 사만 호레즘 총독을 맡고 있던 튀르크인 알프 티긴(962~963)이 오늘날 아프가니스탄에 가즈니 왕조(977~1186)를 세웠고, 쇠락한 사만 왕조를 멸망시켰다. 이어서 1001년부터 열일곱 차례에 걸쳐 인도에 침입했다. 먼저 칸야쿠브자[55]를 공격해 함락하고 불태워버렸으며, 서해안의 부유한 소마나타성을 공격해 금빛 찬란한 시바의 신전을 노략질했다.[56] 이들이 그곳에 남긴 것은 사람의 간담을 서늘하게 만드는 무너진 기와 조각과 잡초, 차가운 달뿐이었다. 왕조의 통치자였던 마흐무드(세뷔크 티긴의 아들, 재위 998~1030)가 훔친 재물을 3만 마리 낙타에 실어 수도 가즈나로 돌아왔다고 하는데, 이것 덕분에 가즈나가 사람들을 놀라게 하는 도시가 되었다고 한다.

마흐무드는 펀자브를 가즈니 왕조의 판도에 넣은 후 이슬람교를 적극 장려했고 바라문교, 불교와 융합해 이루어진 힌두교를 극력 배척했다. 그는 힌두 신의 사원과 우상을 파괴해 '우상파괴자'라는 별명을 얻었다.[57] 이후 그곳은 줄곧 이슬람 지역이 되었다. 마흐무드가 힌두교를 탄압하면서 두 개 사회의 충돌을 불러왔다. 이슬람 사회에서는 모든 사람이 서로를 무슬림 형제라고 여겼지만, 힌두 사회는 카스트제도에 기초하고 있었다. 힌두 사회에서는 불평등이 선결 조건이었던 것이다. 이슬람교와 힌두교 사이의 이러한 투쟁은 제2차 세계대전 이후까지 지속되었고, 결국 인도와 파키스탄이 나뉘는 결과를 초래했다.

아프가니스탄, 이란 동부, 호레즘, 중앙아시아 남부와 인도 북부 지역 등을 포괄하며 토지의 국유화를 기초로 하는 전형적인 봉건국가가 바로 가즈니 왕조였다. 이 봉건국가는 극단적이고 잔혹한 전제주의를 시행했다. 전제군주는 호화로운 생활을 하며 착취를 자행했고, 일반 백성은 노예와 같은 삶을 살아야 했다. 마흐무드가 죽은 후 봉건 왕조 내부에서는 끊임없이 내분이 일어났고, 인공 관개시설은 점차 파괴되었으며, 많은 논밭이 황무지로 변해갔다.

1186년, 가즈니 왕조가 곧 종언을 고하고 구르 왕조가 그 뒤를 이었다.

델리에 불어온 300년의 비바람

구르 왕조는 아프가니스탄의 헤라트[58]에서 시작되었다.

가즈니 왕조의 땅을 탈취한 후, 이슬람 지하드의 깃발을 높이 치켜든 구르 튀르크는 줌나강[59]과 갠지스강 일대로 세력을 확장해나갔다. 당 왕조의 승려 현장이 경전을 가지러 갔던 불교의 성지 나란타사원을 초토화시킨 후, 이슬람 세력은 파도와 같이 인도 해안을 휩쓸었다.

1206년, 노예 출신[60]의 튀르크인 구르 왕조 총독 쿠트브 웃딘 아이바크(꾸뜹 웃딘 아이박)가 내분이 끊이지 않던 왕조를 뒤집어엎고 델리를 중심으로 튀르크 술탄왕국을 세웠다. 델리 술탄은 정치적으로 노예제도를 채택했고 신앙적으로는 광적인 종교 정복 정책을 시행했다[61]. 수많은 불교 사원이 파괴되었고 승려들은 쫓겨났다. 불교는 그 발원지에서도 다시는 회복되지 못했다.

절반의 중국사

인도는 오랫동안 남아시아 경제·문화의 중심지였다. 중국인의 눈에도 그곳은 멀고 신비로운 '천축'이었다. 《서유기》에 쓰였듯, 그곳은 "뿌리는 황금, 줄기는 백은, 가지는 유리로 되어 있으며 가지 끝은 수정으로 되어 있고, 이파리는 호박, 꽃은 아름다운 옥, 열매는 마노로 이루어진" 보배로운 나무가 자라는 곳이며 "고통이 없고 기쁨만이 있는" 서방 낙토라고 여겨졌다. 위대한 쿠샨 마우리아 왕조와 굽타 왕조가 탄생했고, 심원한 영향을 미친 브라만교가 탄생했으며, 불교와 힌두교가 나타난 땅이었다. 그러나 겉으로 보기엔 단단하게 여겨졌던 화려한 제국의 내부에는 쇠망과 붕괴로 향하는 화근이 숨어 있었다. 튀르크인이 인도라는 이 방대한 국가에서 손쉽게 안정된 뿌리를 내릴 수 있었던 것은 아마도 시대를 따르지 못했던 인도 사람들의 관념 때문이었을 것이다.

힌두교는 재산을 포기하는 것을 강조했으니, 상인들에게 명예 같은 것을 부여할 수가 없었다. 힌두교에서 이상적으로 여기는 사람은 재산을 모으느라 바쁘거나 멋진 저택을 짓는 상인이 아니라 부들방석 위에 단정하게 앉아 바나나 잎으로 만든 음식을 먹으며 물적 재산에 조금도 흔들리지 않는 신비주의자였다. 또 하나의 이유로는 인도가 나라의 문을 닫아건 쇄국정책을 시행했다는 점을 들 수 있다. 아리아인이 인도에 정주하기 시작한 후, 그들이 세운 나라는 철학이 생겨나기에 적당한 곳이었다. 고산준령이 사방을 둘러싸고 있었고, 험준한 산길은 지나다니기 어려웠다. 이런 지리적 환경은 오늘날에도 사람들이 발걸음을 내딛기 힘들게 하는 장애물이 되고 있다. 거대한 강이 구불구불 흘러 큰 바다로 들어가고, 한없이 펼쳐진 삼림이 거대한 성전이 되어주니, 사람들은 그 안에서 안심하고 우주의 수수께끼를 깊이 사고했다. 그 땅에서는 사람들이 필요로 하는 모든 것이 생산되었다. 그러니 삼림 밖으로 나와 경제적으로 경쟁하거나 정치적 목적을 위해 왕래할 필요가 없었다.

가장 치명적인 것은 인도의 카스트제도였다. 사람의 정신을 주관하는 브라만, 정치를 주관하는 크샤트리아, 상공업을 책임지는 바이샤, 노동을 담당하는 최하층 수드라로 나뉘었는데, 이 제도는 사람을 상층과 하층으로 구분했다. 전쟁에 참여할 수 있는 것도 크샤트리아에 한정했으니, 일반 백성은 그저 수수방관할 뿐이었다. 잔혹한 압박을 겪으면서 그들은 통치자를 바꾸고 싶다는 생각을 했다. 또한 사람은 누구나 평등하다고 하는 이슬람교로 개종하고 싶어 했다. 민중을 잃은 정권은 몰락할 수밖에 없었다.

델리 술탄이 통치하던 시기, 강대한 용병에 기대 세 차례에 걸친 몽골인의 침입을 물리쳤고, 델리 술탄의 판도는 남인도 카베리강[62] 유역으로 확장되었다.[63] 그러나 그 사이 편자브의 튀르크 총독 투글루크가 정권을 찬탈했고, 후에 티무르가 침입하자 결국 분열의 길로 접어들 수밖에 없었다.

1526년에 튀르크인 바부르가 델리를 점령했고, 300년 동안 지속된 델리 술탄국(1206~1526)은 마침내 조용히 막을 내렸다.

'다리를 저는' 티무르

몽골이 중앙아시아를 통치하던 시기에 병력을 보충하기 위해 튀르크는 끊임없이 장정을 입대시켰다. 몽골제국의 분열에 따라 튀르크가 뒤를 이어 두각을 나타냈는데, 그중 차가타이 지역에 있던 돌격대가 몸에 갑옷을 두르고 전마를 타고서 남하했다. 튀르크 용사의 돌격대는 뉴델리에서 다마스쿠스로 오면서 곳곳에 폐허와 피의 바다를 남겼다. 돌격대의 우두머리는 스스로를 칭기즈칸의 후예라고 칭했다.

그의 이름은 티무르('강철'이라는 뜻)[64]였다. 1336년 4월 8일에 사마르칸트 남쪽의 케쉬('녹색 도시'라는 뜻, 오늘날 샤흐리샤브즈)에서 태어났다. 티무

절반의 중국사

르 왕조의 역사학자는 티무르의 족보를 칭기즈칸의 동료 혹은 친척까지 거슬러 올라가게 하려고 시도했지만, 사실 그는 순수한 튀르크 사람이었다. 트란스옥시아나 지역 튀르크(마 와라 알 나흐르) 바를라스 부족의 귀족 집안 출신으로, 당시 바를라스 부족은 아직 케쉬를 통치하고 있었다.

티무르는 어려서부터 위대한 용사가 되고 싶어 했다. 청년 시기에 활에 맞아 다치는 바람에 오른쪽 다리를 절게 되었고, 적들은 그에게 '다리를 저는 티무르'[65]라는 별명을 붙여주었다.

원 왕조가 멸망한 다음 해인 1369년, 티무르는 서차가타이 술탄을 죽이고 자립해 아미르가 되었다. 그 후 10여 년 동안 시르다리야강과 아무다리야강 사이의 트란스옥시아나 지역과 호레즘을 완전히 장악했다.

칭기즈칸을 우상으로 삼았던 티무르는 전 세계를 정복하고 싶어 했다. 그는 대외적으로 "우주에 창조주는 오직 한 분이듯, 인간 세상에도 제왕은 오직 하나"라고 했다. 그는 30여 년 동안 여러 차례 원정을 나가 이란과 아프가니스탄을 접수했고 메소포타미아를 점령했다. 또한 킵차크 칸국의 수도인 살라이를 침범했고 델리 술탄국을 공격해 함락했다. 가장 찬란한 업적은 1402년에 이루었는데, 아나톨리아에서의 전쟁에서 오스만 술탄 바예지드 1세를 포로로 잡은 일이었다.

"수놓은 비단옷을 입고 맛있는 음식을 먹으며 준마를 타고 아름다운 여인을 소유"하는 것은 티무르 전쟁의 목표이자 그가 추구하던 생의 목표였다. 이들은 울타리 안으로 쳐들어와 '전리품을 노략질해 도망치는 오래된 충동'을 품고 적을 향해 치달렸다. 마치 매가 비둘기를 채가듯, 수사자가 작은 사슴을 덮치듯, 이들이 지나가는 곳엔 모든 것이 잿더미로 변했다. 성을 함락하고 나면 기술자와 문인, 예술가, 점성술가와 전리품을 모두 수도로 끌고 갔다. 이들이 꿈꾸던 '세계의 빛나는 보석'인 수도 사마르칸트를 건설하기 위함이었다. 이 목적에 부합되는 자들만 남겨두고 나머지는 거의 모조리 목을 베어버렸다.

인도의 델리를 공격한 후 한 시간도 채 되지 않는 시간에 힌두교도 포로 10만 명을 모조리 목 졸라 죽여, 머리가 거대한 피라미드를 이룰 지경이었다고 한다. 그 후 티무르는 머리를 이용해 거의 미치광이라고 불릴 만한 작업을 했다. 이스파한을 공격한 후 그는 7만 개의 두개골을 이용해 거대한 피라미드를 쌓아 올렸다. 오늘날 에게 해 부근에 있는 투마예土麥耶시[66]에서 티무르의 군대는 베어낸 사람의 머리를 포탄으로 삼아 도망치던 기독교도들의 배를 향해 쏘았다. 호레즘 수도 우르겐치를 함락한 후에는 온 도시를 초토화해 오트밀을 길렀다. 역사상 가장 유명한 도시라고 할 수 있는 곳이 순식간에 밭이 되어버렸으니, 남아 있는 흙 언덕만이 지난날의 휘황찬란한 역사를 말해주고 있다.

이 점에서 '다리를 저는 티무르'와 그가 숭배하던 칭기즈칸은 매우 흡사했다. 다만 티무르가 아직은 재물을 모조리 태워버리는 정도까지는 이르지 않았다는 점이 다를 뿐이었다. 끌려 온 기술자들은 티무르의 명령에 따라 전쟁으로 불타버린 고성의 폐허 위에 놀라운 속도로 새로운 사마르칸트를 건설했다.

다 타버린 재에서 불사조가 날아오르듯, 작은 소도시였던 사마르칸트는 35년이 채 되지 않는 짧은 시간에 인구 15만의 대도시로 성장했다. 장식이 화려한 궁전, 아름답고 찬란한 모스크, 장중하고 우아한 능묘가 앞다퉈 생겨났다. 특이한 것은 도시의 주변에 각양각색의 마을을 만들었다는 점이었다. 티무르는 마치 조롱하듯 자신이 끌고 온 기술자들의 고향을 마을 이름으로 정했다. 바그다드 마을, 다마스쿠스 마을, 시라즈 마을, 델리 마을 등이다. 이 점은 공산당이 산시陝西성 옌안延安에 있던 시절에 나온 작품인《백모녀白毛女》의 대지주 황스런黃世仁이 죽은 양바이라오楊百勞를 위해 상복을 입고 슬퍼하는 척한 것[67]과 매우 흡사하다.

절반의 중국사

말년에 티무르는 중국에 원정하려는 웅대한 소망을 품었다. 1404년, 그는 명明의 사신 부안傅安을 잡아두고 먼저 전쟁을 일으켰다. 다음 해 180만 대군을 이끌고 중국의 '이교도'를 정복하려는 성전을 시작했다. 티무르의 대군이 거침없이 사마르칸트를 출발해 오트라르에서 얼어붙은 시르다리야강을 건너니, 전 세계가 주목하는 대전의 서막이 올랐다.

"안하무인으로 구는 자는 귀신이 그 앞을 막게 마련이다"[68]라는 말이 있다. 그 중요한 시점에 티무르는 폐렴에 감염되는 바람에 막사에서 죽고 말았다. 총지휘자가 죽어버렸으니 원정군은 코가 빠져 돌아올 수밖에 없었다. 티무르가 만일 자기 분수를 알았다면 원정 도중에 그렇게 급사하지는 않았을 것이라고 한다. 하지만 달콤하게 불어오는 봄바람에 도취해 있을 때 사다리를 치워, 그 봄바람을 인생이라는 집의 지붕 위에 남길 수 있는 사람은 참으로 드물다.

단단한 맹세의 말을 했던 티무르는 계승자에게 위대한 제국을 남겨 주지 못했을 뿐 아니라 역사에 칭송받을 만한 업적도 남기지 못했다. 그가 남긴 것은 맹목적으로 서로를 살해한 인간들의 이야기, 쇠로 된 말발굽이 짓밟고 간 황량한 땅과 몇 줌의 오트밀, 무수한 원혼뿐이었다.[69]

티무르가 죽자 역사는 "강한 자 뒤에 약자가 온다"는 규율대로 진행되었다. 그의 후계자는 정세를 장악하지 못했다. 봉건지주들이 앞다퉈 할거하면서 패자를 자처했던 것이다. 압박당하던 민중은 저항의 깃발을 내걸었고, 결국 제국은 순식간에 사분오열되었다. 1500년, 한 무리의 몽골인이 티무르의 과거 근거지였던 부하라와 사마르칸트를 공격해 점령했고, 오늘날에도 존재하는 우즈베크 칸국을 세웠다.

그러나 티무르의 후손들은 조상을 잊지 않았다. 거대한 힘을 동원해 감각이 뛰어난 기술자들을 데려다 티무르 대제를 위해 이슬람 양식의 거대한 능묘를 조성했다. 티무르의 능묘는 오늘날 우즈베키스탄의 역사적 도시인 사마르칸트에 있다. 중앙아시아 예술품 중에서 최고라고 여겨지는 티무르 능묘는 1941년에 외부에 공개되었다. 이곳을 찾는 여행자들은 500년 전 사막을 휘어잡았던 효웅을 보며, 풍운의 역사와 예측할 수 없는 운명에 대해 깊이 사색한다.

티무르 능묘 아치 위에 새겨진 글귀는 그 사색을 더 깊게 만든다.

"내가 오늘 여전히 이 세상에 존재한다면, 인류는 모두 전율에 떨 것이다!"[70]

갠지스강의 빛나는 햇살

티무르는 죽었지만, 그의 자손과 부하 장수들은 여전히 남은 숨을 몰아쉬고 있었다. 그중 바부르[71]라고 하는 티무르의 후예가 중앙아시아에서 아프가니스탄으로 흘러들어가 카불과 가즈나성을 점령하고 그곳을 근거지로 삼아 티무르제국을 되살리려 했다.

병력에 한계가 있었던 바부르는 전쟁에서 패하자마자 도망쳤으나 몇 달 후 다시 쳐들어갔다. 이렇게 반복하기를 20여 년, 하지만 아무것도 얻은 게 없어 보였다.

이 길을 뚫을 수가 없자 바부르는 할 수 없이 그곳을 떠나 새롭고 낯선 땅으로 가서 생명을 건 도박을 할 수밖에 없었다. 그런데 생각지도 못했던 일이 일어났다. 막다른 골목에 다다랐던 바부르가 결국 모두가 우러러 보는 제국을 세웠던 것이다. 이들은 자기 사상을 가치 표준으로 삼은 제국을 세웠다. 강대해 보였지만 사실은 아주 허약했던 인도가 바로 그들에게 생각지도 못했던 수확을 가져다주었다.

튀르크-페르시아 혈통의 잘생긴 튀르크 왕자 바부르가 인도에 침입할

　　　　　　　　　　　　　　절반의 중국사

때, 그는 화총으로 무장한 군대를 서방에서 빌려왔다. 그리고 대포를 군대의 앞쪽에 배치했다. 소가죽을 꼬아 만든 밧줄로 대포 틀을 한데 묶어 적의 기병이 몰아쳐 들어오는 것을 막아냈다. 바부르의 군대는 2만5천명뿐이었으나 앞선 기술로 만든 화총과 대포 덕분에 승리를 거두었다. 1526년에 있었던 파니파트 전투가 바로 그것이었다. 이 전투에서 바부르 군은 1,000두의 코끼리와 아군보다 네 배나 많은 적군을 상대해 승리를 거두었다. 바부르는 적은 숫자로 많은 병력을 제압하며 로디 왕조 (1451~1526)를 물리쳤다. 이후 바부르는 무굴[72] 제국을 건립했으며, 카불왕이라는 호칭을 쓰지 않고 힌두스탄 황제의 봉호를 사용했다. 바부르는 이렇게 썼다.

"이곳은 우리 고향과 완전히 다른 세상이다."

인도는 아름답고 부유했다. 바부르는 델리에 도성을 세웠다. 델리는 중앙아시아에서 갠지스강 유역으로 들어오는 중요한 문이었다. 델리를 손에 넣는 자가 바로 인도의 주인이 되었던 것이다.

다음 해, 그는 이슬람교와 힌두교 10만 제후 연합군의 공격을 분쇄하고 점차 북인도 대부분 지역으로 세력을 확장해나갔다. 그렇게 무굴제국은 19세기 중기까지 존재했다.

다음은 바부르의 손자 아크바르(재위 1556~1605)[73]를 살펴보자. 무굴제국의 가장 걸출한 황제로 알려진 아크바르는 서부의 라지푸타나, 구자라트, 동부의 벵골과 남방 데칸고원을 점령했으며 남인도를 제외한 반도 전체를 휘하에 두었다. 그는 놀라울 정도로 취미가 다양해서, 야금冶金도 연구했고 총포도 설계했으며, 그림도 배웠고 음악도 사랑했다.[74] 게다가 훌륭한 폴로 선수이기도 했다. 심지어 직접 말을 타고 예배당에 가 전국에서 모여든 유명한 종교학자들과 함께 신학을 논하기도 했다. 그것만으로는 부족했는지 이 이슬람교도는 놀랍게도 힌두교를 믿는 라지푸트공주를 왕후로 삼아 힌두교에 대한 질시와 박해를 끝장냈다. 그리고 힌두교도에게 부과되던 인두세(지즈야)를 없애 이슬람과 힌두교가 조화롭게 공존하는 민족국가가 역사에 나타나도록 만들었다. 그가 반포한 가장 유명한 정령政令 중에 다음과 같은 문장이 있다.

"그 누구도 종교의 자유에 대해 간섭하지 못한다. (중략) 사람들이 예배당, 기도실, 우상을 모신 사원, 조로아스터교 사원을 건립한다고 해도 간여해서는 안 된다."

그의 위대함이 바로 여기에 있다. 아크바르 이후 거의 500년이 지났지만 여전히 많은 국가들이 이런 지혜로움과 관용을 갖추지 못하고 있다.

아크바르가 죽은 후 그의 아들들은 모두 아버지만큼 훌륭하지 못했다. 무굴의 지도자가 바뀔 때마다 이슬람과 힌두교의 대립은 다시 극렬하게 전개되었고, 봉건지주들의 내분이 가속화하면서 제국의 응집력은 끊임없이 약해졌다.

흥미로운 이야기를 남긴 것은 아크바르의 손자다. '걸출한 건축광'이며 동시에 '세상에서 가장 순정파 남자'인 샤 자한(재위 1592~1666)이 바로 이 이야기의 주인공이다.

사랑이 남긴 불후의 걸작, 타지마할

현재 인도의 상징인 타지마할은 무굴제국 제5대 왕인 샤 자한이 사랑하는 아내 타지마할(뭄타즈 마할)을 위해 만든 능묘다. 묘 전체가 하얀 대리석으로 만들어졌다. 궁침의 문과 창 등은 모두 대리석을 사용해 마름모꼴에 가장자리를 장식한 네모 형태로 조각했고, 비취와 수정, 마노, 붉은색과 초록색 보석을 박아 넣어 알록달록 화려한 꽃과 당초문 문양을 만들었는데, 그 사이로 빛이 스며들어오면 그 찬란함이 하늘에 떠 있는 별처럼 사람들의 시선을 잡아끈다. 마치 절세 미녀가 세상에 홀로 서있는 듯 아름다운 모습이다.

인도의 시인 타고르가 타지마할을 "영원의 뺨에 흘러내리는 한 방울 눈물"이라고 비유했는데, 쓸쓸하면서도 아름다운 이 비유 속에는 애처롭고도 가슴 시린 이야기가 스며 있다.

샤 자한이 왕위에 오르기 전, 오랫동안 유랑생활을 했다. 그가 가장 어려움을 겪던 시기, 아르주만드 바누 베굼라는 이름의 아름다운 페르시아 여인이 그의 곁에서 늘 함께하며 시중을 들고 지켜주었다. 샤 자한은 왕위에 오른 뒤 아르주만드를 잊지 못해 그녀에게 '궁정의 황관皇冠'이라는 뜻의 '타지마할'이라는 봉호를 내려주었다. 그녀는 입궁한 후 19년 동안 샤 자한과 사랑하며 기쁨과 슬픔을 함께 나누었다. 모두 열네 명의 아이를 낳았는데, 마지막 아이를 낳다가 그만 난산으로 죽었다. 죽는 순간에도 여전히 아름다웠던 타지마할은 겨우 38세였다.

세상을 호령하며 내달리던 황제라고 해도 속수무책일 때가 있는 법이다. 뭇 신하들을 일순간에 복종시키는 황제라고 할지라도 자신의 곁을 지켜주던 부드러운 여인을 잡아둘 방법은 없었다. 사랑하는 왕비가 먼저 떠났다는 소식을 듣고 샤 자한은 하룻밤 사이에 머리가 하얗게 세었다고 한다. 타지마할은 죽어가면서 세 가지의 유언을 남겼다고 하는데 첫 번째는 남편이 아이를 잘 길러줄 것, 두 번째는 남편이 평생 다시는 아내를 얻지 않을 것, 마지막 세 번째는 자신을 위해 아름다운 무덤을 만들어 줄 것이었다고 한다.

샤 자한은 타지마할의 소원을 하나하나 다 들어주었다. 그것도 죽은 아내의 예상을 뛰어넘을 정도였다. 세계 건축사의 진귀한 꽃이라고 할 수 있는 타지마할 무덤은 2만여 명의 사람들이 무려 22년이라는 긴 시간을 들여 만든 것이다. 투입된 돈만 해도 무려 4천만 루피에 달했다. 타지마할 무덤은 인도 건축의 웅대한 기풍에 이슬람 예술의 정밀한 부드러움을 합쳤으며, 여러 종교의 색채가 섞여 있었다. 인도의 수도인 뉴델리 남쪽 200킬로미터 지점에 있으며 세계 7대 기적 중의 하나라고 여겨지는 이 장엄한 건축물에는 중국의 만리장성처럼 오랜 문명이 있는 위대한 민족의 수천 년 찬란한 문화가 농축되어 있다. 그래서 타지마할은 현재 인도의 상징물이 되었다. 언제나 까칠한 표현만 하던 미국 작가 마크 트웨인조차 "사랑의 힘이 이곳에서 모든 사람을 놀라게 한다"라고 인정하지 않을 수 없었다.

샤 자한은 건축에 미쳐서 여러 걸출한 작품을 남겼으나 이런 행위는 아크바르 시기부터 모아놓은 많은 재물을 소진하게 했고, 무굴제국을 쇠락의 길로 인도했다. 후에 샤 자한은 칸다하르를 어쩔 수 없이 이란에 내주어야 했고, 결국 인도에서 중앙아시아와 아랍으로 가는 무역 노선을 봉쇄당하고 말았다. 투명하게 빛나는 타지마할이 막 완공되었을 무렵, 원래 샤 자한은 줌나강 건너편에 자신을 위해 타지마할과 같은 모양의 검은 색 능묘를 만들 예정이었다. 두 개의 능묘 사이에 검은 색과 하얀색 대리석으로 다리를 만들어 음과 양의 두 세계를 연결해 사랑하는 아내와 마주보면서 영원히 잠들려고 했다.

그러나 그의 꿈은 아들 때문에 이루어지지 못했다. 샤 자한 부부는 모두 열네 명의 아이를 낳았는데, 자라서 성인이 된 아이는 아들 넷에 딸 둘뿐이었다. 군사권을 장악하고 있던 아우랑제브가 나머지 세 명의 형제를 죽이고,[75] 건축에 미쳐 정무를 돌보지 않는 아버지를 폐위해 구금해버렸기 때문이다.

타지마할이 있는 강 건너편 아그라성에 구금된 샤 자한은 죽을 때까지도 자신이 국고를 낭비한 탓이라는 것을 인정하지 않았다. 이후 무려 8년 동안 남은 숨을 몰아쉬며 그는 매일 고성의 작은 창문을 통해 멀리 아름다운 타지마할 무덤을 처연하게 바라보는 수밖에 없었다. 죽는 그날까지 그렇게 지냈다.

만일 백거이白居易가 샤 자한의 이야기를 알았더라면, 〈장한가長恨歌〉의 주인공이 여전히 당 현종이었을까?[76]

비둘기가 까치집을 점령하다

야심만만하던 아우랑제브는 왕국이 쇠망의 길로 접어드는 것을 막을 수가 없었다. 그는 데칸고원을 병탄할 정도로 재주가 뛰어난 군인이었고 능력이 뛰어난 정치가였다. 게다가 부지런한 위정자여서 중앙집권의 끈을 팽팽하게 조였지만, 폭정과 위선, 전제적 태도 등으로 인해 사람들의 신망을 잃었다. 특히 이슬람에 강한 종교적 열망을 드러낸 아우랑제브의 행동은 아크바르 이후 국가의 기초가 되었던 힌두교와 무굴 왕족 사이의 우호 관계를 끝장내고 말았다. 그는 아주 오래 살면서[77] 현지에서 일어나는 다른 민족의 폭동과 제국의 붕괴 징조를 지켜보아야 했다. 그때의 인도 화가들은 그를 하얀 수염을 휘날리는 노인, 양산 아래 허리를 굽히고 서서 경건하게 염주를 돌리는 모습으로 그렸지만, 그의 군대는 기의를 일으키는 민중을 향해 칼을 휘둘렀다.

인도가 혼란에 빠졌다는 소식이 들려오자, 일찍부터 호시탐탐 기회를 엿보고 있던 자들이 그 틈을 타서 들어왔다. 먼 곳에 있는 기이한 나라 인도는 유럽 사람들이 가고 싶어 하던 곳이었다. 인도에는 정교하고 빼어나게 아름다운 고운 무늬의 면직물, 사람들의 눈을 아찔하게 하는 보석, 외국에도 이름이 널리 알려진 각종 향료가 있었다. 바스코 다가마가 희망봉을 돌아간 위대한 항해를 한 이후, 유럽 열강은 인도와 동방에 상업과 정치적 근거지를 만들고 싶어 했다. 16세기부터 17세기까지 한 세기 동안 포르투갈, 네덜란드, 영국, 프랑스, 스웨덴, 덴마크 등 서방 제국주의 국가들이 해상을 통해 인도 서부와 남부 연해 지역으로 진입했다. 그리고 영국 제국주의자들이 점차 다른 국가를 내쫓고 인도에서 식민 지위를 독점하기에 이른다.

제국주의 정복의 역사에서도 가장 놀라운 부분이 여기에서 등장한다. 이야기의 주인공은 동인도회사라고 불리는 상업기구다. 처음에 그것은 그저 단순한 해외 무역단체일 뿐이었다.[78] 그런데 돈만 벌던 이 상업기구가 점차 군대를 조직하고 무장한 선박을 갖추면서 더는 향료나 염료, 찻잎과 보석 등을 경영하는 데만 만족하지 않고, 왕과 귀족들의 세금 수납과 토지 문제 등에 끼어들기 시작했다. 그리고 마침내 인도의 운명에도 간섭한다.

생소한 이름의 외국 무역회사가 방대한 무굴제국을 손안에 넣기까지, 그 자체의 군사적·경제적 실력 이외에 경시할 수 없는 또 다른 요인 두 가지가 있었다. 하나는 무굴의 힘과 권력이 이미 약해질 대로 약해져서 무슬림 군벌과 브라만, 시크교도와 지방 총독이 앞다퉈 독립을 선포했다는 점이다. 1750년에 이르러 인도 땅에는 마라타, 라지푸타나, 펀자브, 오우드, 벵골 등 제후국이 새로 탄생했는데, 이들은 세습 제후로서 야심을 실현하기 위해 외국 세력과 손을 잡았다. 이것을 이용해 영국인들은 인도 왕공들이 서로를 공격하도록 도발했고, 이 도발은 영국이 반도 전체의 주인이 될 때까지 계속되었다. 다른 하나는 새롭게 일어난 강대한 상인계급의 경제적 이익이 서방 공사의 경제적 이익과 밀접하게 연관되어 있었다는 점이다. 사이스라는 상인은 벵골 나와브, 즉 총독 휘하에 있던 한 장군의 충성심을 돈으로 매수했다. 그 장군은 결국 1757년 플라시 전투에서 영국인과 전쟁하는 것을 슬그머니 피했다.[79]

영국 동인도회사는 무굴제국의 군대를 격파한 후 벵골 일대에서 세금을 거둘 수 있는 권리를 부여받았다. 그 후 영국인은 벵골을 근거지로 삼아 북쪽을 향해 밀고 올라왔다. 푸른 눈에 코가 높은 영국인이 인더스강 유역의 주인이 되었고, 무굴 황제는 이제 이름뿐인 황제로 전락했다.

그러나 동인도회사의 이러한 행동을 영국 왕실은 전혀 모르고 있었다. 후에 이 무역기구의 관원과 장군이 서로 상대방이 사기를 쳤고 폭력을 행사했다며 공격하고 헐뜯을 때에야 영국의회는 동인도회사 총독 로버트 클라이브(1725~1774)의 책임을 묻는 안건을 통과시켰다. 1774년, 그는 한을 품은 채 자살했다. 4년 후에는 두 번째 총독인 워런 헤이스팅스도 탄핵당했다. 그제야 영국의회는 그들이 지휘하던 무역회사가 영국 영토보다 더 크고 인구가 더 많은 제국을 다스리고 있었다는 사실을 깨달았다. 대부분의 영국인에게 인도는 멀고 신기하며 가보기 힘든 땅이었다. 모험을 좋아하는 사람이나 가난한 젊은이들이 그곳에 갈 뿐이었다. 인도는 영국인의 마음속에서 환상적이며 낭만적인 곳으로 여겨졌을 뿐, 동인도회사가 그곳에서 무엇을 하는지 영국 본토는 관여할 수 없었고 관심도 없었다.

온 힘을 다해 모험을 하다

1764년, 무굴제국은 이미 영국 제국주의자들의 뜻대로 움직이고 있었다. 영국인의 감독하에 황제는 수도인 델리에만 머물러야 했으며, 하루 종일 황궁인 붉은 궁전[80] 안에 쭈그리고 앉아 영국 정부가 주는 연금에 의지해 날을 보내야 했다.

아편이 아주 일찍부터 인도 황궁으로 들어왔기에, 1837년에 황위에 오른 12대 황제 바하두르 샤 2세는 어려서부터 아편중독자가 되어 아편을 피우느라 침식을 잊을 정도였다. 후에 인도 총독 댈하우지Dalhousie가 이른바 '권리상실론'[81]을 발표했는데, 이 이론은 황제가 죽은 후에 직계 후손이 없을 경우 그 영지와 연금을 동인도회사 소유로 귀속시킨다는 것이었다.

그런데 저주와 같은 일이 벌어졌다. 아내와 첩을 수없이 많이 거느리는 황제에게 설마 아들이 없을 것이라고 누가 상상이나 했겠는가? 그러나 현실은 무정한 것이었다. 바하두르 샤 2세는 그렇게 많은 아내들에게서 겨우 아들 하나만 얻었다. 게다가 그 아들은 태어날 때부터 병약했다.

그가 세운 태자는 1854년에 병에 걸려 죽었다. 영국인들이 정해놓은 원칙으로는 방계 계승자가 황제라고 칭할 수 없었다. 그래서 황실 구성원들은 붉은 궁전을 떠나 교외로 가야 했고, 황실이 제공받던 부양 금액도 10만 루피에서 1만 5천 루피로 줄어들어 버렸다. 줄곧 유약하기만 했던 황제였지만 더 이상 참을 수만은 없었다. 그는 기회를 틈타 영국인의 속박에서 벗어나려고 했다. 그리고 동인도회사가 잠시 소홀히 하는 틈을 타, 기회가 갑자기 다가왔다.

이슬람교 신도에게 돼지의 의미는 특별하다. 또한 브라만에게 암소는 신성불가침한 존재다. 그런데 이 때문에 문제가 일어난 것이다. 동인도회사는 인도 병사들에게 신형 라이플총(앤필드식 소총)을 지급했다. 그런데 이총을 사용하려면 반드시 기름 바른 탄약통을 입으로 물어서 열어야 했다. 이슬람교와 브라만교를 신봉하던 병사들은 그들이 사용하는 탄약통에 소기름과 돼지기름이 발라져 있다는 사실에 크게 동요했고, 결국 1857년에 쿠데타가 일어났다. 메루트에서 기의한 군대는 델리를 공격해 점령한 후 대 무굴제국 부흥의 기치를 올렸다. 그 소식은 신속하게 퍼져나갔다. 바하두르 샤 2세는 매우 기뻐했다. 황제는 이미 82세의 고령이었지만 잠시 강경해져서 미래의 희망이 보이는 이 기의에 참가했다.

이 소식이 영국에도 전해졌다. 영국은 타향에서 영국 상인을 지키려는 작은 군대가 생존을 위해 거대한 갈색 습격자들과 싸우고 있다는 사실을 알았다. 1857년은 대大 브리튼이 분노한 해였다.[82] 영국의 지휘관 존 로렌스John Lawrence와 존 니컬슨John Nicholson[83]은 소수의 군대를 거느리고도 먼저 상대방을 제압했다. 정교한 무기와 파죽지세의 기세로 그들은 다수의 군대를 이겨냈다. 로렌스는 이렇게 말했다.

"우리가 갖고 있는 승리의 카드는 검은 스페이드가 아니라 행운을 가져다주는 클로버다."

수적으로 절대 열세였던 영국이 어떻게 델리를 포위하고 함락시켰는가에 대해 역사서에는 많은 기록이 남아 있다. 명령을 받들어 머나먼 바닷길을 건너 대청大淸을 공격하던 영국군도 중도에 길을 바꿔 인도로 갔다. 1859년 4월, 기의의 불꽃이 스러지면서 영국은 다시 인도의 주인이 되었다. 무굴의 늙은 마지막 황제는 국외로 도망쳤고, 3년 후에 비참하게 죽었다. 국가의 상징이었던 황제는 이때부터 인도에서 사라졌다.

이 기의의 결과 영국이 인도제국을 합병해 영국 왕이 직접 관할하게 되었다. 〈인도 통치법〉[84]이 통과되면서 총독이 영국의 대리자가 되었고, 동인도회사의 지위는 영국의회에 대해 책임을 지는 인도 사무대신이 맡기로 했다. 1877년, 당시 총리 벤저민 디즈레일리Benjamin Disraeli가 빅토리아 여왕에게 인도 황제가 되어달라고 청했고, 휘황찬란하게 빛나던 문명 고국은 비참하게도 서방 여인의 사유재산이 되어버렸다.[85] 이때부터 겨우 30만 제곱킬로미터밖에 되는 않는 영국이라는 작은 섬나라가 3,350만 제곱킬로미터에 달하는 인도를 식민지로 소유하며, 그야말로 해가 지지 않는 나라가 되었다.

이렇게 그나마 남아 있던 튀르크제국의 혈맥이 오래된 땅인 남아시아에서 스러졌다. 인도, 파키스탄과 벵골에서 천분의 일이라도 튀르크 혈통이 있다고 말할 수 있는 사람은 이제 사라졌다.

중국만큼이나 오래되고 강했던 문명 고국 인도는 이제 다다르면 안 되는 지점에까지 이르러버렸다.

제6장

회
골

回
鶻

피의 바다에서 진한 복수를

위구르는 기원을 찾기 힘들 정도로 기나긴 역사의 강을 흘러왔다. 그 유장함은 튀르크에 비할 바가 아니어서 최초의 뿌리는 춘추전국시대의 '적적赤狄'으로까지 거슬러 올라간다. 적적은 흉노의 조상인 '백적白狄'과 형제 유목민족이라 할 만하다. 그들은 유랑하며 살았다. 한 데 모여 있는 성질이 아니었고, 모두를 통솔하는 지도자도 없었다. 흉노와 중원 제국이 힘을 겨루던 진한 시대에도 '정령丁靈'으로 이름을 바꾼 적적은 여전히 정착하지 않고 있었다. 남북조 시대가 되자 오늘날 산시성山西省과 허베이성 지역에 거주하던 정주丁州정령, 북지北地정령, 중산中山정령이 한족漢族에 융합되어 들어왔다. 그러나 막북에 거주하던 대부분의 정령은 여전히 대막의 모래 바람 속에서 이리저리 옮겨 다녔고, 이들의 호칭은 '칙륵勅勒'[1], '철륵鐵勒', '고차高車'로 바뀌었다. 그 지역의 주인도 선비, 유연에서 늑대를 토템으로 하는 돌궐로 바뀌었다. 이때부터 이들은 어쩔 수 없이 돌궐의 언어를 배우며 돌궐 밑에서 돌궐을 따라 출정해야 했다.

고차에는 6부가 있었는데 그중 한 부部가 오늘날 몽골 오르콘(오르혼)

강가에 살았다. '원흘袁紇'이라 불리던 이들이 바로 오늘날 위구르의 조상이다.[2] 또 오늘날 몽골 아홉 개의 강[3] 지역에 살았던 또 다른 부락은 오구즈(오우즈)라 불렸는데 투르크메니스탄인의 조상이다. 그러므로 위구르와 투르크메니스탄은 진정한 의미에서 형제라고 할 수 있다. 이들은 돌궐과 조금도 관련이 없다.[4]

바로 이 시기, 인간성에 대해 회의를 품게 하는 사건이 일어났다. 수 왕조 대업 원년(605), 고차 각 부部의 지도자들이 관례에 따라 재물을 갖고 서돌궐 처라가한(출로 카간, 재위 619~629)의 천막으로 조공을 바치러 갔다. 관례에 따르면 이들은 좋은 술과 고기를 대접받아야 했다. 그러나 가한의 천막으로 들어가기 직전, 처라가한의 병사들이 몰려오더니 이들이 가지고 온 물건들을 모조리 빼앗고, 손에 아무런 무기도 지니지 않은 수백 명의 고차 각 부의 지도자들을 모조리 산 채로 매장했다.

고차 지도자 매장사건은 대형 살육사건 목록에 들어가지는 않았지만 이렇게 조공하러 온 사신을 의도적으로 살해한 것은 인류가 행했던 놀라운 동물적인 행동으로 기록되었다. 이때부터 고차 후손들은 돌궐을 피눈물 나는 역사 속에 깊이 새겨두었다.

오르콘강이 고차를 위해 슬피 울었고, 대막의 독수리도 눈물을 흘렸다. 고비사막의 홍류紅柳[5]도 가슴이 아파 그렇게 붉은 색깔로 변해버렸을 것이다. 고차인은 꿈에서 깨어나 앞만 바라보면서 스스로 강해지는 길로 들어섰다. 각 부는 신속하게 새로운 지도자를 선출했고, 비밀리에 모여 반역을 도모했다. 위흘韋紇, 복골僕骨(복고僕固, 바르쿠드), 동라同羅(통라), 발야고拔野古(바이르쿠), 복라覆羅 등 고차 각 부락이 모인 연맹이 이렇게 해서 탄생했으니, 이것이 바로 '회흘回紇(위구르)'이었다.

천리에 백조 깃털을 보내다

회흘의 첫 번째 이르킨(위구르의 부족장, 사근俟斤)[6]은 시건時健(테긴, 재위 616~629)이라 했는데 약라갈藥羅葛(야글라카르) 씨족[7] 출신이었다. 두 번째 이르킨은 시건의 아들 보살菩薩(부사트, 재위 629~645)이었다. '보살'이라는 이름을 보며 깨달을 수 있는 사실은 머나먼 곳에서 온 불교가 이미 이곳에서 자리를 잡았다는 것이다. 신기하게도 현실의 이 '보살'은 정말 '보살이 재림'한 듯 용맹스럽고도 지략이 있었다.[8] 그는 전쟁터에 나가면 언제나 병사들보다 앞장섰으며 큰 전쟁이든 작은 전쟁이든 늘 최선을 다해 싸워 승리했다. 게다가 전쟁에서 얻은 전리품을 모두 부하들에게 나눠주니, 장군이든 병사든 모두들 목숨을 다해 싸웠다.

강성한 회흘은 돌궐에 대한 피의 복수를 한시도 잊은 적이 없었다. 그날은 뜻하지 않게 다가왔다. 당 왕조 정관貞觀 원년(627), 동돌궐의 힐리가한이 병사를 보내 반란을 일으킨 회흘을 공격할 때, 5천 기병을 거느린 보살이 10만의 돌궐 기병을 격파해 세상을 놀라게 했다. 그 후 오늘날 톨라 강가에 근거지를 세운 회흘과 철륵의 설연타薛延陀(타르두스)[9] 부족이 연맹을 맺으면서 서로 밀접한 관계가 되었다. 동돌궐에겐 끔찍한 악몽이 시작되었다.

얼마 지나지 않아 당 왕조가 반反 돌궐 전선에 가입했다. 동돌궐은 몇 차례의 전쟁을 버텨냈으나 결국 철저하게 패배했다. 그들 중 일부는 항복했으며, 일부는 쫓겨났다. 회흘은 마침내 조상의 소망을 달성했다. 불가사의한 것은 오늘날 얼마 되지 않는 몇몇 위구르 사람들이 스스로를 동돌궐의 후예라고 하면서 '동투르키스탄공화국'을 운위하는 일이다. 이미 국민당 시기에 실패로 끝난 바 있는 행동인데, 역사적 근원을 거슬러 올라가보면 위구르의 근원은 회흘이며, 이들은 돌궐과 적대 관계였다. 그렇다면 이것은 원수를 아버지라고 말하는 것과 무엇이 다르단 말인가?[10]

전쟁은 순조롭게 끝났고, 모두들 공을 나누기 시작했다. 공을 나누는 것은 전쟁을 하는 것보다 더욱 어려운 문제였다. 평균적으로 똑같이 나누자니, 군사를 가장 많이 보냈고 전사자도 가장 많은 당 왕조가 못마땅해 했다. 당 왕조는 절반의 토지를 가져갔다. 설연타도 강한 불만을 표시했다. 결국 소수가 다수에 복종하는 표결을 할 수 밖에 없었다. 표결 전에 당 왕조와 회흘은 설연타 몰래 묵계가 있었던 듯하다. 표결 결과를 본 설연타가 속았다는 느낌을 받았으니 말이다.

이에 분노해 눈이 벌겋게 달아오른 설연타는 당 왕조에 공개적으로 대항했다. 물론 그것이 스스로의 무덤을 파는 행위라는 것을 잘 알고 있었다. 정관 20년(646), 당 왕조는 회흘 지도자 호록힐리발胡祿頡利發(퀼릭 일테베르)[11] 토미도吐米度(투미투, 재위 645~648)를 총지휘관으로 임명해 회흘, 복골, 동라와 함께 연합군을 조직해 설연타를 공격했다. 그 전쟁에서 설연타의 다미多彌가한(다미 카간)이 죽었고, 그의 영지를 회흘이 독점했다. 그후 당 왕조가 도와준 것을 보답하고 당 왕조의 위세에 대한 존경을 표시하고자 토미도를 비롯한 철륵 12부의 지도자들은 함께 장안으로 갔다. 이들은 당 태종을 배알하고 태종을 '천하의 우두머리 가한'이라는 뜻의 '천가한天可汗'(텡그리 카간)으로 칭했다. 사실상 당 왕조가 주변 각국의 갈등을 조정하는 종주국이라는 지위를 인정한 것이다.

'천가한'은 회흘 지역에 한해도독부瀚海都督府를 세울 것을 명했고, 토미도를 회화懷化대장군 겸 한해도독으로 임명했다. 회흘의 노력이 마침내 만족할 만한 결과를 가져온 것이다. 뭇별이 달을 받들 듯, 주변 민족은 앞다퉈 '천가한'에게 공물과 선물을 바쳐왔고, 회흘은 그 일에 앞장섰다.

뜨거운 해가 불덩이처럼 빛나던 어느 여름날, 회흘은 사신 면백고緬伯高를 통해 당 왕조에 당시 아주 귀하게 여겨졌던 백조를 바치려 했다. 그런데 행렬이 면양호沔陽湖[12]에서 잠시 쉬고 있을 때 잠시 소홀한 틈을 타 백조가 날개를 퍼덕이며 날아가 버렸다. 백조를 갖고 가던 사신의 손에는 달랑 깃털 하나만 남아 있었다. 사신은 당황해서 어쩔 줄 몰라 하며 하늘과 땅에 하소연했지만 뾰족한 수가 없었다. 결국 백조의 깃털 하나만 든 채로 당나라로 가서 태종에게 바쳤다. 그리고 시를 지어 이렇게 자책했다.

"백조를 당 왕조에 바치려 했으나, 면양호에서 보물을 잃었나이다. 예의는 차리지 못했지만 마음만은 여전히 존재하니, 천리 길에 백조 깃털 하나 보내옵니다."[13]

그런데 뜻밖에도 당 태종은 이 타유시打油詩[14]와 거위 깃털을 보고 호탕하게 웃었다. 이후 "천리 길에 백조 깃털을 보내다"라는 이야기가 멀리 퍼져나갔고, 많은 사람들이 이 이야기를 전하면서 오랜 세월 동안 이어져 내려왔다.[15]

대막의 패자

이때부터 면백고의 주인 토미도는 대내적으로 '가한(카간)'[16]이라 칭하며 돌궐을 모방해서 회흘한국回紇汗國(위구르 칸국)을 세웠다. 대외적으로는 당의 호칭을 받아들여 그 속부屬部임을 인정하면서 '주인'인 당의 이름을 빌려 호가호위했다.

토미도의 첫 번째 계승자인 파윤婆閏(포윤, 재위 648~661)은 그래도 총명했다. 그는 아버지의 의발을 계승한 후 당에 '봉사'하면서 한편으로는 자신의 영역을 확장해갔다. 당 고종 영휘永徽 2년(651), 파윤은 당과 협력해 5만 회흘 기병을 거느리고 출정해 반란을 일으킨 서돌궐 아사나하로阿史那賀魯(사발라가한, 샤폴루 카간)를 격파했다. 전쟁이 끝난 후 아사나하로의 영역은 회흘의 이름 아래로 들어갔다. 이리하여 회흘이 돌궐의 초원제국의 지위를 대신하게 되었다.

그러나 모든 계승자가 그렇게 총명하고 지혜로운 것은 아니다. 파윤의 조카 비속독比粟毒(펠리, 재위 661~680)이 막 가한의 자리에 올라갔을 때, 그들이 처음에 어떻게 일어섰는지를 잊었다. 조상의 가르침을 잊고 자만해진 이 계승자는 자신들의 영역이 어떤 고생 끝에 형성된 것인지를 잊어버리고 당 왕조에 불순하게 대했다. 게다가 군대까지 파견해 당의 변경에서 재물을 노략질하니, 회흘과 당의 첫 번째 전쟁이 불붙었다.

전쟁의 결과는 매우 드라마틱했다. 드라마의 주인공은 활 쏘는 기술이 아주 정확했던 당의 장군 설인귀薛仁貴였다. 그는 놀라운 팔의 힘과 범상치 않은 노력, 타고난 재능으로 빼어난 활쏘기 기술을 수련했다. 당 고종 용삭龍朔 2년(662), 당 군대와 회흘이 천산에서 조우했다. 두 나라 군대가 전열을 정비한 후, 설인귀가 전열의 앞에서 연달아 세 발의 화살을 쏘았다. 원래는 화살의 사정거리 밖에 있었다고 생각됐던 회흘 장군 셋이 모두 말에서 굴러 떨어졌다. 놀란 회흘 군사들은 앞다퉈 말에서 내려 항복했고, 스스로가 가장 잘났다고 생각하던 회흘 가한도 오만했던 머리를 숙였다. 10만 명이 일으켰던 반란은 깨끗하게 정리되었다. 얼마 지나지 않아 당 군중에서 높다란 찬양의 노래 소리가 흘러나왔다.

"장군의 화살 세 발이 천산을 평정했네, 병사들의 길고 긴 노래가 한나라 관문으로 들어오네."[17]

다음 해, 승리를 거둔 당 왕조는 연연도호부燕然都護府를 회흘 본부로 옮겼고, 명칭을 '한해도독부'로 바꿨다. 한해도독부는 막북 각 부를 통괄하고 감시했다. 생각지도 못했던 이 사건으로 인해 회흘은 다시 고개를 숙인 채 공손하게 복종하는 나날을 보내야 했다.

시간이 얼마 지난 후 회흘은 다시 정신을 수습해, 불씨를 되살리고 있던 돌궐한국에 대항했다. 수많은 전쟁을 치르며 고통스러운 패배를 거듭할 무렵, 그들은 마침내 상대방에게 내란이 일어난 틈을 타 발실밀(바스밀)과 연합해 후後돌궐 골돌엽호骨咄葉護가한(쿠틀룩 야브구 카간)[18]을 공격해 살해했다. 당 현종 천보天寶 3년(744), 회흘 지도자 골력배라骨力裴羅(퀼릭 보일라)가 자칭 '골돌록비가궐骨突祿毗伽闕가한(쿠틀룩 빌게 퀼 카간)'이라 칭하며 남쪽에 있던 돌궐의 옛 땅으로 천도, 오늘날 오르콘강 사이에 카간의 천막을 세웠다.[19] 이곳은 미래의 칭기즈칸 천막에 아주 가까운 곳으로, 이 땅을 점령했다는 것은 패업을 이미 달성했다는 것을 의미하는 것이었다. 다음 해 퀼릭 보일라는 후돌궐 최후의 군주인 백미白眉가한(포미 카간)[20]을 죽이고 그 수급을 장안에 보내, 당 왕조에 이미 후환을 제거했음을 표시했고, 회흘이 귀부한다는 성의를 보였다. 그 보답으로 당 현종은 퀼릭 보일라를 '의왕義王', '회인懷仁가한'에 봉했다.

대당의 비호 아래 회흘은 돌궐의 옛 땅에 동쪽으로는 실위室韋, 서쪽으로는 알타이산, 남쪽으로는 대막을 통제하는 초원 한국을 세웠다. 한국을 건립한 후 돌궐한국의 중심지였던 외투켄산(항가이산)을 여전히 근거지로 삼았고 돌궐 문자를 계속 사용했는데, 이것이 바로 서방에서 회흘을 돌궐과 혼동하는 주요 원인이 되었다.

이때부터 9성 철륵(회흘, 복고, 혼渾, 발야고, 동라, 사결思結, 계필契苾, 발실밀, 갈라록葛邏祿)은 '9성 회흘'이라는 호칭으로 대체되었다.[21]

안사의 난 전후

어쩌면 신은 사람에게 가장 어울리는 것이 무엇인지를 잘 아는 것 같다. 그래서 천당을 먼 곳에 두고 여인을 가까운 곳에 둔 것이리라.

이미 만년에 접어든 당 현종은 한 소인배 태감의 안배하에 자기의 열여덟 째 아들인 수왕壽王 이모李瑁의 비妃 양옥환楊玉環을 단독으로 만났다. 풍만한 몸매의 그녀가 옷깃을 내려 매끄러운 가슴을 내보일 듯 말 듯 했을 때, 늙은 황제는 며느리의 아름다움에 빠져버렸다. 그녀가 참으로 사랑스러워 정신을 차릴 수 없었고, '삼강오륜' 따위는 아예 잊었다. 이렇게 해 중국 역사상 가장 유명한, 서른세 살의 나이 차이가 나는 남녀의 아름답고 처량한 사랑의 이야기가 시작되었다.

현종은 먼저 며느리를 도교 사원에 출가하게 했다. 그런 후에 당당하게 그녀를 불러 곁에 두고 귀비貴妃로 책봉했다. 아마도 양심의 가책 때문이었을까, 그는 아내를 빼앗긴 아들에게 위韋씨 성의 미녀를 보냈다.

사랑스러운 귀비에게 신선한 여지荔枝를 주기 위해 현종은 빠른 말에 여지를 싣고 파촉巴蜀 부주涪州(충칭)에서부터 불원천리 달려 장안으로 가져오게 했다. 당 현종은 이때부터 부끄러워하는 꽃의 모습을 하고 있는 양귀비에 빠져(전해지는 말로는 어화원의 꽃도 그녀의 미모에 부끄러워 고개를 숙였다고 한다) 나라를 경영하는 대권을 양귀비의 오빠인 양국충에게 넘겨주었다. 이 시기의 당 현종은 "봄밤은 고통스럽게도 짧아 해가 높이 떠올랐지만, 이때부터 군왕은 아침조회에 들지 않았다네"[22]라고 묘사됐다.

늙은 황제의 풍류 생활은 당나라 관원의 부러움의 대상이 되었고, 모두들 앞다퉈 그것을 따라했다. 예를 들면 당시 항주杭州자사였던 저명한 시인 백거이는 친구 원진元稹에게 항주 가기歌妓 상영롱商玲瓏을 데려다가 한 달 동안 놀게 해주었다. 양주揚州 기원妓院에 자주 드나들던 풍류시인 두목杜牧은 현종의 일에 크게 느낀 바 있어 "한 필의 말이 일으킨 먼지 속에 양귀비가 웃는 것은, 여지가 왔기 때문임을 아무도 모르네"[23]라는 유명한 구절을 읊었고, 당 왕조는 이때부터 '여지로 점철된 왕조'라는 이름을 얻었다.

산시陝西성 셴양咸陽시 마웨이진馬嵬鎭에 조성된 양귀비상.

역사의 규칙대로라면 어떤 왕조든지 평화로운 시간이 길어질수록 인구
도 크게 증가하고 군대도 날이 갈수록 방대해진다. 그러다 보면 지출도 점
점 늘어나고 관청의 관원들은 느슨해지게 마련이다. 왕조가 극성기에 이
르면 동란의 연기가 슬그머니 피어오르고, 제국의 종말을 알리는 종소리
가 울리기 시작한다. 하지만 안에 있는 위정자들은 그런 현상을 보지도 못
하고 듣지도 못한다. 그저 좋은 상황만 보려할 뿐이다. 그래서 그들은 "구
름에 잠긴 도성에 한 쌍의 봉궐이 있고, 비 내리는 봄날 숲 속에 사람들 집
이 있네"²⁴라는 구절처럼 평안한 모습을 볼 뿐이며, 춤추고 노래하는 태평
성대의 소리만 듣는다. 당을 대표하는 시인 두보는 그런 모습을 "성도 땅에
음악 소리 분분히 들려오고, 반은 강바람 속으로 반은 구름 속으로 들어
가네"²⁵라고 묘사했다. 그러나 "돌연 어양 쪽 땅을 울리는 북소리가 땅을
흔들고 들려오"²⁶는 단계에 이르면 후회해도 이미 소용이 없다.

대당제국에 몰락의 종소리를 처음으로 들려준 것은 소그드와 돌궐의
혼혈아였던 안록산安祿山²⁷이라는 자였다. 그는 당 현종을 위해 호선무胡
旋舞를 추었고, 당 현종에게 춘약春藥인 '조정화助情花'를 바쳤다고도 한
다. 양귀비를 양어머니로 삼고, 군에서 세운 공적과 권모술수를 이용해 범
양范陽(유주), 평로平盧(영주), 하동(태원) 삼진三鎮절도사가 되었으며 20만
대군을 통솔했다.

아첨하는 자는 언제나 같은 모습을 하고 있다. 눈은 해바라기처럼 늘 태
양을 향하지만, 사실 그 뿌리를 보면 땅 속에서 열심히 이익을 찾고 있기
마련이다. 안록산은 황제가 여색에 빠져 전쟁 준비를 제대로 하지 않고 있
는 것을 보곤, 자신이 황위를 탈취하고 양귀비를 빼앗을 수 있는 가능성이
충분히 있다고 생각했다. 그래서 천보 15년(755), '불학무행不學無行'의 양
국충을 주살한다는 명분으로 계현薊縣 독락사獨樂寺에서 기병해 8년에 걸
친 안사의 난을 일으켰다. 이 사건으로 인해 당 왕조는 몰락의 길로 들어

절반의 중국사

서게 된다. 천보 15년(755)에 인구가 5,292만 명이었지만 당 숙종肅宗 이형李亨 상원上元 원년(760)에는 1,699만 명으로 급격하게 줄었다. 안사의 난으로 인해 중원에 살던 사람들이 대거 남쪽으로 이주하는, '제2차 남천南遷'이 일어났다.

위기의 시기에 골력배라(퀼륵 보일라)의 아들 갈륵葛勒가한(카를륵 카간, 원래 이름은 바얀초르 혹은 모옌초르, 재위 746~755)[28]이 사신을 대당으로 파견, 군대를 보내 안록산을 토벌하겠다고 했다. 당 숙종 이형은 그들에게 보답으로 줄 것이 없었기에 아무 약속이나 하며 토벌을 허락했다. 숙종은 회흘이 군대를 보내 장안을 수복해주기만 한다면 미녀든 재물이든 마음대로 가지게 하겠다고 말했던 것이다.

당 숙종 지덕至德 원년(756), 회흘 기병 군단이 장성을 넘어 중원을 향해 진격하기 시작했다. 부드러운 들판에는 쟁쟁 거리는 말발굽소리가 울렸다. 바람 속에서 흔들리는 북방 말의 갈기는 마치 불어오는 바람에 흔들리는 보리와도 같았다.

회흘 군단은 먼저 삭방절도사 곽자의郭子儀와 연합해 반란에 참여한 동라同羅인을 평정했다. 다음 해에 회흘과 당 연합군은 아버지를 죽이고 자립한 안록산의 아들 안경서安慶緖를 향해 진격, 10만 명을 죽이고 장안을 수복했다.

장안을 수복한 이형의 아들 이예李豫는 회흘에 낙양도 수복해달라고 요청했다. 당이 회흘에 했던 약속은 그 뒤에 지키겠다고 한 것이다. 이예가 그렇게 요청한 이유는, 연합군이 장안에 진입하자마자 도시를 불태우고 사람들을 죽이고 노략질을 해 낙양 민중이 공포에 휩싸인다면 안경서가 분명히 죽음을 각오하고 낙양을 지킬 것이었기 때문이었다.

하지만 결국 안경서는 낙양에서 후퇴해 상주相州로 물러났다. 오매불망 당의 군대가 들어오기를 기다리고 있던 낙양 백성은 한족과 회흘 연합군이 얼마나 무시무시한지 비로소 알게 되었다. 회흘 병사들은 낙양 백성을 대량으로 학살하고 불태우며 간음하고 노략질했지만, 당연한 일이라고 생각했다. 그것은 당 왕조가 원래 그들에게 주기로 했던 유일한 보수였다. 게다가 일찌감치 장안에서 그 보수를 받았어야 하는데 당의 부탁으로 뒤늦게 받은 것뿐이었다.

유주를 점령하고 있던 안록산의 부장 사사명史思明은 당에 투항했다. 이때 양국충과 양옥환은 이미 불만에 가득 찬 당의 군대에 살해되었고, 사랑하는 비의 생명을 지키지 못한 현종은 슬픔에 빠져 황위를 아들인 당 숙종 이형에게 물려주었다. 당 숙종은 아버지처럼 사랑에 빠져 나라를 망치는 저급한 잘못을 범하지 않았다. 오히려 회흘의 카를륵 카간을 '영무위원비가궐英武威遠毗伽闕가한'으로 봉하고 친딸 영국寧國공주를 그에게 시집보냈다. 당 숙종의 이러한 행동은 매우 현명한 것이었다. 이는 안사의 난 같은 난리가 다시 일어날 경우 회흘이 목숨 걸고 싸울 수 있게 했고, 친딸을 이민족에게 주는 역사에 유례없는 결정을 내림으로 해서 이민족에 편견이 있는 자들의 입을 막아버렸다.

그러나 꽃가마가 막 떠났을 때 다시 난리가 일어났다. 이미 당에 투항했으나 신임을 받지 못한다고 느꼈던 사사명이 다시 반기를 든 것이다. 그는 당 숙종 건원乾元 2년(759)에 갑자기 병사를 이끌고 상주로 남하해, 당 군대에 겹겹으로 포위당한 안경서를 도왔다. 힘으로 비교하자면 10분의 1도 안 되는 상황에서, 군사 방면의 기재奇才였던 사사명은 곽자의 등 아홉 절도사의 병사들을 격파했고, 다시 낙양과 변주汴州를 점령했다. 1년 전쯤에 사라져갔던 반란군은 다시 생기를 되찾았다.

그러나 상황이 점차 변했다. 먼저 사사명이 아들 사조의史朝義에게 피살당했다. 이 사건으로 인해 반란 집단 내부에서는 제 생명을 보전하기 위해서는 지도자, 심지어는 부친까지도 살해하는 것이 유행병처럼 번졌다. 다음으로 당 대종代宗 이예 보응寶應 원년(762), 이예가 황제 자리에 오른 후, 즉시 회흘 가한에게 사람을 보내 함께 힘을 합쳐 사조의를 치자고 했다. 조건은 당 숙종 때와 같은 것이었다. 다시 회흘 병사를 빌리는 것은 사면초가에 처한 당 왕조가 선택할 수 있는 유일한 행동이었다.

마침내 회흘과 당의 연합군이 낙양성 밖에서 사조의를 격퇴했다. 사조의는 도망치다가 부하 이회선李懷仙에게 죽임을 당했다.

낙양을 되찾은 후, 회흘 출병 조건에 대한 결산이 다시 이루어졌다. 낙양에 두 번째 재앙이 시작된 것이다. 부녀자와 아이들은 공포에 떨며 성선사聖善寺와 백마사白馬寺로 숨어들었고, 부처님의 힘이 무고한 생명을 보호해주길 빌었다. 그러나 회흘 병사들은 사원을 태워버렸고, 그 안에 숨었던 1만여 명 백성들은 모두 불타 죽었다. 낙양성을 태운 무서운 불길은 몇 달 동안 꺼지지 않았다. 세상에 이름났던 번화한 동도東都 낙양은 황량한 폐허가 되어버렸고, 이후 100년 동안 회복되지 않았다.

당의 군대도 동포에 대해 회흘 병사들보다 더 흉악하고 잔인한 짓을 했다. 황하 유역에 남아 있던 민중은 어쩔 수 없이 종이로 만든 옷이라도 걸친 채 하루하루 목숨을 이어가야 했다.

안사의 난을 평정한 공으로 등리登利 가한(텡그리 뵈귀 카간, 재위 759~780)[29]은 당 왕조에 의해 비가毗伽 가한(빌게 카간)으로 책봉되고, 회흘은 출병 전에 약속했던 '상'을 받았다. 그러나 출병 전후에 일어났던 몇 가지 작은 사건이 당의 감정을 상하게 했다. 당 군대의 총사령관이었던 태자 이괄李适은 회흘 가한이 당을 돕기 위해 출정했는데도 회흘 사람들이 인정할 만한 존경심을 보이지 않았다. 그래서 후에 회흘은 태자에게 황족으로서의 존엄을 지키라고 권했던 당의 몇몇 관원들을 채찍질해 죽음에 이르게 했다. 이것은 쌍방의 미래에, 특히 덕종德宗이 황제 자리에 오른 뒤 회흘과 당의 관계에 검은 그림자를 드리우게 되었다.

당과 회흘의 혼인

갈등이 생기면 조화를 이루기 힘든 듯하다. 당 덕종 이괄 건중建中 원년 (780), 회흘에게 모욕을 당했던 이괄이 황제 자리에 오르자 등리가한은 당 왕조가 국상을 당한 틈을 타서 공격해왔다.

그러자 회흘 내부에서 군신 사이의 갈등이 폭발했다. 가한의 숙부이자 재상이었던 돈막하달간頓莫賀達干(톤 바가 타르칸)이 여러 차례 권고했지만 효과가 없자, 회흘 사람들에게 퍼져있던 전쟁에 대한 혐오 심리를 이용해 등리가한을 죽이고 스스로 합골돌록비가合骨咄祿毗伽가한(알프 쿠틀룩 빌게 카간, 재위 780~789)이 되었다. 그는 당 왕조에게 과거의 원한은 잊고 다시 잘 지내보자는 태도를 보였다.[30]

이런 소식이 당에 전해지자, 재상 이비李泌의 거듭된 권고로 덕종은 마침내 복수하려는 마음을 버렸고, 정원貞元 4년(788)에 딸인 함안咸安공주를 회흘 가한에게 시집보냈다.[31] 그 보답으로 회흘도 당을 도와 조금씩 다가오는 토번에 대항했다.

새로 당의 공주를 취한 회흘 가한은 신이 나서 '회흘'이라는 이름을 '회골回鶻'로 바꿨는데, 아마도 초원을 치달리는 말에 만족하지 못하고 매처럼 하늘을 돌며 날렵하게 날아오르고자 했던 모양이다.

그러나 회골은 당과 혼인 연맹을 맺었고 이름도 바꾸긴 했지만, 결코 날아오르지는 못했다. 789년 골돌록비가骨咄錄毗伽가한(쿠틀룩 빌게 카간)이 병으로 죽은 후 당의 공주가 아들을 낳지 못하자, 회골은 795년 재상 협질蛺跌(에디즈) 씨족의 골돌록骨咄祿(쿠틀루크)[32]을 가한으로 삼는 수밖에 없었다.[33] 협질 씨족 출신이었던 골돌록은 약라갈 씨족이 다시 돌아오는 것을 막기 위해 원래 가한의 자손을 모조리 당으로 보내 인질로 삼게 했다. 황족 이외의 씨족이 마침내 가한이 될 수 있었던 것이니, 이런 예가 처음으로 나타난 후 회골의 내란은 걷잡을 수 없이 번져나갔다.

그래도 회골은 아직 당과의 경제적 교류에서 이익을 보고 있었다. 당은 방진方鎭과의 전쟁 때문에 대량의 말이 필요했고, 토번이 서북쪽을 침범하면서 가장 좋은 목장을 잃었기 때문에 회골에 의지해서 말을 공급받아야만 했다. 회골은 기회를 틈타 말의 값을 올려 말 한 필에 비단 40필을 요구했다. 장강 하류의 수많은 여인이 섬섬옥수로 짠 아름다운 비단은 조정에 의해 초원의 말 기르는 자들에게도 끊임없이 흘러들어갔다. 회골은 그것을 다시 아시아대륙 내지의 이민족에게 팔아 큰 이익을 보았다.

기억할 만한 것은 당의 태화太和공주가 당 목종穆宗 이항李恒 장경長慶 원년(821)에 회골의 숭덕崇德가한에게 시집갔다는 것이다. 태화공주는 이민족에게 엄청난 기쁨을 가져다주었다. 그녀가 많은 혼수를 가져왔기 때문이 아니라 공주라는 고귀한 신분이었기 때문이다. 사실 당과 교류하던 열강 중에서 오직 회골만이 진짜 공주를 취할 수 있었다. 그것도 무려 세 번이나 말이다. 다른 나라가 운 좋게 당과 혼인관계를 맺었다고 해도 그 대상은 황실의 먼 친척들뿐이었다.[34]

큰 바다를 멀리서 바라보면 펼쳐진 바다의 푸른 빛깔이 아름답게 느껴지지만 가까이 다가가서 보면 무시무시한 파도가 일렁이고 있게 마련이다. 회골 내부의 투쟁은 끊이지 않았고, 궁중에서 가한이 피살당했다는 소식도 들려왔다.[35] 그런가 하면 회골 서부의 속부屬部인 키르기스가 예니세이 강 상류에서 끊임없이 회골의 황권에 도전한다는 소식도 있었다.[36] 당 문종文宗 이앙李昂 개성開成 4년(839), 회골은 100년 이래 가장 무서운 기아에 휩싸였다. 게다가 큰 눈이 며칠 동안 계속 내리는 바람에 가축이 대부분 얼어 죽었으며, 전염병이 퍼져 한국은 이제 망하기 직전이었다.

외부 침입과 자연재해는 사실 두려운 것이 아니었다. 진정으로 두려운 것은 한국이 민중의 믿음을 잃고, 내부의 분열이 일어났다는 것이었다.

내부의 적이 나라를 팔다

자연재해가 일어난 다음 해(840), 정권을 쥔 재상에게 불만이 있던 회골 장군 하나가 사적인 원한을 공적으로 갚았다. 그는 스스로 앞장서서 키르기스의 10만 기병에 길을 안내해 회골에 치명적 일격을 가했다.

내부의 적은 마침내 자신의 소망을 이루었다. 원한에 사무쳤던 회골 재상 굴라물掘羅勿(쿠레비르)과 회골 이파履破가한(카간 호사, 재위 839~840)이 함께 살해된 것이다. 한없는 찬란함을 자랑했던 회골한국은 멸망했고, 회골이 고생스럽게 만든 도성 카라발가순도 잿더미가 되어버렸다. 현재 몽골의 오르콘강 유역을 다니다보면 회골한국의 웅대한 도성 유적을 아련하게나마 알아볼 수 있고, 운이 좋으면 당나라 때의 기와 조각 하나를 주울 수도 있다.

어떤 국가나 민족에 내부의 적이 나타나는 것은 드문 일은 아니다. 개인의 원한 때문에 국가와 민족의 이익을 팔아먹는 자는 언제나 있었다.

중국 역사상 가장 유명한 내부의 적은 춘추시대 오吳에서 나타났다. 백비伯嚭는 오자서伍子胥의 재능을 질투했다. 그래서 오자서가 오왕 부차夫差에게 월왕 구천句踐을 죽이라고 할 때 일부러 오자서와 다른 주장을 했다. 그 후 사사건건 오자서와 대립하더니 결국 구천에게 숨을 돌릴 수 있는 기회를 주었고, 구천은 20년에 걸친 와신상담 끝에 오를 멸망시켰다. 하지만 나라를 멸망으로 이끈 이 내부의 적은 몰래 월나라를 도와준 사실이 있어도 사면받지 못했다. 오가 멸망한 지 얼마 지나지 않아 소인배를 깔보던 구천에 의해 결국은 목이 잘렸다.

회골에 등장한 배신자의 이름은 구록막하句祿莫賀(쿨룩 바가)다. 그러나 역사에는 회골이 자객을 파견해 그를 죽였다는 기록은 보이지 않는다.

개인의 원한 때문에 온 민족이 희생당하다니, 이것은 너무 잔혹한 대가

가 아닌가. 호가胡笳 소리 슬프고 강적羌笛 소리 처량하며, 목초는 나날이 시들어갔다. 이제 회골은 다섯 갈래로 갈라져 남쪽으로 내려가기도 하고 서쪽으로 이주하기도 했다.

그중 한 갈래는 가한의 동생 온몰사溫沒斯(월뮈쉬)와 재상 적심복고赤心僕固(칙시 뵈귀)가 이끌고 남쪽으로 내려와 당에 비호를 요청했다. 당은 이들에게 이씨 성을 하사했다. 한편 가한의 천막인 아장牙帳 근처에 있던 열세 개 부족 10만 부중 역시 남쪽으로 내려왔는데, 이들은 호희특근烏希特勤(우희 테긴)을 오개烏介가한(위게 카간, 재위 841~846)으로 옹립해 남으로 오르도스 지역까지 도망쳐왔다. 오개가한 무리는 태화공주를 인질로 삼아 당에 가한을 책봉하고 양식을 빌려줄 것, 성과 병사를 빌려줄 것 등을 요구했다. 상황이 여의치 않아지자 오개가한은 친히 기병을 이끌고 변경을 소란스럽게 했으나 결국 당군에 처참하게 패했다. 당 무종武宗 이염李炎 회창會昌 3년(843), 당군이 진무성振武城(내몽골 허린거얼) 밖에서 도망치던 오개가한과 태화공주를 발견했다. 몰래 태화공주와 연락한 당의 군대는 맹렬한 공격을 퍼부어 태화공주와 그 시종들을 마침내 구해냈다. 오개는 3천 명의 패잔병을 이끌고 흑룡강黑龍江(헤이룽강) 근처의 실위室韋로 투항했으나 절망에 빠진 재상 은일철隱逸啜(이인 초르)에 의해 그곳에서 피살당했고, 그의 동생인 게념揭念도 얼마 지나지 않아 부하들에게 쫓겨나 감주甘州로 도망쳤다.

회골 재상 삽직駅職과 조카 방특근龐特勤(팡 테긴)은 서쪽으로 간 대부분의 사람들을 이끌었다. 이들은 15부 회골을 모아 카를루크*에 투항했으며, 멀리 파미르고원 서부의 초하楚河(추강) 일대로 옮겨가 '총령서회골葱嶺西回鶻'이 되었다. 나중에 일세를 풍미했던 카라한 왕조(흑한黑汗 왕조)를 세우기도 했다.

난을 피해 서쪽으로 가던 이들 사이에 다시 분란이 발생했다. 멀리 가는 것을 원치 않았던 한 무리를 방특근이 이끌고 당의 안서도호부安西都護府 관할 베슈발리크(신장위구르 지무싸현吉木薩縣)[37]로 갔고, 언기焉耆 금사령金 沙嶺을 중심으로 휘황찬란한 지난날을 이어갔다. 방특근은 부근 회골 부락 공동의 가한이 되어 당 왕조의 승인과 책봉을 받았다.[38] 당 의종懿宗이 최李漼 함통咸通 7년(866), 회골 장수 복고준僕固俊이 병사를 이끌고 천산을 넘어 투르판분지로 남하, 토번의 서주西州와 북정北庭을 공격해 회골의 중심지가 투르판의 고창高昌으로 옮겨갔다. 이때부터 이 무리는 '서주회골' 혹은 '고창회골'이라 불렸다. 3년 후 병권을 장악한 복고준이 방특근을 죽이고 가한이 되니, 방특근의 자손들은 감주로 도망쳤다. 1130년대에 서주회골은 서요西遼(카라 키타이)의 부속으로 전락했다.

서쪽으로 간 다른 무리도 그리 멀리 가지는 않았다. 이 무리는 하서주랑에서 발걸음을 멈추었으니, 그때부터 '하서河西회골'이라 불렸다. 그중 감주회골이 가장 강성했기에 '감주회골'이라고도 불렸다. 이 무리의 우두머리는 순수한 가한의 혈통이 아니었기에 멀리 안서의 방특근을 가한으로 삼았다. 그래서 방특근의 후예는 감주로 도망친 후 즉시 가한의 자리에 올랐다. 새로운 가한과 사주沙州 귀의군歸義軍(후대의 금산국金山國, 돈황국敦煌國)은 때론 혼인연맹을 맺고 때론 전쟁을 하면서 함께 이 비옥한 땅을 다스렸다. 1028년, 하서회골은 서하에 병탄되었고 일부가 오늘날 칭하이성에 있던 곡시라唃厮羅로 도망쳐 현지 토번인과 섞여 살며 황두黃頭회골[39]이라 불렸다. 이들은 오늘날 위구족裕固族[40]의 선조가 되었다.

7세기 중엽부터 8세기 말에 이르는 150년간, 회골은 중천에 뜬 해처럼

---

* 원래 돌궐의 속부로서 처음엔 이르티슈강 중상류 지역에서 유목을 했다. 안사의 난 이후에 수이아브(碎葉城)에 카를루크 칸국을 세웠다. 10세기 초에 다시 총령서회골과 함께 카라한 왕조를 세웠다. 지금은 우즈베크와 카자흐에 융합되었다.

휘황찬란하게 고비 초원 전체를 밝혔다. 그러나 아쉽게도 이 초원의 태양은 오랫동안 그 빛을 간직하지 못하고 850년대부터 점차 꺼지기 시작했다. 그러나 의외의 수확은 있었다. 오늘날 신장위구르자치구 지역에 지방정권[41]을 세운 후, 점차 회골과 언어·신앙·풍속·사고방식이 비슷한 민족인 돌궐, 토번, 카를루크 등 돌궐어족과 융합되어 마침내 신장위구르자치구의 주 민족이 되었다는 점이다.

이슬람에 귀의하다

카를루크에 투항한 총령서회골은 결코 여기서 시들어가는 것에 만족하지 못했다. 9세기 말, 총령회골은 카를루크인, 야그마(양마인样磨人)[42]와 연합해 카라한 왕조라는 작은 왕국을 만들었다. '카라'는 돌궐어로 '위대하다', '강대하다', '최고'라는 의미이나 그 원래 뜻은 '검은색'이다. 그래서 카라한 왕조[43]는 '흑한黑汗' 왕조라고도 한다.

첫 번째 칸은 빌게 퀼 카디르한이라 했으며 칸의 천막은 발라사군(키르기스스탄의 토크마크 부근)에 있었다. 칸이 죽은 후 두 명의 아들이 각각 자리를 물려받았다. 장자인 바지르는 발라사군에 머물며 사자왕(아르슬란 카라 카간으로 여기서 '아르슬란'은 '사자'라는 뜻)이라 칭했으니, 대칸大汗이라는 뜻이다. 둘째인 오굴차크는 탈라스(잠부르)에 자리 잡았으며 '수낙타'(부그라 카라 카간으로 여기서 '부그라'는 '수낙타'라는 뜻)라 했으니, 부칸副汗이라는 뜻이다.

불교를 신봉하던 오굴차크와 이슬람교를 신봉하던 서부의 이웃인 사만 왕조(819~999) 사이의 관계는 점차 악화되었다. 893년, 사만 왕조는 기세등등하게 이슬람 성전을 일으켰다. 성전의 위력은 대단했고 사만 왕조는 즉시 훌륭한 결과를 얻었다. 카라한 부도副都 탈라스는 함락되었으며, 오굴차크는 어쩔 수 없이 카슈가르로 도읍을 옮겨야 했다.

얼마 지나지 않아 사만 왕조 이스마일 한 형제 사이에 내분이 일어났고, 이스마일 한의 동생 나스르가 내란 중에 패배해 카슈가르에 정치적 망명을 요청했다. 오굴차크는 형제의 내분을 이용해 사만 왕조에 타격을 가하고자 이 무슬림 왕자를 열정적으로 영접했으며, 그에게 알투슈 지방의 수장 자리를 맡겼다.

그런데 나스르는 알투슈에 몰래 모스크를 만들었고, 무슬림과 상인이 이곳으로 끊임없이 흘러들어오기 시작했다.

사투크 부그라(927~955)는 오굴차크의 조카였는데, 이때 이미 멋지고 잘생긴 소년으로 성장해 있었다. 이유는 알 수 없으나 이 소년은 무슬림 상품에 대해 아주 깊은 흥미를 갖고 있었다. 물건을 좋아하면 그 사람들까지 좋아지는 법, 그는 점차 나스르 왕자와 친구가 되었다. 장기적인 이슬람의

카슈가르의 올드시티 전경.

영향 아래 사투크는 몰래 이슬람으로 개종했고, 압둘 카림이라는 무슬림 이름까지 받았다. 그는 카라한 왕족 중 이슬람을 신봉한 첫 번째 인물이라고 하겠다.

이 잘생긴 소년을 절대 얕보아서는 안 된다. 그리고 그가 수동적으로 이슬람으로 개종했다고 생각해서도 안 된다. 사실 사투크가 개종한 데에는 사람들이 알지 못했던 웅대한 야심이 들어 있었다. 그는 몰래 종교 지식을 공부하는 동시에 충실한 신도들도 함께 키웠다. 여러 해의 준비 끝에 스물다섯 살이 된 그는 무슬림 형제들을 이끌고 정변을 일으켜, 숙부이자 계부(아버지가 죽은 후 그의 어머니가 숙부에게 시집갔다)를 몰아내고 '수낙타'의 왕위를 차지했다.

왕 자리에 오르자 사투크는 이슬람교를 합법적 종교로 선포해 신하와 백성들에게 이슬람에 귀의하라고 했다. 그러나 그의 호소는 큰 바다에 돌을 던진 것처럼 거의 아무런 반향도 일으키지 못했다. 심지어 불교도들은 폭동을 일으킬 낌새까지 보였다. 방법이 없었다. 사투크는 자신의 손에 있는 권력을 휘두르는 수밖에 없었고, 강제로 이슬람교를 믿게 했다. 얼마 지나지 않아 그는 발라사군에 대항해 성전을 일으켰고, 이슬람을 받아들이기를 거부하는 대칸을 격파했다. 이때부터 이슬람교는 카라한 왕조의 국교가 되었고, 무슬림의 상징인 초승달과 별이 그려진 깃발이 그 땅에서 힘차게 휘날리기 시작했다.

카라한 왕조가 강제로 이슬람교를 시행하고 불교를 강력하게 억압한 행동은 불교를 신봉하던 동부 인근에 있던 우전국于闐國(호탄)의 불만을 야기했다. 우전국은 카라한 왕조의 불교도 폭동을 지지했을 뿐 아니라 우전으로 도망친 불교도를 받아들이며 그들을 비호했다. 이에 두 나라 관계는 급격하게 나빠졌으며, 송 태조 건륭建隆 3년(962), 반세기에 걸친 피비린내 나는 전쟁이 시작되었다.

전쟁의 과정은 굴곡이 심했다. 서로 승리하기도 하고 패배하기도 했으며, 한쪽이 공격하고 나면 다른 쪽이 이어서 공격하니, 두 나라의 국경선은 시시각각으로 변했다. 전쟁의 추는 999년에 기울기 시작했다. 카라한 왕조가 일단의 군사를 이끌고 오늘날 우즈베키스탄 부하라를 중심으로 한 사만 왕조를 멸망시켰고, 이슬람 성전 동맹군을 편성했다. 얼마 지나지 않아 카라한 왕조는 방어에서 공격으로 돌아섰고, 1006년에 마침내 우전성을 점령해 서역 최후의 적수를 깨끗하게 몰아냈다.

이제 카라한 왕조는 극성기에 이르렀으니, 그 강역이 오늘날 신장위구르 남부, 키르기스스탄, 타지키스탄과 카자흐스탄 남부, 우즈베키스탄 동부에 이르는 광대한 지역에 이르렀다. 왕조는 수도를 발라사군에 두었고, 부도는 카슈가르에 두었다.

이슬람교가 들어온 이후 카라한은 소그드 자모를 이용해 창제한 고회골문古回鶻文 대신 아랍자모를 이용한 '위구르 문자'를 만들었다.

1130년대에 이르자 거란인 야율대석耶律大石이 군대를 이끌고 서쪽으로 와 카라한 왕조의 땅에 '카라 키타이'를 건립했고, 동서 카라한 왕조는 서요의 밑으로 들어갔다.

《돌궐어대사전》

《디완 루가트 아트 튀르크(돌궐어대사전)》(1074)는 인류가 남긴 묵직한 문화유산이다. 이 사전과 장편 시《쿠타드구 빌릭》*44은 카라한 왕조 시기에 피어난 아름다운 두 송이 꽃이다.

《돌궐어대사전》은 매우 논쟁적인 대작이다. 언어학 방면에는 크게 공헌했지만 민족학 문제에는 큰 혼란을 가져왔으니, 여기에 유감을 표하지 않을 수 없다.

　본래 '알타이어계'라는 것은 언어학적 분류다. 그중 서부어족은 튀르크어, 위구르어, 카를루크어, 타루두스어, 키르기스어, 야그마어, 투르기슈어, 오구즈어를 포함한다. 돌궐어와 기타 언어는 독립적이고 평등한 지위에 있다. 그러나 《돌궐어대사전》에서는 순수한 언어학 분류로 민족 분류를 대체해, 돌궐이라는 단어를 모든 알타이 서지西支 언어의 공동 명사로 바꿔놓았다. 그래서 돌궐과 서로 다른 종족이지만 일찍이 돌궐에 신하를 자처했거나 돌궐과 가까이 있던 각 부部를 모두 돌궐어족에 넣어버렸다. 또한 동서로 구역을 둘로 나눴는데 하나는 북욕北褥·흠찰欽察(킵차크)·오고사烏古斯(오구즈)·열면咽面·파실길이척巴失吉爾惕(바스지르티)·발실밀拔悉密(바스밀)·시柴·약발고藥拔古·달단韃靼(타타르)·힐알사點戛斯(키르기스) 등이고, 다른 하나는 처월處月(칠)·돌기시突騎施(투르기슈)·양마祥磨(야그마)·역가나극亦哥羅克·객록극喀祿克(칼루크)·처밀處密·회골(위구르)·당항黨項(탕구트) 등이다. 그중에서 이성異姓 돌궐인 오구즈와 야그마, 칠뿐아니라 근본적으로 자신을 돌궐에 속한다고 인정하지 않았던 위구르나 키르기스, 탕구트 등도 망라해서 집어넣었다.

　《돌궐어대사전》의 분류에 따르면 현재 돌궐어(튀르크어)를 사용하는 민족은 러시아·중국·터키·카자흐스탄·키르기스스탄·투르크메니스탄·아제르바이잔·이란·아프가니스탄·몽골·유럽의 일부 국가들까지 무려 1억이 넘는다. 중국에서 돌궐어족 언어를 사용하는 것은 위구르·카자흐·우즈베크·위구·사라·타타르, 그리고 신장위구르자치구에 거주하는 몽

---

*　《쿠타드구 빌릭》은 "사람에게 행복을 가져다주는 지식"이라는 의미다. 철학적 성격을 띠면서 권유하는 내용을 담은 장시이며, 철학, 윤리학, 사회학 백과전서로 높이 평가받는다. 작자는 카라한 왕조의 시인 유수프 하스 하지프이다.

골족 중의 투바인 등 인구가 1,000만 명이나 된다. 과연 그들 모두를 순수한 돌궐인이라 할 수 있는가?[45]

사실《돌궐어대사전》은 '일가를 이룬 작품'이라 할 만하다. 문제는 서방 학자들이 한문으로 된 정사正史가 아닌 중앙아시아 서적을 통해서 먼저 돌궐을 알게 되었다는 것이다. 그래서 서방 서적에서 '튀르크(돌궐)'라는 것이 원래 민족의 호칭으로 쓰이다가 언어학의 범칭으로 변하게 되었다. 범튀르크주의자들은 이것을 기준으로 삼아 멋대로 소설을 써내려갔고, 오늘날 아무것도 모르는 위구르인이 자신들을 '튀르크인'이라고 칭하게 된 것이다.[46] 아사나씨를 핵심으로 하는 돌궐인은 줄곧 황색을 숭상했지만 카라한 왕조는 국기까지 모두 검은색이다. 만약 작자가 구천에서 이 사실을 안다면 제 조상과 돌궐인을 하나로 혼동해서 말한 것에 대해 후회막급일 것이다.

이 책의 작자 마흐무드 카슈가리는 정통 중국인이다.[47] 그는 오늘날 신장 카슈가르 시 서남쪽 48킬로미터 지점에 있는 우팔 아즈크 마을에서 태어났다(1005). 그의 원래 이름은 마흐무드 이븐 후세인 이븐 무하마드 알 카슈가리이다. 그의 할아버지 후세인 이븐 무하마드는 동부 카라한 왕조의 대칸이었다. 부친 아미르 후세인은 한 도시의 총독이었다. 1058년, 왕조에 정변이 일어나 대칸이 비妃에게 독살당했고 총독도 살해되었다. 마흐무드 카슈가리도 홀로 카슈가르에서 도망쳐 당시 이슬람문화의 중심지였던 바그다드로 갔다.

인류 역사를 놓고 보면 이것은 상당한 행운이었다고 할 만하다. 관료는 언제나 넘치도록 많이 있었다. 그중 하나가 사라졌다가 천고에 이름을 남긴 위대한 문인으로 나타난 것이다. 역경에 처한 그는 좌구명左丘明이나 사마천司馬遷처럼 열심히 저작에 골몰해 아랍어로 세계 최초의《돌궐어대사전》을 편찬했다. 그리고 그것을 아바스 왕조의 칼리프 알묵타디에게 바

신장위구르자치구 카슈가르 인근의 우팔에 있는 카슈가리 무덤.

쳤다. 《돌궐어대사전》의 사목詞目은 모두 7,500조인데, 위구르를 포함한 돌궐어 제 민족의 언어와 문자, 인종, 역사, 민속, 천문, 지리, 농업, 수공업, 의학과 정치, 군사, 사회생활에 관한 풍부한 지식이 들어 있어 11세기 중국 신장과 중앙아시아에 관한 백과전서라 할 만하다.*

타향에 머물던 마흐무드 카슈가리는 한시도 고향을 잊은 적이 없었다. 1080년, 그는 카라한 왕조를 방문하러 가는 바그다드 사절단을 따라 고향인 카슈가르로 돌아왔다. 그리고 오늘날 우팔산 기슭의 물람베그 마을에 학관을 개설해 학생을 가르치며 보냈다. 죽은 후엔 우팔산에 안장되었다. 그래서 위구르 사람들은 이 작은 산을 이드르트 물람, 즉 '성인산聖人山'이라고 부른다.

중국에 대한 애정이 깊었던 《돌궐어대사전》의 작자는 후대의 일부 위

* 《돌궐어대사전》의 유일한 필사본은 현재 터키 국민도서관에 보관되어 있다.

구르 사람처럼 그렇게 어리석지 않았다. 마흐무드 카슈가리는 여러 차례 스스로를 '진인秦人(중국인)'이라고 표명했고 사전의 〈지리 산천 부〉에서 중국의 중원을 '상진上秦', 카슈가르를 중심으로 하는 카라한 왕조 판도를 '하진下秦'이라고 칭해, 카라한 왕조가 중국(진秦)이라는 대가족의 공동 구성원임을 명확하게 지적했다.[48]

몽골의 사위가 되다

총령서회골처럼 고창회골도 풍미했던 시기가 있었다. 북송 초기에 그들의 관할 지역은 동쪽의 하서河西부터 서쪽의 파미르고원에 이르렀고, 남쪽으로는 대막(고비), 북쪽으로는 천산을 넘었다. 그러나 1130년대에 총령서회골 형제와 마찬가지로 서요의 신하가 되었다. 서요는 고창회골에 소감少監을 파견해 주둔시키고 세금을 징수했다.

역사의 시곗바늘이 13세기를 향해갈 무렵, 서역에는 서요보다 더 용맹스럽고 강한 몽골 기병이 출현했다. 오랫동안 거란인의 압박을 받아온 고창회골의 왕 바르축 알트 이디쿠트는 그 틈을 타서 서요의 소감을 살해하고 칭기즈칸에게 귀순 의사를 밝혔다. 원 태조 테무친 6년(1211), 고창회골의 왕은 직접 케룰렌강에 가서 칭기즈칸의 다섯 번째 아들이 되겠다고 했다. 칭기즈칸은 이를 기쁘게 허락했고, 사랑하는 공주 알툰을 그에게 내려주었다. 이때부터 알트 이디쿠트는 칭기즈칸의 사위가 되어 몽골 서정西征의 선봉에 서게 되었다.

회골의 지혜로운 선택에 아주 만족했는지 칭기즈칸은 그들을 '위구르畏兀兒'('연합', '협조'라는 뜻)라고 불렀고 고창의 원래 옛 땅을 그들에게 통치하라고 했다.

알트 이디쿠트의 후손은 더욱 흥미롭다. 손자 마무락 티긴(재위 1257~
1265)은 1만 명의 회골 용사를 이끌고 몽케의 합주合州 전투에 참전했다.
증손 코스칼 티긴(재위 1266~1280)은 쿠빌라이의 원 왕조에 충성을 맹세
했고, 쿠빌라이가 차가타이 칸국의 10대 칸인 두아, 두아의 동생 부즈마
와 전쟁할 때에 시종일관 쿠빌라이의 편에 섰다. 코스칼 티긴은 두아와 부
즈마의 12만 연합군의 포위 공격에 맞서 화주火州를 사수하며 항복하지
않았고, 쿠빌라이는 포상으로 공주를 내려주었다. 코스칼 티긴은 아버지
처럼 빛나는 이름을 얻었다. 더욱 중요한 것은 그 역시 몽골 대칸의 사위가
되는 꿈을 이루었다는 것이다.

쿠빌라이의 외손 네구릴 티긴(재위 1280~1318)도 총애를 받았다. 그렇게
큰 전공을 세운 것은 아니었지만 몽골 공주와 혼인을 했고, 원 인종仁宗에
의해 고창왕高昌王으로 책봉되어 대대로 고창왕·역도호亦都護의 호칭을
세습했다.

명 왕조에 이르러서도 그들의 지위는 실질적으로 내려가지 않았다. 명
왕조는 성조成祖 주체朱棣 영락永樂 4년(1406)에 하미哈密(코물) 위衛를 설
립하고 하미 현지의 수령을 각급 관리로 그대로 채용했다.

그러나 다시는 황제의 딸을 취하지 못했다. 명 역사상 내가 찾아낸 것은
공주 한려보漢麗寶를 술탄에게 시집보냈다는 기록뿐,[49] 한족의 공주를 소
수민족 지도자에게 시집보냈다는 어떠한 기록도 찾지 못했다. 몽골 수령
도 명 공주와 혼인하지 못해 자존심이 상한 나머지 분노해서 전쟁을 일으
킨 것이다.

향비의 전설

향비香妃에 대해 이야기하려면 먼저 호자에 대해 언급하지 않을 수 없다. 향비가 바로 호자의 아내였기 때문이다. '호자'는 아랍어로 '성스러운 후예'라는 뜻이다. 이슬람교 창시자인 마호메트의 후손에 대한 존칭이며 또한 이슬람교 상층 인물들이 스스로를 부르던 호칭이다.

차가타이의 후예가 세운 야르칸드 칸국은 제3대 칸이었던 압둘 카림(1560~1591)이 권력을 장악했을 때 이슬람에 귀의했다. 마호메트의 후예를 신처럼 받들던 칸은 온갖 방법을 동원해 이스하크 호자를 중앙아시아에서 야르칸드로 모셔왔다.[50] 후에 호자 가문은 야르칸드를 좌지우지하는 큰 세력으로 성장했다.

시간은 흘러 중국의 청 시기가 되었다. 이슬람교(회교)를 신봉했기에 위구르의 명칭은 '회인回人', '전회纏回', '회자回子', '회부回部'로 변했다. 천산 이남에 회인이 비교적 많아 그 지역은 특히 '회강回疆'이라고 불렸다.

호자 가문이 나날이 발전할 때, 호자 가문의 무하마드 위수프와 아들 아파크가 카슈가르로 오면서 이스하키 호자와의 사이에 끊임없는 내분이 일어났다. 1670년대에 백산파白山派(백모회白帽回, 아크 타글리크)의 아파크 호자(1626~1694)가 흑산파黑山派(흑모회黑帽回, 카라 타글리크)의 이스하키 호자에 의해 카슈가르에서 쫓겨났다.[51] 상황이 급해지자 아파크는 준가르 왕 갈단에게 구원을 요청했고, 마침내 천산 남쪽 기슭에서 오랫동안 침을 흘리고 있던 갈단의 품으로 들어갔다. 청 강희 17년(1678), 갈단은 야르칸드 칸국을 공격해 점령했고 야르칸드의 마지막 칸을 쫓아낸 후에 아파크를 꼭두각시 칸으로 세웠다.

후에 청이 천산에 출병해 준가르의 반란을 평정하고[52] 위구르족에 대해 지혜로운 유화정책을 시행했다. 또한 위구르 봉건 군주 압둘 라시드를 하미왕으로 임명하니, 회강의 대·소호자, 즉 호자 형제는 기회를 틈타 준가르가 남긴 공백을 채웠다.

청 원정군은 사절을 야르칸드로 파견해 대·소호자가 청의 통치를 받아들일 것을 요구했다. 대호자 부르한 웃딘은 귀순에 동의했으나 소호자인 호자 자한과 각 성의 벡('수령'이라는 뜻)은 반대했다. 청군이 야르칸드까지 보급을 하기가 어려우니 전쟁을 오랫동안 지속할 수 없을 것이라고 여겼고, 또한 대청에 귀부하는 것을 격렬하게 반대하며 바투르 칸국을 세울 것을 선포했다.

잘못된 판단은 대가를 지불해야 했다. 청 건륭 24년(1759), 청의 정변定邊장군 조혜兆惠가 원정군을 거느리고 천산을 넘어 야르칸드로 진격해왔고, 온건파 지도자 대호자는 사로잡혔으며 완고한 소호자는 아내를 데리고 파미르고원 깊은 곳의 바다흐샨으로 도망쳤다. 준가르 칸국 190만 제곱킬로미터에 달하는 영토가 이때 대청에 편입되었다.

'도망자'를 추격하는 전선에서 기쁜 소식이 전해져왔다. 소호자가 바다흐샨 부락의 술탄 샤에게 피살되었으며 그의 아내 이파르한이 생포되었다는 것이었다. 승리를 축하하는 잔치에서 소호자의 아내가 건륭에게 바쳐졌다. 그때부터 신기한 이야기가 펼쳐진다.

전설에 의하면 몸에서 신비로운 향내가 나고 피부가 얼음처럼 매끄럽던 '향비'는 자유를 숭상하고 진실한 사랑을 추구하는 고고한 여자였다고 한다. 건륭제는 그녀만을 위해 이슬람식의 호화 주택인 보월루寶月樓를 지어주고 황비皇妃와 다름없는 지위를 주었으나, 그것은 결코 남편을 잃은 그녀의 슬픔과 고향을 떠나온 아픔을 위로해주지 못했다. 그녀는 지배를 받으려 하지 않았을 뿐 아니라 몸에 비수를 지니고 다니며 죽겠다고 말했다. 결국 건륭의 어머니 뉴고록鈕鈷鹿씨가 건륭이 천단天壇에 제사를 지내러 간 틈을 타 태감에게 몰래 향비를 보월루에서 목 졸라 죽이라고 시켰다.

우안문右安門 안 남하와南下洼, 도연정陶然亭 북쪽 흙 언덕 위, 황량한 덤불 속에 보일 듯 말 듯, 새로 만들어진 무덤이 나타났다. 실의에 빠진 건륭은 묵묵하게 앉아 눈물을 흘렸고, 세상 사람들은 몇 가지 신비로운 이야기를 전하게 되었다.

이 기이한 여인을 기념하기 위해 위구르족은 돌궐어로 "녹색의 유리 기와집"이라는 뜻의 변방의 아름다운 도시 신장 카슈가르에 아름다운 능묘를 지었다. 이 능묘는 오늘날에도 후세 사람들에게 "향기로운 바람 십 리에 불어 영혼이 깃든 곳을 위로해주고, 천 년의 비파 소리에 남은 뼈조차 향기롭네(香風十里安魂處, 千載琵琶骨自香)"라며 초탈한 분위기를 느끼게 해주고 있다.

좌종당의 서부 정벌

호자가 정복된 후 잠시 안정된 듯이 보였지만 그것은 폭풍 전야의 고요함이었다. 천산 남북의 오아시스가 매우 신기하고 부유한 땅이기 때문일까, 이곳에는 러시아인의 총과 대포 소리가 끊임없이 울렸고, 멀리 바다를 건너온 영국인이 낙타 방울 소리를 따라 시도 때도 없이 몰려와 신장 전체가 외국인의 손에 들어갈 지경이 되었다. 동치同治 4년(1865)부터 6년(1867) 사이에 중앙아시아 코칸드의 대신이었던 타지크인 야쿱 벡이 신장 남부 전체를 점령했고, 중국 근대 사상 첫 번째 외국 할거정권인 예티샤르[53]를 세웠다.

동치 9년(1870), 종교 성전이라는 명분을 내세운 야쿱 벡은 계속해서 우루무치와 투르판을 공격했으며, 러시아와 영국의 승인을 얻어냈다. 야쿱 벡이 우루무치를 공격하는 것과 동시에 러시아는 먼저 군대를 보내 신장의 일리伊犁지역을 차지했고, 청을 대신해 그곳을 관리한다고 선포했다. 청으로서는 신장 전체를 완전히 잃어버릴 위기에 처했던 것이다.

바로 이때 조정에서 그 유명한 '해방海防'과 '새방塞防'의 논쟁[54]이 벌어졌다. 당시 제일가는 권신權臣이었던 이홍장李鴻章은 신장이 황량한 변방지역이라는 이유로 신장을 버릴 것을 강력하게 고집했다. 그러나 다른 목소리가 들려왔다.

"내가 한 치 물러나면 적들이 한 자를 더 들어오는 법이오!"

당당한 목소리를 낸 것은 상군湘軍의 맹장인 좌종당左宗棠이었다. 그는 당시 섬감총독陝甘總督을 맡고 있었다. 두 사람은 엄청나게 논쟁했다. 자희태후慈禧太后(서태후)는 좌종당을 지지했다. 일생동안 나쁜 짓만 했던 '늙은 부처' 서태후가 행했던 몇 안 되는 지혜로운 결정 중 하나였다.

청 군사들이 가장 두려워했던 것은 군함이었는데, 신장에는 바다가 없었다. 아편전쟁에서 참패했지만, 기병이 주를 이루는 청 군대가 육지에서 기회를 갖지 말라는 법이 없었다. 광서光緖 2년(1876), 좌종당은 65세의 병든 몸을 이끌고 '흠차대신欽差大臣, 독판신강군무督辦新疆軍務'라는 중책을 맡았다. 바람도 없고 달도 없으며 배웅하는 이 없는 날, 6만 명의 호남湖南 출신 군대(상군)를 이끌고 좌종당은 당당하게 서쪽을 향해 출발했다. 만년설로 덮인 기련산祁連山(치롄산) 아래에서 수레는 덜커덩거리고 말들은 쓸쓸하게 걷는데, 매서운 바람이 불어와 용기龍旗를 휘감았다. 깃발은 이제 그다지 위풍당당해 보이지 않았다. 그때 사병들은 좌종당의 관을 메고 갔다. 장수가 죽음을 각오하면 병사들도 생을 도모하려는 생각을 하지 않는 법이다. 짧은 1년 동안 그들은 '먼저 북쪽을 나중에 남쪽을 치고,[55] 천천히 나아가지만 공격을 할 땐 신속하게 하는(先北後南, 緩進急攻)' 전략으로 야쿱 벡을 소탕하고 천산 남북 160만 제곱킬로미터에 달하는 국토를 수복했다.[56]

이 사건은 저물어가는 만청晩淸의 하늘을 물들인 휘황찬란한 노을이었다. 좌종당은 순식간에 민족 영웅의 대열에 들어갔으며 동시에 상승장군常勝將軍의 행렬에 이름을 올렸다. 그 이전에 상승장군이라는 호칭을 받은 이는 한의 한신韓信과 당의 이정李靖, 송의 악비岳飛 뿐이었다.

전해지는 이야기에 따르면 현재 하서주랑에 있는 나무들은 그들이 심었다고 한다. 군대가 도착하는 곳에는 반드시 큰 길을 뚫었고, 그곳에 백양나무와 버드나무를 심었다는 것이다. 결과적으로 동관潼關부터 가욕관嘉峪關에 이르는 3,700리 길고 긴 길에 한 줄의 녹색 복도가 생겨난 것이다.[57] 세상에 남겨져 홀로 서있는 '좌종당의 버드나무左公柳'는 중국 서부의 강인한 모습을 보여주는, 사라지지 않는 영원한 풍경이 되었다. 그의 후임으로 부임한 양창준楊昌浚(1825~1897)은 시를 지어 이렇게 찬탄했다.

> 좌종당 대장의 변방 기획 아직 끝나지 않았네,
> 호남 병사들이 천산에 가득하구나.
> 3,000리 길에 새로 백양나무와 버드나무 심으니,
> 봄바람 이끌어 옥문관을 넘어가네.
> 大將籌邊尙未還,
> 湖湘子弟滿天山.
> 新栽楊柳三千里,
> 引得春風度玉關.

광서 2년부터 5년(1876~1879)까지, 청은 신장으로 돌아와 안정된 뿌리를 내렸다. 그리고 거듭 승리를 거두었다. 러시아는 매우 놀랐고 또한 실망했다. 그들은 과거에 했던 약조대로 무조건 일리에서 철수해야 했다. 더는 철수를 거절할 명분이 없었던 것이다. 그러나 그냥 물러나지 않고 철수의

조건을 다시 의논하자고 했다.

잠시 일리를 관리하던 러시아는 골치 아픈 담판 끝에 결국 일리를 돌려주겠다고 했다. 그러나 철수하는 조건으로 3만 제곱킬로미터의 토지를 분할해 점령하고, 500만 냥의 백은(900만 루블)을 군사 배상금으로 받아갔다. 지도를 보면 그 영토 전체의 모양이 마치 해당화 꽃잎 같았는데, 청 왕조는 그 꽃잎의 일부를 러시아에 내주어야 했다. 북극곰에게 독하게 한 방 물린 것이다.

광서 10년(1884), 청 왕조는 정식으로 신장에 성을 설치했고, '옛 땅을 수복했다(故土新歸)'는 의미를 담아 '신장新疆'으로 개칭했으며, 신장의 군정 중심을 일리에서 디화迪化(우루무치)로 옮겼다.

어제와 헤어지다

마찬가지로 회교를 믿던 회족回族과 구별하기 위해서였는지(회족은 중국에서 장사를 하면서 이슬람을 신봉하던 아랍·페르시아·중앙아시아인과 중국 현지의 여인이 융합해 이루어진 혼혈 민족이다) '회인回人'은 근대에 '위구르維吾爾'로 개칭했다.[58]

그런데 20세기 초에 한 무리의 위구르족이 자기 조상이 누구인지를 잊고 원수인 돌궐의 일부분이라고 생각하는 바람에 서방 식민주의자들이 딴마음을 품고 만들어낸 용어인 '동투르키스탄'을 정치적 용어로 만들었다. 이들은 "동투르키스탄은 아주 오래 전부터 독립국가였다"라고 주장하면서, 자기 민족이 거의 1만 년에 이르는 역사를 갖고 있다고 했다. 또한 돌궐어를 사용하고 이슬람을 신봉하는 민족들을 연합해 정교일치 국가를 만들었다고 했다. 여러 민족이 공동으로 만든 위대한 중국의 역사를 부정하면서 '돌궐 이외의 모든 민족을 반대한다'고 말하며 '이교도'를 소멸시키겠다고 했다.

투르키스탄은 '돌궐(튀르크)의 땅'이라는 의미로서 서방 중세 지리학 저작에 나타난 개념으로, 중앙아시아 시르다리야강 이북과 그 인근 지역을 가리킨다. 19세기 초에 서방 열강이 중앙아시아에서 식민지를 확장하면서 딴마음을 먹고 이 학술적 개념을 현실에 대입했다. 서방 열강은 중앙아시아 트란스옥시아나 지역을 '서투르키스탄' 혹은 '러시아 속령 투르키스탄'이라고 칭했고, 신장 타림분지를 '동투르키스탄' 혹은 '중국 투르키스탄'이라고 불렀다.

중화민국 22년(1933) 11월 12일 깊은 밤, 신장 독군督軍 성스차이盛世才[59]와 회족 군벌 마중잉馬仲英이 격전을 벌이고 있을 때, 이슬람교 성직자 샤비트 다물라와 동돌궐 이론가인 무하마드 아민 부그라(1901~1965)가 오늘날 카슈가르에서 '동투르키스탄 이슬람공화국'이라는 깃발을 내걸고 민족 간의 분노를 촉발시키며 형제 민족을 학살했다. 그러나 다음 해인 2월 6일, 소련의 붉은 군대가 성스차이와 힘을 합해 정당성이 없었던 이 '공화국'을 결국 끝장냈다. 사실 이 '괴물'은 86일밖에 존재하지 못했기 때문에 위안스카이袁世凱가 꾸었던 황제의 꿈보다 겨우 사흘 더 계속되었을 뿐이다.[60]

독일이 소련을 침략하자 소련에 기대어 일어난 성스차이는 소련이 패할 것이며, 중국공산당 역시 앞날을 기약하기 힘들 것이라고 판단했다. 그래서 즉시 장제스蔣介石와 쑹메이링宋美齡의 품으로 들어가 신장에 있는 소련 정부의 외교관들을 내쫓았다. 또한 신장에서 일하던 130여 명의 공산당원과 그 가족들(마오쩌민毛澤民과 그 아내 주단화朱旦華, 아들 마오위안신毛遠新 등)을 체포했다. 이 사건이 일어나자 소련 주駐 디화 총영사였던 바쿠린은 기자회견을 열어 성스차이에게 이렇게 경고했다.

"만일 마오쩌둥의 동생에게 위해를 가한다면 재앙을 면치 못할 것이다. 천탄추陳潭秋(중국공산당 주駐 신장 대표)를 건드린다면 소련정부의 전면적 군사행동을 불러올 것이다. 스탈린은 마오쩌민과 천탄추를 빨리 풀어주기를 원한다."

그러나 성스차이는 이미 탐욕에 눈이 먼 상태였다. 중화민국 32년 (1943) 9월 27일 깊은 밤, 성스차이는 공산당원 천탄추, 마오쩌민(신장 재정청장), 린지루林基路(신장대학 교무처장을 역임하고 후에 신장 쿠처현, 우스烏什현 현장으로 좌천됨)를 비밀리에 살해해버렸다(나머지는 3년 후 장즈중張治中에 의해 석방되었다). 이처럼 수시로 안면을 바꾸었던 성스차이를 전임 중국공산당 주 신장 대표였던 덩파鄧發는 이렇게 평가했다.

"성스차이는 출신으로 보자면 야심 찬 군벌이고, 사상으로 말하자면 토황제土皇帝(지방 토호)다. 그리고 그 행위로 보자면 늑대 같은 돼지다."

중화민국 33년(1944), 일리와 타르바가타이, 알타이 세 지역에서 혁명이 일어났다. 혁명의 창끝은 추악한 얼굴을 하고 있던 성스차이를 곧바로 겨냥했다. 불가사의한 것은 마르크스-레닌주의를 신봉하며 이닝伊寧(굴자) 주재 소련 영사관의 지지를 받았던 이슬람교 해방조직이 내건 깃발이 '동투르키스탄공화국'이라는 점이었다. 하지만 2년이 지난 후, 공산당에 우호적이던 위구르 지도자 아흐메트잔 카심과 압둘 카림 압바소프가 혁명의 주도권을 장악했다. 그들은 혁명 초기의 분리주의적 경향을 바로 잡고 독립적 의미가 확실하게 드러났던 명칭을 바꿔 '이리 타르바가타이 알타이 혁명정부'(중국 역사에서는 이를 '3구三區 혁명정부'라고 한다)[61]를 성립시켰다.

이제 드디어 성스차이의 고난의 시간이 시작되었다. 설상가상으로 국민당 타오즈웨陶峙岳(1892~1988) 병단의 세 개 사단이 명령을 받고 디화로 들어오면서 그의 '신장왕新疆王'으로서의 지위는 거대한 도전을 받았다. 그러자 성스차이는 국민당 당원을 마구잡이로 잡아들이는 한편 후안무치하게도 스탈린에게 다시 소련공산당에 가입하고 신장을 소비에트공화국연방으로 편입시키겠다고 했다. 그러나 스탈린은 이미 성스차이의 기회주의적 면모를 확실하게 알고 그 요구를 확실하게 거절했을 뿐 아니라 성스차이가 보낸 전보 원문을 장제스에게 보내버렸다. 장제스는 즉각 성스차이를 별 볼 일 없는 직위인 중앙 농림부장 자리로 좌천시켰고, 두 손에 신장 인민과 공산당 당원의 피를 묻힌 '토황제'는 결국 실의에 빠진 채 신장에서 쫓겨났다. 후에 그는 타이완에 있는 한 식당의 주인이 되었다.

소련의 조정을 거쳐 이닝 정권과 국민당은 중화민국 35년(1946) 6월에 합병해 신장성에 연합정부를 탄생시켰고, 국민당 서북 행영行營 주임 장즈중이 신장성 주석을 겸하게 되었다. 이닝 정권의 수장이었던 아흐메트잔과 위구르 학자 부르한 샤히디(1894~1989)는 부주석이 되었다. 이닝 정권의 또 다른 지도자인 압바소프는 부비서장에 임명되었다. 그러나 '3구 혁명정부'를 통제하기 위해 국민당 정부는 일관적으로 독립을 주장하던 마스우드 샤브리, 무함마드 에민 부그라, 욜바르스와 3구 혁명의 반군 지도자 오스만 바투르를 연합정부에 집어넣었다. 아민은 1930년대에 인도로 망명할 때 《동투르키스탄사》라는 작은 책을 썼는데, 이 책은 이후 신장 지역에서 널리 읽혔다.

장즈중과 아흐메트잔은 '평화·통일·민주·단결' 정책을 견지했는데, 이는 결과적으로 국민당 강경파 보수주의자와 튀르크주의자 분리 세력의 끊임없는 공격을 받았다. 중화민국 36년(1947) 5월, 장즈중은 결국 신장성 주석의 직무를 사직했고, 부르한은 난징으로 가서 국부위원國府委員이라는 한직을 맡았다. 국민당 정부는 일방적으로 분리주의자 마스우드와 아민, 욜바르스를 신장성 주석, 부주석, 비서장으로 임명했고, 이미 국민당에 귀의한 오스만은 군대를 이끌고 3구를 침범했다. 아흐메트잔은 어쩔 수 없이 3구 대표를 이끌고 이닝으로 철수했으며, 국민당 군대와 3구 군대는 마나

스강을 따라 대치 국면으로 들어갔다.

'뜻을 얻은 자'(성스차이)는 표면적으로 보면 장제스의 의지를 받드는 것 같았으나 몰래 독립의 꿈을 꾸고 있었다. 중화민국 37년(1948), 국민당 정부가 붕괴되어갈 때 성스차이 측은 정식으로 신장을 '중국 투르키스탄'이라고 부를 것을 제의했고 "독립 이하, 자치 이상을 줄 것"을 요구했다. 이에 장제스는 격노하여 그들을 없애버릴 것임을 선포했고, 자신의 곁에 와있던 위구르족 부르한을 신장 주정主政으로 파견했다.

중화민국 38년(1949) 8월, 중국 정부가 수립되면서 새로운 중국의 태양이 떠올랐다. 마오쩌둥은 덩리췬鄧力群을 소련에서부터 이닝으로 파견해, 3구 정부를 중국 인민 정치협상회의에 초청할 테니 참가해달라고 부탁했다.* 그런 후에 덩리췬은 다시 우루무치로 가서 신장 군정軍政 수뇌인 타오즈웨와 부르한에게 이미 자신들 편으로 전향한 장즈중을 보내주겠다는 전보를 보냈다. 타오즈웨와 부르한은 예청葉成(국민당 정편整編 78사단 단장으로 장제스의 경호 대대장을 지냈음), 마청샹馬呈祥(정편기整編騎 1사단 단장으로 마부팡馬步芳의 조카, 마부칭馬步青의 사위), 뤄수런羅恕人(179여단 단장으로 후쭝난胡宗南의 부관副官을 지냈음) 등 세 명의 강경파 군관들과 분리주의자 아민, 욜바르스 등을 신장 남부로 보낸 후, 10만 신장 주둔군과 성 정부 구성원들을 이끌고 거병하겠다고 알려왔다. 12월 9일, 3구 민족군이 우루무치에 도착했고, 해방군·국민당 기의부대와 함께 '삼군三軍' 입성식을 거행했다. 민족군은 인민해방군 제5군으로 개편되었다. 1955년 10월 1일, 신장위구르자치구가 중국 5대 자치구 중의 하나로 정식 성립되었고, 부르한

---

* 아흐메트잔 등은 베이징으로 가는 도중에 비행기 추락사고로 모두 죽었다. 그래서 3구 정부는 다시 싸이푸딩(賽福鼎)과 아리무장(阿里木江), 투즈(涂治) 등을 보내 신중국 탄생을 선포하는 정치협상회의에 참가하게 했다.

이 자치구 주석으로 당선되었다. 타오즈웨는 해방군 제22병단 총사령관, 신장 군구軍區 부사령관 겸 생산 건설 병단 사령관으로 임명되었다.

시적인 곳, 신장위구르자치구

현재 위구르족의 대다수가 거주하는 신장*은 안전하고 아름다우며 시적 詩的인 분위기가 넘치는 곳이다. 신장은 중국 변방의 찬란한 보석이며 천 녀가 서역에 내려보내준 꽃바구니와 같다. 북쪽에 있는 알타이산맥과 남 쪽에 있는 쿤룬산맥은 신장위구르자치구의 튼튼한 울타리가 되어주고 있 으며, 중부에 있는 톈산은 신장이라는 꽃바구니의 손잡이와 같다. 그런가 하면 타림과 준가르라는 두 개의 분지 안에 있는 1,000여 개의 오아시스와 87개의 현시縣市, 40여 개의 민족은 오색찬란한 꽃과 같다.

이곳은 대자연이 창조한 가장 모순되면서도 절묘한 장소다. 중국에서 가장 무섭고 가장 넓은 사막들인 타클라마칸사막과 구르반퉁구스사막, 쿠무타크사막[62] 등이 이곳에 있다. 그런가 하면 중국에서 가장 시적이며 순결한 호수로 서부 변경의 보석이라는 별명을 가진 보쓰텅호,[63] '달의 호 수'라는 뜻을 가진 아이딩호,[64] 인간세상의 요지瑤池라 여겨지는 천지天 池,[65] 바인부르크초원에 있는 백조의 호수,[66] 산 위의 사이람호,[67] 동화세계 같은 카나스호[68] 등이 이곳에 있다. 그리고 중국에서 가장 눈부시고 매력 적인 지형인 준가르분지 동부의 오채만五彩灣에 있는 야르당 지형[69]**이 대

---

* 중국 경내의 위구르족은 신장 이외에 일부가 후난성 창더(常德)와 타오위안(桃源) 등지에 살고 있다. 중국 내 위구르족 인구는 이미 770만 명에 달한다. 이 밖에도 20만여 명의 위구르족이 카자흐스탄과 키 르기스스탄에 살고 있다.

** 위구르어로 '깎아지른 듯한 절벽이 있는 구릉'이라는 뜻이다.

자연의 트라이아스기, 백악기, 쥐라기의 다양하고 신비로운 지형을 보여주고 있다.

오늘날 신장위구르자치구는 세계적으로 유명한 관광지다. 머나먼 신장에 가보는 것은 중원 지역에 사는 사람들에겐 일생에 걸친 꿈일 정도다. 그러나 그곳에 가서 잠시 둘러보는 관광객이 되어 사막의 호양胡揚나무[70]와 고비만을 훑어보는 것으로 만족하는 사람은 별로 없다. 진정으로 사람의 마음을 감동시키는 것은 풍경 깊은 곳에 감추어져 있기 마련이니, 세심하게 살피지 않으면 볼 수 없기 때문이다. 역사와 문화의 두 개의 좌표가 시시때때로 지리환경과 함께 엮이면서 우리에게 남겨주는 단서들은 그렇게 일목요연하지는 않다. 도대체 어디까지 찾아가야 하는지, 또 얼마나 많은 역사의 단서들과 연결되어 있는지 아무도 알지 못한다. 그래서 사람들은 이제 단순하게 풍경만 살펴보는 관광이 아니라 풍경과 인문이 결합된 관광을 하는 방향으로 나아가고 있다.

이곳에는 요즘 관광객들이 꿈에도 그리는 서역 문명이 있다. 위구르족이 대대손손 모여서 살아온 신비롭고 머나먼 고대의 서역은 36개의 오아시스 왕국들로 이루어진 곳이었다. 그중 14개의 왕국들이 이미 아득하게 펼쳐진 모래 바다 속으로 사라져버렸고, 누란고성 유적지를 비롯해 야드강(우전于闐고성),[71] 민펑, 니야(정절精絶고성), 미란(선선鄯善고성), 쿠처 피랑皮朗 고성 유적지(구자龜玆고성),[72] 보거다친 유적지(언기焉耆고성)[73] 등이 그 신비로운 고개를 들고 있다. 그러나 그곳은 이미 인류학자와 고고학자들의 한없는 관심에 불길을 당겼고, 현대의 여행자들에게도 신비로운 몽상을 불러일으키고 있다.

역사는 위구르족이라는 지혜로운 민족을 중국의 서북쪽에 머물게 했다. 그것은 또한 하늘의 뜻이기도 하다. 이런 민족이 있어 모래 바다는 더는 적막하지 않으며, 고비는 이제 황량하지 않다. 그들이 있어 투르판에는 맛있는 포도가 자라고, 하미에는 달콤한 멜론이 있는 것이다. 고비사막에는 아직 다 드러나지 않은 아름다움이 남아 있고, 다반청達坂城(다반친)에는 왕뤄빈王洛賓(1913~1966)[74]의 서부 민요가 흐르고 있으며, 톈산 남북 일대에는 아판티[75]의 이야기가 전해진다.

신장위구르자치구의 지하에는 석탄와 석유, 천연가스가 매장되어 있고, 지상에는 면화와 토마토, 말과 소와 양이 있다. 지금 아름다운 신장은 중국 서부 개발의 중점 지역이 되어 경제 발전의 날개를 펼치고 있다.

제7장

거
란

契
丹

백마와 청우의 전설

거란을 알려면 먼저 그들의 조상을 언급해야 한다. 흉노의 묵돌선우에게
명마와 아름다운 여인, 땅을 요구했다가 오히려 그에게 살해당하고 머리
뼈가 요강으로 쓰였던 동호 대인, 그가 바로 거란과 오환, 선비인의 공동
조상이다.

조금 더 상세하게 추적해보면 거란은 동호의 후예인 선비의 방계다. 어
느 날, 선비 갈오토부葛烏菟部[1]의 지도자인 막나莫那가 고토를 떠나 요서遼
西로 갔다. 그 후 막나는 점차 이름을 드날리기 시작했다. 하지만 숲에 있
는 나무가 너무 빼어나게 크면 큰 바람을 맞는 것처럼 동진東晉 강제康帝
사마악司馬岳 건원建元 2년(344)에 막나 부락은 선비 모용씨의 전연前燕에
궤멸되었고, 전체 무리는 셋으로 갈라져 물러나야 했다. 그중 주력 부가 북
주北周의 우문선비를 세웠고, 고막해庫莫奚[2]('포로가 되어 노예가 된 자'를 가
리킨다[3])와 거란의 두 부는 함께 송막松漠[4]으로 도망쳤다. 하지만 두 부가
힘을 합해도 별다른 위협은 되지 못했다. 이에 탁발선비가 세운 북위가 등
국登國 3년(388)에 시라무룬강으로 출병해 고막해와 거란을 강제로 해체

시켰다. 결국 고막해는 송막 서부에, 거란은 송막 동부에 나눠져 자리 잡았다.

거란의 기원에 대해서는 아름답고도 시적인 이야기가 전해진다. 용감한 한 소년이 백마白馬를 타고 토하土河(라오하강)를 따라 동쪽으로 가다가 황하潢河(시라무룬강)와 토하가 교차하는 곳에 있는 목엽산木葉山에서 청우靑牛를 탄 아름다운 소녀를 만났다고 한다. 소년과 소녀는 한눈에 반해 푸른 산과 물 사이에서 사랑을 나눴고, 하늘과 땅을 증인으로 삼아 부부가 되었고, 그 후손이 바로 거란인이라는 것이다.[5]

이 전설에는 시적인 아름다움이 있으면서도 상당히 설득력이 있다. 왜냐하면 거란 최초의 두 부部가 '백마'와 '청우'라고 불렸기 때문이다.[6] 거란은 이 두 부에서 나온 것이 분명하다. 거란 초기의 부족 지도자인 기수奇首가한[7]은 아들 여덟 명을 낳았는데, 그 자손들이 흥성해 점차 실만단悉萬丹, 하대하何大何, 복불울伏佛鬱, 우릉羽陵, 일련日連, 필결匹潔, 여黎, 토륙어吐六於 등 여덟 개의 부락이 되었다. 요遼 때에는 거란인의 신성한 장소인 목엽산[8]에 기수가한과 그 아내[9] 및 여덟 아들의 성상聖像을 세우고 백마와 청우를 바쳐 제사를 지냈다.[10]

거란인은 말과 천막을 집으로 삼아 나무와 풀을 따라 이동하며 계절에 따라 옮겨 다녔다. 얼음이 녹고 강물이 흐르는 봄이 되면 호수에서 물고기를 잡았고, 나뭇잎이 떨어지는 가을이 되면 산속으로 들어가 수렵을 했다. 더운 한여름에는 나무 그늘에 숨어 시원하게 지냈고, 흰 눈이 펄펄 날리는 겨울이 되면 천막 속에 들어가 불을 쬐었다. 당시의 생활을 잘 묘사한 시가 한 수 있다.

행영이 있는 곳마다 모두 집이라,
천막 하나에 여러 대의 수레,

절반의 중국사

천리 산천 머무는 곳 없이,

계절마다 사냥하며 떠돌며 살아가네.

行營到處卽爲家,

一卓窮廬數乘車,

千里山川無土著,

四時畋獵是生涯.[11]

개국공신

당 왕조의 그 넓고 끝없는 판도에 송막松漠도독부라는 지역이 있었다.[12] 거
란인은 그곳에서 안전하게 생활했다. 거란의 지도자 굴가窟哥도 이씨 성을
하사받았다.

돌궐인이 그들을 유혹해봤으나 소용이 없었다. 거란은 당唐이라는 거대
한 나무를 더 중요하게 여겼기 때문이다. 당 또한 거란의 체면을 살려주기
위해 공주 몇을 그들에게 시집보냈다. 유쾌하지 못한 유일한 사건은 천보 4
년(745)에 당에서 보낸 신부 한 명이 무고하게 살해된 것이었다. 당 현종은
거란을 감시하는 책임을 지고 있던 절도사 안록산을 보내 그들에게 한바
탕 타격을 가했다.

안록산에게 호되게 당한 후, 거란 사람들은 참는 법을 배웠다. 그리고 주
변 민족과 평화롭게 공존하기 시작했다. 또한 초원의 새로운 패주 회골을
종주국으로 삼았다. 병아리가 알 속에서 나온다 해도 알을 깨뜨려서는 병
아리를 얻을 수 없다는 사실을 거란은 잘 알고 있었기 때문이다.

거란은 때를 기다렸다. 그 기다림의 끝에 마침내 민족 영웅 야율아보기
가 찬란하게 등장했다. 때는 바야흐로 당 말기였다. 아보기는 질랄迭剌부[13]

의 귀족 집안에서 태어났다. 매우 좋은 가정환경과 할아버지, 아버지의 가르침 아래 그는 어려서부터 "대범하고 지혜로워 보통 사람과 달랐다."[14]

당 소종昭宗 천복天復 원년(901), 29세의 아보기는 질랄부의 이리근夷离堇(이르킨)[15]이 되어 병사를 이끌고 전쟁에 나가는 책임을 맡았다. 그는 실위室韋, 여진, 계북薊北, 대북代北에 출병했고, 공격하면 반드시 승리했다. 2년 후 그는 군사와 행정 연맹의 실권을 쥔 '우월于越'[16]로 추대되었다. 다시 3년이 지난 후, 거란 가한 흔덕근痕德堇이 병으로 죽었다. 가한은 임종하면서 유언을 남겼다.

"가한의 자리는 요연씨遙輦氏에게 주었던 관례를 따르지 말고 군대를 이끄는 데 공을 세운 아보기에게 주어라. 그에게 중임을 맡게 하라."

진심이기도 하고 거짓이기도 했던 몇 차례의 사양 끝에 아보기는 후량後梁 말제末帝 정명貞明 2년(916), 중신들이 바친 '대서대명황제大聖大明皇帝'라는 존호를 마침내 받아들였고, 나라 이름을 거란[17]('빈철鑌鐵' 즉 연철[18]이라는 뜻)으로 정했다.

이때부터 거란은 자신의 국가를 '철국鐵國', 부락은 '철족鐵族', 군대는 '철기鐵騎'라고 칭했다. 결과적으로 철은 1,000리에 흘러갔다. 그 앞에 있던 나라들이 쏟아지는 뜨거운 쇳물에 추풍낙엽처럼 쓰러졌다. 거란은 외교적 수완도 뛰어났다. 그렇게 명성을 크게 떨치니, 당시 많은 유럽 국가가 '중국'은 몰라도 '키타이(거란)'는 아는 상황에 이르렀다. 슬라브어를 쓰는 세계[19]에서는 지금도 중국을 가리켜 '키타이'[20]라는 호칭을 쓴다.[21]

이어서 아보기는 자신에게 소속된 씨족인 질랄부와 이전 가한 씨족인 요연씨 팔부八部를 모두 야율씨耶律氏로 바꿔 내란의 싹을 없앴다. 그리고 질랄부, 요연씨 팔부와 통혼한 부락은 모두 소씨蕭氏로 바꿔 많은 황후의 성이 소씨가 되었고, 그리고 장자 야율배耶律倍[22]를 태자로 세웠다. 시라무룬 강 이북의 임황臨潢(내몽골자치구 츠펑시赤峰市 바린좌기巴林左旗 보뤄성波

羅城)에 규모가 거대한 황도皇都를 세우라고 명령을 내렸고, 대신들에게는 한자의 편방을 모방해 수천 개의 거란 대자大字를 만들게 했다. 후에 다시 회골의 병음문자를 모방해 거란 소자小字를 창제했다. 야율아보기는 또한 거란 최초의 법률인 '결옥법決獄法'을 만들었으며, 중앙과 지방 관리들을 두고 필요한 모든 기관을 두루 갖춘 거란 정권을 세웠다.

한족의 언어를 말할 수 있었고 서법에도 능했던 야율아보기는 황량한 초원을 다스리는 것에 만족하지 않았다. 그는 오늘날 허베이 지역을 빼앗아 중원으로 진출했고, 불후의 업적을 세워 꿈에도 그리던 숙원을 이뤘다. 먼저 병력을 집중해 거란 이북의 오고烏古, 당항黨項 등 여러 부部를 정복했고, 이어서 서쪽을 정벌, 서부의 각 민족이 앞다퉈 신하로서 복종했다. 이어서 병사를 이끌고 동쪽으로 진격해 발해를 멸망시키고, 발해의 이름을 동단東丹으로 바꿨으며, 황태자 야율배를 '동단왕東丹王'으로 책봉했다. 이에 고려와 말갈도 자동으로 항복했다. 이어서 거란은 기세를 몰아 말을 달리고 칼을 휘두르며 중원으로 들어왔다.

대범한 영웅의 뜻은 끝이 없으나 생명은 유한한 법, 언제나 아쉬움이 남는 법이다. 호방하기로 이름났던 아보기였지만 군사를 이끌고 귀국하는 도중 중병에 걸려, 그때 막 정복한 부여성扶餘城에서 영원히 눈을 감았다. 임종 전에 그는 손가락으로 남쪽을 가리키며 아직 남벌南伐에 대한 아쉬움이 남았음을 표현했다.

중천에 뜬 해처럼

아보기가 죽은 후 황위는 태자인 야율배[23]에게 가는 것이 당연해 보였으나, 사실은 절대 그렇지 않았다. 야율배는 온화하고 우아한 사람이었다. 거란문과 한문으로 글을 쓰는 작가였으며, 많은 책을 수장한 장서가이고 조예가 깊은 화가이기도 했다. 그의 작품인 〈천록도天鹿圖〉와 〈엽설기獵雪騎〉는 후에 송 황실의 소장품이 되기도 했다. 그가 보여준 중원문화에 대한 숭상, 중원 제도에 대한 경도, 수렵을 즐기지 않는 습성은 거란의 전통 습속과 너무나 거리가 먼 것이었다. 더구나 정세를 살피던 아보기 아내의 뜻과도 달랐다. 이것이 그가 황위 계승권을 박탈당한 가장 중요한 이유였을 것이다.[24]

사실 야율배는 그다지 상심할 필요가 없었다. 역사서를 펼쳐보면 업적과 박력이 있는 군주였던 유방이나 이세민, 주원장 등이 모두 그다지 공부를 많이 한 인물이 아니라는 것을 발견하게 된다. 마오쩌둥도 "많은 책을 읽은 사람은 국가를 잘 경영하지 못한다. 이후주李後主, 송 휘종, 명 황제들 모두가 책을 많이 읽었지만 나라를 엉망으로 만들었다."라고 말했다. 이는 봉건시대의 더러운 정치를 평정할 수 있으려면, 더욱 더러운 정치가 필요했기 때문이다.

아보기의 아내인 가돈可敦(카툰) 술률씨述律氏는 아보기 생전에 거대한 권력을 쥐고 있었다. 그리고 그에게 속한 20만 기병도 있었다. 아보기가 전쟁터에 나가면 그녀는 당연히 후방 군대의 지도자가 되었다. 아보기의 장례를 지낼 때 당시 습속에 따라 300여 명의 후비后妃와 노예들이 순장되었지만, 그녀는 순장되는 것을 거부했다. 아직 어린 아들을 자신이 돌보고 가르쳐야 한다는 이유에서였다. 위엄을 보이고 떠들어대는 남자들의 입을 막기 위해서 그녀는 자신의 오른팔을 잘라 아보기의 무덤에 남기고 꿋꿋하게 살아남아 섭정을 했다.[25]

여론이 가라앉은 후 술률씨는 둘째 아들 야율덕광耶律德光[26]에게 황위를 계승시키려고 했다. 야율덕광은 위풍당당한 풍모에 말도 잘 타고 활도 잘 쏘았다. 또한 전쟁터에서 탁월한 공적을 세웠다. 그러나 장자인 야율배를 폐하고 둘째인 덕광을 세우는 것에 반대하는 대신들이 없을 리가 없었다. 그녀는 반대하는 대신들을 배제한 후, 요 태조 야율아보기 천현天顯 2년(927)에 '민주 선거'라는 멋진 게임을 벌였다.

어느 날 그녀는 태자 야율배와 원수 야율덕광에게 말을 타고 천막 앞에 서 있으라는 명령을 내렸다. 술률씨는 천막 안에 모여 있는 문신과 무장에게 말했다.

"나는 두 아들을 모두 사랑하오. 그러나 누구에게 가한의 자리를 주는 것이 좋을지 알 수 없소. 내가 지금 결정권을 당신들에게 주겠소. 당신들이 옹립하고자 하는 자가 누구인지, 그의 말을 잡고 끌어보시오."

이는 그야말로 전형적인 공개 선거였다. 내막에 어떤 암시만 없었다면 그것은 중국혁명 시기 해방구에서 행해졌던 '두선豆選'[27]이나 서방 국가의 대통령 선거와 다를 바 없는 자유로운 선거가 되었을 것이다. 그러나 유감스럽게도 거의 모든 대신이 황후의 의도를 매우 잘 알고 있었다. 진秦 때에 조고趙高가 사슴을 말이라고(指鹿爲馬)[28] 했던 것과 같은 상황이었던 것이다. 결국 법적 계승권을 가진 태자는 외톨이가 되었고, 모두들 야율덕광을 위해 고삐를 쥐려고 했다.[29] 그러자 황후는 어쩔 수 없다는 듯이 말했다.

"모두들 덕광을 원하니 나도 대신들의 견해를 무시할 수 없구려."

멋진 연극은 순조롭게 막을 내렸다. 뜻하지 않게 황제가 된 야율덕광은 자신을 발탁해준 어머니의 은혜에 보답하기 위해 술률이 팔을 자른 곳에 '단완루斷腕樓'를 세웠다. 그뿐 아니라 태후의 생일을 영녕절永寧節로 정했으며, 평상시에도 태후의 안색을 살피며 일했다. 한편 계승권을 잃은 야율배는 치밀어 오르는 분노를 가라앉힐 수 없었다. 그래서 시종과 신하 40여 명을 이끌고 중원을 벗어나 바닷길을 통해 배를 타고 등주登州(산둥성 펑라이蓬萊)로 갔다. 그곳에서 이름을 동단막화東丹幕華(후에 이찬화李贊華로 개명)로 바꾸고, 후당後唐에서 우울한 유랑생활을 하다가, 천현 12년(937)에 야율덕광의 환심을 사고자 했던 석경당石敬塘(892~942)에게 살해당했다.

남벌에 대한 야율덕광의 야심은 아버지에 뒤지지 않았다. 그는 적극적으로 전쟁을 준비했고, 남침의 기회를 노렸다. 기회란 때로 부지런하고 과감한 사람에게 오는 듯하다. 천현 10년(935), 후당(923~936) 황제 이종가李宗珂가 군대를 지휘해 후당 하동절도사 석경당을 향해 공격을 시작했다. 그러자 그날 밤 석경당은 야율덕광에게 항복 문서를 보내왔다. 거란에 신하를 자처했고 스스로를 아들이라 했으며, 항복 조건으로 유운[30]16주를 바치겠다고 했다. 그러면서 군대를 보내 자신을 구해달라고 했다. 호박이 넝쿨째 굴러들어온 것을 보고 야율덕광은 내심 매우 기뻐하며 친히 5만 기병을 이끌고 안문관雁門關을 거쳐 남하, 석경당의 군대와 함께 태원太原 부근에서 후당 중앙 군단을 패퇴시켰다. 다음 해 거란은 석경당을 후진後晉(936~946) 황제로 책봉했고, 오랫동안 침을 흘렸던 유운16주를 얻게 되었다. 새로운 영토 덕분에 거란인은 마침내 중원을 방어할 수 있는 전략적 요충지를 갖게 된 것이다.

남쪽 영토에 대한 아보기의 욕심은 야율덕광의 손에서 아주 쉽게 실현되었다. 동시에 그는 중원 후진 황제의 명목상 종주宗主가 되었다. 그는 황도의 명칭을 '상경上京'으로 바꾸고 '임황부臨潢府'라 칭했다. 동단국의 중심을 '동경東京'이라 하고 '요양부遼陽府'라 불렀으며, 유주幽州를 '남경南京'(베이징)으로 승격시켜 '유주부幽州府'라 불렀다.

많은 한인漢人이 거란으로 들어오는 상황에서 야율덕광은 "거란식 제도로 거란을 통치하고, 한인의 제도로 한인을 대한다"는 북면관北面官, 남면관南面官[31]의 방침을 세웠는데, 이것은 중국 '일국양제一國兩制'의 가장 원시적 판본이다.[32] 또한 현명하게도 자신이 남당南唐 국왕과 형제라고 말했으며, 남방의 오월왕吳越王에게도 관심을 표명했다. 그래서 오월은 한때 거란의 연호를 사용하기도 했다. 게다가 후진이 줄곧 자신을 부황父皇이라고 부르니, 야율덕광은 신이 나기 시작했다.

그러나 후진 황제 석중귀石重貴가 등극(943) 후 거란에게 자신을 '손자'라고만 칭하고 신하라고 칭하지 않으니 이것은 한다면 하는 성격인 야율덕광을 분노케 했다. 야율덕광이 15만 기마군단을 이끌고 대거 남침하니, 결국 석중귀는 아들을 보내 국보를 받쳐 들고 개봉에서 투항했다.

이는 요 태종 야율덕광 대동大同 원년(947) 이른 봄의 일이었다. 거란인은 성대한 입성식을 거행했다. 야율덕광이 말을 타고 고개를 꼿꼿이 치켜든 채 개봉으로 입성했다. 야율덕광 뒤에는 정면으로 앞을 응시하는 위풍당당한 장군 수백 명이 따랐고, 손에 굽은 칼을 들고 얼굴 가득 교만함이 흐르는 기병들의 행렬이 이어졌다. 후진의 궁전에서 야율덕광은 대요大遼(거란과 마찬가지로 '연철'을 뜻함)를 건립한다고 선포했으며, 한족 황제가 거행하던 의례대로 만조백관의 축하를 받았다. 자신이 이제 전체 중국의 황제라고 선포한 것이다.[33]

중국 왕조를 모방해 이루어진 요는 송에 비해 53년이나 빨리 국가를 이루었다. 요는 거란이 점거한 중원의 영토를 한인이 다스리도록 했는데, 수많은 관리와 문인, 기술자와 배우, 승려가 중원에서 요로 들어왔다. 반쯤 한화漢化된 국가의 조직 능력은 한이나 당에 대항하던 유목민족에 비해 훨씬 뛰어났다. 그것은 중원 왕조에는 상당한 위협이었다. 한·당 시절, 중원 왕조가 그 단순한 유목민족을 두려워했던 것은 질풍노도처럼 밀려오는 힘 때문이었다. 그러나 이제 거란은 한인의 문화를 받아들여 국가를 조직할 수 있는 능력까지 갖췄던 것이다.

여걸 소작

사람이 해를 바라보고 있을 때에는 자신의 그림자를 볼 수 없다. 동경에서 황제 자리에 등극한 후, 요 태조 야율덕광은 천하가 이미 평정되었다고 여겼다. 그러나 민중을 안무하지 못했을 뿐 아니라, 거란군이 '타초곡打草穀'[34] 해서 말을 기른다는 명목으로 사방에서 노략질을 하는 것을 그대로 두는 바람에 주변 100리가 불모지가 되어버렸다. 이런 행위는 모두 후진의 관리들과 민중의 깊은 적의를 불러 일으켰고, 반항과 기의가 끊임없이 일어나게 되었다. 그래서 개봉을 점령한 지 겨우 석 달 만에 요 태종은 '피서'를 빙자해 창고의 보물을 챙겨 환관과 궁녀를 데리고 황급하게 북쪽으로 돌아갔다.[35] 그러나 많은 사람들과 말 떼가 난성欒城(허베이성 스자좡石家莊 남쪽)에 이르렀을 무렵, 태종이 갑자기 병에 걸려 죽었으니 그의 나이 45세였다(947).

태종이 죽자 요에는 황제 계승에 위기가 도래했다. 먼저 동단왕 야율배의 맏아들 야율완耶律阮이 무장들에게 추대되어 북쪽에서 돌아오던 도중 부하 찰할察割에게 암살당했는데, 그때 그의 나이 37세였다(951). 그 후 야율덕광의 장자 야율경耶律璟이 찰할의 정변을 정리하고 요의 네 번째 황제가 되었다. 그러나 야율경은 한인에게 '수군睡君(잠자는 군주)'이라 불릴 정도의 술주정뱅이였으며, 권력과 여색에도 관심이 없었다. 황후와 비빈들 그 누구에게서도 후사를 볼 수 없었으며, 심지어 그가 죽을 때까지도 수많은 후비들이 아직 처녀였다고 한다. 또한 장생불사할 수 있다는 무당의 말을 듣고 사람을 죽여 쓸개를 먹는 등, 제멋대로 사람을 죽이던 어리석은 군주였다. 그것을 더는 지켜볼 수 없다고 생각한 시종이 그를 살해했으니, 그때 목종穆宗 야율경의 나이 39세였다(968).

다음은 야율경의 양자 야율현耶律賢(야율완의 둘째 아들)이 황제 자리에 올랐으나, 어렸을 때 아버지가 살해되는 장면을 눈앞에서 봤기 때문에 신경쇠약에 걸려버렸다. 이렇게 되면서 나라를 다스리는 대권은 점차 아름다운 한 여인의 수중으로 들어가고 있었다.

그녀의 이름은 소작蕭綽이고, 어린 시절의 이름은 연연燕燕이었다. 북원北院 추밀사樞密使 겸 북부北府 재상이던 소사온蕭思溫의 딸로 말도 잘 타고 활도 잘 쏘았으며 공부도 열심히 했던, 평범치 않은 여성이었다. 16세에 궁에 들어와 미모와 지혜, 출신 등이 빼어난 덕에 황제의 마음을 빼앗아 황후가 되었다.

마음은 있으나 몸이 따라주지 않았던 허약한 황제는 소작이 자신을 대신해 정무를 처리할 수 있도록 허락했다. 처리해야 할 군사적 업무가 있을 때 먼저 연연이 거란족과 한족 신하를 소집해 결정한 뒤, 나중에 황제에게 알리는 식이었다. 시간이 지날수록 연연은 국사를 아주 매끄럽게 다루었을 뿐 아니라 신하들까지 자신의 통제 아래 두게 되었다. 황제 역시 조금도 간섭하지 않고 깊은 산으로 들어가 사냥을 즐기곤 했다. 요 경종景宗 야율현 건형乾亨 4년(982), 단풍이 아름답던 어느 가을날, 35세의 야율현은 사냥을 하던 도중에 과로로 죽었다. 상황을 확실하게 인식하고 있었던 그는 임종 전에 가장 충성스러운 대신 야율사진耶律斜軫(?~999)과 한덕양韓德讓(941~1011)을 불러 유언을 남겼다.

"장자 야율·융서耶律隆緖에게 황위를 잇게 하고 군사에 관한 일은 황후의 명을 들으라."

유언에 따라 맏아들인 성종聖宗 야율·융서(972~1031)[36]가 즉위했을 때 그는 겨우 열두 살의 어린아이였다. 조정의 일을 총괄하던 승천황태후承天皇太后 소작은 이제 막 서른을 넘어 한참 강인하고 아름다운 나이였다. 성종의 기나긴 시대 전반기부터 성종 통화統和 27년(1009), 태후가 세상을 떠날 때까지 나라의 진정한 권력은 시종일관 소작의 손 안에 있었다.

꽃은 결코 아름답게 보이기 위해 피는 것이 아니다. 그것은 후대를 번식시키기 위한 책략일 뿐이다. 대신들을 손 안에 넣고자 그녀는 주판알을 튕겼다. 일단 자신의 조카딸을 북원 추밀사 야율사진에게 시집보내 야율사진이 딴 마음을 먹지 못하게 했다. 또한 성종이 타고 다니던 말을 우월于越 야율휴가耶律休哥에게 주어 그가 감격의 눈물을 흘리게 했으며, 한족 출신인 남원南院 추밀사 한덕양에게는 아예 자신을 내주었고 '야율'이라는 성씨까지 내려주었다. 한덕양이 당당하게 궁정에 드나들며 소작과 함께 하는 기쁨을 누릴 수 있게 해준 것이다.[37]

이렇게 아름다운 소태후는 남보다 뛰어난 수완으로 여러 신하를 안정적으로 장악했고,[38] 성종의 통치는 나날이 공고해졌다. 그렇지만 태후는 여전히 모든 일을 직접 챙기며 최선을 다했다. 설사 때로 성종을 곁에 데리고 있었다고 해도 그것은 아들의 견식을 넓혀주기 위해서였을 뿐이다.

그녀가 모든 일을 직접 챙겼다고 해서 그것이 성종을 무능하게 만든 것은 결코 아니었다. 소작은 지극히 엄격해 성종에게도 수시로 무예를 익히게 했다. 그래서 성종은 '지혜로운 말을 하고 사려가 깊으며 무예가 뛰어난' 지혜로운 군주로 성장했다. 그녀는 언제나 다른 사람의 건의를 듣는 것을 좋아했고 여성의 세심함으로 신하들에게 관심을 기울였다. 그렇게 함으로써 거란인과 한인의 충성심을 얻어냈다.[39]

소작은 성공한 조정 관리자였을 뿐 아니라, 위대한 업적을 남긴 아보기의 황후 술률씨의 군사적 통솔력을 모방해 자신에게 속한 1만 기병을 이끄는 '알로타斡魯朶(오르두)[40]이기도 했다. 안으로는 국정을 부지런히 수행하면서 날카로운 개혁을 진행했으며, 밖으로는 상벌을 엄격히 해 장군과 사병을 명령대로 움직이게 했다. 그리하여 동으로 여진을 항복시키고, 남으로 송에 대항했으며, 서쪽으로 당항과 회골을 공격했고, 북으로는 철륵을 공격해 바다으로 가라앉았던 요를 단숨에 일으켜 세웠다.

그러나 소작의 위대한 업적은 이제 막 시작되었을 뿐이었다. 그녀를 진정으로 영명하게 만든 것은 종이호랑이 같았던 대송大宋이었다. 송 태종 옹희雍熙 3년(986), 태종 조광의趙光義는 남당南唐을 정복한 명장인 조빈曹彬에게 동로군東路軍을 이끌고 탁주涿州에서 출정하게 했고, 남한南漢을 정복한 명장인 반미潘美에게 서로군西路軍을 이끌고 안문관에서 출병하게 했다. 그리고 자신은 중로군中路軍을 이끌고 요를 대거 공격했다. 잃어버린 지 오래된 연운 16주를 찾아오겠다는 생각이었다.

전쟁 초기, 송군의 진격은 순조로웠다. 특히 반미와 양업楊業이 이끄는 서로군의 전적이 휘황찬란해[41] 파죽지세의 기세를 올렸다. 강적을 만난 소태후는 군막 안에서 직접 군대를 지휘했으며, 야율휴가에게 남경을 강고하게 지키고 동선東線으로 송의 주력군이 북진하는 것을 막게 했다. 그러면서 한편으로는 야율사진에게 지금의 산시山西성으로 진군해 서로군을 저지하라고 했고, 자신은 친히 정예 기병을 이끌고 재빠르게 대응해 야율휴가와 집게 모양의 형태를 만들어 기구관岐溝關(허베이성 줘涿현 서남쪽)에서 조빈이 이끄는 10만 동로군을 일거에 궤멸했다. 그런 후에 중로, 서로에서 대규모 반격을 실시해 송군을 모든 전선에서 퇴각시켰다. 마침내 중국 고대 역사에 없었던, 내선內線 기동작전의 승리라는 기적을 만들어냈다.

북송北宋 서로군 부사령관 양업은 패했다는 소식을 듣고 자신들에게 항복한 한인들을 호송해 내지로 후퇴하게 했다. 그러나 서로군 총사령관인 반미와 감군監軍 왕신王侁이 요를 공격하라며 양업을 압박했다. 승산이 없다는 것을 알면서도 혈전을 벌이던 양업은 고생 끝에 겨우 반미와 약속한 지점까지 왔으나 골짜기 입구에 아무도 없는 것을 발견했다. 반미와 왕신은 양업을 기다리다가 오지 않으니 군대를 거두어 돌아갔던 것이다.[42] 양업은 그 자리에서 통곡할 수밖에 없었다. 거란군에게 겹겹이 포위된 송군은 몽땅 전멸했고, 양업이 타고 있던 말은 야율사진의 부장인 야율희달耶

律希達이 쏜 화살에 맞았다. 양업은 말에서 떨어져 포로가 되고 말았으며, 사흘 동안 단식을 한 후 장렬하게 순국했다. 양업의 큰아들 양연옥楊延玉도 같이 죽었다.[43]

전쟁 후에 송 태종은 죽은 양업을 태위太尉, 대동절도사大同節度使로 높였다. 양업을 따라 정벌군에 참가했던 여섯째 아들 양연소楊延昭(958~1014)[44]는 지경주知景州로 나갔고, 출정하지 않았던 둘째 아들 양연포楊延浦와 셋째 아들 연훈延訓은 공봉관供奉官으로 발탁되었다. 넷째 연환延環과 다섯째 연귀延貴, 일곱째 연빈延彬도 황제의 곁을 지키는 경호병으로 임명되었다. 이때부터 '양가부楊家府'는 천하에 이름을 날리게 되었다. 반면에 결과적으로 양업을 죽게 만든 반미는 직책을 잃었을 뿐 아니라 세 등급 강등되었고, 왕신은 직책을 빼앗기고 금주金州로 좌천되었다.

기구관의 전투는 소태후의 이름을 천하에 알렸다. 하지만 소태후의 위대한 이름이 과연 여기서 끝났을까?

전연의 맹

기구관 전투의 결과 송과 요 사이의 군사적 균형이 깨졌다. 송은 이때부터 공격에서 수비로, 요는 수비에서 공격 태세로 전환했다.

1000년(송 진종眞宗 함평咸平 3년), 기억하기 쉬운 그해에 요군이 대거 남하했다. 그러나 양연소가 견고하게 지키던 수성遂城(허베이성 쉬수이徐水 북쪽)은 오랫동안 함락되지 않으면서 요군의 예봉을 꺾고 있었다.

아무리 깨물어도 조각나지 않는 뼈가 있을 때 사냥개는 그 뼈를 잠시 뱉어낸다. 힘을 가하는 위치를 바꾸면 아주 순조롭게 먹어치울 수 있기 때문이다. 사냥개도 그러한데, 하물며 병법에 익숙했던 소태후는 어땠겠는가.

요군은 수성을 우회해 방비가 소홀한 영주瀛州를 공략했다. 그곳에서 요는 송의 장수 강보예康保裔를 사로잡고, 제주齊州(산둥성 지난濟南)와 치주淄州(산둥성 즈보淄博) 깊숙한 곳으로 들어가 그 지역을 한바탕 휘젓고 돌아갔다. 송군 대장 범연소范延召가 계속 추격했으나 더 나아가지는 못하고, 요군이 물러간 경계 지점에서 기다리면서 상주를 올렸다. 자신이 적을 몰아냈다고 한 것이다.

막 황제로 즉위한 조광의趙光義의 아들 조환趙恒은 그 상주를 보고 매우 기뻐하며 흥이 올라 대명부大名府 행궁의 담장에 희첩시喜捷詩(소식을 기뻐하는 시)를 써서 신하들에게 축하하도록 했다. 신하들은 꼼짝없이 동참해야 했다. 더욱 황당한 것은 전쟁에 패해 포로가 된 장수 왕계충王繼忠이 소태후가 내려준 요나라 여자와 혼인했는데도 송 진종은 왕계충이 전쟁에서 죽은 줄 알고 조서를 내려 후한 상을 주고 그 후손을 잘 보살펴주라고 한 것이다. 조정에서는 충신과 간신도 분별할 줄 몰랐다. 송 왕조에서는 서로가 속고 속이는 일이 이미 습관처럼 되어버렸던 것이다.

송의 잔치가 끝나기도 전에 요군은 다시 돌아왔다. 송 진종 경덕景德 원년(1004) 가을, 요 성종과 소태후는 친히 20만 대군을 이끌고 남하해 송을 공격했다. 요군은 드넓은 평원의 장점을 충분히 발휘해 파죽지세로 관문과 요새를 깨며 송에서 중요한 진鎭이 있는 천웅天雄과 덕청德淸까지 진격했다. 그러나 요군은 송군이 견고하게 지키는 성을 피해 곧바로 황하 북쪽의 전주澶州(허난성 푸양濮陽 서남쪽)로 치고 들어갔다. 개봉에서 겨우 100리 떨어진 곳이었다.

상황이 이렇게 되자 북송 조정은 정신을 차릴 수 없었다. 문무백관이 모두 나서서 남쪽의 금릉金陵으로 피난하거나 성도成都로 천도해야 한다고 떠들었다. 오직 재상 구준寇准만이 저항해야 한다고 목소리를 높였다.

"오직 한 자 나아감이 있을 뿐, 한 치도 후퇴할 수는 없다."

구준은 이렇게 목청을 높이면서 진종이 직접 전주로 가서 군사를 독려해야 한다고 주장했다. 깊은 궁궐 속에서만 머물던 송 진종은 내키지 않았으나 어쩔 수없이 밀려서 가야만 했다. 그는 정신을 차리고 군대를 따라 앞으로 나아갔다.

사실 이때 요군은 너무 깊숙하게 들어와 있었다. 게다가 후방 지원이 부족했던 상황임에도 성 아래에서 지형을 순시하던 총사령관 소달람蕭達覽이 송 위호군威虎軍 장수 장괴張瓌가 새로 발명한 상자노床子弩[45]에 맞아죽었다. 요는 위아래로 흔들렸고 병사들도 어쩔 줄 몰라 했다. 반면 송군의 장군과 병사들은 황제가 친히 전선에 나온 것을 보고 마치 강심제를 맞은 것처럼 사기가 충천해 환호성과 만세 소리가 끊이지 않았다.

바로 이때가 반격할 절호의 기회였다. 그러나 송 진종은 소극적이었다. 애초에 전쟁을 하려는 마음이 없었던 것이다. 그는 솟아오르는 군대의 기세에 힘입어 똑똑한 사신 조이용曹利用을 요 군영으로 보내 화의를 요청했다. 물론 진퇴양난의 상황이었던 요군의 의중을 정확하게 파악하고 나온 행동이었다.[46] 요는 송에 토지 할양을 요구했으나 송은 은과 비단만을 주겠다고 했고, 쌍방은 그 문제를 두고 계속 다투었다. 말 무역에서도 그랬듯이, 끝이 없을 것 같은 지루한 담판 끝에 마침내 경덕 2년(1005) 초, 쌍방은 전주 전선에서 양해 비망록 작성에 합의했다. 전주는 '전연澶淵'이라고도 하기 때문에 이 화의는 '전연의 맹盟'이라고 불린다.[47] 화의에서는 다음과 같은 약정이 맺어졌다.

"송과 요는 백구하白溝河(허베이성 중부)를 쌍방 영토의 경계로 삼고, 서로의 영토를 존중한다. 송은 해마다 요에 비단 20만 필과 은 10만 냥을 바쳐 '군대를 도와주는 자금'으로 삼는다. 어느 쪽도 도망친 범죄자를 비호하지 않는다. 국경을 따라 새로운 요새나 수로를 만들지 않는다."[48]

많은 사료에서 송이 거란에 준 세폐歲幣가 송에 커다란 부담을 주었다고 서술하지만, 이것은 사실 지나친 말이다. 송 왕조가 매년 거란에 준 비단은 남부 지역 한두 개 주州에서 나오는 양에 불과했고, 지불한 은도 송과 요 사이에 나날이 확대된 무역 이익으로 해결되었다. '전연의 맹'은 송에 굴욕을 가져다주었으나, 이 협정의 결과 송은 금전적 이익을 일부 내줌으로써 항구적인 평화를 누릴 수 있었다. 천자는 동경으로 돌아왔고, 하북 행영行營은 사라졌으며, 술병戌兵은 반으로 줄었다. 장정을 집으로 돌려보내 농사를 짓게 하니, 백성이 진심으로 기뻐했다. 물론 거란도 안정적 수입을 얻을 수 있고, 군사 지출을 줄일 수 있을뿐더러 국내 발전에 힘을 기울일 수 있었다. '전연의 맹'은 이데올로기적 요구보다 위에 있는 정치적 실용주의의 거대한 성공이었다. 이는 송이 한 세기 동안 안정된 평화를 누릴 수 있는 토대를 깔아주었다.[49] '대한족주의大漢族主義'를 포기하고 어떻게든 평화를 지키려 했던 농민과 유목민의 자리에서 역사를 관찰하는 사람이라면 누구나 다 같은 결론을 내릴 것이다.[50]

연못의 물을 퍼내고 고기를 잡다

요 성종 통화統和 27년(1009), 조정에서 섭정을 한 지 27년 된 소작은 일세를 호령하던 일생을 마쳤고, 이제 야율·융서가 독립적으로 국정을 주관하게 되었다. 그는 국호를 '거란'으로 바꾸고 당·송의 제도를 모방하는 일을 시작했다. 그는 주도적으로 중경中京을 세워[51] 초원에서 하던 회의를 궁중에서 진행했다.[52] 또한 정식으로 과거를 실시해 이를 통해 선비를 발탁해서 우수한 인재가 재능을 드러낼 수 있도록 했다. 노예를 평민으로 편입했으며, 거란족과 한족을 법적으로 평등하게 대했다. 그는 성격이 온화했고 자애로웠으며 아량이 있었다. 또한 상과 벌을 분명히 해 칭송을 받았으니,

이러한 공적으로 덕분에 그의 이름은 후세에 남았다.

그러나 이어지는 상황은 그리 낙관적이지 않았다. 인류의 발전은 언제나 흥망성쇠의 규율을 따르게 마련이니, 그 어떤 국가나 왕조에도 예외는 없다. 북방 초원에서 이 광활한 대국이 시작될 때만 해도 생기가 넘쳤다. 하지만 무거운 발걸음을 내딛으며 수백 년 동안 비틀비틀 길을 걷는 동안 힘이 다 빠져버리고 기력이 쇠해 역사의 한 모퉁이로 깊이 가라앉았다. 통치자는 더는 말을 타고 군대 앞에 나서지 않았다. 종일 궁 안에 앉아 미녀들과 노닥거리거나 게으른 자세로 침대에 누워 춤추는 여인들의 부드러운 자태를 감상하고, 악사들이 연주하는 아름다운 음악을 들었다.

뒤이어 즉위한 흥종興宗 야율종진耶律宗眞(재위 1031~1055)은 촌부 희롱하기를 즐겼던 바람둥이였다. 아직은 '전연의 맹' 덕분에 해마다 송에서 바쳐오는 비단과 은으로 그럭저럭 태평세월을 보낼 수 있었다.

도종道宗 야율홍기耶律洪基(재위 1055~1101)는 정권 초기에 신하들의 간언을 받아들이는 태도를 보였다. 그러나 얼마 지나지 않아 지고무상의 권력은 수양이 깊지 못한 이 도련님을 간신을 총애하고 간언하는 신하를 주살하는 폭군으로 만들어버렸다. 야율홍기는 황후를 자살하게 만들었을 뿐 아니라 태자를 구금해 죽음에 이르게 했고, 말년에는 대신의 아내와 정을 통하기까지 했다.[53]

마지막 황제인 천조제天祚帝 야율연희耶律延禧는 구금되었다가 죽은 황태자의 아들이었다. 그는 황제 자리에 오르자마자 보복을 시작했다. 총애받던 대신들을 몰아냈으며, 오랫동안 귀양 가 있던 사람들을 궁정으로 불러들였다. 핍박 받아 죽어갔던 황태후를 다시 안장했고, 억울하게 죽은 아버지에게 묘호廟號를 추증했다. 그러나 원한을 다 갚은 뒤 그는 이전 황제들의 구태를 답습했으며, 일도 제대로 하지 못하는 수렁에 빠져버렸다. 무엇보다 그가 저지른 가장 큰 잘못은, 너무 평범해서 아무 일도 못했다는

데 있는 것이 아니라, 경내의 소수민족을 마음대로 짓밟았다는 데 있었다.

천조제는 사신에게 은으로 된 패자銀牌를 가지고 여진 부락에 가서 해동청海東靑(바닷가에서 자라는 매)과 진주, 담비 가죽을 빼앗아오게 했다. '은으로 된 패자를 갖고 있던 사신들'은 가는 곳마다 여진인의 재물을 강탈했을 뿐 아니라 미녀까지 바치라고 했다. 이는 여진 사람을 더욱 화나게 만들었다. 처음엔 혼인하지 않은 평민 여자들을 요구했으나 나중에 사신들이 끊임없이 오간 뒤부터 대국의 권세를 믿고 자기들 마음대로 미녀들을 골라갔다. 남편이 있든 없든, 명문가 출신이든 아니든 가리지 않았다.

그런 전횡을 과연 누가 참을 수 있었겠는가. 생여진生女眞[54] 완안부完顔部의 지도자 아골타阿骨打(아구타)가 분노의 목소리를 드높이니 피 끓는 남자들이 그의 주위로 몰려들었다. 공동의 적에 보조를 일치시켜 공동으로 대항하니, 전쟁을 할 때마다 승리하는 군대를 조직할 수 있었다. 요 천조제 야율연희 천경天慶 5년(1115), 아골타가 스스로 황제임을 선포하고 금을 세웠지만 요遼는 아직 그 사실을 몰랐다.

천조제가 사냥의 즐거움에 빠져 있을 때 아골타는 이미 요의 군사 전초 기지인 황룡부黃龍府(지린성 눙안農安)를 점령했다. 침입자들은 번개처럼 빠른 전마를 타고 큰 함성을 지르며 활을 쏘면서 그들을 향해 쳐들어왔다. 혼비백산한 천조제는 급히 조서를 내리고 친히 출정했으나 그는 감히 아골타의 적수가 될 수 없었다. 요군은 오늘날의 쑹화강松花江을 지나자마자 형편없이 무너졌고 부하들은 앞다퉈 그를 배신했다.

일반적으로 볼 때 우둔한 인간은 언변이 아닌, 액운 앞에 고개를 숙이게 된다. 별다른 방법이 없자 천조제는 금과 화의할 수밖에 없었다. 그는 금을 형이라고 칭했으며 오늘날 창춘長春과 랴오둥遼東을 할양했고 해마다 은과 비단을 합해 25만 냥을 바치기로 했다. 이렇게 화의 조약을 맺은 후, 천조제는 베개를 높이 베고 누워 이젠 아무 걱정이 없다고 생각하며 다시 사

헤이룽장黑龍江성 하얼빈哈爾濱시 아청阿城 금상경역사박물관金上京歷史博物館에 만들어진 금
태조 완안아골타 상.

　　　　　　　　　　　　　　　　절반의 중국사

냥을 계속했다. 게다가 한 대신의 기생 출신 아내인 운기雲奇라는 여자와 궁중에서 놀아나기까지 했다.

언제나 역사에는 비슷한 점이 나타나곤 한다. 요 멸망의 순간에 한 여인이 끼어들었다. 물론 이 기녀가 요의 쇠망에 무슨 작용을 했는지 고증하기 어렵다. 그러나 역사서는 일정 부분의 책임을 그녀에게 미루고 있다. 이를 보면 중국 남자는 망국의 책임을 여인에게 미루고, 여인에게 제왕의 죄를 대신 뒤집어씌우는 것을 참 좋아한다는 결론을 내릴 수밖에 없다. 주나라가 천하를 잃은 것은 포사의 웃음소리 때문이고, 서한이 쇠미해진 것은 한 성제가 조비연과 조합덕 자매를 총애했기 때문이며, 진晋에서 '팔왕(八王)의 난'이 일어난 것은 결코 아름답지 않았던 가황후(가남풍賈南風) 때문이고, 이자성이 북경에서 쫓겨난 것도 오삼계가 총애하는 아내 진원원陳圓圓을 이자성의 부하가 강제로 취했기 때문이라고 말한다.

그러나 사실 그녀들은 그저 약한 여자였을 뿐이었다. 궁궐이라는 새장에 갇힌 새 같은 존재였던 것이다. 그래서 《설문해자說文解字》에서 '부婦' 자를 "남 앞에 엎드린 자"라고 해석한 것이다. 힘만으로도 한계가 있을 수밖에 없었던 전통 시대의 여성에게 한없이 위대한 남자를 위해 십자가를 지게 하는 것은 역사의 슬픔이다. 또한 남자들이 부끄러움을 느껴야 하는 부분이기도 하다. 그래서 현대문학 작가인 루쉰은 정곡을 찌르는 한마디를 남겼다.

"나는 왕소군이 흉노의 땅으로 가서 한나라를 안정되게 할 수 있었다는 것, 목란木蘭이 전쟁터에 나가 수隋나라를 지켰다는 것, 달기가 은나라를 망하게 하고 서시가 오나라를 망하게 했으며 양귀비가 당나라를 어지럽혔다는 구태의연한 말을 믿지 않는다. 남성 중심 사회에서 여인은 절대 그런 거대한 힘을 가질 수 없었고, 흥망의 책임을 질 수도 없었다고 생각한다. 그것은 모두 남성의 책임이다. 그러나 남성 작자들은 줄곧 왕조 패망의 대역죄를 모두 여성에게 미뤘으니, 그들이야말로 정말 한 푼의 값어치도 없는 못난 남자들이다."[55]

왕조 쇠망의 이유가 누구에게 있든, 요는 이제 쇠락의 길로 들어섰다. 천경 10년(1120) 5월, 아골타는 정예병을 이끌고 거란인의 성지인 상경을 공격했고, 종묘를 모조리 불태워버렸다. 국가가 생사존망의 위급한 시각에 이르렀을 때, 그 잘난 요의 총신寵臣 소봉선蕭奉先은 전쟁터에서 눈발처럼 분분히 날아드는 수많은 급한 소식을 모조리 무시해버렸다. 오히려 대장인 야율여도耶律餘睹가 정변을 일으키려 한다고 무고하기까지 했다.[56] 이에 분노한 야율여도는 금에 투항해 금군의 선봉장이 되었다.[57] 그는 성난 파도처럼 중경 대정부大定府를 공격했고, 결국 천조제는 도망쳐야만 했다. 이런 사실에도 여전히 일개 여자를 망국의 수괴라고 여길 수 있을까?

남경으로 도망친 천조제는 중경이 함락되었다는 소식에 겁을 먹고 친왕親王 야율순耶律淳에게 남경을 부탁하고 자기는 서경西京 대동부大同府를 향해 황급히 도망쳤다. 곧 서경을 지키는 장수가 성문을 열어 금에 투항하자 그는 아내와 아이들, 재물을 모조리 버리고 황망히 도망쳤다. 가족과 국토까지 모두 버린 마당에 그가 어디 운기라는 여인을 돌아볼 틈이나 있었겠는가?

남은 숨을 몰아쉬다

장군과 병사들이 죽음을 무릅쓰고 여진에 저항하던 무렵, 천조제는 바람에 날아다니는 휴지 조각처럼 서쪽을 향해 도망쳤다. 궁정과 황제 사이의 모든 연락은 끊어졌다.

하늘이 오래도록 어두우면 안 되듯, 나라에는 하루라도 군주가 없으면 안 되는 법이다. 남경에 남아 있던 신하들은 해왕奚王과 야율대석의 통솔 아래 요 천조제 보대保大 2년(1122) 3월, 친왕 순淳을 새로운 황제로 옹립 했다. 물론 도망친 천조제는 친왕親王 급인 상음왕湘陰王으로 격하시켰다. 그러자 곧 요가 분열됐다. 천조제의 권력은 이제 거란 영역의 서쪽 맨 끝에 있는 유목부락 지역에만 미쳤고, 야율순이 통제하는 영토는 연燕, 운雲, 평 平, 상경, 중경, 요서 등 육로六路를 포함한 남부 정주 부락 지역에 한정되었 다. 야율순이 관리하던 나라를 관습상 '북요北遼'라고 부른다.

기록에 근거해 볼 때 북요 선종宣宗 야율순이 황제 자리에 오른 후 가장 먼저 한 일은 남경 백성들의 거듭된 요구에 따라 대신 유언량劉彦良과 그 '음란함으로 나라를 망친' 아내 운기를 공개적으로 처형한 것이었다. 그러 나 백성이 그걸 어찌 알았겠는가? 그리고 사실 민의가 중시된 적이 언제 제 대로 있기나 했던가? 또 하나의 가련한 여자가 망국의 군주를 대신한 속 죄양이 되어버렸다.

이어서 그는 곤경에서 벗어나기 위해 군사의 숫자를 늘렸다. 병사의 숫 자를 늘려야 하는 중책을 맡은 야율대석은 거란과 해족 난민 중에서 새로 운 병사를 징집하려 했다. 그러나 이 난민들이 너무 가난하고 병약해 민간 에서는 그들을 '빼빼 마른 군대瘦軍'라는 별명으로 불렀다. 발해 흠주欽州 (랴오닝성 잉커우營口 동남쪽) 사람인 곽약사郭藥師도 명을 받고 요동의 굶주 린 백성을 소집해 '원군怨軍'('여진에 원한을 품었다'는 의미로, 이후에는 상승군 常勝軍으로 이름을 바꿈)을 조직했다.

야율순이 최선을 다해서 모든 일을 했지만 여전히 곳곳에서 발목을 붙 잡는 일이 일어났다. 별 도리가 없었던 그는 결국 고사사告謝使를 송으로 보내 세폐를 면제해주는 것을 조건으로, 송의 승인과 원조를 요청했다. 그 러나 송에 다녀온 사신이 갖고 온 소식은 웃을 수도 울 수도 없는 것이었 다. 줄곧 나약하기만 했던 송은 갑자기 강경해져서 세폐를 면해주겠다고 한 북요의 '호의'를 조롱했을 뿐 아니라, 북요에 곧장 투항하라고 요구했다. 북요는 가장 적합하지 못한 시점에 가장 원치 않는 태도로 송의 도전을 받아들여야만 했다.

송은 금과 맺은 '해상海上의 맹약'에 따라 환관 동관童貫으로 하여금 10만 병사를 이끌고 북요의 남경으로 쳐들어가게 했다. 그러나 송 휘종이 적극적으로 지원하지 않은 채 후방에서만 견제하고, 장수들까지 무능하니, 교만했던 송군은 야율대석과 소간蕭干에게 격파되었다. 결국 송 군사들의 시신이 사방에 널리고 말았다.

이 승리 덕분에 송군이 가해오는 압박은 잠시 해소되었지만, 주변의 위협은 이어졌다. 북요는 금을 향해 화의를 요청했으나 냉정하게 거절당했고, 서쪽의 천조제는 남경을 치겠다고 호방하게 떠들어댔다. 기분이 극도로 나빠진 야율순은 병에 걸려 일어나지 못했고, 재위 98일 째에 그만 세상을 떠나 향산香山의 영안릉永安陵[58]에 잠들었다. 사람들은 보통 산에 오를 때 언제나 산꼭대기에 가고 싶어 한다. 그러나 일단 산꼭대기에 이르면 그곳에는 그저 반짝이는 바위와 온통 푸르른 하늘만이 있을 뿐이라는 것을 발견하게 된다. 야율순이 바로 그러했다.

야율순은 아들이 없었기에 천조제의 아들인 양왕梁王 야율아리耶律雅里에게 황위를 물려주는 수밖에 없었다. 그러나 이때 양왕은 천조제와 함께 서쪽으로 도망친 상태였다. 더 이상 어쩔 도리가 없는 상황에서 야율순의 아내 덕비德妃가 섭정을 맡았다. 그러나 그녀는 '제2의 소태후'가 아니었기에 미친 파도 같은 상황을 잠재울 수 없었다. 그저 망가진 가게를 지키며 힘들게 하루하루 버티는 사람처럼, 근근이 하루하루를 넘길 뿐이었다.

야율순이 죽은 지 겨우 한 달이 지났을 무렵, 송 왕조는 유연경劉延慶을 파견해 다시 남경을 공격했고, 탁주涿州를 지키던 상승군 지도자 곽약사가 송 왕조에 투항했다. 송 휘종은 연운을 수복하려는 급한 마음으로 연경燕京을 연산부燕山府로 개칭했으며, 유연경에게 10만 병사를 이끌고 남경으로 가라고 독촉했다. 한편 유연경이 요군과 치고받고 싸우는 틈을 타, 항복한 장수 곽약사는 5,000명의 경기병을 이끌고 몰래 연경을 점령했다. 성으로 들어간 후, 송군은 '성 안의 거란족과 해족을 모조리 죽이라'는 명령을 내려 성 안 군사와 백성들의 폭동을 불러일으켰다. 폭동의 결과, 곽약사는 몇 명의 친위병만 데리고 겨우 달아났으나, 대부분의 장수와 병정들은 성안에서 '백성들이 일으킨 전쟁'의 원혼들이 되고 말았다.

게다가 지원군을 보내기로 했던 송군은 눈앞의 불빛을 보고 요 병사들이 공격해온다고 여겨 군영을 불태우고 도망쳐버렸고, 결국 송군의 전선은 궤멸되고 말았다. 신종과 왕안석이 변법變法을 시행한 이후 비축해두었던 군수물자들도 이 전쟁에서 거의 다 써버렸다. 더욱 황당한 것은 송 휘종이 패배한 곽약사와 유연경뿐 아니라 지원병을 보내지 않고 도망쳤던 장군들에게도 상을 내려 직급을 높여주었다는 점이다.

종이호랑이 같은 송군을 겨우 쫓아버리긴 했지만, 요는 무거운 짐을 진 낙타처럼 더 이상 고통을 견뎌낼 수 없었다. 그들은 초원의 늑대가 그들의 길을 막아서지 않기만을 기원할 뿐이었다.

그러나 그들의 앞길을 막은 것은 초원의 늑대 정도가 아니라 무시무시한 호랑이였다. 보대 2년(1122) 말, 매섭게 불어오는 북풍이 겨울을 알리는 호각을 울릴 때, 하늘 가득 날리는 눈송이가 상처투성이 북국北國에 휘몰아쳤다. 아골타의 말 떼가 갑자기 남경을 향해 치달려오더니, 메마른 나무와 같았던 북요의 누런 이파리를 맹렬하게 흔들어댔다.

정찰하러 나갔다가 온 말 탄 병사의 보고를 듣고, 덕비는 강한 병사들을 내보내 '단단해 무너지지 않을' 것 같았던 거용관을 사수하게 했다. 그러나 금의 병사들이 거용관 아래에 도착했을 때, 어쩌면 하늘이 이미 정해놓은 듯, 산 위의 절벽이 갑자기 무너져 내렸다. 결국 그 절벽 아래에서 거용관을 지키던 북요 관병은 대부분 깔려 죽고, 금 병사들은 아주 쉽게 관문을 깨고 남경으로 진입했다.

금 병사들이 도착하기 전, 운이 없었던 덕비는 고북구古北口로 나가 좁은 길로 들어서서 해족의 땅으로 갔다. 그곳에서 그들은 두 패로 갈라졌다. 해족과 발해 군대는 소간을 따라 해족의 본토로 들어가 대해大奚 왕조를 만들었다. 그러나 대해 왕조는 다섯 달 만에 멸망했다. 섭정을 하던 덕비와 야율대석은 거란 군대를 이끌고 서쪽으로 천조제에게로 갔다. 그들은 서하西夏 변경의 천덕天德(내몽골 우라터전기烏拉特前旗 북쪽)에서 마침내 옛 황제와 만났다. 하지만 회합의 결과는 투항한 것보다 더 비참했다. 섭정왕 덕비는 천조제에게 살해되고, 이미 죽어간 야율순의 이름도 황족의 명부에서 지워졌다.

북요의 내분을 지켜보면 메마른 꽃에 물을 주는 것이 얼마나 소용없는 일인지를 알게 된다. 또한 천조제를 보고 있노라면 고집스럽다는 것이 무엇인지 알게 된다. 천조제는 자기만 옳다고 여기는 강퍅한 성격이라 예전의 강토를 수복하겠다는 고집스러운 계획을 세웠다. 야율대석이 여러 차례 그에게 권고했지만 소용이 없었다. 결국 야율대석은 천조제와 갈라서는 수밖에 없었다.

이렇게 되니 천조제는 졸지에 혼자가 되었고, 소수의 친위병만 거느린 채 사막 서쪽으로 도망치는 수밖에 없었다. 보대 5년(1125) 초, 그는 눈 위의 발자국을 따라온 금나라 장수에게 사로잡혔고, 마침내 금의 중도中都에 구금되었다. 그때 천조제뿐 아니라 송 황제도 잡혀왔고, 그들은 그곳에서 낯선 마구馬球 시합을 해야 했다. 그 시합에서 체구가 거대했던 이 거란 황제가 승리를 거두었고, 유약하고 몸에 병이 많았던 송 흠종은 어지러이 달리는 말들 사이에서 밟혀 죽었다. 이미 80세가 넘은 천조제도 어지러운 틈을 타 도망치려 했다가 빗발치듯 날아오는 화살에 맞아 죽고 말았다. 나

절반의 중국사

라를 세운 지 219년이 되던 해, 요 왕조라는 거대한 건축물은 이제 다 타버린 재가 되어가고 있었다.

멀리 날아가다

천조제가 여진의 포로가 된 것은 요의 멸망을 의미한다. 그러나 이 사실이 결코 독립 거란국의 종말을 의미하지는 않는다.[59] 문무를 겸비한 야율대석 (1094~1143)이 아직 살아 있었기 때문이다.

야율대석은 일개 서생으로 진사에 급제해 벼슬길로 들어섰다. 그는 말 타고 활 쏘는 것도 잘하고 중원 민족과 요의 문자를 모두 아는 뛰어난 인물이었다. 그는 천조제와 회합한 후 진심으로 천조제를 따랐으며, 참담한 심경이었지만 온 마음을 다해 비바람이 몰아치는 어려운 국면을 이끌고자 했다. 그러나 그는 천조제의 신임을 얻지 못했으며 오히려 수시로 피살될 위험에 처해 있었다. 이유라면 오직 그의 재주가 차고 넘친다는 것 때문이었다. 야율순을 옹립했었다는 '오점'도 있었겠지만 말이다.

중국에서는 전통적으로 사람에게 가장 중요한 것이 '인·의·충·효'라고 여기는 관념이 있었다. 야율대석이 얼마나 재능 있고 능력 있는 사람이며 공적이 뛰어난지, 혹은 정치적 업적이 있는지 없는지 하는 것은 다음 문제였다. 심지어 평범한 것이 더 좋다고 여기기도 했다. 그런 사람이 성실하고 충직하며 믿을 만하다고 생각했기 때문이다. 그래서 전통사회의 중국인은 능력이 빼어나고 총명한 조조를 선택하지 않고 유약하고 겁이 많은 유비를 선택했다. 전쟁에서 수시로 패했으나 두 마음을 먹지 않은 충직한 관우를 신으로 받드는 것도, 백전백승을 했으나 공적이 너무 높아서 자신이 모시는 군주에게 위협이 될 수 있었던 한신韓信을 두고 이런저런 말들이 더

라오닝성遼寧省 선양시瀋陽市 라오닝성박물관 소장 링위안凌源 요묘遼墓 출토 은 가면.

해지며 탐탁찮게 여기는 것도 이 때문이다.

이것은 역사적·시대적 비극이며 또한 중국문화의 비극이다. "덕이 없고 재주만 있는 자보다는 재주가 없을지라도 덕이 있는 자가 낫다"라는 이러한 논리는 후대로 오면서 "친한 옆집에 줄지언정 집안의 노예에게는 절대로 주지 않겠다"[60]는 자희태후의 말로 이어졌고, 또한 현대에 와서는 4인방의 하나였던 장춘차오張春橋가 "사회주의의 풀을 원할지언정 자본주의의 싹을 원치 않는다"[61]라는 말을 하기까지 이르게 된다.

그래서 야율대석은 절망하고 고민했으며, 모든 희망을 잃고 마음이 재가 되었다. 늘 공포에 시달려야 했다. 그러나 이런 절망은 영원히, 또한 철저하게 그의 후반기 인생을 새로 쓰게 했다.

보대 4년(1124) 7월, 야율대석은 거짓으로 병이 난 척해서 자기를 감시하던 북원 추밀사를 죽인 뒤, 200여 명의 기마병을 거느리고 야음을 틈타 서쪽으로 도망쳤다. 그가 갔던 노선을 개략적으로 살펴보면, 천덕을 지나 흑수黑水를 거쳐 가돈성可敦城으로 가는 것이었다. 가돈성에서 그는 달단韃靼과 오고 등 18부중의 옹립을 받았고, 정병 1만여 명을 얻었다.

초원부락의 지혜로운 퇴각 방식이 서쪽으로 가는 것이었음은 이미 흉노와 유연, 돌궐의 역사가 증명한다. 그래서 야율대석은 다시 돌아가서 금과 싸우는 대신 금 태종 완안성完顏晟 천회天會 7년(1130), 회골을 거쳐 서쪽으로 이동했다.

다이아몬드는 아무리 오랫동안 가라앉아 있어도 영원히 다이아몬드다. 1년도 안 되는 짧은 시간 내에 그는 퇴로가 없던 쇠약한 병사들을 이끌고 파미르에서 아랄 해 사이의 광활한 지역을 격파하며 나아갔고, 강성했던 회골, 즉 총령회골이 세운 동부 카라한 왕조와 고창회골이 세운 고창국이 그의 종주권을 인정하게 했다. 서역 곳곳에는 거란인의 검은 깃발이 휘날렸으며, 이 아름다운 장미는 마침내 사막에서 마음껏 꽃송이를 터뜨렸다.

남송 고종 조구趙構 소흥紹興 2년(1131), 야율대석은 새로 세운 예미리성葉密立城(신장위구르자치구 어민額敏)에서 황제에 올라 구르칸('온 세상의 카간'이라는 뜻)이라 했고, 연호는 연경延慶, 국호는 '대요大遼'라 정했다(즉 서요,[62] 혹은 '흑黑 거란', '카라한 거란' 또는 '카라 키타이'라고도 한다).

2년 후, 야율대석은 발라사군으로 천도해 도성을 '후스(쿠즈) 오르두'(거란어로 '견고한 오르두'라는 뜻)라고 개명하고, 연호도 '강국康國'이라 정했다.

몇 차례의 봄이 지나간 후, 서요의 건국자들은 오랫동안 먼 거리를 지나온 피로감을 잊었다. 그곳에서 가축은 살이 찌기 시작했고 마침내 중앙아시아에서의 통치 기반을 공고히 만들 수 있게 되었다. 그러자 야율대석은 금에 반격을 가하고 요 왕조를 중흥할 수 있는 시기가 성숙했다고 여겼다. 곧 소알리랄蕭斡里喇을 병마대원수兵馬大元帥로 임명해 서요 덕종 야율대석 강국 원년, 즉 금 태종 천회 12년(1134) 목초가 푸르게 자라난 계절에 7만 병사를 이끌고 동정東征을 감행했다. 동정군이 카슈가르와 호탄, 투르판 지역을 접수하고 개선의 노래를 높이 부르기 시작할 때였다. 드물게 나타나던 사막 폭풍이 갑자기 불어와 소와 말, 사병들은 모래에 묻혀버렸다. 대석은 '위대한 하늘'의 뜻을 거슬러서는 안 된다고 생각했고, 동쪽 땅을 수복하려는 웅대한 소망을 영원히 버렸다.

야율대석은 자신이 개척한 서부의 강토를 경영하는 데 온 힘을 기울였다. 그러다 서요 강국 8년(1141), 서부 카라한 왕조의 대칸 마흐무드와 카를루크가 무장 충돌하는 사건이 일어났다. 카라한과 카를루크는 각각 동부 회교回敎의 공주共主였던 호레즘(셀주크제국의 잔여)과 서요에 구원을 요청했다. 호레즘 술탄 산자르는 친히 서역 각국 연합군 10만 명을 이끌고 북으로 아무다리야강을 건너 서요를 향해 진격해 왔다. 이에 야율대석은 거란, 돌궐, 카를루크와 한인으로 구성된 서요 연합군을 이끌고 사마르칸트로 진격했다.

9월 9일, 두 세력을 대표하는 군대가 사마르칸트 북부의 카트완초원에서 만났다. 자기들보다 훨씬 많은 적군을 맞이해 서요는 목숨을 건 기세로 육원사대왕六院司大王 소알리랄에게 기병 2,500여 기를 맡겨 우측을 공격하게 했고, 추밀부사 소랄아부蕭剌阿不에게는 기병 2,500여 기를 이끌고 좌측을 공격하게 했다. 야율대석은 직접 대군을 이끌고 중간에서 공격했다. 세 자루의 날카로운 비수를 동시에 적의 가슴에 꽂으니, 호레즘 술탄 산자르의 연합군은 대패했고, 3만여 병사들의 시체가 들판에 널렸다. 산자르는 다행히 탈출했으나 그의 아내와 좌우의 지휘관은 모두 포로로 잡히게 되었다.

카트완 회전會戰은 중앙아시아 역사상 아주 유명한 전쟁이다. 셀주크 튀르크 세력은 이때부터 아무다리야강 이북으로 물러났고 서부 카라한 왕조는 서요의 속국이 되었다. 야율대석은 서부 카라한 왕조 국왕의 동생을 타브가츠칸 [63](도화석桃花石, '중국 칸'이라는 뜻)으로 봉해 서西 카라한 왕조를 계속 통치하게 하고, 사혜이나('감독관'이라는 뜻) 한 명만 그 나라에 머물며 감독하게 했다. 전쟁이 끝난 지 90일이 지났을 때 산자르와 줄곧 적대 관계이던 호레즘(셀주크제국의 속주였으나 셀주크 쇠락 후 독립했다) 국왕이 자발적으로 야율대석에게 투항했고, 동부의 베슈발리크, 서주회골西州回鶻도 서요의 속국이 되었다.

이제 서요는 중앙아시아의 장기 분열 국면을 끝내고 동쪽으로는 하미에서 서쪽으로 아랄해, 남쪽으로 아무다리야강, 북쪽으로 예니세이강 상류에 이르는 거대한 제국을 건설했다.[64]

서요의 멸망

야율대석은 자신이 천신만고 끝에 세운 천추의 공업이 겨우 두 대만 이어지고 끝날 것이라고는 꿈에도 생각지 못했다. 아들 서요 인종仁宗 야율이열耶律夷列(재위 1150~1163)은 그런대로 인자하고 후덕했으며 현명한 사람이었다. 그러나 황위가 손자 야율직로고耶律直魯古(재위 1178~1211)에게 전해졌을 때 서요의 국가 기구는 고장 나기 시작했다. 야율직로고가 어리석은 바보였을 뿐 아니라 옳고 그름도 분별할 줄 모르고 권력에 대해 근본적으로 아무런 흥미도 없는 졸렬한 자였기 때문이다.

역사는 각 왕조의 모든 왕이 언제나 열심히 분투노력해야 한다는 것, 내일의 성공은 오늘의 투쟁이 바탕이 된다는 것, 오늘의 실패는 어제의 나태함에서 원인을 찾아야 한다는 것을 우리에게 알려준다.

서요는 계승자의 무능함과 나태함으로 인해 끊임없이 쇠퇴해갔다. 그러나 서요 멸망의 직접적 원인은 황제가 맞아들인 사위가 음모를 꾸미는 것에만 능한 자였다는 점에 있었다. 그의 이름은 쿠츨루크였다. 그는 나이

만부 타양칸의 아들이었는데 칭기즈칸에게 격파당한 후 원 태조太祖 3년 (1208)에 서요로 도망쳐 왔다. 쿠츨루크은 아주 잘 생겼고 말도 잘했기에 머리가 단순한 야율직고로의 신임을 금방 얻었다. 이는 집에 땔감을 놓고 불을 지른다거나 호랑이를 길러 우환을 만든 격이었다.

야율직로고는 딸 혼홀渾忽을 쿠츨루크에게 시집보냈다(1208). 이는 용을 바다로 보내고, 호랑이를 산에 놓아준 것과 같았다. 그는 대량의 군비를 갖추고, 남은 부락을 자신의 아래로 불러들였다. 원 태조 6년(1211), 쿠츨루크는 동부에 흩어져 있던 나이만부와 메르키트부의 장군과 사병들을 모아 당당한 기세로 서요 도성으로 치고 들어왔다. 전쟁에서 진을 치는 법에 오랫동안 소홀했던 서요 군대는 삽시간에 무너져버렸고, 늙은 황제는 사위의 포로가 되고 말았다.

쿠츨루크는 아주 뛰어난 음모꾼이라서 역사학자조차도 그에게 속았다. 쿠츨루크가 국왕이 된 후 여전히 서요의 연호를 사용했고, 야율직로고를 태상황으로 받들었던 것이다. 쿠츨루크는 조당朝堂에서 나이가 많은 태상황이 자신의 사위에게 자발적으로 황위를 물려주는 연극을 했다.

야율직로고의 딸 혼홀도 지나치게 낙관적이었다. 만일 그의 아버지가 황제가 아니었다면 쿠츨루크가 그녀를 아내로 삼았겠는가. 아니나 다를까, 자리가 공고해진 후 쿠츨루크는 서요의 미녀를 아내로 맞이했다. 대부분의 미녀들은 자신감이 있고 고집스러운지라, 쿠츨루크의 아내가 된 미녀 역시 쿠츨루크에게 불교에 귀의하라고 권했고, 백성 모두에게 불교를 믿게 하라고 했다. 미녀의 부드러움에 빠진 쿠츨루크는 순한 양처럼 그녀의 말을 들었다. 그래서 그는 이슬람교도들에게 자신들의 신앙을 버리라고 강요했고, 이슬람교 사제들의 옷을 벗긴 채 이슬람교 학교의 문에 못질해서 죽였다.[65] 또한 모든 백성에게 강제로 거란식의 옷을 입게 하고, 집집마다 한 명의 병사를 머물게 했다.

절반의 중국사

랴오닝성 박물원 소장 요나라 무덤 벽화.

이슬람교를 탄압하기 위해 쿠츨루크는 칼을 갈았지만 그 칼끝은 결국 자신을 향했다. 원 태조 13년(1218), 몽골 대장 제베 노얀이 군대를 이끌고 허울 좋은 이름만 남아 있던 서요를 공격했다. 학대당하던 서요의 이슬람 교도들은 앞다투어 몽골에 귀의했고, 이슬람교도들의 집을 감시하던 서 요 병사들은 군중에 의해 쫓겨났다. 쿠츨루크는 사리쿨산 골짜기로 도망 쳤다 현지 사냥꾼들에게 잡혔고, 몽골인에게 바쳐져 즉시 처형당했다. 쿠 츨루크는 도망치기 전에 자신의 아내인 황후를 죽였다. 황후의 아버지인 가련한 태상황이 일찌감치 5년 전에 화병으로 죽은 뒤의 일이었다.

서요가 망한 후 일부 카라 키타이인이 오늘날 이란 케르만에 와서 완전 히 이슬람화된 케르만 왕조를 세웠는데 그것을 속칭 '후서요後西遼'라 한 다. 중원에 있던 거란인의 말로는 더욱 비참했다. 금 왕조가 거란인의 성씨 인 야율을 '이랄移剌'로 바꿔버렸고, 소蕭씨 성은 '석말石抹'로 바꿨다. 그 리고 거란인에게 여진의 국성인 '완안完顏'을 내렸다. 원 대에 이르러 거란

대성들이 다시 회복되어 일시적으로 야율, 소, 이랄, 석말 네 개의 성씨가 병존하는 국면이 나타났다.

그러나 휘황찬란했던 거란인의 역사는 이제 원 왕조 이전의 역사 속에 영원히 묻혀버렸고, 거란인은 대부분 여진, 몽골, 한족으로 융합되어 들어갔으며, 극히 일부가 위구르, 카자흐, 투족土族, 조선으로 융합되어 들어갔다. 14세기 중엽 이후에는 거란족의 명칭을 사용하는 사람들이 완전히 없어졌다. 그것은 마치 포효하며 용트림하던 강물이 갑자기 끝없는 사막의 모래 속으로 사라진 것과 같았다.

현재 남아 있는 요의 고전 건축물 역시 아무것도 없다. 톈진天津 바오디寶坻에 있던 최후의 요대 고묘古廟는 1950년대에 지방정부에 의해 철거되었다. 그 사당의 나무로 다리를 만들기 위해서였다. 당시 멀리 베이징에 있던 유명한 건축학자 량쓰청梁思成[66]은 그 소식을 들은 후 너무나 가슴 아파 하며 이렇게 장탄식했다고 한다.

"나도 요나라의 나무토막이다. 차라리 나를 죽일 것이지!"

'북극곰'과 산수를 하다

동아시아 역사에는 간단한 수학 문제가 하나 있다. 만일 갑국에 100만 제곱킬로미터의 비옥한 토지가 있다면 인근에 자리한 을국은 특히 그 땅이 갖고 싶을 것이다. 갑국이 약하고 을국이 강한 경우, 을국이 갑국의 땅을 점유하는 데 시간이 얼마나 걸릴까? 이 문제에 대답하려면 '북극곰' 러시아가 중국 만주 지역 영토를 삼켰던 이야기를 살펴보기 바란다.

세계지도를 펼쳐보면 아시아의 동북부에 가느다란 두 개의 선 같은 아르군(에르구네)강과 실카강이 함께 더욱 굵은 아무르강(헤이룽강)으로 흘러

절반의 중국사

들어가는 것이 보인다. 그런 후에 아무르강은 거의 곧바로 동쪽으로 흘러 파도가 출렁이는 태평양으로 들어간다. 강의 길이는 4,440킬로미터, 유역 면적은 185만 5천 제곱킬로미터다. 중국의 많은 오래된 민족이 이곳에 살았다.

16세기 중엽, 동북 유럽에 자리한 러시아 영토의 면적은 겨우 280만 제곱킬로미터였다. 차르 이반 4세가 정권을 잡은 후 러시아는 동방을 향해 확장의 발걸음을 내딛었다. 명 신종神宗 주우균朱翊鈞 만력萬曆 9년(1581), 840명의 코사크 중범죄자로 구성된 원정군이 우랄산을 넘어 동쪽으로 진격을 시작, 60년이 안 되는 기간에 시베리아 전역을 점령했다. 그리고 청군이 산해관으로 들어오는 틈을 타서 중국 헤이룽강 유역을 침략해 알바진[67]과 네르친스크성을 강제 점령했다.

조국의 신성한 영토를 보위하기 위해 청 강희 24년(1685)과 강희 25년(1686)에 두 번 군대를 보내어 알바진성으로 진격했다. 러시아군 사령관인 알렉세이 톨부진이 대포에 맞아 죽었고, 800명에 달하던 병사 중 겨우 66명만 남았다. 청은 수비하며 반격하는 '자위반격전'[68]을 통해 철저한 승리를 거두었다.

패배했다는 소식이 모스크바에 전해졌고, 제정러시아를 섭정통치하던 소피아 알렉세예브나공주[69]는 어쩔 수 없이 북경으로 가 평화담판을 진행하게 되었다. 강희 28년(1689), 중국과 러시아는 '네르친스크조약'을 체결했다. 중국 국경은 아르군강과 스타노보이산맥(외싱안링外興安嶺산맥)으로 바뀌었고, 이 국경선의 서쪽과 북쪽 땅은 러시아에 귀속되었다.

그러나 '북극곰' 러시아는 이 조약을 늘 마음에 두고 있었다. 그리고 160년이 지난 후, '북극곰'이 다시 쳐들어왔다.

청 함풍咸豐 8년(1858), 대청大淸은 흐르는 세월에 정력이 다한 노인 같았다. 소슬하게 불어오는 가을바람처럼 메마르고 걸음도 내딛기 어려운 상황이었다. 시기를 정확하게 파악한 제정러시아는 무력으로 헤이룽강 유역에 침입, 장군 혁산奕山으로 하여금 중국과 러시아 간에 '아이훈愛琿조약'을 강제로 맺게 했다. 러시아는 중국 외싱안링산맥 이남과 헤이룽강 이북 60만 제곱킬로미터의 토지를 할양받았다. 우수리강 동쪽부터 바다에 이르는 약 40만 제곱킬로미터의 지역은 중국과 러시아 양국이 공동 관리하는 지역이 되었다. 함풍 10년(1860), 제정러시아는 다시 '북경조약'을 체결해 청나라 왕조에게 우수리강 동쪽 쿠릴열도를 포함한 40만 제곱킬로미터의 땅을 할양받았다. 무려 100만 제곱킬로미터에 달하는 중국 영토가 사라졌고, 남아 있는 동북 삼강三江 유역의 토지는 겨우 86만 제곱킬로미터뿐이었다. 이때부터 헤이룽강, 우수리강은 중국의 내하內河에서 변계하(국경을 이루는 강)로 변했다. '북극곰' 러시아가 중국 동북 지역 100만 제곱킬로미터의 토지를 삼키는 데는 겨우 3년밖에 걸리지 않았다.

이야기는 알바진성의 건설자인 거란족의 후예 다우르족과 관련되어 있다.[*] 고증에 의하면 요가 멸망한 후 평화를 숭상하는 거란의 후예가 금의 잔혹한 통치를 받아들이기 싫어 아르군강 서쪽, 헤이룽강 이북의 머나먼 곳으로 이동해 마침내 자신들의 중심 도시인 알바진성을 세웠다고 한다.

청 순치順治 7년(1650), 알바진이 러시아 코사크 기병들에게 점령된 후 많은 다우르족의 마을들이 피로 물들었다. 다우르족은 어쩔 수 없이 남쪽으로 이주해 눈강嫩江 유역으로 와 둘로 갈라졌다. 청은 수렵에 종사하는 다우르를 솔론 부락 29좌령佐領[70]에 편입시켰고, 농사를 짓는 다우르족은 11좌령에 편입시켰다.

---

[*] 요 황제의 경호부대를 오르두군(斡爾朶軍)이라 했다. 황제가 죽으면 이들이 황릉(皇陵)을 지켰다. 그 중 오늘날 바린좌기(巴林左旗)의 아보기 조릉(祖陵)을 지키는 군대를 디오르두(迪斡爾朶)라고 했다. 시간이 오래 지나면서 디오르두가 다우르(達斡爾)라고 불리게 되었다. 의미는 '개척자', '농사짓는 자'라는 뜻이다.

청 건륭 29년(1764), 조정에서는 흑룡강의 솔론 병사들에게 가족을 데
리고 오늘날의 신장위구르자치구 일리 지역의 호르가스[71]로 가게 했다. 그
곳에서 변방을 지키라는 것이었다. 이때부터 만 리 밖의 신장 타르바가타
이[72]에 다우르족이 살게 되었다. 눈강 좌안左岸에 남은 다우르는 지금도 모
리다와莫力達瓦다우르족자치기 내에 살고 있다.

놀랍게도 오늘날 윈난성에서도 거란인의 후예가 발견된다. 요가 멸망한
후 천조제의 여덟 번째 동생 아육阿育이 부대를 이끌고 전쟁을 하며 오늘
날 윈난, 구이저우, 쓰촨 지역으로 왔던 것이다. 그들은 아보기의 머리글자
를 따서 성을 '아阿'로 바꾸었고, 계속해서 성을 '망莽', '장蔣' 등으로 바꾸
었다. 후에 그들은 스스로를 '본인本人'이라고 칭했는데 현재 그들의 후손
은 10만 명 쯤 된다. 천년 후의 오늘날에도 그들은 여전히 열아홉 개의 거
란 소자小字와 완전한〈청우백마도靑牛白馬圖〉[73]를 소장하고 있다.

한 보도에 따르면 중국의학과학원과 중국사회과학원이 연합해서 분자
고고학 연구를 진행했다고 한다. 프로젝트팀은 거란 묘장墓葬 표본에서
DNA를 뽑아내고 다시 윈난성에서 정蔣씨 성의 '본인' 혈액샘플 100개
를 채취해 DNA를 추출했다. 폴리메라제 연쇄반응Polymerase chain reaction
(PCR, 클론 배열, 비교분석)을 통해 얻어낸 결론은 다음과 같았다. 다우르, 에
벤키, 몽골과 한인 집단의 유전자를 분석해본 결과, 다우르와 장성蔣姓의
'본인'이 부계父系 기원이 가장 비슷하다는 것이다. 거란 후예의 수수께끼
가 마침내 세상에 밝혀진 셈이다.[74]

제8장

말
갈

鞨
靺

머나먼 동쪽의 동굴에서 거주하다

이제 동굴 속에서 살던 사람들의 아주 오래된 이야기를 시작해보려 한다. 경치가 아름다운 백두산¹ 기슭에 푸른 물결이 반짝이는 호수가 있었다. 뜨거운 바람이 휘몰아치던 어느 날, 청순하고 아름다운 선녀 셋이 호수에 목욕을 하러 내려왔다. 재미있게 논 선녀들은 목욕 후의 상쾌함과 나른함을 느끼며 호숫가로 올라왔다. 이때 까치 한 마리가 입에 붉은 열매를 물고 날아오더니 선녀들이 벗어놓은 옷 위에 떨어뜨렸다. 아주 잘 익어 고운 빛깔을 띠고 있는 그 열매는 참으로 신선했다. 그중 가장 어린 선녀인 푸쿠룬이 냉큼 그것을 삼켰다. 그런데 얼마 지나지 않아 푸쿠룬이 임신을 했고, 남자 아이를 낳았다. 아이의 성은 아이신기오로愛新覺羅², 이름은 부쿠리용숀布庫里雍順이라 했는데, 그가 바로 만주족滿洲族의 시조다.

중국 고고학자들의 고증에 따르면, 만주족의 조상은 '말갈靺鞨'('깊은 숲의 노인'이라는 뜻)이라고 하는데, 중국 동북 지역의 백산白山(백두산) 흑수黑水(흑룡강) 사이에 있는 원시 부락에서 살았다고 한다. 외국의 역사가들은 말갈의 기원지가 오늘날 러시아 원동 지역, 즉 헤이룽강 하류 지역의 숲으

헤이룽장성 이란현의 푸쿠룬과 아들 모습을 묘사한 부조.

로 뒤덮인 산지라고 한다.*

말갈은 선진 시대에는 '숙신肅愼'('동부 사람'이라는 뜻), 한·위 시대엔 '읍루挹婁'('깊은 산 동굴 속에 사는 사람'이라는 뜻)라 불렸으며, 남북조 시대엔 자칭 '물길勿吉'('깊은 삼림의 노인'이라는 뜻)이라 했다. 6세기 무렵에 물길은 이미 속말, 백돌, 안거골, 불열, 호실, 흑수, 백산 등 7대 부部로 발전했다.³ 그러다가 수·당 시대에 와서 '말갈'이라고 이름을 바꿨다.

기록에 의하면 말갈은 끊임없이 중원 지역으로 사신을 보내 경전을 가져왔고, 자식을 수·당으로 유학 보냈다. 그들은 목이 마른 듯 끊임없이 문명의 양식을 흡수했다. 이름을 바꾼 말갈은 마침내 환골탈태해 삼림에서 평원으로 나왔고, 몽매한 상태로부터 점차 발전해갔다.

사실상 모든 부락이 다 삼림에서 나올 수는 없었다. 그래서 말갈은 둘로

---

* 《劍橋 中國遼西夏金元史》, 中國社會科學出版社, 1998.

나뉘었다. 그중 사상이 좀 더 개방적인 부락이 큰 산에서 나와 동북 지역[4]의 남부 평원으로 갔는데, 그들이 바로 '속말말갈'이다. 그런가 하면 원래의 생활 습관대로 살아가면서 계속 백산, 흑수 지역에 남아 있던 사람들은 '백산말갈', '흑수말갈'이라고 했다.**

당 고종이 정권을 잡았던 시기, 당의 장수인 이세적李世勣이 군대를 이끌고 동북의 패자이던 고구려를 멸망시켰으며, 고구려 국왕과 20만 명의 백성을 포로로 잡아왔고, 평양平壤에 안동도호부安東都護府를 설치했다.[5] 그 후 고구려 신민이었던 백산말갈이 당에 귀부했고, 백돌부와 안차골부는 이리저리 흩어졌으며, 속말말갈은 영주營州(랴오닝성 차오양朝陽시)로 이주했다. 그러나 당은 이 지역을 원격 지휘 방식으로 통치했다. 각 소수민족은 당 왕조에 신복臣服을 표하기만 하면 도독으로 임명될 수 있었기에 앞다퉈 상대적인 자주권을 얻어냈다. 특히 무조武曌 만세통천萬歲通天 원년(696), 거란이 오늘날 허베이 지역에 침입해 이 지역에 대한 당 왕조의 통제력을 끊어놓은 후 이곳에는 권력의 공백이 생겼다. 과연 누가 이 권력의 공백을 메울 것인가? 당에 가까운 속말말갈이 기회를 잡을 수 있을 것인가?

발해

행운의 여신은 그녀를 영접하고자 준비해온 자에게만 강림하는 법이다. 갑자기 생겨난 기회를 맞이해, 속말말갈의 지도자 대조영大祚榮은 군대를 이끌고 영주營州에서 쑹화강 상류로 왔다. 대조영이 오늘날 지린성 둔화현

** 722년, 당 고종은 흑수의 지도자를 오늘날 러시아의 하바롭스크 지역인 발리주(勃利州) 자사(刺史)로 봉했고, 당 왕조는 나중에 이곳에 흑수도독부(黑水都督府)를 설치했다.

부근의 오동성敖東城에 '진국振國'의 깃발을 내걸었으니, 때는 바야흐로 무조 성력聖歷 원년(698)이었다.

대조영은 당에 사신을 보내 귀순하겠다는 의사를 공개적으로 표시했으며, 둘째 아들인 대무예大武藝를 인질로 보냈다. 당 개원 원년(713), 당 현종은 조서를 내려 대조영을 '발해군왕渤海郡王'으로 책봉했다.[5] 당 왕조가 내린 새로운 호칭에 따라 '발해'라고 불리는 국가가 백산과 흑수 사이에서 서서히 떠올랐다. 그리고 어두운 동북아시아를 무려 200년 동안이나 비춰주었다.

발해가 일어난 후, 동북 지역에서 중원으로 통하는 큰길에는 당으로 공부하러 오는 사람들이 밀려 들어왔다. 그들은 먼지투성이가 된 채로 머나먼 길을 왔지만, 나중에는 모두 뜻을 이루어 돌아갔다. 그 광경은 개혁개방 초기에 연해 개방 지역으로 몰려갔던 내륙 지역 간부들의 '괘직단련조掛職鍛鍊組'*를 연상케 한다. 그것은 또한 현재 중국 각급 정부가 젊은 간부들을 뽑아 미국으로 보내 연수를 하고 돌아오게 하는 것과 흡사하다.

'유학생'들은 당에서 돌아온 후 당 왕조의 모든 것을 그대로 모방했다. 황궁은 완전히 장안성의 모습으로 설계했고 관료제도 역시 당을 모방해 설치했으며, 불탑도 그대로 흉내 냈다. 족명族名도 당이 내려준 '발해'로 바꾸었고, 정치·경제·문화 등 모든 면에서 당 왕조를 따라 하니, 거의 당 왕조의 복사판이라 할 만했다.[7]

발해 태조 대조영이 병으로 죽은 후, 개원 7년(710)에 대조영의 아들인 대무예가 새로운 국왕이 되었다. 무왕 대무예는 사방으로 영토를 확장해 나갔다. 가장 흥성할 때에는 동으로 동해,[8] 남으로 신라 용흥강龍興江까지

---

* 공무원들이 한 직장에 직책을 걸어놓고 그곳으로 출근하는 것이 아니라 다른 곳으로 가서 연수를 마친 다음 원래 자리로 복귀하는 것을 가리킨다.

진출했으며, 서쪽으로는 거란에까지 이르러 5경, 15부, 92주를 관할했다. 그러나 당이 흑수말갈의 영토에 강대한 군대를 파견하니, 발해는 등에 가시가 박힌 것 같은 느낌을 받았다. 그야말로 걱정거리가 아닐 수 없었다. 이에 대무예는 먼저 기선을 잡기로 결정했다. 개원 14년(726), 과거 당에 인질로 간 적 있던 동생 대문예에게 군대를 이끌고 흑수말갈로 출정하게 했으나 동생은 당을 배신하기를 꺼려 했고, 결국 기회를 틈타 장안으로 도망치고 말았다.

당이 망명자를 받아들였다는 사실 자체가 이미 대문예가 갖고 있는 내적인 힘을 보여주고 있었다. 심적 부담감이 매우 컸던 대무예는 수면제를 먹어도 잠을 이루지 못하는 지경에 이르렀다. 결국 대무예는 장안으로 사신을 보내 대문예를 처형해줄 것을 당 조정에 요청했다. 그러나 당 현종은 대문예에게 직책을 주어 슬그머니 중앙아시아로 빼돌리고, 대무예에게는 이미 영남嶺南으로 유배 보냈다고 말했다. 나중에야 진상을 알게 된 발해왕은 분노해 해군을 파견해서 산둥반도의 등주登州를 약탈하고 돌아갔다. 분노가 가라앉지 않은 대무예는 다시 사람을 보내 동생을 암살하려 했지만 도리어 자객이 상처를 입은 채 체포되었다.

분노는 어리석음에서 시작되고, 결국은 후회로 끝난다. 여러 차례 당에 보복을 시도했으나 별다른 성과를 얻지 못하자, 대무예는 점차 냉정을 되찾았다. 남쪽의 신라는 당만 바라보고 있었고, 서쪽의 거란도 당의 종주권을 공개적으로 인정했다. 이제 당에 대항하는 나라는 발해와 돌궐뿐이었다. 발해는 수시로 당의 공격을 받았다. 게다가 인근의 돌궐이 침입해올 때면 고립무원의 상황에 처했다. 이런 상황에서 이성을 되찾은 대무예는 조공사절단을 멀리 장안으로 보내 신복臣服하겠다는 성의를 보였고, 동생의 일을 더는 끄집어내지 않았다.

2년 후, 대무예가 죽고 문왕 대흠무大欽茂가 자리를 이었다. 그가 재위한 57년 동안 발해는 순풍에 돛단 듯, 모든 것이 순조로웠다. 도성을 두만 강豆滿江이 바다로 나가는 지점에서 겨우 70킬로미터밖에 떨어져 있지 않은 혼춘琿春으로 옮기면서 정치, 경제의 중심이 동해 방향으로 약간 이동했다. 발해에서 산둥반도로 곧바로 이어지는 '황금수로黃金水路'와 일본으로 이어지는 '해상 실크로드'(일본에서는 '창파직로滄波織路'라고 함)도 열렸다. 발해의 국력도 더욱 상승했다. 현주顯州(지린성 화뎬 동북쪽에 있는 소밀성蘇密城)의 옷감과 용주龍州(헤이룽장성 닝안 동경성東京城)의 비단, 노성盧城(현주 동쪽)의 벼 등이 이미 유명 상표가 되었고, 발해 문화도 사람들의 눈을 휘둥그레 만들 정도였다. 발해 왕자의 글재주는 장안 유학생들 사이에 단연 인기가 높아서, 9세기 당의 시인 온정균溫庭筠은 〈귀국하는 발해 왕자를 보내며(送渤海王子歸國)〉라는 시에서 이렇게 읊었다.

강역은 비록 멀리 바다로 떨어져 있으나,
(당과 발해는) 수레 폭과 문자가 서로 같은 한 집안이라네.
성대한 공훈 이루어 고국으로 돌아가니,
아름다운 글귀는 중화에 남아 있네.
疆理雖重海,
車書本一家,
盛勛歸故國,
佳句在中華.

세월이 흘러 대인수大仁秀 시기(817~830)에 발해는 가장 흥성해, 누구나 공인하는 '해동성국海東盛國'이 되었다. 그 사실을 믿지 못하겠다면 발해 상경上京 용천부龍泉府를 한번 둘러보면 된다. 용천부는 외성과 내성, 궁성 등 세 겹으로 이루어져 있는데, 외성의 둘레만 해도 무려 30킬로미터였다. 성 안은 남북을 관통하는 큰길을 경계로 동과 서 양쪽 구역으로 나뉘었으며, 동서로 뚫린 10여 개의 큰길이 도성을 여러 구역으로 구분했는데, 그 구조가 장안성과 꼭 같았다. 용천부는 세월이라는 나뭇가지 위에 꽃처럼 피어난 도시였다. 그곳은 발해 백성에게 가장 중요한 곳이었으며, 동시에 동북아시아 무역의 중심이었다. 또한 머나먼 장안과 일본을 연결해주는 경제 통로이기도 했다. 간단히 비교해봐도 이 도시의 번화함을 추측해볼 수 있다.

도시의 서쪽과 북쪽을 흐르는 무단강牧丹江에 강을 가로지르는 대교의 교각 유적 다섯 개가 빽빽하게 늘어서 있다. 오늘날 그 근처에는 수만 명이 넘는 현대인이 바쁜 생활을 하고 있지만, 오가는 데 교량 하나만 있어도 충분하다. 한편 그 당시 교량이 다섯 개나 있고 그곳을 통해 수많은 사람들이 오고갔다는 사실로 미루어볼 때, 그곳이 얼마나 번성한 도시였을지 가히 짐작할 수 있을 것이다. 무단강이 '얼후二胡'라는 현악기이고, 강을 가로지르는 교량이 얼후를 연주하는 활이라고 생각해보자. 다섯 개의 교량을 통해 수많은 사람들이 오고가는 번화한 모습은 다섯 대의 얼후가 동시에 연주되는 것만큼이나 화려하고 아름답다.

그러나 약탈자의 눈으로 볼 때 부유하고 화려한 국가는 언제나 그들을 유혹하는 존재다. 말하자면 발해가 가장 강성했던 시대는 역설적으로 가장 위험한 시기이기도 하다. 대인수가 죽은 지 100년이 채 지나지 않은 요 천현天顯 원년(926), 야생적 이웃인 거란이 발해를 향해 폭풍처럼 진격해왔다. '유식하지만 나약한 수재가 무식하지만 강인한 병사를 만나는' 것 같은 상황이 벌어진 것이다.

부유한 발해라 해도 엄청나게 빼어난 무공을 지닌 거란의 지도자 야율아보기를 막을 수는 없었다. 겨우 두 달 만에 발해왕은 정식으로 투항했다. 야율아보기는 거란의 통치제도가 아직 성숙하지 못하다는 사실을 알고 있었기에 정주 인구가 많고 도시가 발달한 발해를 다스리는 데 어려움이 있을 것이라고 생각했다. 그래서 영토를 즉시 접수하지 않고, 국명을 '동단東丹'으로 바꾸어 태자 야율배를 국왕으로 임명했다. 연호도 계속해서 사용하게 했다.

발해가 거란에 복속된 후, 발해 왕실의 일부 구성원과 많은 거주민이 한반도로 이주해 신라와 고려 주민의 일부가 되었다. 과거에 발해는 고려를 줄곧 동족이라고 여겨왔고, 고려 역시 난을 피해 오는 발해인을 동족으로 여겨 환영했다. 발해는 여전히 존재했고 화려한 모습을 간직하고 있었다. 하지만 독립국가로서의 발해의 생명은 끝났다. 이미 다른 국가의 일부분이 되었기 때문이다.

세계 문명의 중심 가운데 한 곳이었던 발해는 점차 황량한 곳으로 변해갔고, 발해의 이름을 따서 붙인 '발해만'만 남아 지난날의 화려한 이야기를 눈물 속에 말해주고 있다.

아골타(아구타)

발해가 부러웠는지, 북쪽 삼림에 거주하면서 이런저런 탐색을 하며 살아가던 흑수말갈도 점차 새로운 생각을 하게 되었다. 그래서 오대五代 시기에 이르러 호칭을 '여진女眞'이라고 바꿨다. 여진은 '동방의 매'라는 뜻이다.

그런데 이름을 바꾼 지 얼마 지나지 않아 골치 아픈 일이 생겼다. 발해를 멸망시킨 요가 발해 근처에 있는 부족들을 가만 놔 두었겠는가? 게다가 이미 '동방의 매'라고 호칭까지 바꾼 여진을 말이다. 요는 비교적 강한 여진을 자신들이 직접 관할하는 호적에 편입시켰다. 그리고 요양부遼陽府 남쪽으로 이주시켜 한족, 거란인과 함께 살게 한 후 '숙여진熟女眞'이라 불렀다.

헤이룽장성 퉁장同江시 헤이룽강 하류. 건너편은 러시아.

한편 휘발강輝發江 일대에 거주하던 여진은 요와 반기미半羈縻관계[8]를 유지하며 '불생불숙여진不生不熟女眞'이라 불렸다. 또한 여전히 숲속에 살면서 수렵을 하고 물고기를 잡으며 쑹화강, 헤이룽강 일대에 거주하던 여진인(요 국적이 아닌)은 '생여진生女眞'이라 불렸다.

한편 황당한 일도 일어났다. 요 흥종興宗 야율종진耶律宗眞이 황제 자리에 오른 후, '종진'이라는 이름자에 들어간 '진眞' 자와 같다는 이유로 피휘해 여진인의 '진眞' 자에 들어 있는 '두 발'을 잘라버려 '여진인'의 호칭을 '여직인女直人'이라고 바꿔버린 일이다.* 이러한 법은 중원 황제들에게 배운 것이었다. 그러니 '동방의 매'는 이제 '동방의 죽은 매'가 된 셈이었다.

하지만 굴복하는 척하는 것은 하나의 과정이며 책략일 뿐이다. 그 진정

---

* '여진'이라는 이름의 '진(眞)' 자가 거란 황제의 이름(宗'眞')과 같아서 '진(眞)' 자의 아래에 있는 점 두 개를 없애 '직(直)'이라고 쓰게 했다는 말이다. 이를 '피휘'라고 한다.

한 목적은 실력을 기르고 행적을 감추면서 기회를 틈타 다시 일어나는 데 있었다. 여진도 그러했다. 굴욕을 견뎌내며 기다렸다. 마침내 기개가 범상치 않은 한 사나이가 역사를 향해 걸어오기 시작했다. 그는 여진 완안부完顔部 출신으로 이름은 완안아골타完顔阿骨打라 했다. 말을 잘 타고 활도 잘 쏘았는데, 그가 쏜 화살은 320보나 되는 먼 거리까지 날아갔다. 말타기와 활쏘기로 널리 이름을 떨친 그는 매우 특별한 남자였다.

완안아골타가 사람들의 주목을 끈 것은 요 천조제天祚帝가 거행한 '어두연魚頭宴'에서였다. 때는 바야흐로 요 천경天慶 2년(1112), 장소는 쑹화강이었다. 당시 조공을 하러 온 생여진 각 부部의 지도자들이 모두 연회에 참가했다. 술이 세 순배가 돌자, 기세가 오른 천조제가 각 부 지도자들에게 순서대로 일어나 춤을 추며 흥을 돋우라고 했다. 마침내 아골타 차례가 되었다. 그는 똑바로 앉아 앞을 바라보며 자신은 춤과 노래에 능하지 못하니 노래도 부르지 않고 춤도 추지 않겠다면서 천조제의 명령을 거절했다. 관례를 벗어난 이 행동은 자칫 머리가 날아갈 만한 큰 사건이 될 수 있었다. 그러나 무슨 이유인지 천조제는 화를 내지 않았다.

다음 해, 아골타는 도발극렬都勃極烈로 추대되었다('발극렬'은 부락연맹의 지도자를 가리킨다. '도발극렬'은 여러 부락연맹의 총지도자인 셈이다). 이때부터 여진의 총 지도자인 아골타는 요에 저항한다는 기치를 내걸었다.

천경 4년(1114), 아골타는 여진 병사 2,500명을 거느리고 내류하淶流河(지린성과 헤이룽장성 경계에 있는 라린강拉林河)에서 조상에게 제사를 올리고 출정을 맹세했다. 요의 죄상을 낱낱이 고한 뒤, 영강주寧江州(지린성 푸위 동쪽의 석두성자石頭城子)와 출하점出河店(헤이룽장성 자오위안 서북쪽)에서 요의 대군에게 큰 충격을 가했다. 요군은 이때부터 기운을 회복하지 못했고, 아골타는 동북 지역에서 말이 필요 없는 최고의 지도자가 되었다.

여진과 요의 힘이 역전하면서, 통일된 여진 국가를 만드는 것은 이제 거스를 수 없는 도도한 흐름이 되었다. 요 천경 5년(1115), 아골타는 정식으로 칭제하고 국호를 '금金'이라고 했으며, 금 태조라고 자칭했다. 아골타가 즉위할 때 조서에서 이렇게 말했다고 한다. 요遼는 '연철'을 뜻하는데, 철이 단단하기 때문에 그런 이름을 취했다는 것이다. 그러나 철이 비록 강하다고는 하나 언젠가는 녹이 스는 법, 오직 금만이 녹슬지 않고 영원하다. 그래서 만세가 지나도 존재할 수 있도록 '여진'이라는 호칭을 '금'으로 바꾸었다는 것이다.

이어서 정치제도와 기구에 대한 개략적 구상이 나왔다. 정치적인 면은 발극렬제를 추진했다. 황제는 '도발극렬'이라 하고, 다음은 '암諳(존귀尊貴)발극렬', 다음은 '국론國論(귀歸)발극렬'이라 하고, 다음은 '홀로忽魯(총수總帥)발극렬'이라 하여 황제를 중심으로 하는 통치 방식을 확립했다. 군사적으로는 '맹안모극제猛安謀克制'('맹안'은 부락의 단위, '모극'은 씨족의 단위)를 시행해, 매 300호를 '1모극'이라 하고, 모극의 수령은 '백호장百戶長', 맹안의 수령은 '천호장千戶長'이라 했다. 각 호의 장정은 평시엔 농사짓고, 전쟁 때만 출정하는 농병합일 군정체제를 갖췄다. 문화적으로는 한인의 정해자正諧字와 여진인의 언어를 섞어 '여진대자女眞大字'를 창제했다.

아골타의 일생은 창업과 정복 전쟁으로 점철되었다. 그러면서도 지혜가 돋보이는 일생을 보냈다. 그는 몇 배나 더 많은 거란 대군을 물리쳤고, 오경五京을 점령했으며, 원래 이름을 회복해 '여직'에서 다시 '여진女眞'이라 불렀다. 게다가 중원의 병법에서 배워온 원교근공 책략을 실시해 송, 서하, 고려에 요와의 국경을 명확하게 정하라고 요구하기도 했다.

마침내 그는 일생에서 가장 뛰어난 업적을 이루기 시작했다. 일심으로 연운 16주를 회복하고자 했던 송을 이용한 것이다. 아골타는 송 휘종 조길 선화 2년(1120)에 송과 연합해 요를 공격하는 데 협의했다. 이것이 역사적으로 유명한 '해상지맹海上之盟'이다.

헤이룽장성 하얼빈시 금 태조 아골타의 지하무덤.

맹약의 최대 수혜자는 아골타였다. 송과 함께 연경을 함락한 후, 금은 송이 허약해진 틈을 이용해 연경과 그에 속한 여섯 주만 돌려주었을 뿐, 해마다 송에 100만 관의 '연경대세전燕京代稅錢'을 내라고 했다. 그러나 아쉽게도 아골타는 생전에 요의 멸망과 송의 굴욕을 지켜보지 못했다. 선화 5년(1123) 8월, 여진의 영웅 아골타가 연경에서 상경으로 돌아오는 도중에 병으로 죽었으니, 향년 56세였다.

정강의 변

아골타의 동생인 금 태종太宗 완안성完顔晟('오걸매吳乞買'라고도 함)은 순조롭게 황제의 자리를 이어받았다. 선화 7년(1125), 마침내 요 천조제가 금의 포로가 되었다. 이제 금과 송 두 나라 연합군은 요를 멸망시키는 전쟁에 마침표를 찍었다. 금으로 하여금 이를 갈게 만들고, 송에는 끊임없이 악몽을 꾸게 했던 요가 역사책에서 조용히 사라지는 순간이었다.

그런데 금과 송 두 나라 사이에 있으면서 완충지대 역할을 했던 요가 평정되자, 두 나라는 맹방에서 적수로 변했다. 영원한 적도 영원한 동지도 없었다. 영원한 것은 단 하나, 이익뿐이었다. 처음에 두 나라의 관계는 그런대로 평화로웠다. 오걸매가 금 황제의 왕관을 썼을 때, 송은 축하한다는 표시도 했다. 그러나 얼마 지나지 않아 '장각張覺 사건'이 일어나면서 두 나라의 관계는 급격히 악화되었다.

장각은 요 평주平州의 절도부사節度副使였다. 그는 금에 투항했는데, 자신과 함께 항복한 장군 하나를 암살한 뒤 병사를 이끌고 다시 송에 투항했다. 하지만 그는 여전히 평주에서 직책을 맡고 있었다. 이를 보복하기 위해 오걸매는 대군을 보내 평주를 공격했다. 이 소식을 듣고 장각은 송 연경燕京의 수비대장인 곽약사郭藥師(역시 항복한 요의 장수)에게로 갔다. 금은 쓸모없는 군사적 수단보다 외교적 수단을 사용하기로 하고, 송에 사신을 보내 장각을 인도해달라고 요구했다.

사건이 확대되는 것을 꺼린 송은 투항한 사람들의 간담을 서늘하게 할 만한 놀라운 결정을 했다. 장각을 죽여 머리를 잘라 금에 보낸 것이다. 이일은 도미노효과를 가져왔다. 곽약사는 이제 송은 기댈 만하지 못하다고 여겨, 송의 지부知府를 구금하고 금에 투항해버렸다. 그렇게 연산부燕山府는 졸지에 금과 국경을 이루게 되었고, 송의 북대문北大門에는 구멍이 뻥 뚫려버렸다.

장각 사건은 송 왕조가 허약하다는 것을 만천하에 보여주었다. 11월, 금이 마침내 대거 남침했다. 금군은 매우 빠른 속도로 오늘날 산시와 허베이의 대부분을 점령했고, 송의 수도인 개봉을 직접적으로 압박해 들어왔다.

이때 송 황제는 휘종 조길이었다. 그는 신종의 열한 번째 아들이자 철종의 동생으로, 군왕으로서 갖추지 말아야 할 모든 것을 갖추었다. 그는 정이 넘치는 사람이었고 천재적 예술가의 기질을 갖췄으며, 이상주의자이자 유미주의자였다. 게다가 예술에 대한 관심에 모든 열정을 쏟아부었으며, 우아하고 아름다운 환상적 경지를 구축해 그 안에서 인생 최고의 아름다움을 추구했다. 예술가 기질이 다분한 그는 원래 정치를 하려는 마음이 없었다. 그러나 역사의 실수가 그를 황제 자리에 올려놓았다.

천자가 된 후 그는 '태평하게 즐거움을 누리자'는 것을 인생 철학으로 삼아 계속 예술에 심취했다. 휘종은 예술에 대한 독특한 감각에 기대 자신의 재능을 발휘했다. 특히 서예에 뛰어난 솜씨를 보였는데, 그가 쓴 글씨는 기세가 표일하고 의미의 경계가 저절로 생겨나는 듯했다. 그는 자신의 서체를 '수금체瘦金體'라 불렀다. 그 글씨체는 하늘로 치솟는 학의 그림자 같고, 물 찬 제비 같았으며, 고매한 분위기를 띠었다. 범상치 않은 그 글씨들은 경쾌하고 날렵해 자취조차 남기지 않는 듯했다. 휘종의 산수화 역시 그 가치가 어마어마하다.[*]

이토록 예술적 심미안이 남다른 조길이었지만, 그는 충신과 간신을 구별할 줄 몰랐다. 주방언周邦彦은 헛된 이름밖에 없는 문인이었는데도 황제는 그와 여자 하나를 놓고 다투었으며, 저잣거리의 무뢰배였던 고구高俅를 공을 잘 찬다고 해서 태위太尉에 임명했다. 아부를 잘하는 환관 동관童貫을 절도사로 봉했으며, 간신 채경蔡京은 글씨를 잘 쓴다는 이유로 재상의 자리에 앉혔다. 휘종은 자신이 집정했던 25년 동안 간신 채경을 절대적으로 신임했다. 채경은 네 번 면직되고 다시 네 번 기용될 정도였으니, 그에 대한 휘종의 집착은 약도 없는 지경에 이르렀다. 조정은 어두운 기운으로

---

[*] 송 휘종의 〈사생진금도(寫生珍禽圖)〉는 일찍이 2,530만 위안이라는 높은 가격에 팔렸고, 그의 그림 〈죽도황앵권(竹桃黃鶯卷)〉 역시 6,116만 위안에 팔려 중국 서화 중 최고 판매가격을 기록했다.

덮였고 군대는 위축되어 힘을 잃고 있는데, 오직 예술만이 홀로 꽃을 피우고 있는 형세였다.

금군金軍이 도성을 향해 오고 있다는 소식을 듣고, 송 휘종은 놀라 기절해버렸다. 그리고 깨어나자마자 즉시 태자인 조환趙桓에게 황위를 물려주고 자신은 태상황이 되어 전쟁을 피해 진강鎭江으로 도망쳤다.

송 흠종 조환은 즉위한 후에 연호를 '정강靖康'으로 바꾸었다. 그리고 부친이 총애했던 채경과 동관을 비롯한 여섯 명의 간신을 각각 파직하고 유배 보냈으며, 죽이거나 머리를 잘랐고 멸문을 하기도 했다. 정강 원년(1126) 초봄, 금군이 다시 개봉을 공격했을 때에는 명장 이강李綱을 동경 유수로 임명해, 도성을 지키는 전쟁에서 승리를 거두기도 했다. 조정 안팎에서는 영명한 군주가 나타났다고 하며 은근히 기뻐했다. 여러 가지 상황으로 보아 중흥을 기대해도 좋을 것 같은 분위기였다.

그런데 이러한 기대와 달리 사실상 새로운 황제 송 흠종은 애초부터 영명하고 결단력 있는 군주가 아니었다. 그는 근본부터 약골이었다. 흠종은 변경汴京(카이펑開封)을 지키는 전쟁에서 승리한 후, 금에 사신을 보내 철군 문제를 두고 교섭을 벌였다. 금이 제시한 철군 조건은 매우 가혹했다. 태원太原과 중산中山, 하간河間 등 세 개의 진鎭을 할양하고, 세폐를 매년 은 30만 냥, 돈 100만 관으로 늘리며, 송 왕조의 친왕親王 하나를 인질로 보내라는 것이었다.

"이건 너무 심하다!"

그러나 화친을 간절히 소망했던 송 왕조는 그 조건을 모두 수용했다. 180년 동안의 세폐에 해당하는 전쟁 배상금을 지불했고, 송 휘종의 아홉째 아들이자 흠종의 동생인 강왕康王 조구趙構를 인질로 보냈다. 금은 엄청난 성과를 거두고 돌아갔다. 송의 기운은 이제 기울어가는 듯 보였다. 오랫동안 송에 신하로서 복종했던 고려도 서하도 금쪽으로 기울었다.

일단 금군이 돌아가니, 흠종은 순진하게도 천하가 태평해졌다고 여겼다. 그래서 화친을 주장하는 자들의 의견을 들어 명장 이강을 파면하고, 그가 거느리던 하북군河北軍을 해산시켰다. 남방 제로諸路 근왕勤王들의 군사들 역시 명령을 받아 철수했다. 그런데 다른 곳으로 피난 갔던 태상황이 놀랍게도 다른 마음을 품고 변경으로 돌아왔다.

강도에게 더는 나쁜 짓을 하지 않겠다는 다짐을 받아두는 것은, 할머니인 척하는 늑대에게 빨간 모자를 잡아먹지 말라고 부탁하는 것과 같다. 그해 가을, 금군은 송과의 맹약을 어기고 다시 남침했으며, 동로東路와 서로西路의 대군이 순식간에 변경을 포위했다. 명장 이강은 이미 면직되었고 근왕의 군사들은 모조리 흩어진 탓에 황제는 아무런 방법도 찾을 수가 없었다. 전하는 말에 따르면, 흠종이 매우 후회한 나머지 창자까지도 시퍼렇게 변했을 정도였다고 한다.

멋진 연극이 칭송받지 못할 때에는 수준 낮은 사악한 놀이가 그 틈을 타서 올라오는 법이다. 청 말기에 어리석은 자희태후(서태후)가 '의화단 사람들은 칼이나 창으로도 죽이지 못한다'고 믿었던 것처럼, 흠종은 무뢰배 곽경郭京의 '신병神兵'에게 성문을 열고 적을 물리치라고 했다. 곽경의 연극은 어린애 장난 같은 것이었다. 그것은 어린아이를 속이는 유희에 불과했다. 흠종을 속일 수는 있었겠지만, 어찌 금을 속일 수 있었겠는가. 금군은 그 기회를 틈타 변경으로 쳐들어왔고, 휘종과 흠종은 속수무책으로 포로가 되었다.

다음 해 3월 말, 금은 송 흠종의 태재太宰였던 장방창張邦昌을 황제로 책봉하고 허수아비 정권인 '대초大楚'를 세웠다. 그런 뒤 성 안에 있는 92개 창고의 재물과 송의 군신, 비빈, 장인 등 약 10만 명을 북방의 근거지로 끌고 갔다. 결국 송은 '200년 동안 축적한 것들과 창고가 모조리 텅 비게' 되었다. 세계적 대도시였던 변경은 이때부터 빛을 잃었으니, 이것이 바로 '정강의 변靖康之變'이다. 이날은 중원 땅 사람들에게 영원히 잊지 못할 치욕의 날이기도 하다. 정강의 변이 일어난 후, 급격하게 실망한 중원 사람들과 병사들은 남쪽을 향해 대규모 이주를 시작했고, 그때부터 북방 지역 사람들의 세 번째 대이주 열풍이 몰아쳤다.*

금에서 먼저 철수한 부대는 종망宗望이 이끌고 갔다. 송 휘종과 정황후鄭皇后, 조구의 어머니 위현비韋賢妃, 친왕과 황손, 부마와 공주, 비빈 등은 소가 끄는 860대의 수레를 타고 처량한 곡소리 속에 활주滑州 길을 따라 불안하게 북상했다. 또 다른 부대는 사흘 후에 종한宗翰이 이끌고 갔다. 송 흠종과 주황후朱皇后, 태자, 종실宗室, 손부孫傅와 장숙야張叔夜, 진회秦檜 등 몇 명의 굽히지 않는 대신들을 데리고 정주鄭州 길을 따라 북쪽을 향해 갔다. 7월 20일, 양쪽에서 각각 올라온 종망과 종한의 무리는 연경에서 회합했다. 그곳에서 만난 휘종과 흠종 부자는 서로 끌어안고 통곡했다.

남송의 공격이 매우 거칠었기에 그들은 계속 북쪽으로 이동했고, 1년간의 고생 끝에 마침내 상경에 도착했다. 휘종과 흠종 두 황제는 '혼덕공昏德公'과 '중혼후重昏侯'로 봉해져 한주韓州(랴오닝성 창도현昌圖縣)로 갔다. 그곳에서 그들은 세상과 격리된 누추한 감옥에 갇혔다.

후에 휘종과 흠종은 더욱 황량한 변경의 작은 마을인 오국성五國城(헤이룽장성 이란현依蘭縣)으로 보내졌다. 포로가 된 지 8년 후인 남송 소흥 5년(1135), 풍류를 알았으며 유가적 우아함으로 가득했던 휘종이 결국 누추한 집의 온돌 위에서 병들어 죽으니, 그때 그의 나이 54세였다.

다시 13년이 지났다. 송 흠종은 중도中都로 돌아와 요 황제 야율연희耶

---

* 정강의 변 이후 북방이 소수민족의 통치 지역으로 들어가자 중원 민중이 대규모로 남쪽을 향해 이주했다. 이 사건으로 인해 동진과 중당 시대 이후 세 번째 대규모 인구 이동이 일어났다. 중국의 경제와 문화의 중심도 점차 남쪽으로 이동해 소(蘇), 호(湖), 상(常), 수(秀, 자싱嘉興)가 천하의 곡창지대로 알려지게 된다.

律延禧와 함께 교외의 사묘寺廟에 구금되었다. 소흥 26년(1156), 금 황제 완안량完顔亮은 갑자기 무슨 생각이 떠올랐는지, 두 명의 포로 황제를 데려다가 마구馬球 시합에 참가하게 했다. 문약해 견디지 못한 송 흠종이 말에서 떨어졌고, 어지러이 달리는 말발굽에 밟혀 죽으니, 그때 그의 나이 57세였다. 다시 5년이 지난 후에야 그가 죽었다는 소식이 남송에 전해졌다. 많은 사서史書에서 송 흠종이 죽은 때를 소흥 31년(1161)이라고 기록하고 있는 이유가 바로 이것 때문이다.

정강의 변에서 다행히 살아남은 것은 조구뿐이었다. 그때 막 금에서 돌아온 조구는 도성이 함락될 때 외부에서 명령을 받들어 황제를 호위하는 군대를 조직해 하북병마대원수河北兵馬大元帥가 되었다. 정강 2년(1127) 5월 1일, 조구는 대장 종택宗澤 등의 옹립을 받아 남경 응천부應天府(허난성 상추商丘 남쪽)에서 즉위해 송 고종이 되었다. 그 나라는 줄곧 남방에 자리를 잡았기에 역사에서는 '남송'이라 칭한다.

송 휘종과 흠종이 갇혔던 오국성. 헤이룽장성 이란依蘭현에 있다.

위대한 북송제국은 이렇게 막을 내렸다.

북송은 왜 무너졌을까

북송은 변경의 성을 수복하지 못했을 뿐 아니라 북쪽 중원의 절반을 잃었다. 이로 인해 중국과 외국 역사학자들 모두로부터 비판을 받았다. 북송은 당시 '동방'의 대명사였고, 문화·경제·군사력 등 모든 면에서 필적할 만한 나라가 없었기 때문이다.

우선 북송은 최고 수준의 과학문화를 대표하는 나라였다. 불교와 유교 경전이 대량으로 편찬되었고, 《자치통감》 등의 역사서도 사람들의 시각을 새롭게 해주었다. 송사宋詞는 문학사상의 최고봉이라고 여겨진다. 소식蘇軾, 황정견黃庭堅, 미불米芾, 채양蔡襄 등의 서법 예술은 회화와 마찬가지로 조예가 깊고 심오했다. 정교하고 아름다운 정요定窯,[10] 균요鈞窯,[11] 가요哥窯,[12] 여요汝窯[13]와 경덕진景德鎭의 자기는 외국 상인들의 눈을 번쩍 뜨이게 할 정도였으며, 당 때에 발명된 화약, 송이 항해에 응용한 나침판, 한의 제지기술과 송의 활자인쇄술은 국외로 전파되었다. 이처럼 과학기술은 비범한 발전을 이루었으니, 14세기의 중국은 기술 혁명의 위대한 중심이었다.

둘째, 북송은 발전된 선진 생산력을 대표했다. 과학기술의 발전 덕분에 전통적인 수공업 제품의 생산량이 늘어나 시골의 공업과 수공업이 이미 탄탄한 규모를 갖추고 있었다. 세수稅收는 주로 '상업의 기원'이 된 소금, 차 잎, 향료, 탄산, 효모, 술과 식초, 생사 등에서부터 나왔다. 조숙 품종인 베트남 참파벼의 도입은 1년에 한 번만 수확할 수 있었던 벼를 두 번 수확할 수 있게 해주었다. 비단과 도자기, 서화는 바닷가의 항구를 통해 해상 실크로드를 거쳐 끊임없이 외국으로 나갔고, 송 왕조는 해상강국이 되어가고 있었다.

셋째, 생산성이 높아지자 그것에 상응해 인구의 증가 가능성도 높아졌다. 인구 증가는 생산 발전을 추동하는 힘이 된다. 금의 관할 지역 인구가 100만 호였다면 송 왕조가 관할하던 구역의 인구는 2,000만 호에 달했다. 도성인 동경東京(개봉)만 해도 주민이 20만 호나 되었으니, 장택단張澤端의 〈청명상하도清明上河圖〉[14]가 당시의 세계적 대도시였던 개봉의 번화한 모습을 생생하게 재현하고 있다.

넷째, 군사적 힘도 금에 밀리지 않았다. 당시 금 왕조의 군사력은 모두 20만에 불과했다. 그들이 북송에 투입한 병력은 겨우 12만이었다. 그에 비해 송의 군사력은 100만 정도였고, 금과의 전쟁에 투입된 병력은 적의 여러 배가 되었다. 송의 무기와 갑옷은 고금에 이름났고, 무기 역시 이전에 비할 바가 아닐 정도로 빼어났다. 금군의 기병이 우위를 점했다고는 하나 송은 보병을 보유했고 특히 수군이 강점을 갖고 있었다. 금의 병사들은 야전에 강했고 송은 근접전에 강했다. 금이 성을 공격하는 것에 뛰어났다면 송은 성을 지키는 것에 뛰어났다. 적당히 훈련을 받고 제대로 된 지휘만 받았다면 송군이 금보다 열세에 있을 까닭이 전혀 없다.

이렇게 볼 때 송 왕조가 동방의 거인이 될 외적 특징을 다 갖추고 있었던 것은 분명하다. 유감인 것은 이 모든 것이 그저 표면에 나타난 현상일 뿐이었다는 점이다. 정작 가까이 다가가 깊이 들여다보면 이것이 속빈 강정임을 알게 되고, 그래서 일격을 당해낼 수 없었음을 발견하게 된다. 송은 종이호랑이였고, '검 땅의 나귀'[15]였다.

시대정신으로 분석해보자면, 송 왕조는 '음陰'의 부드러움만을 숭상하고 '양陽'의 강함을 배척하던 시대였다. '문文'으로 나라를 다스렸기에, 무용武勇을 갖춘 남자는 비극의 화신이 되는 시대였다. 그러나 굴욕을 당하고 만신창이가 되었으면서도 문학과 예술 방면에서는 휘황찬란한 결과물을 낸 시대였다. 송 태조는 '술자리에서 병권을 해제시키는'[16] 방식으로 대장들의 통수권을 박탈했고, 무장武將은 이때부터 홀대당했다. 꽃을 감상하고 낚시질을 하며 시詩와 사詞를 짓고 축국蹴鞠을 하던 것이 유행이었던 시대에 유가儒家 문인과 농가農家의 남자들은 '전족한 여인들三寸金蓮'[17]을 정신없이 쫓아다녔으며, 수많은 부녀자들의 발을 '전족'이라는 틀에 얽어 넣었다. 전족은 세계사적으로 보아도 인성에 반하는 행위였다. 이전의 당唐은 '협俠'을 숭상하고 '무武'를 중시했다. 열정적인 개방의 시대였으며, 남자는 마구馬球를 하고 여자는 그네를 타던 시대였다. 그에 비해 송은 '유儒'와 '문文'을 숭상하고 온유돈후溫柔敦厚하던 시대였으나, 남자는 시를 짓고 여자는 전족을 하던 시대였다.

물론 한 왕조의 쇠락이 단순히 시대적 분위기 때문이었다고 하는 것은 사람들의 공감을 얻기 힘들다. 북송 멸망의 직접적 원인은 아마도 군사 부패 때문이었을 것이다. 북송과 금의 군사적 역량의 차이가 그토록 컸던 이유는 장비나 수량의 문제가 아니었다. 그 이유는 군대의 훈련과 관리 방식에 있었다. 송 휘종은, 황제 비위 맞추는 것만 좋아하고 군사에 관한 지식이라고는 손톱만큼도 없는 동관과 고구라는 자에게 군대를 맡겼다. 이 두 명의 군 통수권자들이 평상시에 생각한 것이라고는 그저 '군영을 침탈해 사적인 저택을 넓히고 금군을 많이 점거해 자신의 힘을 기르는 것'뿐이었다. 다른 장군들도 그런 행동을 배워 군수품을 빼돌려서 자신의 배만 채웠으니, 그 전투력이 어땠을지 미루어 짐작할 수 있지 않은가.

하지만 군사 부패 역시 표면에 나타난 현상일 뿐이다. 북송 멸망의 근본적 원인은 정치 부패에 있었다. 송 휘종은 전형적인 '방탕한 황제'였다. 휘종이 가장 신임했던 채경은 개혁이라는 이름으로 재물을 긁어모았던 망국의 재상이었다. 그가 임용한 다른 대신들은 모두가 다 색을 밝혔고 돈을 쌓아두었으며, 매관매직을 했고 붕당을 결성했다. 백성의 고혈을 빨지 않은 신하는 거의 없었다. 그러한 행동은 결국 '방랍의 난'과 '송강의 난'[18] 등 농민기의를 초래했다. 북송 말기의 정치 부패는 단순한 부패가 아니라 구할 방도가 없는 제도적 부패였던 것이다.

부패하면 멸망한다는 것은 역사의 법칙이다. 부패로 인해 시대에 뒤떨어지게 되면 결국 멸망이라는 가혹한 결말을 맞게 된다. 후대인들에게 생각하게 하는 바가 많은 대목이다.

진회가 남송으로 돌아오다

북송의 뒤를 이어, 남송이라는 속편이 막을 올렸다. 무대는 여전히 아쉬운 분위기로 가득 차 있었다. 과거의 도성인 변경이 튀지 않는 아름다움이 묵직하게 가라앉아 있는 곳이었다면, 임시 수도인 임안臨安(항저우)은 매력적이고 고우며 부드러운 곳이었다.

온화한 임안은 절세미녀처럼 따뜻하고 향기로운 품을 갖고 있어서, 상처 받은 수많은 사람들의 고통을 어루만져주었다. 중원 회복과 중흥의 기치를 내걸기는 했으나, 고종은 여전히 걱정에 빠져 있었다. 황권이 위태로워져 휘종과 흠종처럼 될지도 모른다는 생각에, 그는 곧 중원을 버리고 강남에 안주하고자 하는 의도를 내보였다. 남은 생애를 강남 한 귀퉁이에서 조용히 보내고자 하는 것이 고종의 생각이었으니, 그야말로 시인 임승林升이 노래한 그대로였다.

산 너머 또 푸른 산, 누각 너머 또 누각,
서호의 춤과 노래 언제라야 끊어질까?
따뜻한 봄바람 불어와 나그네를 취하게 하니,

　　　　　　　　　　　　　　절반의 중국사

정말로 항주가 개봉성이 되었구나

山外靑山樓外樓,

西湖歌舞幾時休?

暖風熏得遊人醉,

直把杭州作汴州.

　진심으로 평화롭게 지내고 싶었던 송 고종은 제국의 체면 때문에 그런 의도를 분명하게 드러내지는 않았다. 사실 그는 진정으로 자신의 마음을 이해해줄 수 있는 대신을 기다리고 있었는지도 모를 일이다. 송 고종 건염建炎 4년(1130) 12월 10일, 그날 황제는 기분이 좋아서 밤에 잠을 이루지 못할 정도였다. 하지만 나라를 걱정하는 사람들은 너무나 속이 상해서 가슴을 치며 발을 굴렀다. 송 고종은 금에서 막 '순조롭게 도망쳐 나온' 지 사흘이 지난, 전前 어사중승 진회秦檜를 접견했던 것이다.

　진회는 송 철종哲宗 조후趙煦 원우元祐 5년(1090), 건강建康의 한 말단 관리의 집에서 태어났다. 학생 시절에 그는 은사, 즉 간상奸相으로 이름난 왕백언汪伯彦에게서 정치적 식견과 지모를 계승했을 뿐 아니라 권력을 농단하는 기술까지 배웠다. 진회는 25세 때 진사에 합격해 오늘날 산둥성에 있는 제성諸城에 와서 주학州學(주州에 설립한 학교)의 교수가 되었다. 후에 사학겸무과詞學兼茂科에 들어 태학太學 학정學正으로 임명되었다. 이후 더욱 벼슬이 높아져, 북송 말년에는 어사중승이라는 높은 자리에까지 올랐다.

　당시 사람들이 볼 때 그는 확실한 주전파主戰派였다. 금 병사들이 변경을 포위했을 때, 그는 화의에 반대하는 구호를 가장 크게 외쳤다. 진회의 서명이 들어간 〈상흠종논변기사소上欽宗論邊機事疏〉가 가장 확실한 증거다. '정강의 변'이 일어난 후 금이 휘종과 흠종을 북방으로 압송하고 허수아비 정권을 세울 것이라는 소식을 들었을 때, 그는 죽을 각오를 하고 그것에 강력하게 반대하는 상소를 금 황제에게 올렸다. 결과는 상상했던 것처럼 그렇게 나쁜 것은 아니었다. 휘종, 흠종과 함께 북방으로 끌려가는 정도에 그쳤던 것이다. 이처럼 확고한 주전파였기에 당시 그의 명망은 아주 높았 다. 명나라 계료총독인 홍승주洪承疇에 비견할 정도였으니 말이다.

그가 끌려간 후 3년이 지났다. 휘종과 흠종에게서는 아무런 소식도 들 려오지 않았다. 그러던 어느 날 갑자기 진회가 '순조롭게' 도망쳐 나왔다. 진회는 "금 병사들을 속이고 배를 훔쳐 구사일생으로 도망쳐 나왔다"고 말했다. 그러나 그 점에 대해 많은 사람들이 의심을 했다. 명망이 높은 어 느 남송 대신은 금의 군사들이 설마 그렇게 방비를 소홀히 했겠느냐며, 닭 의 모가지도 비틀 힘도 없는 대신이 자기 아내까지 데리고 병사들로 겹겹 이 둘러쳐진 관문들을 어떻게 그리 쉽게 넘어올 수 있었느냐고 물었다. 그 렇게 모두들 진회를 의심하고 있는 상황이었음에도, 송 고종은 즉시 그를 접견했다.

고종은 진회가 "천하에 아무런 일이 일어나지 않기를 원하신다면, 남쪽 은 남쪽끼리 북쪽은 북쪽끼리 지내야만 합니다"라고 주장하는 것을 들었 다. 자신이 원하던 말을 들은 송 고종은 너무나 기뻤다. 이제야 마음 편하 게 가만히 남쪽에 있어도 될 명분을 얻은 것이다. 겨우 3년밖에 지나지 않 았는데, 진회는 가장 강고한 주전파에서 가장 저명한 화의파로 인생의 경 로를 수정했다. 상황 때문에 어쩔 수 없었던 것일까? 아니면 금에 '세뇌'된 것일까? 사람들은 이런저런 추측을 하며 입방아를 찧었지만, 고종은 조금 도 개의치 않았다. 오히려 진회는 예부상서, 참지정사를 거쳐 재상이라는 높은 직책으로 초고속 승진을 했다. 그리고 고종의 명을 받들어 금과 '원 한을 풀고 화의를' 하게 되었다. 첫 번째 '소흥*화의紹興和議'가 성공적으로 끝난 것이다.

그러나 일이 고종의 소망과는 어긋나기 시작했다. 소흥 9년(1139) 가을,

금 왕조 내부에 정변이 발생해 주전파 김올술金兀術이 군정 대권을 장악했다. 다음 해 5월, 김올술은 송과 금의 화의 문서를 찢어버리고, 군대를 넷으로 나누어 폭풍처럼 제2차 남침을 감행했다. 이에 송 고종은 응전하라는 명령을 내릴 수밖에 없었고, 화의를 주장하던 진회는 막후로 물러나야 했다. 이제 중국인이라면 누구나 알고 있는 '상승장군'이 다시 무대 앞으로 나오게 되었다.

상승장군

그가 '다시' 무대 앞으로 나왔다고 말하는 것은 이전에 그가 송과 금의 전쟁에서 예봉을 내보인 적이 있기 때문이다. 그가 바로 악비岳飛다. 진회보다 열세 살 어렸고, 송 휘종 숭녕 2년(1103) 2월 25일에 상주相州 탕음湯陰의 한 농민 가정에서 태어났다. 다행히 하늘은 공평해, 악비에게 행복한 어린 시절을 주지 않은 대신 뜻이 깊고 밝으며 멀리 내다보는 식견을 지닌 부모를 주었다. 생활이 곤궁할 때였지만, 부모님은 아들에게 공부 시키는 것을 게을리 하지 않았다.

악비가 가장 아끼던 책은《좌전左傳》과《손자병법》이었다. 그리고 가장 좋아했던 과외활동은 무술이었다. 악비에게는 활쏘기를 가르친 주동周同과 창 쓰는 법을 가르친 진광陳廣이라는 두 명의 스승이 있었다. 얼마 지나지 않아 악비의 무예는 인근에 적수가 없을 정도에 이르렀다.

열아홉 살 때에 악비는 '특공대'에 자원해 군대 생활의 서막을 열었다.

---

* 1131년, 조구(趙構)는 연호를 '소흥'으로 바꾸었다. '소주중흥(紹祚中興)'이라는 의미를 담고 있으며, 산음(山陰)은 이때부터 소흥으로 이름이 바뀌었다.

악비는 이때부터 송군의 맨 앞에 섰다. 젊은 사병이 말을 타고 창을 휘두르면서 번개처럼 빠르게 적진으로 뛰어들었던 것이다.

악비는 일생 동안 네 번 종군했다. 그리고 일곱 차례에 걸쳐 장군 노릇을한 덕에 그의 족적이 황하의 남북 지역에 두루 남았다. 나중에 악비는 편입된 의용군을 바탕으로 자기의 성을 따서, 무적군대로 유명한 '악가군岳家軍'을 조직했다. 악비의 군대는 "얼어 죽을지언정 남의 집을 부수지 않고, 굶어 죽을지언정 약탈하지 않는다"는 규율을 정했다. 그래서 악비의 군대는 어느 곳에 가든지 단 한 건의 범죄도 저지르지 않았다. 악가군의 모든 장병은 잃어버린 땅을 수복해 나라의 치욕을 씻겠다는 강렬한 소망과 숭고한 애국주의 정신을 뼛속 깊이 새겼다. 이내 악가군의 군인들 모두가 내일에 생명을 걸고, 아홉 번 죽는다 해도 후회가 없을 정도가 되었다. 악가군은 100년에 걸친 송군의 나약한 이미지를 바꾸어, 천하무적의 기세를 보여주었다. 그리하여 적들이 '산을 흔들기는 쉬워도 악가군을 흔드는 것은 어렵다'는 한탄을 하게 했다. 이 무적군대의 힘으로 악비는 32세에 청원군淸遠郡 절도사로 임명되었고, 송 왕조의 전무후무한 첫 번째 사람이 되었다. 이 무적군단의 혁혁한 공적 덕분에 송 고종은 그에게 '정충악비精忠岳飛'라는 네 글자를 수놓은 비단 깃발을 내려주었다. 또한 이 무적군단 덕분에 악비는 126차례의 전쟁에서 단 한 번도 실수를 하지 않아 명실상부한 상승장군이 되었다.

또한 악비는 다양한 면모를 보여주었다. 어머니가 병에 걸렸을 때에는 옷을 벗지도 않은 채 낮이나 밤이나 어머니 곁을 지키는 효성스러운 면을 보여주었다. 진회와 같은 염치없는 무리들이 투항하자는 분위기를 조성했을 때에, 그는 국가와 민족, 백성의 존엄을 위해 홀로 투쟁했다. 그것이 그의 충忠을 보여준다. 적을 포로로 잡았을 때엔 그들을 놓아주었고, 자신의 친동생을 죽인 적을 잡았을 때에도 그에게 투항하라고 권고해 그를 임용함에 의심이 없었다. 그것이 그의 인仁을 보여준다. 투항파의 염치없는 주장에 대해서는 강한 태도로 타협하지 않았으니, 그것은 그의 강강剛함을 보여준다. 전쟁을 할 때엔 자신이 병사들보다 앞장서며 깃발을 잡았으니, 그것이 그의 용勇이다. 전쟁터에서는 여러 차례 기이한 책략을 내 지혜로움을 보여주었다. 이때부터 그는 효자이자 군대를 통솔하는 통수統帥이며, 시를 쓰는 사인詞人의 역할을 모두 하면서 천고에 그 이름을 전했고, 모두가 입을 모아 말하는 '민족영웅'이 되어 중화 역사에 우뚝 서게 되었다.

김올술의 2차 침입을 맞이해 악가군을 필두로 한 송의 군대는 그들을 격파했다. 당시 김올술이 발명한 '괴자마拐子馬'*가 송군을 괴롭히고 있었다. 그때 악비가 '괴자마'의 말 다리에 철갑을 두르지 않았다는 약점을 간파하고 그것에 맞추어 '구렴창鉤鎌槍'**을 발명했으니, 결과는 그가 예측한 대로였다.

송군은 화상원和尙原, 선인관仙人關, 순창順昌, 언성郾城, 영창潁昌 등에서 다섯 차례에 걸쳐 큰 승리를 거두었다. 반면 금군은 '장대한 뜻에 배고프면 오랑캐의 살을 먹고, 웃으며 이야기하다가 목마르면 흉노의 피를 마시는'[19] 악비에게 깜짝 놀라 하남에서부터 후퇴할 준비를 하고 있었다.

가슴 아픈 역사

승리의 소식이 조정에 전해져왔지만 조구는 오히려 눈살을 찌푸렸다. 그

---

* 서너 필의 말을 한데 연결해 두꺼운 철갑을 덮은 것으로, 밀고 쳐들어오는 모습이 현대의 장갑차와 같다.
** 긴 장대 앞에 낫을 장착해 '괴자마'의 종아리를 베어 말을 다치게 하는데, 말 하나가 다치면 세 마리 말이 모두 넘어진다.

의 얼굴색은 어둡게 가라앉았다. 멀리 금에 있던 휘종이 죽었지만 흠종은 여전히 구차하게 살아 있었기 때문이다. 이런 기세로 치고 들어간다면 금은 정말로 흠종을 돌려보낼지도 모를 일이었다.

조구는 열두 개의 금패金牌를 계속 악비에게 보내 속히 군대를 거두어 조정으로 돌아오라고 했다. 악비의 선두부대가 오늘날 카이펑 부근의 주셴진朱仙鎮까지 들어와 있었지만, 다른 각 노路의 송군은 이미 명을 받아 철수한 상태였다. 아무리 해봐도 어쩔 수 없는 상황에서 악가군 역시 눈물을 머금고 군대를 거둘 수밖에 없었다. 온통 엉망진창이 된 중원을 바라보고 황하의 웅대한 파도 소리를 들으며, 악비는 심장이 찢어지는 듯했다. 그리하여 얼굴 가득 눈물을 흘리며 이렇게 읊었다.

"십 년 세월 공들인 것이 하루아침에 무너지는구나! 되찾은 주州와 군郡이 하루아침에 다시 버려지는구나! 사직 강산이여, 중흥이 어렵겠구나. 송의 천하를 다시는 수복할 수 없겠구나!"

프랑스의 시인 보들레르는 "영웅이란 어떤 일이든 최선을 다하는 사람이며, 처음부터 끝까지 흔들림이 없는 사람이다"라고 말한 바 있다.

바로 그랬다. 악비의 마음에 한 치의 흔들림도 없었기에, 송과 금 모두 악비를 받아들일 수 없었다. 악비는 "두 황제를 모시고 수도로 돌아와 옛 송나라의 판도를 취하리라"[20]라 했는데, 악비의 그 웅대한 소망이야말로 고종의 아픈 곳을 파헤치는 것이었다. 그래서 고종은 악비를 없애기로 했다. 그러면 금은 어떠했을까. 산하를 삼키는 호랑이 같은 기세를 지닌 악가군이 있는 한, 금 역시 평안할 날을 기대할 수가 없었다. 금에서는 이렇게 말했다.

"악비가 없어지지 않는 한, 온갖 어려움 끝에 이제 막 시작한 화의에 문제가 있을 수밖에 없다."

하나가 잠을 자고 싶어 할 때 다른 하나가 베개를 보내주고 싶어 하는 격으로, 송과 금은 죽이 아주 잘 맞았다. 바로 이때 진회가 다시 등장한다.

소흥 11년(1141) 4월, 악비와 한세충韓世忠의 병권이 박탈되었다. 7월, 진회의 무리인 묵기설万俟卨이 악비가 군기軍機를 느슨하게 만들었다며 탄핵했고, 결국 악비는 관직을 박탈당한 채 조정에서 축출되었다. 이어서 진회는 악가군의 장수인 왕귀王貴와 왕준王俊을 사주해, 그들의 전우인 장헌張憲이 병변兵變을 일으키려 했다고 무고했다. 모든 것이 진회의 계획대로 순조롭게 진행되었다. 마침내 악비와 악비의 양자 악운岳雲은 '장헌병변'의 협조자로 대리사大理寺로 보내져 심판을 받게 되었다.

악비가 감옥에 들어가게 된 것이 그리 놀라운 사실은 아니다. 능력이 비범한 영웅을 질투하고 비방하는 자들이 나타나는 것은 어디를 막론하고 거의 모든 나라의 역사에서 볼 수 있는 어두운 풍경이다. 당시 남송에서 이 사건에 대해 의문을 표시한 사람은 그리 많지 않았다. 함께 파직당한 한세충이 그나마 문제를 제기한 인물이었다. 어느 날 한세충이 악비 사건에 대해 진회에게 질의를 했을 때 진회가 이렇게 대답했다.

"악비의 아들 자운이 장헌에게 보낸 편지는 비록 분명하지는 않지만 그 일은 막수유[21]이다."

한세충이 분노해 말했다.

"'막수유'라는 세 글자로 어찌 세상 사람들을 이해시킬 수 있겠소?"

악비와 같은 시대를 살았던 '네 명의 유명한 신하'들인 이광李光, 이강李綱, 조정趙鼎, 호전胡銓도 정의파에 속했다. 이광은 고종 앞에서 진회가 나라를 망친다고 말했다가 폄적당했다. 이강도 금과 전쟁할 것을 주장해서 관직을 강등당했으며, 호전은 진회를 베어버릴 것을 주청해서 파직되었다. 조정도 화의를 반대하며 단식을 하다가 죽었다.

모든 것이 암울했던 시대에 이렇게 깨어 있는 의식으로 살아간다는 것은 참으로 고독한 일처럼 보인다. 이들 네 명의 대신들이 그러하다. 그들은

'모두가 취했을 때에 홀로 깨어 있는 것'[22]을 소망했으나 취한 자들은 깨어 있는 자들이 제정신이 아니라고 생각했다. 취한 자들이 보기에 깨어 있는 자들은 다른 마음을 갖고 있는 것이었다. 그래서 곤륜산이 무너지고 황하가 마구 흘러넘치는 것 같은 비정상적인 현실을 보았을 때에도 사람들은 그냥 외면하고 말았다. 나라에 보답하려 해도 방법이 없고, '긴 끈을 청해 국가에 보답하려 해도(請纓無路)'[23] 쉽지 않았다. 반백의 머리카락이 희끗희끗해지도록 하릴없이 놔두는 수밖에 없었고, 보검에 녹이 슬도록 그저 내버려두어야 했다. 옳은 말을 하다가 유배를 가야 했던 초나라 시인 굴원이나, 악비를 위한 말을 했다가 목숨을 잃은 네 명의 대신처럼 될까봐 모두들 몸을 사리고 있었던 것이다.

악비가 어두운 감옥에 들어간 후, 송과 금 사이에 화의의 길이 뻥 뚫렸다. 그해 말, 유명한 '소흥화의'가 수면 위로 떠올랐다. 화의에서 남송은 금에게 칭신稱臣하고 금은 고종을 제帝로 책봉하며, 송은 금에게 해마다 은 25만 냥, 비단 25만 필을 바친다고 했다. 송과 금은 동쪽으로는 회수淮水, 서쪽으로는 대산관大散關을 경계로 하며 당주唐州와 등주鄧州, 상주商州와 진주秦州의 절반을 금나라에 귀속시킨다고도 했다. 이에 금은 송 고종의 어머니 위태후와 이미 죽은 아내 형병의邢秉懿, 휘종의 영구를 보내주기로 했다. 그리고 송 흠종과 다른 친왕들은 계속 구금해두기로 합의를 봤다.

동생의 진정한 의도에 대해 아무것도 모르던 흠종은 위태후가 귀국할 때 눈물을 쏟으며 태후의 옷깃을 붙잡았다. "형님께 전해주세요. 만일 제가 남쪽으로 돌아가게 된다면, 태을궁太乙宮[24]에 있는 것만으로 만족할 것이라고요. 더 이상 그 어떤 것도 형님께 바라지 않을 거라고요."

소흥 12년(1142) 8월 23일, 고종이 임평진臨平鎭에서 어머니와 끌어안고 눈물을 흘릴 때 태후가 아들에게 흠종의 읍소를 전했지만, 고종은 듣지 못한 척했다. 그저 눈물만 끝없이 흘릴 뿐이었다.

이 일련의 '희극'이 벌어지기 반년 전, 화의가 완성되었다고 남송이 발표한 지 사흘이 지났을 때, 즉 설이 다가오던 소흥 11년(1141) 12월 29일, 악비는 '막수유'라는 죄명으로 임안 대리사 풍파정風波亭에서 독살되었다. 죽기 전에 그는 감옥의 탁자 위에 분노한 필치로 "저 하늘 태양은 밝아 모든 걸 아신다네, 하늘은 아신다네!(天日昭昭, 天日昭昭!)"라는 여덟 글자를 큼지막하게 써놓았다.

일대를 풍미한 장수의 별이 어두운 하늘 끝에서 떨어졌다. 격정적이고 비애로 가득한 〈만강홍滿江紅〉과 함께 그는 39세의 짧은 생애를 마쳤다. 장군의 별이 떨어질 때 파도가 부서지듯 비장했고, 슬픈 마음은 꽃잎이 분분히 떨어지는 듯했다.

악비는 하늘을 찌를 듯 솟은 거대한 한 그루 나무였다. 그러나 그는 요절했다. 남송의 하늘에는 이제 햇살이 없었다. 투사로서 그는 누에처럼 자신의 생명을 사용해 순백의 고치를 만들었고, 고치가 완성된 날 날개를 달고 날아올랐다. 또한 가시나무새처럼 날카로운 가시를 물고 초승달이 뜬 밤에 끊임없이 자신의 이상을 위해 노래를 불렀다. 부리가 온통 피투성이가 되어 생명이 끝나는 그 순간까지.

악비가 죽었다는 소식을 듣고 금 조정에서는 큰 부담을 덜었다는 듯 모두가 축하했다. 그것은 매우 아이러니한 일이다. 금의 군영에서는 말을 남산에 풀어놓아 풀을 먹게 했고, 칼과 창은 창고에 집어넣었다. 장수들은 밤새 통음하며 서로 축하했다.

악비는 죽었다. 그를 위해 세워놓은 수많은 비석이나 사당, 악비의 소상, 향불이 그를 다시 살아나게 할 수는 없었다. 물론 진회도 죽었다. 1만 권의 책이 그를 비판한다고 해도 아무것도 모르는 그의 무덤 속의 뼈를 놀라게 하지는 못한다. 과거에도 그랬고, 현재에도 그렇다. 그리고 미래에도 이것은 민족의 상처로 남을 것이다.

하지만 역사는 공정하다. 물론 그 '공정함'이 언제나 좀 늦게 와서 문제이긴 하지만. 죽은 지 20년이 지난 후에 송 효종孝宗 조신趙眘은 악비의 명예를 회복시켜주었다. 악비에게는 '무목武穆'이라는 시호가 추증되었고, 진회는 '유축謬丑'으로 시호가 바뀌었다.

오늘날 그림처럼 아름다운 항저우의 서호西湖에 악비의 사당인 악왕묘岳王廟가 높이 서 있다. 사당 안에서 사람들의 눈길을 사로잡는 것은 '진충보국盡忠報國'이라는 글자가 새겨진 묘궐墓闕과 산하를 삼킬 듯한 기세를 보여주는[25] 악비의 소상이다. 소상 앞에는 네 개의 검은 쇠로 만든 조각상이 무릎을 꿇고 팔이 뒤로 묶인 채 앉아 있는데, 그들은 진회와 그의 아내 왕씨, 진회와 함께 음모를 꾸민 장준張俊과 묵기설이다. 밀려오는 관광객이 그들의 상像에 침을 뱉는 것[26]을 막기 위해 관리인은 어쩔 수 없이 철책을 둘러놓아야 했다.

자주 쓰이는 글씨체 중에 총명하기로 유명했던 진회가 발명한 글자가 있다. 이치대로라면 그것은 진회의 성을 따서 '진체秦體'라고 불려야 한다. 그러나 진회가 워낙 오명으로 유명하다보니, 후대인은 그것을 '진체'라 하지 않고 '방송체仿宋體'라 불렀다. 후에 민간에서 어떤 사람이 진회와 왕씨의 모양을 빚어 기름 속에 넣어 튀겨 '유조油條'('유작회油炸檜'라고도 한다)라는 것을 만들었는데, 그것은 오랜 세월을 두고 전국으로 퍼져 나간 대중적인 식품이 되었다.[27] 청 건륭 17년(1752), 장원壯元이었던 진대사秦大士는 악비의 사당을 유람한 후에 이렇게 탄식했다고 한다.

"사람들이 송나라 이후에 '회'라는 이름을 부끄럽게 여겼다는데, 나는 악비의 무덤 앞에서 '진'이라는 성을 갖고 있음을 부끄러워하노라."

악비에 대해 말할 때 사람들은 종종 '민족혼民族魂'이라는 단어와 함께 그를 떠올린다.[28] 진회의 경우와 비교해보면 엄청나게 다르다. 백성들 마음 속에서 누가 충신으로 혹은 간신으로 자리 잡고 있는지, 그것을 살펴보면

허난성 카이펑 인근 주센진朱仙鎭 악비사당의 비석들. 악비를 칭송하는 글들이 새겨져 있다.

역사의 평가가 어떤 것인지 알 수 있을 것이다.

개혁의 열기

'소흥화의'가 불평등했든 아니든 상관없이, 송과 금은 모두 80년 가까이 평화로운 시기를 보낼 수 있었다. 이 기간 동안 눈에 띨만한 충돌은 딱 두 번 있었다. 첫 번째 충돌은 금 해릉왕海陵王 완안량의 침입으로 일어났다. 그는 일찍이 "대권이 내 손에 있다면, 나의 풍도를 세상에 가득 채우리(大柄若在手, 淸風滿天下)"라고 다짐했다. 그러나 그의 눈은 높았지만 손은 낮았다. 그는 송 이종理宗 조윤趙昀 경정景定 2년(1161)에 군대를 넷으로 나누어 남침했다. 도중에 그는 호방한 마음으로 다음과 같은 시를 썼다.

만 리에 수레가 다니는 길과 문자를 똑같이 만들 것이니,

강남에 어찌 다른 나라가 있을 수 있는가.

병사 백만을 이끌고 서호에 이르러,

오나라 땅의 산 첫 번째 봉우리를 말 타고 둘러보리라.

萬里車書盡會同,

江南豈有別疆封.

提兵百萬西湖上,

立馬吳山第一峰.

그러나 완안량은 수전水戰에 익숙하지 않아 계속 패퇴했고, 금에서 황위 찬탈 소식이 전해지자 더욱 어쩔 줄 몰라 했다. 결국 완안량은 과주瓜洲 구산사龜山寺에서 부하가 쏜 화살에 맞아 죽었다. 이 전쟁의 결과 남송은 이제 스스로를 신하라 칭하지 않아도 되었고, 금에 지불하던 세폐도 10만이나 줄어들었다.

또 다른 충돌은 남송의 주전파 권신인 한탁주韓侂冑가 송 영종寧宗 조확趙擴 개희開禧 2년(1206)에 군대를 보내 북벌을 감행한 사건에서 비롯되었다. 이 전쟁에서 실패한 후 한탁주는 금과 타협하자고 주장하던 예부시랑 사미원史彌遠과 양楊황후에 의해 비밀리에 살해되었다. 남송은 관을 열고 주전파 한탁주의 머리를 베어내, 기세등등하던 금에 보냈다. 그 덕분에 두 나라는 휴전을 할 수 있게 되었다. 이 전쟁의 결과 금나라는 송의 숙叔 황제가 되었고, 세폐는 다시 60만으로 늘어났다. 이러한 두 번의 침입과 패배를 제외하면 송과 금은 서로 견제하면서 공존하는 국면을 유지했다.

금 희종熙宗 완안단完顏亶 천회天會 원년(1135)부터 금 장종章宗 완안경完顏璟 태화8년(1208)에 이르는 길고 긴 평화 기간 동안, 금 3세 황제 희종, 4세 해릉왕, 5세 세종世宗 완안옹完顏雍, 6세 장종은 계속 한화漢化 개혁

풍조를 이어갔다. 조정에서는 '발극렬제'를 폐지하고 송과 요를 모방해 중앙집권제를 시행했다. 지방에서는 '맹안모극제'의 적용 범위를 최대한 줄이고, 노路, 부府, 주州, 현縣 등 네 급의 지방행정기구를 세웠다. '맹안모극제'는 여진인에게만 적용했고, 한인과 다른 민족에는 중앙 기구제도에 따라 세와 부, 요역 등을 부과하며 관리했다. 사람을 쓸 때엔 송을 모방해 과거시험을 시행했고, 유가 경전을 가르쳤으며, 한인과 거란인, 발해인들에게 관직을 수여했다. 공자의 49세손을 공작公爵에 봉했으며, 금 황제는 공자를 제사 지내는 대전에서 친히 주도적 역할을 했다. 또한 당과 송의 법률 체계를 살펴 '황통제皇統制'를 제시해 남부 강역에 대한 통제를 강화했다. 금은 도성을 상경上京 회령부會寧府에서 중도中都 연경燕京으로 옮겼다.

여진인이 건립한 금은 외면적으로는 송 왕조와 서로 죽일 듯 싸우는 적이었지만 사실은 남송을 깊이 앙모했다. 정치와 경제, 천문과 점술에서부터 달력을 만드는 것, 궁정음악 내지는 지폐 인쇄 등에서도 모두 남송을 모방했다. 아마도 이것이 원元 멸망 후 금이 다시 일어날 수 있었던 힘이 되었을 것이다. 유일하게 모방에 실패한 것이 지폐 발행 문제였다. 지폐를 인쇄하던 초기에 지폐의 가치가 6,000만 대 1까지 내려가, 장제스가 정치하던 시기의 통화 팽창률보다 높은 역사적 기록을 세웠다는 점뿐이었다.

장종이 통치하던 13세기 초, 금의 국력은 최고조에 달했다. 그 장대한 발전은 여러 대에 걸친 군주들이 추진했던 개혁 덕분이었는데, 이는 후대에 큰 계시를 주었다. 어떤 민족이든지 전통의 틀 안에서 옛날 방식만 고집하거나, 혼자 잘났다고 자만하면서 외래 문명의 우수한 점을 보지 못하고, 장점을 취하고 단점을 고칠 생각을 하지 않으면 그 민족은 분명히 단명한다. 전통을 뛰어넘어 시대적 폐단을 혁신하기 위한 전제는 사상의 자유로움이다. 개인의 자유로운 사고는 한 개인이 자신의 재능을 발휘해 무엇인가를 이루는 기초가 될 뿐이지만, 한 집단 전체가 자유로운 사고를 할 수 있다면 민족 전체가 창성할 수 있는 희망이 된다.

여진인의 재난은 위대한 칭기즈칸에서 비롯되었다. 금 위소왕衛紹王 완안영제完顏永濟가 통치할 때, 칭기즈칸이 진산縉山(베이징 엔칭)에서 금 10만 군대를 격파했다. 이어서 자리에 오른 금 선종宣宗 완안순完顏珣은 위소왕의 딸 기국歧國공주를 칭기즈칸에게 시집보냈지만 효과는 없었다. 후에 금 애종哀宗 완안수서完顏守緒는 금이 원래 갖고 있던 위대한 풍격을 다시 되살리려 했다. 그러나 몽골이 금의 맹방이었던 서하를 무너뜨리고 다시 남송과 연합해 금을 공격하니, 금이라는 이 난파선은 즉시 폭풍우에 흔들렸다. 금 애종 완안수서 천흥 3년(1234), 금 최후의 성인 채주蔡州를 잃자 애종은 유란헌幽蘭軒에서 목을 매 자살했고, 중국 북방을 120여 년 동안 비추었던 금빛 태양 '대금국大金國'은 서쪽으로 지고 말았다.

나라가 망한 후, 흩어져 있던 여진인은 백산과 흑수 사이로 다시 흘러 들어갔다.

누르하치가 나타나다

동북지방(만주)으로 물러난 여진인은 여러 차례 우려낸 찻잎처럼 찻잔의 바닥에 조용히 가라앉아 있었다. 그들은 한동안 모범생처럼 얌전하게 살아가면서 큰 기운을 내뿜지 않고 있었다. 원元은 오만호부五萬戶府, 동정원수부東征元帥府를 세워 여진인의 일거수일투족을 감시했다. 명明은 여진 땅에 300여 개의 위衛와 소所를 세웠고, 노아간도사奴兒干都司를 설립해 여진을 해서海西(동해와 오호츠크해 서쪽 지역에 위치해 생긴 이름)와 건주建州, 야인野人(동해東海 여진이라고도 하며 외싱안링과 헤이룽강 하류, 쿠릴열도 지역에 거주함)의 3대 부락으로 나누어 관리했다.[29]

돛은 내려질 때가 있지만 그것은 먼바다로 나아가는 새로운 항해를 위해 잠시 힘을 비축할 때뿐이다. 우리 눈앞에 등장한 사람은 누르하치라고 불리는 여진인이다. 그는 귀족 가문 출신으로, 6대조 때부터 명明 건주建州 좌위지휘사左衛指揮使 직을 세습했다. 누르하치는 어려서 어머니를 잃고, 열다섯 살 되던 해에 계모의 구박과 냉대를 못 이겨 어린 동생을 데리고 가출해 외할아버지에게로 갔다. 얼마 지나지 않아 외할아버지는 요동총병遼東總兵 이성량李成梁에게 살해되었다. 누르하치 형제는 애걸복걸해 겨우 살아나 서동書童으로 전락했다. 어린 시절의 고통스러운 경험은 누르하치를 강인하게 단련시켜 굴복하지 않는 성격을 길러주었다. 특히 그는 할아버지와 아버지가 오해로 인해 이성량에게 살해당한 후에도 도망치지 않았다. 오히려 요동도사遼東都司로 바로 들어가 억울함을 호소했다. 결국 이성량은 미안한 마음을 품고 그에게 잘해주었다. 칙서敕書 30도道, 말 30필, 할아버지와 아버지의 시체, 건주 좌위지휘사 직책을 내준 것이다.

"과거의 것은 흘러가게 내버려두라!"

누르하치는 분노를 다스리기 힘들었으나 스스로에게 이렇게 말했다. 당시 그는 명에 대항할 수 있는 능력이 없었다. 곧 그는 여진 내부의 분열을 해결하려고 힘껏 노력했다. 먼저 여허葉赫부를 제외한 해서·건주·동해 여진 각 부락을 통일해 오랫동안 흩어져 있던 여진인을 단결하게 했다.

여진이 영원토록 변치 않게 하기 위해, 누르하치는 몽골문자를 쓰던 역사를 바꾸기로 결심했다. 명 만력萬曆 27년(1599), 그는 여진문자를 창조하는 중책을 대신 어르더니額爾德尼와 가가이噶蓋에게 맡겼다. 임무를 맡은 두 대신은 고민 때문에 머리가 깨질 것 같았다. 좋은 방법이 생각나지 않자 결국 누르하치에게 도움을 청했다. 누르하치는 이렇게 말했다.

"'아' 자 아래에 '마' 자를 붙이면 '아마(부친)'가 되는 거 아닌가? '어' 자 밑에 '마이' 자를 붙이면 '어마이(모친)'가 되는 거고! 이런 방법으로 우리

언어를 기록하면 되지 않겠나?"

"오! 맞습니다!"

총명한 두 대신은 두문불출하고 글자를 만들기 시작했다. 얼마 지나지 않아 여진문자(후에 '만문滿文'이라 칭함)가 순조롭게 탄생했다.

명 만력 43년(1615), 누르하치는 다시 심사숙고해 독특한 팔기八旗 제도를 생각해냈다. 팔기제도는 300명을 1니루牛錄로 삼고 5니루를 1잘란甲喇으로, 5잘란를 1구사旗로 삼는 것이다. 장정을 각각 황黃, 백白, 홍紅, 남藍, 양황鑲黃, 양백鑲白, 양홍鑲紅, 양람鑲藍의 여덟 개 깃발 아래 조직해, 출정하면 병사가 되고 마을로 돌아오면 평민이 되게 한다. 평소에는 농사짓고 사냥을 하지만 전쟁 때엔 출병하는 일종의 '전민개병제全民皆兵制'인데, 이런 제도가 마침내 역사에 나타나게 되었다.

모든 준비는 서막에 불과했다. 만력 44년(1616) 5월 초하루, 팔기의 버일러貝勒(부족장)들은 누르하치를 경기연칸大英明汗으로 세우고 나라 이름을 '대금국大金國'(역사에서는 '후금後金'이라 칭한다)[30]이라 했으며, 연호를 '천명天命'이라 정했다. 58세의 누르하치는 마침내 꿈에도 그리던 칸의 자리에 올랐다. 후에 그는 명을 '남조南朝'라 칭하고, 명과 맞서기 시작했다.

청 태조 천명 3년(1618) 봄, 누르하치는 군사를 일으켜 명을 토벌했다. 출정 이유는 '일곱 가지 커다란 한七大恨'[31] 때문이었다. 누르하치의 아버지가 명의 풀 한 포기, 나무 한 그루 망가뜨리지 않았음에도 무참히 살해된 것이 첫 번째 한이요, 명군이 맹약을 어기고 출병해 여허를 도운 것이 두 번째 한이다. 명이 누르하치를 포함한 인질 열한 명을 잡아놓고서 누르하치에게 열 명을 죽여야 돌려보내주겠다고 했으니, 이것이 세 번째 한이다. 또한 누르하치에게 시집오기로 했던 여허의 여인을 몽골에 시집보낸 것이 네 번째 한이고, 대대로 전해져오던 토지에 백성들이 농사를 지어 수확하는 것을 하지 못하게 한 것이 다섯 번째 한이다. 누르하치가 천명을 받아 여허를 정벌하려 할 때 명은 오히려 사신을 보내 그를 능욕했으니 이것이 여섯 번째고, 명이 누르하치에게 포로를 돌려달라고 해놓고 그들을 다시 여허에게 보냈으니, 일곱 번째 한이다.

분노가 폭발한 후금 군인들은 늑대와 호랑이처럼 사나웠다. 이들은 무순撫順과 청하淸河를 공략했고, 명은 자국의 군대와 여허부, 조선의 지원군 등 수십만 군대를 조직해 후금을 공격했다. 천명 4년(1619), 그 유명한 사르후 전투의 서막이 열렸다.

사르후 전투에서 누르하치는 할 수 있는 모든 예술적 지휘 방법을 총동원했다. 병력을 집중하고 각개 격파하기, 기병으로 기습하기, 속전속결 책략, 적을 깊숙하게 유인하기, 움직이는 적을 고요히 제압하기, 전쟁의 진 만들기, 병졸보다 앞장서기 등등이 그것이었다. 그 덕분에 그는 고작 닷새 만에 명의 10만 대군을 궤멸할 수 있었다.[32] 사르후 전투에서 승리[33]한 후 누르하치는 여허부를 멸망시키고 막 점령한 성경盛京(랴오닝성 선양)으로 도성을 옮겼다.

일련의 군사적 승리는 누르하치를 일순간 급격히 뜨겁게 만들었다. 준비가 아직 완벽하지 못한 상황에서 그는 천명 11년(1626)에 13만 팔기군을 이끌고 오늘날 랴오닝성 선양을 거쳐 산해관의 목구멍에 해당하는 요새인 영원寧元으로 진격했다. 누르하치가 보기에 만주를 평정하는 것은 시간문제인 듯했다.

영원에는 겨우 3만 병사밖에 없었다. 그러나 군대를 지휘하는 자가 병원주사兵部主事 원숭환袁崇煥이었다. 이 명장은 차고 있던 칼로 손가락을 베어, 흘러내리는 피로 혈서를 썼다. 영원성과 생사존망을 함께하겠다는 것이었다. 영원 군민은 원숭환의 애국적 열정에 감동했다. 그리하여 온 성의 백성들이 분노해 자신이 가진 모든 것을 버리고 일치단결해 적에 대항했다. 그들은 영원성을 지키는 군인들과 한 몸이 되어 무쇠처럼 단단한 방어벽을 만들었다. 그런 영원성 아래에서 누르하치의 전차와 보병, 기병 연합 전술은 완전히 무너져버렸다. 성을 공격한 금군은 명군의 포격에 엄청난 피해를 당했다. 또한 명군은 불타는 이불에 화약을 싸서 던져, 성을 파던 금의 병사를 타 죽게 만들었다. 사흘이 지났을 때, 금군의 병사와 장수들이 많이 다치고 죽었지만, 영원성은 여전히 공고하게 버티고 있었다.

누르하치는 중상을 입었고, 원숭환은 위대한 이름을 얻었다. 살을 에는 찬바람이 불어오는 날, 비장한 분위기 속에서 누르하치는 패잔병을 이끌고 랴오닝성 선양으로 후퇴했다. 막대한 정신적 상처를 입은 누르하치는 병에서 회복하지 못하고 그해에 세상을 떠났으니, 향년 68세였다.

알렉산드로스대제가 일찍이 자신의 명성이 아직 세계에 퍼져나가지 않았기 때문에 울었다고 하는데, 누르하치도 자신의 이상이 순조롭게 실현되지 않아 우울해했다. 그러나 그는 죽어서도 여한이 없었다. 모든 일이 하늘에 달리긴 했지만, '아무것도 하지 않는 것'이 '이루지 못한 것'보다 인생에 더욱 많은 유감을 남긴다는 사실을 알고 있었기 때문이다.

이간질 작전

후금의 중책은 이제 누르하치의 여덟 번째 아들인 홍타이지皇太極(1592~1643)의 어깨 위로 떨어졌다. 위기에 천명을 받은 홍타이지는 두 번에 걸쳐 명에 치명상을 입혔다. 이는 계책에 의한 것이었는데, 첫 번째 것보다 두 번째 것이 더 날카로웠다. 먼저 그는 청 태종 천총天聰 원년(1627)에 병사를 풀어 명의 충실한 맹방인 조선을 공격했다. 조선을 완전히 자신의 손바닥에 통제한 지 2년이 지난 후, 그는 다시 한인 모사 범문정范文程(1597~1666)[34]의 건의를 받아들여 이간질 작전을 써서 중원의 마지막 지주인 원숭환(여진의 위대한 숫매 누르하치의 날개를 꺾은 사람)을 제거했다.

지혜로운 자가 적을 이용하는 것은 어리석은 자가 친구를 이용하는 것보다 쉽다. 범문정의 이간질은 사실 그렇게 수준이 높은 것은 아니었다. 생각해보라. 만일 홍타이지와 원숭환이 내통하려는 음모를 꾸몄다면, 포로를 지키는 두 명의 후금 병사들에게 쉽게 음모를 노출할 수 있었겠는가? 설사 그 두 명의 후금 병사들이 기밀을 알았다고 해도, 포로가 된 두 명의 명나라 태감이 들을 정도로 허술하게 대화를 나누었겠는가? 더구나 후금 홍타이지의 포로수용소는 명나라 변경에서 아주 먼 곳에 있었는데, 포로였던 두 태감이 어떻게 그렇게 순조롭게 탈출해 원숭환 곁으로 돌아올 수 있었겠는가? 문제는 범문정이 이전에 섬겼던 명 황제, 즉 숭정제가 의심이 매우 많은 사람이었다는 점을 알고 있었다는 것이다. 숭정제는 "차라리 그것을 사실이라고 믿지, 없는 일이라고 믿고 싶어 하지 않는(寧可信其有, 不可信其無)", 의심이 많은 사람이었다.

이간질 작전, 즉 '반간계反奸計'는 성공했다. 숭정제가 원숭환에게 덮어씌운 죄목은 하는 짓이 불경하다는 것이었다. 불경죄는 사면할 수 없는 열 가지 죄악 중의 하나였고,* 불경죄에 내리는 형벌은 가장 잔인한 능지처참이었다.

당시 북경(베이징)의 채시구菜市口[35]에는 수많은 사람들이 구경을 하러 몰려들었다. 원숭환의 살을 먹어야 진정한 '염황자손炎黃子孫'임을 증명할 수 있고,[36] 겁 많고 유약한 성격을 고칠 수 있다고 하는 소문이 돌았다. 능지 장면을 보고 살을 사러 온 백성들이 끊임없이 밀려들었고, 이 유명한

---

* 형률에서 정한 열 가지 대죄는 각각 모반(謀反), 모대역(謀大逆), 모반(謀叛), 악역(惡逆), 부도(不道), 대불경(大不敬), 불효(不孝), 불목(不睦), 불의(不義), 내란죄(內亂罪)다. 그중 하나를 범한 자는 대사면을 내린다 해도 죄를 면할 수 없었다.

장군의 살은 가격이 계속 올라가 한 조각에 은자 1전에 달했다. 사흘이 지난 후 뼈만 남은 원숭환은 침 뱉는 사람들의 무리 속에서 눈을 감았다.

숨이 끊어져가는 원숭환을 애도할 필요는 없었다. 중국의 굴곡지고 피비린내 나는 역사 속에서 진정한 영웅이 제대로 된 죽음을 맞이한 적이 얼마나 있었던가. 변법을 시행했던 상앙商鞅(기원전 395~?)도 수레에 찢기는 거열형을 당했고, 소전체小篆體를 만든 이사李斯(기원전 280~?) 역시 허리를 베이는 요참형을 당했으며, '서성書聖'이라 불리던 안로공顔魯公(709~784)[37]도 목 졸려 죽었다. 네 살이라는 어린 나이에 형에게 '배를 양보했던'[38] 공융孔融(153~280)은 참수를 당했으며, 금에 대항했던 악비는 독살됐다. 청렴했던 우겸于謙(1398~1457)[39]도 공개적으로 참수를 당했다. 모함은 늘 가장 능력 있고 덕행 있는 사람을 다치게 만든다. 새들이 과일 중에서 가장 달콤한 것을 쪼아 먹는 것과 같은 이치다.

원숭환이 죽은 후 그의 시신은 토막 내 버려졌다. 동생과 아내는 3,000리 밖으로 유배를 갔으며, 자식이 없었기에 대가 끊겼다. 악비는 죽은 지 20년이 지난 후에 송 고종의 아들 효종에 의해 억울함이 씻겼고, 우겸은 죽은 후 8년 만에 명 영종英宗의 아들 헌종憲宗에 의해 명예가 회복되었다. 그러나 원숭환은 죽임을 당한 지 152년이 지난 후, 그것도 명의 적이었던 청 건륭제에 의해 공개적으로 명예를 회복했다. 그는 그제야 눈을 감았을 것이다. 방식은 황당했지만, 역사는 결국 실질적 정의를 실현했다.

원숭환이 죽었을 때 별자리를 보는 사람들은 혼돈에 빠졌다. 그가 죽었음에도 왜 하늘에서는 그의 별이 여전히 빛나는 걸까? 오직 홍타이지만이 모든 것을 알고 있었다. 홍타이지는 명의 대세가 기울어감을 슬그머니 기뻐하며 더욱 큰 전쟁을 준비하기 시작했다. 병사의 숫자가 부족하다는 점을 감안해 항복한 몽골인과 한인을 팔기몽골과 팔기한군八旗漢軍에 편입시켰다. 천총 9년(1635), 여진은 민족의 명칭을 '만주滿洲('부처의 화신'이라

는 뜻)'로 바꿨다.[40]

　천총 10년(1636) 4월 21일, 신하들의 일치된 추대로 홍타이지는 황제의
자리에 올랐고, 연호를 '숭덕崇德'이라고 고쳤다. 경내의 만주, 한인, 몽골
인, 조선인 등 여러 민족이 섞여 살아가는 상황에 적응하기 위해, 또한 한
인이라면 남녀노소를 막론하고 누구나 뼛속 깊이 '악비가 금에 저항했다'
는 이야기를 잘 알고 있기 때문에, 한인에게 반감을 줄 수 있는 '대금大金'
이라는 호칭을 버리고 정식으로 국호를 '대청大淸'이라고 정했다. 명 왕조
가 '불'을 품고 있기에[41] 명 왕조를 멸망시키려면 '물'이 필요하다는 생각
에, '물 수水' 자를 품은 '청淸' 자를 나라 이름으로 삼았다고도 한다.[42] 《시
경》에 "유청집희維淸緝熙"라는 구절이 나오는데 ('밝다'는 의미의) '희' 자가
명나라라는 뜻을 담고 있다고도 했다. 그런데 이런 말도 안 되는 이론이 신
기하게도 맞아떨어졌다.

　숭덕 6년(1641), 홍타이지와 명 계료총독 홍승주가 이끄는 13만 대군이
송금松錦에서 결전을 벌였다. 결과적으로 명군은 궤멸되었고, 포로가 되
어 한동안 단식했던 홍승주가 마침내 투항을 선포했다(홍타이지의 장비莊
妃가 감옥으로 가서 그를 유혹했다고도 한다). 청 왕조가 중원을 차지하고 구주
를 평정하는 것은 이제 거의 다 된 밥처럼 보였다.

　그러나 계속 이어진 전쟁은 홍타이지의 기력을 소진시켰다. 또한 그가
가장 사랑하던 신비宸妃 해란주海蘭珠가 갑자기 병에 걸려 죽으니, 숭덕 8
년(1643) 8월, 별 하나가 빛을 잃은 밤에 홍타이지는 청녕궁淸寧宮의 침상
에서 세상을 떠났다.

청 군대가 산해관으로 들어오다

명 말의 역사를 들춰보면서 사람들은 마지막 황제인 숭정제崇禎帝 주유검
朱由檢에 대해 동정을 금치 못한다. 그가 받아든 것은 만신창이가 되어 해
결해야 할 문제만 가득 쌓여 있는 나라였다. 그는 먼저 민중의 엄청난 분노
를 자아냈던 환관들의 집단인 엄당閹黨의 우두머리 위충현魏忠賢을 쳐냈
다. 그런 후에는 "문관은 돈을 좋아하지 않는다"라는 구호를 내걸고 몸소
그것을 실천했다. 그가 정치를 하던 17년 동안 궁중에서는 그 어떠한 토
목사업도 진행되지 않았으며, 그가 매달 먹는 식비도 그 이전 황제의 10분
의 1에 불과했다. 그리고 황제가 입는 옷도 하루에 한 번씩 갈아입던 관례
를 깨고 한 달에 한 번 갈아입었으며, 궁중의 금과 은으로 된 그릇도 모두
도기로 바꾸게 했다. 황제를 위해 수업을 해주는 대신들은 심지어 황제의
옷깃과 소매가 해진 것을 보았을 정도였다. 국구國舅였던 전홍우田弘遇가
"목소리가 천하제일이요, 미모도 천하제일"인 강회江淮의 가기歌妓 진원원
陳圓圓을 바쳤을 때에도 숭정제는 거들떠보지 않았다.

"불가능하다는 것을 알면서도 기어이 하는"[43] 기개가 있음에도 숭정제
는 '고독한 양치기'였다. 명 왕조는 이미 사지가 마비되고 인지 능력이 떨
어진 죽어가는 노인과 같아, 그 혼자서 되살리기엔 역부족이었다. 게다가
그는 겉으로 보기엔 위엄 있는 것 같았지만 속으로는 의심이 많은 성품이
었다. 명장 원숭환도 그가 경솔하게 헛소문을 믿는 바람에 죽임을 당했고,
노상승盧象升이 전쟁터에서 죽은 것[44] 역시 그가 임명한 환관 감군監軍 때
문이었다. 홍승주가 전쟁터에 나갔다가 포로가 되었던 것도 무엇인가를
빨리 이루고자 했던 숭정제의 욕심을 만족시키려다가 생긴 사건이었다.
이자성李自成의 군대가 북으로 치고 올라와 북경성에 이르렀을 때, 숭정제
는 전전前殿에서 종을 울려 대신들을 소집해 성을 지킬 수 있는 계책을 생

각해냈으나, 조정에는 아무도 나타나지 않았다. 북경성에서는 예상만큼 격렬한 전투가 벌어지지 않았다. 태감 하나가 창의문彰義門을 열었기 때문이다. 정양문正陽門을 지키던 병부상서 장진언張縉彦도 문을 열고 투항했다. 성벽 위에는 당시의 첨단무기였던 홍의紅衣화포가 있었으나, 성을 지키던 군사들은 그저 화약을 채워 넣었을 뿐 탄환은 장착하지 않았다. 각지에 주둔하던 명 군대 어디에서도 황제를 지키겠다고 나선 이는 없었다.

명 사종思宗 주유검 숭정 17년(1644) 3월 19일 새벽, 머리에 펠트모자[45]를 쓴 이자성이 멍하니 입을 벌린 채 북경으로 진입했다. 그는 도저히 믿을 수가 없었다. 오이라트 몽골과 만주족이 그렇게 공략했으나 열리지 않던 '천하 제1 도성'이 사흘도 안 되어 뚫린 것이다. 제국의 도성을 공격하는 것이 어찌 지주의 대문을 향해 오줌을 누는 것보다 쉽단 말인가?

농민군이 남쪽부터 북쪽으로 중축선을 따라 위풍당당하게 진입하는 장면을 상상해보라. 영정문永定門, 정양문, 대명문大明門(민국 시기에는 '중화문中華門'이라 불렸다), 승천문承天門(청대에는 '천안문天安門'이라 불렸다), 단문端門, 오문午門, 태화문太和門, 태화전太和殿, 건청궁乾淸宮, 교태전交泰殿, 곤녕궁坤寧宮, 신무문神武門, 북상문北上門, 경산문景山門(만세문萬歲門), 만춘정萬春亭, 수황전壽皇殿, 지안문地安門, 고루鼓樓, 종루鍾樓를 행진하면서 이자성과 그의 장수들은 다 함께 황성의 위엄과 장중함을 맛보는 행복감을 누렸다.

같은 날, "나의 시신이 적에 의해 찢길지라도 단 한 명의 백성도 상하게 하지 말라"는 유언을 남긴 후 자신의 딸을 친히 벤(결국엔 죽지 않았음) 숭정제는 여명 무렵, 만세산萬歲山(자금성 뒤편에 있는 경산景山) 수성정壽星亭 곁의 구부러진 나무에 목을 매어 자결했다. 지하에서 조상을 뵐 면목이 없다며 머리카락으로 자신의 얼굴을 가린 채 죽어갔으니, 그때 그의 나이 겨우 34세였다. 역사에 의하면, 황제가 죽던 그 참상을 유일하게 목도한 인물은 태감 왕승은王承恩뿐이었는데, 그도 역시 황제 곁에서 목을 매 자살했다고 한다.

농민군은 북경으로 진입한 후 당시 산해관 총사령관이던 오삼계吳三桂의 부친 오양吳襄을 체포해 아들에게 편지를 써서 항복을 권하라고 명했다. 아버지의 편지를 받은 후, 황제를 잃은 오삼계는 이자성에게 귀부할 의향이 있었다. 그러나 이자성의 몇몇 생각 없는 한심한 부하들 때문에 오삼계와 이자성이 친밀한 포옹과 격정으로 가득한 순간을 맞이할 수 있는 기회를 놓치고 말았다. 이는 두고두고 아쉬운 점이다.

오삼계는 부친이 이자성 군대에 체포되고 재산도 몰수된 데다, 자신이 사랑하는 진원원(숭정제가 그녀에게 흥미를 보이지 않자 오삼계가 거두었다)을 이자성의 부하 유종민劉宗敏이 차지했다는 사실을 알고, "통곡하는 삼군이 소복을 걸치고, 분노가 관을 찌르는 것은 홍안 때문"[46]이라 했다. 강회의 아름다운 기생 진원원 사건은 역사의 수레바퀴를 바꾸었다. 오삼계는 이자성에게 귀부하지 않았을 뿐 아니라 청군을 산해관으로 들어오게 해, 이자성의 신생 대순大順 왕조와 잔존했던 남명南明 왕조를 없애버렸다.

청 숭덕 8년(1643), 소년 복림福林이 숙부 도르곤多爾滾(만주어로 '오소리'라는 뜻)의 지지를 받으며 대청 황제가 되었다. 다음 해 그는 연호를 '순치順治'로 바꾸었다. 이 해는 마침 숭정제가 경산에서 자진하고 이자성의 농민군이 북경을 점령하던 때였다. 역사의 격변기에 청 왕조에 항복한 한인 범문정은 명 왕조가 붕괴되고 농민군이 아직 뿌리를 내리지 못한 틈을 타서 북경을 공격해 명을 취하라고 섭정왕 도르곤에게 권했다.

역사상 첫 번째로 깃발을 치켜들고 일어났던 기의군의 지도자들 중 누구 하나 용상에 올랐던 자가 있던가? 진승陳勝과 오광吳廣, 번숭樊崇[47]과 왕광王匡,[48] 장각張角, 이밀李密[49]과 두건덕竇建德, 황소黃巢, 한산동韓山童과 유복통劉福通,[50] 이자성, 장헌충張獻忠[51] 등 모두가 그러했다. 목소리를 낮춘 채 뒤따라오면서 몰래 굴기를 도모한 자들이 최후에 웃을 수 있었으니, 유방劉邦이나 유수劉秀, 조조, 이연李淵, 주온朱溫, 주원장 등이 모두 그러했다.

민첩하고 결단력이 있던 도르곤도 이런 천하의 호기를 파악했다. 그는 숭정제를 위해 복수를 해준다는 명분 아래 밤낮으로 산해관을 향해 달렸다. 사흘 후 도르곤은 마중 나온 오삼계를 만났고, 두 사람은 산해관에서 백마를 바쳐 하늘에 제사를 올리고 검은 소를 제물로 삼아 땅에 제사를 지냈다. 그러고는 군사적·정치적인 면뿐 아니라 정서적으로도 동맹을 맺을 것을 결의했다.

청군이 산해관으로 들어왔다는 사실을 전혀 알아채지 못한 이자성은 청 순치 원년(1644, 갑신년) 4월 22일에 20만 농민군을 이끌고 산해관 아래에서 오삼계와 사생결단의 전투를 벌였다. '일편석一片石'[52]이라 불리던 드넓은 땅은 순식간에 칼과 창의 숲으로 변했고, 폭풍우처럼 몰아치는 말발굽 소리와 천둥소리처럼 울려대는 병사들의 고함 소리, 흐르는 붉은 피로 가득 찼다. 격전이 벌어진 다음 날, 갑자기 미친 듯이 거친 바람이 불어오더니 서로 죽고 죽이는 함성 소리와 말 울음소리, 바람 소리와 모래바람 등이 한데 뒤섞이면서 장엄하고도 처량한 장면이 펼쳐졌다.

양 군대가 서로 팽팽히 맞서고 있을 때 머리를 땋아 늘어뜨린 청 철기부대가 갑자기 명 진중으로 몰아쳐왔고, 농민군은 속수무책으로 당하면서 진이 무너지고 말았다. 이자성의 군대는 결국 수많은 시신을 내버려둔 채 북경으로 급히 퇴각해야 했다. 하지만 남은 병력으로는 북경을 지킬 수 없다고 판단해, 북경에서 겨우 41일간 지속되었던 대순 왕조를 거두어들였다. 사람들을 깊은 생각에 잠기게 하는 참담한 비극이 역사라는 무대에서 벌어진 것이다. 그 비극의 감독은 호색한 부하들을 제대로 단속하지 못한 이자성이었다.[53]

그 후 중국 역사의 주도자는 한인에서 만인滿人으로 바뀌었다. 한족 문인이 "갑신 이후 세상이 끝났고, 강남의 몇 구절 시만 남았네"[54]라며 탄식하는 상황이 되어버린 것이다.

5월 2일, 도르곤의 군대가 맹렬한 기세로 산해관으로 진입했고, 그들이 꿈꾸던 자금성으로 순조롭게 들어왔다. 이때부터 그들은 이 도시의 새로운 주인이 되었으며, 자금성에 깔린 황금 벽돌 위에서 276년이라는 세월을 보냈다.

몇 달 후, 순치제는 북경에서 황제로 즉위했다. 10월 초하루, 청나라는 성대한 개국대전을 거행했다(305년 후 신중국, 중화인민공화국의 개국대전 역시 이날을 선택했다). 순치제는 문무백관의 호위를 받으며 천단天壇에 와서 하늘에 제사를 지냈고, 청이 전국을 통치할 것임을 정식으로 선포했다. 의례를 거행할 때 많은 개국공신들이 상을 받았다. 가장 큰 영광은 당연히 도르곤에게 돌아갔다. 그는 숙부 섭정왕에 봉해졌고, 나라를 일으킨 그의 위대한 업적은 어비御批의 석비에 새겨졌다.

이후 많은 여진인이 산해관 안쪽으로 들어왔지만 흑룡강 장군과 길림 장군이 관할하는 지역에 여전히 일부 생여진 부락 사람들이 살았다. 그들이 오늘날 허저('동쪽' 혹은 '하류下流'라는 뜻)족, 오로첸('산꼭대기에서 사는 사람' 혹은 '순록을 기르는 사람'이라는 뜻)족, 에벤키('큰 산의 숲에서 사는 사람들'이라는 뜻)족의 조상이다.

불나방이 불을 향해 달려들다

순치제가 북경에서 등극한 것이 전국 통일을 의미하는 것은 아니었다. 도르곤은 이 점을 잘 알았다. 대순 군대는 여전히 수십만 병력을 갖고 있었고, 복왕福王 주유숭朱由崧(1607~1646)이 남경에 세운 남명 홍광弘光 정권도 청 왕조의 정통으로서의 지위를 위협하고 있었다. 이에 도르곤은 영친왕英親王 아지커阿濟格와 예친왕豫親王 도도多鐸에게 명해 각각 군대를 이끌고 대순과 남명을 토벌하게 했다.

아지커의 격렬한 소탕작전 때문에 대순 군대는 오늘날의 시안西安을 버리고 후베이湖北로 도망쳤고, 얼마 지나지 않아 이자성은 구궁산九宮山에서 죽었다.

드넓은 토지와 명이 남긴 수십 만 군대를 소유한 홍광 정권은 원래 남송처럼 강을 경계로 자신들의 땅을 통치할 수 있었다. 그러나 주유숭이 황제가 된 후 첫 번째 내린 명령은 궁녀를 모아들이라는 것이었고, 두 번째 명령은 지방관원들에게 춘약春藥의 비방을 바치라는 것이었다.

이렇게 우스운 짓을 한 남명 왕조였기에 도도의 군대는 칼에 거의 피 한 방울 묻히지 않고 이듬해 4월에 강남의 요충지인 양주揚州를 향해 치고 들어갔다. 그래도 아직 남명에 충성스럽고 의로운 인물이 하나 남아 있었다. 양주 군대를 지휘하던 사가법史可法(1602~1645)이 바로 그였다.

사가법은 수비군을 거느리고 청군과 열흘 동안 혈전을 벌여 "의로움이 있는 곳이라면 천만 명이 막는다 해도 나는 나아가리라"[55]라는 결연함을 보여주었다. 또한 성이 함락될 때에는 "성이 존재하면 함께 존재할 것이고, 성이 함락되면 같이 죽을 것이다. 내 머리는 자를 수 있을지언정 나의 뜻은 굽힐 수 없을 것이다"라는 영웅적이고 용맹스러운 결의를 내보였다. 사가법의 장대한 행동은 불서佛書에 나오는 우화를 생각나게 한다. 앵무새 한 마리가 산을 넘어가는데 산에 불이 났다. 그래서 날개 깃털에 물을 적셔 생명의 위험을 무릅쓰고 불을 끄려고 했다. 물론 앵무새는 그것이 별 소용이 없다는 것을 알고 있었다. 하지만 자신이 깃들었던 산이기에 차마 그냥 지나갈 수 없어 미력한 힘이나마 보태려 했던 것이다.

사가법이 지키는 양주성 앞에서, 청군은 산해관 안쪽으로 들어온 이후 가장 강력한 저항에 부딪쳤다. 청군은 성을 함락하는 과정에서 상당한 피해를 입었다. 이에 보복하고자 도도는 성을 점령한 후 열흘 동안 성 안의 사람들을 죽여도 좋다고 했다. 5월 2일 그들이 '칼을 내려놓았을' 때 성대했던 양주의 불꽃과 풍류는 사라져버렸고, 양주 백성들의 피가 강을 이루었으며, 시신이 여기저리 널려 있었다. 당시 죽은 사람이 80만 명을 넘었다고 하는데, 이것이 비참한 역사로 이름을 남긴 '양주십일揚州十日'[56]이다. 기록에 의하면 대학살이 시작되던 그날 저녁, 기이한 새 한 마리가 공중에서 생황과 비슷한 소리를 내며 울었다고 하는데, 그 소리가 마치 침대에서 떨어진 아이가 자지러지게 질러대는 높고 예리하며 처량한 울음소리와도 비슷했다고 한다.

순치 2년(1645), 청군은 진강을 공격하고 남경을 항복시켰다. 13개월을 유지해온 남명 정권이 마침내 끝장났다. 홍광제弘光帝 주유숭은 북경으로 압송되어 목이 잘렸다. 황족의 혈통에서 비교적 멀리 떨어져 있는 주율건朱聿鍵은 남경이 함락된 끝에 복주福州로 도망쳐 민족 영웅 정성공鄭成功의 부친인 복건총병 정지룡鄭芝龍에 의해 황제로 옹립되었다. 그러나 그는 정지룡이 투항하기 위한 도구였을 뿐이었다. 정지룡은 청군이 남하했을 때 개선하관開仙霞關(저장성 장산江山 남쪽)에서 청에 투항했다. 주율건은 도망치다가 포로가 되었고, 결국은 복주로 보내져 죽음을 맞았다.

복주가 함락된 후, 주유숭의 사촌 형 주유랑朱由榔이 광동廣東 조경肇慶에서 즉위했다. 남명의 세 번째 황제는 즉위한 첫날부터 도망칠 생각부터 했고, 청군은 줄기차게 그를 추적했다. 군대가 쫓아오면 주유랑은 다른 곳으로 도망치곤 했는데, 고양이가 쥐를 잡으러 다니는 듯한 게임이 무려 16년 동안이나 계속되었다. 순치 18년(1661), 중국에서 더는 발을 붙일 수 없게 된 주유랑은 미얀마 국경으로 도망쳐 현지인들 틈에 섞여 살았다.

미인 아내 진원원을 다시 품은 오삼계는 미얀마 국경까지 주유랑을 추적해서 미얀마 왕을 압박했다. 미얀마 왕은 결국 주유랑을 내놓았고, 오삼계는 오늘날의 쿤밍昆明 금선사金禪寺에서 활시위로 주유랑을 목 졸라 죽였다. 이렇게 294년 동안 '해와 달이 함께 걸렸던' 명 왕조는 역사의 깊은 산 속으로 사라지고 말았다.

아마도 수많은 한인이 명 왕조의 멸망에 애석한 마음을 품고 있을 것이다. 그러나 역사의 산봉우리에 서서 내려다볼 때, 명의 멸망은 오히려 축하해야 할 판이었다. 명이 선진 문화를 갖고 있었고 자본주의의 싹을 틔웠다 해도 내정은 이미 부패해 수습할 수 없는 지경에 이르렀고, 강역도 300여 제곱킬로미터로 줄어들어 있었다.

오늘날 중국 영토를 생각해보면, 한족의 한 왕조에서부터 시작해 한족과 선비족이 혼인했던 당 왕조가 발전시켰고, 몽골족의 원 왕조가 확대했으며, 만주족의 청 왕조가 형태를 고정했다고 말할 수 있다. 이 네 개의 왕조는 모두 다 '양성羊性'보다 '낭성狼性'이 강했던,[57] 그야말로 강인하고 민첩하며 용맹스러운 민족들의 왕조였다.

머리카락을 지키려면 머리를 잘라야 한다

남명을 평정했다는 보고가 북경으로 날아들었다. 동시에 이자성이 죽었다는 소식도 전해졌다. 청 조정은 광적으로 기뻐했다. 그들은 천하가 이미 청군의 손에 들어온 것처럼 여겼다. 도르곤은 빠르게 전해진 이 기쁜 승리에 도취해 정신이 혼미해졌다. 그리하여 6월 5일에 전격적으로 '변발령'을 내렸다.[58] 남자들은 열흘 내에 만주 사람들의 풍속에 따라 머리를 깎고 변발을 하며, 복장도 만주인의 스타일에 따라 남자는 긴 도포에 마과馬褂를 입고, 여자는 알록달록한 치파오를 입으라는 것이었다. 심지어 "머리를 지키려면 머리카락을 깎아라, 머리카락을 지키려면 머리를 잘라야 할 것이다"라고 했다.

품이 넉넉하고 소매가 넓은 옷을 입고, 관을 쓰고 넓은 허리띠를 매며, 머리를 길러 묶었던 한인의 입장에서 보면 이것은 거의 생식기를 자르는 형벌과 맞먹는 치욕이었다. '변발령'은 한인에게 인생의 방향을 다시 선택하도록 강요하는 것이었다. 무릎을 꿇을 것인지 아니면 꼿꼿하게 서 있을지를 정해야만 하는 이 선택은 영혼의 엄청난 고통을 가져왔다. 그래서 시류에 따라 흘러가는 자도 나왔고, 급류에서 용감하게 물러나는 자도 나왔다. 아무렇게나 거짓으로 대충 되는대로 하는 자도 있었고, 숨어서 화를 피하려는 자도 있었다. 그러나 장강의 남쪽에 살던 보통 사람들은 바람을 맞아 이리저리 흔들리는 깃발의 처지가 될 수밖에 없었다.

"머리는 자를 수 있어도 머리를 깎는 일은 있을 수 없다!"

강음성江陰城 전체 10만여 명의 백성이 강음성을 80여 일 동안 견고하게 지키는 바람에, 청은 병사들을 6만 8천 명이나 잃었고 세 명의 친왕親王이 성벽 아래에서 전사하는 대가를 치렀다. 그 때문에 성문이 열리던 날 강음은 피로 물들 수밖에 없었다. 죽음에서 도망쳐 나온 사람은 겨우 10여 명에 불과했다. 저항하는 사람들을 이끌던 인물은 이름이 알려지지 않은 보통 사람이었는데, 바로 전임 강음현 전사典史인 염립원閻立元이었다. 염립원은 포로가 된 후 청의 버일러에게 무릎을 꿇지 않았다는 이유로 경골을 절단당한 채 피범벅이 되어 쓰러졌다. 그러나 그는 죽음을 눈앞에 두고서도 무릎을 꿇지 않았다.

가정嘉定에서는 군인과 백성이 힘을 합해 세 달 동안 청에 대항했으며, 그사이에 공격과 반격이 세 차례에 걸쳐 거듭 일어났다. 이는 청 군사들이 가정 백성을 살육한 것이 세 차례나 되었다는 말이다. 50만 명에 이르던 도시 인구는 겨우 50여 명밖에 남지 않았다. 역사에서는 이 비참한 사건을 가리켜 '가정삼도嘉靖三屠'라고 한다.

청의 민족 압제 정책이 불러일으킨 반反변발령 투쟁은 전국적인 반청 운동의 불길을 당겼다. 이 사단을 일으킨 도르곤조차 전혀 예측하지 못한 일이었다. 순치 7년(1650), 도르곤이 사냥을 하다가 말에서 떨어져 죽을 때까지 그가 기대했던 대일통 국면은 나타나지 않았다.

청 왕조의 중국 통치 방식은 후진 민족이 후진 문화로, 후진 사회 이데올로기와 생산방식을 통해 상대적으로 선진 민족을 통치했던 기형적 형태의 것이었다. 변발령의 목적은 한인을 인격적으로 낮은 인간으로 만들려고 하는 데 있었다. 또한 관습적으로 자유를 포기하게 만들려는 취지도 있었다. 루쉰은《유맹의 변천流氓的變遷》[59]에서 이렇게 말한 바 있다.

"만주인이 산해관 안으로 들어온 이후 중국은 점차 억압당하기 시작했다. '협俠의 기질'이 있는 사람들조차도 다시는 훔치려는 마음을 갖지 못하게 만들어버렸다."

이때부터 한족의 복식은 중국 땅에서 사라져버렸고, 결국 한족은 세계에서 유일하게 전통 복식이 없는 민족이 되었다.

많은 사람들이 지금도 궁금해하는 문제가 있다. 인구가 겨우 100만 명밖에 안 되는 만주인이 어찌 6,069만 명이라는 거대한 인구를 가진 명 왕조를 정복해 순조롭게 통치할 수 있었던 것일까 하는 점이다.[60]

흥성한 시대의 그림자

순치 18년(1661) 강희제(현엽玄燁)가 즉위한 뒤부터 옹정제(윤진胤禛)를 거쳐 건륭제(홍력弘曆)가 60년 동안 통치하고 떠나기까지, 청 왕조는 전성기로 들어간다. 이 시기를 소위 '강건성세康乾盛世'라고 한다. 130여 년에 달하는 이 기간에 청은 경중명耿仲明, 상가희尚可喜, 오삼계 등 삼번三藩의 반란을 평정했고, '보도寶島'라고 불리던 타이완을 청 조정에 귀부시켰다. 오늘날 신장위구르자치구에 있는 준가르부와 회부回部를 통일했고, 티베트에는 '주장대신駐藏大臣'을 보내 달라이라마, 판첸 라마와 함께 공동으로 티베트를 관리하게 했다. 쓰촨성과 칭하이성, 구이저우성 지역에는 '개토귀류改土歸流'[61] 정책을 시행했으며, 윈난성 남부 지역의 민족까지 귀부하니, 마침내 통일된 다민족국가의 판도가 이루어졌다. 청의 강역은 서쪽으로 파미르고원, 서북쪽으로 발하슈호 북쪽 기슭, 북쪽으로는 시베리아와 접하게 되었다. 동북쪽으로는 외싱안링(스타노보이)산맥과 쿠릴열도까지 확장되고, 동쪽으로는 태평양, 동남쪽으로는 타이완과 댜오위다오釣魚島, 츠웨이위赤尾嶼 등에 이르렀다. 또한 남쪽으로는 만리장사萬里長沙와 천리석당千里石塘(남사군도南沙群島를 비롯한 남해제도南海諸島를 가리킴)을 모두 포함하는, 명실상부한 아시아 최대 국가가 되었다.

청 왕조는 생기와 활력이 넘치는 강한 힘으로 890만 제곱킬로미터에 이르는 국토를 개척했는데, 그것은 명明의 영토 350만 제곱킬로미터의 세 배가 넘는다. 당시 청의 중국 강역은 무려 1,240만 제곱킬로미터에 이르렀다.[62] 청 조정은 전국을 열여덟 개의 성과 다섯 장군 관할 구역으로 나누었다. 또한 두 명의 대신이 25개에 달하는 성급 행정구역과 내몽골 등 맹盟과 기旗를 관할했다. 농경지는 9억여 무에 이르렀고, 인구는 처음으로 1억 명이라는 관문을 돌파했다. 그 당시 중국 판도는 평화롭고 고요한 해당화 꽃잎 같았다. 태양이 떠오르는 동방에서 중국은 유유자적하고 있었다.

그러나 해가 중천에 떠 있을 때 큰 나무의 그늘이 가장 깊은 법이다. '강건성세'가 아직 끝나지 않았을 때 청 조정에는 여러 가지 중대한 오류가 발생했고, 그것은 몰락의 도화선이 되었다.

첫 번째 오류는 '서학동점西學東漸'에 대한 제재였다. 명 말에서 청 초에 이르는 시기, 서방은 마침 르네상스 후기를 맞이하고 있었다. 당시 서방의 과학은 이미 선도적 지위를 차지하고 있었고, 많은 선교사들이 서방의 과학을 중국으로 전했다. 그것을 역사에서는 '서학동점'이라고 표현한다. 서광계徐光啓(1562~1633)[63]와 이탈리아 선교사 마테오리치Matteo Ricci(1552~1610)가 함께 번역한 《기하원본幾何原本》[64]과 《측량법의測量法儀》는 엄청난 반향을 일으켰다. '서학동점'은 당시 뒤떨어졌던 중국이 서방을 따라잡을 수 있는 기회였던 것이다. 불행하게도 강희 59년(1720)에 청 조정에서 선교사들을 내쫓으라는 명령을 내렸고, 이어서 중국과 서방이 교류하는 대문을 닫아걸었다. 중국 과학기술의 발전은 이로 인해 숨이 죽어버렸다.

둘째, 과학기술을 멸시했다는 점이다. 청 왕조 때에는 과학기술을 깔보고 멸시하는 분위기가 강했다. 과학기술을 '형이하학'적인 것으로 여겼고 발명을 '기이한 기술과 음한 기교'라고 불렀다. 청 초기에 대재戴梓(1649~1726)가 스물여덟 발의 총알을 채워 연속으로 발사할 수 있는 연주총連珠槍[65]을 발명했고, 반장총蟠腸槍과 위원장군포威遠將軍炮를 만들었으나, 청 조정은 그를 관외關外로 보내버렸다. 건륭 57년(1792)에 영국 특사인 조지 매카트니George Macartney(1737~1806)[66]가 건륭제의 80세 생일을 축하하는 선물을 보냈는데, 여기에는 영국의 군사적 기술과 과학 수준을 대표하는 서과대포西瓜大砲, 동포銅炮, 자래화포自來火炮, 서양 배의 모형, 방직기, 천체운행의天體運行儀, 지구의地球儀, 망원경 등이 포함되어 있었다. 그러나 청 조정은 그것들을 '장난감'으로 여겨 소장했을 뿐이다. 원래 명 말과 청 초에 이미 서방 대포를 들여와 사용하고 있었다.

그러나 청 조정은 팔기 병사들의 활과 말이 실전失傳되지 않도록 대포를 폐기하고 다시 칼과 창, 활 등을 사용할 것을 명했다. 수병은 여전히 바람으로 항해하는 범선을 사용했고, 서방의 장창대포長槍大炮는 요사스러운 술법이라고 여겼다. 군함을 괴물이라고 생각했으며, 심지어 광주廣州 수장守將은 '사악한 것을 쫓아내는 데 사용하던' 마통馬桶과 쓰레기 등을 사용해 영국인에게 대응하려 했으니, 그야말로 군사사軍事史에 기막힌 웃음거리였다고 하지 않을 수 없다.

셋째, 사상에 대한 억압이다. 강희제 시기에 명사안明史案,[67] 남산집南山集[68] 등 사람의 등골을 서늘하게 하는 문자옥文字獄이 일어났다. 그것은 강희제가 엄혹한 형벌을 사용했다는 표지일 뿐 아니라 사상에 대한 통치를 강화하고 새로운 사상을 압살했다는 증거다. 옹정제 때의 한림관翰林官 서준徐駿은 자신의 작품에 "맑은 바람은 글자도 알지 못하면서 어찌 함부로 책장을 넘기는가(淸風不識字, 何事亂翻書)"라는 시구를 썼다. 그런데 그 구절에 나오는 '맑은 바람淸風'이라는 단어가 청조淸朝를 가리킨 것이라고 했다. 결국 그는 아무런 근거도 없이[69] 청을 비방했다는 죄목으로 처형되었다. 건륭 시기에는 내각학사內閣學士 호중조胡中藻가 시에 "나의 한 줌 의기로 청탁을 논하리(一把心腸論濁淸)"[70]라고 했는데 '탁濁' 자가 국호 '청淸' 앞에 있다[71]는 이유로 멸문의 화를 당했다.[72]

넷째, 상업을 경시했다. 상인이 상품을 운송하며 각지를 오고가는 것에서 비롯되는 모든 작용을 비생산적이고 부차적인 것이라고 여겼다. 그들은 사회에서 가장 하층으로 여겨졌으며, 그래서 모조리 '간상奸商'이라 불렸다. 《강희자전康熙字典》에서는 "상인은 사람을 상하게 하는 자다(商人傷人者也)"라고 해석했다. 옹정 역시 반복해서 "농민은 천하의 근본이다. 상공에 종사하는 일은 부수적인 것이다", "시장바닥에 일하는 사람 하나가 늘어나면, 농경지에서 농사짓는 사람 하나가 줄어든다"라고 강조했다.

다섯째, 기치가 선명한 쇄국정책을 내걸었다는 점이다. 순치 18년(1661), 조정에서는 '천해령遷海令'[73]을 반포했다. 산둥, 장쑤, 저장, 푸젠, 광둥 등

바닷가 지역의 거주민을 모조리 내지로 옮겨 "나무조각 하나라도 바다로 들어가서는 안 되고, 한 알의 물건이라도 강역을 넘어갈 수 없다"라는 조칙을 내려 수천 리 길이 "사람이 살지 않는 해변가"가 되어버리는 황당하고 기이한 풍광을 만들어냈다. 그들은 외부세계에 대해 조금도 흥미를 갖지 않았다. 유럽인에 대해서는 아무것도 아는 바가 없었으며 모조리 '긴 코쟁이 야만인들'이라고 여겼다. 어떤 관원은 서방인의 무릎은 구부러지지 않는다고 말했고, 심지어는 서방인이 배를 버리고 육지에 상륙하면 바로 기어 다니는 동물로 변하니, 그렇게 동물로 변했을 때 얼른 잡아 솥에 넣어 국을 끓이면 된다고 했다.

영국 특사인 매카트니가 사절단을 이끌고 왔을 때, 건륭제는 그들이 조공하러 왔다고 여겨 그들에게 세 번 무릎을 꿇고 아홉 번 머리를 바닥에 닿게 절하는 '삼궤구고三跪九叩'의 예를 갖추라고 압박했다. 건륭 60년 (1795)에 영국 조지 3세가 외교와 무역 관계를 수립하자는 편지를 보내자 건륭제는 이렇게 답장했다.

"사해四海를 다스리는 천조天朝에서 나는 오직 하나의 목표만 생각한다. 완벽한 통치 상태를 유지하고, 국가의 직책을 이행하는 것이다. 기이하고 비싼 물건들은 나의 관심을 끌지 못한다. 우리는 물산이 풍부해 없는 것이 없으니, 그대들이 보내온 물건을 굳이 갖고 싶은 생각이 별로 없다. 그러나 우리나라에서 생산되는 찻잎과 도자기, 비단이 그대들의 필수품일 것이기에 특별히 그대들에게 보내주노라. 대청이 만국을 통솔하고 있으니 사해 모두가 하나라고 보기 때문이다."*

여섯째, 죽을 때까지 자리에 앉아 있으면서 절대로 물러나지 않는 노인 정치가 문제였다. 청 왕조보다 앞선 왕조들의 기나긴 역사를 살펴볼 때 가

---

* 梁廷枏,《粤海關志》卷33, 臺灣 成文出版社, 1968.

장 오래 재위했던 황제는 한 무제로서 무려 54년 동안이나 황제의 자리를 유지했다. 그러나 깨질 것 같지 않았던 이 기록은 61년 동안 재위한 강희제에 의해 가볍게 깨졌다. 사실 건륭제도 강희제보다 더 오래 재위할 수 있었으나 할아버지의 기록을 깨지 않기 위해 60년 동안만 황제 자리에 있은 후 물러났다. 하지만 건륭은 자신이 황제는 아니라고 하면서도 4년 동안이나 태상황의 자리에 있었다. 실권은 여전히 그의 손에 있었던 것이다.

노인 정치의 결과 모든 것은 제자리걸음이었으니, 겉으로만 태평성대처럼 보일 뿐이었다. 강희제 말년에는 불법적으로 재물을 취득하는 부패 풍조가 만연했고, 건륭제 말년에는 재상 화신和珅(1750~1799)[74]이 재물을 수탈하는 것을 그대로 내버려두었다. 나라 안팎으로 이름난 기상을 지닌 '만왕지왕萬王之王'이었지만, 건륭제가 물속에 돈을 던져 넣듯 성과 없는 일만 하고 있다는 것을 사람들은 이미 알고 있었다.

건륭제는 미국의 초대 대통령인 조지 워싱턴과 선명하게 비교된다. 1797년, 두 차례나 연임하고 명망이 중천에 뜬 해와 같았던 조지 워싱턴은 자발적으로 물러나 대통령 자리를 존 애덤스John Adams에게 물려주고 자신은 고향인 버지니아주 버논 산장으로 돌아갔다. 그는 대통령의 연임은 두 번을 초과할 수 없다는 불문율을 만들어 정계에 '민주적 교체'라는 좋은 선례를 만들었다(지금도 포토맥강의 군함은 조지 워싱턴의 옛집 앞을 지날 때마다 관례에 따라 버논산장의 주인 워싱턴에게 경의를 표한다). 만일 이런 소식이 동방에 전해졌다면, 청의 황제는 분명 워싱턴의 정신 상태에 문제가 있다고 말했을 것이다.

모든 것은 소리 없이 썩어가고 있었고, 더는 손을 써볼 약이 없는 파멸을 향해가고 있었다. 여기저기서 끊임없이 위기 상황이 발생하고 있었다.

영국으로 돌아온 다음 해, 매카트니는 한탄하면서 이렇게 썼다.

"중화제국은 파손된 오래된 배와 같다. 행운인 것은 몇 명의 성실한 선장이 거의 150여 년 동안 침몰하지 않게 지키고 있다는 것이다. 껍데기만 남은 그 거대한 배는 주변의 이웃나라들을 두렵게 한다. 만일 무능한 자가 방향키를 잡는다면 배의 규율과 안전은 끝장나고 말 것이다. 즉시 침몰하지는 않을지라도 머지않아 떠도는 난파선처럼 될 것이고, 마침내 해안가에 부딪쳐 산산조각이 날 것이다. 그리고 영원히 회복될 수 없을 것이다."

난감한 상황에 처한 천조

영국 백작의 말은 곧 현실이 되었다. 청 왕조가 드디어 쇠락의 길을 걷기 시작한 것이다. 가경제嘉慶帝는 그나마 행운아였다. 즉위한 지 4년이 되었을 때 건륭의 총애하는 신하였던 화신이 전국 연간 재정수입의 열 배에 달하는 재물을 갖고 있다는 것을 적발해냈기 때문이다.[75] 하지만 가경제의 아들 도광道光은 가련했다. 해진 옷을 기워 입던 이 황제는 심각한 내부 문제에 시달렸을 뿐 아니라, 아편전쟁에서 패해 홍콩을 영국에 빼앗겼으며, 엄청난 액수의 배상금을 지불해 중국 역사에 전례가 없는 굴욕의 역사를 쓰기 시작했다.

도광제의 아들 함풍咸豊은 피가 끓어올랐다. 거대한 대제국 청이 멀리서 온 해적에 불과한 자들을 이기지 못한다는 사실을 믿을 수가 없었다. 그러나 그가 임명한 양광총독兩廣總督 엽명침葉名琛(1809~1859)은 전쟁도 하지 않고 화친도 하지 않았으며 항복도 하지 않았다. 그렇다고 나가서 싸우는 것도 아니었다.[76] 그는 결국 영국과 프랑스 연합군에게 패해 포로가 되었다. 함풍제는 꼿꼿했던 머리를 숙이고 국가의 권리를 더 내주는 굴욕적인 '톈진조약'에 서명을 할 수밖에 없었다. 그러다 함풍 9년(1859), 숙였던 머리를 우연히 들 수 있는 기회가 왔다. 대고大沽 수비군이 영국 군함 네

척을 격침시키고, 육로로 침투하던 군대 수백 명을 죽인 것이다.

그러나 수모를 감내해야 했던 영국과 프랑스 연합군은 함풍 10년(1860)에 다시 2만 군대를 소집해 천진(톈진)부터 북경을 향해 쳐들어왔다. 함풍제는 황망 중에 전마戰馬를 타고 북쪽의 열하熱河로 피난하면서 동생인 공친왕 혁흔奕忻을 북경에 남겨두어 침략군과 싸우게 했다. 영국과 프랑스 연합군은 북경으로 들어온 후 함풍제가 여전히 원명원圓明園에 있다고 여겨 안정문安定門과 덕승문德勝門을 돌아 오늘날 하이뎬구海淀區로 들어와서, 하이뎬 북쪽 2킬로미터 지점에 있는 원명원으로 압박해 들어갔다.

북경이 중국의 황관皇冠이라면 원명원은 황관에 박혀 있는 아름다운 보석이다. 원명원은 강희 연간에 만들기 시작해 옹정 시기에 확장했다. 원명원과 만춘원萬春園, 장춘원長春園 등 세 개의 원園을 합하면 둘레가 10킬로미터에 달하고, 면적은 5천 무나 된다. 그것은 징회원澄懷園, 울수원蔚秀園, 승택원承澤園, 낭윤원朗潤園, 작원勺園, 근춘원近春園, 희춘원熙春園, 일무원一畝園, 자득원自得園, 청의원淸漪園, 정명원靜明園 등 거대한 원림園林 건축군群으로 조성되었다. 원 내에는 구불구불한 물길이 흐르고 높고 낮은 가산假山과 우아한 궁정 건축물이 있었다. 독특한 분위기의 서양식 건물과 향기를 다투는 아름다운 꽃과 풀들, 눈을 휘둥그레 만드는 보석과 옥기 등이 그 안을 가득 채우고 있었다.

이렇게 수많은 보물들을 보게 되자 영국과 프랑스 연합군은 굶주린 늑대들처럼 약탈을 시작했다. 화려하고 찬란하며 영롱하게 빛나던 원명원은 순식간에 약탈당해 아무것도 남지 않았다. 약탈한 후에도 영국과 프랑스 연합군은 분이 풀리지 않았는지 원명원과 주변 44개 풍치 구역에 불을 질렀다. 순식간에 검은 연기가 도시를 휘감으며 해와 달이 빛을 잃었다. 사흘 밤낮을 타오른 끝에 청 황제들의 지혜와 심혈이 깃든 휘황한 건축물들은 무너진 담장만 남기고 말았다.

불행한 소식이 열하로 전해졌고, 그 소식을 들은 함풍제는 피를 토하고 죽었다. 그의 나이 겨우 31세였다.

수렴청정

전통을 숭상하고 유가 사상을 통치 이념으로 삼았으며 스스로를 성찰하는 내향성을 중시했던 고대 중국에 '개혁'이라는 것은 영원히 비극적인 주제였다. 서방의 문예부흥과 인문주의, 자유와 과학의 빛은 근대에 이르도록 아직 동방의 이 오래된 나라를 비추지 못하고 있었다. 중국은 세계에서 봉건사회가 가장 오래 지속된 나라다. 봉건적이고 보수적인 관념이 무척이나 강했으며, 자신들과 같은 무리를 감싸고 다른 무리를 배척하는 전통적 유습이 여전히 성했다. 사람들은 권력의 향방에 촉각을 세운 채 살아갔으며, 바람을 거슬러 높게 날아오르는 수컷 독수리는 총을 든 사냥꾼들에게 사살당하고 마는 분위기였다.

함풍제가 다스리던 시기, 한 대신이 무너져가는 청 조정에 참신한 기풍을 일으켰다. 정친왕鄭親王 단화端華의 동생인 숙순肅順(1816~1861)[77]이 바로 그였다. 숙순은 선진 문화의 중요성을 알았고, 인재를 매우 중시했다. 또한 만주족과 한족이 단결하는 것이 중요하다는 사실을 알고 있었기에 한족의 힘을 빌려 중국을 다스리려 했다. 그래서 증국번曾國藩(1811~1872)과 좌종당左宗棠(1812~1885)을 발탁했다. 그러나 개혁가는 언제나 대가를 지불해야 하는 법이다. 처음에는 그저 기득권층의 공격을 받을 뿐이지만, 나중엔 자신의 생명까지 내놓아야 하는 상황이 된다. 상앙이나 오기吳起, 왕안석王安石 등이 모두 그러했다.

숙순은 날로 게을러지는 팔기 자제들의 월급을 줄여버려 상당히 많은 군인들의 원한을 샀다. 또한 축재와 부패, 뇌물 등에 엄격하게 대처하는 바람에 적지 않은 관리들이 그를 원망했다. 그런가 하면 후궁이나 비빈들에게 국가가 어려우니 이해해달라면서 먹는 것과 입는 것을 줄이라고 요구했다. 여러 후궁이 불만을 가졌음은 당연한 일이었다. 그런 상황에서 그를 지지하던 함풍제마저 세상을 떠나버리니, 마침내 그의 고통스러운 나날이 시작되었다.[78]

함풍제의 여섯 살 난 아들 재순載淳이 즉위한 후, 동궁東宮과 서궁西宮의 태후들은 여인이 정치에 참여할 수 없다고 한 청의 가법家法을 깼다. '귀자육鬼子六'(공친왕 혁흔을 가리킨다. 그는 도광의 여러 아들 중 여섯째였고, 대외 교섭에 능해 이런 별명을 얻었다)과 연계해 정변을 일으켰으니,[79] 만주 여인의 수렴청정이 시작되었던 것이다. 재순의 연호는 '동치同治'로 확정되었다('동치'의 원래 뜻은 '공동으로 질서정연한 상태로 돌아간다'는 의미다. 후대 사람들은 그것을 동궁과 서궁의 태후가 함께 조정에 나아가 같이 다스린다는 뜻으로 해석했다). 이때부터 금란전金鑾殿 안에 꿇어앉은 관원들은 고개를 들 때마다 어린 황제 뒤에 드리워진 투명하고 엷은 노란색 여덟 폭 병풍을 보게 되었다. 그것은 무척이나 사람을 두렵게 만들었다.

결국 숙순은 송 승상 문천상文天祥이 희생되었던 북경의 채시구 형장으로 끌려갔다. 숙순의 죄명 중 하나는 "황태후에게 필수품을 바치지 않았다"는 것이었다. 우스운 죄명이지만, 악비의 '막수유'에 비하면 훨씬 더 구체적이긴 했다.

진秦의 승상 이사가 처형되기 전에 생각했던 것은 '일개 필부가 되는 것'이었다. 평범한 사람으로 돌아가 아들과 함께 누렁이를 끌고 가벼운 마음으로 상채上蔡 동문東門을 나서는 것이 그의 소원이었다. 동진東晉의 명사 육기陸機도 죽음을 맞기 전에 떠올렸던 것은 젊었을 때 들었던 학의 울음소리였다. 송강松江 화정華亭에서 바람을 맞으며 술잔을 들고 하늘을 날아가던 학의 청아한 울음소리를 다시 한 번 듣고 싶었다. 그렇다면 생명의 종점을 향해 나아가던 숙순의 마지막 소망은 과연 무엇이었을까? 어쩌면 그는 함풍제와 함께 웃으며 재미있게 이야기하던 장면을 추억했을지도 모른다. 그러나 숙순의 죽음은 메마른 나뭇잎 하나가 고인 연못 물속으로 떨어지는 것처럼, 작은 물방울 하나 일으키지 못했다. 청의 첫 번째 개혁은 이렇게 여인의 손에서 끝장나고 말았던 것이다.

갑오년의 참담한 실패

동치제同治帝의 생모 서태후는 성이 '여허나라葉赫那拉'이고 오늘날 안후이성 화이닝懷寧 지광池廣 태도太道 혜징惠徵의 딸이다. 서태후의 성에서 알 수 있듯, 그녀의 선조는 누르하치 시대에 가장 정복하기 어려웠던 여허부였다.

그녀에게는 '난아蘭兒'라는 듣기 좋은 이름이 있었다. 난아는 함풍 원년(1851)에 뽑혀서 입궁했다. 쌍꺼풀 없는 눈에 단아한 생김새였지만 '침어', '낙안', '폐월', '수화' 등 이른바 중국 4대 미인의 경지에 이르지는 못했다. 그녀의 최대의 장점은 계책을 잘 세운다는 것이었고, 최대의 자산은 함풍제를 위해 황금보다 귀한 아들을 낳아주었다는 것이었다. 이 두 가지 장점을 이용해 그녀는 원래 자기보다 앞에 있던 동태후를 밀어내었으며, 정변의 동맹이었던 '귀자육'도 내치고, 태감 안덕해安德海와 이연영李蓮英을 이용해서 조정을 손바닥 안에서 갖고 놀았다.

서방세계가 갖고 있는 총과 대포의 쓴맛을 충분히 맛본지라, 청 왕조는 위원魏源이 《해국도지海國圖志》에서 주장했던 것을 받아들여 '이이제이以夷制夷'하기로 결정했다. 그 결과 중국번의 안경安慶 군계소軍械所, 이홍장의 상해上海 제포국制炮國, 상해 외국어문학관外國語文字學館, 금릉金陵 병공창兵工廠, 복주福州 선정국船政局, 대고大沽 신식 포대와 장비가 좋은 북양北洋 수군을 보유하게 되었다.

광서 20년(1894, 갑오년), 중국이라는 기름진 고기를 먹어치우려는 일본이 조선 문제를 구실로 삼아 중국과 청일전쟁을 일으켰다. 이때는 중국의 배와 대포가 상당히 잘 나가던 때였다. 이홍장의 북양함대는 매우 선진적인 중형의 철갑함정인 정원호定遠號[80]와 진원호鎭遠號를 보유하고 있었다. 그것들은 7,300톤에 달했다. 20세기 말까지 중국대륙과 타이완을 포함해 해군 순양함 중 이를 능가할 만한 것은 없었을 것이다. 청 왕조는 당시 세계에서 영국과 미국, 러시아, 독일, 프랑스, 스페인, 이탈리아 다음가는 해군 강국이었다. 그러나 청 왕조의 상황은 한심했다. 문관은 안일함을 추구했고 무관은 즐기는 데만 정신을 쏟았으며, 정치는 암흑 같은 상황이었다. 탐관오리가 전국을 뒤덮었으며, 독재자 전제군주의 방자함에는 거리낌이 없었다.

광서 14년(1888), 서태후는 해군 군비로 책정된 500만 냥의 백은白銀을 빼돌려 영국과 프랑스 연합군에 의해 불타버린 청의원淸漪園을 중건했다. 그리고 이름을 '이화원頤和園'으로 바꾸었다. 자신의 60번째 생일을 축하하기 위해 서태후는 3천만 냥[81]에 달하는 해군 군비를 이화원 토목공사에 쏟아부었고, 호부戶部에서는 황태후의 만수萬壽를 위해 해군에서 군함을 구입하는 일을 2년 동안 정지할 것이라고 정식으로 선포했다. 신하들의 논의가 분분하자 서태후는 이런 명령을 내렸다.

"이화원을 만들지 않는 한, 누구도 관리 노릇 할 생각은 마라!"

반면 일본 천황은 앞장서서 30만 엔을 모금했다. 또한 모든 면에서 절약할 것을 명했고, 해군이 배를 건조하는 것을 적극 지원하라고 궁내부宮內府에 명했다. 문무백관에게는 월급의 10분의 1씩을 내놓아 해군이 발전할 수 있도록 하라는 명령을 내렸다. 청일전쟁 직전, 영국의 암스트롱 조선소에서 새로 건조한 배가 있었다. 세계에서 가장 빨라 시속이 23해리에 달하는 4천 톤 급의 순양함이었다. 영국은 이 배를 이홍장에게 팔겠다고 했으나 이홍장의 주머니가 텅텅 비는 바람에 결국 일본이 샀갔다. 그 배가 바로 1894년의 갑오해전甲午海戰에서 북양함대를 박살낸 일본군의 기함旗艦 요시노호吉野號[82]다.

한쪽은 무기를 갈고 말을 먹이며 적을 치기 위해 치밀하게 준비를 하고 있었으니, 마치 잘 벼린 날카로운 칼 같았다. 그러나 다른 한쪽은 교만하고 건방진 데다 감각마저 흐려져 구멍이 마구 뚫린 품질 낮은 방패 같았으니, 전쟁의 승부는 일찌감치 정해져 있었던 것이다. 게다가 전쟁이 시작된 이후에도 서태후 이하 모든 관리는 경극京劇 구경을 하느라[83] 정신을 차리지 못했다. 정여창丁汝昌[84]과 등세창鄧世昌(1849~1894) 등 민족영웅[85]들이 겨우 지탱하고 있었지만 전쟁에서의 참패는 피할 수 없는 것이었다. 갑오년에 일어난 이 전쟁으로 인해 중국은 타이완과 펑후도澎湖島를 내주고, 무려 2억 3천만 냥의 백은을 배상금으로 주어야 했다.

일본인이 허리띠를 졸라매고 이 전쟁에서 이겨 얻은 배상금은 청 조정의 3년간 재정수입과 맞먹었다. 그것은 일본 연간 국내총생산의 네 배에 달하는 수치였으며, 북양 함정 일곱 대를 살 수 있는 돈이었다. 청 조정이 배상한 백은을 일본 돈으로 바꾸면 3억 6,450만 엔이었다. 일본이 발표한 갑오해전의 군비 지출 총액은 2억 47만 엔이었으니, 수치를 비교해보면 일본이 무려 1억 6,403만 엔을 벌어들였음을 알 수 있다.

이렇게 거금을 벌어들인 일본은 신속하게 팽창하기 시작했다. 그들은 얻어낸 이익금의 절반을 군비 확충에 사용했고, 그 결과 일본은 단숨에 아시아 제일의 군사 강국이 되었다. 또한 7,260만 엔을 은 태환 준비금으로 삼아 은본위에서 금본위의 화폐제도 개혁을 완성해 세계 경제체제로 진입했고, 곧바로 아시아 제일의 경제 강국이 되었다. 중국인이 공부를 해서 무슨 소용이 있냐고 말하던 시절에 일본은 배상금 중 1천만 엔을 교육기금으로 조성해 초등학교 의무교육을 순조롭게 시행했다(중국이 이 목표에 가까이 간 것은 그로부터 1백 년의 세월이 흐른 뒤였다). 더욱 의미심장하게도 타이완 통치 비용으로 1,200만 엔을 사용했다. 타이완에 대한 그들의 장기 점령이 시작된 것이다. 청이 일본제국의 꿈을 이루어준 것이나 다름없다.

무술년의 회오리바람

이것이 정말 중국이란 말인가? 찬란하게 빛나는 실크로드와 둔황敦煌이 있으며, 장성을 쌓았고 운하를 팠고, 유교와 도교를 창조해 불교, 회교와 융합시켜 여러 이민족을 동화시킨 중국이란 말인가? 어찌 미미한 존재였던 왜구가 자신들의 머리 꼭대기에 올라앉았단 말인가? 글씨는 잘 썼지만 무지하고 자기중심적이었던 서태후로서는 그 원인을 도무지 알 수 없었다. 더는 어떻게 해볼 수 없는 상황에 이르자 조카인 광서(서태후의 외아들인 동치는 18세 되던 해에 매독에 걸려 죽었다)에게 정권을 돌려주었다.

친정을 시작할 때 아직 스무 살도 채 안 되었던 광서는 이 난감한 상황을 어떻게 풀어야 할지 고민이 깊었다. 그때 우연히 캉유웨이康有爲가 쓴《일본변정고日本變政考》와《러시아 표트르 대제 변정기俄彼得變政記》를 읽었다. 그때야 그는 깨달았다. 이른바 '이의 장점을 배운다(師夷之長)'[86]는 것이 단순하게 튼튼한 함정과 뛰어난 성능을 가진 대포를 갖는 것만 가리키는 것이 아니라 근본적인 정치 발전을 의미한다는 사실을 말이다. 그것이 바로 진정한 '이의 장점'이었다. 정치 발전을 위해서는 반드시 '변법變法'을 해야 했다.

절반의 중국사

그래서 젊고 활기찼던 광서제는 1898년(광서 24년, 무술년) 6월 11일에 중국 근대사에서 가장 유명한 '무술변법戊戌變法'을 시작했다. 광서는 조정국시詔定國是[87]에서 아래와 같은 것들을 선포했다. 그는 우선 '제구除舊'(낡은 것들을 없애는) 방면으로 당시 사용하던 팔고八股를 없애고, 서원書院을 폐지하며, 녹영綠營[88]의 불필요한 인원을 감축하고, 전족을 금했다. '포신布新'(새로운 것을 설치하는) 방면에서는 인재를 추천해 책론策論을 시행하고 학당學堂을 열며, 실업實業을 창도하고 발명을 장려했다. 또한 학회를 만들고 상관商館을 허가한다고 했다. 언로言路를 넓게 트고 농업과 공업, 상업을 총괄할 기구를 설치하며, 광업과 철도의 일을 감독하는 광무철로총국礦務鐵路總局을 설치하기로 했다. 군대는 서양 총을 도입해 훈련하며 징병제를 실행할 준비를 하는 등, 자금성 안의 현대화 개혁을 전면적으로 단행했다.

27세가 된 광서제는 국권을 빼앗기고 모욕을 당하는 황제는 되지 않겠다고 맹세하면서, 거대한 풍랑 속에서 돛을 높이 올렸다. 환한 대낮에는 수구파 대신들을 제쳐놓고 군기사장경軍機四章京*과 함께 유신변법維新變法을 추진했다. 밤이 되면 군기처軍機處에서 숙직하는 애국자들을 건청궁으로 불러들여 해가 뜰 때까지 촛불을 밝히고 모든 것을 함께 계획했다. 그러나 사람들은 그 모습을 회의적으로 바라보았다. 실권이라고는 없는 황제가, 아무런 투쟁의 경험도 없는 서생이, 과연 진정으로 세상을 바꿀 수 있을 것인가?

역사는 줄곧 사람들에게 물었다. 제국이 일단 쇠락의 길로 들어서서 나

---

* 양예(楊銳), 유광제(劉光第), 담사동(譚嗣同), 임욱(林旭) 등 네 명을 가리킨다. 이들을 '군기사경(軍機四卿)' 혹은 '사장경(四章卿)'이라 불렸다. 광서제가 직접 사품경(四品卿)을 내려주면서 함께 새로운 정치에 참여하게 했기 때문이다. 당시 광서제가 내리는 모든 조서는 이 네 명이 초안을 잡았다.

날이 몰락해갈 때, 스스로의 노력으로 새롭게 탄생한 적이 있었던가?

　대답은 언제나 잔혹했다. 노인이 다시 어린이가 될 수 없는 것과 마찬가지로, 하나의 정권이 뿌리부터 썩었을 경우 개혁이라는 방법은 잘 먹히지 않았다. 광서의 변법은 공신부功臣簿라는 든든한 배경 위에 편하게 누워서 백성의 고혈을 빨아내 잘 먹고 잘살던 팔기 자제들의 기득권을 침해했다. 그것은 서태후가 욕망하던 권위에 대한 도전이었다. 서태후는 멀리 보는 식견이 아니라 단견을 가진 사람이었지만, 그것을 얕보아서는 안 되었다. 그녀는 뛰어난 계책을 세울 줄 아는 여인이었다. 서태후는 태감들에게 자신을 '부처 나리(老佛爺)'라고 부르게 했고, 광서에게는 '아버님(老爸爸)'이라고 부르게 했다. 사실상 남자보다 더 남성화된 여인이었던 셈이다.

　"지금도 또렷한 유신의 꿈, 분명 그 백일 중에 있었네."[89] 라는 말이 있다. 9월 21일, 쉽지 않은 상황이었지만 여전히 버티고 있던 만주 귀족들은 마침내 반격을 시작했다. 서태후는 군대의 지지를 받으며 이화원에서 자금성으로 돌아와 다시 수렴청정을 했고, 젊은 광서제는 중남해中南海의 작은 섬인 영대瀛臺의 함원전涵元殿에 연금되었다. 광서가 가장 아끼던 진비珍妃는 서태후에 의해 자금성의 우물 속에 던져졌고, 캉유웨이는 우쑹커우吳淞口에서 영국 여객선 바라라트호를 타고 홍콩으로 도망쳐 일본으로 갔다. 량치차오梁啓超는 먼저 일본공사관에 숨었다가 나중에 변장을 하고 일본 배에 탑승, 일본의 요코하마로 망명했다(이때부터 중국 혁명파가 운집한 일본은 반청反淸 운동의 본거지가 되었다). 자신의 죽음을 통해 중국인에게 경고를 하고 싶어 했던 담사동譚嗣同은 망명을 거부한 후 체포되었다. 이렇게 103일에 걸친 무술변법이 마침내 끝장나고 말았다.

　7일 후, 문천상과 원숭환, 숙순이 피살된 북경 채시구 형장은 중국 역사상 또 하나의 어두운 날을 보냈다. 하늘은 무정하게 푸르렀고, 해는 여전히 떠 있었다. 그렇게 맑은 날, 모두가 지켜보는 가운데 무술육군자戊戌六君子

인 담사동, 양심수楊深秀, 양예楊銳, 임욱林旭, 유광제劉光第, 강광인康廣仁 (캉유웨이의 동생)의 피가 형장에 흩뿌려졌다. 사형 집행 직전, 담사동은 주변을 둘러싼 수많은 군중을 향해 사자후를 토해냈다.

"나라를 망치는 도적들을 죽여버리려 했으나 힘이 모자라 하늘로 돌아가노라. 그래도 나의 죽음은 그럴 만한 가치가 있는 것이니, 통쾌하고 또 통쾌하도다!"

함께 사형당한 또 한 사람인 유광제는 길게 한탄하며 이렇게 말했다.

"오늘 우리가 죽으니, 정의의 기운이 다했구나!"

여섯 개의 목이 뜨거운 피를 내뿜으며 청의 국토 위에 떨어졌다. 그와 함께 애국지사들이 꿈꾸었던 오색찬란한 개혁의 꿈도 굴러 떨어졌다. 유광제의 아들은 시체 위에 엎드려 하룻밤을 통곡하다가 죽었다. 사람 죽이는 장면을 자주 보아왔던 구경꾼들조차도 한숨을 내쉴 정도였다.

여인의 '대청'

중국이 다시 강해질 수 있었던 기회는 이렇게 여인의 손 안에서 사라져버렸고, 이제 대청의 역사는 차마 지켜볼 수 없을 정도가 되고 말았다. 의식 있는 사람들로 대대로 이어져 내려오면서 자강불식했던, 황하문명이 잉태한 화하민족은 이제 "알코올에 담가놓은 봉건 태아가 유리병 속에 담긴" 형상이 되고 말았다. 이것은 사자 갈기 같은 수염이 트레이드마크인 카를 마르크스가 했던 말이다.

서태후는 나라를 강하게 하는 방법을 찾지도 못한 주제에 다른 사람이 개혁하는 것까지도 막았다. 결국 서태후는 부적을 삼키고 주문을 외우면 칼과 창을 막을 수 있다고 떠들어댄 의화단을 믿기 시작했고, 의화단이

'부청멸양扶淸滅洋'하는 것을 방조했다. 그들은 '대모자大毛子'(서양인)를 죽이고 '이모자二毛子'(천주교를 믿는 중국인)와 '삼모자三毛子'(서양인과 교류하는 중국인)를 마구 살해했지만, 서태후는 그것을 그냥 내버려두었다. 의화단은 종교라든가 차, 총, 대포, 배 등 서양의 모든 것이 중국으로 들어오는 것을 막았다. 이러한 행위는 결국 광서 26년(1900)에 8국 연합군이 중국을 공격해 의화단을 박멸하고 서태후를 내쫓는 사건을 야기했다.

서쪽으로 황망히 도망칠 수 밖에 없었던 이 만주 여인은 군대의 호위를 받지 못했다. 피난 가는 길 내내 가마는 덜컹거렸으며 풍찬노숙을 해야 했으니, 그 낭패한 상황이란 이루 말할 수 없을 정도였다. 8월 초나흗날, 8국 연합군과 대사관 사람들이 오문午門 밖에 모여 텅 빈 자금성으로 당당하게 들어갔고, 순서대로 돌아가면서 건청궁의 어좌에 앉았다. 중국 전통 관념으로 볼 때 황제를 상징하는 자미성紫微星이 있는 바로 그곳에 그들이 나타난 것이다. 서태후의 용상 역시 비둘기가 까치집을 빼앗듯 그들이 차지해버렸다. 8국 연합군 총사령관인 알프레트 폰 발데르제Alfred von Waldersee(1832~1904)는 중남해 의란전儀鸞殿에서 당시의 명기였던 새금화賽金花[90]와 환락에 빠지기도 했다.

이후 8국 연합군은 베이징, 특히 자금성에서 보복적 약탈을 자행하기 시작했다. 독일 사령관과 그의 사병들은 독일 빌헬름 황제에게서 "몽골족이 했던 것처럼 하라"는 지령을 받았다. 이것은 불행한 명령이었다. 늙은 황제는 그의 길고 긴 집정 기간 중에 가장 최악의 지령을 내린 것이다. 10여 년 후 그는 응분의 대가를 치렀으니, 네덜란드에서 가쁜 숨을 몰아쉬며 나무를 베야 했다.[91]

도망친 서태후는 이미 양광총독으로 강등시켰던 이홍장을 전권대신으로 삼아 서양인과 화의할 수밖에 없었다. 77세의 이홍장은 할 수 없이 다시 북쪽으로 와서 늑대, 호랑이 같은 외국 연합군과 만나 밀고 당기며 날마다 태후를 대신해 온 힘을 다해 협상했다. 연합군은 서태후를 재난의 근원으로 지목하지도 않았고, 그녀에게 권력을 내놓으라고 하지도 않았다. 그래서 서태후는 이홍장에게 "중국의 물질적 역량을 헤아려 외국의 환심을 사도록 하라"[92]고 하며 절박한 심정을 표현했다. 태후는 이홍장에게 조약 문서에 얼른 서명하라고 요구했고, 다른 한쪽에서는 억만 중국인이 욕을 해댔다.

힘든 담판 과정 속에서 이홍장은 수차례에 걸쳐 피를 토했다. 광서 27년 (1901, 신축년) 9월 7일, 대청을 대표해 11개국과 '신축조약辛丑條約'에 서명한 이홍장은 집으로 돌아온 후 위 혈관 파열로 인해 많은 피를 토했다. 두 달 후, 청의 중신重臣은 기름이 다해 등불이 꺼지듯 그렇게 죽어갔다. 수렴청정을 하던 서태후를 대신해 욕을 먹으면서 여러 차례에 걸쳐 주권을 내주는 치욕스러운 문서에 서명을 했던 이홍장은 결국 역사라는 치욕의 기둥에 영원히 묶여버렸다.

조약의 내용에 따라 서태후는 8국에 사과하고 "재앙의 수괴를 응징하라"는 8국 연합군의 압력에 굴복해 장친왕莊親王 재훈載勛, 산서순무 육현毓賢, 좌도어사 영년英年, 형부상서 조서교趙舒翹, 군기대신 계수啓秀를 포함해 관원의 절반을 죽였다. 그리고 전국의 백성 모두에게 백은 한 냥씩 배상금을 내게 하라는 요구에도 응했다. 39년 동안 나눠서 그 금액을 모두 지불하라는 것이었는데, 연 이자를 4리씩, 원금에 이자까지 합해 모두 9억 8,223만 8,150냥이었다. 당시 제국의 연간 재정수입이 9000만 냥이 채 안 되던 시절이었으니 이 배상금은 10년 재정수입에 해당하는 돈이었다. 열강들 스스로도 "이 숫자는 연합군이 입은 손실을 훨씬 뛰어넘는 것"이라고 말할 정도였다. 의외인 것은 1908년에 미국 정부가 200만 달러를 제외한 기타 배상금을 청에 돌려준 것이다. 미국은 그 돈으로 중국 유학생이 미국으로 유학 가기 전에 다닐 수 있는 예비학교(오늘날 중국의 학생들이 꿈에도 그리는 칭화대학의 전신)[93]를 만들도록 했다.

다른 선택이 없는 상황에서 태후는 광서 27년(1901)에 조칙을 내려 4년 전에 말살해버린 개혁을 다시 시작하게 했고, 각 성에서는 유학생을 외국으로 파견해 공부하고 오라는 명령을 내렸다. 그리고 공부를 한 후에는 진사進士나 거인擧人이 되도록 했다. 다음 해 1월, 서태후는 자신이 그토록 혐오했던 기차를 처음으로 타고 베이징으로 돌아왔다. 광서 30년(1904), 서태후가 70세 생일을 맞이했을 때에는 무술변법과 관련된 흠범欽犯[94]을 사면한다는 조칙을 내렸다. 광서 31년(1905), 과거제도가 폐기되었고, 송씨 세 자매[95]를 포함한 많은 학생들이 바다 건너 멀리 유럽과 미국으로 유학을 떠났다. 또한 첨천우詹天佑(1861~1919)가 주재해 경장京張철로[96]를 개설하기도 했다.

어쩔 수 없이 진행된 '신정新政'이었지만 그 효과는 볼 만했다. 철로와 광업, 공업과 상업부터 실업과 농업, 대외무역에 이르기까지 많은 발전이 있었다. 일부 서방 인사들은 눈을 가늘게 뜨고 칭찬하는 것 같은 표정으로 이렇게 예언했다.

"황태후가 영도하는 중국이라는 거대한 용이 막 날아오르고 있다. 20세기는 반드시 중국의 세기가 될 것이다."

그러나 '거대한 용'은 결국 날아오르지 못했다. 표면적으로는 청 조정이 물질적 성과를 얻는 것처럼 보였지만 중국인의 사상은 결코 시대를 따라가지 못하고 있었다. 중국의 체제 자체가 근대 공업 노선에 적응하지 못하고 있었다. 중국의 정치는 여전히 부패하고 썩어 들어가 있었던 것이다. 서태후는 조서에서 이렇게 지적했다.

"변하는 것은 법령이요, 변하지 않는 것은 삼강오상이라."[*97]

또한 보수파의 거두 왜인倭仁(1804~1871)[98]도 이렇게 말했다.

"나라를 세우는 도는 예의를 숭상하는 데 있지, 권모술수를 숭상하는

데 있지 않다. 근본적으로 도모해야 할 것은 사람의 마음이지, 기술 따위가 아니다."

일찍이 청나라 초기의 학자 양광선楊光先(1597~1669)[99]도 "중국이 훌륭한 역법을 갖지 못하게 될지언정, 서양인을 중국에 들일 수는 없다"라고 외쳤다. 이들의 발언을 보면 문화혁명 기간에 유행했던, "사회주의의 풀을 원할지언정 자본주의의 싹은 원하지 않는다."[100]라는 말이 생각난다.

지난 100년을 돌아볼 때, 위도사衛道士[101]의 사유 형태가 100년 전이나 현대나 비슷하다는 것을 알게 되니, 기가 막힐 지경이다.

만주 여인의 체면은 땅에 떨어졌고 대청제국 역시 수탈을 당했다. 만주인의 왕조는 거대한 바다의 난파선처럼 비바람 속에서 서서히 침몰하고 있었다. 광서 34년 10월 21일(1908년 11월 14일), 38세의 꼭두각시 황제 광서는 한을 품은 채 죽었다. 일설에 의하면 서태후가 몰래 광서를 암살하라는 명령을 내렸다고 한다. 광서가 자기보다 더 오래 사는 것을 용납할 수 없었다는 것이다. 또 다른 설에 의하면 결핵 때문에 죽었다고도 하는데, 광서 33년 가을에 이 병에 전염되었다는 증거가 있다.

광서제가 죽은 지 24시간이 채 지나지 않았을 때, 참 묘하게도 73세의 서태후 역시 죽어갔다. 죽기 직전, 태의는 그녀의 혀 위에 야명주夜明珠를 올려놓아 태후의 영혼이 멀리 떠나버리는 것을 막아보고자 했다. 만일 누군가가 그녀를 독살한 것이라면, 음식에 독을 넣은 자는 분명 영웅이었을 것이다. 외국과의 전쟁에서는 졌지만 내부 정치에는 뛰어났던 서태후가 좀 더 살았더라면, 그녀가 죽은 지 3년 후에 일어났던 신해혁명은 아마 몇 년은 더 지났어야 겨우 성공할 수 있었을 것이다.

---

* '삼강'이란 군위신강(君爲臣綱), 부위자강(父爲子綱), 부위처강(夫爲妻綱)을 말하며, '오상'이란 인의예지신(仁義禮智信)을 가리킨다.

광서제가 막 황천길로 들어섰다는 말을 들었을 때, 서태후는 급히 태화전에서 누이동생의 손자이자 광서의 조카, 태어난 지 겨우 2년 9개월밖에 안 되는 아기였던 '아이신기오로 푸이愛新覺羅溥儀'를 황위 계승자, 즉 황저皇儲로 삼았다.

그녀는 자신의 승리에 도취했다. 광서보다 절대 먼저 죽지 않으리라는 맹세의 말을 실현시켰을 뿐 아니라 자기 손으로 다음 황제를 세웠다. 이렇게 해야 서천西天으로 돌아가더라도 후사를 걱정하지 않을 수 있었다. 푸이와 섭정왕 재풍載灃은 그녀에게 감읍하면서 성대하게 서태후의 장례를 치를 수밖에 없었다.

서태후의 무덤이 있는 융은전隆恩殿에는 오복봉수五蝠捧壽, 만자부도두万字不到頭[102] 도안이 있다. 그것에 금칠을 하는 데만 무려 4,590냥을 썼다고 한다. 그러나 서태후는 대청제국이 불과 3년 후에 멸망할 것이라는 것은 예측하지 못했다. 또한 장제스의 부하 쑨뎬잉孫殿英에게 자기 무덤이 도굴될 줄도 예상하지 못했다.[103] 살아 있을 때에는 그 누구보다 대단했지만 죽은 후에는 무덤이 파헤쳐져 부장되었던 보물도 모조리 약탈당하고 옥체도 이리저리 뒤집히는 굴욕을 당했다. 그 소식이 여기저기 퍼져나가자, 그래도 아직 분이 풀리지 않는다고 말하는 사람들도 있었다.

드디어 마지막 종이 울리다

개혁의 길로 나아가지 못하자 남은 것은 혁명뿐이었다. 수천 년 중국 역사를 들여다볼 때, 근본적으로 중국의 정치와 사회구조를 바꾸려는 혁명은 세 차례 있었다. 첫 번째 혁명의 주인공은 진시황이었다. 시황제 26년(기원전 221), 진왕秦王 영정嬴政은 분봉分封제도를 끝장내고 중앙집권제 국가를 만들었다. 두 번째는 청 선통宣統 3년(1911)에 발생했다. 쑨중산孫中山, 즉 쑨원을 지도자로 하는 자산계급 혁명파가 중앙집권제를 뒤엎고 민주공화제 국가를 만든 것이다. 세 번째는 민국 38년(1949), 마오쩌둥을 지도자로 하는 공산당이 군벌독재 정치를 뒤엎고 공유제公有制를 실행하는 사회주의 정권을 수립한 것이다.

역사는 진秦의 달, 한漢의 관문을 넘고, 당과 송의 흥망성쇠, 원과 명의 침체기를 거쳐 마침내 선통 3년(1911, 신해년)에 이르렀다. 대혁명가이자 의학박사인 쑨원이 이끄는 중국동맹회의 추동하에 후베이 우창武昌의 혁명당원들이 10월 10일 저녁에 무장기의를 일으켰고, 각 성에서는 앞다투어 호응했다. 11월 하순에 이르렀을 때, 전국에서 반 이상의 성省이 독립을 선포했다.

마침내 황제를 상징하는 황룡기가 뒤집어지고 오색기[104]가 올랐다. 1912년 원단元旦, 중화민국 임시정부가 성립을 선포했고, 쑨원이 외치던 "구축달로, 회복중화(驅逐韃虜, 恢復中華)"가 달성되었다. 외국의 압력 아래 청은 위안스카이袁世凱(1859~1916)를 중용해 내각 총리대신으로 삼았다.

위안스카이는 무술변법 과정에서 광서제를 팔아먹은 자다. 그는 작은 지역을 기반으로 삼아 병사들을 훈련시켜 마침내 거대한 군사들을 손에 넣었다.[105] 그는 병이 나서 고향으로 돌아가 치료를 하겠다고 했고, 청 조정은 그의 병권을 해제해 허난성의 고향집으로 돌려보냈다.[106] 그러나 이번에 그는 다시 일어났다. 위안스카이는 남방 혁명당 사람들을 무력으로 위협하는 한편, 남쪽으로 사람을 보내 혁명당 사람들과 담판을 짓게 했다.[107] 그는 혁명당원들의 마음이 약한 것을 이용해 사기 비슷한 수법으로 중화민국 총통의 자리를 차지했다.

임시정부가 수립될 당시, 쑨원은 위안스카이가 청의 선통제를 퇴위시키고 공화정 체제를 옹호하기만 한다면 자신은 임시 대총통의 직위를 내놓을 수 있다고 여러 차례 공언한 바 있다. 권모술수에 능했던 위안스카이는 그런 보장을 얻은 후 평생 정치판에서 배운 솜씨를 발휘했다. 그는 돤치루이段祺瑞 등 군벌들과 연락해, 선통제가 즉시 황제 자리를 내놓아야 한다고 핍박했다. 위안스카이 자신은 청에 충성하지만 시류가 그러하니 황태후와 섭정왕에게 정권을 내놓으라고 한 것이다. 프랑스 대혁명 때의 루이 16세처럼 비참한 말로를 맞지 않으려면 서둘러 자발적으로 물러나라는 것이었다. 동시에 그는 자신의 충심을 내보이면서 청에 얼른 결심하라는 내용을 담아 '우대조례'를 내놓았다.

청이 결심을 하게 된 또 하나의 사건이 일어났다. 그것은 암살사건이었다. 민국 원년(1912) 1월 26일, 동맹회원 펑자전彭家珍이 베이징에서 폭탄을 던져 공화정에 반대하는 만주 금위군 장군 아이신기오로 량비良弼(1877~1912)를 폭사시킨 것이다. 그 사건은 젊은 왕공 귀족들의 기세를 꺾어놓았다. 안팎으로 곤란한 상황에서 융·유隆裕태후(광서의 정처正妻)[108]는 1월 30일의 어전회의에서 푸이의 퇴위에 동의했다.

17년 전에 장원壯元이 되었던 장지안張謇(1853~1926)[109]은 일찍이 일본에 유학했던 (최초의 국비유학생인) 쑤저우 의원議員 양팅둥楊廷棟과 함께 청 왕조의 사망증명서인 〈퇴위 조서〉를 작성했다. 2월 9일에는 남북 화의 대표가 〈대청황제 퇴위 후의 우대 조건에 관해〉, 〈청 황족 대우 조건에 관해〉, 〈만·몽·회·장, 각 민족 우대 조건에 대해〉 등의 문건을 작성했다. 청 황제의 존호는 그대로 유지하며 당분간 황궁에 거주하고, 외국 왕들을 접대하는 예로 대한다고 했다. 또한 해마다 민국 정부에서는 경비 400만 냥을 지급, 그들이 원래 갖고 있던 사유재산은 민국 정부에서 보호한다고 했다. 2월 12일, 청 조정은 톈안먼에서 정중하게 〈퇴위 조서〉를 반포하고 위안스카이에게 전권을 주어 임시 공화정부를 조직하게 했다. 다시 사흘이 지난 후, 위안스카이는 원했던 대로 중화민국 임시대총통의 자리에 올랐다. 267

년 동안 중국을 통치했던 청은 이로써 완전히 끝장나고, 진시황이 창조해 2,132년 동안 지속되었던 봉건제도는 마침내 마침표를 찍었다.

이유는 알 수 없지만 왕조가 망했다는 나쁜 기운을 없애려는 의도였는지, 만주인은 신해혁명이 끝난 후에 민족 명칭을 '만족滿族'이라고 바꿨다. 한편 만주 귀족들은 성씨를 한족의 성으로 바꿨다. 황족 '아이신기오로 하라'[110]는 '이伊', '조肇', '금金', '덕德', '홍洪', '해海', '의依'로 바꾸었다. 8대 성 가운데 '뇨후루 하라鈕祜祿氏'(한어로 바꾸면 '늑대'라는 뜻)는 '낭郎', '복卜', '뉴鈕'로 바꿨고, '동갸 하라佟佳氏'는 '동佟', '푸차 하라富察氏'는 '부富', '치갸 하라齊佳氏'는 '제齊', '구왈갸 하라瓜爾佳'(한어로 바꾸면 '관館'이라는 뜻)는 '관關', '마갸 하라摩佳氏'는 '마馬', '소촐로 하라索綽羅氏'는 '색索', '나라 하라納拉氏'는 '나那'로 바꾸었다.[111]

'피에로'의 복위 운동

성장한 푸이는 태감과 사부의 말을 통해 세상이 원래 자신의 것이었다는 것을 알았다. 원수 같은 위안스카이와 무서운 쑨원 때문에 그가 자금성에서 껍데기뿐인 황제 노릇을 하고 있다는 사실을 알게 된 것이다. 위안스카이와 리위안훙黎元洪 등 청의 옛 신하들과 민국의 총통부터 우페이푸吳佩孚, 장쭤린張作霖 같은 포의布衣장군 겸 난세의 영웅들은 겉으로는 푸이에게 공손하게 대했다. 각지에 흩어져 거주하고 있던 청의 유신들은 시시때때로 문안을 하러 와 눈물을 흘리면서 푸이를 보좌해 조상의 유업을 잇겠다고 했다. 그는 마음의 균형을 잃고 시시때때로 청 왕조로 돌아가는 꿈을 꾸곤 했다.

푸이를 도와 옛 꿈을 되살리게 한 것이 바로 아무도 관심을 두지 않았던 피에로 같은 인물, '변발장수' 장쉰張勳(1854~1923)이었다. 중화민국 6년 (1917) 즉 청이 뒤집어진 지 6년 째, 총통 자리를 이어받은 리위안훙과 국무총리 돤치루이가 '부원지쟁府院之爭'을 일으켰다. 서태후를 보호하기 위해 8국 연합군 침공 때 공을 세워 출세했고 청 왕조에 충심을 다하던 인물이며, 신해혁명 후에도 부하들에게 변발을 자르지 못하게 했던 안후이성의 독군督軍 장쉰이 '부원지쟁'을 해결한다는 명분으로 '변발 군단(변자군)' 5천 명을 이끌고 6월 7일에 북경으로 진입했다.[112] 리위안훙을 압박해 국회를 해산시킨 뒤, 장쉰 등 문무백관은 청 조정의 관복을 입고 폐제廢帝 푸이에게 삼궤구고三跪九叩의 예를 행했다. 또한 중화민국을 취소하고, 사라진 지 이미 5년이 된 대청 왕조를 회복할 것임을 선포했다.

'선통제가 황제 자리로 돌아온(宣統復辟)' 그날 새벽, 놀라움 속에서 주민들이 깨어났다. 조정에서는 집집마다 모두 용기龍旗를 내걸라고 했다. 청이 망한 지 이미 5년이나 지났는데 용기가 어디 있었겠는가. 주민들은 종이로 용기를 만들어서 내걸 수밖에 없었다. 그 기회를 틈타 재빠른 상인들은 거리에서 변발 댕기를 팔기도 했다. '선통이 돌아오다'라는 내용의 기사가 실린 신문들은 순식간에 동이 났다. 북경성이 들썩이기 시작했다.

소식이 전해지자 마치 호떡집에 불이 난 듯 시끄러워졌다. 돤치루이는 장쉰을 이용해 리위안훙을 내쫓으려던 목적이 달성된 것을 알고, 7월 12일에 '토역군討逆軍'을 이끌고 북경으로 쳐들어와 '변발 군단'을 가볍게 격파했다. '변발 군단'의 우두머리(장쉰을 가리켜 '변수辮帥'라고 한다)는 실의에 빠져 네덜란드 대사관으로 숨었고, 12일 동안 황제 노릇을 했던 푸이는 어쩔 수 없이 다시 퇴위를 선포했다. 시끌벅적하게 시작되었던 복벽 운동이 조용히 끝을 맺은 것이다.

절반의 중국사

마지막 황제

장쉰의 복벽 시도가 소란하게 끝나면서 푸이는 사람들의 웃음거리가 되었지만, 그는 여러 가지 방법을 써서 다시 보좌에 올라가려 했다. 푸이는 많은 재물을 내놓아 무장들을 모아들이는 동시에 '마전졸馬前卒'[113] 정샤오쉬鄭孝胥(1860~1938)를 보내 일본을 방문하게 했으며, 동생 푸제溥杰와 매부 룬린潤麟도 일본으로 보내 군사학을 공부하게 했다. 그는 또한 '선통제'라는 신분으로 톈진에 있던 일본 주둔군의 열병식에도 참가했다.

그러나 푸이가 아직 일본 쪽으로 기울어진 것은 아니었다. 그런데 얼마 지나지 않아 국내외를 놀라게 하는 엄청난 사건이 발생했다. 민국 17년(1928) 7월 4일부터 10일까지, 장제스에 의해 개편된 12군의 군단장인 토비土匪 쑨뎬잉이 허베이성 쭌화遵化에 주둔하는 기회를 틈타 푸이를 통곡하게 만들고 심장이 찢어질 듯 비통하게 만든 '청淸 동릉東陵 도굴사건'을 벌인 것이다.

쑨뎬잉은 건륭제와 서태후의 능묘를 폭파시켜 시신을 끌어내고 보물을 탈취했다. 게다가 쑨뎬잉은 서태후 입 속에서 찾은 야광주를 장제스의 부인인 쑹메이링에게 바쳤고, 건륭제의 구룡보검九龍寶劍은 장제스에게, 서태후 무덤 안에 있던 수박 모양의 비취는 쑹쯔원宋子文에게, 건륭제 무덤 신발의 보석은 쿵샹시孔祥熙에게, 건륭제의 목에 있던 조주朝珠는 다이리戴笠에게 보냈다.[114] 이 도굴 사건에 대한 고등군법회의의 판결은 애매모호해 쑨뎬잉은 조금도 처벌받지 않았다. 이 일로 전국의 여론이 들끓었다.

이후 푸이는 장제스에 대한 믿음을 철저하게 버렸고, 일본으로 기울기 시작했다. 당시 일본 관동군은 만주 지역에 꼭두각시 정권을 만들고 싶어 안달하던 참이었다. 천황의 명을 받은 일본 특무 도이하라 겐지土肥原賢二(1883~1948)는 몰래 푸이를 초청해 만주족의 고향인 중국 동북 지역에 푸이를 우두머리로 하는 새로운 국가를 만들겠다고 했다.

푸이에게 역사 속의 석경당石敬瑭을 잊지 말라고 깨우쳐주는 사람도 있는가 하면, 장제스는 민국 초기의 '우대조례'를 회복시키겠다고 제의하기도 했다. 그러나 푸이는 다시 보좌에 오르는 아름다운 꿈을 실현하기 위해 민국 20년(1931) 11월 10일 밤, '북행北幸'을 반대하는 사부師傅와 대신을 버리고 떠났다.[115] 자동차 짐칸에 숨어 톈진의 일본 조계租界로 간 뒤, 바이허강白河 부두에서 그를 맞이한 정샤오쉬 부자와 함께 일본인이 준비한 증기선을 타고 만주로 잠입했다.

동북 삼성三省에 있던 만주족 수뇌부는 관동군에 의해 선양으로 불려갔다. 그들은 민국 21년(1932) 2월에 이른바 '건국회의'를 열었고, 〈만주국 건국선언〉을 내놓았다. 3월 9일에 푸이는 즉위식을 거행해 자신이 만주국 집정執政으로 취임한다고 선포했으며, '민주공화제'를 잠정적으로 시행하기로 했다. '홍람백흑만지황紅藍白黑滿地黃'의 오색 깃발을 국기로 삼았고, 신징新京(창춘長春)을 도읍으로 삼았으며, 연호는 '대동大同'이라 했다.

이어서 서명한 〈일만日滿 협정서〉를 보면 군사적 결정권을 비롯한 국가 대사는 모두 일본인인 각부의 차장이 결정하도록 되어 있었다. 집정, 총리와 부장은 그저 문건에 서명만 하는 꼭두각시일 뿐이었다. 그러나 이런 것은 중요치 않았다. 푸이는 자기 목표에 접근했기 때문이다.

푸이의 최종 목표는 집정에서 황제가 되는 것이었다. 이런 꿈은 그가 일본에게 굽히며 생활한 지 2년이 지난 후에 실현되었다. 민국 23년(1934) 3월 1일, 일본 천황의 허락을 받아 '만주국'은 '만주제국'으로 호칭이 바뀌었고, 푸이는 소망하던 대로 '황제'로 승격되었다. 연호는 '강덕康德'으로 바뀌었으며 민주공화제에서 입헌군주제로 바꾸었다. 동북 삼성과 열하성은 19성 1특별시로 확대 개편했다. 이때부터 그가 외출하면 그것은 '임행臨幸'이 되고, 산에 가서 사냥을 하면 '순렵巡獵'이 되었으며, '어진영御眞影'

이 공공장소에 세워졌다. 일본을 방문할 때면 히로히토 천황이 친히 역까지 나와 영접했다. 일본 천황의 만주에 대한 종주권을 승인했으며, 관동군 사령부가 국정을 주재하는 것을 인정했다.

하지만 이러한 푸이의 유유자적한 자아도취 상태는 그리 오래 지속되지 못했다. 냉혹하고 무정한 현실이 그 꿈을 산산조각 낸 것이다. 푸이가 가장 신뢰하던 총리 정샤오쉬는 뒤에서 일본인에게 몇 마디 잔소리를 해서 경질되었다. 경질된 이유는 '부지런히 일하는 것이 힘들어 물러날 생각'을 갖고 있다는 말도 안되는 것이었다. 이어서 일본인들은 문맹에 가깝고 명령만 따르는 장징후이張景惠를 총리로 바꾸라고 푸이에게 강요했다. 그뿐 아니라 만주 싱안성興安省 성장省長인 링성凌升은 성장 연석회의에서 군정대권을 일본인이 농단한다고 불평했다고 해서 '반만항일죄反滿抗日罪'라는 죄명으로 목이 잘렸다. 또한 푸이가 정성껏 훈련시켰던 '호군護軍'이 일본에 의해 강제로 개편되었는데, 그중 강직하고 잘 싸우는 자들은 모조리 쫓겨나게 되었다.

푸이를 더욱더 절망시킨 것은 동생 푸제가 관동군과 함께 만든 〈제위계승법〉이었다. 황제가 죽으면 황위를 황제의 아들이 계승하되, 황제에게 자손이 없을 시에는 동생이 계승하며, 동생이 죽으면 동생의 아들이 황위를 이어받는다는 것이었다. 이미 서른 살이 넘었으나 푸이에게는 여전히 아들이 없었다. 동생 푸제는 일본 여자 사가히로嵯峨浩(1914~1987)를 아내로 맞이했는데, 이것은 일본인이 낳은 아이에게 만주국의 계승권을 넘겨주겠다는 것과 다름없었다.

황위를 지키기 위해 푸이는 참는 수밖에 없었다. 그는 관동군의 명령에 따랐고, 민족의 이익을 팔아먹고 일본의 '성전聖戰'을 지지하는 정령政令과 군령軍令에 서명했다. 그는 관동군의 의중을 살피면서 일을 했고, 문화적으로는 노예화 교육을 시행했다. 후에 그는 조상에게 공개적으로 제사를 지내지도 못했다. 일본 천황가의 시조신인 '아마테라스 오오미카미天照大神'를 조상으로 삼아 제사를 지내야 했으니, 그야말로 '아들 황제' 석경당이 재림한 것 같았다.

민국 34년(1945) 8월 15일, 일본군이 투항하면서 푸이의 황제 생애도 함께 끝장났다. 16일 오전 11시, 푸이는 펑톈奉天(선양) 공항에서 일본으로 도피할 준비를 했다. 그러나 하늘에서 내려온 소련군 항공부대에 체포되었다. 그 후 제2차 세계대전의 중요 전범이 되어 소련 보리, 즉 오늘날 러시아 하바롭스크 수용소로 압송되었다.

1950년 7월, 소련 정부는 푸이를 새 정부가 들어선 중국으로 보냈고, 그는 푸순撫順 전범관리소에서 환골탈태의 생애 개조를 시작했다. 중국 건국 10주년 기념일 전날, 국가주석 류사오치劉少奇는 특별 사면령을 내려 푸이를 특사한 후, 이후 35년간 거주한 베이징으로 보내 스스로 일을 해서 먹고 사는 새로운 생활을 하게 했다. 그 결과 그는 전국 정협政協 문자자료 연구위원회에서 만청晚淸 시대의 역사를 연구하는 전문 연구원이 되었고, 베이징 관상의원關廂醫院의 리수셴李淑賢(1925~1997)이라는 간호사와 가정을 이루어 살아가면서 자서전《나의 전반생(我的前半生)》을 완성했다. 푸이는 사면을 받아 베이징으로 돌아온 후 이런 내용이 들어간 시를 지었다.

베이징이 이젠 예전 베이징이 아니구나,
소평에게 박을 어찌 기르느냐 물어볼 일은 없네.[116]
35년 만에 옛 땅으로 돌아왔네,
제왕의 집에 봄바람이 불어오는구나.
京華不是舊京華,
莫向東陵問種瓜.
三十五年歸故國,

春風吹人帝王家.

푸이는 이제 다시는 자기가 황제였다는 사실을 감출 필요가 없었다. 그는 중국 공직자 이력서의 직업난에 "전前 청 황제 3년, 위만주국僞滿洲國 집정 2년, 만주국 황제 12년"이라고 썼다. 아마도 가장 휘황찬란하고 가장 수장할 만한 가치가 있는 이력서가 아니었을까.

1967년 10월 17일, 신장암이라는 악마가 청의 부침과 중국의 굴기를 지켜본 이 특수한 인물의 생명을 삼켰다. 중국 정부와 국민은 관용적이고 열린 마음으로 그의 납골함을 1980년에 베이지 바바오산 혁명공동묘지*로 이장했고, 이미 고인이 된 당과 국가 지도자 납골함의 제1부실(서부 1실 동측 26호)에 안치했다. 후에 해외 화교인 장스이張世義가 기금을 내고 아내인 리수셴이 요청해, 푸이의 납골함은 1995년 1월 26일에 허베이성 이현易縣의 청 서릉西陵으로 이장되었다.

만주족 민중과 '마지막 황제' 푸이는 마찬가지로 존중을 받는다. 오늘날 만주족 사람들은 전국 각지에 분포해 있고, 장성長城 안팎 지역에 두루 거주하며, 인구만 해도 1,068만 명**이나 된다.

---

* 베이징 서부 교외의 바바오산(八寶山) 혁명공동묘지는 원래 명 영락제가 지은 '포충호국사(褒忠護國寺)'였다. 1950년대에 가장 높은 단계의 국가공묘로 바뀌었다.

** 이 책에서 사용한 각 민족 인구 수치는 2000년 제5차 전국 인구조사 데이터에 근거했다.

제9장

강
羌

한인의 조상은 양치기였다

'강羌'은 처음에 '양羊' 자에서 비롯되었으니, 은殷 사람들이 서부의 '양치
는 사람들'을 부르는 호칭이었다.

중국 근대의 사학자 판원란范文瀾의 추측에 따르면, 염제炎帝와 황제黄
帝는 모두 고대의 강羌에서 나왔다고 한다. 염제가 먼저 서융西戎 유목 지
역에서 중원으로 들어왔고, 황제는 그의 뒤를 따라 황토고원을 통해 황하
(황허) 유역으로 진입했다는 것이다. 지금도 많은 한자가 강의 유목 혈통이
남긴 흔적을 간직하고 있다. 한자에 '양羊'이 들어가는 단어를 보자.[1] '미
美'는 아름답다,[2] '선善'은 착하다, '상祥'은 상서롭다, '의義'는 의롭다는 뜻
이다. 만일 한족의 선조가 농민이었다고 가정해보자. 그렇다면 그들에게
가장 '아름다운' 것은 '양'이 아니라 '쌀'이었을 테니, 아름답다는 의미의
'미美' 자는 '큰 양大羊'이 아니라 '쌀大米'이라는 뜻에서 비롯된 다른 글자
가 되었을 것이다.

가장 설득력 있는 고고학적 발굴도 다른 측면에서 이런 해석을 증명한
다. 산시성陝西省 란톈인藍田人 유적지는 지금으로부터 80만 년 전의 것이

다. 내몽골자치구 후허하오터 동북쪽에서 발굴된 다야오大窯 문화 유적지
는 70만 년 전, 베이징 원인北京猿人 유적지는 60만 년 전의 것이다. 이 구
석기시대 유적지 세 곳은 모두 몽골 초원이 아닌 서북 초원에 자리하고 있
다. 현재의 베이징까지 포함해, 이 지역들은 고대에 홍수가 범람하던 중원
이 아니라 전형적인 북방이었던 것이다.

역사는 가설을 용납하지 않지만 추측은 해볼 수 있다. 논증을 할 수만
있다면 변수는 충분하다. 우리는 강이 화하華夏 민족의 기원 중 하나라고
잠정적으로 생각하면서 강을 향한 역사 기행을 계속해보자.

우禹가 부락연맹의 수장이 된 후 순舜(요중화姚中華)의 어린 아들이 서
융에 봉해져 강의 우두머리가 되었다. 이것이 바로 5호16국 시절에 요장姚
萇의 성이 요姚씨가 된 까닭이다. 복사卜辭에서는 은상殷商 시기에 강이 은
의 서부에 있었다고 기록했다. 말하자면 강은 넓은 의미에서 볼 때 '서융'
의 일부인 것이다(중원의 사학자들은 관습적으로 주변 민족을 '동이', '서융', '남
만', '북적'이라고 불러왔다).[3] 후에 주周 무왕이 주紂를 토벌하던 전쟁에서 강
은 '용庸, 촉蜀, 강羌, 모髳, 미微, 노盧, 팽彭, 복濮'이라는 '8국 연합군' 중의
하나였다. 이들은 전쟁에 직접 참여했을 뿐 아니라 주왕紂王이 죽어가는
것과 달기妲己가 피살당하는 것도 보았다. 그 후 산시와 간쑤의 강羌, 저氐,
융戎과 북에서 온 적狄, 동쪽에서 온 견이畎夷와 융합하고 발전해 서부에
서 가장 강성한 부족인 '견융犬戎'이 된 것이다.

견융은 중국판 '양치기 소년과 늑대' 이야기의 주인공이다.

'양치기 소년과 늑대'

중국판 '양치기 소년'의 이름은 희궁생姬宮湼이라 했다. 희궁생은 서주西周

절반의 중국사

의 마지막 왕인 유왕幽王을 가리킨다. 주 유왕 2년(기원전 780), 그는 장미처럼 아름다운 여인 포사褒姒를 아내로 맞이했다. 그런데 이 '장미'는 놀라울 정도로 아름다웠지만 절대 웃는 법이 없었다. 국왕은 그녀를 웃게 하기 위해 온갖 수단을 동원했다. 춤도 추고 노래도 불렀으며 사냥도 했다. 그녀를 왕후의 자리에 앉히고, 그녀의 아들을 태자로 세웠다. 또한 그녀가 좋아하는 비단 찢는 소리를 들려주기 위해 100필의 비단을 찢어댔지만, 그녀를 웃게 하기란 쉽지 않았다. 아무리 해도 포사가 웃지 않으니 결국 왕은 조서를 내렸다.

"천금의 현상금을 걸겠다. 왕비를 웃게 하라!"

이에 간신 괵석보虢石父가 계책을 올렸다. 거짓 봉화를 올려 제후들을 달려오게 하면 혹시 왕후가 웃지 않을까? 그의 계획에 따라 국왕은 포사를 데리고 호경鎬京(시안 부근) 동쪽 30킬로미터 지점에 있는 여산驪山(리산)으로 갔다. 그날 저녁, 국왕은 성대한 연회를 열었다. 술과 음식이 거나하게 들어간 뒤, 왕은 갑자기 봉화를 올리라는 명령을 내렸다.

고대 사회에서 봉화는 가장 중요한 군사적 통신 방식이었다. 봉화대는 수도인 호경에서 시작해 방사상으로 변방과 각 제후국에까지 퍼져 있었다. 10킬로미터 내지 15킬로미터 간격을 두고 산꼭대기에 높다란 보루를 세운 뒤 그곳에 1년 내내 땔감과 늑대 똥을 비치해두었다. 어딘가에서 난리가 나면 봉화대에서 낭연狼烟(밤에는 나무를 태워 봉화를, 낮에는 늑대 똥을 태워 연기를)을 올렸고, 그러면 그것을 본 제후국의 제후들이 군사를 이끌고 그들을 도우러 왔던 것이다.

거짓으로 봉화를 올리는 어처구니없는 행동에 많은 신하들이 강하게 반대했지만 왕은 고집을 부렸다. 즉시 한 줄기 봉화가 허공으로 올라갔고, 거대한 하늘은 순식간에 음산하고 무시무시하게 변했다. 도성 부근 제후국의 왕들은 깜짝 놀라서 잠에서 깨어났다. 그러나 국왕과 그의 여인 포사는 손을 잡고 달콤한 꿈에 빠져 있었다. 새벽에 더 즐거운 마음으로 장관을 보기 위해서였다.

막 동이 터올 무렵, 붉은 해가 지평선에서 엷은 빛을 내뿜으며 떠오를 때, 왕을 지키려는 군사들이 몸에는 갑옷을 챙겨 입고 땀을 뻘뻘 흘리며 빛의 속도로 사면팔방에서 여산 기슭으로 모여들었다. 그러나 어디에도 적의 그림자는 없었고 전쟁의 함성소리도 들려오지 않았다. 여산 위에서 그 모습을 지켜보던 왕은 "이곳에 적은 없도다! 그저 봉화를 피워 올려 우울한 마음을 달래봤느니라!"라고 말하는 것이었다.

제후국의 군대는 재수가 없었다고 생각하고 욕설을 내뱉으며 돌아갔다. 그러자 언제나 우울하게 가라앉은 표정을 짓고 있던 미인 포사가 웃기 시작했다. 계책을 올린 간신은 천금의 상금을 받았다. '천금매소千金買笑(천금으로 웃음을 사다)'라는 고사성어가 바로 여기서 유래한 것이다.

주 유왕 11년(기원전 771), 왕은 포사의 아들에게 왕위를 물려주려 했다. 장애물을 제거하기 위해 유왕은 신국申國의 왕에게 명령을 내려 일전에 폐위시킨 태자를 죽이라고 했다. 태자는 신국 왕의 외손자였다. 신국의 왕은 당연히 폐위된 태자를 죽이려 하지 않았고, 오히려 포사를 너무 총애하지 말라는 편지를 유왕에게 보냈다. 그렇게 하다가는 달기가 나라를 어지럽게 했던 전철을 밟을 것이라고 했다. 주 유왕은 그 편지를 보자마자 불같이 화를 내며 즉시 제후국인 신국의 지위를 박탈했다. 또한 신국에 군사를 보내 죄를 묻겠다고 했다.

날로 가까워오는 죽음의 신을 맞아 세력이 약했던 신국은 견융에 긴급 구조 요청을 했다. 신국의 왕은 외손자를 위해 왕위를 지키려 할 뿐이니 호경을 점령한 재산과 여인을 견융 마음대로 가져가도 좋다고 약속했다. 호경이라니, 황금이 가득하고 미녀가 구름처럼 많은 곳이 아니던가. 1만 5천여 명의 견융 군대가 호경을 향해 번개처럼 빠르게 공격을 감행했다.

"늑대가 정말 왔다!"

초록빛을 내뿜으며 번쩍거리는 눈을 한 견융 병사들이 호경으로 쳐들어갔다. 주 유왕은 봉화를 올리라는 명령을 내렸고, 다시 "늑대가 왔다!"는 함성을 질렀다. 이야기의 결말이 어땠겠는가. 이야기는 이솝 우화와 거의 똑같이 진행되었다. 왕이 또 장난을 친다고 여긴 주변의 제후들은 그 누구도 왕을 도우러 오지 않았다.

별다른 방법이 없으니 도망칠 수밖에 없었다. 왕과 포사는 어림군御林軍의 호위를 받으며 풀이 죽은 채 여산으로 도망쳤다. 공교롭게도 그곳은 그때부터 2,700년 후에 장제스가 장쉐량張學良과 양후청楊虎成에 의해 구금되었던 곳이다.[4] 유왕과 포사 일행이 그곳에서 잠시 쉬고 있을 때 견융이 말을 달려 쫓아왔다. 왕을 경호하던 어림군은 모조리 포로가 되었고, 유왕의 몸은 두 조각이 나고 말았다. '양치기 소년과 늑대' 이야기에 비하면 더 비참한 결말이다. 안타깝게도, 꽃처럼 아름다웠던 포사는 머리카락이 길고 얼굴이 붉으며 옷감을 대충 걸친 견융의 우두머리에게 끌려갔다.

이때부터 호경은 휘황찬란한 곳이 아니었다. 몰락하는 서주의 남은 햇살이 서쪽으로 지고 있었다. 주는 어쩔 수 없이 도성을 호경에서 동쪽의 성주成周인 낙양으로 옮기는 수밖에 없었고, 역사적으로 가장 혼란했던 동주東周 열국 시대가 마침내 막을 열었다.

전쟁에서 승리한 후 견융은 호경을 모조리 약탈했다. 화하 최고의 권력을 상징하던 '구정九鼎'도 약탈당했다. 기원전 9세기 무렵부터 800리 진천秦川[5]이 길러낸 진秦(농후한 서융 혈통을 지닌)과 융은 이제 기나긴 전쟁을 시작하게 된다.

미인계

시간은 쏜살같이 흘러 칼날의 빛이 어지럽게 춤추는 전국시대 말기가 되었다. 중국 서부의 융환戎患은 대략 평정되어 진이 서융 지역의 패주가 되어가고 있었다. 그러나 '의거義渠'라 불리는 강인 부락(역사적으로는 최후의 융족 부락이라고 한다)이 여전히 남아 있어 진의 고질병이 되고 있었다.

주 난왕赧王 8년(기원전 307) 가을, 진 무왕武王이 힘이 장사인 맹열孟說과 무예를 겨루다가 늑골이 부러져 죽었다. 젊은 이복동생인 영칙嬴則이 다음 해에 왕의 자리를 이어받아 진 소양왕昭襄王이 되었다. 새 왕의 어머니는 미芈씨 성을 가진 초나라 공주였는데, 궁으로 들어온 후 '미팔자芈八子'라 불렸다. 하지만 소양왕이 왕위를 이어받은 후에는 높여서 선태후宣太后로 불렸다.

소양왕이 아직 약관이 안 되었기에 선태후는 관례에 따라 아들을 대신해 친정親政을 했다. 그녀가 통치를 시작한 후 동생 위염魏冄과 함께 종실의 반란을 평정했고, 마침내 진의 미래를 결정할 소양왕 시대를 열었다.

선태후는 수줍어 보이는 외모였지만 사실은 매우 개방적인 여인이었다. 역사에 보면 선태후가 한韓의 사신 상륵尙勒과 나눈 흥미로운 대화가 기록되어 있다. 상륵이 선태후에게 이렇게 말했다.

"한과 진은 이웃입니다. 이가 시리면 입술도 시린 법이지요. 지금 초楚가 병사를 일으켜 우리 한을 치고 있습니다. 태후께서 구해주십시오."

이에 선태후가 대답했다.

"예전에 제가 혜문왕惠文王을 모실 때 왕께서 제 몸 위에 앉아 계시면 저는 매우 힘들었지요. 그러나 왕께서 제 몸 위에 엎드려 계시면 저는 조금도 힘들지 않았습니다. 왜 그랬을까요? 그 자세가 저에게 좋은 점이 있었기 때문입니다. 만일 우리가 출병한다면 전쟁의 비용이 하루에 천금이나 들어갑니다. 대체 그것이 무슨 좋은 점을 가져다주겠습니까? 그래서 출병하지 않는 겁니다."

선태후는 이런 말을 할 수 있을 정도로 개방적인 성격을 지닌 아름다운 여인이었다. 그런 그녀가 국가의 안녕을 위해 몸을 바쳐 나라를 구하려는 결정을 하게 된다.

모든 다른 비극과 마찬가지로 이 이야기도 희극적으로 시작된다. 그녀는 자신의 아름다움으로 강인 부락의 의거왕을 유혹해 궁중에서 사통했다. 적당한 기회를 봐서 그를 죽이려는 것이었다. 그러나 의거왕을 꼬여내는 과정에서 문제가 생겼다. 너무 오랫동안 혼자 살았던 그녀가 의거왕의 강인한 힘에 취해버렸던 것이다. 선태후는 깊은 사랑에 빠져 결국 그를 죽이지 못했다. 그렇게 망설이는 사이에 태후는 의거왕의 아들을 둘이나 낳았다. 나른한 분위기에 빠져 있던 의거왕도 진을 공격하려는 생각을 버렸다. 진의 선태후 역시 부국강병 정책을 포기했고, 제후들과 대적하려는 생각도 버렸다. 그렇게 선태후가 당시의 상황을 적절하게 이용하면서 오랜 세월 동안 힘을 기른 결과, 진은 《사기》에 기록된 것처럼 "동쪽으로 땅을 넓혀나가고, 제후들을 약하게 만들어 천하에 칭제했으며, 세상 모두가 서쪽을 향해 머리를 숙이게 만들었다."[6]

그러나 아침 꽃은 저녁이 되면 시들고, 아름다운 꽃잎은 퇴색해 누렇게 변하는 법이다. 선태후는 점차 늙어갔고, 더는 아름답지 않았다. 두 사람 사이의 감정을 묶어주던 두 아이도 불행하게 요절했다. 그때까지도 여전히 격정적이고 야생적이던 의거왕은 결국 선태후를 떠나 자기 부족인 의거의 소녀에게 돌아갔다. 아름답고 깊은 궁궐에서 태후는 이제 익숙한 남자의 뒷모습을 볼 수 없게 되었다. 고독한 등불이 벽을 비추고, 차가운 비가 창문을 두드렸다. 생각은 물이 넘치듯 흘렀고, 향기로운 마음은 그림자처럼 아득했다. 화려한 궁전에서는 밤마다 쓸쓸한 탄식 소리가 흘러나왔다.[7]

시간이 흘러 그녀에게는 새로운 연인 위추부魏醜夫가 생겼다. 선태후는 자신의 '미인계'를 거두어들일 때가 되었다고 생각했다. 자신을 버리고 떠나간 상대방의 무정함 때문만은 아니었다. 의거국이 조趙와 몰래 손을 잡았기 때문이다. 이때의 진나라는 약하지 않았다. 이미 그 어떤 나라도 함부로 대할 수 없는 초강국이 되어 있었던 것이다.

진 소양왕 영칙 35년(기원전 272), 하늘에 구름 한 점 없던 어느 날, 최후의 이별을 위해 의거왕은 오늘날 간쑤성 닝현寧縣 서북쪽에 있던 의거국의 도성을 출발해 장안의 감천궁甘泉宮으로 왔다. 선태후는 좋은 술과 안주를 거듭 권하며 그를 향한 연모의 정이 아직 남아 있는 체했다. 그러나 의거왕은 떠나려는 의지를 굳히고 있었다.

"34년 동안의 정을 생각해서, 우리 다시 잘 해봐요."

태후는 뜨거운 눈물을 흘리며 그에게 애걸했다. 이를 거절하기 어려웠던 의거왕은 함께 시간을 보낸 뒤 깊은 잠에 빠졌다. 태후는 그를 바라보며 34년 전에 자신이 이 남자를 유혹했던 진정한 이유를 떠올렸다. 그리고 이 남자가 최근에 자신을 배신하고 냉담하게 대했던 것을 기억했다. 게다가 이미 이 남자보다 더 젊은 '대용품'을 찾아냈다. 망설일 것이 없었다. '미인계'의 여주인공은 마침내 행동을 개시했다. 황홀한 불빛 아래 작은 비수가 의거왕의 넓은 가슴에 박혔다. 이어서 진의 궁전에서는 환호하는 소리가 흘러나왔다.

미인계가 성공한 바로 그해에 진 소양왕은 병사를 일으켜 의거국을 공격했다. 2년의 시간이 걸렸지만 소양왕은 우두머리를 잃은 강을 철저하게 격파했다. 원래 의거왕에게 속해 있던 오늘날 간쑤, 닝샤 일대의 영지는 전부 진나라의 손에 들어왔다. 이후 진은 그곳에 북지군北地郡을 설치했고, 흉노의 침입을 막기 위해 진 소양왕 장성을 쌓았다. 역사적으로 이제 '융'이라는 호칭은 존재하지 않았다. 그것을 대신한 것이 바로 '강'이다.

강가에 일이 좀 생겨도 큰 강은 여전히 흐르는 법이다. 이후 진은 서부의 변경 문제 때문에 골치를 앓지 않아도 되었다. 선태후는 현손 영정嬴政이 망설이지 않고 적극적으로 나서서 중국을 통일할 수 있도록 기초를 닦아 놓았던 것이다.

'무익원검' 전설

일반 전설과 달리 소수민족의 전설은 매우 중요한 사료적 가치를 지닌다. 문자가 없는 소수민족의 경우 모든 역사를 이야기로 전하기 때문이다.

기원전 470년쯤, 진秦 여공厲公이 정권을 잡았을 때, 원검爰劍이라는 강인의 수령이 진나라의 노예가 되었다. 이것은 강인이 진의 포로가 되었다는 첫 번째 역사 기록이다. 후에 원검은 계획을 세워 진의 손아귀에서 벗어났다. 가는 길에 그는 한 소녀를 만났다. 추격하는 병사들이 벌떼처럼 몰려올 때 소녀는 그를 동굴 속에 숨겨주었다. 강인의 서사시에서 노래하는 것처럼, 흉폭하고 잔인한 진나라 병사들이 동굴 입구에 불을 질렀으나 호랑이 한 마리가 튀어나오는 바람에 병사들이 놀라서 도망쳐버렸다. 큰 재난에서 살아남은 원검은 동굴에서 나온 후 그 소녀와 혼인해 부부가 되었다. 후에 두 사람은 함께 황수湟水(황수이강)와 조하洮河(타오허강), 황하가 교차하는 곳으로 도망쳤다. 돌아온 후 원검은 다시 강의 우두머리로 추대되었다. 그가 노예였고 강인이 노예를 '무익無弋'이라고 하기 때문에 그는 무림 고수 같은 느낌의 이름인 '무익원검無弋爰劍'이라 불리게 되었다.[8]

강인의 시조에 관한 이 이야기는 무척이나 낭만적이다. 하나 안타까운 일은 그 소녀가 코를 잘리는 의형劓刑을 당했다는 것이다.[9] 강 최초의 어머니의 가슴속에 이 일은 늘 상처로 남아서 언제나 긴 머리로 얼굴을 가렸다. 소녀를 존경하는 자손들이 마찬가지로 머리를 길게 늘어뜨려 얼굴을 덮었다고 하는데, 그것이 점차 강인의 풍습이 되어갔다고 한다.

삼하三河 지역에서 무익원검은 진나라 사람들이 사용하던 농사법을 자기 부족에게 소개했다. 그래서 강인은 유목을 하는 동시에 농경도 가능했다. 먹고살 것이 생기니 이제 강인은 가정을 이룰 수 있는 바탕을 만들 수 있었다. 생존할 공간이 아예 없었던 강인에게 진의 손아귀에서 벗어나 후손을 번성하게 하고 배부르게 살게 하는 것보다 더 중요한 일이 있었겠는가? 이런 의미에서 본다면 강의 역사에서 무익원검의 지위는 화하 민족의 복희伏羲나 신농神農, 우禹와 비교해 조금도 뒤지지 않는다.

원검의 증손 인忍과 무舞에게는 아내와 첩이 무척이나 많았다. 인이 낳은 아홉 아들과 그 후손들은 후에 아홉 지파가 되었고, 무가 낳은 열일곱 명의 아들과 그 후손들은 열일곱 개의 지파가 되었다. 인의 계부季父인 앙卬에게도 자손이 많았으니, 강은 그때부터 지파가 많아졌고 부락도 줄줄이 늘어났다.

후에 '전국칠웅' 중 하나인 진秦 헌공獻公이 병사를 보내 강을 토벌했다. 그때 인은 강경하게 대항할 것을 주장했지만 숙부인 앙은 진의 위세를 두려워해 화친을 하자고 했다. 두 사람 사이에는 결국 분규가 일어났다. 용감하고 과감했던 인은 부하들을 이끌고 남쪽으로 갔다가 다시 서쪽으로 방향을 틀어 해발 6,282미터의 아니마칭阿尼瑪卿 설산을 넘어 풍요롭고 아름다운 황하와 황수 일대에 신천지를 개척했다. 하황강河湟羌과 후대의 연종강硏種羌이 여기서부터 시작되었다. 한편 앙은 머나먼 남쪽으로 내려와 높다란 산이 있는 오늘날 쓰촨성의 '노소변빈老少邊貧' 지역[10]으로 왔고, 그 후손들인 모우부牦牛部는 '월휴강月巂羌'이라고 불렸다. 그들이 월휴군越巂郡(쓰촨성 시창西昌 동남쪽)에 거주했기 때문이다. 백마부白馬部는 광한군廣漢郡(쓰촨성 찌통梓潼)에 거주했기에 '광한강廣漢羌'이라고 불렸다. 이때부터 다시는 칭하이青海의 고향으로 돌아가지 못했다.

흉노를 버리고 한 왕조에 투항한 왕

언제인지 알 수 없는 아득히 머나먼 시절, 서쪽으로 양관陽關을 통해 나가는 옛길이 있었다. 뤄부포羅布泊호수(로프노르호수) 동남쪽, 산이 솟아 있는 그곳에 아주 오래된 야강婼羌(차르클리크)왕국이 있었다. 그것은 서역 36국 중의 하나로서, 장안에서 3천 킬로미터나 떨어진 곳에 있었다. 활동 지역은 둔황에서 쿤룬산맥을 따라 계속 나아가 머나먼 파미르고원에 이르렀고, 그들의 세력은 서역 전체에 퍼져 있었다.

동쪽 평원에서 한漢이라는 붉은 태양이 떠오를 때, 야강은 그 태양 때문에 자신들이 타버릴지도 모른다는 위기감을 느꼈다. 그래서 그들은 북부에 있던 흉노와 손을 잡고 한의 침투와 확장에 대응했다.

한 건원 3년(기원전 138), 장건張騫이 한 무제의 명을 받고 서역으로 출사해 야강을 지나갔다. 야강과 흉노의 관계가 애매했기에 장건 일행은 이곳에서 머물지 않았다.

후에 한 무제가 먼저 흉노에 연속적인 공격을 감행했고, 새롭게 점령한 서부 변경에 돈황, 주천酒泉, 장액張掖 등의 군郡을 설치했다. 이른바 '하서 사군河西四郡'이라 불리는 이곳은 날을 잘 벼린 비수처럼 야강과 흉노를 완전하게 갈라놓았고, 흉노의 오른팔이라 할 수 있는 야강이 잘려나가고 말았다. 이때부터 한 왕조는 힘을 다해 흉노와 싸우기 시작했다.

흉노가 막북으로 쫓겨간 후, 중국 서북 지역은 한 왕조의 판도 안에 들어왔다. 야강은 한 왕조의 편에 서서 흉노와 싸웠을 뿐 아니라 때때로 강인 부락과의 전쟁에도 참여했다. 야강의 고귀한 변신을 칭찬하기 위해 한

양관陽關에서 바라본 아득한 사막.

왕조는 야강 왕에게 '거호래去胡來(흉노를 버리고 한 왕조에 투항한 왕)'[11]라는 재미있는 호칭을 수여했다.

누란樓蘭, 정절精絶 등 다른 서역 오아시스 국가들과 마찬가지로, 잔혹한 전쟁과 과도한 개간 때문에 야강의 환경은 황폐해졌다. 1세기 중엽, 야강의 오아시스는 더는 사람이 살 수 없을 정도로 줄어들었고, 그곳에 남아 있는 가엾은 주민들은 겨우 1,750명에 불과했다.

후한의 지도를 펼쳐보면 이미 서역 야강의 흔적이 남아 있지 않음을 알 수 있다. 이미 완전히 사라진 야강은 오늘날 신장위구르자치구 바인골린 몽골자치주 뤄창若羌현 경내에 있다. 뤄창 현은 중국에서 면적이 가장 넓지만 인구밀도는 가장 낮은 현으로, 면적은 20.23제곱킬로미터인데 인구는 겨우 2만 6,600명이다. 그곳에 있던 모든 유적은 사라지고 지금은 그 현의 이름을 통해서만 예전의 휘황함을 겨우 느낄 수 있을 뿐이다.

여인국

아름답고 정이 넘치는 여왕, 물을 떠 마시면 임신해 아이를 낳을 수 있는 자모하子母河 등《서유기》에 묘사된 '여인국'은 사람들에게 한없는 상상의 날개를 펼칠 수 있게 해준다.《서유기》에 등장하는 그 여인국은 저자 오승은의 순수한 상상력에서 나온 나라일까, 아니면 역사적으로 실존했던 나라일까? 역사적으로 보면 분명 '여인국'이 존재했다. 그 나라의 창시자는 '당모강唐旄羌'이라 불리는 원시 부락이었다.

아주 오래전, 천산 남쪽 파미르고원 일대의 따뜻한 목장에는 하루 종일 배불리 먹으며 맘 편하게 살아가던 사람들이 있었다. 유목을 하며 살아갔던 수천 명의 당모강이 바로 그들이다. 따뜻하고 풍요로운 곳에서 살았지만 일부 젊은이들은 그것에 만족하지 않았다. 그들은 목장의 바깥에 무엇이 있는지 너무나 궁금했다. 산이 있을까, 물이 있을까? 아니면 삼림, 혹은 사막? 그것도 아니면 드넓은 목장이 있을까?

마침내 그 젊은이들은 답을 찾아 머나먼 곳으로 떠나 오늘날 티베트 지역으로 들어갔다. 그리고 얄룽장뽀雅魯藏布강[12] 북쪽의 라싸邏些를 중심으로 드넓은 고원 목장을 점유했다. 전한과 후한 시기에는 당모강과 발강髮羌이 티베트 지역의 거의 대부분을 차지했다. 위진 시대에 당모강은 '총자강葱茈羌'이라고 이름을 바꿨는데, 그 영역은 남쪽으로는 샹슝象雄과 발강, 북쪽으로는 서역 장사부長史府와 접하고 있었다. 5호16국 시대에 총자강은 '여국女國'이라 불리기 시작했다.

'여국'이라 이름을 바꾼 것은 아마도 여성이 왕이었기 때문일 것이다. 이는 분명히 모계씨족사회의 전통이다.《서유기》에 등장하는 '여인국'의 원형이 바로 이 나라일지 모른다. 아름답고 오만하며 시적인 분위기로 넘치는 여자가 아득히 멀리 있는 신비롭고 낭만적인 왕국을 지배하는 모습이라니, 참으로 많은 상상을 불러일으키는 장면 아닌가.

사실 여국에는 남자가 없는 것이 아니었다. 그저 남자가 집안을 이끌어 가지 않을 뿐이었다. 이런 특수한 나라에서 남자는 주로 전쟁을 담당했고, 여성은 생산활동과 가정생활을 책임졌다. 국정은 대大여왕과 소小여왕이 공동으로 주관했다. 여왕이 죽은 후엔 관례에 따라 왕족 중에서 지혜로운 여인 두 명을 찾아내 하나는 대여왕, 다른 하나는 소여왕으로 삼았다. 여왕의 남편은 '금취金聚'라 불렸는데, 정사政事에 참여할 수는 없었다.

여국은 북쪽으로 우전于闐과 접하고, 동북쪽으로는 오늘날 칭하이 위수玉樹 일대의 소비蘇毗와 이웃했다. 서쪽은 천축天竺, 남쪽은 토번吐蕃과 이어져 있었다. 여국에는 두 개의 도성이 있었는데, 대여왕은 녠카닝바年卡寧巴(티베트자치구 니무현 동남쪽)에 거주했고, 소여왕은 루나바오싸이儒那堡寨(티베트 모주궁카현 서북쪽)에 머물렀다.

그런데 그들이 유지하던 대여왕과 소여왕 체제에 문제가 생기기 시작했

티베트 라싸 근처 간덴사에서 내려다본 풍경.

절반의 중국사

다. 한자만 봐도 무엇이 문제였는지 금방 알 수 있다. '중심(中)'이 하나라면 '충성(忠)'이 가능하지만, '두 개(串)'라면 그것은 '우환(患)'이라는 것이다. 토번국의 30대 짼뽀贊普인 다부서시達布聶西가 통치하던 시절, 여국에는 내분이 발생했다. 소여왕 치방쑨棄邦孫이 대여왕 다자와達甲瓦의 영지를 차지한 것이다. 대여왕을 추종하던 일부 남성 장군들이 불복해 토번국의 짼뽀에게 몰래 추파를 보냈다. 후에 토번 짼뽀 룬짠농낭論贊弄囊은 반란에 참여한 여국의 신하에게 내부에서 호응하겠다는 약속을 얻어냈다. 짼뽀는 친히 정예 군사 1만을 보내 소여왕의 루나바오싸이를 공격했고, 여국은 마침내 토번에 병탄되었다.

승리에 도취한 룬짠농낭은 토번으로 귀순한 네 명의 여국 영주들에게 상을 내려주었다. 냥짱구娘臧古에게는 두와바오자이都瓦堡寨와 1,500호戶의 노예를 주었고, 바위쩌부巴魚澤布에게는 싸거선薩格森의 토지와 1,500호의 노예를, 눙중포農仲波에게는 1,500호의 노예를, 저방나성哲邦納生에게는 1,300호의 노예를 주었다. 이렇게 여국은 네 명의 남자 수중으로 들어가게 되었다.

오늘날 쓰촨성 단바丹巴 자룽嘉絨 티베트 지역으로 들어가면 현지 사람들이 '자룽'을 가리켜 '여왕의 골짜기'라고 불린다는 사실을 아주 자랑스럽게 말해줄 것이다.[13] 푸르고 긴 비단 치마를 입은 아름다운 여성이 바로 여국의 왕이었다. 역사 속에서 신비롭게 사라진 동녀국東女國 고도古都 유적지가 그곳에 있다.[14]

동쪽으로, 동쪽으로

한 왕조 시대에 강은 오늘날 칭하이를 중심으로 황하, 츠즈강賜支河, 황수

이강, 얄릉장뽀강 유역을 오가며 유목을 했다. 그 부락 숫자가 150여 개에 달했다. 지금 찾아낼 수 있는 부락의 이름만 해도 유연有硏, 모우牦牛, 백마白馬,[15] 참랑參狼, 선령先零, 비남卑湳, 봉양封養, 뇌저牢姐, 한쫙, 개開, 전공煎巩, 황저黃羝, 소당燒當, 소하燒何, 늑저勒姐, 오량吾良, 당전當煎, 당랑當閬, 발髪, 당모唐旄, 종種, 건인虔人, 차동且凍, 부난傅難, 공당巩唐 등이다.

수없이 많은 강인의 각 부部를 통제하기 위해 한은 원정 6년(기원전 111), 강인이 거주하는 지역에 호강교위護羌校尉를 설치했다. 화려한 직함의 교위의 책무는 강의 호감을 사 변경 지역의 평화를 유지하는 것이었으나, 사실은 둔전을 하면서 무력으로 강인의 반란을 억제하는 역할을 했다.[16] 후한 시기에 적어도 네 명의 호강교위가 강인에게 암살당했다.[17]

해결할 수 없는 인구 압박과 한의 잔혹한 진압 정책 때문에 많은 강인이 서북 지역에서 서남 방향으로 이주하기 시작했다. 발강은 설역雪域 고원에서 토번으로 들어갔고, 후에 서하西夏를 세운 당항강黨項羌이 되었다. 이들은 원래 후한 시기 티베트고원에서 뿌리를 내리려 했으나 일찌감치 그 땅을 차지했던 당모강이 막아서는 바람에 송주松州 부근으로 돌아가야 했다. 후한에 격파당한 후, 오늘날 칭하이에 있던 소당강燒當羌 패잔병들은 지도자인 미당迷唐의 인도 아래 서쪽으로 가서 발강에 투항했다.

그러나 이들 이외에 더욱 많은 강인이 어쩔 수 없이 한의 영토에 거주하게 되었다. 전한에서 후한에 이르는 길고 긴 세월 동안 연硏, 선령先零 등 수십만 명의 강인이 강제로 한의 영토 내로 쫓겨 들어갔다. 한 왕조 시기에 중국 서부 변경의 모든 지역에서 중국 본토로 대규모 이주를 했는데, 그것은 관중 지역의 인구 비율에 놀랄 만한 변화를 가져왔다. 강인이 인구의 거의 절반을 차지할 정도가 된 것이다.

많은 강인 부락이 양주凉州와 관중 지역으로 흘러 들어오는 바람에 한 왕조는 정규 군현 관리체제에 그들을 바로 받아들일 수 없었다. 그래서 후한은 더욱 많은 속국을 세워 그들을 수용하려 했다. 그러나 속국을 아무리 조정하고 확장해도 강인의 숫자가 너무 증가하는 바람에 관리들은 그것을 감당하기 어려웠다. 한 안제安帝 유호劉祜 영초永初 4년(110), 대규모 강인 반란이 양주에서 터졌을 때 후한 조정은 서북 변경을 그냥 모두 강인에게 주자는 반응을 보였다.

그러나 조정의 이러한 영토 축소정책은 즉시 양주 주둔군과 민중의 강력한 반대에 부딪쳤다. 양주의 중국인은 강인의 성향을 많이 닮아 부녀자들까지도 용맹스러운 전사로 변해 있었다. 이때 양주에는 이미 강대한 군사 집단이 굴기하고 있었는데, 이 집단의 대표자가 바로 한인과 강인의 연합 군단을 만든 동탁董卓이다. 놀라운 군사적 힘을 바탕으로 그는 한 영제 중평中平 6년(189)부터 한 헌제 초평初平 3년(192)까지, 병사들을 이끌고 성공리에 수도로 입성해 상국相國이 되었다. 그가 실권을 장악한 후 했던 첫 번째 일은 도성을 장안으로 옮기는 것이었다. 그곳이 바로 자신의 권력 기반인 양주와 가까웠기 때문이다. 이 계획을 철저하게 집행하기 위해 동탁은 불을 질러 낙양을 태워버렸다.

기원전 12세기 희단姬旦이 낙양에 건도한 이후, 1,400년의 세월 동안 세계에서 가장 위대하고 번화했던 도시는 이제 잿더미가 되어 100리 이내에 사람의 흔적이 보이지 않게 되었다. 도성의 서천西遷은 계획에 없던 것이고 준비도 없었기에, 양주 병단은 주민들을 죄수들처럼 가운데에 두고 양쪽에서 그들을 호송하듯 걸어갔다. 말발굽에 밟히며 굶주린 채 끌려가느라 주민들은 끊임없이 죽어갔고, 낙양에서 장안에 이르는 500리 길에는 시체 썩는 악취가 진동했다.

동탁은 양주인의 야만스러운 천성을 지니고 있었다. 그래서 득세한 후에 안하무인격으로 제멋대로 행동했다. 그는 황제를 폐위하고 황릉을 도굴해 보물을 끄집어냈다. 궁녀와 공주를 겁탈했으며, 여자를 놓고 양아들

여포呂布와 다투기도 했다. 초평 3년(192)에 동탁은 결국 왕윤王允에게 암살당했다. 그 후 양주 집단의 다른 장수들이 보복성 반란을 일으켰다. 이 때부터 중원은 피비린내 나는 군벌 혼전의 시대로 접어들었다.

양주는 후한의 쇠락과 붕괴 과정에 관건이 되는 작용을 했다. 이것은 강인을 내지로 이주하게 한 후에 생겨난 문화적·사회적 변화 때문에 일어난 현상이었다. 이런 점에서 본다면 이 시기의 역사에서 맹렬하게 활약했던 것은 흉노이지만, 중국 역사에 직접적으로 미친 영향을 놓고 본다면 한과 강의 관계가 더욱 중요하다고 하겠다.

만년진왕

서부 고원에서 날아온 화살 하나가 한과 진晉을 꿰뚫었고, 중원의 궁궐 담을 뚫었다. 활을 당겨 화살을 날린 자는 서강西羌 대도독大都督 요익중姚弋仲의 아들이며 요당강燒唐羌 부락의 수령인 요양姚襄의 동생, 즉 요장姚萇(330~393)이었다. 그는 강인의 첫 번째 황제였다. 또한 611명의 중국 제왕 중에서 인품이 나쁜 황제 중 하나였다.

당시 전진前秦 대장 부황미苻黃眉는 요양을 참살하고 요장을 포로로 잡아 참수할 준비를 하고 있었다. 다행히도 다른 대장 부견苻堅이 곁에서 만류하는 바람에 요장은 목숨을 건질 수 있었다. 부견은 또한 공후公侯의 예로 요익중과 요양 부자를 장례 지내주었다. 부견은 요장에게 한없이 의로운 모습을 보여주었던 것이다. 또한 비수대전에서 전진 황제 부견은 용양龍驤장군 요장을 남정南征 대군의 부사령관으로 임명했다.

비수대전의 참패는 막 통일된 북방이 다시 분열의 길로 나아가는 계기가 되었다. 전쟁의 패배로 인해 원래 전진에 속해 있던 부족의 수령들이 앞다퉈 왕을 칭했다. 부견이 장안으로 돌아온 지 얼마 지나지 않아 선비 모용홍慕容泓이 먼저 기병해 진晉에 대항했다.

이때의 요장은 아직 반란을 일으키지는 않았고 모용홍을 토벌하는 전쟁에 참가했다. 그러나 이 전쟁의 패배는 그의 마음속에 남아 있는 믿음을 사라지게 했다. 어찌할 수 없는 상황이 되자 그는 자신의 옛 근거지인 위수渭水(웨이수이강) 북쪽으로 돌아갔다. 그런데 뜻밖에도 그는 현지 강인과 서주西州 호족들의 옹립을 받았다. 그래서 요장은 병사를 이끌고 할거하게 되었으며, 마침내 전진 건원建元 20년(384)에 대장군이자 대선우, '만년진왕萬年秦王'이 되었다. 그 후 요장은 군대를 이끌고 둔북지屯北地로 들어왔고(산시성陝西省 후이현輝縣), 위북渭北 지역 10만여 호에 달하는 강호羌胡를 휘하에 두었다.

건원 21년(385), 부견이 장안에서 오장산五將山으로 도망쳐 요장의 세력 범위로 들어왔다. 이제 요장이 옛날의 은혜에 보답할 수 있는 절호의 기회가 온 것이다. 그러나 요장은 무너진 우물에 돌을 밀어 넣듯, 어려움에 처한 부견을 오히려 인질로 억류했다. 요장으로서는 '만년진왕'이라는 자신의 칭호를 명실상부하게 만드는 것이 시급했기에 부견에게 사람을 보내 전국옥새를 달라고 했다. 물론 부견은 욕을 퍼부었다. 그 후 다시 부견에게 황제의 자리를 양보하라고 했지만 부견은 강하게 거절했다. 화가 치밀어 오른 요장은 옛날의 은인을 사묘寺廟에 목매달아 죽이고 말았다.

다음 해에 요장은 장안으로 입성해 칭제하고, 나라 이름을 '대진大秦'이라 칭하며, 부견의 후계자를 자처했다. 그러나 그와 전진 황제 사이에는 아무런 혈연관계도 없었다. 역사에서는 요장의 나라를 '후진後秦'이라 부르지만 사실 그는 전진의 일부분만을 점유했을 뿐이다. 전진은 이미 동에서 서까지 분열되어 후연, 서연, 후진, 후량, 서진, 후위 등 여섯 개 나라로 갈라져 있었다.

요장은 아무리 찾아도 좋은 점이라고는 없는 인간이었다.[18] 그러나 쉽게 은혜를 저버리는 인간이라도 양심의 가책은 받는 것인지, 전쟁을 할 때마다 늘 군영에 나무로 '부견대제符堅大帝 신주神主'라는 상을 세워놓고 그의 용서와 가호를 빌었다. 말년에는 꿈속에서 부견이 자기 목숨을 내놓으라 하는 모습을 자주 보게 되었다. 그럴 때면 깊은 밤에 놀라 깨어나 괴상한 소리를 지르며 궁전을 헤매고 다녔다. 그러던 중 궁정의 호위무사가 헤매고 다니는 요장을 요괴로 오인해 날카로운 창으로 그의 음부를 찔렀는데, 그 상처가 곪아 음낭이 부어 수박처럼 커졌다고 한다.

죽기 직전에 그는 침대에 꿇어앉아 허공에 대고 끊임없이 머리를 숙여 절을 하며 이렇게 중얼거렸다고 한다.

"그때 부황미에게 죽은 형 요양이 나에게 폐하를 죽여 복수하라고 했어요. 폐하가 목매달아 죽게 된 것은 제 잘못이 아니에요! 폐하, 목숨만은 살려주세요!"

착한 사람이 나라를 망친다

아버지와 완전히 다르게, 요장의 아들 요흥姚興은 역사적으로 보기 드문 자애로운 제왕 중 하나였다. 요흥은 즉위한 후에 남아 있는 전진의 흔적부터 지웠다. 서연의 하동河東을 접수하고 동진東晉의 낙양을 공격해 점령했으며, 서진을 신복시키고 후량을 멸망시켰다.

그는 노예를 해방시키고 율학律學을 설치했으며, 유학을 제창하고 불교를 크게 일으켰다. 지혜로운 선비들을 모아들였으며, 농업과 양잠을 권했다. 자신을 과장되게 포장하는 짓을 않았으며, 잔치를 할 때에도 산해진미를 차리지 못하게 했다. 군마를 금이나 옥으로 화려하게 장식하지 않았으

며, 후궁들에게는 비단자수 옷을 입지 못하게 했다. 동진 안제安帝 융안隆
安 3년(399) 여름에 천재天災가 발생한 후에는 자신이 현명하지 못해 하늘
이 징벌을 내린 것이라고 하며 제호帝號를 낮추었으니, 조야가 찬탄했다.
그는 이웃 나라에도 잘 대해주어 평화를 유지하고자 하는 성의를 보이곤
했는데, 열두 개의 군郡을 동진에 잘라 내주어 변경 지역 백성들이 오랜만
에 평화를 누리기도 했다.

하지만 안타깝게도 그에게는 선비의 향기가 있었다. 그는 고대 정치가
들의 잔인함과 과단성을 지니지 못했다. 지나치게 관용을 베풀다보니 때
론 자기 무덤을 파는 일이 되기도 했다. 사실 항복해온 자와의 관계를 잘
유지하는 것은 아주 어려운 일이긴 하다. "대의를 밝힐 때엔 작은 은혜를
베푸는 것을 잊지 마라. 그러나 예물을 받을 때엔 그들을 우선 말에서 내
려오게 하는 위엄을 보이는 것을 잊지 마라"라는 말을 요흥은 몰랐다. 그
리고 그런 것을 가볍게 여겼다. 남량南凉의 독발禿髮, 북량北凉의 저거몽손
沮渠蒙遜, 대하大夏의 혁련발발赫連勃勃, 서진西秦의 걸복건귀乞伏乾歸는 모
두 요흥의 관용 덕분에 목숨을 부지할 수 있었음에도 나중에는 오히려 적
이 되었다. 요흥에게 귀부했던 그들은 후에 네 개 나라의 왕으로 변신했다.
요흥은 동진 안제 의희義熙 12년(416) 봄에 병들어 죽었고, 뒤를 이어 또
다른 착한 사람인 태자 요흥姚泓(388~417)이 즉위한다.

착한 사람이 그런 시대에 살아가는 것은 슬픈 일이었다. 그 시대는 살인
에 미친 자들 아니면 강호의 떠돌이들만이 자유롭게 날아오를 수 있던 시
대였기 때문이다.

요흥이 상복을 채 벗기도 전에 요흥의 형제들은 그를 유약하다고 여겼
다. 형제간의 반목과 전쟁이 일어날 수밖에 없는 상황이었다. 그 사이에 칭
왕한 혁련발발은 여러 군郡을 약탈해 많은 것을 얻어갔고, 동쪽에 있는 동
진의 권신權臣 유유劉裕 역시 국경까지 다가왔다.

동진의 대군은 건강建康에서 출발해 다섯 갈래로 병사를 나누어 수륙 양방향으로 함께 쳐들어왔다. 다섯 개의 날카로운 검이 직접 후진을 향해 다가온 것이다. 후진은 양방향으로 나누어 대응했으나 조정 안팎에서는 모두가 어쩔 줄 몰라 했다. 단도제檀道濟의 군대가 파죽지세로 깊숙이 들어와 후진 영화永和 원년(416) 가을에 낙양을 함락했고, 다음 해 3월에는 동관潼關을 점령했다.

절체절명의 순간, 강물 한가운데 버티고 서서 그 물을 막는 듯하다고 해 '중류지주中流砥柱'라 불리던 후진의 대장군 요소姚紹가 나서서 정성定城 (동관 서쪽 30리 되는 곳)에서 칼을 휘두르며 동진 군대를 막고 있었다. 두 나라 군대가 동관 서쪽에서 대치하고 있던 그 순간, 전쟁의 추세는 한 치 앞을 내다볼 수 없을 정도로 모호했다.

그때 왕진악王鎭惡이라는 동진 대장군이 나타났다. 그는 진秦의 재상 왕맹王猛의 손자였다. 그는 유유에게 수군을 통솔해 동관을 돌아 황하를 통해 위수로 들어가서 장안을 치라고 했다. 이 계책은 '실實을 피하면서 허虛로 나아가 바로 명줄을 끊어버린다'는 것으로, 매우 위협적인 허허실실 책략이었다. 이후에도 이것과 비슷한 전쟁은 많았다. 요遼는 북송의 양연소楊延昭가 견고하게 지키고 있던 수성遂城을 우회해 방비가 소홀했던 영주瀛州를 아주 손쉽게 공략했다. 명의 주체朱棣 역시 함락시키기 힘들었던 덕주德州를 우회해 병력이 비어 있는 남경南京으로 곧바로 쳐들어가 '정난의 변靖難之役'에서 최종 승리를 거머쥐었다.

부하의 건의를 듣고 나서 유유는 즉시 대답했다.

"그렇게 해보자."

하늘에 떠있는 해를 바꿔치기 하는 것과 같은 속임수가 암암리에 시작되었다. 어느 날, 한 후진 군인이 멀리 강에 떠 있는 수많은 작은 배들을 보았다. 그런데 이상한 것은 배는 보이는데 사람의 자취는 보이지 않는 것이었다. 대낮에 귀신을 본 것처럼 괴이쩍어 감히 앞으로 나아가서 살피려는 자가 없었다. 사실 동진 병사들은 배 안에 숨어서 노를 젓고 있다.

"신의 병사"들은 "하늘에서 내려와" 장안 북쪽에 있는 위교渭橋에 이르러 배를 버리고 강기슭으로 올라왔다. 작은 배들은 물길을 따라 흘러가게 내버려두었다. 퇴로를 끊어버린 동진 군사들은 어찌할 바를 모르고 당황하는 후진 병사들을 향해 벌 떼처럼 공격을 감행했다. 후진 군대는 순식간에 무너져 내렸다. 요홍이 병사를 이끌고 도우러 왔지만 바로 궤멸되었고, 그는 단기로 궁중을 향해 도망쳤다.

멀리서 전해져 온 대장군 요소姚紹의 병사病死 소식은 후진의 마지막 희망조차 사라지게 만들었다. 의희 13년(417), 요홍은 신하들과 종실 사람들을 거느리고 성문에 있는 동진 군영으로 직접 걸어와 투항했다. 황제를 제외한 사람들은 모두 처결되었고, 뿜어져 나오는 붉은 피가 유유의 군영을 검붉은 색으로 물들였다. 하늘은 뭐라 말하기 어려운 기묘한 분위기로 가득했다. 자신의 병사들이 후진 종실들의 목을 무 베듯 자르는 것을 바라보며 유유는 무슨 생각을 했을까. 지난날 요홍이 자신에게 열두 개의 군郡을 아무런 요구 사항 없이 나눠주었던 시절을 생각하지는 않았을까. 그러나 역사는 잿빛이고, 전쟁에는 원래 의리 따위는 없었다.

황제 요홍은 호송차에 실려 동진의 수도인 머나먼 건강建康으로 압송되었고, 사람들이 들끓는 저잣거리에서 참수되었다. 요홍이 죽을 때 나이 겨우 서른이었다. 사실 유유가 그를 건강으로 끌고 간 뒤 바로 죽이지 않고 며칠 더 살려둔 것은 도읍의 주민들에게 위대한 공적을 좀 더 자랑하기 위함이었다. 그렇게 함으로써 자신이 황제가 될 것이라는 여론을 조성하려는 것이었다.

이렇게 나라를 세운 지 34년 만에, 후진은 역사의 무대에서 내려갔다.[19]

당항강

송宋대에 이르러, '당항강'이 갑자기 등장해 역사서에 이름을 남겼다. 당항강의 기원을 찾아 역사서를 펼쳐보면 슬픈 울음소리가 들판을 뒤덮고 사람들의 분노와 원한이 하늘을 찔렀던 4세기가 나타날 것이다. 그때 강족의 세습 영지에 머나먼 중국 동부에서 온 두려운 유목민인인 선비 모용부慕容部가 이주해 왔다. 그들은 토욕혼吐谷渾의 지휘하에 오늘날 칭하이 일대의 강을 지배했고, 수초가 풍부한 목초지를 차지했다. 바로 이곳에서 토욕혼의 선비인과 강인의 상위 계층 사람들이 서로 혼인을 하며 서서히 융합되어 갔다.

시간이 화살처럼 지나가 수隋대에 이르렀을 무렵, 토욕혼 속부屬部인 탕창宕昌과 등지鄧至의 후손 '당항'이 역사 속에 나타났다.[20] 수 문제 개황開皇 5년(585), 많은 당항 부락들이 탁발영총拓跋寧叢의 인도 아래 수 왕조에 귀순했고, 욱주旭州에 거주하게 되었다. 이어서 당항강에는 세봉씨細封氏, 비청씨費聽氏, 왕리씨往利氏, 파초씨頗超氏, 야리씨野利氏, 방당씨房當氏, 미금씨米擒氏, 탁발씨拓跋氏 등 8대 족성族姓이 나타났다.

토번의 군사적 압력 때문에 당항은 189년이라는 기나긴 세월 동안 지속적으로 내지 이주를 단행했다. 많은 사람들이 은주銀州와 하주夏州로 이주해 왔는데 그들을 '평하부平夏部'라 불렀다. 일부는 경주慶州로 들어왔다. 경주가 오늘날 류판산六盤山 동쪽에 있었기에 그들은 '동산부東山部'라 불렀다. 그리고 일부는 수주綏州와 연주延州 일대로 들어갔다.

'황소黃巢의 난'이 일어나자 당항강은 반란을 평정하는 일에 호응했다. 당 희종 중화中和 원년(881), 당항 평하부의 지도자인 탁발사공拓跋思恭은 당나라 장군 이극용李克用과 함께 연합군을 조직해 단숨에 황소를 장안에서 내쫓았다. 난을 진압하는 데 공을 세웠다고 해 당에서는 탁발사공을

절반의 중국사

칭하이성의 드넓은 평원. 거얼무에서 시닝으로 가는 길.

하주절도사 겸 하국공夏國公으로 봉하고, 그의 이름도 당 황제의 성씨인 이씨 족보에 넣어주었다. 그때부터 하주 탁발씨는 자칭 이씨李氏라 했고, 은주와 하주, 수주, 정주靜州, 유주宥州 등 다섯 개 주를 차지했다.

어느 날, 중원 땅에 송이 세워졌다는 소식이 전해져왔고, 당항의 수령 이계봉李繼捧은 드디어 기댈 수 있는 큰 나무를 찾았다고 여겼다. 그래서 송 태종 태평흥국太平興國 7년(982), 부락 씨족장 270명과 민호民戶 5만여 장帳을 거느리고 송에 의탁했으며, 자신들이 차지하고 있던 오주五州의 지도를 바쳤다. 송 태종 조광의趙匡儀는 매우 기뻐하며 이계봉을 창덕군절도사彰德郡節度師로 봉하고 송 황실의 성씨인 조씨 성을 내려 주었다. 그리고 그들을 동경東京에 와서 거주하게 했으며, 병사를 보내 오주를 점령했다.

역사가 갑자기 방향을 바꾸다

초원은 유목민족의 영원한 어머니이다. 그들은 이미 광활한 목장에서 발굽 소리를 울리며 말을 타는 생활에 익숙해 있으며, 애절한 현악기 소리에 자신들의 마음을 실어 초원으로 퍼져나가게 하는 것이 몸에 배었다. 이계봉의 귀부歸附는 당항 귀족 집단의 신속한 분열을 가져왔다. 이것에 대해 첫 번째로 "아니오!"를 외친 인물은 이계봉의 동생 이계천李繼遷 (963~1003)이었다.

그는 당항의 역사를 바꿔 쓴 인물로서, 송 태조 건덕建德 원년(963)에 태어났다. 오늘날 산시성 미즈현米脂縣 뎬스향殿市鄉에 있는 이계천 마을李繼遷寨에는 "이계천이 태어났을 때부터 이가 나 있었다"라는 전설이 여전히 전해지고 있다. 어쩌면 사실보다 과장된 부분이 있을 수도 있지만, 그가 11세에 도지번락사都知蕃落使를 맡았던 것은 변하지 않는 역사적 사실이다.

이렇게 뛰어난 재주를 지닌 걸출한 소년 장군은 형이 송 왕조에 귀부할 것임을 선포하는 역사적 순간에, 동생 이계충李繼沖, 한족 장포첩張浦鉆과 함께 밀실로 들어가 '작은 모임'을 시작했다.

그 후 얼마 지나지 않아 이계천의 유모가 병으로 죽었다는 소식이 퍼져나갔다. 장례식 날, 상복으로 갈아입은 이계천의 부하가 영구를 들고 순조롭게 성을 빠져나갔다. 관 안에는 수많은 병장기가 들어 있었다. 그는 하주 동북쪽 150킬로미터 지점에 있는 근택斤澤(내몽골자치구 이커자오맹伊克昭盟 어퉈커기鄂托克旗 동북쪽)으로 달려갔다. 수초가 풍부한 이 목초지에서 이계천은 2만 명의 무장 부대를 규합하고 송에 대항해 자립을 선포했다.

이계천은 남산南山 야리씨野利氏 여자를 아내로 삼아 남산 부족을 자신의 충실한 추종자로 만들었다. 요 성종 통화統和 4년(986)에는 다시 요의 의성義成공주를 아내로 맞이했다. 요에서 그를 하국공夏國公으로 봉하니,

절반의 중국사

이제 그들은 거란과 호각지세를 형성했다.

이어서 이계천은 권토중래해 교묘하게 거짓 항복작전을 시행했다. 그리하여 송에 귀부한 큰형인 하주자사 조계봉趙繼捧을 격파하고, 송 태종 순화 2년(991)에 은주와 수주를 점령했다.

전쟁에서 큰 손해를 본 송은 어쩔 수 없이 유화정책을 채택해 이계천에게 은주관찰사라는 봉호를 수여했고, 나아가 조보길趙寶吉이라는 이름을 내려주고 싶어 안달했다. 하지만 그러면서도 송은 품질이 좋은 당항 소금을 변경지역에서 판매하지 못하도록 금지했다. 이계천의 재원財源을 차단해 그들을 항복하게 만들려는 것이었다.

도박꾼은 아니었지만, 이계천은 성공한 도박꾼들에게는 보통 두 개의 길이 있다는 것을 확실히 알고 있었다. 돈을 잃을 때엔 참을 줄 알아야 하고, 돈을 딸 때에는 독해져야 한다. 인위적으로 설치된 장애물 앞에서 그가 선택할 수 있는 길은 두 개였다. 억울하지만 투항하는 것이 하나이고, 다른 하나는 당당하게 떨쳐 일어나는 것이었다. 당기고 때리는 졸렬한 수단을 쓰는 송은 오히려 그의 웅대한 마음에 불을 질렀다. 5만 명으로 점차 숫자를 불린 당항 군대는 송 진종 함평 5년(1002)에 영주靈州(닝샤 링우)를 공격해 함락했다. 그리고 그곳을 수도로 삼아 '서평부西平府'라고 이름을 바꿨다. 일이 이렇게 되자 줄곧 양보하며 타협할 것을 주장해온 송 진종은 상황을 인정할 수밖에 없었고, 이계봉이 바친 다섯 개의 주를 이계천에게 돌려주었다.

뜻을 이루었어도 초심을 잃으면 안 되는 법이다. 사람은 뜻을 얻었을 때 가장 쉽게 경계심을 버리기 때문이다. 송 진종 경덕景德 원년(1004), 토번 육곡부六谷部의 수령 번라지潘羅支가 이계천에게 투항하겠다고 왔다. 기쁨에 넘친 이계천은 친히 소수의 시종들만 데리고 항복하는 자들을 맞이하러 나갔다. 그러나 그것은 거짓 항복이었다. 이계천은 번라지가 몰래 쏜 화살에 맞아 죽고 말았다.

임종하기 직전, 이계천은 요와 '전연의 맹'을 체결한 송 왕조가 서북 전선의 긴장을 완화시키고 싶어 하는 것을 알고 이를 허락했다. 그래서 아들 이덕명李德明에게 "표表를 올려 송에 귀부하라"는 저명한 정치적 유언을 남겼다(이 상황은 칭기즈칸이 임종하기 전과 비슷하다).

"한번 표를 올려 청해 듣지 않으면 다시 표를 올려라. 청한 바를 얻어내지 못하면 멈추지 마라!"

가라앉은 분위기에서 이덕명은 그 뜻을 이어받았다. 이덕명이 요에 부친상을 당했음을 알리자, 요는 그를 평서왕平西王으로 봉했다. 이덕명은 아버지의 유언대로 송에 표를 올려 항부降附할 것임을 표시하고, '경덕화약景德和約'을 맺었다. 송은 그를 정난군절도사定難郡節度使 겸 서평왕西平王으로 봉했다. 이제 걱정이 없어진 이덕명은 아들 원호元昊를 보내 감주甘州(간쑤성 장예張掖), 양주(간쑤성 우웨이武威)를 연달아 공격했고, 회골이 오랫동안 점거하던 하서주랑을 통제했으며, 회원진懷遠鎭에 따로 새로운 도읍지를 건설해 홍주興州(닝샤 인촨銀川)라고 이름 지었다. 또한 송의 체제에 따라 이원호를 태자로 세웠다. 새로운 제국이 출현한 것이다.

나뭇잎이 누렇게 변하는 것은 그것으로 끝이 아니라 머지않아 봄이 올 것임을 말해준다. 이덕명은 조급하게 칭제하지 않았다. 그는 조상을 빛낼 수 있는 기회를 아들에게 넘겨주었다. 이는 정치 지도자로서 그의 영명함을 보여준다. 이덕명의 원대한 정치적 식견은 중국 역사에 한 획을 그었다.

서하

어둠 속에 한 쌍의 운명의 손이 나타났다. 그 손은 역사의 시곗바늘을 앞으로 돌려 이원호에게 웅대한 자태를 펼칠 수 있는 무대를 만들어주었다. 송 인종 천성天聖 10년(1031), 한창 장년에 들어선 이덕명이 병에 걸려 세상을 떠났다. 그리고 전쟁에서 탁월한 공을 세운 태자 이원호가 아버지의 위업을 계승했다.

한족과 토번의 불경과 법률을 줄줄 꿰었으며, 점복에 능했고, 특히 군사적 지모가 뛰어났던 이 청년은 즉위하자마자 개혁의 깃발을 내걸었다. 그는 독발령禿髮令[21]을 내려 정수리 부분의 머리를 깎고 앞이마부터 뺨까지 머리카락을 늘어뜨리는 전통 머리 모양을 하라는 명령을 내렸다. 그리고 당이 내린 이씨 성과 송이 준 조씨 성을 버리고, 당항의 성씨인 '외명嵬名'으로 바꿨다. 송이 내려준 평서왕과 요가 내려준 평서왕平西王이라는 봉호를 폐기하고, 당항어로 '오조吾祖'(칸, '푸른 하늘의 아들'이라는 뜻)라 칭했으며, 송 연호를 폐기하고 스스로 만든 연호인 '현도顯道'를 사용했다. 또한 서하문자를 창제해 서하의 문서를 기록할 때엔 새로 만든 문자를 사용하라고 했다. 관제를 개혁하고, 송 왕조를 모방해서 세운 관직과 당항 관직을 함께 사용했다. 병제兵制를 정립하고 금생군擒生軍, 시위군侍衛軍, 지방 주둔군을 만들었다. 송 인종 명도明道 2년, 즉 하夏 현도 3년(1033), 그는 흥주를 흥경부興慶府로 승격시키고, 궁성을 확장했다. 이 모든 것이 가리키는 결론은 하나였다. 이원호는 가장 천재적이고 상상력이 풍부한 당항 지도자였다는 점이다. 그는 살아 있을 때나 죽은 후에나, 당항 사람들의 가슴속에, 또한 서하의 정체성에 아주 깊은 흔적을 남겼다.

그 후 그는 토번 곡시라부唃厮羅部의 리우성犂牛城을 공격했다. 이어서 과주瓜州(간쑤성 안시安西), 사주沙州(간쑤성 둔황), 숙주肅州(간쑤성 주취안酒泉)를 공격해 점령했다. 그래서 그 영역이 "동쪽으로는 황하까지, 서쪽으로는 옥문관, 남쪽으로는 소관蕭關, 북쪽으로는 대막大漠에까지" 미쳤다. 즉 서하의 영역은 하夏·유宥·은銀·회會·수綏·정靜·영靈·염鹽·승勝·위

威·정定·영永·감甘·양凉·과瓜·사沙·숙주를 모두 포함하게 되었다.

원호 대경大慶 3년(1038) 음력 10월 11일, 강인의 달력으로 설날 새벽에 막 마흔 살이 된 이원호는 제왕의 흰색 도포를 입고 찬란한 햇빛을 받으며 황제 자리에 올랐다. 그런 후 스스로를 '시문영무흥법건예인효황제始文英武興法建禮仁孝皇帝'라 칭하고, 흥경부를 도읍지로 정했다. 국호는 '대하大夏'(속칭 '서하'라고 한다. 정식 명칭은 '백고대하국白高大夏國')라 하고, 연호는 '천수예법연조天授禮法延祚'라 했다. 마침내 당항, 즉 탕구트는 송, 요, 금과 어깨를 나란히 하는 동방의 주권국가가 되었다.

이원호는 건국과 동시에 송으로 특사를 보내 건국 소식을 전했다. 그리고 송이 서하를 우호적이고 독립적인 이웃 나라로 인정해줄 것을 요청했다. 그러나 송 인종은 원래 신하였던 당항이 이제 자신들과 어깨를 나란히 하게 되었다는 사실을 받아들일 수가 없었다.

송 인종은 이원호에게 내렸던 성姓과 관작을 거두어들인다는 조서를 내리고 국경 무역을 하던 시장을 폐쇄시켰으며, 이원호를 잡아오는 자에게 현상금을 주겠다는 방을 내붙였다. 그러나 이원호은 이미 날개를 한껏 펼치고 날아오르던 터라, 이 소식을 듣자마자 송과의 화의 약조를 폐기했다. 이어서 송 인종 강정康定 원년, 천수예법연조 3년(1040)부터 송을 향해 여러 차례에 걸쳐 대규모 공격을 감행했다. 중국 서부 지역에는 봉수대의 연기가 피어올랐고, 집을 잃고 떠도는 난민들의 울음소리가 가득했다.

송 강정 원년 초, 이원호가 연주延州(산시성 옌안延安)를 공격했다. 송의 장수 범옹范雍은 연패했고, 급히 지원하러 온 장군들은 자신의 목숨을 보전하는 데 급급했으며 서로 도울 생각을 하지 않았다. 결국 연주와 송새문채宋塞門寨, 안원채安遠寨가 모두 적의 수중에 떨어졌다. 30년 만에 처음으로 병사를 움직인 송이 참패를 당하자 조야가 모두 소란을 떨며 어쩔 줄 몰라 했다. 연주 지방 장군들 중 단 한 명도 책임지겠다고 나서는 자가 없

내몽골자치구 어지나기額濟納旗(에치나)에 자리한 카라호토黑水城 서하왕국 유적지.

었으니, 백성들이 보내온 고발장들이 휘날리는 눈송이처럼 조정으로 날아들었다.

　원망의 목소리가 높아지자, 송 인종은 한기韓琦를 섬서 경략사經略使로, 범중엄范仲淹(989~1052)을 섬서 경략부사經略副使 겸 지연주知延州로 임명했다. 그들은 4년에 걸쳐 서하의 공격을 겨우 막아냈다. 붉은 피로 얼룩지고 봉수대 연기로 가득 찬 성벽 위에서, 갑옷을 입은 시인 범중엄이 바람을 맞으며 서 있는 모습을 상상해보라. 투구 끈과 수염을 바람에 휘날리며, 그가 읊는 〈어가오漁家傲〉가 귀에 들려오는 듯하다.

　　변방에 가을이 오니 풍광이 더욱 이국적이구나.
　　남쪽 형양으로 날아가는 기러기 이곳에 머물 뜻이 없네.
　　사면에서 변방의 바람 소리 말 울음소리와 군대의 호각 소리 들려오고,
　　수없이 이어진 높은 산들 사이에서,

자욱한 저녁 안개 속에 해는 지고 외로운 성 문은 닫혀 있네.

수심 어린 술 한 잔 하니 고향 집은 만 리 밖에 있는데,

연연산에 공적 새기지 못했으니 언제 돌아갈지 알 수 없네.

강족의 피리 소리는 서리 내린 땅 위에 가득한데,

잠은 오지 않고,

장군의 머리는 백발이 되고 멀리 떠나온 군인 눈에선 눈물만 흐르네.[22]

塞下秋來風景異,

衡陽燕去無留意.

四面邊聲連角起,

千嶂里,

長烟落日孤城閉.

濁酒一杯家萬里,

燕然未勒歸無計.

羌管悠悠霜滿地,

人不寐,

將軍白髮征夫淚.

　　서하가 비록 우위를 점하긴 했지만 병사의 숫자와 말이 부족했고 재원도 든든하지 못했다. 게다가 송이 바치던 세폐를 끊어버리고 무역을 하던 변방의 관문을 닫아버리니, 서하 민중들은 차와 옷감을 얻을 방법이 없었다. 서하에서는 전쟁을 반대하는 '십불여十不如'라는 노래가 유행했다.

　　이원호는 결국 천수예법연조 7년, 송 인종 경력慶曆 4년(1044)에 휴전을 제의했다. 서하는 제호帝號를 취소하고 송은 이원호를 하국왕夏國王으로 책봉하기로 쌍방 간에 협의했다. 명목상으로 서하는 송에 칭신했지만, 송은 해마다 서하에 비단 15만 필, 은 7만 냥, 차 3만 근을 보내기로 했다. 화

의의 결과, 서하는 송의 승인을 얻었고 세폐를 다시 받을 수 있게 되었다. 범중엄은 조정으로 돌아가 한동안 부副 재상 자리에 있었다. 그러나 후에 등주지주鄧州知州로 좌천되어 갔다. 그곳에서 범중엄은 젊은 시절의 기억과 친한 친구 등자경滕子京이 보내온 〈동정만추도洞庭晚秋圖〉에 의거해 천고에 전해져 내려오는 유명한 작품인 〈악양루기岳陽樓記〉를 지었다.

인생에서 가장 견디기 어려운 것은 계속 이어지는 나쁜 날씨가 아니다. 오히려 한없이 이어지는 맑은 날씨가 더 견디기 힘든 법이다. 전쟁은 백성들에게 고난을 가져다주지만, 전쟁이 없는 시대는 영웅을 가라앉게 만든다. 이때부터 열혈남아 이원호의 가슴속에 들끓는 것은 "갑옷을 입고 철마를 타고 창을 휘두르니, 호랑이처럼 맹렬하게 만 리를 삼킬 기세"[23]가 아니었다. 그것 대신 "부드러운 구름은 하늘에서 온갖 묘한 모습 만들고, 견우성과 직녀성은 반짝이며 이별의 한을 전하고 있는데, 일 년에 한 번 머나먼 은하수 건너 몰래 만나네"[24]와 같은 마음이 그의 마음속에 자리했다.

이원호는 송의 이간질 계책에 휘말려 야리野利황후의 두 숙부인 야리왕영野利王榮과 야리우걸野利遇乞을 죽였다. 나중에 자신의 잘못을 후회해 야리우걸의 아내 몰장씨沒藏氏를 궁중으로 들어오게 했다. 둘은 만나자마자 뜨거운 사랑에 빠졌고, 질투심이 폭발한 야리황후는 이원호 몰래 몰장씨를 계단사戒壇寺로 보내어 삭발시켜 여승으로 만들어버렸다. 천수예법연조 10년(1047), 고독함을 견디지 못한 이원호는 몰장씨와 다시 몰래 만났고, 야리황후를 폐했다. 그뿐만 아니라 태자 영령가寧令哥의 아내인 몰이씨沒移氏를 취해 황후로 삼았다. 이어서 그는 천도산天都山(톈두산)에 화려한 궁전을 만들어 그곳에서 새 황후와 깊은 정을 나누었다.[25]

그러나 부드러운 여성은 종종 영웅의 무덤이 된다. 천수예법연조 11년(1048) 정월 보름날, "달은 버드나무 가지 위에 떠오르고, 황혼이 진 후 님을 만났지"[26]라는 시 구절처럼 아름다운 보름밤, 아버지에게 아내를 빼앗긴 영령가는 사람을 이끌고 궁으로 들어와 거나하게 취한 아버지 이원호의 코를 베어버렸다. 다음 날, 피를 지나치게 많이 흘린 바람에 그토록 용맹스럽던 영웅 이원호는 결국 46세라는 나이로 세상을 떠났다. 그의 결말을 보면 은 주왕紂王과 달기, 주 유왕幽王과 포사, 부차와 서시, 초 회왕懷王과 정수鄭袖, 당 현종 이융기와 양귀비가 생각난다. 아름다운 여인이 가진 충격적 힘이 역사적으로 얼마나 많은 비극적 장면을 만들어냈는지, 한번 생각해볼 일이다.[27]

사실 이원호의 장단점을 시시콜콜 늘어놓을 필요는 없다. 격렬한 변화의 한가운데에 서 있는 사람에게 완벽한 인생이란 사실 불가능한 것이기 때문이다.

몽골과 서하

자객은 자신이 예측했던 대로의 성공을 결코 거두지 못했다. 이원호가 피살된 후, 암살에 참여했던 태자 영령가와 배후에서 조종한 야리황후는 병권을 장악한 몰장씨 족장 와방訛龐에게 살해당했고, 이원호와 몰장씨 사이에서 태어난 양조諒祚가 황제가 되었다. 양조의 뒤를 이어 나이 어린 병상秉常, 건순乾順이 계속 제위를 이었다. 그동안 정권은 계속 황후 일족이 장악하고 있었다. 송 철종哲宗 원부元符 2년(1099)에 이르러 건순이 친정을 시작한 후에 서하는 비로소 다시 흥성한 시기로 접어들었다. 요, 금과 공고한 동맹 관계를 맺었고, 오늘날 시닝西寧과 황湟, 선鄯이 모두 서하의 판도에 들어왔다.

그런데 서하에 위기가 도래했다. 그 위기는 내분이 아니라 어리석기 이를 데 없는 외교정책에서 비롯되었다. 당시에 유약했던 송 왕조는 금에 밀려 기후가 온화하고 비가 많이 내리는 남방으로 쫓겨 가 있었고, 중원의 북부와 서부에는 웅대한 금과 서하가 나란히 자리 잡고 있었다. 그리고 금과 서하 북부의 광활한 초원에는 '동방의 웅대한 매'라 불리던 몽골 기병이 말을 타고 휘젓고 다녔다. 금과 서하가 연합했더라면 두 나라는 좀 더 오래 존재할 수 있었을 것이다. 그랬더라면, 호시탐탐 기회를 엿보던 몽골에 각개격파당하는 비참한 지경에 이르지는 않았을 것이다.

건순의 아들 인효仁孝가 죽은 후, 서하는 맹방국인 금을 저버리고 테무친鐵木眞의 품으로 들어가버렸다. 하 환종桓宗 외명순우畏名純祐 천경天慶 12년(1205), 테무친이 나이만乃蠻을 멸망시킨 후 케레이트克烈部 잔여 세력을 추격한다는 명분하에 서하에 들어왔고, 서하는 건국 이래 최대의 재난을 당했다.

환종은 자신의 외교 책략을 돌아보면서 흥경부를 중흥부中興部로 바꾸고, 하늘의 도움을 기원했다. 다음 해 테무친이 몽골 오논강 유역에 나라를 세웠고, 칭기즈칸이 되었다는 소식이 전해져왔다. 놀라운 소식에 심장이 벌렁거리던 서하 국왕은 계속 금에 사신을 파견해 중단된 지 오래된 연합전선을 다시 구축할 것을 희망했다. 그러나 불행하게도, 금의 정권을 잡고 있던 사람은 완고하기 이를 데 없고 어리석기가 하늘을 찔렀던 위소왕衛紹王이었다. 그는 서하의 요구를 단칼에 거절했을 뿐 아니라, 서하가 처한 위기 상황이 아주 고소하다는 듯 말했다.

"적들이 서로 공격하며 싸우는 것은 중국中國의 복이거늘, 뭐가 걱정이란 말인가?"

가장 중요한 역사적 관건이 되는 시기에 최고위직에 있는 자가 가장 어리석은 결정을 한 것이다. 생각해보라. 만일 그들 두 나라가 한 줌도 안 되는 질투심을 털어버리기로 서로 합의했다면, 역사를 다시 쓰는 중대한 국면이 나타났을지도 모른다.

이후 서하는 두 번 다시 금과 연합해 몽골에 대항하지 않았다. 그리고 칭기즈칸과 함께하기로 했다. 1216년과 1217년, 1221년 세 차례에 걸쳐 금을 공격하는 전쟁에서 몽골을 대신해 희생해야 했던 서하 군대는 중대한 손상을 입었다. 이에 당항인(탕구트인) 사이에서 불만이 생겨나기 시작했다. 몽골을 도와 금에 대항하는 정책에 대해 반대하는 자들이 나타나자, 칭기즈칸은 서하를 멸하라는 명령을 내렸다. 순식간에 서하라는 이 난파선은 거친 역사의 소용돌이 속으로 휘말려 들어가고 말았다.

대세가 이미 기울어버린 것을 보고 몽골과 함께하며 금에 대항하던 서하 신종神宗 외명준욱畏名遵頊은 후회하고 고뇌하기 시작했다. 그러나 스스로 결단을 내리지는 못하고, 광정光定 13년(1223)에 황제 자리를 둘째 아들인 헌종獻宗 덕왕德旺에게 물려주고는 '상황上皇'이라 자칭하면서 조용히 막후로 물러났다.

운 좋게 황제가 된 헌종은 아버지가 수십 년 동안 시행해온 국가 시책을 바꿀 수밖에 없었다. 그래서 막북의 여러 부部에 사신을 보내어 외세를 이용해서 몽골을 견제해보려 했다. 또한 금에 사신을 보내 화의를 요청했고, 위급할 때 서로 돕자고 건의했다. 그러나 이때의 금은 병사도 적고 재력도 없어 망국 직전에 이르렀으니, 어디 서하를 지원할 능력이 있었겠는가?

서하가 사방으로 원조를 요청한다는 소식을 듣고 몽골군은 즉시 대군을 조직해 서하를 향해 쳐들어왔다. 서하 헌종 건정乾定 2년(1224), 몽골 기병이 동로東路를 통해 은주로 치고 들어왔고, 이 전쟁에서 서하의 군사들 1만 명이 전사했다. 원 태조 21년(1226), 칭기즈칸이 대군을 이끌고 사주와 숙주, 감주, 서량부를 공격했다. 64세의 태상황 신종과 46세의 헌종은 모두 충격으로 죽었고, 제위는 헌종의 조카인 외명현畏名睍에게로 넘어갔다.

하서河西를 공략한 다음, 칭기즈칸은 12월에 황하를 건너 서하의 배도陪都인 영주靈州[28]로 들어왔다. 재난의 시기에 황제 자리에 올라가게 된 외명현은 급히 10만 대군을 조직해 외명영공畏名令公에게 군대를 이끌고 가라고 했다.

서하 사람들에게 황하는 위대하고 친절한 어머니 강이었다. 그들은 이 때 황하에 파도가 몰아치기를 갈망했다. 황하가 그들을 대신해 호랑이와 늑대 같은 몽골인을 막아주기를 기대했다. 그러나 어머니 강의 젖은 차가운 겨울 날씨 속에 말라붙었고, 강물은 이미 쇠처럼 단단하게 얼어버렸다. 황하는 더는 영주의 방패가 되지 못했다. 칭기즈칸이 얼어붙은 황하를 건너는 것은 누워서 떡 먹기였다. 꽁꽁 얼어붙은 땅에서 몽골군은 증원병으로 온 당항 군대와 생사를 건 육박전을 시작했다.

몽골과 서하의 전투는 역사의 한 페이지에 흔적을 남기고 있다. 관중은 없었지만 그 어떤 전쟁보다 치열했다. 그리고 그 전쟁의 비참함은 몽골 군대의 역사에서도 보기 드문 것이었다. 당항 군대와 몽골 군단의 사상자 수는 10대 1이었다. 대패한 서하 군인들의 시체가 산처럼 쌓였으며, 서하 주력군은 이 전투에서 거의 다 죽었다. 마침내 영주가 함락되었고 백성들은 재앙을 피할 수 없었다. 전쟁이 끝나고, 서하라는 나라는 서서히 막을 내리고 있었다.

몽골 군대는 중흥부를 6개월 동안 포위했다. 식량이 바닥나고 원군도 끊긴 상황에서 지진 피해까지 입은 당항은 절망적인 상황에 이르렀다. 서하의 마지막 황제 보의寶義 2년(1227) 6월, 서하는 몽골에게 투항하겠다고 했으며, 한 달 안에 성을 바칠 터이니 그동안만 말미를 달라고 간청했다. 7월, 칭기즈칸은 류판산에서 병들어 죽었다. 그러나 그가 죽었다는 소식은 철저하게 비밀에 붙여졌다. 일설에 의하면 칭기즈칸이 죽을 때 이렇게 유언했다고 한다.

"밥을 먹을 때마다 이렇게 말하거라. '남김없이 모조리 없애라! 그들을 죽이고, 그들의 대를 끊어라.'"[29]

며칠 후, 서하 왕과 신하들은 투항 합의서에 의거해 성문을 열었다. 그런데 몽골인이 갑작스레 칭기즈칸의 유언을 알렸다. 하지만 당항인은 항복한 것을 후회할 틈도 없었다. 몽골인은 서하의 국왕 외명현을 죽이고, 이어서 투항한 군인과 백성을 모조리 죽이기 시작했다. 사람만 죽인 것이 아니라 재물은 모조리 약탈하고 도시의 궁전과 나라의 보물과 서적, 황실의 능원 등 모든 것을 철저하게 파괴했다. 차마 눈뜨고 볼 수 없는 참상이었다.

학살자들의 칼날이 서하 왕조를 지워버렸다. 열 명의 황제를 거쳐 194년이라는 세월 동안, 아니 실제로는 347년 동안 이어져온 서하 왕조가 사라진 것이다. 서하는 천둥번개처럼 천지를 진동하며 나타났다가 강물 위에 쏟아져 내리던 맑은 빛이 갑자기 멈추듯, 그렇게 순식간에 사라졌다.[30] 그것은 갑자기 끊어져버린 웅혼한 음악과도 같았으며, 피비린내가 진동하긴 했지만 낭만적인 악몽과도 같았다.

원元을 세운 후 몽골인은 서하의 옛 땅에 영하로寧夏路를 설립했다. '영하'는 "서하를 쓸어버리고 영원히 평안함을 지속한다掃平西夏, 永保安寧"라는 뜻이다.

지금도 류판산은 여전히 높이 치솟아 있고, 허란산賀蘭山은 아득하다. 원나라, 명나라 이후 서하는 이제 아무런 위협이 되지 못했고, 조정도 더이상 신경 쓸 필요가 없어졌다. 전쟁의 불꽃은 이제 멀리 사라지고, 칼과 창은 창고 속으로 들어갔다. 아홉 개의 성省을 지나며 굽이굽이 흘러가는 황하는 비단처럼 아름다운 전원 풍경을 보여주는 인촨銀川평원을 흘러갔으며, 꽃송이가 바람 따라 가녀리게 흔들리듯 고운 자태의 수향水鄕을 길러냈다. 오늘날 우리는 '새상강남塞上江南'[31]의 풍광을 보고 있지만, 서하 왕조가 드리운 천년 백발은 잔잔한 물결 속에서 여전히 흔들리고 있다.

후손들은 여전히 남아 있고

당항인이 몽땅 전멸당한 것은 아니었다. 전쟁 중에 몽골에 투항한 당항인은 원元대에 '당올唐兀'이라 불렸다.[32] 그들은 색목인色目人과 더불어 두 번째 계급에 속했으며, 여진인이나 거란인보다 사회적 지위가 높았다. 찰한察罕 등 상층 계급은 몽골에 융합되었고, 당항 평민은 한족에 융합되었다.

몽골 기병 부대가 대규모로 서하를 유린한 후, 일부 당항인은 남방을 향해 대장정의 길에 나섰다. 그들은 타오허강洮河을 건너고 쑹판松潘초원을 넘어 진촨강金川河 골짜기를 따라 남하했다. 단바丹巴, 칭닝慶寧을 거치고 오늘날 쓰촨성 간쯔甘孜 티베트족자치주의 무야木雅 지역으로 와서 '서오西吳'(하夏)라고 불리던 작은 정권을 건립했다. 변방의 이 작은 정권은 몽골 왕조와 병존하며 묵묵히 한 세기를 버텼다. 후에 쓰촨 군벌 명옥진明玉珍(1331~1366)을 토벌하는 데 공을 세워 명明 성조成祖는 그들의 우두머리를 '토사土司'로 봉했는데, 청淸 강희 연간에 남성 계승자가 없어 맥이 끊길 때까지 계속되었다.

원 헌종 몽케蒙哥 원년(1251), 쿠빌라이는 윈난 다리大理에 원정을 했다. 이상한 것은 그가 중원 땅의 큰길로 가지 않고 산 높고 길이 먼 쓰촨 서부 고원지대를 선택해 행군했다는 것이다. 그는 왜 하필 그 길로 갔을까? 유일하게 합리적인 해석은 그 길이 서하 유민이 도망쳤던 노선이라는 것인데, 쿠빌라이가 화살 하나로 두 마리 매를 잡으려는 의도에서였다고 한다. 하나는 천하를 통일하려는 것이었고, 다른 하나는 서하인을 전멸시키라고 했던 칭기즈칸의 유언을 실현하기 위함이었다는 것이다. 바로 직전에 그는 류판산에서 티베트 샤카파 종교지도자인 파스파八思巴(1235~1280)와 만나 서하 유민이 티베트로 들어오지 못하도록 몽골과 티베트가 연합하자는 묵계를 했다.

그러나 그는 쓰촨 서부와 서남부 지역이 도망자들에게 유리한 지형이라는 점을 간과한 것이 분명하다. 또한 자신과 티베트인의 묵계를 너무 철석같이 믿었던 듯하다. 그가 다리大理에 남정을 하는 것과 동시에 무야 지역의 일부 당항인은 후장後藏[33]으로 도망쳐 오늘날 티베트와 네팔 경계의 장무樟木, 딩제현定結縣 천탕진陳塘鎮, 딩르현定日縣 룽샤향絨轄鄉 등 지역에 1천 명 이상이 거주하게 되었다. 그들이 바로 오늘날 티베트의 셰르파인夏爾巴人[34]이다. 놀란 가슴이 진정되지 않았는지, 아니면 고원지대의 산소가 부족해서였는지, 짱 지역으로 도망친 일부 당항인은 다시 남쪽으로 이주해 히말라야산맥 해발 6천여 미터 높이의 낭파라囊巴拉산 입구를 넘어 오늘날 네팔 솔루쿰부로 와서 인구가 10만 명에 달하는 셰르파인을 형성했다.

이 밖에 쓰촨과 티베트 사이의 엄청나게 높이 솟은 설산 위에는 19만 8천여 명의 강인 후예들이 거주하고 있다. 이들은 홍군紅軍이 대장정을 하며 지나간 쓰촨성 아바阿壩 티베트창족자치주藏族羌族自治州의 현대 창족羌族이다. 고증에 따르면 이들 창족은 고대 강인 염방冉驍 부락[35]에 속한다. 수·당 시기에 염방은 한인과 토번 쌍방이 서로 끌어들이려는 대상이었는데, 토번에 가까운 일부 강인은 티베트 사람들과 융합되었고, 한인에 가까운 일부 백성은 한인과 장기간에 걸쳐 혼인관계를 맺으면서 한인에 융합되었다. 그 중간 지대에 살면서 강인의 습속과 민족 명칭을 고집스럽게 이어간 사람들이 지금까지도 존재하는데, 이들은 자칭 '얼마爾瑪'('현지인'이라는 뜻)라고 한다.

2008년 5월 12일, 리히터 지진계로 8도에 해당하는 쓰촨성 원촨汶川 대지진이 창족 거주지에 발생했다. 전국 국민이 뜻을 모아 도와준 덕분에 그들은 지진의 폐허에서 다시 강인하게 일어났다.

문자가 없고 군대도 없으며 민족 영웅도 없는 약소 부락이 현대에까지 면면히 이어져 내려오면서 줄어들었던 인구가 다시 늘어나고 있다는 사실

은, 그야말로 역사적 기적이라 하겠다.[36]

창족의 인구가 매우 적긴 하지만 그래도 그들은 행운이라고 할 수 있다. 고대에 일세를 풍미했던 갈羯이나 저氐의 순정한 혈통은 더 이상 남아 있지 않기 때문이다.

제10장

토
번

吐
蕃

선사시대 문명의 흔적을 찾아

티베트는 '하늘'(부처)에서 가장 가까운 곳이며, 동시에 '인간세상'(세속)에
서 가장 먼 곳이다. 그곳은 신화가 있는 땅이며, 정결한 신앙의 낙원이다.
비록 산소는 희박하지만 그 땅에는 언제나 신비롭고 몽환적인 분위기가
감돌고 있다.

그곳이 그렇게도 신비로워서일까. 티베트 토착 역사를 찾는 일은 굽이
굽이 흘러가는 얄룽장쯔雅魯藏布강[1]의 발원지를 찾는 것만큼이나 쉽지
않다. 물론 현대의 티베트족藏族, 먼바족門巴族, 뤄바족珞巴族의 조상이
'토번吐蕃'임은 의심할 여지가 없다. 그렇다면 토번은 어디서 왔을까?[2]

반세기 전에도 사람들은 그 문제에 대해 여러 가지 추측을 했다. 그때 추
론에 참여한 사람들을 보면 엄격한 학술적 태도를 지닌 역사학자도 있지
만, 좋지 않은 의도를 품은 외국인 승려도 있었다. 그들이 제기한 의견 중
가장 유명한 것은 '남래설南來說'과 '북래설北來說', 그리고 신화와 전설에
근거한 '본토설'이다.

'남래설'은 인도 승려들에게서 나왔다. 인도 승려들은 얄룽 정권의 첫

번째 짼뽀贊普[3]가 인도 샤카 씨족의 후예라고 했다. 이 후예가 티베트로 도망쳐 온 후에 현지 토착민에게 왕으로 옹립되었다는 것이다. 그러나 이 주장은 모순이다.《서장왕통기西藏王統記》[4]에서는 1대 짼뽀인 냐티짼뽀聶赤贊普가 중경왕衆敬王의 후손이라고 하고,《서장왕신기西藏王臣記》[5]에서는 아소카왕阿育王의 후손이라고 한다.《붓뙨불교사》에서는 루바디茹巴蒂[6]라는 사람이 부락 사람들을 이끌고 설산에 와서 거주했다고도 한다. 그러나 이렇게 주장하는 사람들도 티베트에 일찍이 토착민이 있었다는 사실은 인정한다. 이런 주장들은 모두 특정한 의도를 띤 사람들이 주장한 근거 없는 것이지만, 오늘날까지도 인도에서 장기 거주하며 '줄곧 중국의 분열을 조장해온'[7] 14대 달라이 라마는 이를 진리로 받든다.

'북래설'은 과거 중국 사학계의 권위자들에게서 나왔다. 고고학적 수준에 한계가 있었던 고대와 근대 시기, 사학자들은 선사시대 문명을 추론했다. 송宋대의 송기宋祁 등이 지은《신당서新唐書》〈토번전吐蕃傳〉에서는 "토번은 원래 강족 계통에 속한다. 사지수賜支水 서쪽에 거주했으며 그 민족은 골제실발야鶻提悉勃野라고 했다. '번蕃'과 '발髮'은 발음이 비슷하다. 그래서 그 자손을 토번이라 했으며 성은 실발야悉勃野였다"고 기록했다.

근대 시기 사학자인 젠보짠剪伯贊과 황펀성黃奮生 등도 토번을 '발강髮羌의 후예'라고 했다. 사실 이러한 추론에 대해 고대에도 의문을 제기하는 사람이 있었다.《후한서》〈서강전西羌傳〉의 기록에 따르면 후한 화제和帝 영원永元 13년(101), 미당강迷唐羌에 대해 "종족이 1천 명이 안 되는데 멀리 사지하 상류를 건너와 발강에 기대어 살았다"라 했다. 이런 자료를 통해 볼 때 발강은 티베트와 수천 리나 떨어진 황하의 발원지에 거주했음을 알 수 있다. 그런데 서로 수천 리 떨어진 곳에 있던 두 개의 부족을 어찌 하나로 섞어서 말할 수 있겠는가? 또한 사지하 상류 일대에는 염지鹽池가 많아 서강西羌 사람들은 일찍부터 소금을 음식에 넣어 사용하는 법을 알았다. 하지만 얄룽인은 6세기가 되어서야 비로소 음식에 소금을 넣기 시작했다. 근대에 발견된 고고학적 자료가 이를 뒷받침하고 있다. 그래서 토번 북래설은 믿을 만하지 못하다.

'본토설'은 티베트족의 신화와 전설에서 시작된다. 아주 오래전 창세 시대에 암컷 원숭이 한 마리가 천신을 만났다. 둘은 서로 좋아하게 되어 마침내 혼인했고, 오늘날 얄룽장뽀강 남쪽 쩨탕澤當 일대의 얄룽 지역에서 사이좋게 살아가며 아이를 아주 많이 낳았다. 둘의 후손이 쎄·무·동·통 네 개의 성씨가 되었고 그들이 계속 자손을 낳아 열여덟 개의 씨족으로 불어났는데, 이것이 바로 토번이 되었다고 한다. 전설 속의 암컷 원숭이는 오늘날 쩨탕 공보로쌍貢波惹上의 동굴 안에서 살았다고 한다. 그 신화 덕분에 티베트 사람들은 지금도 그 동굴에서 향을 피우며 기도를 하고 있다.

그윽하고 깊숙한 역사의 터널에는 수많은 비밀 코드가 숨어 있지만, 시간이 지나면 햇살이 조금씩 그 터널 속으로 스며들게 마련이다. 고고학자들은 남래설과 북래설이 합리적인 것처럼 보이지만, 이것이 추측과 추론에 불과하다는 것을 날이 갈수록 명확하게 증명해내고 있다. 불가사의한 것은, 가장 믿을 수 없을 것처럼 보이던 신화와 전설이 오히려 고고 발굴 자료와 일치한다는 점이다.

고고학자들은 여러 차례의 발굴 작업을 통해 티베트의 역사적 맥락을 명확하게 밝혀내고 있다. 1958년에 고고학자들은 티베트 니쩨하尼澤河와 얄룽장뽀강이 만나는 타꽁塔工 린즈林芝에서 인류의 두개골을 발견해냈다. 티베트고원에 아주 오래전부터 인류가 거주했음을 밝힌 것이다. 1978년에는 참도昌都 자카구加卡區 카룹촌卡若村에서 신석기시대 말기의 고인류 유적지를 발굴해 수많은 뗀석기와 잔석기, 도기, 간석기, 골제 도구, 좁쌀을 발견했으며, 밀집 분포된 집과 혈거지, 주방 터 등을 찾아냈다.[8] 이것은 선사시대에 티베트 토착 조상이 이 광활하고 한랭한 고원에서 찬란한 선사 문명을 창조했음을 보여준다. 이때부터 남래설, 북래설은 본토설에 자리를 내주게 되었다.

매가 창공을 가로지르다

기록에 큰 착오가 없는 한, 초기의 얄룽인은 오늘날 티베트 충졔현瓊結縣, 즉 새와 동물들이 모여 살고 나무가 우거진 강의 골짜기에 살았을 것이다. 그들은 나뭇잎으로 옷을 만들어 입고 야생의 보리와 과일, 콩 등을 먹으며, 활과 화살, 도끼, 칼, 화살촉을 만들었을 것이다. 그리고 점차 자신들의 원시 부락연맹인 골제실발야(고대에는 얄룽 정권을 이렇게 기록했다)를 세웠을 것이다.

골제실발야부의 1대 쩬뽀는 냐티聶赤[9]라고 했다. 그는 대략 기원전 4세기 중기에 살았다. 냐티쩬뽀는 천신과 암원숭이의 아들이었다고 한다. 후에 얄룽 육모우부六牦牛部의 왕이 되었고, 사람들에게 찬보실발야贊普悉勃野[10]로 추대되었다.

얄룽에서 주류 민족이 자리를 잡고 살아갈 때 또 다른 고원 민족인 강족이 중국의 서부에서 남쪽으로 내려왔다. 서강 모우부, 발강, 당모강은 현지 토착민과 혼인했고, 마침내 티베트의 토착 거주민으로 융합해 들어갔다. 토번이 서강에서 나왔다고 많은 사람들이 말하는 것이 바로 이런 이유 때문이다.

여러 지파의 강족과 융합한 토번은 이 고요한 땅에서 꿈을 키워나가기 시작했다. 그들은 호수의 물을 끌어다가 농경지를 일구었고, 소의 힘을 이용해 땅을 개간했다. 후에 15대 쩬뽀 이소례意肖烈는 자신에게 속한 도시인 청바바오자이瓊巴堡寨(충게, 역사에서는 '필파성匹播城', '발포천跋布川'이라

라싸 노블링카 벽에 그려진 벽화. 원숭이가 동굴 속에 있는 모습이다.

고 한다)를 세웠다. 아주 작은 도시였지만 그 도시는 세월이라는 나뭇가지 위에 꽃처럼 찬란하게 피어났다.

28대 짼뽀 티노쏭짼棄諾頌贊이 목축지와 농경지를 연결시키면서 그들의 국토는 이제 말을 타고 달리며 어림하기 어려울 정도로 넓어졌다. 31대 짼뽀 룬짼롱낭論贊弄囊(남리룬짼朗日論贊)[11] 시기, 그가 뛰어난 힘과 지혜로 당시 강성했던 여국女國을 병탄하면서 자신의 아들을 빛나게 등장시키기 위한 준비를 끝냈다.

남리룬짼의 집정 후기, 그는 토번에 귀속된 여국의 대신을 중용했는데, 그것이 토번 부왕육신父王六臣과 모후삼신母后三臣의 강력한 불만을 야기했다. 여국 잔여 세력이 세운 양동羊同(양통)은 또한 소비蘇毗(슈피), 달포達布(닥포), 공포工布(궁포), 낭파娘波(포와波窩로 추측됨)와 연합해 잇따라 난을 일으켰다. 안팎으로 곤란해진 상황에서, 결국 반란에 가담한 신하가 남리룬짼을 독살했다.

영웅이었던 남리룬쩬이 그렇게 사라지고, 이제 그를 뛰어넘는 지도자가 등장했다. 무릇 영웅이란 언제나 위기의 시절에 출현하기 마련이며, 역사의 부름 속에서 성대하게 등장하곤 한다. 당 태종 정관 3년(629), 남리룬쩬의 열세 살짜리 아들 티쫑룬쩬棄宗弄贊이 아버지의 뒤를 이어 32대 쩬뽀가 되었으니, 그가 바로 토번 역사상 가장 '위대한 무지개'라 불리는 쏭쩬감뽀松贊干布(송첸감포)[12]이다.

그는 험난한 가시밭길을 헤치고 자신의 힘과 재능을 내보이며, 어려움 속에서 점차 빛나는 정치 무대로 나왔다. 젊은 '고원의 숫독수리'는 동풍을 타고 호탕하게 하늘 높이 날아올랐고, 끝없는 창공으로 자신의 힘을 펼쳐나가기기 시작했다. 그 모습은 마치 젊은 강희제가 첩첩한 위기 속에서 비어 있는 황제 자리를 계승할 때와 비슷했다.

쏭쩬감뽀는 경쟁자를 모두 제거하고 내부 단결을 유지하는 대소맹大小盟 제도를 만들어냈다. 대상大相(대론大論), 부상副相(소론小論) 등의 관직을 설치하고, 성문 법전인 《십선법률十善法律》을 반포했으며, 우전문于闐文에 근거해 30개 자모를 둔 토번문자를 창제했다.[13] 뿐만 아니라 오늘날 티베트 아리阿里 일대에 있던 양동을 정복했으며, 오늘날 칭하이성 위수玉樹(율술) 일대에 있던 손파孫波(숨파)를 멸망시키고, 도읍을 '태양의 도시'를 뜻하는 라싸로 정했다.

강대한 토번은 역시 그만큼이나 강성했던 당 곁에서 묵묵히 일어나고 있었다.

천 리의 인연

당의 공주가 돌궐과 토욕혼 가한(칸)에게 시집갔다는 소식을 듣고, 열여덟 살의 쏭짼감뽀는 멀리 당에 사신을 보내 구혼을 했다. 불행하게도 당 태종은 들어본 적이 없는 고원의 이 젊은이를 낮게 평가해 혼인을 거절했다. 이에 쏭짼감뽀는 병사를 일으켜 오늘날 쓰촨 서부에 있던 송주松州를 오랫동안 포위하고, 당 군대에 쓰라린 패배를 안긴 뒤 군사를 거두어 돌아갔다.

정관 15년(641), 쏭짼감뽀는 25세가 되었다. 그는 다시 사신을 보내 당에 구혼했다. 그 임무를 띠고 당에 파견된 사람은 토번의 2인자인 대상大相 가르똥짼祿東贊(가르통첸)이었는데, 그는 예물로 5천 냥의 황금과 수백 점의 진귀한 물건을 갖고 갔다.

당시 각국에서 구혼을 하러 온 사신들이 무척 많아, 당 태종은 사신들에게 시험에 참가하라는 명령을 내렸다. 시험에 통과한 나라에만 화친을 허락했던 것이다.[14] 오늘날 포탈라궁 벽화에는 '당 태종이 구혼하러 온 사신 가르똥짼을 여섯 번 괴롭히는' 그림이 있다.

시험 문제는 모두 여섯 개였다. 첫 번째 문제는 양쪽 끝의 굵기가 똑같은 나무 막대기를 보고, 어느 쪽이 뿌리이고 어느 쪽이 윗부분인지 맞히는 것이었다. 가르똥짼은 나무를 물속에 집어넣었다. 뿌리 부분의 밀도가 높아 아래를 향했으니, 이 문제는 쉽게 맞힐 수 있었다. 두 번째 문제는 구멍이 여러 개로 복잡하게 난 구슬에 실을 꿰는 것이었는데, 가르똥짼은 개미 허리에 실을 묶어 구슬 구멍으로 들어가게 해 역시 쉽게 해결할 수 있었다. 세 번째 문제는 암말 100마리와 망아지 100마리를 함께 섞어놓고, 어미와 새끼를 가려내게 하는 것이었다. 가르똥짼은 암말과 망아지를 갈라놓은 다음, 망아지에게 주는 사료와 물을 끊어버렸다. 다음 날 굶주린 망아지들이 각각 어미의 젖을 먹으러 가니 모자 관계가 분명하게 가려졌다.

네 번째 문제는 병아리 100마리와 암탉 100마리를 한데 섞어놓고, 병아리들의 어미가 각각 어떤 닭인지 알아내라는 것이었다. 가르똥짼은 일단 병아리와 암탉을 갈라놓고, 모이를 먹일 때 병아리를 닭의 무리 속에 집어

넣었다. 그렇게 하니 병아리들은 각각 어미 닭과 함께 모이를 쪼아 먹었다. 그러나 몇몇 병아리들이 이리저리 돌아다니며 어미에게로 가지 않으니, 가르똥쩬이 수리와 매의 울음소리를 냈다. 그랬더니 말을 안 듣고 천방지축 돌아다니던 병아리들이 냉큼 어미 닭의 품으로 달려갔다. 다섯 번째 문제는 사신들에게 하루 내에 양 한 마리를 먹어치우고 술 한 동이를 마신 후, 자신의 숙소로 돌아가라는 것이었다. 다른 사신들은 반나절 만에 모두 술에 취하고 배가 불러서 정신을 차리지 못할 지경이 되었다. 그러나 가르똥쩬은 자신의 숙소에서 술자리로 향할 때 이미 끈을 묶어두었기에, 좀 취하긴 했지만 그 끈을 따라 무사히 자신의 숙소로 돌아갈 수 있었다.

마지막 문제는 얼굴을 가린 500명의 궁녀 중에서 문성文成공주를 가려내는 것이었다. 문제는 어려웠지만, 그것은 지혜가 넘치는 가르똥쩬을 넘어뜨리지 못했다. 그는 어떤 문제든지 꼼꼼하게 조사하고 골똘히 연구하는 능력을 갖고 있었다. 이번에도 그는 재능을 발휘했다. 한 궁녀의 어머니를 통해 문성공주가 특별한 향을 좋아한다는 정보를 알아냈다. 그 향기는 벌을 끌어들이는 것이었다. 시험이 있던 날, 가르똥쩬은 벌 떼를 날려 보냈고, 누가 문성공주인지 금방 알아맞힐 수 있었다.

약속을 지킬 수 밖에 없었던 당 태종은[15] 사촌인 임성任城(산둥성 치닝齊寧)왕 이도종李道宗을 강하왕江夏王으로 봉하고, 이도종의 딸을 문성공주로 봉했으며, 쏭쩬감뽀를 부마도위 겸 서해군왕西海群王으로 책봉했다.

진실한 사랑과 상서로움을 상징하는 게쌍 메독[16]은 척박한 고원에서 자라날수록 사람들의 마음을 더 기쁘게 해준다. 혼인 행렬은 길을 열면서 산을 넘고, 다리를 놓으면서 강을 건너 오늘날 간쑤성 톈수이天水, 룽시隴西, 린샤臨夏를 지나고, 칭하이성 민허民和, 위에두樂都, 시닝西寧, 르웨산日月山, 다오탕강倒淌河, 체지切吉초원, 원취안溫泉, 화스협花石峽 등을 거쳐, 꽃 피고 새 우는 봄날에 토번의 동쪽 경계인 백해柏海(칭하이성 마둬현瑪多縣)에 도착했다. 혼인 행렬의 시야에 아득히 먼 곳에서부터 다가오는 사람들과 말의 무리가 들어왔다. 불원천리 문성공주를 맞이하러 나온 쏭쩬감뽀의 행렬이었다.

두 지역에서 온 행렬이 마주친 후, 쏭쩬감뽀는 이도종에게 '사위의 예'를 행했다. 예절에 따라 문성공주와 쏭쩬감뽀는 멀리서 서로 바라보기만 했다. 그러나 두 사람은 만나자마자 사랑에 빠졌고, 더 기다리지 못하고 그날 저녁에 몰래 만났으며, 임시로 세운 '백해행관柏海行館'에서 신혼의 첫밤을 보냈다.[17]

문성공주가 티베트로 간 경로

신혼 행렬이 오늘날 칭하이성 위수현 경내의 한 협곡에 이르렀을 때, 갑자기 하늘이 푸르러지고 새들이 날아들었다. 산의 소나무는 그림처럼 아름다웠고, 산기슭의 시냇물은 시처럼 고왔다. 그 풍경이 매우 아름다워 쏭쩬감뽀와 문성공주 일행은 잠시 그곳에 머물렀다. 문성공주와 함께 온 기술자들은 위수 사람들에게 곡식과 채소 씨앗을 뿌려 길러내는 방법과, 마와 면 옷감을 짜고 술을 빚는 기술을 알려주었다. 공주가 떠난 후 그곳 민중은 그녀의 아름다움과 사랑에 대한 노래를 불렀고, 문성공주의 모습을 돌에 새겨 모셔놓고 해마다 그 앞에 와서 절하곤 했다.

문성공주를 따라 서쪽으로 온 행렬에는 시녀, 기술자, 악대가 포함되어 있었고, 혼수품으로 가져온 것들 중에는 불상과 경서, 약방문, 씨앗, 점치는 책, 의료기기 등이 있었다. 그중에는 당에서 '운반이 금지된 물건'과 '전문적인 기술'이 포함되어 있었다. 이는 토번이 예상하지 못한 기쁨을 주기 위해 당이 성의껏 노력했음을 보여주는 것이며 또한 그것들이 문화 전파의 역할을 충분히 했음을 보여준다. 문성공주가 라싸에 도착했을 때 사람들은 춤추고 노래하며 기뻐했고, 토번족은 가장 성대한 예로써 멀리서 온 당의 공주를 환영했다.

공주는 얼굴만 아름다운 것이 아니었다. 성스럽고 정결한 영혼도 갖고 있었다. 문성공주는 고향의 가족과 장안의 번화함이 그리웠지만, 단 한 번도 토번에 혐오나 원한의 감정을 표시한 적이 없었다. 그녀는 토번의 평화를 위해 네팔의 티쭌尺尊공주(브리쿠티공주, 문성공주보다 먼저 쏭짼감뽀에와 혼인함)와 함께 남편에게 불교를 신봉하고 널리 퍼뜨릴 것을 권했다. 그녀가 모시고 온 석가모니 12세 등신 유금동상鎏金銅像은 쏭짼감뽀가 특별히 문성공주를 위해 세운 라모체사원小昭寺[18]에 모셨다. 그녀는 경작 기술을 토번에 맞게 고쳤으며, 양잠을 해 옷감을 짜고 채소를 기를 수 있는 기술을 토번족 사람들에게 가르쳐주었다. 그래서 티베트 사람들은 문성공주를 '갸사 언니阿姐甲薩'('한족 언니'라는 뜻)[19]라고 불렀다. 이 아름다운 사랑은

라싸 시내에 있는 조캉 사원은 순례자들의 목적지이다.

절반의 중국사

당과 토번의 경계 지역에서 살아가던 사람들에게 오랜 평화를 누릴 수 있게 해주었다.[20]

아쉬운 것은 문성공주와 티쭌공주 모두 아이를 낳지 못했다는 점이다. 더욱 안타까운 것은 문성공주와 8년을 함께 살았던 쏭쩬감뽀가 당 고종 영휘永徽 원년(650)에 갑자기 병에 걸려 세상을 떠났다는 사실이다. 이후 고통을 감내하며 이 산둥 출신 여인은 멀리 가족을 떠나온 고통과 남편을 잃은 애통한 마음의 심연을 건너 이 땅에서 30년 동안이나 살았다. 그리고 당 고종 영륭永隆 원년(680), 노란 잎이 날리는 가을날에 세상을 떠났다.

문성공주가 당에서 가져간 경서는 오늘도 여전히 포탈라궁에 남아 있고, 불상 역시 조캉사원大昭寺에 모셔져 있다. 그리고 그녀가 가져온 곡식의 종자로 해마다 씨를 뿌려 수확하고 있으니, 그녀의 아름다운 모습과 정신은 성스러운 산과 호수처럼 티베트고원에 새겨져 있다.

이때부터 쏭쩬감뽀와 문성공주에 관한 전설 같은 이야기가 생겨나기 시작했다. 그것은 중국 신화와 전설 속의 '견우와 직녀' 이야기와 마찬가지로, 길고 긴 중국이라는 역사의 은하수 속에서 영원히 반짝이고 있다.

감정이 지나치면 오히려 공허한 법이라[21]

쏭쩬감뽀가 병으로 죽은 후에 그의 손자 망쏭망쩬芒松芒贊이 왕위를 이었고(그의 아들은 이미 죽었으므로), 그동안 대상大相 가르똥쩬이 조정을 보좌하는 중책을 맡았다.

가르똥쩬의 가장 큰 공적은 전계田界를 확정지어 토번의 봉건제도를 확립, 토번의 농업과 목축업이 신속하게 발전하도록 만들었다는 것이다. 그후 가르똥쩬은 군대를 이끌고 동북쪽의 토욕혼吐谷渾을 멸망시키고, 당의 사위였던 토욕혼 가한과 홍화弘化공주를 고향에서 쫓아냈다.

당과 토번 사이에 이제 완충지대가 사라졌으니, 결전을 피할 수 없었다. 혈투는 당 고종 함형 원년(670)에 벌어졌다. 대상의 자리를 이은 가르똥젠의 아들 가르친링祿欽陵, 즉 가르체녜돔푸尊業多布가 40만 토번 대군을 거느리고 당 왕조의 명장 설인귀薛仁貴의 10만 서정군西征軍과 대비천大非川(청하이성 궁허현共和縣 체지초원)에서 결전을 벌였다. 결과적으로 당군은 참패했고, 당 서역 4진鎭인 구자(쿠차), 우전(호탄), 언기(엔지)와 소륵(카슈가르)을 모조리 토번에 빼앗겼다. 지난날 위풍당당했던 설인귀는 족쇄가 채워진 채 장안으로 압송되어 서인庶人으로 폐해졌다.

그 뒤로도 토번은 동남쪽과 서북쪽을 향해 계속 확장해나갔다. 당 대종 이예李豫 광덕廣德 원년(763) 가을날, 당 왕조 금성공주의 아들 티쏭데쩬赤松德贊(730~797)[22]이 군사를 일으켜 봉천奉天(산시성 첸현乾縣)에서 장안을 향해 진격해 들어왔다. 결과적으로 토번은 이 위대하고 견고한 도성을 순조롭게 함락시켰을 뿐 아니라, 당 왕조의 광무왕廣武王 이승굉李承宏(금성공주의 조카)을 허수아비 황제로 책봉했다. 그러나 내륙의 짙은 산소 함량을 견디지 못했던 탓인지, 아니면 당 왕조에서 많은 양보를 했기 때문인지, 토번은 당과 당번청수맹약唐蕃淸水盟約[23]을 체결했다. 이것은 중원 왕조가 맺은 첫 번째 굴욕적인 토지 할양 조약이었다.

790년, 토번의 통치 구역은 동으로 당과의 접경 지역, 남쪽으로 네팔, 서쪽으로 서역(북정北庭, 서주西州와 안서사진安西四鎭을 포함), 북쪽으로 돌궐에 이르는 거대한 지역에 이르렀다. 상당한 영역을 확장했던 것이다. 그동안 당 중종은 경룡景龍 4년(710)에 금성공주(698~739)를 토번 쩬뽀인 티데쭉쩬赤德祖贊에게 시집보냈다. 티데쭉쩬은 당 중종에게 당과 토번이 이미 '한 집안'이 되었다는 편지를 보냈지만, 줄곧 당에 공세적인 자세를 취했다. 계속된 확장 정책은 토번 민중을 고통스럽게 했고, 토번 쩬뽀의 사면에는 적이 생겨났다. 겉으로 보기엔 휘황찬란했지만 내부에서는 점차 부패해가고 있었던 것이다.

8세기 후반, 중앙아시아를 통제하던 아랍 칼리파 왕조와 토번이 서역에서 충돌했다. 당 희종은 암암리에 회흘, 남조와 함께 통일전선을 구축했다. 토번은 사면초가의 상황에 빠졌고, 결국 당 목종穆宗 장경長慶 원년(821)에 사신을 당에 보내 화친을 요청했다. 쌍방은 라싸 조캉사원 앞에 회맹비를 세우고, 우호를 유지하며 침범하지 않는다는 내용을 새겼다.

그러나 평화는 결코 토번을 구해주지 못했는데, 계속된 내란 때문이었다. 티쭉데짼可黎可足(랄빠쩬)짼보[24]는 오랫동안 병석에 있었고, 조정은 승려파의 대표 인물인 보쩬뽀[25]가 장악하고 있었다. 세력을 잃은 멸불파滅佛派와 보쩬뽀는 서로 죽고 죽이는 투쟁에 돌입했다.

조정을 장악한 보쩬뽀는 스스로를 세상에서 가장 강한 자라고 생각했다. 높은 자리에 올라갈수록 꼬리를 숨겨야 한다는 사실 따위는 근본적으로 알지 못했다. 결국 보쩬뽀는 외로운 왕후와 사통하는 지경에까지 이르렀고, 이는 구실을 찾지 못하고 있던 멸불파에게 빌미를 제공했다. 멸불파는 크게 기뻐하며 사방으로 소문을 내고 다니면서 여론을 조성했고, 동시에 실질적 행동에 돌입하기 시작했다. 어느 날 밤, 보쩬뽀는 다른 날과 마찬가지로 황후를 만나러 황궁으로 들어갔다.[26] 두 사람이 침실에 들어갔을 때, 멸불파 대신이 칼을 들고 침대 머리에 나타나 그들을 머나먼 천국으로 보내버렸다. 병에 걸려 황후가 바람을 피우는 것도 알지 못했던 티쭉데짼도 멸불파 대신에게 목 졸려 죽었다.

다음 날 새벽, 티쭉데짼의 동생 랑다르마達磨(799~842)가 짼뽀로 옹립되었다. 뜻밖에도 왕 자리에 올라가게 된 그는 멸불파 대신들에게 고마워하며, 뵌교(티베트 토착 신앙)를 숭배하고 불교를 탄압하는 정책을 시행했다. 그 정책은 신불파信佛派 대신들을 막다른 골목으로 몰아넣었다. 이에 신불파는 멸불파가 자신들에게 했던 그대로 복수하기로 했고, 결국 846년에 랑다르마를 암살했다.

랑다르마가 암살당한 후, 왕후 침씨絨氏가 권력을 쥐었다. 얼마 지나지 않아 랑다르마의 유복자를 밴 차비次妃가 순조롭게 아들을 낳았고, 위쏭維松('빛으로 보호한다'는 뜻)이라는 이름을 붙였다. 왕후는 왕위를 내놓기 싫어 조카인 치리후乞離胡를 자신의 아들이라고 사칭하고, 그를 위해 융텐永丹('어머니가 지킨다'라는 뜻)이라는 이름을 지어주었다. 이때부터 아들을 낀 두 명의 왕비와 왕족, 환관 사이에 서로 죽고 죽이는 전쟁이 시작되었다. 200년 통일의 역사를 가진 토번이 마침내 분열의 길로 들어선 것이다.

분열 후의 토번은 시들어가는 꽃 같았다. 처음엔 넷으로 나뉘었다. 하나는 오늘날 짱(후장後藏)의 아리, 즉 아리왕계阿里王系이고, 다른 하나는 짱에 있던 아쩌왕계阿澤王系, 또 하나는 위(전장前藏)의 라싸왕계拉薩王系, 마지막 하나는 로까(산난山南)에 있던 아롱조아왕계阿隴覺阿王系이다. 잠시 후 분열에 가속도가 붙어 라싸왕계는 총보빠冲波巴, 장자오와姜郊瓦, 라보랑빠拉波浪巴, 즈빠至巴, 예탕빠業塘巴, 루바장빠蘆巴藏巴 등으로 나뉘었고, 아리왕계가 세운 구게古格 왕조도 셋으로 분열되었다. 아롱조아왕계 역시 나중에 오늘날 칭하이성 일대로 들어갔으니, 곡시라唃厮囉[27]('불자佛子'라는 뜻)가 아롱조아왕계의 후손이다.

한 송이 고원의 아름다운 꽃은 이렇게 시들어갔다.

아득하고 비장한 구게

구게 역사의 쓸쓸함을 가득 담고 있는 이름이다. 그 이름에는 기이한 분위기가 흘러넘친다. 티베트 서부 아리고원의 구게왕국 폐허는 차갑고 맑은 빛으로 가득 차 있다. 시간은 구게 왕조가 지녔던 휘황찬란함과 화려함을 감추고, 흥망성쇠의 일부 기억만을 지금까지 전하고 있을 뿐이다.

랑다르마가 피살된 후, 두 집단은 지속적으로 오랜 투쟁을 벌였다. 그 투쟁은 위쏭의 아들 패쿠쩬貝考贊이 패배하면서 일단락되었다. 당 소종 건녕 2년(895), 패쿠쩬의 아들 키이데니마곤吉德尼瑪袞이 100명이 넘는 측근을 거느리고 서부의 멀고 황량한 샹슝象雄 왕국으로 도망쳤다. 이로써 구게 왕조의 비장한 역사의 서막이 열렸다.

난을 당한 왕자가 아리로 피난 간 후, 카일라스산 마나사로바호수에 안거하던 샹슝 토왕土王 자시쩬扎西贊이 그를 받아들였다. 샹슝 유민의 이 지도자는 왕자가 갖추고 있던 토번 왕족 혈통과 그로 대표되는 토번 중심부 문명에 깊은 앙모의 정을 품고 있었다. 그래서 토왕은 조금도 망설임 없이 딸 줘싸고츙卓薩廓瓊을 왕자에게 시집보냈다. 그리고 사위에게 자신의 영지를 계승하게 했다. 왕자는 '샹슝'이라는 이름을 '아리'('속민屬民의 땅'이라는 뜻)로 바꿨다. 수십 년에 걸쳐 힘을 다해 열심히 다스린 결과, 그들은 주변의 부락을 겸병했고, 공기가 희박한 이 고원에 한 지역을 할거하는 왕조를 세우게 되었다.

키이데니마곤이 죽은 후, 세 아들이 그의 유언에 따라 나라를 나누었다. 맏아들 페지곤貝吉袞은 마율芒域(카슈미르 남부)을 차지해 후에 라다크라고 불리는 왕국을 만들었고, 둘째 아들 자시곤扎西袞은 푸랑布讓(티베트 푸란현普蘭縣과 네팔 서북부)에 푸랑국布讓國을 세웠는데 후에 구게왕국에 겸병되었다. 막내아들 데죽곤德祖袞은 샹슝(싸파랑)에 봉해져 구게왕국의 개국 쩬뽀가 되었다. 이것이 티베트 역사에 유명한 "세 명의 곤(三袞)이 둘러싼 곳 세 군데(三圍)를 점령했다"(푸랑은 '설산이 둘러싼 곳', 샹슝은 '암석이 둘러싼 곳', 마율은 '호수가 둘러싼 곳'이라는 뜻)는 이야기다.

데죽곤이 재위할 때 불법을 널리 퍼뜨리기 시작했고, 그의 두 아들 쿠레

柯日와 쏭예松埃는 불교에 더욱 큰 열정을 기울였다. 쏭예는 출가해 수행을 하기도 했다. 그는 열심히 부처를 모시면서 라('하늘'이라는 뜻) 라마 예쎄 외益希沃[28]라 이름 붙였다.

지금도 티베트 사람들은 예쎄 외의 이야기를 입에서 입으로 전하고 있다. 어린 손자 외데沃德가 왕 노릇을 할 때, 연로한 예쎄 외는 중생을 구제하는 불교의 이상을 실현하기 위해 십자군처럼 병사를 거느리고 왕국 서북쪽에 있는 이슬람국가 카를루크를 정벌했다. 그러나 불행하게도 전쟁 중에 포로가 되고 말았다. 카를루크는 예쎄 외에게 선택을 강요했다. 이슬람에 투항하면 구게로 돌려보내주겠지만, 거부하겠다면 몸값으로 그의 몸무게와 같은 분량의 황금을 갖고 와야 한다는 것이었다. 그렇게 하지 않으면 죽이겠다는 말에 예쎄 외는 죽을지언정 신념을 버릴 수는 없다고 했고, 적들은 그의 머리카락을 불에 태우며 그의 굳은 뜻을 꺾어버리려 했다. 그 소식이 구게왕국에 전해져오자 사람들은 황금을 모으기 시작했다. 몸값에 해당하는 황금을 거의 다 모았을 무렵, 구게왕국에서는 사람을 보내 그쪽의 상황을 살피게 했다. 그때 예쎄 외가 구게에서 온 사람에게 말했다.

"나는 이미 불구가 되었으니 황금을 주고 나를 구해낼 필요가 없다. 너희들은 그 황금을 갖고 인도로 가거라. 가서 고승 아띠샤阿底夏(983~1054)를 티베트로 모셔와 불법을 퍼뜨리도록 해라."

예쎄 외는 자청해서 이교도의 손에 죽기를 원했다.

작은 할아버지의 유언[29]에 따라 구게왕국에서는 인도로 사람을 보내 아띠샤를 모셔왔다. 인도 열여덟 곳 사원의 주지를 맡았으며 그때 나이 예순이 다 되어가던 아띠샤는 구게 사람들의 종교적 열정에 감동해 10여 년의 고생 끝에 구게에 도착했다. 그리고 티베트 땅에서 9년 동안 불교를 전파하다가 세상을 떠났다. 구게 왕조가 티베트 '후홍기後弘期' 불교사에 신성한 지위를 누리게 된 것은 바로 그 덕분이었다.

길은 늘 가장 곧바로 뻗어 있는 곳에서 구부러지게 마련이다. 티따시사바떼赤扎西査巴德가 왕위에 있을 때, 정교 합일을 원하던 상층 라마들이 왕의 권력을 위협하기 시작했다. 이에 티따시사바떼는 천주교를 이용해 티베트 불교(라마교 혹은 장전불교)를 누르려 했다. 그리고 티베트 유사 이래 기어코 첫 번째 천주교 성당을 만들었다.[30]

갈등이 격화되기 시작했다. 구게 승려들은 격앙되었고, 왕의 형제들까지 왕에게 경고를 했다. 그러나 그 모든 경고도 왕의 마음을 돌리지는 못했다. 그는 오히려 모든 승려에게 환속하라는 강경한 명령을 내렸다. 1630년, 상황이 심상치 않게 변했다. 티따시사바떼가 중병에 걸린 틈을 타 라마 집단과 지방 귀족이 폭동을 일으킨 것이다.

폭동을 계획한 자들은 멀리 있던 라다크에 자신들을 도와달라는 신호를 보냈다. 오늘날 카슈미르주에 위치한 레 부근에 있는 라다크왕국은 구게에서 500킬로미터쯤 떨어진 곳에 있었다. 라다크 국왕 쎙게 남걜僧格朗杰은 구게왕국이 별다른 이유도 없이 여동생과의 혼인을 거절해 치욕을 주었던 일을 기억하고 있었다. 또한 두 나라 사이에는 영토 분쟁이 끊이지 않고 있었다. 이에 쎙게 남걜은 군대를 파견해 곧바로 구게로 치고 들어왔다. 갑작스레 구게 땅에는 사방에서 늑대 똥 연기가 피어올랐고 화살이 메뚜기 떼처럼 날아다녔다.

구게성 공방전은 참으로 참혹했다. 구게 유적지에서 발굴된 수많은 무기를 통해 당시의 상황을 짐작해볼 수 있다. 라다크 국왕은 전투에서 여러 차례 패배한 후 철군할 준비를 하고 있었으나, 반란 집단의 독침이 구게를 끝장내버렸다. 왕은 모르고 있었지만, 국왕의 동생이 바로 반란 집단의 우두머리였다. 왕의 동생은 비밀리에 짜놓은 계획에 따라 포위된 왕궁으로 들어갔다. 동생은 거짓 눈물을 흘리며 형제의 정을 강조하면서 형의 허락을 얻어냈다. 라다크인에게 투항하고 해마다 공물을 바치겠다고 약속한다면,

자신이 나서서 라다크인이 철군하도록 설득하겠다고 했다. 그뿐만 아니라 비록 투항한다고 해도 형이 계속 왕위에 있으면서 구게를 다스릴 수 있도록 하겠다고 했다. 그러면서 과거에 형제 사이에 있었던 모든 유쾌하지 못한 기억은 없었던 것으로 하자고 했다. 이것은 분명 속임수였다. 그러나 중병에 걸려 있던 국왕은 이미 전쟁을 하고 싶은 생각이 없었기에 잠시 생각한 후에 동생이 제시한 조건에 따르겠다고 했다.

물론 구게의 멸망을 다르게 전하는 이야기도 있다. 산꼭대기에 세워졌던 구게 왕궁은 티베트에서 방어 능력이 가장 뛰어난 건축물이었다. 주변은 온통 깎아지른 절벽이고, 오직 하나의 터널을 통해서만 산꼭대기 왕궁으로 갈 수 있었다. 난공불락의 요새 같은 왕궁을 공략하기 위해 라다크인은 우선 산 중턱에 거주하던 구게 백성을 쫓아냈다. 그리고 그곳에 석루石樓를 짓기 시작했다. 석루가 산꼭대기와 같은 높이가 되었을 때, 마침내 구게를 손에 넣을 수 있었다(지금도 석루 유적지가 남아 있다).

라다크인에게 끌려가 석루를 짓는 데 동원된 백성들이 내뱉는 처량한 노랫소리를 들은 구게 국왕은 자식처럼 사랑하던 백성이 부르는 그 구슬픈 노랫소리에 그만 투항할 결심을 했다는 것이다.

그 과정이 어떤 것이었든, 결과는 같았다. 구게 국왕이 경호 부대를 이끌고 토산 꼭대기의 왕궁에서 내려와 투항할 때, 라다크 왕은 병사를 매복해 두었다. 매복한 병사에게 칼을 휘두르며 치고 나가 구게 왕의 경호 부대를 쓰러뜨리라는 명령도 내려두었다. 결국 구게 국왕은 포로가 되었고, 라다크 왕은 구게 국왕과 왕실 구성원을 레 지방으로 끌고 가 구금했다. 라다크인은 왕궁의 모든 보물도 약탈했다. 결국 궁성은 텅 비어 아무것도 남지 않았으며, 구게의 수많은 백성은 라다크로 끌려가 노예가 되었다. 늑대를 집으로 끌어들인 반란자들 역시 라다크에서 처참한 만년을 보내야 했다. 26대 왕을 거치며 700년 동안 이어져 내려온 구게 왕조가 창백한 안개와 함께 노을 속으로 사라져갔다.

구게를 멸망시킨 후, 라다크 왕은 아들을 구게의 새로운 국왕으로 임명했다. 그러나 그는 명목상의 왕이었을 뿐, 황량하고 궁벽한 이 고원 지역을 다스릴 마음이 결코 없었다. 그저 때로 군대를 파견해 순찰을 하게 했을 뿐이다. 구게인이 다시 일어나는 것을 막기 위해 라다크인은 불을 질러 구게성을 태워버렸다. 1680년, 라다크 순찰병이 5대 달라이 라마의 군대에 쫓겨나기 전까지 그러한 상황은 계속되었다.

지금 인도에 속해 있는 라다크의 후손들은 독립해 히말라야산맥의 깊은 곳에서 살아가고 있다. 인구는 30만 명 정도이며, 인도에서 유일하게 티베트 불교를 신봉하는 민족이라서 '리틀 티베트'라는 별명을 갖고 있다. 해발고도 3,500미터에 자리한 라다크의 수도인 레는 오래된 실크로드의 경유지였다. 인더스 골짜기 북면의 넓은 산골짜기에 있는 이곳에서 고개를 들어 멀리 바라보면 아득히 서쪽으로 첩첩한 산이 펼쳐진다. 외부인의 방해 없이 생활하는 이곳 사람들에겐 스트레스나 번뇌 따위는 없어 보인다. 조금 즐겁지 못한 일이 생긴다 해도, 그것은 동화 세계의 이야기에 반드시 들어가는 작은 굴곡 정도라 하겠다.

이때부터 구게인은 아리에서 종적을 감추었다. 그들이 어디로 갔는지, 지금도 아는 사람들은 없다. 아리의 인구는 오늘날에도 구게 왕조 시대를 넘지 못한다. 운 좋게 아리에 찾아오는 사람들은 이 점을 매우 안타까워한다. 바람이 없는 그 세계에는 아무런 소리도 없다. 눈부신 햇살만이 오래되어 흩어져버린 돌로 가득한 구게 유적지를 비추고 있다. 하늘과 땅 사이에 오직 이 돌들만이 그 땅이 범상치 않은 과거를 지니고 있음을 보여준다.

문명은 길고 긴 강과 같다. 그 강에는 작은 지류가 끊임없이 흘러든다. 어떠한 문명도, 심지어는 엄청나게 찬란했던 문명도 영원히 존재할 것이라고 단정할 수는 없다. 과테말라의 우거진 숲속에 있는 마야문명도 한 무더기 폐허로 남지 않았던가. 세계에서 가장 위대했던 그리스와 이집트문명도 역사의 거친 파도에 휩쓸려 흘러가지 않았던가.

고원의 기쁜 소식

티베트 땅에서 초기에 유행했던 것은 세상 만물에 영혼이 있음을 믿고 천신과 마신魔神을 숭배했던 뵌교였다. 뵌교는 8천 년 역사를 가진 티베트 서부의 샹슝에서 시작되었다. 그 땅에서 오랫동안 흥성했던 뵌교는 샹슝 왕의 지혜롭지 못한 행동으로 인해 쇠락이 시작되었다.

샹슝 왕의 이름은 리미샤李迷夏이다. 그는 쏭쩬감뽀의 매부였다. 쏭쩬감뽀의 여동생 샤마칼賽瑪葛이 아름답고 온화한 성격이었는지 아닌지 알 수는 없으나, 샹슝 왕 리미샤는 왕비를 냉궁冷宮에 처박아버렸다. 샹슝 왕의 이 어리석은 행동은 한참 강성한 시기였던 토번의 쏭쩬감뽀가 출병할 구실을 만들어주었다. 쏭쩬감뽀는 군사를 일으켜 자신의 매부를 죽였고, 샹슝은 사라지고 말았다.

그 후 평화의 시대로 접어들면서, 뵌교는 사람에게 선한 것을 권하고 '천국으로 인도하는' 불교에게 자리를 내줄 수밖에 없었다.

그러나 불교가 진정으로 뵌교보다 우세해진 것은 쏭쩬감뽀가 죽은 지 77년이 지난 후였다. 727년, 토번 짼뽀 티데쭉쩬棄隶縮贊(704~755)이 불교를 정밀하게 개조하고 완전하게 만들었다. 새로운 불교는 인과응보설을 기초로 하고 뵌교의 신비로운 법술을 받아들였으며, 현종顯宗과 밀종密宗의 전승 방식을 따랐다. 그리고 관정수행灌頂修行 등의 규율을 덧붙여, 신비롭고 심오하며 독특한 특색을 갖춘 티베트 불교(속칭 라마교)가 형성되었다. 마침내 불교는 뵌교와의 대립에서 이길 수밖에 없는 지위를 차지한 것이다. 779년, 토번에는 첫 번째 불교 사원인 쌈예사가 세워졌고, 이때부터 불교 사원이 고원 여기저기에서 생겨났다. 승려파가 실권을 장악했던 티쭉데쩬(랄빠쩬) 쩬뽀 시기에 불교는 극성했는데, 티베트 불교에서는 이 시기를 '전홍기前弘期'라고 부른다.

불교는 많은 능력을 갖고 있지 않았던가? 그런데 불교가 우세했던 토번이 왜 쇠망의 길로 나아가게 되었는가? 토번 백성과 상층부 집단이 중대한 의문에 빠졌을 때, 멸불파가 옹립한 랑다르마 쩬뽀가 때를 만났다는 듯이 뵌교를 부흥시키고 불교를 없애려 했다.

이후 뵌교와 불교는 300년에 걸쳐 논전과 투쟁 등의 규분을 겪게 된다. 사실 투쟁은 두려운 것이 아니었다. 그것을 통해 서로 흡수하고 가까워지며 융합하는 과정을 겪기 때문이다. 문제는, 누가 더 지혜로우며 주동적이고 관용적인가 하는 점에 있었다. 그 규분과 대립 속에서 불교가 승리했고, 10세기 말에 드디어 불교의 티베트화가 완성되었다. 이제 불교는 '후홍기後弘期'로 접어들었다.

이곳에는 역사에서 드물게 나타나는 종교적 풍경, 즉 '티베트 불교의 꽃'들이 앞다퉈 피어났다. 영향이 비교적 큰 교파로는 닝마파,*31 샤까파(샤카),** 까규파(카규),*** 까담파(카담),**** 겔룩파***** 조낭파****** 등이 있었는데, 이러한 다양한 교파들이 티베트를 아름답게 물들였다.

이곳에 오는 사람들은 모두가 영혼의 울림을 받았다. 핏방울에 젖은 칼

---

* '구파(舊派)'라는 뜻, 홍교(紅敎)라고도 한다.
** '백토(白土)'라는 뜻, 화교(花敎)라고도 한다.
*** '구전파(口傳派)'라는 뜻. 백교(白敎)라고도 한다. 이 파는 까르마 까규, 팍두 까규, 첼빠 까규, 바롬 까규 등으로 세분된다. 까르마 까규는 다시 출푸 사원파(黑帽派)와 얀파쩬 사원파(紅帽派)로 나뉜다.
**** '부처님 말씀을 가르친다'는 뜻, 후에 겔룩파로 개종한다.
***** '선율(善律)'이라는 뜻, 노란 승모(僧帽)를 쓰기 때문에 '황교(黃敎)'라고도 불린다.
****** 교파가 시가체 조모낭 지역에 위치해 얻은 이름.

라싸 인근의 간덴사는 겔룩파의 총본산이다.

을 휘두르며 사방을 휘젓고 다니던 몽골인까지도 감동을 받았다. 몽골이 티베트를 점령한 것은 겨우 20년뿐이었으나, 쿠빌라이는 티베트 불교 샤까파 지도자인 팍빠(파스파, 1235~1280)를 국사國師로 모셨고, 전국의 종교적 사무를 맡아보게 했다. 그리고 중앙정부 직속 기관인 선정원宣政院과 함께 위짱 13만 호를 관장할 수 있는 특권을 주었다.

원 왕조가 멸망한 후, 명 왕조는 티베트에 오사장도사烏思藏都司와 타감도사朶甘都司[32]를 세웠다.

이제 쫑카빠(총카파, 1357~1419)라는 이름을 가진 사람이 역사의 무대로 들어온다. 그는 오늘날 칭하이성 황수이강 부근 불교도의 집에서 태어났다. 쫑카빠는 샤까 왕조 상층 라마들이 자신들의 이익만을 추구하고 부패한 생활을 하며 밀법密法을 수련한다는 명분하에 부녀자를 희롱하던 오염된 분위기를 개혁하고자 했다. 그래서 명 태조 홍무 21년(1388), 고통스러운 수련과 엄격한 계율을 숭상하는 겔룩파를 창시했다. 53세에 그는 라싸 조캉사원에서 수만 명의 승려와 대중 수만 명이 참가하는, 이른바 전례를 찾을 수 없는 대규모 법회(묀람첸모제)를 열었고, 단숨에 티베트 불교 최고의 경사經師가 되었다. 법회가 끝난 후, 그는 라싸 동쪽에 간덴사를 창립했다.[33] 그는 은어시隱語詩의 형식으로 자신의 직계 까담파 조사祖師 아띠샤의 가르침을 전했고, 많은 까담파 사원을 겔룩파로 개종시켰다. 겔룩파가 눈부시게 일어난 것이다.

달라이와 판첸

쫑카빠는 겔룩파의 창시자이지만 1대 달라이 라마는 아니다. 1대 달라이 라마(관세음보살의 화신으로 여겨진다)는 겐뒨 둡빠根敦朱巴라고 하는데 쫑카빠의 유명한 제자다. 그의 가장 큰 공로는 짱의 따시휜뽀(따시룬뽀 혹은 타시룬포)사원을 건립한 일이다. 쫑카빠의 또 다른 중요한 제자 하나는《쫑카빠전》을 썼는데, 후에 1대 판첸 라마(무량광불의 화신으로 여겨진다)가 된 케드룹 제克珠杰가 바로 그다.

   겐뒨 둡빠가 원적한 후 3년이 지났을 때, 짱의 평민 가정에서 태어난 겐뒨 갸초가 겔룩파에 의해 '전세영동轉世靈童'으로 인정받았고, 이후 환생설이 관례가 되었다. 명 세종 가정 9년(1530), 겐뒨 갸초는 '데빠第巴'를 세워 겔룩파 장원과 농노 등의 일을 맡기고, 자신은 전심전력을 다해 수행했다. 명 신종 만력 5년(1577), 3대 달라이 라마 쐬남 갸초(소남 갸초)와 몽골 투메트부 알탄칸이 오늘날 칭하이에서 만나 서로 존호를 주고받았는데, 알탄칸은 쐬남 갸초에게 '성식일체聖識一切 와치르달라瓦齊爾達喇(산스크리트어로 '금강지金剛持'라는 뜻) 달라이(몽골어로 '큰 바다'라는 뜻) 라마(티베트어로 '큰 스승'이라는 뜻)'라는 존호를 주었다. 이때부터 몽골인은 전통적 샤머니즘을 버리고 겔룩파를 믿기 시작했다.

그러나 겔룩파의 발전을 지나치게 두려워한 탓인지, 까르마 정권의 짱빠
칸藏巴汗(깔마덴콘왕뽀)은 겔룩파를 금지하는 명령을 내렸다. 생과 사의 도
전에 직면해, 5대 달라이 라마인 롭쌍 갸초는 황교(겔룩파)의 또 다른 지도
자인 롭쌍 최키 걀짼羅桑却吉堅贊(1570~1662, 후대의 판첸)[34]에게 사람을 보
내어 이미 황교에 귀의한 구시칸固始汗을 청해 1641년, 병사를 이끌고 티
베트로 들어와 짱빠칸 정권을 평정했고, 황교는 다시 티베트의 주도적 지
위를 차지하게 되었다.

구시칸은 1645년에 짱의 닝마파를 몰아내고 황교의 또 다른 지도자인
롭쌍 최키 걀짼을 4대 '판(범어로 '지혜'라는 뜻) · 첸(티베트어로 '크다'라는
뜻) · 복도(몽골어로 '예지를 가진 영웅적인 사람'이라는 뜻)'로 받들었다. 이에 모
든 티베트 지역은 겔룩파의 노란색 바다가 되었다.

여기서 우리는 황교 지도자의 선견지명에 대해 감탄하지 않을 수 없다.

라싸의 포탈라궁.

일찍이 청군淸軍이 산해관으로 들어오기 전, 구시칸과 5대 달라이 라마, 4 대 판첸 라마 롭쌍 최키 걜짼은 숭덕 7년(1642)에 성경盛京으로 사신을 보내어 홍타이지를 배알하게 했다. 청이 베이징으로 들어온 후, 달라이 라마는 친히 3천 명의 티베트 대표단을 이끌고 베이징으로 축하하러 갔으며, 순치順治는 융숭한 의례로 티베트에서 온 손님을 맞이했다.

돌아오는 길은 매우 멀었으니, 어느새 1년이 지났다. 어느 날, 느리게 움직이는 대열 뒤에서 청군이 따라왔다. 그들은 5대 달라이 라마에게 순치가 책봉한 금책金冊과 금인金印을 바쳤다. 이때부터 중앙정부가 달라이를 책봉하는 것이 관례가 되었다. 청 강희 52년(1713), 5대 판첸 라마 롭쌍 예쉐가 강희제에 의해 '판첸 어르더니班禪額爾德尼(만주어로 '지혜의 빛', '덕의 빛'이라는 뜻)'로 책봉되었다. 이후 달라이 라마는 포탈라궁을 중심으로 위 지역의 사무를 보았고, 판첸 라마는 따시훤뽀사원을 중심으로 짱 지역의 일을 보았다. 역대로 달라이와 판첸은 스승과 제자 관계로서[35] 함께 티베트 민중의 정신세계를 주재했다.

달라이에 대해 사람들은 언제나 자비로우며 늘 단정하게 앉아 있는 모습을 떠올리곤 하는데 사실 맞는 이미지이긴 하다. 그러나 모든 것에는 예외가 있는 법이라, 달라이 라마 중에도 사랑에 대해 노래한 시인이 있었으니, 그가 바로 6대 달라이 라마 짱양 갸초倉央嘉措('음률의 바다'라는 뜻)(1683~1706)이다.

그는 티베트 먼위門隅 위쏭宇松 지역의 닝마파 주술사의 집에서 태어났다. 1697년에 그는 데빠 쌍게 갸초桑結嘉措에게 '전세영동'으로 지정되었고, 5대 달라이 라마의 뒤를 이어 6대 달라이 라마가 되었다. 본래 라마는 진중하고 점잖아야 하는데, 그의 뼛속에는 시인 특유의 낭만적 기질이 넘쳐흘렀다. 소년 시절에 그는 아름다운 티베트 아가씨 런전융무仁珍翁姆와 죽어도 좋을 만큼 깊은 사랑에 빠졌다. 물론 닝마파가 아내를 맞이하고 아이 낳는 것을 금한 것은 아니다. 하지만 달라이가 소속된 겔룩파는 여색을 금했다. 자신이 해야 할 일과 타고난 성품이 충돌하자, 그는 20세 되던 해에 감정을 폭발시켰다. 라마에게 허락되지 않은 사랑을 얻기 위해 그는 비구계를 받는 것을 거부했던 것이다. 그는 시에서 이렇게 썼다.

"스승의 존안을 가만히 생각하려 해도 나타나지 않네. 그러나 연인의 얼굴은 생각하지 않으려 해도 마음속에 자꾸 떠오르네."

하지만 그는 매우 모순된 마음을 갖고 있었다.

"사랑하는 연인의 마음을 받아들이고자 한다면 이번 생에서는 법연法緣을 끊어야 하리. 깊은 산으로 들어가 수행을 하고자 한다면 연인의 소망을 저버려야 하리."

계율을 따르자니 연인이 마음에 남아 있고, 연인과 함께하려니 종교적 인연이 가슴에 걸렸다. 그래서 쌍양 갸초는 계속 망설였다.

"하나는 모자를 머리에 쓰라 하고, 하나는 머리댕기를 등 뒤로 드리우라 하네. 하나는 내게 천천히 걸으라고 말하고, 하나는 걸음을 멈추라 하네. 하나는 힘들어하지 말라 하고, 하나는 곧 다시 만날 거라고 말하네."

《쌍양 갸초의 사랑 노래》에 실린 시들은 하나하나가 모두 사람을 취하게 만드는 노래다. 그가 표현한 욕망은 연못에 서린 구름 그림자 같고, 하루 종일 밀려오는 파도소리와도 같다. 배에 실린 밝은 달 같기도 하며, 소매에 가득한 그윽한 향기 같기도 하다. 그래서 그의 작품은 티베트 문학사에서 빛나는 보석이 되었다.

중원의 송 휘종처럼 그의 문학적 천성은 종교적 재능을 뛰어넘었다. 그러나 그것이 그의 비극적 인생의 원인이 된 것은 결코 아니었다. 그의 비극은 5대 달라이 라마가 원적한 후부터 시작되었다. 섭정 쌍게 갸초는 5대 달라이 라마가 세상을 떠난 것을 청 왕조에 15년 동안이나 알리지 않았다. 또한 몽골 라짱칸과의 갈등도 격화되었다. 그러다가 쌍게 갸초가 라짱칸에게 피살당했다. 아직 청 왕조의 책봉을 받지 못했던 짱양 갸초는 강희제에게 가짜 달라이 라마라는 조서를 받았고, 그것을 해명하기 위해 북경으로 가야 했다. 길을 떠난 그가 오늘날 칭하이성 시닝으로 들어갈 무렵 병이 나서 죽었는데, 그때 나이 겨우 25세였다. 현재 그 지역에 살고 있는 먼바족門巴族은 자신을 짱양 갸초의 후손이라고 한다. '먼바'는 '먼위門隅[36]에 사는 사람'이라는 뜻이다.

6대 달라이 라마 짱양 갸초가 죽었으나 골치 아픈 일이 끝난 것은 아니었다. 청 강희 46년(1707), 라짱칸과 데빠 룽쑤隆素가 다시 예세 갸쵸伊喜嘉措를 6대 달라이 라마로 세웠고, 청은 일단 이를 인정했다. 그러나 티베트 승려들은 그의 신분을 줄곧 인정하지 않았다. 3년 후 겔룩파 승려들은 서부 캄의 리탕理塘에서 짱양 갸초의 '전세영동'인 깰상 갸초格桑嘉措(겔상 갸초)를 찾아내 역시 달라이 라마를 끼고 있던 라짱칸과 진위眞僞 투쟁을 벌였다.[37] 강희 56년(1717), 준가르부의 체렝 돈돕策零敦多布이 티베트에 출병해 라짱칸을 죽이면서 75년에 걸친 구시칸 후손의 통치가 끝났다.

청은 동요하지 않을 수 없었다. 청 강희 59년(1720), 군대를 보내어 체렝 돈돕을 쫓아내어 몽골인이 티베트를 통치하던 역사를 끝냈으며, 깰상 갸초를 7대 달라이 라마로 선포했다.

8대 달라이 라마 잠펠 갸초强白嘉措 시기에 꾸르카廓爾喀(구르카, 네팔)와 티베트 사이에 은화 교환으로 인한 분규가 발생했고, 3천 명의 꾸르카 군인이 티베트로 들어와 겔룩파 성지인 따시휜뽀사원을 약탈했다. 청의 장수 복강안福康安은 군대를 이끌고 티베트로 들어가 꾸르카족을 쫓아내고 꾸르카 국경을 공격, 꾸르카를 청의 번속으로 만들었다. 또한 티베트 불교에서 달라이 라마를 세우기 위해 '전세영동'을 찾을 때 '금병체첨金甁掣簽'[38] 방식을 실시하도록 규정했다. 청 건륭 58년(1793), 건륭제는 암반, 이른바 청의 주장대신駐藏大臣과 달라이 라마, 판첸 라마의 지위를 동등하게 규정했으며, 정치와 종교를 총괄하는 권력을 주었고, 이때부터 티베트 정교 합일 체제가 정식으로 자리 잡았다. 이때 청 왕조는 토번을 위衛(전장), 짱藏(후장), 아리의 세 부분으로 나누었고 이 지역에서 생활하는 토번을 '짱족藏族'이라 칭했다.

청대에 티베트인은 당 때의 라싸邏쓰 유적지에 새로운 도시를 건립했고, 그 이름을 '라싸喇薩'('성지'라는 뜻)라고 불렀다. 여름 궁전인 노블링카와 겨울 궁전인 포탈라궁은 모두 달라이 라마가 정무를 처리하는 곳이 되었다. 판첸 라마의 사무실은 따시휜뽀사원으로 정해졌다.

13대 달라이 라마 툽땐 갸초土登嘉措(툽텐 갸초)와 9대 판첸 라마 어르더니 취키 니마曲吉尼瑪는 청 왕조가 책봉한 최후의 티베트 불교 지도자인데, 그들은 각각 1933년과 1937년에 원적했다.

부탄과 시킴

티베트 불교에 대해 말하자면, 티베트와 다방면으로 밀접한 관련을 맺고 있으며 티베트와 마찬가지로 불교를 믿는 국가인 부탄과 시킴을 언급하지 않을 수 없다.

히말라야산맥 남쪽 기슭의 동부에 있는 부탄왕국은 8세기에 티베트 불교를 받아들였다. 17세기 중엽에 티베트 종교 투쟁에서 패배한 까규파 교주가 부탄으로 피신했고, 후에 티베트의 정교합일 제도를 모델로 삼아 부탄을 세웠다. 환생한 것으로 여겨지는 종교 지도자 샤브드룽沙布東(다르마 라자)[39]과 정치 지도자인 데부 라자德布王가 정치권력을 공동으로 나눠 갖고 있었다. 강희 연간에 티베트가 중국 강역의 일부가 되면서 부탄도 중국을 종주국으로 인정했고, 청에게 스스로를 신하라고 칭하며 조공을 바치

기를 원했다.[40]

1865년에 영국 제국주의자들이 부탄왕국에 침입해 불평등조약인 〈신출라조약辛楚拉條約〉을 체결했다. 1910년에 영국은 부탄이 대외적인 관계를 맺을 때엔 반드시 영국의 지도를 받도록 했다. 영국 세력이 남아시아로 밀려났을 때엔, 인도가 영국의 식민정책을 계승해, 부탄의 외교에 대해 인도가 '권고'를 할 수 있도록 규정했다. 실제로는 부탄을 인도의 '보호' 아래 둔 것이다. 그 상황은 1979년에 부탄이 외교적으로 독립할 때까지 계속되었다. 현재 부탄왕국 국민은 티베트 불교를 신봉하며, 라싸를 종교의 중심으로 받들고 있다.

히말라야산맥 남쪽의 중부에 있으며 총면적이 7,100제곱킬로미터, 인구가 겨우 30만여 명밖에 안 되는 시킴왕국은 17세기에 세워졌다. 원래는 티베트 속지였으며 역사적으로 데모종哲孟雄 혹은 모종木雄이라 불렸다. 시킴 사람들은 혈통과 언어, 습속과 신앙 등 모든 면에서 바로 옆에 있는 티베트와 불가분의 관계다. 시킴인은 대부분 티베트 불교를 신봉하며 라싸 교단을 종교의 중심으로 삼고 있다.

시킴의 고난은 19세기 초기부터 시작된다. 국경 분쟁 때문에 네팔과 데모종 사이에 전쟁이 일어났는데, 약소국인 데모종은 금방 패하고 말았다. 일찍이 남아시아를 노려 호시탐탐 기회를 엿보던 영국은 화해를 명분으로 삼아 데모종의 정치에 간여했다.

지렁이를 강물 속에 던져 넣는다고 해서 반드시 물고기의 친구가 되는 것은 아니다. 그러나 배고파서 먹을 것을 가릴 처지가 안 되었던 데모종 사람들은 '멀리서 온 이 우호적 사신'을 열렬히 환영했다. 영국인은 먼저 데모종을 도와 네팔의 공격을 물리쳐주었고, 그 대가를 요구했다. 매년 300파운드밖에 안 되는 돈을 조차하는 비용으로 지불하면서, 영국은 시킴 영토의 대부분을 차지했다. 그리고 얼마 지나지 않아 데모종을 공격했다. 그러자 데모종은 청 왕조의 암반(주장대신)에게 긴급 구원을 요청했다. 그러나 이때 청 왕조는 자기 자신을 돌보기도 바빴던 판이라 요청에 응할 수 없었고, 그 기회를 틈타 영국 제국주의자들이 곧바로 치고 들어왔다.

영국 제국주의자들은 티베트 혈통인 데모종 국왕을 무력으로 티베트로 쫓아내고, 데모종에 즉시 굴욕적 협약을 맺도록 강요했다. 그리고 마침내 시킴을 영국의 세력 범위에 편입시켰다. 이어서 1890년, 영국은 암반 승태升泰를 핍박해 '티베트-인도藏印조약'41을 맺고, 데모종의 국내 정치와 외교 문제 모두를 영국과의 협의하에 진행해야 한다고 규정했다. 이때부터 데모종은 정식으로 영국의 '보호국'으로 전락했으며, 옛 중국과 데모종 사이의 정치관계는 끝났다. 그해에 데모종은 '시킴'으로 이름을 바꾸었다.

그 후 우여곡절 끝에 영국인이 마침내 남아시아로 물러났다. 그러나 시킴인은 "늑대에게서 도망쳐 나왔더니 이번엔 다시 호랑이 굴로 들어갔다"라는 말의 뜻을 알게 되었다. 1947년, 새롭게 독립한 인도는 시킴을 압박해 〈현상 유지조약〉을 맺었다. 이어서 군대를 시킴에 파견했으며, 인도 외교관이 집정관의 신분으로 시킴 정부를 접수했다. 1974년, 인도는 헌법 수정안을 통과시킨 후 시킴을 인도의 '연계방聯系邦'으로 바꾸었고, 그다음 해에 이름만 있던 시킴 국왕을 폐위했으며, 시킴을 인도의 스물두 번째 주로 편입했다.

인도의 패권적 행위는 시킴 국민의 반항과 항의 시위를 불러일으켰고, 국제사회는 폭넓은 관심과 깊은 동정을 표했다. 중국 정부는 1974년과 1975년에 각각 성명을 통해 인도의 시킴 병탄을 승인하지 않는다고 밝혔다. 1982년에 직무를 개시한 왕축 탠진 남걀 국왕 역시 인도가 시킴을 병탄한 것은 불법이라고 발표한 바 있다.

영국군이 티베트에 들어오다

영국은 인도와 네팔, 부탄, 시킴을 점령한 후 시선을 티베트로 돌렸다. 영국령 인도와 가까이 있으면서 면적이 서유럽에 비견될 만큼 거대한 땅덩어리를 가진 티베트를 향해 영국은 침을 줄줄 흘리는 커다란 입을 벌렸다.

나날이 다가오는 칼날의 날카로운 빛과 피비린내를 느끼며, 티베트 민중과 애국적 승려들은 청 동치同治 5년(1866), 링투산隆吐山에 초소[42]를 세우고 일광법호영묘日光護法靈廟를 만들어, 피에 젖은 입을 벌리고 다가오는 영국인을 군사적·정신적 힘으로 막아보려 했다.

티베트 군대가 자신의 영토에 초소를 세우는 것은 당연한 일이었다. 그러나 이것은 당시 안하무인격이었던 영국에 출병 구실이 되어주었다. 영국군은 '티베트를 문명시대로 진입'(마치 일본의 '대동아공영'과 같다)시킨다는 구실로 청 광서 14년(1888) 초에 링투산 초소를 향해 진공을 개시했다. 구식 병기를 들고 있던 티베트군과 백성은 어쩔 수 없이 철수해야 했다. 티베트 민중이 쓰러지지 않는 영웅적 기개로 침범해오는 적들과 싸우고 있을 때, 청 왕조의 암반 승태가 무대의 전면으로 나섰다. 캘커타(오늘날 콜카타)에서 중국과 영국 대표는 악수하며 강화를 약속했고, 영국은 자신들이 원하던 대로 티베트에서 측량을 하고 통상을 하며 자유롭게 출입할 수 있는 특권을 얻었다.

열매를 이렇게 쉽게 손에 넣었는데 그대로 손을 털 수 있었겠는가? 15년 후, 또 한 무리의 영국인들이 벌떼처럼 밀려들어 왔다. 영국 맥도널드James Macdonald(1862~1927) 소장과 프랜시스 영허즈번드Francis Younghusband(1863~1942) 대령이 꾸르카, 시크, 영국 연합군 3천여 명을 이끌고 청 광서 29년(1903) 말, 티베트에 대한 제2차 침략전쟁을 일으켰다. 신식 총과 대포로 무장한 군대는 열흘 동안 연속해서 야둥亞東(도모)의 린칭

공仁進崗, 파리帕里, 춤비春丕를 함락했다. 그러나 추미셴고曲眉仙果에서 진을 치고 기다리고 있던 티베트 군대의 기습과 때맞춰 내린 큰 눈 때문에 돌아갈 길이 막혔다. 다음 해 3월, 히말라야산맥에 쌓인 눈이 녹을 때, 영국인은 다시 움직이기 시작했다.

이어서 '성실함을 중시하던' 서방인의 분노를 일으킨 유명한 사건이 일어났다. 추미셴고 중앙의 돌담 안에서 기세등등한 영국군과 복수심에 불타는 티베트 군대가 다시 마주쳤다. 영허즈번드는 몰래 군대를 매복시키는 한편 평화 담판을 진행했다. 그는 "쌍방이 화의를 진행하고 있으니, 반드시 총과 무기를 내려놓아야 한다"라고 했다. 평화담판이 15분쯤 진행되었을 때, 총에 몰래 총알을 장전해두었던 영국군과 사방에 매복하고 있던 외국 연합군이 나타났다. 그때 티베트 군인들은 담판 전에 약속했던 대로 화승총에 불붙이는 것을 멈추고 있었다. 무방비 상태에 있던 티베트 군대를 향해 영국군과 외국 연합군은 마구 총질을 하기 시작했고, 추미셴고는 졸지에 영국인의 사격 연습장이 되었다. 저항 준비를 하지 않고 있던 수천 명의 티베트 군사들이 장렬하게 순국했다. 백정과도 같았던 영허즈번드는 아내 헬렌에게 보낸 편지에서 염치도 없이 이렇게 썼다.

"가련한 그자들은 우리의 총과 불과 몇 마일 떨어지지 않은 곳에 모조리 포위되었소. 대학살은 티베트 장군들의 무지와 어리석음에서 비롯된 것이지."

불공평한 이 전쟁은 티베트 군대의 힘을 크게 손상시켰다. 그러나 그들은 간체 종 보위전에서 자신들의 존엄을 지켰다.

쌍방이 대치하고 있을 때 의외의 사건이 발생했다. 미국 작가 엠브로스 비어스Ambrose Bierce(1842~1914)가 《악마의 사전The Devil's Dictionary》(1911)에서 이렇게 말했다. "역사는 악의 지배자와 어리석은 사병이 일으킨 기록이다." 당시 어리석은 티베트 병사가 탄약을 조심스럽게 다루지 않은 바람에 화약고가 모조리 타버렸다. 많은 티베트 병사들이 산 채로 불에 타 죽었고, 간체는 지킬 수 없게 되었다. 영화 〈붉은 골짜기紅河谷〉[43]는 추미 센고 학살극과 간체 보위전의 비참한 장면을 생생하게 묘사하고 있다.

간체를 잃자, 이제 라싸도 지킬 수 없게 되었다. 동이 터올 무렵, 28세의 13대 달라이 라마 툽땐 갸초는 여덟 명의 시종만을 데리고 말을 달려 북쪽으로 갔다. 그는 몽골 구룬활불古倫活佛 뎁쭌담바哲布尊丹巴(복도칸)에게로 갔고, 간덴사에 바라쌍젠巴羅桑堅을 남겨 남은 일을 처리하게 했다.

광서 30년(1904), 영국군이 라싸에 진입한 그날, 침략자들은 성장을 하고 꾸르카 군악대의 북소리에 맞춰 도시를 가로질렀다. 길가의 라싸 시민은 큰소리로 경전을 외우며 손바닥을 두드려 그들을 배척한다는 표시를 했다. 영국인은 그것을 환영하는 것으로 알고 끊임없이 모자를 벗어 시민들에게 감사의 마음을 표했다.

영국은 청 왕조의 암반 유태有泰를 압박해 티베트 정부와 〈라싸조약拉薩條約〉(1904)을 체결했다.[44] 조약에서 영국은 티베트를 영국의 세력 범위에 둔다고 규정했다. 그리고 영국군에게 750만 루피(50만 파운드)를 배상할 것과 춤비를 영국에 75년간 할양할 것을 규정했다.

하지만 분노한 청 왕조는 '제멋대로 한' 유태를 파직시켰다. 한편 멀리 몽골에 있던 달라이 라마도 그 조약에 서명한 티베트 관원을 매국노라고 욕하며 조약 문서를 내던져버렸다.

한 달 후, 고원의 기후에 머리가 깨질 것 같았던 영국인이 부분적으로 철수했다. 영국인은 철수하면서 티베트에 대해 공전의 약탈을 자행했다. 맥도널드와 다른 군관 하나가 약탈해간 경서와 신상神像, 갑옷과 도자기 등이 4만 마리의 나귀를 동원해야 다 실을 수 있을 정도였다고 한다. 영국 〈데일리뉴스〉 종군기자는 이렇게 폭로했다.

"원정대가 사원을 약탈했다. 지나간 몇 주일 동안 자루에 담긴 전리품이

산간의 작은 길을 지나 끊임없이 인도로 운송되었다. 그 자루 속의 물건은 군관의 아내와 친구들에게 큰 기쁨을 가져다주었다. 그들의 산간 역사驛舍에는 약탈해온 골동품이 가득했으니, 4년 전에 베이징을 약탈한 후에 그들의 집에 골동품이 가득 찼던 것과 마찬가지 상황이었다."

영국으로 돌아간 영허즈번드는 국왕 에드워드 7세의 영접을 받았다. 그가 왕실 지리학회에서 티베트 탐험에 대한 강연을 할 때면 청중이 길게 줄을 설 정도로 공전의 성황을 이루었다. 흥미로운 것은 영허즈번드가《인도와 티베트India and Tibet》(1910)라는 책을 쓴 작가가 되었을 뿐 아니라, 만년에는 인생을 깨달은 철학자가 되었다는 사실이다.[45]

맥마혼 라인

밖에서 2년 동안 유랑한 13대 달라이 라마가 광서 32년(1906)에 티베트로 돌아왔다. 그러나 도중에 청 왕조가 그를 제지했다. 광서 34년(1908), 달라이 라마는 명령을 받고 자희태후(서태후)와 광서제를 만났다. 베이징에서 그는 청 왕조의 부패함과 무능함을 직접 목도했다. 게다가 청 왕조는 그에게 꿇어앉는 예를 행하라고 요구했다. 달라이 라마에게 남아 있던 일말의 희망조차도 사라져버린 것이다. 영국에 반대하지 않겠다는 약속을 한 후에야 달라이 라마는 외국에서 5년 동안 보낸 유랑생활을 접고 티베트로 돌아올 수 있었다.

신해혁명 후, 영국은 기회를 틈타 티베트 '지방정부'와 함께 독립을 계획했다. 민국 2년(1913) 11월, 그들은 나라를 훔친 대도 위안스카이袁世凱를 협박해 인도 북부의 심라에서 중국과 영국, 티베트 3자가 참가하는 소위 '심라회의'를 개최했다. 영국 전권대표와 영국령 인도 외교대신 헨리 맥마흔Henry McMahon, 중화민국 주장駐藏 선무사 천이판陳貽范, 그리고 티베트 수석대표 빤조도제 샤트라夏扎·班覺多吉가 회의에 참가했다.[46]

회의는 맥마흔이 주재했다. 영국은 샤트라에게 "티베트가 독립국임을 확정하고 중국과 티베트의 국경을 새롭게 구획 짓는다"라는 규정 등 6개 항목을 요구하도록 했다. 천이판은 당연히 응낙하지 않았다. 이에 맥마흔은 먼저 짜놓았던 각본대로 중국과 티베트의 갈등을 해결한다는 명분하에 11개 항목의 조약 초안을 제시했고, 그것을 8개 항목으로 압축했다. 천이판은 초안에 서명을 하지 않을 수 없었다. 그 소식이 중국 국내에 전해지면서 전국에서 비난의 목소리가 높아졌다. 위안스카이는 압박을 견디지 못하고 천이판에게 전보를 보내어 정식 조약문에 서명하지 말라고 했고, 영국인의 계획은 수포로 돌아갔다.

그러나 빈손으로 돌아가고 싶지 않았던 영국은 티베트인의 환심을 사려 했다. 천이판이 정식 조약문에 서명을 거부한 후, 맥마흔은 아예 중국 대표를 젖혀놓고 티베트 독립을 미끼로 샤트라를 구워삶았다. 결국 맥마흔은 비밀리에 문장을 바꾸는 형식으로 중국과 인도 동부 국경인 '맥마흔 라인 McMahon line'을 획정 지었다. 이 라인은 실제로 감정해서 정한 것이 아니며, 양국이 평등한 입장에서 담판해 정한 국경도 아니었다. 맥마흔 본인이 자기 멋대로 중국과 인도의 국경을 히말라야산맥 남쪽 산기슭에서 산등성이로 옮기는 바람에 국경이 북쪽으로 무려 100킬로미터가 올라갔다. 이렇게 해 먼위, 뤄위珞隃, 샤차위下察隃 등 세 개 지역 9만 제곱킬로미터의 중국 영토가 인도로 들어갔다. 동서고금을 통틀어 보아도 이렇게 쉽게 영토를 얻은 경우는 찾아보기 힘들다.

역대 중국 정부는 맥마흔 라인을 단 한 번도 승인한 적이 없다. 인도가 영국의 식민통치에서 벗어난 후, 인도는 영국 식민지 시절의 자산을 인정해 계속해서 맥마흔 라인 남쪽의 중국 영토를 점령했고, 라인의 북쪽으로 깊숙이 들어왔다. 이 문제로 인해 중국과 인도는 1960년대에 대규모 국경 전쟁을 치른바 있다. 이 9만 제곱킬로미터의 국토는 지금도 여전히 인도가 실질적으로 통제하고 있다. 인도는 그곳에 아루나찰프라데시주를 설치했으며, 중국과 인도 양국의 전통적 우방 관계도 이로 인해 손상되었다.

이처럼 달라이 라마는 영국에 기대었으나 결코 예상했던 것처럼 좋은 결과를 얻지는 못했다. 오히려 심라회의에서 9만 제곱킬로미터의 토지를 잃었다. 그래서 달라이 라마 만년에는 다시 영국을 멀리하게 되었다. 민국 9년(1920), 달라이 라마는 자발적으로 '중앙정부'에 조국 통일의 강렬한 소망을 전했다.

"나는 마음을 내지로 향하게 해 다섯 민족의 행복을 도모할 것을 맹세한다."

동이 트기 전의 짙은 어둠

좌절 속에 떠돌던 13대 달라이 라마는 민국 22년(1933)에 갑자기 세상을 떠났고, 당시 23세이던 레팅사원의 활불活佛 레팅 린뽀체 호투쿠투가 섭정으로 추대되었다. 그는 달라이 라마가 담당했던 정무를 처리했으며, 달라이 라마의 전세영동을 찾아내고 인정하는 작업을 진행했다. 그는 적극적으로 중앙정부와의 관계를 개선했으며, 민국 말기의 온갖 시련 속에서 굳건하게 중국 내지와의 혈맥 관계를 이어갔다.

그러나 레팅은 너무 어렸다. 게다가 줄곧 사원에서 수행만 했던지라, 정무를 처리하는 데 경험이 없었다. 결국 그는 일의 주도권을 종종 적의 손에 쥐어주곤 했다. 특히 아름다운 동생 부인과 관련된 여러 가지 스캔들이 퍼져나갔다. 티베트 상층 계급의 친영파親英派는 그것을 마치 직접 본 것처럼 떠들어댔다. 민국 30년(1941), 안팎으로 곤경에 처한 레팅은 어쩔 수 없이 자신이 가장 신임하던 경교사經教師이자, 나이가 70세가 다 된 소활불小活佛 딱따 린뽀체(1874~1951)에게 자리를 물려주어야 했다.

권력을 이양할 때 두 사람은 수년 후에 다시 순서를 바꿔 섭정을 한다는 밀약을 맺었다고 한다. 그래서 권력을 넘겨줄 때, 레팅은 위험한 눈빛을 번득이던 스승과 신뢰의 눈빛을 주고받았다고 생각했다. 그러나 딱따는 한 나라의 왕망처럼 다른 뜻을 품고 있었고 위장에 능했다. 일단 높은 자리에 올라가자 그는 즉시 영국과 손을 잡으려는 세력에게 힘을 실어주었다. 14대 달라이 라마에게 줄곧 독립사상을 불어넣었으며, 레팅에게는 계속 압박을 가했다. 민국 36년(1947) 봄, 레팅은 딱따가 보낸 군대에 잡혀 레팅사에서 라싸로 압송되었다. 라싸로 끌려간 그는 "런던탑처럼 고급 관원을 위해 만든 포탈라궁의 지하감옥"에 갇혔으며, 얼마 지나지 않아 '중풍'으로 죽었다고 한다.[47]

이와 동시에 독립의 연극이 서막을 열었다. 막후에서 연극을 주도한 인물은 여전히 딱따였다. 앞장선 것은 딱따가 의지한 영국인이었다. 같은 해 3월, 영국은 인도 뉴델리에서 소위 '범아시아회의'를 소집했고 티베트를 포함한 모든 아시아의 '독립국가'에 회의에 참가해달라는 초청장을 보냈다. 비밀스러운 목적을 달성하기 위해, 그들은 회의장을 아주 세심하게 꾸몄다. 티베트 군대의 '설산사자기雪山獅子旗'를 티베트 국기로 삼아 아시아 각국의 국기들 사이에 걸어놓았고, 티베트 지방정부의 대표를 각국 대표들 자리 사이에 앉혔다. 회의장에 걸려 있는 아시아 지도에는 티베트가 중국의 판도에서 잘려나갔다. 물론 중국 대표단의 엄중한 항의와 국내 인민의 강력한 반대로 말미암아 그들의 음모는 뜻을 이루지 못했다.

8월, 티베트 곁에 있는 인도가 독립을 선포했고, 영국의 라싸 주재 상무대표 사무실은 인도의 상무대표 사무실로 바뀌었다. 딱따는 이 상황을 민감하게 받아들이고 있었다. 해가 지지 않던 제국이 이제는 남아시아에서 밀려나 서쪽으로 지는 해가 되었다. 딱따 역시 새로 의지할 곳을 찾아야 했다. 이에 그는 당시 국제적으로 새롭게 떠오르고 있던 미국에 대표단을 파견해 상무 시찰을 하게 했다. 그러나 이때의 미국은 장제스 집단을 지지하는 데에만 열중해 있을 때라서 티베트 상무대표단에게 '257비자'(미국이 승인하지 않은 국가의 여권)만을 발급했고, 투르먼과 체폰 샤캅파(1907~1989)의 회담 역시 장제스가 중화민국 주미대사 구웨이쥔顧維鈞의 참가를 요구하는 바람에 취소되었다. 미국에서 빈손으로 돌아오긴 했지만 인도 총리 네루와 성웅聖雄 간디는 국가적 의전으로 티베트 상무대표단을 맞이했고, '우호적이고 열정적으로' 회담을 진행했다. 아마도 그들은 당시 무기 매매에 합의했을 것이다.

중화인민공화국이 막 성립될 무렵, 티베트 독립의 움직임도 갑자기 빨라지기 시작했다. 민국 38년(1949) 7월, 카샥 당국은 티베트 국민당 관원과 주둔군이 중국 인민해방군을 끌어들일 여지가 있으며, 또한 한인 중에 누가 공산당인지 구별하기 힘들다는 이유로 '한족축출사건驅漢事件'을 일으켰다. 그들은 모든 한족 사람을 티베트 밖으로 쫓아냈으며, 사원의 한적漢籍 라마도 모조리 쫓아냈다.[48]

이와 동시에 그들은 티베트 군대를 열네 개 다풍('단團'에 해당)[49]에서 열일곱 개 다풍으로 확충했으며, 진사강金沙江 전선에 열 개 다풍을 투입했다. 인민해방군이 서쪽을 향해 진격하려고 하는 상황을 무력으로 막으려 했던 것이다. 전쟁이 발발하기 일보 직전의 상황이었다.

과거와 이별하다

통일 문제의 가장 중요한 해결 방법은 말이 아니라 부득이하게 사용해야 하는 주먹에 있다는 것을, 역사는 반복해서 가르쳐준다. 1950년 1월, 덩샤오핑과 류보청劉伯承은 천남행서川南行署 주임을 충칭으로 불러, 마오쩌둥이 비행기에서 내린 명령을 하달했다.

"티베트로 진군하는 것을 더는 늦춰서는 안 된다."

나흘 동안 지방관 노릇을 하던 장군은 바로 18군 군단장 장궈화張國華였다. 티베트 진군 준비가 시작되었다.

3월 29일, 18군의 선발대가 쓰촨성 러산樂山에서 출발해 서부 캄의 간쯔甘孜로 신속하게 진공을 시작하면서 티베트 진군의 서막이 열렸다. 10월 6일, 평화 공세가 효력을 발하지 못하던 상황에서 18군은 참도昌都 전투를 시작했고, 외롭게 고립되어 있던 티베트 군대 주력군 5,700여 명을 궤멸했다. 티베트 지방정부는 총병력의 3분의 2에 달하는 병사를 잃었다.[50]

참도 전투의 참패는 티베트 친제국주의자들을 고립시키는 한편, 애국 세력이 점차 고개를 들 수 있는 상황으로 분위기를 바꾸어놓았다. 1951년 1월, 섭정 딱따가 물러났다. 이어서 오늘날 칭하이성 핑안平安현 훙야촌紅崖村[51]에서 태어나 국민당 정부가 좌상坐床으로 비준한,[52] 이때 이미 17세가 된 14대 달라이 라마가 서둘러 친정親政을 하게 되었다. 상황이 급했기에 달라이 라마는 아포아왕지메阿沛阿旺晋美(1910~2009)를 수석대표로 하는 다섯 명의 전권대표를 베이징으로 파견해 중앙정부와 담판을 하게 했고, 쌍방은 〈티베트 평화해방방법에 관한 협의〉(17조 협의)[53]에 서명했으며, 달라이 라마는 야둥(도모)에서 라싸로 돌아왔다. 10월에 중국인민해방군이 라싸로 진입했고, 티베트는 '중국의 품으로 돌아왔다.' 10대 판첸 라마도 칭하이에서 티베트로 돌아왔고, 달라이 라마와 순조롭게 만났으며, 쌍방의 30년에 걸친 적대 관계 역시 눈 녹듯 사라졌다.

1954년, 달라이 라마는 베이징에 가서 제1차 전국인민대표자대회(약칭 전인대全人大)에 참가했고, 전인대 상무위원회 부위원장에 당선되었다. 당시의 중국공산당 당 중앙은 그를 매우 우호적으로 대했다.[54] 마오쩌둥 주석은 그가 머무는 곳을 친히 방문했고, 젊은 달라이 라마는 감격해 눈물을 흘리며 밤을 새워 마오 주석을 찬양하는 시 〈창세신 브라흐마創世主大梵天〉를 지었다.[55]

그러나 티베트의 어두운 구름이 다 걷힌 것은 아니었다. 상층부 승려들의 독립 의지가 여전히 사라지지 않았고(달라이의 큰형 딱쩨 활불이 국경을 넘어 영국으로 갔고, 둘째 형 갤로된둡嘉樂頓珠은 미국중앙정보국과 관계가 밀접했다)[56], 1956년 티베트자치구 주비위원회區籌備委員會가 열려 달라이 라마가 주임위원으로 당선되었고, 판첸 라마와 장궈화가 각각 제1, 제2 부주임위원으로 당선되었다. 그러나 티베트 '지방정부' 여섯 명의 칼론噶倫[57] 중 아포아왕지메와 삼뽀 쩨왕 린진桑頗才旺仁增(1904~1973) 두 명만 중앙정부를 옹호했을 뿐, 나머지 네 명은 모두 독립을 견지하던 골수파였다. 완강한 골수 세력이 끊임없이 방해하는 바람에 티베트 군대를 개편하고 농노제도를 개혁하려는 작업에는 거의 진전이 없었다.

한편 미국 등 서방 국가들이 티베트 독립 행위에 끼어들었다. 1942년부터 미국전략정보국(OSS) 특수요원이자 러시아 문호 톨스토이의 손자인 일리야 톨스토이 대위가 티베트에 잠입해 비밀활동을 했다. 1949년, 미국 국회에서는 총 7,500만 달러의 예산을 통과시켜 중화인민공화국에 대한 정보 수집 비용으로 쓰도록 했다. 이듬해 국방부장 존슨은 다시 그중에서 3천만 달러를 티베트와 타이완의 '긴급 준비금'으로 사용하도록 했다.

사건의 발단은 쓰촨성의 캄빠(캄파) 지역에서 시작되었다. 입장을 바꾼 100만의 농노들이 소수 봉건지주의 기득권을 빼앗는 '민주개혁'을 은근히 기대하고 있었다. 날로 다가오는 '민주개혁'을 억누르기 위해 봉건지주들은 1955년에 탐색 차원의 캄빠(캄 지역에 사는 사람을 일컫는 말) '무장 반란'을 일으켰다.[58] 1957년 미국중앙정보국에서 훈련을 마친 캄빠 '반군'이 티베트로 공중 투입되니, 반란의 불길에 기름을 부은 것과 같았다.[59] 이에 대규모 '반란'이 1959년 라싸에서 폭발했다. '반란자'들은 '설산사자기雪山獅子旗'[60]를 높이 치켜들고 "티베트 독립!", "한인은 꺼져라!" 등의 구호를 외쳤다. 그들은 이제 중국 중앙정부와 공개적으로 갈라진 것이었다. 인민해방군은 현지의 애국적 민병의 협조하에 두 개 군단이 채 안 되는 1천여 명의 병력으로 단숨에 '반란분자' 5,300명을 진압했다.

안개가 가득 낀 밤을 틈타 달라이 라마 등 600여 명의 골수파들이 황망하게 인도로 도망쳤다.[61] 달라이 라마는 인도 테즈푸르에서 '달라이 라마 성명'을 발표했고, 이른바 '티베트 망명정부'를 만들었다. 그 후 달라이 라마 '반란 집단'과 그를 따르는 8만여 명의 티베트인들은 인도에 의해 히마찰프라데시 주의 궁벽한 산지에 있는 작은 마을 다람살라(맥그로드 간즈)에 정착하게 되었다.

이 사건에는 좋은 점과 나쁜 점이 동시에 있었다. 달라이 라마를 비롯한 보수파들이 인도로 도주한 것은 국제적으로 좋지 않은 분위기를 조성했다. 그러나 동시에 티베트 개혁의 장애물이 자동적으로 사라졌다. 그 기회를 잡아 티베트는 순조롭게 '민주개혁'을 시행했으며, 농노제도를 폐기했고, 압박 받던 100만 농노들이 진정한 의미의 '해방'을 맞이했다. 1965년, 인민대표들이 라싸에 모여 티베트자치구 제1차 인민대표대회를 열어 아포아왕지메를 자치구 주석으로 선출했고, '티베트자치구西藏自治區'가 정식으로 성립되었다.

이제 티베트가 추구해야 할 것은 오직 하나, '발전'뿐이었다.

극한에 도전하다

티베트의 평균 해발고도는 4천 미터 이상이다. 공기 1세제곱미터당 산소 함량은 150~170그램으로, 평원지역의 62~65퍼센트밖에 되지 않는다. 이곳에 온 외지인은 대체적으로 호흡 곤란을 느끼며, 한 아름 굵기의 큰 나무도 사람 크기 정도밖에 자라지 못한다.* 그 때문에 티베트는 전국 총면적의 12.8퍼센트에 달하는 122만 제곱킬로미터를 차지하지만, 그곳에는 전국 총인구의 2퍼센트에 불과한 280만 명이 살고 있을 뿐이다.** [62]

세계의 척추에 해당하는 이 지역이 현대화되고 번영하는 것을 방해하는 것은 무엇이었을까? 그것은 자원이나 관념 문제가 아니다. 인구 문제는 더더욱 아니다. 가장 중요한 이유는 바로 교통 문제였다. 만일 가격이 비싼 비행기에 의지하지 않고 언제나 다닐 수 있는 기차를 타고 그곳에 갈 수 있다면? 미국 여행가 폴 테일러는 1980년대에 "쿤룬산맥이 존재하는 한, 철로는 영원히 라싸로 들어갈 수 없다"라고 단언했다.

그러나 그가 이런 단언을 한 이후 20년 뒤에 시대의 획을 긋는 장면이 나타났다. 칭짱철로靑藏鐵路의 첫 번째 장거리 열차가 2006년 7월 3일 18시, 정시에 티베트 라싸에 도착한 것이다.

극한의 땅, 그래서 남극과 북극에 이어 '제3극'이라는 별명을 가진 티베트고원. 세계에서 해발고도가 가장 높은 그곳에, 철로의 길이로 계산해봐

---

* 세계 인구기구의 통계에 의하면 해발고도에 따른 인구분포도는 대략 다음과 같다고 한다. 해발 200미터 이하에 56.2퍼센트, 해발 200미터에서 500미터 사이에 24퍼센트, 해발 500미터에서 2000미터 사이에 18.3퍼센트, 해발 2천 미터 이상에 거주하는 인구는 1.5퍼센트뿐이다.

** 티베트인은 티베트자치구 뿐 아니라 칭하이, 쓰촨, 간쑤, 윈난 등지에도 많이 모여 산다. 티베트인 총인구는 542만 명(옮긴이: 2010년 기준으로 약 628만 명이다)이다. 티베트인과 쌍둥이 같은 체질 특징을 지니고 있는 뤄바족(珞巴族)('남방인'이라는 뜻)은 티베트 동남쪽의 뤄위(洛瑜) 지역에 살고 있는데, 전체 인구가 중국 내륙의 큰 마을 하나의 인구도 못 되는 3천 여 명에 불과하다.

절반의 중국사

중국에서 '하늘 길天路'이라 불리는 칭짱철로. 티베트 담슝當雄 인근.

도 세계에서 가장 긴 고원 철도가 건설된 것이다. 춥고 산소가 부족하며 생태 환경이 취약한 동토 지대에 철로를 놓은 기적을 창조한 것인데, 이것은 세계 철도 건설의 역사에서도 볼 수 없는 쾌거였다. 중국공산당 티베트자치구 위원회 서기인 장칭리張慶黎는 이렇게 말했다.

"칭짱철로는 남북을 관통하며 티베트에 끊임없이 새로운 피를 주입해 줄 수 있는 개발의 길이다. 먼지 쌓인 역사를 뚫고 여러 대에 걸친 티베트 민중의 소망과 꿈을 담은 희망의 길이다. 또한 그림 같은 풍경과 더불어 신비로움, 정결함, 열정으로 가득 찬 관광 여행의 길이기도 하다. 티베트 사람들에게 있어서 이 철도는 인간 세상의 천당으로 들어가는 신비로운 '하늘 길天路'이다."

과거에 티베트에서 근무한 적이 있는 전 중국 국가 주석 후진타오[63] 역시 격정적인 어조로 이렇게 말했다.

"칭짱철로의 성공적 실천은 부지런하고 지혜로운 중국 인민이 비범한 업적을 끊임없이 창조해낼 수 있는 의지와 믿음과 능력을 갖고 있음을 다시금 보여주었다. 뿐만 아니라 세계 선진 민족의 대열에 우뚝 설 수 있는 의지와 믿음과 능력이 있음을 보여주었다."

티베트는 이미 날아오를 날개를 달았다. 이것은 숫매의 하늘(티베트)에 빛을 가져다주었다. 그러나 이상한 것은 지금 이 날아오른 숫매의 주변에 여전히 시끄러운 소리들이 있다는 것이다. 외국에 망명한 달라이 라마는 끊임없이 책임질 수 없는 '헛소리'[64]를 함부로 하고 있다. 더욱 재미있는 것은 달라이 라마가 노벨평화상을 받았다는 점이다. 게다가 미국은 티베트 문제에 협조하는 자들을 임명해, 역사를 알지 못하는 많은 서방 정객들로 하여금 중국에게 티베트를 내놓으라고 끊임없이 말하게 하고 있다. 그러나 그런 말을 한다면, 미국 역시 그 땅을 인디언에게 돌려주어야 하고, 오스트레일리아와 뉴질랜드 역시 그 땅을 원주민에게 돌려주어야 하는 게 아닐까? 영국도 마찬가지다. 끊임없이 문제를 일으키는 북아일랜드를, 그리고 대포와 군함으로 빼앗아온 말비나스 제도(포클랜드)를 대범하게 버려야 하는 것 아닐까?

제11장

저

氏

내지로의 이주

저氐[1]라는 명칭은 그들이 오늘날 산시陝西와 간쑤, 쓰촨 지방의 저지대에 분포했던 것과 관련이 있는 것으로 추정된다. '저氐'와 '강羌'이라는 두 단어는 서로 떨어질 수 없는 쌍둥이 같은 존재였다.

저인이 내지로 이주한 최초의 기록은 한 무제 때로 거슬러 올라간다. 한 무제 원정 6년(기원전111), 한 왕조는 군대를 보내 서남 변경 지역의 저왕氐王을 진압했고, 전쟁에서 패한 자들이 거주하는 지역에 무도군武都郡(간쑤성 리禮현 남쪽)을 설치했다. 하지만 많은 저인이 한 왕조의 명을 따르지 않고 그곳을 떠나 머나먼 곳으로 유랑을 했으며, 가까운 곳으로 떠난 자들은 하서와 관중 지역으로 들어와 유랑 생활을 했다. 또한 현지에 남은 자들은 끊임없이 반란을 일으켰다. 3년 후에 한 무제가 출병해 저인의 반란을 진압했고, 골치 아픈 문제를 많이 일으키던 하서 녹복저인祿福氐人을 한인이 많이 거주하는 주천군酒泉郡으로 이주시켰다. 이것이 바로 역사서에 처음으로 기록된 저인의 이주 과정이다.

두 번째 이주는 후한 말기에 일어났다. 당시에 조조와 유비의 대군 사이

에 있던 무도군 지역에 흥국興國(간쑤성 친안秦安현 동북쪽) 저왕 아귀阿貴,
백경百頃(구지산仇池山) 저왕 양천만楊千萬, 하변下辨(간쑤성 청성成현 서쪽) 저
수氏帥 뇌정雷定, 하지河池(간쑤성 후이徽현 서쪽) 저왕 두무竇茂 등 네 개의
세력이 형성되어 있었다. 그들은 한 왕조에 귀부하지 않았고 위나라에 투
항하지도 않았으며, 누가 뭐라고 하든 상관없이 자기들이 내키는 대로 행
동했다. 그런데 흥미로운 일이 일어났다. 자기 자신도 제대로 돌보지 못하
던 아귀와 양천만이 갑자기 서천西川장군 마초馬超를 따라 조조에 반기를
든 것이다.

그것은 맹인이 눈먼 말을 타고 한밤중에 깊은 연못에 가까이 간 것과도
같았다. 눈을 감고 걸어가는데 넘어지지 않을 도리가 있겠는가? 건안 18년
(213), 당시 힘이 넘쳤던 조조는 하후연夏侯淵에게 명령을 내려 서쪽을 대
거 정벌토록 했고, 밀고 당기는 1년 동안의 전쟁 끝에 마침내 아귀의 목이
날아갔다. 겨우 목숨을 건진 양천만과 마초는 촉천蜀川으로 남하해 유비
에게 투항했고, 미처 도망치지 못한 저인은 모조리 위나라의 포로가 되어
버렸다. 위는 정복한 저인을 구별해 대우했다. 바람 불면 이리저리 흔들리
는 담장 위의 풀처럼 왔다 갔다 하는 자들은 내지의 부풍扶風과 미양美陽
으로 강제 이주시켰고, 진심으로 귀부한 '착한 자'들은 천수天水(톈수이)와
남안南安(간쑤성 룽시隴西현 동남쪽) 지역에 거주하는 것을 허락했다.

원래 앞에 가는 사람이 넘어져 코가 깨지고 멍이 들면, 뒤에 가는 사람
은 더욱 조심하게 마련이다. 그러나 역사의 발전이란 것이 늘 그런 것만은
아니라서, 위험한 줄 알면서도 불을 보고 몰려드는 나방 같은 인간이 많았
다. 건안 20년(215), 조조가 한중漢中 군벌 장노張魯를 토벌하느라 병사를
이끌고 무도를 지나갈 때였다. 무도 저인은 칼을 들고 길을 막았다. 조조가
겨우 장애물을 없애고 하지에 이르렀을 때, 이번에는 저왕 두무가 험한 지
형을 엄폐물 삼아 저항해왔다.

두무를 가볍게 처단하기는 했으나 조조는 앞길을 막은 저인 사람들에게 단단히 화가 나 있었다. 그래서 먼저 옹주雍州자사에게 명해 저인 5만명을 부풍군과 천수군으로 이주시키고, 다시 무도태수에게 명령을 내려저인 수만 명을 경조京兆, 옹雍, 천수, 남안, 광위廣魏 등지로 이주시키라고 명했다. 몇몇 지도자의 어리석은 행동 때문에 수많은 저인이 식솔을 이끌고 멀리 타향으로 이주하는 악몽을 겪어야 했는데, 이러한 강제 이주는 위제왕齊王 조방曹芳 정시正始 원년(240)까지 계속되었다.

위진 시대에는 무도군과 음평군陰平郡에 저인이 거주했다. 이곳 이외에도 한중과 농서 지역에 다른 민족과 섞여 살아가는 저인의 거주지가 두 개더 있었다. 경조, 부풍, 시평始平 등 세 개 군이 있는 곳이 그중 하나였고, 천수와 남안, 광위(뤠양略陽, 간쑤성 친안현 동남쪽) 군이 있는 곳이 다른 하나였다.

그들은 당연히 멀리 이주하는 것을 원치 않았다. 하지만 강제 이주는 아직 끝나지 않았다. 5호16국 시대에 한국漢國, 전조前趙, 후조後趙, 전진前秦이 여러 차례에 걸쳐 저인을 관동과 하북 등지로 이주시켜 한인에 대한 인구의 균형을 유지하려 했다. 그리하여 저인이 중원 여러 지역에 분포하게된 것이다. 가장 강성하던 시기에 저인의 인구는 100만 명을 넘어섰다.

저인의 지도자 제만년

내지로의 이주는 사실 남의 집 문간방에 세 들어 사는 것과 같은 의미였다. "같은 민족이 아니면 그 마음이 필히 다르기 마련이다. 융적의 마음과 태도는 중화와 다르다"[2]라는 완고한 관념이 지배하고 있던 시기에 위진 조정은 내지로 이주해 온 저인 상층 집단에 관직을 내려주면서 백방으로 그들을 끌어들이려 했다. 그러면서도 한편으로는 호서융교위護西戎校尉를 설치해 저인을 엄격하게 관리했다. 어쨌든 저인 관료에게는 작위가 있었고 집과 땅, 아내도 있었다. 오직 자유만 없었을 뿐이었다. 그렇다면 그들을 따라 내지로 이주한 평민은 어떠했을까?

저인 관료에 종속되어 살아야 했던 평민은 지도자에게 세금을 내고 부역만 하면 그만이었다. 그러나 현지 저인을 감독했던 진晉의 관리들은 온갖 궁리를 다해 그들을 착취했다. 생각해낼 수 있는 모든 방도는 다 짜냈고, 저인이 사는 곳이라면 어디든지 악착같이 쫓아가 세금을 거두었다. 당시 저인은 위나라가 거둔 세금이 너무 많다는 사실을 또렷하게 기억하고 있었다. 그런데 진 왕조가 들어서며 세금이 조씨의 위나라 때보다 두 배는 늘게 되었다. 농경지에만 세금을 부과한 것이 아니라 농사를 짓지 않는 사람들에게까지 세금을 매겼다. 심지어 관부에는 이런 규정이 생겼다.

"밭이 없어 농사를 못 짓는 먼 곳의 민족들은 집집마다 쌀 3곡斛을 내야 한다. 더 먼 곳은 다섯 말, 그보다 먼 곳은 1인당 28문文을 내야 한다."

이런 규정을 읽다 보면, "백성이 가장 중요하고 사직이 그다음이며 임금은 가장 가벼운 존재"[3]라고 떠들어대던 한인 정권인 진 왕조에 대해 부끄러움을 느끼게 된다.

원래 농경지가 없어 농사를 짓지 못했던 저인 평민은 이제 세금 때문에 먹을 것, 입을 것조차 마련하기 어려운 처지였다. 다른 방법이 없던 이들은 세병世兵[4]이 될 수밖에 없었고, 심지어는 대호大戶에 팔려 남의 노비가 되기도 했다. 배불리 먹지 못한 아기는 엄마 젖에서 떨어지면 금방 큰 소리로 울음을 터뜨린다. '불평즉명不平則鳴', 즉 억울함이 극도에 달하면 우는 소리가 나오게 마련이다. 이러한 극한 상황에서 내지로 이주해 온 이주민의 인내심은 극에 달해 결국 폭발하고 말았다. 진 혜제 원강元康 4년(294) 가을, 수확한 모든 것을 세금으로 바쳐야 했던 계절에 진주秦州(간쑤성 톈수이)와 옹주(산시성 바오지寶鷄시 평샹鳳翔현)에 거주하는 저·강인 지역에서 거대한 기의가 일어났다.

기의를 일으킨 사람은 관중 부풍에서 온 저호氐豪[5]였다. 한화漢化된 그는 한족식 이름도 있었는데, 바로 제만년齊萬年(?~299)이었다. 제만년이 앞장서서 함성을 지르니, 오랫동안 핍박당하던 사람들 사이에서 분노의 불길이 즉시 활활 타올랐다. 이것은 아주 거대한 들불이 되었고, 천수, 약양, 부풍, 시평, 무도, 음평에 거주하는 저인과 강인이 앞다퉈 호응했다. 제만년은 황제로 추대되었고, 준비를 마친 그는 부패한 진 왕조를 향해 연이어 공격을 퍼부었다.

원강 7년(297), 7만 명의 기의군이 양산梁山(산시성 첸乾현 서북쪽)을 점령했고, 날카로운 창끝은 곧바로 고도 장안을 향했다. 난리가 일어나자, 어리석기로 유명했던 황제인 진 혜제는 황당하고 한심한 군사 조직을 만들었다. 양왕梁王 융肜을 대도독으로 삼고, 어사중승 주처周處를 건위建威장군으로 삼아, 안서安西장군 하후준夏侯駿과 군대를 합쳐 대응하게 했던 것이다. 이 조직을 '황당하다'고 말하는 것은 바로 이들의 관계 때문이었다. 양왕은 당초에 큰 잘못을 저지른 자였기에 강직한 주처에게 탄핵을 당한 바 있다. 그래서 양왕은 주처에게 보복할 기회가 없을까 늘 기회를 엿보고 있던 참이었다. 양왕과 주처, 하후준의 군대가 호치好時(산시성 첸현 동남쪽)에서 만나 첫 번째 작전 회의를 열었을 때, 양왕은 주처를 빠뜨리기 위한 함정을 미리 파두었다.

"자네는 정병을 이끌고 선봉에서 적과 교전하게. 나는 적들의 힘이 다했을 때 병사를 이끌고 후방을 지원하겠네. 이렇게 하면 우리는 대승을 거둘 수 있을 걸세."

총명한 주처였지만 이제 일생일대의 위기를 만나게 된다. 출병하지 않는다면 전쟁에 임해 군령을 위반하고 도망쳤다는 혐의를 받을 것이고, 출병하면 진흙탕 속으로 끌려들어가는 꼴이니, 돌아오지 못할 것이 분명했다. 양왕이 관직을 이용해 개인적인 보복을 하려고 함정을 판 것이 확실했다. 그러나 그는 입이 있어도 할 말이 없었고, 변명하기도 어려운 상황이었다. 결국 주처는 5천 정병을 거느리고 육맥六陌(산시성 첸현 동북쪽)에서 죽기를 각오하고 기의군과 대회전을 벌일 수밖에 없었다. 진용이 제대로 갖추어지지는 않았으나, 기의군은 이기려는 의지가 강했고 숫자도 많았다. 반면 관병은 전쟁터에서의 경험은 많았으나 숫자가 적었고, 양왕이 약속한 지원군마저 오지 않았다. 힘이 다해버린 상황에서 주처는 결국 적군에게 살해당했고, 대회전에 투입된 진 왕조의 선봉군은 전멸당했다.

이 일로 가장 기뻐해야 할 사람은 당연히 양왕이었다. 그러나 그는 전혀 기쁘지 않았다. 양왕이 적국의 손을 빌려 앙숙이었던 원수를 제거하긴 했지만, 진의 군대가 모조리 적군에게 박살이 나버린 것을 보고 어떤 장군도 감히 나가 싸우려 하지 않았던 것이다. 모두들 목을 움츠린 채 성 안에 숨어 조정에 증원군만 요청하고 있었다.

하지만 진 왕조는 여전히 땅이 넓고 인구가 많았으며, 병사도 넉넉하고 양식도 풍부했다. 얼마 지나지 않아 진 왕조의 전중殿中장군 맹관孟觀이 3만 정병을 이끌고 반격을 감행했다. 마침내 두 진영 군대의 전투가 끝난 뒤, 무예가 뛰어난 맹관이 출정해 제만년과 단독으로 교전을 벌였다. 10여 회합을 싸웠을 때쯤 제만년이 패하고는 끝내 도망쳤다. 맹관이 병사를 이끌고 추격해 저인의 군대를 쳤고, 10여 차례에 걸쳐 대규모 전쟁이 일어났다. 그 전쟁에서 저인 병력의 70~80퍼센트가 궤멸되었고, 남은 병력은 양산의 군영으로 도망쳤다.

비록 패배했으나 제만년은 거기서 멈추지 않았다. 남은 병력을 모아 원강 9년(299) 정월에 위수渭水(웨이수이강)의 지류인 칠수하漆水河(치수이강)에서 다시 맞붙었다. 그때 제만년은 군대 앞에 서서 외쳤다.

"나를 막는 자에겐 죽음뿐이다. 피하는 자만이 살아남을 것이다."

말을 마치자마자 그는 칼을 휘두르며 맹관을 향해 질풍처럼 내달렸다. 그러나 민중의 군대 지도자는 진 왕조 장군의 적수가 되지 못했다. 몇 회합 싸우지도 않았는데 제만년은 말에서 떨어져 사로잡혔다. 안 되는 것을 뻔히 알면서도 행동으로 옮겼다는 것은 집요한 의지가 아니다. 그것은 그저 약한 자의 지혜일 뿐이다. 제만년의 최후의 선택을 보며 우리는 많은 생각을 하게 된다. 일대 호걸 제만년은 낙양으로 압송되었고 다음날 참수를 당했으며, 머리는 사람들 앞에 내걸렸다.

대부분의 경우, 운명은 이토록 가혹하다. 운명은 사람들에게 끊임없이 항쟁을 하게 하지만 때론 또 이렇게 계속해서 사람들의 노력을 지워버리곤 한다. 패전한 저인의 눈앞에는 이제 두 개의 길만이 남아 있었다. 앉아서 가만히 죽음을 기다리거나, 아니면 고향을 떠나는 것이었다. 유랑하는 것에 이미 익숙해진 저인은 조금도 망설이지 않고 후자를 선택했고, 제만년의 남은 부중들 1만여 명은 이리저리 흩어진 채 오늘날 쓰촨성 지역으로 흘러 들어갔다.

이수의 '성한'

실의에 빠져 고개를 숙이고 걷던 이 유랑 행렬 속에 이특李特과 이류李流 형제도 들어왔다. 그들은 세습 지도자 집안 출신이었기에 관례에 따라 유랑군의 지도자가 되었다.

그러나 전쟁의 시대에 어디 평화로운 이상향이 있었겠는가? 진 혜제 영녕永寧 원년(301), 엉망진창이던 진 조정은 갑자기 각지를 유랑하는 난민을 모조리 고향으로 돌려보내라는 명령을 내렸다. 어리석은 데다가 탐욕스럽기까지 한 익주益州자사 나상羅尚은 드디어 돈을 벌 기회가 왔다고 생각하고, 조정에서 정해놓은 기간 내에 익주를 떠나라는 명령을 저인에 내렸다. 그러면서 한편으로는 검문소를 설치해 저인이 고생해서 모은 재물을 모조리 압수하려 했다.

분노한 저인은 이때 '팔왕八王의 난'이 갈수록 극렬해지고 있음을 알았고, 고향은 여전히 메마르고 배고픔으로 가득 차 있다는 소식을 들었다. 삶과 죽음의 기로에서 또 하나의 선택이 그들 앞에 놓여 있었다. 하나는 약양으로 돌아가 굶어죽는 것이고, 다른 하나는 남아서 익주자사에게 살해되는 것이었다. 물론 가장 모험적인 선택이 남아 있었다. 다시 기의를 일으키는 것이었다.

제만년 기의의 피비린내 나는 기억이 아직 남아 있었지만 그들은 일치단결해 지도자 중 하나였던 이특을 진북鎭北대장군으로, 이특의 동생 이류를 진동鎭東장군으로, 이특의 셋째 아들 이웅李雄(274~334)을 전前장군으로 추대했다. 그리고 면죽綿竹(쓰촨성 더양德陽 북쪽)에서 기의를 선포했다.

2년 동안의 와신상담을 거친 기의군은 성도成都를 향해 진격을 개시했다. 그러나 이특과 이류 형제는 연달아 전사하고 병들어 죽었다. 분노로 눈이 벌겋게 된 이웅은 친히 특공대를 이끌고 앞장서서 마침내 난공불락의 고성을 함락하고, 하얀 쌀과 황금으로 가득한 익주(쓰촨성 다두大都)를 점령했다. 진 혜제 영안永安 원년(304), 이웅은 성도왕成都王을 칭했다.

2년이 지난 어느 날, 이웅은 유선劉禪의 증손자 유현劉玄을 안락공安樂公으로 세워 '악불사촉樂不思蜀'[6] 했던 바보 황제 유선의 작위를 계승하도록 했다. 그리고 국호를 '대성大成'이라 정하고 자신은 황제가 되었다. 이렇게 허수아비 유현을 앞으로 내세우면서 삼국 중의 하나인 촉한蜀漢을 돌아오게 했으니, 이것이 바로 16국 중의 하나인 '성한成漢'이다.

연극의 막이 열리자마자 성한은 정말로 한 왕실을 부흥시키려는 듯한

쓰촨성 청두 북부에 자리한 검문관劍門關 지역.

기세를 보였다. 이웅은 지방 대족을 형제라고 부르면서 의도적으로 끌어들이려 했다. 그런가 하면 '부세를 낮추고 백성에게 농사를 잘 지어 원기의 회복을 꾀하는' 개혁적 정책을 시행해 경내에 '길에 떨어진 것을 줍지 않고 밤에도 문을 닫아걸지 않아도 되는' 태평성세의 풍경을 만들어냈다.

이런 태평성대가 계속될까? 이웅은 과연 국가를 계속 창성하게 지속해 나갔을까? 만일 그렇게 하고 싶었다면 지혜로운 후계자를 선택해야 했다. 당 태종처럼 자신이 살아 있을 때 후계자를 위협할 수 있는 친왕을 모조리 제거해야 했다. 그러나 그는 그렇게 하지 않았을 뿐 아니라 병들어 죽기 직전, 양자인 이반李班(이웅의 조카)을 후계자로 선포하는, 말도 안 되는 정책을 폈다. 더 중요한 것은 그의 친아들들이 군권을 장악하고 있었다는 사실에 있다. 얼마 지나지 않아 선비의 풍모를 지니고 있던 이반은 피살되었고, 이웅의 넷째 아들 이기李期(314~338)가 왕으로 추대되었다.

하지만 이기는 왕이 된 후 평균 1년에 한 명씩 친왕을 독살했다. 이런 상황이 되자 변방의 관문을 지키던 친왕 이수李壽(300~343) 역시 살아남기 위해 선택을 할 수밖에 없었다. 그는 경기병 1만을 이끌고 성도로 진입했고, 황제 이기를 풍도현령酆都縣令으로 강등시켜버렸다. 왕에서 현령으로 내려간 것이다. 이것은 아마도 유사 이래 가장 큰 강등일 것이다. 그래서 이기는 현령으로 임명된 후 목매달아 자진했다.

이수가 정권을 장악한 후, 호칭을 어떻게 할 것인가가 큰 문제였다. 어느 날 그는 도사를 불러다가 점을 쳐보았다. 그랬더니 그가 고작 몇 년 동안만 천자 자리에 있게 될 것이라는 점괘가 나왔다. 일부 부장들이 그에게 제후라는 호칭에 머물기를 권했으나, 그는 "아침에 도를 들으면 저녁에 죽어도 좋으리!"[7]라며 황제가 되겠다고 공개적으로 선포했다. 이리하여 '성한'이라는 국가가 탄생했고, 점을 쳤던 이수는 드디어 새로운 황제가 되었다.

물론 그가 황제로서 자질이 뛰어났음을 보여주는 여러 가지 정황이 있다. 농업 생산력을 회복시키고 정무에 힘썼으며, 관용과 절검의 미덕을 보여준 그를 사실 역사상 명군의 자리에 놓지 않을 수 없다. 꾀꼬리가 노래하고 제비가 춤을 추는 또 하나의 태평성대가 이어졌던 것이다.

그러나 좋은 세월은 오래가지 못했다. 이수가 황제 자리에 올라간 지 3년이 지나기 전, 작은 사건 하나가 그를 철저하게 변화시켰고, 마침내 그 도사의 예언이 맞아떨어졌다.

어느 날 후조에 갔던 사신이 돌아와 관례대로 황제에게 귀국 보고를 했다. 중원에서 돌아온 사신은 중원에 대한 애모의 정을 감추지 않았다. 그는 침을 튀기며 후조의 왕 석호石虎(295~349)의 웅대한 궁궐과 그 궁전을 구름처럼 가득 채운 아름다운 비빈들, 달콤하고 맛 좋은 술, 우아한 음악과 지고무상의 위엄에 대해 떠들어댔다. 이수는 그 말을 듣고 흥분해 참을 수가 없어, 그때부터 사치하고 제멋대로 하기 시작했다. 좌복야 채흥蔡興이 간언을 했으나 끌려 나가 참수당했고, 우복야 이억李嶷 역시 이치에 맞는 바른 말을 했으나 하옥되어 처형당했다. 이렇게 5년이 지난 뒤, 황제는 정신병에 걸렸는지 갑자기 하루 종일 헛소리만 했다. 이억이 자기 목숨을 가지러 왔다는 둥, 채홍이 원수를 갚으러 왔다는 둥 횡설수설하더니 며칠 후 죽고 말았다.

뚱보 황제

이수의 후계자는 이세李勢(?~361)였다. 그는 태어날 때부터 뚱뚱해서 배가 남산만 했다. 허리띠가 열네 아름이나 되었지만 일어나거나 앉을 때엔 보통 사람과 다름없이 날렵하게 행동해 사람들은 그를 '신기한 뚱보 왕'이라고 불렀다.

뚱보가 왕위를 계승한 후 맞아들인 아내들은 모두 성이 이씨였다. 그런데 참 이상하게도 비빈들이 낳은 아이들은 딸뿐이었다. 그의 후계자가 되어 나라를 이끌 아들이 단 한 명도 태어나지 않은 것이다. 그에게는 이것이 큰 고민이었다. 백성들도 그 일을 두고 수군거렸다.

이때부터 그는 민간에서 미녀를 찾아오라는 명을 내렸다. 이미 시집간 여자든 아니든 상관없이 예쁘기만 하면 강제로 입궁시켰고, 남편이 눈을 부릅뜨고 항의를 하면 모조리 다 죽여 없앴다. 순식간에 궁전에는 미녀들이 구름처럼 늘어났고, 서로 아름다움을 뽐냈다. 왕은 궁전 문을 닫아걸고 낮이나 밤이나 그녀들과 놀아났다. 후에 궁중에 놀라운 소식들이 전해졌다. 장씨張氏 성의 아름다운 궁녀가 갑자기 한 길이나 되는 뱀, 즉 '대반사大斑蛇'[8]로 변했다는 것이다. 이런 소문이 궁 안의 인심을 흉흉하게 했다. 게다가 정씨鄭氏 성의 미녀가 사람을 잡아먹는 암호랑이로 변하는 바람에 태감이 도구를 들고 쫓아냈다고도 했다. 이렇게 기이한 일이 수없이 일어나는데도 뚱보는 여전히 자기 멋대로 했다. 황위를 계승할 아들만 낳을 수 있다면 좀 괴이한 이야기가 들려온들 뭐 어떠냐는 투였다.

그러나 황제가 된 자가 어찌 후궁만을 돌보고, 정무나 군무, 특히 변방의 일을 살피지 않을 수 있겠는가. 결국 들불처럼 일어났던 '아들 만들기 운동'은 성한이 자멸의 심연으로 빠져드는 결과를 초래했다. 동진東晉 형주荊州자사 환온桓溫(312~373)이 7천 명밖에 안 되는 군대를 이끌고 동진 목제穆帝 영화永和 2년(346)에 시험 삼아 공격을 해왔을 때, 성한의 변방은 이미 없는 것이나 마찬가지였다. 다음 해 3월, 동진의 군대는 성도 서남쪽 2킬로미터 지점에 있는 작교笮橋에까지 들이닥쳤고, 뚱보 황제는 친히 전선에 나가 전쟁을 독려했다. 당시 성한 군대가 모든 것을 걸고 최후의 저항을 하는 바람에 환온의 선봉대는 치명적 타격을 입었다. 공호龔護라는 장군이 전사했고, 화살 세례를 피하지 못하고 환온의 말도 화살을 맞았다. 황망 중에 환온은 퇴각 명령을 알리는 북을 치라고 했다.

이때 동화 속에 작은 노래 하나가 끼어드는 것 같은 일이 발생했다. 이유는 알 수 없으나 북을 치는 병사가 진군하라는 북을 친 것이다. 물론 실수였지만 그 북소리를 들은 동진 군대는 맹렬하게 반격했고, 허장성세였던 성한 군대는 그 자리에서 패배했다. 성한 군대는 성도로 퇴각해 독 안에 든 쥐가 되었다. 동진 군대가 화공을 감행하자 성도의 뚱보는 밤을 틈타 동문에서 포위를 뚫고 진수晉壽(쓰촨성 광위안廣元)로 도망쳐 숨었다. 후에 뚱보는 매일 두려움에 떨어야 하는 나날을 견뎌내지 못하고 환온에게 사람을 보내 항복하겠다는 뜻을 표했다. 그 후 그는 두 손이 묶인 채 널감을 끌고 진 군영에 투항했다. 그런데 투항할 때 뚱보는 꽃처럼 아름다운 누이를 몰래 환온에게 첩으로 보냈다.

영국 속담에 "자물쇠도 미녀를 보면 저절로 열린다"는 말이 있다. 미녀를 손에 얻자 환온의 태도가 과연 급변했다. 포로에서 큰 처남이 된 뚱보를 즉시 죽이지 않았을 뿐더러 좋은 술과 요리를 주며 받들기까지 했다.

환온의 아내 남강南康공주는 질투심이 많기로 이름난 여인이었다. 남편이 첩을 얻었다는 말을 듣고 공주는 친히 여자 병사들을 이끌고 나섰다. 칼을 들고 가 그 첩을 손보려 했던 것이다. 뚱보의 누이가 머물고 있는 곳에 갔을 때, 마침 그녀가 창문 앞에서 머리를 빗고 있었다. 긴 머리를 보기만 해도 그녀의 모습이 꽃처럼, 달처럼 곱다는 것을 짐작할 수 있었다. 흐르는 듯 아름다운 눈빛, 가벼운 걸음걸이와 미소가 사람을 전율케 했다. 뚱보의 누이는 전형적인 촉 땅의 미녀였던 것이다. 그 미녀는 환온의 아내 남강공주를 보자마자 땅에 엎드려 눈물을 펑펑 쏟으며 말했다.

"나라가 망했으니 끌려왔지요. 제가 스스로 원해서 이곳에 왔겠습니까? 오늘 만약 공주님께서 저를 죽여주신다면 차라리 제 소망이 달성되는 것이겠지요."

그녀의 말을 듣자 남강공주는 칼을 땅에 내려놓고 미녀를 품에 안으며 말했다.

"아우여! 내가 봐도 사랑스럽구나. 게다가 내 남편은 호색한이니."

공주가 얼떨결에 내뱉은 이 말 때문에 '내가 보아도 사랑스럽다(我見猶憐)'[9]라는 고사성어가 생겨났다. 이때부터 남강공주와 이씨 집 여인은 자매가 되었고 공주의 질투병도 이때 치유되었다고 한다.

환온이 여러 차례 노력한 끝에 조정에서는 뚱보를 귀의후歸依后로 봉했고, 술과 고기, 좋은 집을 좋아했던 뚱보는 건강建康에서 12년 동안 잘 살다가 죽었다. 하지만 후세 사람들은 시를 써서 그를 이렇게 조롱했다.

작교에서 패해 촉 땅의 역사가 끝장났는데도,
두 손 묶어 항복했으니 족히 부끄럽도다.
묻노니 10년 동안이나 귀한 천자 자리에 있었으면서,

어찌 백세에 걸친 제후로 남는단 말인가?[10]

筰橋一敗蜀中休,

面縛迎降也足羞.

試問十年天子貴,

何如百世作諸侯.

북방을 통일하다

대대로 살아온 땅에서 강제로 떠나는 것은 고통스러운 일이었다. 그러나
얼마 지나지 않아 저인은 고진감래의 기쁨을 느끼게 된다. 고통은 양날의
칼인지라, 사람의 마음을 갈기갈기 찢으면서도 한편으로는 생명의 새로운
샘물을 파내기 때문이다.

황량한 땅에서 풀이 우거진 평천平川으로 들어온 저인은 일단 배고픔이
해결되자 단결하기 시작했다. 진晉 회제懷帝 영가永嘉 4년(310), 무도군에
서 약양으로 이주해 온 저인 포홍蒲洪이 맹주로 추대되었고, 스스로를 '호
저교위護氐校尉' 겸 '진천秦川자사', '약양공略陽公'이라 칭했다. 그는 처음
엔 유요劉曜의 전조가 내리는 명령을 따랐으나, 전조가 멸망한 후엔 후조
의 석호에게 투항했다.

동진 영화永和 6년(350), 포홍은 쇠망해가는 후조를 버리고, 사신을 보
내 동진에 귀부했다. 동진은 그를 정북征北장군 겸 도독하북제군사都督河
北諸軍事에 봉했다. 그때가 마침 염민冉閔이 호갈胡羯을 마구 죽일 때라, 관
농關隴(산시성과 간쑤성) 유민들이 앞다퉈 서쪽으로 와 귀부했고, 포홍은
그 기회를 틈타 방두枋斗(허난성 쥔浚현 서남쪽의 치먼두淇門渡)에 유민을 받
아들이는 곳을 설치했다. 그곳에 10만여 명이 몰려들었고, 포홍은 자칭

'대장군', '대선우', '삼진왕三秦王'이라 하며 성을 부苻로 바꿨다.

　빠르게 확장해가는 시간 속에서, 부홍은 투항하는 자들이 충신인지 간신인지 구별할 겨를이 없었다. 때문에 후에 피의 대가를 치러야 했다. 부홍이 의외의 성공을 거둔 것을 보고 마추麻秋라는 장수가 항복해왔는데, 그가 다른 마음을 먹고 부홍을 독살한 것이다. 그 소식이 퍼져나가자 저인은 크게 동요했다.

　다행히 부홍의 아들 부건苻健에게 수완과 명망이 있었다. 그는 마추를 죽인 뒤, 다시 병사를 이끌고 서쪽 장안으로 들어가 오늘날 간쑤성과 산시성 지방을 장악했다. 영화 7년(351)에 부건은 스스로 '천왕天王' 겸 '대선우'라 칭하고 나라 이름을 '대진大秦'이라 했는데, 이것이 바로 역사를 말할 때 절대 빼놓을 수 없는 '전진前秦'이다. 부건은 5년 후에 불행히도 병사했고, 아들인 부생苻生이 왕위를 물려받았다. 그는 연호를 수광壽光으로 바꿨다.

　부생은 어려서 눈 한쪽이 멀었지만 맨손으로 호랑이와 싸울 수 있었고 준마와 달리기도 했다. 그는 중국 역사상 유명한 폭군이다. 부생이 열 살이 되었을 때, 할아버지인 부홍이 그를 놀리려고 시종에게 "눈이 먼 아이는 눈물도 한 줄만 흘린다는데 정말이냐?"라고 말했다. 시종이 "정말입니다"라고 답하자 그 말을 듣고 있던 부생은 차고 있던 칼을 꺼내 멀어버린 눈을 칼로 찔렀다. 눈에서 피가 쏟아져 나오자 그는 매섭게 말했다.

　"이게 눈물이 아니고 뭡니까?"

　그 모습을 본 할아버지가 크게 놀라 채찍을 꺼내 이 흉악한 손자 녀석을 때렸다. 부생은 할아버지의 채찍 세례를 피하지 않았고 용서를 빌지도 않았다. 오히려 미친 듯이 소리를 질렀다.

　"나는 칼에 찔리는 것을 좋아한다. 채찍으로 맞는 것은 싫어해!"

　그런 그의 모습에 부홍이 벽력같이 화를 냈다. 만약 손자의 나이가 어리지만 않았다면 할아버지는 아마도 이 짐승 같은 놈을 일찌감치 죽여버렸을 것이다. 21세에 황제가 된 부생은 몸에 언제나 쇠망치와 톱, 칼과 도끼를 지니고 다녔다. 그리고 한마디라도 자신의 말을 거스르는 자가 있으면 그 자리에서 죽였다.[11]

한번은 그가 대신에게 "내가 어떤 군주라고 생각하느냐?"라고 물었다. 대신이 황공해하며 "폐하는 성군이십니다"라고 대답하자, 부생은 크게 노했다. "네놈이 고의로 나에게 아부하는구나"라는 그의 호통과 동시에 대신은 끌려 나가 참수당했다. 부생은 다른 사람에게 다시 물었다. 그는 아주 조심스러워하며 "폐하는 어진 임금이십니다. 그러나 형벌이 약간 지나치십니다"라고 대답했다. 그러나 부생은 이번에도 "네놈이 감히 나를 비방해?"라며 크게 노했고 이 대신 역시 참형을 당했다.

눈이 하나밖에 없었기에 그는 '적다', '없다', '모자라다', '다치다', '손상되다'라는 단어를 가장 꺼려했다. 한번은 그가 어의에게 인삼의 효능이 크냐고 물었다. 의사가 "인삼은 그 효능이 아주 큽니다. 그러니 '적게' 드셔야 합니다"라고 했다. 그러자 '적다'라는 단어를 써서는 안 된다는 금기를 범한 어의는 즉시 두 눈을 파내는 형벌을 받아야 했다.

한 인간이 이처럼 말도 안 되는 지경에 이르게 되었을 때에는 정상적인 방법으로는 해결할 도리가 없다. 결국 부건의 조카 부견苻堅이 수광 3년(357)에 부생을 죽이고 황제가 되었다.

부견은 한인 재상 왕맹王猛(산둥성 서우광壽光 출신)의 협조하에 사회를 불안정하게 만든 '호한분치胡漢分治'라는 제도를 없앴다.[12] 또한 농경과 잠농을 권했으며, 생산을 장려하는 등 민심을 안정시키는 여러 가지 조치를 단행했다. 안정되고 강한 전진이 점차 굴기하기 시작했다. 전진 건원建元 6년(370)부터 시작해서 불과 12년 사이에 전진은 전연前燕, 구지仇池, 전량前凉, 대국代國을 멸망시켰고, 동진의 양주梁州(산시성 한중漢中)와 익주를 취했다. 공작邛筰과 야랑夜郎을 귀부시켰고 서역으로 진출했으며, 마침내 북방을 통일하는 위업을 달성했다. 이때의 전진은 동쪽으로 창해滄海, 서쪽으로 구자龜玆, 남쪽으로 양양襄陽, 북쪽으로 대막大漠에 이르는 지역을 차지했다.[13] 동남쪽에 치우친 곳에 있던 동진만이 전진과 대치하고 있는 형세였다.

비수대전

부견에게 왕맹은 주 무왕 곁의 강태공, 제 환공 곁의 관중, 유비 옆의 제갈량과 같은 존재였다. 전진이 북방을 통일하던 그 휘황찬란한 길에서 지혜롭고 결단력 있는 중신에 대한 기억을 새겨두지 않을 수 없다.

중국의 통일이 눈앞에 있는 것 같았다. 그러나 전진은 아직 일격으로 승리를 얻을 수 있는 저력을 갖추지 못했다. 후방이 안정되지 못했고, 내부도 철판처럼 단단하게 다져지지 않았기 때문이다. 왕맹은 혈기왕성한 젊은 황제가 공을 세우기를 좋아하는 마음을 알고 있었다. 그래서 임종 전에 부견에게 이렇게 경계의 말을 했다.

"진晉이 비록 오월吳越 땅 편벽한 곳에 있으나 그들은 정통을 이어가고 있습니다. 이웃을 자애롭게 대하는 것은 가장 소중한 일입니다. 신이 죽은 후에라도 절대 진을 도모하지 마십시오. 선비鮮卑와 강로羌虜는 우리의 적이니 결국은 근심거리가 될 것입니다. 앞으로는 그들을 없애야 합니다. 그렇게 하여 사직을 도모하시옵소서."

왕맹의 이 말은 칭기즈칸이 임종 전에 했던 유명한 유언과 비슷하다. 그러나 왕맹이 죽은 뒤에 부견을 부추기는 자가 없었겠는가. 이름을 날리는 것과 이익을 도모하는 것은 막다른 골목과도 같다. 누구라도 들어가면 자신만을 보게 될 뿐 다른 사람은 보려 하지 않는다. 세상을 뒤덮는 무공을 갖춘 데다가 사람들의 아첨과 갈채로 인해 풍선처럼 바람이 잔뜩 들어간 황제 부견은 왕맹의 유언 따위는 이미 잊은 지 오래였다.

얼마 지나지 않아, 그는 동진을 정벌해 중국을 통일하겠다는 포부를 펼치려 했다. 그때 좌복야 권익權翼이 첫 번째로 나서서 반대했다.

"진은 비록 작고 약하나 장강長江이라는 천혜의 험난한 지세를 끼고 있습니다. 절대 출병하시면 안 됩니다."

이어서 만조백관이 나서서 반대했다. 남쪽으로의 정벌을 지지하는 것은 딴 마음을 품고 있던 선비인 모용수慕容垂와 강인 요장姚萇뿐이었다.

조회가 파한 후, 부견은 부융符融에게 남으라고 한 뒤 출병의 일을 논의했다. 부융의 태도는 의외로 강고했다.

"지금 진을 토벌하는 데에는 세 가지 불리함이 있습니다. 첫째는 하늘의 때가 불리하고, 둘째는 현재 진晉이 안정되어 빈틈을 찾을 수 없다는 것입니다. 세 번째는 최근의 전황이 불리해 우리 군대가 적을 두려워하는 마음을 갖고 있습니다."

마침내 부융은 감정이 격해져 눈물까지 흘렸다.

"제가 가장 걱정하는 것은 진이 아니라 폐하가 가장 총애하시는 그 선비와 강 사람(모용수와 요장)입니다. 설마 폐하께서는 재상 왕맹이 임종할 때 남긴 유언을 잊으신 건 아니겠지요?"

동생의 고심에 찬 충언과 죽음을 무릅쓴 신하들의 반대 앞에서도 부견은 조금도 흔들리지 않고 고집을 부렸다. 그는 "따르는 백성이 많은 데다가 자금도 충분하다"며, 천하를 통일하는 위대한 업적을 빨리 달성하고 싶어 안달했다. 심지어는 일방적으로 명령을 내려 동진의 효무제孝武帝 사마요司馬曜를 상서좌복야로, 동진 재상 사안謝安을 이부상서로 삼았고, 장안에 집을 지어 비워놓은 채 그들이 와서 취임하기를 기다렸다.

절반의 중국사

이러한 그의 행동을 보면 우화 하나가 떠오른다. 노새가 갑자기 큰길을 벗어나 절벽으로 달려갔다. 많은 사람들이 노새의 꼬리를 잡고 돌아오게 하려 했으나 노새는 기를 쓰고 절벽을 뛰어내리려 했다. 사람들은 결국 할 수 없이 꼬리를 잡고 있던 손을 놓는 수밖에 없었다. 사람들은 노새에게 "네가 이겼다. 그러나 너는 이긴 대신 네 생명을 내놓아야 할 것이다"라고 말했다. 부견은 바로 그 고집스러운 노새 같았다.

건원 19년(383), 부견은 동생 부융을 선봉장으로 임명했다. 장자張蚝, 양성梁成, 모용수를 부장으로 삼아 20만 대군을 이끌고 먼저 떠나게 하고, 자신은 뒤에서 보병 60만과 기병 27만 명을 거느리고 위풍당당하게 남쪽으로 향했다. 이 밖에 또한 수군 8만을 파촉巴蜀부터 장강, 한수漢水(한수이강)를 따라 동쪽으로 가게 했다. 몰아치는 검은 구름처럼 전진의 대군이 하늘빛 찬란한 동진의 하늘을 향해 침입해갔다. 그것은 중국 통일을 위한 마지막 총공세였다.

출정 전에 부견은 100만 대군 앞에서 "내가 물에 채찍을 던지면 족히 그 흐름을 끊을 수 있다"고 허풍을 떨었다. 병마가 매우 많았기에 전진의 전선은 길게 늘어졌다. 부견이 항성項城에 도착했을 때에야 양주의 병마가 비로소 함양咸陽에 도착했고, 유주幽州와 기주冀州의 관병은 팽성彭城에 이르렀으며, 촉한의 수군은 장강 상류에서 항해를 시작하고 있었다.

주력 부대가 아직 도착하지도 않았는데 부융의 선봉 부대가 동진의 사석謝石, 사현謝玄(동진 재상 사안의 동생과 조카)이 이끄는 8만 정예병과 오늘날의 안후이安徽에 위치한 비수淝水(페이수이강)를 사이에 두고 대치하게 되었다. 어느 날, 부견과 부융이 수양성壽陽城에 올라가 눈을 들어 동쪽을 바라보니, 비수 맞은편에 깃발이 휘날리고 정병들의 갑옷이 빛나는 것이 보였다. 그리고 팔공산八公山 위의 초목이 흔들리고 있었다. 그것을 보니 '초목이 모두 병사들' 같아서 마음속에 한 줄기 서늘한 바람이 스쳐갔다.

그러는 참에 동진 군대에서 전령이 왔다.

"두 나라 군대가 강을 사이에 두고 전쟁을 하면, 누가 이기고 질지 알 수 없다. 전진 군대는 약간 뒤로 물러날 수 없는가? 동진 군대가 강을 건넌 후에 결사적으로 싸워보자."

부견은 장군들을 소집해 대책을 숙의했다. 대군이 전부 도착한 후에 전쟁해야 한다는 주장도 있었고, 동진 군대의 음모라고 하는 자도 있었지만 부견의 마음은 이미 정해져 있었다.

"나는 죽음을 두려워하는 겁쟁이가 아니고 또한 송宋 양공襄公도 아니다. 명령을 내려 전진 군대를 뒤로 물러나라고 할 것이다. 그리고 동진 군대가 강을 반쯤 건널 때 습격할 것이다."

모든 것은 황제의 뜻에 따라 진행되었다.

"후퇴! 후퇴하라! 후퇴!"

명령을 받은 각 민족 사병들은 본래 싸울 의지가 조금도 없었다. 게다가 포로가 된 동진 장군 주서朱序가 군중에서 "전진 군대가 패했다!"고 크게 소리치는 것을 듣자, 전진 군대는 후퇴 명령을 철수 명령으로 받아들였다. 후퇴 명령을 시행하는 중이었지만 병사들은 그것을 철수하라는 것으로 알아들었고, 병사들은 철수 과정에서 탈주를 시도했다. 100만 명에 달하는 방대한 군대가 순식간에 끈 떨어진 연처럼 통제할 수 없는 상태가 되어 버렸다. 그것은 마치 지진으로 산사태가 일어난 것 같았고, 홍수로 인해 큰 둑이 일사천리로 붕괴하는 것 같았다.

그 틈을 타서 동진 군대가 기세를 올려 비수를 건너와 용감하게 싸우니, 100만 전진 군대는 순식간에 무너졌다.

패퇴한 전진 군대는 바람 소리와 학의 울음소리만 들어도 동진 군대가 추격해오는 것으로 여겨 밤낮으로 미친 듯이 도망쳤다. 아무 데서나 숙영하며 황망하게 도망치느라 서로 밟고 밟혔으며, 굶어 죽고 얼어 죽은 자가 부지기수였다. 부융은 대군이 패주하는 것을 막다가 정신없이 도망치는 병사들에게 밟혀 죽었다. 부견은 날아오는 화살에 맞아 군대를 버리고 홀로 말을 타고서 회북淮北으로 도망쳤다. 가는 길 내내 누런 잎이 휘날리고 놀란 기러기 울음소리가 들려오니, 수염을 휘날리며 말 등에 앉아 있는 그의 모습이 가을바람 속에 더욱 초췌해 보였다. 500여 년 전 카르타고의 한니발이 "얕잡아보던 군대가 상대에게 깊은 좌절을 주곤 한다"고 말한 적이 있다. 명성이 높은 국가나 군주가 오히려 불의의 일격을 견뎌내지 못하는 법이다.

세상일은 동쪽으로 흘러가게 마련이고, 또한 한 판의 장기라 했던가. 비수대전은 중국의 통일을 무려 두 세기나 늦췄을 뿐 아니라 부견의 전진을 요란스레 무너지게 만들었다. 또한 그것은 천추만대에 씻을 수 없는 두 가지 치욕적인 기억을 남겼다. 바람 소리와 학 울음소리를 적군이 다가오는 것으로 여겨 두려워하고, 초목을 모두 병사로 착각했을 정도로 겁내던 그 두 가지 치욕적인 기억 말이다.

상황이 이렇게 되자 서로 견제하면서 균형을 잡던 각 민족 장군들은 앞다퉈 할거해 자립했다. 비수대전에서 먼저 도망쳤던 모용수는 옛 부락으로 돌아와 연(후연後燕)을 회복했으며, 요장은 아예 진(후진後秦)을 세웠다. 왕맹의 걱정이 마침내 현실이 되어버린 것이다.

건원 21년(385), 서연西燕이 장안을 포위 공격했고, 부견은 "황제가 오장에서 나오면 오래갈 것이다"라고 하는 방사들의 헛소리[14]를 믿고 오장산五將山(우장산, 산시성 지산箕山현 동북부)으로 도망쳤다가 예전의 부하였던 요장에게 사로잡혔다.

예전에 신하였던 자가 온갖 방법으로 자신을 괴롭히고 수없이 모욕을 주니, 중국 북방을 높이 날던 이 영웅은 가슴을 치며 피눈물을 흘렸고, 비통해하며 후회해 마지않았다. 결국 그는 오늘날 산시성 빈彬현 석불사石佛

寺에서 목매어 자결했다고 하는데, 그때 그의 나이 48세였다.

　같은 달, 비수대전의 승리자이자 총사령관이던 동진의 사안도 세상을 떠났다. 향년 66세였다. 남과 북에서 일세를 휘젓던 풍운아 두 명이 동시에 역사의 무대에서 사라졌으니, 우연 치고는 참으로 의미가 깊다.

검은색 마침표

전진은 너무나 깊은 상처를 입었고 참으로 많은 피를 흘렸다. 부견의 후손이 혼신의 힘을 다해 그 문제를 풀어보려 했으나, 산꼭대기에서 굴러떨어지는 전진이라는 거대한 바위를 잡아둘 수는 없었다.

　부견이 도망친 후, 장안을 지키던 태자 부굉苻宏은 포위를 뚫고 남쪽으로 가서 옛 원수 동진에 투항했고, 업성鄴城을 지키던 맏아들 부비苻丕는 겹겹이 싸인 포위망을 뚫고 진양晉陽으로 도망쳐 황제가 되었다.

　형세가 예전 같지 않던 전진이 빛을 숨기고 잠시 숨은 것이라고 해두자. 새 황제는 여전히 다시 일어나려는 의지를 갖고 있었다. 부비는 군대의 일부를 남겨 도성을 지키게 하고, 자신은 4만 대군을 거느리고서 선비에 점령당한 평양平陽(산시성 린펀臨汾)을 공격했다. 그러나 그는 모용영慕容永에게 갑옷과 투구를 버리고 달아나야 할 정도로 대패했고, 남쪽으로 도망치던 중, 동진 군대에 격살당했다. 태자는 건강으로 압송되었는데, 다행히 먼저 투항한 숙부 부굉에게 살려달라고 부탁해 겨우 목숨을 건질 수 있었다.

　부비가 죽고 부견의 손자 부등苻登이 황제로 추대되었다. 그는 진정한 맹장으로, 할아버지를 죽인 강인에 특히 깊은 원한을 품고 있었다. 당시에 전쟁을 치르려면 대개 군량미가 부족했다. 부등은 강을 공격해 전투가 끝나면 그 시체를 '숙식熟食'이라고 부르며 저인에게 강인의 인육을 먹도록 명령했다. 동시에 장군과 사병의 갑옷에는 '죽어야 끝난다(死休)'라는 두 글자를 새겨 필사의 결심을 보이도록 했다.

부등이 요장이 주둔하고 있는 호공보胡空堡(산시성 빈현 서남쪽)에 진격했을 때, 저인 군대는 이미 배고픔을 견디기 힘든 지경이었다. 그들은 한시라도 빨리 강인을 잡아 그 인육으로 배고픔을 채우려 했다. 그러나 요장의 강인 병사들은 겁을 먹고 보루 밖으로 나오려 하지 않았다. 이에 저군 10만 기병이 요장의 군영을 포위하고 걸으면서 울어대니, 그 슬픈 울음소리가 하늘을 울렸다. 자신들의 시신을 먹으려 하는 저인의 울음소리를 듣고 모골이 송연해진 요장은 급히 명령을 내려 수하들에게 같이 울라고 했다. 저군은 배고픔 때문에 곡을 하고, 강군은 공포 때문에 함께 통곡하니, 순식간에 곡소리가 들판에 가득 찼고 날짐승들조차 숨어버렸다. 이런 장면은 세계 전쟁사 어디서도 보기 어려운 것이었다.

저와 강이 서로 밀고 당기며 전쟁을 하는 사이 세월이 흘러 요장이 병들어 죽고, 요장의 아들 요흥姚興이 자리를 이어받았다.

'회광반조回光返照'라는 말처럼, 동트기 직전 어둠에는 약간의 환한 빛이 반사되기 마련이다. 전진의 상황이 바로 그러했다. 여러 차례의 승리 덕분에 사람들은 아무것도 묻지 않았다. 모든 것을 다 이해한 듯 보였다. 그들은 모든 것을 감춰두고 처음부터 다시 시작했다. 이 몇 차례의 승리 덕분에 '비수대전'의 깊은 상처는 아주 오랫동안 덮인 채로 있었다. 전진은 뼈를 깎아 상처를 치료할 기회를 잃었고, 결국 환자는 병이 골수에 깊어져 죽어갔다.

부등은 교만해졌다. 그는 그동안 자기가 죽인 사람이 요흥이 여태까지 보았던 사람보다 많을 것이라고 호언하면서 입만 열면 미친 소리를 했다. "요흥은 어린아이야. 내가 부러진 장대로 그놈의 엉덩이를 칠 것이야."

호언장담을 하고 난 후, 부등은 군대를 이끌고 위풍당당하게 관중 땅 한

가운데를 향해 진군했다. 그러나 젊은 요흥이 이미 부등의 군대 앞뒤를 포위한 것을 눈치채지 못했다. 결국 늙은 부등은 목숨을 걸고 단기로 빠져나가 옛 근거지로 도망쳤다.

그러나 부등의 거점인 호공보에 있던 동생과 아들은 부등이 패배했다는 소식을 듣고 일찌감치 도망쳐버렸고, 호공보는 텅 비어 사람 하나 남아 있지 않았다. 부등은 매우 실망했으나 내색할 수는 없었다. 물론 투항해 생명을 보존할 수도 있었다. 하지만 그렇게 할 수 없는 처지였다. 그는 전진의 상징이며 희망이었다. 그는 당당한 사나이가 되어야 했다. 그래서 부등은 강하게 스스로를 추슬러 평량平凉에서 다시 깃발을 치켜들고 최후의 도박을 감행했다.

결전은 오늘날의 닝샤후이족자치구 구위안固原에서 일어났다. 부등은 이제 교만을 부리지 않았다. 온갖 지략을 다 짜내 주도면밀한 계획을 세웠다. 그러나 젖비린내가 가시지 않은 요흥에게 또다시 패배했다. 군대가 참패한 것은 말할 것도 없거니와 부등 자신도 반군에게 밟혀 진중에서 죽고 말았다. 그때가 바로 동진 태원太元 19년(394)이었다.

건국 후 여섯 명의 황제를 거치면서 44년 세월을 보낸 전진은 이렇게 최후의 숨을 거두었다.

저녁노을, 저녁 햇살

전진의 주력군은 사라졌지만 지파는 여전히 남아 있었다. 약양의 저인 여광呂光(337~399)은 부견 수하의 맹장이었다. 전진 건원 19년(383), 여광은 부견의 명을 받들어 정예병 7만과 경기병 5천을 이끌고 멀리 서역으로 원정해 서역 30여 국을 압박하고 계속 귀부하게 만들었다.

비수대전이 끝난 후, 장안에 급하게 소식이 전해졌다. 여광이 건원 21년 (385)에 200여 마리의 낙타에 진귀한 보물을 가득 싣고 동쪽으로 돌아오고 있다는 것이었다. 대군이 동쪽으로 돌아오는 도중, 전진 양주涼州자사 양희梁熙가 옥문관 앞에서 길을 막았다. 분노한 여광이 병사를 보내 양희를 격파하고, 기세를 몰아 전략적 요충지인 고장성(간쑤성 우웨이)을 탈취했으며, 양주자사가 되었다. 다음 해, 멀리서 주군인 부견이 자살했다는 소식이 전해지자 여광은 부모님 상을 당한 것처럼 창자가 끊어지는 슬픔을 느꼈다. 그는 남녀노소를 불문하고 모든 양주 사람들에게 부견을 위해 상복을 입게 했다. 묵직하게 가라앉은 슬픈 분위기가 양주를 뒤덮었다.

드리워진 발처럼 물이 마구 쏟아져 내리는 폭포 아래에 앉아 있으면, 앉은 그 자리에서도 구름이 일어나는 것을 볼 수 있다. 여광은 상황이 어떠한지 파악할 수 있었다.

"전진을 고칠 수 있는 약은 이제 없다. 너는 이렇게 주저앉아 있을 필요가 없다."

눈물을 닦은 후, 여광은 영혼이 이끄는 대로 직관에 따라 기세등등하게 스스로를 '대장군'이자 '양주목涼州牧', '주천공酒泉公'이라 칭했다. 그리고 고장을 국도로 삼아 태안太安이라는 연호를 만들고 실의에 빠진 저인을 대신해 '후량後涼'이라는 국가를 만들었다. 태안 4년(389), 여광은 '삼하왕 三河王'이라 칭했다. 태안 11년(396), 그는 스스로를 '대량천왕大涼天王'이라 칭하고 연호를 용비龍飛로 고쳤다.

영국인 존 버니언John Bunyan은 자신의 책 《천로역정天路歷程》에서 '의심의 성'이라는 성의 주인을 가르켜 '절망'이라 불리는 거인이라고 말한 적이 있다. 여광이 성공적으로 집정할 수 있었던 것은 그의 곁에 '적수가 없는 비범한 영재들'이 모여들었기 때문이다. 그러나 그는 무대에 올라간 후 전진의 비극이 다시 되풀이될까봐 두려워하며 의심하기 시작했고, 시간이

간쑤성 둔황 인근에 자리한 옥문관 유적지.

지나자 아무나 마구 죽이는 지경에 이르게 되었다. 강한 믿음으로 그를 따라 서정西征했던 대장 사진杜進이 비참하게 죽는 것을 본 중신 저거몽손沮渠蒙孫과 단업段業 등은 앞다퉈 도망쳤고, 자립해 왕이 되었다.

몇 개의 기둥이 뽑히듯 중요한 인물들이 떠나버리니, 후량이라는 큰 건물도 무너지기 직전이 되었다. 용비 4년(399), 여광이 병들어 죽은 후 여광의 아들과 조카가 서로 밀리지 않으려고 앞다투다 내분이라는 참극이 벌어졌다. 서장자庶長子인 여찬呂纂이 궁정 쿠데타를 일으켰고, 여광의 맏아들 여소呂紹는 자진하고 말았다.

황음하고 주색에 빠져 사냥으로 나날을 보내던 여찬은 후량 함녕咸寧 3년(401), 사촌동생인 여초呂超에게 피살되었다. 여초의 형 여륭呂隆은 천왕의 자리에 올라간 후 또 다른 극단으로 나아갔다. 그는 매일매일 조당에 나왔고, 밤이면 밤마다 일을 했다. 그리고 호족들을 죽이는 것으로 자신의 권위를 내보이려 했다. 그래서 사람들은 아침에 침대에서 일어나면 가장 먼저 자신의 머리를 만지면서 아직 목이 붙어 있는지를 확인해야 했다.

게다가 남량南凉과 북량北凉이 잇따라 고장을 공격하니, 후량 도성에서는 곡식 가격이 미친 듯이 뛰어 한 말에 5천 문文이나 되었다. 결국에는 사람이 사람을 잡아먹는 지경에 이르렀으며, 굶어 죽는 사람이 무려 10만 명을 넘었다.

후량은 이미 '식물인간'이 되어버렸다. 후주後主 여름 신정神鼎 3년(403)까지 마지막 숨을 몰아쉬다가 마침내 후진의 요흥에게 투항했으니, 그들이 나라를 세운 지 겨우 19년밖에 안 된 때였다.

생존을 위한 여러 방법

싸워서 이길 것 같으면 싸우고, 질 것 같으면 도망친다. 옛날이든 지금이든 이것은 의심할 바 없는 명확한 이치다. 후한 말년의 전쟁 통에 약양 청수淸水 저인 양씨는 '주력 부대가 있는 곳을 피해 약한 곳을 친다'는 방식에 따라 부하를 이끌고 전쟁의 틈새인 구지로 이주했다.

구지산은 오늘날 간쑤성 시허西和현 경내에 있다. 산지가 평평하고 완만하며 좋은 밭이 100경頃이나 되고 맑은 샘이 아흔아홉 군데나 있었다. 사면에 흙 절벽으로 둘러 있어 지키기 쉽고 공격하기 어려운 곳이라, 조어성釣魚城[15]처럼 이상적인 거주지였다.

저인 장수 양명등楊名騰은 구지산 꼭대기에 성을 쌓고 그곳을 도읍으로 삼아 진 혜제 원강 6년(296)에 전구지국前仇池國을 세웠다. 강성한 시기의 판도는 무도, 음평 두 군과 서한수西漢水(시한수이강) 상류 지역에 달했다. 이들의 거주지는 방어하기 좋은 험한 지세고, 또 지나친 욕심을 부리지 않았기에 이 작은 왕국이 무려 75년 동안이나 버틸 수 있었다. 위魏는 그들의 왕을 백경왕百頃王으로 봉했고, 진晉은 평서平西장군으로 봉했다. 전진 건원 7년(371)에 이르러 전구지국은 동족인 부견에게 병탄되었다.

그러나 그들의 웅대한 마음은 사라지지 않았다. 비수대전이 끝난 후 청수 저인 양정楊定은 동진 태원太元 10년(385), 구지에서 60킬로미터 떨어진 역성歷城(간쑤성 청현 북쪽)에서 후구지국後仇池國의 깃발을 올리고 일어나 천수와 약양을 차지했다. 명목상으로만 머나먼 동진에 번속했던 것이다. 양정이 서진西秦 국왕 걸복건규乞伏乾規에게 죽임을 당한 후, 동생 양성楊盛이 동진에 의해 정서征西대장, 구지왕으로 봉해졌다. 후에 양성의 아들 양현楊玄, 장손 양보종楊保宗이 왕위를 이어받았다.

장자계승은 왕조의 규정이었다. 그러나 이 맏아들은 태생적으로 우둔했던 것 같다. 아니면 세상과 다투려는 마음이 없었는지도 모른다. 그에 비해 동생은 재주가 뛰어나고 음험했으며 성품이 독했다. 보통 역사에서는 동생이 쿠데타를 일으켜 형의 정권을 뒤집어엎거나 혹은 형을 죽여버리고 가슴 떨리는 피의 역사를 쓴다. 수 양제가 그러했고 당 태종이 그러했다. 그러나 역사는 여기서 특별한 예외를 만들었다. 동생이 왕위를 빼앗으려 할 때 형이 자발적으로 물려주는 바람에 두 사람 사이에 아무런 일도 일어나지 않았던 것이다. 동생 양난楊難은 스스로 퇴위한 형 양보종을 진남鎭南장군으로 봉해 탕창宕昌을 지키게 했다.

그러나 늘 자신이 옳다고 생각했던 양난은 결코 남들보다 나은 점이 없었다. 가련할 정도로 마음도 약했다. 적군이 진입해오자 그는 군대와 아들을 버리고 도망쳤다. 의외인 것은 유약해 스스로 동생에게 왕위를 내주었던 형 양보종이 적을 막는 전쟁터에서 오히려 장렬하게 전사한 것이다.

이런 코미디 같은 일을 겪은 후, 누구도 다시는 그들을 존중하지 않았다. 이미 웃음거리가 된 양씨는 송宋에 번속했다고도 하고 위魏에 칭신했다고도 하는데, 후구지국이 북위 태평진군太平眞君 4년(443) 탁발도拓拔燾에게 멸망할 때까지 그러했다. 북위가 구지국을 무흥진武興鎭으로 바꾸니, '국'에서 '진'으로 단숨에 네 단계나 급이 내려갔다. 이곳을 통치하던 양씨 '국왕'에서 졸지에 작은 마을의 '진장鎭長'으로 변한 것이다. 더욱 흥미로운 점은 양씨 귀족이 말단 관직인 진장조차도 해보지 못했다는 것이다. 그들과 많은 저인이 낙양으로 강제 이주를 당했기 때문이다. 이때부터 양씨는 영원히 구지를 잃었다.

하지만 고향을 잃었을지언정 양씨 가문은 즉시 사라지지 않았다. 이 잔여 세력은 447년에 가로葭蘆(간쑤성 우두武都 동남쪽)에 무도국武都國을 세우고, 478년부터 553년까지 무흥武興(산시성 뤠양현)에 무흥국을 세웠으며, 477년부터 580년까지 음평(간쑤성 원文현 서쪽)에 음평국을 세웠다. 이들은 때로는 남쪽 농경민족의 정권에 의지하고 때로는 북쪽 유목민족 정권에 의지하면서, 또한 때로는 독립하고 때로는 남북에 모두 항복하며 거대 정권 사이를 오가면서 380여 년 동안이나 계속되었다. 이들을 과연 '국가'라고 말할 수 있을 것인가? 이 질문에 확실한 대답을 할 수는 없다.[16] 그러나 그 놀라운 처세술에 대해서는 가히 존경을 표할 만하다.

'백마인'에 대한 오해와 진실

이후 저인은 점차 쇠약해졌다. 특히 저인에 대한 부견의 분산 이주정책 때문에 이제 다시 어떤 지역에서도 숫자상의 우위를 점할 수 없게 되었다. 북위 태무제 시광始光 3년(426)부터 북제北齊 효소제孝昭帝 고연황건高演皇建 원년(560)까지 저인은 서른일곱 번의 기의를 일으켰다. 그러나 이런 기의들은 대부분 각 족이 연합해 폭정에 반항한 것일 뿐, 정권을 수립하는 데까지는 나아가지 못했다. 또한 분산되어 있던 저인의 혈맥은 한족과의 혼인으로 '민족 융합'이라는 도도한 흐름 속에 흡수되어버렸다.

물론 예외는 있다. 오늘날 쓰촨성 북부와 간쑤성 동남쪽에 거주하던 일부 저인은 당과 티베트가 끊임없이 화친하고 전쟁하는 통에 두 지역 어디에도 동화되지 않았다. 오늘날 간쑤성 남부의 원현과 쓰촨성 북부의 핑우平武, 난핑南坪현 일대에는 높은 봉우리가 이어지고 소나무와 삼나무가 하늘을 찌르며 강물이 종횡으로 흐르는 큰 산이 있다. 그 산속 깊은 곳에는, 총인구가 겨우 2만밖에 되지 않는 독특한 민족인 '백마장족白馬藏族'[17]이 살고있다. 큰 산 깊은 곳에서 활짝 봉우리를 터뜨린 이 기이한 꽃에 대해 최근 들어 많은 민속 전문가들이 관심을 기울이고 있으며, 또한 중국 국내를 비롯해 외국에서도 많은 관광객들이 그들을 찾아가고 있다. 그들이 바로 저족의 후손이다.

백마인白馬人[18]이 거주하는 곳과 티베트 지역이 서로 이어져 있어 많은 백마인이 티베트 말을 하고 티베트 글자를 사용한다. 그들은 흰색을 숭상하고 백마신白馬神을 받들며 '백마'를 토템으로 한다.[19] 간쑤성의 백마인은 백마하白馬河(바이마강) 유역에 모여 거주하며, 쓰촨성의 백마인은 핑우현 백마 등지에 분포해 있다. 사람들은 습관적으로 이들을 '백마장족'이라고 부른다.

그러나 유심히 보면 백마인이 티베트인과 다르다는 증거를 곳곳에서 찾을 수 있다. 이들은 일반적으로 사원을 만들지 않는다. 티베트 불교를 신봉하지 않으며 가축을 방목하지 않는다. 다른 민족과 통혼하지 않으며 같은 성씨와 통혼하지 않는다. 티베트인과도 통혼하지 않는다. 언어학자의 고증에 따르면 백마어의 발음과 강어, 푸미어普米語는 서로 비슷하지만 티베트어와는 거리가 멀다고 한다.[20] 사용하는 단어도 티베트어와는 매우 다르다. 백마인은 양楊, 왕王, 여余, 전田, 이李, 조曹 등의 성을 갖고 있는데, 티베트 이름인 자시, 도지, 다와, 쥐마 등은 보이지 않는다. 이것은 "저인의 말은 중국과 다르다. 성은 중국 성을 사용한다"는 《위략魏略》의 〈서융전西戎傳〉에 있는 기록에 부합한다. 또한 현지 백마인은 스스로 고대 구지국의 후예라고 하며, 그들의 조상은 간쑤성 남부에 살던 저인이라고 말한다.

간쑤성 남부 서한수 북쪽 기슭의 구지는 사학계에서 공인하는 저인의 발원지다. 또한 제갈량이 여섯 번 기산祁山을 나갔던 옛 전쟁터이기도 하다. 한 왕조 때부터 위진남북조 시대에 이르는 수백 년 동안 구지국은 줄곧 백마 저인 양씨가 통치했다. 지금 이곳에 사는 사람들은 눈이 세 개 달린 '마왕 신馬王爺'[21]을 숭배한다. 백마인은 또한 '츠거저우池哥畫'(가면춤)[22]에서 제갈량과 싸우던 사연이 담긴 이야기[23]를 공연한다. 이러한 것들 역시 백마인의 뿌리가 간쑤성 남부 옛 땅에 있음을 분명히 말해준다.

미국 학자 왕하오만王浩曼 역시 "민산岷山 깊은 곳에 사람들이 잘 알지 못하는 부락이 있다. 부락 사람은 스스로를 저인이라고 한다"고 그들을 소개한 적이 있다.[24] 어쨌든 저인은 오늘날 상당히 동화되었다. 남아 있는 것은 다만 끊임없이 사라지지 않고 이어져 내려온 역사의 기억뿐이다.[25]

제12장

월지

月氏

인도·유럽어족의 대이주

따지고 보면 인류의 역사란 굶주린 사람들이 음식을 찾아 떠나는 것에 관한 이야기라 할 수 있다. 기원전 3천 년부터 2천 년 사이, 유라시아대륙 가장자리에서 일어난 오래된 문명의 중심지에서 일련의 풍경이 펼쳐졌다. 풍부한 농작물, 곡식이 가득 쌓인 창고, 눈을 현란하게 만드는 도시 사람들의 화려한 상품 등은 환경이 날로 악화되어가는 초원과 사막의 유목민을 유혹했다. 그것은 마치 저항할 수 없는 흡인력을 가진 자석처럼 강한 힘을 갖고 있었다. 이에 남부 사막 지대의 셈족, 유라시아 대초원 서부의 인도·유럽어족, 동방 대초원의 흉노가 이주를 시작했고, 그들의 이주는 역사를 변화시켰다.

기원전 3천 년을 전후한 시기, 지금의 볼가강과 돈강 유역에 살던 옛 인도·유럽어족 유목부락의 코카서스 인종 중에서 금발에 하얀 피부의 노르딕 종족이 고향을 떠나 네 개의 길을 향해 나아갔다.

그중에서 남쪽 길로 내려간 사람들이 인도·유럽어족의 선구인 히타이트인이다. 이들은 용감하게 캅카스산맥을 넘어 기원전 3천 년을 전후한 시기에 소아시아반도에 도착했다. 기원전 1595년, 상당한 성능의 전차를 발명한 히타이트왕국은 휘황찬란했던 고대 바빌론 왕조를 멸망시켰다. 기원전 1269년, 히타이트왕국과 고대 이집트는 세계 역사상 첫 번째로 기록된 국제 조약을 맺고, 오늘날 시리아와 팔레스타인 지역을 그들의 세력 범위에 나눠 가졌다. 하지만 기원전 13세기 말에 이르러 그들은 또 다른 인도·유럽어족인 미케네인의 공격을 받아 무너지고 만다.

서남쪽 방향으로 내려간 사람들은 아시리아인에 의해 '구티'인이라 불렸다. 그들은 기원전 2300년 무렵 이란고원 서부에 출현했고, 티그리스, 유프라테스강 유역에서 명성을 드날리던 바빌론 왕조를 한때 뒤집기도 했다. 아쉬운 것은 그들이 대략 기원전 2082년에 수메르인에게 정복당해 근동* 역사에서 사라지게 된다는 점이다.

서쪽 길로 간 사람들은 동유럽평원의 인도·유럽어족이 되었다. 기원전 2000년을 전후해 흑해 서해안을 따라 서천, 남하해 아름다운 도나우강을 건너 카르파티아산맥을 넘어 발칸반도로 들어가 위대한 에게문명을 멸망시키고 그리스 청동시대를 열었다. 그 후 한 무리의 인도·유럽어족이 앞서거니 뒤서거니 하며 미케네와 셀레스, 이탈리아, 북유럽 등으로 들어가 점차 유럽의 주재자가 되었으며, 그중 일부가 바다를 건너 북미대륙으로 가서 유럽과 아메리카의 주인이 되었다.

동쪽 길로 간 사람들, 자칭 아리아인은 강인한 의지로 힌두쿠시산맥과 히말라야산맥 사이를 넘어갔다. 한 지파는 기원전 1500년 전후에 남쪽으로 내려가 인더스, 갠지스, 브라마푸트라강 유역으로 가서 힌두스탄에 찬란한 국가를 세웠다. 또 다른 지파는 기원전 11세기에 아프가니스탄고원

---

* '근동'이란 보통 지중해 동부 연안 지역을 가리킨다. 아프리카 동북부, 아시아 서남부와 발칸반도를 포함한다. 제2차 세계대전이 끝난 후 '중동'이라는 용어로 바뀌었다.

에서 서쪽으로 이란으로 들어가 빛나는 옛 페르시아문명을 열었다.

또 다른 분파는 토하라인(어떤 사람들은 그들이 바빌로니아에서 나온 구티인이라고 한다)이다. 그들은 하늘 높이 솟은 파미르고원과 온통 모래로 뒤덮인 타클라마칸사막을 넘어 기원전 2000년을 전후한 시기에 로프노르 지역으로 대거 진입, 중국 신장위구르자치구 최초의 개발자가 되었다. 기원전 1000년을 전후한 시기에 그들 중 일부 유목부락이 동쪽으로 깊숙이 들어가 중국의 기련산(치롄산) 기슭까지 왔다. 그들은 초록색 보석 같은 하서주랑을 점거했는데, 이들이 바로 중국 고대 문헌에 등장하는 '우지禹知(禺支 혹은 禺氏)'[1]이다. 그들은 나중에 《사기》에 월지月氏라는 이름으로 나타난다. 고기잡이와 사냥을 주로 하던 한 일파는 로프노르 지역에 위대한 누란樓欄왕국을 열었다.

기원전 500년에 이르자, 인도·유럽어족의 대규모 이주는 잠잠해졌다. 이때의 유라시아 대평원은 대이주로 형태가 바뀌었다. 인더스강에서부터 브리튼섬까지 인도·유럽어족은 자신들이 발명한 수레바퀴와 전마戰馬, 청동 야금술을 통해 동서 수만 킬로미터에 이르는 잠든 땅을 깨웠고, 그곳을 청동시대와 철기시대로 이끌었다. 기원전 16세기를 전후해 중국 상商왕조에 출현한 청동기도 어쩌면 서부 인도·유럽어족의 야금 발명과 무역을 통해 얻은 주석 자원이 결합되어 탄생한 것인지도 모른다. 주석이 적은 지역인 상 왕조가 독립적으로 구리와 주석을 합해 청동기를 주조하기는 힘들었을 것이기 때문이다. 아시리아인과 이집트인이 철기를 수백 년 동안 보편적으로 사용한 후인 기원전 500년 전후한 때에 철기가 비로소 동주東周에 들어왔기 때문에 이런 추측이 가능하다. 이런 유목부락의 시인들은 자신들이 의식하지 못하는 사이에 아나톨리아문명, 베다문명, 고대 페르시아문명, 고대 그리스문명, 고대 이탈리아문명, 고대 튀르크문명, 켈트문명을 만들어냈고, 유라시아대륙은 이때부터 진정으로 몽매 시대의 종말을 고했다.

　월지가 어디서 왔는가에 대해서는 지금까지도 많은 논쟁이 있다. 대부분의 학자, 특히 그리스 학자들은 월지인이 토하라인의 한 지파(누란, 구자龜玆인과 같은 혈연관계라고 한다)라고 여기는 경향이 있다. 옛 인도·유럽어족 이주의 물결이 동쪽으로 밀려오면서 맨 마지막으로 날아온 화살촉 같은 존재라는 것이다.

　사실 중국의 사서에도 하서주랑으로의 신비로운 여행에 대한 언급이 있어 그 주장을 뒷받침한다. 검은 머리에 누런 피부의 주 목왕穆王(몽골 인종에 속하는)이 중원에서 서쪽으로 순행을 나가 서역 여러 나라를 방문했는데, 기련산 아래 흑수 유역의 우지평원에 간 적이 있다. 그곳에서 황색 인종과는 생김새가 다른 우지 사람들의 진심어린 대접을 받았다고 한다. 전설이긴 하지만, 이것은 월지인이 중화문명과 정식으로 만난 것에 관한 최초의 기록이다.

현벽장성懸臂長城에서 내려다본 하서주랑의 가욕관(자위관) 오아시스.

더욱 신기한 내용은 주 목왕이 월지 부락의 우두머리로 추측되는 서왕모西王母를 만났다는 점이다. 그는 서왕모에게 백규白圭와 현벽玄璧을 바쳤으며, "즐거워서 돌아오는 것을 잊었다"[2]고 한다.

기원전 7세기에 이르러 우지禹氏는 자신의 수중에 있는 하얀 옥을 가지고 중원 왕조와 빈번하게 무역을 한다. 일찍이 '실크로드'라고 명명되기 이전, 서방의 무역 대리자인 월지 사람들이 이미 그들이 점거한 하서주랑을 신기한 '청동의 길'과 '옥玉의 길'로 만들었을 가능성이 충분히 있다.

하서로 패주하다

중국 서부 전쟁의 역사에서 가장 빈번하게 등장하는 하서주랑은 황하 서쪽의 기련산과 북산北山 사이에 끼어 있는 길로서, 오초령烏鞘嶺에서 성성협星星峽에 이르는 좁고 긴 지역이다. 너비는 수 킬로미터에서 10킬로미터에 달하며 길이는 무려 1,200킬로미터나 된다. 그 지역을 가볍게 여겨서는 안 된다. '유목민의 천국'이라고 여겨지는 이곳은 흙 한 줌만 움켜쥐어도 그 안에 고대 문명의 액즙이 흘러나오는 곳이기 때문이다.

이곳은 여러 부족 유목민이 서로 차지하려고 혈투를 벌인 중요한 지역이었다. 춘추전국시대에 이곳에는 이미 3대 부部가 모여들었다. 하서주랑 동부의 흉노, 돈황 일대의 오손, 그리고 우리가 이제 서술하려는 월지가 바로 그들이다. 고대 인도·유럽어족이 훈련시킨 전마와 그들이 발명한 전차와 청동 무기 덕분이었는지, 월지인은 머나먼 동방에 "동호는 강하고 월지는 융성하다(東胡强而月氏盛)"(《사기》 권110 〈흉노열전〉)라는 장면으로 기록됐다. 1장에서 이미 첫 번째 흉노 선우가 평화를 위해 장자 묵돌을 월지로 보내 인질로 삼았다는 이야기를 했다. 강대한 월지는 자신들의 힘으로 약한 자들을 능욕했다. 그들은 오손의 수령 난두미難兜靡를 죽였다. 이에 오손의 잔여 세력은 흉노로 도망쳤다. 그 덕분에 일시적이긴 하지만 월지인은 돈황과 기련 사이에 있는[3] 오아시스를 차지했다.

그 후 그들은 오늘날 흑성黑城 유적지에 자신들의 도성인 소무성昭武城[4]을 세웠다. 그렇지 않으면 현재 헤이수이강黑水河 주변에 있는 기원전 3세기의 고성 유적지를 달리 해석할 방법이 없다. 서하西夏가 세운 흑성[5]은 아마도 이미 황폐해진 소무성 자리에 세운 새로운 건축물이었을 가능성이 높다.

월지의 재난은 일찍이 월지에 인질로 있었으며 후에 흉노를 초원의 패주로 만든 묵돌로부터 시작되었다. 아내조차도 남에게 보냈던 흉노의 선우는 기원전 177년에 우현왕을 오손으로 보내 그들과 힘을 합해 월지를 피투성이로 만들었다.

재앙은 절대 홀로 오지 않는다. 언제나 한꺼번에 무리지어 온다. 기원전 174년, 묵돌의 아들 노상老上선우가 다시 침입하는 바람에 가련한 월지왕은 피살되었고, 월지왕의 두개골은 노상선우의 술항아리(묵돌이 동호 대인의 해골을 요강으로 쓴 것에 비하면 훨씬 너그러운 편이다)로 사용되었다.

결국 대부분의 월지 사람들은 짐을 싸들고 고향을 떠났다. 역사에서는 그들을 '대大월지'라 부른다. 군대를 따라 서쪽으로 갈 수 없었던 일부 노약자와 환자는 남산南山(쿤룬산)으로 물러나 강인과 섞여 살았는데, 그들을 '소小월지'라 부른다.

대월지인이 서쪽으로 이주해 도착한 첫 번째 지점은 오늘날의 일리강伊犁河 유역과 이서迤西 일대였다. 상갓집 개와 같은 신세였던 이 망명자들은 비록 흉노에게 박살이 나서 쫓겨 왔지만, 살아남으려는 의지는 대단히 강했다. 그 때문에 일리강 유역에 원래 살고 있던 샤카[6]는 대월지인을 당해낼 수가 없었다. 현지인이던 샤카는 결국 대월지에게 쫓겨났다. 쫓겨난 샤

절반의 중국사

카는 늑대 떼처럼 끊임없이 사냥꾼에게 쫓기면서도 여전히 약자를 침입했다. 마침내 샤카의 한 지파가 페르가나 지역으로 들어가 대원大宛을 세웠다. 일부는 아무다리야강 상류로 가서 대하大夏(박트리아)를 점령했다. 그리고 또 다른 한 지파는 시르다리야강을 따라 내려가 강거康居(소그디아나)와 엄채奄蔡(알란)를 세웠다.

하지만 멀리 일리강 유역으로 밀려간 대월지는 결코 평안한 나날을 보낼 수 없었다. 그들이 과거에 저지른 피의 대가 때문이었다. 오손 수령 난두미의 아들 곤막昆莫은 성장한 후에 월지인에게 죽은 아버지의 원수를 갚겠다고 맹세했다. 한 무제 초기, 즉 흉노 노상선우 말기, 기원전 161년부터 기원전 160년까지, 곤막은 오손 군단을 거느리고 대월지를 공격했다.

그들은 일리강 유역과 이식쿨호 주변 지역을 점령해 그곳에 강대한 오손국을 세웠다. 이제 대월지인은 어쩔 수 없이 두 번째 대이주를 할 수밖에 없었다. 그들은 샤카인이 도망쳤던 노선을 따라 페르가나분지의 대원을 거쳐 대원 서남부에 있던 소그디아나로 갔다. 당시의 대원은 박트리아왕국의 통치하에 고도의 도시문명을 보유하고 있었다. 그런 그들에게 대월지인의 도래는 악몽이 되었다. 기원전 145년, 대원의 역사적 도시인 알렉산드리아 에스카테 유적지(우즈베키스탄과 타지크스탄 경계에 있음)는 대월지 군단에 의해 불태워졌다. 알렉산드로스가 건설하고 셀레우코스 왕조(기원전 312~64)와 박트리아 왕조가 끊임없이 보수했으며, 서방의 그리스 풍격과 동방의 페르시아 요소를 모두 받아들인 유명한 이 도시는 그렇게 사라져버렸다.

기원전 139년, 대월지는 박트리아를 점령했고 그들 수하의 패장이었던 샤카인은 다시 신하가 되어 복종했다. 그리고 대월지국의 성립을 선포하며 아무다리야강 북쪽에 왕국의 도성을 건립했다. 대월지는 서쪽으로 파르티아安息와 통하고 남으로 코펜罽賓[7](카슈미르), 북으로 소그디아나와 접해 있었다. 인구 40만, 군대 10만을 보유한 대월지는 일약 파미르고원 서쪽의 유목 대국이 되었다.

장건이 서역으로 출사하다

월지가 이리저리 싸우며 서쪽으로 갈 때, 뒤쪽에 있던 동방에는 전쟁의 연기가 피어올랐다. 한 무제가 정권을 잡았던 시절, 한 왕조는 고조, 혜제, 문제, 경제 등 네 명의 황제를 거치며 흉노와 자웅을 겨룰 수 있는 밑천을 장만해두었다. 마침내 한 무제는 흉노에 대한 전쟁을 시작하기로 결정했다.

이때 한 왕조에 투항한 흉노 사람이 말하기를, 흉노와 불구대천의 원수를 진 월지인이 서쪽으로 이주했는데, 월지가 한과 힘을 합해 흉노를 치기를 원한다고 했다. 이 정보를 듣고 한 조정에서는 반신반의했다. 그러나 다른 사람들이 끊임없이 같은 소식을 가져오자 한 무제는 지원자를 모집해 대월지로 사신을 보내기로 했다.

모집 공고가 나갔고, 이름 없던 용사들에게 천재일우의 기회가 왔다. 그때 낭관郎官 벼슬을 하고 있던 한중군漢中郡 성고현城固縣의 장건도 흔쾌히 모집에 응했다.

대월지는 한의 수도인 장안에서 직선거리로 쳐도 3천 킬로미터나 떨어진 곳에 있었다. 당시 한의 서부 국경은 오늘날 간쑤성 란저우蘭州였다. 거기서 서쪽으로 가면 흉노왕국의 세력 범위였다. 게다가 기련산 남쪽엔 강인 부락이 있었다. 서쪽으로 더 가면 신비한 서역이었다. 들려오는 전설에 의하면 서역에는 한없는 사막이 펼쳐져 있고, 사막에 모래폭풍이 한번 불어오면 모든 것이 흔적도 없이 사라진다고 한다. 대낮에도 사막에는 귀신이 통곡하는 소리가 들려오는 듯했다. 게다가 풀 한 포기 자라지 않는 타

　　　　　　　　　　　　　　　　　　　　　절반의 중국사

클라마칸사막의 동부 로프노르에는 새도 날지 않고, 기어 다니는 동물조차 없다고 전해졌다. 한 달을 걸어가도 사람의 흔적이 보이지 않으며, 여행자는 앞서 간 사람들의 해골을 보고 길을 짐작해서 나아가야 한다고도 했다. 그렇게 무시무시하고 낯선 곳에 사신으로 간다는 것은 엄청난 담력을 요구하는 일이었다.

좁은 의미의 서역은 파미르 동쪽에 있던 오아시스 '36국'을 의미한다. 실크로드의 남도南道[8]를 통해 서쪽으로 가는 길에 있는 차말且末·소완小宛·정절精絶·누란·선선鄯善·융로戎盧·우미扜彌·거륵渠勒·피산皮山·우전于闐, 그리고 실크로드의 중도中道에서 서쪽으로 가는 길목에 있는 울리尉犁·위수危須·산산山山·언기焉耆·고묵姑墨·온숙溫宿·위두尉頭·구자龜玆·정중楨中·사차莎車·갈석竭石·거사渠莎·서야西夜·의내依耐·포리蒲犁·억약億若·유령楡令·연독捐毒·휴순休循·소륵疏勒·겁국刦國, 실크로드의 북신도北新道에서 서쪽으로 가는 길목에 있는 동차미東且彌·서차미西且彌·

간쑤성과 내몽골자치구 서부의 고비사막 모습. 주취안에서 흑수성(카라호토)으로 가는 길이다.

단환單桓·비륙卑陸·포류蒲類·오탐烏貪[9]·차사車師가 그것이다. 넓은 의미의 서역은 파미르 서쪽의 대월지와 샤카, 쿠샨, 소그디아나, 페르가나, 파르티아, 안티오크, 박트리아, 사산 왕조 등을 포함한다.

한 무제 건원 3년(기원전 138), 장건張騫은 100명의 사절단을 거느리고 장안에서 출발해 간쑤성 서쪽 길을 따라 중앙아시아 아무다리야강으로 가는 기나긴 여정에 올랐다. 통역을 하러 따라간 사람은 감보甘父라는 서역 이민족이었는데, 감보가 당읍씨堂邑氏의 노예였기에 당읍보堂邑父라고도 불렸다. 당시 하서주랑과 타림분지를 모두 흉노가 통제하고 있었기에, 옥문관(위먼관)과 양관 서쪽, 파미르 동쪽, 천산(톈산)산맥 남쪽 지역의 서역 36국 역시 흉노의 세력 범위에 있었다. 흉노 일축왕日逐王이 동복도위僮僕都尉를 보내 서역 36국을 통치하고 있었던 것이다.

장건 일행이 막 흉노의 통제 지역으로 들어갔을 때 그만 흉노에게 잡혔고, 그곳에서 지내는 동안 단숨에 10여 년이 지났다. 흉노는 장건에게 풍족한 생활환경을 마련해주었다. 또한 아름다운 흉노 여인을 아내로 주었다. 그러나 장건은 사신으로서의 임무를 잊지 않았고, 한나라 사신의 신분을 대표하는 부절을 몰래 지니고 있었다. 한 무제 원광元光 6년(기원전 129), 장건은 마침내 기회를 틈타 탈출했고, 서쪽으로 수십 일 동안 달려가 마침내 오늘날의 키르기스스탄에 있던 페르가나(대원)에 도착했다. 페르가나의 왕은 열정적으로 그를 접대했고 하루에 1천 리를 갈 수 있는 백마를 주었으며, 통역을 붙여 그를 현재의 우즈베키스탄에 있는 소그디아나로 가게 했다. 그런 후에 소그디아나에서 대월지로 들어가게 했다.

장건이 장안에서 출발할 때 대월지 왕은 아직 건재했다. 그들은 아무다리야 북쪽의 소그디아나에서 유목을 하고 있었다. 그러나 장건이 흉노에서 체류하는 10여 년 동안 대월지는 이미 아무다리야 남쪽의 박트리아를 정복했다. 전쟁에서 패한 샤카인은 남쪽에 있는 헬만드호수 지역으로 도망쳤고, 원래 그리스 통치자 헬리오클레스Heliocles(재위 기원전 145~130)와 그 가족도 기원전 135년에 박트리아 본토에서 철수해 힌두쿠시산맥 남쪽의 그리스인 통치 지역으로 후퇴했다.

장건이 대월지에 도착했을 때 대월지 왕은 이미 죽었고, 왕후가 정치를 하고 있었다. 대월지는 이미 중앙아시아에서 편안하게 자리를 잡고 있었기에 과거에 흉노에게 당했던 피비린내 나는 악몽을 잊고 지냈다. 다시는 거칠고 표한한 흉노와 서로 죽고 죽이는 일을 하지 않으려 했다. 마치 신비로운 망각의 약초를 얻어 지나간 시절의 상처를 잊은 것처럼 보였다.

하지만 장건은 믿을 수 없었다. 장건은 박트리아에서 무려 1년 동안을 머물렀다. 입에서 단내가 날 정도로 온 힘을 다해 많은 말을 했지만, 함께 힘을 합해 흉노를 공격하자고 설득할 수는 없었다. 어떻게 해도 방법이 없다는 것을 알고 난 후, 그는 귀국길에 오를 수밖에 없었다.

흉노를 피하기 위해 장건은 실크로드의 남도를 선택했다. 오늘날 칭하이성 지역에 있던 강인 지역을 거쳐 장안으로 돌아오려는 생각이었다. 그런데 흥미로운 일이 또 일어났다. 하늘을 찌를 정도로 억세게 운이 없었던 장건이 다시 흉노의 손에 들어가고 만 것이다. 1년쯤 지난 후 흉노 선우가 세상을 떠났고, 흉노 내부에 난이 일어났다. 장건은 그 틈을 타서 흉노인 아내를 데리고 당읍보와 함께 장안으로 돌아올 수 있었다. 맨 처음 출발할 때 장건의 사절단은 모두 100여 명이었으나 13년 후 돌아올 때엔 겨우 두 사람만 남은 셈이다. 장건의 출사는 예정한 목적을 달성하지는 못했으나, 서역과 남아시아 인문지리의 이해를 돕는 성과를 거두었다. 그것을 계기로 한 왕조는 자국보다 더욱 드넓은 새로운 세계가 있음을 알게 되었다.

장건이 이룬 공적은 콜럼버스가 신대륙을 발견한 것에 비길 만하다. 그래서 사마천은 그가 서역을 '뚫었다(鑿空)'고 기록했다. 장건이 서쪽으로 가서 보고 들은 것을 한 무제에게 보고하자, 한 무제는 놀라면서 기뻐했다.

장건이 임무를 완성하지 못한 것을 책망하지 않았을 뿐 아니라 오히려 그의 벼슬을 태중대부太中大夫로 올려주고, '널리 두루 살펴보고 왔다(廣博瞻望)'는 의미로 박망후博望侯에 봉했다. 낮은 직급이었던 통역 당읍보도 파격적으로 봉사군奉使君에 봉했다.

이후 중국의 비단과 종이, 도자기 등이 중앙아시아로 들어갔고, 서역의 각종 물품이 끊임없이 한 왕조의 땅으로 들어왔다.

사실 한 무제는 결코 평화의 사자가 아니었다. 그가 장건을 서역에 보낸 목적은 흉노의 오른팔을 잘라 몽골초원과 티베트고원의 관계를 끊어버리려는 데 있었다. 두 대륙의 강호羌胡가 일단 하나가 되면 영토를 확장해나가려는 천조天朝 한의 꿈이 산산조각 나기 때문이었다. 그러니까 장건의 서역 출사는 흉노와의 전쟁이나 마찬가지였다. 모두가 한 무제 서역 경략의 일부분이었던 것이다. 장건의 출사를 통한 서역 경략의 수확은 이러했다. 우선 유명한 '실크로드'를 뚫어 한 왕조와 서방의 외교사가 시작되었다. 둘째 무위, 장액, 주천, 돈황 등 네 개의 군郡을 설치해 기련(치렌)산맥 아래의 초원에 네 개의 쐐기를 단단하게 박아 넣었다.

오랜 시간이 지난 후(1882년경), 독일의 지리학자 리히트호펜Ferdinand von Richthofen(1833~1905)은 《중국》[10] 제2권에서 '그 길'을 가리키며 천고에 향기를 드날리는 이름인 '실크로드(비단길)'라는 호칭을 붙였다. 유혹적이고 위험하며, 찬란하게 빛나지만 사면팔방에 위기가 숨어 있는 이 길에 구름처럼 부드럽고 생동적이며 아름다운 빛깔을 가진 느낌으로 가득한 '비단길'이라는 이름을 붙이다니, 그야말로 낭만적인 감성이 없으면 불가능한 일이다.

실크로드가 없었다면 아시아대륙의 역사적 광채가 없었을 것이고, 유럽의 현대문명도 없었을 것이다. 또한 서방세계 사람들이 영광으로 여기는 지중해 해양문명의 성장과 확장도 없었을 것이라고 말한다 해도, 그것은 결코 지나친 말이 아니다. 실크로드가 있었기에, 권위 있는 오래된《구약》에서 중국인을 '사인絲人'[11]이라 칭한 것이고, 그리스에서 중국을 '세레스 Seres'라 부른 것이며, 로마인이 중국을 '시나Sina'라고 했고, 인도인이 중국을 '치나Cina'라고 한 것이다. 인도문명에서는 철강을 '중국생中國生'이라 했고, 아랍인은 초석硝石(질산칼륨)을 '중국설中國雪'이라 했다. 중세기 이후의 유럽 국가들은 중국을 '도자기의 나라'라고 불렀고, 그 후 중국의 영문 명칭은 영원히 '차이나China'가 되었다.

장건의 서역 출사가 유럽과 아시아 경제, 문화 교류의 첫 번째 물결을 만들어냈다면, 두 번째 물결은 송·원 시대에 발생했다. 중국의 4대 발명품이 유라시아대륙을 거쳐 서방으로 전해져 유럽의 문예부흥을 촉발시켰으며, 유럽 공업혁명의 시침을 움직이게 했다. 또한 대발견의 시대도 가능해졌다. 이것에 대해 공산주의 학설의 기초자인 마르크스는 감탄하며 이렇게 말했다.

"화약, 나침반, 인쇄술, 이 세 가지는 자산계급사회의 도래를 예언한 위대한 발명이다. 화약은 기사騎士 계층을 터뜨려 날려버렸으며, 나침반은 세계시장에 식민지를 열었고, 인쇄술은 새로운 교육 도구가 되었다. 그리고 점차 과학 부흥의 수단이 되었으며 창조적 정신 발전의 필요 전제인 가장 강대한 추동력이 되었다."

쿠샨 왕조의 굴기

장건을 보내고 난 뒤 대월지인은 온 힘을 다해 국내의 일에 대응했다. 아무다리야강과 시르다리야강을 통제한 후, 대월지는 경내를 다섯 개의 후국侯國으로 나눠 부락의 우두머리를 '흡후翕侯'[12]라고 불렀다. 휴밀休密 흡후는 오늘날 아프가니스탄의 와한에 있고, 쌍미雙靡흡후는 오늘날 파키스탄의 치트랄에, 귀상貴霜흡후는 간다라에, 힐돈肹頓흡후는 카불강의 지류인 판지시르강 유역의 파르반에, 도밀都密흡후는 카불 근처에 있었다. 1세기 초, 쿠샨흡후 쿠줄라 카드피세스는 다른 네 부의 흡후를 물리치고 왕이 되어 국호를 '쿠샨'이라 했다.

어떤 국가든지 일단 왕국이 되면 아무런 거리낌 없이 주변의 작은 나라들을 밟아버린 뒤 신하국으로 삼아 공물을 바치게 하는데, 쿠샨왕국도 예외는 아니었다. 그들은 파르티아와 카불, 간다라와 코펜을 침입했다. 그곳에 남은 것은 온통 피비린내와 무너진 벽뿐이었다. 80세 고령의 쿠줄라 카드피세스가 죽은 후, 더 이상 어린애가 아닌 비마 카드피세스가 즉위했다. 그는 일찍부터 웅대한 마음을 품었던지라, 인도 서북부의 펀자브 지방과 박트리아 - 그리스왕국, 샤카인의 작은 나라들을 모조리 병탄했다.

비마 카드피세스의 의발을 계승한 것은 그의 아들이 아닌, 수하의 장수 카니슈카였다. 75년, 비마 카드피세스가 갑자기 병들어 죽고, 제국은 혼란과 무질서로 빠져 들어갔다. 그때 인도를 지키던 카니슈카가 그 틈을 타 일어나, 3년이라는 시간에 걸쳐 전체 쿠샨을 통제했다.[13]

그 후 장군 출신의 카니슈카는 위대한 정복사업을 시작했다. 동쪽으로 인도의 갠지스강 중류까지 들어갔고, 남쪽으로 인도아대륙으로 들어갔으며, 서쪽으로는 안식국을 패배시키고 강토를 이란 동부로 확장해갔다.

당시 후한은 반초가 서역을 경영하던 때였다. 대월지는 반초를 도와 카슈가르疏勒의 반란을 평정했을 뿐 아니라 후한을 도와 야르칸드莎車를 격파했다.

후한 장제章帝 유달劉炟 장화章和 원년(87), 카니슈카는 후한에 고귀한 공물을 보냈다. 부발扶拔(기린처럼 생겼으나 머리에 뿔이 없는 동물)[14]과 사자를 보내면서 오손이 한의 공주를 취했던 선례에 따라 후한 공주를 카니슈카에게 시집보내달라고 청했다. 그러나 카니슈카는 너무 순진했다. 화친은 국가 간의 평등한 기초 위에서 성립되는 것인데, 이때의 후한은 멀리 변방에 있는 대월지 따위는 안중에도 없었다. 반초는 대월지의 요구에 응하지 않았을 뿐 아니라 화친하러 온 사신을 구류해버렸다. 이제 전쟁을 피할 수 없게 된 것이다.

'특급' 자객

후한 화제和帝 영원永元 2년(90) 여름, 카니슈카는 대월지 부왕副王 사謝에게 병사 7만을 거느리고 파미르고원을 넘어 반초를 치라고 명령을 내렸다. 반초의 수중에는 병사가 얼마 없었다. 한의 병사들이 불안해하기 시작했다. 전쟁을 할 것인가, 도망칠 것인가, 항복할 것인가? 인생의 중요한 선택이 한의 주장主將의 앞에 놓여 있었다.

그가 어떤 최종 선택을 했는가를 말하기에 앞서, 먼저 그의 인생 역정을 한번 살펴보자. 반초는 오늘날 산시성 셴양咸陽 동북쪽 지역 사람이다. 글향기가 넘치는 집안에서 태어났으며, 저명한 사학자 반표班彪의 막내아들이었다. 사학자 반고班固의 동생이며, 재녀 반소班昭의 오빠이기도 했다. 이치대로 보면 그는 선비의 향기가 넘치는 모범적 서생이어야 했다. 그런데 무슨 일인지 그는 호랑이 등에 곰의 허리, 짙은 표범 눈썹을 하고, 얼굴 가득 쇠바늘 같은 수염으로 덮인 호방한 성격의 인물이었다. 협객의 기질을 갖고 있는, 아주 전형적인 무림 세계의 인물이었다.

30세가 되던 해에 반초 일가는 형인 반고를 따라 낙양으로 이사했다. 집안이 가난했기에 글씨를 잘 쓰던 반초는 관청에서 문서를 베끼는 일을 하며 생계를 이어갔다. 가슴에 큰 뜻을 품은 반초에게 밤낮 없이 엎드려 글씨를 쓰는 일은 맹호를 우리에 가둬두는 것과 같았다. 당당한 체구에 키는 7 척이나 되었던 반초는 어느 날 한탄하며 이런 생각을 했다. 대장부라면 응당 부개자傅介子[15]나 장건처럼 이역에서 공을 세워 후侯에 봉해져야지, 어찌 이렇게 매일매일 한가롭게 연적과 붓만을 돌리고 있단 말인가? 반초는 붓을 거칠게 땅바닥에 내던져버렸다. 바로 거기에서 '투필종융投筆從戎'이라는 고사성어가 나왔다.

후한 명제 영평永平 16년(73), 41세의 반초는 봉거도위奉車都尉 두고竇固를 따라 북으로 흉노를 정벌하는 길에 나섰다. 직무는 가사마假司馬(사마대리)였다. 가사마라는 관직은 직급이 낮았으나 글씨만 쓰던 반초가 군대 생활로 나아가기 위해 내딛은 첫 번째 걸음이었다. 일단 군중에 이르자 그는 남과 다른 비범한 담력을 보여주었고, 이오伊吾(신장위구르자치구 하미)와 포류해蒲類海(신장위구르자치구 바르콜호수)의 전쟁에서 '소 잡는 칼을 살짝 휘둘러'[16] 두고의 칭찬을 받았다.

두고는 서역에 출사하는 중책을 반초에게 맡겼다. 짧고도 성실한 준비 기간을 거쳐 반초는 서른여섯 명의 기병을 거느리고 서쪽으로 출발했고, 오랫동안 전해져 오는 기이한 전설의 주인공이 되었다.

반초 일행이 오늘날 신장위구르자치구의 로프노르 서남쪽에 있던 선선에 도착했을 때, 선선왕의 열정적인 접대를 받았다. 그러나 얼마 지나지 않아 선선왕은 갑자기 냉정하게 변하기 시작했다. 감이 날카로웠던 반고는 그 이유를 몰래 조사하기 시작했다. 알고 보니 흉노 사신이 이미 선선에 도착했던 것이었다. 반초는 저녁 술자리를 만들어 서른여섯 명의 부하를 초청했다. 술자리가 무르익어갈 무렵, 반초는 조사 결과를 통보했다. 그리고 전쟁 전에 총동원령을 내렸다.

"호랑이 굴에 들어가지 않으면 어찌 호랑이를 잡으랴. 야음을 틈타 화공으로 흉노 사신들을 잡아야겠다. 그들을 없애면 선선이 기절초풍하겠지.

큰 공이 곧 이루어지리라."

하늘이 어두워지자 큰 바람이 불기 시작했다. 사람을 죽이기에 알맞은, 달 없는 밤이었다. 바람을 따라 불길이 하늘로 치솟았다. 반초는 장사들을 데리고 몰래 흉노 사신의 천막으로 들어갔다. 그러면서 불을 지르고 칼을 휘두르며 공격을 감행했다. 흉노 사신과 그 시종들 수십 명이 목이 잘려 죽었고 불길 속에서 사라졌다.

비록 그것이 도박과 같은 것일지라도, 승리한 자는 비난받지 않는다고 스탈린은 말했다. 다음 날 이른 아침, 반초는 선선왕을 자신의 영지로 초청해 흉노 사신들의 수급을 보여주었다. 충격에 빠진 선선왕은 즉시 한 왕조에 귀부할 것을 선언했고, 왕자를 한에 인질로 보내는 것에 동의했다.

얼마 지나지 않아 '특급' 자객 반초는 실크로드 남도에서 샤머니즘적 분위기가 성했던 우전(신장위구르자치구 호탄)에 도착했다. 선선처럼 여기에도 흉노 사신이 주둔하고 있었다. 명칭은 감국監國이라 했지만 실제로는 집정執政을 하고 있었다. 반초는 먼저 우전왕이 매우 중요하게 생각하는 샤먼을 죽였고, 그 샤먼의 수급을 들고 우전왕을 보러 갔다. 우전왕은 반초가 선선에서 행했던 암살 사건에 대해 일찌감치 들은 데다 실제로 그 증거까지 보게 되니, 자신의 생명도 지키지 못하게 될까봐 두려웠다. 그는 흉노 사신들을 죽이라는 명령을 내렸고, 즉시 한 왕조에 귀부했다.

후한의 서역도호부가 다시 설치되었고, 실크로드는 반초의 말발굽 소리 아래 다시 빛을 발하게 되었다. 이제 앞에는 소륵(신장위구르자치구 카슈가르)이 있었다. 이때의 소륵왕은 흉노가 지원하던 구자에게 이미 살해되었고, 소륵왕은 구자 사람 두제兜題로 바뀌어 있었다. 다음 해 봄, 반초는 기병을 거느리고 작은 길로 출발해 쥐도 새도 모르게 두제의 거주지로 잠입하여 그를 잡았다. 그런 후에 반초는 피살되었던 소륵왕의 조카 충忠을 국왕으로 삼아 소륵을 평정했다.[17]

후한 장제 건초建初 원년(76), 서역도호 진목陳睦이 피살되었다. 새로 즉위한 한의 장제는 반초의 안위가 걱정되어 반초에게 귀국 명령을 내렸다. 그 소식이 전해지자 소륵 전체가 걱정에 휩싸였다. 도위 여엄黎弇은 목을 그어 자결하기까지 했다. 반초가 장안으로 돌아가느라 우전을 지날 때, 우전왕이 방성대곡을 했다. 대신과 백성들은 반초가 탄 말의 다리를 잡고 늘어지면서 제발 가지 말라고 애원했다. 그런 상황을 보면서 반초는 만감이 교차했다. 인생에 신뢰보다 더 귀중한 것이 있는가? 없다, 절대 없다! 그는 다시 소륵으로 돌아가기로 결정했다. 그 후 반초는 위두尉斗, 고묵姑墨, 야르칸드를 정복했고 이때부터 서역에 위세를 떨쳤다. 그의 관직도 장군장사將軍長史, 가고취당휘假鼓吹幢麾로 올라갔다.

이렇게 하늘을 덮을 만한 의리를 지니고 목숨을 초개처럼 여기며, 적은 수의 부하들을 거느리고 서역 일대를 휘저었던 '슈퍼 자객'이 멀리서 온 대월지 군대 앞에서 떨기나 했겠는가? 위험이 닥칠 때엔 두려움 때문에 개도, 늑대도 미쳐버릴 수 있다. 그러나 어떤 위험이 닥쳐도 호랑이는 그저 묵직한 그림자만 보일 뿐이다. 반초는 조금도 당황하지 않고 대책을 마련했다.

"우리는 골짜기에서 견고하게 지킨다. 적들이 굶주려 스스로 항복할 때까지."

대월지 군대가 아무리 공격해도 함락시키지 못하고 군량이 다해 기운이 빠질 무렵, 반초는 동쪽 구자로 가는 주요 길목에 복병을 심어두었다. 금과 은, 보석 등을 가득 싣고 구자로 양식을 구하러 가던 대월지의 사신들은 모조리 도륙되었고, 사신의 수급은 대월지 부왕 사謝의 천막으로 보내졌다.

사는 대경실색해 진퇴양난에 빠졌다. 할 수 없이 반초에게 사신을 보내 살 길을 터달라고 부탁했다. 반초는 대범하게 예를 갖추어 그들이 돌아갈 수 있게 해주었다. 이때부터 대월지는 해마다 후한에 공물을 바쳤고, 다시

신장위구르자치구 카슈가르 반초성班超城에 세워진 정원후 반초의 상.

는 공주를 시집보내라는 말을 하지 않았다. 구자(신장 쿠처), 고묵(신장 악수), 온숙溫宿(신장 원쑤)도 소식을 듣고 귀부했으며, 반초의 직위도 서역도호로 격상되었다. 그는 나중에 '정원후定遠侯'에 봉해졌다. '불입호혈 부득호자不入虎穴, 焉得虎子(호랑이를 잡으려면 호랑이 굴에 들어가라)', '투필종융投筆從戎(붓을 던지고 전쟁터로 나아가다)' 등 두 개의 고사성어를 만들어낸 반초는 '칼로 세상을 평정하는(倚天仗劍)'[18] 인물의 전형으로서 역사책에 들어갔고, 변방을 지켜 국가에 보답한 중국 지식인의 모델이 되었다.

사실 반초에게 패한 것은 쿠샨 왕조 역사상 작은 파란에 불과했다. 중앙아시아에서 그들의 패주로서의 지위는 큰 영향을 받지 않았다. 순종하겠다고 하는 한, 후한은 중앙아시아에 자신들의 말을 듣는 패주를 두는 것을 원했기 때문이다. 78년부터 102년까지, 카니슈카가 정권을 잡고 있던 시기의 쿠샨은 중앙아시아와 남아시아를 거느리는 방대한 제국을 건설했다. 그들의 영토는 중앙아시아의 아무다리야와 시르다리야에서부터 바라나시 서쪽의 북인도에 이르는 대부분의 지역을 차지했다. 제국의 수도 역시 중앙아시아에서 남쪽의 프루샤프라(파키스탄의 페샤와르)로 옮겨 로마, 파르티아(안식), 후한과 함께 4대 제국을 이루었다.

이제 그들이 인도 제국의 지위를 대신하게 되었다.

불교 전파 노선

쿠샨 왕조가 군사적 지위뿐 아니라 불교의 중심 위치까지 차지하게 되었다는 것은 후대 사람들을 놀라게 했다. 쿠샨 왕조는 당시 막 유행하던 대승불교의 강력한 지지자가 되었다.

대승불교는 1세기에 생겨난 것으로, 경원經院의 철학자와 신학자가 석가모니의 학설을 기초로 하여 만들어낸 호화스러운 사상의 궁전이다. 사상가들은 형용하기 어렵고 예측하기 힘든 침착함과 고요함을 대중 신앙에 맞는 금빛 찬란하고 상서로운 기운이 충만한 천국으로 만들어냈다. 천국은 새들이 지저귀고 초록빛 나무들이 우거지며, 아름다운 꽃들이 지천으로 피어 있는 참으로 아름다운 곳이다. 구원을 받은 영혼들은 이미 그 죄 사함을 받았고, 피어난 오색 연꽃 위에 앉아 영원함을 얻는다. 그리고 마귀가 만들어낸 장막에서 중생을 구해낸 신비로운 부처를 높은 목소리로 찬미한다. 대승불교는 마하야나 즉 '커다란 탈 것(대승大乘)'이라는 의미를 취함으로써 스스로를 구원하는 원시불교를 '소승'이라고 얕잡아보았다. 대승불교는 스스로를 구제할 뿐 아니라 중생을 구제하고 스스로 성불하며, 다른 사람이 성불하도록 도와야 한다고 주장했다. 출가를 요구하는 소승불교에 비해 중생 구제를 주장하는 대승불교가 제국을 공고하게 하는 데 도움이 될 것임이 분명했다.

카니슈카는 대승불교의 충실한 신도였다. 그의 적극적 지지 덕분에 대승불교는 신속하게 퍼져나갔고, 인도 동부에 불교가 그리 성행하지 않았을 시절, 인도 북서부의 프루샤프라가 불교의 위대한 중심이 되었다. 카니슈카는 프루샤프라에 금빛 찬란한 사원과 불탑을 많이 세웠고, 불교 역사상 네 번째 결맹을 친히 열었다. 세계 최고의 입불인 바미얀 석불도 이때 완공되었다. 대승불교를 진흥하는 데 공을 세웠기에 그는 불교 역사상 아소카왕의 뒤를 이어 가장 위대한 인물로 꼽힌다.

지역이 광대한 쿠샨 왕조가 세워지면서 동아시아와 남아시아에 견고하게 존재했던 장애물이 사라졌다. 남으로 인도와 호레즘, 서쪽으로 로마와 이집트, 동쪽으로 중국과 한반도로 이어지면서 실크로드가 더욱 활발해졌다. 또한 신비로운 불교는 동쪽으로 전해져 무한히 뻗어나가는 교량 역할을 했다. 한 애제 유흔劉欣 원수元壽 원년(기원전 2), 대월지왕은 이존伊存

을 중국으로 보내 구전의 방식으로 중국의 박사제자 경로景盧에게 불경을 전해주었는데,* 이것이 불교가 중국으로 전해진 최초의 기록이다. 후한 영평永平 10년(67), 한 명제明帝가 열여덟 명의 한 왕조 사신을 서역으로 파견해 불경을 구해오라 했는데, 대월지 고승 카샤파 마탕가迦葉摩騰(?~73)와 다르마라트나竺法蘭가 초청을 받아 백마에 불경을 싣고 동쪽으로 갔다. 다음 해 한은 낙양 동문에 중국 최초의 사원인 백마사白馬寺를 세웠고, 두 명의 고승은 이곳에서 필생의 힘을 다해 첫 번째 한역 불경인《사십이장경四十二章經》을 편역했다. 현재도 백마사 안에는 고승 두 명의 무덤이 여전히 있고, 절 안에는 백마 상이 고개를 들고 서서, 후대인들에게 백마가 동쪽으로 온 이야기를 전해주고 있다.

위진 시대 이후,《서유기》에 묘사된 것처럼 중국 고승들은 불원천리 서역으로 경전을 가지러 갔으며, 이어서 서역의 불교조각과 소조, 벽화 예술 등이 신장 지역과 내륙으로 들어왔다. 그리고 둔황석굴과 윈강雲崗석굴, 룽먼龍門석굴이 개착되기 시작했다. 당 왕조 때에 불교는 극성기에 달했다 (중국 학자들이 불경을 번역하면서 음운학적 기교를 완벽히 파악하게 되어 당시唐詩가 발전한 것이라고 말하는 학자도 있다). 대승불교는 4세기 후반기에 중국을 거쳐 한반도로 들어왔고, 6세기에 한반도를 거쳐 일본으로 들어갔다. 그리하여 불교는 세계적 종교가 되었다.

불교는 동방 각국의 전통 종교들과 힘겨루기를 하는 과정에서 "맑은 허공에 한 마리 학이 구름 위를 배회"하듯[19] 곳곳에서 사람을 미혹하고 취하게 했다. 각 민족마다 각자 다른 각도에서 그것을 강술하고 해석했으며, 그 과정에서 참신한 내용이 들어가 다양한 많은 분파가 만들어졌다. 역사는

---

* 인도 불교가 중국에 언제 들어왔는가에 대해서는 많은 설이 있다. 여기서는 삼국시대 위(魏) 어환(魚豢)이 지은 《위략(魏略)》〈서융전(西戎傳)〉의 관점을 채택하여 서술했다.

산시山西성 다퉁大同 서쪽에 위치한 윈강석굴. 불교는 중국 곳곳에 많은 흔적을 남겼다.

오래되었으나 쇠락의 흔적을 조금도 보이지 않은 채 중앙아시아와 중국, 일본, 한국에서는 대승불교가, 스리랑카와 동남아 일대에서 소승불교가, 중국 티베트와 몽골 지역에서는 티베트불교가 유행했다.

무릇 불교도라면 누구나 반드시 '쿠샨'을 기억해야 할 것이다.

쿠샨의 멸망

그런데 사람을 놀라게 하는 현상이 나타났다. 불교를 국교로 하는 거의 모든 국가가 줄줄이 쇠락해갔다는 점이다. 고대 인도가 그러했고, 네팔과 티베트, 쿠샨, 몽골이 모두 그러했다. 물론 나라도 다르고 이유도 달라 원인이 한 가지는 아니겠지만, 거기에는 공통점이 있다. 불교를 국교로 삼은 국가들이 선량함, 근검절약, 포용력 등을 중히 여기다 보니 시간이 지날수록 패기나 긴장감이 사라지고, 스스로를 방어할 수 있는 무장 능력 등이 급격하게 줄어들었다는 것이다. 결국 무력과 확장을 숭상하는 정권의 손에 주권을 넘겨주고 말았다.

쿠샨의 쇠락에는 내부의 개별적 원인도 있었다. 카니슈카제국은 땅이 넓고 민족이 다양해 생활방식이 다양했으며, 통일된 경제적 기초가 없었다. 통치 민족과 피통치 민족 사이에 있었던 불평등도 갈수록 심해졌고, 전쟁을 꺼리는 정서가 높아져 갈등이 일촉즉발의 위기에 이르렀다.

게다가 만년의 카니슈카가 갑자기 북방을 정벌하려고 한 것은 정말 지혜롭지 못한 결정이었다. 북으로 정벌하러 가는 도중에 늙은 황제가 갑자기 병으로 쓰러졌다. 이것은 전쟁을 싫어하던 장군들에게 손을 쓸 기회를 주었다. 밤에 한 장군이 보낸 자객이 카니슈카의 천막에 들어갔고, 늙은 황제를 이불로 눌러 죽였다. 카니슈카가 불교도의 방식으로 죽지 못한 것은 그 자신도 최대의 아쉬움이었을 것이다.

늙은 황제가 피살된 사건은 한참 성하던 쿠샨왕국의 기운을 크게 훼손했다. 쿠샨의 왕위는 바시슈카와 후비슈카에 의해 순서대로 계승되었다. 이어서 카니슈카 2세가 카니슈카 1세의 찬란함을 회복하기 위해 동시대 로마 황제 카이사르의 존호를 모방했으나, 효과는 미미했다.

이어서 왕이 된 사람은 순 인도식 이름의 바수데바였다. 바수데바는 불교를 국교로 삼은 데에서 초래된 폐단을 잘 알고 있었다. 그래서 여러 가지 신앙이 동시에 존재하는 것을 승인했다. 이때 날로 흥성하던 서아시아 사산 왕조가 중앙아시아와 아프가니스탄, 인도를 향해 확장하기 시작했고, 펀자브 지역도 사산 왕조에 세금을 납부해야 했다. 대월지는 이미 광대한 국토의 통치를 유지할 수 없었다. 4세기 상반기, 동인도의 굽타 왕조(320~540)가 흥기한 후 인도 북부를 통일했고, 북인도의 쿠샨 왕공들은 굽타 왕조의 통제하에 들어갔다.

하지만 박트리아 고지故地에 있던 대월지는 여전히 독립해 있었고, 이는 에프탈이 출현할 때까지 유지되었다. 서방에서 '백흉노'라 칭하는 에프탈은 370년 쯤 유연柔然에 쫓겨 새북塞北 초원으로 간 뒤, 대월지를 따라 서천의 길에 올라 소그디아나에 도착했다. 425년에 박트리아의 대월지 잔여 세력을 멸망시킨 뒤, 쿠샨의 옛 땅에 공포의 에프탈을 건설했다. 6세기 초에 인더스강 유역 굽타 왕조가 통제하던 월지 소국들도 에프탈에게 멸망당했다.

면적이 거대했던 쿠샨 왕조는 지도에서 지워졌으며, 당시 모든 사람이 알고 있었던 그 이름은 더는 후대인들에게 알려지지 않았다.

소무구성

대월지 사람이 아무다리야를 건너 남쪽의 대하를 정복했지만, 그들은 결코 소그디아나를 포기하지 않았다. 아무다리야 북쪽은 여전히 대월지의 소유였고, 수·당 시대의 소위 '소무구성昭武九姓'은 사실 대월지인을 가리키는 것이었다.[*][20]

이런 관점을 지닌 역사학자들은 월지인이 왕을 '소昭'라고 불렀으며, '소무昭武'의 본뜻은 '경성京城', '왕도王都'라고 해석한다. 그들은 나아가 '소무'라는 이름이 하서주랑의 소무성昭武城, 즉 원래의 월지국 수도에서 왔다고 한다. 서천한 뒤에 국도의 이름도 서역으로 가져왔다는 것이다.

사람들이 더 신뢰할 수 있는 증거가 나오기 전에는 역사학자들의 이러한 추론을 채택해도 되겠다. 어차피 소무가 월지에게 속했다면, 소무구성은 아홉 개 월지 부락이 중앙아시아의 푸른 오아시스에 각각 건립한 형제국임이 분명하기 때문이다. 즉 오늘날 우즈베키스탄의 사마르칸트에 있었던 강국康國(소그디아나), 오늘날 우즈베키스탄의 자라프샨강 서쪽과 카슈카강 북쪽에 있던 미국米國(마이마르彌秣賀), 카슈카강 남쪽에 있던 사국史國(케슈佉沙), 오늘날의 자라프샨강을 가리키는 나밀수那密水 남쪽에 있던 하국何國(쿠샤니아), 오늘날 우즈베키스탄의 부하라 지역에 있던 안국安國, 설국㕔國이라고도 하며 오늘날 우즈베키스탄 타슈켄트 지역에 있던 석국石國, 조국曹國(카부단克布德), 화심火尋(호레즘), 무지국戊地國이 그것이다.

그러나 이들이 설사 같은 종족에서 나왔다고 해도 '봉처음자封妻蔭子'

---

[*] 소무구성이 통치하던 지역에는 수많은 소그드인이 살았다. 그래서 많은 사람들이 소무구성을 소그드인이라고 생각하며, 또한 월지인과 소그드인을 혼동해서 사용한다. 역사학자의 고증에 의하면 서역 월지인, 오손인, 샤카족, 소그드인의 민족 기원은 근본적으로 다르다고 한다.

(공신의 아내는 봉전을 받고 자손은 대대로 관직을 받는) 제도 때문에, 또한 남보다 앞서고자 하는 사사로운 욕망 때문에 진정으로 단결한 적이 없었다. 이작은 나라들은 각자의 영역에서 서로 주판알을 굴리고 있었다. 그래서 에프탈이나 튀르크인이 밀려오기만 하면 바로 속국이 될 수밖에 없었다.

특히 서돌궐이 중앙아시아를 통치하던 시기에 소무구성은 전전긍긍하며 살얼음판을 걷는 듯했다. 강국은 기꺼이 서돌궐의 '사위 나라'가 되기를 원해서 살아남았지만, 그런 것은 말도 안 된다고 여겼던 석국 국왕은 서돌궐 가한에 의해 머리가 날아갔다. 그 후 서돌궐 가한은 모든 소무구성에게 돌궐을 따르는 자는 창성할 것이고 거스르는 자는 죽을 것이라는 말을 전했다. 고통스러운 날이 드디어 시작된 것이다.

당 고종 현경顯慶 3년(658), 서돌궐이 당에게 멸망당하고, 소무구성은 당의 판도 안으로 들어왔다. 당 왕조는 사마르칸트에 강거도독부를 설치하고, 국왕 불호만拂呼縵을 도독으로 임명했다. 미국에는 남밀주南謐州를 설치하고, 하국에는 귀상주貴霜州를, 사국에는 거사주祛沙州를, 안국에는 안식주安息州를 설치했는데, 원래 그 지역의 국왕을 자사刺史로 임명했다. 이렇게 그들은 무려 반세기 동안이나 평화를 유지했다.

50여 년 후, 토번과 아랍 우마이야 왕조의 연합군이 중앙아시아로 들어오자, 소무구성은 당시 '개원성세開元盛世'를 누리고 있던 당에 구원 요청을 했다. 당 개원 3년(715), 현종은 대군을 보내 서역을 정벌했다. 토번과 아랍 연합군을 일거에 격퇴하고, 중앙아시아에서 목소리를 낼 수 있는 권리를 회복했다.

이어서 서역 왕자와 사절단이 무녀들과 함께 앞다퉈 동쪽으로 왔고, 강국의 '호선무胡旋舞'와 석국의 '호등무胡騰舞,'[21] '자지무柘枝舞' 등이 장안을 풍미했다.[22] 그것을 보고 시인 백거이白居易는 시흥이 크게 일어 〈호선녀胡旋女〉라는 시를 썼고, 그것이 지금까지도 전해지고 있다.

서역 춤추는 여인이여, 서역 춤추는 여인이여,

마음은 현악기 소리에, 손은 북소리에 맞춰 움직이네.

현악기 소리와 북소리에 맞춰 두 손 올려 옷소매 휘날리고,

휘날리는 눈발처럼 빙글빙글 돌고 다북쑥 휘날리듯 빙빙 도는구나.

왼쪽 오른쪽으로 돌아도 피곤할 줄 모르고,

천번 만번 굴러도 끝날 줄 모르네.

세상 그 무엇과도 비교할 수 없어,

달리는 수레바퀴처럼 빠르다가 차츰 불어오는 바람처럼 느리기도 하네.

(춤 다 추고 나자 천자에게 절하며 감사드리니, 천자 역시 기분 좋아 미소
짓는구나)[23]

서역 춤추는 여인, 머나먼 강거 출신,

동쪽으로 만 리 길을 괜히 왔구나.

중원에도 예전부터 서역 춤추는 자 있었으니,

춤추는 그 재능이 그대보다 나았다오.

천보 말년이 되니 세상이 어지러워져,

남녀 모두가 둥글둥글 추는 춤 배우네.

안에는 양귀비, 밖에는 안록산,

두 사람 모두 서역 춤 잘 추었다지 ……

야사의 기록에 의하면 부하라에서 태어난 소그드 사람 안록산安祿山이
당 현종 앞에서 호선무를 추었다고 한다. 배가 뚱뚱했지만 자유자재로 빙
빙 돌며 춤을 추어 양귀비의 마음을 크게 기쁘게 해주었다고 하는데, 그
춤 덕분에 양귀비와 핑크빛 스토리를 만들어냈다고도 한다.

중앙아시아에 대한 당의 쟁탈전은 계속되었다. 8세기 중엽, 새로 일어난
아바스 왕조가 중앙아시아에서 당의 권위에 도전했다. 당 현종은 대장 고

선지高仙芝에게 병사 1만을 주고 서역으로 보냈다. 즉시 승리가 이어졌고, 고선지도 안서安西절도사로 봉해졌다. 모든 것이 승리를 위해서였고 황제의 마음을 사기 위한 것이었지만, 이로 인해 고선지의 생각이 좀 비정상적인 방향으로 흘러갔다.

당 천보天寶 9년(750), 고선지가 석국을 공격했고, 석국왕은 투항하겠다고 했다. 관례대로라면 이것은 지극히 정상적인 일이었다. 투항하겠다는 자를 위무하면서 일을 끝내고 황제에게 봉직을 내려달라고 청하면 되었다. 그러나 고선지의 머리에는 오직 공을 세워 황제의 칭찬을 받아야 한다는 생각만 들어 있었다.[24] 그래서 석국 국왕의 머리를 베어 잽싸게 말에 실어 황제에게 보냈다. 그리고 석국의 보물들은 모조리 고선지의 개인 주머니로 들어갔다. 이 사건으로 인하여 서역 국가들은 모두 고선지를 꺼리게 되었으며, 당의 군대 조직도 점차 흐트러지게 되었다.[25]

요행히 탈출한 석국 왕자가 대식大食(아랍)[26]으로 가서 아랍인에게 군사를 일으켜 복수를 해달라고 했다. 대식은 노예 출신의 페르시아인 아부 무슬림에게 군대를 이끌고 서역으로 가라고 했다. 천보 10년(751), 고선지와 아부 무슬림은 탈라스에서 전투를 벌였고, 당의 군대는 참패했으며 거의 전군이 전멸당했다.

이 전쟁은 사실 그다지 유명하지는 않았지만 이 전쟁으로 인해 서방 역사에서 중대한 사건이 발생했다. 전투 중에 포로가 된 당의 병사들과 기술자들이 사마르칸트로 압송되었는데, 당 왕조 기술자들의 협조하에 아랍인들은 마지麻紙를 생산하는 종이공장을 만들었다. 중국의 제지술은 이때부터 이슬람 세계로 전해졌고, 이어서 서방으로 들어갔다.

당시의 서방은 아직 펄프를 사용해 종이를 만드는 기술을 알지 못했다. 그들이 책을 만드는 재료는 양피지 아니면 파피루스뿐이었다. 이런 재료로 만든 책은 반드시 돌돌 말아서 보존해야 했기에 읽고 찾기에 불편함이 있었다. 게다가 가격도 비쌌다. 이런 이유 때문에 사상이나 과학의 빛이 권력자와 부자, 철학자를 제외한 사람들에게까지 미치지 못했다. 이는 마치 검은색 등롱 안의 등불이 내부를 환하게 비춰주기는 하지만 등롱 바깥의 드넓은 세상은 여전히 칠흑처럼 검은 것과 마찬가지였다. 지식의 전파가 이렇게 늦을 수밖에 없었던 검은 밤 속에 소크라테스, 플라톤, 아리스토텔레스 등 선현들이 뿌린 고대 그리스 문명의 씨앗이 숨어 있었다. 중국 포로들이 제지술을 아랍인에게 알려주고 그것이 서방으로 전해지면서, 이런 씨앗이 비로소 싹트고 자라 르네상스의 화려한 꽃을 피우게 된 것이다. 서방문명사는 이제 찬란한 빛을 뿌리면서 세계 조류를 인도하기 시작했다.

아랍과의 결전에서 패배한 데다 안사의 난이 일어나면서 당은 중앙아시아에서 점차 물러나야 했다. 당 덕종 정원貞元 8년(792), 서역에 있는 당 최후의 거점인 서주西州(신장위구르자치구 투르판 고창高昌 고성 부근)가 함락되면서 중앙아시아의 대월지 소국은 아바스 왕조에 병탄되었다.

하지만 지나간 일들은 결코 연기처럼 사라지지는 않는다. 소무구성을 포함한 중앙아시아 각 민족은 여전히 당唐을 알고 있었고, 자신들을 '당종자唐宗子'라고 말했다.

영웅은 출신을 묻지 않는다

서쪽으로 이주하지 않은 소월지는 흉노 기병이 남긴 깊은 상처를 지닌 채 편벽한 남산南山으로 들어가, 이름 없이 숨어 사는 나날을 보냈다. 한 무제 원수元狩 2년(기원전 121), 곽거병이 흉노를 황중湟中에서 내쫓고 난 뒤에야 소월지 사람들은 비로소 깊은 산에서 나와 한에 귀부해 장액張掖 일대에서 한인과 섞여 살았다.[27] 그들은 당에서 '의종호義從胡(귀순했다는 뜻)'라고 불렸다가 나중에 '갈羯'로 바뀌어 불렸다.

위진남북조 시대에 평원과 도시, 문명과 부유함에 대한 무한한 갈망을 갖고 상당군上黨郡 여기저기에 흩어져 살던 갈은 흉노, 선비, 저, 강과 함께 중원으로 이주하는 물결에 휩쓸렸고, 중원 지역의 민족 구성에는 심각한 변화가 일어났다. 그때부터 '오호가 중화를 어지럽힌다五胡亂華'는 말이 나왔고, 중원 사람들이 남쪽으로 이주하는 첫 번째 풍조가 일어났다.

흉노와 선비가 무리를 지어 중원 지역으로 이동한 것과 달리, 단독으로 혹은 조금씩 중원으로 들어온 갈은 친구도 없고 땅도 없었기에 고용인이 되거나 노예 혹은 병졸이 되었다. 이어지는 이야기는 바로 그런 격랑의 시대, 전쟁의 시대에 거친 소용돌이 속에서 살아갔던 갈인羯人의 이야기다.

주인공은 석륵石勒이라는 이름의 상당上黨 갈인이다. 그는 어려서 아버지를 잃고 어머니와 서로 의지하면서 살았는데, 남의 일을 해주며 고생스럽게 생계를 이어가고 있었다. 가난과 비천함 때문에 그는 성조차 갖지 못한 채 망망한 사람의 바다 한가운데 떠 있는 거품처럼 살아갔다. 팔왕八王 중의 하나인 사마등司馬騰이 군량미를 확보하기 위해 노예를 판매하는 비겁한 수단을 사용했고, 이에 무수하게 많은 가난한 청년들이 칼과 족쇄를 차고 걸어서 2천 미터 높이의 태항산太行山(타이항산)을 넘었다. 그리고 다시 500킬로미터 밖에 있는 오늘날 산둥성의 노예시장으로 걸어가야 했다. 그곳에서 상인과 지주의 노예로 팔려갔던 것이다. 어머니 곁에 있던 석륵이 잡혀갈 때의 나이가 21세였다.

석륵은 처음에 산둥 지역 치평茌平의 지주 집 노예로 팔려갔다가 나중에 무안武安의 지주 집으로 가게 되었다. 가는 길에 사람을 팔아 먹고사는 군사들에게 잡혀 갇혀 있다가 다시 장터로 끌려갔다. 그런데 때마침 들판에 한 무리의 사슴 떼가 나타났다. 게걸스러운 강도들이 사슴 떼를 쫓는 사이, 석륵은 기회를 틈타 밧줄을 풀고 멀리 도망쳤다.

절망적인 순간마다 그는 끊임없이 하늘에 기도했다. 도교의 태상노군부터 불교의 관음보살에 이르기까지, 그는 자기가 아는 모든 신에게 기도했다. 그러나 결과는 언제나 그를 실망시켰다.

그는 모험을 해보기로 결정했다. 함께 일하던 노예들인 왕양王陽, 도표桃豹, 곽오郭敖, 호연막呼延莫, 지굴육支屈六 등을 찾아 '비천십팔기飛天十八騎'라 부르며 농기구를 날카롭게 갈아 무기를 만들어 사방으로 약탈을 하러 다니기 시작했다. 후에 그는 한 농민 폭동집단에 의탁했는데, '석륵'이라는 이름은 그 집단의 지도자인 급상汲桑이 지어주었다. 그러나 얼마 지나지 않아 그들은 진晉의 군대에게 쫓겨 흩어졌다.

그러나 쫓겨 갔던 석륵은 자신에게 속한 상당上黨 군대를 모아 북한北漢 황제인 유연劉淵에게 투항했고, 곧 보한장군輔漢將軍으로 봉해졌다. 그는 유연의 명령을 받들어 중원 일대에서 게릴라전을 시작했고, 게릴라 전법은 점차 진의 내부로 파고 들어갔다.

마침내 그의 개인적 매력이 빛을 내뿜었다. 그 빛은 곧장 진 왕조 관원의 검은 심장과 썩은 폐를 뚫고 들어갔다. 그리고 고통당하는 백성의 차가운 마음을 데워주었다. 그의 군대는 순식간에 눈덩이처럼 커졌다. 고통으로 가득했던 과거의 경험과 비바람을 불러올 듯 거센 현재의 기세가 보통 사람이었던 그의 마음을 복잡하게 만들기 시작했다. 강한 비를 몰고 오는 구름처럼 원대한 의지가 그의 가슴속에서 꿈틀거렸고, 또한 그의 가슴을 내리눌렀다. 불면의 밤이 되면 진秦 말기의 병졸이던 진승陳勝이 했던 "왕후장상에 씨가 있다더냐!"라는 유명한 말이 석륵의 귓가에 맴돌았다.

천하를 놓고 다투다

마침내 석륵에게 기회가 왔다. 북한 소무제昭武帝 유총劉聰 인가麟嘉 3년 (318), 북한 조정에 내란이 일어났고, 장안을 지키던 장군 유요劉曜가 조趙 (속칭 '전조前趙')를 세운다고 선포했다. 군대에서 세운 공이 유요에 못지 않았던 석륵도 다음 해 양襄(허베이성 싱타이)에서 조왕趙王(속칭 '후조後趙')이라 자칭했다. 후조 태화太和 3년(330), 석륵은 출병해 전조를 멸망시키고 자칭 '대선우', '대조천왕大趙天王'이라 했다. 연호는 건평建平으로 바뀌었다. 후조가 가장 강성할 때에는 북방 15개 주州를 차지했다.

석륵의 성공은 절대 완력에만 의지한 것이 아니었다. 그는 한자를 몰랐으나 열심히 공부했고, 전쟁터에서 말을 타고 치달릴 때에도 유생儒生들을 곁에 두어 자신에게 책을 읽어달라고 했다. 그는 비길 데 없이 용감무쌍한 인물이었으면서 또한 많은 지혜를 지닌 난세의 영웅이었다.

그는 인재를 구할 때엔 민족을 구별해서는 안 된다고 생각했다. 재주가 있고 진심으로 귀부한다고 하면 한인漢人도 입조시켜 관리 노릇을 할 수 있게 했다. 그의 이런 정책 덕분에 북방에서 오랜 세월 동안 은거하던 사대부들이 앞다투어 그를 찾아왔다. 한번은 큰 잔치를 베푸는 자리에서 신하들에게 이렇게 물었다.

"그대들은 내가 고대의 어느 제왕에 비길 만하다고 생각하느냐?"

곁에 있던 한 대신이 공손하게 말했다.

"폐하의 지혜로우신 이름과 공덕은 이미 한 고조高祖를 능가합니다. 폐하에 비견될 만한 다른 사람은 없습니다."

석륵은 하늘을 쳐다보고 웃으며 말했다.

"자네는 말이 지나치군. 내가 만일 한 고조를 만난다면 나는 그의 신하가 될 수 있을 뿐이야. 나와 재주가 비슷한 한신이나 팽월彭越과 함께 한 고조를 보좌하겠지. 만일 후한 광무제 시대에 태어났다면 나는 아마 그와 더불어 중원을 두고 다투었을 것일세. 물론 사슴이 누구 손에서 죽게 될지 그건 장담할 수 없지만 말일세."

거칠어 보였던 한 사나이가 말을 마치는 순간, 문채文彩가 빛나는 두 개의 고사성어가 탄생했다.[28] 더욱 뜻깊은 것은 그가 소수민족이 늘 품던, 한인을 원수로 바라보던 시각을 버렸다는 점이다. 전쟁 중에도 그는 한인과의 관계를 아주 조심스럽게 처리했으며, 한인 선비들로 구성된 '군자영君子營'을 만들어 "한인과 비非한인이 나눠 다스리고, 한인과 비한인이 서로 존중한다"는 자세를 유지하게 했다.

글을 배운 사람은 아니었지만 그는 지혜로운 자와 능력 있는 자들을 질투하지 않았고, 이민족이면서도 한인을 배척하지 않았다. 이것이 바로 낫 놓고 기역 자도 몰랐던 작은 나라의 왕이, 신기하게도 한 지역의 패주가 되어 수많은 별들이 반짝이는 역사의 하늘에 자신의 별 하나를 빛나게 만들 수 있었던 이유다. 현재 산시山西 지역의 연극인 진희晉戱에 〈패왕의 채찍覇王鞭〉이라는 작품이 있는데, 16,00년 전에 소수민족 출신의 이 호걸이 지휘하던 말채찍에서 기원한 이야기를 소재로 삼은 것이다.

질그릇 가마가 천둥소리를 내며 울리다

석륵이 죽고 태자인 석홍石弘이 자리를 이어받았다. 그러나 "황종훼기黃鐘毁棄, 와부뇌명瓦釜雷鳴"[29]의 시대에 온화하고 문인 기질이 있는 군자는 발을 붙이기 어려웠다. 당시 군대를 이끌던 석륵의 조카 석호石虎는 매우 포악했고 또한 전쟁을 잘하기로 이름났다. 석륵이 죽은 다음 해, 병권을 장악하고 있던 석호는 온화하고 너그러운 성품의 석홍을 폐위시켜버리고 스스로 왕이 되었다. 이어서 석호는 석륵의 자식들을 모조리 다 죽여버렸다.

이런 상황에 대해 이미 죽은 석륵은 아무런 할 말이 없었을 것이다. 모든 것은 석륵이 자초한 일이었기 때문이다. 벼가 잘 자라게 하려면 주변의 잡초를 모조리 뽑아버려야 한다는 것은 농부도 알고 있는 사실이다. 석륵 주변의 사람들은 모두들 석호가 최고의 '잡초'라는 것을 잘 알고 있었다. 석륵이 제대로 통치를 하기 위해서는 '잡초' 같은 석호를 제거해야 했다. 석호는 평상시에도 도리 같은 것을 따지지 않고 제멋대로였다. 그는 바람이 없어도 집채만큼 큰 파도를 일으키고, 나무를 보면 세 번을 걷어차야 성에 차는 못된 인물이었다. 그러나 석륵은 언제나 이 조카를 총애하고 아꼈다. 그뿐인가, 석륵은 조카인 석호에게 군대를 이끌 수 있는 대권을 주었다. 언젠가 태자 석홍의 외삼촌인 정하程遐가 석호를 경성京城에서 내보낼 것을 건의했다. 그 소식을 들은 석호는 어느 날 밤, 표범처럼 날랜 자객 수십 명을 보내 지붕을 타고 벽을 넘어 정하의 집으로 들여보내 정하를 거의 죽을 정도로 때렸다. 그뿐만 아니라 정하의 눈앞에서 그의 아내와 딸들을 윤간하게 했다. 그 소식이 석륵에게 전해졌지만, 뜻밖에도 석륵은 아무런 움직임도 보이지 않았다.

그런 석호의 머릿속에는 두 가지 생각만 있었다. 하나는 살육, 다른 하나는 성욕이었다. 그는 도성을 양국襄國에서 업성鄴城(허베이성 린장현)으로 옮긴 후 업성 남쪽에 세계에서 가장 큰 사냥터를 만들었다. 그리고 그 사냥터에 있는 동물에게 돌멩이 하나도 던지지 못하게 했다. 그것을 어기면 '동물을 범한' 자로 여겨 사형을 처했다. 이에 관원들은 마음에 들지 않는 자들에게 '동물을 범했다'는 죄를 덮어씌우곤 했다. '동물을 범한 죄'를 협박의 도구로 삼은 것이다. 누구라도 '동물을 범한 자'로 지목되면 죽어야만 했다.

석호는 업성과 장안, 낙양에 백성 40만 명을 동원해 궁전을 짓고, 13세

이상 20세 이하의 여자 3만 명을 징발해 그 궁전에 채워 넣었다. 그리고 언제든지 자신을 기쁘게 하는 향락의 도구로 삼았다. 사람들은 어쩔 수 없이 자녀를 팔아 석호의 낭비벽을 만족시켜야 했다. 자녀들을 다 팔아버려도 더 바칠 것이 없어질 때, 착한 농민들은 온 가족과 함께 자살을 시도했다. 그래서 길 양쪽에 서 있는 나무들에는 언제나 시신이 줄지어 매달려 있었다. 그야말로 '관에서 핍박하면 민중이 일어난다(官逼民反)'의 전형적인 예를 보여주는 사건이 일어났으니, 양독梁犢이 이끄는 수졸戍卒 기의군은 한 차례 장안을 함락시키기도 했다.

후조 석호 건무建武 3년(337), 그는 아들 석수石邃(?~337)를 황태자로 세웠다. 석수는 소년 시절에 아버지를 따라 종군했고, 그의 핏속에는 아버지의 잔혹함과 야성이 흐르고 있었다. 그는 궁녀와 나체로 성교한 후에 그 궁녀를 산 채로 참수했고, 시신의 목과 얼굴의 피를 닦은 후 그 머리를 얼려서 아름다운 쟁반에 놓아 대신들에게 감상하게 했다. 그는 기병을 이끌고 자신의 의붓동생인 하간공河間公 석선石宣(?~348)을 죽인 후 반란을 일으키려 했다. 그러나 일이 탄로 났다.

석호는 석수를 채찍으로 때린 후 그를 평민으로 폐한다고 선포했다. 하지만 그날 밤, 석수를 포함해 석수의 아내와 자식 등 26명을 모조리 죽여버렸다. 이어서 태자가 된 석선石宣은 동생 석도石韜가 자기와 왕위를 다투게 될까봐 걱정이 되어 먼저 사람을 보내 동생인 석도를 죽였다. 그리고 아버지가 왕위를 물려줄 때까지 기다릴 것이 아니라 미리 아버지를 죽인 다음 왕위를 잇기로 계획을 세웠다. 그러나 그 계획은 실패로 돌아갔다.

얼마 전 대신들에게 "나는 정말이지 진晉 왕조에서 사마씨들이 서로 죽고 죽이는 이유를 모르겠다. 우리 석씨 집안은 이렇게도 화목하거늘"이라고 말했던 석호는 즉시 장소를 정해 아들인 석선을 공개 심판하기로 했다. 심판이 열리는 장소는 업성 동작대銅雀臺 부근의 넓은 땅이었다. 그곳에

절반의 중국사

장작을 높이 쌓아놓았다. 장작 위에는 범인을 처결하는 데 사용할 나무 기둥을 세워놓았고, 나무 기둥에서 뻗어 나온 횡목에는 회전 바퀴를 매달아놓아 범인을 죽이는 데 도움이 되게 했다. 형벌을 행할 백정은 석선에게 피살된 석도가 평소에 가장 아끼던 태감인 혁치赫稚와 유패劉霸였다.

혁치는 먼저 날카로운 칼로 석선의 뺨에 구멍을 뚫었고 끈을 집어넣은 후 회전바퀴를 사용하여 석선을 장작 위에 매달았다. 유패는 석선의 두 눈을 파내었다. 혁치는 두 손으로 석선의 머리를 벗겼으며, 석선의 혀를 쇠갈고리로 뿌리째 잘라냈다. 유패는 칼을 사용하여 석선의 사지를 잘랐고, 석선의 배를 갈랐다. 자신의 주인 석도가 죽은 것과 똑같은 방식으로 석선을 난도질한 두 명의 태감은 만족해하며 장작더미에서 내려왔다.

불이 무서운 기세로 타올랐지만 석선은 여전히 고통에 몸부림치고 있었다. 한 시각 후 과거의 태자는 잿더미로 변했다. 석호는 사람을 시켜 석선의 시신이 탄 재를 사거리에 버린 후 사람들에게 밟고 다니게 했다.

비극은 아직 끝나지 않았다. 석선이 비참하게 불태워지는 장면을 바라보고 있던 석선의 아내와 자식들 역시 모두 죽었다. 그들의 머리를 잘라 여전히 불타고 있는 장작더미 속으로 던져 넣었던 것이다. 석선에게는 겨우 다섯 살 된 막내아들이 있었는데, 할아버지 석호의 옷소매를 붙잡고 놓지 않았다. 옷이 당겨서 찢어질 정도였으나 석호는 눈 하나 깜짝하지 않았다. 어린 손자 역시 불타는 장작더미 속으로 던져졌다.

태자궁의 태감과 관리 350명도 거열당했고 찢어진 시체들은 모두 장수漳水에 던져져 물고기 밥이 되었다. 석선과 석도의 생모 두씨杜氏도 폐서인되었다. 동궁東宮의 위사衛士 10만 명도 양주涼州로 보내져 '노동 개조'를 당해야 했다.

이런 기록을 읽다 보면 "인간이 다른 동물과 다른 점은 자연적 존재일 뿐 아니라 도덕성을 가진 존재이기 때문이다"라는 결론을 이끌어낸 중국 고대 철학자들이 어떤 생각을 할지 정말 궁금하다.

민족 대학살

석호는 생전에 나이 겨우 열 살 된 석세石世를 후계자로 지목했다. 그러나
석호가 죽은 후 석세는 겨우 33일 동안만 황제 노릇을 하고 석준石遵에게
살해되었다.

석준은 황제가 된 후 양독의 기의를 진압해 명성이 높아진 석호의 양손
養孫, 즉 한족 염민冄閔(혹은 석민石閔, ?~352)과 한족 권신인 이농李農을 어
떻게 죽일 것인가에 대해 논의하기 위한 회의를 열었다. 석감石鑒은 그 회
의의 내용을 당사자인 염민과 이농에게 보고했고, 재위 183일째 되던 날
에 석준은 마침내 피살되었다.

밀고자 석감은 염민과 이농의 추대로 황제에 올랐다. 그러나 며칠 지나
지 않아 석감은 몰래 사람을 보내 염민과 이농을 죽이려 했다. 그러나 그
계획은 염민과 이농에게 발견되었고, 결국 석감도 그들에 의해 유폐되었
다. 백성의 여론을 살피기 위해 염민은 수도 업성에 방을 내붙였다.

"오늘부터 나와 마음이 같은 자는 성내에 머물고, 다른 자는 마음대로
떠나거라."

이 방이 붙자 사방 100리 안의 한족은 무리를 지어 업성으로 들어왔고,
업성을 줄곧 고향으로 여겼던 호갈胡羯은 수레를 몰고 말을 몰아 도망쳤
다. 수많은 사람들이 도성으로 밀려드는 한편 또 다른 수많은 사람들이 목
숨을 걸고 성 밖으로 나갔다. 참으로 혼란스러우면서도 장관을 이루는 이
러한 장면은 100년에 한 번 나타날까 말까 한 것이었다.

이 상황으로 보건대 호갈은 염민에게 더 이상은 믿음을 갖고 있지 않았

던 것이 분명하다. 이에 염민은 그 유명한 '살호령殺胡令'(350)을 내린다.

"한인이 호인의 목 하나를 봉양문鳳陽門으로 갖고 오면, 문관은 3등급을 올려주고 무관은 모두 동문東門에 배拜한다."

위진 시대 한인의 핏속에는 복수를 하고자 하는 웅대한 마음이 들어 있었다. 웅크리고 참으면서 비겁하게 피하는 것은 아직 한인의 전통이 아니었다. 한인은 일단 몸을 뒤집을 수 있는 기회를 잡으면 엄청난 분노를 표출했다. '주체 민족'이었던 그들이 '노예 민족'에게 당했던 참을 수 없는 굴욕을 순식간에 분출해버린 것이다. 한인이 폭발시킨 그 파괴적 힘은 상상을 초월했다. 그들은 그동안 석호에게 당했던 원한을 갈인 전체에게 퍼부었다. 이민족을 보면 추격했고, 잡으면 죽였다. 하루에 수만 개의 사람 머리가 업성 봉양문 광장에 쌓였다.

찢어진 옷을 입은 사람이 지나가면 주인의 말을 잘 듣는 개는 주인의 뜻과 상관없이 짖게 마련이다. 당시 사방에 웅거하던 제후들도 염민의 뜻에 따라 갈인을 살해했고, 코가 높고 누런 수염을 가진 갈인과 조금이라도 비슷하면 한인이라 할지라도 살해되었다. 수도인 업성과 그 주변에서 갈인 황친과 평민을 포함한 20만 명이 피살되었다.

오래된 문명을 지녔다는 나라의 경계 안에서, 16국 시대를 통틀어 가장 잔혹한 민족 대학살이 벌어졌다. 갈인 통치자 석호의 30년에 걸친 포악함과 잔인함은 얼마 지나지 않아 이렇게 일순간에 보복을 당했다. 망망한 역사의 푸른 바다 속으로 하나의 민족이 마침내 완전히 사라져버린 것이다.

그러나 후조後趙는 잔여 세력을 규합해 보복을 하러 왔다. 염민은 그들과 성 밖에서 격전을 벌이고 있었다. 당시 석감은 유폐되어 이미 독 안에 든 쥐가 되어 있었지만 염민을 없애려는 마음을 여전히 접지 않고 있었다. 그래서 석감은 태감을 성 밖의 자기 사람에게 보내 염민이 업성을 비운 틈을 타서 그들에게 진공을 개시하라고 요구했다. 그러나 이 상황에서 누구도 짐작하지 못한 일이 일어났다. 태감이 편지를 후조 진영에 전달한 것이 아니라 염민에게 갖다 바쳤던 것이다.

염민은 즉시 업성으로 돌아와 직접 석감이 유폐된 황궁으로 찾아가 재위 103일 된 석감을 난도질했고, 석호의 손자 스물여덟 명 역시 모조리 죽여 없앴다. 그리고 그 피의 바다에서 한인인 염민이 자립하여 대위大魏 황제가 되었다.

그러나 겨우 2년이 지난 후, 호갈을 마구 살해했던 염민도 전연前燕 대장 모용각慕容恪의 '연환마連環馬'에 당해 생포되었고, 용성龍城으로 압송되었다. 염민은 피살된 모든 이민족의 이름으로 300대의 채찍을 맞은 후 참수되어 사람들 앞에 내걸렸다. 곧 전연 군대는 염위의 수도 업성을 겹겹으로 포위했다. 마침내 업성에는 먹을 것도 떨어지고 구원병도 끊겨, 굶주려 죽은 자가 도성을 뒤덮고 슬픈 기러기 울음소리가 해를 덮었다. 석호가 온갖 방법을 동원해 모아들인 수만 명의 미녀들도 굶어죽었다. 또한 굶주린 군인들은 그녀들을 삶아먹기까지 했다. 업성은 얼마 지나지 않아 바로 몰락했고, 호갈의 시신 위에 세워졌던 염위제국은 겨우 3년을 유지했다.

전쟁과 기아, 무수한 살육을 거쳐 겨우 살아남은 한족 20만 명은 이제 이민족에 대한 공포심이 이미 극에 달했다. 염위가 멸망한 후 그들은 함께 모여 황하를 건너 동진에 투항하려고 했다. 그러나 동진의 정북征北대도독이 원래 계획보다 먼저 군대를 돌려 가버리는 바람에, 20만 명의 한인은 말을 타고 쫓아오는 이민족에게 몰살당했다. 물론 그것은 염민의 대학살극에 대한 보복이었다. 그들의 죽음은 염위의 멸망에 종지부를 찍었다.

대위大魏는 새가 하늘을 가르고 날아간 뒤에 아무런 흔적이 남지 않듯 역사에 아무런 자취도 남기지 못했고, 이후 중국 역사학자들 중 그것을 '국가'로 여기는 사람은 매우 적었다.

절반의 중국사

후경의 난

이것은 전쟁으로 미친 사람들의 이야기다. 두 손에 온통 피를 묻힌 주인공이라고 하면 우리는 근대 시기의 히틀러나 도조 히데키, 무솔리니를 떠올리게 마련이다. 그래서 이 이야기를 책 속에 넣을지 많이 망설였다. 갈의 마무리 부분을 언급하지 않을 생각이었다면 아마 넣지 않았을 것이다.

주인공 후경侯景은 갈에 속했다. 북방 변방 삭회진懷朔鎭에 태어났는데, 다리 하나가 좀 짧았지만 생김새는 평범했다. 그는 최하위직 병졸에서 한 걸음씩 위로 올라간 난세의 호걸이다.

후경은 무공이 높지는 않았지만 지략이 뛰어났다. 성품은 잔인했으나 부하를 아낄 줄 알았다. 돈과 재물은 똥과 같은 것이라, 쌓이면 악취가 나고 퍼뜨리면 옥토로 변한다는 것을 그는 잘 알고 있었다. 그래서 노략질해 얻은 모든 것을 장군과 병졸들에게 나눠주었고, 부하들은 모두 그를 위해 목숨을 바칠 각오가 되어 있었다. 그는 처음에 고환高歡과 함께 북위北魏 이주영爾朱榮에게 의탁해 그 관직이 정주자사定州刺史에 이르렀다. 고환이 이주영을 멸하고 동위東魏를 세우자 그는 다시 고환을 따랐고, 10만 대군을 이끌고 영천潁川(허난성 장거長葛)을 지키며 동위 국토의 절반을 지켰다.

양 무제武帝 소연蕭衍 태청太清 원년(547), 고환이 병들어 죽고 그의 장자 고징高澄이 재상의 직위를 계승했다. 고환이 젊은 시절 가난할 때 함께했던 후경은 고환의 재주 없는 아들을 미워했다. 그 아들들 역시 아버지 수하에 있던 이 부장을 얕잡아 봤다. 고징은 자리에 올라간 후 바로 장례를 치르지 않고, 고환의 이름으로 후경을 수도로 불러들였다. 음모의 그물이 서서히 펼쳐지고 있었던 것이다.

그러나 후경은 위험을 감지하고 있었다. 그래서 하남 13주 11만 제곱킬로미터의 영지를 예물로 삼아 서위西魏 우문태宇文泰에게 투항했다. 여우

뱃속에 들어 있는 이야기가 아무리 많다고 해도 결국 알고 보면 모두가 다 어떻게 닭을 훔칠까 하는 것에 관한 이야기들이다. 후경의 뱃속이 바로 그러했다. 서위는 후경의 사람됨이 교활하고 사기성이 농후하다는 것을 알고 있었기에, 그에게 토지와 군사를 움직일 수 있는 권한을 모두 내놓으라고 했다. 동위와 서위의 협공하에 어쩔 수 없었던 후경은 방향을 틀어 남쪽의 양梁에 도움을 청했다.

늙고 혼미했던 양 무제 소연은 이것이 중원을 회복할 수 있는 절호의 기회라고 여겨, 깊이 생각하지 않고 바로 후경을 받아들였다. 그런 후 그를 '하남왕河南王'으로 봉하고, 그의 군사적 권한을 그대로 유지하게 했다. 그 결과는 어떠했을까. 도둑에게 대문을 열어준 격이요, 늑대를 집 안으로 불러들인 꼴이었다. 이후 4년에 걸쳐 '후경의 난'이 일어났으니 말이다.

원래 후경은 난 같은 것을 일으킬 생각이 없었다. 그러나 사건이 하나 발생했다. 소연의 조카이자 양의 장군이었던 소연명蕭淵明이 양과 위의 전쟁에서 동위에 잡혀 포로가 된 것이다. 동위는 양에 투항한 후경을 포로가 된 소연명과 바꾸자고 제안했다. 소문에 의하면, 양 무제는 정말로 전쟁 포로를 교환할 생각이 있었다. 그것이 사실인지 알아보기 위해 후경은 동위 고징을 사칭해 슬그머니 소연에게 편지를 보냈다. 소연은 과연 "당신이 아침에 소연명을 돌려준다면 나는 저녁에 후경을 보낼 것이오"라는 답장을 보냈다.

뜨거워진 모래자갈 위를 걷게 되면 사람의 발걸음은 빨라지게 마련이라, 그다지 깊은 생각을 할 필요도 없이 후경은 태청 2년(548)에 수춘壽春에서 군대를 일으켜 양을 정벌했다. 후경이 반란을 일으켰다는 소식을 듣고, 소연은 크게 웃으며 "내가 나뭇가지를 꺾어 그를 때려 죽이리라"라고 했다. 그러나 후경의 가슴속에는 큰 야망이 있었다. 그는 승부에 영향을 줄 수 있는 내부의 사람을 이미 선택해두었던 것이다.

그의 이름은 소정덕蕭正德, 소연의 여섯째 동생 소굉蕭宏의 아들이었다. 소연에게 아들이 없을 때, 소연은 일찌감치 그를 아들로 삼았다. 그러나 소연이 아들 소통蕭統을 낳아 저군儲君으로 삼은 후, 태자가 되고자 했던 소정덕의 꿈은 깨져버렸다. 이에 화가 난 소정덕은 동위로 도망쳤다. 그러나 동위가 그에게 눈길을 주지 않자 다시 양으로 돌아왔다. 소정덕은 이렇게 나라를 팔아먹는 소인배였지만 소연은 그를 가볍게 용서했고, 오히려 그를 임하왕臨賀王으로 봉했다. 그런 소정덕에게 후경이 그를 황제로 삼겠다는 편지를 보낸 것이고, 황제가 되고자 하는 야심을 아직 버리지 않고 있던 소정덕이 단숨에 호응한 것이다.

후경이 이미 장강을 건넜다는 소식을 듣고, 태자 소강蕭綱은 갑옷을 입고 군사를 지휘하는 책임을 맡았다. 그의 가장 큰 실책은 '내부의 간첩'인 소정덕에게 성문 중의 하나를 지키게 한 것이었다. 후경의 대군이 다가오는 것을 보면서, 소정덕은 선양문宣陽門을 열고 장후교張侯橋에서 후경을 맞이했다. 그리고 둘은 힘을 합해 건강建康 외성外城을 공략했다. 자만했던 소연은 결국 건강의 한가운데 대성臺城에 갇혀버렸다.

강을 건너올 때 후경에게는 겨우 8천 명뿐이었다. 그래서 건강으로 들어온 후 노예 출신의 후경이 한 가지 공지를 했다. 양 왕조의 노예들 중 귀부하는 자는 모두 면천해 양민으로 만들어주겠다는 것이었다. 그는 노예 하나를 의동삼사儀同三司로 봉해 금포錦袍를 입힌 후 내성內城을 향해 그런 말을 외치게 했다. 비단 옷을 입은 노예는 일종의 '모델'이었으나, 그 힘은 대단했다. 수천 명의 노예들이 대성에서 도망쳐 후경에게로 왔고, 그의 대오는 순식간에 10만 명으로 늘어났다.

시간이 지날수록 점점 불어나는 후경의 공성부대를 보면서 성을 지키던 장군 양간羊侃은 성 안의 모든 힘을 모아 죽을 각오로 저항했다. 아쉽게도 기둥처럼 든든하게 중심에 서 있던 이 인물이 전쟁 중 갑자기 병들어 죽었다. 남양南梁 각 길에 배치된 근위부대는 담이 쥐새끼처럼 작은 친왕이 이끌고 있었는데, 그는 성 밖에서 매일 미녀들과 술이나 마시며 노닥거리고 있었다. 소연은 조서를 연에 묶어 성 밖의 근위부대에게 날려 보내, 성을 둘러싼 후경 부대의 포위를 풀도록 명령을 내렸다. 그러나 그 어떤 부대도 정면으로 적과 맞서 싸우려 하지 않았다. 대성이 포위된 지 130여 일, 86세 고령의 소연은 결국 굶어 죽었고, 대성은 미친 듯한 기세로 쳐들어오는 후경 군대에 의해 함락되었다.

약속대로라면 후경은 소정덕을 황제로 옹립해야 했다. 그러나 얼마 지나지 않아 양 무제의 태자 소강이 간문제簡文帝가 되었고, 그는 이미 이용 가치가 없어진 소정덕을 목 졸라 죽였다. 후경은 자신을 '상국相國', '우주대장군宇宙大將軍', '도독육합제군사都督六合諸軍事'라고 명명하고 아주 잘난 체하며 황제에게 그것을 허락해달라고 했다. 황제는 놀라 탄식하며 "내가 '하늘의 아들'이거늘, 장군이 거기에다가 '우주'라는 호칭을 더한단 말이오?"라고 말했다. 그 소식이 후경의 귀에 들어갔다. 그는 황제가 자신의 분수를 모른다고 크게 욕하며 즉시 예장왕豫章王 소동蕭棟을 황제 자리에 올려놓고 소강을 흙주머니로 눌러 죽였다.

양 간문제 소강 대보大寶 2년(551), 후경은 아예 자신이 한제漢帝가 되었고 소씨 집안 자손들을 모조리 죽였다.

이후로도 후경이 약속을 어기는 일은 계속되었다. 건강에 들어오기 전에 후경은 왕王, 사謝 두 사족에게 구혼을 했지만 거절당했다. 건강을 함락시킨 후, 복수의 화신이 되어 나타난 후경은 구혼을 거절당한 원한을 가슴에 품고 한 맺힌 귀신처럼 피의 보복을 시작했다. 그는 먼저 나이 겨우 열네 살인 소강의 딸 율양溧陽공주를 아내로 삼고, 사족의 아내와 딸을 빼앗아다가 관병에게 노리개로 주었다. 또한 성 안의 거주민, 특히 사족을 모조리 학살해 100만 명의 인구를 가진 도시에 겨우 1만 명만이 남았을 뿐이었다. 번성했던 왕씨와 사씨 가족은 이때부터 '오의항烏衣巷'에 지는 노을이 비껴들게 되었다.[30] 상인이 구름처럼 모여들어 세상에 이름을 떨쳤던 부유한 도시 양주는 "천 리에 사람 사는 연기를 볼 수 없고 인적이 끊긴"[31] 도시가 되어버렸고, 동진 조정을 따라 남하했던 강남 사족들도 모조리 도륙당해 남약북강南弱北强의 구도가 형성되기 시작했다.

인간성 말살의 논리가 일단 작동하면, 그것은 집어던진 돌처럼 결국에는 자기 머리 위로 떨어지기 마련이다. 강남 민중들이 차라리 목을 내밀지언정 후경에게 귀부하기를 원치 않는 지경에 이르렀을 때, 사람을 아무렇게나 마구 죽였던 후경은 순식간에 자신이 파놓은 진흙 구덩이로 빠져들기 시작했다.

양 원제元帝 소역蕭繹 승성承聖 원년(552), 양의 장수 진패선陳覇先, 왕승변王僧辯이 건강을 공격했다. 이에 후경은 빠른 배를 타고 동쪽으로 가 바다로 나가려 했다. 후경의 수많은 장군들은 앞다투어 투항했고, 두 명의 어린 아들은 도망치는 데 방해가 된다고 하여 물속에 내던졌으며, 후경의 애첩의 오빠인 양곤羊鵾만이 곁에서 따랐다. 오늘날 산둥성 태안泰安 사람인 양곤은 후경이 방심하는 틈을 타 날카로운 긴 창으로 후경의 등을 찔렀다. 지혜롭고 용기 있게 대성을 지키다가 죽은 양간의 아들 양곤은 양씨 집안의 명예를 지켰다. 양곤은 이로 인해 명위장군明威將軍, 청주자사青州刺史, 창국현공昌國縣公에 봉해졌다.

후경의 시신은 세 토막이 났다. 왕승변은 후경의 머리를 소역蕭繹이 있는 강릉江陵으로 보내 그것이 진짜 후경인지 점검하게 했고, 두 손은 양과 우호관계이던 북제北齊로 보냈으며, 몸뚱이는 건강建康으로 운송되었다.

후경의 시신은 건강의 큰길에 내던져졌다. 사족과 백성이 앞다퉈 그의 살을 베어 먹고 뼈를 씹어 먹었으며, 그의 아내였던 율양공주조차 친히 그의 살을 먹었다고 한다. 그 원한이 이런 지경에 이르렀으니, 정말 모골이 송

연해질 지경이다. 그러나 얼마 지나지 않아 양의 군대는 후경의 죄악을 청산했다. 율양공주는 어쨌든 후경의 아내였고 그의 아이까지 하나 낳았다. 결국 율양공주 역시 시장에 잡혀가 끓는 기름 속에 던져졌다.

후경이 죽은 후, 갈인은 이리저리 흩어져버렸다. 석호와 후경이 일으킨 아름답지 못한 명성을 보유하게 된 갈인은 이때부터 '민족 융합'이라는 도도한 흐름 속에서 사라져버렸다. 그들이 이룬 명성이란 대체 무엇인가. 남들이 고생하면서 이루어놓은 성과를 훼멸했다는 악명 이외에는 아무것도 없다. 남은 것은 오직 탄식의 소리뿐이다.

절반의 중국사

제13장

몽골

蒙古

전설

몽골인의 조상은 실위室韋이다.[1] '실위'를 한어로 번역하면 '삼림'이라는 뜻이다. 그들은 에르구네강(아르군강) 유역의 숲속에서 발원한, 상당히 오랜 역사를 지닌 어렵 민족이다. 삼림과 큰 강이 이 민족의 유년을 함께했다. 7세기 무렵, 실위[2]의 한 분파인 몽올실위蒙兀室韋가 테무친의 시조 부르테치노(몽골 전설 속의 '푸른 늑대')의 인도하에 에르구네강을 떠나 서쪽으로 갔다.[3] 이들은 오늘날의 몽골 오논강, 케룰렌강, 톨라강의 근원지인 부르칸 칼둔(헨티산맥)으로 가서 유목을 했다.

고요한 삼림에서 드넓은 초원으로 나온 몽올실위는 전쟁의 소용돌이에 휘말렸다. 이들은 초원제국의 호령을 받아들이는 수밖에 없었다. 튀르크, 위구르, 키르기스, 카타이에 예속되어 '몽골'[4]이라는 이름을 얻었다.

몽골부는 10세기로 들어서면서 키야트, 자다란, 타이치우트 등 빼어난 씨족을 배출했다. 또한 그 옆에는 여러 부락이 들어섰다. 오늘날 내몽골자치구 훌룬부이르맹呼倫貝爾勒 남부에서 내몽골자치구의 실린골맹錫林郭勒 북부에 이르는 지역에 거주하던 타타르부, 훌룬호수 동남쪽의 부이르

내몽골자치구 스웨이室韋 마을은 에르구네강을 경계로 러시아와 접하고 있다.

호수에서 할하강 일대에 걸쳐 거주하던 옹기라트, 만리장성에 가까운 옹구트, 셀렝게강 하류에서 바이칼호 남쪽에 걸쳐 살던 메르키트, 예니세이강 하류의 오이라트, 항가이산과 헨티산 사이의 케레이트, 서쪽으로 알타이산에 가까운 곳에 살던 나이만부가 바로 그들이다.

한 세기가 지난 후, 요의 압박을 더는 감내할 수 없었던 각 부는 타타르를 우두머리로 하는 '반요反遼 연맹'을 맺어 옛날의 주인과 대치하기로 했다. 그리하여 타타르(별칭 '달단韃靼')는 순식간에 초원의 각 부를 하나로 묶어주는 호칭이 되었다.

12세기에 이르자 초원의 타타르 연맹은 와해되었다. 이때 몽골부가 테

---

* 튀르크어로 '하늘', 몽골어로는 '영원한 불'이라는 뜻이다. 그러나 '몽골'이라는 단어의 의미에 대해서는 여전히 논의가 분분하다. 리둥방(黎東方)의 《세설원조(細說元朝)》에서는 '영원한 강'이라 하고, 펑다런(彭大任)의 《흑달사략(黑韃事略)》에서는 '은(銀)'이라고 하며, 《브리태니커 대사전》에서는 '용사'라고 해석한다.

무친의 증조부인 카불의 지도 아래 갑자기 두각을 나타냈고, '칸Khan'이라는 호칭을 사용하면서 모든 몽골인을 자신의 휘하에 통일했다. 몽골의 자립은 금 왕조에 큰 골칫덩어리였기에, 금 왕조는 '이이제이以夷制夷' 책략을 사용해 타타르부와 몽골부가 장기간에 걸쳐 전쟁을 하게 만들었다.

평화는 이미 머나먼 과거가 되었다. 목숨을 걸고 전쟁을 하든가 멸망하든가, 둘 중 하나를 선택해야 했다. 승리의 빛이 환하게 보이는 것은 아니었으나 그들은 전쟁을 선택했다. 카불칸이 죽은 후 동생 암바가이칸이 뒤를 이었지만, 그는 불행히도 타타르인에게 체포되어 금金에 바쳐졌다. 금은 나무노새에 그를 못 박아 서서히 고통스럽게 죽였다.

그 후 카불칸의 셋째 아들 쿠툴라칸이 암바가이의 복수를 하기 위해 타타르를 향해 거센 공격을 퍼부었지만, 그는 싸우기만 하면 졌고, 결국은 전쟁터에서 죽었다. 몽골의 각 부에서는 진정한 영웅이 나타나주기를 모두 함께 갈망하고 있었다.

1162년 가을, 검은 옥처럼 맑은 몽골 초원이 누렇게 변하기 시작했고, 눈물 꽃처럼 반짝이는 오논강이 조용히 흘러가고 있었다. 하얀 연꽃처럼 아름다운 천막집에서 커다란 울음소리 속에 한 사내아이가 태어났다. 그 기쁜 소식을 듣고 아이의 아버지, 몽골 보르지긴부 키야트 씨족의 지도자 예수게이는 급히 천막으로 돌아왔다.

"아이에게 테무친(강인하다는 뜻)이라는 이름을 지어주자!"

아이의 아버지 예수게이는 막 전쟁터에서 테무친 우게라는 타타르부의 우두머리를 잡은 터였다.[5]

중화인민공화국을 세운 마오쩌둥이 '일대영웅一代天驕'이라고 높여 부르고, 《워싱턴포스트》에서 새 밀레니엄의 첫 번째 '풍운 인물'로 꼽은 몽골인 하나가 마침내 우리를 향해 걸어 나온 것이다.

영웅의 탄생

전설에 의하면 테무친은 태어날 때 손에 쇠처럼 단단한 핏덩어리를 쥐고 있었다고 한다. 물론 이것은 후대인에 의해 신화화된 이야기일 것이다. 위인이 탄생할 때 천둥 번개가 우르릉거렸다거나, 긴 무지개가 하늘을 가로질렀다거나, 온 집안에 붉은 빛이 가득하거나 혹은 행성이 떨어졌다는 등의 이야기가 나오는 것과 비슷하다.

아홉 살 되던 해, 테무친은 아버지 예수게이를 따라 어머니가 속한 옹기라트부에 아내를 맞으러 갔다. 그곳에서 예수게이는 혼자 부락으로 돌아오게 되었다. 돌아오는 길에 예수게이는 타타르인들이 밥을 하고 있는 곳에 이르렀는데, 테무친 우게의 아들 자린부카는 갑자기 나타난 이 손님이 예전에 자기 아버지를 포로로 잡아갔던 바로 그 몽골 지도자라는 것을 알아봤다. 그래서 자린부카는 그의 음식에 몰래 독약을 탔다. 집에 돌아온 지 얼마 지나지 않아 예수게이는 온몸에 독이 퍼져 죽고 말았다. 이렇게 하여 아버지를 잃은 고통이 테무친에게 닥쳐왔다. 그것은 그가 인생에서 만난 첫 번째 타격이었다.

아버지가 죽자 친척과 지지자들은 모두 떠나고, 어머니 후엘룬 (1142~1221)만이 그들 형제 넷을 데리고 오논강 상류에서 스스로 살 길을 찾아 나섰다. 물고기를 잡고 풀뿌리를 캐어 생명을 유지해야 하는 어려운 상황이었다. 그동안 그는 '세상에 돈과 권력이 있으면 사람들이 다가오고, 그것이 없으면 떠나버린다는 사실'을 체득했다.

어른이 되어가면서 그의 인생에는 몇 가지 우여곡절들이 있었다. 그는 별명이 '초원의 미인'일 정도로 아름다운 부르테를 아내로 맞이했다. 그러나 얼마 지나지 않아 전쟁터에서 의외의 좌절을 겪었다. 병사와 장군이 다치고 죽은 것은 그렇다 치더라도, 아내가 메리키트인의 포로가 되어버린 것이다. 테무친의 아버지가 메르키트 지도자 칠레두의 신부 후엘룬을 빼앗아 간 적이 있는데, 그에 복수하기 위함이었다. 메르키트인은 부르테를 잡아다가 칠레두의 어리석고 비겁하며 못생긴 동생 칠게르에게 주었다. 이때부터 '아내를 빼앗긴 한'은 시시각각으로 테무친의 피 흐르는 심장을 찢어놓았다.

하지만 피와 불의 세례 속에서 점차 성숙해진 테무친은 성공의 길을 향해 나아가기 시작했다. 자신의 지반과 연맹을 갖췄으며, 생사를 함께하는 강인한 동료가 생겼다. 그러나 인생은 그를 계속 시험에 빠뜨렸다. 그가 가장 신임하던 안다(결의형제)인 자무카가 그를 배신하고 등 뒤에서 치명적인 일격을 가한 것이다. 그 때문에 테무친은 하마터면 죽을 뻔했다. 그는 겨우 살아났지만 테무친의 부하들은 팔팔 끓는 큰 솥에 산 채로 넣어져 죽임을 당했다. '맹세를 함께한 형제의 배반'은 그에게 가장 잔혹한 인생 공부를 하게 해주었다.

연옥을 체험하는 것 같은 단련 과정을 겪지 않고서야 어찌 천당을 만들어낼 능력을 얻겠으며, 피를 흘려보지 않은 손가락으로 어찌 세상에서 가장 멋진 음악을 연주해내겠는가? 엄청난 고통을 겪으면서, 그는 강철처럼 단단해지고 강해졌다. 하늘을 가로질러 날아오르는 숫매처럼 치고 올라가는 동시에 장렬한 생명의 의지를 흩뿌렸다. 그리고 발길 닿는 대로 걷는 초원의 한 마리 늑대가 되기 시작했고, 정직함과 영용함, 교활함과 무정함이라는 불가사의한 성격을 한 몸에 지니게 되었다. 이런 단련 과정 덕분에 그는 이후의 세월 속에서 일어나는 모든 일에 대응해나갈 수 있었다. 재난을 당해도 그것을 좋은 일로 바꿀 수 있었으며, 아내를 되찾아왔고, 배신자들을 제거할 수 있었다.

1206년, 강대한 케레이트, 타이치우트 씨족, 타타르부, 옹구트부, 키르기스를 모두 정복한 테무친은 이제 몽골 초원의 실질적 주인이 되었다. 테무친은 이미 충분한 권력과 병마를 보유하고 있었다. 오직 하나, 모두가 그를 인정해주는 절차만 남은 상황이었다. 마침내 몽골 쿠릴타이(각 부족이 모두 모여 의사 결정을 하는 기구)가 신성한 부르칸 칼둔에서 열렸다. 쿠릴타이는 '예케 몽골 울루스'(대몽골국)의 성립을 선포했으며 테무친을 대칸(대가한大可汗)으로 추대했고, '칭기즈칸'이라고 존칭했다.

그는 명성을 이뤘지만 혼자서는 거대한 위업을 달성할 수 없다는 것 또한 명료하게 알고 있었다. 그래서 몽골을 9만 5천 호로 나누어 공동 창업한 귀족과 공신들에게 주었다. 또한 그는 대칸이 직접 통제하는 1만 명의 친위대인 케식을 만들었다. 그리고 자신이 가장 신임하는 보르쿨, 보오르추, 무칼리, 칠라군에게 맡겼다. 이 네 명의 호걸은 몽골이 회오리바람을 일으킬 수 있는 네 개의 날개가 되어주었다.

후대인들은 그가 그저 말 위에서만 전쟁을 할 뿐, 말에서 내려오면 나라를 다스릴 줄 모른다고 생각했다. 하지만 몽골의 이 영웅은 위구르 포로의 힘을 빌려 위구르-몽골문을 창제했고, 몽골 법전인《예케 자사크》[6]를 만들었다. 이때부터 몽골은 또 다른 방식으로 세계 무대에 등장하게 된다.

홀로 천하를 걷다

어떤 사람은 역사책의 거의 모든 페이지가 붉은 먹으로 쓰였다고 말하기도 한다. 인류의 역사는 핏자국으로 얼룩진 전쟁의 역사라는 것이다. 몽골도 예외가 아니었다. 칭기즈칸은 정복자의 대명사이니 말이다. 그는 일찍이 이렇게 말했다.

"인류의 가장 큰 행복은 승리에 있다. 적을 정복하고 그들을 추격해 재산을 빼앗는 것, 그들의 가족에게 눈물을 흘리게 하며 그들의 말을 타고 그들의 아내와 딸들을 품는 것에 있다."

아무도 그의 말을 의심하지 않았던 이유는 이 말이 그저 단순한 호언장담만은 아니었기 때문이다. 그는 번개처럼 빠른 기습작전을 사용했다. 당시의 몽골 기병은 가벼웠다. 그들은 물을 담을 때와 강물을 건널 때 사용할 수 있는 가죽 주머니만을 휴대했다. 그들은 말 위에서 잠시 잘 수도 있었고, 필요할 때에는 밤에도 행군할 수 있었다. 환경이 허락하는 한, 말을 바꿔 타면서 계속해서 전진할 수도 있었다. 몇 달 동안 음식이 없어도 암말의 젖과 수렵으로 얻은 고기를 먹으며 살았다. 또한 여러 개의 종대가 협력해 적들을 포위하는 데 능했다. 적이 목숨을 걸고 저항하면 철수했고, 조금이라도 느슨해지면 바로 다시 쳐들어갔다. 성을 공격하여 점령하면 가리지 않고 불태우고 죽여, 성에 의지해 강경하게 저항하는 적에게 경고장을 날렸다. 이것이 바로 몽골 기병의 위세 앞에 모두가 쓰러질 수밖에 없었던 직접적인 이유일 것이다.

만약 당시 중원 땅에 한이나 당 같은 강성한 왕조가 있어 몽골 기병을 제압할 수 있었다면, 강성한 시기의 아랍인 역시 몽골을 저지할 수 있었을 것이다. 그러나 13세기의 유럽에는 강력한 권력의 공백이 도래했고, 중국 중원 땅은 이미 갈라져 세 개의 소국, 즉 금과 남송, 서하로 나뉘어 있었다. 서쪽에는 느슨한 조직의 카라한 왕조가 있었고, 더 서쪽으로 가면 겉으로만 강해 보이는 호레즘이 있었으며, 그 뒤에는 내리막길을 걷고 있던 아바스 왕조가 있었다.

1205년, 칭기즈칸은 먼저 서하에 공주를 바치라고 압박했다. 또한 금을 격파했으며 고려를 공격하여 점령했고, 카라한 왕조를 그들 아래에 두었다. 이때 몽골인은 이미 '신의 채찍'을 휘두르며 호레즘 국경까지 다가갔다. 사실 칭기즈칸에게는 이 머나먼 이웃을 즉시 공격할 생각이 결코 없었다. 그는 1218년 봄[7]에 평화사절단을 호레즘에 보냈다.

그런데 의외의 일이 일어났다. 450명의 몽골 무역상단이 호레즘의 도시 오트라르에 갔는데, 현지 수비대장이 재물을 빼앗고 무역상단을 몰살하는 일이 발생한 것이다. 칭기즈칸은 즉시 사신을 보내 빼앗은 재물을 돌려줄 것과 범죄자를 인도할 것을 요구했다. 그러나 호레즘은 먼 곳에서 온 몽골 따위는 안중에도 없었다. 몽골 외교사절단의 정사正使는 오히려 멸시당하고 처결되었으며, 부사副使는 수염을 그슬리는 모욕을 당했다. 두 나라가 전쟁을 하는 중에도 상대방 나라의 사신은 죽이지 않는 것이 세계적인 관례가 아니던가. 하지만 호레즘 국왕이 몽골 사신을 죽인다고 결정할 때, 이의를 제기해 그것이 잘못이라고 깨우치게 해주는 자가 호레즘 조정에는 단 한 명도 없었다.

칭기즈칸은 격노했다. 다음 해 여름, 그는 20만 명의 기병 군단을 보내 오만하고 도리를 모르는 호레즘을 매정하게 휩쓸어버렸다. 40만 호레즘 군대는 몽골의 일격을 당해내지 못했고, 부유한 역사 도시 부하라와 사마르칸트, 발하는 피비린내가 진동하는 곳이 되어버렸다. 숙련된 기술자들만이 재난을 피해 동방의 몽골로 끌려가 노역에 종사하게 되었다.

호레즘의 국왕 샤 무함마드 2세(1200~1220)는 중앙아시아에서는 이름난 인물이었다. 그러나 그는 하늘과 땅이 넓은 줄을 몰랐고, 산이 높고 물이 얕은 줄은 미처 몰랐다. 칭기즈칸이 웃통을 벗고 링에 올라왔을 때, 무함마드는 자신이 애초부터 이 몽골인의 라이벌이 아니었다는 사실을 깨닫고 도망치는 쪽을 선택했다. 말을 달려 카스피해의 작은 섬에 도착했으나 결국 그곳에서 죽었다. 무함마드의 아들 잘랄 웃딘 멩구베르디는 동쪽의 인도로 도망쳤지만, 인더스강 상류에서 다시 몽골 기병의 습격을 받는 바람에 델리로 도망쳐 숨는 수밖에 없었다.[8]

몽골 기병이 호레즘에 피의 세례를 퍼붓자, 한 노파가 말 앞에서 눈물을 흘리며 이렇게 부탁했다고 한다.

"나를 죽이지 마시오. 방금 진주 목걸이를 삼켰으니 곧 죽을 것이오. 내 겐 아주 많은 돈이 있소. 내 시신을 그대로 두겠다고 약속하면 나는 재산을 모두 당신들에게 줄 것이오."

그 말을 들은 몽골 기병은 일단 노파를 앞세워 보물이 매장되어 있는 곳으로 갔다. 그러나 그곳에 도착하자마자 즉시 노파를 죽였을 뿐 아니라 노파의 배를 갈라 그녀가 삼킨 진주까지 끄집어냈다. 보석을 보고 눈이 뒤집힌 몽골 사령관은 호레즘 사람 뱃속에는 모두 보석이 들어 있을 것이라고 여겨 모든 호레즘 사람들의 배를 가르라는 명령을 내렸다. 그는 5만 명의 몽골 병사들에게 1인당 스물네 명씩 호레즘 사람들을 죽일 수 있도록 배분하기까지 했다. 그들이 거침없이 칼을 휘둘러대니 시신이 산더미처럼 쌓이고 피가 바다를 이루었으며, 해와 달이 빛을 잃었다. 몽골 군대를 따라왔던 도사 구처기丘處機조차도 개탄하며 "10년 동안의 전쟁으로 만백성이 근심하고, 수많은 사람 중에 한두 명만 겨우 살아남는구나"[9]라고 말했다. 이렇게 호레즘 사람들은 인류의 족보에서 영원히 사라져버렸다.

핏빛 저녁노을이 칭기즈칸을 비추며 승리의 빛을 뿜어내었다. 그는 이 제 돌아가야 했다. 그러나 몽골 사람들이 꿈꾸던 '천하'에 대한 개념은 한이나 당, 그리고 다른 중국 왕조가 꿈꾸었던 범위를 한참 뛰어넘는 것이었다. 칭기즈칸은 중앙아시아와 인도에서 얻은 놀랄 만한 승리에 만족하지 않고, 서쪽을 공격하기로 결정한 뒤 캅카스로 밀고 들어갔다. 그곳에서 몽골인은 유럽 기병을 한 수 가르쳤다. 먼저 그루지야인을 격파했으며, 1223 년에는 숫자로만 보아도 자신들보다 절대적으로 많은 8만 러시아 군단을 무너뜨렸다. 노브고로드가 멀리 북방에 있었기에 겨우 재앙을 피할 수 있었을 뿐, 키예프와 다른 러시아 도시들은 모두 초토화되었다. 한 러시아 사학자의 약간 과장 섞인 표현을 빌린다면 "죽은 자들을 위해 눈물을 흘릴단 한 명만 남았"던 것이다. 영국 지리학자 윌리엄 에드가 게일William Edgar

Geil[10]은, 칭기즈칸이 "인류에게 2,300만 갤런에 달하는 피를 흘리게 했다. 그 피를 뉴올리언스의 수도관에 넣는다면 도시 전체가 24시간 동안 사용할 수 있을 것이고, 만일 니카라과의 강물에 넣는다면 붉은 폭포가 15초 동안 떨어질 것이다"라고 추측했다.

점령한 토지를 영구히 차지하기 위해 칭기즈칸은 아들들에게 땅을 나눠주었다. 아랄해와 카스피해 북쪽은 큰아들 주치에게, 위구르와 트란스옥시아나의 카라키타이 옛 땅은 둘째인 차가타이에게, 오늘날 신장위구르자치구 어민額敏 북쪽의 나이만 옛 땅은 셋째인 우구데이에게 주었다. 앞서 분봉을 받은 칭기즈칸의 동생들인 조치 카사르, 카치운, 옷치긴, 벨구타이 등 '동도제왕東道諸王'의 호칭에 맞추어 그들은 '서도제왕西都諸王'이라 불렸다.

어느 날 칭기즈칸은 자신들에게 복속한 서하가 몽골인의 원수들을 받아들이는 한편 징발에는 응하지 않겠다는 소식을 들었다. 그래서 큰아들 주치를 킵차크초원에 남겨두고, 자신은 병사들을 이끌고 동쪽으로 서하를 길들이러 돌아갔다. 이미 65세의 고령이 된 칭기즈칸은 말에서 떨어져 부상을 당했으나 부하의 권고를 듣지 않고 앞서서 진격해, 마침내 서하 주력 부대를 몰살시키고 영주靈州 전투에서 승리했다. 이제 서하에 남은 건 외로운 수도 중흥中興(닝샤후이족자치구 인촨銀川시)뿐이었다.

서하는 이미 독 안에 든 쥐의 신세였다. 1227년 초, 칭기즈칸은 일부 군대만 남겨 중흥을 포위하게 하고, 자신은 직접 군대를 이끌고 금으로 전쟁을 하러 갔다. 그러나 내리쬐는 뜨거운 햇볕과 연속되는 전쟁 때문에 말에서 떨어질 때 생겼던 옛 상처가 갑자기 덧났다. 결국 칭기즈칸은 청수현淸水縣의 행궁, 즉 오늘날의 닝샤후이족자치구 남부에 있는 육반산六盤山(류판산) 양천협凉天峽(량톈협)에 머물며 '피서'(실제로는 병 치료)를 하는 수밖에 없었다.

절반의 중국사

전설에 의하면, 일생 동안 끊임없이 날면서 한 번도 땅에 내려와 앉지 않는 새가 있다고 한다. 그 새가 땅에 내려온다는 것은 죽음을 의미하기 때문이다. 칭기즈칸이 바로 그런 새와 같았다.[11] 7월이 되자 칭기즈칸은 더는 일어나지 못했다. 죽을 날이 다가온 것을 알게 된 그는 셋째 아들 우구데이와 막내아들 툴루이를 곁으로 불러, 금과 서하를 멸망시킬 원대한 계획을 일러주었다.

"송에게 길을 빌려 금을 정벌해라. 송과 금은 불구대천의 원수이니 반드시 응할 것이다. 그런 후에 직접 금의 도성 변량을 공격해라. 그곳이 위급해지면 동관潼關을 지키는 정예병을 불러들일 것이다. 그때 멀리서 오느라 지친 군대를 받아 쳐라. 그러면 반드시 대승할 것이다."

"내가 죽은 뒤에 절대 죽었다고 알리지 말고, 서하 국왕이 지정된 시각에 성에서 나올 때 그들을 모조리 죽여 없애라."

칭기즈칸의 불멸의 꿈을 간직한 채, 피처럼 붉고 둥근 해가 마침내 떨어졌다. 전쟁의 진행 과정은 칭기즈칸이 예측했던 것과 놀라울 정도로 맞아떨어졌고, 후손들은 칭기즈칸의 유언에 따라 금과 서하를 순조롭게 멸망시킬 수 있었다.

칭기즈칸의 유언에 따라 그의 시신은 몽골의 옛 땅으로 돌아갔고, 부르칸 칼둔의 기련곡起輦谷에 묻혔다.[12] 능묘를 만들기 위해 북쪽을 향해 땅을 깊이 팠고, 시신을 묻은 후엔 1만여 마리의 말을 끌어다가 그곳을 밟게 하여 평평하게 만들었다. 능묘의 위치가 남에게 알려질까봐 시신을 현장까지 호송해 온 사람들을 모조리 죽였다고도 한다.

오랜 세월이 흘렀고, 사람들은 아무리 노력해도 그의 무덤을 찾을 수가 없었다. 자부심 강한 한 일본 사학자는 칭기즈칸 무덤에 넣은 귀중한 부장품들이 매우 많을 테니 그것만 찾아낸다면 현재의 몽골인이 100년 이상 가만히 앉아서 먹고살 수 있을 것이라고 예상했다. 현재 내몽골자치구 오르도스('궁전이 있는 곳'이라는 뜻)초원의 칭기즈칸 능[13]은 실제 칭기즈칸 무덤이 아니라 사실은 만들어진 경관인 셈이다.

후계자 이야기

황금빛 가을날, 아이 두 명이 숲속에서 놀다가 잘 익은 호두를 발견했다. 아이들은 서로 따겠다고 싸우기 시작했다. 한 아이가 먼저 잽싸게 호두를 땄고, 다른 아이는 자기가 먼저 발견한 것이라고 했다. 둘은 오랫동안 싸웠지만, 호두가 누구 것인지 의견의 일치를 보기 어려웠다. 결국 나이가 든 제삼자에게 심판을 부탁할 수밖에 없었는데, 그는 호두의 단단한 껍데기를 깨더니 알맹이를 꺼내어 말했다. "호두의 단단한 껍데기 중 절반은 호두를 딴 너에게, 다른 반쪽은 호두를 발견한 너에게 주마. 호두 알맹이는 이 다툼을 해결한 내가 가져야겠지." 어안이 벙벙해진 두 아이에게 그가 빙그레 웃으며 말했다.

"싸움의 마무리는 종종 이런 법이란다, 애들아!"

다음에 소개하는 이야기도 이와 같은 종류의 것이다.

칭기즈칸이 살아생전에 맏아들 주치와 둘째 차가타이가 대칸의 계승권을 놓고 싸웠다. 차가타이는 주치의 혈통이 의심스럽다고 공개적으로 질의했다. 그는 사람들에게 형인 주치는 어머니인 부르테가 메르키트인의 포로가 되었다가 도망쳐 나온 후 얼마 지나지 않아 태어났다는 사실을 강조했다.[14] 만일 그렇지 않다면 왜 아버지가 그의 이름을 '주치(초대받지 않은 손님)'라고 했겠는가라고 물었다. 그는 더 나아가 "우리가 어찌 몽골의 원수인 메르키트의 후손에게 칸의 자리를 계승하게 하겠는가?"라고 말했다.

이어서 분쟁이 발생했다. 형제 간의 갈등은 양립할 수 없는 지경에 이르

오르도스에 있는 칭기즈칸 능은 실제로 칭기즈칸의 시신이 묻힌 곳이 아니라, 일종의 의관총이다.

렀다. 그 상황이 마치 호두를 두고 다투는 두 아이의 경우와 똑같았다. 온갖 시끄러운 소리 속에서 침묵은 가장 큰소리를 내는 법, 첫째와 둘째가 셋째에게 태도를 표명하라고 했을 때 셋째는 최대한 침묵을 지켰다.

DNA 검사를 할 수 없었던 시대에 맏아들이 메르키트인의 혈통이 아니라고 누가 증명할 수 있겠는가? 그렇다고 둘째에게 칸의 자리를 계승하게 한다면 맏아들이 당연히 반발할 것이다. 이리저리 생각하고 망설이고 또 망설이다가, 칭기즈칸은 결국 침묵을 지키며 신중한 태도를 보이고 있던 셋째 아들 우구데이에게 대칸의 자리를 계승하게 하는 절충 방안을 택했다. 첫째와 둘째 모두 할 말은 많았으나 복종할 수밖에 없었다. 그것이 바로 둘이 싸운 대가였으며 필연적 결말이었다.[15]

의외의 일이 발생할까봐 칭기즈칸은 임종 전에 아들들을 곁에 불러 "제국의 열쇠를 우구데이의 손에 넘긴다"는 결정을 거듭 확인했다.

대칸의 자리가 빈 지 2년이 지난 후, 1229년 늦은 가을에 쿠릴타이가 열렸다. 어떤 사람은 예전 제도에 따라 몽골 본토에서 감국監國을 맡은 막내 아들 툴루이를 대칸으로 모시자고 주장했으나, 이때 주치는 이미 죽고 차 가타이는 전심전력으로 우구데이를 지지하고 있었다. 툴루이를 지지하는 목소리는 없었기에, 우구데이가 마침내 소원을 이루었다.

우구데이는 칭기즈칸의 여러 아들들 중에서 가장 총명했다. 아버지의 천재성과 능력, 통치의 열정을 그대로 계승하지는 못했지만, 아버지와 마찬가지로 판단력이 뛰어났고 언제나 신중했다. 동작은 둔한 편이었으나 성품이 온화했고 자애로웠으며, 널리 은혜를 베풀 줄 알았다. 그의 궁전은 많은 사람들의 망명지와 피난처가 되었다. 그는 세계 각지에서 들어온 재물들을 종종 장부에 기록하지 않고 모두에게 나눠주곤 했다. 그는 거란인 야율초재耶律楚才가 "천하를 말 위에서 얻었다고 해서 말 위에서 다스려서는 안 됩니다"라고 한 충고를 받아들여 국학을 일으켰으며, 유생儒生 시험을 보았다. 또한 공자 51세손인 공원조孔元措를 연성공衍聖公으로 봉했다. 그는 카라코룸(하르호린)에 도성을 세웠고, 그곳을 국제도시로 만들었다.[16] 또한 피정복 지역을 10로十路로 나누어, 몽골 관원과 중원의 문인을 파견해 행정 업무를 처리하도록 했다. 그리하여 중원의 민중은 점차 온화한 이 통치자를 받아들이게 되었다.

우구데이는 결코 현재 상태에 만족하고 가만히 있는 사람이 아니었다. 다만 확장에 대한 야심이 아버지보다 조금 적었을 뿐이다. 그는 아버지의 생전 계획에 따라 남송과 연합해 금을 멸망시키고자 군대를 일으켰고, 1234년에 마침내 금 최후의 성인 채주蔡州(허난성 루난汝南)를 무너뜨렸다. 금 애종哀宗은 목을 매 자결했다. 이와 동시에 몽골군은 고려에 침입해 항복을 받았고, 다루가치(고려에 파견한 몽골 관직 중 하나) 72명을 고려에 보내 감독하게 했다.

우구데이가 가장 자랑스럽게 생각하는 전공은 유럽 원정에서 세웠다.

1236년, 그는 주치의 둘째 아들인 바투(1207~1255)를 사령관으로 삼고, 전공이 탁월한 수베데이를 주장主將으로 삼았다. 그런 후 바투의 동생 오르다, 베르케와 샤이반, 우구데이의 아들 구유크(구육, 1206~1248)와 쿠텐, 우구데이의 손자 카이두, 차가타이의 아들 바이다르, 차가타이의 손자 부리, 툴루이의 아들 몽케 등 각 종실의 아들들이 참가하는 15만 대군을 편성해, 러시아인이 지금까지도 결코 잊지 못하는 세기의 정벌을 시작했다.

이 몽골 기병부대는 도대체 어떻게 바람처럼 달리면서 절대 지치지 않는 전마를 훈련해냈을까?《몽골비사》에 의하면, 원래 초원에서 말을 훈련시키는 사람의 독특한 방법을 배웠다고 한다. '선마술騙馬術'은 무리 중 강인한 종마를 남기고 나머지는 네 살 때 모조리 거세하는 것이다. 거세한 말은 강인하면서도 길들이기 쉽고, 수많은 말이 함께 있어도 소리를 내지 않고 고요해 특히 습격하기에 적합하다. '열이술裂耳術'은 전마의 두 귀를 각각 V자 형으로 자르는 것인데, 말이 질주할 때 들려오는 거센 바람 소리를 줄여주어 머리의 뒤에서 전해져 오는 주인의 목소리를 더 잘 들을 수 있게 한다. '이비술裂鼻術'은 전마의 콧구멍 중간에 구멍을 뚫어 숨을 더 잘 쉴 수 있도록 해주는 것으로, 말의 폐활량을 높여준다.

평범해 보이지만 범상치 않은 이 전마들 덕분에 불가르인의 쿠만 튀르크를 소탕했고, 러시아 초원의 킵차크인은 투항하거나 멀리 도망쳐 숨어야 했다. 알란인의 수도 마가스를 점령했으며, 키예프 공국의 도시들은 1250년 이전에 짓밟히고 약탈당했다. 먼 곳에 있던 폴란드조차 레그니차 전투에서 패배했고, 헝가리도 잔혹하게 유린당했다. 그런데 1241년 12월 11일에 우구데이가 세상을 떠나는 사건이 일어났다. 우구데이의 상을 치르고 대칸의 계승권을 차지하기 위해 그들이 고향으로 돌아가지 않았다면, 유럽 사람들의 재난이 언제까지 계속되었을지 아무도 모를 일이다.

물론 온화한 얼굴의 우구데이에게도 엄혹하고 독한 면이 없지는 않았다. 넷째 동생 툴루이가 몽골 군대의 8할을 장악하고 금을 멸망시키는 전쟁에서 탁월한 군사적 재능을 보였기에, 우구데이는 독한 마음을 품고 그를 독살했다.[17] 그리하여 자기 자리를 흔들 수 있는 불안 요소를 제거했고, 또한 자기 아들이 순조롭게 대칸의 자리를 계승할 수 있도록 해주었다.

우구데이는 명성을 날리는 것도 중요하지만 인생의 절반은 즐기는 데 써야 한다는 인생철학을 갖고 있었다. 금을 멸망시킨 이후 그는 다시는 친히 정벌에 나서지 않았고, 날마다 주색에 빠져 지냈으며, 결국은 중풍에 걸려 죽었다.[18]

몽케가 정권을 탈취하다

아버지가 돌아가셨다는 소식을 접한 우구데이의 맏아들 구유크는 머나먼 유럽에서 급히 군대를 돌려 몽골로 향했다. 웅대한 서정西征이 어쩔 수 없이 중단된 것이다. 바투 역시 부대를 철수해 볼가강 동쪽 기슭으로 왔고, 수부타이와 몽케도 곧장 몽골로 돌아와 대칸 자리다툼에 참가하려 했다.

구유크가 돌아오지 못하는 사이, 우구데이의 아내 투레게네가 섭정으로 추대되었다. 섭정의 자리에 있던 시간은 짧았지만, 투레게네는 두 가지 사건으로 유명해졌다. 하나는 미친 듯이 재물을 긁어모으던 몽골제국의 세금 관리인 압둘 라흐만을 매우 신임했다는 것이고, 다른 하나는 원 왕조에서 가장 현명한 승상이었던 야율초재를 지독하게 핍박해 결국 죽게 만들었다는 것이다.

그러고 보면 그녀는 수완이 꽤 있었던 듯하다. 대칸 계승 문제에 바투가 여러 가지로 걸림돌이 되었지만, 5년 후 쿠릴타이에서 자신이 적극적으로 지지하는 구유크를 대몽골국 세 번째 대칸으로 추대하는 데 성공했으니 말이다. 1248년 초, 구유크는 세습 영지를 시찰한다는 구실로 대군을 이끌고 서정했다. 서정의 목표물은 분명히 바투였다. 그러나 구유크가 베슈발리크에서 하루 정도 거리에 있는 쿰셍기르(신장위구르자치구 칭허 동남쪽)[19]에 이르렀을 때 급사하는 바람에, 몽골 황족 사이의 내전은 이제 피할 수 없는 것이 되었다. 한없이 마셔대던 술과 여행의 피곤함 때문에 죽은 것으로 추정되는데, 그때 그의 나이 43세였다.

구유크가 죽은 후 그의 아내 오굴 카이미시가 섭정을 선포했다. 그녀는 시어머니 투레게네가 했던 것을 그대로 따라 하려고 했다. 칸의 자리를 구유크의 조카 시레문이든 그녀의 어린 아들 호자든, 우구데이의 자손에게 주고 싶어 했다. 그러나 그녀는 망설이고 있었다.

역사를 들여다보면, 전제 정권이 사라진 정치적 공백 기간은 눌려 있던 야만 세력을 무대로 불러들이는 절호의 기회가 되어주곤 한다. 섭정을 맡은 오굴 카이미시가 결정을 못하고 망설이는 사이, 그녀의 적수인 바투와 죽은 툴루이의 아내 소르칵타니가 잽싸게 손을 잡았다.

바투와 툴루이의 아내는 섭정황후 오굴 카이미시의 반대에 개의치 않고 연속해서 두 번의 쿠릴타이를 열었고, 1251년에 마침내 툴루이의 맏아들 몽케(1209~1259)를 대칸으로 선포했다. 이에 제국의 통치권은 우구데이 가족에게서 툴루이 가족에게로 넘어갔고, 망설이며 결정을 하지 못하고 있던 오굴 카이미시는 옷이 벗겨진 채 우물에 던져졌다. 시레문도 호수 바닥으로 던져졌고, 구유크의 아들 나쿠는 목 졸려 죽었으며, 아무것도 모르는 어린 호자도 초원으로 쫓겨났다.

우구데이의 후손들에 대한 몽케의 행동이 지나치게 잔혹한 면이 있기는 하다. 그러나 그런 행동은 그의 빛을 조금도 가리지 못했다. 몽케는 말이 적고 청렴했으며, 아주 냉정하고 또한 매우 이지적인 사람이었다. 엄격하면서도 공정한 관리자였고, 용감하며 강인한 용사였다. 그는 칭기즈칸이 건립했던 강한 권력을 완전히 회복했고, 칭기즈칸 봉지의 수령들이 중앙 정권이 거둬가야 할 세금을 나눠 갖는 것을 금지했다. 몽골에서 세계 유일의 강력한 군주가 다시 나타난 것이다.

우구데이가 죽은 후 거의 정지되었던 정복전쟁은 몽케의 즉위로 다시 활기차게 진행되었다. 1252년에 몽케는 다섯째 동생 훌라구와 선봉 키트부카 노얀을 서쪽으로 보내 이란, 바그다드와 시리아에 대한 정복을 감행했다. 그 소문을 듣고 많은 국가들이 항복했는데, 항복을 거부한 아바스 왕조의 소재지 바그다드는 대학살을 당했다. 아름답고 웅대했던 바그다드의 참상은 눈뜨고 볼 수 없을 정도였다. 동시에 몽케는 1257년에 넷째 동생 쿠빌라이와 대장 우량카다이를 남조南詔의 도성 대리大理와 안남安南의 도성인 하노이에 보내 두 나라가 몽골의 종주권을 인정하게 했다.

그 후 몽케는 송 왕조에 대한 삼면 협공을 시작했다. 그는 우량카다이에게 운남(윈난)에서 출발해 계림桂林(구이린)과 장사長沙(창사)를 공격하게 했고, 쿠빌라이에게는 하북(허베이)에서 남하해 장강 중류의 악주鄂州(후베이 우창武昌)을 포위, 공격하게 했으며, 자신은 친히 주력군을 이끌고 오늘날의 산시에서 쓰촨으로 쳐들어갔다.

사납고 거친 금 왕조도 몽골의 일격을 견디지 못했는데, 하루 종일 음풍농월이나 하며 시나 짓고 그림이나 그리는 나약한 남송은 어땠겠는가. 하지만 송을 멸망시킬 것이라는 웅대한 소망을 말하면서도 '10년 이내에 반드시'라며 살짝 여지를 남겨두긴 했다. 송을 멸망시키는 것이 그렇게 쉬운 일이 아님을 알고 있었기 때문이다.

밤길을 늘 다니던 사람도 귀신을 만나기는 피하기 어려운 법이다. 잘 알려지지 않은 곳인 오늘날 쓰촨성 조어성釣魚城(합주부合州府 소재지)에 이르렀을 때, 몽골인은 전에 본 적이 없는 강한 저항에 부닥쳤다. 몽골은 공격했고, 남송은 수비했다. 둘 다 공수 양면에 뛰어난 군대가 아니라는 점이 애석했다. 그러나 가장 강한 공격이 가장 강한 수비이며, 가장 강한 수비로 저항하는 것이 가장 강한 공격이라 했다. 둘은 끝판 대결을 해야 했다. 이제 몽골은 자신이 천하에서 가장 날카로운 공격수라는 것을 증명해야 했고, 조어성의 설계자와 수비자들은 자신들이 중국 전역에서 가장 견고하게 성을 지키는 자들임을 증명해야 했다. 극단적인 두 힘이 전쟁터에서 마주쳤고, 그것은 동사東邪와 서독西毒이 '화산논검華山論劍'[20]을 하던 것처럼 역사책에 기록되었다.

이후 무려 반년 동안 몽골군은 계속해서 강하게 조어성을 공격했고, 이곳을 피비린내 진동하는 곳으로 만들었다. 그 광경은 마치 춘추시대 말기 노반魯班과 묵자墨子의 그 치열한 공수攻守 연습[21]과도 같았다. 1259년, 병졸들 앞에 서서 싸우던 몽케는 송 군대의 투석기에서 날아온 돌에 맞아 갑자기 운명했다.[22]

이 우연한 사건은 영원히, 그리고 철저하게 역사를 바꿨다. 몽케의 의외의 죽음으로 인해 오늘날의 쓰촨 지역으로 진격하던 몽골군은 몽케의 시신을 호송해 북으로 가야 했다. 그리고 악주를 포위하고 있던 동로군 지휘자 쿠빌라이도 칸의 자리를 다투기 위해 급히 군사를 철수해 북으로 갔다. 개선의 노래를 부르며 계속 승승장구하던 우량카타이도 쿠빌라이와 호흡을 맞춰 오늘날의 후난성 창사에서 북쪽으로 돌아갔다.

물론 이것으로 끝난 것이 아니다. 서아시아를 휩쓸고 난 후 팔레스타인과 이집트에서 전쟁을 하던 몽골군 총사령관 훌라구도 즉시 동쪽으로 돌아갔다. 부장 키트부카와 5천 명의 병사들만 남겨 그곳에서 전쟁을 하게 했는데, 그들은 이집트에게 궤멸당했다. 이후 몽골군은 다시는 아프리카를 치지 않았다.

'확률이론'의 창시자 중 하나인 프랑스의 블레스 파스칼이 만일 클레오파트라의 코가 조금만 길었거나 10분의 1인치만 낮았어도 인류 전체, 특히 이집트의 역사가 변했을 것이라고 말한 적이 있다. 마찬가지 이치로, 만일 조어성 전쟁이 없었다면 아프리카의 역사도 다시 쓰였을 것이다.

중국을 통일하다

합주에서 세상을 떠난 몽케는 생전에 계승권을 안배해둘 틈이 없었다. 그래서 몽케의 넷째 동생인 쿠빌라이와 여섯째 동생인 아리크 부케(아릭 부케)가 목숨을 건 대칸 쟁탈전을 벌였다.

아리크 부케는 훨씬 유리한 위치에 있었다. 몽케가 갑자기 죽을 때 쿠빌라이는 여전히 남쪽에서 전쟁 중이었고, 쿠빌라이의 즉위를 지지하는 것은 멀리 페르시아에 있는 다섯째 동생 훌라구 정도였기 때문이다. 그에 비해 아리크 부케는 카라코룸을 지키며 대大울루스를 주관했고, 카라코룸을 지키는 군대와 대본영인 오르두를 관리했다. 또한 황후와 킵차크 칸국, 차가타이 칸국의 지지를 받았다.

형세가 불리하긴 했지만, 쿠빌라이는 뜻을 버리지 않았다. 그는 남송 가사도賈似道의 강화 요청에 과감하게 동의해 남방 전선에서 몸을 빼내었다. 그리고 1260년 봄에 내몽골 난수灤水(환수이강) 북쪽의 개평開平(카이핑)에 도착했다. 그곳에서 쿠빌라이는 긴급하게 쿠릴타이를 소집했고, 토가차르, 이숭게, 카단, 무칼리 등이 그를 대칸으로 추대했다. 이에 대항해 아리크 부케는 카라코룸에서 또 다른 일파의 몽골 귀족들에 의해 대칸으로 추대되었다.

결국 두 세력은 전쟁을 벌였다. 쿠빌라이는 중국의 북방을 점거했고 충분한 군사적 자원을 확보했으며, 아리크 부케는 몽골 초원을 통치하면서 중원과 중앙아시아에서부터 지원을 받았다. 쿠빌라이가 중원에서부터 초원으로 가는 수송 노선을 차단하자, 아리크 부케는 중앙아시아 차가타이 칸국의 알구를 군사 물자 제공의 유일한 공급처로 삼았다. 그러나 어리석은 아리크 부케는 알구와 세금 문제로 분쟁을 일으켰고, 결국 알구는 쿠빌라이에게로 가버렸다. 전쟁의 저울추가 순식간에 기울었고, 모두에게 배신당한 아리크 부케는 1246년에 형인 쿠빌라이에게 투항하는 수밖에 없었다. 굴욕적 투항을 한 투항자는 감옥에 갇혔으며, 몇 년이 지난 후 알 수 없는 이유로 죽었다.

1260년, 자신이 이룬 성취에 흐뭇해하며 쿠빌라이는 북경이라는 꿈의 성에 첫발을 내딛었다. 그 후 그는 수리공정 학자인 곽수경郭守敬이 제시한 의견에 따라 금 왕조 연경燕京의 연화지蓮花池(렌화츠) 수계水系를 버리고 고량하高粱河(가오량강) 수계를 끌어들여 적수담積水潭(지수이탄)으로 연결했다. 그리고 자신이 불을 질러 태워버린 연경 동북쪽 적수담 동쪽 기슭에 10년 세월에 걸쳐 사방 60리에 달하는 신도新都(칸 발릭, 후에 '대도大都'로 이름을 바꾸었다)를 세웠다. 이것은 반란을 일으킬 수 있는 여러 왕들의 위협을 피하고, 송을 멸망시켜 천하를 통일하겠다는 웅대한 마음을 내보인 비범한 작업이었다. 1271년, 쿠빌라이는 '대몽골'을 '대원大元'(《역경易經》 '대재건원大哉乾元'의 뜻을 취한 것)으로 바꾸었다. 새로운 웅대한 군주가 역사의 무대에 등장한 것이다.

쿠빌라이는 모든 몽골인이 그가 대칸의 지위에 있음을 인정해주기를 바랐으나, 그는 죽을 때까지 몽골 칸국의 명목상의 군주였을 뿐이었다. 그의 권력은 다만 중국이라는 일부 지역에만 한정되어 있었다. 일찍이 아리크 부케를 지지했던 킵차크 칸국은 쿠빌라이가 승리한 후에도 복종하지 않았고, 차가타이 칸국의 카이두 역시 줄곧 쿠빌라이의 적수였다.[23] 일 칸국의 훌라구는 쿠빌라이를 승인했지만 기본적으로 자치를 유지했다.[24] 이러한 형세에 처해 쿠빌라이는 중국을 통일하는 것을 인생 최대의 목표로 삼왔다. 1267년, 쿠빌라이는 전면적으로 전쟁을 일으켜 송을 침략했다.

몽골인은 다 합해봐야 겨우 몇 백만밖에 안 되었고, 송 왕조의 군대와 백성의 수는 그들의 십수 배는 되었다. 몽골 기병의 힘까지 덧붙인다고 해도 쌍방의 세력은 팽팽했을 것이다. 그러나 《유라시아 유목제국사》[25]에 나오는 한 장면을 읽다보면 인구가 엄청나게 많았던 남송이 망한 역사의 발전 과정에 대해 그리 놀랄 필요가 없어진다. 몽골인이 하중河中에 침입했을 때, 한 몽골 기병이 한족 백성 한 명과 마주쳤다. 몽골 기병은 한족 백성에게 엎드려 죽음을 기다리라고 했다. 하중의 백성들은 원래부터 모범적인 양민인지라 그 자리에서 얌전하게 엎드려 죽음을 기다리고 있었다. 그런데 몽골 기병이 마침 무기를 갖고 있지 않았다. 그래서 돌아가서 무기를 갖고 올 테니 자신이 돌아올 때까지 그 자리에 그대로 엎드려 있으라고 했다. 누군가가 그것을 보고 빨리 도망치라고 말했지만 그 백성은 "제가 어떻게 감히 도망칠 수 있겠어요"라고 말하며 그 자리에 그대로 엎드려 있었다고 한다. 결국 무기를 갖고 돌아온 몽골 기병이 단칼에 그를 베어버렸다. 생각해보라. 이렇게 노예근성이 몸에 밴 백성으로 이루어져 있는 한족 정권이 패배하지 않으면 이상한 것 아닌가?[26]

사실 강줄기를 따라 살면서 물자와 사람이 충분했던 남송은 결코 일격에 무너질 상황은 아니었다. 원 왕조 역시 그렇게 속전속결을 진행할 수 있는 자원이 없었다. 문제는 여전히 남송 자체에 있었던 것이다.

쿠빌라이가 군대를 거두어 북으로 돌아간 날, 송의 대신 하나가 쿠빌라이를 철수시킨 공로가 자기에게 있다고 주장했다. 그의 이름은 가사도賈似道였고, 남송에서 진회秦檜 다음가는 권신權臣이었다.

자신의 지위를 지키기 위해 가사도는 항몽抗蒙 전선에서 전공을 세운 장군들을 핍박하기 시작했다. 먼저 그들을 직위 해제시켰으며, 심지어는 목을 베기까지 했다. 대장들이 하나하나 제거되자 그 밑의 소장들이 불안해서 전전긍긍했고, 조금 이름나 있던 하남河南 출신 장군 하나는 아예 몽골에 투항해버렸다.

유정劉整이라는 이름의 그 하남 사람이 쿠빌라이에게 계책을 올렸다.

"양양襄陽을 얻는다면 한수漢水(한수이강)를 따라 동으로 내려갈 수 있고, 양절兩浙[27]이 모두 주머니 속으로 들어옵니다. 송을 평정할 수 있지요."

이것은 일격에 남송을 절단낼 수 있는 대단한 계책이었다. 5년 후, 원의 군대는 양양을 공격했고 단숨에 남송의 대문을 열어젖혔다.

양양의 수비 실책은 천둥번개가 몰아치는 것과 같은 상황을 초래했다. 죽음의 물이 흘러넘치는 듯 고요함이 감돌던 임안성臨安城의 남송 조정은 당황해 어쩔 줄 몰라 했고, 도종道宗은 놀란 나머지 더욱 황음한 생활에 빠져들었으며, 결국 다음 해에 33세의 나이로 일찍 죽음을 맞이했다. 겨우 네 살 된 태자 조현趙顯이 황위에 올랐고, 70세 된 태황태후 사도청謝道淸이 임조청정臨朝聽政을 했다. 1년 후, 가사도가 이끄는 송의 13만 군대는 원에 의해 격파당했고, 가사도는 쫓겨나 유배 가던 도중에 피살되었다. 태황태후와 조현은 원에 무조건 항복했다. 투항 후에 태황태후는 대도大都의 정지사正智寺에 가서 삭발하고 비구니가 되었으며, 외로운 등불을 벗 삼아 목어木魚와 함께 여생을 보냈다. 어린 황제는 쿠빌라이에 의해 폐위되고 연금되었다. 후에 머나먼 토번으로 쫓겨나 출가해 승려가 되었으나, 그가 쓴 시詩에 문제가 있다고 하여 53세가 되던 해에 사사되었다.

그래도 남송은 여전히 남은 숨을 몰아쉬고 있었다. 대신 육수부陸秀夫, 장세걸張世杰, 문천상文天祥, 진의중陳宜中이 조현의 두 이복형제 조시趙昰와 조병趙昺을 황제로 추대하면서 동남 해안지대에서 고생스럽게 5년을 버텼다. 승상 문천상이 원의 군대에 체포되면서 송이라는 다 망가진 이 마차는 마침내 역사의 절벽 아래로 굴러떨어졌다.

나쁜 소식은 계속되었다. 몽케칸이 살해되었던 조어성이 1279년 정월에 마침내 원 군대의 수중으로 들어왔다. 이어서 역사상 가장 참혹한 사건이 일어났다. 2월, 갈 곳이 없었던 육수부는 순국하기로 결심했다. 그는 먼저 아내를 바다에서 자살하게 한 후, 아홉 살 된 어린 황제 조병을 비단 끈으로 자기 몸에 묶었다. 그런 다음 황금옥새를 허리에 매달고 바다로 뛰어들었다. 목숨을 버려 의로움을 취하는 최후의 행동을 한 것이다. 그리하여 개국 320년의 대송大宋이 마침내 거친 파도와 함께 비장하게 휩쓸려갔다.

그 후 인구 1,300만의 '천부天府' 사천四川(쓰촨)은 몽골의 공격을 받았고, 공격이 끝난 후에는 겨우 80만 명만이 남아 전형적인 '무인無人지대'가 되었다. 몽골인은 중원 대지를 종횡무진 휩쓸고 다니면서 7천만 명에 이르는 인구를 사라지게 했다.[28] 몽골제국의 '제노사이드' 정책은 세계적인 기록으로 남아 《기네스북》 1985년판에 수록되었다.[29]

이 부분에서 조어성 전투와 남송의 몰락이 한족에게는 가슴 찢어지는 악몽이며 숨기고 싶은 상처임을 인정하지 않을 수 없다. 그것은 절대 지워지지 않는 상처다. 문천상, 육수부의 죽음은 송의 뼈에 새겨두어야 할 비극이며 가슴에 맺힌 한이 되었다. 송의 멸망은 왕조의 신하들 모두가 얼굴을 가려야 할 슬픈 일이었으며, 강물조차 숨죽이며 소리를 내지 못할 정도로 가슴 아픈 일이었다.

사실 왕조의 교체 자체는 객관적으로 볼 때 얼마든지 일어날 수 있는 사건이다. 비극도 역사의 필연이며 또한 거울이다. 비극이 없으면 비장함도 없고, 비장함이 없으면 숭고함도 없다. 어쨌든 몽골인은 마침내 중국 전역을 통일했고, 역사는 쿠빌라이를 완성시켰다.

쿠빌라이

몽골의 중원 통일에 대해 중국 현대사 학자인 자오이趙益[30]는 이런 결론을 내렸다.

"한과 당 이후 더는 한이나 당과 같은 왕조는 없었다. 그러나 송 이후로 는 '영원한 중국'이 되었다."

물론 많은 한인이 남송의 멸망을 안타까워했다. "나라 향한 붉은 마음 남겨 역사서를 환하게 비출 수 있기를"[31] 원했던 문천상과, 생명을 버려 의 로움을 취하고자 했던 육수부를 많은 사람들이 존경했지만, 쿠빌라이가 중원을 통일하고 전란을 종식시켜 중국의 판도를 확정지은 것에 대해 못 본 척할 수는 없었다. 북으로 음산(인산)을 넘고, 서쪽으로 유사流沙와 동 으로 요동(랴오둥)까지 나아가고, 남으로 바다를 넘어가는 대제국을 세워 '중국'의 판도를 예전 그 어느 때보다 크게 만든 것이다. 칭기즈칸이 '중화 민족'의 명예를 멀리까지 떨치긴 했지만[32] 고정적인 강토를 만들지는 못했 다. 방대한 대원제국을 세우고 그것을 공고하게 만든 것은 원 세조世祖 쿠 빌라이였다.

원이 강산을 통일하고 예전에 없던 판도로 확장되어나가면서, '중국인' 의 마음도 역시 같이 커져나갔다. 세계를 탐구하려는 강렬한 욕망이 일어 난 것이다. 앞서 쿠빌라이는 이렇게 말한 바 있다.

"나는 세계 각지 사람들의 살아가는 모습이나 풍속 등에 대해 알아가 는 것을 좋아한다."

고대 그리스의 수학자 유클리드의 저작이 이 무렵 중국에 들어왔고, 아 랍의 수학과 천문학·역법 등이 소개되었다. 이와 동시에 중국의 인쇄술과 화약, 나침반 등이 서아시아를 거쳐 유럽으로 들어갔다. 중국과 서방의 대 교류에 이바지한 쿠빌라이의 공적에 관한 내용들은 지금도 서방의 서적에서 찾아볼 수 있다.

물론 쿠빌라이가 완벽했던 것은 아니다. 첫째, 바다를 건너 일본을 두 차례에 걸쳐 공격했으나 모두 실패로 끝나고 말았다. 고려와의 전쟁에서는 싸우기만 하면 이겼던 쿠빌라이가 연속해서 다섯 번이나 바다 건너에 사절단을 보내 조공을 하라고 했지만, 일본 가마쿠라 막부鎌倉幕府 (1192~1333)는 냉정하게 거절했다. 이에 쿠빌라이는 지원 11년(1274)에 수만 명의 몽골 고려 연합군을 파견했다. 큐슈 동부의 후쿠오카에 상륙하려 했으나, 갑자기 몰아친 큰 폭풍우 때문에 연합군 수백 척의 전함과 1만 3천 명의 병사들이 바다 밑으로 가라앉아버렸다. 남은 군사들은 급히 중국으로 도망쳐 돌아왔다. 남송을 멸망시킨 후, 쿠빌라이는 지원 18년(1281)에 다시 일본을 향해 두 번째 원정을 감행했다. 원정군의 숫자는 모두 합해 10만 명에 달했다. 길을 이끈 고려 수군도 1만 5천 명이나 되었다. 따로 이동하다가 합치는 전술을 사용했고, 모든 것이 완벽해 보였다. 일본인의 공포도 극에 달했다.

그러나 역사는 반복되는 것인지, 8월 15일 태풍이 다시 한바탕 큐슈 해안을 휩쓸었다. 성난 바람과 파도 앞에서 900척의 전함들은 달걀껍질처럼 부딪쳐 깨져버렸으며, 전사들의 시체가 바다에 떠올랐다. 폭풍우가 원정군의 절반을 삼켜버린 것이다. 그렇게 2차 원정도 끝나버렸다. 일본 신도神道의 승려들은 이 태풍이 기도의 힘으로 온 것이라고 말했다. 기도 덕분에 원정군들을 두 차례에 걸쳐 물고기 배 속에 장사지낼 수 있었다고 말이다. 일본을 구한 그 폭풍우를 가리켜 '가미카제神風'라고 불렀다. 일본인은 이때부터 '가미카제'를 적군의 천적으로 여겼으며, 제2차 세계대전 때에도 가미카제 특공대를 만들어 미군을 놀라게 했다. 몽골인도 하늘의 천신이 자기들을 적으로 여기고 있다고 믿기 시작했고, 이때부터 일본을 정복하려는 마음을 먹지 않게 되었다. 이 두 번의 실패는 몽골인의 불패 신화를 깨뜨렸으며, 쿠빌라이의 얼굴에 검은 상처 두 줄기를 남겼다.

두 번째로는 지혜롭지 못한 민족 차별정책을 들 수 있다. 원에서는 각 민족을 네 등급으로 나누었다. 첫 번째 등급은 '몽골인'으로, 쿠빌라이는 그들을 '우리 골육'이라 불렀다. 두 번째 등급은 '색목인色目人'으로, 눈에 색깔이 있는 종족을 가리킨다. '제색명목인諸色名目人'이라고도 했는데, 킵차크인·탕구트인·투바인·악수인·위구르인·회회·나이만인 등을 포함한다. 세 번째 등급은 '한인'으로, 회하淮河(화이허강) 북쪽 금 왕조에 있었던 한인과 거란인, 여진인 그리고 일찍이 몽골에 정복된 윈난, 쓰촨, 고려인을 가리켰다. 마지막 네 번째 등급이 '남인南人'인데, 그들은 만인蠻人, 신부인新附人이라고도 불렀다. 그것은 맨 마지막에 정복된 남송의 백성들을 가리켰다. 몽골 법률에서는 몽골인을 죽이면 목숨을 내놓아야 하고, 회회인을 죽이면 은 80냥, 한인을 죽이면 노새 한 마리의 벌금을 내야 했다. 한인 신부의 초야권은 몽골 보장保長[33]에게 주어야 했다. 그들은 심지어 이름도 지으면 안 되었다. 그래서 그들은 생일을 이름으로 삼아야 했다. 특히 무기를 소지하는 것을 불허했기에 몇 집에 식칼 하나씩만 가질 수 있었다.

세 번째는 직업을 구분하는 기준이 이상했다는 것이다. 직업에 따라 군중을 10등급으로 나누었는데, '관, 리, 승려, 도사, 의사, 공인, 기술자, 기녀, 유생, 거지'라고 해서 정치적·법률적으로 불평등한 대우를 했다. 줄곧 존경을 받아오던 유가 지식인들은 몽골인이 보기에 철두철미한 기생충일 뿐이어서 사회에서 가장 천시하는 기녀만도 못했으며, 그 등급이 거지 바로 위에 있었다.[34]

시간과 역사의 관점에서 쿠빌라이를 평가하는 것은 더욱 중요하다. 그가 지나온 자취를 지켜보면 그가 왜 범상치 않은 인물인지 알게 되고, 왜 위대한 사람인지 느끼게 된다.[35] 또한 어쩔 수 없는 그의 한계성을 알면 그가 처했던 역사적 상황을 더욱 이해할 수 있게 된다.

우연히 중국에 온 유럽인 역시 쿠빌라이와 그의 제국을 보고 감탄을 금치 못했으며 그것에 대해 이리저리 알리고 다녔다. 이 유럽인은 대체 누구였을까?

마르코 폴로

이 유럽인은 바로 마르코 폴로Marco Polo(1254~1324)다. 마르코 폴로는 1254년에 베네치아 상인의 집에서 태어났다.

그가 열한 살 때, 아버지 니콜로Niccolo와 숙부 마페오Maffeo가 천리 길을 마다하지 않고 원의 상도上都(내몽골자치구 정란기正藍旗 동쪽)에 갔다. 쿠빌라이는 열정적으로 이들을 접대했고, 유럽의 풍토와 습속, 발전 상황 등에 대해 상세하게 물었다. 원의 위세를 자랑하기 위해 쿠빌라이는 로마 교황청에 사신을 보내기로 했고, 폴로 형제를 함께 가는 부사副使로 삼았다. 그런데 불행하게도 원의 사신이 가는 길에 병이 나는 바람에, 두 명의 부사만이 로마에 가게 되었다. 게다가 로마에 도착하고 보니 교황은 이미 세상을 떠났고 새로운 교황은 아직 즉위하지 않은 상태였다. 두 명의 부사는 정치적 사명을 완수하지 못한 셈이었다. 그들은 일단 원의 국서를 간직한 채 고향으로 돌아가 자신들이 하던 장사를 계속했다.

마침내 기회가 왔다. 새로운 교황이 즉위했고, 마르코도 성장했다. 1271년, 열일곱 살이 된 마르코는 부친과 숙부를 따라 로마에 가서 새로운 교황을 배알하고 쿠빌라이의 국서를 바치면서, 원 왕조에 보낼 대답을 요청했다. 의례를 매우 중시하던 로마의 새 교황은 기뻐하며 그들의 요구에 응했고, 그들에게 머나먼 중국으로 답례 방문을 하라고 했다.

마르코 폴로와 아버지, 숙부 세 사람은 새 교황이 부여한 신성한 사명을 띠고 일 칸국의 도성 타브리즈(이란의 타브리즈)를 지나 페르시아만의 항구 호르무즈에 이르렀다. 그곳에서 고대 실크로드를 따라 파미르고원을 넘어 카슈가르로 들어왔다. 그 후 호탄, 로프노르, 돈황, 주천, 장액, 무위, 은천, 후허하오터呼和呼特(후호호트), 선화宣化, 고원沽原을 거쳐 산 넘고 물 건너 무려 3년 반 만에 원 왕조의 상도에 도착했다. 때는 1275년이었다.

자신이 보낸 국서에 답장이 오자 쿠빌라이는 무척이나 기뻤다. 마르코 폴로를 비롯한 세 명의 '폴로' 씨는 원 왕조의 관리로 임명되었다. 당시 대부분의 사람들은 그 외국인들이 받은 직위가 그저 명예직일 것이라고 생각했다. 그러나 마르코는 사람들의 선입견을 바꾸는 데 뛰어난 능력을 발휘했다. 그는 몽골어와 말타기, 활쏘기를 배웠고 관청에서 사용하는 용어를 배워 중국 관원의 기본적 소양을 갖췄다. 물론 그는 자신만이 갖고 있는 장점을 알고 있었으니, 그것은 보고 들은 것이 많다는 점이었다. 그래서 쿠빌라이는 여러 차례에 걸쳐 마르코 폴로를 각 성과 외국으로 파견했다. 양주揚州에서는 3년 동안 총독을 했고, 쿠빌라이의 명령을 받들어 오늘날의 베트남, 자바, 수마트라, 인도와 스리랑카에도 출사했다.

한편 여러 해에 걸친 이역 생활은 신기하고 멋졌지만, 그는 고향에 대한 그리움을 떨칠 수가 없었다. 중국에서 17년 동안 거주하던 마르코 일가는 결국 그리움에 못 이겨 귀국을 결심했다. 지원 26년(1289), 마침 일 칸국 아르군(훌레구의 손자)의 몽골 아내가 세상을 떠나는 바람에 쿠빌라이에게 다시 왕비를 한 명 보내달라고 청했다. 원의 공주가 사막을 지나가는 고통을 겪지 않게 하기 위해, 쿠빌라이는 호위대를 만들어 그녀를 바다를 통해 일 칸국으로 갈 수 있도록 했다. 원 조정에서는 마르코 폴로보다 더 경험 있는 여행가를 찾기 힘들었다. 그래서 쿠빌라이는 이를 계기로 인정을 베풀기로 결정, 세 명의 폴로에게 공주를 모시고 멀리 일 칸국으로 가라고 했다. 임무를 완성한 뒤에 고향으로 돌아가는 것이었다.

지원 28년(1291) 초봄, 그들은 오늘날 푸젠성 취안저우泉州에서 출항했다. 남해를 지나고 말라카해협을 지난 뒤 인도양을 건너, 항해를 시작한 지 2년 2개월 만에 호르무즈해협에 도착했고, 공주를 아르군의 계승자에게 무사히 보냈다. 그사이 아르군이 죽었기 때문에 그녀는 아르군의 아들에게 시집을 갔다. 원 성종成宗 티무르 원정元貞 원년(1295), 마르코 일가는 마침내 베네치아에 도착했다. 그러나 집을 떠난 지 너무 오래되어 친척들은 그들을 문전박대했다고 한다.

많은 사람들은 여전히 폴로 일가를 우습게 여겼다. 오랜만에 나타난 폴로를 가난뱅이 유랑자로 생각한 것이다. 친지들의 의심을 없애기 위하여 폴로는 그들이 한 번도 본 적이 없는 큰 잔치를 열었다. 연회가 한창 무르익자, 폴로는 시중을 드는 하인들을 물러나게 한 뒤, 자신들이 입고 있던 낡은 옷을 찢었다. 옷 속에는 그들이 가지고 돌아온 물건들이 가득 들어 있었다. 홍옥, 비취, 다이아몬드 같은 아름다운 보석들이 놀라움으로 눈이 휘둥그레진 손님들 앞에 쏟아졌다.

하지만 그런 것들을 사람들에게 보여주었음에도 뒤에서 수군거리는 소리는 여전했다. 작은 도시에서 평생을 살아온 이웃들은 마르코 폴로가 하는 '말도 안 되는 헛소리'를 들은 척도 하지 않았다. 오히려 그에게 '허풍쟁이'라는 뜻의 '일 밀리오네Il Millione'라는 별명을 붙여주었다. 마르코가 입을 열기만 하면 쿠빌라이칸의 부유함과 중국의 절에 있는 탑처럼 높은 금불상, 조정 관원이 거느린 수많은 처첩들이 휘감고 있는 비단옷 등에 대해 떠벌렸기 때문이다. 마르코는 또한 중국에서는 검은 돌(석탄)을 연료로 쓴다고 말했다. 특히 중국에는 높다란 성벽이 있는데, 그 길이가 폴로 일가가 사는 이쪽 바다에서부터 흑해黑海에까지 이를 정도로 길다고 하자, 그들은 터져나오는 웃음을 멈출 수 없었다. 사람들이 어찌 이런 《아라비안나이트》같은 이야기들을 믿을 수 있겠는가? 세상에! 불타는 돌멩이가 있다는 걸 누가 믿을 수 있단 말인가? 콘스탄티노플에 있는 제국의 황후도 비단 양말이 한 켤레밖에 없다는데, 여인들이 비단을 온몸에 휘감고 있다니, 그것이 가당키나 하단 말인가? 게다가 성벽이라니? 유럽에 있는 모든 성의 성벽을 합해도 그가 말하는 것의 3분의 1에도 미치지 못했다. 사람들은 그의 말을 믿지 않았다.

1296년에 베네치아와 제노바 사이에 전쟁이 일어나지 않았다면, '마르코 일 밀리오네'가 참전하여 베네치아 함대에 속하지 않았다면, 그리고 만일 전쟁에서 승리한 제노바 측에 붙잡혀 감옥에 갇히지 않았다면, 마르코 폴로와 그가 전해주는 기이한 이야기들은 아마도 역사의 먼지 속에 그냥 묻혀버렸을 것이다. 차갑고 어두운 감옥에서 너무나 심심했던 마르코 폴로는 감옥 동료들에게 멀고도 신기한 나라 중국에 대한 이야기를 해주었다.

"그곳에서 내가 17년 동안 살았어. 그리고 중국 황제의 관리 노릇을 했지. 중국에는 참으로 화려하고 아름다운 궁전이 있어. 궁전의 벽에는 황금이 입혀져 있고 말이지. 그곳에서는 보통 사람들도 유럽 군주처럼 풍요롭게 살아간다고!"

마르코 폴로가 들려주는 이야기는 제노바 사람들의 흥미를 불러일으켰다. 그래서 그는 그곳에서 상당한 대우를 받았다. 그중 특히 그의 이야기에 빠져든 전쟁 포로가 있었다. 피사 출신의 작가인 루스티첼로Rustichello는 폴로가 들려주는 중국 이야기를 기록하기로 결정했다. 그리하여 마르코 폴로가 구술하고 루스티첼로가 기록한 《동방견문록》이 1298년에 세상에 나왔다. 마르코 폴로는 베네치아와 제노바가 강화 협약을 맺은 덕분에 석방되었다.

마르코 폴로 자신도 그 책이 그렇게 유명해질 것이라고는 생각하지 못했을 것이다. 《동방견문록》이 세상에 나오자 사람들은 그것을 대량으로 베껴 썼고, 여러 지역에서 번역되었다. 그 책은 전쟁과 전염병이 휩쓸고 간 유럽에 새로운 바람을 불게 했으며, '세상에서 가장 기이한 책'이 되었다. 600년 후, 이 책이 중국으로 들어와 《환우기寶宇記, The Description of the world》, 《마르코 폴로 여행기馬可波羅行記》(1936)[36]라고 불렸다. 지금은 대개 《마르코 폴로 여행기馬可波羅遊記》라고 부른다. 그가 들려준 원나라의 비단과 설탕, 화려한 도시에 관한 이야기는 당시 상대적으로 낙후되었던 유럽에서 엄청난 반향을 불러일으켰다. 설사 그가 껍질을 벗긴 채 살아 있는 것을 통째로 삼키는 무두인無頭人에 대한 이야기를 하고, 다리가 세 개 달린 닭 이야기 같은 것을 한다고 해도 이제는 아무도 의심하지 않았다. 그러나 마르코 폴로는 죽기 전에 고향 사람에게 이렇게 말했다.

"나는 내가 본 것의 절반도 아직 이야기하지 않았네."

그래서 유럽인들은 동방을 황금이 널려 있는 천당이라고 상상했다. 그들은 돛을 올리고 아득히 머나먼 동방으로 항해를 시작했으며, 항해를 전문으로 하는 자들과 탐험가, 여행가들이 줄줄이 나타났다.

대막으로 돌아가다

중국 각 왕조의 역사를 펼쳐보면 비슷한 현상을 하나 발견할 수 있다. 왕조의 건립자들이 대부분 재간이 있고 매력적인 활동가라는 것이다. 그러나 그로부터 몇 대가 지나고 나면 이야기가 달라진다. 그야말로 '용두사미'가 되는 경우가 많았던 것이다.

궁정이라는 환경에서 성장한 황태자나 황손은 대체로 연약하고 무력하며, 방탕하고 제멋대로 하는 경우가 많았다. 물론 가끔 강인한 군주나 지혜로운 대신이 나타나 그들의 타락을 막기는 했지만 대체로 계속 하락하는 분위기였으며, 결국 피비린내 나는 기의와 정변이 일어나 왕조가 뒤집히면서 왕조의 순환이 다시 시작되곤 했다.

원 역시 예외가 아니었다. 쿠빌라이가 수도를 말발굽 소리 요란한 카라코룸에서 만리장성에 가까운 개평으로 옮기고, 이어서 푸른 나무가 우거진 북경의 궁전으로 옮긴 후, 초원의 매서운 숫매들은 점차 궁중의 돈 많은 도련님으로 바뀌었다. 쿠빌라이의 손자 티무르가 그나마 좀 현명했던 것을 제외하면 나머지 대칸들은 모두가 연약하고 무능해 존재감이 거의 없었고, 궁정 내에서는 서로 죽고 죽인다는 소문이 끊임없이 흘러나왔다. 쿠빌라이가 세상을 떠난 지원 31년(1294)부터 최후의 황제로 즉위한 원 순제順帝 토곤 티무르(몽골식 존호는 오하토칸) 원통元統 원년(1333)에 이르기까지, 39년 동안 무려 아홉 명의 황제가 즉위할 정도로 계속 바뀌었는데, 그중 두 명의 황제는 재위 기간이 두 달도 되지 않았다. 마지막 황제 토곤 티무르는 재위 기간이 가장 길었지만, 상을 남발했고 돈을 함부로 마구 써 댔다. 황하가 해마다 범람하는 상황에서도 권신들이 탈법으로 진행하는 '변초變鈔'[37]와 '개하開河'[38]를 지지해, 결국 황하의 치수 작업을 하던 농민 한산동韓山童과 유복통劉福通이 홍건적의 난를 일으켰다.

바람과 구름이 일어나듯 영웅들이 교대로 나타난 이번 기의의 물결 속에서 거지이자 중 출신인 한인 주원장朱元璋이 나타났다. 그는 각 지파 기의군을 통합해 원 순제 지정 28년(1368) 초, 응천應天(난징南京)에 '대명大明'을 세우고, "오랑캐를 쫓아내고 중화를 회복하며, 기강을 바로 세우고 백성을 구제한다"라는 북벌 구호를 내세웠다. 같은 해 여름, 명의 장군 서달徐達이 이끄는 북벌군이 통주通州를 함락하고 대도大都(베이징)을 압박하며 쳐들어왔다. 두려움에 빠진 토곤 티무르는 신하들의 거듭된 권고를 물리치고 별빛 찬란한 어느 밤, 후비와 태자를 거느리고 건덕문建德門을 열고서 거용관居庸關을 거쳐 상도(내몽골자치구 돌론, 정란기 근처)로 도망쳤다. 이때부터 몽골인은 다시 '자유'로워졌다.

'자유'로워진 이후 몽골인은 자신들의 낯익은 고향에 '북원北元'[39]을 세웠다. 중국을 거의 100여 년 동안 통치했던 원 왕조가 마침내 끝나고 몽골 세력이 장성 밖으로 물러난 것이다.

그런데 여기서 설명해야 할 것이 있다. 토곤 티무르의 묘호가 '순제'가 아니라 '혜종惠宗'이라는 점이다. 원 순제順帝라는 호칭은 몽골인이 준 것이 아니다. 명의 개국 황제 주원장이 티무르가 "천의에 순응해 대도를 내놓았다"는 의미를 담아 조롱하는 뜻으로 붙여준 호칭이다.

몽골인이 중원에서 쫓겨나고, 아득한 만리장성이 새롭게 세워졌다. 두 개의 문명이 갈라지는 곳에 1만 리에 걸친 성벽이 다시 생겨난 것이다. 그들은 함께 같은 대지 위에 살았고 공동 유전자를 가졌지만, 서로 용서하며 평화롭게 공존할 수는 없었다. 그들은 물과 기름처럼 서로 섞일 수 없는 두 개의 세력이었다. 사실 원이라는 왕조의 성립은 초원과 내지가 융합할 수 있는 절호의 기회였지만, 당시에는 누구도 그렇게 하려고 하지 않았다. 원 순제가 대막大漠으로 물러남에 따라 "오랑캐를 쫓아내고 중화를 회복한다"를 외치던 주원장의 목표는 실현되었고, 중국은 다시 원래의 출발점으로 되돌아갔다.

몽골인이 세운 원 왕조의 멸망과 더불어 몽골이 러시아에 세운 킵차크 칸국, 중앙아시아에 세운 차가타이 칸국, 이란에 세운 일 칸국도 점점 쇠망해갔다. 그 원인은 아마도 문화적인 낙후성 때문이었을 것이다. 몽골인은 인구가 적었을 뿐 아니라 자기 민족보다 선진적인 속국의 언어, 종교, 문화를 사용하면서 자기들의 특징을 잃었다. 일 칸국은 이슬람에 동화되었고, 킵차크 칸국은 동방정교를 받아들이거나 이슬람에 귀의했다. 원 왕조는 유가 학설을 받아들였고 한인의 통치제도와 생활 습성을 받아들였다. 몽골 본토만이 여전히 계속 몽골 혈통을 유지했다. 그러나 그곳에서 그들이 믿은 종교는 불교였다. 관용과 평화를 추구하는 불교 교의는 세력 확장을 향한 그들을 꿈을 억제했으며, 몽골인은 이때부터 온순하게 침묵하는 민족으로 변했다.

몽골인의 쇠락 과정에서 경제적 요인 역시 무시할 수 없다. 수렵 경제 수준에 있는 민족은 농경문명 지역처럼 발달된 경제 관념을 갖출 수가 없었다. 한 곳을 정복할 때마다 그들은 언제나 성을 불태우고 사람들을 거의 몰살시켰다. 기술자들만 겨우 남겨 무기를 만들게 했으며, 자신들이 파괴한 폐허 위에 몽골인의 심미관에 따라 새로 도시를 세웠다. 그들은 농경을 중시하지 않았고 상업 경영을 알지 못했다. 그래서 먹을 것이 없어질 지경에 이르러서야 회족回族 아흐마드(1220~1282)에게 요청해 재물을 거두게 했다. 유물론의 관점에 따르면, 선진적 경제 기초가 없으면 상응하는 선진적 상층 건축물을 지을 수 없다. 경제와 문화가 낙후한 정권이 얼마 안 되는 기병에만 의지해 장기적으로 정권을 유지할 수는 없는 일이었다.

또 하나 몽골인의 쇠락 과정에서 절대 빼놓을 수 없는 것이 몽골인의 낙후한 분봉제도였다. 칭기즈칸의 통치 형식은 이집트의 피라미드, 로마의 언덕만큼이나 오래된 방식이었다. 그는 장점보다 단점이 많다고 판명된 중국 춘추시대의 분봉제도를 사용했다. 빼앗은 토지를 인위적으로 아들들에게 나눠준 것이다. 그의 손자 대에 이르러 마침내 그 단점이 나타났다. 쿠빌라이와 동생 아리크 부케가 칸의 자리를 놓고 싸운 투쟁이 몽골인을 두 개의 진영으로 갈라놓았던 것이다. 후에 일 칸국의 훌라구가 이슬람의 칼리파 정권을 공격할 때 이미 이슬람교에 귀의한 킵차크 칸국과 분규가 일어났다. 결과적으로 훌라구는 그 분규 때문에 군대를 빼내지 못했고, 시리아에서 포위되어 섬멸당한 자신의 군대를 지원할 수 없었다. 그 후 우구데이 칸국의 카이두 역시 쿠빌라이와 40년에 걸친 내전을 벌였고, 결국 쌍방이 각자 정권을 세우면서 끝났다. 내부 투쟁 때문에 네 개의 칸국은 서로를 견제했으며 서로 군대를 지원해주지도 않아 결국에는 외부 세력에 의해 각개격파를 당했다.

그 어떤 거대한 군사 제국이라고 해도 오랫동안 유지되기는 힘들다. 제국이 커질수록 정규군의 숫자는 많아지고, 군사의 숫자가 많아질수록 집에 남아 밭을 갈고 가축을 기르는 사람 수는 적어지게 마련이다. 후방 보급과 군비가 부족한 상황에서 그들은 결국 평민들을 쥐어짜거나 아니면 인근 지역에 가서 강제로 약탈할 수 밖에 없다. 말하자면 내부적으로는 붕괴가 가속화되고, 외부적으로는 사면에 적이 생겨, 영원히 되돌릴 수 없는 나락으로 떨어지게 되는 것이다.

세계 제국의 꿈

원 왕조의 흥망사를 읽으면서 이제 몽골 서정이 남긴 결과에 주의를 기울여야 할 때가 되었다. 바로 몽골의 4대 칸국에 대한 이야기다.

킵차크 칸국, 러시아의 '기초'가 되다

끊임없이 흐르는 풍요롭고 아름다운 볼가강 물줄기는 부유한 러시아 초원을 만들었다. 그곳은 칭기즈칸 장남의 봉지였다. 그곳의 원래 이름이 킵차크초원이었기에, 그곳을 킵차크 칸국이라 불렀다. 칭기즈칸의 장남 주치의 천막을 멀리서 바라보면 금빛 찬란했는데, 그 때문에 그곳을 한자어로 '금장한국金帳汗國', 즉 '황금 군단'이라고 불렀다.[40] 칸국의 도성은 오늘날의 볼가강 유역에 있는 사라이에 있었다.

주치가 일찍 죽고 그의 장자인 오르다와 그 후손이 오늘날 시베리아와 카자흐스탄의 큰 영토를 나눠 킵차크 칸국의 '백장한국白帳汗國', 즉 '백색 군단'이 형성되었다. 그것이 역사서에서 말하는 동東킵차크 칸국이다.

절반의 중국사

칸국의 열한 번째 칸인 톡타미슈가 처음엔 티무르와 연합했으나 나중에 갈라졌고, 결국 강인한 티무르에게 격파당했다. 20년 후 동킵차크 칸국은 사라졌다.

주치의 막내아들 샤이반은 남우랄 일대를 나눠가졌다. 그곳에 '남장한 국藍帳汗國(청장한국)', 즉 '푸른 군단'을 세웠지만, 그는 맏형과 함께 둘째 형 바투의 킵차크 칸국을 종주로 삼았다. 1428년, 샤이반의 후예인 소년 영웅 아불카이르칸(1412~1468)이 부중을 이끌고 남하해 중앙아시아에서 티무르의 자손을 격파하고 우즈베크라는 나라를 세웠는데, 이것이 바로 우즈베키스탄의 기원이다.

주치의 둘째 아들 바투는 아버지 봉지의 관할권을 계승했다. 사실상 바투의 영토는 대부분 자신이 이끈 서정의 결과로 얻어진 것이었다. 바투는 1237년에 우구데이의 명령을 받아 병사를 이끌고 서정해 키예프 공국의 초원과 경작지, 내해內海, 성 등을 모두 손에 넣었다. 원元 투레게네 원년 (1242) 봄, 장례를 치르기 위해 몽골 대군은 머나먼 중국으로 돌아왔지만 주치는 남아서 승리의 열매를 향유했다. 이후 240년 동안 키예프 공국 사람들은 몽골인을 만나면 반드시 무릎을 꿇고 절을 해야 했으니, 위반하는 자는 즉시 목이 날아갔다.

하지만 킵차크 칸국의 통치자들은 결코 진정한 국가를 만드는 데 열중하지 않았다. 그들의 관심은 그저 작은 공국의 왕자들에게서 세금을 거둬들이고 먹을 양식과 보석 등을 받아내는 데 있었다. 남방에 있는 자신들의 천막에서 주지육림에 빠져 신나고 재미있게 살면 그뿐이었다.

이때 한 작은 공국이 몽골 칸의 환심을 샀다. 모스크바 공국은 러시아평원 동부의 삼림에 있었다. 1147년 초, 모스크바는 조금 큰 마을에 불과했다. 모스크바는 그 당시 블라디미르-수즈달 공국에 예속되어 있었다. 몽골인은 수즈달 공국을 파괴한 후 모스크바를 공국으로 승격시켰다.

그런데 이 작은 공국의 국왕은 얼굴이 아주 두꺼워서, 몽골인이 자신의 왼쪽 얼굴을 때리면 자진해서 오른쪽 얼굴을 내주는 자였다. 특히 모스크바의 두 번째 왕공이었던 유리는 킵차크 칸국의 우즈베크 칸에게 뇌물을 주었다. 트베르 공국의 왕공 미하일이 갖고 있던 '블라디미르와 전全 러시아 대공'이라는 번지르르한 호칭을 빼앗기 위해서였다. 목적을 이룬 유리는 칸국을 대신해 속국에서 세금을 받아내는 일을 했다. 킵차크 칸국의 위세를 등에 업고 호가호위하던 이자는 점차 자기와 어깨를 나란히 했던 공국들을 없애고 한 걸음씩 착실하게 성장해갔다. 얼마 지나지 않아 그는 곧 킵차크 칸국의 악몽이 되었다.

후에 자칭 칭기즈칸의 후예라는 튀르크인 티무르가 군대를 이끌고 사라이를 파괴했고, 킵차크 칸국은 쇠락의 길로 들어섰다. 이어서 킵차크 칸국은 카잔, 크림, 아스트라칸, 시비르 등 작은 칸국들로 분열되었다. 이때부터 킵차크 칸국의 위세는 크게 손상되었다. 동시에 모스크바 공국이라는 반짝이는 별이 서서히 떠오르기 시작했다. 이반 2세 때부터 모스크바 공국은 킵차크 칸국에 세금 내는 것을 거부했다.

마치 하인이 주인의 뺨을 때리는 격이었으니, 분노한 킵차크 칸국은 모스크바와 전쟁을 벌였다. 1380년, 동방의 명 왕조가 몽골인을 격퇴하던 시절, 서방의 모스크바 공국은 불패 신화를 가진 몽골 군대에게 승리를 거두었고, 불후의 신화는 드디어 깨지기 시작했다.

이반 3세가 즉위한 후 몽골인의 악몽은 계속 이어졌다. 1473년에 비잔티움제국 소피아공주를 아내로 맞이한 후 더욱 발호하며 전횡을 하면서 자신이 비잔티움제국의 계승자라고 큰소리를 쳤다. 그는 콘스탄티노플을 대표하는 쌍독수리가 들어간 방패 모양의 문장을 나라의 휘장으로 사용했고, 궁정에서는 비잔티움의 의례를 이어 받아 그대로 행하면서 자신이 세계 유일의 제3의 로마제국 지도자라고 했다.

명분상 자신이 주인이라고 생각했던 몽골인은 일련의 사건들을 더 이상은 참아낼 수 없었다. 그래서 킵차크 칸국의 아흐메드칸은 1479년에 리투아니아와 연합해 모스크바로 진격하기로 했다. 날은 춥고 양식은 부족한 상태에서 리투아니아가 약속을 지키지 않는 바람에 아흐메드는 어쩔 수 없이 러시아 국경에서 철수해야 했고, 우그라강 전역戰域은 동력을 잃었다. 러시아는 이때부터 몽골인 200년의 통치에서 벗어나게 되었다.

킵차크 칸국의 진정한 악몽은 이반 대공(이반 4세, 그의 어머니는 킵차크의 후예인 예레나)이라는 젊은이에게서 시작되었다. 1547년, 겨우 16세인 이반은 친정을 선포하고 정식으로 자칭 차르('케사르'의 러시아식 발음)라 했다. 이에 모스크바 공국은 '제정러시아'로 이름을 바꾸었다. 그는 지혜롭고 재능이 있었으며 야심만만한 인물이었다. 의지가 강했을 뿐 아니라 광인처럼 냉혹하고 무정했다. 그는 태자를 때려서 죽이기까지 했다. 그래서 '뇌제雷帝', '무서운 이반'이라는 별명을 얻었고, 훗날 개혁에 반대하는 태자를 죽인 표트르 1세와 자신의 아내를 죽게 만든 스탈린, 레슬링과 유도를 좋아하는 푸틴의 우상이 되었다.

제정 러시아는 킵차크 칸국에 속했던 작은 칸국들을 침략해 카잔 칸국, 아스트라칸 칸국, 시비르 칸국 등이 줄줄이 러시아의 속국이 되었다. 그러나 시간이 흐르면서 이반은 강권에만 의지해서는 피정복자를 누를 수 없다는 점을 깨달았다. 특히 크림반도의 타타르 칸국처럼 반골 기질이 농후한 자들은 더욱 그러했다. 당시 러시아 조정에서는 3분의 1에 달하는 귀족들이 몽골 혈통을 갖고 있었다. 조정 내부의 몽골인을 이용하여 외부의 몽골, 특히 크림반도의 타타르인에 대항할 방법은 없는지, 이반 4세는 깊은 고민에 빠졌다.

그러던 어느 날, 이반 4세는 갑자기 모든 권력을 버리고 칭기즈칸의 직계 후손인 시메온 베쿠불라토비치를 왕으로 세우고, 자신은 귀족으로 남겠다고 선포했다.

　국왕이 바뀌었다는 소식이 들리자 모든 사람들이 놀라워했고, 특히 군사적 움직임을 보이려는 몽골인을 잠재웠다. 러시아인은 성공리에 몽골 세력을 맹방으로 만든 것이다. 다음 해 시메온이 왕위를 버리고(분명히 이반 4세의 계획이었을 것이다) 이반 4세가 다시 왕좌에 올랐다. 이 기묘한 쇼를 통해 이반 4세는 명실상부한 몽골의 계승자가 되었다.

　그 후 러시아제국의 황위는 서방에서 '차르'라고 불렸고, 동방에서는 차간칸(몽골어로 '백인 칸'이라는 뜻)이라 불렸다. 러시아인은 몽골제국의 영향력을 이용해 자신들의 영토를 아주 '당당하게' 킵차크 칸국이 통치했던 지역까지 넓혔다.

　1581년, 러시아는 840명의 코사크 중죄인들을 시베리아로 보냈다. 전면 무장을 한 망명의 무리들이 우랄산맥을 넘어 물길을 통해 시비르 칸국을 공격했다. 장총과 화포로 무장한 자들이 손에 활과 큰 칼을 든 시베리아 토착민을 향해 사격을 개시했다. 이에 두 눈이 멀어버린 쿠춤칸이 절망 속에서 투항했고, 러시아는 마침내 시비르 칸국을 정복했다. 그 후 그들은 공격을 계속하면서 요새를 쌓았다. 그러다 보니 그들은 어느새 태평양 연안을 향해 웅장한 서사시와 같은 진군을 하게 되었다.

　1656년, 러시아인에게 고용된 덴마크 항해사 비투스 베링Vitus Bering이 무인 지대인 북극해 해안선을 따라 아시아와 아메리카의 분기점이 되는 해협에 도착했다. 러시아인들은 그의 이름을 따서 이 해협을 '베링해협'이라고 이름 붙였다.

　1783년, 끝까지 저항하던 크림 타타르 칸국이 정복되었다. 이때부터 러시아의 영역은 유럽에서부터 아시아 동쪽 끝까지 확장되었다. 발트해 연안에 있는 상트페테르부르크에 밤이 내려앉을 때 태평양 연안에 있는 블라디보스토크는 이제 막 새벽이 되었다. 누군가가 "이것은 국가가 아니라 그야말로 하나의 세계다"라고 경탄한 것도 이상한 일이 아니다.

이제 러시아인은 킵차크 칸국의 영역을 거의 계승했다. 킵차크 칸국이 만들어놓은 기초가 없었다면 유럽 국가로서 러시아의 세력 범위가 머나 먼 아시아 극동 지역까지 확장될 '이유'가 없었다.

몽골인 권력의 꽃은 러시아에서 이렇게 화려하게 피어났고, 또한 가장 처절하게 시들었다.

차가타이 칸국이 서역에 뿌리를 내리다

차가타이는 칭기즈칸의 둘째 아들이다. 차가타이 칸국의 세력 범위는 그 다지 넓지 않았다. 칭기즈칸이 신장위구르와 주변 지역을 정복한 후, 카라 키타이의 옛 땅과 위구르 옛 땅을 차가타이에게 분봉했다. 그 중심은 현재 의 일리伊犁 북부에 있는 알말리크(알말릭)였다.

몽골인은 남을 정복하는 것이 습관과 같았기에 형제 역시 정복의 대상 이 되었다. 14세기 초, 차가타이 칸 두와와 우구데이 칸 차파르(카이두의 아 들) 사이에 강역 문제로 충돌이 일어났다. 조상 때부터 줄곧 동맹을 맺어 온 원나라 티무르는 군대를 파견해 차가타이와 함께 차파르를 협공했고, 우구데이 칸국은 차가카이 칸국의 판도에 들어오게 되었다.

문제는 계승자에게서 발생했다. 두와는 죽기 전에 작은아들을 계승자 로 삼았다. 그러나 맏아들이 어찌 가만히 있었겠는가? 이에 동생 케벡은 칸의 자리를 형인 에센 부카에게 주었다. 그러나 후에 다시 측근의 사주로 복위를 선포했고, 도성을 알마리크에서 사마르칸트로 옮겼다.

사원 하나에 주지가 둘이 있는 상황이었으니, 각자 자기들만의 경전을 읊어댈 수밖에 없었다. 항상 농업을 발전시키고 싶어 했던 케벡과 유목 전 통을 지키려 했던 에센 부카 사이에는 불화가 생겼고, 칸국은 결국 동서 두 부분으로 갈라졌다. 에센 부카는 동부 칸이 되었다. 그의 통치 구역은 알

신장위구르자치구 호탄에서 야르칸드로 가는 길.

마리크를 중심으로 카슈가르와 투르판 일대를 포함했다. 케벡은 서부 칸이 되었고, 사마르칸트를 중심으로 트란스옥시아나 지역을 다스렸다. '형제가 분가하면 3년 동안 가난하다'는 말도 있거니와, 하나의 칸국이 갈라졌음에랴. 두 명의 지도자가 나타난 후 차가타이 칸국이 쇠락해진 것은 당연한 일이었다.

1370년, 서차가타이 칸국은 튀르크화된 몽골 귀족 티무르에게 멸망당했다. 1500년, 주치의 아들 샤반의 후예가 이끄는 우즈베크 유목부락이 티무르의 후손을 쫓아내고 서차가타이 옛 땅에 우즈베크 칸국을 세웠다.

우즈베크 칸국의 건립과 동시에 오늘날 신장위구르자치구 짐사吉木薩 북쪽의 파성자破城子(베슈발리크)와 이닝시('일리발리크', '굴자'라고도 함)를 중심으로 삼았던 동차가타이 칸국 역시 1514년에 아흐메드칸의 셋째 아들 사이드가 세운 야르칸드 칸국에 자리를 내주어야 했다.

우구데이 칸국이 짧고 아름답게 피어나다

칭기즈칸의 셋째 아들 우구데이의 봉지는 오늘날 이르티슈강 상류와 발하슈호 동쪽의 나이만 옛 땅이다. 칸국의 수도는 신장위구르자치구 어민額敏현 동쪽의 예미리也迷里성[41]이다.

우구데이의 아들 구유크가 죽은 후, 몽골 대칸의 지위는 우구데이 계에서 툴루이 계로 옮겨갔다. 그때부터 우구데이 칸국과 대칸국 사이의 갈등이 날로 격화되었다. 우구데이의 손자 카이두는 중앙아시아 몽골 종왕宗王 연맹을 조직해 쿠빌라이와 그 계승자의 통치에 대항했다. 쿠빌라이는 어쩔 수 없이 카이두와 오랫동안 전쟁을 하며 많은 대가를 치러야 했다. 중원에서 거듭된 승리를 거둔 쿠빌라이였지만 중앙아시아에서는 잇달아 패배했고, 결국 어쩔 수 없이 중앙아시아에 대한 카이두의 실제 통치권을 인정해야 했다.

야심만만했던 쿠빌라이가 죽자, 우구데이 칸 카이두는 차가타이 칸 두와와 연합해 원 왕조를 상대로 전쟁을 일으켰다. 이들은 한때 위구르 지역까지 관할 구역을 넓혔으며, 수시로 몽골 본토를 밟았다.

차가타이 칸국의 재난은 카이두가 죽은 뒤에 나타났다. 카이두의 무능한 아들 차파르는 갑작스레 차가타이 칸 두와와 영토 분쟁을 일으켰다. 결국 원과 차가타이 칸국은 힘을 합해 그를 암살했다. 원 성종成宗 대덕大德 10년(1306) 가을, 우구데이 군단과 차가타이 군단이 막 격전을 벌이고 있을 때, 카이산이 이끄는 원의 군대가 갑자기 우구데이 군단 배후에서 나타났다. 등 뒤에서 적을 맞은 우구데이 군단은 졸지에 무너져버렸으며, 차파르는 어쩔 수 없이 두와에게 항복해야 했다.

사람들의 눈과 귀를 막기 위해, 두와는 아무것도 모르는 차파르의 동생 양기차르를 꼭두각시로 삼았고, 원 무종武宗 2년(1309), 아무래도 상황이 좋지 않음을 알아챈 차파르는 원으로 도망쳤다. 원은 그를 여녕왕汝寧王으로 봉했다. 다음 해, 우구데이의 허수아비 칸은 두와의 아들에게 폐위당했고, 우구데이 칸국은 몽골 칸국 중 가장 먼저 막을 내렸다.

일 칸국이 페르시아고원에 융화되다

몽케는 칸의 자리가 공고해진 후 서정을 계획했다. 마침내 원 헌종憲宗 2년(1252), 키트부카가 선봉이 되어 1만 2천 명의 선봉대를 거느리고 먼저 출정했다. 다음 해 몽케는 다섯째 아들 훌라구에게 "아무다리야강 서쪽 기슭에서부터 이집트 끝까지의 땅 모두가 칭기즈칸의 습속과 법령을 따르게 해야 한다"라는 부탁을 했다. 이때부터 훌라구는 주력군을 이끌고 서쪽으로 아무다리야강을 건너, 태어나고 자란 몽골초원을 영원히 떠났다.

포 부대와 기병 군단, 공성 전문가로 구성된 서정군은 먼저 이스마일파가 통치하던 알라무트 요새(이란)를 공격하고, 이어서 칼리파 무스타심이 통치하던 바그다드를 점령했다. 그런 후, 원 세조 중통中統 원년(1260)에는 다마스쿠스를 점령해 서아시아 전체가 몽골인의 손에 들어왔다.

서방 역사서에서는 서정해 온 몽골인이 이슬람교에 대해 극단적 분노를 표시했다고 하면서, 바그다드를 점령할 때 도시 한 귀퉁이에서 완강하게 저항하던 주민들을 모조리 학살했다고 적고 있다. 또한 수메르인이 고대부터 사용해온, 메소포타미아평원을 풍요로운 땅으로 만들어준 관개수로도 파괴했다고 한다. 이때부터 메소포타미아평원은 폐허가 되어버렸고, 휘황찬란하던 바빌론 문명은 지하에 묻혀버렸다. 4대 문명 고국 중 하나인 바빌론을 매장한 것은 굶주린 늑대와도 같았던 페르시아 양치기나 고대 그리스인이 아니다. 1800년 후에 나타난, 무지하고 두려움 없는 몽골 기병들이었다.

훌라구가 승리의 노래를 부르고 있을 무렵, 중동 민족과 종교를 짓밟고 유린하는 계기를 만든 돌발적 사건이 일어난다. 중국에서 맏형 몽케가 죽었다는 소식이 들려왔고, 이어서 넷째 형 쿠빌라이와 여섯째 아리크 부케가 칸의 자리를 쟁탈하는 내전에 돌입했다는 소식이 전해졌다. 쿠빌라이 편에 서 있던 그는 주력군을 이끌고 동쪽으로 돌아가기로 결정했고, 키트 부카는 시리아를 지키기 위해 5천 명을 거느리고 남았다.

대군이 페르시아에 왔을 무렵, 쿠빌라이가 이미 대칸의 지위를 계승했다는 기쁜 소식이 전해졌다. 훌라구는 계속 동쪽으로 갈 필요가 없다고 생각했다. 지원 원년(1264), 그는 쿠빌라이의 책봉을 받고 자신의 칸국을 '일('부속'이라는 뜻) 칸국'이라 명명했으며, 몽골 대칸의 명령에 복종한다는 표시를 했다. 그러나 이와 동시에 서부에서 좋지 않은 소식이 전해져왔다. 카트부카가 이집트 왕조의 우세한 병력에 포위당해 전쟁에서 패해 죽었으며, 시리아를 잃었다는 것이었다.

그는 복수를 위한 서정을 하기로 했다. 그러나 사촌 형제의 나라 킵차크 칸국이 자신의 땅을 호시탐탐 엿보고 있어서 그만두었다. 이어서 그는 온 힘을 다해 페르시아를 경영하기 시작했다.

일 칸국의 도성은 타브리즈에 있었다. 그들의 강역은 페르시아를 중심으로 동쪽은 아무다리야강, 남쪽은 아라비아해, 서쪽은 지중해, 북쪽은 캅카스에 이르는 지역이었다. 일 칸국은 대칸에 속하기는 했지만, 사실 중국에서 멀리 떨어져 있었고, 실제로 상당한 독립성을 유지하고 있었다.

훌라구의 정치적 치적은 군사적 재능에 비해 떨어지지 않아서, 페르시아에 안정되고 공정한 정부를 세웠다. 조정의 유대인 수상인 사드 웃 다울라와 사학자 라시드웃딘(라시드 앗 딘)은 이란 역사상 존재했던 정치가 중 손에 꼽히는 걸출한 인물들이다. 날카로운 칼 위에 세워진 정권이긴 했지만, 지방 종족과 종교에 대해 관용적 태도를 취했다.[42] 훌라구 후대의 계승자는 현지의 문명적 성과를 인정, 이슬람교를 국교로 받들었다. 이를 계기로 이곳에 뿌리내린 몽골인은 점차 이란 이슬람교에 동화되었다.

일 칸국은 눈이 가려진 채 연자방아를 돌리는 노새처럼, 스스로는 2만 5천 리나 되는 먼 길을 걸었다고 생각했지만, 사실은 한 바퀴를 돌았을 뿐이었다. 후에 봉건군주들이 나타나면서 왕조가 무너지기 시작해, 1353년에 새롭게 굴기한 페르시아 사파비 왕조에 격파당했다. 2년 후 킵차크 칸국의 자니벡칸이 타브리즈를 점령하면서 일 칸국도 마침표를 찍게 된다.

이렇게 몽골이 중국 영토의 바깥에 세운 4대 칸국이 하나하나 사라져 갔고, 칭기즈칸의 세계 제국의 꿈도 자손들의 손에서 철저하게 무너져버렸다. 어떤 곳을 정복하고 점유하더라도 결국은 잃게 되어 있는 것이다.

토목보의 변

이제 몽골 세계 제국의 꿈에서 깨어나 몽골인의 오랜 고향, 드넓은 벌판이 하늘과 맞닿은 몽골 초원으로 시선을 돌려보자.

토곤 티무르가 초원으로 물러난 후, 그를 뒤쫓아온 명 군대는 아주 신속하게 인근의 몽골인을 정복했고, 이어서 오늘날의 랴오둥과 산시, 고비사막 남쪽, 쟈위관嘉峪關 바깥쪽, 하미哈密에 몽골 위소衛所를 설치했다. 명 홍무 20년(1387), 명의 군대는 훌룬부이르에서 원 순제의 손자 토구스 티무르를 철저하게 격파했고, 이름만 있던 북원은 이때부터 사라져버렸다.

세월은 그렇게 빠르지도 느리지도 않게 흘렀다. 20년 후, 혼란한 몽골 초원에 두 개의 세력이 형성되었다. 동부는 '타타르', 서부는 '오이라트'라 불렸다. 우여곡절 끝에 오이라트부가 돌연히 치고 올라와, 오이라트의 에센 타이시(대칸이었던 톡타 부카는 꼭두각시였다)가 몽골을 통일했다.

오이라트부의 우두머리는 이제 명 왕조에게 뒤지지 않는 배경을 만들었다고 자부하며, 명에 공주를 아내로 삼고 싶다고 제의했다. 그러나 명은 에

셴의 화친 요구를 냉정하게 거절하며 돌려보냈다. 명의 군사력이 나날이 약해지고 있다고는 하지만 몽골은 아직 명의 눈 밖에 있었던 것이다.

명 영종永宗 주기진朱祁鎭 정통正統 14년(1449), 에센은 명의 공주를 얻지 못했다는 이유로 군사를 일으켜,[43] 네 갈래로 군대를 나누어서 장성을 넘어왔다. 명과 몽골의 전면전이 일어난 것이다.

소식이 북경으로 전해지자 황제는 즉시 대신들을 소집해 대책을 논의했다. 일이 워낙 갑작스럽게 벌어지는 바람에 대신들도 모두 어찌할 바를 모르고 있었는데, 오직 한 사람만이 무척 흥분했으니, 바로 태감 왕진王振이었다. 왕진은 자신이 군대를 이끌고 나가 싸우겠다고 했을 뿐 아니라 영종에게도 친히 전쟁터에 나가야 한다고 종용했다.

왕진은 오늘날의 허베이성에 있던 울주蔚州 사람이었다. 그는 벼슬길에 나아가지 못한 것을 늘 마음에 걸려 했다. 한번 지은 죄 때문에 다른 선택의 길이 없던 막다른 골목에서 놀라운 행동을 했으니, 스스로 거세하고 환관이 되어서 궁정으로 들어온 것이다.

뱃속에 어느 정도 먹물이 들어 있던 이 환관은 궁으로 들어오자마자 명 선종 주첨기의 명령을 받아 태자 주기진朱祁鎭에게 공부를 가르쳤다. 주기진이 태자에서 황제가 됨에 따라 왕진도 태감의 최고 직책인 사례감司禮監이 되었다. 이제 그는 황제와 무슨 말이든 나눌 수 있는 가장 가까운 사이가 되었으며, 황제를 대신해서 결재권을 행사하는 권력까지 갖게 되었다. 그의 권력이 조정을 뒤덮을 정도가 된 것이다. 그러나 왕진은 여기에 만족하지 못했다. 조상을 빛내고 영원히 역사에 이름을 남기고 싶어 했다. 이 꿈을 실현시키기 위해 필요한 오직 하나, 군사적인 공적을 세우지 못하고 있던 참이었다. 군대에서 공적을 세우려면 반드시 장군이 되어야 했다.

인간만이 유일하게 고삐를 하지 않고도 끌려가는 동물임을 잊어선 안 된다. 그것은 권위가 세상을 뒤덮는 황제의 경우도 마찬가지다. 과연, 일런의 논의가 오간 끝에 영종은 결국 왕진과 함께 50만 군대(사실은 30만 대군)를 이끌고 오이라트와의 전쟁에 나섰다. 오랫동안 깊은 궁궐에 있던 영종이 처음으로 군대를 이끌었고, 한 번도 전쟁터에 나서본 적이 없었던 왕진이 졸지에 감군監軍(실질적인 최고 결정권자)이 되었다.

조서가 내려가자 조정의 안팎이 들끓었다. 신하들은 황제에게 명령을 거둘 것을 주청했고, 머리를 땅바닥에 대고 하도 절을 해서 이마에서 피가 흐를 정도였다. 그러나 황제는 명령을 거둘 의사가 조금도 없었다.

세심한 준비를 할 여유가 없었기에 맹세의 의식을 올릴 틈도 없었다. 명의 군대는 7월 17일, 졸지에 출정해야 했다. 황제와 병사들은 길고 긴 여정에 올랐다. 산 넘고 물 건너는 길 내내, 준비가 없었던 대군은 풍찬노숙을 하느라 심신이 지칠 대로 지쳐버렸다. 8월 1일, 오늘날 산시성 다퉁大同에 도착한 대군은 명의 군대가 계속해서 패전하고 있다는 소식을 접했다.

왕진은 불안해하며 덜덜 떨기 시작했다. 각지에 나가 있던 대군에게 지원이 절실했던 순간, 왕진은 영종에게 군대를 후퇴해 조정으로 돌아가겠다고 명령하도록 종용했다. 결국 군대를 돌려 돌아오는 도중, 권세를 자랑하고 싶어진 왕진은 영종에게 자신의 고향인 울주를 순행하자고 권유했다. 사실 이 결정은 계획된 것이었다. 울주는 자형관紫荊關에서 북경으로 들어오는 길목에 있었기 때문이다.

그러나 8월 3일, 대군이 갑자기 멈춰 섰다. 대규모 군대가 자신의 농지를 밟을까봐 걱정이 된 왕진이 군대를 멈추게 한 것이다. 그리고 동쪽으로 길을 돌리게 했다. 이 결정 때문에 대군은 도중에 노선을 바꿔야만 했는데, 그것은 올 때 지나왔던 거용관을 통해 북경으로 들어가야 한다는 것을 의미했다. 방대한 대군의 규모에 움직임이 매우 굼떴던 데다 이렇게 길까지 바꾸어 가라고 하니 병사들의 원성이 넘쳐났다. 그러나 그저 단순하게 원망만 하고 말 일이 아니었다. 병사들은 이미 가장 좋은 퇴각의 기회를 놓쳐버렸던 것이다.

고도로 치열한 전쟁을 하고 있는 상황에서, 한쪽이 주저하고 망설이면 그것은 상대방이 큰 걸음으로 쳐들어올 수 있는 가장 좋은 기회가 된다. 느리게 움직이던 명의 군대가 오늘날 허베이성 회래성懷來城 바깥의 토목보 土木堡에 도착했을 때, 거대한 함성과 함께 밀려든 오이라트 기병에 겹겹이 포위되었다. 토목보에는 수원지가 없었다. 게다가 명 군대에 식량 공급이 차단되니, 굶주리고 추위에 지친 30만 명의 병사들은 이전에 겪어본 적 없는 곤경에 처했다. 어떻게 해볼 수 없는 상황에서 명나라 군대는 참호를 파기 시작했고, 그것에 기대어 오이라트 기병 군단과 대치 국면을 형성했다.

물론 5만~6만 명의 오이라트 기병이 참호를 파는 명의 수십만 군대를 완전히 무너뜨릴 수는 없었다. 그래서 오이라트군은 거짓으로 철수하는 척하며, 사람을 보내 명의 군대와 강화를 요청했다.

조금이라도 군사 지식이 있고 경험이 있는 사람이라면 명의 군대가 가장 위험한 상황에 처했음을 감지할 수 있었다. 사나운 호랑이의 미소를 보고 속으면 안 된다. 그것은 사람을 잡아먹기 위해 이빨을 갈고 있다는 것을 의미하기 때문이다. 그러나 순진한 왕진은 그 미소가 진실한 것이라고 여겼고, 군영을 이동해 물가로 전진하라고 명령을 내렸다. 명의 군대가 3리쯤 갔을 때, 이미 사라진 줄 알았던 적들이 다시 나타났다. 오이라트의 기마 군단이 군진을 유린하고 들어와 긴 칼을 높이 들어 대군을 베었다. 여러 차례 타격을 받았던 명의 군대는 드디어 무너져버렸고, 그들은 오이라트 기병이 칼 쓰기 연습을 하는 과녁이 되어버렸다.

국면을 통제할 수 없는 상황에서 영종의 호위장군인 번충樊忠은 이 전쟁의 수괴인 왕진에게 마음속 가득 차 있던 원한을 쏟아부었다. 자신만이 옳다고 여겼던 이 교만하고 제멋대로 하는 감군을 긴 몽둥이로 때려죽인 것이다. 그 후 번충은 영웅적으로 전사했다. 왕진의 말만을 따르던 영종은 에센의 포로가 되었고, 그는 자신의 젊음(23세)과 사람에 대한 가벼운 믿음으로 인해 참혹한 대가를 치러야 했다.

더욱 처참했던 것은 정예병을 포함한 명의 수십만 군대가 궤멸되었다는 사실이다. 수행했던 문신과 무장들은 앞다퉈 지옥에서 자신들이 돌아갈 곳을 찾아야 했다. 이것이 바로 '토목보의 변土木之變'이다.

북경 방어전

마치 연극처럼, 수십만 명의 군대를 단숨에 삼킨 에센은 영종을 끼고 자형관을 거쳐 북경성 바로 밑까지 왔다. 그리고 인질로 잡은 영종을 방패로 삼아 명에 자신들의 뜻에 따를 것을 요구했다. 명 왕조가 생사존망의 역사적 기로에 서 있게 된 것이다.

북경성은 통곡과 원망과 다툼의 소리로 가득 찼다. 황후는 울다가 여러 차례 혼절했고, 명령을 받아 감국監國을 맡고 있던 영종의 동생 주기옥朱祁鈺도 정신이 없어 어찌할 바를 모르고 있었다. 명 최고의 정예병들이 이미 토목보에서 전멸해 수도 북경의 군사력은 공백 상태였다. 오이라트가 쳐들어온다면 모든 것이 사라질 상황이었다. 게다가 황제가 적군의 손에 있으니, 만일 난리 통에 황제가 다치기라도 한다면 그것은 멸족의 큰 죄가 될 노릇이었다. 만일 도망친다면 명은 영토의 절반을 잃을 것이고, 남쪽으로 밀려나야 했던 북송의 역사를 되풀이하게 될 것이었다. 그리고 아마도 후대인들은 역사의 치욕적 기둥에 그들을 묶어두는 평가를 내릴 것이다.

지키려니 지킬 수가 없고, 싸우려니 싸울 수도 없으며, 도망치려고 해도 도망칠 수 없는 상황이었다. 조정에서는 한바탕 논쟁이 벌어졌다. 서정徐珵이라는 대신이 먼저 발언했다.

"내가 밤에 천상을 보고 역수歷數를 대조해보니, 천명이 이미 다했다오. 조정을 남쪽으로 옮기는 것만이 이 재앙을 피할 수 있는 방법이오."

그의 말이 끝나자마자 여러 대신이 앞다퉈 그 말에 동조했다. 그때 어디선가 "남쪽으로 조정을 옮기자는 건의를 하는 자는 모두 죽이리라!"라는 말이 들려왔다. 그 말을 한 사람은 우겸于謙(1398~1457)이었다. 그는 강고한 주전파였다.

우겸은 홍무 31년(1398)에 절강(저장) 전당현錢塘縣(항저우杭州)의 평범한 집에서 태어났다. 그는 23세가 되던 해에 진사시험에 붙어 어사御使가 되었다. 반란을 일으킨 친왕 주고후朱高煦를 통렬하게 논박해 뛰어난 재능을 보였고, 이어서 몇 차례에 걸쳐 어려운 사건을 잘 해결해 이름을 떨쳤다. 직급도 빠르게 올라 32세 나이에 정3품에 해당하는 병부우시랑兵部右侍郎이 되었다.

어려서부터 악비와 문천상을 사모했던 이 소장파 관원은 상서尙書 왕직王直 등의 신하들과 협력해 태후의 명을 받들어 주기옥을 황제로 세웠다. 그리고 포로가 되어 잡혀간 영종을 태상황으로 세워 오이라트의 '인질 방패' 음모를 철저하게 깨버렸다. 원래 분수를 지키며 일생을 번왕으로 지내려 했던 주기옥에게 뜻밖의 행복이 찾아왔으니, '토목보의 변'으로 인해 갑자기 황제가 된 것이다. 그의 연호가 경태景泰였기에, 그 시대를 대표하는 유명한 도자기 역시 '경태람景泰藍'으로 명명되어 세상에 이름을 떨쳤다. 위대한 북경 방어전의 서막이 열리고 있었다.

우겸은 22만 병력을 북경으로 불러들였다. 그런 후 먼저 성벽을 공고하게 쌓았다. 여러 장군이 성 주변에 먹을 것과 마실 것, 머물 곳 등을 없애버려야 한다고 건의했으나 그런 의견은 결연히 물리쳤다. 우겸은 오히려 대군 전체에게 명령을 내려 북경성 아홉 개 성문에서 대오를 이루어 적을 맞이해 싸우라고 했다. 가장 놀라운 일은 한 번도 전쟁을 지휘해본 적이 없는 우아한 서생 우겸이 다음과 같은 세 개의 군령을 내렸다는 것이다.

첫째, "금의위錦衣衛는 성내를 순찰하라. 갑옷을 입었으면서도 성문 밖으로 나가 싸우지 않는 자는 누구를 막론하고 죽여라!"

둘째, "모든 장군과 병사들은 영용하게 적을 죽여라! 전쟁이 시작되는 순간이 바로 죽을 각오로 싸워야 할 때이다! 전쟁에 임하여 장교가 군대를 돌아보지 않고 먼저 도망치면, 즉시 그 장교의 목을 벤다! 전쟁에 임하여 군대가 장교를 등지고 먼저 달아나면, 뒤따라오는 군대는 즉시 앞의 군대를 참하라!"

셋째, "대군이 전쟁하는 날, 장군들이 군사를 이끌고 성을 나선 후엔 즉시 북경성 아홉 개의 성문을 닫아라! 제멋대로 성으로 들어오려 하는 자가 있으면 즉시 베어라!"

전형적인 '파부침주破釜沉舟(밥 지을 솥을 깨고 배를 가라앉히다)'요, 진정한 '어사망파魚死網破(물고기도 죽고 그물도 찢기다)', 즉 사생결단의 자세였다. 멀리서 온 오이라트 군대는 나라를 지켜야 한다는 막중한 책임감을 가진 명 군대의 장군과 병사들의 기세에 일단 눌릴 수밖에 없었다. 게다가 명의 군대에는 세계에서 가장 선진적인 무기를 가진 신기영神機營[44]이 포진하고 있었다. 결과적으로 몽골 기병 군단은 패배했고, 에센은 어쩔 수 없이 초원으로 돌아가야 했다.

다음 해, 거의 폐인이 된 영종이 명으로 돌아왔다. "몸이 부서지고 뼈가 가루가 되어도 두려워하지 않을 것이니, 다만 세상에 나의 순결하고 청렴한 마음만을 남기리"[45]라고 노래한 우겸이 없었다면, 에센은 아마도 또 하나의 칭기즈칸이 되었을 것이다. 에센은 제2의 칭기즈칸이 되지 못했지만, 우겸은 제3의 악비가 되었다.

남궁에서 다시 황위에 오르다

과거에 송의 고종은 온갖 계책을 다 짜내어 아버지와 형이 조정으로 돌아오는 것을 막았고, "황룡부로 바로 쳐들어가 두 분 황제를 모셔오리라"라고 우직하게 외쳤던 악비는 몰래 제거되었다. 그로부터 300년 후, 역사는 반복되어 비애를 느낄 수밖에 없는 인간의 모습이 정지 화면처럼 다시 나타났다. 악비처럼 하늘을 떠받치고 땅에 우뚝 섰던 우겸 역시 '어리석게도' 영종의 복귀를 꾀했다.

송 고종과 마찬가지로 비극적 분위기를 보여준 인물은 경태제景泰帝였다. 그는 형제의 정을 돌아보지 않았다는 오명을 뒤집어쓰는 것을 원치 않았다. 정권에 재앙을 남길 것인지 아니면 충효와 인의를 택할 것인지, 그 사이에서 갈등하다가 결국 후자를 택했다. 결국 송 고종 조구趙構가 가장 걱정했던 일과 똑같은 사건이 일어났다.

태상황 영종은 북경으로 돌아온 후 남궁南宮이라 불리는 곳에 거주했다. 황성의 동남부에 있으며 속칭 '흑와전黑瓦殿'이라 불린 숭질전崇質殿이 그곳이었다. 당시 영종은 자신의 위치에 만족했을까? 동생이 황제 자리를 돌려주지 않은 것에 대해 그는 정말 아무런 이의가 없었을까? 이 문제는 경태제를 곤혹스럽게 했다. 영종의 일거수일투족은 경태제를 불편하게 만들었다. 경태제는 황제 자리를 공고하게 하기 위해 폐태자廢太子 주견심朱見深(영종의 장자)을 기왕沂王으로 세우고, 아들 주견제朱見濟를 태자로 삼았다. 그러나 불행하게도 새로운 태자는 1년도 지나지 않아 병으로 죽었다. 이제 내세울 인물이 없었다. 그에게 아들이라고는 죽은 태자 하나뿐이었기 때문이다.

넝쿨이 슬금슬금 자라나 담장을 타고 기어오르듯, 극도의 불안감이 경태제의 등 뒤에서 기어올라 머릿속으로 들어갔다. 경태제는 잠을 잘 때에도 편치 않았다. 태상황과 한 무리의 표범 같은 큰 사나이들이 곁에 서서 언제라도 그에게 칼을 내리칠 준비가 되어 있는 것 같았다. 그것은 서서히 마음의 병이 되어갔다.

그런 불안한 마음은 자연히 병을 불러왔고, 경태 8년(1457) 정월, 끝내 주기옥의 병이 위중해졌다. 이때 거대한 음모가 싹텄으니, 음모에 가담한 사람은 태감 하나를 포함하여 모두 다섯 명이었다. 좌부도어사 서유정徐有貞(1407~1472)의 원래 이름은 서정徐珵이었다. 토목보의 변 이후에 남천을 건의했다가 우겸의 통렬한 비판을 받은 바 있다. 석형石亨은 북경 방어전에서 공을 세워 무청후武淸侯로 봉해졌다. 하지만 후에 우겸의 아들을 관리로 추천하는 상소를 올렸다가, 개인의 이익을 위해 관직을 사용하는 것에 분개한 우겸에게 탄핵당했다. 이때부터 그는 우겸의 은밀한 적이 되었다. 도독 장월張軏은 대를 이어 장군을 배출한 집안 출신이었지만, 군율을 범해 우겸의 탄핵을 받았다. 태상사경太常寺卿 허빈許彬은 법률 재판의 고수이면서 동시에 음모 전문가였다. 환관 조길상曹吉祥은 왕진 패거리였다. 다섯 명 모두가 우겸에게 원한을 품고 있었던 것이다.

이들 다섯 명이 꾸민 거대한 음모는 정월 14일 밤에 완성되었다. 심지어 태상황의 허락까지 받은 거의 완전무결한 계획이었다. 먼저 변경의 관문에서 급보를 보낸 척하며 도독 장월이 군사 1천 명을 거느리고 수도로 들어오도록 하고, 두 번째 단계는 궁전 문 열쇠를 보관하는 석형이 내성의 궁문을 열어 장월의 병사들을 성으로 들이기로 했다. 그렇게 하여 황제의 군대가 반격하는 것을 막으려는 것이었다. 세 번째 단계는 남궁에 가서 태상황을 모시고 황제가 있는 곳으로 들어와, 경태제의 병이 위중한 틈을 타서 복위를 선포하는 것이었다.

모든 것은 암암리에 진행되었다. 우겸 등은 이 사실을 전혀 알아채지 못했다. 정월 16일, 소보少保 우겸, 대학사大學士 왕문王文이 세심하게 심사를 하여 영종의 아들 주견심을 태자로 삼기로 결정했고, 다음 날 아침 조회 때 황제의 동의를 얻기로 했다. 이렇게 되면 일을 꾸민 다섯 명의 음모는 쓸모없어지고, 태상황은 아들과 황위를 다투어야 하는 상황이 되었다.

음모는 즉시 실행에 옮겨졌다. 정월 16일 4고四鼓가 울릴 시각(새벽 1시~3시경),[46] 음모를 꾸민 자들이 야음을 틈타 병사들을 거느리고 장안문으로 잠입했다. 담을 부수고 문을 몰래 열고 남궁으로 들어와, 그곳에서 무려 6년 동안이나 거주했던 주기진을 가마에 태운 후, 동화문東華門을 지나고 봉천문奉天殿을 거쳐 오랫동안 멀어져 있던 황제 자리에 오르게 했다. 역사에서 '탈문의 변奪門之變'('남궁복벽'이라고도 한다)이라 부르는 사건이 마침내 성공적으로 끝난 것이다.

아침 조회가 되자, 문무백관은 금란전에 앉아 있는 인물이 주기옥이 아니라 전왕 주기진임을 비로소 알게 되었다. 순간적으로 어두운 그림자가 중신들의 머리 위에 드리워졌다. 두 번이나 황제 자리에 올라갔으나 좋은 일이라고는 하나밖에 하지 않은 이 황제가 조서를 내렸다. 경태제는 계속 성왕郕王으로 삼고, 경태 8년은 천순天順 원년으로 바꾼다는 것이었다. 병이 깊어진 주기옥 곁에는 이제 간호하는 사람조차 없었다. 결국 그는 병든 채 굶어 죽고 말았는데, 그때 주기옥의 나이 겨우 서른이었다.

탈문의 변 다음 날, 일을 꾸민 다섯 명은 후한 포상을 받았다. 그리고 우겸과 왕문은 '친왕의 아들을 세웠다'는 죄명으로 체포되어 감옥에 갇혔다. 그러나 체포한 후에 보니, 친왕을 북경으로 들어오라고 부르는 금패金牌가 아직도 후궁에 있음을 알게 되었다. 그러니까 이 죄목은 분명히 성립되기 어려운 것이었다. 그들을 잡아놓을 명분이 사라지자, 삼법사三法司[47]는 음모자들의 우두머리인 서유정에게 어떻게 하면 좋겠느냐고 물었다.

"확실한 증좌는 없으나 뜻은 분명히 있었다(雖無顯迹, 意有之)."

이것이 서유정의 답변이었다. 그는 이 말이 오래도록 사람들에게 회자

될 것이라고는 생각지 못했을 것이다. 진회의 '막수유'와 더불어 서유정은 이 문구 때문에 후대 사람들에게 오랜 세월 동안 비난을 받았다.[48]

우겸과 왕문은 결국 "외번外藩을 불러들여 대통大統을 잇게 했다"는 죄목으로 '모역률謀逆律'에 걸려 참형을 당했다. 악비가 죽은 지 300년, 여개가 죽은지 200년 후에 세 번째 명장이 서시西市에서 참살당했다. 북경의 하늘은 갑자기 어두워졌고, 거리 곳곳에는 곡성이 넘쳐났다.

지는 해가 산 너머로 사라지듯, 그렇게 우겸은 죽음을 맞이했다. 오늘날 항저우 삼대산三臺山(산타이산)의 푸른 삼림에는 원한을 품은 채 죽은 이 영웅이 잠들어 있다. 후인들은 우겸을 위해 우충숙공사于忠肅公祠라는 사당을 세우고 큰 돌에 "그의 피는 차가웠던 적이 없고, 풍도는 그 누구와도 비길 바 없이 높았노라(血不曾冷, 風執與高)"라는 영련楹聯(기둥에 새기는 글귀)을 새겼다. 그는 황제에게 버림받고 운명에 저주당했으나, 백성은 그를 영원히 기억했다.

이렇게 보면 송 왕조가 남쪽으로 간 후 조구가 형 조환의 귀국을 거절한 것이 그리 일리 없는 일은 아니었던 것 같다. 조환이 귀국한 후에 주기진처럼 정변을 일으키지 말라는 법이 없기 때문이다. 비슷한 일이 남송에서 일찍이 발생한 적이 있었음에도, 우겸은 역사의 반복을 피할 도리가 없었다. 그의 머리에는 너무나 많은 정통 관념이 자리 잡고 있었던 것이다.

우겸은 악비처럼 비장하고 슬픈 마침표를 찍어야 했다. 그와 마찬가지였던 인물들이 또 있다. 여개余玠(남송의 명장으로 조어성의 설계자이며 후에 사방숙謝方叔에게 억울하게 죽었다)가 제3의 악비였고, 원숭환袁崇煥(명 말기의 중신으로 후에 숭정제에 의해 억울하게 죽었다)이 제4의 악비였다.

그러나 주기진을 다시 황제 자리에 올린 다섯 명도 구차한 목숨을 그리 오래 연명하지는 못했다. 우겸의 감참관監斬官이었던 장월은 우겸을 처결하고 말을 타고 돌아가는 길에 몸의 일곱 구멍에서 갑자기 피를 쏟으며 죽었다. 우겸을 심판하는 책임을 졌던 허빈은 집으로 돌아가는 도중 갑자기 온몸이 푸르게 되어 한밤중에 비명횡사했다. 대권을 장악했던 서유정은 석형의 질투와 중상모략을 받아 머나먼 금치구金齒口로 쫓겨 갔다. 발호하던 석형도 몇 년 후 체포되어 감옥에 갇혀, 알 수 없는 이유로 옥중에서 죽었다. 끝이 다가옴을 느끼고 있던 조길상은 조급한 마음에 정변을 일으켰으나, 실패하는 바람에 구족이 전멸당했다.

에센도 그리 좋은 나날을 보내지는 못했다. 그는 후에 알락 지원知院과 티무르 승상조차 우습게 여길 정도로 독단적으로 굴었으나, 결국 그 두 명의 대신에게 살해되었다. 내란은 오이라트를 신속하게 쇠락시켰다. 한쪽이 쇠약해지면 다른 한쪽은 강성해지기 마련이라, 타타르가 일약 초원의 패주로 떠올랐다. 15세기 말, 다얀칸(1464~1543)이 몽골을 통일해 '대원大元 대칸'이라 칭했다. 각각 독립해 있던 대소 영지를 합병해 10만 호로 조정했으니, 차카르와 우량카이, 할하 등 좌익 3만 호, 오르도스와 투메트, 융시에부 등 우익 3만 호, 서부의 오이라트 4만 호가 그것이었다. 몽골은 다시 오기 어려운 안정적 발전기로 접어들었다.

그러나 실망스럽게도 다얀칸이 죽자 몽골 각 투멘은 할거해 왕이 되었고, 초원은 다시 혼란기로 접어들었다.

이 혼란한 국면을 누가 수습할 것인가?

알탄칸의 사랑 이야기

한 젊은이가 우뚝 서기 시작했다. 그의 이름은 안다(1507~1582), 다얀칸의 손자였으며 원래 우익 투메트의 투멘이었다. 16세기 중기, 지혜롭고 무예가 뛰어난 안다가 두각을 나타내, 초원의 오랜 할거 상태를 끝장냈다. 초원의 장기적인 안정을 위해 안다, 즉 알탄칸은 티베트불교를 몽골 지역에 받아들였다.

대범하고 영웅적인 인물에게도 뜨거운 바람 같은 개성이 있고, 철갑옷을 두르고 말을 타는 전투적 생애가 있는가 하면, 아침 햇살 같은 숭고한 이상도 있고, 고운 꽃과 찬란한 달빛처럼 부드러운 소녀의 감성도 있다. 불교를 신봉했으나[49] 알탄칸은 여전히 타고난 풍류의 천성을 버리지 못했다. 우연한 기회에 그는 자기보다 43세나 어린 외손녀 총켄카툰('카툰'은 '부인'이라는 뜻으로, 한족 문헌에서는 그녀를 '삼낭자三娘子'로 표현한다)의 미모가 빼어난 것을 보고, 조금도 망설이지 않고 그녀를 희첩으로 삼았다.[50]

삼낭자에게는 약혼자가 있었으나, 그와의 혼인을 허락하지 않았다. 삼낭자의 약혼자 역시 그녀를 보낼 수 없다고 끝까지 버텼다. 결국 알탄칸은 손자인 바간나기의 약혼녀를 그에게 시집보냈다. 그러자 바간나기가 분노해 명에 투항해버렸다. 알탄칸에게 뼛속까지 한이 맺힌 명의 변방 장수들은 알탄칸의 손자를 죽이려고 했으나, 대동大同(다퉁) 총독 왕숭고王崇古는 그들의 의견을 듣지 않았다. 왕숭고는 바간나기를 죽이지 않았을 뿐 아니라 오히려 그에게 지휘사指揮使의 관직을 내려주었다. 알탄칸의 원래 아내는 손자가 명에 죽임을 당할까봐 걱정이 되어 매일 울며 알탄칸에게 매달렸고, 결국 알탄칸은 10만 명의 군대를 대동으로 보냈다. 손자가 피살되면 보복성 진격을 하려고 대기하고 있었던 것이다. 왕숭고는 사람을 보내 담판을 지었다. 알탄칸의 사신이 대동에 와서 명의 군관 노릇을 하고 있는 바간나기를 보았다. 그 소식을 들은 알탄칸은 놀라워하면서도 기뻐하며, "명이 내 손자를 죽이지 않았다. 명과 적이 되지 않겠다"라고 말했다.

중국 북방의 전쟁은 이렇듯 핑크빛 스캔들로 인하여 희극적으로 끝나는 경우가 종종 있다. 알탄칸은 명에게 평화의 손길을 내밀면서, 자기네와 소통할 것인지 말 것인지 대답을 요구했다.

사실 일찍이 명 세종 가정 13년(1634)에도 27세의 알탄칸이 명에 '통공 通貢'을 제시한 바 있다. 그 후에도 그는 수십 차례 통공을 요구했으나 늘 거부당했다. 심지어 보낸 사신이 생명을 바쳐야 하는 경우도 있었다. 그래 서 전쟁을 일으켜 화친을 요구하기도 했고, 북경까지 쳐들어갔다가 다시 철수하며('경술의 변庚戌之變'[51]을 가리킴) 통공을 원한다는 강력한 의지를 내보였다. 완고하게 통공을 반대하던 가정제가 죽은 후, 상황이 변했다. 명 은 폭력에는 폭력으로 대항한다는 책략을 버리고, 목종 주재후朱載垕 융경 隆慶 5년(1571)에 64세의 알탄칸을 순의왕順義王으로 봉하고, 대동과 선부 宣府 시장을 개방해 역사적으로 이름난 '융경봉공隆慶封貢'[52]을 이루었다. 마침내 200년이 되도록 이어진 쌍방의 전쟁이 끝났고, "변방의 백성이 무 기를 버리고 호미를 들었으며, 관문과 성에 봉화가 꺼지고 베개를 높이 베 도 될 정도로 평안한"[53] 장면이 펼쳐졌다.

봄바람이 살랑살랑 불어오고 꽃들이 찬란하게 피어나는 오월, 변방의 중진인 대동 득승보得勝堡에 양마대晾馬臺를 높이 짓고 알록달록한 빛깔 의 넓은 천막들을 설치했다. 북소리가 하늘을 울리고, 즐거운 노랫소리가 지축을 흔들었다. 몽골과 한족이 통공을 시작하는 호시互市 의례가 성대 하게 열린 것이다. 알탄칸과 부인 삼낭자가 친히 시장에 와서 명나라 대장 과 함께 공동으로 호시를 주재했으니, 그 이야기는 오랜 세월을 두고 몽골 과 한족 백성에게 미담처럼 전해졌다고 한다. 바간나기의 아내 다이칭비지 도 여러 차례 변방무역 호시를 주재해, '충의부인忠義夫人'으로 봉해졌다.

다음 해, 알탄칸은 명령을 내려 울창한 숲이 푸르른 대청산大青山(다칭 산) 앞, 물결이 빛나는 흑하黑河(헤이허강) 유역에 후흐호트의 전신인 코케 코타성을 세웠다. 10년 동안 알탄칸이 주재하고 명이 자본을 보태었으며, 명 황제가 이름을 내린 귀화성歸化城, 즉 몽골인이 '푸른 도시'라고 부르던 웅대한 성이, 예전에 칙륵천勅勒川이라고 불렸던 천리 초원에 생겨났던 것

이다. 그것은 '융경봉공', 즉 몽골과 한족의 우호를 알리는 위대한 기념비
가 되었다.

이 성의 건립이 시작된 때부터 완성될 때까지 30년 동안 삼낭자는 성 안
에서 정무를 보좌하고 주재했다. 알탄칸이 죽은 후 삼낭자는 알탄칸의 장
자인 2대 순의왕 셍게 훙타이지의 아내가 되었고, 셍게가 죽은 후 36세의
그녀는 다시 셍게의 장자인 3대 순의왕 추르게에게 시집갔다.[54] 그래서 이
성은 '삼낭자성三娘子城'이라고도 불렸다. 또한 명明은 삼낭자를 '충순부
인忠順夫人'으로 봉하기도 했다. 일찍이 부증상傅增湘(1872~1950)은 〈영소
군묘詠昭君墓(왕소군 무덤을 노래함)〉에서 이렇게 읊은 바 있다.

> 빛나는 누각과 구름처럼 첩첩한 누대와 같이 세상을 뒤덮을 만한 큰 공적,
> 공을 논하자면 잠시 왕소군에게 양보하지만,
> 변방의 요새에서 아름다운 이름을 떨친 것으로 치자면
> 순의부인 또한 누구보다 돋보인다네.
> 麟閣雲臺蓋世勛,
> 論功一例遜昭君,
> 若從邊塞爭芳烈,
> 順義夫人亦不群.

명 말기에 몽골은 다시 분열되어 고비사막 남부의 차하르 몽골, 고비사
막 북부의 할하 몽골, 고비사막 서부의 오이라트 몽골로 나뉘었다. 이들은
사람에게 선함을 권하는 불교를 받아들였지만 초원의 피비린내 나는 학
살을 막지는 못했고, 전쟁에 휩쓸린 사람들 속에서 몽골인의 비극은 여전
히 지속되었다.

절반의 중국사

준가르의 '자살'

명 말기, 오이라트瓦剌는 오이라트衛拉特('숲속의 백성'이라는 뜻)로 이름을 바꾸었으나, 네 개의 부로 분열되었다. 이르티슈강 유역의 두르베드, 일리 강 일대의 준가르, 타르바가타이 지역의 토르구트, 우루무치 부근의 호쇼 트가 그것이다.

얼마 지나지 않아 준가르('왼쪽 날개'라는 뜻)가 호쇼트를 티베트고원으 로 밀어내고, 토르구트를 서쪽으로 이주하게 만들었다. 청나라 초기에 이 르자, 준가르부는 천산산맥 이북의 드넓은 지역을 완전히 접수했고, 천산 이남 지역을 점거하고 있던 야르칸드 칸국과 함께 '남쪽은 위구르, 북쪽 은 준가르'의 구도를 형성했다. 그들이 소재한 분지는 그때부터 '준가르분 지'라고 불리었다.

그 후 준가르 칸 갈단(재위 1676~1697)이 야르칸드 칸국 호자 가문에 내 분이 일어난 틈을 타, 군대를 보내어 천산을 넘어가 야르칸드 칸국을 점령 했고, 아팍 호자 가문을 꼭두각시로 만들었다. 그 후 할하 몽골 3부三部 내 란을 틈타 대거 막북으로 침입, 할하 몽골을 막남 지역으로 물러나게 했 다. 그러자 할하 몽골은 청에 구원을 요청했다.

준가르인은 이미 절벽 끝에 서 있었고, 깊이를 알 수 없는 골짜기에 가까 이 다가가 있었으나, 여전히 앞에 한없이 아름다운 풍광이 펼쳐져 있을 것 이라고 생각했다. 강희 29년(1690), 강희제는 친히 대군을 이끌고 장성으 로 출정, 올란 보탕에서 준가르 군대의 주력 부대인 타성駝城과 마주쳤다. 타성은 화살 전쟁 시대의 산물로, 낙타의 네 다리를 묶어 땅바닥에 앉혀놓 고 나무 상자와 물에 적신 담요를 덮어 기병이 몰려오는 것을 막는 견고한 보루를 의미한다. 그러나 그것으로 대포를 상대하는 것은 너무 원시적이 었다. 청 군대는 맹렬하게 대포를 쏘아 타성을 무너뜨렸다. 불쌍한 낙타들의 피와 살이 튀었고, 갈단은 낭패하여 야음을 틈타 서쪽으로 도망쳤다.

5년 후, 불굴의 갈단은 동방의 코르친부와 비밀리에 동맹을 맺고 권토중래하여 번개처럼 할하부를 섬멸하고, 다시 광활한 내몽골 본토를 차지하려고 했다. 갈단이 동쪽으로 200킬로미터쯤 진군했을 때였다. 케룰렌강 유역의 체첸칸 오르두(몽골 운드루한, 중국 혁명의 주역 중 하나인 린뱌오林彪가 비행기 추락 사고로 죽은 곳[55])에 다가왔을 때, 멀리 강희제의 황룡대기가 펄럭이는 것이 보였다. 그는 그제야 코르친에게 배신당했다는 것을 알고, 명령을 내려 신속하게 청 왕조의 동로와 중로 병단에게서 벗어나려 했다. 그들은 밤낮으로 달려 후레(울란바토르) 동남 35킬로미터 지점의 종모드에 이르렀다. 위험한 상황에서 벗어났다고 기뻐했지만, 그들은 이미 청 서로군의 주머니 속에 들어와 있었다. 실망한 그들의 모습은 숨바꼭질하던 아이가 한나절 동안 숨어 있다 결국 잡혔을 때의 모습 같았다.

갈단이 앞에서 도망치고 청 군대가 뒤에서 추격했다. 갈단은 강희 36년(1697), 절망에 빠져 자살했다.

이후 체웽랍단(1697~1727)과 아들 갈단체렝(1727~1745)이 준가르 칸이 되었다. 피의 교훈이 눈앞에 있었지만 그들의 혈관 속에는 불굴의 뜨거운 피가 흐르고 있었고, 여전히 청 왕조를 괴롭혔다.

강희 55년(1716) 가을, 체웽랍단은 8천 명의 원정군을 조직해 대장 갈단체렝에게 1천 리 길을 달려 티베트의 호쇼트부 라짱칸을 공격해 점거하게 했다. 이것은 세계사에 남을 만한 기습 작전이었다. 가장 오랜 시간에 걸쳐 용감하게 행해진, 또한 무려 1,900킬로미터에 달하는 기나긴 길을 고난 속에서 행군하며 이루어낸 번개 같은 기습작전이었던 것이다. 10개월 후, 원정군은 쥐도 새도 모르게 라싸에 출몰했고, 라짱칸을 죽인 뒤 포탈라궁을 함락했다. 청 왕조는 두 번에 걸쳐 원정군을 파견해 갈단체렝을 티베트에서 쫓아냈다.

후에 청 군대가 청해 코슈트부 폭동을 진압할 때, 호쇼트부 칸 롭장 단진이 여자 옷으로 바꿔 입고 준가르 칸국으로 빠져나갔다. 청 왕조는 준가르부 갈단칸(체웽랍단은 이미 죽었다)에게 죄수를 내놓으라고 했으나 바로 거절당했기 때문에, 그동안 쌓인 빚을 한꺼번에 받아내야겠다고 마음먹었다. 건륭 20년(1755), 청나라 군대는 준가르 왕의 궁정이 있는 일리를 공격했고, 준가르의 새로운 칸 다와치(갈단체렝도 이미 죽었다)와 망명한 지 30년 된 롭장 단진을 포로로 잡았다. 그리고 앞서 청에 투항한 호이드부 우두머리 아마르사나에게 그 자리를 대신하게 했다.

그러나 생각지도 못한 일이 발생했다. 아마르사나가 1년 만에 독립을 선포한 것이다. 그 배신 행위 때문에 건륭제는 체면이 깎였다고 생각했고, 이때부터 준가르인은 덕으로 감화시킬 수 없는 자들이라 오직 무력으로만 대해야 한다고 여겼다. 그리하여 다음 해에 청 왕조 원정군과 몽골 군대는 함께 준가르를 협공했다. 마침 천연두가 유행해 준가르 군대는 저절로 와해되었고, 아마르사나도 러시아로 도망친 후 천연두에 걸려 죽었다. 청의 강력한 요구로 러시아는 그의 시신을 중국으로 돌려보냈다.

지도자가 죽고 천연두가 휩쓸고 지나갔지만, 살아남은 준가르인은 게릴라전을 통해 죽음을 각오하고 저항했다. 분노한 건륭제는 그들은 모조리 죽여 없애라는 명령을 내렸고, 만주 1병단은 여기저기서 산발적으로 강인하게 게릴라전을 진행하던 준가르인을 잔인하게 학살했다. 중국에는 이제 준가르인이 존재하지 않게 되었다.[56] 하지만 여전히 '준가르'라는 명칭을 갖고 있는 분지가 있으며, 중국과 카자흐스탄 국경에도 '준가르 문'(신장 아라산커우阿拉山口)이라는 이름의 요새가 남아 있어 후인들이 그들을 떠올리며 눈물짓게 한다.

개인이 자신의 존엄을 위해 굽히지 않고 죽음을 두려워하지 않는다면, 그 정신은 마땅히 존경받아야 한다. 그러나 한 민족이나 국가의 경우라면 좀 다르다. 더구나 특수한 배경에 처해 있다면, 지혜롭고 용기 있게 굴욕을 감수해야 한다. 러시아인이 킵차크 칸국을 대신해 세금 수금원 노릇을 하고, 한신韓信이 '불량배 가랑이 사이를 기어간 치욕'을 당한 것처럼, 그리고 칭기즈칸이 초기에 옹칸을 아버지로 삼았던 것처럼 말이다. 어쨌든 살아 남아 있다면 다시 회복할 날을 기대할 수 있지만, 죽어버리면 영원히 희망이 없어지는 것이 아니겠는가. 준가르인이 이렇게 놀라울 정도로 멸족당한 것을 보면서 우리는 깊은 사색에 빠지게 된다.

토르구트가 동쪽으로 돌아가다

몽골인은 원래부터 강한 자 앞에서도 절대 굴복하지 않는 민족이다. 준가르의 상황을 목도한 토르구트 지도자 코 호를룩은 청 천총天聰 3년(1629)에 부족 25만 명을 이끌고 타르바가타이를 떠나 서쪽으로 멀리 갔다. 그들은 드넓은 카자흐초원을 지나고 굽이치며 흐르는 우랄강을 넘어, 노가이인(킵차크 칸국의 한 부락)이 버리고 간 볼가강 하류에 정주하기 시작했다. 바시키르인은 인근의 그들을 '칼미크인'이라고 불렀다. 그리고 이곳은 그때부터 칼미크초원이라 불렸다.

그러나 좋은 시절은 길지 않았다. 미친 듯 영토를 확장해가던 러시아인들이 얼마 지나지 않아 이곳에도 검은 손길을 뻗쳐온 것이다.

1698년, 토르구트 제4대 아유키칸은 조카 아랍주르에게 시종 500명을 거느리고 티베트로 순례를 보내면서 토르구트가 청 왕조에 귀부한다면 어떻게 될 것인지 정탐을 보냈다. 그러나 5년 후 아랍주르가 돌아올 때, 준가르부가 아랍주르의 귀로를 차단했다. 그는 어쩔 수 없이 청 강희제에게 내부內附하겠다는 청을 했고, 가욕관과 돈황 사이에 거주하는 것을 허락받

내몽골자치구 서부 어지나額濟納(에치나)에 있는 토르구트인의 땅.

왔다. 그러나 결국 준가르부의 습격을 받아, 옹정 연간에 오늘날 내몽골 서부에 있는 거연居延(쥐옌) 오아시스로 이주했다. 후에 러시아인 표트르 코즐로프를 도와 서하 문물을 발견한 토르구트인이 이들의 후손이다.

다시 70년이 지났다. 몽골초원은 평화로워졌지만, 서쪽으로 이주한 토르구트인은 어려운 상황을 맞았다. 러시아 예카테리나 2세가 토르구트인에게 동방정교를 믿으라고 강요했고, 토르구트 군인들을 징발해 오스만제국과 전쟁을 벌였다. 우바시칸이 다스리던 10년 동안만 해도 어쩔 수 없이 서른두 번이나 원정에 참여해야 했고, 전쟁터에서 8만여 명이 희생당했다. 그런 참담한 상황에서, 고향을 떠난 지 140여 년이 된 토르구트인은 동쪽으로 돌아가기로 결정했다.

1771년 1월 17일 새벽, 구름 사이로 햇살이 나왔다. 하지만 하늘은 토르구트인에게 잔혹했다. 모든 것이 얼어붙는 한겨울이었지만 볼가강이 완전히 얼지 않아 강 서쪽에 거주하던 7만 명이 강을 넘어갈 수 없었던 것이다. 강 동쪽에 있던 27세의 우바시칸은 강 서쪽을 향해 작별 인사를 하고 눈물을 흘리며 동쪽을 향해 움직이기 시작했다.

궁전과 마을은 동시에 불탔고, 16만 8,083명의 토르구트인은 뒤를 돌아보지 않고 동쪽으로 가는 길로 떠났다. 노약자와 부녀자는 마차와 낙타, 썰매 등을 탔고, 길을 열어주는 기사들의 호위 아래 하얀 눈을 밟으며 움직이기 시작했다. 한 마리 검은 용처럼 긴 줄이 반세기 동안 살았던 초원을 떠나 태양이 떠오르는 쪽을 향해 전진했다.

토르구트인이 동쪽으로 돌아가자 러시아 예카테리나 황제는 분노했다. 그녀는 볼가강 서쪽에 있던 토르구트인을 엄격하게 봉쇄하는 동시에 대규모 군대를 보내 동쪽으로 돌아가는 자들을 추격해 죽이라고 했다.

우바시는 거의 17만 명에 달하는 주민들을 전투 대형으로 만들고 사촌 동생 밤바르와 장군 세렝에게 정예병을 이끌고 길을 열게 했다. 노약자와 병자를 가운데에 두고 사촌 형 자시둔도크와 대라마 수케르롭상덴이 양 날개에서 그들을 호위했다. 그와 당질 체베크도르지는 후미를 맡았다. 그들은 아주 빠른 속도로 볼가강과 우랄강 사이의 초원을 지났고, 얼어붙은 우랄강을 건너 눈 덮인 카자흐초원으로 들어왔다. 그곳에서 그들은 길을 가로막고 있는 오친협곡의 카자흐 기병을 격파하고, 첫 번째 난관을 겨우 통과했다. 그러나 9천 명의 병사를 대가로 치러야 했다. 우랄강은 건넜으나 엠바강 동쪽의 차가운 바람은 뼈를 시리게 했고, 추위는 굶주린 괴수처럼 사람들의 생명을 앗아갔다. 새벽에 일어나면 불가에 웅크리고 있던 수백 명의 남자와 여자, 아이가 얼어 죽어 있었다. 게다가 2만여 명의 러시아와 카자흐 군인들이 다시 앞길을 막았다. 그러나 죽음 앞에서 눈이 벌겋게 변한 토르구트인은 용감하게 싸워 승리를 거뒀다.

여름이 오자 질병이 퍼졌다. 전투는 비참했으며, 동쪽으로 돌아가는 군단은 곤경에 빠져 있었다. 그들은 어쩔 수 없이 모니타이강에서 전진을 멈

절반의 중국사

추고 쉬면서 대오를 점검해야 했다. 짧은 휴식이었지만 그 휴식 때문에 카자흐 5만 군대에 의해 겹겹이 포위되고 말았다. 위급해진 상황에서 우바시는 포로로 잡고 있던 수천 명의 카자흐인을 돌려보냈고, 담판을 통해 군사를 재배치할 수 있는 사흘의 말미를 얻었다. 그리고 사흘째 되는 날 저녁에 우바시는 재정비한 군대를 이끌고 진격해, 천막 안에서 먹고 마시고 있던 카자흐 군대를 공격했다. 불과 몇 시간 동안의 전쟁을 통해 우바시 군대는 마침내 성공적으로 포위망을 뚫었고, 무잉그 지역을 통과할 수 있었다.

다시 습격당하는 것을 피하기 위해 그들은 돌과 모래가 날리는 험한 길을 택했다. 발하슈 서남쪽을 돌아 추강과 탈라스강을 넘어 사라보르를 거쳐 마침내 7월 중순에 꿈에도 그리던 일리강 유역에 도착했다. 7월 20일, 체베크도르지가 이끈 선봉 부대가 일리강 근처의 샤린강에서 먼저 도착한 청 군대와 조우했고, 일곱 달에 걸친, 무려 1만 리에 이르는 대장정이 마침내 끝났다. 17만 명에 이르던 대군은 겨우 6만 6,013명만 남았다. 온몸은 먼지에 뒤덮여 나뭇가지처럼 말랐고, 옷은 몸을 겨우 가리고 있을 정도였다. 신발은 아예 신지도 못했다.

토르구트인이 동쪽으로 돌아온 이 사건은 18세기의 가장 위대한 장정으로 불린다. 영국 작가 토마스 드 퀸시Thomas De Quincey는 "역사가 기록되기 시작한 이래, 지난 세기 주요한 한 타타르 부족이 아시아대륙의 끝없는 초원을 건너 동쪽으로 자신들의 조국으로 돌아간 그 일처럼 세계를 놀라게 하고 사람들을 감동시킨 일은 없었다"라 말했다. 멀리 대서양 건너편의 마르크스도 이 사건에 대해서는 감탄을 금치 못했다.

봄날이 어떤 것인지는 겨울을 지내본 사람만이 안다. 가장 아름다운 오월의 노래는 화로 곁에서 쓰인다. 건륭제는 죽음을 무릅쓰고 동쪽으로 돌아온 우바시를 승덕承德 피서산장에서 맞이했고, 20만 냥의 백은과 소와 양, 옷감, 양식을 주어 푸른 풀이 무성하고 맑은 물이 있는 일리강 유역에 살게 했다. 우바시는 조리그투칸으로 봉해졌고, 체베크도르지는 부옌투 친왕으로 봉해졌으며, 세렝은 비릭투 군왕으로 봉해졌다.

볼가강 서쪽

대부분의 토르구트인은 동쪽으로 돌아왔다. 그러나 일부 토르구트인은 큰 강이 얼지 않는 바람에 함께 돌아오지 못하고 러시아에 의해 볼가강 서안에 갇혔다.

홀로 타향에 남겨진 토르구트인은 끊임없이 소요를 일으켜 제정러시아에 불만을 표했다. 그리고 제정러시아에 반항하는 푸가체프 농민 반란[57]에 참가했다. 농민 반란이 실패한 후 차르는 토르구트인을 더욱 탄압하고, 정치적 권리를 박탈했다. 토르구트인에게는 5루피가 넘지 않는 소송안만 심리하도록 규정했다. 러시아인의 이러한 조치들은 토르구트인의 오래된 전통을 침범한 것으로, 자신들의 법을 지키려는 토르구트인의 항의는 마침내 무장 투쟁 상황에까지 이르게 되었다. 사태가 확대되는 것을 두려워한 러시아인은 어쩔 수 없이 경찰총장을 소환했고, 토르구트인에게 일부 자치를 허용했다.

1917년 러시아 10월 혁명이 일어난 후, 토르구트인은 기병단을 조직해 유명한 차리친(볼고그라드) 전투(1917년 7월~1918년 2월)에 참가했으며, 여러 차례에 걸쳐 '붉은 군대赤軍'에 대항하는 크라스노프의 코사크 '하얀 군대白軍'를 물리쳤다. 피와 생명을 바쳐 10월 혁명을 지켜낸 것에 대한 보상으로 토르구트인은 볼셰비키의 깊은 신임을 얻었으며, 1920년에 소련은 칼미크자치주를 만들어주었다. 이어서 1935년에 자치주를 다시 자치공화국으로 승격시켜주었다.

그러나 6년 후에 변고가 발생했다. 1941년 9월, 독일의 거친 공격 앞에서 소련군 70만 명이 희생되었다. 1만 명의 칼미크인도 전사했으며, 소련은 키예프와 칼미크를 잃었다. 칼미크의 중요한 지도자 세 명은 모두 독일에 투항했으며, 독일은 꼭두각시 칼미크 정부를 세웠다. 2천여 명의 칼미크 청년들이 꼭두각시 정부의 유혹 아래 독일 용병이 되었다. 이 사건으로 인하여 1943년에 소련군은 드네프르강 전투에서 승리한 후, 칼미크인을 응징하기 시작했다. 극좌 성향의 소련 정부는 칼미크인을 '적과 내통한 반도'라고 몰아세우며 칼미크 자치공화국을 없애버렸고, 칼미크인을 중앙아시아와 시베리아 등지로 이주시켰다. 10월 혁명에 참가했던 붉은 군대든 볼셰비키든, 그 누구도 이 재앙에서 비켜날 수는 없었다.

굴욕을 견디지 못한 수많은 칼미크인은 이때부터 그러한 부당한 행위를 고발하는 기나긴 길로 들어섰다. 많은 사람이 죽음의 위험을 무릅쓰고 억울함을 호소했으며, 국제 반파시스트 노老전사들과 많은 유명 인사들이 나서서 그들을 응원하며 증인이 되어주었다. 소련에서는 소련군 원수였던 클리멘트 보로실로프(1881~1969)가 억울하게 재앙을 당한 늙은 붉은 군대 출신들과 볼셰비키들을 위한 발언을 했다.

15년이라는 기나긴 세월에 걸친 조사와 증거 수집 끝에, 소련 정부는 1958년 5월에 칼미크인의 억울함을 풀어주었고, 많은 사람들이 다시 볼가강 서쪽으로 돌아왔다. 같은 해 11월 7일, 칼미크 자치공화국이 다시 세워졌다. 소련 해체 후, 칼미크는 러시아 연방의 공화국으로 승격되었다.

몽골 독립의 비밀

전쟁과 평화의 와중에 몽골인은 청의 몰락을 알리는 종소리를 들었다. 신해혁명 이후, 중국의 각 성은 앞다퉈 독립을 선포했다. 할하(외몽골)도 그 기회를 틈타 왕공王公과 대라마의 영도 아래 자치를 선포했다. 1911년 12월 28일, 제8대 복드 젭준담바 호탁트가 재빠르게 황제 즉위식을 거행했다.

몽골인은 모두 240기旗(호쇼) 정도 되었는데, 그중 외몽골이 108기를 점하고 있었다. 외몽골이 독립하면서 150여 제곱킬로미터의 드넓은 토지를 갖고 가버렸고, 외몽골의 자치는 많은 중국인의 분노를 자아냈다.[58] 그래서 쑨원은 50만 대군을 조직해 제정러시아를 토벌하려 했다. 외국의 승인을 받아내기에 급급했던 위안스카이조차 외몽골의 자치만을 허용했을 뿐, 외몽골이 중국 영토의 일부분이라는 사실은 여전히 견지하고 있었다. 러시아혁명의 지도자인 레닌도 민국 원년(1912)에 "우리와 위대한 형제의 나라인 중화민국과의 우호관계를 깨는 몽골의 강점 행위를 통렬히 비판한다"고 말했다.

10월 혁명 후에 소비에트정부는 더는 외몽골 정부를 지지하지 않는다고 밝혔다. 민국 8년(1919) 11월, 젭준담바는 자치를 무조건 포기하고, 외몽골을 중화민국 판도에 다시 귀속시켜줄 것을 청했다. 당시 중국의 정국을 주도하던 돤치루이段祺瑞는 쉬수정徐樹錚에게 군대를 이끌고 외몽골로 진입하라고 명령을 내렸고, 후레(울란바토르)에 서북주변사공서西北籌邊使公署를 설치했다. 오랫동안 길을 잃고 떠돌던 외몽골은 다시 '조국'[59]의 품으로 돌아왔다.

그러나 이런 강경책으로 인해 중국은 외몽골 상류층 왕공들의 마음을 얻는 데 실패했고, 몽골 분리 독립의 단초를 제공했다. 1920년, 안후이安徽 환계皖系 군벌인 돤치루이가 물러나자 외몽골은 즉시 혼란 상태로 들어갔다. 소비에트 붉은 군대가 외몽골에서 러시아 운게른의 반혁명군(하얀 군대)을 쫓아내고 젭준담바를 다시 대칸의 자리에 옹립했다. 그리고 중국 주둔군을 공격했다. 중국 주둔군은 중과부적이라, 어쩔 수 없이 후레에서 철수해야 했다. 일부는 중국 내지로 돌아갔지만 일부 군대는 알탄 볼락으로 옮겼다.

1921년, 담딘 수흐바타르(1893~1923)와 호를로긴 초이발산(1895~1952)이 캬흐타에서 '몽골인민당'을 만들었다. 이어서 혁명의 승리와 민족의 독립을 쟁취할 수 있도록 자신들을 도와달라고 소비에트정부에 요청했다. 흥분한 스탈린은 레닌에게 이렇게 건의했다.

"외몽골에 출병해 운게른 반혁명군을 소탕해야 합니다. 그렇게 하면 시베리아 방어를 더 튼튼하게 할 수 있고, 몽골 인민을 해방시킬 수 있으며, 또한 일본인에게 경고를 할 수 있습니다. 그것은 아시아 인민 해방 사업을 추동시키는 힘이 될 것입니다."

제정러시아의 몽골 강점을 보고 코웃음을 쳤던 레닌도 그 말을 듣고 난 후 태도를 바꾸었다.

소련 붉은 군대와 몽골인민당이 무장 연합해 1921년 6월에 후레를 공격했고, 운게른-스테른베르크를 사로잡았다. 그 후 알탄볼락에 주둔하던 중국 군대도 외몽골에서 쫓겨났다. 이렇게 하여 만들어진 지 1년이 채 되지 않은 정당이 정권을 장악했다. 명목상으로는 복드칸이 여전히 국왕이었지만, 실제로는 정부의 군사부軍事部 정부부장正副部長인 수흐바타르와 초이발산이 실권을 장악했다.[60]

다음 해, 수흐바타르와 스탈린이 협정을 맺었다. 수흐바타르는 소련군이 몽골에 상주하는 것에 동의했고, 소련 정부는 몽골 인민정부가 몽골의 유일한 합법 정부임을 승인했다. 몽골은 1924년, 비밀리에 제1회 국가대회의를 열어 독립국가헌법을 통과시켰고 마침내 '몽골인민공화국'이 성립되었다. 후레는 울란바토르('붉은 용사'라는 뜻)로 이름을 바꾸어 수도가 되었다. 소련과 몽골은 1934년에 상호협력 협정을 맺고, 1936년에는 제3국의 공격을 받을 때 서로 도와준다는 규정에 합의했다. 이어서 소련은 대규모로 군대를 파견해 몽골에 주둔시켰다. 1940년, 몽골은 만주국과 국경협정을 맺었다. 몽골의 독립을 위해 소련은 묘책을 생각해냈다.

결정적인 시각이 다가왔다. 1945년 2월 3일, 스탈린과 루스벨트, 처칠이 크림반도의 얄타에서 비밀 회담을 열었다. 일주일 후, 세 거두는 웃고 농담을 나누면서 세상을 자기들 뜻대로 나누는 '얄타협정'에 서명했다. 얄타협정은 '세계에서 네 번째로 강한 나라'라 불리던 중국에게 달콤하면서도 매콤한 맛의 사탕을 주었다. 소련이 출병해 중국 동북 지역에서 일본군을 쫓아내줄 것이지만, 그 선결 조건으로 중국이 소련 측의 요구에 부응해 "몽골의 현재 상태를 반드시 유지한다"는 데(당시 소련은 '몽골 독립'이라는 상태를 유지해야 한다고 여겼지만, 후에 미국에서는 몽골이 중국에 속하는 상황을 유지하려 했다) 따라야 한다는 것이었다.

'중국의 주권을 심각하게 해치는' 이런 협정의 내용을 장제스는 6월 15일이 되어서야 비로소 알았다. 장제스는 먼저 쑹쯔원宋子文과 장징궈蔣經國를 소련으로 파견해 조정을 하게 했다. 의견을 조정하는 과정에서, 스탈린은 강력하게 몽골 독립을 주장했다. 그러면서 만일 중국이 따르지 않는다면 소련은 만주와 신장을 자신들이 통제할 것이고, 내몽골을 위협할 것이며, 중국공산당을 지지할 것이라는 세 개의 카드를 흔들면서 중국을 압박했다. 쑹쯔원은 그것을 받아들여야 하는 외무부장관의 역할을 거부했다. 그의 뒤를 이어 신임 외교부장이 된 왕스제王世杰는 결국 몽골을 넘겨주는 계약을 했다. 그는 소련군이 중국공산당을 지지하지 않을 것이라는 확답을 받은 후, 8월에 '중소우호동맹조약'을 체결했다. 몽골 문제는 중국과 소련의 외무부장관이 상호 각서의 형식으로 규정에 집어넣었다. 왕스제는 외교 각서에서 "몽골 인민이 독립의 소망을 끊임없이 표시해왔다. 그래서 일본이 패전한 후 몽골 공민이 투표로써 그 소망을 증명한다면, 중국 정부는 몽골의 독립을 허용하며, 현재의 경계선을 국경으로 삼을 것을 약속한다"라고 썼다.

10월 10일부터 20일까지, 초이발산의 세심한 계획에 따라 몽골 국민이 참여하는 국민투표가 진행되었다. 전체 48만 2,391장 중 독립을 반대하는 표는 단 한 장도 없었다고 한다. 투표 결과에 따라, 중화민국 입법원은 1946년 1월 5일에 몽골의 독립을 허용할 수밖에 없었다. 2월 7일, 몽골과 국민정부는 충칭에서 문서를 교환해 외교 관계를 수립했고, 형제 관계가 되었다. 니콜라이 2세가 하지 못했던 일을 스탈린이 해낸 것이고, 젭준담바가 이루지 못한 꿈을 초이발산이 이룬 것이다. 또한 위안스카이가 서명하지 못했던 것을 왕스제가 한 셈이다. 이때부터 태평양 연안의 그 아름다운 '해당화잎'은 긴 울음소리를 내는 '수탉'으로 변했다.[61]

쏟아진 물은 다시 주워 담기 어렵다. 마오쩌둥이라고 해도 그 상황을 되돌릴 힘은 없었다. 1950년, 마오쩌둥이 소련을 방문하면서 새로운 '중소상호우호동맹조약'을 맺었고, 창춘 철도, 뤼순커우 군항과 다롄의 주권 문제에 관한 구체적 협정에 서명해 중국의 주권을 견고하게 지켰다. 하지만 이 새로운 조약으로도 몽골의 독립적 지위를 부인할 수는 없었다. 그것은 러시아인의 강력한 요구에 따라 덧붙인 내용이다. 마오쩌둥은 그것이 마음에 걸려 이후에도 여러 차례 언급한 바 있다.

1953년, 스탈린이 세상을 떠나고 니키타 흐루쇼프(1894~1971)가 등장하면서 중국은 남겨진 역사적 과제에 대한 문제를 두고 소련과 담판을 시작했다. 담판을 거쳐, 소련은 중국에게 뤼순커우와 다롄 군항, 중국 동북지역 철도 관리권을 돌려주었다. 저우언라이周恩來(1898~1976)가 몽골 문제를 제기했지만, 흐루쇼프의 강고한 반대에 부딪쳤다. 결국 중국대륙은 몽골의 주권을 다시 가져올 기회를 잃었다. 그리고 몽골인은 그 기회를 틈타 소련의 감독하에 중국과 지도를 교환하여 국경을 확정지었다. 이후 중국과 몽골은 '정식 외교 관계'를 수립했다.

1949년 9월, 타이완으로 물러간 장제스는 국제 연합에 소련을 고발했다. 소련이 중소우호조약과 유엔 헌장을 위반하고 몽골의 독립을 지지했다는 이유였다. 자본주의 진영 국가들이 주도적 지위를 차지하던 유엔에서는 1952년 2월 1일, 소련이 조약을 위반했다는 판결을 내려 장제스의 손을 들어주었다. 장제스는 1953년 2월 25일에 "우리나라와 국민은 소련의 조약과 부칙 위반으로 인해 입은 피해를 소련에게 요구할 권리가 있다"고 선언했다. 그리고 중소조약 내용 중 몽골에 관해 바뀐 내용이 들어간 문건을 폐기하고, 몽골의 독립을 인정하지 않았다. 또한 몽장위원회蒙藏委員會를 설립해 입법원에 몽골인의 자리를 설치했고, 중화민국 판도에 몽골 지역을 집어넣는 상태를 유지했다. 사실 이것은 '눈 가리고 아웅' 하는 식이었으니, 오직 타이완에서 나온 중국 지도에만 환상적인 '해당화잎'이 남아 있을 뿐이었다.

모든 것은 분명하게 변했다. 몽골은 원元을 역사에 집어넣었다. 이것은 중국의 정사正史에서 원을 자신의 역사로 쓰는 것을 난감하게 만들었다. 사실 현재 전 세계 900만 몽골인 중 260만 명이 몽골에 거주하고, 80만여 명이 러시아에 있으며, 나머지 580만 명이 중국에 살고 있다.[62]

세계지도를 펼쳐서 몽골을 보자. 세계에서 가장 큰 내륙 국가다. 영토는 타원형이고 평균 해발고도는 1,530미터, 총면적은 156만 제곱킬로미터다. 영국의 열한 배에 달하지만 인구밀도는 가장 적은 국가로, 1제곱킬로미터당 인구밀도는 1.5명이다. 전국 인구는 300만으로, 중국 동부의 작은 도시 규모에 해당한다. 인구 분포는 매우 불균형하다. 서부와 북부 지역에만 인구가 조밀하고, 수도 울란바토르에 100만 명이 모여 산다. 그러나 중국 인근의 고비사막에는 사람이 거의 살지 않는다.

중국과 소련이 대립하던 시절, 길이 4,673킬로미터에 달하는 중국과 몽골 국경에는 세계에서 가장 많은 군대가 주둔했다. 하지만 지금은 '원래 한

뿌리에서 나온'[63] 두 나라 군인과 국민이 평화롭게 잘 지내고 있다.

역사는 마땅히 올랑 후를 기억해야 한다

1945년 하반기, 몽골 독립의 여파로 내몽골 지역에도 민족운동의 뜨거운 파도가 휘몰아쳤다. 내몽골 서부와 일부 몽골 지역, 다우르족 상층 인사들이 1945년 9월에 '내몽골인민공화국 임시정부'를 세웠고, 대표를 몽골로 보내 합병을 추진했다. 몽골은 이를 거절했다. 그러면서 그들에게 중국공산당과 연계해 내몽골 민족 문제를 해결할 것을 건의했다.

내몽골 동부에서 내몽골인민혁명당원 하팡가, '괴뢰' 싱안 총성興安總省[64] 성장省長 보얀만도호, 소련공산당원인 몽골족 투무르바간을 우두머리로 하는 몽골 혁명가, 상층 인사와 관리 들이 1945년 8월에 회의를 열어 '내몽골인민혁명당'의 성립을 선포했고, 〈내몽골인민 해방선언〉을 발표했다. 그리고 내외몽골 합병 서명운동을 시행했다. 10월에 그들은 대표단을 조직해 몽골로 가서 합병을 논의했다. 몽골의 독립에 쓸데없는 문제가 생길까봐 걱정이 된 초이발산은 내몽골의 합병 요구를 강하게 거절했다. 그는 하팡가 등을 만났을 때 계속 이렇게 힘주어 말했다.

"내몽골 문제는 곧 중국 내부의 문제다. 중국공산당에 지도와 도움을 청하라."

1946년 1월, 국민당 정부가 몽골 독립을 허락했다는 소식이 들려왔다. 동몽골은 인민대표회의를 소집해 동몽골인민자치정부를 수립했고, 인민자치군을 조직했다. 따로 힘을 키우고 있다가 조건이 성숙해졌을 때 몽골과 합치려는 생각이었다.

동·서 내몽골이 갈림길에 서 있던 중요한 시각에 중국공산당은 내몽골 역사에 중요한 결정을 내렸다. 내몽골 투메트좌기土黙特左旗에서 태어나고 옌안 민족학원 교육장을 맡았던 한 몽골인이 추대되었다. 그는 항일전쟁 시기에 몽기蒙旗 독립 여단 정치부 대리 부주임을 지낸 몽골인 공산당원 올랑 후(울란푸)(1906~1988)였다(한어 이름은 윈쩌雲澤, 윈스위雲時雨이다).

1945년 10월, 한 무리의 전마가 소슬한 가을바람을 타고 혁명의 성지인 산시성 옌안을 출발해 끝없이 펼쳐진 초원 속으로 사라졌다. 며칠 후 올랑 후 등이 중국공산당 중앙의 지시를 받고 순조롭게 서西 내몽골에 도착했다는 소식이 초원에서 들려왔다.

민족 단결과 국가 통일을 생명처럼 중시하던 올랑 후는 비범한 풍도와 결연한 의지로 밤낮을 가리지 않고 중재를 했다. 원칙을 지키는 강인함과 고도의 영민함으로 그는 꿈쩍도 하지 않던 완고한 귀족들을 움직였고, 보잉달라이를 우두머리로 하는 몽골공화국(서몽골) 임시정부가 순조롭게 개편됐다. 동시에 올랑 후는 동東 내몽골을 그들과 함께 민족 지역 자치의 길로 이끌기 위해 적극적으로 움직였으나, 그야말로 쉽지 않은 일이었다.

1947년 4월 23일부터 5월 1일까지, 392명의 내몽골인민대표가 당시 '왕야묘王爺廟'[65]라 불리던 변방의 도시 울란호트('붉은 도시'라는 뜻)에 모였다. 그들은 내몽골의 운명을 결정지을 인민대표회의에 참가했다. 회의에 참가한 대표들은 중국공산당이 영도하는 민족 지역 자치를 내몽골에서 실행할 것을 함께 결의했다. 마침내 동·서 내몽골이 함께하게 되었다. 그 회의에서 올랑 후를 자치정부 주석으로, 하팡가를 부주석으로 선출했다. 중국의 첫 번째 소수민족자치구가 마침내 성립을 선포한 것이다.

1954년부터 올랑 후는 국무원 부총리, 내몽골자치구 당위원회 제1서기, 인민위원회 주석, 군구사령원軍區司令員과 정치위원을 겸했다. 1955년, 그에게는 상장군上將軍이라는 호칭이 부여되었다.

내몽골과 쑤이위안綏遠성의 합병 문제가 의제로 떠올랐다. 마오쩌둥은 몽골과 쑤이위안성의 합병을 두고 두 쪽의 문을 여는 것이라고 표현했다. 한쪽 문은 한인이 바이윈어버白雲鄂博 철광을 개발하고 바오터우包頭에 철강기업을 건설하는 것을 몽골인이 환영하는 것이고, 다른 한쪽 문은 쑤이위안을 내몽골에 합병해 내몽골 통일 자치를 실현시키는 것을 한인이 지지하는 것이라고 했다. 이후 당 중앙은 점차 차하르, 쑤이위안, 러허성을 없애고, 현재의 러허와 랴오닝, 차하르, 닝샤, 간쑤에 속하는 자오우다(조오다)맹昭烏達盟, 저리무(질렘)맹哲里木盟과 아라산(알라샨)기阿拉善旗, 어지나(에치나)기額濟納旗를 내몽골에 편입시켰다. 그리고 마침내 1956년에 몽수蒙綏 합병이 이루어졌다.

제14장

오손 烏孫

꿈을 따라 하늘 끝까지

세상의 그 어떤 민족도 이주 과정에서 탄생하지 않은 민족은 없다. 현재를 기준으로 5천 년 정도 거슬러 올라가 살펴보아도, 동굴과 삼림에서만 5천 년 내내 살아가고 있는 민족은 찾아보기 힘들다. 더 위로 올라가 보아도 마찬가지다. 인류의 시조라고 하는 이브를 보자. 인류의 시조는 오늘날 아프리카에서 시작되었다고 한다. 수만 년이라는 길지 않은 시간에 이브의 자손들은 이미 전 세계에 퍼져 있지 않은가? 이런 의미에서 볼 때 인류는 모두가 '카자흐(튀르크어로 '벗어나다', '이주하다'라는 뜻)'다.

오늘날 카자흐인은 이주 과정에서 형성된 민족 공동체다. 그중 주류 민족이 오손烏孫인데, 그들이 바로 카자흐인의 조상이며 동시에 카자흐인의 최대 부部이다.[1]

오손은 전형적인 유목민족이었다. 기원전 2세기 이전에 월지月氏와 함께 기련산맥과 돈황 사이의 푸른 오아시스에서 살았다. 한漢 초기, 오아시스 쟁탈을 위해 월지와 오손 사이에 마찰이 일어났고, 인구가 많고 세력이 컸던 월지가 오손의 지도자 난두미難兜靡를 죽이고 오손의 세습 영지를 빼

베이징에서 둔황으로 가는 비행기에서 바라본 치롄산맥.

앗았다. 오손 사람들은 어쩔 수 없이 근처 흉노 쪽으로 도망쳤다.

그런데 하필 도망치는 와중에 난두미의 아들인 곤막昆莫 엽교미獵驕靡가 태어났다. 어머니는 피를 너무 많이 흘려서 죽었고, 갓 태어난 아기는 비참하게 황야에 버려졌다.

서방의 어떤 철학자는 "운이 좋은 남자는 넓디넓은 바다에 버려질지라도 물고기를 붙잡고서라도 물 위로 떠오른다"고 했다. 사료에 의하면, 사람들이 곤막을 발견했을 때 늑대가 젖을 먹여 그를 키우고, 새가 고기를 가져다 먹여 기르고 있었다고 한다. 이런 신기한 이야기가 흉노에 전해졌고, 이 이야기를 들은 노상老上선우는 곤막을 '신인神人'이라고 여겨 왕궁으로 데려와 키웠다.

이것은 어쩌면 오손 사람들이 지어낸 이야기일지도 모른다. 사람들은 언제나 성공한 사람을 위해 이런저런 솔깃한 전설을 지어내 그에게 신성을 부여하게 마련이니 말이다. 최고의 영예를 향유하고 후대인에 의해 신보다 더 숭배를 받으려면 여러 이야기를 만들어내야 했다. 하지만 어쨌든 남의 울타리에 기대어 살아가면서, 국가와 가족의 재난을 한 몸에 지니고 언제나 재기할 꿈을 꾸던 곤막은 높은 수준의 무예를 수련했을 뿐 아니라 비범한 지략도 함께 연마했다.

곤막이 장성한 후, 노상선우는 그에게 오손의 항복한 백성을 이끌고 서부 변경 요새를 지키게 했다. 그리고 예전의 원수인 월지(흉노에 의해 격파된 월지인은 이미 서부 추강과 일리강 지역으로 이주했다)와 마주하게 했다. 기원전 161년을 전후한 시기에 곤막은 대월지를 공격해 아버지의 원수를 갚을 수 있게 해달라고 노상선우에게 부탁했다. 곤막의 손을 빌려 대월지를 약하게 만들 수 있는 기회였기에 선우는 흔쾌히 허락했다.

그러나 선우의 결정은 호랑이를 산으로 돌아가게 하고 용을 바다로 돌려보낸 것과 같았다. 남의 땅에서 생활하는 것에 염증을 느낀 곤막은 자신의 백성을 이끌고 온힘을 다해 월지를 공격했다. 결국 대월지는 서쪽으로 이주해 박트리아大夏로 들어갔다. 이때부터 오손은 일리강 유역에 자신의 영지를 세웠고, 아직 채 떠나지 못한 샤카족과 대월지인을 받아들였다. 그리하여 곤막의 영역 내 인구가 12만 호, 무려 63만 명에 달했고 군대 역시 18만 명이라는 기록적인 숫자에 이르렀다.

자기 기반을 갖고 백성과 신하, 군대를 갖자 마침내 오손은 정식으로 일어났다. 도성은 적곡성赤谷城(키르기스스탄 이슈티크 일대)에 두었다. 새로 일어난 이 오아시스 왕국은 동쪽으로 흉노, 남쪽으로 언기焉耆(옌치, 카라샤르)와 구자龜玆(쿠차), 서쪽으로 대원大宛(페르가나), 강거康居와 접했고, 통치 구역은 5천여 리에 이르렀다.

자신을 길러준 은혜를 베푼 노상선우가 죽은 뒤, 곤막은 흉노에 더는 조공을 보내지 않았다. 흉노의 새로운 선우는 예전의 신하였던 곤막이 자신과 동등하게 구는 것을 용납할 수 없어 토벌을 시작했다.

승리란 언제나 희생을 두려워하지 않는 쪽에 있다고 사람들은 말한다.

흉노 군대의 기세가 등등했지만 오손 군인과 백성은 힘을 모아 똘똘 뭉쳤고, 결국 공격한 흉노는 대패해 돌아갔다. 이 전쟁을 통해 흉노는 신이 곤막을 도와주고 있다고 더욱 믿게 되었고, 이때부터 오손과 적대 관계가 되는 것을 피했다.

장건이 두 번째로 서역에 출사하다

당시에 운명을 믿지 않는 한 인간이 있었다. 바로 첫 번째 서역 출사에서 목적을 이루지 못했고, 후에 이광李廣 장군을 따라갔다가 흉노에게 패하고 작위를 박탈당한 장건張騫이다.

장건은 피곤해진 심신이 조금 회복된 어느 날, 한 무제에게 건의했다. 다시 출사해 일리강 유역의 오손과 동맹을 맺어 흉노의 오른팔을 베어버리겠다는 것이었다. 잠시 생각한 후 한 무제는 그 건의를 받아들였다.

여전히 담대했고 오기가 남아 있었던 장건은 사절단의 우두머리가 되었다. 한 무제 원수 4년(기원전 119), 장건은 300명의 방대한 사절단을 거느리고 서역으로 두 번째 출사를 했다. 하서주랑을 점거한 흉노 혼야왕渾邪王이 투항했기에 한은 이미 서역과 직접 교류하고 있었고, 그 덕분에 사절단은 순조롭게 오손에 도착했다.

장건은 곤막의 열정적 환대를 받았다. 외교 관계가 으레 그러하듯, 손님과 주인은 서로 우호적인 말을 주고받았다. 장건은 쌍방이 함께 힘을 합해 흉노를 치자고 건의했고, 전쟁이 끝난 후 오손이 기련산(치롄산)의 옛 땅으로 돌아갈 수 있도록 해주겠다고 했다. 그러나 오손이 흉노와 가까이 있었기에 대신들은 모두 흉노를 두려워했다. 한이 대국이기는 했지만 오손과는 너무나 멀리 떨어진 곳에 있었던 것이다. 더구나 무조건 동쪽으로 돌아가는 것도 고민해봐야 할 일이었다. 무작정 흉노와 싸우는 것은 어떤 의미도 없었기 때문이다. 때문에 오손은 동맹을 쉽게 결정하지 못했고, 장건은 결국 운명 앞에 다시 무릎을 꿇어야 했다.

그나마 다행인 것은 곤막이 사람을 보내 장건의 부사가 대원(페르가나), 강거, 대월지, 대하(박트리아), 안식安息(파르티아), 조지條枝(안티오크), 엄채奄蔡(알란), 신독身毒(힌두스탄), 우전(호탄) 등 여러 나라를 방문하게 해준 것이었다. 그런데 장건이 생각지도 못했던 일이 또 일어났다. 한 무제 원정元鼎 2년(기원전 115), 장건이 장안으로 돌아가려 할 때 곤막이 수십 명의 사신에게 예물을 갖고 장건과 함께 장안에 가도록 한 것이었다. 곤막은 한의 장안이 도대체 어떤 곳인지 살피고 싶었다.

한에 와서 견문을 넓히게 된 오손 사신들은 장안의 드넓은 길과 휘황찬란한 궁전, 사람의 물결 등을 보고 눈을 휘둥그레 떴다. 그 모습은 장건이 묘사했던 것에 비해 더하면 더했지 결코 못하지 않았다. 오손으로 돌아간 사신들은 장안의 성대한 모습을 곤막에게 사실대로 보고했고, 이에 곤막은 한과 동맹을 맺고 싶은 생각을 더욱 강하게 갖게 되었다.

오손과 힘을 합해 흉노를 치려는 목적을 달성하지는 못했으나, 장건이 고난을 무릅쓰고 떠났던 두 차례의 출사는 당시 중원 지역에서 살아가던 사람들에게 서역에 관해 한 번도 가져본 적이 없던 지식을 갖게 해주었다. 그리고 중원 사람들의 인식 속에 세계의 끝이라고 여겨졌던 서역까지 한의 명성과 한 문화의 영향력이 퍼져나갔다. 그것은 중앙아시아와 서아시아, 남아시아를 통해 유럽에 이르는 육상 통로를 열게 했다. 그 후 중앙아시아, 서아시아, 남아시아 여러 나라는 계속 사절단을 보내 장건의 부사를 따라 한에 왔다. 이와 동시에 한의 상인들도 줄지어 서쪽으로 갔다. 비단과 자기, 청동 거울, 철기, 제련술, 관개술, 제지술이 서쪽으로 갔고, 호두와 배, 은행, 생강, 계피와 차, 백반, 설탕, 장뇌 등이 서쪽에서 왔다. 서역의 식물인 석류(안국安國과 석국石國에서 난다고 해서 안석류安石榴라고도 불렀다),[2] 포도, 개자리,[3] 호두, 깨, 콩(잠두와 완두), 오이, 마늘, 향채蒡荽,[4] 녹두, 시금치,[5] 당근, 무화과, 샤프란,[6] 주배등酒杯藤,[7] 회향, 파 등이 중원으로 들어왔다. 페르가나의 말, 즉 대원마大宛馬[8]와 코뿔소, 사자, 코끼리, 타조,[9] 혹소瘤牛,[10] 사냥개처럼 몸집이 큰 개들, 원숭이, 앵무새, 공작, 검은 담비 등도 중원 땅으로 들어왔다. 또한 유리, 보석, 산호, 호박, 상아, 대모玳瑁, 진주 같은 보석, 코뿔소 뿔과 향료 등 기타 산물이 끊임없이 한나라 땅으로 들어왔다. 그래서 어떤 시인은 "장건이 서역과 통하게 하지 않았다면, 그 멋진 것들이 어찌 서역에서 들어왔을까?"라고 노래했다.

세상을 놀라게 한 '실크로드'는 하서사군을 거쳐 옥문관 혹은 양관을 나가 백룡퇴白龍堆를 지나 신비한 누란(선선)에 이른다. 이곳에서부터 길은 남과 북, 두 개로 갈라진다. 실크로드 북도는 공작하孔雀河(콘치강)를 따라 오늘날 신장위구르 쿠얼러庫爾勒, 우레이烏壘, 룬타이輪臺를 거쳐 다시 쿠

신장위구르자치구 쿠얼러에서 룬타이로 가는 길의 모습.

절반의 중국사

차庫車, 악수(고대의 고묵姑墨)를 거쳐 곧바로 카슈가르疏勒에 이르렀다. 남도는 체르첸且末, 호탄, 피산皮山, 야르칸드莎車를 거쳐 카슈가르에 이르렀다. 여기서 다시 길이 갈라져 서쪽으로는 파미르고원을 넘어갔다. 서남쪽으로는 대월지(아프카니스탄 경내)로 가서 다시 파르티아와 안티오크를 거쳐 로마에 이르렀다. 카슈가르에서 파미르고원을 넘어 북쪽으로 가면 대원(페르가나분지), 강거(사마르칸트 일대)에 이르렀다. 이곳에서부터 아랍인의 낙타 방울 소리를 따라 중화문명이 서방으로 전해진 것이다.

실크로드의 개통과 서방 여러 나라 사신들의 방문으로 인해 한 무제는 무척이나 기뻤다. 그래서 무제는 장건을 대행으로 삼아 한의 각 민족 사무를 총괄하게 했다. 그 임무를 맡은 뒤에도 장건은 여전히 권위적으로 행동하지 않았으며 잘난 체 하지도 않았다. 장건이 죽은 수년 뒤에도 사람들은 서역으로 출사한 한의 사신을 여전히 '박망후博望侯'라고 불렀다. 사실 이런 것은 아이들이 울 때 엄마들이 늘 "그렇게 자꾸 울면 호랑이가 온다!"라고 말하는 것 같은, 일종의 관용어였다.

양주 미녀

동방의 '한'이라는 왕조가 세상에서 가장 부유한 곳이며 또 구름처럼 많은 미녀를 보유하고 있다는 소식을 듣고, 곤막은 사신을 다시 장안으로 보냈다. 그는 왕이라는 자신의 호칭을 취소하고 신하를 자처할 것이라고 했으며, 진귀한 서역의 말을 예물로 보내면서 화친을 요청했다.

오손 사신이 도착하기 전에 한 무제는 점을 쳐 '신마神馬가 서북쪽에서 올 것'이라는 점괘를 얻은 바 있었다. 오손의 좋은 말이 도착하자, 한 무제는 즉시 그 말을 '천마天馬'라고 불렀다. 신이 난 그는 〈천마가天馬歌〉[11]를 지어 만 리를 치달리며 사방의 이민족을 복속시키고 싶은 자신의 웅대한 마음을 시 속에 담아냈다.

천마를 얻어 기분이 좋아진 한 무제는 좋은 인연을 맺고 싶다고 하는 오손왕의 부탁을 들어주기로 했다. 그래서 '소군출새昭君出塞'(왕소군이 흉노 선우에게 시집간 것)보다 무려 72년이나 앞선, 양주揚州 미녀 '세군출새細君 出塞' 이야기의 서막이 열린다.

사실 세군공주는 한 무제의 딸이 아니었다. 어려서 부모를 잃은 고아였다. 세군의 생부는 주색에만 빠져있던 강도왕江都王 유건劉建이었다. 번왕 중의 하나였던 유건은 강도왕 태자가 되었을 때부터 부왕의 미녀와 정을 통했다고 한다. 장례 기간에도 그는 부왕이 거느렸던 10여 명의 미녀들과 돌아가며 난륜을 벌였다고 하며, 심지어 궁녀들을 양이나 개와 교접하게 했다고도 한다. 야사의 기록에 의하면 유건이 어느 날 너무나 심심해 말 한 필과 나귀를 교합하게 했는데, 몇 달이 지난 후 암컷 나귀가 '사불상四不 像'12을 낳는 일이 일어났다. 말도 아니고 나귀도 아닌 그 동물은 말보다 힘이 셌고 나귀보다 더 커서 무거운 짐을 싣고 다니기에 적합했다고 하는데, 그것이 바로 노새의 탄생에 얽힌 비화다.

유감인 것은 그가 진시황이나 수 양제와 마찬가지로 머리는 좋았으나 패륜을 저질렀다는 점이다. 그들이 만리장성이나 대운하 같은 위대한 '발명'을 하게 된 것은 백성을 위해서가 아니라 전쟁의 와중에서 자신들의 목적을 달성하기 위해서였다. 발명의 의도가 상당히 뒤틀려 있었다는 의심을 버릴 수 없는 것이다. 진시황이 장성을 쌓은 것은 흉노에게 위풍당당함을 과시하기 위함이었고, 수 양제가 대운하를 판 것은 온전히 고구려를 침략하기 위해서였다. 사남司南(최초의 자석 기기)은 전국시대 정국인鄭國人이 옥을 캘 때(국왕에게 바치면 상을 받을 수 있었다) 방향을 잃을까봐 발명한 것이고, 화약도 진한의 방사들이 제왕에게 바칠 장생불사의 약을 만드느라 연단을 할 때 우연히 얻은 것이었다.

중국에서는 정해진 규칙대로 행동하고 변하지 않는 천도天道를 따르는 것이 전통이었다. 하지만 창조적 힘은 그런 사유에서 약간 이탈할 때 발생하곤 한다. 창조적 발명은 무척이나 혁신적인 것이다. 어쩌면 근대 중국으로 접어들수록 창조적 발명이 줄어든 이유가 바로 그것 때문일지도 모른다. 그러나 유건 같은, 혹은 그 비슷한 인간에 의해 여러 가지 기괴한 '발명'이 이루어질 때, 중국 역사에는 비극적인 사건들이 발생했다.

노새를 '발명'해 유명해진 유건은 마침내 황제의 꿈을 꾸게 되었고, 그 결과 한 무제 원수 2년(기원전 121), '동창東窓의 일이 발각되어'[13] 스스로 목을 매 자살했다. 물론 그의 아내도 같은 죄로 참수당했다. 그리하여 강도국이 사라지고 그곳은 광릉군廣陵郡으로 바뀌었다.

부모가 모두 죽을 때 세군은 아직 어렸기에 살아남았고, 숙조부인 한 문제는 세군을 데려다가 궁중에서 길렀다. 세군은 눈처럼 곱고 옥처럼 아름다웠을 뿐 아니라 재주도 뛰어나, 한의 시단에서도 처량하고 아름답게 자라난, 가늘고 긴 대나무 같은 존재가 되었다. 들리는 말로는 그녀가 '비파'라는 악기를 만든 사람이라고도 한다.[14]

당시 한나라 여성들은 마르고 가벼운 몸을 숭상했다. 세군 역시 당시에 몰아치던 '미녀 신드롬'에 따라, 빼빼 마른 미인이었다. 몸이 마치 '물에 비치는 고운 꽃, 바람에 흔들리는 가녀린 버들'[15] 같았고 '심장에 비간보다 구멍이 하나 더 있었고, 병든 서시보다 3할은 더 여려'[16]보였다. 하지만 이 양주 미녀는 한 번도 멀리 떠나본 적이 없었다. 연약한 한 여인이 국가 화친의 사명을 짊어져야 했으니, 그녀에게는 너무나 힘든 일이었을 것이다.

가는 길에 세군이 외로워 할까봐 걱정 된 한 무제는 길가에 늘어선 사람들에게 비파를 타게 하는 등 온갖 방법으로 그녀를 웃게 하려 했다. 하지만 그녀의 얼굴에서 웃음기를 찾기는 어려웠다. 마치 "말 위에서 현을 튕기며 악기를 연주해 이별의 마음을 호소하고, 변방의 제비 높게 날아올라 떠나는 여인의 길 벗하네"라는 시 구절 같은 장면이었다. 만일 그때 그녀가 웃으며 떠났다면 후대 시인들이 이런 노래를 불렀겠는가?

"지나가는 행인 귀에는 순찰 도는 병사들이 두드리는 조두 소리 들려오는데 모래바람은 어둡게 휘몰아치고, 들려오는 비파 소리에는 세군공주의 원망스런 마음이 넘치는구나."[17]

한 왕조의 위세와 너그러움을 널리 자랑하기 위해 한 조정은 공주가 멀리 오손으로 시집가는 일을 대대적으로 선전했다. 그 바람에 공주가 아직 길을 떠나지 않았는데도 주변 국가 모두가 그 일을 알게 되었다.

이어서 발생한 사건은 한 왕조의 과도한 선전이 얼마나 어리석고 불필요한 것이었는가를 보여준다. 한 무제 원봉 6년(기원전 105), 세군이 길을 떠난다는 소식이 흉노에 전해졌고, 흉노 선우는 자신의 딸을 잽싸게 곤막에게 시집보냈다. 그래서 세군이 오손에 도착했을 때 가장 존귀한 좌부인의 자리는 이미 흉노 공주가 차지하고 있었다. 결국 그녀는 우부인이 되는 수밖에 없었다. 방년 17세의 그녀는 빼어나게 아름다워 오손 사람들은 그녀를 '커무즈柯木孜'공주라고 불렀다. '피부색이 마유주馬奶酒처럼 하얗고 아름다운' 공주라는 뜻이다.

하지만 시작부터 좋지 않았던 데다가 그녀는 오손 말을 몰랐다. 이민족 생활에 익숙하지 않았으며, 나이든 곤막에 대해서도 원망의 마음을 가질 수밖에 없었다. 세군공주는 시에 자신의 마음을 기탁하기 시작했고, 마침내 천고에 전해지는 〈비수가悲愁歌(슬픔의 노래)〉, 일명 〈황곡가黃鵠歌(백조의 노래)〉를 남겼다.

우리 집에서 나를 머나먼 하늘 저쪽으로 시집보냈지,
멀리 이역만리 오손왕에게 몸을 기탁했네.

절반의 중국사

천막을 집으로 삼고 깃발을 담장으로 삼았네,

고기를 주식으로 먹고 말젖을 음료로 마시는구나.

언제나 고향 그리워하니 마음속에 상처가 생겼구나,

백조가 되어 고향으로 돌아갈 수 있으면 얼마나 좋을까.[18]

吾家嫁我兮天一方,

遠托異國兮烏孫王.

穹廬爲室兮旃爲墻,

以肉爲食兮酪爲漿.

居常土思兮心內傷,

願爲黃鵠兮歸故鄕.

　세군의 청춘에는 말로 다 표현할 수 없는 깊은 고독함이 깃들어 있었다. 하소연할 수 없는 수많은 비애가 있었으며 떨칠 수 없는 신산함과 슬픔, 원망이 들어 있었다. 세군은 깊은 궁중에서 자라난 여린 싹이었다. 정치적 시각에서 세군에게 모든 책임을 지라고 할 수는 없는 일이었다. 한 무제 역시 세군을 가엾게 여겨 2년에 한 번씩 사신을 파견하여 그녀를 살펴보게 했다. 또한 공주를 따라간 기술자를 시켜 하도夏都(신강위구르자치구 자오쑤昭蘇초원[19])에 한 왕조 풍의 궁전을 지어주게 했다. 늙은 오손왕도 사람의 마음을 잘 헤아리는 사람이었던지라, 세군을 미래의 후계자인 젊은 손자 잠추岑陬에게 시집보냈다.

　졸지에 자기 남편 손자의 아내가 되다니, 공맹孔孟의 도리를 배웠던 여인인지라 공주는 난감하기 이를 데 없었다. 그러나 한 무제는 친히 세군에게 편지를 썼다. 국가의 이익을 위해 '그 나라의 습속을 따르라'는 것이었다. 그래서 세군은 부끄러움을 무릅쓰고 손자인 잠추에게 시집갔다. 이때부터 그녀의 인생에는 아득한 하늘과 영원한 침묵만이 남았다. 황량한 사막

한가운데 버려진 작은 양처럼, 세군은 다시는 고향으로 돌아갈 수 없다는 고통과 비애를 느끼고 있었다.

곤막이 죽은 후, 손자 잠추 군수미軍須靡가 일찍 죽은 곤막의 아들인 곤미昆彌의 뒤를 이었고, 그녀는 새 남편을 위해 소부少夫라는 이름의 딸을 낳아주었다.

그러나 딸을 낳자마자 세군은 몸이 많이 허약해져 가엾게도 세상을 뜨고 말았다. 왕조의 평화를 위해 어쩔 수 없이 멀리 서역으로 시집가야 했던 세군은 이렇게 졸지에 세상을 떠났고, 그런 세군의 서글픈 이야기는 중원 여자들의 가슴속에 오래도록 아픈 상처로 남았다.[20]

서역에 피어난 '철 장미'

오손왕은 아마도 동방의 미녀들에 대해 특별한 호감을 갖고 있었던 듯하다. 세군이 병으로 죽고 난 뒤, 잠추는 한과 오손의 우호를 핑계 삼아 한 무제에게 다시 공주를 하나 보내줄 것을 요청했다.

새로 온 공주의 이름은 해우解憂였다. 해우는 초왕楚王 유무劉戊의 손녀로서, 남방의 미녀였다. 세군과 달리 해우는 풍만하고 건강했을 뿐 아니라 자태가 빼어나고 상큼했다. 또한 성격이 호방했으며 담력이 남달랐다. 부드러우면서도 영웅적 기개가 있었으니, 임금에게 충성해 나라에 보답하는 협객의 기질을 갖고 있으면서도 온화했다.

한 무제 태초太初 3년(기원전 102), 열아홉 살의 해우는 '초공주楚公主'에 봉해져 서역으로 가는 머나먼 길에 올랐다. 오손에 도착했을 때, 해우와 함께 온 시녀 풍료馮嫽[21] 역시 오손 우대장右大將에게 시집갔다.

처음 오손에 온 해우의 상황은 그다지 녹록지 않았다. 남편 잠추가 자기 할아버지처럼 한과 흉노 출신 공주 두 명을 모두 아내로 삼았기 때문이다. 게다가 흉노 공주는 니미泥靡라는 이름의 아들을 낳았으나 해우는 아들을 낳지 못했다. 그러다 갑자기 잠추가 죽고 말았다. 잠추의 아들 니미의 나이가 아직 어렸기 때문에 곤미의 자리는 관례에 따라 계부季父인 대록大祿의 아들 옹귀미翁歸靡에게 돌아갔다. 옹귀미는 뚱뚱한 바보여서 사람들은 그를 '뚱보 왕'이라 불렀다.

당시의 습속에 따라 뚱보 왕은 해우와 흉노 공주를 아내로 물려받았다. 궁합이 잘 맞았는지, 해우는 뚱보 왕과의 사이에서 연달아 세 명의 왕자와 두 명의 공주를 낳았다. 큰 아들 원귀미元貴靡는 태자가 되었고, 둘째 아들 만년萬年은 후에 야르칸드 왕莎車王이 되었다. 막내아들 대락大樂은 관직이 좌대장左大將에 이르렀다. 장녀 제사弟史는 쿠차 왕龜玆王 강빈絳賓의 아내가 되었고, 둘째딸 소광素光은 오손 호령후呼翎侯의 아내가 되었다. 뚱보 왕은 해우의 말을 잘 들었고, 한과 오손은 밀월관계를 유지할 수 있었다. 그리하여 적막한 실크로드에 잠시 예전처럼 번화한 기운이 흘렀다.[22]

오손이 한과 가까워진 것이 불만이었는지, 흉노 공주가 냉대 당하는 것에 분노했는지 정확하지는 않으나 흉노 선우는 오손을 공격했다. 흉노는 해우를 내놓아야 병사를 물리겠다고 떠들었다. 이 소식을 접한 한 선제宣帝는 유순劉詢 본시本始 2년(기원전 72)에 오원대장五員大將에게 군대를 이끌고 가라는 명령을 내렸고, 흉노는 황망히 도망쳤다. 곧 서역 교위校尉 상혜常惠가 오손과 함께 흉노를 쳤고, 흉노는 4만 명의 병사와 70여만 두의 가축을 희생당하는 참담한 대가를 치러야 했다. 한 선제 신작神爵 3년(기원전 59), 한은 오루성烏壘城(쿠얼러와 룬타이 사이)에 서역도호부西域都護府를 설치했고, 흉노 동복도위는 서역에서 쫓겨나야 했다.

그러나 하늘의 도道는 돌고 도는 것이라, 인간의 의지로 어떻게 바꿀 수가 없다. 뚱보 왕이 병으로 죽는 바람에 니미가 곤미로 옹립되었고, 해우의 아들 원귀미의 계승권이 박탈되었다. 해우의 영화로운 날들은 이어질 수 없었고, 공고했던 한과 오손의 관계도 하룻밤 사이에 뒤집혀 없던 일이 되어버렸다.

냉대를 당했던 곤미는 자신이 당한 것의 열 배는 될 보복을 행하기 시작했다. 오손은 하루도 조용할 날이 없었으며 모두가 위기의식을 느끼는 날이 계속 되었다. 그래서 그에게는 '미치광이 왕'이라는 호칭이 붙었다. 해우는 어쩔 수 없이 이 미치광이 왕에게 세 번째 시집을 가야했고, 굴욕을 참으면서 그의 아들 저미邸靡를 낳아야 했다.

그러나 해우는 더는 굴욕을 감내하기 힘들었다. 그래서 마침내 한의 사신 위화의魏和意, 임창任昌과 몰래 모의해 연회를 열어 그 자리에서 미치광이 왕을 처단하기로 했다. 그러나 일이 성공하기 직전에 미치광이 왕이 부상을 당한 채 도망쳤고, 왕의 아들 하나가 병사를 일으켜 적곡성에 있는 해우와 한의 사신들을 포위했다. 그 후 공주와 성 안의 군사, 백성들은 여러 차례의 피비린내 나는 공격을 막아냈다. 성벽 위에는 사람들의 굳은 의지가 넘쳐흘렀고, 성 아래에는 피가 강물을 이루었다.

몇 달 후, 서역도호 정길조鄭吉調가 서역 여러 나라의 군대를 거느리고 도착했을 때에야 비로소 단단한 포위망이 풀렸다. 상황을 잘 마무리하기 위해 한 선제는 오손에 사람을 보내 미치광이 왕의 상처를 치료해주었고, 원치 않는 결정이었지만 한의 사신 두 명을 참수할 수밖에 없었다. 해우는 그저 눈물만 비 오듯 쏟을 뿐이었다.

해우의 계획은 실패로 돌아갔지만 뚱보 왕과 흉노 공주가 낳은 아들 오취도烏就屠가 '미치광이 왕' 니미를 죽이고 새로운 곤미가 되었다. 오취도가 흉노에 귀부할까 걱정했던 한의 황제는 파강破羌장군 신무현辛武賢에게 명령을 내려, 1만 5천 명의 군사를 신속하게 돈황으로 이동시켜 오손을 칠 준비를 하라고 했다. 무시무시한 전쟁이 곧 터질 기세였다.

신장위구르자치구 악수에서 쿠처를 지나 쿠얼러로 가는 길의 모습.

서역도호 정길은 풍료의 남편과 오취도의 사이가 밀접한 것을 알고 풍료를 파견해 오취도에게 투항을 권유하게 했다. 그렇게 정길이 내린 임무를 받아들고, 중국이 두 번째로 서역에 심어놓은 '아름다운 장미'가 당당하게 등장했다. 죽음을 무릅쓰고 풍료는 혼자서 오취도의 군영으로 갔다. 그녀는 당당한 기세와 유려한 말로 오취도에게 당시 상황을 분석해주면서 어떤 것이 더 그에게 이로운 행동인지 설명해주었고, 마침내 오취도는 뻣뻣하게 세우고 있던 고개를 숙였다. 풍료는 오취도가 투항에 응한다는 전제하에 장안으로 돌아와 한 선제에게 사건의 경과를 보고했다. 한 선제는 풍료를 정사로 임명하고, 축차竺次와 감연수甘延壽를 부사로 삼았다. 그리고 풍료에게 부절符節을 들고 비단으로 장식한 화려한 수레를 타고서 서역으로 돌아가게 했다. 오손 사건을 처리하는 전권을 풍료에게 준 것이다. 그녀는 오손을 대곤미와 소곤미 두 부로 나누었고, 뚱보 왕과 해우가 낳은 원귀미에게 대곤미를 맡겨 6만 호를 다스리게 했다. 오취도에게는 4만 호를 거느린 소곤미를 맡게 했다. 여인의 섬세한 조율을 거쳐 복잡하게 얽혀있던 골치 아픈 사건은 점차 정리되었다.

아무리 생각이 깊고 지혜로우며 비범한 의지를 지녔다고 해도 그녀에게는 꿈에도 그리는 고향이 있었다. 그리고 고향에는 보고 싶은 가족이 있었다. 한 선제 감로 3년(기원전 51), 원귀미가 병으로 죽고 그 아들 성미星靡가 대곤미의 자리를 이었다. 긴 세월 동안 온갖 일을 다 겪으며 희로애락을 경험한 그녀들은 이제 늙었고 머리도 백발이 되었다. 그리하여 70세의 고령이 된 해우는 세 명의 자식과 풍부인을 거느리고 마침내 한으로 돌아왔다. 2년 후, 공주는 장안에서 세상을 떠났다.

대곤미로 즉위한 성미는 사람됨이 비겁하고 나약해 사람들을 복종시키지 못했고, 결국 오손에는 다시 내란이 발생했다. 해우가 이미 죽었으니 누가 그 임무를 맡을 것인가? 한 황제는 다시 풍부인을 생각해냈다. 얼마 지나지 않아 풍부인은 명령을 받고 서쪽으로 갔다. 풍부인이 오손에 도착하자마자 내란이 가라앉았고, 성미와 오취도는 이때부터 17년 동안 별다른 사건 없이 조용히 지낼 수 있었다. 해우공주와 풍부인은 서역에서 50여 년을 종횡무진 누비며 '합종'과 '연횡'을 했고, 신뢰도 높은 '일언구정一言九鼎'[23]과 같은 말로 결정적인 역할을 했다.*

풍료는 원래 공주의 시녀였으나 서역 하늘에 높이 걸린 찬란한 별이 되었다. 그리고 풍료의 명성은 자신이 모시던 주인인 해우를 뛰어넘었다. 이때부터 오손은 한 왕조 서역도호부의 그늘에서 살아갔다.

---

* 《漢書》〈西域傳〉卷96, 中華書局, 1974.

절반의 중국사

신장위구르자치구 쿠처현 이시하라향依西哈拉鄉에 서 있는 커쯔얼가하克孜爾尕哈 (크즐가하)
봉수대. 한 선제 시기에 세워진 것으로 추측하고 있다.

'카자흐'로 개명하다

오손인이 이 때문에 한에 원한을 품었다면 그야말로 엄청나게 잘못된 판
단이었다. 강성한 한이 멸망하면서 오손의 고통도 시작되었기 때문이다.

초원의 새로운 패주인 유연柔然은 병사를 일으켜 오손을 공격해왔다. 패
전한 오손은 파미르고원 쪽으로 쫓겨 가 그곳에서 유목을 했다. 유연이 서
쪽으로 간 후, 톈산산맥 이북의 옛 오손 땅은 동돌궐과 서돌궐로 나뉘었다.
카라 키타이(서요)가 서역을 통치하던 12세기, 오손은 더 이상 나라를 유
지할 수 없었다.

칭기즈칸이 중앙아시아를 점령한 후 그들은 금장金帳(슐치의 봉지), 백장
白帳(슐치의 맏아들 오르다의 봉지), 남장藍帳(슐치의 막내아들 샤반의 봉지) 칸
국의 신하가 되었다. 후에 남장 칸국 귀족과 돌궐, 오손이 긴 세월에 걸쳐

융합되면서 새로운 민족인 우즈베크인(남장 칸국 우즈베크 칸의 이름으로 명명한 것)이 탄생했다.

1456년, 우즈베크 케레이칸과 자니베크칸이 그들 수하의 오손, 칸칼리스, 케레이, 나이만, 옹기라트, 둘라트, 잘라이르 등 부락을 이끌고 동東차가타이 칸국에 투항, 추강 유역으로 동천해 정식으로 '카자흐'라 칭했다.

동차가타이 칸국의 열정적 환영을 받은 카자흐인은 추강과 탈라스강 유역을 기반으로 독립된 카자흐 칸국을 세웠고, 투르키스탄성을 도읍으로 삼았다.

이어서 카자흐 칸국과 동차가타이 칸국, 티무르제국과 샤이바니드칸이 이끄는 우즈베크가 30여 년에 걸친 기나긴 혼전을 벌였다. 힘을 축적한 카자흐 칸국이 날로 세력이 커져 카심칸(1511~1518)이 통치하던 시기에 가장 강해졌다. 영지가 동남쪽으로 일곱 개의 강이 흐르는 제티슈七河 유역에 이르렀고, 남쪽으로는 시르다리야, 서쪽으로는 우랄강 유역, 북쪽으로는 이심강에 이르렀다. 동북쪽으로는 발하슈호 동쪽과 남쪽의 드넓은 지역을 차지했다. 인구는 100만 명 이상으로 늘어났다.

16세기 말, 각 칸국의 카자흐부部가 모두 카자흐 칸국으로 귀부했고, 각 부는 혈연관계에 따라 대, 중, 소 세 개의 위즈(튀르크어로 '부분', '방면'이라는 뜻)로 나뉘었다.

대위즈, 즉 위순 위즈는 '대장大帳', '우부右部'로, 제티슈 유역과 추강, 탈라스강 유역의 비옥한 초원을 차지했다. 그것은 오손인이 주체가 되고 소그디아나의 후예인 칸칼리스, 튀르크 돌륙咄陸 후예인 둘라트, 튀르크 카자르부, 북흉노 추반국 후손인 알반, 사리 위순, 투르기슈突騎施, 잘라이르 등이 함께 구성한 부部였다.

중위즈는 아르긴 위즈로, '중장中帳', '좌부左部'라고도 한다. 카자흐에서 인구가 가장 많고 힘이 가장 강성했다. 그들은 겨울에는 사리수강과 시

절반의 중국사

르다리야강 중하류에서 유목을 했고, 여름 목장은 이르티슈강과 토볼강, 이심강 일대에 위치했다. 고대 카를루크의 후예인 아르긴부를 주체로 하여 주로 킵차크부(동킵차크인), 샤카족의 후예인 코사이크, 베사이크, 볼사이크, 카를사이크, 케레이(옹칸이 칭기즈칸에게 패한 후 케레이 나머지 부락이 서쪽으로 이주함), 나이만부(타얀칸이 칭기즈칸에게 피살된 후 나이만 부중이 서쪽으로 도주함), 메르키트(몽골에 의해 패한 후 이리저리 떠돌다가 서쪽으로 감), 옹기라트(몽골 인을 따라 서정하여 이곳에 이르렀음) 등으로 구성되었다.

소위즈는 알신 위즈로 '소장小帳', '서부西部'라고도 칭한다. 알란인의 후손 알틴부를 주체로 하여 바이울리부, 알리물리부, 제티루부로 구성된다. 겨울에는 이베크강伊別克河, 우랄강 유역에서 유목을 하고 여름에는 악테요베초원으로 이주했다.

이런 역사를 통해 볼 때 카자흐는 명실상부한 혼혈민족이다. 중앙아시아의 그 어떤 민족을 보아도 이들 같은 민족은 없다.

카자흐가 러시아에 대항하다

그러던 어느 날 서역에서 준가르가 굴기했다. 준가르는 칭기즈칸을 계승한 몽골 부락으로, 정복에 대한 그들이 열망은 조상인 칭기즈칸에 뒤지지 않았다. 1820년대에 준가르는 카자흐 칸국의 수도인 투르키스탄성과 군사적 요충지인 타슈켄트를 점령했다. 카자흐는 전에 없던 심각한 타격을 입었다. 1850년대에 청의 군대가 신장위구르에 군대를 보내 준가르의 반란을 평정해준 덕분에, 카자흐인은 비로소 불구덩이에서 탈출할 수 있었다. 전쟁의 고통을 맛본 카자흐 중위즈의 아블라이칸은 백성을 이끌고 청 왕조에 귀부했고, 대위즈와 소위즈도 뒤이어 청 왕조에 신복했다.

얼마 지나지 않아 먼 곳에서 다시 러시아의 대포소리가 들려왔다. 서부의 소위즈와 중위즈가 먼저 러시아에 점령되었고, 카자흐 칸 체제는 폐기되었다. 소위즈도 오렌부르크 총독 관할 하에 들어갔으며 중위즈는 시베리아 총독 관할에 들어갔다.

1864년, 러시아 군대는 대위즈의 옛 땅에 있던 코칸트 칸국을 짓밟았다. 러시아가 대포를 끌고 코칸트 칸국의 수도로 밀고 들어와 굴복시킨 것이다. 영구적인 점령을 위해 차르는 러시아 사람들을 대거 카자흐 땅으로 이주하게 했다. 동시에 점령자는 "살아남기를 원한다면, 카자흐인은 이 비옥한 땅에서 얼른 떠나라!"라는 명령을 내렸다. 날카로운 칼날 아래 쫓겨난 카자흐인은 먼 곳으로 가야 했고, 사람과 가축이 살기 어려운 사막 지역으로 이주해야만 했다.

분노한 사람들이 할 수 있는 것은 반항뿐이었다. 대위즈가 있던 코칸트 칸국에서는 1875년에 차르의 노역에 반대하는 기의가 일어났다. 이치대로라면 러시아인은 어느 정도 양보해야 했다. 그리고 최소한의 온건한 조치를 취해야 했다. 그러나 차르는 "이곳엔 자유나 평등 따위는 없다, 오직 학살과 대포만이 있을 뿐!"이라며 강경했다. 기의의 불꽃을 박멸한 후 차르는 제멋대로 코칸트 칸국을 없애고 그곳에 페르가나성을 세워 투르키스탄 총독에게 예속시켰다. 카자흐는 셋으로 분할되었고, 세 개의 러시아 총독부가 그것들을 관할했다.

1833년부터 1864년까지의 짧은 20여 년 동안 러시아는 청에 불평등조약을 강요했고, 원래 청에 속했던 발하슈호 남쪽과 동쪽, 자이산호 일대의 카자흐 거주지를 할양 점거했다. 그리고 "사람은 그가 사는 땅에 소속된다"라는 원칙을 적용시켜 카자흐가 청에 귀부하는 것을 금지했다. 하지만 많은 카자흐인이 그것에 따르지 않고 무리를 지어 신장의 일리와 볼트라로 돌아왔다.

만 리에 구름이 없으면 만 리가 푸른 하늘이라[24]

10월 혁명 후, 러시아의 카자흐인이 자기들만의 소비에트 정권을 세웠다. 1920년, 키르기스스탄(즉 카자흐, 러시아는 한때 그들과 키르기스스탄을 혼동했다)이 자치공화국이 되었고, 오렌부르크가 수도로 정해졌다. 1925년, 그들의 역사는 회복되었고 거주 지역도 카자흐 소비에트 사회주의 자치공화국으로 바뀌었다. 수도는 키질로르다로 바뀌었다. 몇 년 후 다시 알마티로 이전했고 카자흐는 소비에트연방공화국이 되었다.

엥겔스는 일찍이 이렇게 예언했다.

"우리에게는 살아가면서 사건을 목격할 수 있다는 희망이 있다. 우리는 이미 비스마르크의 전횡과 몰락을 지켜보았다. 그러니까 우리의 가장 큰 적인 러시아 차르의 전횡과 쇠락의 과정, 그리고 철저한 몰락을 우리가 볼 수 없는 이유는 없지 않은가?"

엥겔스가 예언가는 아니었지만 언어와 풍속, 신앙과 민족 감정이 완전히 달라 아무런 연관이 없는 부족들이 억지로 함께하면 결국 오래가지 못한다는 것을 잘 알고 있었다. 1세기 후 그의 예언은 마르크스와 엥겔스 주의를 개혁하고자 했던 사람 손에서 실행되었다. 그의 이름은 고르바초프였다. 그는 언제나 머릿속에 지도를 그리던 개혁가였다. 1985년 소비에트연방 총서기가 된 후, 그는 즉시 스탈린의 '구체제'에 대한 수술을 단행했다. 민주화와 개방, 개혁을 추진했으며 행정, 입법, 사법의 삼권분립이 보장되는 다당제를 시행했다. 그는 사회주의국가 역사상 전무후무한 '대통령'이 되었다. 이때부터 위대한 통일 소련은 통제력을 잃었고, 소비에트연방에는 주권공화국들이 생겨났다. 1991년 8월 19일, 소련공산당이 일으킨 '쿠데타'가 유산된 후 고르바초프는 소비에트 공산당 중앙위원회에 해산 명령을 내렸고, 각 공화국 공산당은 자신들의 운명을 결정했다. 소비에트연맹은 곧 눈이 녹아내리듯 급속하게 붕괴했다.

먼저 우크라이나가 전 국민의 결정하에 독립을 선포했다. 며칠 후 러시아, 백러시아, 우크라이나 등 세 개의 슬라브 공화국이 고르바초프와 단독 회담을 하여 독립국가 연합체를 만들었다. 12월 13일, 중앙아시아 다섯 국가가 투르크메니스탄 수도인 아슈하바트에서 만나 창시국의 신분으로 독립연합체에 가입할 것을 결정했다. 카자흐스탄도 이때부터 진정한 독립을 실현해 나라 이름을 '카자흐스탄공화국'으로 바꾸었다.

이란, 이라크와 아프가니스탄의 전철을 밟지 않기 위해 그들은 시작부터 종교국가가 아니라 세속국가로 나아가겠다는 강한 결심을 피력했다. 그래서 공화국 헌법에 이렇게 규정했다.

"카자흐스탄은 민주적이고 비종교적이며 통일된 국가이다."

그들은 이슬람 급진파가 이끄는 수도승 방식의 생활에 두려움을 느끼고 있었다. 아프가니스탄의 탈레반이 정권을 잡고 있던 시기를 생각해보라. 국민이 웃지도 않고 오락거리도 즐기지 않으며, 언제나 근엄한 얼굴을 한 채 그 어떤 물질적 향유도 누리지 않고, 금과 은 등 재물에도 흔들리지 않으며 그저 모두가 이슬람형제를 도와 성전에 나서기만 한다면 그것은 그 얼마나 비극적이고 무시무시한 일이겠는가. 카자흐 사람들은 이런 결정을 후회한 적이 한 번도 없다.

카자흐스탄의 국토 총면적은 271.73제곱킬로미터로, 세계에서 아홉 번째로 크다. 인구는 1,700만 명 정도인데, 그중 카자흐인이 700만 명이다. 새로운 수도는 아스타나(원래 명칭은 아크몰라)이다.

1992년 1월 3일, 중국과 카자흐스탄은 외교 관계를 맺었다. 중국과의 국경선은 1,700킬로미터에 이르며 '상하이5국집단上海五國集團'[25]에 참가한 카자흐스탄은 이미 중국 국민의 친구가 되었다. 카자흐스탄의 셴싱하이거리洗星海大街[26]는 중국과 카자흐스탄 두 나라 국민 우호의 상징이다. 베이징과 알라무트, 타슈켄트로 이어지는 철도가 이미 개통되었으며, 두 나라의 지도자는 중국 장쑤성의 롄윈강連雲港에서부터 중앙아시아를 지나 서쪽으로 네덜란드의 로테르담에 이르는 유라시아 철도를 개통하려는 아름다운 꿈을 발표한 바 있다.[27]

카자흐스탄 국외에도 수백만 명의 카자흐인이 중앙아시아에 흩어져 살고 있는데, 그중 우즈베키스탄에 90만 명이 거주하고, 투르크메니스탄에도 10여만 명이 거주한다.

러시아 '곰'이 영토를 삼키다

여기 잊지 못할 피비린내 나는 과거의 역사가 있다. 1870년, 야쿱벡이 우루무치를 함락했다. 다음 해 러시아인은 갑작스러운 습격을 감행해 신장에 있던 청淸의 최고 관청이었던 일리장군아문伊犁將軍衙門을 축출해버렸다. 그리고 그들은 신장에서 가장 비옥하고 인구가 조밀하며 공업과 상업이 발달한 일리 지역을 차지했다.

놀라운 침략행위를 저지른 러시아는 청이 이미 그 지역에서 주권을 행사할 수 없는 지경에 이르렀기 때문에, 친구의 도리에 따라 자기들이 청을 대신하여 그곳을 관리하는 것이라고 했다. 반군의 손에서 그 지역을 지키기 위해 자기들이 들어왔다는 말이었다. 물론 신장의 반란이 평정된 뒤에는 다시 돌려주겠다고 했다. 하지만 러시아는 청이 이제 신장으로 돌아올 수 없을 것이라고 생각했다. 일리 지역이 러시아의 수중으로 떨어지는 것은 이제 기정 사실 같았다.

그러나 청의 군대는 신장을 결코 버리지 않았다. 섬감陝甘총독 좌종당左宗棠은 65세의 병든 몸을 이끌고 흠차대신 겸 '독판신강군무督辦新疆軍務'

라는 중책을 맡아 6만 명의 후난湖南 서부 지역, 즉 상서湘西 군대를 이끌고 서쪽으로 왔다. 짧은 1년이라는 시간 동안 좌종당은 야쿱벡을 쫓아내고 천산 남북의 국토를 회복했다.

청 광서 2년(1876), 청은 신장으로 돌아왔고 승리를 거두었다. 러시아는 경악했다. 그들은 약속대로 무조건적으로 일리에서 철수해야만 했다. 반드시 물러나야만 하는 상황이었지만 러시아인들은 철수의 조건을 내걸며 협상을 요구했다.

러시아인은 실로 협상의 고수였다. 함풍 8년(1858)과 10년(1860), 동치 3년(1864)에도 그들은 각각 아이훈조약, 베이징조약, 타르바가타이조약을 맺어 청의 흑룡강黑龍江(헤이룽강) 이북과 외흥안령(외싱안링)산맥 남쪽, 우수리강 동쪽, 신장 서북쪽의 156만 제곱킬로미터에 이르는 토지를 차지했다. 이번에도 그들은 빈손으로 돌아갈 리가 없었다.

청의 군대는 분열된 세력에 기대 승리했지만, '북극곰' 러시아에 대해서는 어찌해볼 방도가 없었다. 관례에 따르면 협상 지점은 두 나라의 국경 지역 혹은 제3국이 되어야 했지만 러시아는 협상 장소를 그들의 영토인 상트페테르부르크로 정해야 한다고 고집했다. 이에 청은 광서 5년(1879)에 당시 전권을 쥐고 있던 만주족 완안숭후完顔崇厚(1826~1893)를 러시아로 보냈다. 사신을 외국의 수도로 보내 교섭한 첫 번째 경우였다.

머리가 텅텅 빈 이 사신은 일리를 다시 찾아오기만 하면 임무를 완성하는 것이라고 생각했다. 게다가 떠나기 전에 점을 쳐봤더니 이번 행차가 불리하리라는 점괘를 얻었다. 그래서 그는 러시아에 도착한 후 즉시 손해배상금으로 280만 냥을 주기로 했다. 또한 호르고스강 서쪽과 티크스강 유역 5만 제곱킬로미터의 토지를 러시아에 할양하고, 자이산호 동쪽에 새 국경선을 긋는 것을 포함하는 리바디아조약을 체결하고 급거 귀국했다.

조약에 따르면 청은 오직 일리고성만 돌려받을 수 있을 뿐, 성의 서쪽과 남쪽의 땅은 모두 잃어야 했다. 일리에서부터 톈산남로로 가려면 반드시 지나가야 하는 티크스강도 잘려나갔다. 이때 청은 이미 국제 정세에 대해 잘 알고 있었던 터였다. 영국이 이 땅을 호시탐탐 노리고 있었던 것이다. 이런 국제정세를 이용해 청은 세 가지 결정을 했다. 하나는 이 조약에 대한 비준을 거절하는 것, 둘째는 훈령도 받지 않고 마음대로 귀국한 숭후를 사형에 처하는 것(그가 본 점은 과연 영험했다), 셋째는 좌종당에게 군대를 이끌고 일리를 공격하게 하는 것이었다.

러시아인은 약한 모습을 보이고 싶지 않았지만 아직 시베리아 철도가 없었기에 국내에서 군사들을 데려오는데 아주 많은 시간이 걸렸다. 더구나 새로 정복한 중앙아시아에서 청과 연합해 대항하려는 움직임이 감지되었다. 러시아에 유리한 상황이 아니었던 것이다. 그래서 러시아는 중국과 다시 협상을 하기로 했다. 이번에 청은 높은 관직에 있던 만주족 관리를 보내지 않고 외교 경험이 있는 한족 증기택曾紀澤을 전권대표로 보냈다.

광서 7년(1881), 상트페테르부르크조약(일리수복조약)이 마침내 탄생했고, 호르고스강 서쪽 2만 제곱킬로미터의 토지가 러시아에 할양되었다. 앞서 체결된 조약에서 티크스강 유역을 할양한다는 조례는 삭제되었다. 그러나 배상해야 할 군비는 백은 500만 냥으로 늘어났다. 하지만 어찌 되었든, 신장 전체가 다시 청의 품으로 돌아왔다.*

2년 후, 손해를 보았다고 생각한 러시아가 다시 청에게 자이산호수 동쪽의 국경 문제를 논의해보자고 하여 〈코타조약〉(1883)을 체결해 3만 제곱킬로미터에 이르는 토지를 가져갔다. 결국 '북극곰'은 중국 서북 지역에서 총 63만 제곱킬로미터의 땅을 가져간 것이다. 카자흐인이 생활하던 지역도 기본적으로는 러시아 판도에 들어갔다. 중국 경내의 카자흐인은 중위즈의

---

* 柏楊, 《中國人民網》, 同心出版社, 2005.

케레이부와 나이만부만 남았다.

1954년 11월 27일, 중국은 카자흐인 거주 지역에 일리 카자흐자치주를 설치하여 일리, 타르바가타이, 알타이 세 개 지역에 24개 현과 시를 설치했다(신장위구르자치구 무레이木壘, 바리쿤巴里坤 카자흐자치현, 칭하이성 하이시海西 몽골족카자흐족자치구, 간쑤성 아커싸이阿克塞 카자흐족자치현을 설치했다. 중국 내의 카자흐인은 모두 125만 명에 달한다).

높은 산과 사막이 많은 신장이라는 이 지역에서 카자흐인이 거주하는 일리강 유역은 묘하고 기이한 곳이다. 일리강를 끼고 있는 이곳엔 초원과 습지 등이 있어 '한해습도瀚海濕島', '새외강남塞外江南'이라고 불린다. 사람들이 꿈꾸는 저울의 한쪽에는 사막 같은 메마른 대지가 있고, 다른 한쪽에는 초록빛 일리강의 풍광이 있다. 초록빛 풍광 속에 한 줄기 선처럼 그어진 일리강가 있어서 그 꿈속의 저울이 평형을 이루고 있는 것이다. 여인처럼 낭만적이고 유혹적이며, 동시에 남성적 장엄함과 신비로움을 보여주는 곳이 바로 중국의 서부, 신장위구르자치구 지역이다.

제15장

월

越

오월쟁패

'월족越族'을 '월남越南(베트남)'과 동일시하면 안 된다.* 사실 월족[1]은 중국 남방의 상당히 오래된 족계族系로서, 따이·까다이어파壯侗語族 중의 절대 다수가 월족에서 나왔다. 티베트·버마어파藏緬語族의 대부분이 저·강에 서 나왔으며, 몽·멘어파苗瑤語族와 몬·크메르어파孟高棉語族는 대부분이 복인濮人이다.

은허에서 출토된 갑골문에 '월戉'('월越'자와 통한다)자가 있다.[2] 월인越人 이 '월越'이라고 불리게 된 것은 숲을 벌목할 때 사용한 '월鉞'(돌도끼) 때문 이라고 여겨진다.

월의 첫 번째 개척자는 무여無余라고 한다. 그는 하夏 제5대 왕 소강少康 의 막내아들이다. 조상인 우왕禹王의 능묘를 지키기 위해 동남부 지방의 회계會稽에 봉해져 제후가 되었다. 하지만 이 제후의 존재감이 너무 미미

---

* 베트남의 주체민족인 월족은 백월(百越)의 분파인 낙월(駱越)을 주체로 하여 참족(占人), 크메르족(高棉人), 한인(漢人)이 융합되어 형성된 민족이다.

해서 언급할 것이 없었던지, 무여의 계승자에 대해서는 오랫동안 기록이 없었다. 무여의 19대 전승자인 부심夫鐔 때에 이르러서야 그에 관한 기록이 역사에 약간 등장한다.

중국의 사관史官들은 길게 기록하는 일에 인색했던 것 같다. 고대의 기록 대부분이 지나치게 간결하기 때문이다. 예를 들어《좌전左傳》을 보면, 1년 치에 해당하는 기록이 수십 자 정도에 그친다. 경천동지할 사건이 일어나 기록하지 않으면 안 되는 경우를 제외하곤 대부분 그랬다. 사실 부심이 역사 기록에 남은 것도 그가 대단했기 때문이 아니라 그에게 범상치 않은 아들인 윤상允常이 있었기 때문이다.

호랑이와 표범 무리 속에 던져졌을 때 사람은 더욱 강인해지고, 높이 솟은 봉우리들 사이에서 하늘은 더욱 밝아 보이는 법이다. 군웅이 쟁패하고 약육강식이 난무했던 춘추시대에 제후국은 주 왕조 시대의 71개국에서 이미 20여 개로 줄어 있었다. 그러나 강인하기로 이름난 월인과 오인吳人 (형오荊吳와 하인夏人의 연합체)은 결코 사라지지 않았고, 오늘날의 저장성과 장쑤성 일대에서 굴기하고 있었다. 윤상은 국토를 넓힌 후에 동주 경왕敬王 희개姬匄 10년(기원전 510), 춘추시대의 유명한 왕조인 월越을 세웠다. 오吳도 '전쟁의 신' 손무孫武와 '지다성智多星'(꾀 많은 별) 오자서伍子胥 덕분에 날로 강성해져가고 있었다.

처음에 양국 관계는 그런대로 괜찮았다. 그러나 주 경왕 14년(기원전 506), 오왕 합려闔閭(공자公子 광光)가 병사를 이끌고 초楚를 칠 때, 그의 동생 부개夫槪가 전쟁 도중 제멋대로 국내로 돌아와 왕을 자처했고 월나라가 몰래 부개를 도왔다. 합려가 군사를 돌려 오로 돌아와 부개를 쫓아냈지만, 마음 깊은 곳에서는 부개를 도와준 월을 증오하고 있었다.

주 경왕 24년(기원전 496), 월왕 윤상이 병으로 죽고, 아들 구천이 뒤를 이었다. 합려는 복수를 할 수 있는 절호의 기회가 왔다고 생각했다. 그래서 손무와 오자서의 만류에도 제대로 된 준비 없이 아들 부의夫毅와 병사 3만 명을 거느리고 월을 공격했다. 역사적으로 조금 알려진 전쟁인 취리檇李(저장성 자싱嘉興 서남쪽)의 전쟁이 잔혹하게 벌어진 것이다.

그때는 전쟁이 수시로 일어났던 시절인지라 청동 무기들이 부딪치는 소리가 그 시대를 대표하는 타악기 소리처럼 들릴 때였다.

그런데 전쟁 초기에 으스스한 사건이 발생했다. 젊은 구천이 사형수들을 데려다가 세 줄로 세워 군진의 맨 앞에 서서 전진하게 했다. 그들은 칼을 목에 대고 앞으로 나아가면서 자살 연출을 하듯 스스로 목을 베었다. 오의 병사들은 그들이 사형수들인 것을 알지 못했기에 얼이 빠진 채 그 기괴한 광경을 멍하니 바라보고 있었다. 월의 군사들이 그 틈을 놓치지 않고 공격해오니, 오의 병사들은 황망하게 도망쳤다. 자신만만했던 오왕 광光은 그 전쟁에서 대패했다. 그뿐만 아니라 발가락에 독화살을 맞아 발이 썩는 바람에 죽고 말았다. 언제나 병법에 따라 전쟁을 했던 합려가 예상치 못했던 상황 앞에서 허를 찔린 것이었다.

합려의 아들 부의도 불행하게 죽고, 태자인 부차夫差(그가 합려의 손자라고도 하고 태자 파波의 아들이라고도 한다)가 오왕의 자리를 이어받았다. 젊은 부차는 그 패배를 달게 받아들였을까?

와신상담

혈기왕성했던 부차는 결코 가만히 있을 수 없었다. 나라의 원한을 한 몸에 짊어진 부차는 늘 혼자 궁정 정원에 서서, 드나드는 사람들에게 자기를 향하여 이렇게 소리치도록 했다.

"그대는 월왕이 아버지를 죽인 원한을 잊었는가?"

그러면 부차는 그 말을 듣는 즉시 대답했다.

"불구대천의 원수를 어찌 잊겠는가!"

그런데 놀랍게도 이와 비슷한 일이 페르시아에도 있었다. 같은 시기, 국왕 다리우스는 아테네인이 자신에게 준 굴욕을 잊지 않고, 매번 밥을 먹을 때마다 곁에 있는 시종이 세 번씩 귓가에 대고 말하게 했다고 한다.

"왕이시여, 아테네인을 잊지 마십시오!"

얼마 지나지 않아 부차는 사람들을 공포에 떨게 하는 군대를 만들었다. 그 소식은 즉시 월로 전해졌고, 월왕은 침식을 잊고 불안해했다. 월왕 구천은 공격이 가장 좋은 방어라는 것을 깊이 믿고 있었다. 그래서 먼저 공격을 해서 기선을 잡으려 했다. 주 경왕 26년(기원전 494), 구천과 부차는 부초夫椒(장쑤성 타이호太湖 동남쪽의 둥팅산洞庭山)에서 대회전을 벌였고, 그 결과 월의 3만 군대는 10만 명의 오군에게 낙화유수처럼 패했다. 월의 대장 영고부靈姑浮는 죽었으며, 월의 수군水軍은 전멸했다. 구천은 패하여 5천 명의 군사를 거느리고 회계산會稽山(후이지산)으로 후퇴했다. 망국을 면하기 위해 구천은 부차에게 죄를 시인하며 오왕의 시종이 되겠다고 했다.

부차는 구천을 죽여 후환을 없애라는 오자서의 건의를 듣지 않고 오히려 오나라에 와서 노예가 되겠다는 구천의 요구를 들어주었다. 이것은 사실 부차의 허영심 때문이었다. 또 다른 원인은 부차 곁에 소인배 태재太宰 백비伯嚭가 있었기 때문이다.

백비의 코 위에 있는 하얀 가루는 그의 생애 후반부에 칠해진 것이다.[3] 처음에 그는 오자서와 마찬가지로 박해를 받아 초楚에서 오吳로 도망쳐왔다. 후에 뼛속깊이 사무친 원한 때문에 오자서와 함께 초 평왕平王 '굴묘편시掘墓鞭尸'[4] 사건에 참여한다. 그러나 오가 월에 이긴 후, 그는 월을 멸망시킬 것인가 말 것인가 하는 문제를 두고 오자서와 다투게 된다. 백비는 월에서 뇌물을 얻어낸 후 구천이 도망칠 수 있도록 더욱더 적극적으로 주선해주었고, 마침내는 구천을 진흙탕에서 끌어내주었다.

고대의 정치, 군사 투쟁은 상대방을 죽이고 자기가 살아남아야 하는 것이었기에 순식간에 상황이 변하기 일쑤였다. 그러니 잠시 동안의 굴욕을 참아내면서 의지를 다지고 적당한 기회를 모색하는 것 또한 성공하는 자의 필수불가결한 조건이었다. 이른바 "자벌레가 몸을 굽히는 것은 몸을 다시 펴고자 함이요, 용이나 뱀이 움츠리는 것은 몸을 보존하기 위함이다"*라는 말이 바로 그런 뜻이다. 구천은 오에서 신하 노릇을 하며 3년을 보냈다. 죄수의 방에 살았으며 노역을 했고, 부차를 위해 수레를 몰며 말을 돌보았다. 사람들이 뱉는 침을 그대로 맞는 능욕을 겪으면서도 모든 것을 참아냈다. 어느 날 부차가 병이 났다. 구천이 부차에게로 달려가 부차의 똥 맛을 보았다. 그런 후에 일부러 깜짝 놀라는 시늉을 하며, 다른 사람들에게 잘 들리도록 크고 기쁨에 넘치는 목소리로 "병자의 똥이 향기로우면 목숨이 위험하고, 똥에서 냄새가 나면 건강한 것이라고 합니다. 대왕의 똥에서 냄새가 나는 것을 보니 분명히 좋아지실 겁니다."라고 말했다.

다른 사람들 눈에는 거짓임이 분명해 보이는데도 구천의 그러한 거짓 '충성'은 부차를 깊이 감동시켰다. 3년 후, 부차는 비굴하게 굴던 구천을 자기 나라로 돌아가도록 허락했다. 구천은 귀국하자마자 오를 멸망시킬 수 있는 좋은 계책을 생각해내기 위해 노력했다. 그때 문종文種이라는 대신이 나타났다. 오가 강하고 월이 약하며, 오가 영광을 누리고 월이 능욕을 당하고 있던 것이 당시의 상황이었다. 이를 냉철하게 파악한 문종은 머리를 쥐어짜내며 깊이 고민한 끝에, 마침내 구천에게 오를 멸망시킬 일곱 가지 계책을 바쳤다. 첫째는 돈으로 오 군신들의 환심을 살 것, 둘째는 오의 곡식과 풀을 고가로 매입해 그들이 비축해둔 것을 모조리 다 내놓게 만들

---

* "尺蠖之曲, 以求伸也. 龍蛇之蟄, 以求存也." 《周易》 〈癸巳·下〉.

것, 셋째는 절세 미녀를 부차에게 바쳐 미녀에게 온 마음을 쏟게 할 것, 넷째는 뛰어난 기술자와 좋은 목재를 오에 보내 궁실을 짓게 해서 국가의 재부를 바닥나게 할 것, 다섯째는 오의 간신들을 뇌물로 매수해 월을 위해 좋은 말을 하게 할 것, 여섯째는 간언하는 오의 신하들을 자결하게 하여 부차의 보좌진을 약하게 만들 것, 일곱 째는 국고를 부강하게 하여 병사와 말을 조련해 오에 문제가 생길 때를 기다릴 것이었다.

구천은 문종의 계책대로 하나하나 진행했다. 그는 미녀 서시西施와 정단鄭旦을 부차에게 보냈다. 서시는 '서자西子'라고도 하는데, 저기諸暨 저몽촌인苧夢村人이다. 서시가 강가에서 빨래를 할 때 그 미모가 너무나 빼어나 물고기가 숨 쉬는 것을 잊어버려 물속에 가라앉아버렸다는 이야기도 전해진다. 또한 구천은 백성들의 세금을 감면해주고 생산을 장려했다. 친히 밭을 갈기도 하고, 아내에게도 방직을 하게 했다. 그렇게 하여 그는 10년이라는 시간 안에 '부민강국富民强國'의 목표를 완성했다. 이와 동시에 부차 몰래 병장기를 만들고 군대를 훈련시켰다. 적개심이 강하고 잘 훈련된 정예병을 만들었던 것이다.

더욱 놀라운 것은 구천이 겨울엔 얼음을 품고 여름엔 화로를 곁에 두었으며, 고기를 먹지 않고 화려한 옷도 입지 않는 생활을 했다는 것이다. 또한 땔감 위에서 잠을 잤으며 집에 드나들 땐 늘 쓸개를 맛보며('와신상담臥薪嘗膽'이라는 고사성어가 여기서 나왔다) 스스로를 일깨웠다고 한다.

"너는 회계의 치욕을 잊었느냐?"

자승자박

한쪽에서는 이렇게 '와신상담'을 하고 있을 때, 다른 쪽은 태평성대였다.

절반의 중국사

풍경이 빼어난 영암산靈岩山 (링옌산)[5]에 부차는 화려하고 찬란한 관왜궁館娃宮을 지었다. 관왜궁은 요즘 식으로 말하자면 미녀들의 캠프였다. 그곳에서 그는 향기가 넘치고 옥처럼 매끄러운 미녀들과 즐겁게 노닐며 지내고 있었다. 한 시인은 관왜궁의 모습을 보고 놀라 이런 시를 지었다.

그대는 보지 못했는가,

관왜궁이 막 지어졌을 때 원앙이 쌍쌍이 노닐고,

꽃 같은 월의 미녀 아무리 보아도 싫증나지 않네.

향초 캐던 개울엔 먼지 날리고 새 울음소리,

걸을 때마다 소리 내던 서시는 간 데 없고 이끼만 푸르네.

우조가 궁조가락으로 바뀌니 만 리에 근심인데,

아름다운 노래와 춤 한중부漢中府에 여전하네.

그대 위해 오 왕궁의 노래 부르리,

한수는 동남으로 밤낮으로 흐르는구나.[6]

君不見,

館娃初起鴛鴦宿,

越女如花看不足.

香徑盡生鳥自啼,

屧廊人去苔空綠.

換羽移宮萬里愁,

珠歌翠舞古梁州.

爲君別唱吳宮曲,

漢水東南日夜流.

부차는 부드러운 여인들의 품에 안겨 월 따위에 대해서는 관심도 두지 않았다. 사람들이 월에 대한 나쁜 소식들을 갖고 와 들려주는 건 더더욱 귀찮아했다. 그러자 주변에는 그의 비위를 맞추기 위해 복종하고 아첨하는 인간들만 모여들었다. 다행히도 모여드는 사람들 가운데에는 오자서가 있었다. 오자서는 부차에게 미녀를 멀리하고 월을 경계하라고 끊임없이 간언했다. 그러나 결국에는 아부와 찬양의 목소리에 묻혀 있던 부차의 미움을 받게 되었다. 부차가 싫어하는 기색을 오자서가 알아채지 못했을 리가 없다. 그래도 오자서는 꿋꿋하게 열심히 부차에게 간언을 했다.

운명이 자신의 손바닥에 누군가를 올려놓고 조롱할 때, 저항하면 할수록 상황은 더 나빠질 뿐이다. 일찍이 오자서의 자리를 탐냈던 백비는 기회를 틈타 결정타를 날렸고, 오자서는 결국 자살해야 하는 상황에 몰리고 말았다. 오자서는 스스로 목을 찌르기 직전, 시종에게 이렇게 명했다.

"내가 죽은 후에 나의 무덤에 가래나무를 심어라. 나무가 자라고 나면 월 때문에 죽을 부차의 관으로 쓰게 될 것이니, 내 그것을 지켜보리라. 또한 나의 눈을 파내어 동문 위에 걸어두어라. 월의 군대가 어떻게 그 문으로 들어와 오를 멸망시키는지 지켜보리라."

오자서의 이 말은 강퍅하고 자기만 옳다고 믿는 부차를 심하게 자극했고, 결국 그는 오자서의 목을 베어 성문 높이 걸어두게 했다. 그리고 말가죽으로 시신을 싸서 포효하는 강물 속에 던져 넣게 했다. 분이 풀리지 않은 부차는 여전히 노해서 이렇게 저주했다.

"해와 달이 너의 뼈를 마르게 하고, 물고기와 자라가 너의 살을 먹어버릴 것이다."

그러나 부차가 아무리 오자서를 증오했고, 백비가 오자서를 제거하고 뜻을 얻었다고 해도 오자서의 아름다운 이름은 조금도 가려지지 않았다. 정직하고 사사로움이 없었으며 나라를 위해 희생한 오자서를 사람들은 절대 잊지 않았다. 오자서의 시신은 바닷물에 휩쓸려 내려갔지만, 백성은 그를 '조수의 왕潮王'으로 받들었다. 오자서가 고소성姑蘇城(쑤저우고성)을 만들었다는 전설 때문에 지금도 민간에서는 고소성을 여전히 '서성胥城'이라 부른다.

'장성將星' 손무孫武는 오가 초楚를 멸망시킨 직후 일찌감치 떠났다. 그가 떠나기 전에 오자서에게 이렇게 권했다.

"자네는 천도天道를 아는가? 여름이 가면 겨울이 오지. 봄이 따뜻해도 결국엔 가을이 온다네. 오 왕은 자신의 강성함을 믿고 교만하게 그 즐거움을 누릴 것이네. 자네가 공을 이루고도 물러나지 않는다면, 장차 후환이 있을 것일세."

그러나 오자서는 그 말을 듣지 않았다.

손무는 떠나면서 오 왕이 내려준 황금과 비단을 모두 사람들에게 나눠 주고 표표히 돌아가 산속에 은거했다. 그곳에서 그는 군대를 훈련시키고 작전을 수행한 경험을 바탕으로 삼아 후대인에게 고전이 된 병법서인 《손자병법》을 썼다. 13편 5천여 자밖에 안 되는 이 짧막한 병법은 그를 공자, 노자와 더불어 춘추시대 말기 사상계에서 빛나는 별로 만들어주었다. 그 책 덕분에 고금을 통틀어 중외의 군사 전략가들이 모두 그를 병법의 시조로 숭앙한다. 걸프전에서 사막에 엎드려 있던 다국적 군대 병사들의 품에도 《손자병법》이 있었다고 한다.

일반적 규칙에 따르면, 인적 자원이란 영명한 군주와 선진 제도가 있으며 강대한 국력을 가진 곳으로 움직이게 마련이다. 인재가 빠져나가기 시작했다는 것은 오가 이미 산 정상에서 급격하게 내려오고 있다는 사실을 보여주는 것이었다.

월의 3천 군사가 오를 삼키다

월은 오와 달랐다. 전에 없이 인재를 중시했다.

구천은 문종에게 국정을 돌보게 하고 범려范蠡에게 군대를 맡겼다. 문과 무, 두 방면에서 타의 추종을 불허하는 빼어난 장군들이 월 왕을 받들고 있었다. 오자서가 자살한 다음 해, 즉 주 경왕敬王 38년(기원전 482), 오가 제로齊魯지역을 향해 대거 북벌을 감행해 현재의 거리로 700리 밖에 있는 황주黃州(허난성 평추封丘)에 이르렀다. 오랫동안 세력을 키워 온 구천은 오의 후방이 텅 빈 틈을 타, 시기를 놓치지 않고 오를 기습해 서시와 부차의 '안락한 보금자리'였던 고소대姑蘇臺를 태워버렸다. 고소성 밖에서 기다리던 구천은 낭패해 돌아온 부차에게 일격을 가해 궤멸시켰다. 예전엔 높은 곳에 앉아 있던 부차는 이제 구천을 향해 낮은 목소리로 애절하게 화친을 구걸하는 수밖에 없었고, 구천은 흔쾌히 그 요구를 들어주어 군사를 거두어 돌아갔다. 사실 이 전쟁은 구천이 포로로 잡혔던 때로부터 불과 10년 밖에 지나지 않았을 때 일어난 것이었다.

오 왕은 늙었다. 아버지의 원한을 잊지 않도록 늘 자신을 깨우쳐달라고 호위병에게 말했던 과거의 영웅적 기개는 이미 머나먼 옛날 일이었다. 월의 군대가 철수한 후, 그는 다시는 힘을 내지 못했다. 마치 타조처럼, 서시를 위시한 미인들의 품에 머리를 파묻고 하루하루를 살아가며 남은 숨을 몰아쉴 뿐이었다.

9년 후, 힘을 모아 준비를 철저히 한 구천은 마침내 총공세를 감행했고, 이미 피로해 응전조차 못하던 오의 군대를 철저히 궤멸시켰다. 부차는 고소성에서 밤을 틈타 양산陽山(장쑤성 우吳현 완안산萬安山)으로 도망쳤으나 월의 군대에 겹겹이 포위되었다. 문종은 부차의 6대 죄상을 나열했다.

"첫째는 충신 오자서를 죽인 죄, 둘째는 간언하는 신하인 공손성公孫聖

을 죽인 죄, 셋째는 소인배 백비를 기용한 죄, 넷째는 아무 죄 없는 제로 지역을 여러 차례 괴롭힌 죄, 다섯째는 평화롭게 공존하려는 월을 여러 차례 공격한 죄, 여섯째는 월 왕이 오 왕을 죽였는데도 복수는커녕 오히려 월 왕을 놓아주어 재앙이 되게 한 죄다."

후대인이 보기에 앞의 다섯 가지 죄상도 사실 죄상이라고 하기엔 무리가 있어 보이지만 마지막 한 가지 죄목은 특히 고소를 금치 못하게 한다.

별다른 방법이 없는 상황에서 부차는 20년 전의 구천이 그랬던 것처럼 항복해 월의 부용국이 될 것을 청했다. 그러나 구천이 이를 허용할 리 없었고, 부차는 자결할 수밖에 없었다. 죽기 전에 그는 근위병에게 "내가 죽어 지하에 있는 오자서를 볼 면목이 없구나. 천으로 나의 얼굴을 덮어다오."라고 말했다.

사실 부차가 그렇게 구천에게 패배할 수밖에 없던 원인이 하나 더 있다. 그것은 그가 가장 아끼던 '소인小人'과 가장 총애하던 '여인', 그러니까 백비와 서시 때문에 망했다는 것이다. 물론 단언할 수는 없지만 말이다.

부차를 없애고 오 전체를 차지한 후, 구천은 마침내 뼛속 깊이 새긴 맹세를 지켰다. 고통을 참으며 열심히 하는 사람을 하늘은 저버리지 않았고, 와신상담했던 그의 3천 군사가 마침내 오를 삼켰다.[7]

오가 망한지 얼마 지나지 않았을 때, 구천에게 관용의 정을 베풀었을 뿐 아니라 구천을 보호해준 공이 있다고 스스로 생각하는 백비가 득의만만한 표정으로 월의 조정에 찾아 왔다. 백비는 부끄러운 줄도 모르고 구천에게 상을 요구했다. 그러나 백비는 구천을 몰라도 너무 몰랐다. 예전에 자기 앞에서 머리를 조아리고 뇌물을 바쳤던 구천만을 생각하고 있었던 것이다. 상식적으로 지혜로운 군주가 주인을 팔아넘기고 자신의 이익만을 추구하는 소인배를 좋아하지 않는 것은 당연한 일이었다. 구천은 백비의 머리를 베어 자신의 신하와 백성들에게 보여주었다. 구천은 백비의 머리를 통해 이렇게 말하는 듯 했다.

"이것이 바로 불충의 대가이다!"

서시 역시 오를 멸망시키는 데 공이 없다고 할 수는 없었지만, 그녀도 재앙을 피해갈 수는 없었다. 왕후는 서시의 아름다움이 구천의 마음을 미혹시킬까 저어해 서시를 가죽 주머니에 넣어 전당강錢塘江(항저우 첸탕강)에 빠뜨려버렸다. 물에서 올라오는 거품을 바라보며 구천의 부인은 재앙을 없앴다는 표정으로 이렇게 말했다고 한다.

"망국의 요물을 남겨두어 무엇하리."

그때부터 이미 3천여 년의 세월이 흘렀지만, 익사하기 직전에 몸부림치던 서시의 울음소리가 지금도 들려오는 듯하다. 그래서일까, 당 말기의 시인 나은羅隱도 이렇게 노래했다.

> 나라와 국가가 흥하고 망하는 것은 다 시절 때문인 것을,
> 오 사람들은 어찌 굳이 서시를 원망했을까?
> 서시가 오를 망하게 하는 법을 알았다면,
> 월을 망하게 한 것은 대체 누구란 말인가?"[8]
> 家國興亡自有時,
> 時(吳)人何苦咎(怨)西施?
> 西施若解亡(傾)吳國,
> 越國亡來又是誰?

후대 사람들은 아름다운 서시가 이렇게 비참하게 죽었다고 생각하고 싶지 않았던 것 같다. 서시의 후일담에 대한 이야기가 끊이지 않고 전승되는 것을 보면 그렇다. 범려가 그녀를 데려갔다고 하는 이야기도 전해지고, 그녀가 고향으로 돌아갔다는 이야기도 있지만 가장 의미가 깊은 것은 《동파

이물지東坡異物志》에 기록된 내용이다.

"양자강에 미인어美人魚가 있는데 이름을 서시어西施魚라고 한다. 하루에도 그 색깔이 여러 번 변하는데, 고기가 부드럽고 맛있다. 부인네가 그것을 먹으면 자태가 고와진다고 하는데, 그 물고기는 서시가 강에 빠져 죽은 후 변한 것이라고 한다."[9]

일대를 풍미했던 미인이 파도를 따라 사라졌는지, 아니면 정말 범려가 데리고 가버렸는지 알 수 없으나 세월은 아무런 말이 없다. 오늘날 자싱嘉興시 자싱일중嘉興一中 서쪽에 있는 판리호范蠡湖 가에는 여전히 고운 서시의 조각상이 있어 바람에 실려 오는 전설을 듣고 있다. 몸은 사라졌으나 그 정情만은 천년 동안 남아 있는 것이다.

교활한 토끼를 잡고 나면 사냥개를 삶는다

많은 사람들의 인상 속에서 구천은 중국 역사상 치욕을 가장 잘 견뎌내고 책임을 중히 여긴 인물로 기억된다. 하지만 그는 또한 가장 유명한 '어도살려御鍍殺驢'[10]의 군주로도 기억된다. 구천은 절대 좋은 사람이 아니고 냉혹하고 잔인하며, 목숨을 부지하기 위해서는 남 앞에 비겁하게 머리를 숙이고 허리를 굽히며, 무릎을 꿇는 일 정도는 아무렇지도 않게 하는 사람이었다고 한다. 또한 권력을 공고히 하기 위해 '다리를 건넌 뒤에 다른 사람이 건너지 못하도록 다리를 끊어버리는' 인물이라고도 한다.

그러나 그는 분명히 훌륭한 왕이었다. 강인하고 굳건했으며, 나라를 되찾기 위해 와신상담했고, 강한 국가를 만들기 위해 스스로 앞장서서 밭을 갈았던 인물이다.

사실 '황제'라는 직업은 원래 좋은 사람을 위해 준비된 것이 아니다. 온

화하고 공손하여 인덕이 넘치는 인물은 황제 노릇을 하기 어렵다. 진秦의 태자 부소扶蘇, 전한의 태자 유거劉據, 후한의 태자 유강劉强, 수의 태자 양용楊勇, 당의 태자 이승건李承乾, 후량의 태자 주우문朱友文, 거란 태자 야율배耶律倍, 원의 태자 진금眞金 등이 그러했다. 또한 몇몇 착한 사람은 황제가 되었어도 잘하지 못했다. 당의 이단李旦, 명의 주윤문朱允炆, 청의 광서제光緖帝 등이 그러했다. 무뢰한이라야 모든 것을 잠재울 수 있었으니, 한을 세운 유방, 명을 세운 주원장, 후량의 주온朱溫 등이 그러했다. 또한 아무나 마구 죽이는 자들이라야 풍운아가 되었으니, 진시황 영정과 한 무제 유철, 당 태종 이세민, 영락제 주체 등이 그러했다.

한 사람이 왕위에 올라가면 그 순간부터 그는 온갖 종류의 적들과 마주쳐야 했다. 하늘, 땅과 싸워야 했을 뿐 아니라 이웃 나라와도 싸워야 했고 자기 곁의 모든 자들과 싸워야 했다. 부모(이세민은 아버지와, 이현李顯은 어머니 무측천과), 숙질(순치順治는 숙부 도르곤과), 형제(경태제景泰帝는 형이었던 명 영종英宗과), 대신(후주後周의 시종훈柴宗訓은 조광윤과), 외척(한 평제平帝는 왕망王莽과), 태감(진 2세는 조고趙高와) 등과 싸워야 했다. 왕위를 지키고 생명을 보전하기 위해서는 수단과 방법을 가리지 않아야 했으며, 혈육을 인정하지 않아야 했고, 악당보다 더 악해져야 했다. 또한 그 어떤 무뢰배보다 더 막돼먹어야 했다.

오를 멸망시켰을 때, 월의 왕과 신하들은 원래 함께 기뻐해야 했다. 하지만 고난은 함께해도 영광은 함께하지 못하는 왕과 신하들의 역사적 비극이 이미 시작되고 있었다. 무신武臣 범려는 그나마 영리했다. 범려는 구천의 간절한 만류를 뿌리치고, 서풍을 타고 일엽편주에 몸을 싣고서 삼강三江을 건너고 오호五湖로 들어가 대해大海를 건넜다. 가늘게 내리는 비를 맞으며, 그는 마침내 복사꽃 피어난 제齊의 도산陶山(산둥성 페이청肥城 타오산陶山, 혹은 딩타오定陶)으로 가서 은사가 되었다. 범려는 한가로울 때 장사를 했는데, 어느새 거상巨商이 되어 있었다. 후에 전해지는 《치부기서致富奇書》는 그가 쓴 것이라고도 한다.

그런데 범려가 떠나기 전에 문종에게 편지를 한 통 보냈다고 한다.

"날아가는 새가 사라지면 좋은 활은 버려지고, 교활한 토끼가 잡히고 나면 사냥개는 삶게 마련이오. 월왕의 사람됨을 보면 목이 길고 새의 입과 같은 모양새라, 환난은 함께 할 수 있으나 즐거움은 함께 할 수 없는 사람이오. 그대는 어찌 떠나지 않는 것이오?"

이 편지를 보고 문종의 마음이 잠시 흔들렸지만, 오랫동안 고생을 하며 이룬 영화로움을 차마 버릴 수 없었다. 얼마 후 구천은 이름을 천하에 드날린 이 공신을 찾아와 애매모호하게 물었다.

"자네가 갖고 있는 일곱 가지 술수 중 세 가지를 써서 오를 멸망시켰는데, 이제 남은 네 가지 술수는 어디에 쓸 것인가?"

문종이 대답을 하지 못하고 머뭇거릴 때, 구천은 오자서가 자살할 때 사용했던 '촉루검屬鏤劍'을 던져주며 오만한 표정을 하고 떠나버렸다.

"한마디 언약의 말을 남기고 떠나더니 돌아오지 않는구나."

이 말은 원래 간결하고 낭만적인 시였지만 전기적 인물이 사라지는 순간의 비장함을 담고 있다. 문종은 길고 긴 세월 속에서 왕과 고통을 함께 했지만 이제 그와 더불어 즐거움을 함께할 그 어떤 기회도 남지 않았다. 이때가 되어서야 문종은 하늘을 우러러 자신의 어리석음을 탄식했고, 범려의 충고를 되뇌며 촉루검을 들어 자살했다.

부차가 인재를 잘못 대해 실패했던 역사적 교훈이 눈앞에 있었지만, 구천은 부차의 잘못을 그대로 반복했다. 역대 군왕들이 공적이 높은 자신의 부하를 대할 때 종종 그러했듯, 이것은 참으로 풀기 어려운 문제였다. 강산을 보전하고 왕조가 만세에 이어지도록 하는 것은 어떤 황제에게든 가장 중요한 과제였다. 그래서 모반을 일으키든 아니든 상관없이 '공신'이란 존재는 황제가 머리를 쥐어짜내 해결해야만 하는 문제였다. 그러나 이것은 정보 경제학 이론에 나오는 '정보 비대칭성'[11]과 같다. 대신들은 자신이 모반을 일으키는지 아닌지에 상관없이, 누가 간신이고 충신인지를 황제는 구분하지 못한다는 것을 알았다.

모든 개국 황제는 같은 곤경에 처했다. 공신 집단에서 충신과 간신을 구별해내기 어려웠지만, 어쨌든 최선의 방법을 강구해 자손이 순조롭게 집권할 수 있도록 해주어야 했다. 충신과 간신을 구별하기 어려운 상황에서 황제들은 대신들을 모반을 일으킬 능력이 있는 집단과 일으킬 능력이 없는 집단으로 나누었다. 모반을 일으킬 능력이 있는 자들은 죽여 없앴다. 남은 자들은 설사 모반의 마음이 있다고 해도 능력이 없었기 때문이다.

그리하여 후대인들은 인간성이 사라진 참극과 복잡한 연극들을 보아야 했다. 한의 유방은 한신韓信을 그렇게 죽였고, 송의 조광윤도 황포黃袍를 몸에 걸치기가 무섭게 '술자리에서 장군들이 병권을 내놓게 했으며'[12] 명주원장도 공신들을 한 건물에 모아놓고 화약으로 터뜨렸다.[13] 태평천국의 천황 홍수전洪秀全조차 양수청楊秀淸을 살해했다.

황제들은 어쩔 수가 없었다고 쳐도, 공신들의 선택을 보면 '거족경중擧足輕重(다리를 들어 어느 쪽에 놓느냐에 따라 경중이 갈린다는 뜻)'이 분명했다. 그들이 어떤 선택을 하느냐에 따라 결과가 달라질 수 있었다. 피의 교훈이 눈앞에 펼쳐져 있었기 때문이다. 그러나 후대의 공신들은 왜 그런 정치적 소용돌이에서 용퇴하지 않았던 것일까? "이익은 지혜로운 자를 바보로 만든다"라는 철학자의 말이 그 답이다.

범려와 문종이 죽은 지 여러 해가 지났지만 비슷한 이야기는 여전히 후대에도 계속 이어졌다. 프랑스 나폴레옹이 스물다섯 차례 승리를 거두면서 유럽 전체를 거의 점령했지만 멈추지 않다가, 마침내 스물여섯 번째 워털루전투에서 패배해 인적이 드문 황량한 섬으로 유배되어 그곳에서 남은 생을 살았다. 하지만 일본의 미야모토 무사시宮本武藏[14]는 스물다섯 번째 전쟁에서 은퇴를 선언해 영원불패의 신화를 남겼다. 어떤 사람이 지혜로운 지 아닌지를 구분하는 것은 그가 적당한 때에 멈출 수 있는가 없는가를 보 면 된다. 투쟁을 피하는 것은 승부를 내는 것보다 더 중요한 것이다.

상대방을 제거하고 공신을 죽이고 난 후, 구천은 군사를 이끌고 회화淮 河를 건너 제, 진晉 등의 제후국과 서주徐州에서 회맹했다. 그리고 껍데기만 남은 동주東周 왕실을 향해 진격을 감행하니, 주 원왕元王은 구천을 백伯 으로 봉했고, 마침내 월은 명실상부한 춘추 오패五覇 중의 하나가 되었다. 패주가 된 구천은 강남에만 머무는 것에 만족하지 않고 동주 정정왕貞定王 희개姬介 원년(기원전 468)에 수도를 저기諸暨에서 북방으로 650킬로미터 떨어진 낭야琅琊(산둥성 자오난膠南)로 옮겼다. 그곳은 제의 수도 임치臨淄 에서 불과 200킬로미터밖에 떨어지지 않은 지점이었다. 제와 노는 평범하 지 않은 구천을 공손하게 대할 수밖에 없었다.

구천은 운이 좋았다. 구천은 머리가 매우 좋은 사람이었는데, 아들 역시 영명했다. 구천의 아들 주구朱句가 정치를 할 무렵, 월의 강토는 동으로 대 해大海에 이르고 서쪽으로 초와 이웃했으며, 북으로는 오늘날 산둥성 남 부에 이르렀다.

그러나 시간이 지나면서 용기는 있으나 지모가 없고, 능력도 별로 없는 월왕의 후예들은 더는 이 방대한 정권을 유지할 능력이 없었다. 각 부락의 우두머리들이 각자의 길로 떠났고, 월은 마침내 폭풍 속의 모래언덕처럼 끊임없이 무너져 내렸다. 동주 안왕安王 희교姬驕 23년(기원전 379), 월왕은 낭야를 버리고 남쪽의 회계(저장성 사오싱紹興시)로 옮겨갈 수밖에 없었다. 6년 세월이 지난 후, 월은 초 위왕威王에게 패했고, 마지막 월왕 무강無疆은 전란 중에 피살되었으며, 결국 나라를 세운 지 165년 만에 월은 역사의 시 선에서 사라지고 말았다.

영거, 그 대담한 창의성

무너지고 흩어진 월족은 전국시대 후기가 되면서 여러 지파로 갈라져 나타나는데, 이를 통칭해 '백월百越'이라 했다. 백월 중에서 이름을 남긴 지파로는 양월揚越, 구월甌越, 민월閩越, 남월南越, 낙월雒越(낙월駱越, 서구西甌), 우월于越, 구오句吳, 동월東越, 이월夷越, 기월虁越, 산월山越 등이 있다.

이렇게 작게 갈라져 있었지만, 중원 통일에 열중했던 진秦은 결코 그들을 그냥 놓아두지 않았다. 진시황 25년(기원전 222), 진은 왕전王翦에게 병사를 이끌고 형강荊江 남쪽으로 들어가 전쟁을 하면서 회계군과 민중군閩中郡을 설치하게 했다. 아무리 둘러보아도 이제 월족의 근거지로는 황량한 영남嶺南밖에 남지 않았다.

패권과 존엄을 나타내는 지도 위에 조금의 빈틈도 남겨두지 않기 위해, 진은 6국을 멸망시킨 후 마침내 창끝을 영남의 월인에게로 돌렸다. 진은 50만 대군을 파견해 다섯 갈래로 영남으로 진군했다. 그중 월성령越城嶺의 진 군단은 월의 완강한 저항에 부딪쳤다. 5령(월성령越城嶺·도방령都龐嶺·붕저령萌渚嶺·대수령大瘦嶺·기전령騎田嶺)이 가로막고 있는 데다 군량미가 때맞춰 오지 않고, 주장主將인 도휴屠睢가 월의 기습으로 죽으니 진의 군대는 곤경에 빠져버렸다. 《사기》의 기록에 따르면 진시황은 상황이 매우 걱정되어 친히 남쪽을 향해 출발, 상강湘江 일대에 이르렀다고 한다. 그는 남방의 전쟁을 끝내려면 군량미 수송 문제를 반드시 해결해야 한다는 것을 알고 있었다. 육로는 거리도 멀고 비용도 많이 들었다. 군량미를 수송할 수로水路를 찾는 것이 당시로서는 가장 중요한 일이었다.

기적은 아무것도 할 수 없는 상황에서 일어나곤 막다른 골목에 빠졌을 때 사람들은 놀라운 잠재력을 발휘하곤 한다. 진시황이 조급해하고 있을 때 사록史祿이라는 사람이 대담한 건의를 했다. 상강과 이강漓江 사이에

고대 낙월의 땅인 광시좡족자치구 쥐강左江 화산花山. 멀리 보이는 절벽에 절벽그림(崖花)이 그려져 있다.

운하를 파 남북 양대 수계水系를 잇자는 것이었다. 후대에 군용 물자를 수송하기 위해 팠던 경항京杭 대운하와 마찬가지로 세계적 수리공정인 영거靈渠가 군사적 목적 때문에 만들어지기 시작했다.

진시황 28년(기원전 219)부터 33년(기원전 214)까지 사록은 도강언都江堰[15]과 정국거鄭國渠[16]의 경험을 거울삼아 진시황의 명령을 받들어 영거를 개착했다.

도강언, 정국거와 이름을 나란히 하는 영거는 홍안興安운하라고도 한다. 오늘날 싱안興安현 경내에 있으며, 광시좡족자치구 구이린桂林시 북쪽 60킬로미터 지점에 있다. 그곳에는 남북이거南北二渠,[17] 분수화취分水鏵嘴,[18] 대·소천평大小天平,[19] 설수천평泄水天平[20]과 36개의 갑수척문閘水陟門이 있다. 전체 길이는 34킬로미터인데 그중 남거의 길이는 30킬로미터, 북거는 4킬로미터이다. 분수화취의 돌 제방은 강 중간에까지 들어가 있고,

분수당分水塘이라는 곳에서 상강 상류의 해양하海洋河가 둘로 갈라지면서 10분의 3의 물이 이강으로, 10분의 7에 해당하는 물이 상강으로 들어간다. 사람들은 이것을 가리켜 "3할은 이수, 7할은 상수(三分漓水七分湘)"라고 했다. 이러한 상황은 역대 시인들의 작품 속에도 나타난다. 바로 "해양산에서 흘러나온 물줄기 하나가 상강과 이강이 되니, 남북으로 강줄기가 갈라져 각각 흐른다."[21]라거나 "만 리에 강줄기 갈라져 바다에 이르면 다시 만나게 되는 것을 누가 알았으랴."[22] 같은 구절이다. 두 개의 돌 제방인 대·소천평은 갈라져 나가는 유량流量을 조절한다. 갑수척문은 거도渠道의 수위를 높여 배가 순조롭게 통과하도록 한다.

영거는 매우 정교하게 설계되었으며, 공정의 규모 또한 엄청나게 컸다. 그것은 상강의 물을 이강으로 끌어들여 장강長江과 주강珠江의 양대 수계를 통하게 해주었으며, 진의 군수 물자 수송이라는 난제를 해결해주었다. 무엇보다 영거는 진이 영남 지방을 통일하는 데 결정적 작용을 했다. 또한 중원과 영남의 경제·문화 교류를 활성화시켰으며, 영남의 민족 발전을 촉진시켰다.

후방의 지원에 힘입어 진의 군대는 진시황 33년(기원전 214), 서구西甌 무장 부대를 격파했고 영남 통일의 대업을 이루었다. 그 후 조정에서는 그곳에 남해군南海郡을 설치해 오늘날 광둥성 대부분 지역에 해당하는 곳을 관할했다. 계림군은 오늘날 광시좡족자치구 대부분과 광둥성 서남부를 관할했으며, 상군象郡은 오늘날 광시좡족자치구 서부와 구이저우성 일부, 베트남 북부를 관할했다. 50만 대군이 5령에서 월인과 섞여 살면서 이 지역의 민족 분포를 신속하게 변화시켰다.

진이 전쟁을 위해 개착한 영거는 세계에서 가장 빨리 개착한 운하라는 기록으로 남았다(사실 그 이전, 진의 백기白起가 전쟁 중에 '수엄법水淹法'을 발명해 한수漢水의 지류인 이수夷水를 초楚의 언성鄢城에 끌어들여 그곳을 함락시킨 바 있다. 100리에 달하는 그 긴 수로는 후에 농업 관개에 쓰여 '백기거白起渠'라 명명되었다). 이렇게 하여 진시황은 만리장성과 정국거, 영거를 포함한 많은 웅대한 공정을 완성한 세계적 발명가가 되었다. 이것들을 보면서 우리는 묘한 이치를 깨닫게 된다. 모든 위대한 공정이 그 시작부터 위대했던 것은 아니며, 그 최초의 의도는 종종 저급하거나 비겁하기까지 했다는 것 말이다.

영거는 후세에 많은 영향을 미쳤다. 진 왕조 시대부터 청 왕조 때까지 영거는 줄곧 주요 교통로의 역할을 했고 농업의 젖줄이 되었다. 상계湘桂철로[23]가 개통된 후, 수송 기능은 철로와 공로로 대체되었지만 관개수로로서 기능은 여전해, 오늘날에도 싱안현의 수많은 논에 물을 대고 있다.

민월

월왕 구천의 6세손 무강이 초 위왕威王에게 패한 후, 월 왕족들은 해안을 따라 남쪽으로 도망쳤다. 그중 한 지파가 오늘날의 푸젠성福建省에 들어가 토착민과 결합해 '민월閩越'이 되었다. 무강의 손자인 무저無諸는 자립해 민월왕이 되었지만[24] 후에 진에 항복, 민중군閩中郡의 군장이 되었다.

하지만 그는 독립하고자 하는 마음을 버리지 않았다. 진 말기, 진을 뒤엎은 후에 왕으로 봉하겠다는 언질을 받았는지, 무저는 민월 병단을 이끌고 반진反秦 전선에 참가했다. 그러나 진이 망한 후 정령政令을 관장하던 항우는 무저를 왕으로 봉하지 않았다. 무저는 우롱당했다고 생각했다.

후에 초한楚漢 전쟁이 일어났을 때, 무저는 항우에게 원한을 품고 있었기에 병사들을 이끌고 유방을 도와 항우를 무너뜨렸다. 그는 이번엔 실망하지 않아도 되었다. 유방이 한 고조 5년(기원전 202)에 "무저를 민월왕으로 다시 옹립하고 민중閩中 옛 땅의 왕으로 삼는다. 도읍은 동야東冶에 둔다"라고 했기 때문이다.

무저가 병들어 죽은 후, 깊은 궁궐에서 자라난 아들 영郢이 즉위했다. 창업의 어려움과 고통을 모르고 그저 혈통에 따라 왕위를 계승한 이 어린 황제는 나무가 커지면 바람을 부른다는 이치를 몰랐고, 또한 검소하게 생활해야 한다는 생각도 없었다. 실컷 먹고 배불러진 후엔 동구東甌와 남월南越 등 인근의 작은 나라들을 삼키려 했고, 당시 '천하의 가장家長' 노릇을 하고 있던 한과도 여러 차례 마찰을 일으켰다. 한 무제 건원建元 6년(기원전 135), 민월은 또 병사를 보내 남월을 공격했고, 그것은 누가 뭐라 하건 상관없이 자기 뜻대로 행동했던 한 무제를 화나게 했다.

한 무제는 즉시 대군을 조직해 엄조嚴助에게 군사를 이끌고 오늘날의 푸젠으로 진격하라고 했다. 한의 군대가 막 국경에 이르렀을 때, 영의 동생인 여선餘善이 영을 죽이고 한에 항복했다. 이런 변고를 겪은 후, 한의 조정은 민월 지역을 둘로 나누어 요군繇君 축丑을 월요왕越繇王에, 여선을 동월왕東越王에 봉했다.

바람이 부는 방향을 보고 배를 조정하듯 시류를 잘 파악했던 여선은 한과 22년 동안 별다른 일 없이 잘 지냈다. 그러나 이런 좋은 관계는 한 무제 원정 5년(기원전 112)에 싸늘한 사이로 변해버렸다. 당시 남월 재상인 여가呂嘉가 병변을 일으키자, 한은 양복楊僕에게 군사를 이끌고 가 반란을 평정하라고 했다. 여선은 주동적으로 병사 8천을 거느리고 한의 군대를 도왔다. 그러나 병사들이 게양揭陽에 이르렀을 때 해상의 바람이 높고 파도가 세다는 이유로 잠시 망설이며 앞으로 나아가지 않았다. 그러자 한의 조정은 그들이 약조를 지키지 않는다고 생각했고, 또한 그들이 남월과 밀통하고 있다고 여겼다. 이에 양부는 남월을 멸망시킨 후 군사를 이끌고 와서 민월의 변경 지역에 주둔했다.

이런 상황이 되자 여선은 먼저 공격을 하기로 하고 원정 6년(기원전 111)

가을에 한의 군대를 향해 공격을 감행했다. 백사白沙와 무림武林, 매령梅嶺 등 세 군데의 요새를 격파하고 한 군대의 교위校尉 세 명을 죽였다. 이쯤에서 여선은 군대를 거두어야 했다. 그러나 사람의 욕심은 끝이 없는지라, 그는 자신에게 한과 겨룰 수 있는 힘이 있다고 생각해 옥새를 만들고 용포를 걸친 후 '동월무제東越武帝'라 칭했다.

이렇게 중국 땅에 두 명의 '무제'가 나타났다.

한꺼번에 다 팔아치워도 손해 보지 않을 것이라는 믿음을 갖고 주식을 몽땅 팔아버리는 것은 용감함이 아니다. 또한 축구화를 신었다고 늘 골을 넣는 것도 아니다. 과연, 세력이 더 컸던 한 무제가 원봉 원년(기원전 110)에 주매신朱梅臣이 이끄는 대군을 파견해 병사를 네 갈래로 나눠 민월을 공격했다. 여선은 6성城을 높게 쌓고 한의 군대를 공격했으나, 매서운 공세에 직면했고, 결국 왕도인 야성冶城²⁵으로 도망칠 수밖에 없었다.

야성은 물샐 틈 없이 포위되었고, 한의 군대는 항복하라는 글을 써서 화살에 묶어 성 안을 향해 쏘았다. 화살에 묶인 글에는 "악의 수괴는 반드시 처벌한다. 협조하는 자는 불문에 부칠 것이며, 공을 세우면 상을 준다"라는 말이 적혀 있었고, 또한 여선을 생포했을 경우와 죽였을 경우 어떤 상을 받을지에 대해서도 아주 상세하게 적어놓았다. 성 안의 사람들은 일시적으로 흔들렸다. 여선의 측근 시종들조차 마음이 흔들렸으니 말이다. 그들은 이전과 마찬가지로 주인을 바라보았으나 그 눈빛은 달라졌다. 그것은 이제 주인이 아니라 금빛 찬란한 돼지머리를 바라보는 것 같았다.

이런 회유에 귀족들은 민첩하게 움직였다. 기회를 엿보던 건성후建成侯 오군繇君 거고居股가 여선을 죽인 뒤 성문을 열고 투항했다.

두 차례의 변고를 겪은 후, 한은 민월이 약속을 지키지 않는다고 생각했다. 그래서 민월의 귀족들과 관료, 해산된 군인들을 대거 강회江淮 지역으로 이주시켰고, 이후 민월의 통치 집단은 점차 한화漢化 되어갔다.

그렇게 민월은 멸망했다.[26] 그러나 오늘날 푸젠성의 중심 도시인 푸저우福州에 남아 있는 어우예츠歐冶池, 웨왕산越王山, 위산于山, 다먀오산大廟山, 백마왕묘白馬王廟 등의 유적지와 그곳에 얽힌 전설은 민월의 역사가 얼마나 찬란했는지 보여주고 있으며, 2천 년 문명의 증거가 되고 있다.

한편, 민월의 한 지파는 해협을 건너 오늘날의 타이완臺灣으로 가 고산족高山族의 중요한 혈맥이 되었다.

조타와 남월

《손자병법》은 탄생하자마자 군인들이 가장 먼저 읽어야 하는 전쟁의 교과서가 되었다. 많은 장군들이 '36계'를 충분히 익혀 자유자재로 실전에 응용할 수 있었는데, 조타趙佗도 예외가 아니었다.

조타는 오늘날 허베이성에 있던 진정眞定[27] 사람으로, 한인이며 진秦의 장군이었다. 그는 북으로 흉노를 치고 남으로 영남을 넘는 전쟁에 참가했다. 영남을 통일한 후엔 그곳에 남아서 남해군南海郡 용천현령龍川縣令을 지냈다. 진 2세 호해 2년(기원전 208), 남해위南海尉 임효任囂가 병으로 죽은 후 조타가 임효의 직무를 잇게 되었다. 그 후 조타는 구실을 만들어 진에서 임명한 장리長吏를 죽이고 자신의 측근에게 군수와 현령을 맡으라고 했다. 그리하여 남월 지역은 확실한 '조가군趙家軍'으로 채워졌다. 그는 이어서 조타성趙佗城,[28] 진성秦城, 만인성萬人城을 세우고 북강北江 유역에 세 개의 방어선을 구축하여, 중원의 병마가 내려올 수 있는 길을 봉쇄해버렸다.

진 2세 3년(기원전 207), 조타는 병사를 일으켜 근처의 계림군桂林郡과 상군象郡을 손에 넣었고, 이때부터 영령嶺을 경계로 하여 남쪽 지역을 다스리며 할거했다. 나라 이름을 지을 때에도 '죽은 시신에게 영혼을 돌려주는' 것 같은 계책을 사용했다. 현지의 월인이 과거에 대한 아름다운 추억을 되살릴 수 있도록 나라 이름을 '남월南越'이라 정한 것이다. 번우番禺(광둥성 광저우廣州)를 도읍으로 삼았으며, 스스로를 '남월무왕南越武王', '만이 대장蠻夷大長'이라 했다.[29]

조타는 또한 미인계를 사용해 홍하紅河 하류의 안양왕국安陽王國[30]과 구락국甌駱國을 멸망시킨 후 교지交趾와 구진九眞, 두 군郡을 설치했다.[31]

남월의 강역이 가장 넓을 때엔 동으로 민월閩越과 접했고 북으로 장사왕長沙王 오예吳芮의 영역과 접했다. 서쪽으로는 구정句町, 야랑夜郎과 경계를 삼았으며, 남으로는 오늘날 베트남 북부, 중부에 이르렀고 말레이시아 원시 부락과 이웃했다. 말하자면 그는 한을 대신해 남쪽 강역을 다져놓았던 것이다. 조타는 영남 지역에서 한漢 문화를 크게 퍼뜨렸고 중원의 선진 농업기술을 받아들였다. 그리하여 당시 화전을 하던 남월 각 부족을 원시적 생산방식에서 벗어나게 해주었다. 그런 공으로 인해 그는 영남 개발의 1인자로 꼽힌다.

사람이 어느 정도 늙으면 성격이 다 형성되고 사물을 손바닥에 놓고 보듯 확실하게 알게 되며, 웃으며 떠드는 것도 적당한 선에서 멈출 줄 알게 된다. 세월이 흘러 눈가에 주름이 가득한 조타는 일을 할 때 거의 신의 경지에 이르렀다. 게다가 총명하고 부지런했다. 그는 100살이 넘을 때까지 67년 동안이나 영남 지역을 계속해서 효율적으로 통치했다.[32] 그리하여 그는 영남 지역 정치와 경제개발의 역사에서 가장 눈부신 활약을 한 풍운아가 되었다. 그는 산 위에 떠있는 흰 구름 같았다. 그러나 산꼭대기에 올라가보면 이미 그 구름은 보이지 않았다. 연못 속의 맑은 달 같기도 했지만 수면을 헤치면 더욱 깊어지는 달이었다. 그야말로 깊이를 헤아릴 수 없는 인물이었다. 어느 누구도 그런 그를 가볍게 여기지 못했다. 그러나 오직 한 사람 예외가 있었으니, 그는 바로 육가陸賈(기원전 240~170)였다.

육가는 한과 남월의 역사를 말할 때 빼놓을 수 없는 인물이다. 조타보다 열 살이나 어린 그는 저명한 학자 순황荀況의 제자였다. "(사람들은) 세상이 평안할 때엔 재상에게 관심을 기울이고 세상이 위태로울 때엔 장군을 주목하게 마련이지요"라는 그의 말은 일찍이 진평陳平의 초가집 문을 활짝 열게 했다.[33] 그는 한 고조 10년(기원전 197)에 처음 남월에 사신으로 왔는데, 오자마자 조타와 한바탕 설전을 벌였다. 설전이 끝난 후 조타는 그를 가리켜 "내 이제껏 들어보지 못했던 것을 오늘 듣게 되는구나"라고 찬탄했다고 한다. 그 후 진평이 한 문제에게 육가를 사신으로 보내도록 추천해 남월에 다시 오게 되었다. 그때 육가는 조타를 황제라 칭하지 못하게 했다. 그때부터 남월은 한에 대해 명목상의 신복 관계를 수립했다.[34]

여기서 분명한 것은 이때의 '남월'이 후대의 '월남', 즉 베트남이 아니라는 것이다. 남월의 중심은 오늘날의 광저우에 있었다. 그리고 남월은 오늘날의 베트남 동북부와 중부에 교지와 구진의 두 군을 설치했다. 베트남 구사舊史에서는 남월(남 비엣)을 베트남사의 정통에 넣고 그것을 조조趙朝라 칭하면서 조타를 개국 군주라고 부르고 있다. 그 논리에 따르면 조타의 고향이 지금의 허베이 전딩이니, 중국 허베이도 베트남의 역사적 강역에 들어가는 셈이 되어버린다.[35]

한 무제 건원 4년(기원전 137) 깊은 가을, 많은 인마가 번우성番禺城 교외의 산을 물샐 틈 없이 둘러쌌다. 네 갈래의 장례 행렬은 똑같이 생긴 관을 들고 번우의 성문 네 개를 통해 동시에 빠져나왔다. 장례 행렬이 어디로 향하는지는 아무도 알 수 없었다. 그때 비밀리에 안장된 이가 바로 조타였으니, 그의 나이 101살이었다.

그로부터 2천 년이 지났다. 사람들은 영남 고고학계의 가장 훌륭한 대묘인 조타의 능묘를 여전히 찾아 헤매고 있다. 마치 인간 세상에서 증발해버린 것처럼, 조타의 흔적은 어디에서도 찾을 수가 없었다. 남월 제3대 왕조영제趙嬰齊의 무덤은 삼국시대 오의 손권孫權이 도굴했고, 현대의 고고학자가 광저우 교외에서 남월 제2대 조호趙胡(조매)의 무덤을 포함한 200여 기의 무덤을 발굴했다.[36] 이렇게 남월왕들의 무덤이 곳곳에서 발굴되고 있지만[37] 오직 하나, 조타의 무덤만은 찾을 수 없다. 어떤 이는 조타의 능묘는 오늘날 광저우의 웨슈산越秀山 위에 있을 것이라고 대담하게 예측한다. 진시황이나 한 고조에 비견할만한 일대 영웅 조타가 그곳에 고요하게 누워 주강을 흘러가는 천년의 물소리를 들으며 전원의 풍광을 감상하리라는 것이다.

고령의 조타가 죽을 때 그의 태자 조시趙始는 이미 세상을 떠난 지 한참이 지난 뒤였다. 그래서 아직 어리긴 했지만 손자인 조호에게 왕위를 물려줄 수밖에 없었다. 문왕文王 조호가 죽은 후에는 아들인 조영제, 손자인 조흥趙興이 계속 왕위를 이었다.

시간은 빠르지도 느리지도 않게 흘러갔고, 구름과 파도가 수시로 형태가 변하듯 그렇게 상황이 변했다. 하지만 남월의 왕이 계속 바뀌었지만 재상은 바뀌지 않았다. 국상國相 여가呂嘉는 3대에 걸쳐 재상 노릇을 했고, 여가의 친족 중에서 관리를 맡은 자가 이미 70여 명에 이르렀다. 여씨 집안의 아들들은 왕녀와 혼인했고, 딸들은 왕실의 아내가 되었다. 그는 왕실을 마음대로 주무르며 권력으로 하고 싶은 모든 일들을 제멋대로 했다. 모두가 두려워하는 인물이 된 것이다. 그의 이마에 가득 새겨진 주름살 속에 얼마나 많은 음모와 함정이 숨어있는지 아는 사람은 아무도 없었다.

사람이 이런 상황에 이르면 '앙인비식仰人鼻息'[38] 하는 날을 보낼 거라는 희망을 버려야 한다. 여가는 영남 지방에서의 할거를 고집스럽게 주장하며 한에 귀부하는 것을 결연히 반대했다. 귀부 조건을 담판 짓기 위해 한이 보낸 관원을 공개적으로 처형했을 뿐 아니라, 통일을 주장하는 남월왕과 왕태후를 비밀리에 죽였으며, 조영제의 장자이자 조흥의 장형인 조건덕趙

建德을 제5대 남월왕으로 옹립했다.[39] 그리고 관례에 따라 창오蒼梧에 주둔하고 있는 진왕秦王 조광趙光에게 사람을 보내어 그 소식을 알렸다.

남월에 병변이 일어났다는 소식이 한에 전해졌고, 한 무제는 원정 5년(기원전 112)에 군대를 남월로 파견했다. 가는 도중에 조광의 적극적 도움을 받았다. 다음 해 겨울, 전쟁의 상황이 마침내 드러났다. 여가와 그가 세운 남월왕 조건덕은 패하여 포로가 되었고, 북쪽의 한으로 보내져 불귀 객이 되었다. 그리고 남월 도성들은 한의 군사들에 의해 모조리 불태워졌다. 93년 세월동안 계속되었던 남월이 마침내 여가의 손에서 끝장나고 말았던 것이다. 남월을 평정한 후 한 무제는 영남에 남해南海, 창오蒼梧, 울림鬱林, 합포合浦, 교지交趾(베트남 하노이), 구진九眞(베트남 탄호아), 일남日南(베트남 꽝지) 등 모두 일곱 개의 군을 설치했다.

영남 평정의 여세를 몰아, 한은 다음 해에 군사를 일으켜 대주大洲(하이난섬海南島)로 파견, '천애해각天涯海角'[40]과 '녹수은사綠樹銀沙'를 가진 그 아름다운 섬에 담이군儋耳郡과 주애군珠崖郡을 설치했다.

천고일녀

세월이 좀 흘러간 뒤, 월의 후예이자 영남 서구西甌, 낙월駱越의 후손(따이·까따이어파의 선조다. 따이·까따이어는 고대 백월어百越語에 기원을 둔다)이 '이료俚僚'라는 호칭으로 누렇게 변한 역사책 속에 나타났다.

이료는 진秦의 병사들이 유린했던 그 땅, 구름과 안개로 뒤덮인 영남에 있었다. 그곳의 어느 산골 마을, 한 여인이 깊은 생각에 빠져 있었다. 몸집이 크지 않았고 살기가 흐르는 얼굴도 아니었다. 하지만 그녀는 남자들만이 두각을 나타내던 전쟁터에서 말을 타고 칼을 휘두르며 진흙덩이 자르

절반의 중국사

듯 사람의 머리를 베곤 했다.

그녀의 이름은 세영洗英, 결혼하기 전에는 '백합百合'이라는 아름다운 이름을 갖고 있었다. 그녀의 집안은 대대로 남월의 지도자 집안이었다. 세영은 10여 만 부락을 거느리고 있는, 영남 이인俚人 중 가장 위대한 지도자였다. 그녀가 활동하던 중심지는 고량군高凉郡(광둥성 양장陽江시, 가오저우高州시) 일대였다. 양梁 무제武帝 대동大同 원년(535), 열여덟 살의 세영은 고량 태수 풍보馮寶와 혼인했고, 그때부터 '세부인洗夫人'이라 불렀다. 결혼 후에도 가만히 집에 들어앉아 주부 노릇만 하고 있지 않았다. 남편을 도와 정무를 처리했고, 처음에는 남편의 그늘에 있었으나 얼마 지나지 않아 앞으로 나섰다. 이제 갓 스무 살이 넘은 세영은 군대를 거느리고 해남海南에 주둔했다. 그런 후 양梁으로 하여금 해남에 애주崖州를 설치하게 하여, 한 원제 때부터 600여 년 정도 대륙과 떨어져 있던[41] 해남도海南島를 중앙 통치에 귀속시켰다. 그녀는 또한 선진 문화와 기술을 스스로 전파해, 해남 부족들이 할거하면서 서로를 죽이고 피 흘리던 상태에서 벗어나게 했다. 그리고 해남과 영남이 함께 새로운 시대로 나아가도록 했다. 해남이 중국 땅으로 들어온 데에는 그녀의 공이 컸다.

영웅이 역사를 창조할 수는 없을지도 모르지만 멋진 역사적 순간을 만들어내는 것만은 분명하다. 그녀의 첫 번째 빼어난 업적은 양 왕조 후경侯景의 난 시기에 이루어졌다. 당시 고주高州(광둥성 양장陽江 서쪽)자사 이천사李遷仕가 기회를 틈타 병사를 일으켜 양에 반항했고, 풍보를 모셔다가 함께 독립의 대업을 이루고자 했다. 세부인은 계책을 내어 풍보에게 먼저 사신을 보내 응낙하는 척 하라고 했다. 그런 뒤에 세영이 친히 천여 명의 정예군을 뽑아 멜대를 멘 짐꾼으로 가장하게 했다. 멜대에 선물을 지고 오는 것처럼 하여 이천사의 자사부刺史府를 습격, 아무런 방비도 하지 않고 있던 이천사를 크게 패하게 만들었다. 이어서 그녀는 병사를 이끌고 교주交

州 자사 진패陳霸를 도와 평판이 나빴던 후경을 멸망시켰다.

이때부터 그녀는 역사책 속으로 들어왔다. 진패가 양을 대신해 진陳 왕조를 세운 초창기, 정국이 불안정해서 명령이 잘 시행되지 않았다. 게다가 광주廣州자사 구양흘歐陽紇을 우두머리로 하는 할거 세력이 수시로 협박해오곤 했다. 그때 세영의 남편 풍보는 이미 병으로 죽었고, 양춘陽春(양장 서북쪽) 태수를 하고 있던 아들 풍복馮僕이 구양흘에게 인질로 잡히는 사건이 일어났다. 이런 상황이 되자 세부인이 다시 나서서 진에 협조해 할거 세력을 소탕하고, 구양흘을 사로잡아 인질로 잡혀있던 아들을 구해냈다. 그래서 진은 그녀를 중랑장, 석룡군石龍郡 태부인으로 책봉했고 자사의 예로 대했다.

세영이 명예 낭첨浪尖이 되었을 즈음, 역사의 시험이 그녀에게 닥쳐왔다. 수 문제 양견楊堅이 진을 멸망시켰을 때, 영남 민중은 세부인을 '성모聖母'로 받들었고 주변 지방 세력이 모두 그녀의 명령을 따를 것임을 표했다. 상황으로 보건대 세영은 그 참에 스스로 왕으로 칭해도 되었고, 진이 사라진 후의 권력의 공백을 메워도 되었다. 그러나 수 문제 개황 9년(589)에 수의 군대가 남하하자, 추세를 살피던 세부인은 장손 풍혼馮魂(풍복은 이미 죽었다)에게 북쪽으로 올라가 수의 총관總管 위광韋洸을 맞이해 오라고 시켰다. 그리고 자신의 관할하에 있던 8주를 거느리고 수에 귀부했다. 또한 수의 장수를 도와 진의 남강南康 태수 서등徐鐙을 격파, 수의 군대가 순조롭게 광주에 들어올 수 있게 했다. 이에 수는 풍혼을 의동삼사儀同三司에, 세부인을 송강군부인宋康郡夫人으로 봉했다.

위광이 광주에 들어온 다음 해, 번우 지방 수령 왕중선王仲宣은 병사를 일으켜 수에 대항했다. 광주성은 왕중선에 의해 겹겹이 포위되었으며 위광은 힘껏 싸우다가 죽었다. 수는 그 소식을 듣고 즉시 배구裴矩를 파견해 영남을 평정하게 했다. 세부인은 손자 풍훤馮暄에게 병사를 이끌고 광주로 가라고 했다. 그러나 풍훤은 왕중선의 부장 진불지陳佛智와 몰래 결탁해 일부러 출병을 늦췄다. 세부인이 그것을 알고 즉시 풍훤을 감옥에 처 넣었고 병권을 유손幼孫 풍앙馮盎에게 주었다. 풍앙은 계책을 세워 진불지를 죽이고 수 왕조에게 구원병을 보내 광주성에서 순조롭게 회합했고, 회오리 바람이 구름을 몰아내듯 왕중선을 깔끔하게 소탕했다.

상황을 정리한 뒤 70세의 세부인은 친히 무거운 갑옷을 입고 말에 올랐다. '성모'의 상징인 비단우산을 들고 대대 기병을 이끌어 수의 장군 배후를 호위해 영남 각주를 순무하게 했다. 가는 곳마다 각 소수민족의 지도자들이 앞다투어 그녀를 배알했고, 영남은 다시 평안한 상태로 접어들었다.

세부인의 이러한 행적은 멀리서 상황을 통제하고 있던 수 문제를 놀라게 했다. 그리하여 수 문제는 관례를 깨고 그녀를 초국부인譙國夫人으로 봉하여 통일 대업의 남천일주南天一柱[42]처럼 여겼다. 그는 그녀가 막부를 열어 부락 육주 병마를 통괄하도록 했으며, 비상사태를 맞이하면 먼저 알아서 해결하고 나중에 보고하라고 했다. 동시에 세부인의 유손 풍앙을 고주자사로 봉했고, 할머니의 명령을 시행하지 않아 감옥에 갇혔던 풍훤도 사면해주어 나주羅州자사 직을 내려주었다.

세부인의 위대한 점은 '단일 민족'이라는 좁은 시야에서 벗어났다는 것에 있다. 그녀는 큰 충성과 의리, 넓은 지혜와 용기로 "닭의 머리가 될지언정 소의 꼬리는 되지 않겠다"라고 하던 당시의 관념에 충격을 가했다. '부족'과 '국가' 사이에서, 오늘날 보기엔 매우 단순하지만 당시로서는 세상을 놀라게 한 선택을 했고, 그것은 중화민족 대일통의 판도에 '의천장검'[43]과 같이 잊혀질 수 없는 이미지를 남겼다. 현재 가오저우高州와 하이난섬에 여전히 당당하게 남아 있는 세부인의 사당[44]에는 참배객의 향불이 끊이지 않는다. 저우언라이 총리도 세부인을 가리켜 "중국 역사상 첫 번째 여성 영웅"이라고 말한 바 있다.

세부인은 시종일관 '조국의 통일을 지켰으며 분열 할거 행위를 반대'했다. 그것은 그녀의 후손들에게도 깊은 영향을 미쳤다. 세부인이 병으로 죽은 후 풍앙은 그녀의 유지를 받들어 번우, 창오, 주애朱崖 등지를 점거해 수천 리에 할거했으나 여전히 왕이라고 칭하지 않았다. 당 고조 무덕 5년 (622), 당 왕조가 영남을 초무할 때에도 풍앙은 군사를 이끌고 땅을 바치며 당에 귀부했다. 당 왕조는 그곳에 고高, 나羅, 춘春, 백白, 애崖, 담儋, 임林, 진振 8주를 세웠으며 풍앙을 월국공越國公에 책봉했다.

이 세상에서 지혜로운 사람이란 바로 어리석은 사람을 가리킨다. 총을 들고서 용감무쌍하게 전차에 대항하는 듯한 행동을 하는 자가 당시에도 없던 것은 아니었다. 초선肖銑이라 불리던 영남의 지방수령이 풍앙의 행동에 대해 콧방귀를 뀌며 수 왕조 말기 천하 대란을 틈타 자칭 '양제梁帝'라 하면서 당에 굴복하는 것을 굳건히 거부했다. 시국을 제대로 파악하지 못했던 이 사람은 후에 당의 장수 이정李靖에 의해 서호西湖에서 격파되었고 감옥에 갇혀버렸다.

할거 자립하던 초선이 감옥에 갇힌 것을 보고서 이료의 호족 지도자들은 앞다투어 당에 귀부했다.

위대한 결정

진정으로 위대한 사람과 위대한 사람의 반열에 억지로 끼어 들어가는 사람의 차이는 어디에 있을까. 진정으로 위대한 자는 절대 독선적으로 행동하지 않으며 위기상황에 처해도 이익을 가까이하지 않는 사람이다.

월의 후예 전류錢鏐[45]는 시국을 알고 대의를 밝히던 비범한 군주였다. 그는 천하대란 시기, 후량後梁 태조 주전충朱全忠 개평開平 원년(907)에 오월

吳越을 세웠고, 주전충은 그를 오월왕吳越王으로 봉했다. 그 강역은 오늘날 저장, 장쑤, 푸젠의 13주에 달했다. 후당後唐이 양梁을 멸망시키자 그는 재빠르게 사신을 파견해 당 왕조의 전국옥새를 바쳤다. 물론 그런 행동 덕분에 그는 여전히 오월왕에 봉해졌다. 5대10국의 난세에도 그는 줄곧 '중원을 잘 섬기고'[46]과 '국가를 지키고 백성을 평안하게 하는 것(保境安民)'을 국가 정책으로 삼았다. 임종할 때엔 자손에게 "덕과 힘을 잘 헤아려야 한다. 진정한 군주를 만나게 되면 속히 귀부해야 한다"라고 부탁했다. 이런 처세 덕분에 그는 머리가 백발이 된 81세까지 살았고, 전錢씨 집안을 5대10국 중 가장 오랫동안 버티게 한 군주가 되었다.[47]

이후 4대에 이르도록 오월왕은 개국 군주의 유훈을 받들어 시종일관 칭제하지 않았으며, 끊임없이 중원 왕조에 칭신하며 조공을 바쳤다.

진정 지혜로운 군주를 갖고 나서도 그들은 진심으로 귀부했을까? 마침내 그들의 판단 능력을 시험받을 때가 도래했다.

북송이 전쟁을 일으켜 남당을 멸망시킬 무렵, 역시 작은 나라였던 남당의 군주 이욱李煜이 오월왕吳越王 전숙錢俶에게 편지를 보내 "오늘 내가 없으면 내일 그대가 어찌 있겠는가?"라고 했다. 오월 승상 심호자沈虎子도 남당을 '우리나라를 막아주는 병풍'이라 하며 도울 것을 권했다. 그러나 전숙은 남당을 돕지 않았을 뿐 아니라 오히려 정예군대를 파견해 상황을 제대로 파악하지 못하고 있는 이 이웃나라를 북송과 함께 공격했고, 결국 남당은 망했다.

그 후에도 오월은 여전히 강성해졌다. 나는 내가 쓰는 역사 인물들과 시간을 거슬러 소통할 수는 없지만, 그들이 격렬한 사상적 방황을 거쳤을 것이라는 점만은 분명하게 말할 수 있다. 하지만 조부의 의발을 계승한 이 군주에게는 아무런 가능성이 없었다. 결국 심사숙고를 한 끝에 마침내 송 태종太宗 태평흥국太平興國 3년(978), '민족을 지키고 백성을 보전한다'는 결정을 내렸다. 자신들의 삼천리 금수강산과 11만 병사들을 모조리 북송 조정에 바치기로 결정한 것이다.[48] 그리하여 중국 역사상 최초로, 강성한 할거 왕국과 중앙정권의 평화로운 협의가 이루어졌다.

오월왕의 이러한 선택은 백성이 도탄에 빠진 남당과 선명한 대조를 이룬다. '영토를 바치고 송에 귀부한' 오월 백성들은 하나도 죽거나 다치지 않았으며 오월 도성인 전당錢塘('전가지당錢家之塘', 항저우杭州) 역시 과거의 화려했던 모습, 즉 구름처럼 빽빽하게 돛단배들이 몰려들어 '장성등영檣聲燈影'[49]을 연출하던 그 시절의 흥성함을 그대로 누릴 수 있었다. 항주는 전쟁 속에서 재앙을 맞이했던 남당 금릉金陵을 대신했고, 얼마 지나지 않아 명실상부한 '동남제일주東南第一州'가 되었다.[50] 송 태종 조광의趙光義도 전숙을 맞이해 "경이 한 지역을 보존하여 나에게 귀부해와 피를 흘리지 않게 되니, 축하할 만하도다!"라며 치하했다.

전숙이 오월국의 판도를 바친 후 북송은 양주揚州에 '회해국淮海國'이라는 이름만 있는 왕국을 만들어 그를 명목상의 국왕으로 봉했다. 있지도 않은 왕국의 왕이었으니 당연히 그는 송의 수도였던 개봉에 있어야만 했다. 회해 국왕은 매우 조심스럽게 행동했으며 매일 아침이 되면 일찌감치 궁문 앞에 가서 황제를 기다리곤 했다. 어느 날 새벽, 폭우가 내려 절도사들이나 왕은 조정에 나오지 않았지만 전숙 부자 두 명은 쏟아지는 빗속에서 여전히 공손한 자세로 궁 밖에서 대기했다. 그런 그를 보며 송 태종은 깊은 연민을 금치 못했다. 이런 식으로 행동해 전숙은 마침내 선종할 수 있었다. 나라를 바친 후 10년 동안을 더 살았으니, 병으로 죽을 때 그의 나이 60세였고, 죽은 후에는 충의왕忠懿王으로 추존되었다.

북송에서 편집한 《백가성百家姓》에서는 황실의 성씨인 '조趙'씨 바로 뒤에 '전錢'씨를 두고 있는데, 수많은 성씨들 중 전씨가 두 번째 자리에 있게 된 것은 바로 이런 이유 때문이 아닐까?

절반의 중국사

따이·까다이어파 10자매

분할되어 나라 밖에 거주하는 월국 후예들은 그리 많지 않았았지만, 여러 부락들이 '조국'의 품에서 대대손손 번성해왔다. 그들은 다양한 언어와 노래, 춤, 습속으로 '중국'이라는 대가정의 아름다운 풍경을 이루었다.

수놓은 공으로 사랑을 전하는 좡족

아름답고 찬란하게 수놓은 오색 공은 깊은 사랑을 의미한다. 바다처럼 많은 사람이 모여 조수처럼 밀려드는 듯한 노래를 부르는 것으로 잘 알려진 좡족壯族은 전통 '대가對歌'[51]에서 젊은 여성들이 남성들에게 수놓은 공을 던지면서 사랑을 전한다. 좡족은 중국에서 인구가 가장 많은 소수민족인데, 대가를 즐기면서 수놓은 공을 갖고 사랑의 유희를 한다.

그들은 중국·티베트어족漢藏語系 따이·까다이어파 좡·따이어군에 속하며, 현재 인구 1600만여 명 쯤 된다. 광시좡족자치구, 윈난 원산文山좡족마오족자치주, 광둥 롄산좡족야오족자치현, 구이저우 첸둥난黔東南마오족둥족자치주와 후난 장화江華야오족자치현에 거주한다.

좡족은 낙월, 서구의 후예로서 한 때에는 '오무료烏武僚', '이료', '동료峒僚'라 칭해졌고 수·당 시기에는 '오허吳滸'라 불렸으며 송 때에는 '동僮'이라 불렸다. '동'이라는 글자의 독음에 폄하의 뜻이 들어 있어 저우언라이 총리는 1965년에 그 호칭을 '좡족壯族'으로 바꿀 것을 건의했다.

좡족에게도 역사에 빛나는 인물들이 있다. 전주田州 와씨부인瓦氏夫人(1496~1555)은 병사들을 거느리고 왜구에 대항해 명 왕조에 의해 이품부인二品夫人으로 봉해졌다. 태평천국 금전기의金田起義[52]가 좡족 거주지에서 발원했으며, 덩샤오핑과 장윈이張雲逸는 좡족 거주 지역에서 '바이써기의百色起義'[53]를 일으켰다. 홍군 장군인 웨이바췬韋拔群(1894~1932),[54] 해방군 상장上將인 웨이귀칭韋國淸(1913~1989)[55]도 모두 좡족 인민의 뛰어난 아들들이다.

공작과 벗하는 다이족

윈난 남부 시솽반나西雙版納와 더훙德宏 지역은 공작의 고향이다. 특히 시 솽반나는 북회귀선 위에 자리한 최후의 오아시스로서, 북회귀선이 지나가는 곳이 거의 모두 사막으로 뒤덮일 때에도 이곳은 사람을 취하게 만드는 녹색으로 덮여 있었다. 이 지역은 젓가락 하나를 아무데나 그냥 꽂아두어도 녹색 잎이 자라날 것만 같은 그런 곳이다. 초록빛으로 뒤덮여 생명과 아름다움이 자라나는 이 땅에 인구 110여 만에 이르는 민족인 다이족傣族이 산다.

그들은 따이·까다이어파 좡·따이어군壯傣語支에 속한다. 다이족과 좡족은 태국의 태인傣人, 라오스의 료인寮人, 미얀마의 선인撣人과 기원이 같다고 한다.

다이족의 조상 전월滇越은 한대 백월百越의 한 지파이다. 위진 시대 이후 '구료鳩僚'와 '선인撣人'이라 불렸고, 당·송 시기에는 맹력孟力에 거주하던 사람들은 '망만茫蠻'('망'은 '맹력'의 음이 바뀐 것), 보산保山에 거주하던 사람들은 '흑치黑齒'라 불렸으며 이라와디강 서쪽에 거주하는 사람들은 '금치金齒', 혹은 '백의白衣'라 불렸다. 남송 효종孝宗 순희淳熙 7년(1180), 시 솽반나의 다이족 지도자 파야젱帕雅眞, 파전叭眞이 '경룡금전국景龍金殿國'[56]을 세웠으나 그 나라는 유성처럼 사라졌다. 근대에 다이족은 '파이擺夷', '한태旱傣', '수태水傣'라 불렸다. 중국 정부가 성립된 후에 '다이족傣族'이라 통칭했다.

산수에 신비로운 기운이 깃들어 있고 비옥하며, 또 찬란한 빛깔의 공작들이 많은 땅이라서 그런지, 다이족 여성들은 아름다울 뿐 아니라 몽환적

윈난성 멍롄 근처 다이족 마을의 불탑.

인 몸짓 언어로 '공작무孔雀舞'라는 춤을 춘다.

황궈수 폭포 주변에 사는 부이족

세계적 규모의 장엄함을 자랑하는 황궈수黃果樹폭포는 구이저우성 전닝鎭寧부이족먀오족자치현 경내에 있다.

부이족布依族은 따이·까다이어파 좡·따이어군에 속하며 인구는 대략 300만 정도 된다. 주로 구이저우 쳰난黔南, 쳰시난黔西南, 쳰둥난黔東南 등지와 윈난 뤄핑羅平 지역에 거주한다.

그들의 조상은 백월의 한 지파로, 한대에는 야랑국夜郞國 경내에 거주했고 당대에는 이료에서 분리되어 '만료蠻僚'라 불렸다. 원 때에는 '중가仲家'라 불렸으며 근대에 와서야 자칭 '부이'라 했다. 부이족은 '벼의 민족'이라고 불리며 그들이 사는 곳은 이른바 '납염蠟染의 고향'[57]이라 한다.

부이족 사람들이 사는 마을에는 어디에나 바닥이 다 보일 정도로 투명하고 맑은 작은 강이 있다. 젊은이들이 낭초하浪哨河(사랑의 강이라는 뜻)라 부르는 강이다. 초승달이 뜬 밤, 한 무리의 젊은 남녀가 강가에서 물놀이를 한다. 남녀는 각각 보일 듯 말 듯한 거리에 한 무리씩 모여 있다.

사랑의 노래가 울려 퍼지면서 그들의 사랑도 부드럽게 이어진다.

한 남자가 "강물이여! 소리 내어 흘러라. 대숲에는 은색 달빛이 비추고, 청년은 아가씨를 부르네. 누가 내 옷을 빨아줄 건가요……"라고 노래한다. 잠시 후 그 청년을 마음에 둔 아가씨가 청년의 노래 소리에 이어 "강물이 멀리 흘러가네, 대숲의 달빛이 봄빛을 바라보네, 당신을 도와줄 마음이 소녀에게 있어요, 강 가운데에서 만나요……"라고 답한다.

화음 있는 노래를 부르는 둥족

"높은 산엔 야오족, 낮은 산엔 먀오족이 살고, 좡족과 둥족은 산의 움푹한

절반의 중국사

곳에 산다"라는 속담을 보면 알 수 있듯이 둥족侗族은 산의 물가에 거주하는 민족이다. 그들은 따이·까다이어파 깜·수이어군侗水語支에 속한다. 인구는 대략 296만 명이며 구이저우, 후난, 광시 등지에 별들처럼 흩어져 살고 있다.

둥족은 낙월의 후손으로 위진 시대에는 '요僚'라 불렸고 송 때에는 요에서 독립해 '영伶'이 되었으며, 명·청 시대에는 '동료洞僚', '동인洞人', '동인峒人', '동만洞蠻', '동묘侗苗' 등으로 불렸다. 근대에 '둥족'이라 명명되었다.

둥족 대가大歌와 고루鼓樓[58], 풍우교風雨橋[59]는 둥족 문화의 '삼보三寶'라 불린다. 특히 삼보 중에서도 가장 유명한 것은 '둥족 대합창侗族大歌'인데 세계에서도 드물게 보이는 합창곡이다. 성부聲部가 다양하며, 지휘자나 반주자도 없는 민간의 합창 음악이다. 둥족의 이 무반주 다성부 합창은 중국에 복조複調 음악이 없었다는 종전의 견해를 바꿔놓았다. 1986년 10월, 프랑스 파리에서 열린 가을 예술절의 주최 측 대표 조세핀 말코비치는 둥족 대합창을 들은 후 매우 흥분해 "아시아 동방의 100만 인구를 가진 소수민족이 이렇게 오래되고 순수하며 빛나는 민간 합창곡이라는 예술품을 갖고 있다니, 이것은 세계적으로도 드문 일이다"고 말했다.

이곳도 자유로운 사랑이 흘러넘치는 곳이다. 성년이 된 모든 둥족 남녀는 낭만적인 '행가좌월行歌坐月'(사랑의 말을 나눈다는 뜻)을 거친다. 젊은 남녀의 자유로운 연애를 위해 많은 동족 마을에는 그들이 모일 수 있는 '월당月堂'(조각루吊脚樓[60])이 만들어져 있다. 물론 대부분의 경우 청년이 아가씨 집으로 가서 사랑의 세레나데, 즉 '대가對歌'를 부른다.

달은 버드나무 가지 끝에 걸리고, 연인들은 황혼이 진 후를 기약한다. 해가 지면 마을의 청년들은 점점이 흩어진 달빛을 밟으며 우퇴금牛腿琴[61]을 연주하면서 약속의 노래를 부른다. 그러면서 소녀가 살고 있는 조각루 아래로 간다.

유장한 우퇴금 소리에 맞춰 노래하는 청년의 목소리가 소녀의 감정의 선을 뒤흔들면 소녀는 얼른 창문을 열고 집 아래에 사랑하는 사람이 왔는지 살펴본다. 그리고 손짓으로 집안으로 들어오라고 한다. 자기가 좋아하지 않는 남자가 서있으면 '생전 처음 보는 낯선 남자'라며 급히 창문을 닫아버린다. 그런데도 청년이 분수를 모르고 혼자 계속 노래를 하거나 문을 두드려대면 어떻게 될까? 그나마 성격이 좋은 소녀는 가족에게 그를 돌려보내 달라고 부탁하지만 조금 과격한 소녀라면 집 위에서 찬물 한 바가지를 머리 위에 뿌려버리곤 했다.

물가에 거주하는 수이족

이름을 보면 그 의미가 떠오른다고 했다. 민족 명칭에 '수水'라는 글자가 들어있는 것을 보면 혹시 그들이 물가에 거주하기 때문에 수이족水族이라 불리는 것일까?

구이저우성 동남부 둥족 마을 짜이당宰蕩.

절반의 중국사

사정을 알고 보면 그렇게 간단하지 않다. 수이족은 낙월의 일파로 일찍이 광서(광시) 해안을 따라 훙하 맑은 물가로 이주해 왔다. 당 때에 무수주撫水州 이료의 일부가 용강龍江, 융강融江을 따라 올라가 현재 수이족의 거주지로 갔다. 명말에 그들은 자칭 '수이雖'라고 했다. 한족은 그들을 줄곧 '수이水'족이라고 불렀고, 시간이 오래 지나자 그들 역시 자연스레 그것을 그대로 따라 자칭 '하이수이海水'('수인水人'이라는 뜻)라고 불렀다.

현재의 먀오링苗嶺산맥 이남, 두류강都柳江과 룽장강龍江 상류의 삼림이 빽빽하고 풍광이 그림처럼 아름다운 곳에는 40여 만 명의 수이족 사람들이 살아간다. 그들은 따이·까다이어파 깜·수이어군에 속한다. '수서水書'는 초기 형태를 그대로 간직한, 수이족 사람들의 오래된 문자인데, 300자 정도가 있으며 대부분 종교적 활동에 사용된다.[62]

이곳에는 남녀노소 누구나 다 아는 《금봉황金鳳凰의 이야기》가 전해진다. 가난한 청년 아눠阿諾와 부자집 딸 수이화水花의 처량하고 아름다운 사랑 이야기가 대대로 수이족 사람들에게 전승되고 있기에 그들은 고향을 '봉황의 깃털처럼 아름다운 곳'이라고 칭한다.

봉황의 고향, 무라오족

광시 뤄청羅城에 가면 곳곳에서 '봉황'이라 명명된 산과 강, 마을을 만날 수 있다. 이곳에 거주하는 20여 만 명이 봉황을 토템으로 삼는 민족인 무라오족仫佬族이기 때문이다.

무라오족은 서구, 낙월, 이료, 오허의 후손으로 따이·까다이어파 깜·수이어군에 속한다. 위진 시대에 '목로穆佬'라 불렸으며 송·원 시대에는 '목루묘木婁苗'라 불렸고 중국 정부가 성립된 이후에는 '무라오仫佬'라 명명되었다.

음력 8월 15일의 '주파절走坡節'은 무라오족 젊은 남녀들이 가장 기다리는 날이다. 무라오족 시인 바오위탕包玉堂은 〈소녀소야곡少女小夜曲〉에서 내일 처음으로 축제에 가는 무라오족 소녀가 밤에 잠 못 이루는 모습을 이렇게 묘사하고 있다.

잠든 마을은 얼마나 고요한가, 하지만 나는 침대 머리의 작은 등불을 끄고 싶지 않네. 격정이 내 온 몸을 뜨겁게 하여, 창문 앞에 서서 밤바람을 맞네. 시원한 바람이 불어오니 심장은 더욱 뛰네. 나는 내일 주파축제에 가는 모습을 상상한다네. 나와 짝이 될 잘생긴 젊은이, 해처럼 빛나는 얼굴, 물처럼 맑은 눈······ 어떤 사람을 만나게 될지 아무도 모른다네. 생각할수록 내 얼굴은 귀뿌리까지 달아오르네. 두 손으로 얼굴을 가리고 창틀에 엎드리니 새로 산 둥근 거울에 부딪치네. 가볍게 거울 들고 창가에 서서 달빛에 얼굴 비춰보네. 나의 얼굴이 뒤뜰 연못의 연꽃보다 붉어졌구나. 내일 이 거울을 사랑하는 사람에게 주어야지. 거울 뒤에는 새로 찍은 내 사진이 들어있네. 그것을 얻는 사람이 바로 나의 사랑······ 생각하면 할수록 웃음이 나오는구나. 아, 창밖의 밤하늘에 별 하나가 떨어지네, 오늘밤 어떻게 해도 잠들지 못하겠구나. 이 작은 창가에 날 밝아올 때까지 서있네······.

척박한 토지의 마오난족

가장 아름다운 풍경은 늘 가장 궁벽지고 가장 가난한 곳에 있다. 광시 류저우柳州에서 서북쪽으로 수백 킬로미터 되는 곳, 산들이 늘어서 있고 종유동굴이 많은 지역이 있다. 이곳에는 구이린桂林처럼 아름다운 산이 있지만 토지가 척박하고 늘 홍수가 난다. 언제나 구름에 뒤덮여 있고 해는 산에 가려져 있다. 사람들은 그곳에 가면 풍광이 이토록 아름다운 곳의 자연환경이 이다지도 척박하다며 그렇게 탄식을 하곤 하는데, 그곳이 바로 광

절반의 중국사

시 환장環江마오난족자치현이다.

마오난족毛南族은 낙월, 서구, 이료의 후손으로 따이·까다이어파 깜·수이어군에 속하며 인구는 10여 만 명 쯤 된다. 윈구이雲貴고원의 마오난산茅南山, 주완다산九萬大山, 평황산鳳凰山과 다스산大石山 일대에 모여서 거주한다. 광시 환장의 상남上南, 중남中南, 하남下南 일대 '3남三南'이라 불리는 산악지대가 오래전부터 '마오난족의 고향'이라고 불렸다. 이곳 산이 첩첩한데다가 농경지가 부족해 그들은 돌을 쌓아 농토를 만들고 세심하게 경작했다.

하늘 끝에서 살아온 리족

푸른 하늘, 드넓은 바다, 녹색 모래밭, 순정한 산호초, 사람을 취하게 만드는 야자나무 사이에 부는 바람, 언제나 푸르른 파초. 리족黎族은 이렇게 풍광이 아름다운 하이난섬에 살아왔다.

그들은 따이·까다이어파 라이어군黎語支에 속한다. 1957년에 정부는 그들을 위해 라틴자모로 된 리족 문자黎文를 만들었다. 현재는 한문이 통용된다. 하이난섬 중남부에 있는 일곱 개의 현縣과 두 개 시市에 120만 명의 사람들이 거주한다. 낙월의 한 지파가 진한 시기에 해남으로 이주해왔으며, 남당 시기에는 이료俚僚라고 불렸다. 당나라 말기에 '이俚'가 '여黎'로 변했다.[63]

중원에서 멀리 떨어져 있어 과거에는 내지에서 죄를 지은 관원들이 유배 오는 곳이었다. 하지만 지금은 비행기를 타고 이곳으로 휴가를 가는 것이 내륙인의 유행이 되었다. 물론 현재는 20세기 하반기 때처럼 그렇게 유명하지는 않다. 사람들이 선택할 수 있는 관광지가 이제는 헤아릴 수 없이 많아졌기 때문이다. 또한 예전에 중국인이 볼만한 영화가 몇 편 되지 않았던 시절, 이곳을 배경으로 한 유명한 영화가 한 편 있었다.

〈홍색낭자군紅色娘子軍〉[64]이라는 이 영화에서 하이난섬 리족 여성 유격전사의 강인한 모습을 다룬 바 있다.

나희의 전승자 거라오족

예술계에서 '살아 있는 화석'이라 불리는 나희儺戲는 종교와 예술이 결합된 공연작품이며 또한 신과 인간을 동시에 즐겁게 하는 원시 희곡이기도 하다. 둥둥거리는 북소리에 맞춰 문文과 무武를 대표하는, 아름답기도 하고 못생기기도 한 다양한 가면들을 쓰고 등장해 신비로운 분위기로 가득한 나희를 공연한다. 나희의 전승자는 중국 서남부 지역의 오래된 민족인 거라오족仡佬族이다.[65]

선진 시대에 월의 한 지파가 서남 지역으로 내려와 현지의 복인濮人과 섞여 살면서 점차 새로운 집단인 요僚(관방에서는 '랴오獠'라 했고 '라오佬'라 읽었다)가 되었다. 요僚인의 일부가 당·송 시대 이후 단일 민족인 거라오족을 형성했다. 그들은 따이·까따이어파에 속하며 인구는 대략 58만 명 쯤 된다. 주로 구이저우, 광시, 윈난 등지에 거주한다.

바닷가에서 살아가는 징족

남해북부만 서부 해역에 일망무제 펼쳐진 바다가 하늘과 닿는 곳에는 안개가 아득하고 완만한 하얀 파도가 '품品'자 형의 작은 섬 세 개를 휘감고 있다. 이곳이 바로 징족 3도三島라 불리는 산신山心, 우터우巫頭, 완웨이澫尾이다.

현재 2만여 명 정도 되는 징족京族은 월족의 후예이지만 그들이 말하는 징어京語는 따이·까다이어파에 속하지 않는다. 징족은 500년 전에 베트남의 주체 민족에서 분리되어 베트남 해방지구에서부터 징족 3도로 와서 정주했다. 경京, 월越, 안남安南은 중국 정부가 성립한 후에 '징족'으로 통칭했다. 1958년, 베트남의 월족과 구별하기 위해 그들은 과거에 스스로를 가리키던 호칭인 '징족'으로 불러달라고 국무원에 요청했다.[66]

제16장

서
남
이

西
南
夷

윈난에 도착하다

거의 모든 약소민족이 유랑과 이주의 과정을 거치며 성장해왔다.

아주 오래 전, 칼처럼 차가운 바람이 불어오고 채찍처럼 모래바람이 휘몰아치는 칭하이, 간쑤, 티베트고원에서 저, 강 부족이 유목을 하고 있었다. 기원전 3세기, 상앙商鞅의 변법變法으로 강력해진 서부의 거인인 진秦이 점차 약소국들을 집어삼키면서 변방의 소수민족을 향해 대규모 진군을 감행했다. 별다른 방어의 수단이 없었던 저, 강 부족의 한 지파가 지도자의 인도 아래 고향인 사지하賜支河¹를 떠나 현재의 칭하이, 간쑤, 쓰촨의 협곡 지대를 지나 정처 없이 남쪽을 향해 내려갔다. 그들은 온갖 고난을 겪으며 수천 리 길을 걸어 다두하大渡河²와 야룽강雅礱江³ 유역으로 들어왔다. 그곳이 바로 오늘날의 쓰촨성 시창西昌과 한위안漢源, 그리고 윈난성 서북과 동북 지역이다.

아무런 희망도 없었던 이 유랑자들에게 이곳은 전혀 생각지도 못했던 곳이었다. 1년 내 날씨가 춘삼월 같고 기화요초가 사시사철 피어있는 아름다운 곳이었다.

원난성 동북부 둥촨東川 지역의 붉은 땅.

　노인들은 "오, 정말 집에 온 것 같은 느낌이로구나!"라고 감탄했다. 사람들이 보통 자기 집 같다고 생각하게 되는 곳은 고향이나 운명적으로 돌아오게 되는 곳이다. 그래서 이 유랑자들은 '서남이西南夷'라 불리는 이곳에 정주하기 시작했다.＊ 이들이 바로 중국 경내에 거주하는 티베트·버마어파 藏緬語族 여러 민족의 조상이다.

　이들은 자신들의 보금자리를 만들기 시작했다. 그래서 오늘날의 윈난성 뎬츠호滇池 주변에 뎬滇이라는 왕조가 생겨났고, 동쪽으로 야랑夜郞, 북쪽으로 공도邛都, 서쪽으로 휴곤명雟昆明과 접하게 되었다. 휴곤명은 오늘날 윈난성의 서부 얼하이호洱海 지역에 있었는데, 동쪽으로는 뎬, 서쪽으로는

＊　그들의 거주지는 익주(益州) 무도군(武都郡, 구이저우성 쭌이(遵義)), 월휴군(越嶲郡, 시창(西昌)), 장가군(牂柯郡, 구이저우 성 구이딩(貴定))과 황평(黃平) 사이), 익주군(益州郡, 뎬츠(滇池)), 영창군(永昌郡, 윈난성 바오산(保山))에 집중되어 있었다.

전월滇越, 북쪽으로는 오늘날 쓰촨의 서남부 지역과 접해 있었다. 공도는 오늘날의 쓰촨성 시창 지역인데, 남쪽으로는 전, 북쪽으로는 작도筰都와 접하고 있었다.

이주 도중에 고통을 함께했던 정이 있었기에 이들은 서부의 저, 강처럼 확실하게 갈라지지 않았다. 대종大種은 '곤명昆明'이라 불렸으며 강인이 주였고, 소종小種은 '수叟'라고 했으며 저인이 주였다. '북僰'과 '마사이摩沙夷' 중에 강인이 많았는지 저인이 많았는지는 아직도 확실히 알 수 없다.

최종 도착 지점과 분포는 대략 다음과 같다.

- 오늘날의 쓰촨 서남부와 윈난 서부 얼하이 지역의 휴곤명, 윈난 중부와 동북부의 수인[4]은 후에 동찬오만東爨烏蠻, 휴주 지역 오만烏蠻, 얼하이 지역 오만(당 초기에 6조六詔가 형성되었다)으로 갈라졌다. 그들이 현재 이족彝族의 조상이다.
- 오늘날의 윈난 동남부와 쓰촨 남부의 저, 강 부족은 '북중僰中'이라 불렸다. 윈난 남부와 서북부 저인 지역과 서부 공작邛筰 지역의 북인僰人은 '서북西僰', '공북邛僰', '저북氐僰', '강북羌僰', '전북滇僰'이라 했다. 후에 북인이 거주 지역에 따라 서찬백만西爨白蠻[5]과 얼하이 주변 백만白蠻으로 나뉘었으며 그들이 오늘날 바이족白族의 조상이다.
- 오늘날의 쓰촨 옌위안鹽源 동북 지역에 살던 마사이는 후에 점차 수, 휴곤명과 섞여 살면서 나시족納西族의 조상이 되었다.
- 진한 시대의 마사이는 후에 '마사만麼些蠻'(혹은 '공사만公些麿')이 되었으며 현재 나시족의 조상이 되었다.
- 산 위에 살던 화이和夷는 후에 '화만和蠻'이 되었으며, 그들이 현재 하니족哈尼族의 조상이다.
- 오늘날의 쓰촨, 윈난 야롱강, 진사강, 란창강瀾滄江 기슭의 고강인古

羌人 후예는 '시만施蠻', '순만順蠻', '율속만栗粟蠻'이라 불렸는데 그들이 현재 리쑤족傈傈族의 조상이다.

- 오만의 한 지파가 당 왕조 시절에 심전尋傳 지역으로 내려와 '심전만尋傳蠻', '기선祁鮮', '나형만裸形蠻', '야만野蠻', '고려공인高黎共人'으로 불렸다. 그들이 현재 아창족阿昌族, 징포족景頗族, 미얀마 카친족의 조상이다.

남중의 큰 성씨들

정치적 격랑이 몰아치던 후한 말기, 서남이 지역에 주둔하던 한인 태수는 날로 강성해져가는 '소수민족'의 저항을 막기 위해서 소수민족 지도자에 기대어 그들을 통치할 수밖에 없었다. 이때부터 소수민족 지도자의 힘에 의지해서 그들을 다스리는 '이이제이以夷制夷'가 성공적인 선택이 되었고, 그 이후 많은 통치자들이 널리 그것을 응용했다.

후한 태수는 재주가 없는 사람이긴 했지만 아주 바보는 아니어서, 소수민족 지도자의 세력이 커지면 자신들을 위협할 것이라는 점을 알았다. 그래서 태수는 대성大姓(세력이 큰 현지의 성씨)들을 부추겨 소수민족 지도자를 견제하게 했으니, 이때부터 '이이제이'는 더 다양해진다.

그런데 시간이 지나면서 '남중대성南中大姓'(서남이 지역은 위진 시기에 '남중南中'이라 칭해졌다)이 현지 상황을 좌지우지할 힘을 기르게 되었다. 현지의 유명한 큰 성씨로는 맹孟·찬爨·초焦·옹雍·양量·모毛·이李가 있었다. 《삼국연의》에서 제갈량에게 '칠종칠금七縱七擒'[6]을 당한 맹획孟獲도 그중 하나였다. 제갈량이 남중을 평정한 후 이들 중에서 맹획을 어사중승으로 임명하고, 찬습爨習을 영군領軍장군으로, 맹염孟琰을 보국輔國장군

절반의 중국사

으로 임명했다.

삼국시대가 지나 진晉이 들어선 후, 남중대성 중에 찬爨, 곽霍, 맹孟 세 개만 남았다. 찬습의 후손은 곽과 맹 두 집안이 서로 싸우는 틈을 타서 마침내 남중을 차지했다. 남중은 이때부터 '찬의 땅爨地'라고 불리게 되었다. 동진東晉 16국 시대에 찬의 땅은 동서 두 부분으로 나뉘게 된다. 북僰과 한漢이 융합되어 이루어진 서찬백만은 주로 윈난 동부 뎬츠와 서부 얼하이 지역에 분포했다. 그런가 하면 수와 곤명이 합쳐져 이루어진 동찬오만은 백만의 동·남·북 삼면에 거주했다. 이때의 남중 각성은 모두 영주寧州에 속해 있었고, 영주자사는 찬인爨人이었다. 중원 왕국이 서로 싸우느라 정신없을 때, 찬씨는 그 지역을 차지하고 마음대로 행동했다.

수 문제가 통일의 대업을 완성한 후, 독자적으로 행동하던 찬씨를 수습하기 시작했다. 수 왕조는 찬인 지도자를 처형하고 수령의 아들을 장안으로 압송해 노예로 삼았다.

하지만 한겨울의 두꺼운 얼음장이 하루아침에 이루어진 것이 아니듯, 100년이나 전해져 내려온 찬씨 집안⁷의 세력이 어찌 하루아침에 연기처럼 사라지겠는가? 찬씨는 마치 물속에 떠있는 조롱박 같았다. 수나라가 조롱박을 누르고 있던 손을 살짝 느슨하게만 하면 잽싸게 다시 떠오르곤 했다. 이때부터 남녕주南寧州에는 끊임없이 난이 일어났고, 그런 상황은 수 양제가 황제가 될 때까지 이어졌다. 찬인은 아직 완전히 정복되지 않았던 것이다. 결국 수 양제는 남녕주를 폐기하겠다고 선포했다.

당 고조는 수 문제보다 훨씬 지혜로웠다. 그는 남중 땅에 장기적으로 영향을 미치고 있는 찬씨의 저력을 알았다. 그래서 수가 장안에 억류해 노예로 삼았던 찬홍달爨弘達을 풀어주었고, 그에게 곤주昆州자사가 되어 찬 땅으로 가서 남중 여러 부락들을 초무하라고 했다. 이것은 과연 효과가 있어 찬 땅의 소란스러움은 순식간에 가라앉았다.

한 지역이 평안해지면 그곳을 평안하게 만들었던 부서는 이제 그리 중요하지 않게 된다. 이에 당은 수가 폐기했던 남녕주를 다시 세워 남녕과 공恭, 협協, 요姚 등 아홉 개 주를 관할하게 했다. 남중 지역을 분할해서 관리한 것이다. 찬인의 세력이 날로 약해지고 당의 통제력이 나날이 강해지던 상황하에, 남녕주 도독 찬귀왕爨歸王을 수령으로 하는 제찬諸爨이 당 현종 천보 4년745에 군중을 모아 반란을 일으켰다. 이에 당은 남조南詔 수령 피라각皮羅閣(?~748)을 시켜 당 군대와 함께 반란을 평정하게 했다. 그 후, 당이 의도적으로 돕던 남조가 마침내 전동찬지滇東爨地를 점유하게 되었다.

남조와 토번, 당이 써내려간 '삼국지'

남조는 백자국白子國의 어깨를 딛고 일어난 나라이다. 백자국은 오늘날의 윈난성 동북부 도시인 자오퉁昭通에서 얼하이의 동남쪽으로 이주한 북인이 만든 것으로, 후한 말기에 오늘날의 미두彌渡 현 홍야紅崖를 중심으로 하여 세워진 작은 나라다. 제갈량이 남쪽을 정벌할 때 백자국 국왕 용우나龍佑那를 서이하후西洱河侯로 강등시키고 장씨張氏 성을 내려주었다. 당 건국 후, 백자국 국왕 장락張樂이 당에 귀부하겠다고 청하니, 당은 그를 운남 국조國詔, 진수장군鎭守將軍으로 봉했다. 후한부터 당 초에 이르는 기나긴 세월 동안 백자국은 얼하이의 하늘에 저물지 않는 해처럼 떠 있었다.

역사에서는 백자국이 어떻게 쇠락해갔는가에 대해 그리 많은 기록을 남기고 있지는 않다. 그저 남조가 그 패주의 지위를 대신했다는 것만 알 수 있을 뿐이다.

남조의 기초를 다진 것은 오늘날 이족의 조상인 '오만'이다. 오만은 몽사국蒙舍詔, 몽휴조蒙嶲詔, 월석조越析詔, 시랑조施浪詔, 낭궁조浪穹詔, 등탐조

鄧賧詔 등 6부部(역사에서는 '육조六詔'라고 칭한다)를 세웠다. 그 중 몽사조가 가장 남쪽에 있어서 '남조'라고 불렸다.

백자국을 병탄한 후, 남조 지도자 세노라細奴羅는 649년에 자립해 기왕 奇王이 되었다. 그는 대몽국大蒙國의 깃발을 높이 올렸으며, 오늘날 웨이산 巍山 현에 위세가 넘치는 도성을 세웠다.

7도 이상의 지진이 일어났을 때와 같은 충격파가 멀리 떨어진 당과 토번에까지 전달되었다. 오늘날의 윈난성 다리大理시에 자리한 얼하이 지역은 고원과 구릉 사이에 있었기에 당과 토번이 줄곧 서로 쟁탈하려는 목표 지점이었다. 중남 지역을 통제하기 위해 당은 남조라는 잠재적 세력을 주시했고, 곧 중점 지원 대상으로 삼았다. 그래서 남조의 명성을 드높이고 그들의 무력이 얼마나 강한지 알리는 데 열심히 동조해주었다. 남조는 사실 상당히 대단한 나라였다. 나성羅盛, 성라피盛羅皮, 피라각 3대 지도자의 노력을 거치면서 남조는 주변의 오조를 모두 점령하고, 통치의 중심을 태화성太和城(다리 남쪽 타이허太和촌 서쪽)으로 옮겼다. 당은 남조를 '운남왕'으로 봉했고, 남조는 이제 중남 지역의 실질적 패주가 되었다.

하지만 당이 그렇게 희망의 씨앗을 뿌렸음에도 거두어들인 것은 절망이었다. 어느 날 당 황제의 얼굴에 어두운 그림자가 드리워졌다. 남쪽에서 전해져온 소식 때문이었다. 한참 힘찬 날갯짓을 하고 있는 남조가 더는 당의 지시를 따르지 않고 같은 티베트·버마어파에 속하는 토번과 형제의 연을 맺었다는 것이었다. 그것은 삼국시대에 유비가 오와 연합해 조조에게 대항했던 것과 같았다. 이어서 더 난감한 소식이 들려왔다. 남조가 당의 변방 지역을 하나하나 점령하고 있다는 것이었다.

779년, 꼼꼼하게 전쟁을 준비한 당의 군대는 서천西川에서 토번과 남조 연합군을 격파했다. 남조와 토번은 전쟁에서 패패한 후에 서로 책임을 전가하다가 반목하며 원수가 되었다. 당은 그 틈을 타서 오늘날의 다리에 있는 창산蒼山에서 남조와 회맹을 맺었고, 남조의 왕 이모심異牟尋(754~808)은 당의 신하가 되겠다고 선포했다.

한동안 아름답고 조화로운 밀월 관계가 지속되었으나, 남조와 당은 다시 안면을 바꾸었다. 이번엔 남조를 원망할 일이 아니었다. 중원의 황제가 자신의 이름을 다른 사람이 쓸 수 없다는, 한심한 논리를 내세운 것이다. 남조 왕 세륭世隆이 즉위했을 때, 그가 당 태종(이세민李世民)과 당 현종(이융기李隆基)의 이름을 휘했다고 하여 '운남왕'이라는 호칭을 내리는 것을 미뤘다. 남조 왕 세륭은 사람을 보내 재촉했으나 돌아온 대답은 '세륭'이라는 이름을 바꾸지 않으면 책봉을 받지 못하리라는 것이었다.

일개 필부였다면 그런 요구를 참아낼 수도 있었겠지만, 세륭은 어쨌든 일국의 국왕이었다. 게다가 명분을 목숨보다 더 소중하게 여기는 왕이었다. 당의 이런 행위를 참지 못한 세륭은 국왕이라는 호칭을 아예 황제라고 바꾸어버렸다. 국호도 대례국大禮國이라고 바꿨으며, 당의 역법과 책력을 더는 사용하지 않았다. 또한 안남安南에 군대를 파견해 당이 오랫동안 점거했던 교지交趾를 토착 세력이 차지하게 만들었다. 이어서 검중黔中에도 군대를 파견하여 성도成都를 공격, 당과 전쟁을 도발했다.

하지만 바람을 마주하고 침을 뱉으면 결국 자기 옷만 더럽힌다는 사실은 역사 속의 사람들이 이미 보여주었다. 세륭은 화가 나서 거칠 것 없이 행동했지만 그것이 오히려 자신의 나라를 궁지에 몰아넣었다. 이어서 일어난 전쟁은 남조를 급격히 쇠락하게 만들었다. 남조의 재상인 한인漢人 정매사鄭買嗣는 지는 해처럼 몰락해가는 남조를 지켜보다가, 902년에 화만대성和蠻大姓과 연합해 궁정 정변을 일으켜, 몽씨 종친 800여 명을 오화루五華樓[8]에서 잔인하게 죽였다. 마침내 247년 동안 지속되었던 남조의 통치가 종말을 고했고, 이어서 정씨의 대장화국大長和國이 일어났다.

대장화국은 오래가지 못했고 평화를 유지하지도 못했다. 26년이 지난 후, 정매사와 함께 정변을 일으켰던 화만대성 조씨趙氏가 정씨를 끌어내린 후 대천흥국大天興國을 세웠다. 하지만 채 1년도 되지 않아 대천흥국의 개국공신이자 검천劍天절도사인 양간정楊干貞이 조씨를 폐하고 스스로 왕이 되어, 국호를 '대의령국大義寧國'이라 칭했다.

이렇게 국왕이 계속 바뀌면서 남중 지역은 끝없는 전쟁의 소용돌이에 휘말리게 되었다.

단씨의 대리국

마침내 군중 반란과 부락 단위의 반란이 동시에 폭발했다. 엄청난 기세의 반란군 대열에서 가장 앞에 선 사람은 남조 개국공신 담검위段俭魏의 후손이자 백만대성白蠻大姓, 통해通海절도사[9]인 단사평段思平[10]이었다.

그는 남조 동부에서 병사를 일으킨 후 전동滇東 37부部 귀족 무장 부대, 백만대성인 고씨高氏, 동씨董氏와 석성石城(윈난성 취징曲靖)에서 회맹했고, 각로 제후들에 의해 맹주로 추대되었다. 937년, 새로운 맹주는 군대를 이끌고 얼하이에 도착해 대의녕국 도성인 용미성龍尾城(윈난성 다리 샤관下關)을 공격해 함락하고, 국왕 양간정을 몰아낸 뒤, 34년간 이어져 온 중남 지역의 어지러운 국면을 끝장냈다.

마침내 단사평은 대리(크게 대리를 다스려 나라를 부유하게 하고 국가를 흥성하게 한다는 뜻)국의 건립을 선포했고, 양저미羊苴咩(윈난성 다리)를 도성으로 삼아 8부 4군 37부를 세웠다.

일찍이 기병할 때 단사평은 이미 "세량이 넉넉해도 감해주고 요역을 3년으로 연기해준다", "나라에 죄를 지었어도 자손이 없는 자는 면해준다", "동방 37부 만의 요역을 면해준다"는 구호를 외쳐서 만민의 옹립을 받았다. 황제가 된 단사평은 결코 약속을 어기지 않았다. 그는 부담스러운 요역을 줄였으며 정책과 법령, 부락 간의 관계를 잘 조절해 '천하대리天下大理'의 목표를 향해 나아갔다.

944년, 단사평은 순시하던 도중에 죽었다. 꽃이 피어나고 지듯, 영웅호걸 하나가 그렇게 생을 마감했다. 막 아름답게 피어나던 '대리의 꽃'[11] 역시 그를 따라 시들어갔다.

아들 단사영段思英[*12]이 그의 뒤를 이었다. 그는 겨우 1년 동안 재위했다. 황음무도하고 어리석어 숙부인 단사량段思良이 그를 대신한 것이다.

상국相國 동씨가 찬위 사건에서 큰 공적을 세웠지만, 밀교를 신봉하던 동씨는 불교가 흥성함에 따라 점차 권력을 잃었다. 앞서 잠시 대천흥국을 세웠던 화만대성 조씨는 이미 몰락해버렸고, 이제 충격을 버티면서 남아 있는 백만대성은 고씨뿐이었다.

단사량 이후 대권은 그의 자손들 7대까지 거의 100년을 이어져 내려갔다(사총思聰·소순素順·소영素英·소렴素廉·소륭素隆·소정素貞·소흥素興). 어리고 무능한 단소흥段素興이 사람들의 불만을 사 내려왔고, 포변布燮(재상에 해당함) 고씨가 단소흥을 폐위시키고 명망이 높은 단사평의 현손 단사렴段思廉을 세웠다.

단사렴을 옹립한 공으로 고씨는 백만대성 최고의 지위에 올라간다. 단사렴은 31년 동안 재위한 후 출가하였고, 아들 단렴의段廉義가 그 뒤를 이었다. 당시 고지승高智升은 전권을 위탁받아 정무를 처리했다. 그리하여 대리국에는 '단씨와 고씨가 함께 천하를 다스리는' 형세가 펼쳐졌다.

1080년, 백만대성 양의정楊義貞이 단렴의를 죽이고 광안廣安황제라 스스로 칭했다. 위기의 순간에 고지승과 아들 고승태高升泰가 떨치고 일어났

---

* 단씨의 작명법은 고대 일본과 비슷했다. 장유유서나 조상의 이름자를 피하는 것 같은 법이 없었다.

다. 우여곡절 끝에 거병한 그들은 반란을 일으킨 양씨를 토벌했다.

왕을 보위한 공을 기리고자 국왕은 먼저 고씨를 선란善闌(곤명)후侯로 봉했고, 후에 고씨를 황성에 남게 하니, 천자를 끼고 제후를 호령하던 또 하나의 조조가 생겨났다. 이때부터 고씨가 모든 걸 농단하게 된 것이다.

죽은 단렴의에게는 아들이 없었고, 고씨는 조카인 단수휘段壽輝를 국왕으로 세웠다. 하지만 꼭두각시 황제 노릇이 지겨웠던지, 상명제上明帝 단수휘는 겨우 1년 동안 왕 노릇을 하곤 천룡사天龍寺로 출가해 중이 되어버렸다. 그 후 고지승은 단사렴의 손자인 단정명段正明을 황제로 세웠다. 단정명은 겁이 많은 성품이라 완전한 꼭두각시 황제가 되었다. 그는 《천룡팔부》에 나오는 보정제保定帝처럼 그렇게 지혜롭거나 세상일에 통달하지 못했다.[13] 실권은 줄곧 고지승과 그의 아들 고승태의 수중에 있었던 것이다.

권력을 장악하고 난 후 시간이 지나자, 고승태의 마음속에서는 황제가 되고 싶다는 욕망이 일어났다. 그래서 1094년에 '하늘의 변화가 상서롭지 못하다'라고 하며 '왕이 제대로 하지 못한다'는 명분을 내세웠다. 그는 단정명에게 출가해 중이 되라고 압박을 가하면서 왕위를 자신에게 선양하라고 했다. 세심하게 잘 짜인 왕위 찬탈의 연극이 상연되었고, 결국 국호는 '대중大中'으로 바뀌었다.

꼭두각시 왕

하지만 고승태는 잘못 알고 있었다. 대리는 결코 중원 국가가 아니었다. 왕권을 쥔 자가 왕조의 이름을 바꾸겠다고 말하고 나면 그것으로 끝이 아니었다. 대리 세족世族 영주들의 힘은 아주 강했다. 그들의 세력은 관부와 거의 동등할 정도였던 것이다. 고승태가 황제를 선도하고 스스로 커지면서 각 부족 간의 균형을 깼고, 그로 인해 그는 엄청난 비난을 받았으며 고립된 처지가 되어버렸다. 결국 그는 재위 2년 동안 내내 우울해하다가 죽었다. 임종할 때에 고승태는 아들 고태명高泰明에게 왕위를 단씨에게 돌려주라고 했고, 절대 자기를 따라하지 말라고 부탁했다.

고태명은 아버지의 유언에 따라 단정명의 동생 단정순段正淳에게 대리국왕의 자리를 잇도록 했다. 그것이 바로 '후리後理'이다. 국왕의 자리를 단씨에게 돌려준 고태명은 중국공中國公으로 봉해졌다.

사실 국호는 여전히 '대리'였으나 사학자들이 '후리'라는 용어를 써서 구분할 뿐이다.[14] 국왕은 단씨였지만 상국은 고씨가 세습했고, 조정은 고씨가 장악했다. 그래서 외국 사절들이 대리에 도착하면 상국을 먼저 만나고 나중에 단씨 왕을 만나곤 했다. 국가가 설치한 여덟 개 지역 분지分鷙 기구도 모두 고씨 자손들이 세습하며 지켰다. 후리에서 고씨의 지위는 일본 막부시대의 덴노天皇, 가마쿠라 막부(1185~1333)의 쇼군, 전국시대 아시카가 막부(1333~1573, 무로마치 막부라고도 한다)의 구보와 같았다. 단씨는 이름만 있는 껍데기였다. 이렇게 '명'과 '실'이 다른, 즉 왕권을 가진 자와 실권을 쥔 자가 서로 다른 국면은 원元이 대리를 멸망시킬 때까지 계속 되었다. 그동안 그 나라 사람들은 고씨를 '고국왕高國王'이라고 불렀다.

물론 단씨 성을 가진 왕들이 아무것도 하지 않은 것은 아니다. 안문제安文帝 단정순段正淳은 즉위한 후 열심히 개혁을 하여 왕실을 진흥시키려 했다. 백성의 요역을 면해주었고, 외교적으로도 송 왕조와 우호 관계를 유지했다. 그러나 안문제가 즉위한 지 11년째 되는 해에 혜성이 서쪽으로 떨어지면서 전염병이 창궐했으며, 여러 불길한 징조들이 이어졌다. 상황도 좋지 않았지만, 가장 근본적인 것은 왕이 병권을 장악한 고씨 일족을 이길 수 없었다는 점이다. 안문제가 상황을 되돌려 보려 했지만 방법이 없었고, 결국엔 '왕위를 선양하고 중이 된다'는 오래된 전통을 따를 수밖에 없었

절반의 중국사

다. 그는 아들 단화예段和譽(단정엄段正嚴)에게 왕의 자리를 물려주었다.

대리국 제16대 황제는 선양해 중이 될 때까지 무려 39년 동안 황제 자리에 있었다. 그는 후리 황제 중 재위 기간이 가장 긴 황제였다. 하지만 길고 긴 세월 동안 그는 기꺼이 허수아비가 되어 거의 아무 것도 자기 뜻대로 하지 못했다.[15] 하나 기억할 만한 것은 그가 송의 수도 변경卞京에 사신을 파견해 조공을 했다는 점이다. 송 휘종은 그를 운남절도사, 상주국相柱國, 대리국왕으로 봉했다. 그 후 후리는 6대 동안 전해져 내려왔다. 하지만 단씨는 이름만 걸어놓은 군주였고, 고씨가 실권을 장악하는 난감한 국면이 계속되었다.[16]

장기적으로 기와 혈이 조화를 이루지 못하면 몸 건강이 나빠지는 것처럼, 송 말기의 대리국은 이미 고씨에 의해 엉망진창이 되었고, 쓰러지기 직전이었다. 후에 고씨 집단은 포변 자리를 쟁취하기 위해 내부 분란을 일으켰고, 동방 37부는 그 기회를 틈타 병권을 장악하고 자립했다. 대리국에는 "지도자들이 별처럼 스러지고 서로 우두머리라고 하니, 전쟁으로 날마다 겨루어 백성은 도탄에 빠지는" 참상이 벌어졌다. 이런 지속적인 혼란 국면은 쿠빌라이가 대리국을 멸망시킬 수 있는 길을 깔아주었다.

원 헌종憲宗 몽케칸 3년(1253), 몽골 대군이 세 길로 나누어 대리국으로 진격했다. 길 하나가 송의 군대에게 저지당했을 뿐, 나머지 두 개의 길을 통해 몽골군은 순조롭게 운남 지역으로 진입했다. 쿠빌라이가 친히 이끄는 중로군中路軍은 티베트고원을 따라 남하했다. 그들은 산소가 희박한 설산을 말을 타고 넘었고, 물살이 거센 진사강을 가죽 주머니를 타고 건넜다. 다음 해 말, 그들은 대리국 도성인 태화성을 총공격하기 시작했다. 대리국의 실제 통치자인 포변 고태상은 죽기를 각오하고 저항해, 몽골인에게 피의 대가를 지불하게 한 후 포로가 되었다. 고태상은 오화루 앞에서 참수되었는데, 죽기 전에 그가 봉사했던 단씨에게 미안하다고 크게 외쳤다.

고태상이 나라를 위해 뜨거운 피를 흘리고 있을 때, 성 위에 서 있어야만 했던 단흥지段興智는 도망치는 길을 선택했다. 왕은 동부 지역의 송에 가까운 선란善闡으로 도망쳤다. 몽골인은 대리의 상징인 허수아비 국왕을 살려두는 것을 허락하지 않았고, 다음 해 봄에 군대를 보내 그를 사로잡았다. 대리국 5성 8부 4군 37부가 마침내 모두 항복했고, 전후 22대 왕을 거쳤으며 왕조를 세운 지 316년 만에 대리국은 역사에서 사라져갔다.

몽골은 운남에 행성行省을 설립했다. 포로가 된 단흥지는 세습 총독으로 임명되었다. 그리고 몽케칸에게 '마하라자'(산스크리트어로 '대왕'이라는 뜻)라는 영예로운 칭호를 하사받았다. 그러나 단씨의 모든 직함은 그저 허명이었을 뿐이었다. 실제 권력이 얼마나 되며 어떤 일들을 관장할 수 있는지는 그들 스스로도 잘 알고 있었다.

하지만 명예직이었어도 그는 형식적으로는 직함을 받아들였다. 대리 단씨는 130여 년 동안 계속해서 대대로 원의 대리총관大理總管 노릇을 했다. 원이 멸망한 후에도 그들은 이미 초원으로 물러난 원에 충성했고, 무력으로 명의 통일에 저항했다. 명 태조 홍무 14년(1381)에 주원장은 부우덕傅友德, 남옥藍玉, 목영沐英 등 세 명의 대장을 보내 군대를 이끌고 운남을 정벌하게 했다. 그 전쟁에서 원의 장수 달리마達里麻가 패해 포로로 잡혔다. 다음 해, 명의 군대가 대리에 들어왔다. 마지막 총독 단세청段世淸이 당과 송이 그렇게 했듯, 명에 항복하는 대신 책봉을 해줄 것을 요청했다. 하지만 부우덕은 명이 '개토귀류改土歸流'* 정책을 시행하기로 했기에 그의 요구를 결연히 거절했다. 그리고 양저미성羊苴咩城[17]으로 진격하여 단씨 제11대 총관을 포로로 잡았다.

---

* 명은 '개토귀류' 정책을 시행해 세습 토관(土官) 제도를 폐기하고 '유관(流官)'을 파견해 다스리게 했다. 명이 들어서면서 운남의 토관과 토사(土司)는 모조리 사라졌다.

이제 단씨는 버틸 수가 없었다. 그러나 위대한 화하華夏에서는 모두가 한 가족이었으니, 단씨 자손들은 어디서나 살 수 있었다(타이완에도 대리 단씨의 후예가 있다). 그러나 그들 중 대부분은 여전히 윈난에 남는 것을 택했다. 그들은 지금도 여전히 고향을 지키며 조상들의 찬란함과 영광을 품에 안고 살아가고 있다.

티베트·버마어파의 형제자매들

현재 중국 서남부 변경의 푸른 산과 맑은 물 사이에는 많은 민족이 살고 있다. 흔적은 남아 있지 않으나 그 기원이 아주 오래되었고, 아득히 멀어 그 시작을 알 수 없는 열세 개의 민족이 그 지역에 거주한다. 그들은 화려한 전통 복식을 소유하고 있으며, 신기한 여러 가지 생활 습속을 갖고 있다. 그리고 그들은 동일하게 '티베트·버마어파'라는 공통점을 갖고 있다. 모두가 중국 서부 저, 강의 후손인 것이다.

바람·꽃·눈·달로 대표되는 바이족

대리석**과 '풍화설월風花雪月'[18]로 세상에 이름난 윈난성 다리는 일찍이 남방 실크로드의 통로였다. 또한 천 년 동안 이어져온 차마고도茶馬古道도 지나간다.[19] 바로 대리국 후손인 바이족白族이 생활하는 곳이다.

바이족은 중국·티베트어족 티베트·버마어파 바이어군白語支에 속하며

** 중국에서 유명한 건축 재료인 대리석은 윈난성 다리에 있는 창산에서 생산되어 '창산석'이라고도 했다. 송 왕조 때 대리국이 세워지면서 '대리석'이라고 통칭되었다. 창산 대리석의 종류로는 채화석(彩花石), 천회석(天恢石), 한백옥(漢白玉) 등 세 가지가 있다.

한문을 사용한다. 인구는 대략 180만 명 정도인데, 대부분 오늘날의 다리 지역에 거주한다. 나머지는 윈난성 각지와 구이저우성의 중심 도시인 비제畢節, 쓰촨성의 량산涼山, 후난성의 장자제 등지에 살고 있다. 바이족 최초의 조상은 저, 강으로 거슬러 올라간다. 한 왕조 때에는 '북인僰人'이라 불렸고, 백자국과 대리국이 그들의 기억 속에 영광스러운 역사로 남아있다.

다리는 영화 〈다섯 송이 황금꽃(五朵金花)〉[20]의 배경이기도 하다. 고적이 많고 불탑과 사원이 많아 '묘향고국妙香古國'이라고도 불린다. 3천 미터 높이의 창산과 그 위의 변화무쌍한 구름, 드넓은 얼하이, 하얀 대리석과 '풍화설월'이 지금도 수많은 관광객을 불러들이고 있다.

아스마의 고향, 이족

이족彝族은 시적인 민족이다. 이족이 사는 곳에는 〈아스마阿詩瑪〉[21]라는 장편 서사시가 전승되고 있다. 워낙 유명한 서사시라서, 그 지역에서는 '아스마'와 '아헤이'가 각각 이족 아가씨와 청년을 가리키는 호칭이 되고 있다. 또한 대삼현무大三弦舞와 '아시인의 노래와 춤阿細跳月'[22]은 중원 지역의 유행가처럼 이족 지역을 풍미한다.

그들은 또한 지혜로운 민족이다. 칭기즈칸이 일찍이 유럽에서 말에게 물을 먹이던 13세기에 그들은 자신의 '10월 태양력'을 만들었다. 1년 365.25일을 평균 열 달로 나누어, 한 달을 36일로 만들고 남은 5일을 '해를 넘기는 날'로 사용한다. 닷새가 지나가면 새해가 시작되는 것이다.

이족은 티베트·버마어파 이어군彝語支에 속하는데, 음절 문자인 이족 문자는 현재 819개가 있다. 총인구는 770만여 명으로, 윈난성과 쓰촨성, 구이저우, 광시좡족자치구에 거주한다. 위성 발사기지인 시창은 쓰촨 량산이족자치주의 주부州府이다. 중국을 대표하는 담배 중 하나인 '스린石林' 담배갑에 등장하는 풍경도 이족이 사는 지역에서 볼 수 있다.

이족의 아스마 전설이 서린 스린石淋.

이족은 저, 강에서 시작된다. 한 왕조 시절에는 '휴곤명', '수'라고 불렸고 위진남북조 시대에는 '오만'이라 했으며, 당 이후에는 '이인夷人'이라 불렸다. 마오쩌둥의 대장정 시절, 홍군이 이족 지역을 지나갔는데, 총참모장 류보청劉伯承이 이족 지도자 샤오위에단小約旦과 이해彝海에서 결맹[23]해 서로 의심을 풀고 구구절절한 이야기를 만들어냈다.[24]

1950년대에 마오쩌둥이 각 민족을 어떻게 구분지을 것인가에 관한 문제를 연구할 때 "이夷를 이彝로 바꿔 부를 수 있는가?"라고 물었고, 강한 후난성 사투리로 '이彝'자를 이렇게 유머러스하게 해석했다고 한다. "이자彝字에는 쌀米도 있고 실絲도 들어 있다, 먹을 것과 입을 것이 다 있으니 얼마나 좋은가!"[25] 이에 중앙정부는 이인夷人의 동의를 얻은 후에 정식으로 '이夷'를 '이彝'로 바꾸었다.

위룽설산이 길러낸 나시족

나시족納西族은 오랜 역사와 찬란한 문화를 지니고 있는 민족이다. 그들은 만년설이 쌓여 있고 투명하고 아름답게 빛나는 위룽설산玉龍雪山의 품에서 생활해왔다. 나시족의 인구는 37만 명 정도이며, 티베트·버마어파 이어군에 속한다. 이들은 한문을 통용한다.

나시족은 모우강牦牛羌에서 시작되었다. 진한 시대에 모우강의 한 지파인 마사이가 오늘날의 쓰촨성 옌위안鹽源에서 수, 휴곤명과 섞여 살며 마사만이라 불렸다. 후에 육조의 하나인 월석조越析詔를 세웠다. 그들은 스스로를 '나시'('나'는 크다 혹은 '검다', '시'는 '사람'이라는 뜻)라고 부른다.

나시족은 7세기에 창제한 상형문자인 둥바문東巴文과 음절문자인 거바문哥巴文을 갖고 있다. 세계에서 유일하게 완전한 '살아 있는 상형문자'를 보유하고 있다.

이곳은 또한 신비로운 곳이다. 루구호濾沽湖('어머니 바다'라는 뜻)에 거주하는 나시족의 지파인 모쒀인[26]은 원시적이며 낭만적 분위기를 지닌 '아샤阿夏' 혼인 제도를 줄곧 전승해오고 있다. '아샤'는 '친밀한 짝'이라는 뜻이다. 아샤혼은 남자는 아내를, 여자는 남편을 맞이하지 않는다는 특징을 갖는다. 서로에게 '아내'나 '남편'이라 하지 않고 '아샤'라고 부른다. 여자가 원하기만 하면 남자는 여자의 집에 가서 밤을 보낼 수 있다. 아샤 사이에 우연히 만나게 되더라도 싸우지도 않고 질투하지도 않는다.[27]

그런데 이런 풍속에도 문제는 있다. 아름다운 여자의 경우, 따라다니는 남자가 많아 아샤가 열 명에서 100명까지도 되지만, 용모가 좀 부족한 여자나 몸이 약하고 병이 있는 여자는 왕왕 '문가라작門可羅雀'[28]이라, 평생을 홀로 살게 된다는 것이다.

나시족이 모여 사는 리장麗江은 참으로 아름다운 곳이다. 고성의 거리에는 그윽하고 맑은 물이 넘쳐흐른다. 집집마다 물이 흐르고, 물가에는 버드나무가 우거지다. 리장고성은 풍모가 아름답고 깊은 문화적 의미를 담고 있어 1997년 유네스코 세계문화유산으로 등재되었다.

하니족 다랑논은 인류가 남긴 기적

윈난성의 중부 홍토紅土고원 지대에 염색한 것처럼 붉은 강(윈난에서는 '위안강元江'이라고도 하는데, 이 강이 흘러 베트남으로 들어가면 '송꼬이강'이라고 불린다)이 흐른다. 홍하紅河 골짜기의 아이라오산哀牢山과 우량산無量山지역에 140여 만 명의 하니족哈尼族이 번성해왔다. 그들의 언어는 티베트·버마어파 이어군에 속한다. 예전에 하니 사람들 집에는 '매듭지은 줄(結繩)'이 몇 개씩은 있었는데, 집에서 가장 안전한 곳에 두었다. 그것은 주인의 장부책으로서 임대, 이혼, 전당 잡힌 토지 등 중요한 일들을 기록한 것이다. 민족의 언어는 있지만 문자는 없는 하니족 사람들에게는 이러한 '결승기사結繩記事' 방법이 오랫동안 전승되어왔는데, 1975년 라틴자모를 기초로 한 병음문자가 만들어지기 전까지 계속 그러했다.

아주 오래 전, 강인의 한 부가 서북쪽에서 남하해 남방의 깊은 숲으로 들어갔다. 그 후 '화이和夷'라고 불리는 신흥 농경민족이 강인이 사라진 곳에서 생겨났다. 그들의 첫 번째 거주지는 전설 속의 '누마아메이努瑪阿美'(다두하와 진사강이 교차하는 곳)였다. 그곳에 살던 그들은 얼마 지나지 않아 주변 민족의 공격 때문에 어쩔 수 없이 남쪽으로 이주해야 했다. 그들이 덴츠와 얼하이 인근에 이르러 잠시 머물러 살 때, 푸니浦尼 부락이 그들을 향해 기습 공격을 감행했다. 결국 그들은 어쩔 수 없이 세 번째의 대규모 이주를 해야 했다.

천 년에 걸친 유랑 생활 동안 그들은 늘 새롭게 자신들의 삶의 터전을 만들었고, 그것을 또한 남들에게 빼앗겼다. 그런 이주 과정에서 지칠 대로 지친 하니족 사람들이 마지막으로 들어온 곳이 척박한 아이라오산과 우량

윈난성 남부 아이라오산 위안양元陽의 하니족 다랑논.

산 지역이었다. 그들은 그곳에 정주하며 돌산을 일구어 다랑논을 만들었다. '우공이산愚公移山'의 정신으로, 인적이 드문 산비탈에 대대적으로 다랑논을 개간한 것이다.

이렇게 하여 피라미드와 바빌론의 공중화원, 중국의 만리장성과 어깨를 나란히 할만한, 인류의 가장 위대한 100가지 공정 중 하나인 하니족의 다랑논이 탄생했다. 하니족의 다랑논은 해발고도가 600미터에서 2천 미터 사이의 산비탈에 있으며, 그 면적은 약 69제곱킬로미터에 달한다. 다랑논의 경사도는 무려 75도 이상이다. 깊은 산이 한없이 이어진 곳에 하니족의 다랑논이 한 계단 한 계단씩 하늘을 향해 늘어서 있다. 면적이 가장 큰 '라오후쭈이老虎嘴' 다랑논의 낙차는 1,400미터에 이르며, 면적도 0.16제곱킬로미터나 된다. 다랑논의 계단 수를 헤아려보면 대략 5천 계단 이상이 나온다. 잉카인의 유명한 마추픽추 다랑논이 800개의 계단 형태로 되어 있는 것과 비교해보면 어마어마한 규모다. 1999년에 유네스코 아시아·태평양 문화자문관 리처드 엥겔하트는 하니족 다랑논을 보고 감탄하여 이렇게 말했다고 한다.

"보는 순간 영혼이 다 달아나버리는 것 같았다. 하니족 다랑논은 인간과 자연이 어떻게 조화를 이룰 수 있는지 보여주는 모범적 사례다."[29]

수렵 민족의 후예 라후족

윈난성 란창라후족拉祜族자치현과 멍롄勐連, 쌍장雙江 자치현에서 자유롭게 살아가는 라후족은 특징이 가장 확실한 민족이다. 검은 모자에 검은 옷, 비껴 멘 엽총 등은 그들이 어떤 곳, 어떤 환경에 있더라도 바로 알아볼 수 있게 만든다.

라후나拉祜納(검은 라후), 라후시拉祜西(붉은 라후)와 훙허주紅河州 쿠충苦聰('높은 산 위의 사람'이라는 뜻)은 라후족의 주요 분파이다. 1985년에 훙허주 정부는 국무원 인구조사부, 공안부, 국가 민족사무위원회가 만든 문서인 〈민족 성분을 회복하거나 개정하는 처리 원칙에 관한 통지〉에 근거해서 쿠충인이 스스로를 부르는 호칭인 '라후'라는 이름을 회복시켰다. '라후'의 '라'는 호랑이, '후'는 '불에 구워먹는다'는 뜻이다. 그러니까 '라후'는 '호랑이를 사냥한다'는 뜻이다.

그들의 조상 역시 서북쪽에서 남쪽으로 이주해온 저, 강 계통 민족이다. 전한 시대에는 '곤명'에 속한다고 여겨졌다. 후에 남조국의 압박으로 인해 10세기를 전후한 시기 남쪽으로 이주하여 란창강 유역에 이르렀다. 이들은 티베트·버마어파 이어군에 속하며, 현재 인구는 45만 명에 달한다.

라후족은 검은색을 아름답다고 여기며, 스스로를 조롱박이 키워낸 민족이라고 말한다. 그래서 조롱박을 민족의 상징으로 삼는다. 애니메이션 〈금강 조롱박 칠형제(金剛葫蘆娃)〉[30]의 창의적 아이디어는 그들의 민족 전설에서 나온 듯하다.

산 절벽에 매달린 리쑤족

윈난성 누강怒江 리쑤족傈僳族 자치주와 리장, 샹그릴라香格里拉, 다리, 추슝
楚雄과 쓰촨 옌위안, 옌볜鹽邊, 무리木里의 험준한 산속에 매우 모험적인 민
족이 거주한다. 그들의 농경지는 깎아지른 듯 험난한 산 절벽에 매달려 있
고, 나무로 만든 집은 산비탈에 있다. 음력 2월 초여드레에 거행되는 도간
절刀杆節 때에는 맨발로 날카로운 칼날을 타고, 누가 먼저 대나무 기둥의
꼭대기까지 올라가는가를 겨룬다. 그들이 바로 리쑤족이다. 티베트·버마
어파 이어군에 속하고, 인구는 60여 만 명 정도다.

리쑤족과 이족은 같은 기원을 갖고 있다. 원과 명 시기에 리장 토사土司
의 수탈을 견디지 못한 그들이 길을 떠났다. 지도자인 퀴무비括木必의 인
도하에 진사강과 란창강의 거친 물결을 헤치고 높이 솟은 비뤄설산碧羅雪
山을 넘어 누강 유역으로 왔다. 일부 사람들은 더 멀리 미얀마, 라오스, 타
이까지 갔다.

라후족이 거주하는 윈난성 서남부 란창현 마을 인근의 란창강.

가장 흥미로운 것은 리쑤족의 사교의례인 '첩면주貼面酒'이다. 술을 마실 때, 주인 남녀가 대나무 통에 든 술을 가져와 손님과 얼굴을 맞대고 함께 마신다. 만일 한 방울이라도 흘리면 처음부터 다시 해야 한다. 첩면주를 마실 때에는 남녀의 구분이 없다. 아내와 남편이 함께 마시는 상황에서, 남편이 다른 여자와 얼굴을 맞대고 마시거나 아내가 다른 남자와 얼굴을 맞대고 마셔도 모두 질투하지 않는다.

'외삼촌'의 후손, 지뉘족

지뉘족基諾族은 소수 중의 소수로, 인구가 겨우 2만 명 정도밖에 되지 않는다. 1979년 6월 6일, 국무원은 그들을 정식으로 단일 민족으로 선포했다. 이때부터 중국에는 55번째 소수민족인 지뉘족이 생겼다.

그들의 내력은 범상치 않다. 제갈량이 군대를 이끌고 남쪽으로 가 오늘날의 푸얼普洱, 즉 쓰마오思茅 일대에서 전쟁할 때 몇 명의 사병이 잠을 자느라 대오에서 이탈했다고 한다. 그들이 깨어난 후에 밤낮으로 걸어 시쌍반나의 샤오헤이강小黑江에서 마침내 대오를 따라잡았다. 하지만 군기를 잡기 위해 제갈량은 그들을 받아들이지 않았다. 그리고 그들에게 차 종자 한 봉지와 면화 씨앗 한 봉지를 주면서 알아서 살아가라고 했다. 이 사람들이 지뉘산 일대에 정주해 현지 소수민족에 섞여 들어갔다고 한다. 처음엔 '대열에서 떨어진 사람(듀뤄인丟落人)'이었다가 차차 발음이 변해 '지뉘인'이 된 것이라고 한다.

그것이 사실인지 의심스러운가? 그렇게 의심하는 사람들에게 지뉘족은 이렇게 반박할 것이다. "그렇다면 우리가 왜 지금도 제갈량을 받들겠는가? 그리고 우리가 왜 제갈공명의 모자 모양을 본떠 대나무집의 지붕을 만들었겠는가?"[31]라고 말이다.

'지뉘'는 '외삼촌의 후손' 혹은 '외삼촌의 민족'이라는 뜻이다. 이곳의

원난성 남부 시솽반나 인근 바카巴卡에 거주하는 지눠족의 주택인 대장방大長房.

성인 남자들은 저녁이 되면 연인의 집에서 함께 지내고, 낮에는 어머니나 외삼촌 집으로 돌아온다. 그래서 가정에는 아빠가 없고 아이의 외삼촌만 있다. '지눠'라는 호칭에는 모계씨족사회의 유풍이 분명히 남아 있다.

원시사회의 흔적이 이곳에서는 아주 오랫동안 남아 있었다. 1950년대 초기까지만 해도 이곳의 하늘에는 씨족 공동체의 연기가 피어올랐다. 수십 명의 가족이 한 집에 살았던 습속을 보여주는 '대공방大公房(대장방)', 남아 있는 각목기사刻木記事, 웅장한 대고大鼓의 북소리 등 지눠족의 유서 깊은 풍습 등은 순박한 지눠족을 마치 거대한 자석처럼 강하게 끌어들이고 있다.

그들은 오늘날의 윈난성 시솽반나 징훙景洪시 지눠 민족향民族鄉과 주변 산 지역에 거주한다. 언어는 티베트·버마어파 이어군에 속한다.

중국과 미얀마 경계의 징포족

중국과 미얀마 국경, 닭 우는 소리까지 서로 들리는 그 지역에 징포족景頗族이 거주한다. 그들의 조상은 일찍이 '저강', '서남이', '수', '오만', '심전만尋傳蠻', '아창峨昌'이라 불렸다. 명과 청이 교체되던 시기에 아창은 징포족과 아창족으로 나뉘었다. 후에 징포족은 다시 두 개의 지파로 나뉘었다. 그 중 하나가 오늘날의 윈난성 더훙德宏 주 경내로 들어왔고, 윈난 더훙다이족傣族징포족자치주와 누강리쑤족자치주에 거주한다. 그들이 오늘날의 징포족이다. 다른 한 지파는 국경을 넘어 오늘날 미얀마 카친부의 카친족이 되었다.

현재 징포족은 모두 13만 명이고, 언어는 티베트·버마어파 징포어군景頗語支에 속한다.

칼 하나와 실 하나로 천하를 호령하는 아창족

아창족阿昌族은 손재주로 먹고사는 민족이다. 남자가 만드는 '후싸도戶撒刀'[32]와 여자가 만드는 쌀국수인 '과수미선過手米線'[33]은 정말 빼어난 솜씨를 보여준다.

이들은 티베트·버마어파 징포어군에 속하며, 징포족과 같은 동포이다. 명 말기, 청 초기에 징포족과 갈라졌고, 청 때에는 '아창阿昌'이라 불렸다.

손재주로 먹고사는 아창인에게도 낭만이 없을 리 없다. 마을 주변에서 사람들이 모여드는 장터로 가는 길, 호로소胡蘆簫[34]를 들고 있는 청년이 마음에 맞는 아가씨를 만나면 아름다운 음악을 연주하면서 아가씨의 이름을 묻는다. 아가씨에게도 청년에 대한 호감이 생겨나면 은근히 대답한다. 청년이 아가씨를 데려다 주겠다고 하면 "이왕 데려다줄 것, 마을까지 데려다주지 중간에 그냥 돌아가지 말라"고 말한다. 그렇게 해서 아름다운 사랑 이야기가 시작되는 것이다.

두룽강에 있는 두룽족

윈난성 궁산貢山두룽족누족자치현에는 신비롭고 물살이 거센 강물이 흐른다. 그것이 바로 티베트 보수라친伯舒拉岑 설산에서 발원해 미얀마로 흘러들어가는 두룽강獨龍江이다. 두룽강 기슭에는 높은 봉우리들이 늘어서 있고 오래된 나무들이 빽빽하다. 폭포가 쏟아져 내리고 물보라가 구름처럼 날아오른다. 초록빛이 아름다운 강 주변에는 원시적인 등나무 넝쿨로 만든 그물다리가 강의 양쪽을 이어준다. 이런 신비로운 골짜기에서 겨우 7,500명 정도의 두룽족獨龍族이 거주한다.

두룽족은 티베트·버마어파 징포어군에 속하며, 문자를 갖고 있지 않다. 민족 내부에는 50여 개의 부계씨족이 있고, 모든 씨족은 몇 개의 형제 족군族群으로 나뉜다. 그들은 전통적으로 가족공동체를 중심으로 하는 원시공산제를 유지해왔다. 족장은 공무를 처리하고, 나머지는 함께 농사짓고 함께 나눠 먹는다. 각 집안의 며느리들은 돌아가면서 밥을 하고, 밥을 먹을 때에는 주부가 사람 수대로 공평하게 분배한다.

시끄럽고 번잡한 현대에도 이곳은 오염되지 않은 정결한 땅으로 남아 있다. 그들은 지금까지도 길에 무엇이 떨어져 있어도 남의 것이면 줍지 않고, 밤에도 문을 잠그지 않는 민족으로 알려져 있다.

멀리서 온 푸미족

지금의 윈난성 서북부 윈링雲嶺[35] 지역의 큰 산속에 거주하는 민족이 있다. 윈난성 란핑蘭坪, 리장麗江, 융성永勝, 웨이維西시, 닝랑寧蒗현과 쓰촨성무리, 옌위안현에서 자급자족하며 살아가는 300만 명 정도의 푸미족普米族이다. 티베트·버마어파에 속하는 이들을 역사에서는 '서번西番', '파저巴苴'라 한다. 흰 피부 때문에 스스로를 '푸잉미', 혹은 '푸르미'라고 불렀다. 중국 정부가 성립된 뒤 푸미족이라고 불리게 되었다.

푸미족의 조상은 오늘날의 칭하이, 쓰촨, 간쑤 경계에 있던 저강 유목부족이었다고 한다. 후에 지대가 높고 추운 서북쪽에서부터 따뜻한 남쪽을 향해 천 년에 걸친 대 이주를 감행했다. 그리고 13세기에 이르러 일부 청장년들이 쿠빌라이를 따라 윈난으로 원정했다. 이때부터 푸미족은 '수초를 따라 이동하는' 유목생활을 끝내고 농업을 위주로 하는 생활을 하게 되었다. 현재 윈링 지역에서 생활하는 푸미족은 중국에서 가장 길고 먼 이주의 길을 걸어온 민족이다.

천 년의 세월이 지났지만, 푸미 사람들이 그들 민족의 발원지인 북방 초원에 대한 미련을 여전히 갖고 있는 것을 볼 수 있다. 닝랑寧蒗 지역 푸미족 부녀자들의 허리띠와 주름치마에는 붉은 선 하나가 그어져 있는데, 그것은 조상이 이주해온 노선을 의미한다. 사람이 죽은 후엔 이 길을 따라 자신들이 떠나온 곳으로 돌아가는 것이다. 그 표지가 없으면 영혼이 고향으로 돌아갈 수 없다고 생각한다.

누강 대협곡 깊은 곳의 누족

헝돤산맥橫斷山脈에 큰 강이 한 줄기 흐른다. 무시무시한 파도와 더불어 하늘을 울리는 우렁찬 소리를 내며 북쪽에서 남쪽을 향해 기세등등하게 천리를 달리는 그 큰 강이 바로 중국 서남부 지역에서 유명한 강인 누강이다. 누강은 강 양쪽을 나누면서 600킬로미터를 달리는데, 미국 콜로라도협곡에 이어 세계에서 두 번째로 깊은 계곡인 누강대협곡을 이룬다. 협곡이 높고 깊으며 길고 좁아 기막힌 풍광을 이루는데, 기이한 것은 협곡이 깊고 첩첩한 산을 지나며 구불구불 흘러가도 지리적 좌표는 시종일관 평행을 이룬다는 점이다. 대협곡의 골짜기와 산 풍경은 웅대하고 기이하며 빼어나게 아름답다. 기괴한 봉우리와 괴이하게 생긴 바위들, 날아오르는 듯 멋진 폭포와 험난하게 흐르는 강물의 소용돌이, 오래된 나무들이 계절과 기후에 따라 변화무쌍하다. 또한 때때로 아스라한 구름이 그 풍광을 신비롭게 가리곤 하는데, 흩어지는 구름 사이로 살짝살짝 드러나는 웅대한 절벽 풍경 등이 기막히게 멋지다. 그래서 그곳은 그냥 놀러오는 사람, 그림 그리는 사람, 기이한 것을 찾아오는 사람, 쉬고 싶은 사람 등 모두를 행복하게 해주는 곳이다.

누족怒族은 티베트·버마어파에 속하며, 문자는 갖고 있지 않다. 인구는 겨우 2만 8천 명이며, 크고 작은 여러 마을에 모여 산다. 협곡의 깊은 곳에 있는 누강리쑤족자치주 루수이濾水, 푸궁福貢, 궁산 등 세 개의 현에서 티베트 차위察隅현 차와룽察瓦龍향 남단에 이르는 500킬로미터 지역에 거주하고 있다. 누족의 조상은 '노변濾蠻'이라고 했는데, 윈난 사람들이 '노濾'와 '노怒'를 구분하기 어려워해 시간이 지나면서 '노만怒蠻'이라고 불렸다. 그래서 그들이 살고 있는 지역에 있는 큰 강의 이름도 '누강怒江'이 된 것이다. 한족이 권력을 장악했던 명 왕조 시절, 누족 사람들이 싫어하는 호칭인 '만蠻'자를 떼어내고 그냥 '누인怒人'이라고 불리게 되었다.

누족의 마을에는 어디에나 '어마'('마을에서 자는 방'이라는 뜻)라 불리는 작은 집이 있다. 별빛 찬란한 밤이면 서로 사랑하는 성년 남녀가 어마에 와서 사랑을 나누며 서로를 품에 안고 잠을 잤다. 이런 짝을 가리켜 '자여우'('함께 잔다'는 뜻)라고 불렀다.

파인의 후예 투자족

투자족土家族은 남방 지역에서 강인하고 꿋꿋하게 버텨온 토착민족 중 하나다. 아득한 고대에 오늘날 후베이성 칭강清江 일대의 동굴에 오래된 파인巴人 마을이 있었다. 부족의 우두머리가 가난한 산지에서 벗어나고자 파인을 이끌고 칭강을 따라 옌양鹽陽을 향해 이주해, 새가 지저귀고 풍광이 그윽한 우링산武陵山, 다러우산大婁山, 다바산大巴山 지역으로 들어왔다.

절반의 중국사

무왕武王이 주紂를 토벌할 때 파인도 그를 따라 동정東征했던 적이 있다. 춘추전국시대에는 파인 지도자도 시대의 흐름에 따라 '파왕巴王'이라 칭했다. 오계만五溪蠻, 사주만思州蠻, 파주만播州蠻은 당이 그들에게 붙여준 우아하지 못한 호칭이다. 몽골과 만주가 정권을 장악한 후 그들은 스스로를 '비츠카畢玆卡'('현지인'이라는 뜻)라 했으나, 조정에서는 여전히 그들을 '토만土蠻'이라 불렀다. 문명의 불길이 중국의 하늘을 비추던 근대 시기가 되어서야 투자족이라는 이름이 중국 문헌에 등장했다.

투자족은 티베트·버마어파에 속하며, 어군은 불분명하다. 인구는 중국 동부 연해 지급시地級市 규모에 달해 800만 명 정도 된다. 후난성 샹시湘西 투자족먀오족苗族자치주, 후베이성 스언施恩 투자족먀오족자치주, 쓰촨성의 충칭重慶 일대에 거주한다.

제17장

복

濮

야랑은 정말 스스로를 크다고 여겼을까

'야랑夜郎'이라는 이 이상한 이름에 대해 어떤 사람은 '의랑議榔(의사 결정을 하는 모임)'[1]의 역음이라고도 한다.[2]

모호한 역사의 자취 속에서 모래를 헤치고 금을 건져내듯 세심하게 뒤져, 마침내 남방에 복濮이라는 아주 오래된 민족이 있었음을 겨우 알아냈다. 역사서에서는 그것을 주周 무왕이 은나라 주紂왕을 정벌할 때 구성했던 연합군에 참가한 열여덟 개 만이국蠻夷國[3] 중 하나라고 한다. 후에 출토된 은허 갑골 복사에서도 복인濮人에 관한 기록을 찾아낼 수 있다. 추측에 의하면 복인의 활동 지역은 대략 초나라 서남쪽 방향, 즉 오늘날 후난성과 구이저우성 북부의 산악 지대라고 한다.[4]

그곳에는 나무가 우거지고 물가에는 풀이 무성하게 자라났으며, 길가에는 아름다운 꽃이 피어 있었다. 물처럼 맑고 투명한 푸른 하늘과 물고기 빛깔처럼 고운 붉은 잎이 있는 곳이었지만, 큰 산과 강물 사이에서 하루 종일 동물과 함께하며 중원 문명과 멀리 떨어져 있다 보니 발전을 할 수 없었다. 춘추시대에 이르렀을 때에도 복인에게는 여전히 왕이 없었다. 그들은 그저 삼삼오오 무리지어 살며 즐겁게 사냥을 하고 일을 하며 살다가 떠나갔다. 그래서 그들을 '백복百濮'[5]이라 불렀다.

그러나 약육강식의 전국시대에 이르자 삼림 속에도 이제 낙원은 존재하지 않았다. 전국시대 군웅의 압박과 착취에 직면하게 되었을 때, 그들은 전체 부중에게 명령을 내리고 지휘할 수 있는 사람이 있어야 한다는 것을 깨달았다. 그런 통합적 지도자가 없다면 백복은 강한 나라에게 각개격파 당할 것이었다. 그래서 전체 복인의 우두머리인 대왕이 생겨났고, 이어서 '차란且蘭'과 '구정句町' 등 크고 작은 복인 국가가 생겨났다. 그중에서 가장 크고 유명한 것이 바로 '야랑'이었다.

그만그만한 여러 작은 나라 중에서 그래도 가장 큰 나라였던 야랑은 사실 보통 중원 왕조보다 더 오래 지속되었다. 기원전 298년, 초나라가 야랑을 토벌했던 때부터 시작하여 기원전 27년에 야랑국이 문을 닫을 때까지, 야랑국은 무려 3세기 동안이나 존재했다. 그 강토는 동으로 교지交趾와 접하고 서쪽으로는 전국滇國, 북쪽으로는 공도邛都와 접해 있었다.

야랑국의 영토는 오늘날 구이저우성 중부, 서부와 인근의 쓰촨성, 윈난성 일부 지역에 걸쳐 있었다. 기후가 온화하고 비도 자주 내리며, 1년 내내 봄 같은 날씨인 이 지역에는 백복百濮계와 백월계百越系에 속하는 많은 민족이 살았다. 전체 인구는 10여만 호, 무려 수십만 명에 달했다. 정예 군사만 해도 10여만 명이나 되었으니, 야랑국은 그야말로 서남이 지역의 명실상부한 맹주였다. 한나라 초기에도 야랑국은 여전히 강대한 병력을 보유해 인근 나라를 내려다보았다.

야랑 왕의 자부심이 극에 달했던 시절, 오늘날까지 잘 알려진 흥미로운 일이 일어났다. 당시에 한 무제는 남방의 우거진 숲 속에 위세가 대단한 야랑이라는 나라가 있다는 이야기를 듣고, 두 번이나 대신을 보내 귀부 정책을 진행했다. 첫 번째는 건원建元 6년(기원전 135)이었다. 한 무제가 동월東

越을 격파한 후 당몽唐蒙을 야랑으로 보내 야랑과 주변 작은 나라를 설득해 한이 그곳에 건위군犍爲郡 설치를 허락하게 만들었다. 두 번째는 원수元狩 원년(기원전 122)으로, 한 무제는 신독身毒(인도)으로 가는 길이 흉노 때문에 막히자 서남이 지역을 통과하는 다른 길을 개척하려 했다. 그래서 다시 사신을 야랑으로 파견했다. 야랑 왕은 멀리서 온 손님을 파격적으로 대접했다. 그리고 한의 사신이 그곳에 온 연유를 들은 뒤, "한과 우리 중 어느 나라가 더 큰가?"라는 질문을 했던 것이다. 이 질문은 그저 단순한 질문으로 그치지 않고 마침내 '야랑자대夜郎自大'라는 고사성어를 탄생시켰다.

사실 야랑 왕이 이 질문을 하기 전, 한의 사신이 인근 전국滇國에 갔을 때 전국의 왕 투강套羌이 먼저 같은 질문을 했었다. 그런데 옛날 사람들은 왜 그 말을 전국의 왕이 아니라 야랑 왕이 했다고 전한 것일까? 더구나 '야랑자대'에는 비하의 의미가 들어 있다. 그 이유는 아마도 야랑 왕이 전국의 왕보다 유명했기 때문일 것이다. 마치 어린아이를 겁줄 때, 이름 없는 귀신이 아니라 '염라대왕'이라는 이름을 들먹이는 것과 같은 이치다.

하지만 '야랑자대'는 또한 강렬한 민족 자긍심과 자신감으로 해석되기도 한다. 야랑국은 분명히 서남이를 단독으로 이끌었던 대단한 국가였기 때문이다. 그리고 "한과 우리 중 어느 나라가 더 큰가?"라는 이 질문은 또한 첩첩한 산으로 막힌 곳에서 살아가던 야랑 왕이 한시라도 빨리 외부 세계에 대해 알고 싶어 했던, 지식에 대한 욕구를 보여주는 것이기도 하다.[6]

한의 강역이 엄청나게 넓고 병력이 많으며, 야랑이 한의 103개 군국郡國 중 하나 정도밖에 되지 않는다는 것을 알게 된 후, 야랑 왕은 결코 무조건 거만하게 굴지 않았다. 그는 한 왕조 사신의 요구에 흔쾌히 응했으며 한의 문명에 대해 대단한 동질감을 표시했다. 그는 "관리를 두고, 한에 귀부하며, 책봉을 받아들인다"라고 했으며, 사신을 장안으로 보내 조공도 했다.

사실 지혜로운 야랑 왕을 비하의 의미가 있는 '야랑자대'와 같은 고사성어를 함께 엮는 것은 불공평하다.[7] 교통이 불편하고 정보가 유통되지 않았던 그 시절, 야랑 왕이 한의 사신에게 누구의 나라가 더 크냐고 물었던 것은 그리 문제가 될 수 없다. 그런데 한 번 잘못 해석된 이 고사성어 덕분에 무려 300년 동안이나 지속되었던 나라인 야랑의 역사와 그 민족이 널리 알려지게 되었으니, 고사성어의 힘을 무시할 수없겠다.

지위가 내려가다

주먹을 계속 쥐고 있는 사람은 아무것도 가질 수 없다. 하지만 두 손을 펴면 모든 것을 가질 수 있다. 야랑 왕의 신하가 끊임없이 잔소리를 해댔지만 후에 야랑 주변에서 일어난 사건은 야랑 왕이 얼마나 지혜로웠는가를 명확하게 보여주었다. 원정元鼎 6년(기원전 111), 한이 남월南越을 정벌할 때, 출병을 거부했던 차란 군주는 한의 대군에 격살당했다. 이 광경을 보고 다행이라고 생각했던 야랑 왕은 대신을 한에 보내 정식으로 투항했다. 한 무제는 그의 지혜로운 행동을 크게 칭찬하며 그를 계속 야랑 왕으로 삼았고, 그곳에 장가군牂牁郡을 설치했다.

장가군이 설치되자 서남 지방에서 수백 년 동안 웅거해온 야랑의 지위는 급격히 하락했다. 야랑은 이제 부락연맹의 맹주가 아니라 장가군수가 다스리는 작은 지방으로 변했으며, 지도자는 왕과 후, 읍장으로 봉해졌다.

야랑의 모든 왕들이 다 신중한 태도를 취했던 것은 아니었다. 그리고 마침내 역사의 비극이 도래했다. 기원전 27년, 복인 지역의 야랑 왕 흥興과 구정 왕句町王 우禹, 누와후漏臥侯 유兪 사이에 작은 일로 인해 다툼이 생겼다. 서로를 토벌하려는 전쟁이 끊임없이 일어났고 백성이 원망하는 소리가 넘쳐났다. 왕중왕이었던 한 성제成帝는 어쩔 수 없이 사람을 보내 이들 사이를 조정해야 했다.

"이것은 우리 내부의 일이다. 한이 왜 간섭하느냐!"

야랑 왕 흥은 드러내놓고 한의 화해 조정을 따르지 않았고, 고집스럽게 계속해서 다른 두 개의 소국을 정벌했다.

화가 난 한의 장가태수 진립陳立은 한 성제의 동의를 얻어 '홍문연鴻門宴'을 열었다.[8] 그러고 나서 당시 상황을 제대로 파악하지 못하고 있던 야랑 왕 흥을 죽였으며, 이어서 흥의 아내와 아들이 일으킨 반란을 진압했다. 이런 상황을 보고 있으면 도가道家의 시조 노자의 말이 생각난다.

"사람의 몸에서 이가 가장 단단하고 혀는 가장 부드럽다. 하지만 이가 먼저 빠지고 혀는 영원히 부드럽게 남아 있다."[9]

역사의 필연

야랑의 멸망은 정말 야랑 왕 흥이 당시 상황을 제대로 파악하지 못했었기 때문에 일어난 사건일까? 만일 당시에 야랑이 순순히 한에 허리를 굽혔다면, 야랑은 과연 멸망을 피할 수 있었을까? 대답은 물론 부정적이다.

그 이유에 대해 설명하려면 먼저 핏속에 개혁의 열정이 흘러 넘쳤던 진시황에서부터 시작해야 한다. 진시황이 6국을 겸병한 후 수천 년 동안 이어져 내려온 '방국제邦國制'*를 철저하게 뒤집어엎고, 새로 '제국제帝國制'** 즉 '군현제'를 확립했다.

역사를 보면 사람은 언제나 새로운 사물이나 사건에 대해 적응하는 과정을 거친다. 즉, 시작할 때부터 모든 사람이 다 '군현제'를 찬성했던 것은 아니다. 심지어 진이 2세에 이르러 망한 것이 제후에게 분봉하지 않았기 때문이라고 말하는 사람도 있다. 그런 상황이었기에 한 고조 유방은 왕조를 세운 초기에 '하나의 왕조, 두 가지 제도'를 사용할 수밖에 없었다. 경기京畿 지역에서는 '군현제'를 시행해 중앙정부가 통일적으로 이끌었지만, 외곽 지역에서는 '봉건제'를 시행했던 것이다. 유씨 성을 가진 왕족을 왕(후에는 귀순한 소수민족 지도자도 국왕으로 봉했다.)에 봉해 각 지역의 왕이 자치하도록 했으며, 그들로 하여금 중앙정부의 병풍 노릇을 하게 했다. 이것이 소위 '번왕藩王'이다.

그러나 유방이 적당히 타협해 부분적으로 '군국제郡國制'를 채택한 것은 중대한 실책이었다. 역사가 그것을 증명하고 있다. 한 경제景帝 때에 7국의 난이 일어나 큰 곤경에 빠진 것이다. 측근 대신 조착晁錯의 지혜를 빌리고, 명장 주발周勃의 아들 주아부周亞夫를 불러내 온갖 노력을 다한 끝에 겨우 모반을 일으키는 번왕들을 평정했다. 이후에도 가끔 분봉 제도를 실시할 때면 언제나 피비린내 나는 재난이 있었다. 서진 시대의 분봉이 '팔왕의 난'을 불러왔고, 주원장의 분봉도 '정난의 변'을 가져왔으며, 홍수전의 분봉 역시 '천경사변天京事變'[10]을 일으켰다. 여러 차례 피의 교훈을 거친 후, 한은 유방의 '일국양제一國兩制'를 세밀하게 검토했다. 원삭元朔 2년(기원전 127), 한 무제는 '추은령推恩令'[11]을 반포해 제후왕의 지서支庶들도 열후列侯에 봉해질 수 있게 했다. 결국 한 초기의 분봉제를 통해 생겨난 왕국들은 이제 군현으로 변했으며, 이름만 있고 실권은 없는 작은 후국侯國으로 나뉘었다. 한 무제가 이런 식으로 기초를 튼튼히 다져놓은 덕분에 한은 이후 300년 동안 오래 지속될 수 있었던 것이다.

야랑 왕의 폐위는 이런 큰 배경하에서 발생한 사건이다. 생각해보라, 황

---

* 　역사에서는 '봉건제'라 한다. 천하를 제후에게 분봉해 각자 정치하게 하는 방국을 세우는 것을 말한다.
** 　역사적으로는 '군현제'라고 한다. 원래의 제후국을 하나의 국가로 바꾸고, 각자 다스리던 방국을 중앙에서 통일적으로 관할하는 군현으로 변화시켰다.

제하고 같은 피를 나눈 유씨 성의 변왕들도 모두 '후'로 변하는 판에, 다른 성씨의 국왕이 존재하도록 한 왕조의 황제가 그냥 내버려 두었겠는가?

침묵을 선택하다

야랑 왕이 주살된 후 복인은 중심 세력이 없어졌다고 생각했다. 이후, 복인은 여러 차례에 걸쳐 시위를 했는데, 한번은 많은 복인이 장가군부牂牁郡府를 포위해 강한 항의의 뜻을 내보였다. 그것을 해결하기 위해 한에서는 '죽왕사竹王祠'(야랑 왕의 성이 '죽竹'이었다)[12]를 세워 야랑 왕에게 제사를 지내고, 죽왕의 남은 세 아들을 후로 봉했다.

모두가 알듯이, '후'는 '왕'보다 한 등급이 낮다. 더 중요한 것은 독립된 권력이 없었다는 점이다. 어쨌든 죽는 것보다는 '후'로 봉해지는 것이 나았다. 유씨 성의 왕들도 모두 '후'로 강등되는 상황이었다. 그 정도로 만족하지 않으면 어쩔 것인가? 세 명의 야랑 후는 더는 투쟁하려 하지 않았고, 자신들의 임무에 만족하는 것 외에 다른 도리가 없었다.

야랑은 이렇게 사라졌다. 그러나 야랑을 비웃는 의미가 내포된 '야랑자대'라는 고사성어 덕분에 야랑은 여전히 사람들의 입에 오르내리고 있다. 물론 한 가지 아주 유명한 사건이 있었으니, 바로 야랑의 옛 땅에서 주조된 좋은 술에 관한 일이다. 1915년, 이 술은 미국에서 주최한 파나마 만국 박람회에서 크게 빛을 발해, 프랑스의 코냑, 영국의 스코틀랜드 위스키와 더불어 세계 3대 증류주로 뽑혔다. 바로 중국 술의 왕이라 할 수 있는 구이저우의 마오타이주茅台酒이다. 또 현재 구이저우성의 중심 도시인 구이양貴陽의 이름에도 야랑의 흔적이 남아있다. 야랑의 상징인 '죽竹(zhú)'의 발음이 '축筑(zhù)'과 같아, 오늘날 구이저우성 중심 도시인 구이양을 '축筑'

이라 부르는 것이다.

현재 전왕滇王의 인장이 윈난에서 발견됐고[13] 구정왕句町王의 무덤도 광시廣西에서 발굴됐으나,[14] 야랑 왕도의 폐허는 아직도 종적이 묘연하다.

야랑이 역사 속으로 그렇게 가라앉은 후 고요해져, 이후 백복은 기록에서 사라졌다. 한이 백복의 땅에 무릉군武陵郡(후난성 쉬푸溆浦), 장사군長沙郡(후난성 창사長沙), 영릉군靈陵郡(광시좡족자치구 싱안興安), 귀양군貴陽郡(후난성 천저우郴州)를 설치했고 그들은 지명에 따라 무릉 등의 '군만郡蠻'으로 불렸다. 세월이 흘러 수·당 시대에 이르러 만인蠻人이 모여 살던 상서湘西(후난성 서부 지역)와 오늘날 쓰촨·구이저우·후베이성의 경계 지점에 오계五溪가 교차해 흘렀기에 '무릉만武陵蠻'은 '오계만五溪蠻'으로 불렸다. 지금 몽·멘어파의 먀오족苗族, 야오족瑤族, 서족畲族 등이 바로 오계만, 장사만長沙蠻, 영릉만靈陵蠻과 귀양만貴陽蠻에서 분화되어 나왔다.

'파천황' 이야기

'만인蠻人'에 대해 언급하자면 자연스레 '파천황破天荒'의 이야기를 떠올리게 된다. 그 이야기의 배경은 오늘날 후난성이다.

이곳은 고대로부터 전형적인 만인의 거주지였기에 가서는 안 되는 곳으로 여겨졌다. 그런데 한 왕조 중기에 중앙정부의 통치 범위에 들어가면서부터 관원들의 유배지로 유명해지기 시작했다. 한의 유명한 문인 가의賈誼도 장사로 쫓겨 내려와 하루 종일 눈물로 얼굴을 적시며 살다가 죽었다.[15]

이후 실의에 빠진 한인이 점점 더 많이 이곳으로 이주해왔고, 현지의 만인과 땅을 놓고 다투는 일까지 일어났다. 하지만 이주 한인들은 호남 지역에 풍부한 문화적 자산을 가져다주었고, "세상 사람들이 근심하기에 앞서서 먼저 근심하고, 세상 사람들이 모두 즐거워한 뒤에 기뻐한다"라는 소위 악양루岳陽樓 정신[16]이 생겨나기도 했다. 그리고 한의 말을 하고 한문을 쓰기 시작하면서부터 이곳의 백성도 마침내 중원의 한인처럼 벼슬길에 올라 관리가 될 수 있는 기회가 생겼다. 하지만 그런 기회가 실제로 주어졌을까? 뛰어난 무예로 군대에서 두각을 나타내고자 해도 만인은 발육 상태가 좋지 않아 신체 조건이 좋지 못했다. 조정에서 천거 받아 관직을 맡고자 해도 조정엔 그들을 밀어줄 사람이 없었다.

그런 열악한 상황에서 한 왕조 전체를 통틀어 오직 한 사람만이 명인名人이 되었는데, 그가 바로 오늘날의 후난성 레이양耒陽 사람인 채륜蔡倫(61~121)이다. 중국 고대의 4대 발명가 중의 하나이며 종이를 발명한 인물이었지만, 아쉽게도 그는 환관이었다. 이후에는 그 어떤 인물도 이름을 날리지 못했다. 굳이 명인을 찾아낸다면 영릉零陵 사람이자 삼국시대 촉의 승상 제갈량의 후계자인 장완蔣琬(?~246) 정도가 있겠다.

구이저우성 중부 단자이丹寨 마을에서 전통 방식으로 종이를 만들고 있다.

수·당 시대에 이르러 조정에서 폭탄 같은 소식이 전해져왔다. 중국 땅에 오래 거주한 백성이라면 그 누구라도, 심지어 그가 붉은 머리 푸른 눈의 외국인일지라도 과거시험에 응시해 관직에 오를 수 있다는 것이었다. 현대 중국에서 1977년에 갑자기 가오카오高考(중국의 대학입학시험)를 시행했을 때처럼, 수많은 백성이 먹을 것 입을 것을 아끼며 과거시험에 응시할 수 있도록 아이들을 교육시켰고, 교사는 가장 귀한 인력자원이 되었으며, 사숙私塾은 가장 잘나가는 투자 항목이 되었다.

그러나 과거시험을 시행했던 수·당 시대 300년 동안 과거에 급제한 후난 지역 출신은 단 한 명도 없었다. 후난의 교육적 기초가 너무나 취약했고 문화적 바탕이 부족했던 데다가, 당시의 과거시험이 투명하지 않았던 이유도 있다. 더구나 지금처럼 각 지역에 따라 합격자 비율을 배정한다든가 소수민족에게 가산점을 준다든가 하는 등의 제도가 없었다. 그래서 머리를 대들보에 묶고 송곳으로 다리를 찌르며, 닭 울음소리를 듣자마자 바로 일어나 추운 밤을 견뎌내며 기를 쓰고 공부해 과거시험을 보러 갔어도, 수백 년 동안 단 한 사람도 급제하지 못했던 것이다. 그래서 세상에서는 그들을 '천황天荒(혼돈해 아직 개척되지 않은 상태)해解'[17]라고 놀렸다.

그런데 정말 놀랍게도, 장사 출신의 유태劉蛻라는 사람이 당 선종宣宗 이침李忱 대중大中 4년(850), 진사에 급제했다. 그는 '천황'의 상태를 깨었다고 하여 '파천황破天荒'[18]이라 불렸다. 그때 형남절도사荊南節度使였던 위국공魏國公 최현崔鉉은 특별히 유태에게 70만 관의 돈을 내려주었고, 그 돈은 '파천황전破天荒錢'이라 불렸다. 유태는 감사하기는 하지만 그 돈을 받지는 않겠다는 내용의 편지를 보내 "50년 동안 그들 마음대로 형남荊南(후난) 사람들을 폐인들이라고 했지요, 천 리 밖에 있다고 하여 어찌 '천황'이라 하겠습니까?"[19]라고 전했다.

하지만 송 이후에도 후난 지역 사람들이 과거에 급제하는 경우는 여전

후난성 창사의 악록서원.

히 많지 않았다. 그러나 송이 강남江南으로 천도해 남송이 되면서 중원 땅의 문화도 남쪽으로 내려왔고, 유명한 악록서원岳麓書院이 장사에 세워졌다. 다른 지역에 가서 관리 노릇을 하던 영주永州 사람 주돈이周敦頤(1017~1073)가 고향으로 돌아와 강학을 하여 이학理學의 선구가 되었으며, 이어서 송·명 시대의 유명한 학자인 주희朱熹(1130~1200)와 이정二程 형제, 육구연陸九淵 등이 그곳에서 강의했다.

명말 청초에 오늘날의 후난성 형양衡陽에서는 문인文人 왕선산王船山(왕부지王夫之, 1619~1692)이 나왔다. 그는 황종희黃宗羲, 고염무顧炎武와 함께 청나라에 항거하는 기의起義에 참가했다. 기의에 실패한 후에는 심산유곡에 있는 야오족의 동굴에 은거하면서 열심히 학문을 닦아 40년 동안 수많은 저작물을 내놓았다. 그는 죽을 때까지도 절대 머리를 깎지 않았다. 청 만주족의 머리인 변발을 거부했던 것이다. 이후, 거친 땅 후난에서는 민족의 동량이 일어났다.

청 도광 18년(1838), 후난 창사 상향湘鄉의 빈한한 산골 출신인 증국번曾國藩이 베이징으로 가서 회시會試에 참가해 전시殿試 삼갑三甲 42등의 성적으로 황방皇榜에 들어가 '동진사출신同進士出身'이 되었다.[20] 이어지는 시험인 조고朝考[21]에서는 1등급 3등이 되었으며, 다시 도광제가 뽑은 2등이 되어 한림원翰林院 서길사庶吉士를 제수받았다. 3년 후에는 산관고시散館考試에 통과해 한림원 검토檢討가 되었고, 관직이 종칠품에 이르렀다. 도광 27년(1947), 다시 내각학사內閣學士 겸 예부시랑이 되어 관직이 종이품에 이르렀는데 그때 나이 서른일곱이었다. 후난 지방에서 그가 일으킨 충격은 예전 유태의 '파천황'에 손색이 없을 정도였다.

후난 지역 출신들은 이후 계속 사람들의 눈을 휘둥그레지게 만들었다. 중국이 '후난인 시대'로 접어들었던 것이다. 위원魏源, 증국번, 좌종당左宗棠이 첫 번째였다면[22] 담사동譚嗣同, 당재상唐才常이 두 번째였고,[23] 황싱黃興, 차이어蔡鍔, 쑹자오런宋敎仁, 천톈화陳天華가 세 번째였다.[24] 그 후 마오쩌둥毛澤東, 리리싼李立三, 류사오치劉少奇, 펑더화이彭德懷, 런비스任弼時, 허룽賀龍, 뤄룽헝羅榮桓 등이 나왔다.

이제는 그 누구도 후난이 '천황의 땅(天荒之地)'이었다고 기억하는 사람은 없다.

애뢰왕

야랑을 구성하고 있는 사람들만 복인인 것은 아니었다. 복인의 다른 한 지파가 윈난 서남부 지역에 살았는데, 그들 역시 선진 시대 백복의 일부였다. 오늘날 윈난 바오산保山과 융핑永平, 스뎬施甸에 거주했던 복인은 중원에 한 왕조가 있던 시절에 애뢰고국哀牢古國을 세웠다. 애뢰국에 대해서는

《후한서》에 명확하게 기록되어 있다. 애뢰고국은 동서로 3천 리, 남북으로 4천 리에 달했으며, 누강과 란창강 양쪽 기슭의 드넓은 지역을 차지했다. 천흉穿胸, 민閩, 월越, 복濮, 구鳩, 료獠 등 여러 민족이 함께 생활했는데, 모두 5만 여 호, 약 55만 명 정도였다.

한의 강역이 확대되면서 그들의 독립된 세월은 날로 줄어들었고 마침내 광무제 유수가 다스리던 시절, 멸망 직전에 이르렀다. 멸망의 위험이 코앞에 다가왔음을 느낀 애뢰왕은 먼저 나서서 한에 귀부하겠다고 했다. 한의 황제는 기뻐하며 그들의 지위를 속국으로 낮추었다. 그러나 애뢰국 내에 거주하던 각 민족의 거수渠帥*들은 계속해서 각자 왕이라 칭하게 두었다. 한 명제 유장劉莊 영평 12년(69), 애뢰의 왕 유모柳貌가 정식으로 후한에 귀부했고, 한 명제는 애뢰 땅에 영창군永昌郡을 설치했다. 그리고 영창군 내에 모여서 살아가는 복, 민, 구료鳩僚, 율僄, 월, 신독身毒 등을 통칭 '애뢰인哀牢人'이라 불렀다.

고대에는 오늘날 위안강元江을 '복수濮水'라 불렀다. 영창군에서 자라나는 대용죽大龍竹[25]을 오늘날에도 '복죽濮竹'이라 부르는데, 이러한 명칭을 통해 복인이 이곳의 토착 민족이었음을 알 수 있다. 역사에 의하면 이들은 오래전부터 영창에 거주했으며, 또한 괜찮은 두뇌로 우수한 복인 문화를 일궈냈다고 한다. 곡식과 뽕나무를 심을 수 있는 이곳의 비옥한 토지를 이용해 일찍부터 벼와 면화를 심었다. 그리하여 삼국시대에 촉이 이곳을 정복한 후, 촉의 주요한 군수물자 공급지가 되었다.

하지만 '애뢰'라는 이 이름이 널리 알려진 호칭은 아니라서, '영창복인永昌濮人'이라고 부르는 것이 낫다. 수·당 시대에 영창복인은 내부의 갈등과 지역 문제 때문에 둘로 나뉘었다. 그중 한 지파가 '복자만扑子蠻'이다. 이

---

* 옛날 중원 왕조가 무장 반항에 참여한 소수민족 수령이나 부족 우두머리를 부르던 호칭.

윈난성 위안양 가는 길에서 바라본 아이라오산.

들은 오늘날 윈난 쓰마오思茅, 린창臨滄, 바오산, 더훙德宏과 란창강 서쪽의
드넓은 지역에 거주했는데, 바로 부랑족布郎族과 더양족德昂族의 선조다.
다른 하나는 '망만望蠻'이라 했는데, 대부분 영창 서북쪽에 거주했으며 오
늘날 와족佤族의 조상이 되었다.

몽·몐어파 삼형제

머나먼 기원을 가진 먀오족

먀오족의 조상을 알려면 《성경》에서부터 시작해야 한다. 〈창세기〉에 노아
의 방주에 대한 신기한 전설이 나온다. 어느 날 하느님이 의로운 사람 노아
에게 이레 후에 대홍수가 일어나 인류가 멸망의 재난에 직면할 것이라고
알려주었다. 그래서 노아는 고페르 나무歌斐木[26]로 방주를 만들었다. 이레

절반의 중국사

후인 2월 17일, 바다의 근원이 열리면서 거대한 물기둥이 지하에서 솟구쳐 오르고, 천상의 창문이 열리면서 큰 비가 무려 40일 동안 계속 내렸다. 세상에서 가장 높은 산꼭대기보다 수위가 더 높아졌고, 노아 일가와 일부 동물만 거대한 방주를 타고 망망한 물 위를 떠돌았다. 노아의 방주 이야기와 거의 비슷한 시기, 동방의 화하華夏 땅에도 비가 계속 내려 홍수가 범람했다. 이에 황제黃帝와 치우蚩尤의 전쟁에 관한 이야기가 나오고, 곤鯀과 우禹 부자의 치수 전설도 나온다.

동서방의 전설이 이처럼 비슷한 것은 어쩌면 선사시대의 지구에 정말로 무슨 일이 일어났기 때문인지도 모른다. 그래서 인류학자를 비롯해 지질학자와 과학자들이 대규모로 연구하고 고증하며 추리했고, 이제 그 수수께끼가 점차 풀리고 있다.

많은 학자들이 공감하고 있는 이론은 지구의 판 구조론이다. 최초의 지구는 온통 얼음덩이로 뒤덮여 있었다고 한다. 점차 기온이 올라가면서 지구의 원심력이 작용해 현재의 아프리카 일대가 처음으로 갈라져 나간다. 그래서 지구 상 첫 번째 대륙인 아프리카 판이 생겨났다고 한다. 인류 최초의 어머니인 하와가 그곳에서 탄생했다. 이어서 탄생한 것이 유라시아대륙 판인데, 그곳이 인류 제2의 발상지가 된다. 반고盤古의 천지개벽 신화, 공공共工이 화가 나서 하늘까지 치솟은 부주산不周山을 들이받았다는 이야기, 정위조精衛鳥가 바다를 메운다는 등의 신화가 대략 이 시대에 나왔을 것이다. 1만 년 전쯤, 즉 다리빙기大理氷期[27]에 지구의 기온이 3도 내지 6도 올라갔고, 빙하가 녹으면서 해수면이 상승한다. 특히 9천 년 전쯤에는 북미의 빙모氷帽[28]가 갑자기 녹으면서 멕시코만으로 흘러드는 바람에 이레 동안 계속 거대한 해일이 일어났고, 지구의 무수한 들판이 물에 잠겼다. 전설 속의 노아처럼 지중해 연안의 평원에 살던 사람 중 소수만이 살아남아 배를 타고 고향을 떠나 이집트, 그리스와 메소포타미아평원에 이르렀다.

또한 당시 중국 동부 바다에 접한 평원 지역에 거주하던 동이東夷(구려九黎 부락 81개 씨족)도 대부분 물에 빠져 죽고, 소수의 사람만이 살아남아 지세가 비교적 높은 염황炎黃의 거주 지역으로 옮겨왔다.

기원전 27세기경, 중화민족의 어머니 강인 황하 양쪽에는 세 개의 원시 부족이 균형을 이루며 생겨났다. 그중 하나는 몰락해가는 신농神農 부족으로, 본거지는 진구陳丘(허난성 화이양淮陽)에 있었다. 다른 하나는 치우를 우두머리로 하는 구려 부락으로 근거지는 탁록涿鹿(산시 윈청運城)이었다. 나머지 하나는 새로 일어난 유웅有熊(허난성 신정新鄭) 부족으로, 계략이 뛰어난 헌원軒轅(후에 '황제黃帝'라고 불린다)이 우두머리였다. 신농과 치우, 황제의 '삼국지'가 막 상연되고 있었던 것이다.

새로 일어난 유웅 부락이 먼저 난을 일으켜, 오늘날 허난성 푸거우扶溝에서 일어난 전투에서 몰락해가는 신농을 격파하고 병탄했다. 이어서 헌원은 남은 위세를 빌려 황하를 건너 구려의 중심인 탁록으로 곧바로 진격

후난성 서부(湘西) 지역을 대표하는 먀오족 거주지 펑황성鳳凰城의 퉈강沱江.

했다. 역사상 최초의 큰 전쟁이 탁록 교외에서 일어났다.

신비롭고 몽롱한 신화 속에서 구름과 안개를 토해낸다고 전해지는 치우는 여신의 도움을 받은 황제에게 패해 전사했으며, 구려 부족연맹은 헌원에게 귀속되었다.

치우의 자손 시기가 되어 그들은 재기할 기회를 찾았다. 재기할 수 있는 가장 이상적인 공간은 중원에서 멀리 떨어진 남방이었다. 그래서 구려 사람들은 쥐도 새도 모르게 몰래 이동을 시작한다. 그리하여 요·순·우 시기에 이르렀을 때 구려는 전략적 후퇴를 완성한다. 중심은 오늘날의 창강 지역에 두고, 화하華夏와 서로 균형을 이룰 만한 '삼묘三苗' 부족연맹을 결성했던 것이다. 후에 '복인', '남만南蠻', '무릉만', '오계만五溪蠻'이라 불렸다. 근대에 이르러 이들의 호칭은 복식의 빛깔과 유형화된 모자의 이름을 따라 홍묘紅苗, 백묘白苗, 흑묘黑苗, 청묘青苗, 장군묘長裙苗, 단군묘短裙苗, 대화묘大花苗, 소화묘小花苗 등으로 불렸다. 민족을 식별할 때 그들은 통칭 '먀오족'이라 불렀다.

그들은 중국·티베트어족 몽·몐어파 몽어군에 속하며, 현재 국내 인구는 거의 900만에 달하고, 구이저우와 윈난, 후난성의 서부 지역에 거주한다. 국외 거주지는 베트남과 라오스에 집중되어 있다.

많은 고난을 당한 야오족

야오족瑤族은 질시 받고 모욕당했던 민족이다. 자칭 용견龍犬 반호盤瓠의 후예[29]라고 하지만 실제로는 상주商周 시대의 복인, 한나라 때 무릉만과 장사만의 후손이다. 수·당 시대에 비로소 독립해 굴욕적 호칭인 '만蠻'이라는 이름을 버리고 '막요莫徭'라 개명했으며, 동정호洞庭湖 지역에서 물고기를 잡으며 살았다.

찬바람이 뼈 속으로 스며드는 어느 겨울날, 시성詩聖 두보杜甫가 기운 없이 오늘날 후난성 창더^{常德}로 내려왔다. 그곳에서 두보는 동정호에서 열심히 물고기를 잡는 막요를 보고 시흥이 일어 이렇게 읊었다.

때는 바야흐로 세모, 차가운 북풍 불어오는데,
소수와 상수 흘러드는 동정호에 흰 눈이 내리는구나.
어부는 추위에 떨고 고기 잡는 그물은 얼어버렸네,
요족 사람들 기러기 쏘느라 뽕나무 활이 우는 소리를 내는구나.[30]
歲雲暮矣多北風,
瀟湘洞庭白雪中.
漁夫天寒網罟凍,
莫徭射雁鳴桑弓.

두보가 이들을 동정했든 연민을 느꼈든, 나는 이 시가 민족의 기억에 그리 깊은 기억을 남기지는 못했다고 생각한다. 요인에게 먹는 것이나 입는 것으로 고통을 당하는 것은 참을 수 있는 일이었지만 가장 견뎌내기 힘든 것은 원이나 청 때에 그들을 인격적으로 모독한 것이었다. 그들을 부르던 호칭인 '요^徭'가 '요^猺'로 바뀌었던 것이다.

1920년대가 되어서야 광저우 중산^{中山}대학의 몇몇 진보적 학자들이 지속적으로 문제를 제기해, '요인^{徭人}'이라는 호칭이 비로소 회복되었다. 특히 중국 정부가 들어선 후 '요^猺'를 '아름다운 옥'이라는 의미의 '요^瑤'로 바꾼 것은 더욱 그들을 기쁘게 했다. 현재 야오족의 생활은 외화를 벌어들이는 '요반포^{瑤斑布}'[31]만큼이나 밝아졌다.

야오족은 몽·몐어파 몐어군에 속하며, 중국 내 거주 인구는 260여 만 명에 이른다. 윈난, 광시좡족자치구, 후난, 구이저우, 장시, 광둥 등 여섯 개 지역에 거주한다. 국외에서는 주로 베트남과 라오스에 거주한다.

가시밭길을 헤치고 나온 서족

서족畲族은 야오족과 마찬가지로 자칭 용견 반호의 후손이라고 한다. 전해지는 이야기에 따르면, 전쟁으로 인해 그들의 보금자리가 불탈 때, 반호라는 청년이 분연히 나서서 병사들을 이끌고 용감하게 적과 싸웠다고 한다. 그는 뛰어난 지혜와 놀라운 의지력으로 침략해오는 적군을 격퇴했다. 황제 기뻐하며 자신의 가장 아름다운 셋째 딸을 그에게 시집보냈다. 이에 반호와 공주는 혼수품을 갖고 새가 지저귀고 꽃이 아름다운 산속으로 들어가 3남 1녀를 낳고 살았는데, 첫째는 성씨가 반盤, 둘째는 남藍, 셋째는 뇌雷였다. 사위는 성이 종鍾이었다고 하는데, 그 네 개의 성씨가 바로 오늘날 서족이 되었다고 한다.

하지만 이것은 아름답고 환상적인 이야기이고, 실제 그들은 광둥의 평황산鳳凰山에서 발원했다. 그들은 상주商周복인, 남만, 한대 무릉만의 후손이다. 남송 말기에 민족 이동 열풍이 불 때, 서족의 조상이 오늘날 푸젠성 북부와 저장성 남부 지역으로 내려와서 황무지를 개간하며 화전을 했다. '서'의 원래 뜻이 '풀을 베어내고 화전을 한다'는 의미이기 때문에 그들은 '서족'으로 불린다.

내가 아는 바에 의하면, 서족이라는 이 호칭은 한인 조정에서 소수민족을 위해 지은 이름들 중 드물게 모욕적 의미가 담기지 않은 이름 중 하나다. 그러나 고대 서인은 결코 그것에 따르지 않고 줄곧 스스로를 '산하山哈' 혹은 '산다山達'('산에서 사는 손님'이라는 뜻)라 불렀다. 중국 정부가 들어선 후 정식으로 '서족'이라 명명되었다.

현재 푸젠, 저장, 장시, 광둥, 안후이성의 아득하게 펼쳐진 산속에 거주한다. 그들은 몽·멘어파에 속하며, 인구는 이미 70만 명을 넘었다.

몽·크메르어파 세 자매

'새로운 노래를 부르는' 와족

당신이 운 좋게 와족 산골 마을에 갈 기회가 있다면 아마도 그곳 사람들이 수십 년 동안 불러온 친근한 노래를 들을 수 있을 것이다.

"마을마다 북 치고 징 치며, 와족佤族 사람들이 새로운 노래를 부르네. 마오毛 주석이 변경 지역을 휘황하게 비추니, 산도 웃고 물도 웃고 사람도 웃는구나. 행복의 길을 닦고 행복의 다리를 놓으니, 나날이 더욱 즐거워지네, 더욱 즐거워지네."[32]

노래 속에 행복하게 살아가는 이 민족은 선진의 백복, 후한의 애뢰인, 당의 망만望蠻과 깊은 관계를 가진다. '망望(wàng)'과 '와佤(wǎ)'는 글자가 다르지만 발음은 비슷하다. 그래서 '망만望蠻'은 자신들을 '아와'('산 위에 거주하는 사람'이라는 뜻)라 불렀다.

그들은 오스트로아시아어족 몽·크메르어파 와·더양어군에 속하며 현재 인구 40만 명이고, 윈난성 시멍西盟와족자치현과 창위안滄源와족자치현에 거주한다.

부랑산의 부랑족

부랑족이 거주하는 부랑산布朗山은 윈난성 푸얼차普洱茶의 주산지다.

그들은 와족의 쌍둥이 형제로서, 선진의 백복, 후한의 애뢰인, 당 복자만의 직계 후손이다. 대리국이 한창 위세를 날리던 시절에 그들은 란창강 동쪽의 깊은 협곡으로 쫓겨 갔고, 원 때에는 '포만蒲蠻', '포인蒲人'이라 불렸다. 만주족이 산해관을 통해 중원으로 들어온 후, '만'이나 '포만'에 황제가 있는 청을 의미하는 '만滿'이라는 글자의 발음이 들어있다고 해서 자칭 '아와阿娃', '보랑波朗'이라고 바꿔 부르게 되었다. 중국 정부가 들어선 이

후 그들은 '부랑布朗'이라 불리게 되었다. 그들은 몽·크메르어파 와·더양 어군에 속하며 현재 인구는 9만이다. 윈난성 시솽반나다이족자치주 멍하이勐海현의 부랑산, 시딩西定과 바다산巴達山 지역에 거주한다.

토지를 다시 얻은 더양족

땅을 잃으면 부족의 주권과 생존 공간도 사라진다. 역사 속의 더양족은 이런 사실을 철저하게 체험했다.

아와나 부랑처럼 더양은 윈난의 강, 복, 월 삼대 족군族群 중의 하나인 복인의 후예다.[33] 후에 '애뢰인', '복자만'이라 불렸으며 남조南詔와 금치국金齒國의 용병이 되었다. 원이 몰락한 후 더양 선조들의 거주 지역은 다이족傣族의 통제를 받았고, 다이족 토사土司들이 토지를 차지했다. 더양은 좁은 협곡에서 다시 황무지를 개간해야 했다. 협곡의 좁은 땅이었지만 공동으로 농사짓고, 먹고 입는 것을 절약하며 똑같이 나누면서 살았다. 중국 정부가 들어서기 전까지 여전히 부계 씨족공동체 단계에 머물렀다. 중국 정부가 들어선 후 '평화협상개혁'[34]과 '직접과도直接過渡'[35]를 거쳐 토지는 다시 순박한 벙룽崩龍, 즉 더양족 사람들에게 돌아갔고, 그들은 토지를 매만지며 자신들의 새로운 희망을 헤아렸다.

청 때에 '붕룽崩龍'이라 불렸기에, 중국 정부가 들어선 후 민족 구별을 할 때에도 이 호칭을 그대로 사용했다. 그러나 1985년에 국무원의 비준을 거쳐 '더양족'으로 바뀌었다.* 더양족은 몽·크메르어파 와·더양어군에 속한다.[36] 한족, 다이족, 징포족景頗族의 세 가지 문자를 사용하며, 현재 인구는 2만여 명이다. 윈난성 루시潞西현과 전캉鎮康현에 거주한다.

---

* '벙룽'은 더양족 스스로가 부르는 호칭이 아니라 타인이 부르는 호칭이다. '더양'은 '바위'라는 뜻.

제18장

누란

樓蘭

머나먼 오아시스 저편

뤄부포호羅布泊湖는 '로프노르'(몽골어로 '많은 물이 모이는 호수'라는 뜻)라고도 부른다. 유택汭澤, 염택鹽澤, 혹은 포창해蒲昌海라고도 했으며 전설에 나오는 서왕모의 요지瑤池라고도 한다. 이 호수는 타클라마칸사막의 동부에 있으며, 동쪽으로 옥문관과 양관陽關에서 800킬로미터 떨어져 있다. 로프노르는 중국의 서북부 건조 지역에서 가장 큰 호수다. 호수의 면적은 과거에 1만2천 제곱킬로미터에 달한 적이 있는데, 20세기 초기에도 500제곱킬로미터나 되었다. 호수는 1972년이 되어서야 비로소 바닥을 드러냈다. 현재 로프노르호수는 타림분지의 우울한 눈동자처럼 보이지만, 그 눈동자 속엔 한 방울의 눈물도 보이지 않는다.

그 머나먼 서역에 참으로 아름다운 풍경이 있었다. 당시 콘치강孔雀河[1]와 타림강, 체르첸강이 남쪽을 향해 흘러와 나란히 로프노르호수로 들어왔다. 그곳엔 푸른 물이 일렁이며 나무 그늘이 우거졌고, 뭇 새들이 날아들었으며 동물들이 무리를 이루는 오아시스가 형성되었다.

쉼 없이 물이 흐르던 콘치강은 누란 사람들의 어머니 강이었다. 일찍이

4,700년 전, 누란 사람들은 이 강가에서 살아갔다. 인종학적 측면에서 볼 때 초기의 누란 토착민은 파미르 지역의 샤카족,* 안드로노보인,** 돈황 부근의 월지인과 가깝다. 또한 누란 인은 중앙아시아 문자***를 관용 문자로 사용했지만 그들의 언어는 인도·유럽 계통의 토하라어였다. 이런 다양한 자료를 보면 머나먼 고대에 정말 노아의 방주가 있었던 것이 아닌지 의심하지 않을 수 없다. 그 방주가 금발에 하얀 피부를 한 고古 인도·유럽어족을 싣고 이 머나먼 로프노르호수 주변으로 온 것일까?

고대 누란인은 머리 위에 종족을 상징하는 깃털을 꽂았다. 그리고 독목주獨木舟를 타고 물이 풍부하고 물고기도 많은 콘치강에서 낚시를 했다. 후에 이들은 물결이 일렁이는 로프노르호수 서북쪽에 정착했을 것이다.

땅은 넓지만 인구는 적었던 고대에 누란인은 분명 평화로운 나날을 보냈을 것이다. 이들을 찾아오는 사람은 드물었고 그곳까지 약탈하러 오는 자들도 없었으며, 또한 그곳으로 이주해오는 사람은 더욱 없었다.

그러던 어느 날, 탐험을 좋아하는 유목민이 천국 같은 이곳을 발견했다. 소식은 멀리까지 퍼져나갔으며, 차츰 이곳으로 이주해 오는 사람이 늘어났다. 그리고 뒤이어 다른 부족 사람들이 약탈하러 오곤 했다. 고대 누란인은 힘을 합해 다른 부족의 침입에 대항했으며, 군대를 만들어 자신들의 땅을 지켰다. 또한 견고한 성을 쌓아 마을과 사람들을 지켰다.

전쟁은 끊임없이 일어났다. 물론 이길 때도 질 때도 있었다. 하지만 지형에 익숙했고 여러 사람들이 힘을 모아 성을 만드는 열정까지 있었기에, 최후의 승자는 언제나 고대 누란인이었다. 이리하여 누란인은 점점 먼 곳까

---

* 지중해 유형을 가리킨다.
** 러시아 아친스크 부근 안드로노보(Andronovo) 마을에서 기원했으며, 유럽인종에 속한다.
*** 2세기부터 4세기까지 선선과 우전 일대에서 사용되던 고(古) 인도문자로서 '니야 속어(尼雅俗語)'라고도 부른다.

지 명성을 떨치는 오아시스 왕국을 이루었다.

기원전 176년 이전, 이들의 지도자도 주변 부락에서 최고 통치자를 부르는 호칭대로 '국왕'이라는 명칭을 기꺼이 받아들이기로 했다. 오아시스 왕국의 이름은 누란樓蘭(카로슈티 문자 'Kroraina'의 음역으로, '도시'라는 뜻)[2]이라 정했고, 그것은 곧 서역 36국의 명단에 들어갔다.

그러나 아쉽게도 이것은 대부분 상상에 근거한 것이다. 증거가 될 수 있는 고고학적 자료들이 너무 적고, 진한 시대 이전의 고古 누란에 대해서는 그 어떤 문자 기록도 아직 발견되지 않았기 때문이다. 심지어 당시 중원의 태사령太史令도 이 지역에 대해 전혀 들어보지 못했다고 한다. 이러한 유감스런 상황은 실크로드가 열리기 전까지 계속되었다.

실크로드의 보석

진秦이 중원을 통일하는 피비린내 나는 작업이 마무리되어갈 무렵, 초원에는 흉노라는 강력한 '회오리바람'이 불기 시작했다. 사람 죽이는 것을 말이나 풀 베듯 해치우는 이 초원의 패주 앞에서 누란을 비롯한 인근 나라의 선택은 머리를 숙이고 비굴하게 굽실거리든가 아니면 목을 내밀어 베어달라고 하는 것뿐이었다. 흉노 일축왕日逐王은 서역의 관리자 동복도위僮僕都尉를 파견했다. '동복僮僕'이란 '아직 성년이 되지 않은 하인'이라는 뜻이다. 이 관직의 명칭은 흉노가 서역 각 민족을 아이나 노예처럼 여겼다는 것을 알게 해준다. 흉노는 끊임없이 조공을 받았다. 그뿐만 아니라 누란과 그 인근 나라들은 손자처럼 공손한 태도로 그곳을 순시하러 나온 흉노 사신을 받들어야 한다고 했다. 누란 왕은 이루 말할 수 없이 고통스러웠다. 그때 머나먼 동방에서 들려온 낙타 방울 소리 덕분에 이런 상황이 중단되었다.

기원전 138년, 한 무제의 사신 장건이 100명의 사절단을 거느리고 장안을 출발했다. 그는 서역을 거쳐 중앙아시아 아무다리야강 근처의 대월지에 가려 했다. 대월지와 동맹을 맺어 동서로 흉노를 협공하려 했던 것이다. 흉노는 그 소식을 듣고 서역 각국에 명령을 내려 한의 사절단을 추격해 죽이라고 했다. 누란은 명령을 거절할 수 없었고, 결국 장건 일행은 포로가 되어 흉노에 잡혔다. 장건은 다행히 탈출해 서역 각국을 방문했으니, 그것을 서역 '착공鑿空'이라고 한다. 뒤이어 위대한 실크로드가 열렸다.

서역남도는 타클라마칸사막과 바이룽두이白龍堆사막³에 의해 남북 두 부분으로 나뉜다. 그래서 실크로드는 돈황에서 누란으로 이어진 후 남북 두 개의 노선으로 갈라진다. 하나는 돈황에서 바로 서쪽으로 타림강을 따라 쿠차, 악수를 거쳐 카슈가르에 이른 뒤 다시 타슈쿠르간을 거쳐 파미르 고원을 넘어 중앙아시아와 서아시아, 서남아시아 그리고 유럽으로 가는 길이다. 그것을 실크로드 '북로'라고 불렀다. 다른 하나는 이곳에서부터 서남쪽 방향으로 향하는 길인데, 차르클리크와 체르첸, 호탄을 거쳐 카슈가르에서 실크로드 북로와 만난다. 그것을 실크로드 '남로'라고 한다. 실크로드가 반드시 지나가야 하는 지역이며 또한 역참과 교통의 요충지로서, 누란은 아시아와 유럽 문명 교류의 대명사가 되었다.

누란에는 객잔과 상점이 줄지어 문을 열었고 사원에는 향불이 끊이지 않았다. 중국의 비단과 차, 서역의 말과 포도, 보석 등이 모두 누란을 지났다. 각국의 사신과 상인, 승려들에게 누란은 마음속의 등대였으며 쉬어가는 항구였고, 정신적 정거장이 되었다. 누란은 순식간에 인구 100만이 넘는 타림분지 여섯 개 오아시스 국가 중의 하나가 되었다.

한편 이 실크로드의 요충지는 한과 흉노가 서로 쟁탈하려고 다투는 요충지이기도 했다. 실크로드가 열린 후, 한 무제는 해마다 사절단을 서역과 중앙아시아로 파견했다. 흉노는 한의 사신들이 자신들의 세력 범위를 통과하는 것을 그저 눈뜨고 보고 있지는 않았고, 수시로 마찰이 일어났다.

누란과 고사姑師는 흉노의 지휘하에 연합 정찰 부대를 파견하여 중국 사절단을 죽이고 실크로드 교통로를 끊어버렸다. 살아남은 자가 한 무제에게 돌아가 사절단이 살해당한 사건에 대해 상세한 보고를 했고, 성격이 급했던 한 무제는 불같이 화를 내며 분수를 모르는 이 두 나라를 제대로 혼내주겠다고 별렀다.

한 무제 원봉 3년(기원전 108), 한의 장군 조파노趙破奴가 수만 명의 정예 병을 이끌고 서역으로 왔다. 당시 누란 군대는 겨우 3천 명 정도였고, 남녀노소 다 합해봐야 1만4천 명밖에 되지 않았다. 근본적으로 전한 대군의 적수가 될 수 없었던 것이다. 누란이 일격을 견딜 수 없음을 간파한 조파노는 700여 경기병만을 거느리고 와서 누란 왕을 포로로 잡았다. 그리고 그를 누란의 감옥에 가두었다. 이어서 고사 역시 순조롭게 정복했다. 얼마 지나지 않아 누란 왕은 충심으로 순종하며 한에 투항했다.

이 소식을 들은 한 무제는 웃으면서 "누란 왕을 풀어 주어라, 관직도 원래대로 회복시켜라!"라고 명령을 내렸다.

누란의 이름이 바뀌다

한의 황제는 기분이 좋았으나 흉노 왕은 분노했다. 누란 왕이 한에 투항했다는 소식을 들은 흉노는 곧 병사를 보내어 누란을 쳤다. 누란은 버텨낼 수가 없었다. 게다가 누란이 침입을 받을 때 한 왕조는 즉각적으로 그곳에 영향력을 행사하지 못했다. 누란 왕은 할 수 없이 흉노와의 담판 자리에 나가야 했다. 담판의 결과, 누란은 암암리에 흉노에 복종하기로 했다.

누란 왕은 맏아들 안귀安歸를 흉노에, 둘째 아들 울도기尉屠耆를 한에 인질로 보내야 했다. 이것이야말로 전형적인 '장두초墻頭草'[4]이며 '양면파兩面派'[5]였다. 한 무제는 그 소식을 들은 후 옥문관 수장을 시켜 병사를 이끌고 가서 누란 왕을 체포하게 했고, 그를 장안으로 끌고 와 문책했다. 누란 왕은 한숨을 쉬며 말했다.

"누란은 작은 나라입니다. 한과 흉노라는 강대국 사이에 있지요. 두 나라 어디에 죄를 지어도 살아남기 힘듭니다. 만일 제게 어느 편에 설 것인지 명확하게 밝히라고 하신다면, 저는 온 백성을 이끌고 한 왕조의 중원 지역으로 들어와 살게 해달라고 부탁할 것입니다."

한 무제는 그 말에 일리가 있다고 생각해 그를 누란으로 돌려보냈다.

한 무제 정화征和 원년(기원전 92), 누란 왕이 세상을 떠났다. 친한파親漢派 대신들이 한에 인질로 가있는 왕자를 돌려보내 왕위를 잇게 해달라고 했다. 왕자는 매우 비통해했지만 쉽게 귀국하려 하지 않았다. 이에 동생이 왕위를 계승했다. 그런데 새로운 왕은 즉위한 지 얼마 되지 않아 죽고 말았다. 흉노는 그 기회를 틈타 자기 나라에 인질로 와있던 전 국왕의 맏아들을 누란으로 돌려보내 왕위를 계승하게 했다. 이미 절반은 흉노 사람이었던 왕자는 즉시 흉노 쪽으로 기울어졌다. 그는 한과 거리를 두었고, 한이 보낸 사신을 모조리 살해했다.

누란은 독립국가였다. 다른 나라 공민을 자기 나라에 마음대로 출입하게 할 수는 없는 일이었다. 한의 사신을 직접 죽인 것은 지나친 행위였지만, 누란의 행위가 완전히 비합법적인 것이라고 할 수는 없었다. 하지만 작은 나라가 한의 '하늘같은 위세'를 짓밟는 것을 한이 용납했겠는가? 체면을 살리기 위해, 한의 권신 곽광霍光은 부개자傅介子 장군에게 누란 왕을 살해하라는 명령을 내렸다.

한 소제昭帝 원봉元鳳 4년(기원전 77), 부개자는 공들여 골라낸 날랜 자객 몇 명을 데리고 누란으로 갔다. 그리고 한의 황제를 대신해 안귀에게 돈과 비단을 내리겠다고 했다. 환영 연회에서 부개자는 안귀를 술에 취하도록 만들어 그를 병풍 뒤로 부축해 들어갔다. 그곳에서 대기하고 있던 자객은 즉시 안귀의 머리를 베어버렸다. 부개자는 대경실색한 누란왕국의 대신들 앞에서 한에 거주하고 있는 누란 왕자 울도기를 새로운 왕으로 삼겠다고 선포했다. 부개자는 안귀의 수급을 빠른 말에 실어 장안으로 보냈고, 안귀의 머리는 장안성 미앙궁未央宮 북문 아래 높이 걸렸다. 오고가는 행인들, 특히 외국 사신단에게 그것을 반드시 보도록 하였고, 안귀의 머리가 잘린 원인에 대해 서로 토론하게 했다.

피살된 누란 왕과 차별화하기 위해 한은 누란의 이름을 '선선鄯善'으로 바꾸고 선선 왕에게 새로운 옥새를 새기게 했다. 그리고 울도기에게 궁녀 하나를 내려주어 부인으로 삼게 했다(그녀는 왕소군보다 무려 44년이나 빨리 출새했다). 그런 후에 많은 사람들을 거느린 위풍당당한 모습으로 깃발과 북을 휘날리며 새로운 선선으로 돌아가게 했다.

선선은 이제 사람들 귀에 익숙한 고 누란을 대신하게 되었다. 하지만 이름만 바뀐 것은 아니었다. 이어지는 사건들은 누란의 역사에 근본적인 변화를 가져왔다.

먼저 선선 왕은 한 소제에게 편지를 보냈다.

"저는 오랫동안 한에 인질로 있었습니다. 귀국하긴 했지만 제 세력이 약해 언제 갑자기 피살당할지 예측할 수 없습니다. 선선에는 이순성伊循城이라는 아주 기름진 땅이 있습니다. 폐하께서 병사들을 그곳에 보내 둔전을 하게 하실 수는 없는지요? 그렇게만 해주신다면 저는 마음 놓고 황제의 지시를 따를 것입니다."

한 황제는 그의 요청을 허락했고, 사마司馬와 40명의 병사들을 이순성(미란米蘭 유적지)에 보내어 둔전을 하게 했다. 이렇게 하여 선선은 마침내 한의 통치 범위에 들어왔다.

한편, 새로운 선선 왕은 즉위한 다음 해에 도성을 남쪽의 우니성扜泥城(차르클리크)으로 천도했다. 도읍을 옮긴 표면적 이유는 타림강의 물길이 바뀌어 로프노르 지역 남부에서부터 체르첸강과 함께 로프노르호수로 들어간다는 것이었다. 물줄기가 바뀌는 바람에 우니성이 있는 로프노르 남부의 관개 지역에 수량이 풍부해졌다는 것이었다. 하지만 진짜 원인은 아마도 구세력이 주도적 지위를 차지하고 있던 누란고성에서 벗어나려는 것이었을 것이다.

음흉하여 본심이 무엇인지 알기 어려웠던 왕실 귀족들만이 누란 고도古都에 남았다. 이어서 한은 우니성 동쪽의 이순성에 둔전도위屯田都尉를 설치해, 멀지 않은 곳에 있는 국왕을 호시탐탐 감시했다. 후에 선선은 아예 한 왕조의 군대가 주둔하는 이순성으로 옮겼다.

더 이상 도성이 아닌 누란고성은 과연 이전의 찬란함을 유지할 수 있었을까? 그것은 영원한 수수께끼로 남아 있다.

신비롭게 사라지다

후한 시대에 반초班超의 아들 반용班勇이 아버지의 업적을 계승하여 서역장사西域長史가 되었을 때, 중요한 사명을 띤 수하 장군 한 명을 누란으로 파견했다.

그 장군의 이름은 색려索勱였다. 그는 주천과 돈황의 관병 천 명을 이끌고 로프노르에 가서 직접 둔전을 하며 집을 지었을 뿐 아니라, 선선과 언기, 구자의 병사 천 명을 불러 모아 콘치강에 제방을 쌓고 물길을 끌어들여 농사를 지었다. 그 목적은 로프노르 주변 지역을 서역도호부의 양식 기지로 만들려는 것에 있었다. 색려는 명령을 잘 수행했을 뿐 아니라 능력도 뛰어났다. 몇 년이 지난 후 로프노르 군량기지에는 수많은 곡식이 쌓이게 되었고, 색려는 포상을 받았다.

하지만 작위가 높아진 것에 대한 장군들의 기쁨은 로프노르 지역의 파괴된 생태 환경에 기초한 것이었다. 수천 명에 달하는 둔전 관병이 집을 짓느라 대량으로 나무를 베어냈고, 이로 인해 로프노르 지역의 녹화 비율은 급격하게 떨어지기 시작했다. 콘치강을 막아 제방을 쌓는 바람에 하류에 있던 누란 고도의 수원도 끊겼다. 결국 그들은 유감스럽지만 누란고성을 버려야만 했다.

뾰족한 수가 없자 둔전 사병들은 로프노르 서쪽 호숫가에 '백옥白屋'을 지어 새로운 성을 만들었다. 지금도 간혹 볼 수 있는 '삼간방三間房'(흙벽돌과 나무로 만든 세 칸짜리 건물)으로 이루어진 누란고성이 형성되었다. 그리고 그것이 점차 발전해 서역장사부西域長史府 치소治所가 되었다. 새로운 성을 건설하자니 다시 대량의 나무가 잘려나갔고, 의식하지도 못하는 사이에 로프노르의 생태 재난이 다시금 둔전 관병에게 닥쳐왔다.

콘치강의 수량은 갈수록 줄었고, 로프노르의 면적도 나날이 줄어들었으며, 선선의 녹지와 물고기, 새, 호랑이 등은 점차 사라졌다.

이런 상황에 이르자 선선 왕과 서역도호부는 생태 환경을 보호하는 것이 얼마나 중요한가 하는 것을 비로소 깨닫게 되었다. 누란에서 발굴되고 카로슈티 문자로 기록된 율법에는 놀랍게도 "살아 있는 나무 한 그루를 베면 말 한 필을, 작은 나무를 베면 소 한 마리를, 나무 묘목을 벤 자는 양 두 마리를 벌금으로 내야 한다"라는 구절이 나온다.

그러나 때는 이미 너무 늦은 상태였다. 생존을 위해 반드시 생태 환경을 보호해야 한다는 사실을 사람들이 깨달았을 때 대자연은 이미 인내력을 잃었다. 사막의 모래가 누란을 삼키는 것을 이제는 막을 수가 없었다.

현재 해독해낸 누란 한문 간독簡牘을 보면 타림강이 물길을 바꾼 후 콘치강의 주된 물줄기도 남쪽으로 흘러 타림강으로 들어갔으며, 로프노르 전체가 서남쪽으로 이동했음을 알 수 있다. 또한 누란고성의 소재지인 로프노르 북부 삼각주 생태가 급격하게 악화되었고, 이어서 무성한 호양림 胡楊林[6]이 고사했다. 농경지는 가뭄 때문에 메말라 더는 농사를 지을 수 없게 되었다. 녹지도 흘러내리는 모래의 습격을 견뎌내지 못하고 점차 황량한 사막으로 변해갔으며, 오아시스에 있던 번화한 고성과 한진역로漢晉驛路, 돈황부터 로프노르에 이르는 한나라의 봉수烽燧 시스템이 완전히 폐기되었다. 문명의 사슬이 갑자기 끊어져버린 것이다.

로프노르 주변은 황혼 무렵 천천히 닫히는 하늘처럼, 그 시작을 알 수 없는 황무지 깊은 곳처럼 검은 자색으로 변해버렸다. 330년, 결국 누란 사람들은 고향을 버리고 비장한 표정으로 이주의 길을 떠날 수밖에 없었다.

그로부터 70여 년이 지난 어느 날, 법현法顯스님이 서역으로 가며 누란을 지나갈 때 이런 구절을 남겼다.

"위로 하늘엔 날짐승이 없고, 아래도 땅엔 길짐승도 없다. 눈이 닿는 곳엔 오직 망망함 뿐, 쉴 곳을 찾으려 해도 헤아릴 바가 없고, 오직 죽은 사람의 마른 뼈만이 표지가 되고 있구나."[7]

그 시절에 누란은 이미 그런 상태가 되어버렸다. 한편 선선 신성新城도 그리 오래 지속되지 못했다. 445년, 선선은 정식으로 멸망했다. 그들을 멸망시킨 것은 위구르와 투르크메니스탄의 조상인 정령丁零人이었다.

5세기 말, 남제南齊의 사신 강경현江景玄이 명령을 받아 서역을 방문했다. 그가 선선(이순성으로 추측됨)에 도착했을 때 풍요롭던 이 오아시스는 이미 퇴락했고 백성은 사방으로 흩어져, 성 안에는 아무도 남지 않았다.

수·당 시기에 이르면 실크로드의 보석이었던 누란에는 이미 사람도 사라지고 성도 텅 비었으며 누런 먼지만이 휘날리고 있을 뿐이었다. 그래서 실크로드 북로는 새로 열린 이오대도伊吾大道(안서安西에서 하미哈密로 가는

둔황 인근의 타클라마칸사막.

노선)로 대체되고, 실크로드를 지나는 이들은 바이룽두이사막에서 고 누란에 이르는 험한 길을 꼭 거칠 필요가 없어졌다. '길은 끊기고 성은 텅 비니', 그것이 바로 누란과 타림강 하류의 오아시스 왕국이 소멸한 원인이다.

그 후 선선의 오아시스 농업은 토욕혼이라는 다른 유목민족에 의해 무려 180여 년간 지속되었다. 토욕혼의 뒤를 이어 당이 이곳에서 겨우 35년을 다스렸고, 이후에는 그곳에 관한 기록이 전혀 보이지 않는다.[8]

기록이 사라진 이후, 수만 명이 살았던 누란이라는 이 오아시스 도시국가는 점차 사막의 모래에 묻혔고, 유적지는 완전히 버려졌으며, 인적이 드문 드넓은 사막이 되었다. 그곳엔 말라죽은 호양 숲, 바람에 의한 침식작용으로 이루어진 기이한 야르당雅丹 지형, 무한히 이어지는 모래 언덕, 무시무시한 사막의 모래폭풍 뿐, 생명의 자취는 없었다.

이후 1500년 동안 전 세계는 누란에 관한 소식을 들을 수 없었다. 과거에 이름을 드날렸던 오래된 왕국이 드넓은 타클라마칸사막 속으로 한 줄기 바람처럼 사라졌던 것이다.

지금도 그곳에서는 토착 로프노르인이 부르는 노래가 들리는 듯하다.

"사막이 바다를 마르게 했어, 누란은 가라앉은 배야."

남북조 시대에 누란은 이미 사라졌다. 그런데 왜 당나라 시인의 시 속에는 누란이 자주 나타나는 것일까? 먼저 변새시파邊塞詩派의 왕창령王昌齡이 〈종군행從軍行(종군의 노래)〉에서 이처럼 굳게 맹세했다.

청해의 긴 구름에 설산이 어두워지고,

외로운 성 멀리 옥문관을 바라보네.

누런 사막에서의 온갖 싸움 갑옷 다 뚫어져도,

누란왕국 격파하지 않으면 끝내 돌아가지 않으리.

青海長雲暗雪山,

孤城遙望玉門關.

黃沙百戰穿金甲,

不破樓蘭終不還.

후에 백면서생 이백李白도 〈새하곡塞下曲〉에서 소리높이 외쳤다.

허리에 차고 있는 칼을 뽑아,

곧바로 누란을 베고자 하노라.

願將腰下劍,

直爲斬樓蘭.[9]

사실 진짜 누란은 이미 사라진 지 수백 년이 지난 뒤였다. 이들의 시 속에 이렇게 누란이 자주 등장하는 것은 아마도 고대 누란왕국이 매우 유명

절반의 중국사

했던 까닭일 것이다. 당나라 때의 '누란'은 이미 서부 변경 민족의 대명사가 되어 있었다.

수많은 수수께끼들이 우리 앞에 놓여 있다. 누란은 왜 멸망했을까? 누란 사람들은 어떤 민족이었을까? 누란인은 어떤 언어와 문자를 사용했을까? 나라가 멸망한 후에 누란인은 어디로 도망쳤을까? 누란고성은 도대체 어디에 있었을까?

놀라운 사건이 일어나다

그렇게 많은 물음표가 남아 있으니, 아시아대륙의 중심 지역 답사에 열중하던 서방 탐험가(사실은 영락 없는 유물 도둑)에게 그곳은 그야말로 거대한 유혹일 수밖에 없었다.

첫 번째로 이곳에 온 사람은 스벤 헤딘Sven Hedin이라는 스웨덴 탐험가였다. 1900년 3월 28일, 로프노르 인근의 사막에서 견디기 힘든 고통스러운 날을 보내느라 피곤함에 찌든 헤딘은 깊은 잠에 빠진 누란을 지나친 것 같았다. 정오에 탐험대원들은 사막에서 살아 있는 홍류紅柳를 발견했다. 식물이 자라는 곳이라면 분명 물이 있을 것이니, 헤딘은 행렬을 멈추고 물이 있는 곳을 찾아보기로 했다. 그러나 땅을 파려하니 삽이 보이지 않았다. 헤딘의 로프노르 안내자인 오르둑이 삽을 어제 저녁의 숙영지에 두고 온 것이었다. 안내자가 돌아가서 삽을 찾아오기로 결정했다. 그가 마침내 삽을 찾아 돌아올 때 거대한 사막에 갑자기 모래 폭풍이 불었고, 모래바람이 지나가고 나니 폐허가 하나 나타났다. 다음 날 낮, 그는 마침내 대오를 따라잡았다. 그리고 폐허에서 주운 꽃무늬 조각 나무판과 동전 몇 개를 갖고 가서 고생하며 기다리던 헤딘에게 주었다. 그런데 그것을 본 헤딘은 기절

둔황 인근 타클라마칸사막의 사구沙丘.

초풍할 정도로 놀랐다. 목판에 조각된 것이 전형적인 그리스 예술 형식을 보여주고 있었던 것이다. 탐험가와 고고학자들의 직감으로, 안내자가 발견한 그곳이 분명 사막 속에 묻혀있는 휘황찬란한 역사 속의 고성일 것임을 헤딘은 알아챌 수 있었다. 그는 분명 타클라마칸사막 문명의 수수께끼를 파헤친 최초의 인간이 될 수 있을 것이었다. 하지만 그는 가져온 물이 얼마 남지 않았다는 사실을 떠올려야 했다. 결국, 그는 다음 해에 다시 오기로 결정했다.

1901년 3월, 이 스웨덴 사나이가 다시 타클라마칸에 왔다. 그리고 어느 날, 그는 마침내 사막에 묻힌 지 오래된 오아시스 왕국 누란을 발견했다. 고운 모래 밑에 완벽하게 보존된 집들과 생활용품, 종이, 목간木簡, 나뭇잎 등은 그를 놀랍고 기쁘게 했다. 그는 그곳을 발굴하면서 고대 누란인의 일상생활을 상상해보았다. 완벽하게 남아 있는 집 하나를 정리하다보니 그 집의 나무로 된 문이 밖을 향해 열려 있었다. 그는 《중앙아시아 여행기》에서

절반의 중국사

감격에 겨워 이렇게 썼다.

"이것은 분명 1500년 전, 이 도시의 최후의 주민이 집을 떠날 때 열어놓은 것이다."

이 유물 도적[10]은 자신이 발굴한 문물을 멀리 서방으로 갖고 갔으며, 그것을 아주 자랑스럽게 전 세계에 알렸다.

"사막 속의 폼페이, 고 누란이 세상에 다시 나왔다!"

누란의 수수께끼는 이렇게 해서 풀렸다. 이것은 머나먼 과거라는 것이 어쩌면 학자나 시인이 아닌, 모험을 좋아하는 고고학자에 의해 해석된다는 것을 예고한 사건이 아닌지 모를 일이다.

그 소식은 온 세상을 놀라게 했다. 그리고 그 소식은 전 세계의 많은 탐험대와 고고학자들을 타클라마칸으로 불러들였다. 미국의 헌팅턴 탐험대(1905), 영국의 오렐 스타인Aurel Stein 탐험대(1906), 일본의 오타니 고즈이大谷光瑞 탐험대(1908~1909) 등이 앞다퉈 사막으로 왔고, 고 누란성의 신비한 모습을 파헤치고 중국의 보물을 훔쳐가기 위한 경쟁을 벌였다.

이후 여러 차례의 발굴을 거쳐 고 누란성 유적지가 원형을 드러냈다. 이 고성은 동경 89도, 북위 40도에 있으며 서남쪽으로 신장 차르클리크에서 220킬로미터, 동쪽으로 로프노르 서쪽 호숫가와 28킬로미터 떨어져 있다. 거의 정사각형에 가까운 이 고성은 지세가 평탄한 낮은 호숫가에 조성되었으며, 면적은 대략 1만 6천 제곱미터였다. 성의 북쪽에는 작은 강이 흘렀는데, 그것은 역사서에 나오는 누란고성에 관한 기록과 거의 부합했다.

더욱 사람들을 놀라게 한 것은 중국 고고학 발굴단이 1980년에 누란 무덤들 속에서 여성 미라를 발굴했다는 사실이었다. 측정해본 결과 그것은 3천여 년 전의 미라였는데, 시신이 입고 있는 옷의 형태가 완벽하게 남아 있었다. 미라는 코가 높고 눈이 움푹 들어가 있으며 잘생긴 얼굴을 하고 있었다. 백인종의 특징을 모두 갖고 있었던 것이다. 그래서 그녀는 '누란 미녀'라는 시적인 이름을 갖게 되었다.

누란에 묻다

누란고성은 사라졌지만 누란 사람들은 결코 사라지지 않았다. 그렇다면 수만 명이나 되는 누란 사람들은 대체 어디로 간 것일까? 이미 1,500년이나 지났기에 정확한 답을 찾는 것은 거의 불가능하고, 그저 몇 가지 단편적 역사 기록으로 추측해볼 수 있을 뿐이다.

사서의 기록에 의하면 422년에 선선왕 비룡比龍의 태자가 4천여 명의 누란 사람들을 이끌고 북량왕北涼王에게 항복한 후 고창高昌으로 이주했다고 한다. 그리고 쿠무타크사막 북쪽의 포창蒲昌이라 불리는 오아시스에 살았다. 오늘날 투르판에 살고 있는 선善씨 성의 주민들이 바로 선선 유민들이라고 한다.

다시 70년이 지난 뒤, 선선은 정령인에게 멸망당했다. 그때 일부 누란인이 북으로 이오伊吾(신장위구르자치구 하미)로 들어가 성을 쌓고 살았다. 이들이 쌓은 성은 '나즈納職'라 불렸는데, 오늘날 하미 우바오五堡 향 쓰바오四堡촌 북쪽에 있는 라푸차오커拉甫喬克고성이 바로 그것이다.

한편 일부 누란인은 중원으로 들어왔다. 신장에는 아직 뤄부인羅布人('로프노르인'이라고도 한다)이 살고 있는데, 이들 역시 누란인의 후손이라고 한다. 그들은 어렵을 생업으로 삼으며, 세상과 떨어져 대대손손 로프노르 호수 유역에 살았다. 이들이 모여 사는 곳은 '압단'이라 한다. 그들이 물고기를 잡을 때 사용하는 배는 '카판'이라 하며, 갈대로 지은 작은 집은 '싸퉈마'라 하고, 지상의 풀은 '로프로느 마麻'라고 한다. 100여 년 전, 타림강이 점차 줄어들어 로프노르인이 기대어 살던 호수가 점차 말라버리자, 그들은 배를 버리고 육지로 올라와 물고기를 잡다가 다시 목동이 될 수밖에 없었다. 이후 그들은 콘치강 서쪽을 따라 현재의 뤄창若羌, 웨이리尉犁, 룬타이輪臺, 뤄푸洛浦 등 네 군데 현으로 이주했다. 인구는 현재 1만 명을 넘어섰다.

가장 새로운 연구 자료에 의하면, 망국 후의 누란 백성은 전부 흩어져버린 것이 아니라 일부가 계속 해서 로프노르 물가에 살았다고 한다. 하지만 호수의 물이 마르자 그들은 지속적으로 이주했고, 1972년에 로프노르가 완전히 마르면서[11] 최후의 누란 후예들이 오늘날의 산산鄯善현으로 이주했다고 한다. 말하자면 누란인의 이주는 1,500년의 시공을 가로질러 이루어졌던 것이다. 근원을 찾는 데 관심 있는 독자라면, 누란고성에서부터 북으로 쿠무타크사막을 지나 휘날리는 누런 모래를 따라서 거대한 사막의 초록 보석이라고 불리는 산산오아시스를 볼 수 있을 것이다. 오아시스에서 첫 번째 만나게 되는 초록색이 바로 당신이 찾는 누란 후예들의 거주지인 디칸迪坎촌이다.

누란의 소멸은 우리에게 깊은 안타까움을 남긴다. 그러나 그 안타까움이 어찌 여기서만 끝나겠는가?

일찍이 일어났던 서른여섯 개 오아시스 고국故國들 중에서 이미 열네 개의 오아시스 왕국이 망망한 사막의 바다와 홍수의 진흙탕 속에 빠져버렸다. 미란 유적지(선선고성), 요트칸 유적지(우전고성), 니야 유적지(정절고성), 피랑고성 유적지(구자고성), 보거다친 유적지(언기고성) 등이 바로 그것이다. 오아시스 왕국들의 멸망 과정을 보면 안타까운 마음이 들고, 그 앞에서 우리는 깊이 사색하게 된다. 머나먼 미래 앞에서 과거를 돌아보면 탄식을 하지 않을 수 없다.

지나간 사람들을 탄식하면서 우리는 또한 진땀을 흘리게 된다. 길고 긴 지구의 역사와 생명의 역사를 비교해보면 인류는 지구 상에서 극히 짧은

둔황 인근 야르당 지형의 공작새 모양 바위.

순간만 존재한다. 그러나 인간은 습관적으로 지구의 공간이 거대하다고 여기며 지구의 용량이 충분하다고, 지구의 자원이 무한하다고 여긴다. 그래서 자연을 정복하려는 갈망을 갖고 있는데, 그것이 일단 실현되면 생각지도 못했던 결과가 따라 오곤 한다. 급격한 인구의 팽창, 자원의 고갈, 환경 악화 등이 그것이다. 머지않은 장래에 지구는 인류가 거주하기에 적합하지 않은 곳이 될지도 모른다. 우리가 걱정할 만한 이유는 차고 넘친다.

그렇지 않은가? 안타까움으로 가득 찬 이 사막의 땅 위에서, 혹은 이곳과 그리 멀리 떨어져 있지 않은 황토고원에서, 생존해야 한다는 우리의 당위성과 관성 때문에 안타까운 일들이 계속 생겨나고 있다.

중국에서 가장 긴 내류하인 타림강은 이미 작은 시내로 변해버렸고, 둔황의 웨야취안月牙泉 면적도 점차 줄어들고 있다. 간쑤성 스양강石羊河 하류의 민친民勤오아시스도 사라지고 있고, 닝샤寧夏 옌츠鹽池현의 중국 감초甘草 기지[12]도 이미 사막으로 변해버렸다.

옮긴이의 말

《절반의 중국사》라는 제목은 매우 수상쩍다. '중국사'의 '절반'에는 과연 무엇이 포함되는 것일까? 저자는 2천여 년 전의 흉노에서부터 이야기를 시작한다. 그것을 읽는 순간 '절반'이라는 단어 안에 과거와 현재가 교차하고, 역사를 바라보는 다수와 소수의 시각차가 들어 있음을 깨닫게 된다.

중국에는 한족을 제외하고 55개의 소수민족이 거주하고 있는데, 이 책에서 이들의 역사를 직접 서술하고 있지는 않다. 하지만 현재 중국에 살고 있는 여러 민족들의 역사를 거슬러 올라가면 그곳에 흉노가 있고 거란이 있으며, 유연과 선비, 돌궐, 몽골 등 북방의 초원민족들이 있다. 그리고 토번이나 대리, 야랑, 전국, 남월 등 서남부 지역의 다양한 왕조가 함께한다. 이 책은 과거 중국 땅에 존재한 한족 이외의 민족들과 그들이 세운 왕조의 역사를 다룬다.

저자는 오랜 공력을 바탕으로 북방 초원을 치달렸던 유목민족들의 역사를 서술하고, 중원의 왕조를 위협했던 토번이나 서하 영웅들의 이야기를 써 내려간다. 그리고 우리에게는 낯선 서남부 지역의 여러 왕조들에 얽힌 이야기도 들려준다. 그래서 이 책은 매우 낯설고 신비로우며 흥미롭다. 한 권의 책 안에서 과거 중국 땅에 존재했던 여러 민족들의 이야기를 한꺼번에 볼 수 있다는 것은 이 책의 가장 빼어난 장점이다. 그리고 동시에 저자가 이 책의 제목을 왜 '절반의 중국사'라고 붙였는지 이해하게 해준다. 오늘날 중국을 있게 한 많은 부분이 과거 중국 땅에 존재했던 여러 민족들로부터 왔기에 그들의 역사를 중국사의 중요한 구성 요소로 인정해야 한다는 뜻이겠다. 이것은 일견 매우 열려 있는 관점처럼 보인다.

한편으로 이 제목은 또 다른 시점을 내포한다. 몽골이나 거란, 토번과 회골 등 이 책에 등장하는 민족들의 역사 모두를 '절반'의 '중국사'로 본다는 시각은, 곧 중국이라는 지리적 영역 안에 존재한 모든 왕조와 민족의 역사를 '중국사'에 포함시킨다는 중국의 학술적 경향을 명확하게 보여준다. 이것은 현재 중국에서 '통일적 다민족국가'론과 '중화민족 다원일체'론에 근거하여 진행하고 있는, 이른바 '역사공정'의 기본 관점이기도 하다. 역설적이게도 바로 이 점이 이 책을 번역하게 된 동기다.

소수민족의 역사란 말할 것도 없이 다수에 의한 핍박의 역사이기에, 특히 그 안에 들어 있는 이데올로기적 요소에 관심을 기울여야 한다. 마침 소수민족의 '기원'을 밝힌다고 말한 이 책을 만나게 되었고, 책을 읽어나가면서 그 바탕에 중국 학계가 추구하고 있는 방향성이 명확하게 드러나 있는 것을 확인할 수 있었다.

우리가 중국에서 '동북공정'을 포함해 '역사공정'을 진행하고 있다는 말은 많이 들었지만, 구체적으로 어떤 방식으로 진행되는지에 대해서는 잘 알지 못한다. 지금까지 학계에서만 주로 논의가 이루어지고 있을 뿐, 중국 측의 시각이 반영된 대중적 역사 교양서는 아직 국내에 출판된 바가 없기 때문이다. 그런 점에 비추어볼 때 이 책은 중국 내에서도 일반 독자들에게 널리 읽히는 교양서라는 측면에서 그 의미가 크다.

저자 가오훙레이는 과거 중국 땅에서 활동했던 여러 민족들에 대한 뜨거운 열정을 가지고 이 책을 서술했다. 한 무제와 흉노 선우, 쿠빌라이의 인재 발탁에 관한 예를 들면서 유목민족 지도자들의 개방적 태도를 높게 평가한 점, 유목민족 왕조가 중원에 들어선 것을 학자들이 '오호난화五胡亂

華(북방 오랑캐들이 중원을 어지럽힌다)'라고 평가하자 이를 비판한 점, 서남부 지역에 존재했던 야랑이나 남월 등의 잊힌 역사를 조명한 점 등 저자의 개방적 시각을 보여주는 대목들이 많다. 특히 작가 출신답게 이 책에는 저자의 고전에 대한 깊은 조예를 보여주는 수많은 시, 고사성어가 등장한다.

반면, 위구르나 티베트 지역의 역사를 서술할 때에는 어쩔 수 없이 한계성을 드러내기도 한다. 11세기 카라한 왕조의 학자 마흐무드 카슈가리를 '중국인'이라고 쓴 것이 대표적인 경우다. 그래서 충실한 번역자의 역할만 하려다가 생각을 바꿔 역주 작업을 시작하게 되었다. 중국 학계의 방향성을 따르기 위한 서술이겠지만, 군데군데 드러나는 객관적이지 못한 저자의 시선에 대한 약간의 설명은 반드시 필요하겠다는 생각을 했다. 그래서 역주 작업에 많은 시간을 할애했고, 중국 학계와 국내 학계의 관련 연구 동향까지 소개하려 노력했다.

역사서는 객관적이어야 한다고 모두가 말하지만 사실 역사서는 '문자'를 소유한 강자들의 기록일 수밖에 없다. 문자는 일찍부터 권력과 깊은 관계를 맺어왔고, 종종 이데올로기적으로 이용되곤 했다. 그리하여 문자로 기록된 역사서들은 문자를 가지지 않은 민족들의 역사를 왜곡하기도 하고, 강자들은 약자들의 역사를, 다수는 소수의 역사를 왜곡하기도 했다. 이러한 현상은 여전히 진행형이다. 모든 민족들은 오래된 문명과 강성했던 과거의 역사를 소망한다. 그러나 그 유혹에서 자유로울 수 있어야 한다. 자국의 이익에만 충실한 역사라면 그것은 역사가 아니고 위험한 이데올로기에 지나지 않는다. 무엇보다 과거의 위대함이 미래의 찬란함을 담보해주는 것은 아니다. 중국 학계의 역사 인식을 구체적으로 보여주는 이 책을 통해 제대로 된 역사 인식이란 무엇인지 생각해보는 계기가 되면 좋겠다.

유라시아 대륙 전체의 역사를 다루고 있기에 중국어로만 표기된 인명과 지명 등 고유명사를 제대로 옮기는 것은 시간이 매우 오래 걸리는 작업이었다. 이평래(몽골), 이용성(튀르크), 박성혜(티베트) 선생님이 도와주셔서 좀 더 정확하게 옮길 수 있었다. 세 분 선생님들께 감사한 마음을 전한다. 지도 작업에 조언을 해준 이승수 동학에게도 고맙다는 말을 전한다. 또한 방대한 분량의 원고를 마지막까지 꼼꼼하게 검토하면서 책을 만들어준 김남혁 편집자에게 크나큰 감사의 마음을 전한다. 그리고 오랜 시간 기다려주신 메디치미디어 김현종 대표님께도 고마움을 전한다. 물론 가장 큰 고마움은 이 책을 선택해준 독자 여러분이다.

2017년 봄
김선자

주 · 찾아보기

들어가는 말

1 저자는 현재의 중국이라는 지리적 영역 안에 과거에 존재했던 한족 이외의 모든 민족을 '소수민족'으로 통칭하고 있다. 저자의 시선을 그대로 보여주기 위해 그 단어를 그대로 사용했다.

제1장 흉노

1 흉노의 계통에 대해 코카서스 인종이라는 주장도 있고 몽골로이드계라는 주장도 있으나 섣불리 단언하기는 어렵다(사와다 이사오, 김숙경 옮김,《흉노》, 26쪽, 아이필드, 2007). 그러나 중국 사서에서 말하는 '화이일체(華夷一體)'는 불가능하다는 점을 중국학자들도 지적하고 있다. 고고학적 증거로 볼 때 흉노의 주체 민족은 북아시아 몽골 인종으로 보인다. 남쪽으로 내려온 흉노가 한족(漢族)과 섞였을 가능성은 있으나 주체 민족의 분포 지역은 여전히 인산(陰山)산맥 이북 몽골 초원이며, 이는 진 때 두만(頭曼)선우가 북쪽으로 올라간 것이나 후에 이치사(伊稚邪)선우가 막북(漠北, 고비사막 북쪽)으로 옮겨간 것으로도 증명된다. 그들이 일찍부터 막북 지역에 '대후방(大後方)'을 만들어두었으리라는 것이다(馬利清, 〈從考古學文化的分布與傳播看匈奴疆域的變遷〉, 《内蒙古大學學報(人文社會科學版)》第37卷 第1期, 15~16쪽, 2005).

2 사마천의 《사기》〈흉노열전〉에 근거한 내용이지만, 중원인의 시각에서 묘사되었다는 것을 염두에 두어야 한다. 이희수는 흉노 사회가 부족연합체적인 유목 국가 성격을 띠었으며, 각 부족 공동체 단위를 결집하는 요소는 말과 무기로 부족을 방어하고 적을 공격해 물자를 조달하는 강력한 운명공동체 의식이었다고 말한다(이희수,《터키사》, 61쪽, 대한교과서주식회사, 2005).

3 헤이룽장성과 내몽골자치구의 경계에 있는 산맥. 평균 해발고도 1,100~1,400미터의 산들이 1,200여 킬로미터에 걸쳐 이어진다. 이 산맥을 경계로 내몽골의 훌룬부이르초원과 헤이룽장성의 쑹랴오(松遼)평원이 갈라진다. 선비를 비롯한 북방 여러 민족의 발

원지이다.

4 닝샤후이족자치구 인촨(銀川) 근처에 있다. 서하(西夏)왕국의 근거지였으며 암각화로
도 유명하다.

5 티베트 서부 아리 지역에 있다. 카일라스산, 캉린포체산, 수미산 등으로 불린다. 불교
와 자이나교, 뵌교의 성지이기도 하다. 이곳을 경계로 중국의 서북 지역과 서남 지역이
나뉜다.

6 당대(唐代)에 나온《대자은사삼장법사전(大慈恩寺三藏法師傳)》의 10세기 회골어 번
역본을 근거로 '흉노'를 어떻게 번역했는지를 추적한 연구를 보면, 10세기〈僧古薩
里〉(Šinqu Šali)의 번역본에서는 흉노를 'türk yočul bodun', 즉 '유목하는 튀르크인'
또는 '자유로운 튀르크인'이라 쓰고 있다고 한다. 이러한 묘사는《미륵회견기(彌勒會
見記, Maitrisimit Nom Bitig)》에도 보인다.《신당서(新唐書)》에 "회골의 선조는 흉노이다
(回鶻, 其先匈奴也)", "돌궐 아사나씨는 고대 흉노의 북부에 있었을 것이다(突厥阿史那
氏, 蓋古匈奴北部也)"라는 구절이 나오고,《책부원구(冊府元龜)》에도 "회골의 조상은
흉노의 후손이다(回鶻之先, 匈奴之裔也)"라는 구절이 나오는 것으로 볼 때 당시 사람들
이 흉노를 돌궐과 같은 계통으로 여겼다고 추측해볼 수 있다(雅森吾守爾,〈古代漢文文
獻中"匈奴"等名稱的回鶻語譯名〉,《民族語文》第1期, 19~22쪽, 2006).

7 오늘날 산시성(山西省) 북부 타이위안(太原) 근처에 자리 잡고 있다. 고대 전쟁의 역사
에서 빼놓을 수 없는 중요한 군사적 요충지로서 만리장성 방어시스템의 핵심 지역에
있는 관문이다. 산시성 남부로 내려가기 위해서는 반드시 공략해야 하는 목구멍과 같
은 곳이다. 지금도 안문관에는 이목의 사당이 있으며 근처에는 무너진 장성과 더불어
한대(漢代) 병사의 것으로 추측되는 2천여 기의 무덤이 흩어져 있다.

8 원래 중국에서는 만리장성의 동쪽 기점을 허베이성(河北省)에 속한 '산해관(山海關)'
이라고 말해왔으나, 2009년부터 랴오닝성(遼寧省) 단둥(丹東)의 고구려인 박작성을
'호산장성(虎山長城)'이라 부르면서 그곳이 '만리장성'의 동쪽 기점이라고 말하기 시
작했다. 또한 2012년 국가문물국(國家文物局)에서는 지린성(吉林省)에서 진한 시대의
장성이 발견되었다고 하며 '역대 장성'의 총길이가 2만1,196.18킬로미터라고 발표했
다. 지린성이든 한반도든, 고대 성벽은 어디에든지 존재할 수 있다. 그러나 정확하고 객
관적인 증거도 없이 고대에 존재했던 모든 성벽을 일괄적으로 '중국 만리장성'에 집어
넣는 것은 학술적으로 정확한 태도가 아니다.

9 중국을 대표하는 4대 전설 중의 하나이다. 만희량(萬喜良)과 맹강녀가 혼인하자마자
만희량이 만리장성을 축조하는 곳에 잡혀 갔다. 맹강녀는 남편을 위한 겨울옷을 지어
머나먼 북쪽까지 찾아갔으나, 남편은 이미 죽어 만리장성 아래에 묻혔다. 남편이 묻힌

곳에서 맹강녀가 목놓아 우니 하늘이 감동해 성벽이 무너졌고, 맹강녀는 남편의 뼈를 찾아내 고향으로 돌아가려 했다. 그때 그곳을 순시하던 진시황이 소문을 듣고 찾아왔고, 맹강녀의 미모에 반해 그녀의 소원을 들어준다. 두 사람이 함께 돌아가던 차, 오늘날 허베이성 산해관 앞바다에 이르렀을 때 맹강녀가 진시황에게 욕을 퍼붓고 빠져 죽었다고 한다. 그 자리에 현재 맹강녀의 사당인 '강녀묘(姜女廟)'가 있다. 이 전설을 소재로 해 현대 작가 쑤퉁(蘇童)이 《눈물》(김은신 옮김, 문학동네, 2007)이라는 작품을 낸 바 있다.

10 중국 국가인 〈의용군행진곡(義勇軍行進曲)〉의 한 구절이다. 〈의용군행진곡〉은 1935년에 톈한(田漢)이 작사했고 녜얼(聶耳, 1912~1935)이 작곡했다.

11 1984년 9월 1일, 덩샤오핑(鄧小平)이 "우리 중화를 사랑하고, 우리 장성을 지키자(愛我中華, 修我長城)"라는 글씨를 써서 '장성'과 '중화'를 동일시한 이후, 장성의 동쪽 기점이라고 여겨졌던 산해관부터 장성 보호와 수리 운동이 시작되었다.

12 대장정이 끝나갈 무렵인 1935년, 마오쩌둥(毛澤東)이 오늘날 닝샤후이족자치구 남쪽에 있는 류판산(六盤山)에 이르러 장성에 올라 지은 〈청평악 · 육반산(淸平樂 · 六盤山)〉에 나오는 구절이다. "장성에 올라가지 않으면 영웅이 아니다, 헤아려 보니 이미 2만리 대장정을 했구나(不到長城非好漢, 屈指行程二萬)."

13 중국어 발음으로는 'Mòdú'라고 읽는다. '용감한 자'라는 뜻의 튀르크어(bayatur)를 한자로 음사한 것이다(사와다 이사오, 김숙경 옮김, 《흉노》, 35쪽, 아이필드, 2007). 우리말로는 '묵돌', '묵특'으로 표기한다.

14 이러한 이야기는 사마천의 《사기》 〈흉노열전〉에 근거한다. 그러나 같은 기록이라도 관점에 따라 해석이 달라진다. 당시 흉노는 동호라는 강성한 이웃이 있어서 서쪽으로 나갈 수밖에 없었기 때문에 묵돌을 월지에 인질로 보내 기회를 엿본 것이라는 주장이 있다. 월지를 공격한 것 역시 묵돌을 죽이기 위해서가 아니라, 월지가 빈틈을 보인 기회를 놓치지 않은 것일 뿐이라고 한다. 두만은 재능을 중히 여긴 영웅이었기에 아들이 용감하게 돌아왔을 때 그에게 만기(萬騎)를 내린 것이다. 또한 묵돌이 아버지를 죽인 것도 원한이 아니라 확장을 욕망했기 때문이라고 해석한다. 당시 큰 힘을 갖고 있던 연지 일파를 제거하고 선우의 권력을 확고하게 했다는 점이 그 근거다(賈文麗, 〈冒頓爲質月氏考〉, 《德州學院學報》 第26卷 第1期, 60~62쪽, 2010.2.).

15 자원리(賈文麗)는 두만선우가 묵돌을 월지에 인질로 보낸 것은 당시 정치적 상황으로 볼 때 일반적인 관례였으며, 묵돌의 죽음을 의도했다면 묵돌이 돌아왔을 때 그를 최고 권력자인 '만기장(萬騎長)'으로 삼지도 않았을 것이라고 말한다. 흉노 스스로 쓴 사료가 없이 《사기》와 《한서》에 의거해서 흉노의 역사를 추측해야 하는 상황에서, 두

만보다 묵돌을 위대한 영웅으로 여겼던 흉노의 전승, 그리고 두만보다 묵돌을 더 돋보이게 서술하려 했던 사마천의 개인적 취향 등으로 인해 두만이 원래 모습보다 '악인'으로 그려진 것이 아닌가 추측한다(賈文麗,〈匈奴頭曼單于以冒頓爲質月氏相關史實的研究〉,《首都師範大學學報》(社會科學版) 第3期(總第212期), 8~12쪽, 2013).

16 《서경잡기(西京雜記)》 권1에 척부인이 '교수절요(翹袖折腰)', 즉 춤을 잘 추었다는 기록이 있다. 긴 소매를 떨치면서 허리를 꼬는 춤이라는 의미인데, 한나라의 화상석(畫像石)이나 춤추는 인형(舞俑) 등을 통해 그 춤의 형태를 추측할 수 있다.

17 고대 황궁에 있던 좁은 골목으로, 원래는 궁녀들이 거주하던 곳이었으나 나중엔 비빈들을 가둬두는 곳이 되었다.

18 좌·우도기왕은 좌·우현왕이라고 한다. 좌현왕과 우현왕이 흉노 말을 음사한 것인지 아니면 중국식 표현인지에 대해 논의가 있었다. 리춘메이(李春梅)는 '현(賢)'에 해당하는 흉노 말이 '도기(屠耆)'라는 기록(《후한서》〈흉노전〉)이 있는 것으로 보아 좌현왕, 우현왕이라는 것은 한자식 표현으로 봐야 한다고 했다. 그러나 아쉽게도 '왕'에 해당하는 흉노 말이 무엇인지는 사서에 나오지 않았다(李春梅,〈匈奴政權左賢王若干問題探析〉,《內蒙古社會科學(漢文版)》第29卷 第3期, 33쪽, 2008.5.).

19 '녹리왕'의 원래 발음은 '곡려(谷蠡, gǔlí)'이지만 《사기》 집해(集解) 복건(服虔) 주(注)에서는 '녹리(鹿離, lùlí)'로 발음한다고 한다.

20 《춘추》에 나오는 "정 장공이 극에서 단을 이겼다(鄭伯克段於鄢)"라는 구절에서 비롯된 이야기인데《좌전》에서는 이야기 구조가 더욱 복잡해진다. 동생인 공숙단을 편애하는 어머니 때문에 화가 난 정 장공이 공숙단의 반란을 평정한 후 어머니와 "황천에서나 만나겠다"고 맹세했으나, 영고숙의 도움으로 어머니를 용서하게 되는 대목이 매우 흥미롭다.

21 쑨젠(孫鍵)은 유방이 풀려난 이유가 역사서에 확실하게 기록되지 않아("其事秘, 世莫得而聞也."(《史記》〈陳丞相世家〉)) 桓譚의《新論》이후 많은 논의가 있었다면서, 그것이 당당하게 사서에 기록되지 않은 이유가 '미인계'였기 때문이라고 소개한다. 진평과 유방이 한나라 미녀를 선우에게 바치겠다는 '미인계'를 흉노 연지에게 흘려, 한나라 미녀가 올까 봐 걱정한 연지가 유방을 풀어주라는 건의를 하게 만들었다는 것이다(孫鍵,〈關于"白登之戰"若干問題之探求〉,《內蒙古社會科學(漢文版)》第29卷 第3期, 27~28쪽, 2008.5.). 그러나 이것은 연지를 단순히 한 '여인'으로만 파악한 추측이다. 당시 흉노 사회를 볼 때 연지 역시 만만치 않은 정치적 세력을 갖고 있었고, 유방을 죽이는 것보다는 살려놓는 것이 더 큰 이익을 가져다줄 것이라는 판단을 했던 것이 아닐까 여겨진다. 쑨젠 역시 그러한 시각에서 이 문제를 보고 있다.

22 이런 표현에는 흉노 묵돌선우와 연지를 폄하하는 시선이 들어가 있다. 사실《사기》에는 구체적 표현은 없다. 오히려 연지의 말을 통해 연지가 당시 상황을 정확하게 파악하고 있었다는 것을 알 수 있다. 장샤오레이(張曉磊)도 "兩主不相困. 今得漢地, 而單于終非能居之也. 且漢王變有神, 單于察之"라는 구절에 흉노가 유방을 풀어준 이유가 들어 있다고 주장했다(張曉磊,〈白登之圍新探〉,《西安社會科學》第30卷 第1期, 50쪽, 2012.2.). 이 말이야말로 당시 연지가 유목민족과 농경민족의 정치적 기반이 다르다는 점을 명확하게 꿰뚫어 보고 있었음을 알려준다.

23 저자가 서문에서 첫 구절을 인용한 바 있다. 이 작품에 등장하는 '음산'은 흉노와 중원 왕조의 경계선이다.

24 '이치사'선우의 이름을 어떻게 발음해야 할 것인가에 대해서 몇 가지 설이 있다. 이 책에서는 '이치사(伊稚邪)'라고 썼으나 다른 책에서는 '이치사(伊稚斜)'라고 쓴 경우가 많다. 동북아역사넷의 사료라이브러리에 수록된 역주 중국 정사 외국전의《사기》〈흉노열전〉 번역에서는 '이지사'라 하고 있다. 그런데 양관(楊觀)은 이 두 가지 발음이 모두 잘못된 것이라고 주장한다. '사(斜)'에는 세 가지 발음이 있는데《한어대사전(漢語大詞典)》에 근거) 각각 'xié', 'ye', 'cha'이다. 그중에서 사람의 이름에 쓰일 경우엔 'cha'라고 읽어야 한다는 것이다. 반절에 근거해 우리말 발음으로 쓰면 '자'가 된다(楊觀,〈"伊稚斜"的讀音〉,《文史雜誌》第1期(總 第133期), 48쪽, 2008).

25 '낭거서산(狼居胥山)'으로 생각되는데, 이 산이 어디에 있었는가에 대해서는 정답이 없다.《청감(清鑒)》과《삭막방략(朔漠方略)》,《청사고(清史稿)》 등에 근거한 최근 고찰에 의하면, 현재의 닝샤후이족자치구 허란산에서 내몽골로 나가는 지역에 있었을 것이라고 한다.

26 흉노가 하늘에 제사를 지낼 때 사용한 것으로 보이는 신상(神像).《사기》〈흉노열전〉에 의하면 곽거병이 농서에 출정했을 때 휴도왕의 제천금인(休屠王祭天金人)을 갖고 돌아왔다고 한다.

27 홍화 또는 잇꽃이라고 한다. 말린 잇꽃에서 얻은 카르타민이라는 붉은 색 물감은 염료로 쓰였다.

28 북해가 '바이칼호'라는 것은 청(清) 왕선겸(王先謙)이 펴낸《한서보주(漢書補注)》〈이광소건전(李廣蘇建傳)〉에서 나온 말이다. 왕선겸은 "數日不死, 匈奴已爲神, 乃徙武北海上無人處"라는 반고(班固)의 원래 문장 아래에 "卽此北海也, 今曰白哈兒湖"라고 주를 달았는데 이때부터 소무가 양을 치던 곳을 '바이칼호'라고 여기게 되었다('白哈兒湖'가 바로 '바이칼호'). 그러나 런지저우(任繼周)·장쯔허(張自和)·천중(陳鍾)은 '북해'란 바로 현재 간쑤성 민친현(民勤縣) 경내에 있었던 백정해(白亭海, 지금은 말라서 사

막이 되었으나, 예전엔 '백해(白海)'라고도 불렸음)를 가리킨다고 주장했다. 곽거병이 흉노를 밀어내 연지산 일대를 차지했다고 해도 흉노가 하서주랑에서 아주 밀려난 것은 아니었으며 치롄산(祁連山) 이북 100킬로미터 지점에 있는 백정해 일대는 여전히 흉노의 땅이었다는 것이다. 특히 민친현 일대에 소무의 사당이 있었다는 기록이 있으며 지금도 '소무산(蘇武山)'이라는 산이 있다고 주장한다(任繼周·張自和·陳鍾,〈蘇武牧羊北海故地考〉,《蘭州大學學報(社會科學版)》第35卷 第3期, 10~12쪽, 2007.5.).

29 '고비사막 북쪽'이라고 쓰기도 하는데, 오늘날 몽골 울란바토르 서쪽, 오르콘강과 톨라강 근처를 가리킨다. 이곳에는 고차 사람이 살고 있었다고 한다. 이 장에서는 중국 역사에서 일반적으로 가리키는 개념으로서 '막북'이라는 단어를 그대로 사용하기로 한다.

30 고대에 황제가 파견한 사신이 들고 갔던 일종의 신분증. 긴 대나무 막대기에 소꼬리 털을 붙여서 만들었다.

31 두목의 〈변방에서 호가 소리를 듣다(邊上聞笳)〉 3수(首) 중의 첫 수이다.

32 진한 시대에 설치했던 것으로, 변방 민족을 관할하는 역할을 했다.

33 이 책에는 '오망죄'라고 되어 있으나 원래 '무망죄(誣罔罪)'이다. 즉 일종의 무고죄를 가리킨다.

34 이것은 《한서(漢書)》 권54 〈이광소건전(李廣蘇建傳第) 제24〉에 보이는 내용이다.

35 《사기》에서는 '격곤(鬲昆)', 《한서》에서는 격곤 이외에 '견곤(堅昆)'이라고도 썼다. 당대(唐代)에는 '힐알사(黠戛斯)', 원대(元代)에는 '길이길사(吉爾吉斯)', 청대(清代)에는 '포로특(布魯特)'이라고 표기했다. 오늘날의 키르기스인과 같은 민족으로 추측되며, 예니세이강 상류 지역에 거주했다.

36 수도에 있으며 조정에서 직접 관할하는 감옥으로, 주로 중죄인을 가둬두는 곳이다.

37 '흡후'란 고대 오손이나 월지 등에서 귀족을 가리키는 호칭이었다. 왕 바로 다음가는 직책으로, '우두머리'라는 뜻이다.

38 군인들이 소리를 내지 않으려고 입에 무는 막대기.

39 액정(掖庭, 액정(掖廷) 혹은 액정(液廷)이라고도 함)은 궁녀들이 머무는 곳이다. 입궁한 궁녀가 이곳에서 황제의 선택을 기다리곤 했는데 그것을 '액정대조'라고 한다.

40 북주(北周) 유신(庾信)의 〈다시 주상서와 이별하며(重別周尙書)〉에 나오는 구절이다. 유신과 주홍정(周弘正)은 모두 양(梁)의 관리였는데 유신이 강제로 북방에 머물러야 했을 때, 주홍정이 사신으로 북조(北朝)에 와 2년을 머물다가 돌아가게 되었다. 그때 유신이 돌아가지 못하는 자신의 쓸쓸한 마음을 담아 주홍정에게 이 시를 주었다.

41 "邊城晏閉, 牛馬布野, 三世無犬吠之警, 黎庶無干戈之役." 《漢書》卷94 下 〈匈奴傳〉

第64下).

42 두 구절 모두 내몽골자치구 후허하오터시에 있는 청총(青冢)의 비석에 쓰인 시다. 각
구절의 원문은 다음과 같다. "一身歸朔漠, 數代靖兵戎", "若以功名論, 幾與衛霍同".

43 두보의 칠언율시 〈영회고적(詠懷古迹)〉이다.

44 거연에서 발견된 한간을 보면 이러한 정책과 관련된 기록들이 나온다. 《거연신간(居延
新簡)》(文物出版社, 1990)에 "흉노라는 호칭을 없애라"는 내용이 들어있는 조서가 내려
왔다고 쓰여 있는데("詔書曰, '除匈奴之號'.":EPT59. 144), 이 조서가 내려온 시기가 건국
2년(110)이니, 왕망이 '흉노'를 '항노(降奴)'라고 바꾼 그해이다. 한간에는 이 밖에도
흉노를 '공노(共奴)' 혹은 '공노(恭奴)'라고 기록한 것도 보인다(特日格樂, 〈簡牘所見漢
匈奴關係史料概述〉, 《內蒙古大學學報(人文社會科學版)》第38卷 第4期, 15~16쪽, 2006.7.).

45 《사기(史記)》 〈원앙조착열전(袁盎晁錯列傳)〉에 나오는 말이다.

46 왕망의 정책 실패로 인해 중국 북부에 대한 통제력을 상실했고, 그 결과 후한 광무제
가 등극할 즈음엔 북방 유목민족들이 흉노와 연합했다. 광무제는 교역과 선물을 통해
흉노와 선린 관계를 도모했으나 흉노 선우는 스스로를 묵돌과 비교하면서 중국에 대
한 강경책을 지속했다. 그 시기 흉노의 영토는 동쪽의 만주부터 서쪽으로 카슈가르에
달했다. 이러한 상황은 46년 흉노 여선우가 죽기 전까지 계속되었다(이희수, 《터키사》,
44쪽, 대한교과서주식회사, 2005).

47 '내지'라는 단어에는 중원 중심적인 시각이 들어있으나 이 책의 특성상 그대로 사용
했다. 일반적으로 중국에서 '내지'라는 단어는 과거 왕조의 수도가 있던 인근 지역을
가리키거나 혹은 바다에서 멀리 떨어진 곳, 국내 등의 의미를 포함하는데, 여기서는
왕조의 수도가 있는 지역, 즉 주로 중원 지역을 가리킨다.

48 한(漢)에 흉노인이 들어와 살게 되었고 한의 관리가 흉노를 감독했지만, 남흉노는 여
전히 부족연맹체 성격을 유지했으며 고유의 관제도 그대로 갖고 있었다. 이런 점에 대
해 김호동은 "남흉노는 국가의 주권을 완전히 상실하고 한제국 내의 행정구역으로 편
입되었다기 보다는, 그 보호 아래 하나의 국가 조직을 유지하고 있었다고 보아야 한
다"라고 말한 바 있다. 일종의 '후한의 속국'이라는 것이다(김호동, 《아틀라스 중앙유라시
아사》, 57쪽, 사계절, 2016).

49 "驚蓬坐振, 沙礫自飛." 명나라 육시옹(陸時雍)의 〈시경총론(詩鏡總論)〉에 나오는 구
절이다.

50 "송나라를 조공하게 하며, 삭방을 평정하고, 북위를 초무하며, 북량을 복속시킨다"는
의미를 담고 있다.

51 성의 건설과 혁련발발의 잔인성에 관한 기록은 어차피 승자의 기록이기에 완전히 믿

을 만한 것은 아니지만, 최소한 후계자를 제대로 양성하지 못했다는 점에서 혁련발발은 책임을 피하기 어려워 보인다. 다만 역자는 '하'라는 나라 이름이 우(禹)의 하(夏)를 계승한 것이라기보다는 '크다'는 의미를 가진 것으로 해석해야 하지 않을까 생각한다. 왕이 되자마자 유(劉)씨 성을 버리고 자신의 이름을 되찾을 정도로 흉노의 정체성을 강조한 혁련발발이 (아무리 정치적인 의도가 있었다고는 해도) 우의 하를 이으려고 했다는 중국 역사서의 기록과 학자들의 해석에 선뜻 동의하기 어렵기 때문이다.

52 그러나 지금도 여전히 통만성의 자태는 웅대하다. 마오우스(毛烏斯) 사막 한가운데 아직도 우뚝 서 있는 높이 33미터의 성벽 유적지는 그곳을 찾는 사람들에게 말할 수 없는 감동을 준다. 무엇보다 특이한 것은 그 성의 빛깔이 하얀 색이라는 점이다. 백제의 몽촌토성이 '증토축성법'으로 만들어졌다고 하는데, 혁련발발의 통만성 역시 '증토축성법'으로 이루어져 있다. 일반적인 중국의 축성법과는 다른 것인데, 그 사이에 어떤 연관 관계가 혹시 없는 것인지, 연구해볼만 하다. 모래 먼지 속에 천년 세월 이상 묻혀 있다가 발견된 것이 19세기 중반이고, 그 후 또 100여 년간 버려져 있다가 20세기 중반에 와서야 비로소 발굴이 이루어졌다. 통만성에 관한 가장 '감동적인' 기행문은 박한제 교수의 역사기행 시리즈 1편인 《제국으로 가는 긴 여정》(사계절, 2003)에 실려 있다.

53 북흉노는 극히 어려운 경제 상황에서도 굴욕적인 화친이나 조공을 받아들이지 않았다. 남북 흉노가 분리된 후 북흉노 포노선우가 후한과의 관계 개선을 위한 시도는 세 차례를 넘지 않았고, 그것도 조공이라기보다는 결혼 동맹을 통한 양국 간의 화친이었다. 북흉노는 중국과의 항구적 평화를 위한 정치적 타결보다는 식량을 비롯한 필요한 물자를 조달하기 위한 교역의 보장에 더욱 관심을 가졌다(이희수,《터키사》, 45~46쪽, 대한교과서주식회사, 2005).

54 김호동은 89년과 91년의 전투에서 큰 타격을 받은 북흉노 선우가 오손의 땅인 일리강 계곡으로 이주했다고 본다.(김호동,《아틀라스 중앙유라시아사》, 58쪽, 사계절, 2016).

55 4세기 후반, 돈강 동쪽에 나타난 이들을 서구에서는 '훈족'이라 불렀다. '훈'과 '흉노'를 동일시한 것은 프랑스 학자 드 귀네(Joseph de Guignes)의 《훈족 통사(Histoire générale des Huns)》에서 시작되었고, 독일 학자 히르트(Friedrich Hirth)가 〈볼가강의 훈과 흉노〉(1900)라는 논문에서 논의를 좀 더 심화시켰다. 그러나 20세기 중기 이후 영국의 톰슨(E. A. Thompson)과 독일의 알타임(Franz Altheim), 미국의 맨첸헬펜(Otto J. Maenchen-Helfen)《The World of Huns》, 1973) 등이 훈과 흉노 동일론에 대해 반대 의견을 표했다. 중국 학자들은 훈을 흉노의 후손이 아니라고 하는 서방학자들의 견해를 '종족 편견'이라고 비판하고 있으나, 최근 들어 류옌강(劉衍鋼) 같은 학자는 서방학자

들의 그러한 시각을 통틀어 '종족 편견'이라고 말하는 것에는 무리가 있다고 말한다. 훈이 흉노에서 비롯되었다고 말할 수 있는 명확한 고고학적 근거가 아직 없으며, 훈과 흉노의 활동 지역을 연결지어줄 수 있는 접점 지역이 확실치 않고 언어학·민족학적 자료 역시 상충되는 부분이 많다고 주장하며, '훈'을 '흉노'와 동일시하는 데 신중한 태도를 보이고 있다(劉衍鋼, 〈古典學視野中的 '匈'與 '匈奴'〉, 《古代文明》第4卷 第1期, 64쪽, 2010.1).

56 저자는 '알란족'이라고 표기했으나 '알라니족'이라고도 한다.

57 류옌강은 알란족과의 전쟁에 대한 기록이 '순전히 상상에서 나온 것'이라고 말한다. 당시 알란족이 마차를 사용한 것은 사실이지만 전차를 갖고 전쟁했다는 기록은 고전 문헌에 보이지 않으며 특히 '돈강의 전역(戰役)'이란 것 자체가 없었다고 말한다. 치쓰허(齊思和)가 〈匈奴西遷及其在歐洲的活動〉에 이 내용을 소개하면서, 안티오크 출신 군인 암미아누스 마르셀리우스(Ammianus Marcellinus)의 《역사(Res Gestae)》(393)가 출처라고 했는데, 류옌강은 마르셀리우스의 책에는 그런 내용이 보이지 않는다고 말한다. 중국 학자들이 인용한 자료가 고전 문헌 원문이 아니기 때문에 이런 오류가 생기는 것이라며, 유럽 고전 문헌 자료의 정확한 해독을 통한 연구의 필요성을 강조한다(劉衍鋼, 〈古典學視野中的 '匈'與 '匈奴'〉, 《古代文明》第4卷 第1期, 65쪽, 2010.1).

58 547년, 동위(東魏)의 후경이 여의치 않은 상황에서 부하들을 거느리고 양 무제에게 투항했는데, 양 무제는 그의 힘을 빌려 북벌(北伐)을 성공시키기 위해 투항을 받아들인다. 하지만 후경은 나중에 칼날을 양 무제에게 겨누어 '후경의 난'을 일으킨다.

59 이것이 바로 로마제국사에서 가장 참담한 패배로 기록된 아드리아노플 전투이다. 오늘날 터키의 에디르네 근처에서 일어난 이 전투로 인해 로마 황제뿐 아니라 4만여 명의 로마 병사가 죽었다.

60 '훈'과 '흉노'와의 연관성에 대해 많은 의견들이 있으나(주 55 참조) '유럽 훈이 아시아 흉노의 계승'(이희수, 《터키사》, 68쪽, 대한교과서주식회사, 2005)이라는 점은 많은 학자가 동의한다. 4세기 무렵, 아시아의 흉노 일부가 강해지면서 유럽 사서에 '훈'으로 나타난다는 것이다. 그러나 '훈'의 민족 계통이 어떤 것인지에 대해서는 논의가 엇갈린다. 김호동은 훈족을 묘사한 동로마측 기록을 보면 그들의 외모에 몽골로이드의 특징이 강하게 나타난다고 했다(김호동, 《아틀라스 중앙유라시아사》, 59쪽).

61 터키 북서부의 해협으로 마르마라해와 에게해를 잇는 길이 61킬로미터의 해협이다.

62 아테네 북서쪽 136킬로미터 지점에 있는 좁은 고개이다. 영화 《300》이 바로 이곳에서 벌어진 페르시아와 그리스 연합군의 전투를 다뤘다.

63 라파엘로는 바티칸 폰티피치 궁전에 벽화를 그렸는데(1514) 말을 탄 교황 레오 1세의

머리 위에 베드로와 바울이 칼을 들고 날아오는 모습이 보인다. 바로크 시대 이탈리아 조각가 알가르디 역시 성베드로 성당에 이 만남을 거대한 대리석 부조로 남겼다.

64 이것을 '이면(剺面)'이라 한다. 흉노의 장례 풍습으로는 이면, 전발(剪髮), 순사(殉死) 등이 있었는데, 이면은 스스로의 얼굴에 칼로 상처를 내는 풍습이다. '죽은 자와 남겨진 사람이 일체화되어 죽은 자를 소생시킨다는 의미'를 갖고 있다(사와다 이사오, 김숙경 옮김, 《흉노》, 126쪽, 아이필드, 2007). 스키타이를 비롯해 돌궐·여진 등 북방민족에서 널리 보이는 풍습이다. 거란을 비롯해서 여진과 몽골에 있던 장례 습속인 '소반(燒飯, 죽은 자가 평소에 사용하던 물건들을 태우는 것)과 귀를 자르거나 이마에 상처를 내는 등의 '이면' 습속에 대해서는 차오옌성(曹彦生)이 상세하게 소개한 바 있다. 그는 거란의 술률 황후가 팔을 자른 것도 '이면'의 또 다른 형태라고 말하고 있다(曹彦生, 〈北方遊牧民族"燒飯"和"剺面"習俗的傳承〉, 《內蒙古大學學報》(哲學社會科學版), 第2期, 1995).

65 우크라이나 카르파티아에서 발원해 도나우강으로 흘러드는 길이 1,358킬로미터의 지류.

66 돈강과 도나우강 사이에 거주하던 헝가리인을 몰아내고 그곳을 차지해 비잔티움제국과 영토를 다투었다. 11세기 말, 콘스탄티노플 근처까지 진출했으나 비잔티움제국의 알렉시우스 1세에게 전멸당했다.

67 헝가리의 초대 국왕인 이슈트반은 나중에 성인(聖人)으로 추대된다. 그를 기리기 위해 1851년부터 50여 년에 걸쳐 지어진 성이슈트반 대성당은 현재 부다페스트를 대표하는 건축물이다. 이중십자가와 왕관이 그의 상징물이다.

제2장 오환과 선비

1 보통 선비와 거란, 몽골을 동호 계통이라고 말한다. 실제로 중국 동북부 지역에서 지금까지 출토된 선비인과 거란인, 몽골인의 무덤에서 나온 인골을 종족인류학적 시각에서 분석한 결과 한(漢)·진(晉) 시대의 선비인, 요의 거란인, 원 혹은 근대의 몽골인이 두개골이 낮고 얼굴이 넓은 시베리아 몽골인종에 속한다는 공통점이 있다(朱泓, 〈東胡人種考〉, 《文物》2006年 第8期, 76쪽).

2 시대적으로 볼 때 하가점상층문화(夏家店上層文化)는 춘추시대 중기에 사라진 것이라서 동호의 활동 시기와 맞지 않다는 견해가 최근 들어 많이 나온다. 그러나 동호의 활동이 전국시대 때 보인다고 해서 그때 시작된 민족이라 보는 것보다, 일찍이 상(商)

때부터 있었던 유서 깊은 민족으로 봐야 한다는 의견이 있다. 장슈룽(張秀榮)은 "동호의 기원이 언제인가에 대해 역사 문헌에서 명확하게 말하지 않고, 상나라 때 존재했던 동호의 유적지가 발굴된 것은 아니지만, 문헌 자료를 분석해볼 때 동호는 일찍이 상 초기에 상나라 정북방(正北方)에 존재했다고 볼 수 있으며, 주(周) 때에도 그 지역을 오가며 살았던 것으로 여겨진다. 지역은 대체로 오늘날 하가점상층문화가 발굴된 지역이다"라고 말한다. 특히 동호의 생산 형태에 대해서는 보통 '유목'이라고 말하지만 동호의 활동 지역이 워낙 넓었기 때문에 유목뿐 아니라 수렵, 산림채집, 농경을 모두 했다고 봐야 한다고 주장한다(張秀榮, 〈關於東胡族的幾點看法〉, 《黑龍江民族叢刊》(雙月刊) 2004年 第2期(總第79期), 74쪽).

3   1987년에 린펑이(靳楓毅)가 '하가점상층문화의 주인공이 동호'라고 말한 이후(〈夏家店上層文化及其族屬問題〉, 《考古學報》1987年 第2期) 찬성하는 학자도 있었으나 반대 의견도 나왔다. 최근 들어 하가점상층문화가 동호의 것이 아니라는 견해가 계속 나오는데, 하가점상층문화는 춘추시대 중기에 이미 사라져버려 전국시대에 활동했던 동호와 시간적으로 맞지 않는다고 한다. 왕리신(王立新)은 시라무룬강 상류에 있는 정구자(井溝子) 유적지를 동호의 것이라고 주장하는데, 연대가 일치할 뿐 아니라 출토 유물을 볼 때 농업이 아닌 목축을 주로 했던 사회였다는 점, 희생동물을 같이 묻었다는 점, 그리고 체질인류학적으로 조사해볼 때 인골이 북아시아 몽골유형에 부합한다는 점 등을 그 이유로 들고 있다(王立新, 〈關於東胡遺存的考古學新探索〉, 《草原文物》2012年 第2期, 55~59쪽). 앞에서 인용한 주훙(朱泓) 역시 하가점상층문화에서 나온 인골은 두개골이 넓고 얼굴은 좁은 '고(古) 화북형(華北型)'으로, 두개골이 낮고 얼굴은 넓은 선비인이나 거란인, 몽골인과는 형태적으로 특징이 다르다고 했다(朱泓, 〈東胡人種考〉, 77쪽).

4   '저지대효과'란 물이 높은 곳에서 낮은 곳으로 흐르는 것처럼 자본 역시 원가가 적게 드는 곳으로 몰리게 마련이라는 의미다. 예를 들어 다국적기업의 자금이 중국으로 몰리는 것은 중국의 생산 원가가 낮기 때문이라는 것. 여기서는 경제학적 의미보다는 물이 낮은 곳으로 흐르듯 수많은 인재들이 연으로 몰려들었다는 의미로 사용했다.

5   일설에 따르면, 이원호는 아들 영령가가 아내로 맞아들이기로 했던 몰이씨를 비(妃)로 삼는 바람에 영령가가 분노했고, 몰장와방(沒藏訛龐)은 그 분노를 이용해 영령가를 조종했다. 영령가는 이원호의 침실에 몰래 들어가 그의 코를 베었고, 죽음에 이르도록 했다. 몰장와방은 영령가를 이용한 뒤 '시군(弑君)'의 죄를 물어 영령가를 죽이고, 자신의 조카인 양조(諒祚)를 황제로 세웠다고 한다. 그러나 사실 정사에는 이런 대목이 보이지 않는다. 《송사(宋史)》 권486 〈열전(列傳) 제244 · 하국(夏國) 상(上)〉에는 원

호가 죽은 후에 양조가 뒤를 이었는데, 양조는 원호의 장자이며 '소자(小字)'를 '영령가'라 했다고 기록하고 있다. 《요사(遼史)》〈서하기(西夏紀)〉에도 역시 영령가가 아버지를 죽였다는 기록은 없다. 저자가 여기서 소개한 내용은 청대에 장쑤(江蘇) 사람 오광성(吳廣成)이 편찬한 《서하서사(西夏書事)》 권18에 나오는 내용인데, 이원호가 자부(子婦) 몰이씨(沒移氏)를 후(后)로 취했고, 하 천수예법연조(天授禮法延祚) 11년 정월 삭(正月朔) 원단(元旦)에 아들인 영령가에게 '시해(弑害)' 당했다고 쓰고 있다. 오광성은 《속강목(續綱目)》 외주(外注)에 기록된 이 이야기를 특별히 소개해, 원호의 악함을 내보이려 한다"고 했다. 이원호에 대한 오광성의 반감이 드러나는 대목인데, 《송사》나 《요사》에도 기록되지 않은 이 책의 내용이 과연 역사적 사실인가에 대해서는 매우 큰 의문이 있다. 서하에 대한 반감이 있을 수밖에 없던 송대에 나온 책에 객관적 시선이 들어가 있기는 힘들지 않았겠는가. 현재 이원호의 왕릉이 있는 닝샤후이족자치구 인촨(銀川)의 서하왕궁박물관 옆 전시실에는 이원호가 잠을 자다가 아들에게 코를 베이는 것이 역사적 사실인 것처럼 써놓고 있으며, 그 상황을 밀랍인형으로 만들어 전시하고 있으니, 소위 '소수민족 정권'의 지도자에 대한 이미지 훼손과 더불어 역사 왜곡의 우려가 크다.

6 중국 학계는 이 당시의 오환과 선비를 가리켜 아직 '민족 정권'을 세우지 못하고 '군사부락연맹' 단계에 있었다고 말한다. "호오환교위는 동북 서부와 북방에서 중원 왕조에 귀부한 오환과 선비 부락 혹은 부락연맹을 주로 관장했다"라고 하며 "양한, 위진 시기 중앙왕조에 귀부한 오환과 선비 부락 중 군현으로 들어온 지역은 이미 중국 봉건 왕조의 소수민족 신민(臣民)이 되었다고 보아야 할 것이다. 새외(塞外)에 거주하던 일부는 중앙왕조와의 신속(臣屬) 관계가 아직 안정적이지 않아 반항하기도 하고 항복하기도 했다. 그러니까 그들은 아직 중국 왕조로 들어오는 과정 중에 있었던 것이다"라고 말한다(程尼娜, 〈護烏桓校尉府探析〉, 《黑龍江民族叢刊》(雙月刊) 2004年 第5期(總第82期), 57쪽). 오환과 선비를 '중앙 왕조'에 소속된 '소수민족 신민'으로 바라보는 시선이 들어가 있는 관점이다.

7 《한서》〈흉노전〉에 나오는 기록인데, '피포세'가 구체적으로 무엇인지는 나오지 않았다.

8 중국 학계에서는 호오환교위를 설치하고 투항해온 오환 지도자들을 후왕으로 봉한 것 등을 모두 중원 왕조의 오환에 대한 '안무(按撫)'라고 보고 있으며, 한인이 오환 지역으로 가서 거주한 것은 "한인의 선진 생산기술과 문화 지식을 오환에 전파해 오환의 경제와 문화 발달을 촉진시켰다"고 본다. 오환을 독립국가가 아니라 '중국 고대 북방 지역 소수민족 중 하나'로 보는 것이다(成永娜, 〈略論烏桓與中原王朝的關係〉, 《烟臺大

學學報》(哲學社會科學版), 第21卷 第4期, 93~100쪽, 2008.10.). 그는 오환이 한 무제와 왕
망, 조조 시기에 대규모로 남천(南遷)해 한인과 섞여 살면서 한인과 '융합'되었으며,
또한 흉노와도 일찍부터 섞였음을 강조한다(崔明德·成永娜, 〈烏桓調整與周邊民族關係
的原因及其影響〉,《烟臺大學學報》(哲學社會科學版) 第22卷 第3期, 78~79쪽, 2009.7.). 최근
중국학계의 동향이 '민족융합'을 강조하다보니 많은 논문에서 이런 논조가 보인다.

9   '치중'이란 군대에서 사용하는 군복이나 양식, 건초 등등 군수물자를 가리킨다. 즉,
    군수물자를 운반하는 부대를 '치중부대'라고 하는데, 조조가 적의 군수물자 운반 수
    레를 탈취했다는 뜻이다.

10 한대(漢代)에는 백랑산, 북위 시대에는 백록산(白鹿山), 청대(淸代)에는 대양석산(大羊
    石山) 등으로 불렀다. ·

11 원래 〈하문을 걸어 나오며 부르는 노래(步出夏門行)〉의 제1장이다. 〈보출하문행〉은
    〈농서행(隴西行)〉이라고도 하는데,《악부시집(樂府詩集)》에 들어 있다. 작품에 나오는
    갈석산은 오늘날 허베이성 창리(昌黎)에 있다.

12 진(晉) 곽박(郭璞)의 《장서(葬書)》에 나오는 이야기다. 견씨의 정원에 초록색 뱀이 있
    었는데 견씨가 화장을 할 때면 매번 앞에서 다양한 모양으로 똬리를 틀고 있었다고 한
    다. 그 모양이 신기해 견씨가 자신의 머리 모양을 뱀의 형상대로 따라 빗었다고 하는
    데 그 기술이 갈수록 뛰어나서 머리 모양이 더욱 아름다워졌다고 한다. 그녀의 머리
    모양을 '영사계(靈蛇髻)'라고 했다.

13 '잡호'는 일반적으로 규모가 작고 힘이 적으며 약소 부락으로 구성된 호인(胡人)을 일
    컫는다고 보는데(李志敏, 〈魏晉六朝"雜胡"指稱釋義問題〉,《民族硏究》, 1996年 第1期), 그에
    반해 위진시대의 잡호라는 것이 그냥 힘이 없는 약소 부락들을 가리키는 것이 아니라
    흉노와 통속(通屬) 관계 혹은 혼인 관계가 있었던 부락을 가리킨다는 주장도 있다(王
    義康, 〈魏晉"雜胡"釋義問題探析〉,《民族硏究》, 2001年 第3期). 이러한 두 가지 관점에 대해
    서는 지금도 여전히 논의가 진행 중이다.

14 넌강 북쪽에 '고오환지유인(古烏桓之遺人)'이 거주한다는 기록은《구당서(舊唐書)》권
    199 〈북적(北狄)·실위전(室韋傳)〉에 보인다. 리바오산(李寶山)은 이들이 거주한다는
    '나하(那河)'를 오늘날 지린성과 헤이룽장성 경계에 있는 난수(難水)라고 말한다. 이
    들이 난수 북쪽에서 실위 제부(諸部) 사이에 끼어 살았다는 것이다. 요 태조 야율아
    보기도 군대를 보내 훌룬호수와 대싱안링 지역에서 이들을 토벌한 적이 있다고 한다.
    《금사(金史)》에도 '오연(烏延, 즉 오환)'이라는 기록이 보이는데 이것이 고대의 '오환'과
    같은지는 탐색해볼 필요가 있다고 말하고 있다(李寶山, 〈略論烏桓的歷史發展與融合〉,
    《社科縱橫》總第22卷 第6期, 84쪽, 2007.6.).

15 대선비산에 대한 기록은 《위서(魏書)》 〈서기(序紀)〉에 보인다. 대선비산이 정확하게 어디인지는 많은 의견이 있지만 현재 정설은 없다. 하지만 대싱안링산맥 북단 건허(根河)시 근처 오로첸자치기의 가셴둥(嘎仙洞) 동굴 벽에서 발견된 기록을 통해 그곳이 선비족 탁발부의 발원지였을 것이라고 추측한다. 그러나 모용호(慕容浩)는 선비산에 살았기 때문에 선비족이라고 불렸다는 데에 의문을 제기한다. 《후한서(後漢書)》 〈오환선비열전(烏桓鮮卑列傳)〉에 "鮮卑者, 別依鮮卑山, 故因號焉"이라고 기록된 이후 현대에 이르기까지 대부분의 학자들이 '선비'라는 이름이 '선비산'에서 나왔다고 여겼다. 마창서우(馬長壽) 역시 《烏桓與鮮卑》에서 그렇게 말했다. 그러나 최근 들어 여러 학자가 '선비'라는 민족 명칭이 먼저 나오고 이들이 살았던 곳을 '선비산'이라고 부른 것이라는 견해를 내고 있다. '선비산'이 여러 곳에 있다는 것이 그 증거 중 하나라고 한다(慕容浩, 〈"鮮卑"族名與山名關係初探〉, 《北方經濟》 2005年 第9期, 77~78쪽).

16 '탁발'의 뜻에 대해 저자는 '땅의 왕'이라는 뜻으로 풀고 있지만 중국 최대 검색 사이트인 바이두(www.baidu.com)에서는 이를 '토덕(土)을 지닌 황제'라고 보아 탁발씨를 중화민족의 시조인 황제의 후손이라고 해놓았다. 앞에 나온 '우문'씨 역시 '염제(炎帝) 신농(神農)의 후손'이라고 말하며, 모용씨에 대해서도 '제곡(帝嚳)의 후손'이라고 한다. 즉 북방민족 모두를 중원 땅 한인의 시조인 황제(黃帝)의 후손으로 규정짓는 것이다. 중국 내에 거주하는 모든 민족을 '황제'의 후손으로 보는 개념을 잘 보여주는 대목이라 하겠다. 그런데 '탁발'을 '황제'와 관련지은 것은 일찍이 《위서》 권1 〈서기〉에 이미 보이며("黃帝以土德王, 北俗謂土爲托, 謂后爲跋, 故以爲氏") 《자치통감(資治通鑒)》 권140(제명제건무3년齊明帝建武三年)에서는 아예 "魏之先出于黃帝, 以土德王, 故爲拓跋氏"라고 했다. 그러나 '탁발'을 황제와 관련지은 이런 기록에 대해서는 시라토리 구라키치(白鳥庫吉), 뤼쓰몐(呂思勉)을 비롯한 여러 학자가 견강부회라고 말한 바 있다(羅新, 〈論拓跋鮮卑之得名〉, 《歷史研究》 2006年 第6期, 32~33쪽).

17 말에 갑옷을 두르고 쇠줄로 묶어 나아가게 하는 형태이며, 《수호전》에도 나오는 병법이다.

18 《진서(晉書)》 권107 〈재기(載記)〉 제7 · 석계룡(石季龍) 하(下)에 나오는 기록이다. 염민은 석륵(石勒)의 양자다. 그래서 나중에 이름을 석민(石閔)으로 바꾼다. 동진 영화 5년에 석륵이 죽고 여러 아들이 왕권을 다툴 때 염민이 도독이 되어 군대를 이끈다. 용양장군 손복도(孫伏都)와 유수(劉銖) 등이 도독 석민을 죽이려 하니 살호령(殺胡令)를 내렸다. 호인 하나를 베면 직급을 세 등급 올려준다고 하니, 사람들이 하루에 수만 명을 죽였다. 당시 남녀노소 가릴 것 없이 무려 20만 명의 호인이 살해당했다.

19 '비수대전'은 중국 전쟁사에서 매우 중요한 의미를 지니는 전쟁으로 알려져 있다. 기

원전 383년, 동진(東晋)의 사현(謝玄)이 8만 대군으로 전진(前秦) 부견(苻堅)의 100만 대군을 물리쳤다고 해 중원 민족이 유목민족의 진입을 저지한 역사적 사건으로 평가되고 있다. 그러나 이 '비수대전'이 기록된 책이《진서(晉書)》라는 점에서, 이 사건이 실제로 일어났던 역사적 사건이 아니라 저자들이 목적성을 가지고 창작해낸, 일종의 '상상'이 결합된 만들어진 역사라는 지적도 나오고 있다.

20 원주에서 저자가 언급한 '예서주랑'의 '예서'는 오늘날 허난성 서부 지역을 가리킨다. 허난성 서부는 산시성 시안, 즉 고대의 장안과 연결되어 있다. 동쪽으로 카이펑(開封)에서 시작해 정저우(鄭州), 뤄양(洛陽), 싼먼샤(三門峽), 시안(西安)이 직선 상에 있다.

21 《사기》〈염파인상여열전(廉頗藺相如列傳)〉에 나오는 내용이다. 민지(澠池)에서 진왕과 조왕이 만났을 때 진왕이 조왕에게 슬(瑟)을 주며 연주해달라고 하고, 어사(御使)를 시켜 그 내용을 기록하게 한다. 이 장면을 보고 자존심이 상한 인상여가 진왕에게 부(缶)를 들고 가서 연주를 해달라고 부탁하니 진왕이 화를 낸다. 하지만 인상여는 다섯 보 거리에 서서 부를 연주하지 않으면 자기가 목숨을 버릴 터, 피가 진왕의 몸에 튈 것이라고 협박한다. 인상여의 기세에 눌린 시위들이 가까이 오지 못했고, 진왕은 할 수 없이 부를 몇 번 친다. 인상여는 조 사관(史官)에게 진왕이 부를 연주했다고 쓰라고 말한다. 인상여의 당당함과 지혜 덕분에 조왕은 무사히 민지의 만남을 마치고 돌아온다. 이를 '민지에서의 만남(澠池之會)'이라고 한다. 오늘날 허난성 서부에 있는 멘츠(민지)는 중국에서 최초로 발견된 신석기시대 유적지인 앙소(仰韶)문화의 발원지이기도 하니, 참으로 역사가 오래된 땅이다.

22 《진서》권123〈재기 제23·모용수(慕容垂)〉의 기록에 의하면 지담맹이 자꾸 경고를 하니 모용보가 인(麟)에게 기병 3만을 거느리고 경계하게 했다. 그러나 인은 담맹의 말이 거짓일 것이라고 생각하고 기병을 풀어 사냥을 다녔다고 한다.

23 전쟁이 끝난 후, 적군의 시신을 도로의 양편에 쌓아올린 다음 흙을 덮어 높다란 피라미드처럼 만들어놓은 것을 가리킨다.

24 진융의 무협소설《천룡팔부》에서 고소(姑蘇) 모용(慕容) 가문의 저택이 있는 곳이 '참합장(參合莊)'이며 대대로 전해져 내려오는 비장의 무술을 '참합지(參合指)'라 한다. 저택과 비장의 무술에 '참합'이란 글자를 넣은 것은 모용씨 가문의 치욕이었기에 절대 잊지 말고 기억하라는 의미를 담았다고 쓰고 있다.

25 난한은 모용수의 외숙이자 모용성의 장인이며 후연의 장군이다. 용성으로 돌아온 모용보를 죽인 후 후연의 정권을 장악했다. 모용보의 아들 모용성이 사위였는데, 아내와 딸의 부탁으로 모용성을 죽이지 않고 살려두었다.《진서》권126〈재기 제26〉에 의하면 모용성은 지략가로서 아버지인 모용보가 용성으로 돌아가려 할 때 반대했던 인물

이다. 그러나 아버지 모용보가 용성으로 돌아갔다가 난한에게 살해되자 난한에게 항복하였다. 후환을 두려워한 난한의 형제들이 모용성을 죽이라고 했으나 난한은 모용성이 사위였기에 죽이지 않고 측근으로 삼았다. 그러나 그것이 결국 화근이 되어 나중에 난한의 아들 난목도 모용성 때문에 죽게 되고, 난한 역시 모용성의 부하들에게 살해당한다.

26 "携手處, 今誰在"는 진관(秦觀)의 사(詞) 〈천추세(千秋歲)〉에 나오는 구절이다.

27 당 엄운(嚴惲)의 〈낙화(落花)〉에 나오는 구절. "하루 종일 꽃에게 물어도 꽃은 대답이 없네, 누구를 위해 피고 누구를 위해 시드는가(盡日問花花不語, 爲誰零落爲誰開)?"

28 《진서》권124 〈재기 제24·모용운(慕容雲)〉에 보인다. 모용운의 원래성은 고씨(高氏)이며 모용보의 양자다. 모용운의 할아버지 고화(高和)는 고구려의 지파다. 중위장군(中衛將軍) 풍발(馮跋)이 모용희를 죽이고, 신중하고 도량이 있는 모용운을 추대해 황제로 세웠다. 그는 국호를 '북연(北燕)'이라 하고 자신의 성씨인 고씨 성을 회복했다. 그러나 2년 후 금위 이반(離班)과 도인(桃仁)에게 살해당했고 혜의(惠懿)황제로 추존되었다.《삼국사기》에도 광개토왕이 사신을 보내 예를 갖추었고, 고운 역시 시어사(侍御史) 이발(李拔)을 보내 답례했다는 기록이 보인다.

29 서연은 384년에 시작되어 394년에 사라졌으니 겨우 10년 동안 존속했다.

30 진용의《천룡팔부》에 나오는 주인공 중 하나인 모용복을 가리킨다.

31 원천은 간쑤성 위중(楡中) 동북쪽, 도견산은 간쑤성 징위안(靖遠) 서쪽에 있다.

32 '초록 모자를 쓰다(戴綠帽子)'라는 표현은 외도하는 아내를 둔 남자를 가리킨다. 전통적으로 초록색이나 푸른색 조복(朝服)이 직급이 낮은 관원이 입었다거나, 원 때 이후 창기 집에서 일하는 남자가 초록색 두건을 썼다는 등, 그 유래에 대해 몇 가지 설이 있으나 정설은 없다.

33 후량의 건립자. 원래 전진의 장군이었다. 비수대전이 일어나기 직전, 부견이 그에게 서역을 평정하라고 해 언기(焉耆)와 구자(龜玆)를 항복시키니 서역 각국이 그에게 귀부했다. 384년에 양주로 돌아와 그곳을 점거했다. 부견이 죽었다는 소식을 듣고 주천공(酒泉公)이 되었다가, 396년에 '천왕(天王)'이라 칭하며 '대량(大凉)'을 세웠다. 그의 아들은 여소(呂紹)다.

34 북량의 건립자. 북량 무선왕(武宣王). 32년간 재위했다.《진서》〈재기 제29·저거몽손(沮渠蒙孫)〉의 기록에 의하면 조상이 흉노의 좌저거(左沮渠, 관직 명칭)여서 '저거'를 성씨로 삼았다. 그는 천문에도 밝았고 사서에도 통달했다. 원래 후량(後凉)의 여광(呂光) 아래 있었으나 397년에 독립해 후량 건강태수 단업(段業)을 추대했다. 401년에 단업을 살해하고 직접 북량을 지배했다.

35 이 과정은 김영환이 상세하게 소개한 바 있다(김영환,〈五胡十六國 시기 匈奴族 鐵弗部와 鮮卑族 拓跋部의 관계 연구〉,《中國學研究》第57輯).

36 종유석과 석용, 유황 등 광물로 만들어져 '오석산(五石散)'이라고도 한다(당(唐) 손사막(孫思邈)의《천금익방(千金翼方)》). 한 무제 때 방사들이 이미 광물질을 달여 만들었다고 하는데, 위진시대에 하안(何晏)이 본격적으로 복용했고, 당시 귀족을 중심으로 이 것을 복용하는 분위기가 성했던 것으로 알려져 있다. 사람의 몸에 열을 나게 해 잠시 흥분 상태로 만들 수 있으나 장기 복용하면 중독된다.

37 루쉰(魯迅)이 한식산을 독약이며 아편과 같은 것이라고 말한 적이 있듯, 학자들은 한 식산을 비판적으로 봐왔다. 레이즈화(雷志華)와 가오처(高策)는 한식산의 주성분인 자석영(紫石英)은 형석(CaF2)이라고 하는 것으로 수정(SiO2)이 아니며, 오래 복용하면 불소 중독의 우려가 있다고 했다. 하지만 광물질로 만들어진 한식산에 들어 있는 불소와 비소 등의 미량 원소는 적게 쓰면 '양약'이 되기도 하기 때문에 무조건 '독약' 이라고만 할 수는 없다고 한다(雷志華·高策,〈毒藥還是良藥?-中國古代寒食散探析〉,《自然辨證法研究》第28卷 第4期, 105~107쪽, 2012.4.).

38 여기서 말하는 '태평진군'이란 바로 태무제를 가리킨다.

39 이것은《위서》〈서기〉와〈관씨지(官氏志)〉의 기록에 근거한 것이다. '탁발'의 의미를 '토덕을 지닌 왕'으로 본 것이다. 이후 1915년판《사원(辭源)》에서 "拓跋北魏之姓. 鮮卑謂土爲托, 謂後爲跋, 魏自稱黃帝之苗裔, 黃帝以土德王. 故以拓跋爲氏, 變作托跋"라고 기록한 이후 1983년판《사해(辭海)》, 1994년판《한어대사전(漢語大詞典)》등 에서 모두 탁발씨를 황제와 관련짓고 있다. 심지어 류원쉐(劉文學)는 황제의 후손 곤(鯀)이 선비산에 '분봉'을 받아 제후가 되어 선비인의 시조가 되었다고까지 말한다(劉文學,〈北魏拓拔氏與黃帝關係考證〉,《黃河科技大學學報》第12卷 第6期, 38쪽, 2010.11.). 그러나《위서》의 기록은 황제에 대한 일종의 '반부(攀附)'로서, 중원에 진입한 북위 왕조가 정통성을 확보하기 위한 차원에서 이렇게 기록한 것으로 보아야 한다.

40 현고는 당시 가장 많은 존경을 받던 선승(禪僧)이었다. 원래 태무제가 북량을 멸망시키고 양주 사람들을 북위로 대거 이주시키니 승려들도 함께 들어왔다. 현고는 당시 서북(西北) 선학(禪學)의 종사(宗師)로서 북위 왕공들이 공손하게 청해 평성으로 왔다. 그러나 태무제가 도교로 기울면서 불교를 독실하게 믿던 태자 탁발황(拓跋晃)을 의심한다. 확실치는 않으나 당시 구겸지와 최호 등이 부자 사이를 갈라놓았을 가능성은 있다. 태무제는 결국 현고가 탁발황을 조종한다고 생각해 현고와 혜숭을 체포했고, 결국 둘은 동시에 죽임을 당했다. 태무제 불교 탄압의 본격적인 시작을 알리는 사건이었다.

41 이 사건은 표면적으로 보면 불교와 도교 사이의 투쟁처럼 보이지만, 자오신루이(趙心

瑞)는 사실 태무제와 아들 황 사이의 보이지 않는 권력 투쟁이었다고 말한다. 이 사건
은 불교를 믿는 많은 귀족 관료 집단의 불만을 야기했고 또한 최초의 독단적 인사 처
리 문제와 결부되어 태자 황과의 심각한 투쟁을 초래했다(趙心瑞,〈北魏政治家崔浩死因
再探〉,《大同職業技術學院學報》第17卷 第3期, 33쪽, 2003.9.). 더구나 최호의 행동이 탁발
도의 신임을 넘어 그를 못마땅하게 만드니,《국기(國記)》편찬사건은 어쩌면 최호를 쳐
내기 위한 절호의 기회가 되어주었던 것이다.

42 그러나《이십이사차기(二十二史箚記)》에서는 최호의 죽음을 이렇게 설명한다. "《송서》
〈유원경전(柳元景傳)〉을 보면, (유)원경에게는 사촌동생 (유)광세(柳光世)가 있었는데,
북위에서 머물며 벼슬을 했다. 사도 최호가 그의 자형이었는데, (태무제) 탁발도가 남
쪽을 노략질할 때 (최)호는 은밀히 다른 뜻을 품고 있었으며, (유)광세는 하북(河北)의
의사(義士)를 불러 (최)호를 위해 호응했다. (최)호는 모의가 드러나 주살되었고, 하동
의 큰 성씨 중에서 연좌된 자가 매우 많았는데, (유)광세는 남쪽으로 달아나 면할 수
있었다고 되어 있다.《위서》를 살펴보면, 최호의 주살은 국사(國史)를 지어 큰길가의
돌에 새긴 것으로 대중에게 시기를 받아 이 일이 위에까지 들렸으므로 일족이 주살
되기에 이르렀고, 아울러 유씨, 노(盧)씨 등의 일족까지 그 화가 연달아 미쳤다는 것이
다. 이는 (최)호의 죽음이 국사 때문이며, 당초 별도의 다른 의도가 있었던 것은 아니
라는 것이다.《송서》에서 전하는 바는 대개 (유)광세가 남으로 도망갔을 때 거짓으로
핑계 삼은 말로 나중에 드디어 그것을 기록한 것일 뿐이니, 응당《위서》를 올바른 것
으로 해야 한다"(조익 저, 박한제 역,《二十二史箚記》卷9, 125〈宋書紀魏事多誤〉).

43 북위 초, 외척의 발호를 막기 위해 태자를 세우면 태자의 생모를 죽이는 습속이 있었
다. 태무제 탁발도의 생모 두씨가 죽임을 당한 후 그를 키운 사람은 두태후였고, 태무
제의 태자인 탁발황을 키운 사람 역시 북연에서 포로가 되었던 상씨, 즉 소태후였다.
문성제를 세운 소태후의 권력 역시 막강했다. 역시 북연 황족의 후손이었던 풍태후는
문성제의 아들 탁발홍이 태자가 된 후 죽임을 당한 생모 이씨를 대신해 탁발홍을 키
웠다. 헌문제(탁발홍)가 죽은 후 효문제에게 여러 방면에서 모범을 보이며 효문제의 개
혁정치를 이끌어냈다(杜成輝,〈北魏太后幹政〉,《紫禁城》, 52~55쪽, 2011.5.). 나중에 호태
후를 둘러싼 권력 다툼 때문에 북위가 쇠락하지만 그렇다고 해서 북위의 멸망이 여성
통치자의 '정치 간섭' 때문이었다고 말하기는 힘들 것 같다. 여성이 정치를 하는 것은
북방민족에게는 '간섭'이 아니라 '참여'였기 때문이다.

44 이런 식으로 중국 중원에서 호와 한, 즉 '유목적'인 것과 '농경적'인 것이 만나면서 일
어나는 각종 상호관계를 박한제는 '호한체제(胡漢體制, Sino-Barbarian Synthesis)'라
고 말한 바 있다. 그는 그 의미에 대해 "호한 양 종족이 한 지역, 한 통치체제 내에서 병

존하여 하나의 문화 체제를 형성해가면서 충돌, 반목, 융합하는, 즉 호한 문제를 기축으로 돌아갔던 모든 현상들"을 가리키는 것이라고 했다(박한제,《대당제국과 그 유산》, 20~21쪽, 세창출판사, 2015)

45 '양백화'란 원래 버들 솜을 가리킨다. 위(魏)에 양백화(楊白花)라는 잘 생긴 자가 있었는데 태후(선무제(宣武帝)의 황후이며 이름은 호충화(胡充華))와 사통한 것을 들킬까 겁이 나서 양나라로 도망쳤다. 그래서 태후가 이 노래(《양백화가(楊白花歌)》)를 지은 것이라고 한다. 글도 잘 썼고 북방 여인답게 활도 잘 쏘았으며 불교를 독실하게 믿었다. 그녀에 관한 기록은《북사(北史)》〈열전(列傳)제1·후비(后妃)상(上)〉에 보인다.

46 소나 나귀, 노새 가죽 등을 오려 사람이나 집 등 모양으로 만들어 푸른색·초록색·붉은색 등등의 색을 입힌 뒤 나무 막대기를 끼운 다음, 그것을 하얀 막 뒤에서 사람이 들고 조종하며 노래를 부른다. 타악기나 현악기 연주도 들어가며 노래는 산시(陝西)나 산시(山西), 쓰촨 등등 각 지방 특색이 들어간 곡조로 부른다. 관객은 막의 앞에서 불빛을 통해 막에 비친 인형의 그림자를 보게 되는 것이다. '등영희(燈影戲)'라고도 한다.

47 발로 차고(踢), 때리고(打), 넘어뜨리고(摔), 손으로 잡아채는(拿) 동작을 앞으로 나가고(進) 물러나고(退) 잽싸게 공격하고(閃) 피하는(躱) 행동과 결합시킨 일종의 격투기. 일거에 적을 제압할 수 있도록 실전에 적용시킬 수 있는 기술을 연마하는 것에 중점을 두고 강하게 훈련한다.

48 《상서(尙書)》의 편명. 은(殷)이 술 마시는 기풍이 성해 망국에 이르렀다고 생각한 주공(周公)이 강숙(康叔)에게 명해 위(衛)에 금주령을 내리게 하면서 쓴 글. 술은 망국의 근원이라 아무 때나 술을 마시면 안 되고 반드시 제사를 지낸 뒤에만 다 같이 마시도록 했다. 이것을 어기면 죽인다고 했으니, 그야말로 살벌한 '금주령'이다.

49 손에 들고 있는 옥홀(玉笏)을 가리킨다.

50 남조 양(梁) 원제(元帝)의 비 서소패(徐昭佩)의 이야기. 원래 정략적으로 혼인했기 때문에 남편과 별다른 애정이 없었다. 남편 소역이 양 원제로 즉위한 뒤에도 서소패를 황후로 삼지 않고 비로 삼았다. 황후 자리가 오랫동안 비어 있으니 어쩔 수 없이 그녀가 황후가 되었다. 후에 그녀가 기계강(暨季江)과 사통했는데 기계강은 "서낭이 나이가 들긴 했으나 그래도 여전히 정이 넘친다(徐娘雖老, 猶尙多情)"라고 했다. 그때부터 '서낭반로(徐娘半老)'라는 단어가 중년 여성의 우아함을 가리키는 단어가 되었다.

51 당 무종(武宗) 회창 5년(845)에 일어난 불교 탄압 사건. 당시 불교가 성행하면서 사원에서 토지를 많이 소요했고 부세도 내지 않아 조정과 경제적인 면에서 갈등이 있었다. 게다가 무종은 도교를 깊이 신봉했다. 도사 조귀진(趙歸眞)이 부추기고 재상 이덕유(李德裕)가 지지해 본격적인 '멸불' 정책이 시행되었다. 처음엔 낙양과 장안에 각각 절

을 하나씩만 남겨 두고 나머지는 없애라고 했으나, 몇 달이 지나지 않아 모든 절을 없애라는 명령을 내렸다. 4,600여 개의 사원이 문을 닫았고 사원에 속한 땅은 조정으로 귀속되었으며, 금과 은 불상은 국고로 들어갔다. 철 불상은 녹여서 농기구를 만들었으며, 구리로 된 종은 녹여서 돈을 주조했다. 환속한 승려는 무려 26만여 명이었다.

52 송옥(宋玉)의 〈등도자호색부(登徒子好色賦)〉에 나오는 구절. 송옥이 고향의 아름다운 여성이 완벽한 몸매와 얼굴을 지녔다고 하면서 그녀를 묘사한 장면.

53 바람(風)과 찬(寒) 기운이 겹쳐 생겨나는 병이라고 하는데, 뒷머리에 통증이 심해지면서 목을 가누기가 힘들어진다. 옷을 많이 껴입거나 두꺼운 이불을 덮어야 좀 덜 추워한다.

54 토욕혼은 오늘날의 칭하이 지역에서 300년 이상 거주했다. 칭하이호(靑海湖) 한가운데 하이신산(海心山)이 있는데 겨울이 되어 호수가 얼면 그 산에 말들을 갖다 두었다. 봄이 되어 가보면 암말이 임신해 새끼를 낳았는데 그 말이 하루에 1천 리를 가는 준마였다고 한다. 《북사》〈토욕혼전(吐谷渾傳)〉에 관련 기록이 보인다.

55 오늘날 칭하이성 하이난(海南) 티베트족자치주(藏族自治州) 궁허(共和)현에 위치한다. 현지에서는 '톄카자(鐵卡加)' 고성(古城)이라고 불린다. 내성과 외성으로 나뉘는데 내성은 동서 200미터, 남북 200미터 규모였으며, 외성은 남북 1,400미터, 동서 700미터이며 내성의 높이는 12미터였다.

56 왕창령의 〈종군행(從軍行)〉7수 중의 제5수다.

57 당대(唐代)에 기미도독부(羈縻都督府)가 있었다. 오늘날 내몽골 바린우기(巴林右旗) 남쪽.

58 중국의 사서에서는 '고구려'를 '고려'라 표기하고 있다.

59 물론 이것은 《신당서(新唐書)》의 기록을 바탕으로 한, 중원 왕조의 시각이다.

60 청나라 정부는 자신들의 수요에 따라 만주 지역 소수민족들을 데려가다 군인으로 충당했다. 시보족은 신장(新疆) 지역으로 떠나기 전에도 청나라 정부에 의해 치치하얼(齊齊哈爾)에서 성경(盛京) 지역으로, 성경에서 다시 헤이룽장 지역으로 수시로 이동해야 했다. 그러다가 마침내 신장 수비의 필요 때문에 머나먼 서쪽으로 떠나야 했던 것이다. 만주에서 1년 4개월에 걸쳐 신장 지역으로 이주해야 했던 시보족의 고통스러운 역사는 관싱차이(官興才)가 쓴 장편 서사시 〈서천지가(西遷之歌)〉에도 반영되어 있다. 그 작품의 도입부를 보면 다음과 같은 내용이 나온다. "봉천성의 시보여! 고향 땅을 그리워하네. 옥토에 입 맞추며 눈물 흘리네. 황제의 명령은 산과 같으니, 고통을 참아낼 수밖에! 고향 땅 돌아보며 열 걸음 앞으로 나아가지만, 아홉 걸음 다시 돌아오게 되네. 헤이룽장의 백성이여! 가족 친지와 이별하네. 울음소리 먹먹하네. 아무리 강철

심장 가진 사람이라도, 눈물이 흘러넘치니 고개를 숙일 수밖에"(阿蘇·盛豊田·何榮偉
著, 遼寧民族出版社, 《錫伯族》, 41쪽, 2012).

제3장 유연

1   유연의 내력에 대해 《남제서(南齊書)》 권59 〈열전(列傳) 제40·예예전(芮芮虜)〉에서는
    '새외잡호(塞外雜胡)'라 하며, 《양서(梁書)》 권54 〈열전 제48·제이(諸夷)·예예국(芮芮
    國)〉에서는 '흉노별종(匈奴別種)'이라 했다. 《양서》에서는 흉노가 위진 시대에 여러 부
    部로 갈라지면서 각자 자기들의 호칭으로 부르게 되는데, '예예'도 그중 하나라고 한
    다. 《송서(宋書)》 권95 〈열전 제55·색로(索虜)〉에도 '흉노별종'이라는 말이 나온다.
    《위서(魏書)》 권103 〈열전 제91·연연(蠕蠕)〉에서는 '東胡之苗裔'라 하고 있다.
2   '가한'은 '칸' 혹은 '카간'의 중국식 표기인데, 이 장에서는 용어의 혼돈을 피하기 위
    해 '가한'으로 표기했다. 그러나 잘 알려진 인물은 괄호 안에 원래 이름을 병기했다. 또
    한 중국의 영역을 벗어난 유럽 지역에서 활동하던 군주도 역시 '칸' 혹은 '카간'으로
    표기했다. 칭기즈칸 때까지만 해도 '칸'과 '카간'의 구별이 없었는데 우구데이 시절부
    터 '칸'과 '카간'을 구별해 '카간'이 최고의 지도자를 의미하게 되었다는 것이 대체적
    견해다.
3   《위서》 〈열전 제91·연연(蠕蠕)〉에 나오는 기록이다. 이러한 군장(軍將)과 당수(幢帥)
    제도는 군사 전투 단위지만 동시에 행정과 생산 조직이기도 했다. 원래의 유목 씨족과
    부족을 단위로 해 군사 전투부대가 되는 것이다. 즉 각급 군사 지도자는 군사 행정 수
    장인 동시에 마을의 추장대인(酋長大人)이기도 했다. 또한 성년의 장정은 전사이면서
    동시에 생산자였다(陳元之, 〈述論柔然族的社侖可汗〉, 《文史天地》 1995年 第4期, 44쪽).
4   "先登者賜以虜獲, 退懦者以石擊首殺之, 或臨時推撻." 《위서》 〈열전 제91·연연〉에
    나오는 말이다.
5   가한(可汗, 칸)과 대가한(大可汗, 카간)이라는 용어의 기원에 대해서는 몇 가지 주장들
    이 있다. '칸'은 '소가한(小可汗)', '카간'은 '대가한(大可汗)'이라는 주장도 있고, '칸'
    이나 '카간'이나 모두 '가한(可汗), 존장(尊長), 황제(皇帝), 술탄'이라는 뜻이라는 주
    장도 있다. 발음상의 변화라는 설도 있는데, 유연에서 원래는 '카간'이라고 하다가 나
    중에 '칸'으로 변이되었을 것이라는 추측이다. 하지만 어쨌든 '카간'보다는 '칸'이라
    는 용어가 공통적으로 많이 쓰인 것으로 추측된다(侯爾瑞, 〈"可汗"一詞之源流〉, 《語言

興翻譯》1994年 第4期(總第40期), 50~52쪽).

6　'가한'이라는 호칭이 처음 시작된 것이 유연의 사륜이 사용한 구두벌가한(402)이라고 하는데, 《중앙유라시아의 역사》에서는 1980년대에 중국 헤이룽장성 대싱안링산맥의 가셴동(嘎仙洞)에서 발견된 북위 태무제의 제문인〈석각축문(石刻祝文)〉(443)에서 '가한(可寒)'과 '가돈(可敦)'이라는 단어를 사용한 것으로 보아 3세기 혹은 그 이전인 2세기 말에 선비인이 이미 '가한'이라는 칭호를 사용했을 가능성이 있다고 말했다. 하지만 리즈민(李志敏)은 '가한'이라는 용어의 세 가지 기원을 설명하면서 한반도설, 동호설(東胡說)을 모두 반박하고 서부선비설을 주장한다. 그는 유연 역시 서부선비 계통이라고 보면서, '가한'이라는 용어는 동부선비(東部鮮卑)가 아니라 돌궐어(突厥語)를 사용하던 서부선비 계통에게서 처음 나온 것이라고 주장했다(〈可汗名號語源問題考辨〉, 《民族研究》2004年 第2期).

7　'한국(汗國)'은 '칸국'의 중국식 표현인데, 이 책에서는 교과서에서 사용하는 용어를 기준으로 해 '한국'으로 표기하지만 필요한 경우 '칸국'을 사용한다.

8　《송서》권95〈열전 제55·색로〉에 나오는 기록("國政疏簡, 不識文書, 刻木以紀事")인데, '원시적'이어서가 아니라 그냥 국정이 '간단했다'고만 하고 있다.

9　《위서》권103〈열전 제91·연연〉에 나오는 기록("將帥以羊屎粗計兵權")이다.

10　국가의 행정과 외교 등의 사무를 관리한다. 국상 이외에 '국사(國師)'라는 직책도 있었는데 종교 업무를 담당했으며 직급이 높은 승려가 맡았다.

11　사력발, 토두발, 토두등 등은 각각의 '부수(部帥)'에 속해 군사적 사무를 맡아보는 대소 관리들이었다.

12　요-순-우로 이어지는 '선양'의 전통은 사실 고대 유가 학자들이 만들어낸 허구일 뿐이라는 주장도 있다. 그런 주장은 최근에 비로소 나온 것이 아니다. 일찍이 순자(荀子)도 의문을 제기한 바 있다. 고대 문헌의 기록을 꼼꼼하게 읽어보면 요-순-우 사이에 벌어진 치열한 권력 투쟁의 흔적이 보인다는 것이다.

13　원(元) 소덕상(蕭德祥)의〈살구권부(殺狗勸夫)〉("便是他封妻蔭子, 也講不得《毛詩》, 念不得《孟子》")에서 나온 말. 권세 있는 사람의 아내에게 봉호를 내려주고(봉처) 아들은 관직과 특권 등을 세습했음(음자)을 가리킨다.

14　사실 하늘에 떠오른 열 개의 해를 쏘아 떨어뜨린 인물은 신화 속의 주인공인 천신 예(羿)이고, 권력 찬탈의 주인공은 유궁국의 전설적 인물인 후예(后羿)다. 예의 신화는 종종 후예의 전설과 혼동되곤 하는데 여기서도 예외는 아니다.

15　《위서》권103〈열전 제91·연연〉에 의하면 "그들의 무지함이 벌레 종류와 같으니 그들의 이름을 바꾸어 연연이라 했다(以其無知, 狀類於蟲, 故改其號爲蠕蠕)"라 한다. 북위

사람들이 유연을 비하해 부른 호칭임을 알 수 있다.

16 주원장이 군사를 일으켰을 때 그의 모사 주승이 아홉 글자의 계책을 냈다고 하는데, 그것이 바로 "高築墻, 廣積糧, 緩稱王"이다. 성을 쌓아 근거지를 만들고, 전쟁을 하기 전에 미리 식량을 넉넉하게 확보하며, 조급하게 왕을 칭하지 말고 먼저 같은 편을 많이 만들어 지지자를 늘리는 것이 중요하다는 뜻이다.

17 재위 기간은 506년부터 508년까지다. 그는 불교를 창도했는데, '복도'라는 이름도 '불타(佛陀)'의 발음에서 따온 것으로 추측된다. 그 지역에 유행했던 불교를 이용해 서역 여러 민족을 이끌어보려 했으나 실패로 돌아갔다.

18 북위가 수도를 낙양으로 천도하면서 옥야(沃野)를 비롯한 북부 육진의 선비 귀족과 군인이 상대적으로 낮은 대우를 받는다고 해 이른바 '한화(漢化)'에 반대하는 난을 일으켰다. 변진에서 가장 강한 군사력을 지녔던 인물이 바로 이주영(爾朱榮)이다.

19 고비사막의 남쪽을 의미하니 오늘날 내몽골자치구 지역을 가리킨다.

20 선비식 이름은 하육혼(賀六渾)이다. 선비화된 한인(漢人)으로, 동위 대승상(大丞相)이면서 군정대권(軍政大權)을 장악했다. 나중에 그의 아들 고양(高洋)이 북제(北齊)를 세워 태조 헌무제(獻武帝)로 추존되었다.

21 '을불'은 복성(複姓)으로 대대로 선비부락의 대인(大人)이었다. 을불씨에 관한 기록은 《북사(北史)》 권13 〈열전(列傳)·제1 후비(后妃) 상(上)〉에 등장한다. 을불씨는 낙양 사람으로 그 조상은 토욕혼의 지도자였고, 원래 청해(青海)에 거주해 '청해왕'이라고 불렸다. 성품이 소박했으며 사치하지 않고 인자했다고 한다.

22 542년, 동위의 권신 고환의 아홉 째 아들 고담(高湛)에게 시집간 유연 여여(茹茹)공주(아나괴의 손녀)의 무덤이 1976년에 발굴되어 그 시절 '화친'의 역사를 보여준다. 당시 고담은 여덟 살, 여여공주는 다섯 살이었다고 하는데, 여여공주가 열세 살이 되어 갑자기 죽자, 동위를 멸망시키고 북제(北齊)를 세운 고씨 집안에서 후한 장례를 치러주었다고 한다. 오늘날 허베이성 츠현(磁縣) 남부 대총영촌(大冢營村)에서 (도굴의 흔적이 있긴 하지만) 여여공주의 묘지(墓誌)와 벽화, 토용(土俑)과 아나괴가 보내준 비잔티움 제국의 금화가 출토되었다. 무덤에서 나온 묘지에 의하면 공주는 '질지련(叱地連)'이라 불렸다. 무덤에서 나온 금화는 아나스타시우스 1세(491~518)와 유스티니아누스 1세(518~527) 시절의 것이다(林英, 〈磁縣東魏茹茹公主墓出土的拜占庭金幣和南北朝史料中的"金錢"〉, 《中國錢幣》 2009.3. NO.106.).

23 '단노'란 철을 생산하기 위해 강제로 동원된 인력을 가리킨다.

24 돌궐족은 '푸른 늑대'의 후손이라고 여겨진다. 《주서(周書)》 〈열전(列傳) 제42·이역하(異域下)·돌궐(突厥)〉에는 돌궐의 조상이 늑대의 후손이라는 이야기가 나온다. 이웃

마을의 공격으로 마을 사람 모두가 다 죽고 어린 아이 하나만 살아남았다. 그 아이를 푸른 늑대가 거두어 키우고, 아이는 자라서 그 늑대와 혼인한다. 왕이 이 소식을 듣고 죽이려 했지만 늑대가 고창 지역의 산속 동굴로 도망쳐 숨어서 열 명의 아들을 낳았다. 그 중의 하나가 바로 '아사나(阿史那)'였다는 것이다. 그래서 '푸른 늑대'는 돌궐의 상징이며 수호신이기도 했다. 터키, 위구르 등에서 푸른 늑대는 여전히 그들의 수호신이다.

25 장안성의 동남쪽 문으로 원래 '패성문(覇城門)'이라고 한다. 문의 빛깔이 푸른색이라서 사람들이 '청문(靑門)' 혹은 '청성문(靑城門)'이라고 불렀다. 이 근처에 '패교(覇橋)'가 있는데 사람들이 그 다리에 이르면 버들가지를 꺾어 주며 이별했다고 한다. 그래서 '청문'은 보통 이별의 장소라고 여겨진다.

26 여기 등장하는 '강인의 피리'는 '강적(羌笛)'을 가리키는데, 유죽(油竹)으로 만든 가느다란 두 개의 관을 묶어서 만든 피리이다. 길이는 대략 13~20센티미터 정도이고, 이미 한대(漢代)부터 서북 지역(오늘날 간쑤성, 칭하이성, 쓰촨성 서부 지역 등)의 강인 거주지에서 많이 사용했다. 당대(唐代)의 변새시(邊塞詩)에 특히 많이 등장한다. 시인 왕지환(王之渙)의 시 양주사(涼州詞)에 등장하는 "강인의 피리로 이별곡 절양류(折楊柳)를 연주하며 봄이 늦음을 원망하는가, 봄바람은 원래 옥문관에 불어오지 않는 것을(羌笛何須怨楊柳, 春風不度玉門關)!"같은 구절이 대표적이다. 당의 궁정 음악에는 등장하지 않고, 주로 서북 지역의 변방에 거주하던 민족이나 주둔하던 병사들이 사용하던 악기이다. 서북 지역의 황량한 분위기를 묘사할 때 종종 등장한다.

27 역대 중국 왕조가 있던 지역의 인근에서 활동하며 중국 사서에 나타난 경우에는 '돌궐'이라 쓰지만 서쪽으로 이동해 유럽에서 활동했던 경우에는 다양한 '튀르크계' 민족이 있기 때문에 '튀르크'라 병용했다.

28 아바르(Abaroi, Avari, Avares)에 관한 기록은 주로 비잔티움 사료에 보인다. 6세기 중엽에 튀르크가 기마 유목부족인 아바르를 격파했는데, 아바르의 일부가 타우가스와 무르키로 도망쳤다. 이어서 튀르크가 다시 기마 유목부족인 오고르를 쳤는데 이 중 일부가 비잔티움제국으로 도망쳐 스스로를 '아바르'라 칭했다. 그래서 서양 역사에서 그들을 '아바르'라고 부른 것이다. 790~796년 사이에 피핀과 카롤루스 대제가 정복할 때까지 그들은 비잔티움제국과 서게르만에 최대의 위협이 되었다(《柔然與阿瓦爾同族論質疑-兼說阿瓦爾卽悅般》에서 인용).

29 지금도 동서양의 많은 학자들이 유연의 기원을 추적 중이다. 아바르에 대해 가장 먼저 기록한 사람은 비잔티움의 역사가 프리스쿠스(Priscus)다. 그가 남긴 《비잔티움사》에 간단한 기록이 남아있다. 그 후 역시 비잔티움 역사가인 테오필락트 시모카타

절반의 중국사

(Theophylact Simocatta, 580~641)가 남긴《역사》에 의하면 아바르는 튀르크(돌궐)에 의해 격파되기 전, 스키타이 즉 전체 동방의 유목부족 중에서 가장 강한 세력이었다고 한다. 중국 사료에서는 이들을 북적(北狄)의 일종이라고 했다. 아바르가 유연과 같은 것인지 아닌 지에 대해서는 특히 논란이 많은데 아바르와 유연이 같은 것이라고 보는 의견 중 흥미로운 것도 있다. '아바르'라는 종족 명칭의 어근이 몽골어의 'abaraga'에서 왔는데 그것은 '뱀' 혹은 '뱀이 움직이는 모양'이라는 의미라고 한다. 북위에서 유연을 폄하해 '연연(蠕蠕)'이라고 불렀는데, 그것 역시 같은 의미를 내포한다. 즉 둘 다 '뱀'이라는 의미를 갖기에 아바르와 유연이 같은 부족이라고 보는 것이다. 하지만 이런 견해들에 대한 반론도 만만치 않다.《위서》〈연연전〉이나 〈서역전〉 등과 서방 사료를 추적해보아도 아바르와 유연이 같은 민족이라는 증거는 나오지 않는다는 것이다 (劉强,《阿瓦爾汗國初探》, 華東師範大學碩士學位論文, 2010.4.).

30 이들이 비잔티움제국의 콘스탄티노폴리스에 들어왔을 때 남자 머리에 색깔 있는 리본을 묶고 있어서 사람들의 시선을 끌었다고 하는데, 그것은 유목민족의 특수한 머리 장식이었다고 한다(И. 埃爾杰利, 〈消失了的民族:阿瓦爾人(사라진 민족, 아바르)〉(莫潤先 譯,《民族譯叢》, 1994年 5期, 41쪽에서 인용). 당시 비잔티움은 프랑크왕국과 라이벌 관계일 뿐 아니라 슬라브 계통 민족과 흑해 북안의 유목민족인 쿠트리구르인의 연합으로 위협을 받고 있었다. 이런 정치적 상황 때문에 아바르족과 동맹을 맺은 것이다.

31 다키아는 루마니아인의 조상이라고 여겨진다. 105년부터 271년 사이에 로마의 속주(屬州)였다. 이탈리아 베네치아 광장에서 '제국 공회장의 길'로 들어서는 입구 왼쪽에 있는 기둥이 바로 '트라이안의 기둥'인데, 로마 영토를 최대한으로 넓혔던 트라야누스 황제가 다키아를 정벌한 것을 기념하기 위해 세운 것이다.

32 발칸반도 서부의 강. 알프스산맥에서 흘러나와 동남쪽으로 940킬로미터를 흘러 베오그라드에서 도나우강으로 흘러든다. 도나우강 오른쪽에 있는 최대 지류다. 슬로베니아, 크로아티아, 보스니아를 흐른다.

33 프랑크왕국 카롤링거 왕조의 국왕으로 신성로마제국의 기초를 다졌다. 서유럽 대부분의 판도를 차지해 800년에 로마교황이 신성로마제국 개국황제로 임명했다.

제4장 백흉노

1 비잔티움 학자 테오파네스(Theophanes)는 에프탈리테(Hephtalites)라고 칭하면서 이

는 훈의 왕 에프탈라노스(Hephtalanod)에서 유래했다고 말했다. 인도에서는 'Shveta-Huna'로 기록하는데, 모두 백훈(白Hun)의 튀르크어 표기인 악훈(Ak Hun)과 의미가 상통한다(이희수,《터키사》, 93~94쪽).

2 활국(滑國)을 '차사의 별종(車師之別種)'이라고 한 기록은《양서(梁書)》권(卷)54〈열전(列傳) 제48·제이(諸夷)·활국(滑國)〉에 나온다.《북사》권97〈열전 제85·서역(西域)·엽달국(嚈噠國)〉에서는 엽달을 '대월지에 속한다(大月氏之種類)', '고차의 별종(高車之別種)'이라고 하고 있으며, 원래는 새북(塞北)에서 시작되었다고 서술하고 있다.

3 옥수스(Oxus)강. 고대 그리스인이 이곳에 왔을 때 옥수스강이라고 불렀다. 소그드어로 '강물의 신'을 가리키는 호칭이다. 한때에는 '규수(嬀水)'라고 번역했고(《사기(史記)》·《한서(漢書)》), 당 때에는 음사해 '오허수(烏滸水)'라고 기록했다.

4 우즈베키스탄과 타지키스탄 사이에 있는 비옥한 땅으로, 소그디아나가 있던 곳이다. 소그드인은 사마르칸트의 아프라시압(Afrasyab)에 오랫동안 거주했다고 한다.

5 대월지인은 1세기 초에 방대한 제국을 형성했다. 그 영역이 중앙아시아와 남아시아를 종관했다.《인도사》에서는 월지를 '유치족'이라고 표기했다. '유치'를 인도사에서는 '쿠샨'이라고 부르는데 그 이유는 그들이 '힌두쿠시'산맥을 넘어 카불 쪽으로 들어왔기 때문이라고 한다(조길태,《인도사》, 120~121쪽).

6 사산조 페르시아는 226년 아르다시르 1세가 파르티아를 격파하고 아케메네스 페르시아의 계승자임을 자처했다. 옛 페르시아제국의 영광을 되살리기 위해 로마와 싸워 아르메니아를 정복하고 조로아스터교를 국교로 삼았다(그 과정에 대해서는 이희수,〈이슬람 문화 형성에서 사산조 페르시아의 역할과 동아시아와의 교류〉참조.《한국중동학회논총》제30-1호, 2009).

7 시알코트주. 오늘날 파키스탄 동북부 펀자브 지방의 도시.

8 미히라쿨라의 군대에는 700마리의 코끼리 부대가 있었다고 한다. 그가 불교를 박해했다고 해서 현장(玄奘) 같은 승려들의 기록에는 좋지 않게 묘사되었지만 알렉산드리아에서 인도로 간 탐험가 코스마스(Cosmas), 530년의 괄리오르(Gwalior) 비문, 산스크리트 어로 기록된 카슈미르 역사서에서는 미히라쿨라를 인도의 가장 훌륭한 통치자로 여기고 있다(이희수,《터키사》, 97쪽).

9 아프가니스탄에서 가장 많은 민족이 바로 '파슈툰족(Pushtun)'인데, 그것을 가리키는 듯하다. 6세기에 쿠샨과 에프탈의 통치를 받다가 사산조 페르시아의 멸망과 함께 7세기 무렵 이 지역은 이슬람 지배권으로 들어갔다.

10 신양섭은 조로아스터의 원래 이름이 '자르토쉬트'라고 한다.《아베스타(Avesta)》에는 동부 이란어 방언으로 '자라투쉬트라(Zarathushtra)'라고 표기되어 있고, 그것이 고대

페르시아어의 '자라트 우쉬트라(Zarat-ushtra)'로, 중세 페르시아어인 파흘라비어의 '자르토쉬트(Zartosht)'로 변형되었다는 것이다. '조로아스터(Zoroaster)'라는 용어는 그리스어 표기가 라틴어를 거쳐 오늘날의 형태로 발전한 것이라고 말한다(신양섭, 〈페르시아 문화의 동진과 조로아스터교〉,《한국중동학회논총》제30-1호, 42쪽, 2009).

11 시스탄오발루체스탄주는 정확하게 말하자면 이란 동남부에 있는 지역이다. 동쪽으로 아프가니스탄, 파키스탄과 경계를 이루고 있다. 조로아스터의 출생지에 대해서도 예전에는 이란 서부 메디아(Medea)라는 주장이 많았으나 최근에는 이란 동부라는 주장이 많이 나오고 있다.

12 조로아스터의 출생 연대에 대해서는 19세기 말까지만 해도 기원전 6세기경이라는 견해가 지배적이었으나 이후《아베스타》와《리그 베다(Rig Veda)》의 연관성에 주목하는 연구가 나오면서 최근에는 기원전 10세기경이라는 견해가 힘을 얻고 있다(신양섭의 논문과 더불어 배철현의 〈다리우스왕은 조로아스터교 신봉자였나?〉,《중앙아시아연구》제8호, 2~3쪽, 2003 참조).

13 '바름'이라는 의미의 조로아스터교 용어다. 다리우스(기원전 522~486)와 그의 아들 크세르크세스가 남긴 비문에 처음으로 조로아스터교 최고의 존재인 아후라 마즈다와 조로아스터교의 중요한 종교 개념인 '바름(아르타)'과 '거짓(드가우가)'에 대한 개념이 등장한다.(배철현, 〈다리우스왕은 조로아스터교 신봉자였나?〉, 6쪽)

14 사산조 페르시아에서 유행했던 조로아스터교는 북조 여러 나라들을 통해 중국 땅에도 들어왔다. 북주와 북제시대의 석곽도상에 조로아스터교의 상징물인 성화와 날개 달린 신들의 모습이 보일 뿐 아니라, 그 신화적 모티프들은 민족의 이주 노선을 따라 중국의 서남부 지역인 윈난성(雲南省)에까지 들어왔다(김선자, 〈페르시아 조로아스터교 경전《아베스타(Avesta)》와 나시족 경전《흑백지전(黑白之戰)》의 신화 비교연구〉,《아시아문화연구》, 제41집, 2016.6.).

15 중국 땅에 들어온 마니교는 빛을 숭배하는 종교라고 해 '명교'라고 불렸다. 원나라 말기, 백련교(白蓮敎)가 흥성하면서 민중 기의군과 결합하는데, 백련교 역시 빛과 어둠을 '양종(兩宗)'이라고 해 선과 악으로 보면서 그것이 대립한다고 여겼고, 미륵불(彌勒佛)이 강생해 빛의 승리를 가져온다고 생각했다. 그러니까 민중 사이에서 많은 신도를 확보했던 백련교 교의가 마니교와 비슷한 점이 있었던 것이다. 물론 주원장이 홍건군에 몸을 담았던 것은 사실이지만 그가 과연 명교 신도였는가에 대해서는 이견들이 많다.

제5장 돌궐

1 《주서》권50 〈열전(列傳)·제42 이역(異域) 하(下)·돌궐(突厥)〉에서 돌궐은 원래 흉노 별종이며 성은 '아사나'라고 했다. 부락 전쟁 중에 한 흉노 부락이 이웃 부락에게 몰살 당했는데 열 살쯤 된 한 아이가 살아남았다. 추격자들은 아이가 어려 죽이지는 못하 고 두 다리를 자른 후 내버렸다. 암컷 늑대가 아이를 보고 가엾게 여겨 고기를 먹여 키 웠고, 장성한 아이는 암늑대와 혼인했다. 암늑대가 열 명의 아들을 낳았고 그들이 나 중에 혼인해 열 개의 성씨가 되었는데, 아사나가 그중 하나라고 한다. 돌궐의 늑대 토 템을 보여주는 기록이다. 여기서는 또한 돌궐의 조상이 흉노의 북쪽에 있는 색국(索 國)에서 나왔다고 기록하고 있다. 정재훈은 사료에 기록된 북아시아 유목부족들의 이 리(늑대) 신화소를 통해 이사나의 원류와 원주지 등을 추적하는 의미 있는 작업을 한 바 있다(정재훈,《돌궐 유목제국사》,〈2장 이사나 원류 연구에 대한 재검토와 신화 내용의 재구 성〉, 사계절, 2016).

2 당나라 단성식은《유양잡조(酉陽雜俎)》권4 〈경이(境異)〉에서 돌궐의 조상은 바다의 신 '사마사리(射摩舍利)'라고 했다. 아사덕굴(阿史德窟)에서 살았는데 바다의 여신과 사랑에 빠졌다. 여신은 매일 밤마다 하얀 사슴을 보내 사마사리를 바다로 들어오게 해 함께 살았다. 나중에 우여곡절 끝에 사마사리와 사슴 여신과의 관계는 끝나고 만 다. 늑대와 사슴은 몽골족의 토템이라고 여겨지기도 하고 북방민족에게 가장 중요한 동물들이기도 하다. 돌궐 역시 늑대, 사슴과 관련되어 있음을 보여주는 기록이다. 하 지만《유양잡조》는 사서가 아니라 '필기(筆記)'로 분류되기 때문에 정확한 역사적 기 록이라고는 할 수 없다.

3 《수서》권84 〈열전(列傳)·제49 북적(北狄)·돌궐(突厥)〉에 돌궐의 선조가 '평량잡호(平 凉雜胡)'라고 하며 성은 '아사나씨(阿史那氏)'라고 했다.

4 "剪不斷, 理還亂." 남당(南唐) 이욱(李旭, 이후주(李後主))의 사(詞) 〈상견환(相見歡)〉에 서 나온 말. 이별의 슬픔은 깨끗하게 잘라버리고 가지런히 정리된 듯이 보여도 순식간 에 다시 엉망진창으로 흐트러지는 감정이라는 의미다.

5 '아시나(Ashina)'의 의미가 무엇인지에 대해서는 아직 정설이 없다. 정재훈은 그것에 대해 '뛰어오르다', '산을 가로지르다', '우애가 있는', '고귀한', '푸르다' 등 다양한 견 해들을 소개하면서 "이런 해석의 차이는 돌궐의 원류를 몽골 계통의 투르크로 보느 냐, 아니면 이란 계통의 사카의 후예로 보느냐와 관련된 문제"라 하고 있다(정재훈,《돌 궐 유목제국사》, 35쪽, 사계절, 2016).

6 '돌궐'과 '가한', '한국'은 각각 '튀르크'와 '카간', '칸국'을 지칭한다. 이 장에서는 용

어의 혼동을 피하기 위해 '돌궐', '가한', '한국'이라는 단어를 사용하고 괄호 안에 원어 발음을 병기했다. 그러나 현재 중국의 영역이 아닌 중앙아시아 지역을 중심으로 펼쳐진 튀르크 계통 여러 민족의 역사를 서술할 때에는 '돌궐'이 아닌 '튀르크'를 사용했다.

7 '설(設)'은 '샤드(Shad)'를 가리킨다. 제후를 지칭하는 말이다. 가한 아래에 소가한(小可汗)과 엽호(葉護, 야브구), 설 등이 있었다.

8 일반적으로 '금산'은 알타이산이라고 알려져 왔으나 현재 일부 중국 학자들은 '금산'을 '천산(天山)'이라고 주장한다. 고대 돌궐어족군(族群) 중에서 가장 인구가 많았던 오구즈(Oguz, 오우즈)가 동부 천산 지역에서 발원했다고 보는 것이다(李樹輝, 〈突厥原居地"金山"考辨〉, 《中國邊疆史地研究》第19卷 第3期, 117~121쪽, 2009.9.).

9 '투구'는 몽골어로 'duulg(durk)'라고 하고 복수형은 'turkut'이다. 돌궐제국은 '쾩 튀르크(Kök Türk)라고 하며 '천상의 튀르크'라는 뜻이다. 'Kök'는 '하늘', '푸른색'을 뜻하는 고대 튀르크어다. 마흐무드 카슈가리가 《돌궐어대사전(突厥語大詞典)》(디완 루가트 아트 튀르크)에서 '강한'이라는 의미로 해석한 것에 비해 중국 자료에는 '투구'라는 뜻이라고 나오며, 철을 다룬 것과 관련된 호칭으로 보인다.

10 르네 그루세는 튀르크식으로는 '부민'이고 한자로 전사하면 '토문'이라고 했으나 그루세의 책을 옮긴 역자들(김호동·유원수·정재훈)은 '부민'과 '토문'의 음가 차이가 너무 크다고 하며 '토문'이 돌궐제국의 건국자이고 '부민'은 돌궐 비문에 나오는 전설적 인물이라는 주장을 소개했다(르네 그루세, 김호동·유원수·정재훈 옮김, 《유라시아 유목제국사》, 140쪽, 사계절, 1998). 《중앙유라시아의 역사》(고마츠 히사오 등저, 이평래 역, 소나무, 2005)에서는 튀르크어로 '일만(一萬)' 또는 '만인장(萬人長)'을 뜻하는 '투멘'의 한자식 표기라고 한다.

11 서위는 튀르크계였기에 몽골계의 유연에게 복수하는데 도움이 될 것이라고 판단해 공주를 부민에게 시집보냈다.

12 실점밀(室点密)은 돌궐 비문에 나오는 '이스테미'의 한자식 표기이며, 비잔티움제국 자료에서는 '디자보울로스' 혹은 '실지보울로스'라고 한다.

13 이용성은 몽골 중서부 자브항 아이막에 있는 오트곤 텡게르(Otgon Tenger)산으로 추정된다고 말했다. 오트곤 텡게르는 복드칸(Bogd Khan) 및 부르칸 칼둔(Burkhan Khaldun)과 더불어 몽골에서 가장 신성시 되는 산이라고 한다. 퀼 테긴 비문에도 "외튀갠 땅에 앉아서 (중국 등지로) 카라반을 보낸다면, 너는 전혀 걱정이 없다. 외투갠 산악지역에 앉는다면 너는 영원히 나라를 유지하며 앉을 것이다"(S8)라는 구절이 보인다(탈라트 테킨 지음, 이용성 옮김, 《돌궐비문연구》, 81쪽, 85쪽, 제이앤씨, 2008).

14 당시 에프탈이 매우 강력해서 동서 교역로 확보를 위해서는 반드시 에프탈을 무너뜨려야 했다. 이 승리를 통해 마침내 돌궐은 "싱안링 산맥으로부터 아랄 해에 이르는 지역까지 분절되어 있던 초원과 오아시스를 비로소 하나의 세계를 통합한 전대미문의 거대유목제국 건설로 이어졌다"(정재훈,《돌궐 유목제국사》, 180쪽).

15 목간가한이 죽고 동생 타발(他鉢, 타파르, 재위 572~581)이 가한의 지위를 먼저 계승했다. 사발략은 '이리구로설막하시파라(伊利俱盧設莫賀始波羅)'라고도 불리며, 목간가한의 형인 과라가한(콜로 카간)의 아들이다.

16 사발략이 수(隋)와의 전쟁에서 패해 돌아왔을 때 아파가한이 수와 친밀하게 지낸다는 것을 알게 되었다. 그래서 병사를 이끌고 아파가한을 쳐서 그의 어머니를 죽였다. 이에 아파가한이 서쪽으로 달두가한에게로 도망쳤다. 이때부터 알타이산을 경계로 동쪽의 사발략과 처라후(處羅侯), 서쪽의 달두와 아파가한으로 돌궐이 나뉘기 시작한다.

17 박한제는 '천가한'이라는 칭호의 의미에 대해 "가한이란 당연히 유목지역 수장의 칭호이지만, 농경지역의 수장까지 가한 칭호를 칭하게 되었다는 것은 동아시아 세계가 유목과 농경으로 분리되던 이전과는 달리 통합의 길로 나아가게 되었다는 것을 의미"한다고 했다(박한제,《대당제국과 그 유산》, 224쪽). 어쩌면 이 호칭안에 다원주의적인 문화를 수용했던 당제국의 특징이 들어있는 것이라고 볼 수 있다.

18 여기서 서술한 것처럼 태종의 머리가 흐려졌기 때문이 아니라 힐리가한을 생포한 후 돌궐 각 부의 지도자들이 투항해오자 그들의 요구를 들어주면서 '천가한'으로서의 위엄을 보이려는 의도가 컸다. 그러나 이후 아사나결사솔(阿史那結社率)이 40여 명을 이끌고 태종을 제거하려던 사건이 일어난 후 '화이일가(華夷一家)'의 관념을 버리고 돌궐을 다시 막남으로 돌려보냈다.

19 734년에 빌게 카간이 독살당하면서 돌궐은 내전으로 접어들었고, 결국 745년에 회흘과 바스밀, 카를루크 연합군에 멸망당한다. 이 시기 빌게 카간이 죽은 동생을 위해 세운 〈퀼 테겐 비(闕特勤碑)〉가 19세기 말에 발견되어 많은 학자들의 연구 대상이 되었고, 2001년에 터키와 몽골 합동 조사팀이 빌게 카간의 무덤에 있던 수천 점의 황금 유물을 발굴해 돌궐의 찬란했던 문화를 보여주었다(林梅村, 〈毗伽可汗寶藏與中世紀草原藝術〉,《上海文博》). 탈라트 테킨(Talat Tegin)이 쓴《돌궐 비문 연구-퀼 테겐 비문 빌게 카간 비문 투뉴쿠크 비문》이 이용성의 번역으로 국내에 출간되어 있어(제이앤씨, 2008) 그 정확한 내용을 파악할 수 있다.

20 《유라시아 유목제국사》에서는 '돌륙(咄陸)'이라고 표기하고 있다.

21 '토화라(吐火羅)'에 대해서는 학자들마다 엇갈린 의견을 보여준다. 동투르키스탄의

북부 지역에 7~10세기 사이에 인도·유럽어 계통 언어를 사용하는 토하르족이 있었는가 하면, 서투르키스탄 아무다리야강 상류 지역과 발흐 인근 산간 지역을 토하리스탄(Tokharistan)이라 불렀다. 현장의 《대당서역기》에도 아무다리야강 유역의 토화라국과 호탄 사막 지대에 같은 이름이 등장한다. 신양섭은 서투르키스탄의 토하르족은 동부 이란어 계통의 언어를, 동투르키스탄 토하르족은 고대 히타이트 혹은 그리스와 가까운 언어를 사용했다고 말한다(신양섭, 〈페르시아 문학과 튀르크 민족〉,《한국이슬람학회논총》6권, 213~214쪽, 1996).

22 튀르크 유목집단 '쵤(Chöl)'을 가리킨다. 한자로 음사해 '처월(處月)'이라고도 쓰고, '사막에 사는 사람'이라는 의미의 '사타'라고도 쓴다.

23 당시 이극용의 나이 28세였고 황소의 반란군이 장안을 점령하자 당 왕조가 그에게 도움을 청했다. 883년에 장안의 반란군을 몰아냈고 태원 지역의 지배자로 임명되었다.

24 원래 《상서(尚書)》 〈윤정(胤征)〉에 나오는 구절이다. 돌이든 옥이든 구분하지 않고 모두 태워버린다는 뜻이니, 모두 함께 비극적으로 몰락한다는 것을 의미한다.

25 '연운십육주(燕雲十六州)'라고도 한다. 석경당이 거란의 지원을 받는 대신 거란과 가까운 유주(베이징)을 비롯해 산서의 운주(雲州, 산시성 다퉁)와 허베이성의 주요 주(州)들을 할양해주기로 약속했고, 938년에 마침내 16주를 거란에 내주었다. 유목민족과 완충지대 없이 바로 맞서게 되어 이후 송(宋)이 거란의 공격에 고스란히 노출되는 결과를 가져왔다.

26 석중귀는 원래 석경당의 조카이지만 석중귀의 아버지 석경유(石敬儒)가 일찍 죽는 바람에 석경당이 자신의 아들로 거두어 길렀다. 《신오대사(新五代史)》 〈진본기(晉本紀)〉에 관련 기록이 보인다.

27 경연광은 원래 후량(後梁) 군대에 있다가 석경당 휘하에 들어갔다. 석경당이 죽을 때 경연광에게 석중귀를 부탁했고, 경연광은 석중귀를 군왕의 자리에 올렸다. 그렇게 실권을 장악해 권력을 쥐게 된 후 평소부터 갖고 있던 '반(反) 거란'의 태도를 정책에 반영했다. 석중귀가 왕의 자리에 올라간 후 거란에 상주문을 보내야 했으나 상주문을 올리지 않고, 석중귀를 '아(兒)'가 아닌 '손(孫)'이라고 표시한 편지만을 보냈다. 다른 대신은 석경당 때처럼 '아'라고 쓰자고 했으나 경연광이 강하게 반대해 '손'이라 표기한 것이다. 이에 거란이 분노해 거란에 투항했던 교영(喬瑩)을 보내 상황을 알아보게 했지만 경연광은 교영까지 죽이려 했다. 겨우 거란으로 살아 돌아간 교영의 보고가 호의적일 수 없었고, 결국 후진은 거란에 멸망된다.

28 7세기 무렵, 볼가강 하류부터 드니에스테르강까지 지배했던 칸 쿠브라트(Khan Kubrat) 치세를 가리킨다. 오노구리아(Onoguria)라고도 한다. 쿠브라트는 젊었을 때 비

잔티움제국에 가서 교육을 받았으나 628년에 돌아와 아바르 칸의 승인을 받고 불가리아를 세웠다. 대불가리아의 중심지는 파나고리아였다. 쿠브라트의 3남인 아스파르흐가 세운 것(680)이 제1차 불가리아제국이다. 김병용은 불가리아 민족은 슬라브족, 원(原)불가리아족, 트라키아족이 섞여 형성되었다고 하며 그중에서 트라키아족이 불가리아 지역에 살았던 최초의 민족이라고 말했다(김병용, 〈9세기 불가리아와 프랑크 왕국, 비잔틴 제국과의 관계〉, 《한국서양중세사학회 연구발표회》, 2~3쪽, 2003).

29 불가리아 동북부 슈멘(Shumen) 지역의 작은 마을이다. 681년부터 893년까지 제1차 불가리아제국의 수도였다.

30 아스파룩(Asparuch), 이스파룩(Isperuch)이라고 표기하기도 한다. 칸 쿠브라트의 셋째 아들이다. 플리스카는 슬라브인의 정주지였다. '불가리아'라는 호칭은 681년에 정식으로 사용되었다.

31 시르다리야강변에서 시작한 오구즈는 서쪽으로 이동해 트란스옥시아나 지역을 새로운 영토로 삼았다. 트란스옥시아나 지역이 '오구즈 스텝(Oghuz Steppe)'이라고 불렸던 것으로 보아 이 지역이 오구즈 세력권이었던 것은 확실한 듯하다. 이슬람 세력을 받아들이면서부터 오구즈는 '튀르크멘(Turkmen)'이라 불렸다고 한다.

32 '오스만'은 오구즈의 일파인 카유족 족장이라고도 한다. 아버지가 죽은 뒤 1281년에 24세의 나이로 부족장의 자리에 오른다. 점차 강성해진 오스만은 1299년에 고향인 소구트에서 오스만왕국을 세우고 오스만 1세로 등극한다. 오스만의 왕실을 터키어로는 '오스만르(Osmanlı)', 아랍어로는 '우쓰만(Othman)'이라고 하는데, 이것이 서유럽에 '오토만(Ottoman)'으로 와전된 것이라고 한다(앨런 파머 지음, 이은정 옮김, 《오스만제국은 왜 몰락했는가》, 14쪽, 에디터, 2004).

33 751년, 프랑크왕국의 궁재였던 피핀 3세(714~768)가 당시 교황 자카리아(Zacharias PP)에게 편지를 보내 실력이 있는 자가 왕이 되어야 한다며 자신을 왕으로 승인해줄 것을 요청했고, 교황은 이를 승인했다. 그 결과 메로빙거 왕조는 종말을 고했고 카롤링거 왕조가 새롭게 시작되었다. 자카리아 사후 교황이 된 스테파노 2세는 피핀을 '로마인의 수호자'라 칭했고, 피핀은 스테파노 2세와 함께 로마로 진군해 롬바르드군을 몰아내고 교황에게 재산과 영지를 찾아줄 것을 약속했다. 그것을 '피핀의 기증'이라고 하는데 이것이 바로 '교황령'의 기원이 되었다.

34 터키 에디르네(Edirne)를 가리키며, 아리아드노플이라고도 한다. 그리스와 불가리아 국경의 도시로서, 125년 로마 황제 하드리아누스에 의해 확장되어 하드리아노폴리스 혹은 아드리아노폴리스라 불렸다.

35 원서에는 2세라고 되어 있으나 1세의 오류로 보인다. 오스만제국 제4대 술탄. 그가 아

나톨리아 일대 제후국들을 병합해나가자 위기를 느낀 아나톨리아 세력은 티무르에게 기댔고, 영지를 원래 아나톨리아 제후국들에 돌려주라는 티무르의 명을 거절한 바예지트는 앙카라전투에서 티무르에게 패해 포로로 잡히게 된다. 결국 그는 감옥에서 병사했다.

36 ‘Golden Horn’을 번역한 말이다. 이스탄불을 둘러싸고 도는 해협 어구를 가리킨다. 터키어로는 ‘하리치(Haliç, ‘강어귀’라는 뜻)’ 혹은 알틴 보이누즈(Altın Boynuz)라고 하며 마르마라해로부터 유럽으로 들어가는 길고 좁은 수역이다. 콘스탄티노폴리스(이스탄불)의 천연 방어벽이 되었으며 그래서 비잔티움제국의 해군기지가 있는 곳이기도 했다.

37 비잔티움의 군사는 7천여 명이었다고 하는데, 콘스탄티노폴리스 성벽은 당시 세상에서 가장 견고한 성벽이었다. 육지 쪽으로 5.5킬로미터에 달하는, 천년 된 테오도시우스 성벽(Theodosius Wall), 금각만 쪽 해안 성벽 7킬로미터, 마르마라해와 접한 7.5킬로미터의 성벽이 둘러 쳐진 콘스탄티노폴리스는 난공불락의 성이었다. 오스만은 위력이 뛰어난 우르반(Urban)의 ‘사석포’라는 대포를 만들어 육지 쪽 성벽을 공략했으나 콘스탄티노폴리스의 방어 또한 만만치 않았다. 베네치아 공국은 함대를 출전시켰고 베네치아인 해전 전문가 트레비노사를 파견했다. 그는 오스만의 압도적 전력을 막기 위해 금각만을 가로질러 쇠사슬을 설치했다.

38 육지 쪽에 접한 테오도시우스 성벽에 대한 공격이 여의치 않자 오스만은 금각만의 북쪽 갈라타 언덕에 기름칠한 통나무를 늘어놓은 궤도를 만들어 그 위에 배를 올리고 통나무를 굴려서 직접 금각만으로 투입했다고 한다. 비잔티움의 몰락을 가져온 이 사건을 역사에서는 ‘콘스탄티노폴리스 함락’이라고 말한다. 역사적 사건에 덧붙인 흥미로운 이야기는 시오노 나나미의 《콘스탄티노플 함락》(최은석 옮김, 한길사) 참조.

39 술레이만 대제(1520~1566)가 다스리던 시절, 오스만 왕조는 가장 성대했던 것으로 여겨진다.

40 제정러시아 공식 문장은 방패 안에 쌍두독수리가 들어 있는 모양이다. 이반 3세, 즉 15세기 말부터 사용되었다. 이것은 비잔티움 최후의 왕조인 팔라이올로고스 왕조의 쌍두독수리 문장을 계승한 것으로 나중에 홀과 황금 공이 추가된다. 쌍두독수리의 머리에 각각 왕관이 얹혀 있고 두 개의 왕관 위에 큰 왕관이 있다. 독수리의 오른쪽 발에는 홀이, 왼쪽 발에는 황금 공이 쥐어져 있다. 홀은 세속적 권위를, 황금 공은 지구 위에 십자가가 놓인 형태로서 전 세계를 그리스도교화하겠다는 의미를 담았다. 세 개의 왕관은 통합된 러시아를 의미한다.

41 그러나 이희수는 이러한 시각에 이견을 제시한다. “신항로 탐험은 오스만튀르크의 진

출이 있기 훨씬 이전에 포르투갈인에 의해 시작되었기 때문"이라는 것이다. 또한 그는 튀르크의 유럽 진출에도 동서 교역로는 더욱 활성화되었다고 말한다(이희수,《터키사》, 419쪽).

42 셀림 2세의 모스크인 '셀리미예 모스크(Selimiye Mosque)'는 매우 유명하다. 1575년, 80세의 미마르 시난(Mimar Sinan, 1490~1588)이 설계했으며 터키 에디르네에 있다. 지름 31.25미터의 돔과 71미터 높이의 첨탑 네 개 등이 아름다운 이 모스크는 2011년에 유네스코 문화유산이 되었다.

43 저자는 셀림 2세부터 '바보와 미치광이'들의 시대였다고 혹평하지만 사실 셀림 2세는 예술적으로 가장 아름다운 시난의 모스크를 남겼을 뿐 아니라 이웃 제국들과 평화조약을 체결했고, 또한 많은 글을 남긴 시인이기도 했다. 자신의 총비를 위해 쓴 시들은 터키 고전문학을 대표하는 작품이기도 하다. 전쟁 혹은 영토 확장이라는 측면에서 보면 부족할지 모르나 '바보나 미치광이'는 아니었던 듯하다.

44 이은정에 따르면 '하렘'은 아랍어 'haram'에서 유래된 단어로 '덮다', '보호하다', '숨기다'라는 뜻의 아카드어 'haranu'에서 비롯되었다고 한다. 남녀 간의 내외가 엄격하게 구분되는 신성한 장소로 친척이 아닌 외간 남자의 출입이 금지된 공간을 가리킨다(이은정,〈16-17세기 오스만 황실 여성의 위상과 공적 역할〉,《여성연구》제6집, 2쪽).

45 1947년에 출판된 첸중수(錢鍾書)의 장편소설. "성 안에 있는 사람들은 나오고 싶어 하지만, 성 밖에 있는 사람들은 그 안으로 들어가고 싶어 한다"는 말로 대표되는 작품이다. 인간의 이중성을 풍자적으로 묘사한 것으로 유명한데, 여기서는 '포위된 성'이라는 의미로 사용되었다. 왕실의 하렘은 사회적인 목적뿐 아니라 종종 정치적인 목적으로도 이용되었기에 피비린내 나는 정치 소용돌이의 핵심 장소가 되기도 했다.

46 하렘의 여성들에 대한 황실의 이런 시선은 지극히 오리엔탈리즘적 시각에서 비롯되었다. 이은정은 1993년에 출간된 레슬리 피어스의《황실하렘》의 논조에 동조하면서 하렘 여성들이 표면적으로는 하렘에 '갇힌' 것처럼 보이지만 사실은 사적 영역에서 집안의 최고 어른이자 어머니로서 (공적인 영역에서도) 중대한 역할을 수행했다고 말한다(이은정,〈16-17세기 오스만 황실 여성의 위상과 공적 역할〉). 도널드 쿼터트(Donald Quataert) 역시《오스만제국사(The Ottoman Empire, 1700-1922)》에서 같은 견해를 피력한 바 있다(이은정 옮김,《오스만제국사》, 58쪽) 남성 중심적 이슬람사회가 형성되기 이전, 그 지역의 고대 전통이 어머니 여신을 중심으로 한 것이었음을 생각해보면 충분히 가능한 현상이다.

47 이런 것을 '형제 살해'라고 한다. '형제 살해'를 법제화해 처음으로 시행한 술탄은 정복자 메흐메트(재위 1451~1481)였다. 술탄 메흐메트는 다음과 같은 법령을 펴냈다.

"내 아들 중 누군가가 술탄의 지위를 물려받는다면 세상의 질서를 위해 그가 그의 형제들을 죽이는 것이 마땅하다. (중략) 그러므로 이 조치를 시행하도록 하라." 형제 살해 관행은 1648년에 끝났다(도덜드 쿼터트, 《오스만제국사》, 152~153쪽).

48 이것을 '금빛 감옥(kafes, '새장'이라는 뜻)'이라고 부른다. 유명한 술탄의 궁전인 톱카프 궁의 네 번째 안마당에 마련된 작은 방 중 하나로서, 메흐메트 4세의 뒤를 이어 술탄이 된 술레이만 2세는 이곳에 무려 39년이나 연금되어 있었다(앨런 파커, 《오스만제국은 왜 몰락했는가》, 44~45쪽 참조).

49 이브라힘 1세는 아흐메트 1세의 아들로 1615년에 태어났으나 형 무라트 4세가 1640년에 죽자 왕위에 올랐다. 'The Mad'라는 별명을 갖고 있다. 1648년에 폐위되어 채 열흘이 되기 전에 교살당했다.

50 1642년에 이브라힘 1세의 아들로 태어났다. 1648년, 이브라힘 1세가 퇴임하자 여섯 살의 나이로 즉위했다. '사냥꾼(The Hunter)'이라는 별명이 있었다. 그는 에디르네 인근 숲에 수천 명의 농민을 몰이꾼으로 동원하곤 했다고 한다. 사치스러운 쾌락주의자였으며 1687년에 폐위되었다.

51 콘스탄티노플 출신으로 많은 자료를 모아 책을 펴낸 서지학자이며 지리학자이고 역사가다. 《책이름들과 과학으로부터의 의구심 제거》라는 유명한 책을 냈는데 1만 5천 권에 달하는 아랍어, 페르시아어, 튀르크어로 된 책에 관한 목록학 사전이다. 지리학과 해양 측량의 중요성을 강조해 《튀르크의 해전(海戰)》이라는 오스만제국 해전의 역사에 관한 책을 냈고, 또한 유럽 지도책을 참고해 《세계관》이라는 책도 출판했다.

52 이 점에 대해서는 중국 학자들 역시 똑같이 인식하고 있다. 가오빙빙(高氷氷)은 두 국가의 비슷한 점을 다음과 같이 정리했다. 우선 당시 두 국가는 모두 각 지역을 대표하는 '형님 국가'였다고 말한다. 오스만은 이슬람권의, 청은 유가문화권의 '큰 형님'이었다. 또한 정치체제로는 고도로 중앙집권화된 관료제도를 갖추고 있어 술탄이나 황제가 유일한 정통이었다. 그뿐 아니라 두 나라는 모두 농업을 근간으로 삼고 있었다. 케말 파샤는 일찍이 "쟁기는 터키의 역사를 써내려간 붓"이라고 말한 바 있다. 군대도 규율이 사라진 지 오래였으며 경제 상황 역시 낙후 상태를 면치 못했다. 결국 오스만제국에서는 1908년에서 1909년 사이에 터키청년당이 혁명을 일으켰고, 중국에서는 1911년에 신해혁명이 일어났다. 과정부터 결과까지, 두 나라의 상황은 매우 비슷했다(〈近代中國與晚期的奧斯曼帝國之比較〉, 《天府新論》 2004年 第6期(總120期), 107~108쪽).

53 1920년에 오스만제국의 술탄 메흐메트 6세가 연합국과 세브르조약을 체결해 트라키아와 이즈미르를 그리스에게 내줬다. 그리스가 다시 아나톨리아를 공격하자 터키와 그리스 사이에 전쟁이 일어났다. 케말 파샤가 이끄는 터키가 승리해 이즈미르를 다시

찾았을 뿐 아니라 영국, 프랑스, 이탈리아, 일본, 그리스, 루마니아, 유고슬라비아 등 연합국과 다시 로잔에서 조약을 체결해 터키의 주권을 인정받았다. 이 과정은《터키사》 (이희수, 대한교과서주식회사, 2005)와《터키사 강의》(Roderic H. Davison 지음, 이희철 옮김, 도서출판 펴내기, 1998) 참조.

54 '신의 사도의 대리인'이라는 뜻으로 '하리파' 혹은 '칼리파', '칼리프'라고 한다. 이슬람 교리의 순수성을 지키고 공동체를 이끄는 최고 지도자를 가리킨다. 632년 무함마드 사후 초대 칼리프로 무함마드의 동료인 아부바크르가 선출되었다. 즉 칼리프는 이슬람 종교와 정치 두 방면에 무함마드를 계승한 자라고 보면 된다. 1000년에서 1258년 사이, 정치적 실권을 누가 쥐었는지에 상관없이 칼리프는 매우 권위 있는 상징적 인물로 이슬람교도 공동체를 통합하는 역할을 했다(도널드 쿼터트,《오스만제국사》, 138쪽). 오스만(튀르크)제국이 성립된 후에는 거의 유명무실하다가 18세기 말 범이슬람주의와 함께 부활했고, 19세기 말 오스만제국의 압둘 하미드 2세(재위 1876~1909)가 서구 열강 침입으로부터 나라를 보호하고자 칼리프 제도를 이용하려 했다.

55 《대당서역기(大唐西域記)》에 등장하는 갈약국도국(羯若鞠闍國)의 수도 칸야쿠브자를 가리킨다.《대당서역기》에 기록되길, 대수선인(大樹仙人)이라는 자가 그곳 국왕의 딸과 혼인하고 싶어 했다. 그러나 딸들이 모두 싫다고 하자 화가 나서 딸 아흔아홉 명의 허리를 모조리 구부러지게 만들어 평생 혼인하지 못하게 했고, 이 때문에 '곡녀성(曲女城)'이라고 불렸다고 한다.

56 마흐무드의 소마나타사원 약탈은 이슬람교도가 힌두 사원을 유린한 대표적 사건으로 알려졌으나 그 안에도 심각한 역사의 조작이 숨어 있을 수 있다는 것이 이광수의 견해다(〈무슬림의 인도 침략, 그 신화와 역사 만들기〉, 프레시안, 2008.7.1.). 현대에도 소마나타사원은 힌두 근본주의자들의 성지가 되고 있다. 영국 식민주의자들과 인도 식민주의 역사학자들이 자신들의 통치를 위해 힌두와 이슬람 신도를 분리해야 했고, 그러려면 종교적 갈등을 조장해야 했다. 그 목적을 달성하기 위해 마흐무드의 소마나타사원 약탈 사건을 부풀려 기록한 무슬림 왕조의 기록을 사료로 채택한 것이다. 사실 지역 토착 왕국 문서에서는 그 사건에 대해 별다른 기록을 남기지 않고 있다. 어찌 보면 그냥 일반적인 정도의 사건이었을 텐데 무슬림 왕조에서 그 행적을 과대 포장하기 위해 사건을 부풀려 기록했을 가능성이 있다는 것이다. 그것을 후에 식민주의 학자들이 자기 목적 달성을 위해 가져다 썼다는 것인데, 이것은 현재까지도 힌두교도와 이슬람교도의 갈등을 불러일으키는 단초가 되고 있다.

57 그러나 마흐무드 시대(재위 998~1030)는 가즈니 왕조의 전성기였으며 그는 또한 학문과 예술의 보호자였다고도 한다. 유명한 페르시아 문학가 피르다우시(Firdausa)나 알

비루니(Al-Biruni)가 마흐무드의 보호 아래 활약했다고 한다.

58 아프가니스탄에서 세 번째로 큰 도시이며 이란과 가까운 아프가니스탄 서부에 위치한다. 하리강 유역에 위치하며 호레즘의 중요한 도시여서 '호레즘의 진주'라고 불렸다.

59 '줌나'는 '쌍둥이'라는 뜻이다. 야무나강(태양신의 딸 '야무의 강'이라는 뜻)이라고도 한다. 히말라야에서 발원해 갠지스강과 나란히 흐른다. 갠지스강 오른쪽에서 1,400킬로미터를 흐른다.

60 델리 술탄 왕조의 '노예'에 대해 이광수는 이의를 제기한다. "무슬림 정복 군주들은 어디든 정복을 하면 피정복민 가운데 건장하고 머리 영리하고 '종자'가 괜찮은 것으로 보이는 남자 청년을 본국으로 데리고 가 통치자 계급으로 육성한다. 이런 사람을 마믈룩(mamluk)이라 한다. 그런데 이 마믈룩을 영어로 slave라 번역하는데, 이 단어는 우리에게 널리 알려진 '노예'라는 뜻이 아니다. 굳이 하면 '복속민' 정도인데 수십 년 전에 일부 일본인 학자가 이를 '노예'로 번역해 사용한 것을 누군가가 이를 기초로 델리 술탄조 가운데 첫 번째 조인 마믈룩 조를 노예 왕조로 번역해 국내에 소개해버렸다"(〈이광수의 '인도사로 한국 사회를 논하다'〉(15), 《프레시안》, 2008.7.8.).

61 이광수는 이 역시 왜곡된 정보라고 한다. 델리 술탄은 이슬람교 신도가 아닌 사람들에게 '지즈야'라는 인두세를 부과했지만, 그것만 내면 힌두교를 믿든 어떤 종교를 믿든 아무 상관도 하지 않았다고 한다. 통치자에 따라 예외는 있었으나 대부분의 술탄은 종교의 자율성을 보장했으며 또한 카스트제도도 통치를 위해 필요한 측면이 있기에 인정하는 추세였다(이광수, 〈이광수의 '인도사로 한국 사회를 논하다'〉(15) 참조).

62 인도 남부를 흐르는 765킬로미터 길이의 강. 코베리강이라고도 한다. 서(西) 고츠산맥에서 시작해 동쪽으로 탄자부르 지역을 지나 벵골만으로 흘러든다.

63 사실 이 시기 델리 술탄의 판도는 데칸고원을 넘지 못한 것으로 보인다. 남인도는 술탄의 지배를 받지 않았다. 데칸고원 남쪽에 국가를 건설하고 힌두교를 보호하며 독립을 유지했던 나라가 비자야나가르(1336~1646) 왕국이었다(조길태 지음, 《인도사》, 192~193쪽, 민음사, 1994). 이후 무굴제국이 데칸을 넘어 남인도까지 영역을 넓힌 것은 아크바르 사후 아우랑제브 때였다.

64 타마시린칸(Tarmashirin Khan), 에미르 티무르(Emir Timur)라고도 한다.

65 서양에서는 '타멀레인(Tamerlane)'이라고 한다. '다리를 저는(랑) 티무르'라는 뜻이다.

66 저자가 중국어로 표기한 '투마예'가 어디를 가리키는 것인지 정확하게 알 수 없다. 튀르크어 학자인 이용성은 터키 역사학자의 조언을 통해 티무르가 터키 이즈미르 근처의 티레(Tire)에 온 적이 있으므로, 아마도 이곳을 가리키는 것이 아닌가 하는 의견을 제시했다.

67 허징즈(賀敬之)의 신가극(新歌劇)《백모녀》의 주인공 '백모녀'는 원래 '시얼(喜兒)'이라는 고운 이름을 갖고 있다. 시얼의 아버지 양바이라오가 동네 악덕 지주 황스런에게 돈을 빌려 썼으나 갚을 수 없어지자 잠시 잠적한다. 추운 겨울에 딸이 배고플까 봐 걱정한 양바이라오가 밀가루를 겨우 구해 돌아와 만두를 만들어 먹이다가 황스런에게 발각되어 끌려가 고통을 당한다. 그는 결국 딸 시얼을 황스런 집에 넘기고 독약을 먹고 죽는다. 시얼이 고통을 참지 못하고 도망쳐 황토고원 골짜기 '할머니사당'에 들어가 사람들이 바친 제물을 몰래 훔쳐 먹으며 지내느라 머리카락이 하얗게 센다(그래서 '백모녀'라 불린다). 나중에 시얼을 사랑했던 왕다춘(王大春)이 팔로군이 되어 돌아와 시얼을 구해내고 황스런을 응징한다. 양바이라오가 죽었을 때 황스런이 거짓으로 슬퍼한 척했던 것을 티무르의 선심과 비교해 소개한 것이다.

68 "口銳者天鈍之, 目空者鬼障之."는 현대 중국을 대표하는 작가인 자핑와(賈平凹)의 글 〈우리 선생님(我的老師)〉에 나오는 구절인데, "말이 너무 날카로운 자는 하늘이 그의 혀를 무디게 만들며, 안하무인으로 구는 자는 귀신이 그의 눈을 가린다"는 뜻으로, 사람은 좀 후덕해야한다는 의미다.

69 《중앙유라시아의 역사》에서는 "티무르는 도시를 정복할 경우 저항하지 않으면 생명보증금만 징수하고, 약탈도 파괴도 하지 않았다. 이와 함께 그는 각지에서 관개시설을 정비하는 일에도 힘을 쏟았다"(252쪽)라고 묘사해 이 책과는 다르게 평가한다. 그러나 르네 그루세의 책에서는 "심지어 젖먹이 어린아이까지" 학살했다는 티무르의 잔인함에 대한 묘사가 빠지지 않아 대조적이다(《유라시아 유목제국사》, 603~604쪽). 장준희는 "티무르제국은 아주 복잡하게 얽혀있는 국가"였다고 하면서, 튀르크-페르시아-몽골-아랍적 성격이 섞여있는 이 복잡한 제국을 성장하고 발전하게 한 것은 '티무르의 모순되어 보이는 강력한 지도력' 덕분이라고 평가하고 있다. 티무르가 가져온 정치적 안정이 중앙아시아의 경제, 문화 발전에 긍정적 영향을 가져다주었다는 것이다(장준희,《문명의 실크로드를 걷다》, 100~101쪽, 청아출판사, 2012). 티무르의 일생에 대해서는 성동기가《아미르 티무르》(씨네스트, 2005)에 상세하게 소개해놓았다.

70 "내가 이 무덤에서 깨어나는 순간, 세상에는 커다란 재앙이 일어날 것이다"라는 글귀다. 검은 돌로 만들어진 관에 새겨졌다고 하는데, 1941년 6월 19일, 소련 조사단이 티무르 관을 열어 그의 다리에 이상이 있었음을 확인한 지 사흘 후에 독일의 바르바로사 공격이 있었다고 한다. 이에 놀란 당시 소련 조사단이 다시 관 뚜껑을 닫았다는 이야기가 전해진다. 티무르의 무덤은 '구르 에미르'('지배자의 무덤'이라는 뜻)라고 불리는, 일종의 영묘(靈廟)이다. 원래 티무르가 손자인 무함마드 술탄을 위해 지은 곳인데, 그곳에 티무르와 그의 아들 샤 루흐, 손자 울루그벡 등이 모두 안치되었다. 일종의 가족

무덤이다(장준희, 《문명의 실크로드를 걷다》, 66~69쪽 참조).

71 자히르 웃딘 무함마드 바부르(Zahir-ud-din Muhammad Babur)는 1483년에 태어난 차
가타이 튀르크인(Chaghatay-Turkic)이다. 1497년에 사마르칸트에 입성했으나 100일
만에 물러나야 했고, 몇 년 뒤 다시 사마르칸트에 입성했으나 또다시 포기해야 했다.
그래서 1504년에 아프가니스탄 카불을 점령하고 그곳에 '신심(信心)의 정원' 등을 만
들며 잠시 숨을 돌린 뒤 다시 페르시아 군대의 원조에 힘입어 사마르칸트를 회복했으
나 결국 그곳에서 물러나면서 인도로 눈을 돌린다(발레리 베린스탱 지음, 변지현 옮김, 《무
굴제국-인도이슬람 왕조》, 시공사, 1998 참조).

72 '무굴'은 '북부의 몽골 지방에서 온 새로운 사람들'이라는 의미라고 한다.

73 아크바르는 바부르의 손자이며 후마윤의 아들이다. 후마윤은 1540년에 수르 왕조의
세르 샤에게 패해 페르시아를 유랑하다가 47세 때인 1555년에 다시 나라를 찾았다.
그러나 그 후 후마윤이 바로 죽는 바람에 아크바르가 열세 살에 즉위, 바이람칸에게
실권을 빼앗겼으나 1560년에 바이람칸을 추방하고 온전히 권력을 회복한다.

74 아크바르는 문화 예술, 문학 등을 사랑한 인물이 분명한 듯하다. 번역 기관을 설치해
힌두 고전인 베다와 《마하바라타》, 《라마야나》 등을 페르시아어로 번역하기도 했다.
그러나 이광수는 이런 행위를 힌두 문화에 대한 존중보다는 통치의 필요 때문이었다
고 말했다.

75 샤 자한이 병에 걸리자 장남인 다라 수코가 왕위에 올라야 했으나 수니파 이슬람의
강한 지지자였던 셋째 아들 아우랑제브가 큰형을 비롯해 샤 슈자, 무라드 바크스 등
형제들을 모두 제거하고 왕위에 오른다. 그는 라지푸트족의 반란 이후 일어난 잦은 반
란을 제압하기 위해 정통 이슬람 수니파로 회귀, 비이슬람교도에게 지즈야(인두세)를
부과하는 등 힌두교도와의 차별 정책들을 시행한다. 이후 그는 데칸에 20여 년 이상
머물며 데칸을 정복하고 남부 카베리까지 영역을 넓힌다. 하지만 데칸의 마라타족과
의 오랜 전쟁을 기점으로 그의 제국은 쇠퇴의 길로 들어선다.

76 백거이는 당 현종과 양귀비가 지상에서 이루지 못한 사랑을 소재로 〈장한가〉를 썼다.
저자는 샤 자한이 '타지마할' 건립 때문에 아들에게 구금된 것이라고 쓰면서 양귀비
에 미혹되어 국정을 그르쳤다는 현종을 풍자하고 있다. 실제 샤 자한이 아들에게 구
금된 것은 '타지마할' 건축보다는 아우랑제브의 권력욕과 야망 때문이지만, 저자는
샤 자한과 당 현종의 사랑을 비슷한 시각에서 보고 있다.

77 아우랑제브는 89세까지 살았다.

78 사실 애초부터 단순한 상업 기구는 아니었다. "중요한 것은 동인도회사가 영국의 제
국주의 정책을 추진하는 중대한 도구의 기능을 담당함으로써, 영국이 동양에 광대한

식민지를 건설할 수 있는 길을 열어주었다는 데에 특별한 의미를 부여해야 할 것이다"(조길태, 《인도사》, 273~274쪽). 물론 초창기부터 그랬던 것은 아니라는 의견도 있다. 하네다 마사시 역시 "영국 동인도회사는 아시아 지역의 정복과 식민을 위해 설립되었다고 하는 생각인데 이것도 오해이다. (중략) 아시아의 풍부한 산물을 거래하는 무역을 통해 이익을 거두는 것이 회사의 궁극적인 목표였다"(하네다 마사시, 이수열·구지영 옮김, 《동인도회사와 아시아의 바다》, 76~77쪽, 선인, 2012)라고 말한다.

79 일반적으로 플라시 전투는 영국이 프랑스를 몰아낸 계기가 된 사건이라고 보지만 하네다 마사시는 그것은 영국과 프랑스 간의 문제였다기보다 영국 혹은 유럽 세력과 벵골 나와브의 대립으로 봐야 한다고 주장한다(하네다 마사시, 《동인도회사와 아시아의 바다》, 270~271쪽). 벵골 나와브 시라즈 웃 다울라(Siraj-Ud-Daula)가 일부 프랑스군과 힘을 합해 클라이브가 지휘하는 영국군과 대결했다. 벵골 인도군은 5만, 영국은 800명에 인도 용병(세포이)을 합해 모두 3천 명이었으나 전쟁은 대포를 유용하게 사용한 영국군의 승리로 끝났다. 특히 나와브의 숙부였던 미르 자파르는 클라이브와 협의해 시라즈 웃 다울라를 폐위하고 자신이 새로운 나와브가 되기로 합의를 본 터, 나와브의 주력 군단이었던 미르 자파르의 기마군단은 아예 전투에 참여하지도 않았다.

80 별명이 '붉은성'인 델리성을 가리킨다. 샤 자한 때 만들어졌으며(1638~1648) 1857년 세포이 항쟁 때 영국군이 이곳을 본부로 쓰면서 거의 파괴되었다. 성벽의 높이는 16~33미터 정도이며 전체 길이는 2.5킬로미터 정도라고 한다. 1913년에 성을 보수하기 시작했고 1947년 네루 총리가 이곳에서 인도의 독립을 선포했다.

81 '실권원칙(Doctrine of Lapse)'이라고도 한다. 이것은 곧 원주민 군주가 후사 없이 사망하면 그 나라는 영국 영토에 귀속된다는 이론이었는데, 양자(養子)는 인정치 않았다. 댈하우지 총독은 이러한 이론으로 재임 8년 동안 두 개의 마라타 국가와 오우드를 포함한 여덟 개의 국가를 병합했다(조길태, 《인도사》, 396~398쪽).

82 인도의 영국에 대한 항쟁이 일어난 해. 영국에서는 인도 반란, 혹은 세포이 폭동이라고 불리지만 인도에서는 1차 독립전쟁라고 한다. 하지만 인도 내에서도 그 사건에 대해 '위대한 국민 봉기'였다는 주장과 '이 폭동을 먼 후일의 독립 운동과 결부시키는 것은 시대착오적'이라고 보는 견해가 엇갈린다(조길태, 《인도사》, 401쪽, 민음사, 1994).

83 당시 진압군의 실질적 지휘자. 폭동 당시에는 페샤와르 주재관이었으나 델리 수복 임무를 띠고 다수의 시크족이 포함된 펀자브 군대를 지휘했다. 6일 동안의 전투 끝에 델리를 함락했으나 본인도 치명상을 입고 전사했다. 이 과정에서 수많은 델리 시민들이 무자비하게 희생되었다(조길태, 《인도사》, 410쪽 참조).

84 1858년에 통과된 〈인도 통치법(the Goverment of India Act)〉에 의거해 동인도회사는 인

도 지배권을 상실했고, 11월에는 빅토리아 여왕의 선언으로 영국 정부가 직접 지배하는 새로운 총독정부가 시작되었다.

85 1877년 1월 1일, 대기근이 휩쓸던 인도에서 리턴(Robert Bulwer-Lytton) 총독은 빅토리아 여왕을 인도 국왕으로 선포하는 공식 행사, 두르바르(Durbar)를 열었다.

제6장 회골

1 김호동은 '칙륵'에 대하여 "tiglig 혹은 tegreg를 옮긴 말로 수레를 뜻하는데, 이들이 바퀴가 높은 수레를 이용하여 이동생활을 했기 때문에 붙은 이름"이라고 설명한다(김호동,《아틀라스 중앙유라시아사》, 98쪽).

2 동북아역사재단의 역주 중국 정사 외국전《구당서》권195 〈열전〉 제145 〈회흘〉)에 의하면 "회흘은 그 선조가 흉노의 후예인데, 후위(後魏)시대에 철륵(鐵勒) 부락이라고 불렸다. (원래) 그 무리는 아주 작았으나 그 습속이 용맹하고 강했는데, (처음에) 고차(高車)에 의탁했다가 돌궐에 속하게 되면서 근래에는 특륵(特勒)이라고 한다 …… 돌궐이 나라를 건국한 이래 동쪽과 서쪽으로 정벌을 할 때 모두 그의 힘을 밑천으로 삼아 북방의 땅을 제압할 수 있었다"라 하고 있다.

3 여기서 말하는 아홉 개의 강이란 아마도 셀렝게강으로 흘러드는 아홉 개의 지류를 가리키는 듯하다. 오르콘강도 그중 하나다.

4 위구르의 기원에 대해서는 많은 학자들이 튀르크 계통이라고 주장하고 있기 때문에 이렇게 단정적으로 말하기는 힘들다. 아마도 현재 중국 신장위구르자치구에 살고 있는 위구르족이 스스로를 '튀르크' 계통이라고 하면서 튀르크 계통의 다른 민족들과 연대할 수 있는 가능성 때문에 이렇게 강조하고 있는 듯하다. 특히 '투르크멘'이라는 단어 역시 '튀르크와 비슷한'이라는 의미를 담고 있기 때문에 더구나 튀르크와 아무 관련이 없다고 말하기는 힘들다.

5 영문 명칭은 'branchy tamarisk'이다. 사막에서 자라는 대표적인 식물로, 2~3미터 정도로 자라며 가지가 얇은 꽃분홍색이다. 신장위구르자치구와 간쑤성, 내몽골사막 지역에 분포한다. 특히 타클라마칸사막을 종단하는 사막 도로 부근에 많이 심어져 있다.

6 보통 5만 군대를 보유했다. '에르킨'이라고 표기하기도 한다. '이르킨'을 중국 문헌에서 '俟斤'이라 표기하는 것에 대해 이용성은 '佚斤'의 잘못된 표기라고 지적했다(Talat Tegin 지음, 이용성 옮김,《돌궐비문연구》, 각주 101·107쪽, 제이앤씨, 2008).

7 핵심 집단, 카간 씨족이다. 위구르 부족 내에서 일찍부터 오랫동안 유력한 씨족이었다 (정재훈, 〈위구르 初期(744~755) 九姓回紇의 部族 構成〉, 《東洋史學研究》第68輯, 109쪽).

8 보살은 보디사트바(Bodhisattva)의 음사이다. 그러나 역주 중국 정사 외국전《구당서》 〈열전〉 〈회흘〉 주965)에 의하면 여기 등장하는 '보살'은 부사트(Busat)의 음사인 것으로 보이나 확정할 수는 없고, 고대 튀르크어인 '바수트(Basut)' 같기도 하지만 역시 확인할 수는 없다고 했다.

9 타르두스에 대해 이용성은 이렇게 설명하고 있다. "타르두시는 동돌궐제국의 동쪽을 이루는 종족 이름으로서 그 우두머리는 샤드(設)였다. 한편 제국의 동쪽을 이루는 사람들은 퇼리스라 불렸으며 그 우두머리는 야브구(葉護)였다"(Talat Tegin 지음, 이용성 옮김, 《돌궐비문연구》각주 67, 95쪽).

10 위구르에 대한 중국 정부의 시각을 잘 보여주고 있는 대목이다. 저자가 본문에서 고차와 돌궐과의 원한 관계, 회흘·설연타와 돌궐의 전쟁 등에 대해 언급하면서 현재의 신장위구르에 살고 있는 위구르족을 돌궐과 아무런 관련성이 없는 것처럼 말하고 있으나, 위구르의 기원 문제에 대해서는 학자들 사이에서도 아직 정설이 없고, 일반적으로는 철륵을 비롯한 '구성(九姓) 회흘(Dokuz Oguz)'을 돌궐 계통 민족에 포함시켜 연구하고 있는 상황이다. 더구나 840년에 위구르가 키르기스의 공격을 받아 붕괴한 이후 여러 지역으로 이동했는데, 그중 일부가 중앙아시아 초원에서 튀르크 유목부족과 결합해 카라한 왕조를 이룩했고, 고창(高昌)이나 감주(甘州), 북정(北庭) 등의 위구르왕국은 현지 오아시스 문화와 결합하기도 했다. 이러한 상황으로 볼 때 현재의 신장위구르 지역에 거주하는 위구르족을 돌궐, 즉 튀르크와 아무런 관련이 없다고 말할 수는 없다(정재훈, 〈북아시아 遊牧民族의 移動과 定着〉, 《東洋史學研究》第193輯 참고).

11 에르킨 대신 새롭게 붙여진 지도자 호칭이 '일테베르', 혹은 '엘테베르(Elteber)'다.

12 후베이성(湖北省) 센타오시(仙桃市) 근처에 있다.

13 "天鵝貢唐朝, 沔陽湖失寶. 禮輕情義在, 千里送鵝毛." 이 이야기는 명(明)의 학자인 서위(徐謂)의 《노사(路史)》에 기록되어 있다. 예물보다 중요한 것이 그 안에 담긴 마음이라는 의미를 담고 있다. 송대(宋代) 황정견(黃庭堅)이 쓴 〈長句謝陳適用惠送吳南雄所增紙〉라는 시에 "千里鵝毛意不輕, 瘴衣腥膩北歸客"이라는 구절로, 구양수(歐陽修)의 〈梅聖兪寄銀杏〉(《구양수전집》권5에 인용)이라는 작품에 "鵝毛增千里, 所重以其人"라는 구절로도 남아 있다.

14 '타유시'란 당나라 장타유(張打油)의 시 〈눈(雪)〉에서 비롯된 말로서, 평측(平仄)이나 운(韻)에 구애받지 않는 시를 가리킨다. 대체로 통속적이면서도 해학적인 내용을 담고 있다. 타유시는 현대에 이르기까지 그 맥락이 이어지고 있다.

15 회흘, 설연타와 당의 관계를 이야기하면서 이 에피소드를 집어넣은 것은 최근 중국이 주변 민족과의 역사를 언급할 때 빠지지 않는 이른바 '조공'이 일찍이 이루어졌으며, 그것이 현재의 중국이 주변 민족에 대해 주권을 행사하는 근거가 된다는 것을 보여주려는 의도로 보인다. 이러한 시각은 파윤이 당 왕조에 '봉사'한 것을 '충명'하다고 여기고, 비속독이 당에 대항한 것을 마치 당나라의 은공을 잊은 것처럼 묘사하는 부분 등에도 나타난다. 또한 위구르 역사에 관한 한 저자는 이들이 돌궐을 계승했다는 견해에 시종일관 반대 의견을 보여주고 있다.

16 앞 장과 마찬가지로 중국 중원 왕조와의 관련성을 갖고 펼쳐지던 '회흘', '회골'의 역사를 서술할 때엔 '가한', '한국' 등의 용어를 사용하고 괄호 안에 원래 발음을 병기하며, 이후 중앙아시아를 중심으로 이어지는 역사를 서술할 때엔 '위구르', '카간', '칸국' 등의 원래 발음을 사용하기로 한다.

17 "將軍三箭定天山, 戰士長歌入漢關."(《신당서》〈설인귀전〉에 나온다.)

18 741년에 이녤 카간(伊然可汗)이 죽자 빌게 카간의 부인인 쿠틀룩 바림 카툰(骨咄祿婆閏可敦)이 어린 텡그리카간을 즉위시키기 위해 타르두쉬 샤드, 즉 좌현왕을 유인해 죽이니 당시 튈리스 샤드, 즉 우현왕이던 판 퀼 테긴이 텡그리카간을 죽였다. 또한 새롭게 추대된 빌게 카간의 아들도 죽이고 정권을 장악한 판 퀼 테긴이 카간의 자리에 오른다.

19 이곳이 바로 오르두 발리크, 즉 카라발가순이다.

20 판 퀼 테긴의 아들 오즈미쉬 카간(烏蘇米施可汗)을 가리키는 것으로 보인다. 위구르 카를룩의 비문인 《시네 우수 비문》에 "오즈미쉬 테긴을 …… 내가(그를) 잡았다. 내가 그의 카툰을 그곳에서 잡았다"라는 기록이 있고, 그의 머리가 삭방에 있는 왕충사를 거쳐 당 왕조로 보내졌다는 기록이 《구당서(舊唐書)》권103 〈왕충사(王忠嗣)〉에 보인다. '백미가한'에 관한 기록은 《책부원구(冊府元龜)》권975 〈외신부 포이(外臣部 褒異)2〉에 기록되어 있다(정재훈, 《위구르 유목제국사》, 71~73쪽, 문학과지성사, 2005 참조).

21 이른바 '구성'이 무엇인가에 대한 기록은 《구당서(舊唐書)》권195 〈회흘(回紇)〉과 《당회요(唐會要)》권98 〈회흘〉, 《신당서》권217 上 〈회골(回鶻)〉의 내용이 각각 다르다. 본문에서 열거한 '구성(九姓)'은 《당회요》의 기록과 비슷하지만 《당회요》에서는 바스밀과 카를루크 대신 아부스(阿布思, Abus)와 구룬우구쿵(骨崙屋骨恐)을 넣고 있다. 여기 등장하는 '토쿠즈(九, Toquz)'라는 숫자는 위구르에서 성스러운 숫자로 여겨지는 것이었기에 실제 '아홉'을 뜻한다기보다는 여러 부족 '전체'를 의미하는 것으로 봐야 한다는 주장도 있다. '9성 회흘(九姓回紇)'이라는 개념은 야글라카르 씨족 출신의 카간이 자신을 정점으로 해 '연맹집단'인 위구르 부족(9성 회흘)과 '종속집단' 전체를 아우르

는 개념이라는 것이다. 상세한 내용은 정재훈의 논문(〈위구르 初期(744~755) 九姓回紇의 部族 構成〉, 130~132쪽) 참조.

22 "春宵苦短日高起, 從此君王不早朝." 당 현종과 양귀비의 사랑을 소재로 한 백거이의 작품 〈장한가(長恨歌)〉에 나오는 구절.

23 "長安回望繡城堆, 山頂千門次第開. 一騎紅塵妃子笑, 無人知是荔枝來." 당 시인 두목의 〈過華淸池絶句(화청지를 지나며 지은 절구)〉의 한 구절.

24 "雲里帝城雙鳳闕, 雨中春樹萬人家." 당나라 왕유(王維)의 시 〈奉和聖制從蓬萊向興慶閣道中留春雨中春望之作應制(봉래궁에서 흥경궁으로 가는 도중에 봄비 속에 머물며 봄 경치를 바라보면서)라는 작품에 화답해서 짓다〉에 나오는 구절.

25 "錦城絲管日紛紛, 半入江風半入雲." 두보의 시 〈贈花卿(화경에게 보냄)〉에 나오는 구절. 그 다음에 이어지는 구절은 다음과 같다. "이 음악 응당 하늘에만 있을 것, 인간 세상에서 몇 번이나 들을 수 있을까(此曲祇應天上有, 人間能得幾回聞)."

26 "漁陽(范陽)鼙鼓動地來, 驚破霓裳羽衣曲." 백거이의 작품 〈장한가〉에 나오는 구절이다.

27 돌궐식 이름은 '아로샴(Arsham)'이라고 한다(이희수,《터키사》, 154쪽).

28 1909년에 셀렝게 지역에서 고대 튀르크 문자로 쓰인 카를륵 카간의 비문이 발견되었다. 이것은 〈셀렝게 비문〉, 〈시네우스 비문〉 등으로 불린다. 카를륵 카간은 위구르 건국에 결정적 역할을 했고 향후 위구르가 유목 세계의 패자로 군림하게 만들었다. 비석은 그의 사후 세워진 것으로 보인다(정재훈, 〈위구르 遊牧帝國 時期(744~840) 古代 튀르크 碑文의 硏究와 展望〉,《歷史學報》第160輯, 251쪽). 카를륵이 카간의 자리에 올라간 뒤 세키즈 오구즈(여덟 부락으로 구성된 튀르크계 부족 연합)와 토쿠즈 타타르(아홉 부 타타르)를 공격해 편입시키려 했던 내용 등이 등장한다. 비문의 자세한 내용은 정재훈,《위구르 유목제국사》, 78~80쪽을 참조.

29 본문에는 '등리가한'이라고 되어 있으나 모우(牟羽)가한, 즉 텡그리 뵈귀 카간을 가리킨다. 원래 20만 연합군에 참여해 안경서의 난을 진압했던 인물은 카를륵 카간의 큰아들인 빌게 타르뒤쉬 울룩 빌게 야브구였으나 그 행적은 〈시네우스 비문〉에도 없고, 둘째인 뵈귀가 아버지의 뒤를 잇는다. 안사의 난이 평정된 763년, 당 왕조에서는 그에게 '일렉 텡그리데 알프 퀼릭 영의건공 빌게 카간'이라는 칭호를 내린다.

30 텡그리카간은 소그드 상인을 지원했는데 그것은 단지 소그드 상인들의 이익만을 위해서가 아니라 당 왕조를 굴복시켜 경제적 이익을 확충해 유목 제국의 발전을 도모하려는 것이었다. 이에 비해 톤바가 타르칸는 당 왕조와 화의해 당장 얻을 수 있는 현실적 이익을 중시했다(정재훈,《위구르 유목제국사》, 234쪽).

31 화친으로 위구르는 어려웠던 경제 상황에 도움을 받았고, 당 왕조는 회골로(回鶻路)를 구축해 북정(北庭)과 안서(安西)로 이어지는 길을 확보할 수 있었다. 그러나 789년에 쿠틀룩 빌게 카간이 죽으면서 상황이 달라진다.

32 쿠틀룩 빌게 카간(呭錄毗伽可汗, 재위 790~795), 봉성(奉誠)가한(20세에 죽음)의 뒤를 이어 카간이 되었다. 당 왕조에서는 그를 텡그리데 울룩 볼미쉬 알프 퀼릭 빌게가한(騰里邏羽祿沒蜜施合胡祿毗伽可汗), 즉 회신(懷信)가한으로 봉했다.

33 이렇게 되기까지 복잡한 내부 과정이 있었다. 알프 쿠틀룩 빌게 카간의 아들 판 퀼 테긴 탈라스가 카간으로 즉위, 당 왕조에서 텡그리데 볼미쉬 퀼릭 빌게 카간(재위 789~790), 즉 '충성가한'이 되었다. 그러나 대상(大相)인 힐간가사(擷干迦斯, 일 위게시)를 북정(北庭)으로 파견한 사이에 내분이 일어났다. 힐간가사가 돌아왔을 때에는 이미 봉성가한이 옹립된 상태였고, 힐간가사는 그것을 추인한다(정재훈,《위구르 유목제국사》,〈위구르 후기(787~839)〉부분 참조).

34 함안공주 사후 공주를 시집보내지 않았던 당 왕조가 태화공주를 시집보낸 것은 '이 민족에게 기쁨을 주기 위해서'가 아니라 당시 당 왕조에게 위협적이었던 토번 세력을 경계할 필요성 때문이었다고 보는 것이 맞을 것이다. 한나라 이후 모든 '화친'은 힘의 균형을 유지하기 위한 목적에서 이루어졌다. 숭덕가한은 텡그리 울룩 볼미쉬 퀴취룩 빌게 카간(登邏羽祿沒密句主錄毗伽可汗, 재위 821~824)이라 한다.

35 832년에 등극해 당 왕조에서 창신(彰信)가한, 즉 아이텡그리 볼미쉬 알프 빌게 카간(재위 832~839)이라 불리던 퀼 테긴이 살해당하면서 붕괴가 시작된다. 840년, 키르기스가 거란, 타타르, 해, 실위 등과 5부 연맹을 결성해 카라발가순을 공격한다.

36 하지만 숭덕가한의 동생인 소례(昭禮)가한, 즉 텡그리데 볼미쉬 알프 빌게 카간(재위 824~832) 시기에 당과의 교역량이 최대로 늘어나고 과거 돌궐제국에 버금가는 유목제국으로 발전한다. 그것을 바탕으로 〈구성회골가한비문(九姓回鶻可汗碑文)〉이 만들어진다. 〈구성회골가한비문〉은 카라발가순에서 발견되었으며 태초부터 위구르 유목제국의 성립, 위구르 카간의 호칭, 위구르의 마니교 수용 문제, 소례 가한 시기까지의 과정을 연대별로 쓰고 있다. 비문의 내용은《위구르 유목제국사》에 자세히 나와 있다.

37 페르시아어로는 'Pandjikath'라고도 하며 한어로는 '북정(北庭)'이라고 한다. 돌궐어로는 '오성(五城)'이라는 뜻이다.

38 당 왕조는 방특근에게 울룩 텡그리데 쿠드 볼미쉬 알프 퀼릭 빌게(溫祿登里邏汩沒蜜施合俱錄毗伽懷建)가한이라는 호칭을 내렸다.

39 황두회골의 옛 발음은 'Sharihur', 'Sarigus'인데 나중에 점차 'Sarig Uyghur'로 변했다. '사리(Shari)'라는 것은 고(古) 돌궐어와 고 회흘어로 '누렇다'는 의미다(錢伯泉,〈黃

頭回紇的變遷及名義〉,《新疆社會科學》2004年 第6期, 100쪽).

40 그들은 스스로를 '사리 위구르'라고 부른다. 쳰보취안(錢伯泉)은 그 의미를 '회흘족 중의 장사(壯士)' 혹은 '영웅적이고 용감한 위구르'라는 뜻이라고 보았다(〈黃頭回紇的 變遷及名義〉, 104쪽). 이용성은 이를 유구르(Yugur)족이라고 표기하면서 동부 유구르 는 몽골족의 후손이고, 사륵 유구르(Sarig Yugur, Yellow Uyghur)는 위구르족의 후손이 라고 하였다(Talat Tigin 저, 이용성 옮김,《돌궐비문연구》각주 59, 55~56쪽, 제이앤씨, 2008).

41 '지방정권'이라는 용어 역시 현대 중국의 역사학자들이 자주 사용하는 단어이기에 주의 깊게 볼 필요가 있다. 오늘날 중국 땅에 존재했던 과거 다른 민족의 왕조를 모두 중원의 한족 왕조에 예속된 '지방정권'이라고 보는 것이다.

42 야그마는 서돌궐 철륵 부락에 속하며 위구르와 우즈베키스탄 민족의 조상 중 하나다. 회골이 서쪽으로 이주한 후에 카슈가르(소륵(疏勒)) 지역을 점거했으며 카라한 왕조 의 구성원이 되었다. 그들의 토템이 바로 수 낙타다.

43 카라한조라는 명칭은 근대 학자들이 붙여준 이름이고, 이슬람 사료에는 '하카니야 (Khakaniya)' 즉 '카간조' 혹은 '아프라시압조'라고 부른다(《중앙유라시아의 역사》, 184 쪽).

44 《쿠타드구 빌릭》은 당시 카슈가르 지배자인 타브가치 부그라칸에게 봉정되었다. 피르 다우시의《샤 나메》처럼 이언대구를 사용하고 있으며 군왕의 자세에 대해 설교하고 있다. 이 시집에 등장하는 네 명의 인물들(떠오른 태양, 가득찬 달, 추앙받은 자, 깨달은 자) 은 각각 정의와 행복, 지혜와 종말이라는 네 가지 덕목을 의인화한 것이다. 1069년 혹 은 1070년 완성되었다고 본다(《중앙유라시아의 역사》, 186~187쪽 참조, 2005).

45 그래서 정재훈은 위구르를 '튀르크계 부족의 일원'이라고 본다(《위구르 유목제국사》, 19 쪽).

46 그러나 당 중기 이후 '중앙아시아에 대한 중국의 지배력이 후퇴하고 위구르가 그곳에 확산 정착하면서 이른바 튀르크인의 땅이라는 의미를 갖는 '투르키스탄(Turkistan)'이 형성된 것은 사실이다(정재훈,《위구르 유목제국사》, 21쪽). 현재 신장위구르자치구가 중 국의 영역에 속하지만 기존의 이란계 주민과 이주해온 위구르가 융합하면서 기존의 중국문화와는 완전히 달라진 것이다.

47 저자가 이 부분에서 카슈가리를 '정통 중국인'이라 말하고 11세기 위구르의 땅을 굳 이 '중국 신장'이라고 지칭하는 것, 신장 지역의 역사를 서술하면서 줄곧 송(宋) 연호 를 사용하는 것 등은 현재 중국 학자들의 일반적 서술 태도다. 실제로 현지의 카슈가 리 능묘에 가보면 '카라한 왕조' 시대의 유적이 아닌 '북송' 시대의 유적이라고 표기되 어 있다.

48 이 부분 역시 중국 역사가들의 신장위구르에 대한 일반적 시각을 명확하게 보여주고 있다. 마흐무드 카슈가리를 '정통 중국인'이라고 말하는 것부터 문제가 있다. 그가 '중국에 대한 애정' 때문에《돌궐어대사전》을 서술한 것도 아니다. 또한《돌궐어대사전》에서 그 당시의 거란을 가리켜 '진(秦)'이라고 표기했고 송을 '馬秦(上秦)' 혹은 '도화석(桃花石)'이라고 표기했으며, 카라한 왕조 지역을 '하진(下秦)'이라고 표기했다고 하면서 마흐무드 카슈가리가 카라한 왕조와 '중국(秦)'을 '대가족의 구성원'이라고 생각했다고 쓰고 있다. 그러나 오늘날 '중국'과 당시의 '진(거란)'은 분명 다른 개념이다. 더구나 당시 '거란'은 송보다 강성한 동방의 강국이었고, '진'이라는 것은 원래 '거란'을 가리키는 호칭이었다. 카슈가리는《돌궐어대사전》에서 원형의 지도를 그려놓고 그 아래에 지도에 대한 설명을 하고 있다. 카라한 왕조에서부터 시작해 동쪽 방향으로 민족 이름을 나열하면서 거란을 '진', 송을 '타브가츠(Tabghaj, 桃花石: Taugast, Tabghach)' 혹은 '상진(上秦)'이라 했다. '上'과 '下'는 방향을 가리킬 뿐이지 카라한이 송에 '복속'했다는 의미는 결코 아니다. 특히 당시 카라한 왕조 왕들이 자기들 이름 앞에 '타브가츠'라는 호칭을 즐겨 썼다고 하는데, 중국 학자들은 그것을 카라한 왕조가 '중국'에 '복속'되었다는 증거라고 읽어내려 하고 있다. 그러나 그것은 누구의 시선으로 보느냐에 따라 달라지는 문제다. 카라한 왕조의 시각에서 본다면 자신들의 동쪽에 있는 '타브가츠까지 다스리는 왕'이라는 뜻이 된다. 더구나 시간과 공간 개념을 구분해서 봐야 하는데도 현대의 '중국'이라는 국가 개념으로 당시의 '민족'과 '왕조'를 바라보고 있으니 공정하고 객관적인 태도라 할 수 없다. 그럼에도 저자가 이 부분에서 객관성을 잃을 정도로 편향적 서술을 하고 있는 것은 현대 중국의 영역에서 일어났던 과거의 모든 역사적 사건을 '중국의 역사'로 바라보는 현대 중국의 학술적 경향 때문이다.

49 명나라 때 황실의 공주 한려보를 말레이시아 술탄에게 시집보냈다는 이야기인데, 이것은 중국의 역사 서적 어디에도 보이지 않는다.《Sejarah Melayu(馬來紀年)》라는 17세기 초의 말레이시아 서적에 기록되어 있다고 하는데, 한려보가 호화로운 배를 타고 말라카에 도착했다는 내용이 들어있는 이 책 역시 문학작품에 속하는 것이라서 정확한 역사적 사실이라고 할 수 없다.

50 압둘카림칸(재위 1559~1560) 시절에 '호자 이스하크'라는 수피가 사마르칸트로부터 카슈가르로 갔다. 그는 호탄, 악수, 쿠차에 체재하며 칸의 동생인 무함마드에게 도통을 전한 후, 사마르칸트로 돌아가 1599년에 사망했다. 그의 계통은 카슈가르 호자 가문의 이스하키야(후대의 카라 타글리크, 즉 흑산당(黑山黨)로 알려지고 있다(《중앙유라시아의 역사》, 334쪽).

51 원래 낙샤반디파(Naqshbandi) 수피교의 지도자이던 아흐마드 카사니(Ahmad Kasani, 1461~1542)가 타림 지역으로 왔다. 그의 아들 이스하크(Ishaq)는 이스하크교 (Ishaqiyya)를 카슈가르 지역에 전파하고 차가타이 왕 무하마드 술탄도 개종시켰다. 그러나 이후 이스하크는 무하마드 위수프(Muhammad Yusup Khoja)와 대립하게 되었고, 위수프는 마침내 이스하크교도에게 암살당한다(1653). 그러자 위수프의 아들인 아파크가 카슈가르 지역에 세력을 확장했고, 야르칸드 지도자 압둘라칸으로부터 야르칸드 지역의 통치자로 인정받게 된다. 아파크는 백모파, 이스하크는 흑모파에 속한다 (Haiyun Ma, 〈왕조의 새로운 영토-신장과 중국의 역사적 관계〉, 배정호·구재회 편, 《중국의 대내외 관계와 한국의 전략적 교훈》, 28~30쪽, 통일연구원, 2013).

52 청의 신장 정복에 대해 김호동은 "지난 2천 년 동안 계속돼왔던 정주국가와 유목국가의 대립에서 전자의 최종적 승리를 의미하는 사건"이라고 말했다(김호동, 《근대 중앙아시아의 혁명과 좌절》, 36쪽, 사계절, 1999).

53 야쿱 벡은 스스로를 '칸'이라 칭하지 않았다. 그러나 영국이나 오스만측 외교문서에서는 '야쿱칸'이라 했다. 오스만 술탄을 '카슈가르 지방의 경애할 만한 지도자 야쿱 칸' 혹은 '카슈가르의 아미르 야쿱칸 각하'라 했고, 영국 측 보고서에서도 '야르칸드의 지배자, 아탈릭 가지 야굽 칸 폐하'라고 칭했다. 그러나 야쿱 벡과 우호적이 아니었고 그의 국가의 합법성을 인정하지 않았던 러시아는 '제티샤르의 수령 야쿱 벡'이라고만 하고 있다(김호동, 《근대 중앙아시아의 혁명과 좌절》, 189~190쪽, 사계절, 1999). 즉 '제티샤르(예티샤르)' 지방의 지도자라고만 본 것이다. 이 책에서도 야쿱 벡을 동투르키스탄이라는 '국가'의 지도자가 아니라 카슈가르 지역의 '할거 정권'이라는 시각에서 '예티샤르'라는 용어를 사용한 듯하다.

54 1874년에 타이완이 일본에 정복되는 사건이 일어나자 해군력을 증강하는 데 온 힘을 기울여야 한다는 견해가 제기되었다. 이홍장은 변경을 지키기만 하고 공격하지 말 것이며 주둔군 감축 등을 통해 예산을 해방(海防)에 돌려야 한다고 주장했다. 이에 대해 좌종당은 1875년에 상소문을 올려 신장 방위는 몽골 방위와, 몽골 방위는 다시 베이징 방위와 연결된다고 하면서 신장 방위의 중요성을 강조했다.

55 북쪽의 준가리아를 장악한 뒤 남쪽의 타림분지를 공략하는 것을 가리킨다. 투르판에 배치된 야쿱 벡 군대를 피해 우루무치 쪽을 택해 올라갔다.

56 야쿱 벡이 이렇게 빠른 시간에 무너진 데에는 몇 가지 이유가 있다. 김호동은 야쿱 벡을 비롯해서 집권층의 절대 다수가 외지인(코칸드인)이었기에 토착 지배층의 불만을 야기했다는 점, 전통적 종교 귀족인 호작을 소외해 야기한 불만, 군사력 증강을 위한 과도한 세금이 위구르족 불만을 불러일으켰다는 점 등을 내적 원인으로 꼽았다. 그러

나 무슬림 군대보다 우세하다고 볼 수 없었던 청의 군대가 짧은 시간에 신장을 장악할 수 있었던 것은 중국 학자들이 말하듯 '역사적 필연'이 아니라 야쿱 벡의 잘못된 상황 판단과 갑작스러운 죽음에 기인한 바가 크다는 견해를 제시했다(김호동, 〈左宗棠의 新疆遠征과 이슬람 政權의 崩壞〉, 《東亞文化》 29輯, 47~89쪽). 실제로 좌종당이 섬감(陝甘) 총독을 맡으면서 회족(回民) 반란을 진압하는 데 걸린 시간이 무려 7~8년이었음을 감안해본다면 청 군대가 군사적 우위를 차지하고 있었다고 볼 수는 없다.

57 별명이 '유장(儒將)'인 좌종당은 후난성(湖南省) 샹인(湘陰) 농촌 사람이다. 어려서부터 상강(湘江)의 초록색을 보며 자랐던 그가 메마른 서부에 와서 황량함을 느꼈고, 모래를 막아주고 땅을 튼튼하게 해줄 수 있는 것이 나무라고 생각했기에 사람들을 시켜 버드나무와 느릅나무 등을 심게 했다고 한다. 물론 심은 뒤에는 심은 사람의 이름표를 달아놓고 밤에는 나무에 수레 등이 부딪치지 못하도록 등불까지 켜두었다. 관리를 철저히 한 덕분에 그늘이 우거질 정도가 되었다고 하는데, 20세기 들어오면서 남벌로 인해 거의 사라지고 1998년에는 겨우 200여 그루가 남아 있었다(黃永福·侯普慧, 〈左公柳的文化內涵與現實價値〉, 《新西部》 2011年 12期, 119~120쪽). 등명(鄧明)은 《감녕청사략(甘寧靑史略)》 권22 등의 기록을 바탕으로 나무를 베어내고 농사를 짓는 약탈적 농업이 토질을 악화시키며 수토유실을 가져온다는 점을 좌종당이 안타까워했다고 하면서, 그것이 좌종당의 '생태 의식'을 보여주는 것이라고 하기도 했다(鄧明, 〈"左公柳"與左宗棠的生態情結〉, 《發展·月刊》, 53~54쪽). 그러나 좌종당이 나무를 심은 길은 고대부터 있었던 역도(驛道)였으며, 군사적인 면에서 볼 때 물자를 공급하기 위해서는 안정적인 도로 확보가 최우선이었을 것이다. 모래 먼지가 휘몰아치면 길도 사라져버리는 환경에서 나무를 심은 것은 물자 수송을 위한 목적이 가장 컸을 것이라고 생각된다.

58 소련으로 이주한 동투르키스탄 출신자들이 1921년 알마아타에서 개최된 회의에서 러시아 튀르크학 연구자인 세르게이 말로프의 제언에 따라 고대 위구르라는 명칭을 민족명으로 사용하기로 결정했다. 이 결정을 1935년에 민족 평등을 표방한 성스차이 정권이 수용했다(《중앙유라시아의 역사》, 408쪽).

59 1897년 랴오닝성(遼寧省)에서 출생. 일본에 가서 정치경제학을 공부하다가 군사적 힘에 기대어야 중국을 바꿀 수 있다고 생각, 일본 육군대학을 졸업하고 돌아와 국민혁명군에 들어갔다. 그러나 변방으로 가서 두각을 나타내고 싶다는 생각에 1930년, 신장으로 갔다. 당시 신장 병권을 쥐고 있던 진수런(金樹仁)의 눈에 들었고, 1931년 하미에서 일어난 농민 기의를 진압해 자신의 위치를 공고히 했다. 그러나 1933년 일어난 병변(兵變)에서 '카멜레온'의 본색을 드러내며 진수런을 공격해 병권을 장악, '신장왕(新疆王)'의 기초를 닦았다. 그 후 회민(回民) 군벌 마중잉(馬仲英)과 국민당 난징(南

京) 정부가 지지하는 인물들을 제압해 국민당 정부를 압박, 신장의 권력을 장악한다. 1937년부터 공산당을 향해 공격을 개시, 많은 인물들을 죽였다. 신장대학 총장 두중위안(杜重遠)도 구금했고 저우언라이(周恩來), 쑹칭링(宋慶齡) 등의 석방 요구도 무시한 채 결국 그를 감옥에서 그를 죽게 했다. 하지만 1937년 소련과 국민당 정부가 상호불가침조약을 맺은 후 공산당에 가입하겠다고 했다. 결국 소련에 가서 스탈린을 만나 소련공산당에 가입했고 스스로를 '견결한 마르크스주의자'라고 포장했다. 그러나 소련이 독일과의 전쟁에서 실패할지도 모르는 상황이 되자 다시 '삼민주의(三民主義)'의 수호자라고 말하면서 소련 외교관을 신장에서 쫓아내기도 했다. 1943년에는 다시 국민당에 가입했고, 이후 중소 관계를 원활하게 하는 데 성스차이가 장애물이라는 미국 루스벨트의 건의에 따라 마침내 신장에서 물러나게 되었다. 중국 정부가 들어선 후 타이완으로 가서 장제스의 국책고문 노릇을 하다가 1970년 타이베이에서 '카멜레온'의 일생을 끝냈다(史宗義,〈狡猾的政治 '變色龍' 盛世才〉,《文史春秋》2010年 第3期, 52~57쪽).

60 하미와 호탄 등지에서 봉기가 발생했고 에민 부그라는 호탄 종교 지도자인 호자 니야즈를 공화국 총통으로 추대했다. 이들이 추구하는 이슬람 사회의 구성원은 튀르크계 언어를 사용하는 동투르키스탄 원주민에 한정되었다. 이들이 '위구르'라는 민족 명칭을 갖게 된 것은 1921년, 러시아의 튀르크학 연구자 세르게이 말로프의 제언에 따른 것이고, 공식적으로는 1935년에 성스차이 정권에 의해 수용되었다. 그때 '위구르(維吾爾)'라는 한자 표기도 정해졌다(《중앙유라시아의 역사》, 407~408쪽). 이 부분에 대한 묘사에서도 저자는 '분노', '도살', '윤리', '괴물' 등의 단어들을 사용하며 '중국'적인 시각을 두드러지게 내보이고 있다.

61 알타이의 카자흐족, 케레이 부족 출신의 오스만이 이끄는 게릴라 부대, 일리의 민족해방 비밀 조직 등 '세 지역(三區)'의 세력이 모여 '동투르키스탄공화국'을 성립시켰으나 현재 중국에서는 이 명칭이 '분리주의'를 연상시킨다고 해 사용하지 않고 '3구(三區)' 혁명이라고 부른다. 공화국 임시 주석은 우즈베크인 종교학자인 알리칸 토라였다. 그는 1946년 소련에 의해 납치된다(《중앙 유라시아의 역사》, 410~411쪽).

62 중국 3대 사막 중 하나. 투르판 근처 산산(鄯善) 남쪽에 있으며 서쪽으로는 타클라마칸사막, 동쪽으로는 둔황, 북쪽으로는 톈산산맥 동쪽 끝, 남쪽으로는 알틴산(Altyn Tagh)과 접해있다. 특히 도시와 아주 가까이 있는 사막으로도 유명하다. 우루무치에서 280킬로미터 떨어져 있다. '쿠무타크'는 '모래 산'이라는 뜻의 위구르어이다.

63 몽골어이다. 위구르어로는 바그라스쿠르라고 한다. 톈산 남쪽 옌치(焉耆)분지 동남부에 있다. 중국에서 가장 큰 내륙 담수호다. 해발고도 1,048미터에 위치하며 동서 길이 55킬로미터, 남북 길이 25킬로미터다. '사막의 보석'이라는 별명처럼, 메마른 주변 풍

광과 전혀 다른 초록의 풍경을 만들어내고 있다.

64 몽골어로 아이딩쿨(Aydingkul), 위구르어로 아이딩콜(Aydingkol)이라 불린다. '달빛 호수'라는 뜻이다. 온통 소금이 많아 하얀 달빛처럼 보여 붙여진 이름이다. 지금도 메 마른 아이딩호 바닥을 들추면 소금 덩어리들이 보인다. 2억 4900만 년 전 히말라야 조 산 운동 때 생겨난 것으로 여겨진다. 투르판분지 남쪽에 있으며 중국 육지에서 가장 낮은 곳이다. 사해와 갈릴리호수, 아쌀호수에 이어 세계에서 네 번째로 낮은 곳인데, 해발고도가 -154.31미터다.

65 우루무치에서 110킬로미터 떨어진 지점에 있다. 톈산의 보그도봉(몽골어로 '성스러운 산'이라는 뜻, 해발 5445미터) 아래 있는 호수다. 해발고도 1,980미터 지점에 위치하는, 길 이 3.4킬로미터의 호수이다. 주변 산에는 운삼(雲杉)이 가득해 아름다운 풍광을 보여 준다. 원래 카자흐족의 성스러운 민족 기원신화가 서려있는 곳이지만 지금 중국에서 는 그곳을 중국 신화에 등장하는 서왕모가 거주하는 곤륜산의 요지(瑤池)라고 말하 고 있다.

66 신장위구르자치구 서부에 있으며 해발고도 2,000~2,500미터 높이에 있는 고원 호수 다. 톈산의 눈 녹은 물이 흘러들어 이루어진 호수로서 1986년에 백조 보호구역으로 지정되었다. 백조 1만여 마리와 희귀 조류 10여 종이 서식한다.

67 신장위구르자치구 서부 이닝 시 서쪽에 있으며 해발고도 2,073미터에 위치한다. 주변 길이 90킬로미터에 최대 수심이 92미터에 달하는 염호다. '사이람'은 카자흐어로 '축 원'이라는 뜻이다. 튀르크어로는 '평안'이라는 뜻이다. '서방의 정해(淨海)'라고 불렸 으며 전설에 의하면 연인의 맑은 눈물이 모여 이루어진 것이라고도 한다.

68 신장위구르자치구 북부 알타이산맥에 있는 담수호다. 평균수심이 120미터나 되며 가 장 깊은 곳은 188.5미터나 된다. 침엽수림이 우거지며 주변엔 투바인이 산다. 카나스 호에는 길이 10여 미터에 달하는 물고기가 산다고 하는데, 그것이 무엇인지 아직 확실 히 밝혀진 바는 없다.

69 영어로는 'Yardang'이라고 표기한다. 원래 위구르어인데 그것을 음사한 것이다. 고대 의 오래된 지형이 바람에 의해 침식되어 기묘한 모양을 만들어내는데 타클라마칸사 막의 로프노르호수가 있던 곳, 칭하이성의 차이담분지 등에서 보인다. 그중에서 특히 규모가 크고 네모난 형태의 야르당을 메사(mesa)라고 부른다. 둔황 근처의 야르당은 높이가 20~100미터나 되어 규모가 매우 크다. 지금도 그 지역엔 맑은 날에도 엄청난 바람이 불고 있어, 기기묘묘한 그 형태가 '바람'에 의해 조성된 것임을 느끼게 된다.

70 학명은 'Populus euphratica'이다. 지하 10미터 깊이에서도 물을 빨아들이는 강인한 생명력을 가진 나무. 타클라마칸사막 타림강 주변과 고비사막의 카라호트 지역에서

자란다. 염분이 있는 사막에서도 자랄 수 있을 정도로 생명력이 강해서 '살아서 천 년, 죽어서 천 년, 쓰러져 썩지 않고 천 년'을 사는 나무로 알려져 있다. 6000만 년 전부터 존재했던 나무라고 한다. 나무 한 그루에 세 가지 모양의 잎이 자라나는 독특한 형태를 보여준다.

71 호탄 서쪽 10킬로미터 지점에 있는 고대 우전국 유적지. 1892년부터 프랑스, 스웨덴, 영국 고고팀에 의해 금기(金器)와 도기(陶器) 등이 출토되었다.

72 하라둔(哈拉墩)이라고도 한다. 한 왕조 때엔 연성(延城), 당 왕조 때엔 이라로(伊邏盧)라고 했다. 고대 구자국의 도성이다. 성벽의 일부가 남아 있다. '피랑'이라는 단어의 의미가 무엇인가에 대해서도 몇 가지 전설들이 있다. 위구르어로 '피랑'은 '코끼리가 많은 곳'이라는 의미인데 고대 구자국 도성이 있던 이곳에서 코끼리를 길렀다는 주장이다. 또 하나는 '계획'이라는 뜻이라고 하는데, 고대 구자국 사람들이 물을 끌어올리는 계획을 세워 이곳에서 농사를 지었다는 것에서 유래했다고도 한다.

73 쿠얼러(庫爾勒)에서 40킬로미터 지점에 있다. '높고 웅대한 성벽'이라는 뜻이다. 옌치분지 최대의 고성으로 둘레가 3킬로미터였다고 한다. 하지만 현재 남아 있는 것은 2미터 정도이다.

74 베이징 출신의 한족. 1934년에 베이징사범대학 음악과를 졸업하고 1937년부터 산시성에서 딩링(丁玲)이 이끄는 서북전선복무단에 들어가 간쑤성 란저우로 갔다. 1938년에 란저우에서 위구르 지역의 민가를 편곡해 〈達板城的姑娘(다반청의 아가씨)〉라는 노래를 만들었다. 그 후 1949년에 인민해방군을 따라 신장 지역으로 갔고, 그곳에서 병단(兵團)에 소속되어 예술 활동을 했다. 〈在那遙遠的地方(그 머나먼 곳)〉(1939), 〈靑春舞曲(청춘무곡)〉(1938) 등 신장위구르 지역의 민요들을 바탕으로 편곡한 노래를 많이 남겨, '서북가왕(西北歌王)'이라는 별명을 갖고 있다.

75 위구르어로는 네시리딘(Nesiridin), 터키어로는 나스레딘(Nasreddin), 아랍어로는 주하(Juha)라고 불린다. 이 밖에도 비슷한 발음의 다양한 호칭이 있다. 모로코에서부터 우즈베키스탄, 이란, 신장위구르에 이르는 넓은 지역에서 전승되는 이야기 속의 주인공이다. 실존 인물 여부에 대해서는 의견이 엇갈리지만 그가 대략 12세기 오스만튀르크 시대의 인물일 것이라는 점에는 대부분이 동의한다. 학식이 많고 지혜로우며, 무엇보다 사람들에게 웃음을 불러일으키는 유쾌한 인물로 등장한다. 그는 늘 나귀를 타고 다니는데 얼핏 보면 어리석은 듯 보이지만 사실은 매우 지혜롭고, 또한 사람들을 행복하게 해주는 인물이다. '아판티'는 '선생님'이라는 뜻이다. 보통 '나스레딘 호자(Nasreddin Hoca)'라고 불린다.

제7장 거란

1 '갈오토'라는 호칭은《요사(遼史)》권63〈표(表)〉제1〈세표(世表)〉에 보인다. "蓋炎帝
之裔曰葛烏兎者, 世雄朔陲, 後爲冒頓可汗所襲, 保鮮卑山以居, 號鮮卑氏. 旣而慕
容燕破之, 析其部曰宇文, 曰庫莫奚, 曰契丹"이라 했다. 이 구절에 나오는 '염제의 후
손'이라는 말에 대해 허광웨(何光岳)는 오히려 한 걸음 더 나아가 거란이 '염제의 후
손'이 아니라 '황제(黃帝)의 후손'이라고까지 한다. 그것도《노사(路史)》〈국명기갑(國
名紀甲)〉에 나오는 "契, 薊也"라는 구절에 근거해서 은나라의 시조인 설(契)이 황제
의 후손이며, 오늘날 베이징에 거주했다고 한다. 그러니까 황제의 후손인 설인(契人)
중 한 지파가 송막(松漠)으로 가 거란이 되어 우문(宇文)의 별부(別部)가 되었고, 다른
한 지파는 남쪽으로 가 은나라의 조상이 되었다는 것이다(何光岳,〈契丹的來源和遷徙〉,
《長沙電力學院學報(社會科學版)》第19卷 第1期, 83~85쪽, 2004.2.). 중국 내에 거주했던 모
든 민족을 '황제의 자손'으로 묶으려는 의도가 드러나는 주장이다.

2 《위서(魏書)》권100〈열전(列傳)〉제88〈고막해전(庫莫奚傳)〉에 처음으로 고막해에 대
한 기록이 나온다. 동호 후예 동부선비(東部鮮卑)에 속한다. 그들의 머리 형태는 '곤발
(髡髮)'이라 했는데, 주변은 모두 깎고 정수리 부분에만 머리카락을 남겨 상투를 틀거
나 길게 땋아 늘이는 스타일이다. 선비의 후손인 거란, 고막해가 모두 이런 스타일의
머리를 했다. 나무 위에 시신을 올려놓는 수장(樹葬) 역시 실위(室韋), 거란, 고막해가
공유하는 습속이었다(包愛英,《十世紀以前庫莫奚歷史初探》(內蒙古大學 碩士論文), 4쪽,
2006.1.). 거란의 '해'에 대한 정책에 대해서는 김위현의《거란사회문화사론契丹社會
文化史論》(景仁文化史, 2005)〈제3장 해인정책奚人政策〉에 자세하게 소개되어 있다.

3 우성오(于省吾)의 견해다. 그는 갑골문에 '해(奚)'자가 나오는데, 그것이 피발(披髮)을
하고 꿇어앉은 노예의 형상이라고 말했다(〈殷代的奚奴〉,《東北人民大學人文大學學報》,
1956年 第1期).

4 여기서의 '송막'이란《요사》권37〈지(志)〉제7〈지리지(地理志)·1〉에 나오는 '평지송
림(平地松林)'(시라무룬강 상류)보다 넓은 지역 개념으로서, 넓게 펼쳐진 송림(松林)을
포함해 인근 대막(大漠) 지역을 포괄하는 지역을 가리키는 것이라고 생각된다. 진위
푸(金毓黻)는 고막해가 거주하던 시라무룬강과 라오하강(老哈河) 유역에 송림이 많았
고 그것이 북쪽으로 사막과 연결되었기에 '송막'이라 불렸던 것이라고 말했다(《東北通
史》, 1943). 그에 비해 쑨진지(孫進己)는 시라무룬강 상류의 송림 지역과 라오하강 양
안의 커얼친 사막을 합해서 '송막'이라 부른다고 했다(《東北歷史地理》第2卷, 1989). '송
막'에 대한 자세한 설명은 바오아이잉(包愛英)의 책《十世紀以前庫莫奚歷史初探》,

6~7쪽 참조.

5 남송 엽용례(葉隆禮)가 쓴 《거란국지(契丹國志)》 〈거란국초흥본말(契丹國初興本末)〉
에 기록된 이야기다(上海古籍出版社, 1985). 비슷한 내용이 《요사》 권37 〈지〉 제7 〈지리
지·1〉에도 나온다. 《요사》 권37 〈지리지·1〉에 의하면 영주(永州)에 목엽산이 있고, 그
곳에 거란 시조인 기수가한의 사당과 카툰의 사당이 있다고 기록하고 있다. 1992년에
발견된 야율우(耶律羽, 아보기 시대의 황족이며 야율배를 도와 동단국을 다스렸다) 무덤의
묘지(墓志)에 의하면 "宗分倍者, 派出石槐"라고 해 기수가한으로 추측되는 '길(倍)'
이라는 호칭이 나온다. 그러니까 백마청우 신화의 주인공은 기수가한과 그의 아내(카
툰)라는 것이다(孫國軍·唐建國, 〈"青牛白馬"傳說所反映的契丹歷史〉, 《赤峰學院學報(漢
文哲學社會科學版)》 第33卷 第8期, 1쪽, 2012.8.).

6 신화적 분위기가 농후하지만 백마, 청우가 거란인의 상징이었던 것은 확실한 듯하다.
1971년, 거란 홍평(興平)공주의 무덤일 것으로 추측되는 닝샤후이족자치구 인촨(銀
川) 허란산(賀蘭山) 기슭의 서하(西夏) 101호 무덤에서 유금동우(鎏金銅牛)와 석마(石
馬)가 발견되었는데, 모두 꼬리를 감추고 쭈그리고 앉은 자세를 하고 있다. 이는 일종
의 '염승(厭勝)'신앙과 관련된 것으로, 서하의 이원호(李元昊)가 당시 사이가 안 좋았
던 거란 출신 아내 홍평공주를 장례 지내면서, 그의 영혼을 눌러놓기 위해 거란의 상
징물인 소와 말을 쭈그리고 앉은 자세로 만들어놓았을 것이라고 추측하고 있기 때문
이다(黃震云, 〈西夏王陵鎏金銅牛石馬和遼興平公主墓葬考〉, 《東北史地》, 60~63쪽, 2010.5.).

7 리옌양(李艶陽) 역시 백마와 청우 전설에 대해 '역사의 그림자'라고 말하면서 이렇게
설명한 바 있다. "344년에 라오하강 상류 일대에서 전연(前燕)에 패배한 선비 우문부,
즉 기수가한을 포함한 일부 잔여 세력이 시라무룬강 유역으로 도피해 두 개의 강이
만나는 지역에서 동호 계통에 속한 유목 부락과 통혼 관계를 맺으며 기수가한을 우
두머리로 하는 새로운 사회공동체를 만들어갔는데, 이 공동체가 조상들의 관습을 따
르면서 여덟 개의 부락으로 갈라지게 되었다. 그것이 바로 거란 고팔부(古八部)의 유
래다"(李艶陽, 〈契丹始祖奇首可汗事跡考〉, 《遼寧師範大學學報》(社會科學版) 第31卷 第1期,
125쪽, 2008.1.). 고팔부에 대해서는 《위서》 권100 〈열전88〉 참조.

8 기존의 견해와 다르게 목엽산을 음산(陰山, 혹은 흑산(黑山))이라고 보는 주장도 있다
(葛廷華, 〈遼代木葉山之我見〉, 《北方文物》, 2006年 第3期(總第87期), 85쪽).

9 당시 고막해는 거란의 남쪽에 있으면서 북위 가까운 곳에 있었고 거란보다 강했다. 학
자들은 기수가한의 아내, 즉 카툰은 해족 출신일 가능성이 크다고 추측한다(孫國軍·
唐建國, 앞의 논문, 3쪽 참조).

10 이러한 '팔부설'에 대해 의문을 제기하는 역사학자들이 있다. 톈광린(田光林)은 〈契

丹古八部質疑〉에서 고대 문헌 자료에는 기수가한과 팔부에 대한 기록이 없다고 하면서, 소위 '팔부'설이 나온 것은《요사》권37〈지리지〉, 권32〈영위지(營衛志)〉등인데, 그 기록의 진위를 판별할 수 없다고 한다. 원의 역사가들이 기수가한의 팔부설을 기록한 것은 고대로부터 전해져오는 전설에 근거했을 뿐이라는 것이다. 북송 범진(范鎭)의《동제기사(東齋紀事)》권5의 내용에 의하면 범진은 거란에서 사관(史官)을 지냈던 조지충(趙志忠)에게 들은 것이라고 기록하고 있다. 톈광린은 이러한 모든 것을 일종의 '구비전설'로 치부하고 있을 뿐, 조금도 역사적 근거가 없는 주장이라고 일축하고 있다. 그러나 톈광린 본인이 말한 것처럼 '팔부' 조직이 고대 북방의 여러 민족, 즉 흉노나 선비, 오환 모두에 있는 것으로 보아 거란에도 있었을 가능성이 충분한데, 그는 그것을 '문학적 이야기'일 뿐이라고 일축한다(田光林,〈契丹古八部質疑〉,《社會科學戰線》2008年 第11期, 112~115쪽 참조).

11 소송(蘇頌)이 송의 사신으로서 요에 갔을 때 그곳의 생활을 보고 지은 시인〈契丹帳(거란장)〉에 나오는 내용이다.

12 《요사》〈세표〉에 의하면 당 정관 연간에 거란에 송막도독부를 설치했고, 거란 수령 대하씨(大賀氏) 굴가를 도독으로 임명했다고 한다. 그 위치는 요주(饒州), 오늘날 내몽골자치구 린시현(林西縣) 경내에 있었다고 한다. 그러나 당시 해(奚)가 있던 곳이 요주였다고 본다면, 송막부의 위치는 다른 곳이었을 것이라고 추측되는데, 잔다무린스룽(占達木林斯榮)은《거란국지》등의 기록에 근거해 아루컬친기(阿魯科爾沁旗) 자오거투산(朝格圖山) 남쪽 아문촌(衙門村) 일대일 것이라고 추정한다(占達木林斯榮,〈唐代松漠府遺址考〉,《內蒙古社會科學(漢文版)》第23卷 第4期, 67쪽, 2002.6.). 자오거투산은 1992년에 야율우(耶律羽)의 무덤이 발견된 곳이다. 그의 무덤에서 나온 묘지(墓志)에 야율우가 병들어 죽은 후 '葬舊墟'한다는 말이 나온다. '舊墟'가 바로 송막부를 가리킨다고 본 것이다.

13 원래 발음은 '디에라' 부인데 비슷한 발음이 나는 한자 음으로 표기한 것이다. 서병국은 '일라부'라고 표기했다. 그러나 우잉저(吳英喆)는〈契丹小字"迭剌部"考釋〉(《民族語文》2011年 第5期, 75쪽)에서 여러 가지 근거 자료를 제시하면서, 당시 발음으로 *dietlat 혹은 *tiɛla일 것이라고 했다. 그렇게 보면 한자어로 표기한대로(迭剌) '디에라'부라고 읽는 것이 오히려 당시 발음에 가까운 것이 아닐까 생각한다.

14 "帝生而拓落多智, 與衆不群. 及壯, 雄建勇武, 有膽略."《거란국지》권1〈태조대성황제(太祖大聖皇帝)〉에 나오는 구절이다.

15 요 건국 이전 거란 각 부족의 군사적 우두머리를 가리킨다. 야율아보기가 질랄부 이리근으로 황제가 된 후, 922년에 질랄부를 5원(院, 북원(北院))과 6원(남원(南院))으로 나

누어 각각 이리근을 두어 군사적 일을 맡아보게 했다. 938년에 남원과 북원, 을실부(乙室部)의 이리근을 대왕이라 부르고 그 관청을 왕부(王府)라 칭했다.

16 공로가 가장 많은 신하에게 왕이 내리는 최고의 직책. '어월(於越)'이라고도 쓴다. 요 아홉 황제가 210년간 다스리는 동안 우월은 오직 열 명뿐이었다. 야율아보기를 옹립한 야율갈로(耶律葛魯), 송 태종을 쏘아 다치게 한 야율휴가, 도종 야율홍기를 반란의 와중에서 구해낸 야율인선(耶律仁先) 등이 유명한 우월이다. 그중 야율인선(1013~1072)은 진융(金庸)의 소설《천룡팔부》에 나오는 소봉(蕭峰)의 모델이다.

17 8세기 초〈퀼 테긴 비문〉등 돌궐 비문에는 '키타뉴'라고 쓰여 있는데 한자음으로 '거란'이라고 쓴 것은 '뉴'에 '인' 발음이 숨어 있기 때문이다(彬山正明,《유목민이 본 세계사》, 학민사, 1999). 그러나 위구르 문서에서는 분명히 '키타이'라고 해 '키타뉴'가 '키타이(Khitai)'로 변했다고 한다. 페르시아어로는 'Khitai', 몽골어로는 'Kitan'(단수는 'Kitan', 복수는 'Kitat')이라 하며 'Qitan'이라고도 쓴다.

18 거란의 뜻이 '빈철(鑌鐵)'이라는 것은《금사(金史)》권2〈본기(本紀)〉제2〈태조본기(太祖本紀)〉에 근거한다.("遼以賓鐵爲號, 取其堅也.") 빈철이 단단하다고는 하지만 언젠가는 스러지게 마련이라, 오직 황금만이 변하지 않는다고 말하는 대목에 보인다. '빈철'이라는 단어가 처음으로 나오는 문헌은《위서》권102〈열전(列傳)〉제90〈서역전(西域傳)〉으로, 페르시아(波斯國)에서 금, 은, 산호, 호박 등을 비롯해 '빈철(鑌鐵)'도 나온다고 적고 있다. 양관(楊寬)은 사산조 페르시아의 빈철은 품질이 우수한 철인데, 북위 시대에 중국으로 들어왔다고 말했다(《中國古代冶鐵技術發展史》). 빈철은 일종의 '연철(wrought iron)'로서 '인도 철'이라고도 한다. 이것이 서아시아로 들어가 '다마스쿠스 철'이 되었다. 반짝이는 표면에 무늬가 있었다고 한다. 자세한 내용은 왕쯔진(王子今),〈鑌鐵與張騫西行的動機〉《博覽群書》2005年 4期, 51~55쪽, 2005.4) 참조.

19 러시아에서는 중국을 '키타이(Китай)'라고 부른다. 마르코 폴로의《동방견문록》에서 중국을 '키타이'라고 칭했으며, 그것이 유럽에서 중국을 가리키는 통칭이 되었다. 15세기 무렵에는 이미 중국을 '키타이(Kitay)'·'카타이(Katay)'라고 보편적으로 불렀는데, 당시 러시아의 이반 대제가 유럽 문명을 받아들이면서 그 호칭도 그대로 받아들여 쓰게 되었다는 것이다(趙春晶,〈俄語稱中國爲"契丹"的原因〉,《俄語學習》, 17~18쪽, 2012年 第6期, 2012.11.).

20 서방 세계에서 '중국'을 가리키는 호칭으로는 '친(지나支那)', '타브가츠(도화석桃花石)', '키타이(거란契丹)' 등이 있었는데 이것은 각각 '늑대'를 뜻하는 몽골어인 '치노(赤那)', 선비족의 탁발부(拓拔部), 거란족의 호칭에서 유래한 것이라는 설이 있다(劉震,〈中國的名字叫契丹〉,《大百科》14~15쪽, 2008.5.). 말하자면 서방 세계의 '중국'에 대

한 인식은 중원 왕조를 통해서가 아니라 그들의 세계로 밀려 들어왔던 북방 유목민족을 통해서였다는 점에 주목해야 한다.

21 거란인의 왕조를 중국측 사료에서는 '요(遼)'라고 기록하고 있으나 사실 지금까지 발견된 거란문자 자료들에서 거란인이 스스로를 그렇게 부른 적은 없다. 그들은 시종일관 '키탄(Qitan)'이라는 이름을 고수했다고 한다. 이에 대해 '요'라는 이름은 '한자를 사용하는 사람들을 위해 만들어진 것일 뿐'이라는 견해가 있다(김호동, 《아틀라스 중앙유라시아사》, 114쪽).

22 원래 이름은 야율도욕(耶律圖欲 혹은 耶律突欲)이다. '배'는 중국식 이름이다.

23 아보기가 즉위했을 때(916) 자신을 천황제(天皇帝)라 지칭했고, 황후인 술률씨를 지황후(地皇后), 큰아들인 야율배를 황태자로 삼았다. 하지만 그것이 야율배에게 황위 계승권이 있음을 보장하는 것은 아니었다. 당시의 거란 왕조에는 아직 장자를 계승자로 세우는 종법제도가 확립되어 있지 않았기 때문이다. 926년에 야율아보기는 발해를 동단국으로 바꾸고, 야율배를 인황왕(人皇王)으로 삼았다(彭艶芬·竇文良, 〈遼太祖封長子倍爲人皇王之意探析〉, 《保定學院學報》 第21卷 第3期, 56쪽, 2008.7).

24 거란 각 부를 통일하고 초원을 장악하는 데 술률씨는 아보기를 도운 전략가이자 정치가이기도 했다. 그런데 시간이 지나면서 술률씨와 아보기는 서로 다른 관점을 갖게 되었고 그것은 황족과 후족(后族)의 갈등을 유발시켰다. 아보기가 장자 배를 동단왕으로 세운 것은 그의 남벌정책과도 관련이 있었다. 그러나 술률씨는 초원을 거점으로 삼아 '양과 말 등 가축들을 늘리는 부유함(羊馬之富)'를 누려야지 '한족의 왕이 되려(欲爲漢主)'해서는 안 된다고 생각했다.

25 "이것은 수령이 죽으면 가족을 순장시키는 관습의 이상스러운 잔재였고, 스키타이·흉노·몽골을 막론하고 까마득한 옛날부터 계속되어온 초원의 관습이기도 했다"(르네 그루세, 205쪽). 언제부터 시작된 것인지도 모르는 순장의 관습을 거부했던 술률이야말로 놀라울 정도로 무서운 개혁가라 할 만하다.

26 원래 이름은 야율요골(耶律堯骨)이다.

27 중국혁명 시기, 중국 서북 지역 산시·간쑤·닝샤 변방지구(陝甘寧邊區) 농촌에서 주로 행해졌던 선거방식이다. 농촌 주민들이 글자를 잘 모르니 콩을 그릇에 넣는 방법을 사용해 기관의 지도자를 뽑았던 것이다. 후보자들이 일렬로 앞을 보고 앉아 있고 그들의 뒤에 그릇을 늘어놓은 뒤, 주민들이 자신의 마음에 드는 후보자의 뒤에 놓인 그릇에 콩을 넣게 했다. 글자를 몰라도 투표를 할 수 있었으니 매우 쉽고 민주적인 방법이었지만 부정의 여지가 없던 것은 아니었다. 노란 콩이든 녹두이든, 어떤 콩을 사용해도 되었기에 '두선(콩 선거)'라고 불렸다.

28 《사기》권6 〈진시황본기〉에 나오는 이야기이다. 환관 조고(趙高)가 권력을 장악하기
   위해 대신들이 모두 모인 자리에서 사슴을 가리키며 '말'이라고 했다. 2세 황제 호해
   (胡亥)가 '그게 어찌 말이냐'고 물었으나 조고의 권력을 두려워한 대신 대부분이 그것
   을 '말'이라고 했다. 물론 '사슴'이라고 말한 자들은 나중에 억울하게 죽임을 당했고,
   조고의 말에 누구도 감히 반론을 제기할 수 없었다.

29 이 내용은《요사》가 아니라 엽융례(葉隆禮)의《거란국지》권2 〈기년(紀年)〉에 나온다.

30 유주는 오늘날 베이징, 운주는 산시성 다퉁(大同)이니, 오늘날 허베이성 북부에서 산
   시성 북부에 이르는 지역을 가리킨다. 이후 베이징은 938년부터 1368년까지 북방 유
   목민족의 지배하에 있었다.

31 거란이 유운16주와 발해를 얻은 뒤 많은 한인을 효율적으로 통치해야 할 방법을 찾
   아야 했다. 그래서 농경을 주로 하는 발해인과 한인은 '한제(漢制)'로, 유목을 주로
   하는 거란인은 '국제(國制)'로 다스렸던 것이다. 그것을 중국학자들은 소위 '한화(漢
   化)'라고 부르고, 미국의 독일 출신 학자 비트포겔(K. Wittfogel)은 '정복왕조(Conquest
   Dynasties)론'의 시각에서 보았다.《요사》권45 〈지(志)〉제15 〈백관지(百官志)·1〉에는
   "北樞密視兵部, 南樞密視吏部"라고 하는데, 왕타오타오(王淘韜)는 북추밀원이 전국
   군정(軍政)과 거란 지역 경제를 책임지던 부서였고 남추밀원은 군사지휘권 없이 한족
   지역의 경제행정을 주로 담당하는 부서로서 각각 북, 남면관의 지도적 기관이었다고
   설명했다(〈試論遼朝의南北面官制度及其發展演變〉,《重慶交通學院學報(社科版)》第1卷 第
   2期, 46쪽, 2001.6.). 그러면서 그는 비트포겔의 견해를 비판하고, 남·북면제는 '일국양
   제'의 전형적인 방식이며, 한족의 문명이 거란인을 '정복'했다고 말하고 있다(앞의 논
   문, 48쪽). 비트포겔의 '정복왕조론'에 대한 중국학자들의 비판적인 관점을 잘 보여주
   고 있다.

32 전통적 시각에서 볼 때 석경당은 유운 16주를 거란에게 바치는 바람에 '그 죄가 극악
   무도한' 인물로 여겨졌다. 그러나 최근에 석경당이 그 당시로서는 그럴 수밖에 없었다
   고 보는 긍정적인 평가가 나오고 있다. 이 시각이 석경당을 위한 변론이 아니라는 점
   에 유의할 필요가 있다. 석경당의 행위를 이민족에 대한 반역적 행위로 볼 필요가 없
   으며 그것은 '민족 내부의 일'이었을 뿐이라는 시각에서 그런 평가가 나온 것이다. 석
   경당의 후진과 거란의 대립은 서로 다른 민족, 서로 다른 국가의 문제가 아니라 '내부
   문제'였을 뿐이라는 것이며, 또한 같은 시각에서 송과 거란의 대립 역시 '하나의 국가
   범주 내에서 일어난 두 개 정권의 문제'라는 것이다. "하나의 국가에 속한 내부 문제일
   뿐인데 뭐 그까짓 땅 좀 주고받는 것에 그리 진지하게 굴 필요가 있는가?"(張建宇, 〈石
   敬瑭趨議〉,《北方文物》88쪽, 2010.4.)라는 것이 바로 현재 중국 학자들이 북방 민족이 세

운 국가를 바라보는 시각이다. 오늘날 중국을 기준으로, 그들의 국가를 '소수민족 지방정권'으로 취급하고 있는 것이다.

33 야율덕광은 초원제국뿐 아니라 중화 전 지역을 지배하는 새로운 대형 제국으로서의 '대요'의 탄생을 선언했다. 그래서 '대동'이라는 연호를 사용했던 것이다(杉山正明,《유목민이 본 세계사》, 266쪽).

34 '타초곡'이란 말에게 먹일 풀과 군인에게 먹일 양식을 거둬들인다는 의미인데, 이것은 요군의 특성 중 하나였다. 일반적으로 전쟁을 할 때엔 보급부대가 매우 중요한 법인데, 거란은 보급부대를 이끌고 다니지 않고 '후근병(後勤兵)'이 그런 역할을 했다. 출정할 때 보급품을 갖고 나가지 않고 그때그때 주변에서 거둬들여 충당했던 것이다.《요사》권34〈지(志)〉제4〈병위지(兵衛志)·상(上)〉에 의하면 "人馬不給粮草, 日遣打草穀騎四出抄掠以供之"라고 하여, 부대마다 이런 역할을 담당하는 '후근병'이 있었음을 알 수 있다. 또한 부대가 먼저 도착하기 전에 장애물을 제거하는 역할도 했다(武玉梅·張國慶,〈遼朝軍·兵種考探〉,《黑龍江民族叢刊(季刊)》1999年 第1期(總第56期), 52쪽).〈병위지〉에 따르면 정군(正軍) 1인당 말 세 마리, 수영포가정(守營鋪家丁, 병영을 만들고 밥을 하는 병사) 1인, 타초곡(보급품 담당) 1인이 딸려 있었다.《신오대사(新五代史)》권72〈사이부록(四夷附錄)〉제1에도 비슷한 내용이 나온다. "胡兵人馬不給粮草, 遣數千騎分出四野, 劫掠人民, 號爲打草穀"이라 하는데, 병사들은 일반 백성의 집이나 적군에게서 건초와 양식을 걷어왔다. 이것은 군대가 이동하기엔 편리했으나, 적들이 그것을 알고 식량을 감추거나 견고하게 지키는 경우, 혹은 아예 불태워버리는 경우엔 굶어 죽는 수밖에 없었다. 게다가 점령지 백성들의 강한 반발에 직면해야 했으니, 야율덕광이 '타초곡'을 자신의 세 가지 실책 중 하나로 꼽은 것은 다 이유가 있는 것이다. 자세한 내용은 장궈칭(張國慶)의 〈遼朝軍隊的軍事訓練與後勤制度述論〉《內蒙古大學學報(哲學社會科學版)》1995年 第4期, 73~74쪽) 참조.

35 야율덕광이 중원을 제패하는 데 실패한 원인으로 '타초곡'만을 꼽기에는 부족하다는 견해도 있다. 쑨정(孫政)은 야율덕광이 실패한 원인을 네 가지로 꼽았다. 우선 야율덕광이 중원 통일에 대한 사상적 준비를 제대로 하지 못하고 있었다는 것이다. 두 번째로는 어머니인 술률씨를 비롯해 남벌(南伐)을 반대하는 세력이 있었다는 것, 세 번째로는 '타초곡' 때문에 중원 백성들의 극렬한 저항을 불러 일으켰다는 것, 네 번째로는 전반적인 군사력 부족으로 한족 장군들이 할거하기 시작하는 것을 막지 못했다는 점 등을 실패 요인으로 꼽았다(孫政,〈契丹未能統一中原的原因探析-以耶律德光南征爲例-〉,《烟臺大學學報(哲學社會科學版)》第22卷 第3期, 85~88쪽, 2009.7.).

36 원래 이름은 야율문수노(耶律文殊奴)다. 무려 49년 동안 황제 자리에 있었으며, 어머

니인 소작과 더불어 가장 흥성한 시기를 만들었다.

37 소연연과 한덕양의 사랑 이야기는 매우 흥미로운 부분이다. 원래 소연연이 열여덟 살 때 한덕양의 아버지와 소연연의 아버지 한광사(韓匡嗣)가 둘을 약혼시켰다. 나이 차이는 열두 살이었으나 둘은 깊이 사랑했다. 그러나 '수왕(睡王)' 목종이 시해당하면서 경종이 옹립되었고, 소작을 후궁으로 들인다는 조서가 내려왔다. 거부할 도리가 없던 소작은 궁으로 들어가게 되었고, 경종이 죽은 후에야 마침내 한덕양을 자신의 곁에 두게 되었다. 물론 자신의 아들에게도 한덕양을 아버지의 예우로 대하라고 했다. 중원 지역과 달리 거란족을 비롯한 북방 민족의 사회에서는 이러한 혼인이 별달리 이상한 것이 아니었다. 한덕양 역시 곁에서 소연연을 지키며 그녀가 57세에 세상을 떠날 때까지 함께 했다. 1990년, 휘반(徽班)의 베이징 진입 200년을 기념해 중국희곡학원(中國戲曲學院)에서 〈거란영후(契丹英后)〉라는 작품을 무대에 올렸는데, 그 작품의 많은 부분이 소작과 한덕양의 이야기를 담고 있다.

38 소작은 사람을 쓸 때 재능과 품행을 중시했다고 한다. 한족이라면 재능과 덕행을, 거란족이라면 뛰어난 무공과 군대를 다스리는 능력을 기준으로 사람을 택했다는 것이다(張宏·劉延麗, 〈淺析遼朝蕭太后的治國方略〉, 《吉林師範大學學報(人文社會科學版)》2009年 第2期, 39쪽, 2009.3).

39 소태후는 당시 황족을 위해 매를 잡아 바치던 노예를 평민 신분으로 올려주었으며, 당 왕조의 양세법을 모방해 봉건 부역제도를 실행했고, 형벌을 줄이고 공평한 판결을 하게 해 한족과 거란인을 평등하게 대했다. 한족 문화를 잘 알고 있었던 소태후는 국가를 강하게 만들려면 그들의 좋은 점을 받아들여 한다고 생각해 대신들의 반대를 무릅쓰고 한족 관리를 많이 등용했다. 또한 남조 송나라와의 무역관계를 편하게 하기 위해 중경 신성을 건립할 계획도 세웠다. 불과 30여 세의 소태후가 이러한 개방적인 사고를 했다는 점에 대해 중국학자들도 높은 평가를 하고 있다(王興文·關玉華, 〈契丹一代巾幗英主蕭太后〉, 《炎黃春秋》1996年 7期, 78~79쪽).

40 '알로타'는 왕의 천막(宮帳)을 가리키는 '오르두'의 음사로 보인다. '알이타(斡耳朶)'라고도 표기한다. 알로타는 직속군대와 민호(民戶), 주현(州縣)을 거느리는, 일종의 독립적인 군사, 경제 단위이다. 황후도 자신의 알로타를 소유할 수 있었다.

41 반미와 양업이 이끄는 서로군은 안문관에서 출병해 연운 16주 중 네 개의 주(州)를 찾아왔다. 하지만 동로의 조빈이 이끄는 군대의 식량과 말에 먹일 건초의 공급이 부족해 점차 패배하게 되고, 중로군도 이어서 패배하니, 송 태종은 후퇴 명령을 내렸다. 하지만 반미와 양업은 자신들이 찾아왔던 네 개 주의 백성들이 후퇴하는 것을 보호할 책임을 져야 했다.

42 이곳이 바로 진가욕(陳家峪)(산시성 쉬현(朔縣) 남쪽)이다. 거란군의 세력이 강하니 잠시 물러나 있다가 때를 봐서 습격을 하자는 양업을 왕신은 겁쟁이라고 하며 딴 마음을 품고 있느냐고 말한다. 이에 분노한 양업이 패배할 것을 알면서도 앞장섰고, 출정하면서 반미에게 진가욕에 군사를 매복시키라고 말했다. 그러나 양업이 후퇴해 진가욕에 도착했을 때 그곳엔 아무도 없었다. 결국 '양무적(楊無敵)'이라는 별명이 있었던 양업은 59세의 나이로 세상을 떠나게 되었다.

43 소태후의 요군과 싸웠던 양업과 그 아들, 며느리들의 이야기는 '양가장(楊家將)'이라는 제목의 많은 작품을 만들어냈다. 물론《양가부연의(楊家府演義)》등의 작품은 중원 지역 민족의 시각에서 쓰인 것이라서 소태후에 그다지 호의적이지 않았으나 이후 경극 무대에 올라오면서 중국 사람들이 매우 좋아하는 작품이 되었다. 소태후가 등장하는 경극 작품으로는《사랑탐모(四郞探母)》,《안문관(雁門關)》등이 있다. 특히《안문관》의 경우, 청 말기 '동광십삼절(同光十三節)' 중의 한 명인 매교령(梅巧玲, 경극을 대표하는 배우 매란방(梅蘭芳)의 할아버지)이 소태후의 역할을 맡았으며, 매교령이 세상을 떠난 후엔 그의 둘째 아들인 매죽분(梅竹芬)이 그 역할을 또 맡았다(김선자,《문학의 숲에서 동양을 만나다》, 웅진지식하우스, 2010 참조). 경극에 등장하는 소태후에 대해서는 장징(張晶)의 〈談京劇舞臺上的蕭太后〉《中國戱曲學院學報》第27卷 第2期, 2006.5.) 참조.

44 양연소를 '여섯째' 아들이라고 한 것은 그를《양가부연의》를 비롯한 소설과 희곡에서 '양육랑(楊六郞)'이라고 부르기 때문인 듯한데, 사실《송사(宋史)》의 기록에 의하면 양연소는 첫째 아들이며, 한 명의 아들만 전쟁터에서 죽고 나머지는 모두 제대로 죽은 것으로 되어 있다. 양연소를 '육랑'이라고 부른 것은 그가 여섯 째 아들이기 때문이 아니라 장군들의 별자리인 천랑성(天狼星, 六郞星)과 관련되어 있다. 양연소가 워낙 용감해 거란 사람들이 그를 하늘에서 내려온 육랑성의 화신이라고 여겨 그렇게 불렀다는 것이다.

45 여러 개의 활을 겹쳐 한 개의 화살을 쏘는 장치. 수십 명이 잡아당겨야 화살이 나갔는데, 사정거리가 1,500미터나 되는 강력한 무기였다. 화살의 길이만 1미터나 되었다. 소달람은 자신이 사정거리 밖에 있다고 생각했다가 화살에 맞아 죽은 것이다.

46 사실 요나라도 송을 공격했으나 경제 상황이 그다지 좋지는 않았기에 장기전으로 가면 불리한 점이 있었다. 이 사실을 소태후도 알았기에 항복한 송 장수 왕계충(王繼忠)을 사신으로 보내 외교 전술을 펴는 한편, 송을 압박하기 위해 전면적인 공격을 감행하기도 했다. 모든 것이 송을 압박해 화의를 요청하게끔 유도한 소태후의 고도의 외교 전술이었다.

47 톈샹린(田相林)은 "당시 요나라의 힘으로는 송나라를 괴롭히기엔 충분했으나 멸망시

키기엔 부족했고, 송나라 역시 거란을 섬기기에는 힘에 남음이 있었지만 요나라를 완전히 격퇴하기엔 힘이 부족했다"(田相林, 〈宋遼"澶淵之盟"-古代少數民族與漢族長期和好的范例〉,《平原大學學報》第18卷 第4期, 46쪽, 2001.11)라고 말했는데, 당시 상황을 정확하게 표현하고 있다. 그러나 톈샹린 역시 거란족의 요를 '중국 고대 소수민족'이라고 표현하고 있어 여전히 현대 중국 학자들의 한계를 보여주고 있다.

48 이 밖에도 송 진종은 소태후를 숙모라고 부르기로 했으며, 요 성종은 송 진종을 형이라고 부르기로 했다.

49 요와 송의 전쟁을 '한 집안에서 일어난 내분'으로 바라보는 시각은 1994년에 나온 루이중한(芮忠漢)의 논문에 이미 나타났다. "이 전쟁은 요나라가 일으킨 '침략성' 전쟁이지만 요와 송은 모두 중화민족이라는 큰 가정 안에 있는 두 개의 왕조였다. 그래서 중국 국내 전쟁의 성격을 띠고 있었으며 국내 두 개 왕조 사이의 전쟁이었다. 그러니까 외족의 침입이 아닌 것이며, 무슨 굴욕이라고 할 것도 없다"라고 하면서 송이 약간 양보를 했을 뿐이며 그것을 통해 형제 민족의 상잔을 피했으니 충분히 의미가 있는 것이라는 시각을 보여준다. 새로운 중화민족 개념과 '다민족일체론'이 나온 이후 현재까지도 이런 시각은 계속 이어지고 있다(芮忠漢, 〈澶淵之盟的歷史意義〉,《殷都學刊》1994年 第3期, 46쪽).

50 '전연의 맹'을 송의 굴욕으로 보는 것이 아니라 그다지 큰 부담이 되지 않는 정도의 돈을 내주고 100년간의 평화를 얻은, 충분히 의미가 있는 실용주의 외교였다고 평가하는 것이 최근 중국 학계의 관점이다. 자오융춘(趙永春)은 〈試論"澶淵之盟"對宋遼關係的影響〉(《社會科學輯刊》2008年 第2期(總第175期), 136쪽)에서 송이 '전연의 맹'을 통해 평화를 돈으로 샀다고 하는 기존 견해에 비판적 관점을 보인다. 돈으로 평화를 산다는 것은 애초에 불가능한 것이며, 송이 요와 맞먹는 실력으로 얻은 것이라고 말한다. 왕샤오보(王曉波) 역시 비록 '완전히 평등한 조약은 아니지만' 송나라의 '한도가 있는 타협과 양보'였다고 말한다(〈對澶淵之盟的重新認識和評價〉,《四川大學學報(哲學社會科學版)》, 2003年 第4期(總第127期), 116쪽). 하지만 당시 화의에서 송이 주도적 역할을 했던 것은 아니며 요의 강력한 군사력과 소태후의 외교력 덕분이었다는 점을 간과해서는 안 된다. 송과 요의 관계에 대한 중국 학계의 관점 변화에 대해서는 박지훈의 〈중국 학계의 북송과 요의 관계사 연구동향〉(《동북아 중세의 한족과 북방민족-최근 중국 학계의 연구동향과 그 성격》, 동북아역사재단, 2010) 참조.

51 요에는 주요 도시 다섯 개가 있었다. 시라무룬 근처의 수도 상경 임황부, 해(奚)의 땅에 있었던 중경 대정부, 랴오닝(遼寧)평원의 동경 요양부, 사타족의 본거지 운(雲)에 있었던 서경 대동부, 연(燕) 땅의 남경 석진부(析津府)가 그것이다. 오늘날 베이징에 해당

하는 남경은 당시 개봉보다 더 화려한 국제도시였다. 중경은 오늘날 내몽골자치구 츠 펑시 동남쪽 닝청현(寧城縣) 다밍진(大明鎭), 라오하강 유역에 있다. 송과 전연의 맹을 맺은 후 원래 시라무룬 왼쪽에 있던 정치 중심을 좀 더 남쪽의 라오하강 유역으로 옮겨온 것이다. 이곳은 원래 해의 고지(故地)였다고 한다(王禹浪·劉加明,〈西遼河流域的古代都市-遼中京大定府(下)〉,《哈爾濱學院學報》第33卷 第9期, 2012.9.).

52 현재 다밍진에는 중경 대정부 성벽의 흔적어 남아 있다. 내성(內城)과 외성(外城), 황성(皇城)으로 구분된 대정부는 당시 송 변량(卞梁)을 본떠서 만들었다. 외성의 동서 성벽 길이는 4.2킬로미터에 달했고, 남북 길이는 3.5킬로미터였다. 전체 둘레는 15.5킬로미터로서 요나라 오경 중 가장 규모가 크다. 성벽의 높이는 6미터이며 성벽에는 90미터마다 마면(馬面)이 하나씩 있었다. 외성에는 문이 세 개 있었고, 중앙 문으로 들어서면 중앙대가中央大街가 나타났는데 폭이 64미터, 길이가 1,400미터였다. 이곳에는 지금도 1098년에 세워진 오래된 탑들이 있다. 이곳은 요 왕조 중·후기의 도읍으로 116년간 지속되었다(王宏北·樹林娜,〈遼代中京大定府述略〉,《黑龍江民族叢刊(雙月刊)》 2007年 第6期(總第101期), 81~82쪽).

53 흥종과 도종이 재위했던 기간을 합하면 70여 년이니 거란이 흥성기에서 쇠락기로 접어드는 중요한 시기의 왕들이었다. 흥종과 도종을 종종 비교하곤 하는데, 기존 관점은 흥종은 단점이 있었지만 그런대로 '현군(賢君)'이었다고 하고, 도종은 장점이 있었지만 결국은 '혼군(昏君)'이었다고 평가한다. 멍판윈(孟凡云)은 여기에 이의를 제기한다. 도종에 대한 평가는 불공평한 점이 많다는 것이다. 그나마 도종 시기에 민란이 일어나지 않았던 것은 그가 백성을 구휼한 횟수가 그 어떤 황제보다 많았기 때문이라는 것도 그중 하나다. 도종은 백성을 매우 사랑했고, 주변 국가들과도 평화롭게 지냈다는 것이다. 무엇보다 그가 태후와 태자를 구금해서 죽게 만들었다는 것도 당시 상황을 이해하고 본다면 그에게만 잘못을 돌릴 수 없다고 한다. 태후를 비롯한 황후 일족의 수구적 성향을 제어하기 위해서는 불가피한 일이었다는 것이다(孟凡云,〈遼興宗與遼道宗對比研究〉,《內蒙古社會科學(漢文版)》總第123期 第5期, 58~64쪽, 2000.9.). 물론 빼어난 왕은 아니었지만, 41년 동안이나 재위하며 무난하게 나라를 이끌었던 그를 무조건 '혼군'이라고 규정짓는 것에 대해 다시 한 번 생각해보게 하는 글이다.

54 여진은 아랍-페르시아어에서는 'Jurche'라고 부른다. 퉁구스 계통의 민족이며, '금'은 퉁구스어로 '알춘(alchun)'이라고 부른다(르네 그루세, 211~212쪽). 르네 그루세는 '상당히 부드러워졌고 협약으로 안정된 민족'인 거란은 몽골 계통, '격렬하고 길들여지지 않으며 야만적인 기질의' 여진은 퉁구스 계통이라고 했다. 김호동은 여진을 "10세기 초 발해가 멸망한 뒤 남하하여 종래 말갈이라는 명칭 대신에 스스로를 '주르첸'

이라 부르기 시작"했고, 그것을 한자로 '주리진(朱里眞)' 혹은 '여진(女眞)'이라 표기
한 것이라 했다(《아틀라스 중앙유라시아사》, 118쪽)

55 루쉰의 산문 〈阿金〉(《魯迅全集》 第8卷 《且介亭雜文》에 수록)에 나오는 문장이다.

56 소봉선이 야율여도를 무고한 것인지, 아니면 실제로 야율여도가 문비(文妃)와 짜고
진왕(晉王, 敖盧斡)을 황제로 옹립하려 한 것인지는 《요사》 권64 〈표〉 제2 〈황자표(皇
子表)〉를 비롯한 권71 〈열전(列傳)〉 제1 〈천조황후(天祚皇后) 소씨(蕭氏)〉, 권102 〈열
전〉 제32 〈소봉선(蕭奉先)〉 〈야율여도(耶律餘睹)〉 등의 기록 자체가 여러 가지라서 학
자들 간에도 이견이 있으나 이 책의 저자는 《요사》와 《거란국지》 등의 기록에 근거해
소봉선이 야율여도를 무고했다고 본다. 천조제에게는 네 명의 아들이 있었는데 맏아
들 조왕(趙王)의 어머니는 조소용(趙昭容), 둘째 진왕(晉王)의 어머니는 문비(文妃), 셋
째 진왕(秦王)과 허왕(許王)의 어머니는 원비(元妃)였다. 소봉선은 원비의 오빠이다.
그러니까 당시 명망이 높았던 진왕(晉王, 문비 소생)이 아닌 자신의 조카 진왕(秦王, 원
비 소생)을 황제로 세우기 위해서 야율여도가 문비와 짜고 진왕을 옹립하려 했다는 모
함을 했다는 것이다. 《거란국지》 역시 그렇게 쓰고 있다. 자세한 내용은 스펑춘(史風
春)의 〈耶律餘睹事件考〉(《內蒙古師範大學學報(哲學社會科學版)》 第40卷 第1期, 60~63
쪽, 2011.1.) 참조.

57 야율여도가 금으로 간 것에 대해 《요사》 권102 〈열전〉 제32 〈소봉선〉이나 〈야율여
도〉에서는 그가 겁이 나서 간 것이라고만 말하고 있지만 《금사》 〈야율여도전(耶律餘睹
傳)〉의 기록은 다르다. 거기서는 소봉선이 아닌 '소득리저(蕭得里底)'라는 이름이 나
온다. 천조제가 황음무도했을 뿐 아니라 재능도 없으면서 권력만 탐하는 추밀사(樞密
使) '득리저'의 농간 등으로 인해 견디지 못한 야율여도가 금으로 투항했다고 적고 있
다.(앞의 논문, 62쪽)

58 현재 베이징의 향산 정의원(靜宜園)을 가리킨다. 원래 당나라 때 이미 향산사(香山寺)
와 영안사(永安寺)가 있었고, 요 야율순의 무덤인 영안릉이 이곳에 조성되었다. 금 때
에도 이곳을 중시해 행궁을 세웠고 영안사를 만들었다. 청 강희제 때에도 행궁을 만
들었으며 건륭제 때에는 황실의 원림(園林)을 만들었다. 그러나 팔국 연합군의 침입
때 건물 두어 개를 제외하고는 모조리 불탔다.

59 이전의 중국사에서는 천조제의 죽음으로 거란이 멸망한 것으로 기술해왔다. 《요사》
에서도 야율대석의 서요에 대한 기록은 매우 적다. 그러나 1990년대에 '다민족일체
론'이 나온 이후 서요의 역사를 바라보는 시각에 큰 변화가 일어났다. 서요의 역사 역
시 거란의 역사에 넣어서 봐야 한다는 것이다(趙榮織, 〈淺談耶律大石的歷史功績和西遼
的歷史地位〉, 《烏魯木齊職業大學學報》 第8卷 第2期, 22쪽, 1999.6.). 물론 '거란'의 긴 역사

를 인정해서가 아니라 거란을 중국 고대의 '소수민족'으로 보고, 그들의 역사를 인정
해야 중국사의 외연을 확장시킬 수 있다는 의도에서 나왔다.

60 중국을 침입했던 서구 국가들에 배상금을 줄지언정 국내의 개혁주의자들에게는 아
무것도 주지 않겠다는 말이다. 자희태후의 이 말과 장춘차오의 발언에 대해선 '제8장
말갈'의 '여인의 대청' 절을 참고하라.

61 사회주의의 것은 무엇이든지 좋고 자본주의의 것은 무엇이든 나쁘다는 식의 교조주
의적 시각을 뜻한다.

62 중국에서는 현재 거의 모든 학자들이 서요를 "중국 고대 북방의 유목민족인 거란이
세운 지방정권"이라고 규정하고 있다(賀繼宏·李雪梅,〈西遼統治下的喀什噶爾〉,《新疆地
方志》2011年 第3期, 39쪽). 고구려에 대한 시선과 다를 바 없다.

63 Taugas, Tabghaq, Tavghaq 등으로 표기했다고 한다. 이 단어를 처음으로 사용한 사
람은 비잔틴 역사학자 테오필라투스 시모카타이다(阿地力·孟楠,〈百年來關於"桃花石"
問題研究綜術〉,《中國史硏究動態》, 2006年 2期).

64 자오룽즈(趙榮織)는 야율대석의 이러한 공적을 "야율대석이라는 천재적인 정치가이
자 군사가는 중국 서부의 강역을 대대적으로 확장했다"라고 말하고 있다(〈淺談耶律
大石的歷史功績和西遼的歷史地位〉, 1999.6). '카라 키타이'의 영역 확장을 현대 '중국'의
업적으로 파악하는 왜곡된 시선이 보인다. 그뿐 아니라 1978년에 나온 자오리성(趙儷
生)의 논문에 서술된 "청나라 이전 중국 서부의 강역은 간쑤성과 쓰촨성을 한 번도 벗
어난 적이 없으며 발하슈호 동쪽 지역까지 이른 적이 없다"(〈西遼史新證〉,《社會科學戰
線》1978年 第4期, 38쪽)라는 견해를 '헛소리'라고 부정하고 있다.(〈淺談耶律大石的歷史
功績和西遼的歷史地位〉, 24쪽) 이런 견해는 거의 모든 학자가 견지하는 것으로, 딩리쥔
(丁立軍) 역시 〈西遼創建者耶律大石評述〉에서 "야율대석은 …… 중앙아시아 역사
상 가장 큰 판도를 차지했으며 강대한 제국을 형성해 조국 서부 강역의 판도를 다졌
다"라거나(〈淺談耶律大石的歷史功績和西遼的歷史地位〉 2005年 6月 第2期, 39쪽), "야율대
석은 말할 것도 없이 중화민족의 우수한 자손"(〈淺談耶律大石的歷史功績和西遼的歷史
地位〉, 38쪽)이라는 표현을 사용하고 있다. 역사를 바라보는 현대 중국의 시선이 1980
년대 이후 어떻게 변해왔는가를 보여주는 대목이다.

65 포탄의 고위 이맘이 항의하자 그를 '마드라사(madrasha)'(종교 학교) 문에서 십자가에
못박았다(르네 그루세).

66 량치차오(梁啓超)의 아들이자 유명한 건축학자였던 량쓰청(梁思成, 1901~1972)은 과
거 역사 속의 소중한 건축물들이 역사의 소용돌이 속에서 사라져가는 것을 막기 위
해 최선을 다했던 진정한 건축학자였다. 일본 쿄토의 오래된 건물들을 미군의 폭격에

서 막기 위해 진정서를 내기도 했으며 1950년대 베이징 성벽의 철거를 막기 위해 눈물을 흘리며 호소했던 일로도 유명하다.

67 만주어로 야크사(Yaksa)라고 한다. 러시아인이 헤이룽강 유역에 만든 전초 기지다. 원래는 다우르 사람들의 땅이었다. 솔론 칸국(Solon Khanate, 索倫汗國)의 중심 도시로서 알바즈(Albaz) 왕의 이름에서 비롯되었다. 1640년, 하바로프(Yerofey Khabarov)가 이끄는 코사크족이 알바즈 왕 통치 아래 있던 다우르 사람들의 땅에 왔다. 그들은 아무르강 근처에 근거지를 마련하고자 했고, 다우르 사람들과 몇 차례 충돌 끝에 마침내 1651년에 알바진에 러시아인의 요새를 만들었다. 그것이 바로 야크사, 즉 알바진이다.

68 헤이룽강은 알바진 지역에 이르면 두 갈래로 갈라졌다가 다시 합쳐지는데, 두 갈래로 갈라진 강 사이에 작은 섬이 하나 있었다. 청군은 바로 그 섬에 작은 성을 만들었다. 그곳을 근거지로 삼은 뒤 청은 알바진성 주변의 동, 남, 북쪽 세 방향에 걸쳐 세 겹의 장벽을 세우고 서쪽으로 난 강물 쪽에는 전함을 배치해 알바진성을 고립시켜버렸다. 그 뒤 알바진성을 향해 대포를 쏘니 러시아 군대는 꼼짝달싹 할 수 없는 지경이 되어 결국 조약을 맺을 수밖에 없었다. 이것을 소위 '자위반격전'이라고 일컫는다.

69 소피아는 표트르대제(1672~1725)의 이복누이다. 강인하고 유능했던 소피아는 동생인 이반과 표트르를 공동 차르로 삼고, 자신이 전권을 장악했다. 그러나 표트르가 청년으로 성장한 뒤 표트르에 의해 수도원에 유배된다.

70 좌령은 청의 행정관이자 영병관(領兵官)의 명칭. 만주족 니루 장인(牛祿章京)의 한어식(漢語式) 호칭이다. 원래 만주족 사회에서는 수렵을 하거나 전쟁을 하러 나갈 때 마을 단위로 움직였는데, 열 명 중에서 한 명을 뽑아 니루 어전(牛祿額眞, '화살 주인'이라는 뜻)이라고 불렀다. 그러다가 1601년 누르하치 때에 300명을 1니루로 정하고 호구(戶口), 군사(軍事) 단위의 기본으로 삼았다. 니루 어전은 1634년에 니루 장인으로 호칭이 바뀌었고, 중원으로 진입한 후 '좌령(佐領)'이라 불리게 되었다. 전시에는 영병관, 보통 때에는 행정관의 역할을 했다. 홍타이지 때에는 1좌령에 200명이, 강희제 때에는 140명의 장정이 1니루에 속했다.

71 현재 호르가스(霍爾果斯)는 중앙아시아로 이어지는 국경 관문이다. 장쑤성 롄윈강(連雲港)에서부터 호르가스까지 이어지는 고속도로 전체 노선이 개통되었으며, 상하이에서 4,825킬로미터 지점에 있다. 신장위구르자치구의 중심도시인 우루무치에서는 670킬로미터, 이닝에서는 90킬로미터 떨어진 지점에 있으며 카자흐스탄으로 이어지는 길목에 자리한다.

72 신장위구르자치구 서북부 카자흐스탄과의 경계에 있는 국경 무역 도시. 우루무치에서 530킬로미터 떨어진 곳에 있다. 타르바가타이 앞쪽에는 중국에서 두 번째로 큰 초

원이 펼쳐져 있다.

73 원난성에 거주하는 거란의 후예들이 소장하고 있는 〈청우백마도〉에 대해서는 양위샹(楊毓驤)의 〈雲南契丹青牛白馬圖與古契丹八部考辨〉(《內蒙古社會科學》1994年 第5期, 61쪽) 참조. 저자는 1992년 5월부터 9월 사이에 원난성 스뎬현(施甸縣) 장관쓰촌(長官司村)을 답사하러 갔을 때 장원즈(蔣文智)의 집에서 명 때부터 전해 내려온 600여 년 된 《시뎬장관사족보(施甸長官司族譜)》를 보았는데, 족보 권수(卷首)에 찬사(贊詞)와 함께 백마를 탄 남자와 청우를 탄 여자의 그림이 그려져 있었다고 했다.

74 후속 연구도 있다. 1999년, 중국협화의과대학(中國協和醫科大學)에서 나온 우둥잉(吳東穎)의 박사논문(《契丹古尸分子考古學研究》)에 의하면 거란족과 다우르족, 에벤키족, 몽골족, 한족의 DNA 배열을 통해 만든 계통발생나무(Phylogenctie tree)를 보면 거란족과 다우르족이 가장 가까운 관계를 보여준다고 한다. 또한 다우르족과 원난성의 '본인(本人)'은 매우 비슷한 점을 나타내지만 한족과 '본인', 한족과 다우르족은 상당한 차이를 보인다고 했다. 그러니까 원난성의 '본인'과 다우르족은 같은 부계 기원을 가진다는 것이며, 거란의 후예라고 말할 수 있다는 것이다. 한편 《吉林大學學報(理學版)》(2006年 第44卷 第6期)에 발표된 〈古代契丹與現代達斡爾遺傳關係分析〉(許月·張小雷·張全超·崔銀秋·周慧·朱泓)에서도 23개의 거란인 뼈에서 추출한 DNA 배열을 비교해본 결과, 거란인과 몽골 지역 사람들이 가장 근사한 형태를 보였으며 다우르족과의 유전 관계도 비슷하다고 했다. 하지만 돌연변이점(mutation sites)과 돌연변이율(mutation rates)이 상당한 차이를 보이고 있기 때문에 다우르족이 반드시 거란족의 직계 후손이라고 말할 수는 없다.

제8장 말갈

1 본문에는 '장백산(長白山)'이라고 되어 있으나 '백두산'으로 번역했다. 사실 만주족 시조 신화의 정확한 배경이 어디인가에 대해서는 중국 학계 내에서도 상당히 다양한 의견들이 나온다.

2 중국어 발음으로 읽으면 '아이신쟈오뤄'이지만, 만주족의 경우 고유명사의 발음은 가능한 한 만주어로 표기하도록 했다. 니루, 잘란, 구사, 버이러 등의 관직명 역시 만주어를 따랐다.

3 이 점에 대해 북한 학계에서는 매우 비판적 입장을 보이고 있다.《발해국과 말갈족》에

의하면 《수서》와 《신당서》, 《구당서》에 나오는 말갈 7부설이 허구이며 불열·호실·흑수부를 제외한 나머지 네 부는 말갈이 아니라 고구려 계통의 주민이라고 말한다(장국종, 도서출판 중심, 2001, 19~20쪽). 특히 속말말갈은 대부분 고구려 유민들이라고 하며, 발해-속말말갈론에 대해 부정적 입장을 보이고 있다. 발해는 고구려의 계승국이며, 발해의 창건은 고구려-발해-고려로 이어지는 민족사의 기본 체계를 마련했다는 점에 의미가 있다고 주장한다(같은 책, 51~52쪽).

4 '동북 지역'이란 오늘날 만주 지역을 가리키는데, 중국의 수도인 베이징의 동북 지역에 있기 때문에 이렇게 부른다.

5 고구려의 멸망은 신라와 당의 연합 공격 때문이었는데, 여기서는 '신라'의 존재는 아예 빼놓은 채 이른바 '중앙정부'인 당 왕조가 '지방정권'인 고구려를 멸망시킨 것처럼 서술하고 있다는 점에 유의할 필요가 있다.

6 당 왕조와 발해의 관계를 한 정부의 '내지'와 '변방' 쯤으로 인식하는 것이 중국 학자들의 일반적인 역사 인식이다. 《발해국과 말갈족》에서는 '책봉'에 대해 동북아시아에서 가장 큰 세력으로 대두한 발해의 힘을 빌려, 당이 자신들을 곤궁하게 만들곤 하는 거란과 돌궐 등의 압력에서 벗어나고자 했던 것이라고 해석하고 있다. 발해는 당의 책봉으로 선 나라가 아니라, 당의 침공을 반대하는 투쟁을 통해 선 나라라는 것이 북한 학계의 기본 시각이다(《발해국과 말갈족》, 67쪽).

7 당과 발해의 관계를 '중앙'과 '지방'으로 바라보는 시각이 여기서도 나타난다. 그러나 많은 학자들이 지적하듯, 발해의 6부제나 5경제 등은 고구려, 부여 등과도 관련된 제도다. 특히 발해의 5경제는 당과 상관없이 발해 자체에서 연원한 제도로서, 모든 것을 당의 복사판이라고 보는 것에는 문제가 있다.

8 원문에는 '일본해'라고 되어 있으나 '동해'로 바꿨다. 중국에서는 현재 책에서나 지도에서나 거의 모두 '동해'를 '일본해'라고 표기하고 있다.

9 '기'라는 것은 '굴레, 재갈'이라는 뜻이니, 강한 민족이 약한 민족에게 정치적, 군사적 통제를 가하는 것을 의미한다. '미'라는 것은 '고삐'라는 뜻이니 경제적, 물질적으로 회유하고 위무하는 것을 뜻한다. 일반적으로 강력한 정치적, 군사적 힘을 가진 민족이 주변부의 약소민족을 통제하고 회유하며 그들의 영역권 안에 놓는 것을 '기미관계'라고 말한다. 그러니까 '생여진'이라는 것은 요가 영향력을 미치지 못하는 지역에 거주했던 여진 부족을 의미하고, '숙여진'은 요의 영역 내에 거주해 통제가 가능했던 여진 부족을 가리키며, '불생불숙여진'이라는 것은 요나라 국경 지역 내에 거주해 정치적·군사적 통제는 가능하지만 완벽한 통제는 하지 못했던 여진 부족을 가리킨다고 이해하면 될 것이다.

절반의 중국사

10 송대 5대 도자기 산지 중의 하나. 당송 시기에 정주(定州) 관할지였던 곳에 있어서(허베이성 취양현(曲陽縣) 젠츠춘(澗磁村) 일대) 정요라고 불렸으며 당대(唐代) 형요(邢窯) 백자(白瓷)의 뒤를 이었다. 정요는 원래 민간의 자기를 만드는 민요(民窯)였는데 북송 중후기에 와 궁정에서 사용하는 도자기를 만들기 시작했다. 정강의 변 이후 잠시 쇠퇴했으나 금의 통치가 시작된 후 다시 활성화되었고, 이곳에서 생산되는 용봉문 자기는 금의 통치자들도 좋아했다(북정). 송이 남쪽으로 옮겨간 후 정요의 도기공들이 경덕진(景德鎭)으로 내려가 그곳에서 도기를 굽기도 했다(남정).

11 오늘날 허난성 위주(禹州)에 있던 송대 5대 도자기 산지 중의 하나. 북방 청화자기(靑花瓷器) 계통에 속한다. 균주 관할지여서 '균요'라고 한다. 당대(唐代)에는 화유(花釉) 자기를 만들었고, 송 때에 유약에 동(銅) 같은 금속을 넣어 구워 장미색이나 해당홍(海棠紅) 등 빛깔을 만들어냈다. 균대요(鈞臺窯)가 균요 중 가장 유명했다.

12 송대 5대 도자기 산지 중의 하나. 가요 도자기의 가장 큰 특징은 표면 균열에 있다. 철분 함량이 많은 흙으로 구워 유약을 칠하지 않은 바닥엔 철 성분이 드러나고 유약을 엷게 칠한 주둥이 부분은 자색을 띠어 '자구철족(紫口鐵足)'이라 부른다. 원래 도자기를 잘못 구우면 갈라지는 것이나 이것은 일부러 갈라지게 만든 것이다. 갈라진 그 무늬를 '빙렬문(氷裂紋)' 혹은 '금사철선(金絲鐵線)'이라고 한다.

13 송대 5대 도자기 산지 중의 하나. 허난성 린루(臨汝) 경내에 있었다. 송 사람들은 청자 중 으뜸은 여요의 것이라고 했고, 명청 시대에도 여요를 송대 5대 도요 중 최고라고 여겼다. 장인들은 유약에 마노를 넣어 "하늘색 처럼 푸르고, 부드러운 표면은 옥처럼 고우며, 매미 날개 같은 무늬가 보이며, 유약에 기포가 살짝 들어 있어 마치 그것이 새벽별 같은" 도자기를 만들어냈다. 수량이 많지 않아 현재 전 세계 박물관에 수장되어 있는 것까지 모두 합해 겨우 67점뿐이라고 한다. 그중 타이베이 고궁박물원에 수장된 것이 23점으로 가장 많다.

14 송 휘종 때의 화가 장택단이 그린 약 5미터 길이의 두루마리 그림이다. 청명절 날, 북송의 수도 변경을 지나가는 변하(汴河)를 중심으로 수많은 사람들의 모습을 세밀한 필치로 그려냈다. 등장인물만 무려 500여 명에 달하며, 홍교(虹橋)와 그 위에 늘어선 상점들을 비롯해 당시의 모습을 사실적으로 재현해 중국 미술사에 이름을 남겼다. 현재에도 중국과 타이완에 소장된 〈청명상하도〉의 진품 논란이 있으며, 2010년 상하이 엑스포에서는 LCD 화면에 디지털화된 〈청명상하도〉가 전시되어 이슈가 되었다.

15 '검(黔)'은 오늘날 구이저우성(貴州省)을 가리킨다. '검지려(黔之驢)'라는 것은 '검 땅의 나귀'라는 뜻인데, 이것은 당의 문인 유종원(柳宗元)의 문집 《유하동집(柳河東集)》에 실린 〈삼계(三戒)〉 중 한 편이다. 〈삼계〉는 〈임강지미(臨江之麋)〉, 〈검지려〉, 〈영모씨

지서)로 구성되어 있는데, 자신의 지위만 믿고 위세를 부리는 어리석은 자를 풍자하는 글이다. 〈검지려〉의 내용은 다음과 같다. 어떤 사람이 나귀가 쓸모가 많은 것을 보고 배에 나귀를 실어 구이저우 땅으로 갔다. 그러나 정작 그곳에선 별로 쓸모가 없어 산기슭에 버렸다. 호랑이가 나귀를 보고 처음 보는 것이라 매우 놀라 가까이 가지 않았다. 게다가 살금살금 다가가 봤는데 갑자기 나귀가 소리를 지르는 바람에 놀라 더 가까이 가기를 꺼려했다. 그러나 시간이 지나면서 아무리 살펴봐도 나귀에게는 별다른 재주가 없어 보였고, 나중엔 건드려 봐도 별것이 아니었다. 결국 호랑이는 나귀를 잡아먹었다. 원래는 풍자적 의미를 지닌 글인데, 이 책의 저자는 '겉으로는 무서워 보였지만 알고 보면 별것 아니라'는 의미로 인용한 것이다.

16 송 태조 조광윤이 왕조를 세우는 대업을 이룬 후, 당이 멸망한 것은 번진의 발호 때문이라는 조보(趙普)의 견해를 받아들였다. 그래서 조광윤은 술자리에 장수 석수신(石守信) 등을 불러 그들에게 병권을 내놓고 지방으로 내려가라고 은근히 권고한다. 이미 황제가 자신들을 제거하려는 생각을 굳혔음을 알고 그들은 다음 날 사직서를 내고 지방으로 내려갔다. '술자리에서 병권을 해제(釋)시켰다'는 의미다.

17 당시 전족한 발을 '련(蓮)'이라 했는데, 4촌(寸)이 넘으면 '철련(鐵蓮)', 4촌이면 '은련(銀蓮)', 3촌밖에 안 되는 작은 발은 '금련'이라 했다. 전족은 수 양제 때 시작되었다는 전설도 있고 유미주의자로 유명했던 남당(南唐) 이후주(李後主) 때 시작되었다는 설도 있으나 확실한 것은 알 수 없다. 궁중에서 시작해 민간으로 퍼져나간 습속인 것으로 여겨지며, 북송 시대에 광범위하게 유행했다. 소동파(蘇東坡)의 시 〈보살만(菩薩蠻)〉이 전족 습속을 보여주는 첫 번째 시라고 한다.

18 《수호전》에 등장하는 백팔 영웅들 이야기의 시간적 배경이 바로 이 무렵이다. 소설과 달리 송강의 난은 북송 정부에 의해 진압되었다.

19 "壯志飢餐胡虜肉, 笑談渴飮匈奴血." 악비의 사(詞) 〈만강홍(滿江紅)〉에 나오는 구절이다. 이 작품은 악비의 것이라고 알려져 있지만 실은 명나라 때 문인의 위작이라는 설이 유력하다.

20 "迎二聖歸京闕, 取古地上版圖." 역시 〈만강홍〉에 나오는 구절이다.

21 '막수유(莫須有)'에 대해서는 다양한 해석이 있다. 일반적인 해석은 '아마도 그런 일이 있었을 것이다'라고 하지만 '반드시 있다'라는 해석도 있고 '설마 없겠는가'라고 해석하기도 한다.

22 초(楚)나라 시인 굴원(屈原)의 《초사》〈어부〉에 나오는 구절이다. "세상이 모두 탁한데 나 혼자 맑고, 모든 사람이 취했는데 오직 나만이 깨어 있다(擧世皆濁我獨淸, 衆人皆醉我獨醒)."

23 '무로청영'은 한 무제 때 인물인 종군(終軍) 이야기에서 비롯된 고사성어이다. '무로청영'이라는 말은 왕발(王勃)의 〈등왕각서〉에서 나왔고, 종군의 이야기는 《한서(漢書)》 〈엄주오구주부종왕가전(嚴朱吾九主父終王賈傳)〉에 나온다. 당시 남월(南越)에 출정했던 종군이 떠나기 전에 황제에게 '장영'을 내려달라고 청했다. 남월에 가서 남월왕에게 투항을 권고할 것이지만, 따르지 않으면 끈으로 묶어서 끌고 오겠다는 의지를 보인 것이다. 하지만 그는 남월 재상 여가(呂嘉)에 의해 스무 살 약관의 나이에 살해당했다.

24 서안 교외 종남산 아래에 있었으며, 당송 시기 고관대작이 모여 시를 읊고 더위를 피하던 곳이다.

25 악비의 사당 어디에나 진흙으로 만들어진 악비의 소상이 있는데, 그 위에 걸린 현판에 항상 '환아하산(還我河山)'이라는 글씨가 쓰여 있다. "나에게 송나라 산하를 돌려다오"라는 의미다.

26 중국에서 악비를 모신 사당의 뜰에는 진회를 비롯해 악비의 죽음에 간여한 네 명의 철상을 만들어 꿇어앉혀 놓았다. 악비를 참배하러 온 사람들은 그들을 만고의 간신이라며 침을 뱉고 있다. 최근에는 그러한 행위를 자제하자는 목소리와 함께 진회에 대한 재평가도 이루어지고 있어 눈길을 끈다.

27 '여우탸오(油條)'는 중국 사람들이 아침에 '더우장(豆漿)'과 함께 먹는 음식이다. 밀가루를 튀겨서 만든 것으로, 중국 전역에 퍼져있는 대표적 아침 식사용 식품이다.

28 악비가 중국에서 '민족혼'의 대명사가 된 것은 20세기 초반 이후이다. 근대의 격동기에 민족 단합이라는 목표를 위해 학자들에 의해 이민족에 대항해 싸운 악비가 소환된 것이다. 하지만 1990년 이후 '다민족일체론'이 떠오르면서 '민족영웅'으로 숭앙받던 악비의 위상에 변화가 생겨, 소위 '악비논쟁'이 불붙었다. 자세한 내용은 《만들어진 민족주의 황제 신화》(김선자, 책세상, 2007), 101~104쪽 참조.

29 사실 이 시기에 명은 이곳에 영향력을 행사하지 못하고 있었다. 여진인 납제포록(納齊布祿)이 이 지역에 호륜국(扈倫國)을 세웠을 때에도 간섭하지도, 승인하지도 않았다. 그래서 명이 세워진 후 북으로 밀려 올라간 몽골족의 '북원(北元)', '명', '호륜국'이 병존하는 상황이 만들어졌다(趙東升, 〈談葉赫部歷史的幾個問題〉, 《吉林師範大學學報(人文社會科學版)》 2004年 第4期, 92쪽, 2004.8.). 호륜국이 해체된 후 세워진 네 개의 여진 왕국을 '호륜사부(扈倫四部)'라고 하는데, 울라(烏拉, Ula)·하다(哈達, Hada)·호이파(輝發, Hoifa)·여허(葉赫, Yehe)부가 그것이다. 그중 여허부가 가장 나중까지 존속했는데, 여허부는 오늘날 지린성 리수현(梨樹縣) 여허 만족진(滿族鎭) 남쪽 2킬로미터 지점, 여허강(葉赫江) 가에 있었다. 1619년, 여허부는 내홍으로 인해 건주여진의 누르하치에게 망하고 말았다.

30 허투알라(赫圖阿拉, 랴오닝성 신빈(新賓) 서쪽, '넓은 언덕'이라는 뜻)에서 누르하치는 나라 이름을 '아이신aisin', 즉 '금(金)'이라고 정했고 칸의 이름은 'abka geren gurun be ujihini seme sindaha genggiyenhan'(天授養育帝國英名汗)이라고 정했다('경기연 칸'이란 '밝은 칸'이라는 뜻이다). '금'이라는 단어는 여진 문화 전통과 정치적 동질성의 상징이었다. '금'은 여진 정치와 민족공동체의 선명한 표지로서 여진 각 부를 단결시키고 안무할 수 있는 호칭이었던 것이다. 《구만주당(舊滿洲檔)》에도 '우리 금나라', '우리의 선조 금나라'라는 단어들이 자주 보인다(葉紅·胡阿祥,〈大淸國號述論〉,《中國歷史地理論叢》2000年 第4期, 67~68쪽).

31 구체적인 내용은 《청태조무황제누르하치실록(淸太祖武皇帝努爾哈赤實錄)》권2에 나온다. 1618년 4월 13일에 발표했다. 물론 이 내용을 보면 명이 여허·하다부에는 잘하면서 건주여진에 각박하게 대한다는 것이 주를 이루지만 실제로는 중원을 통치하고 싶어 하는 마음이 보인다고 한다. 권41에 "남경, 북경, 변경은 원래 한 사람이 계속 거주하던 곳이 아니라 여진(女眞)과 한인(漢人)이 돌아가면서 거주하던 땅이다"(《만문노당(滿文老檔)》태조(太祖) 권41)라고 밝힌 데서 그것을 알 수 있다는 것이다(王臻,〈薩爾滸戰役前後之後金與明明朝鮮關係探析〉,《遼寧大學學報(哲學社會科學版)》第34卷 第5期, 77쪽, 2006.9.).

32 1618년, 명 신종(神宗)은 당시 요동경략(遼東經略) 양호(楊鎬)에게 전권을 주어 동서남북 4로(路)에서 12만 병사를 동원해 허투알라로 가서 누르하치를 잡으라고 했다. 양호는 심양(瀋陽)에서 4로의 군사를 지휘해 2월에 출병하게 했다. 두송(杜松)이 주력부대를 이끌고 사르후에 이를 무렵, 누르하치는 그곳을 공략 대상으로 삼았다. 두송이 부대를 나누는 것을 본 누르하치가 팔기(八旗)를 두 부분으로 나눠 그들을 공략, 두송을 비롯한 그의 부대를 전멸시켰다. 뒤이어 온 것은 마림(馬林)의 부대였는데, 그는 두송의 패배를 알고 있었기에 조심했다. 하지만 그 역시 부대를 나누는 바람에 누르하치에게 공략당하고 겨우 살아 도망쳤다. 명의 대포보다 빠른 것이 누르하치의 기병이었던 것이다. 그다음으로 온 것은 유정(劉挺)인데, 그는 제법 지혜로운 지휘관이었으나 누르하치의 속임수에 넘어가 결국 전멸당했다. 마지막 남은 이여백(李如柏)의 군대는 심양으로 철수하라는 명령을 받고 돌아가다가 후미를 습격 당해 역시 패배했다. 명군(明軍) 12만을 불과 닷새 만에 끝장낸 누르하치의 놀라운 지휘 능력은 사르후 전투의 이름과 함께 역사에 남아 있다. 저자는 그것을 '예술적 지휘방법'이라고 표현하고 있다(王小欽,〈大明帝國的噩夢之始-薩爾滸大戰〉,《民間傳奇故事》(卷), 2009.12.).

33 사르후 전투에는 조선의 병사들도 참전했다. 광해군은 구원병을 보내라는 명의 압박에 끝까지 버티다가 체면치레로 겨우 1만 명을 보냈으나 적극적으로 전쟁에 참여하지

는 않았다. 광해군은 당시 명과 후금의 상황을 예리하게 꿰뚫고 있었기에 신하들의 주장대로 무조건 명에 구원병을 보내는 방법을 선택하지는 않았다. 강대국 사이에 끼어 있는 작은 나라의 왕이 할 수 있는 가장 지혜로운 선택을 했던 것이다. 이에 대해 중국 학계에서도 '가장 불리한 조건하에서 가장 큰 국가 이익을 취할 수 있는' 방법이었다고 높이 평가하고 있다(王臻,〈薩爾滸戰役前後之後金與明朝朝鮮關係探析〉, 83쪽 참조).

34 랴오둥 선양 사람. 북송의 명재상 범중엄(范仲淹)의 17대손이다. 1618년에 누르하치 군대가 치고 내려와 무순(撫順) 등을 공격하면서 포로 30만을 잡아 후금 병사들에게 나눠주었는데, 그때 범문정도 포로로 잡혀 노예가 되었다. 비참한 대우를 받았던 한인 포로들은 저항하거나 도망치기도 했지만 많은 사람들이 죽었다. 그러나 범문정은 누루하치의 눈에 들어 그를 따라 출정도 하는 등 두각을 나타냈고 누르하치와 홍타이지, 순치제와 강희제 등 네 명의 황제를 보좌했다.

35 현재 베이징의 쉬안우 구(宣武區) 차이스커우(菜市口)에 있었다. 이 장소는 요(遼) 때에는 안동문(安東門) 밖 교외에 해당했고, 금(金) 때에는 시인문(施仁門) 안의 정자가 (丁字街)가 있던 곳이다. 명대부터 베이징 최대의 채소시장(菜市)이 이곳에 생겼고, 청 때에도 그러했다. 명 때에는 '채시가(菜市街)'라고 불리다가 청 때 '채시구'라 불리게 되었다. 원래 명 때의 사형장은 서사패루(西四牌樓, 즉 서시西市)에 있었으나 청나라 때 선무문(宣武門) 밖 채시구로 옮기면서 이곳이 유명해졌다. 일찍이 문천상(文天祥)도 이곳에서 피를 흩뿌리며 죽어갔고, 숙순(肅順, 1861)과 무술육군자(戊戌六君子) 중 하나인 담사동(譚嗣同, 1898) 등이 처형당하면서 더욱 많이 알려지게 되었다. 동지 전날 저녁이 되면 선무문을 통해 나온 사형수들이 이곳에서 목이 잘렸다. 1911년, 청이 멸망하면서 형장도 다른 곳으로 옮겨갔고 지금은 번화가가 되어 있다.

36 '염황자손'은 이른바 '중화민족'의 시조로 여겨지는 '염제(炎帝)'와 황제(黃帝)의 자손' 이라는 뜻으로서 이민족인 만주족이 아닌 '한족'을 가리킨다.

37 안진경(顔眞卿). 노국(魯國) 개국공(開國公)에 봉해져 이렇게도 불린다. 개원(開元) 연간에 진사가 된 이후 숙종, 대종 시기에 어사대부, 이부상서 등을 지냈다. 안록산의 난이 일어났을 때에는 20만 군대를 이끌기도 했다. 784년, 덕종 연간에 회서절도사(淮西節度史) 이희열(李希烈)이 반란을 일으켰을 때, 당시 간상(奸相)이던 노비(盧杞)가 기회를 틈타 안진경을 죽이려고 고의로 이희열에게 보냈고, 결국 안진경은 이희열에게 목 졸려 죽고 말았다.

38 중국의《삼자경(三字經)》에 "공융은 네 살에 능히 배를 양보했다(融四歲, 能讓梨)"라는 구절이 나온다. 공융은 어려서부터 신동으로 알려져 수많은 시를 외웠으며 예절도 바른 아이였다. 공융이 네 살 때 아버지가 배를 사왔는데, 그중 가장 큰 배를 집어서 공

용에게 주었다. 그러나 융은 그것을 내려놓고 가장 작은 배를 집어 드는 것이었다. 아버지가 왜 그러느냐고 물으니 "저는 작으니까 작은 배를 먹어도 됩니다. 큰 배는 형님에게 주세요"라고 말했다고 한다. 《후한서(後漢書)》〈공융전(孔融傳)〉 이현주(李賢注)에 등장한다. 후한 말 건안칠자(建安七子) 중의 하나로서 문명(文名)을 드날렸던 공융이지만 조조에게 살해되었다.

39 명 영종 시기에 병부시랑을 지냈고, 토목보(土木堡)의 변 이후에 병부상서가 되어 명군을 지휘해 베이징 보위전(保衛戰)에서 승리했다. 관직이 소보(少保), 태자태부(太子太傅)까지 올라 우소보(于少保)라고도 불린다. 영종이 탈문지변(奪門之變)을 통해 다시 황제 자리로 돌아왔으나 결국 그의 강직한 성격 때문에 원한을 품은 자들의 무고로 죽었다.

40 이에 대한 좀 더 자세한 논의는 차이메이뱌오(蔡美彪)의 〈大淸國建號前的國號, 族名與紀年〉(《歷史研究》 1987年 第3期), 예홍(葉紅)과 후아샹(胡阿祥)의 〈大淸國號述論〉(2000)을 참조.

41 전통적 오행사상에 따르면 '화극금(火克金)'이니 '금(金)'이라는 국명은 명의 '화(火)'에 약했다. 불을 이기는 것이 물이므로 '청(淸)'을 국호로 택했다는 것이다. 아래 나오는 '유청집희'는 《시경(詩經)》〈주송(周頌)〉에 나온다. 원래 의미는 "맑고 밝음(淸明)을 분별하고 광명(光明)을 얻는 것이 주(周)나라 문왕(文王)의 정책(維淸緝熙, 文王之典)"이라는 것인데, 이 오래된 경전에 등장하는 '청(淸)'이라는 글자를 '청나라'의 '청'으로, '희(熙)'라는 글자를 '명나라'의 '명'으로 본 것이다. 말하자면 청(淸)나라가 명(明)나라를 '얻었고', 주(周) 문왕(文王)을 이은 것과 같은 의미를 담는다고 본 것이니, 견강부회 같은 이러한 해석이 '말도 안 된다' 한 것이다.

42 '대청'이라는 이름을 지은 내력에 대해서는 《만문노당(滿文老檔)》이나 《청태조실록(淸太祖實錄)》을 비롯한 다른 서적에도 자세한 설명이 나오지 않는다. 학자들은 여러 가지 추측을 할 뿐인데, '청(淸)'이라는 글자가 '만주'의 '만(滿)'자와 마찬가지로 '물'의 뜻을 갖고 있는 '수(水)'변에 있다는 것으로 보아 '수극금(水克金)'이라는 오행사상을 바탕으로 했을 것이라는 주장이 있고, 《흠정만주원류고(欽定滿洲源流考)》에 등장하는 시에 '天造皇淸, 發祥大東'이라는 구절이 나오는데, 여기서 '황(皇)'은 '대(大)'라는 뜻이며 유희(劉熙)의 《석명(釋名)》에 의하면 '청(淸)'은 '청(靑)'과 뜻이 통한다고 한다. 만주족은 하늘을 중시하는데, 푸른 하늘과 동방을 대표하는 글자가 바로 '청(靑)'인 것이다. 그러니까 명을 누를 수 있는 '수극화(水克火)'와 '청(靑)'의 의미를 지닌 '청(淸)'을 나라 이름으로 정하지 않았을까 하는 의견도 있다. 다양한 견해들에 대해서는 예홍과 후아샹의 〈大淸國號述論〉, 72~74쪽 참조. 물론 일반적인 견해들과 달

리 '대청(大淸)'이 만주 귀족들을 부르던 호칭인 'daicing'에서 왔다는 주장도 있다(鮑明,〈大淸國號詞源詞義試探〉,《內蒙古民族大學學報(社會科學版)》第31卷 第2期, 23~24쪽, 2005.4.).

43 "知其不可而爲之."《논어》〈헌문〉편에 나오는 구절이다. 새벽에 성문을 열어주는 문지기 자로에게 어디서 오는 길이냐고 물을 때 자로가 '공씨 집'에서 오는 길이라고 하니, 문지기가 "아, 그 불가능하다는 것을 알면서도 하는 그 사람 말이오?"라고 말했다고 한다.

44 노상승(1600~1638)은 상주(常州) 의흥(宜興) 사람이다. 명 숭정 6년부터 고영상(高迎祥)과 이자성의 농민기의군을 진압하는 부대를 이끌었다. 숭정 11년, 청이 3로를 통해 치고 내려오자 노상승은 굳세게 저항할 것을 주장했다. 그러나 당시 청과 화의를 주장했던 양사창(楊嗣昌)과 감군(監軍) 고기잠(高起潛)이 노상승의 군대를 지원하지 않아 결국 전쟁 중에 죽었다.

45 산시성(陝西省) 미즈(米脂)의 이자성 행궁(行宮)에 이자성이 자금성으로 진입하던 광경을 그린 벽화가 있다. 모직으로 만든 모자를 높이 쓴 이자성의 모습을 그려놓고 그의 흉상을 전시하고 있는데, 그곳에 '산시의 빛(陝西之光)'이라는 구절도 보인다.

46 "痛哭三軍俱縞素, 冲冠一怒爲紅顔." 오위업(吳偉業)의 시 〈원원곡(圓圓曲)〉에 나오는 구절이다. 명 멸망의 원인을 진원원에게 돌리려고 했던 일부 명말 청초 지식인들의 태도를 보여준다.

47 왕망 시대에 일어난 농민반란군 '적미(赤眉)'(눈썹을 붉은 색으로 물들였다고 함)의 지도자. 산둥성 지역을 중심으로 위세를 떨쳤다.

48 갱시제의 부하 장수였으나 적미에 투항했다. 적미의 10만 군대는 나중에 후한 광무제 유수(劉秀)에게 투항한다.

49 수나라의 장군. 수 말기 수양제에 대한 반란에 협조했고, 618년에 당에 항복, 높은 지위를 받았으나 나중에 다시 당에 반기를 들었다가 죽었다. 두건덕 역시 허베이성 지역을 근거지로 활동했던 기의군의 수장인데, 그가 이끄는 기의군은 살생을 최대한 억제했던 것으로도 잘 알려져 있다. 이세민에게 공격받던 왕세충(王世充)을 구하려다가 호뢰관(虎牢關)에서 패해 장안으로 끌려가 죽었다.

50 원 말기, 순제가 황하 치수사업에 양민을 대규모 동원한 것을 계기로 일어난 홍건의 난의 지도자들. 한산동은 허베이 출신 백련교 지도자였는데 스스로 송 휘종의 8세손이라고 하며 미륵하생신앙(彌勒下生信仰)을 바탕으로 해 안후이, 허난 등지에서 대규모 난을 일으켰다. 한산동이 처형되자 유복통은 한산동의 아들 한림아를 황제로 삼았다.

51 산시성 옌안(延安) 출신으로, 명대(明代) 반란군의 지도자. 산시 북부에 심한 가뭄이 들자 난을 일으켜 10만 군대를 이끌고 쓰촨 지역으로 가 '대서국왕(大西國王)'이 되었다. 청 건국 이후 멸망했다.

52 이곳은 오늘날 허베이성 푸닝현(撫寧縣) 북쪽 70리 지점에 있는 구문구(九門口)로서, 명 장성(長城) 중에서 중요한 관문이 있는 곳이다. 랴오닝성과 허베이성의 경계에 있어서 '경동수관(京東首關)'이라 불렸다. 이자성과 유종민이 이끄는 부대가 산해관 쪽으로 진격하고, 당통(唐統)이 이끄는 2만 군대가 산해관 북쪽의 일편석을 통해 장성을 나와 오삼계를 협공했다. 즉, 이자성의 부대 6만, 오삼계와 당통의 군대 5만, 도르곤이 이끄는 만주팔기와 몽골팔기, 한인팔기 부대가 7만~8만 명 정도였으니 모두 합해 20만 명이 이곳에서 부닥쳤다. 그중 가장 강한 것은 도르곤의 철기부대였다. 이 전쟁을 '일편석전쟁(一片石戰役)' 혹은 '일편석지전(一片石之戰)'(Battle of Shanhai Pass)이라고 부른다.

53 이자성의 농민기의가 실패했던 1644년에서 딱 300년이 지난 1944년, 마침 그때와 같은 갑신년을 맞이해 궈모뤄(郭沫若)가 〈갑신삼백년제(甲申三百年祭)〉를 써서 이 사실을 경계로 삼을 것을 말한 바 있다. 이자성 군대가 북경성으로 들어오기 전까지 민중의 지지를 받았으나 북경성으로 들어온 후 그동안의 많은 계율을 깨고 오만해져서 우금성(牛金星)과 유종민(劉宗敏) 등이 많은 잘못을 저질렀는데, 바로 그것 때문에 민중의 지지를 잃고 바로 나락으로 떨어졌다. 그 사실을 반드시 기억해야 혁명 군대 역시 동일한 잘못을 반복하지 않을 것이라고 궈모뤄가 경계한 것이다. 이 글은 1944년 3월 19일부터 나흘 동안 충칭(重慶)의 〈신화일보(新華日報)〉에 연재되었으며, 마오쩌둥이 이 글을 매우 중시했다.

54 "甲申以後山河盡, 留得江南幾句詩." 명말 청초의 사상가이자 학자이며 시인인 여유량(呂留良, 1629~1683)의 시구. 명이 망할 때 그의 나이 열일곱으로, 재물을 내서라도 청에 항거하고자 했다. 그가 죽은 지 49년이 지난 옹정 10년(1732)에 문자옥인 '증정안(曾靜案)'이 일어났는데, 그가 쓴 일기와 서신 등이 문제가 되어 대역죄로 몰리는 바람에 부관참시를 당했다.

55 "義之所在, 雖千萬人, 吾往矣." 《맹자》〈공손축·상(公孫丑·上)〉의 "도가 있는 곳이라면 천만 명이 막는다 해도 나는 나아가리라(道之所在, 雖千萬人吾往矣)"라는 구절에서 나온 말이다.

56 당시의 생존자 왕수초(王秀楚)가 쓴 《양주십일기(揚州十日記)》(廣文書局)에서 유래한 말. 1645년에 청나라 군대가 난징(南京)으로 진입하면서 남명 정권이 망했고, 그곳에 한족도 변발을 하라는 치발령이 내려졌다. 이에 현지 주민들의 반발이 심해지면서 후

동중(侯峒曾)을 중심으로 반청(反淸) 무력 봉기가 일어났다. 이에 당시 가정성에 속했던 오늘날 상하이 지역에서 세 차례에 걸쳐 살육 사건이 일어났는데, 그것을 '가정삼도(嘉靖三屠)'라고 한다. '양주십일'과 '가정삼도'는 정복왕조로서의 만주가 다수를 차지했던 한족에게 본보기를 보인 것이라고 할 수 있다. '80만 명'이라는 것은 과장이겠지만, 이처럼 피 튀기는 학살을 통해 다른 지역 한족의 저항 의지를 꺾어버린 것이다. 구체적 과정에 대해서는 이영옥, 〈만주족 청나라의 한족 지배정책〉《북방 민족과 중원 왕조의 민족 인식》, 171쪽, 동북아역사재단, 2009)을 참조.

57 장룽(姜戎)이 《늑대토템(狼圖騰)》(長江文藝出版社, 2004)을 출판한 뒤 북방 유목민족의 토템이었던 '늑대'가 갖고 있던 사납고 강인하며 진취적인 '낭성(狼性)'에 대한 놀랄만한 신드롬이 일어났다. 기업체에서도 공격적이고 적극적인 '낭성 경영'을 해야 한다는 목소리가 나왔고, 중국이 강대국으로 거듭나기 위해서는 양처럼 순한 농경민족의 '양성(羊性)'이 아니라 강인하고 거칠었던 유목민족의 '낭성'을 되살려야 한다는 주장이 나왔다. 그 과정에 대해서는 김선자의 〈늑대에게 사라질 자유를〉《오래된 지혜》, 어크로스, 2012)을 참고.

58 변발에 대한 한족의 반발이 심해 도르곤은 1644년 5월 잠시 그 명령을 거두었으나(《청세조실록(淸世祖實錄)》권5 순치 원년 5월 신해(辛亥)) 다음 해 6월에 다시 치발령을 내려, 따르지 않는 자는 '목을 자르고 용서하지 말라'고 했다(이영옥, 〈만주족 청나라의 한족 지배정책〉, 174쪽 참조).

59 루쉰의 《삼한집(三閑集)》에 실린 글인데 원래 상하이 《맹아월간(萌芽月刊)》第1卷 第1期(1930년 1월 1일)에 처음 발표되었다. 루쉰은 그 후에도 〈유맹(流氓)과 문학(文學)〉이라는 강연을 하기도 했는데, 거기 등장하는 '유맹'은 단순하게 '건달'이나 '무뢰한'이라고 번역하기엔 적절치 않다. 루쉰에 따르면 중국에서 '유맹'을 형성한 두 개의 세력은 공자의 무리(儒)와 묵자의 무리(俠)이다. 원래 중국에서 유맹은 때만 잘 만나면 상당히 중요한 인물이 되는데, 유비를 비롯해 한 고조 유방이나 명 태조 주원장이 모두 유맹 출신이었다는 것이 이를 증명한다. 다만 후대에 유맹이 '전락'하게 된 것은 정치와 깊은 관련이 있다고 루쉰은 말한다. 인용한 문장 다음에 이어지는 내용은 이렇다. "더는 간신배를 비난하려 할 생각도 하지 못하고, 감히 천자를 위해 힘을 바칠 생각도 하지 못하며, 국가를 위해 '잠천행도(潛天行道)'를 하지 않는 다른 강도를 잡으려고도 하지 못한다." 그러니까 만주족이 산해관으로 들어온 이후 한족의 '협객' 기질이 완전히 사라져버렸다는 말이다.

60 이에 대한 학계의 가장 보편적인 견해는 만주족이 이른바 '한화(漢化)'되었기 때문이었다는 것이었다. 쑨원도 말했듯, 만주족이 중국을 정복해 한족을 260년 이상 통

치하면서 '한인을 훼손한 것이 아니라 오히려 반대로 그 문화를 받아들였기 때문에 그들은 사실상 한인이 되었다'는 시각이다. 마크 C. 엘리엇이 '한화학파(Sincization School)'라고 부르는 관점이다. 물론 만주족 통치에서 한인의 영향을 무시할 수는 없지만 그것만으로는 소수의 만주족이 중국을 몇백 년 동안 다스릴 수 있었던 이유를 명확하게 설명하지 못한다. 그것이 바로 청대의 특징이라고 여겨지는 '만주족다움(Manchuness)'에 주목해야 하는 이유다(《만주족의 청제국》, 마크 C.엘리엇 지음, 이훈·김선민 옮김, 푸른역사, 2010, 71~73쪽 참조).

61 현지 '소수민족' 출신을 '토사(土司)'로 임명해 현지 민족을 통치하던 제도를 바꾸어 중앙정부에서 직접 '유관(流官)'을 파견한 것을 가리킨다. 명대부터 시작해 청 옹정 연간에 더욱 강화되었다.

62 만주족의 청제국을 '중국'으로 바라보는 이러한 시점은 현재 진행되고 있는 '청사(淸史)' 편수작업과도 통한다. 만주족의 청에 대한 극명한 시각 차이에도 2003년에 시작되어 완성을 눈앞에 두고 있는 청사 공정이 "청의 역사적 위상을 긍정적으로 평가하리라"는 것은 확실해 보인다(김선민, 〈만선사, 만학, 그리고 만주학〉, 《동아시아의 근대, 그 중심과 주변》, 320쪽, 소명출판사, 2013).

63 '바오로'라는 세례명의 한족이다. 명말의 수학자이자 과학자이며 농학자이기도 했고 뛰어난 정치가이기도 했다. 벼슬이 예부상서와 문연각대학사(文淵閣大學士)에 이르렀다. 상하이 지역 최초의 천주교도이며 《농정전서(農政全書)》와 천문학 서적인 《숭정역서(崇禎曆書)》도 펴냈다. 현재 상하이 쉬자후이(徐家匯)에 그의 무덤이 있다.

64 유클리드의 《기하학》을 가리킨다. 'geometria'라는 단어를 그들은 '기하(幾何)'라고 번역했다. 우리가 현재 '기하학'이라고 부르는 용어가 바로 여기에서부터 비롯된 것이다. '기하'는 중국어로 '크기를 헤아리다'는 의미를 담고 있어서 아주 절묘한 번역으로 꼽힌다. 이 책에서 '점', '선', '직선', '평행선', '삼각형' 등의 용어들이 나왔는데, 현재도 이 용어들을 그대로 사용하고 있다. 마테오리치와 서광계의 최초의 번역은 《기하원본》6권이었는데, 전체를 번역한 것은 아니었다. 1607년에 이 책이 베이징에서 출판된 후 서광계 아버지가 돌아가셔서 서광계는 상하이로 돌아왔고, 그 후 3년이 지난 1610년, 마테오리치가 세상을 떠났다. 그 후 나머지 부분은 번역이 되지 못하다가 200년이라는 세월이 흐른 뒤, 수학자 이선란(李善蘭, 1811~1882)과 영국인 알렉산더 와일리(Alexander Wylie, 1815~1887)가 나머지 9권을 모두 번역했다(1856).

65 일종의 기관총이다. 강희 25년, 네덜란드에서 바쳐온 '반장오창(蟠腸烏槍)'을 보고 그대로 흉내 내 열 개의 총을 만들어 네덜란드에 선물로 보냈다고 한다. 강희 26년에는 당시 벨기에가 자랑하던 '자모포(子母炮, 충천포(沖天炮))'라는 무기도 8일 만에 만들

어냈다. 포의 길이는 약 67센티미터, 무게는 180킬로그램 정도여서 휴대할 수도 있었다. 위력이 대단해서 강희는 이 무기에 '위원대장군(威遠大將軍)'이라는 이름까지 내려주었다. 이 포는 나중에 청이 준가르부를 평정할 때 위력을 발휘했다. 비파(琵琶)처럼 생긴 연주화총(連珠火銃)은 일종의 기관총이다. 기존의 화총이 화승으로 불을 붙여야 해서 비만 오면 사용하지 못했는데, 이 총은 서양 총의 장점을 받아들여 만들어낸 기발한 발명품이었다. 그러나 대재는 강직한 성품으로 벨기에 선교사 남회인(南懷仁)의 모함을 받아 성경(盛京, 오늘날 선양)으로 쫓겨나 그곳에서 33년 동안 시와 그림을 그려 팔면서 살아야 했다. 청으로서는 위대한 총과 포를 만들어낸 천재적 발명가를 스스로 내친 꼴이 되었다.

66 일찍이 러시아 상트페테르부르크 공사를 역임했으며 벵골총독으로 임명된 적도 있다. 1792년, 영국 정부는 그를 전권대사로 임명해, 다섯 척의 배에 700여 명의 인원을 태워 청으로 보냈다. 건륭은 먼 나라의 강국에서 사신을 보냈다고 해 광둥을 비롯한 연해 지역 관리들에게 그들을 잘 대접하라고 했고, 그들이 갖고 온 물건에도 세금을 붙이지 말라고 했다. 그러나 번국에서 천조 황제를 뵐 때 행하는 '삼배구고'의 예를 행해야 한다고 주장했고, 매카트니는 이를 거부해 문제가 발생했다. 결국 매카트니는 영국 여왕을 뵐 때처럼 무릎 하나를 굽히는 예를 행했다고 하는데, 중국 문헌에서는 원래대로 예를 갖췄다고 한다.

67 청초에 일어났던 처참한 '문자옥' 사건이다. 사건의 시작은 순치 12년(1655)이다. 절강 오흥(吳興) 남심진(南潯鎭)의 부자였던 장정롱(莊庭鑨)이 병에 걸려 눈이 멀었는데, 눈이 안 보이면서도 역사를 썼던 좌구명(左丘明)을 존경해 자신도 역사를 편찬하고자 하는 마음을 먹었다. 그러나 앞이 안 보여 당시 선비들을 불러다가 명 천계대학사(天啓大學士) 주국정(朱國禎)이 쓴 명사(明史) 유고(遺稿)를 읽어달라고 했다. 그는 그것을 들으면서 내용을 증감(增減)했고, 열여섯 명이 편집에 참여했다. 그들은 숭정(崇禎) 연간의 역사를 새로 썼으며, 누르하치는 '노추(奴酋)', 청 병사는 '건이(建夷)'라는 단어를 사용했다. 장정롱이 1655년에 죽은 뒤 아들의 죽음을 가슴 아파한 아버지 장윤성(莊允誠)이 1660년에 그 원고를《명사집략(明史輯略)》이라는 이름으로 출간했고, 그것을 당시 귀안(歸安) 지현(知縣)이었던 오지영(吳之榮)이 관에 고발했다. 그 사건을 결국 조정의 보정대신(輔政大臣) 오배(鰲拜)가 알게 되었고, 사건은 걷잡을 수 없이 확대되어 결국 장씨(莊氏) 집안은 몰살당했으며 장정롱의 무덤은 파헤쳐져 시신이 불태워졌다. 또한 책에 서(序)를 썼던 선비들은 물론, 책을 찍어낸 출판사 주인, 인쇄공, 책을 사고 판 사람에 이르기까지 모두 70여 명이 죽었으며 무려 1,000여 명이 사건이 연루되어 처벌받았다.

68   대남산(戴南山, 대명세(戴明世), 1653~1713)의 문집 명칭이다. 대명세는 안휘(安徽) 동성
     (桐城) 사람으로, 동성의 남산(南山)에 거주해 '대남산'이라 불린다. 강희 41년(1702)
     에 대명세의 제자 우운악(尤雲鶚)이 스승의 작품을 모아 문집을 출간했는데, 그 제목
     이 바로 《남산집우초(南山集偶抄)》(일명 《남산집》이라 불린다)이다. 강희 50년(1711)에
     좌도어사(左都御使) 조신교(趙申喬)가 '광망불근(狂妄不謹)'이라는 죄명으로 대명세
     를 탄핵했다. 결국 대명세는 대역죄로 참수당했으며 사건에 연루된 사람이 300여 명
     에 달해 청초 3대 문자옥 중 하나가 되었다. 문자옥의 발단이 된 글은 《남산집》에 실린
     〈여생에게 보내는 편지(與余生書)〉다. 여생은 대명세의 친구인데, 남명(南明) 왕조 환
     관 출신인 중 리지(犁支)의 친구이기도 했다. 그래서 여생은 리지에게 남명 계왕(桂王)
     시절의 일을 들었고, 그 사실을 여생이 대명세에게 말해주었다. 대명세가 리지를 만나
     보려 했으나 그가 이미 떠난 터, 대명세는 여생에게 리지에게 들은 것들을 적어달라고
     했고, 대명세는 여생이 써준 것을 당시 방효표(方孝標)가 쓴 《전검기문(滇黔紀聞)》의
     내용과 비교해보았다. 그랬더니 몇 가지 어긋나는 점이 있어 다시 여생에게 편지를 보
     내 리지를 만나보고 싶다고 했다. 바로 그 내용에서 대명세가 남명의 연호인 홍광(弘
     光), 융무(隆武), 영력(永曆) 등을 사용했고 남명 왕조를 삼국시대의 촉한(蜀漢)과 함께
     거론했다는 것이 대역죄에 해당한다는 것이었다. 방효표는 이미 죽은 뒤라서 그의 가
     족들이 처벌을 받았으며, 《남산집》에 서(序)를 썼던 방포(方苞)도 원래는 교수형에 처
     하려 했으나 당시 동성파(桐城派)의 거두였던지라 처벌을 면해주었다.

69   서준은 고염무(顧炎武)의 외조카다. 서준의 또 다른 시에 "밝은 달 정이 있어 나를 돌
     아보는데, 맑은 바람은 정이 없어 사람에게 머물지 않네(明月有情還顧我, 淸風無意不留
     人)"라는 구절이 있는데, 여기서 '명월'이 '명나라의 달'을 가리키는 것이고 '청풍'은
     '청나라의 바람'을 가리키는 것이라고 해석해 명을 그리워하는 정서를 표현한 것이라
     고 했다. '청풍'이나 '명월'은 아름다운 밤 풍경을 묘사할 때 자주 나오는 단어들인데,
     이것을 '명'과 '청' 왕조로 멋대로 해석한 것이다.

70   호중조의 《견마생시초(堅磨生詩鈔)》에 나오는 구절. 이밖에 "일세무일월(一世無日月)"
     같은 구절도 시비의 대상이 되었다. '일'과 '월'을 합치면 명나라의 '명'이 된다는 것이
     다. 1755년에 일어난 사건이다.

71   '청탁'을 '탁청'이라고 쓴 것은 '탁한 청나라'라는 의미가 들어 있다고 해석한 것이다.

72   건륭 시기의 문자옥 사건 중 큰 것만 해도 64개 정도가 있는데, 그중 47개 사건의 당사
     자가 극형에 처해졌다. 산 자는 참수, 죽은 자는 육시를 했으니 서준 역시 죽은 지 15년
     이나 지난 1778년에 그의 작품집에 쓰인 글귀들을 당시 내각학사 유용(劉墉)이 건륭
     에게 보여 부관참시를 당하고 가족은 멸문의 화를 당했다.

73 순치 13년(1656), 조정에서는 금해령(禁海令)을 내렸다. 정성공(鄭成功)이 타이완으로 가서 왕조를 세운 후 대륙 주민과 접촉하는 것을 막기 위해 연해 주민들이 바다로 나가는 것을 금지한 것이다. 이 조치는 이후 강희 22년(1683)까지 계속 되었다. 강희 원년(1662)에는 보정대신 오배(鰲拜)가 아예 산둥 지역부터 시작해 광둥, 푸젠에 이르는 모든 연해 지역의 주민들을 해안선에서 50리 이상 떨어진 곳으로 이주하게 했으며, 집과 농지 등을 모조리 태워버렸다. 광둥 지역에서는 세 번이나 내지 이주 조치를 취했으며, 푸젠에서는 천해령에 따른 징벌들이 가장 가혹했다. 이 조치는 청 정부가 정성공을 토벌할 때까지 계속되었다. 물론 정성공과의 접촉을 막는다는 목적은 달성했으나, 이 조치로 인해 송과 명을 거치며 활발하게 진행되었던 해상무역이 끝장나는 결과를 초래했고, 빈틈을 노려 해안가에 해적들이 판치는 상황을 만들었다. 또한 주민들의 생활도 엉망이 되었다. 거시적인 면에서 볼 때 이 조치는 청 멸망의 단초를 제공하기도 했다고 할 수 있다.

74 뉴고록화신은 만주 정홍기 출신이다. 군기대신을 비롯해 한림원 장원학사, 군보통령 등 요직을 두루 겸임했으며 권력이 하늘을 찌를 정도였다.

75 건륭제가 죽은 지 14일이 지난 후 자결을 강요받고 목매 죽었다. 24년간 건륭이 그를 측근에 두었던 이유는 그를 기용해 군기처의 권력 균형을 이루고자 함이었으며, 또한 건륭제 재위 후반 20여 년 간의 빛나는 성취는 화신 집단에 기대어 이루어졌다고 윤욱은 지적한다(윤욱, 〈제국의 중심과 중앙 정치의 양상〉, 《동아시아의 근대, 그 중심과 주변》, 32쪽, 52쪽, 소명출판사, 2013). 또한 화신의 총재산이 8억 냥이라는 설까지 있지만 그가 죽은 뒤 화폐로 환산 가능했던 재산은 400만 냥 정도였다고 한다(윤욱, 같은 책, 42쪽).

76 엽명침은 이와 같은 행동(不戰不和不守, 不死不降不走)(薛福成, 〈書漢陽葉相廣州之變〉)으로 '육불장군(六不將軍)'이라는 치욕적인 별명을 얻은 관리였다. 그를 투항주의자로 보는 시각은 중국 근현대 역사학계의 공통적 견해였다. 판원란(范文瀾)의 《중국근대사(中國近代史)》, 류다녠(劉大年)의 《중국근대사고(中國近代史稿)》, 후성(胡繩)의 《아편전쟁에서부터 5.4운동까지(從阿片戰爭到五四運動)》 등이 모두 그러한 시각을 보여주고 있다. 심지어 판원란은 영국군에 포로가 된 후 스스로를 '바다의 소무(海上蘇武)'라고 말했던 엽명침을 '치욕스러운 소무(可恥的蘇武)'라고 비꼬기까지 했다. 그러나 오스트레일리아의 황위허(黃宇和)가 영국 당안(檔案)도서관에 보존된 그 시절의 '광주당안(廣州檔案)'들을 찾아내 8년에 걸쳐 분석, 《양광총독엽명침(兩廣總督葉明琛)》(1974)을 펴낸 이후 그에 대한 평가가 많이 달라졌다. 시대의 한계, 즉 당시 세계정세에 어두웠다는 단점은 엽명침에게도 있었지만 서방 군대에 대응하던 그의 태도는 마음대로 한 것이 아니라 중앙정부와의 관계하에서 이루어졌던 것이라면서, 그는 시

대의 희생양이었다는 시각들이 나오고 있다(薛偉强,〈眞實的葉明琛〉,《歷史教學》2007年第12期(總第540期), 55~56쪽; 張小萍〈葉明琛的悲劇〉, 30~31쪽; 李貴錄,〈第二次阿片戰爭與葉明琛的悲劇〉,《韶關大學學報(社會科學版)》第17卷 第1期, 74~76쪽, 1996.3.; 史誠,〈"六不"總督葉明琛的百年寃屈〉,《小康》2007年 第3期, 78~79쪽).

77 숙순은 도광 시절부터 함풍제에 이르기까지 황제의 지지를 받으며 권력을 키워갔다. 그래서 '숙순집단(肅順集團)'이라는 용어까지 생겨날 정도였다. 함풍제를 열하(熱河)로 가게 한 것도 숙순이었는데, 그를 베이징으로 돌아오게 하려는 혁흔(奕訢), 서태후 등과 갈등을 빚었다. 대외적으로도 러시아와의 '아이훈조약(璦琿條約)' 문서를 '탁자에 팽개칠' 정도로 강경한 자세를 유지했으며, 증국번과 좌종당 등을 발탁해 태평천국의 난도 진압했다. 1861년에 함풍제가 열하에서 병사하면서 여덟 명의 대신들을 불러다가 유언을 했는데 숙순이 그들의 수장 격이었다. 혁흔, 서태후 측과의 갈등이 최고조에 달해 결국 신유정변이 일어났고, 숙순은 처형되었다. 그러나 여기에는 또한 영국 세력이 개입했다는 주장도 있다. 숙순 집단을 제거하지 않으면 '베이징조약'의 진실성을 의심할 수밖에 없다고 영국 측이 말했다는 것이다(梁嚴氷·馬曉暉,〈肅順集團與晚清政治〉, 217~218쪽, 2006.7.).

78 《청사고(清史考)》에 나온 기록과는 달리 숙순이 탐관오리에게 타격을 가했으며, 인재를 중시해서 한족 지식인들을 발탁했고, 아이훈조약을 거부할 정도로 중국의 주권을 지키려 했다는 저자의 시각은 양화산(楊華山,〈肅順新論〉,《學術月刊》, 1997年 第6期, 92~96쪽)의 시각과 같다.

79 이것을 '신유정변(辛酉政變)'이라고 한다. 숙순과 함풍 시대에 대해 자세히 논한 박사논문이 2003년에 중국사회과학원에서 나온 바 있다(高中華,《肅順與咸豐政局》, 中國社會科學院研究生院, 2003.6.10.).

80 중국 근대사와 중국 해군사에 매우 중요한 함정이다. 19세기 중엽, 양무운동 시기에 400만 은냥을 주고 독일에서 구입해온 이 함정은 1894년의 갑오해전에서 사라질 때까지 '아시아 제일 거함'이라는 별명이 생길 정도로 유명했다. 1888년에 북양해군이 정식으로 성립되었을 때 해군 장정(章程)에 정원호를 중국 함대의 기함(旗艦)이라고 밝혀두었다. 현재, 갑오해전 중 위해위지전(威海衛之戰)이 벌어졌던 웨이하이시(威海市) 해만공원(海灣公園)에 정원호를 전시하고 있다.

81 이것은 처음에 캉유웨이가 《강남해자편연보(康南海自編年譜)》에서 언급한 내용이다. 그는 광서 9년(1883)에 철갑함 열 대를 살 수 있는 3천만 냥에 달하는 해군 비용이 준비되었었는데 서태후가 그것을 이화원 짓는 데 썼다고 주장했다. 하지만 왕다오청(王道成)은 캉유웨이의 주장은 근거가 부족하다고 말한다. 광서 11년에 해군아문(海軍衙

門)이 성립되었지만 그 후에도 해마다 300만 냥이라면 모를까 3천만 냥에 달하는 돈을 해군에 경비로 지급한 기록은 없다는 것이다. 또한 당시 해군의 재정 상황으로 볼 때 그만한 돈이 이화원에 들어갈 수도 없었다고 한다(王道成,〈中日甲午戰爭與慈禧太后〉, 49~52쪽). 당시 해군아문이 경비를 이화원 토목공사에 돌려 쓴 것은 분명하지만 그 액수에 대해 다양한 설이 존재한다. 무려 300만 냥부터 8천만 냥에 이르기까지 다양한 주장이 있다.

82 요시노호는 중국과 일본이 벌인 갑오해전(1894)에서 등세창(鄧世昌)이 지휘하던 치원호(致遠號)를 침몰시킨 일본 해군 제1유격대의 기함이다. 풍도해전(豊都海戰, 1894.7.25)과 황해해전(黃海海戰, 1894.9.17), 위해위지전(威海衛之戰)에 참가해 청에 많은 상처를 안겨주었다. 전체 길이 109.73미터, 배수량 4,150톤으로 당시 중국 최대의 철갑함이던 '정원호'보다 더 컸다. 152밀리미터 암스트롱 속사포 4문, 120밀리미터 암스트롱 속사포 8문 등을 장착했다. 황해해전에서 가와하라 요이치(河源要一)가 지휘하던 요시노호는 치원호를 격침시켰다. 요시노호는 1904년 5월 15일, 러일전쟁의 와중에 짙은 안개 때문에 일본 군함에 부딪쳐 황해에서 침몰했다(李曉東·周鵬,《吉野》號的最終下場〉,《環球軍史》157號, 28~29쪽, 2007.9.).

83 서태후(자희태후)는 경극(京劇)을 좋아했던 것으로 유명하다. 그래서 '자희청희(慈禧聽戲)'라는 말이 생겼다. 50세 생일 때에도 민간 예인(藝人)을 궁으로 들어와 공연하게 했으며, 60세 때에는 화려한 공연을 위해 50여 만 냥의 백은을 사용했다는 말도 있을 정도였다. 이화원 안에 있는 덕흥원(德興園)의 3층 대희루(大戲樓)는 71만 냥을 들여 지었다고 한다. 서태후는 경극을 보는 것뿐 아니라 극본 내용을 수정하기도 했다. 광서제가 자신의 뜻대로 움직이지 않자 화가 난 서태후는〈천뢰보(天雷報)〉를 보면서, 거기 등장하는 장계보(張繼保)가 자신을 길러준 양부모를 배신했다가 벼락을 맞는 대목을 더욱 강조하게 했다(宗春啓,〈慈禧聽戲〉,《時代靑年》2011年 第2期, 70쪽).

84 정여창은 갑오해전 2월 12일에 아편을 먹고 자살했다. 그리고 북양해군은 일본군에 항복했다. 당시 성능 좋은 전함을 보유했던 북양함대가 그렇게 무너진 이유에 대해 구체적이고 면밀한 분석이 나왔지만 정여창에 대해서는 포폄이 엇갈렸다. 물론 이 책의 저자는 정여창에게 '민족영웅'이라는 단어를 사용하는데다 당시로서는 상당한 인재였음이 분명하다고 말하지만, 이홍장이 그를 해군제독으로 임명한 것은 이미 잘못된 선택이었다는 견해를 밝힌다. 쑤샤오둥(蘇小東)의 논문 두 편이 매우 객관적으로 정여창을 분석하고 있다. 당시 독일에서 돌아온 유학파들의 나이가 어리고 경험이 없다는 이유로, 그리고 북양해군을 통제권 안에 두려고 이홍장은 정여창을 해군제독으로 임명했지만 당시 40대였던 정여창은 임무를 수행하기엔 적합한 인물이 아니었다는

것이다. 북양함대의 몰락과 정여창의 자살은 그 개인의 비극이었을 뿐 아니라 시대의 비극이었다(蘇小東,〈丁汝昌與甲午海戰〉,《安徽史學》 2005年 第3期, 85~86쪽). 쑤샤오둥의 말대로, 전해지는 자료가 적은 한 인간에 대한 평가는 종종 주관적 해석이 덧붙여져 왜곡되는 경우가 많은데(蘇小東,〈北洋海軍提督丁汝昌的身世及早年經歷〉,《安徽史學》 2010年 第1期, 106쪽), 정여창 역시 예외는 아닌 듯하다.

85 등세창은 치원호의 함장으로서, 물속에 빠졌지만 구조를 거부한 채 자신을 구조하려던 애견 태양견과 더불어 치원호의 침몰과 함께 죽어갔다고 해 '민족영웅'으로 떠받들어졌다. 그러나 최근에 와서 황해해전(黃海海戰) 현장에서 살아남은 정원호와 진원호, 치원호 탑승자들의 증언과 장밍(姜鳴)(《龍旗飄揚的艦隊-中國近代海軍興衰史(용기휘날리는 함대-중국 근대 해군 흥쇠사)》, 北京 三聯書店, 2002) 등의 연구 결과를 종합해, 등세창이 물에 빠져 죽은 것은 사실이지만 치원호가 침몰되었으니 자기도 죽겠다고 한 것이 아니라 물에 떠있는 노를 잡고 있다가 미끄러져 죽은 것이라는 말이 나오고 있다(姜峰,〈鄧世昌民族英雄理想化的建構〉,《軍事歷史研究》, 2009年, 專刊, 105~106쪽). 치원호 역시 일본군의 어뢰가 아니라 포격을 받아 치원호에 장착되어 있던 어뢰가 터져 침몰한 것이라는 주장도 있다. 북양함대를 통솔하던 이홍장도 등세창의 죽음을 '자살'이 아닌 단순한 '익사'라고 했다고 한다. 함정을 잃었기에 함장인 등세창이 같이 자살했다고 한다면 이후에도 비슷한 사건이 일어날 때 생존할 수 있는 해군 인재들이 같은 선택을 할 수도 있기에, 이홍장이 상부에 그런 보고서를 올렸다는 것이다. 다만 조정에서는 그의 죽음을 장렬한 희생으로 포장할 수밖에 없었던 듯하다. 서구 열강의 침입 앞에서 흔들리던 청에는 악비와 같은 민족영웅이 필요했기 때문이다.

86 여기 나오는 '사이지장', '이지장'이라는 문장에서 '이(夷)'를 '오랑캐'라고 번역하지 않고 청대 사상가 위원(魏源)이 사용한 용어를 그대로 옮겼다. 임칙서(林則徐)의 친구였던 위원은 일찍이 눈을 크게 뜨고 서양 문물을 적극적으로 배워야 한다고 주장했다.《해국도지(海國圖志)》(100권)에서 그는 그 책을 쓴 목적을 "이(夷)의 장점을 배워서 그것으로 '이'를 제압하기 위함이다"라고 썼다. 여기서 '이(夷)'는 고대 문헌에 등장하는 의미의 '이(夷)'가 아니라, 당시의 '서양'을 가리키는 것이다. 그가 말하는 '이의 장점'은 세 가지가 있는데 각각 전함·대포·병법이었다. 위원은 서방의 전함이나 대포를 그냥 사는 것에 그치지 않고 서방의 선진 과학기술을 도입해 스스로 배를 만들고 대포를 만들 수 있어야 한다고 주장했다. '이'의 장점을 제대로 배워오지 못하면 결국은 '이'에 제압당하고 말 것이라고 했으니, 당시로서는 그야말로 시대를 앞서가는 혜안을 가진 인물이었다고 하겠다.

87 '정국시조(定國是詔)' 혹은 '명정국시조(明定國是詔)'라고도 한다. 광서 24년(1898) 6

월 11일, 광서제가 조서를 발표해 무술변법을 시행할 것임을 밝혔는데, 그것을 가리켜 '정국시조'라고 한다. 즉 '국시를 밝힌 조서'라는 뜻이다. '국시(國是)'란 '국사(國事)' 와는 다른 의미로서, '국가대계(國家大計)'를 의미한다. 반포한 내용은 6월 16일 〈신보 (申報)〉 1판(版)에 실렸다. 구체적인 내용은 다음을 참조하라.

http://www.huawenku.cn/html/baokandieshi/zhongguolishishij-20120301671.html

88 청대의 상비군을 가리킨다. 청초에 성립되었는데 초록색 깃발을 표지로 삼았기에 '녹 영'이라 불렀다. 함풍 직전엔 60만 명에 달해 팔기군의 서너 배나 되었다. 강희 초기에 삼번의 난을 평정할 때엔 상당한 역할을 했으나 후기로 오면서 규율이 느슨해지고 부 패하기 시작해, 동치(同治)에서 광서(光緒) 연간에 이르는 동안 점차 인원을 줄여 이름 만 남아 있게 되었다.

89 "歷歷維新夢, 分明百日中." 캉유웨이가 일본으로 망명한 후에 지은 시 〈무술팔월국 변기사(戊戌八月國變記事)〉에 나오는 구절이다.

90 새금화(1876?~1936)는 청나라 말기의 이름난 기녀이다. 원래 15세에 쑤저우(蘇州) 장 원(壯元) 홍균(洪均)과 혼인했고, 독일 공사로 부임하는 홍균과 함께 독일에 가기도 했 다. 그러나 1893년에 홍균이 병으로 죽은 후 상하이와 톈진 등지로 가서 '금화반(金花 班)' 등의 기생집을 차려 기녀 생활을 하다가, 1899년에 베이징으로 오게 된다. 이후 의화단 사건과 8국 연합군의 침입 등을 겪으며 발데르제와 연인이 되어 그를 설득해 베이징 시민을 보호했다는 이야기가 전설처럼 전해진다. 물론 그것은 사실이 아니라 는 주장도 있다. 하지만 유명한 작가인 류반눙(劉半農, 1891~1934)이 《새금화본사(賽 金花本事)》를 쓴 이후, 새금화는 더욱더 전설적인 인물이 되어 지금까지 수많은 일화 가 전해진다.

91 1차 세계대전을 유발했던 독일 황제 빌헬름 2세는 베이징으로 출정하는 병사들 앞에 서 자신들이 650여 년 전에 몽골족에게 당했던 치욕을 그대로 갚아주라고 연설했다 고 한다. 영국과 프랑스 등을 모두 적으로 돌린 빌헬름 2세는 결국 전쟁에서 패했고, 1918년에 네덜란드로 망명해 1941년에 83세로 죽을 때까지 그곳에서 머물렀다.

92 "量中華之物力, 結與國之歡心." 서태후가 이홍장에게 내린 조서의 내용 중 일부이 다. 8국 연합군이 자신을 물러나라고 하지 않도록 하기 위해 모든 재물을 주어서라도 그들의 요구를 만족시켜주라고 한 것이다. 이후에 이어지는 문장을 보면 "旣有悔禍 之機, 宜頒自責之詔. 念萬邦之見諒, 疾愚暴之無知"라 해 자신이 이미 재난의 근원 임을 알고 있어 스스로 자책하니, 여러 나라는 어리석고 포악했던 자신의 무지함을 이 해해달라고 말하고 있다.

93 현재 칭화대학의 전신인 '청화학당(清華學堂)'을 가리킨다. 이른바 '경자배관(庚子賠款)'으로 1911년에 청 정부에서 설립한 미국 유학 예비학교였다. '청화원(清華園)'에 세워져 '청화학당'이라 불렸다. 1912년에 '청화학교'로, 1925년에 '청화대학'으로 이름을 바꾸었다.

94 황제가 직접 문서에 붉은 표시를 해서 잡아들인 범인들.

95 쑨원의 아내가 된 쑹칭링(宋慶齡), 장제스의 아내가 된 쑹메이링(宋美齡), 쿵샹시의 아내가 된 쑹아이링(宋靄)을 가리킨다. 쑹칭링과 쑹메이링은 그 시대의 역사에서 중요한 역할을 했다. 그들과 그 시대의 역사를 다룬 〈송가황조(宋家皇朝)〉(장완팅 감독, 1997)라는 영화가 나온 바 있다.

96 베이징 펑타이(豊臺)부터 시작해 팔달령(八達嶺)과 거용관(居庸關), 쉬안허(宣和)를 거쳐 허베이성 장자커우(張家口)에 이르는 철도를 가리킨다. 1905년에 공사를 시작해 1909년에 완성했으며 전체 길이 200킬로미터에 달한다. 현재 남아 있는 베이징 북역(北站) 구 건물이 바로 점천우가 설계한 것이다. 첨천우는 열두 살 때 미국에 유학해 예일대학에서 토목공학을 전공했다. '중국 철도의 아버지'라는 별명을 갖고 있다.

97 "可變者令甲令乙, 不易者三綱五常." 이것은 1901년 1월에 발표한 조서로서, 다음과 같은 내용의 한 부분이다. "세상에는 영원히 고칠 수 없는 도리가 있지만 변하지 않는 법치는 없다. …… 삼강오상의 윤리는 바꿀 수 없는 것으로, 그것은 해와 달이 세상을 비추듯 그렇게 빛나는 것이다. 그러나 법령은 변해도 되는 것이라, 금슬의 줄을 바꾸는 것과 마찬가지로 무방한 일이다(世有萬古不易之常經, 無一成不變之治法 …… 蓋不易者三綱五常, 昭然如日星之照世. 而可變者令甲令乙, 不妨如琴瑟之改弦)."

98 몽골 정홍기(正紅旗)에 속하는 몽골족으로 만청(晚晴)의 대신이다. 도광(道光) 9년에 진사가 되었고 동치제(同治帝)의 스승 노릇을 했다. 문연각대학사(文淵閣大學士)로서 정치적으로는 보수파의 지도자 역할을 했다. 동치 6년(1867)에는 동문관(同文館)에 천문산학관(天文算學館)을 설치하는 것을 반대했으며, 인의예지(仁義禮智)를 내용으로 하는 '이(理)'를 철학의 핵심으로 여겼다.

99 회족이며 무슬림이다. 청나라 초기, 독일 선교사 아담 샬(Johann Adam Schall von Bell, 탕약망(湯若望))과 벨기에 선교사 페르비스트(Ferdinand Verbiest, 남회인(南懷仁)) 등을 극력 반대하며 그들의 선교와 예배 행위가 모반이나 마찬가지라고 했다. 또한 그들이 편찬해서 소개한 역법도 사악한 서구인들의 것이라며, 〈벽사론(辟邪論)〉 등의 글을 써서 그들을 몰아내야만 한다고 주장했다. 아담 샬 등이 소개한 역법은 당시 서구 천문학의 성과를 반영한 매우 정확한 것으로서, 서구 문명에 관심이 많았던 순치제가 그것을 채용해 〈시헌력(時憲曆)〉이라 불렀고, 아담 샬을 당시 흠천감(欽天監) 감관(監官)으

로 임명하기도 했다. 그러나 끊임없는 상소와 비방으로 강희 4년에 결국 '역옥(曆獄)' 사건이 일어났다. 아담 샬은 능지처참 판결을 받았으며(효장황태후 덕분에 집행되지는 않았다), 페르비스트는 쫓겨났고, 흠천감에서 선교사들과 함께 일했던 이조백(李祖白)은 사형을 당했다. 양광선은 아담 샬 대신 흠천감으로 임명되었으나 결국 무능함이 탄로나 쫓겨났다.

100 이 말은 문화혁명 시절에 사인방(四人幇) 중 하나인 장칭(江淸)이 했던 말이라고 하지만 사실 언제부터 유행한 말인지 정확하게 알려지지 않았다. 오히려 1976년 이후 후야오방(胡耀邦) 시절부터 나오기 시작한 말이라는 설도 있다. "사회주의하에서 기차가 좀 늦게 도착하는 것을 탈지언정, 정확하게 도착하는 자본주의사회의 기차는 타지 않겠다" 등 비슷한 말이 따라서 유행하기도 했다.

101 자신의 신념이나 주장의 옳고 그름과 상관없이 그것만을 줄기차게 지키고 옹호하려는 사람을 비꼬아 이르는 말.

102 '오복봉수'는 다섯 마리 박쥐가 가운데 '수(壽)'자를 두고 둘러싸고 있는 모양의 도상이다. 박쥐는 복을 상징하는 것이니, 오복(五福)과 장수를 의미하는 '수(壽)'가 합쳐진 길상 도안이다. '만자부도두'는 길상을 의미하는 '卍'자가 여러 개 반복되는 연속무늬 도상이다. '만'자는 상서로움을 뜻하고 '부도두'는 끝없이 이어진다는 뜻이니, 좋은 일이 끊이지 않고 계속 생기라는 축원의 의미를 담고 있다.

103 1928년에 일어나 세상을 떠들썩하게 만들었던 청(淸) 동릉(東陵) 도굴사건을 가리킨다. 국민당 군대에 속해있던 쑨뎬잉이 부하들을 이끌고 오늘날 허베이성 쭌화시(遵化市) 청 동릉에 있는 서태후의 지하무덤에 들어가 부장되어 있는 수많은 보물들을 탈취해간 사건이다. 영화 〈마지막 황제(The Last Emperor)〉(베르나르도 베르톨루치 감독, 1987)에 잘 묘사되어 있다.

104 중화민국 건국 초기의 깃발. 북양정부의 깃발이며, 홍(紅)·황(黃)·남(藍)·백(白)·흑(黑)의 순서로 배열되어 있다. 다섯 가지 색깔은 각각 漢·滿·蒙·回·藏의 다섯 민족을 가리킨다. '오족공화(五族共和)'를 의미한다.

105 1894년, 조선에서 돌아온 위안스카이는 신식 군대를 훈련시키는 일을 했고, 그 과정에서 캉유웨이(康有爲), 량치차오(梁啓超) 등이 이끄는 강학회(强學會)에 가입, 개혁파와 노선을 같이 하게 되었다. 그러나 서태후를 체포하기 위한 계획을 세웠던 개혁파를 배신하고, 그 계획을 서태후의 최측근인 직예총독 영록에게 밀고하는 바람에 결국 광서제와 개혁파를 중심으로 한 무술변법은 실패로 돌아간다. 그 후 그는 출세 가도를 달려 1899년에 산동순무(山東巡撫)가 되었고, 그곳에서 자신의 군대를 키우게 된다.

106 1908년, 어린 푸이가 선통제가 된 후 푸이의 아버지인 재풍이 섭정왕이 되면서 위안

스카이의 직위를 해제해 고향인 허난성으로 돌아가게 했다. 그곳에서 위안스카이는 낚시를 하며 시간을 보내는 듯했으나 암암리에 힘을 기르고 있었다.

107 1911년에 우창기의가 일어나면서 리위안홍(黎元洪)이 도독(都督)이 되었고, 반청(反淸) 세력은 중앙임시정부를 건립할 것을 주장했다. 청 정부의 북양군은 남부 지역의 기의를 잠재울 수 없었고, 결국 안팎에서 위안스카이를 불러와야 한다는 목소리가 높아졌다. 결국 재풍은 위안스카이를 호광총독(湖廣總督)으로 임명한다.

108 융유태후는 서태후의 조카로서 광서제의 황후가 되었다. 푸이가 선통제가 된 후 황태후의 신분으로 푸이의 아버지 재풍과 함께 수렴청정을 했고, 신해혁명이 일어난 후 12월에 섭정왕 재풍이 물러나자 청 왕조의 최고 통치자가 되었다

109 여기서 장지안의 이름 앞에 특별히 '장원'을 강조한 이유는 그가 '강남명사(江南名士)'임에도 과거시험에 수십 차례 낙방한 후 마흔 살에 마침내 과거급제해 장원이 되었기 때문이다. 그는 특히 '실업구국(實業救國)'을 주장하며 방직업에 매진, 민족기업으로서의 방직회사를 설립한 것으로 유명하다.

110 '하라'는 만주족의 '성'을 의미하고 '모쿤'은 '씨'를 의미한다. 그러니까 '하라'는 큰 혈연집단을, '모쿤'은 그것보다 작은 혈연집단을 가리킨다. 만주족뿐 아니라 북방 지역에 거주하는 통구스 계통의 민족인 에벤키나 오로첸족 역시 하라와 모쿤으로 혈연집단을 구분한다. 한족 정부가 들어선 이후 그들 고유의 '하라'는 모두 한족식의 성으로 바뀌었다.

111 만주 각 성(姓)의 명칭과 한어(漢語) 표기에 대해서는 다음 페이지를 참조할 것.
List of Manju clans: http://en.wikipedia.org/wiki/List_of_Manchu_clans_in_alphabetical_order

112 사실은 장위안이 혼자 자발적으로 푸이의 복벽을 도모하는 어리석은 일은 저지른 것이 아니라, 리위안홍을 제거하려 했던 돤치루이에게 이용당한 것이라는 주장이 나오고 있다. 1차 세계대전 참전 문제를 두고 총통 리위안홍과 총리 돤치루이가 의견 대립을 보이다가 리위안홍이 돤치루이를 파직 시킨 사건이 '부원지쟁'이다. 불만을 가진 돤치루이는 리위안홍을 제거하기 위해 펑궈장(馮國璋)과 손잡고 장위안을 파견해 리위안홍을 제거하려 했다. 리위안홍을 제거한 뒤 펑궈장이 총통이 되고 돤치루이가 총리직을 맡으려 했던 것이다. 그러나 장위안이 출병하는 대가로 푸이의 복벽을 요구하니, 일단 장위안의 요청을 들어주는 척했다. 장위안이 리위안홍을 몰아내고 난 후에 그들은 안면을 바꿨고, 돤치루이가 장위안을 치게 된 것이다. 청 왕조에 충성스러웠던 군인이었을 뿐인 장위안이 야심가들에게 이용당했다고 보는 것이 최근의 시각이다.

113 말의 앞에 서서 소리를 쳐서 길을 여는 병졸을 가리키는 말로, 어떤 사람을 위해 온 힘

을 다하는 사람을 가리킨다. 명령을 내리면 무엇이든 힘을 다하는 부하를 가리키기도 한다. 정샤오쉬가 푸이의 복벽을 도왔고, 그 후에 푸이를 도와 톈진의 일본 조계로 들어가게 하면서부터 푸이를 따랐다. 만주국이 세워진 후 국무총리 겸 문교부총장을 역임했다.

114 이것을 증명할 수 있는 명확한 증거는 없다. 그러나 쑨뎬잉이 이 사건 이후 처벌받기는커녕 안후이 독군으로 부임했는데, 이러한 처리 과정을 통해 볼 때 쑨뎬잉이 국민당 수뇌부와 유착관계가 있었을 것이라는 의혹이 생겨난 것은 당연한 일이었다.

115 1931년 10월 7일, 톈진에서 푸이의 스승 레지널러 존스턴이 푸이를 알현하고 열흘 뒤에는 그가 쓴 책에 푸이의 서문을 받는다. 1934년, 영국에서 출판된 그 책의 제목은 《The Twilight in the Forbidden City》, 즉《자금성의 황혼》이다. 우리나라에서도 2008년, 김성배의 꼼꼼한 번역으로 출판되었다. 청 말기와 민국 초기의 시대적 상황을 잘 보여주고 있어서 푸이의《나의 전반생》과 함께 그 시기를 이해할 수 있는 소중한 책이 되고 있다.

116 《사기》에 등장하는 소평(邵平)의 이야기를 전고로 인용한 것이다. 그는 진(秦) 때에 동릉후(東陵侯)로 봉해졌는데, 진이 망하고 난 후 보통 백성이 되었다. 무척 가난해 장안에서 박을 심어 길렀는데 그 맛이 꽤 좋아 사람들이 그를 '동릉과(東陵瓜)'라 불렀다고 한다. 이제 청이 사라져 자신도 보통 국민이 되었지만 소평처럼 호박을 기르지는 않아도 된다는 의미로 썼다. 이 시는 푸제(傅杰)가 제공한 것으로《문사오락(文史娛樂)》(1984.9.)에 실렸다는데, 시의 제목은〈한묵연(翰墨緣)〉이다. 푸제가 구술하고 팡예(方野)가 정리했다고 한다(愛新覺羅毓瞻,《愛新覺羅毓瞻回憶錄: 我與末代皇帝二十年, 我自己的故事》〈十二 溥儀瑣記〉, 華文出版社, 2010).

제9장 강

1 《설문해자주(說文解字注)·양부(羊部)》에 의하면 "羌, 西戎, 牧羊人也. 從人從羊, 羊亦聲"이라 한다.

2 갑골문에는 '양(羊)'자가 39개, '강(羌)'자가 44개 나온다. 은 때 제물로 바쳐졌던 1만 4천 명 중에서 강의 포로가 8천 명을 차지할 정도로 당시 은과 강은 잦은 전쟁을 했던 것 같다. 물론 무정(武丁) 시절의 기록이 가장 많고, 그 후에 '강'은 그다지 보이지 않는다. 은인의 눈으로 볼 때 강인이 양을 기르는 것은 무척이나 특이한 현상이었던 듯하

다. 그래서 그들을 '강'이라고 기록한 것이다. 강이 양과 관련성 있는 것은 분명하다. 다만 '羌'라는 글자에 대해서는 양이 살찌고 큰 것(大)을 아름답다고 여겨 '미'라고 했다거나, 혹은 양을 중요하다(大)고 여겨 숭배하기도 해서 '미'라고 쓴 것일 거라는 주장 등 다양한 설이 존재한다(焦虎三, 〈甲骨文中的"羊"與"羌"〉, 《阿壩師範高等專科學校學報》第28卷 第1期, 3~4쪽, 2011.3.).

3 　'강(羌)'과 '강족(羌族)'을 구분해서 봐야 한다는 설도 있다. 은의 복사(卜辭)에 등장하는 '강'은 오늘날 허난성 서부, 산시성(陝西省) 동부, 산시성(山西省) 남부에 거주했던 유목민족의 통칭이고, '강족'은 간쑤성과 칭하이성 지역에 거주했던 '하황강河湟羌'을 가리키는 것으로 봐야 한다는 것이다(王永安, 〈羌-羌族形成說〉, 《紗綢之路》 2010年 第6期(總第175期), 8쪽).

4 　중국 근현대사에서 중요한 사건 중 하나인 '시안사변(西安事變)'을 가리킨다. 당시 만주 군벌이었던 장줘린(張作霖)의 아들인 청년 장교 장쉐량과 양후청이 장제스를 오늘날 화청지 뒷산에 있는 오간청에 구금하고 압박해 공산당과 소위 제2차 '국공합작'을 이루게 했다.

5 　산시(陝西)성과 간쑤성 등, 진령(秦嶺, 산시성 남부에 있음) 북쪽에 있는 평원 지역을 가리킨다.

6 　"東益地, 弱諸侯, 嘗稱帝於天下, 天下皆西向稽首." 《사기》 권72 〈양후열전(穰侯列傳)〉에 나오는 구절이다. 그러한 모든 것이 양후(穰侯, 위염(魏冉))의 공로라는 것이다.

7 　이 부분은 저자의 상상력이 가미된 부분으로 보인다. 선태후가 애초에 의거왕을 유혹한 것은 진의 후방을 튼튼히 하려는 생각 때문이었다. 의거왕이 다스리던 지역은 진의 힘이 미치지 않는 지역이었기 때문에, 자신들이 힘을 기르기 위해서는 안정적으로 그 지역을 묶어둘 필요가 있었던 것이다. 무려 30년 동안 의거왕이 그 역할을 해주었던 것이고, 의거왕에 의지할 필요가 없을 만큼 힘을 길렀을 때, 선태후는 의거왕을 제거하고 그 지역에 군을 설치했던 것이다. 이익이 없으면 움직이지 않고, 외교적 수완이 뛰어나서 제후국들끼리 싸우게 만들면서 이익을 취했던 선태후의 과감하고 치밀한 면이 보이는 대목이다.

8 　이 내용은 《후한서(後漢書)》 권87 〈서강전(西羌傳)〉에 보인다. 그러나 쉐성하이(薛生海)는 이 기록에 상당히 많은 모순이 있다고 지적한다. 원검을 '융(戎)'이라고 본 것, 코를 잘린 여인이 등장하는 것, 머리를 풀어 늘어뜨리는 '피발' 등에 대해 문제를 제기한 후, 《후한서》의 기록은 범엽(范燁)이 《동한관기(東漢觀記_》〈서강전(西羌傳)〉의 기록을 바탕으로 다른 자료를 종합해 쓴 것이라고 말한다. 《동한관기》에서는 원검을 '융'이 아닌 서강(西羌)의 우두머리로 쓰고 있으며, 코를 잘린 여자에 대한 기록은 없다. 쉐성

하이는《동한관기》에 나오는 원검에 대한 이야기가 강인의 조상에 대한 민족 집단 기억이라고 말한다(薛生海,〈無弋爰劍史事考〉,《西南民族大學學報(人文社會科學版)》總第222期, 8~9쪽, 2010.2.). 그에 비해 마쉬(馬旭)는 무익원검이 원래 의거융(義渠戎)에 속한다고 했고, 서북민족대학(西北民族大學) 민족학자 바오서우난(包壽南)의 말을 빌려 강인의 말과 티베트인의 말이 비슷하다고 하며 암도 지역에서 '문화적 지식이 있는 사람'을 '원단검(爰旦劍)'이라고 부르는데 '원검(爰劍)'은 아마 원단검의 준말일 것이라고 했다. 즉 '무익원검'은 '문화적 지식이 있는 노예'라는 의미라는 것이다(馬旭,〈論古代民族領袖人物無弋爰劍〉,《西藏研究》, 1998年 第3期, 111~113쪽).

9   쉐성하이는 사마천의《사기》나 반고의《한서》에 강에 대한 열전이 없는 이유가 두 사람이 아직 강에 대해 확실한 자료를 확보하지 못했기 때문일 것이라고 추측한다.《후한서》이전 강에 대해 기록한 책은《동한관기》뿐인데 그 책에는 원검에 대한 이야기만 있을 뿐 '의녀(劓女)'에 대한 기록은 없다. 더구나《후한서》〈서강전〉의 기록에 종종 착오가 나타나는 것 등으로 볼 때 여기 기록된 '의녀'에 대한 이야기는 범엽의 상상에서 나왔을 것이라고 말한다. 그러면서 '의녀'를 강인의 시조로 상정한 데에는 코를 잘린 채 하황(河湟) 지역으로 가서 강족의 시조가 된 여성이 '죄인'이었음을 명기해 '화하(華夏)'를 중심에 두려는 의도가 상당히 있었을 것이라고 추측한다(薛生海,〈西羌鼻祖"劓女"考〉,《靑海師範大學學報(哲學社會科學版)》第34卷 第3期, 55쪽, 2012.5.).

10 영문으로 옮기면 "former revolutionary base areas, areas inhabited by minority nationalities, remote and border areas and poverty stricken areas"라는 뜻이다. 즉, 중국 혁명 시기에 홍군(紅軍)이 대장정을 하며 지나갔던 오래된(老) 길이며, 또한 소수민족들이 살고 있는(少) 지역이고, 멀리 떨어진 국경지역(邊)이며, 또한 경제적으로 가난한 사람들이 사는(貧) 지역이라는 의미이다. 여기서는 높은 산과 협곡이 있는 쓰촨성 서부 지역을 가리킨다.

11 《한서(漢書)》〈서역전(西域傳)〉에 나오는 '거호래(去胡來)'에 대해 주(注)를 단 안사고(顏師古)의 견해다. 그러나 많은 학자들은 이를 '원래 의미와 상관없이 마음대로 해석한 것(望文生義)'이라고 말한다. 고대 문헌에 기록된 다른 고유명사와 마찬가지로 이것도 단순한 음사일 가능성이 크다는 것이다. 황원비(黃文弼)는 거호래를 종족의 명칭으로서 '토호라(吐呼羅)'의 대음(對音)이며 '대하(大夏)'의 이명(異名)이라고 주장했다(《西北史地論叢》, 上海人民出版社, 1981). 그러나 리수후이(李樹輝)는 거호래는 부락 명칭으로 'taruqlu'의 음역이라고 했다. 차르클리크는 오구즈 부족의 타르클루(taruqlu)라는 부락 명칭에서 온 것이며, 이 부락은 고대 한어 문헌에서 '거리(渠犁)', '거호래(去胡來)', '질륵아(咥勒兒)' 등으로 기록되었다고 했다(李樹輝,〈若羌維吾爾語

地名〉,《南京師大學報(社會科學版)》2010年 第5期, 68~71쪽, 2010.9.).

12 인도에서는 브라마푸트라강이라 불리는, 길이 3,848킬로미터의 긴 강이다. 티베트어로 '높은 산에서 흘러내리는 눈 녹은 물'이라는 뜻이다. 티베트 서부 아리(阿里) 지역에서 시작된다. 이후 티베트의 인명과 지명은 가능한 한 현지 발음으로 표기하도록 한다.

13 저자는 단바(丹巴) 지역이 동녀국이 있던 곳이라고 말하지만 마청푸(馬成富)는 시창(西昌) 창두(昌都), 간쯔주(甘孜州) 단바, 아바주(阿壩州) 진촨현(金川縣) 중에서 아바주 자룽(嘉戎) 지역의 진촨현이 바로 동녀국이 있던 곳이라고 주장한다. 사실 '동녀국'은 한문 문헌에 나오는 용어이고, 티베트어로는 '샤자르모'라고 한다. '샤'는 '동쪽', '자르모'는 '동방 여왕'이라는 뜻이다. '진촨'은 티베트어로 '치진'이라고 하는데, '큰 강'이라는 의미를 가진다. '큰 강'은 바로 '다두강(大渡河)'를 가리킨다(馬成富,〈金川東女國及文化遺俗探微〉,《西藏藝術研究》, 81쪽, 2006.4.).

14 훠웨이(霍巍)는 여국(女國)은 하나가 아니라 파미르고원 남쪽, 티베트 서쪽에 있었던 여국과 동부에 있었던 여국, 두 개가 있었다고 주장한다. 티베트 서쪽에 있었던 여국에 관한 기록은《통지(通志)》권 193〈서융전(西戎傳)〉에 나오는 것으로,《수서(隋書)》〈서역전(西域傳)〉에 나오는 여국과 같다. 그에 비해《구당서(舊唐書)》권 197에 나오는 여국과《당회요(唐會要)》권99에 나오는 동녀국은 티베트 동부와 쓰촨성 서부에 있었던 것으로, 강과 연관성을 지닌다. 그러나《신당서(新唐書)》이후의 기록에서는 이 두 개의 여국이 하나로 합쳐지는 현상이 나타난다(郭巍,〈從新出唐代碑銘論"羊同"與"女國"之地望〉,《民族研究》1996年 第1期, 97~98쪽).

15 백마강은 서강(西羌)의 일파라는 설과 오늘날 간쑤성 원현(文縣) 톄러우(鐵樓) 일대에 거주하는 백마장족(白馬藏族)의 조상이라는 두 가지 설이 있다. 진한(秦漢) 시대에 백마강은 주로 광한군(廣漢郡)에 거주했지만 그들의 분포 지역이 상당히 넓어《사기》〈서남이열전(西南夷列傳)〉에서는 서남이 중에서 '백마가 가장 크다(白馬最大)'라 말하고 있다. 그러나《후한서》〈서강전〉의 기록에 의하면 당시 한 왕조의 군대가 오늘날 쓰촨성 북부, 간쑤성 남부, 칭하이성 동부의 강인 반란을 진압할 때 참수하거나 항복한 강인의 숫자가 20만 명에 달했다고 한다. 이후 백마강의 명칭이 사서에서 사라졌다가 서진(西晉) 말기가 되어서야 저(氐)가 세운 구지국(仇池國)과 관련을 맺으며 다시 나타난다(楊東晨·周五龍,〈論四川西北部的羌族及其演變〉,《青海師專學報(教育科學)》2008年 第4期, 53쪽.).

16 양한 시기에 호강교위를 설치한 궁극적인 목적은 '강호(羌胡)'를 격절시켜 '흉노의 오른팔을 잘라버리는 데' 있었다. 한 왕조가 서역으로 진출하려면 아무래도 흉노를 철

저하게 격파해야 했기에 흉노와 강이 연합해서 하서주랑 지역을 치지 못하도록 강을 먼저 제압해야 했던 것이다. 또한《후한서》〈서강전〉 등의 기록에 의하면 안제(安帝) 때부터는 강인 기의가 자주 일어나 그것을 진압하고 강인 부락들을 분산시켜 부락연맹을 맺지 못하도록 하는 것 또한 중요한 책무였다(王力,《兩漢王朝與羌族關係研究》, 西北師大學文學院歷史系 碩士學位論文, 31~34쪽, 2005.5.).

17 강인의 기의가 일어난 원인을 생각해보면, 먼저 빌미를 제공한 것은 한 왕조였다. 한 무제 이후 "征伐四夷, 開地廣境"이라는 영토 확장의 의도를 갖고 흉노뿐 아니라 강인 거주지까지 치고 들어간 행위가 강인의 반항을 불러일으켰다. 강인이 원래 살던 황수 이강 유역을 떠나 서쪽으로 오늘날 칭하이성 차카 염호(鹽湖) 지역까지 밀려가야 했는데, 그곳은 사람이 살기에 너무나 열악한 환경이었다. 당연히 원래 살던 곳으로 돌아오려 했을 것이니, 이는 민족의 생존이 걸린 문제였기 때문이다. 강의 호강교위 암살이 문제가 아니라 한 왕조의 확장정책이 문제의 시발점이었음을 기억해야 할 것이다. 이후로도 한의 강인 학살은 매우 심각해 2만~3만 명을 참수하는 일이 일어났고 심지어 항복한 포로까지 모조리 죽여버리는 경우가 자주 있어 당시 사람들뿐 아니라 사마광(司馬光)까지도《자치통감》에서 그 문제를 비판한 바 있다(강인의 민족 기의에 관한 구체적 상황은 王力,《兩漢王朝與羌族關係研究》, 44~53쪽, 2005.5. 참조).

18 요장이 위북으로 돌아갈 수밖에 없는 상황이었음을 기억해야 한다. 요장이 사마(司馬)가 되어 5만 병력을 거느리고 모용홍(慕容泓)을 토벌하는 전쟁에 참가했을 때, 모용홍이 병사를 거두어 관동(關東)으로 돌아가려 했고, 그 사실을 알게 된 요장은 부예(苻叡)에게 그들을 물러가도록 길을 터주자고 했다. 그러나 부예는 요장의 권고를 거절했을 뿐 아니라 군대를 이끌고 추격하다가 오히려 화음(華陰)에게 패해 죽고 말았다. 부예가 죽자 요장은 용양장사(龍驤長史)를 부견에게 보내어 사죄하려 했으나 부견은 아들 부예의 전사 소식을 듣고 노해 소식을 전하러 온 사신을 죽이고 말았다. 부견의 '충동적'인 이 행동 때문에, 벌을 받을지도 모른다는 생각에 겁이 난 요장이 장안으로 돌아가지 못하고 위북으로 가게 된 것이다(전쟁의 구체적 상황은 俄京卓瑪,《後秦史》, 陝西師範大學 博士學位 論文, 32~33쪽, 2012.6 참조).

19 후진과 요장, 요흥 등에 관한 연구는 의외로 매우 적다. 최근에 석사논문인《후진사초탐(後秦史初探)》(周平, 西北大學 碩士學位 論文, 2010.6.)과 박사논문인《후진사(後秦史)》(俄京卓瑪, 陝西師範大學 博士學位 論文, 2012.6.)가 나와 후진의 역사와 사회, 정치, 경제 제도 등을 일목요연하게 파악하는 데 도움을 주고 있다. 2009년에도 서북사범대학(陝西師範大學)에서《16국 시조 강족 요진의 흥기와 건국(十六國始期羌族姚秦的興起與建國)》(許濤)이라는 제목의 석사학위 논문이 나온 바 있다.

20 남북조 시기에 양륵(梁勒)이 탕창국(宕昌國)을 세워 12대 142년간 지속되었고, 토욕혼과 북주(北周)와의 틈에서 결국 망했으나 그 땅에서 다시 당항강이 나타났다. 탕창 당항강은 그 세력이 상당했는데, 일부가 오늘날 닝샤 지역으로 가서 정주했다. 탕창 당항강은 대대로 오늘날 당창(宕昌)현 장타이향(將臺鄕) 지역에 살아왔는데 현재 그곳 8천여 명 주민 중 대부분의 성이 당씨(黨氏), 이씨(李氏)이다(梁海帆, 〈宕昌黨項羌與西夏的關係〉, 《阿壩師範高等專科學校學報》 第24卷 第1期, 12쪽, 2007.3.).

21 1033년에 시행된 서하의 독발령에 대해서는 《요사(遼史)》 권115 〈서하외기(西夏外記)〉에 간략하게 '독발'이라는 용어만 나오고 있으며, 《송사(宋史)》 〈하국전(夏國傳)〉에는 관련 기록이 없다. 다만 이도(李燾)의 《속자치통감장편(續自治通鑑長編)》 권115에 이원호가 독발령을 내렸고 그것을 따르지 않으면 죽였다고 기록하고 있다. 독발령의 목적에 대해서는 그것이 선비의 습속을 회복하려 했다는 설, 당항의 전통적 머리 형태였다는 설, 선비의 머리 형태를 모방하려 했다는 것 등 세 가지 설이 있다. 탕제젠(湯介建)은 독발을 하기 전에 당항강은 피발(被髮)을 했으나 독발령 이후에 독발을 했다고 하면서 그것은 선비의 옛 습속을 회복하려 했다는 주장에 동의한다. 당항은 원래 선비 계통 민족인데 강 지역으로 들어온 후 '강화(羌化)'되었다는 것이다. 이원호가 나라를 세우면서 민족 정체성을 확립하기 위해 성(姓)도 '웨이밍(외명畏名)'으로 바꾸고 머리도 만주 지역의 곤발(髡髮)과 비슷한 독발을 한 것이라고 주장한다(湯介建, 〈西夏"秃髮"考〉, 《西北民族研究》 2003年 第2期(總第37期), 28~29쪽).

22 "塞下秋來風景異, 衡陽燕去無留意. 四面邊聲連角起, 千嶂里, 長烟落日孤城閉. 濁酒一杯家萬里, 燕然未勤歸無計. 羌管悠悠霜滿地, 人不寐, 將軍白髮征夫淚." 〈어가오(漁家傲)·추사(秋思)〉는 범중엄이 1040년부터 1043년 사이에 섬서경략 겸 연주(延州) 지주(知州)로 부임했을 때 지은 작품이다. 《악양루기(岳陽樓記)》로 대표되는 문관(文官)의 인상과 달리 그가 무장(武將)이었음을 보여주는 작품이다.

23 "金戈鐵馬, 氣吞萬里如虎." 송대의 사인(詞人) 신기질(辛棄疾)의 작품 〈영우락(永遇樂)·경구북고정회고(京口北古亭懷古)〉에 나오는 구절이다. 이것은 작가가 경구(京口), 즉 오늘날 장쑤성(江蘇省) 전장(鎭江)의 골목길에서 세월 따라 흘러간 영웅 손권(孫權)과 두 차례 북벌을 했던 유유(劉裕)의 기개를 생각하며 지은 작품이다.

24 "纖雲弄巧, 飛星傳恨, 銀河迢迢暗渡." 북송 사인(詞人) 진관(秦觀)의 작품 〈작교선(鵲橋仙)〉에 나오는 구절이다. 전쟁터를 휘젓던 영웅의 기개는 사라지고 여인과의 사랑에 빠졌다는 것을 의미하고 있다.

25 《송사》 권485 〈하국전〉에 의하면 이원호는 아내를 다섯 명 취했다고 하는데 요 흥평(興平)공주, 몰장씨(沒藏氏), 야리씨(野利氏), 몰이씨(沒移氏), 색씨(索氏)가 바로 그들

이라고 한다. 그러나 송대 이도가 주편(主編)한《속자치통감장편》권162〈송사(宋史)·하국전(夏國傳)〉에서는 일곱 명을 취했다고 한다. 홍평공주를 맞이한 것은 화친 정책 때문이었으며 몰장씨는 나중에 양조(諒祚)를 낳는다. 세 번째는 서하의 대족(大族)이었던 야리씨 여자였다. 그녀는 다른 아내들이 쓰지 못했던 '금기운관(金起雲冠)'을 썼다고 하며 아들도 셋을 낳았다. 영령가(寧令哥)가 그녀의 아들이다. 영령가가 몰이씨 때문에 원호의 코를 베었다는 이야기는《속자치통감장편》에 나오는 기록이다.《송사》〈하국전〉에는 이런 내용은 없고 다만 "元昊以慶歷八年正月殂"라고만 쓰고 있다(王瑞來,〈李元昊七娶〉,《文史知識》, 50~53쪽, 2012.11.).

26 "月上柳梢頭, 人約黃昏後." 구양수(歐陽修)의 사(詞)〈생사자(生查子)·원석(元夕)〉의 한 구절이다. "去年元夜時, 花市燈如畫. 月上柳梢頭, 人約黃昏後. 今年元夜時, 月與燈依舊. 不見去年人, 漏滿春衫袖." 대낮처럼 등불이 켜진 작년 대보름날, 버들가지 끝에 달이 둥실 떠오르고 사랑하는 사람과 황혼 후에 만났는데, 올해 대보름날, 달과 등불은 그대로 있지만 임은 떠나버려 소매 끝 젖도록 눈물 흘린다는 애틋한 내용의 작품이다. 이미 세상을 떠났지만 중화권을 대표했던 가수 덩리쥔(鄧麗郡)의 노래〈人約黃昏後〉로도 잘 알려졌다.

27 영령가가 아버지 이원호의 코를 베어 살해했다는 이야기는《송사》나《요사》등의 역사책에 기록되어 있지 않다.

28 중국 고대 서북 지역의 중요한 도시. 당 왕조 때에는 영주에 삭방절도사를 설치했다. 오늘날 닝샤후이족자치구 링우현(靈武縣) 부근이다. '배도'는 일종의 부도(副都)인데, 원래 수도가 있지만 지리적 요인 등으로 수도의 보조 기능을 하는 곳이다. 주(周) 때의 낙읍(洛邑), 즉 낙양(洛陽)을 생각하면 된다. 특히 전쟁으로 인해 수도가 제 기능을 못할 때 배도를 정하는데, 중국 항일전쟁 시기에는 충칭(重慶)이 배도 역할을 했다.

29 이 부분은《몽골비사(元朝秘史)》제12권 268절에 나오는 내용으로, 유원수의 번역에 따르면 다음과 같다. "탕오드(탕구트) 사람들을 약탈하고, 일로코 보르칸에게 시도르고라는 이름을 주어 그를 끝장내고, '탕오드 사람들의 어머니, 아버지의 자손들을 철저하게 죽여 없애고 음식을 먹을 때도 철저하게 죽여 없앤다고 죽여 절멸시키는 말을 하고 있거라' 하고 명을 내렸다. 탕오드 사람들이 말을 하고 지키지 않았기 때문에 탕오드 사람들에게 칭기스 카한이 두 번째로 원정하여 무찌르고 돌아와 돼지해(1227)에 하늘로 올랐다"(유원수 역주,《몽골비사》, 282~283쪽, 사계절, 2004).

30 원래 문장은 "來如雷霆收震怒, 罷如江海凝淸光"이다. 두보(杜甫)의 시〈공손대낭의 제자가 검무를 추는 것을 보고 지음(觀公孫大娘弟子舞劍器行)〉에 나오는 구절이다. 공손대낭이 당 왕조 때 교방 안팎에서 검기무(劍器舞)를 잘 추기로 이름났는데 두보가

기주(夔州)에서 공손대낭의 제자가 추는 검기무를 보고 어렸을 때 본 공손대낭의 검기무를 떠올리며 쓴 작품이다.

31 닝샤후이족자치구는 척박하고 건조한 황토고원 지대에 위치하고 있지만, 인촨 부근으로 황하가 지나가면서 벼농사도 지을 수 있는 등, 건조지역에서는 보기 힘든 아름다운 강남(江南) 풍광이 펼쳐진다. 그래서 서북부 변경지대에 있으면서 황하 부근에 있어 버드나무가 자라는 등 강남의 모습을 볼 수 있다고 해 '새상강남'이라 부르는 것이다. 원래는 닝샤 인촨 부근을 가리키는 용어였으나 요즘은 내몽골 등에서도 물산이 풍부한 지역인 경우에 이 용어를 사용하고 있다.

32 몽골인은 서하인을 '탕우(唐兀)'라 불렀다. 마르코 폴로는 《동방견문록》에서 서하를 'Tangut(唐古忒)'라고 표기했다. 후에 '투보트(土伯特)'라고도 했는데 그것은 '탕우트(唐兀特)'의 위짱(衛藏) 방언이다. 내몽골 동부와 몽골에서 '투보트'라 불린 것을 제외하면 나머지 칭하이, 신장, 간쑤에서는 모두 '탕구트(唐古特)'라고 불렀다(阿頓·華多太, 〈羌和土谷渾, 元昊之我見〉,《青海民族研究(社會科學版)》第14卷 第1期, 100쪽, 2003.1.).

33 티베트는 원래 암도(Amdo, 칭하이성), 캄(Kham, 쓰촨성 서부), 위짱(U-Tsang, 티베트) 지역으로 나뉘었는데, 그중에서 위짱은 '위(U, 라싸를 중심으로 한 지역, 前藏)'와 '짱(Tsang, 시가체를 중심으로 한 지역, 後藏)'으로 나뉜다. 티베트 서부는 '아리(Ngari)' 지역이라고 한다.

34 셰르파는 '동방에서 온 사람'이라는 뜻이다. 그들의 조상이 간쯔 지역에서부터 왔기 때문에 그렇게 부른다고 한다. 티베트와 네팔, 인도 등 히말라야산맥 양쪽에 거주한다. 인구는 15만여 명인데 대부분 네팔에 거주하며, 티베트에 1,200명 정도가 살고 있다. 1953년에 힐러리와 함께 에베레스트에 처음으로 올라간 텐징 노르가이(Tenzing Norgay) 역시 셰르파인이다.

35 '염(冉)'과 '방(駹)'을 합해서 '염방'이라고 한다. 진(秦) 말기에 민장(岷江) 상류에서 형성되었다. 마창서우(馬長壽)는 한(漢)대의 염방이 오늘날 가융(嘉戎)이라고 했다. 오늘날 쓰촨성 마오(茂), 원(汶), 리현(理縣) 부근으로, 조루(碉樓)라는 특색 있는 건축물이 많은 곳이다. 후한 시기에 종강(鍾羌)으로 흡수되면서 명칭이 사라졌다. 명·청 시기에 한족과 티베트족에 흡수되었다고 한다(楊東晨·周五龍,〈論四川西北部的羌族及其演變〉,《青海師專學報(教育科學)》2008年 第4期, 53쪽).

36 2010년 인구조사에 의하면 창족(羌族) 총인구는 30만 9,576명이다. 그중 98.2퍼센트가 쓰촨성 아바 티베트족창족자치주에 속한 마오현(茂縣), 원현(汶縣), 리현(理縣), 몐양시(綿陽市) 베이춘창족자치현(北村羌族自治縣)에 거주한다. 2008년 5월 12일의 원촨(汶川) 대지진으로 8만 6천여 명이 사망, 실종되었는데, 그중 창족은 2만여 명이다.

창족 전체 인구의 무려 8퍼센트에 해당하는 사람들이 재난을 당한 것이다. 더구나 사망자의 연령으로 볼 때 어린이와 청소년의 사망이 많아서 창족 인구 비율에도 매우 좋지 않은 영향을 미쳤다(喇明英, 〈汶川地震對四川羌族人口的影響〉, 《四川省情》 2008年 第6期, 15~16쪽).

제10장 토번

1 현재 국내에 출판된 티베트 관련 책자의 티베트어 표기는 통일된 것이 없어 매우 복잡하다. 티벳장경연구소에서 2010년에 〈티벳어 한글표기안〉을 만들어놓았으나 모든 책이 이를 따르지는 않는 상황이다. 이 책에서는 〈티벳어 한글표기안〉을 기준으로 티베트어 이름과 지명을 현지 발음에 가깝게 표기하려고 노력했다. 많이 사용되는 고유명사의 경우('뽀딸라'와 '포탈라') 가독성을 위해 일반적 표기를 따랐다. 하지만 정확한 발음을 찾기 어려운 경우도 몇 군데 있다. 이 경우 어쩔 수 없이 중국어 발음을 따랐음을 밝혀둔다. 티베트 지명은 Karl E. Ryavec, 《A Historical Atlas of Tibet》(The Univ. of Chicago Press, 2015)를 참조했다.

2 치전강(祁振綱)은 '토번'이라는 단어가 처음으로 등장하는 책이 북위 시대의 《십육국춘추(十六國春秋)》라고 하면서 토번과 독발(禿髮), 탁발(拓跋)의 발음이 비슷하다는 점으로 볼 때 토번국은 독발선비(禿髮鮮卑)를 주체 민족으로 해 여러 강(羌) 부락과 합쳐진 연합체라고 하고 있다(祁振綱, 〈吐蕃起源及其讀音問題試探〉, 《中央民族大學學報》 1996年 第2期, 26쪽). 또한 '번蕃'의 독음에 대해서도 'fan'이 분명하며 절대 'bo'가 아니라고 말하고 있다(같은 글, 27~28쪽). 그러나 장지톈(張濟天)의 조사에 의하면 1979년에 《사해(辭海)》에서 'bo'라고 표기한 이후 'bo'라고 읽는 추세가 강해졌다고 한다. 특히 그는 중국사회과학원 민족연구소에서 민족사를 연구하는 학자들 22명에게 질문한 결과 18명이 'bo'라고 읽고 4명만이 'fan'이라고 읽었다고 보고한다(張濟天, 〈"吐蕃": 讀"tūbō"還是"tūfān"〉, 《中國藏學》, 2000年 第2期, 77~78쪽). 2003년에 나온 셰런여우(謝仁友)의 논문을 보면 티베트 사람들은 시종일관 자신들을 'bō'라고 불렀다고 하면서 《당번회맹기》와 문헌 자료, 음운학적 근거 등으로 통해 볼 때 '번蕃'의 발음은 당연히 'bō'가 되어야 한다고 강력하게 주장하고 있다(謝仁友, 〈"吐蕃"音變〉, 《中國語文》 2003年 第6期(總第297期), 528쪽)

3 앞에서 언급했듯이 현재 국내에 출판된 책의 티베트어 표기법을 보면 저자마다 모두 다를 정도로 통일된 표기법이 없다. 예를 들어 '쏭젠감뽀'의 이름만 보더라도 '송쩬감보', '송쩬감뽀', '송센감포'(황정연), '송쨴감뽀'(김규현), '송챈감포', '송첸감포'(심혁주), '쏭젠감뽀' 등등 여러 가지가 있어서 매우 혼란스럽다. '젠뽀' 역시 마찬가지여서 '찬보', '쩬보', '첸푸'(심혁주), '쩬뽀'(김규현) 등 다양하게 표기한다.

4 원래 명칭은《걀랍쎌베메롱·rgyal rabs gsal ba'i me long(서장왕통기)》이다.

5 원래 명칭은《뎁테르찌기걀뙤루장deb ther dpyid kyi rgyal mo'i glu dbyangs(서장왕신기)》이다.

6 원문에는 '茹巴蒂'라고 되어 있으나《붓뙨불교사(布頓佛敎史)》에서는 '汝巴底'라고 표기하고 있다. 붓뙨이 서술한 내용은 다음과 같다. "제쌍의 다섯 아들(샤카족)이 열두 적군과 전쟁을 할 때, 루바디 왕이 천 여 명의 군사를 이끌고 부녀자로 변장을 한 채 대설산(大雪山)으로 들어갔는데, 그들이 점차 번성해 티베트족이 되었다"(布頓 仁欽珠 著, 蒲文成 譯,《布頓佛敎史》, 114쪽, 甘肅民族出版社, 2007).

7 달라이 라마에 대한 중국 정부의 시각이 명확하게 드러나는 대목이기에 그대로 번역했음을 밝혀둔다.

8 4500~5000년 전의 유적지다. 티베트 지역에서 가장 따뜻하고 온화한 곳이었기에 고대 농경문화가 이곳에서 시작되었을 가능성은 충분하다(雷巍,〈吐蕃考古與吐蕃文明〉,《西藏大學學報》第24卷 第1期, 58쪽, 2009.3.). 그러나 구석기, 신석기시대 유적지의 주인이 현재 티베트에 살고 있는 사람들의 직계 조상인가에 대해서는 많은 논의가 있다. 남래설, 북래설과 마찬가지로, 더 추적해보아야 할 문제다.

9 '냐티'는 '목덜미에 앉아 있는'이라는 뜻이라고 한다. 노블링카에 그려진 벽화에 사람들이 그를 둘러메고 내려오는 장면이 있다. 푸걀 왕조의 첫 번째 왕으로, 윰부라캉(Yumbulagang) 궁을 세웠다고 한다.

10 저자는 앞에서《신당서》〈토번전〉을 인용해 토번의 성을 '실발야'라 했고 여기서도 냐티쩬보를 '실발야'라고 했다. 그러나《통전(通典)》《(권190) 등의 기록을 보면 '골제실보야(鶻提悉補野)'라고 표기되어 있다. 티베트어발음은 'vo ide spu rgyal'이다. 티베트어를 음사하다보니 다른 글자를 사용한 것으로 보인다. 황부판(黃布凡)은 둔황 문서 등에 근거해 이것이 토번 왕의 '성(姓)'을 가리키는 것이라고 말했다(黃布凡,〈象雄歷史地理考畧-兼述象雄文明對吐蕃文化的影響〉,《西北史地》, 1996年 第1期, 13쪽).

11 원문에 표기된 바에 의거해 읽으면 '남리룬쩬'이 되지만, 다른 티베트 왕 계보 표에 의하면 '남리쏭쩬(Namri Songtsen)'이 되어야 하며 32대 쩬보로 등장한다.

12 토번 왕 계보에 의하면 33대 쩬보다.

13 7세기 중엽, 문자를 만들기 위해 퇸미 쌈보따(톤미 삼보타, Thonmi Sambhota)를 인도로 보냈는데, 7년 만에 돌아온 그는 산스크리트어에서 자음 스물네 자를 따오고 다시 산스크리트어에 없는 여섯 자를 새로 만들어 자음 서른 자와 모음 네 자 등 모두 합해 서른네 자를 만들어냈다고 한다(김규현, 《티베트 역사산책》, 153~154쪽, 정신세계사, 2003).

14 김한규는 토번과 당의 관계를 화친 관계의 제1유형, 즉 토번과 당이 서로 명실상부하게 독립적이고 대등한 관계를 유지했다고 설명하면서, '전통적으로 토번이 중국의 일부였음을 입증할 만한 역사적 근거를 찾으려는 노력은 무의미한 도로'라고 말하고 있다. 당 고종이 쏭쩬감뽀를 '부마도위 서해군왕'으로 책봉했다고 하지만 그것은 일회성이었을 뿐이며, '당 측의 책봉에 대한 토번 측의 대응, 즉 책봉의 접수와 조공이 확인되지 않기 때문에 이 단발성 사건이 양국의 책봉 조공 관계를 형성한 것으로 이해하기는 힘들다'는 것이 그의 견해이다(김한규, 《티베트와 중국》, 47~49쪽, 소나무, 2000). 당시의 양국 상황에 대한 매우 정확한 진단이라 하겠다.

15 당 태종이 문성공주를 시집보낸 것에 대해 《구당서(舊唐書)》 〈열전(列傳)〉 제146·상(上) 토번(吐藩)·상(上)〉에서는 송쩬감뽀가 '조공을 했다'거나, 혹은 송쩬감뽀가 '크게 두려워하여', '사신을 보내 사죄하면서 다시금 청혼'했기 때문이라고 기록하고 있다. 그러나 티베트 역사서인 《걀랍쉘베메롱》 13장의 기록은 전혀 다르다. 문성공주가 시집가기 싫다고 하니 부왕은 "티베트 왕은 놀라운 예지력과 신비로운 힘을 갖고 있다"고 말하면서, "티베트 군대가 이곳으로 쳐들어와 나를 살해하고, 너를 잡아가며, 모든 성읍을 폐허로 만들어버리면 어쩌려고 그러느냐"고 말한다(박성혜, 〈문성공주 이야기의 중국적 변용에 관하여〉, 《중국어문학논집》 제51호, 621쪽 참조). 같은 사건을 바라보는 두 개의 시선이 이렇게 다르다는 것을 보여준다. 중국 역사서의 기록이 '그들의 시각'에서 쓰인 것임을 늘 염두에 두고 읽어야 할 것이다.

16 '게쌍 메독'은 티베트고원을 상징하는 꽃이다. 중국어로는 '거쌍화(格桑花)'라고 표기하는데, '행복의 꽃'이라는 의미를 가진다. 티베트 불교에서 매우 신성한 꽃으로 여긴다. '게쌍 메독'이 어떤 꽃인가에 대해서는 여러 가지 설이 엇갈린다. 일반적으로는 고원 지대에서도 잘 자라는 '코스모스' 혹은 '과꽃'을 가리킨다고 하는데, 코스모스가 아니라 '물싸리(金露梅, Potentilla fruticosa)'를 가리킨다는 주장도 있다. 높은 산지 척박한 땅에서 자라며, 영하 50도의 추위까지 잘 이겨내는 것이 노란색 물싸리이기 때문이라는 것이다.

17 토번 왕의 연보에 쏭쩬감뽀가 32대로 나타나는 경우도 있고 33대로 나타나는 경우도 있는데, 여기서도 문성공주가 혼인한 왕이 쏭쩬감뽀인지 아니면 요절한 왕자 궁쏭궁쩬(Gungsong Gungtsen)인지에 대해서는 논의가 엇갈린다. 쏭쩬감뽀의 당시 나이에 대

해서도 24세, 61세, 72세 등 여러 가지 설이 있다(김규현,《티베트 역사산책》, 159쪽). 한편, '백해'가 어디인가에 대해 김성수는 '시녀 노르(Sine naɣur, '새로운 호수'라는 뜻)'라고 말했다. 그리고 둘의 혼인식이 거행된 '관(館)'은《신당서》〈토번전〉에 근거해 '하원(河源)' 즉 토욕혼의 근거지였던 참치얄에 만들어졌다고 했다. 후대까지도 이곳은 티베트의 위 지방과 암도 지방을 이어주는 교통의 거점이 되었다고 한다(김성수,〈'산양'의 땅(ra sa)에서 '聖地'로(lha sa)〉,《東洋史學研究》第119輯, 98쪽).

18 원래 네팔 공주가 가져온 석가모니 8세불은 조캉사원에, 문성공주가 가져온 석가모니 12세불은 라모체사원에 모셔져 있었으나, 710년에 자리를 바꾸어, 현재는 조캉사원에 문성공주가 모셔온 석가모니불상이 있다.

19 '중국인 동료'라는 의미라고 하기도 한다. 마찬가지 맥락에서 네팔 브리쿠티 공주를 '네팔인 동료'라는 의미의 '발사(Balsa)'라고 불렀다고 한다(쿤가 삼텐 데와창 지음, 홍성녕 옮김,《티벳전사》, 107쪽, 그물코, 2004).

20 당시 동아시아에서 가장 발달했던 당의 선진 문물이 토번 땅으로 들어온 것은 어느 정도 사실일 것이다. 그러나 현재 중국에서 연행되고 있는 연극이나 드라마 등에서 그려내는 문성공주의 모습에는 많은 왜곡이 있는 것 또한 사실이다. 대중매체가 사람들에게 미치는 영향력이 매우 크다는 점에서 우려되는 바가 많다. 이 점에 대해 박성혜는 "사람들의 머릿속에 깊이 각인되는 연극(라모, 경극장희)과 드라마에서도 중국에 불리한 내용은 모두 삭제된 채, 단지 투뵈(토번)가 당의 찬란한 문화를 흠모하여 청혼해 왔다고 말하고 있다. 곧 투뵈는 당에 의해 비로소 미개에서 문명으로 옮겨졌으며, 이는 오늘날도 여전히 중국 안에서 도움을 받아야만 한다는 논리로 이어진다"(박성혜, 앞의 논문,《중국어문학논집》제51호, 634쪽)라고 설명했다.

21 원래 제목인 '농진필고(濃盡必枯)'는 사공도(司空圖)가《이십사시품(二十四詩品)》에서 '기려(綺麗)'에 대해 설명한 시에 나오는 구절이다. 감정을 내보이는 것이 지나치면 오히려 건조해지고, 담담한 것이 도리어 마음의 깊이를 보여줄 수 있다는 뜻이다. 여기서는 토번이 겉으로는 화려하게 확장되어가는 것처럼 보였지만 내부적으로는 이미 멸불파(滅佛派)와 신불파(信佛派)의 대립 등으로 인해 부패해가고 있었다는 의미로 쓰였다.

22 토번 역사상 가장 위대한 두 명의 왕 중 한 명으로, 삼대법왕 중 하나로 여겨진다. 티쏭데쩬은 사라센제국과 동맹을 맺고 당나라를 오늘날 간쑤성에서 밀어내며 일시적으로 장안을 점령하기도 했다. 전성기 때엔 서쪽으로 길기트, 남쪽으로 히말라야산맥 남쪽의 벵골과 비하르까지 세력 범위에 들어왔다. 티쏭데쩬은 불교 발전을 위해 빠드마삼바바(파드마삼바바)를 모셔왔고, 쌈예사원을 세워 불교의 티베트화에 기여했다.

23 오늘날 간쑤성 칭수이현(淸水縣)에 비석을 세웠는데 그 내용은 주로 당과 토번의 경계에 관한 것이다. 쓰촨성에 있는 다두허강(大渡河)을 경계로 동쪽은 당, 서쪽은 토번의 땅이라는 것이니, 당시 토번이 얼마나 강성했는지 알 수 있다.

24 티쭉데쩬은 티데쭉쩬의 둘째 아들이라고 한다. 《신당서》〈토번전〉 등에서는 '可黎可足'이라 표기하고 있다. 멸불(滅佛) 정책으로 유명한 랑다르마의 형이라고도 하고 동생이라고도 한다. 《신당서》와 《자치통감》 등 한문 자료에서는 대부분 티쭉데쩬이 형이라고 하지만, 티베트 자료에서는 설이 다양하다.

25 고유명사가 아니라 재상들 위에 있는 자리로서, 원로 재상을 가리킨다.

26 당시 보쩬뽀였던 패지웅쩬을 가리킨다. 김규현은 패지웅쩬과 왕비가 자살했다고 적고 있다. 살해당한 보쩬보는 왕의 형이었던 짱마라고 한다(김규현, 《티베트 역사산책》, 220~221쪽 참조).

27 '쫑카국(rdzong kha, 宗喀國)'(1032~1104)이라고도 한다. 토번인 곡시라가 오늘날 칭하이성 시닝 지역에 세운 정권이다. 가장 흥성할 때엔 칭하이호에서 간쑤성 간구현(甘谷縣) 지역에까지 이르렀다. 다섯 명의 왕을 거치며 72년 동안 존속하다가 서하에 멸망당했다.

28 로마자로 표기하면 'Lha Lama Yeshe Yod'라 한다.

29 다른 여러 책에서는 이때 예쎄 외(예셰 오드)를 만나러 간 것이 '조카'라고도 한다. 달라이 라마의 회상에 의하면 그가 어렸을 때 포탈라 궁에 머리가 없는 예쎄 외의 몸이 염장된 채 보존되어 있었다고 한다. 지금은 사라지고 작은 사리탑만 남아 있다고 한다(토머스 레어드 지음, 황정연 옮김, 《달라이 라마가 들려주는 티베트이야기》, 106~107쪽, 웅진지식하우스, 2008).

30 1624년 6월에 포르투갈 예수회 신부인 앙드라데(Padre A. Andrade)가 인도를 출발해 구게에 도착했다. 구게왕국에서 600년간 이어져 내려온 불교에 대한 견제 세력으로 천주교를 이용하려고 했던 왕의 지지 하에 잠시 인도로 돌아갔던 앙드라데는 1625년에 다시 구게로 와, 다음 해에 티베트 최초의 천주교회를 세웠다(김규현, 《바람의 땅 티베트》 2권 참조).

31 닝마빠, 까규빠, 겔룩빠 등에서 '빠'는 '사람'을 뜻한다. 따라서 '까규빠'라고 하면 '까규 종파 사람들'이라는 뜻이다. 불교의 종파를 가리키려면 '까규빠파'라고 해야 정확한 표현이 되지만 번잡해 '까규빠' 등으로 표기하기로 한다. 이 점에 대해 김규현이 정확하게 설명한 바 있다(김규현, 《티베트역사산책》, 239쪽, 정신세계사, 2003).

32 '오사장(烏思藏)'은 참도 지역을 제외한 위(U, 烏思)와 짱(Tsang, 藏) 지역을 가리키고, 도캄(Dokham, 朶甘)은 쓰촨성 서부와 윈난성 북부, 칭하이성 서북부와 티베트자치구

동부, 즉 캄 지역을 가리킨다.

33 간덴사는 잘 알려진 대로 쫑카파가 창립했고, 그 안에 그의 시신을 모신 영탑(靈塔)이 있었다. 600년 이상의 역사를 가진 간덴사에는 큰 불상을 모신 법당이 20여 개 있었고, 가장 큰 본당에는 3,500여 명의 승려들이 한꺼번에 앉을 수 있었다(전체 승려 수는 대략 5,000~6,000명 정도였다). 1960년대에 문화혁명의 피바람이 불면서 간덴사가 파괴된 것은 물론(중국 최대 검색 사이트 바이두닷컴(www.baidu.com)에서도 "문화혁명 때 파괴되었다"라고 간략하게 적고 있으나, 무지막지했던 파괴 현황은 적시하지 않고 있다), 홍위병들이 쫑카파의 무덤을 파헤쳐 승려 보미 린포체에게 쫑카파 미라를 등에 지게 한 다음, 불까지 끌고 가 던져 넣게 했다고 한다. 후에 보미 린포체가 잿더미 속에서 두개골과 남은 유골을 수습했다. 1980년대 이후 그의 무덤을 다시 만들고 있다고 한다(토머스 레어드, 《달라이 라마가 들려주는 티베트이야기》, 166쪽 참조). 현재 간덴사 승려의 숫자는 200명이 채 안 된다.

34 원문에는 롭쌍 최겐(羅桑曲結)이라고 되어 있으나 정확한 이름이 아닌 것으로 보여 수정했다.

35 4대 판첸 라마 롭상 초키 걀첸(1570~1662)은 1586년에 따시훈뽀사원과 간덴사로 가서 12년간 수행한 후 따시훈뽀사원의 16대 주지가 되었다. 1603년에 4대 달라이 라마에게 사미계와 비구계를 주었는데, 이때부터 달라이 라마와 판첸 라마가 서로 간에 연장자를 스승으로 모시는 선례가 정착되었다고 한다(지토편집부 지음, 박철현 옮김, 《1만년의 이야기 티베트》, 217쪽, 새물결, 2011).

36 티베트 산난(山南) 지역, 즉 히말라야산맥 동부에 있는 곳인데 지금은 인도 국경 내에 들어가 있다. 인도의 아루나찰주(Arunachal Pradesh)를 가리킨다. 심라조약에서 체결된 '맥마혼 라인'에 따라 당시 영국의 관리 영역으로 들어갔었다.

37 티베트와 청, 몽골과의 사이에서 쌍게가초가 6대 달라이라마로 세웠던 짱양 갸초를 라짱칸이 '가짜 달라이'라며 폐하고, 따로 예세 갸초를 달라이 라마로 세웠다. 그러나 준가르부의 쪼왕랍텐이 라싸를 급습하여 라짱칸을 죽이고 예세 갸초를 폐한다. 청은 준가르부를 제압하고 깰상 갸초를 제3의 '6대 달라이 라마'로 세웠는데, 우여곡절 끝에 결국 깰샹 갸초가 7대 달라이 라마가 된다(김한규, 《티베트와 중국의 역사적 관계》, 128~130쪽 참조).

38 청 건륭 57년(1792)에 정식으로 확립된 제도다. 10대, 11대, 12대 달라이 라마가 이 방식으로 뽑혔다. 청에서 티베트에 대한 지배력을 강화하기 위해 만들었다. 황제가 내린 금병(金甁)에 영동(靈童)의 이름과 출생일을 만주(滿), 한(漢), 티베트(藏) 세 가지 문자로 적은 패(牌)를 넣고, 학문이 높은 고승을 뽑아 7일간 기도하게 한 후 각 후툭투들과

암반(駐藏大臣)이 조캉사원의 석가모니 불상 앞에서 정식으로 인정하는 절차를 취하라고 했다. 청은 두 개의 금병을 만들어 하나는 베이징의 옹화궁(雍和宮)에 두어 몽골 활불의 전세영동을 찾는 데 사용했고, 하나는 라싸의 조캉사원에 두어 티베트와 칭하이 등지에서 전세영동을 찾는 데 사용했다. 70여 명의 전세영동이 이 제도를 통해 확정되었다고 한다(지토 편집부 지음, 박철현 옮김, 《1만 년의 이야기 티베트》, 260쪽).

39 샤브드룽 나왕 남걀은 부탄에서 영웅 설화의 주인공처럼 여겨지는 중요한 인물이다. 초등학생들까지도 나왕 남걀의 행적에 대해 줄줄이 읊을 수 있을 정도라고 한다. 1627년, 정통성 논란을 피해 부탄으로 온 티베트 랄룽(Ralung) 출신의 까규파 고승으로, 내분으로 혼란스러운 부탄 정치를 안정시키고 티베트와의 수십 년에 걸친 전쟁을 승리로 이끌면서 티베트인을 부탄에서 내쫓는다. 그의 통치로 '부탄은 단일국가가 되었고, 불교문화가 강하게 자리잡는다'(린다 리밍 지음, 송영화 옮김, 《부탄과 결혼하다》, 254쪽, 미다스북스, 2011).

40 이것은 부탄이 '조공을 바치기를 원한' 것이 아니라, 1729년에 부탄에 내분이 일어나고 1730년에서 1731년 사이에 청 정부가 티베트 귀족 폴라나(Polhanas, 頗羅鼐)를 부탄에 파견해 내분을 조정한 후, 1736년에 부탄 국왕을 '책봉'하면서 '어르더니 데빠(額爾德尼第巴)'라는 호칭을 내려준 것을 가리킨다.

41 1890년 2월 27일, 영국 인도총독(Henry Charles Keith Lansdowne)과 승태가 캘커타에서 서명한 조약으로 〈중영회의장인조약(中英會議藏印條約)〉이라고 한다. 모두 여덟 개 조항인데, 영국이 시킴을 보호하는 것에 청이 동의한다는 항목이 가장 중요한 조항이다. 이어서 1893년에 다시 〈중영장인조약(中英藏印條約)〉을 맺어 유목과 통상 문제 등을 해결했다.

42 이곳은 당시 티베트와 시킴의 경계에 있었다. 영국은 그곳에 티베트가 초소를 세운 것은 국경을 침범한 행위라고 했다.

43 1996년에 나온 펑샤오닝(馮小寧) 감독의 '전쟁과 평화 3부작' 중의 첫 번째 작품이다. 배경은 20세기 초, 영국이 티베트를 호시탐탐 노리고 있던 시절이다. 주인공은 게쌍이라는 티베트 청년인데, 강물에 희생물로 던져졌던 한족 소녀 쉐얼(雪兒)을 구해주어 둘은 사랑에 빠진다. 티베트에 탐험을 하러 온 영국 기자 존스와 로크만이 눈사태로 목숨을 잃을 뻔했던 것을 게쌍과 쉐얼이 살려준다. 존스는 티베트에 남아 티베트 소녀 단주를 마음에 두지만, 영국으로 돌아갔던 군인 로크만이 군대를 이끌고 티베트를 침략하고, '홍하곡'에서 최후의 전투가 벌어진다. 이 영화는 영국의 침략에 맞서 싸운 티베트 사람들의 이야기를 그렸지만, 게쌍과 쉐얼이 서로 사랑한다는 이야기 구조에는 한족과 티베트가 원래 하나였음을 보여주려는 의도가 내포되어 있다.

44 달라이 라마가 몽골로 피신한 후이고 판첸 라마가 달라이 라마의 직책을 이어받기를 거부했기에, 영허즈번드는 간덴사와 쎄라사, 데풍사의 주지들을 모아놓고 〈라싸조약〉에 서명을 할 것을 강요했다. 물론 청 왕조도 이것을 거부했다. 1906년에 청과 영국은 〈중영속정장인조약(中英續訂藏印條約)〉을 체결해 청이 티베트에 대해 종주권을 행사하기로 결정한다.

45 영허즈번드는 티베트 침략의 대가로 영국에서 'Sir' 호칭도 받았고, 영국인의 에베레스트 등산에 교두보를 마련해 '근대 등산의 아버지'라는 별명을 얻었다. 말년에는 뉴에이지 운동에 참여하기도 했지만, 그가 티베트에 대한 서구 침략의 선봉에 섰다는 사실에는 변함이 없다. 더구나 당시 영국의 속국이나 다름없던 네팔에서는 영국에 대한 전폭적 지지를 약속했고, 그 일환으로 쿰부 히말라야의 야크 떼를 제공하기로 했다. 그러나 3천 미터 이상 고지에서만 살 수 있는 야크 떼들은 네팔 칼림퐁에 도착하기 전에 모두 죽었다. 그것이 현재 쿰부 지역의 야크가 줄어든 가장 큰 이유다.

46 심라회의의 자세한 과정에 대해서는 김한규, 《티베트와 중국》, 226~238쪽 참조.

47 레팅의 죽음에 대해서는 여러 가지 설이 있다. 달라이 라마의 어머니인 디끼체링(Diki Tsering)의 회고록에 의하면 레팅은 디끼체링의 남편이 죽은 직후인 1947년에 감옥에서 죽었다고 했는데, 당시 그가 암살당했다는 소문이 있다고 했다. 또한 당시 정부에서 그의 죽음이 자연사가 아니라고 의심하는 자가 있다면 심한 형벌을 받게 될 것이라는 벽보가 라싸 시내에 나붙었다고 한다. 디끼체링은 레팅의 죽음과 남편의 죽음에 딱따 파벌이 관련되어 있다고 믿는 듯하다. 하지만 그 부분에 대한 주에 의하면 레팅과 딱따의 갈등은 개인적인 권력 투쟁이라기보다는 두 파벌 사이에 진행되던 정치 싸움 때문이었다고 한다. 레팅이 중국 국민당의 지원을 받으려 했기 때문에 티베트인들이 보기엔 국가의 명예를 더럽힌 것처럼 보였다는 것이다(캐둡된돕 엮음, 주민황 옮김, 《나의 아들, 달라이 라마》, 158~159쪽, 한국언론자료간행회, 2000).

48 당시 보수파 승려들은 티베트에 군대가 필요 없다는 생각까지 했다고 한다. 이른바 '보수주의적 무지'라는 것이다. 달라이 라마는 1950년, 중국 군대가 티베트 동부로 쳐들어올 때의 상황을 예로 들어 설명하면서, 당시 베이징 라디오 방송을 듣는 임무를 띠고 있던 풴총 타시(Phuntsong Tashi)가 중국의 침략 가능성에 대해 말하자 궁대대신 녜뢴(Nye-droen)이 "하나도 걱정하실 필요 없습니다. 이곳은 고승과 붓다와 보살의 땅 아닙니까. 중국군에 대해서는 걱정일랑 붙들어 매십시오"라고 말했다 한다. 달라이 라마는 이 부분을 회고하면서 "이렇게 멍청할 수가! 그런 맹목적인 믿음과 몽매함이 어디에 있단 말입니까!"라며 격앙했다(토머스 레어드, 《달라이 라마가 들려주는 티베트 이야기》, 313쪽).

절반의 중국사

49 다풍은 원래 티베트 군대의 관직 명칭이다. 청 건륭 57년에서 58년(1792~1793) 사이에 청이 구르카를 침입했을 때 티베트 역시 만주 팔기를 본떠서 티베트 정규군을 편성했다. 3,000명의 병사를 네 개의 마가('군영'이라는 뜻)로 나누어 여섯 명의 다풍을 세웠다. 다풍 하나에 병사 500명이 소속되었다. 위와 짱에 각각 1천 명 씩, 걍체와 팅리(定日)에 500명 씩 주둔하게 했다. 1913년 이후 확장되었다.

50 참도 전투는 1950년 10월 6일에 시작해 10월 24일에 끝났다. 20여 차례의 전쟁에서 5,700명의 티베트 병사들이 사망했다. 당시 한반도에서도 전쟁이 일어난 상황이어서 중국의 캄 진격은 크게 알려지지 않았다. 참도 전투와 그 이후의 정치적 상황에 대해서는 김한규,〈14세 달라이 라마 시기의 티베트와 중화인민공화국 시기의 중국〉《티베트와 중국의 역사적 관계》, 혜안, 2003) 참조. 캄 지역과 그곳의 사람들에 대해서는 박종우의 다큐〈차마고도 1000일의 기록-캄〉(SBS, 2007년 3월 방영)을 참고하라.

51 현재의 칭하이성은 티베트의 암도(Amdo) 지역이다. 달라이 라마는 암도의 탁체에서 1935년에 태어났다.

52 당시 중국 국민당 정부가 달라이 라마를 '비준'해주었다는 식의 주장은 중국 학자들의 일관된 입장이다. 물론 이러한 시각에 대해 티베트와 외국 학자들은 물론이고 중국 학자 중에도 반대 입장을 표명하는 사람들이 많다. 김한규는 반프라그의 설명을 인용해 14대 달라이 라마가 1937년 7월에 티베트 정부에 공식적으로 인정되었으며, 1940년 2월 22일에 셍트리, 즉 사자좌(獅子座)에 올랐다고 한다. 그때 티베트 정부에서는 네팔과 시킴, 부탄, 인도와 중국 정부에 달라이 라마의 좌상식(坐床式)에 참가해달라는 초대장을 보냈으며, 모든 나라의 대표가 즉위식에 참가해 티베트의 젊은 통치자이자 보호자에게 존경을 표했다고 쓰고 있다. 그러나 중국 측에서는 그때 국민당 대표 우중신(吳忠信)이 참가했는데, 그는 중앙정부를 대표해 전세영동을 '살펴보아 확정'하고 14대 달라이 라마의 좌상식을 '주도(主持)'했다고 주장한다(김한규,《티베트와 중국》, 249~254쪽).

53 가장 중요한 첫 번째 조항이 티베트가 '중화인민공화국 모국의 큰 가족 안으로 들어왔다'는 것이었는데, 티베트가 중국의 일부임을 공식 인정한 것이다. 당시 티베트 정부는 협정서의 그 어떤 것에도 서명하지 말라고 했으나 강압에 의해 어쩔 수 없이 서명했다고 한다. 달라이 라마는 당시 날인된 인장도 조작된 것이라고 주장했다(토머스 레어드,《달라이 라마가 들려주는 티베트 이야기》, 369쪽).

54 이 시절에 대한 달라이 라마의 회고 내용을 보면 당시 어린 달라이 라마는 분명 마오쩌둥에 대해 호감을 느꼈던 듯하며, 공산주의적 이상이 세상을 변화시킬 수도 있다고 생각했던 것 같다. 마오쩌둥의 첫 인상을 '훌륭하고 강력한 혁명가' 같으며 '전반생은

국민을 위해 바친 사람'이라고 평가한다. 티베트의 발전을 위해 과학과 기술에 호기심을 보였던 젊은 달라이 라마는 당시 티베트에 비해 발전한 중국의 과학 기술에 경도되었던 것 같고, 어쨌든 타결된〈17조 협의〉로 티베트를 변화시킬 수도 있을 것이라고 믿었던 듯하다. 물론 달라이 라마는 중국에 있는 동안 마르크스 사상을 접했고, 그것 역시 불교처럼 '성취에 이르는 길'이라고 생각했다. 하지만 나중에 달라이 라마는 '마르크스주의가 놓친 것은 자비심'이었다고 말했다. 적어도, 1955년에 달라이 라마가 라싸로 다시 돌아갔을 때까지 그는 "중국이 정말로 민족 정체성을 넘어선 세계질서를 세우고 싶은 것이기를" 바랐고, "티베트가 독립을 잃기는 했지만, 그래도 세계 공산주의 혁명의 일부가 될 수 있기를" 기원했던 것은 분명해 보인다(토머스 레어드,《달라이 라마가 들려주는 티베트 이야기》, 399~408쪽 참조).

55 2008년 3월, 중국 CCTV에서 방영한 다큐〈달라이 라마(達賴喇嘛)〉(http://space.tv.cctv.com/act/platform/view/page/composePage.jsp?pageId=PAGE1206262697846194)에서 1955년에 달라이 라마가 라싸로 돌아간 후에 지었다는〈마오주석 찬가(毛主席頌)〉에 대해 서술한다(http://space.tv.cctv.com/article/ARTI1206356533780122).

56 달라이 라마의 어머니가 구술한 자료에 의하면 당시 갤로된둡은 열여섯 살에 중국으로 갔고, 그곳에서 중국 여성과 결혼했으며 중국 인민해방군이 라싸로 들어왔을 때 인도로 가서 그곳에 정착했다. 1959년에 티베트 망명자들이 인도로 넘어오기 시작했을 때, 갤로된둡의 아내는 중국인이면서도 망명객들의 자급자족을 도왔다. 갤로된둡의 딸인 양쫌돌마가 할머니인 디끼체링의 구술을 받아 적다가 1982년에 자동차 사고로 세상을 떠났고, 양쫌돌마의 동생인 캐둡된둡이 그 원고를 마무리해 책으로 출판했다. 달라이 라마 어머니의 기억에 의하면 아들들이 티베트를 떠나 인도로 간 것은 티베트에 대한 중국의 강제 점령 때문에 티베트가 더는 '안전한 곳이 아니'기 때문이었다. 하지만 그 후 갤로된둡은 미국 CIA와 관련성을 맺게 된다(캐둡된둡 지음, 주민황 옮김,《나의 아들, 달라이라마》, 한언출판사, 170~174쪽, 2000).

57 청 정부에서 티베트에 설치한 관직 명칭. 청 조정의 3품관에 해당하는 칼론은 네 명을 두었는데, 한 명은 승려이고 세 명은 귀족이다. 건륭 57년(1792)에 청의 장군 복강안(福康安)이 꾸르카와의 전쟁에서 승리를 거두고 난 후, 청 정부는 복강안의 주청에 의해 티베트를 관리하기 위한〈흠정장내선후장정(欽定藏內善後章程)〉29조를 반포해 칼론의 연봉과 지위 등을 규정지었다. 칼론 제도는 1959년에 정식으로 폐지되었다.

58 이 부분은 철저하게 중국의 시각으로 서술되었다. 이 시각을 그대로 보여주기 위해 원문대로 옮겼다. 중국 역사학계에서 소수민족사는 "전체 중국 민족사, 그 곤거를 이루는 중국정부의 소수민족정책 및 국가통합 전략과 긴밀하게 연동되어 있다"(이평래 외

지음,《중국 학자들의 소수민족 역사 서술》, 11쪽, 동북아역사재단, 2008)라고 볼 수 있다. 티베트를 '지방정부'라고 칭하고 중국 측을 '중앙정부'라고 표기하는 것, 달라이 라마가 탈출한 것이 아니라 '도망쳤다'고 표현하는 것, '반군'이나 '반란 집단', '반란분자', '골수파', '조국을 배신하는' 등의 용어는 중국 측에서 지금도 빈번하게 사용하는 단어다(이런 단어는 역자 임의로 작은따옴표를 사용했다). 객관적으로 표현한다면 이것은 '캄빠 반군'이 아니라 '캄빠 게릴라'가 되어야 한다. 하지만 미국이 캄빠인들을 데려다가 훈련시켜서 티베트에 다시 투입한 것은 티베트의 독립을 위한 것이라기보다는 티베트의 '공산화'를 막기 위한 전략이었다. 미국 CIA의 비밀작전은 어떻게 보면 '중국과 화해하려는 달라이 라마의 시도를 더욱 어렵게'(토머스 레어드,《달라이 라마가 들려주는 티베트 이야기》, 409쪽) 만든 것이 확실했다.

59   이 과정에서 대해서는 나중에 달라이 라마의 인도 탈출을 바로 곁에서 도운 캄빠 게릴라 출신의 쿤가 삼텐 데와창의 증언이 남아 있다. 캄 출신의 전사들은 용감하기로 이름나 있다. 왜 캄과 암도 지역에서 먼저 투쟁이 시작되었으며, 그들이 왜 라싸로 왔는지에 대해 캄의 중심지 리탕 출신인 그는 일상적인 이야기들과 더불어 그 시절을 증언했다(쿤가 삼텐 데와창 지음, 홍성녕 옮김,《티벳전사》, 200~237쪽 참조, 그물코, 2004).

60   원래 1913년에 티베트에서 중국 군대를 내쫓을 때 사용했던 티베트 군대의 깃발인데, 현재 티베트 망명정부의 국기가 되어 있다. 하얀 설산을 배경으로 녹색 갈기를 가진 눈 사자 두 마리가 등장하는데, 이는 종교와 속세의 합일을 의미한다. 설산 사자가 불·법·승을 상징하는 세 개의 보석을 잡고 있으며, 그 위에는 설산 위로 눈부신 해가 떠오른다. 햇살이 퍼져나가면서 나타나는 붉은 색 줄 여섯 개는 티베트 최초의 여섯 씨족을 의미한다.

61   띠끼체링의 책에 그날 밤의 긴박했던 상황이 상세하게 묘사되어 있다. 달라이 라마가 무사히 탈출할 수 있도록 하는 데 가장 중요한 역할을 수행했던 것이 바로 캄빠 게릴라였다. 말도 잘 타고 용맹스럽기로 이름났던 캄빠 게릴라는 달라이 라마의 탈출을 돕기 위해 자원 입대했다고 한다. 그들이 달라이 라마의 앞길에서 중국 군대를 제거해 달라이 라마 일행이 무사히 인도로 갈 수 있었다.

62   저자가 인용한 '세계 인구기구'가 어떤 것인지 확실히 알 수 없다. 현재 가장 많은 인구 통계를 내는 곳은 미국 인구참조국(조회국)(Population Reference Bureau, PRB)으로서 유엔인구기금회(United Nations Population Fund, UNFPA), 세계보건기구 (World Health Organization, WHO)등의 조사 결과를 바탕으로 한다.

63   1980년대에 후야오방 체제는 티베트에 대해 우호적 자세를 취했다. 그 체제가 강경파에 의해 무너져가고 있던 중, 1989년 1월에 후진타오가 티베트 당서기로 부임했다. 당

시 자오쯔양 중국공상당 총서기는 시위에 온건하게 대처할 것을 지시했으나 후진타오는 수만 명의 병력을 집결해 시위를 강경 진압했다. 또한 계엄령을 선포했으며 이후 18개월 동안 대규모 시위는 없었다. 그가 2003년에 국가 주석으로 선출된 배경 중의 하나가 티베트에서의 경력이었음은 공공연한 사실이었다. 당시 영국 BBC에서 후진타오 주석을 가리켜 '벨벳 장갑을 낀 철권'이라고 평가해 이슈가 되기도 했다.

64 이 단어는 중국의 시각을 보여주기에 역자 임의대로 작은따옴표를 달았다. 달라이 라마의 발언록을 자세히 들여다본다면 그가 '책임질 수 없는 헛소리'를 하는 것이 아님을 명백히 알 수 있다. 그는 티베트 사람들의 무장 투쟁을 선동하지 않았고, 무조건적인 '독립'을 주장하는 것이 아니다. 그는 줄곧 '비폭력'을 주장해왔으며, 2008년 4월 6일, 티베트에서 비극적인 사태가 일어난 직후에도 '비폭력 전략을 고수해야 한다'고 말했다. 또한 "중국으로부터 티베트를 분리하자는 것이 아니라 티베트의 평화적인 발전의 촉진을 추구하는 '중도적인 접근 방식'을 찾을 것"을 주장하고 있다. "티베트가 중화인민공화국이라는 틀 안에 머무른다면 적어도 현대화와 경제적 발전이라는 면에서 티베트에 더 큰 이익이 될 것이라는 점"(달라이 라마 지음, 이윤숙 옮김, 《티베트의 자유를 위해》, 31~32쪽, 미지의코드, 2008)을 인식하고 있는 것이다. 티베트 사람들의 저항이 여전히 이어지고 있는 지금, 티베트 문제를 '더는 존재하지 않는 것처럼 무시해버릴' 수는 없을 것이다. 신흥강대국이 된 중국이 국제사회에서 존경받는 나라가 되기 위해, 이제 '티베트' 문제를 외면해서는 안 된다. 이 점에 대해서는 조경란, 왕리슝의 〈중국의 주변문제, 티베트를 보는 다른 눈-한족 출신 양심적 지식인 왕리슝과의 대담〉(《역사비평》 2008.11. 132~166쪽)을 참조.

제11장 저

1 저와 강에 관한 본격 연구서는 1980년대 접어들어 나오기 시작했다. 馬長壽의 《氐與羌》(1984), 任乃强의 《羌族源流探索》(1984), 冉光榮·李紹明의 《羌族史》(1985), 楊銘의 《氐族史》(1991), 万榮林의 《中國古代藏緬語民族源流研究》(1997), 王銘珂의 《華夏邊緣-歷史記憶與族群認同》과 《羌在漢藏之間-一個華夏邊緣的人類學研究》(2003), 何光岳의 《氐族源流史》(2000) 등이 주요 서적이다. 자세한 설명은 段麗波·龍曉燕, 〈中國西南氐羌系統民族源流研究述評〉(《思想戰線》 2010年 3期 第36卷, 122~126쪽) 참조.

2 "非我族類, 其心必異, 戎狄志態, 不與華同." 이 중에서 "非我族類, 其心必異"는 《좌전(左傳)》〈성공(成公)4년(年)〉에 나오는 구절이다.

3 "民爲貴, 社稷次之, 君爲輕." 《맹자(孟子)》〈진심(盡心)·하(下)〉에 나오는 구절이다.

4 땅이 없어 농사를 지을 수 없는 농민들은 어쩔 수 없이 '세병'이 되었다. 아버지가 군인 노릇을 하다가 죽으면 아들, 손자가 대를 이어서 군인이 되는 것이다. 그만두지 못하게 하기 위해 가족들을 한꺼번에 거주하게 하여 관리했으니, 일종의 인질이었던 셈이다.

5 사실 제만년의 신분에 대해서는 자세히 알 수 없으나 후한 시대 무도군에 저인 대호 제종류(齊鍾留)가 있었다고 하는 것으로 보아 대략 저족의 우두머리가 아니었을까 추측하기도 한다(馬建春, 〈西晉十六國時期氐人的遷徙與分布〉, 《西北民族大學學報(哲學社會科學版)》 2006年 第2期, 14쪽). 그러나 반악(潘岳)의 〈상관중시표(上關中詩表)〉에 의하면 "齊万年編戶隸屬, 爲日久矣"라고 되어 있는데, 저만년이 '편호'라면 그는 상층 계층 인물이라기보다는 보통 저, 강족과 같은 사람이었을 것이라고도 추측해볼 수 있다. 반악의 〈관중시〉에 제만년과의 전쟁에 관한 장면이 많이 묘사되어 있다.

6 《삼국지》〈촉서(蜀書)·후주전(後主傳)〉에서 배송지(裴松之)가 인용한 《한진춘추(漢晉春秋)》에 나오는 내용이다. 촉이 위에 멸망당한 후 위 조모(趙髦)는 유선을 실권이라고는 없는 '안락공'에 봉해 낙양에 머물게 했다. 물론 실권은 사마소(司馬昭)에게 있었는데, 어느 날 사마소가 유선을 청해 고의로 촉 땅의 춤과 노래를 보여주었다. 유선 주변의 시종들은 촉을 그리워하며 안타까워했으나 유선은 사마소에게 "이곳에서 즐거우니 촉 땅 생각이 나지 않습니다(樂不思蜀)"라고 말했다고 한다.

7 "朝聞道, 夕死可矣." 《논어》〈이인(里人)〉 편에 나오는 공자의 말이다. 여기서는 무슨 일이 있어도 일단 자신이 목적한 바를 이루고 볼 일이라는 식으로 쓰였다.

8 대반사는 '인랜드 테이펜(Inland taipan)'이라고 한다. 호주 내륙 지방에 사는 뱀으로 그 독성은 코브라의 50배나 된다고 한다. 여기서는 무늬가 있는 큰 뱀이라는 의미로 쓰인 듯하다.

9 이 이야기는 남조(南朝) 송(宋) 유의경(劉義慶)의 《세설신어(世說新語)》〈현원(賢媛)〉 편 유효표(劉孝標) 주(注)에 인용된 남조 송 우통지(虞通之)의 《투기(妬記)》에 나온다.

10 "笮橋一敗蜀中休, 面縛迎降也足羞. 試問十年天子貴, 何如百世作諸侯." 채동번(蔡東藩, 1877~1945)이 쓴 《양진연의(兩晉演義)》 제49회에 나오는 시이다. 《양진연의》는 《역대통속연의(歷代通俗演義)》 중의 하나로서, 100회본의 장회체(章回體)로 구성되었으며 사마염 시대부터 시작해 유송(劉宋)까지 156년 동안의 역사를 다룬 소설이다.

11 부생을 잔인무도하게 묘사했으나 사실 이것은 《진서(晉書)》〈부생재기(苻生載記)〉의 기록일 뿐이다. 당시 중원으로 들어왔던 부씨를 비롯한 저인에게는 중원의 한족과 같

은 상하관계가 명확한 군신(君臣)관념이 없었다. 그래서 부생의 아버지 부건(符健)이 임종할 때 아들에게 "신하들이나 각 지도자들이 네 말을 듣지 않으면 죽이라"는 유언을 남겼다고 한다. 말하자면《진서》에 묘사된 것처럼 부생이 살생 그 자체를 즐겨서 악마처럼 아무나 죽인 것이 아니라 건립된 지 아직 얼마 되지 않아 취약한 황권을 바로 세우기 위해서였으리라는 것이다. 부생이 이렇게 황권에 장애가 되는 인물들을 제거했기에 부견이 순조롭게 통치를 할 수 있었을지도 모른다. 부생을 이렇게 살인마로 묘사한 것은 그를 죽이고 정권을 차지한 부견의 조작이었을 수 있다는 견해도 나오고 있다(陳琳國,〈論前秦政治制度與民族政策〉,《華僑大學學報(哲學社會科學版)》2007年 第2期, 72쪽).

12 문무를 겸비한 왕맹은 한족이었으나 부견의 조력자로서 빠르게 승진했다. 또한 부견은 '이적응화(夷狄應和)' 제도를 시행하여 민족 편견이나 갈등을 없애고자 했다. 투항한 모용수나 요장에 대한 대우가 그것을 보여준다. 그러나 결국 이들이 전진을 망하게 한 것이 매우 흥미롭다. 이 점에 대해 톈위칭(田余慶)은 "부견이 흥한 것은 민족 갈등을 완화시켰기 때문이다. 부견이 패한 것은 그 민족 갈등을 완전히 해소시키지 못했기 때문이다. 그의 민족 정책 덕분에 민족 간의 갈등이 잠시 가려졌을 뿐이다"(《東晉門閥政治》, 北京大學出版社, 1989)라고 말했다(陳琳國,〈論前秦政治制度與民族政策〉, 78쪽).

13 저인은 부견에 의해 중원 지역으로 이주해야 했다. 삼원(三原), 무도(武都), 옹(雍) 등 지역의 15만 호, 대략 70~80만 명의 저인이 전진(前秦) 경내의 전략적 중진(重鎭)으로 이주했다. 부견 시기에 저인이 대규모로 중원 각 지역에 들어와 분포하게 된 것은 분명해 보인다. 그뿐만 아니라 여광(呂光)이 부견의 명을 받들어 서역에 출정할 때에도 약양의 저인을 이끌고 갔다. 그래서 저인은 동쪽으로 창해부터 서쪽으로 구자에 이르기까지 드넓은 지역에 흩어져 분포하게 되었다(馬建春,〈西晉十六國時期氐人的遷徙與分布〉, 15~16쪽).

14 당시의 참위서인《고부전가록(古符傳賈錄)》에 나오는 말이라고 한다.《진서》〈부견재기(符堅載記)〉와《십육국춘추(十六國春秋)》에 기록되어 있다.

15 오늘날 충칭시 합천성(合川城) 동쪽 5킬로미터 지점에 있다. 가릉강(嘉陵江, 자링강) 등 세 개의 강이 휘돌아 흐르는 절벽 꼭대기에 성이 있어서 견고한 방어 체계를 이루었다.

16 구지국은 분명 국가였다. 위진남북조 시대와 거의 같은 기간인 380여 년 동안 지속된 양씨(楊氏) 정권이다. 전구지국, 후구지국, 무도국, 무흥국, 음평국 등 다섯 개의 정권이 이어지면서 33명의 왕을 거쳐 380년 동안 지속되었다. 그렇게 오랫동안 간쑤성 남부와 쓰촨성 북부 지역에서 이 정권이 이어질 수 있었던 이유에 대해 왕하오(王浩)와 창주칭(强竹靑)은 다섯 가지를 꼽고 있다. 가릉강 상류에 있는 천혜의 요새라고 할 수 있

는 구지산에 자리 잡았다는 점, 강수량이 풍부해 농사짓기 좋았을 뿐 아니라 소금과
철이 생산되었다는 점, 한번 망하더라도 반드시 다시 일어서는 강인한 저인의 민족정
신, 실용적인 정치 시스템, 유연한 외교정책 등이 그것이다(王浩·强竹靑,〈淺析仇池國
存在的原因〉,《隴東學院學報》第20卷 第4期, 41~43쪽, 2009.7.). 쉬더칭(許德慶)과 리전화
(李振華) 역시 비슷한 견해를 보인다. 다만 앞에서 말한 다섯 가지 이외에 군사적인 역
량이 안정적이었다는 점을 덧붙였다(許德慶·李振華,〈楊氏政權長久存在的人文動因〉,
《隴東學院學報》第21卷 第6期, 77~78쪽, 2010.11). 장스웨이 역시 작은 나라였던 후구지
국이 58년 동안이나 유송, 북위의 사이에서 정권을 유지할 수 있었던 이유에 대해, 그
들이 자리했던 곳이 농촉도(隴蜀道)의 요충지였다는 점과 북위, 유송 사이에서 적절
한 등거리외교를 했다는 점을 들고 있다(張士偉,〈論後仇池國與劉宋, 北魏的三角關係〉,
《重慶三峽學院學報》第30卷(153期) 84쪽, 2014年 第5期).

17   역대 사서에서는 '백마(白馬)'를 '저(氐)'나 '강(羌)'과 관련된 민족으로 기록했다. 사
마천의《사기》권116〈서남이열전·제56〉에서는 '서남이'에 대해 설명하면서 "自冉駹
以東北, 君長以什數, 白馬最大, 皆氐類也"라 하였다. 이에 대해《史記》정의(正義)
에서는《括地志》를 인용하여 "隴右成州, 武州皆白馬氐, 其豪族楊氏居成州仇池山
上"이라 하고 있다. 이후 송(宋) 나필(羅泌)의《노사(路史)》에서도 "氐羌數什, 白馬最
大"라 하였다.《후한서》에서는 "或爲白馬種, 廣漢羌是也"(〈西羌傳〉), '白馬氐'(〈南蠻
西南夷列傳〉)라 기록하고 있다. 일찍부터 이 지역에 거주해온 민족은 '장(藏)'이 아니
라 '저' 혹은 '강'이라는 것이다. 이 밖에도 여러 가지 이유 때문에 중국 정부가 1950
년대에 민족 분류 작업을 하면서 '백마'를 '장족(티베트족)'으로 분류한 것이 잘못된
것이라는 주장이 1980년대부터 지속적으로 나오고 있다.

18   백마저와 백마강에 대해 팡궈위(方國瑜)(《彝族史稿》)와 리사오밍(李紹明)(〈關于羌族古
代史的幾個問題〉)은 '백마저와 백마강은 같은 것'이라고 했고, 허광웨(何光岳)(《氐羌源
流史》)는 '백마저는 백마강에서부터 나온 것'이라고 했으며 란광룽(冉光榮)(《羌族史》)
은 '백마저와 백마강은 서로 다른 민족'이라고 했다.《사기》〈서남이열전〉과《후한서》
〈남만서남이열전〉에서 백마, 백마국을 모두 '저'라고 말하고 있으며 원래 백마수(白馬
水) 일대에 거주했던 것으로 여겨진다고 했다. 백마강은 광한강(廣漢羌), 무도강(武都
羌)이라고도 불린다. 돤리보(段麗波)와 민훙윈(閔紅云)은 현재 '백마장인(白馬藏人)'이
라고 불리는 사람들은 원래 백마저인(白馬氐人)인데 역사 과정을 거치면서 티베트의
언어적 요소들을 받아들인 것으로 보인다고 했다(〈白馬氐與白馬羌辯〉,《思想戰線》2008
年 第5期 第34卷, 29쪽).

19   "'백마'를 토템으로 한다"는 서술은 이 민족이 고대 문헌에 '白馬'라는 한자어로 기록

된 것에서 생겨난 오류로 보인다. 지금도 이 지역에 거주하는 창족, 티베트족이 흰색을 숭배하는 것은 사실이지만, 백마를 '토템'으로 여기지는 않는다. '백마'라는 한자어는 민족의 이름을 한자어로 표기한, 현지음의 음사일 뿐이다. 실제로 '백마장족'은 그들이 살고 있는 산지의 산신(山神)을 주로 숭배한다. 산신의 이름이 '백마신(白馬老爺)'이지만 현지 발음으로는 '예시나몽', 즉 '검은 천신'이라는 뜻을 갖고 있다.

20 1980년대에 '백마장족'이 티베트인에 속하지 않는다는 주장이 나온 이후, 이 문제는 지금까지도 학계의 중요한 논쟁거리가 되고 있다. 1985년에 양스훙(楊士宏)은 '백마'라는 한자어는 아무 의미가 없으며, 그것은 그들이 스스로를 부르는 호칭인 '베(Pe)'의 음사일 뿐이라고 하였다. 그는 '백마'라는 단어가 '티베트의 장군'이라는 뜻이라고 하며, '백마'는 토번의 후예라고 말했다(楊士宏, 〈白馬藏族族源辨析〉, 《西北民族學院學報》1985年 第4期, 47쪽). 1989년에 탄창지(譚昌吉)가 '백마'를 티베트인이 아니라 저인 계통으로 봐야 한다는 주장을 하였고(譚昌吉, 〈白馬人論稿〉, 《西北民族學院學報》1989年 第1期) 이에 대해 라춰(拉錯)는 반박 논문을 써서 '백마'는 "티베트인의 일부이며, 다른 단일민족이 아니다"라고 주장했다. 특히 라춰는 고대 문헌에서 그들을 한자로 '白馬'라고 기록했기에 지금도 그들을 '백마'라고 부르지만, 사실 '백마'사람들은 스스로를 '베이(貝)'라고 부른다. '베이'라는 단어는 티베트 사람들이 스스로를 가리키는 단어인 '뵈'와 흡사하다고 했다(拉錯, 〈關於白馬藏族族屬之我見〉, 《西北民族學院學報》1990年 第4期, 48쪽). 이에 대해 황잉(黃映)은 '백마장족'의 분포 지역, 언어, 성씨, 생산 방식, 습속 등 여러 가지 예를 들어 그들은 고대 '백마저족'의 후예라고 주장했고(黃映, 〈白馬藏人族源探析〉, 《蘭州大學學報》第30卷 第4期, 2002) 취안신위(權新宇)는 최근의 논문에서 '백마장족'의 기원에 대한 논쟁의 과정을 소개하면서 그들의 기원에 대한 문제는 그들 민족 스스로가 아닌, 시대에 따라 달라지는 '타자'에 대한 시선에서 서술되었다고 했다(權新宇, 〈論白馬族群居區的歷時性分布及藏族身分生成〉, 《滄桑》, 66~68쪽, 2014.2).

21 '마왕신'이 누구인가에 대해서는 많은 설이 있으나 보통 도교의 신으로 여겨진다. 두 개의 눈 이외에 이마에 눈 하나가 더 있어서 '삼안영광(三眼靈光)'이라고도 불린다. 저인 지역에서는 오래전부터 눈이 세 개 달린 신을 숭배하는 습속이 있었는데, 그 대표적인 신이 바로 이랑신(二郎神), 즉 양이랑(楊二郎)이다. 자오쿠이푸(趙逵夫)는 눈이 셋 달린 이랑신이나 영관(靈官) 등이 모두 저인에서 시작되었다고 주장한다. 간쑤성 남부부터 쓰촨성 북부에 이르기까지 이랑신을 모신 사당이 많을 뿐 아니라 '이랑'이라는 이름이 붙은 산도 많고 눈이 세 개 달린 '삼목신(三目神)'에 대한 숭배가 두드러지게 나타난다는 것이다. 또한 위진남북조 시대 이후로 삼목신에 대한 숭배와 신앙이 저인

의 이주 노선과 일치한다고 한다(趙逵夫, 〈三目神與氏族淵源〉,《文史知識》, 34~35쪽, 1997 年 6期).

22 간쑤성 남부지방 백마저인에게 전승되어온 가면무다. 백마인의 말로 '츠거'는 '가면' 이라는 뜻이고 '저우'는 '춤'이라는 뜻이다. 보통 한 팀은 아홉 명으로 구성되는데 금 계 깃털이 달린 무서운 가면을 쓰고 손에 칼을 든 네 명은 '츠거'(남자)가 되고, 착하고 너그러운 표정의 가면을 쓰고 손에 고운 수건을 든 두 명은 '츠무(池母)'(여자)가 된다. 나머지 두 명은 한 쌍의 부부(츠마, 池瑪)가 된다. 해마다 정월이 되면 춤을 추고 노래를 하며 사악한 것을 쫓아내고 한 해의 복을 기원한다. 2007년에 국가 '비물질문화유산 (非物質文化遺産)'(무형문화재)으로 지정되었다.

23 저인의 근거지인 구지산 일대는 제갈량이 '육출기산(六出祁山)' 했던 전쟁터이기도 하 다. 사실 제갈량이 위를 치기 위해 북벌을 한 것은 두 번이었으나《삼국연의》에 여섯 번이라고 되어 있어 '육출기산'이라는 말이 나왔다. 대대로 구지산에 살아온 저인 양 씨들은 눈이 세 개 달린 '마왕신'에게 향을 피우고 기도를 하며 살아왔는데, '츠거저 우'에 제갈량과 전쟁한 이야기가 자주 등장하는 것으로 보아 간쑤성 남부에 있는 구 지산이 저인의 근거지임이 확실해 보인다고 한다.

24 왕하오만의 원래 글에는 "민산 깊은 곳은 판다의 고향이다. 우리는 그곳에서 사람들 이 잘 알지 못하는 부락을 답사했는데, 외부인들은 그들을 '백마장인(白馬藏人)'이라 부른다. 그들이 거주하는 곳이 백마산 골짜기이기 때문에 그런 호칭을 얻은 것이다. 그러나 이 부락 사람들은 스스로를 '저인(氐人)'이라 칭한다"라고 나와 있다(王浩曼, 〈"白馬藏人"自稱氐人〉, 平武縣白馬人族屬硏究會 編,《白馬人族屬硏究文集》, 9쪽, 平武縣 白馬人族屬硏究會, 1987).

25 '백마장족'의 민족 기원 문제에 대해서는 아직 논쟁이 끝나지 않았다. 바이두(www. baidu.com)에서는 '백마장족'을 영문으로 'the Di nationality'라고 소개하고 있으며, 민족 구분에 대해서는 '현재 잠정적으로 티베트족(藏族)으로 분류'한다고 모호하게 써놓고 있다. 중국에서 '민족식별' 작업을 할 때 일어났던 여러 가지 오류와 문제점에 대해서는 공봉진, 〈중국 '민족식별'과 소수민족의 정체성에 관한 연구〉《국제정치연 구》7(1), 2004.6.)를 참조.

제12장 월지

1   이 명칭은 《관자(管子)》〈국축(國蓄)〉("玉起於禺氏"), 〈규도(揆度)〉("玉起於禺氏之邊山")
에 나타난다. 월지인이 어디서 왔는가에 대해서는 여러 가지 견해가 있다. 이 책처럼
유럽에서 왔다는 설, 고강(古羌) 계통이라는 설, 현지의 원시민족이라는 설 등 다양한
주장들이 있으나 북방 초원에 흉노가 일어났을 때 서쪽에 있던 강성한 민족이었던 것
만은 분명하다. 그래서 흉노의 묵돌선우가 월지에 인질로 갔던 것이고, 그 원한을 가
슴에 새긴 묵돌이 월지를 공격해 월지왕의 머리뼈를 요강으로 사용한 것이리라. 서쪽
의 일리강 근처로 밀려간 월지는 이때부터 '대월지'라 불렸고, 둔황 일대에 남아 있던
월지는 '소월지'라 불렸다.

2   이 내용은 279년에 급현(汲縣)에서 출토된 《목천자전(穆天子傳)》에 나오는 것인데,
《목천자전》은 역사서가 아니라는 점을 기억해야 한다. 물론 그 책에 서왕모가 '월지
의 우두머리'라는 내용은 나오지 않는다.

3   월지인이 돈황과 기련 사이에 거주했기에, '기련산(치롄산)'이라는 지명이 결코 알려
진 대로 흉노어가 아니라 월지어일 가능성이 크다고 린메이춘(林梅村)은 주장한다.
《한서》에 주를 단 안사고(顔師古)는 '기련'이 흉노 말로 '하늘'이라는 뜻이라고 했지
만, 사실 '하늘'은 '탱리(撐犂)', 즉 튀르크어의 '텡그리'이다. 그러니까 '기련'이라는
단어는 현지에서 살던 월지인이 사용하던 토하라어라는 것이다. 그는 미국 한학자 메
어(V.H.Mair)의 견해를 빌려 '기련'이 라틴어에서 하늘을 의미하는 'Caelum'과 발음
이 비슷하다고 말한다. 토하라어가 라틴어와 관련성이 있다는 전제하에 이렇게 주장
하고 있는 것이다(林梅村, 〈祁連與崑崙〉, 《敦煌研究》1994年 4期, 114쪽).

4   월지인의 소무성은 하서지역에서 가장 오래된 성 유적지로 여겨진다. 장예(張掖)시 린
쩌(臨澤)현 북쪽 15킬로미터 지점 흑수(黑水) 가에 세워졌는데, 지금은 성은 없고 '소
무(昭武)'라는 이름의 마을만 있다. 소무촌(昭武村) 동북쪽으로 1킬로미터 지점에 너
비 280미터의 성이 있었다. 20세기 중반에만 해도 일부 성벽이 남아 있었고 성 내부에
서는 한(漢) 때의 유물들이 발견되었다고 한다. 장예 부근 쥐옌(居延)에서 발견된 한간
(漢簡)에서 소무구성에 해당하는 성씨들이 자주 보이는 것으로 보아 이 지역이 월지
인의 활동 지역이었음은 분명하다(王慧慧, 〈昭武九姓族源與居延漢簡中姓氏之關係〉, 《敦
煌研究》2008年 第2期(總第108期), 82쪽).

5   서하가 세운 흑성(黑城, 카라호트)은 내몽골자치구 어지나(額濟納, 에치나)기 다라이후
부(達來呼布) 진 동남쪽 25킬로미터 지점에 있으며 지금도 모래 속에 성벽 등이 남아
있다. 역자가 직접 답사한 바에 따르면 간쑤성 주취안(酒泉)에서 동북쪽으로 수백 킬

로미터 떨어진 지점으로, 장예 인근의 소무성 유적지와는 상당히 먼 거리에 있다. 소무성 유적지는 현재 '흑수국(黑水國) 유적지'라고 불리는데, 혹시 저자가 서하의 '흑성 유적지'와 소무성 '흑수국 유적지'를 혼동한 것이 아닌가 여겨진다.

6 샤카는 그리스 문헌에서는 스키타이(Scythian)라고 불렸다. 인도·유러피안 계통 동이란어족에 속한다. 기마술에 뛰어났으며 황금 예술품을 많이 남겼고, 순장의 습속도 있었다.

7 대월지가 일리강 유역으로 밀려간 후, 현지에서 살던 샤카는 어쩔 수 없이 그곳을 내주고 떠나야 했다. 그중 한 지파가 남쪽으로 아무다리야강으로 가 현지의 그리스-박트리아 왕조를 멸망시키고 파르티아에도 영향을 미쳤다. 파미르로 계속 내려간 일부는 연독국(捐毒國)과 휴순국(休循國)을 세웠고, 일부는 타림분지로 들어가 차사(車師), 언기(焉耆), 구자(龜玆), 고사(姑師), 이순국(伊循國)을 세웠다. 일부는 계속 남쪽으로 내려가 힌두쿠시산맥을 넘어 간다라와 탁실라로 들어갔고, 그곳에 계빈국(罽賓國)을 세웠다. 그곳에 있는 카불강을 그리스인들이 '코펜(Kophen)'이라고 불렀기에 나라 이름도 '코펜'이 된 것이고, 그것을 한자로 음역한 것이 '계빈'이다(黃紅, 〈中亞古國罽賓〉, 《貴州教育學院學報(社會科學)》第25卷 第8期, 49쪽, 2009.8.).

8 《한서》권96·상〈서역전 제66·상〉에 기록된 내용을 보면, 선선에서 남산의 북쪽으로 강을 따라 서쪽으로 가서 야르칸드에 이르는 길이 남도이다. 서쪽으로 파미르고원을 넘어 대월지와 파르티아에 이르렀다. 북도는 차사전왕국에서 북산을 따라 강 서쪽으로 카슈가르까지 이르는 길이다. 총령을 넘어 페르가나, 소그디아나, 알란에 이르렀다.

9 《한서》〈서역전〉에는 '오탐자리국(烏貪訾離國)'이라고 나온다.

10 원래 책의 제목은《중국-그 여행의 결과와 이를 기초로 한 연구(China, Ergebnisse eigener Reisen und darauf gegründeter Studien)》전5권(1877~1912)이다.

11 구약 이사야서 49장 12절에 등장하는 '시님(Sinim)'을 가리킨다. 발레리 한센(Valerie Hansen)은 기원후 1세기에 이집트 상인이 그리스어로 기록한《에리트레아 항해지》를 인용하여 여기에 등장하는 '티나(Thina)'가 산스크리트어에서 중국(秦)을 가리키는 '치나(cheena)'와 비슷하다고 보았다. 플리니우스(Gaius Plinius)도 비단을 "나뭇잎에 매달린 하얀 것"에서 만들어진 것이며 '세레스(seres)' 사람들이 그것을 빗으로 빗어 실을 만든다고 여겼다는 이야기를 소개하고 있다(발레리 한센 지음, 류형식 옮김,《실크로드》, 소와당, 2015).

12 대월지의 다섯 개 부락은 영문으로 'the five aristocratic tribes of the Yuezhi'라 번역하고, '흡후'는 'Commander' 혹은 'chiefdom'으로 번역한다. 이 단어는 원래 고대 이란어였을 것이라고 하는데, 튀르크의 야브구(Yabgu)와 같은 의미의 단어일 것이라고

한다. 다섯 개의 흡후에 관한 기록은《後漢書》卷88〈西域傳〉을 참고.

13 카니슈카의 쿠샨 왕조와 관련된 유적지가 힌두쿠시산맥 인근 아프가니스탄에 많이
    남아 있다. 구체적인 정황은 이주형의《아프가니스탄, 잃어버린 문명》(사회평론, 2004)
    5장과 6장을 참조.

14 부발(扶拔)은 부발(符拔), 도발(桃拔)이라고도 한다.《후한서》〈반초전〉에 "이 해에 귀
    중한 보물인 부발과 사자를 바쳐왔다(是歲貢奉珍寶扶拔,師子)"라는 기록이 나오는데,
    이현(李賢)이 주(注)에서 인용한《속한서(續漢書)》에 "부발은 기린처럼 생겼으나 뿔이
    없다(符拔, 形似麟而無角)"고 했다.《한서(漢書)》〈서역전(西域傳)〉에도 "도발, 사자, 코
    뿔소(桃拔, 師子, 犀牛)"라는 구절에 안사고(顏師古)가 맹강(孟康)을 인용해 "도발은 부
    발이라고도 하는데 사슴처럼 생겼으며 꼬리가 길다. 뿔이 하나인 것은 천록이라고도
    하고 뿔이 두 개인 것은 벽사라고도 한다"라는 주를 달았다.

15 전한 소제 때 구자와 누란이 흉노와 손을 잡고 한의 사신을 죽이고 재물을 빼앗았다.
    그 소식을 듣고, 부개자는 스스로 청해 대원으로 가서 구자와 누란에 책임을 묻고, 흉
    노 사신을 죽인 뒤 돌아왔다. 또한 기원전 77년에는 황금 등을 갖고 누란으로 가서 누
    란왕을 죽이고, 한나라에 인질로 와 있던 자를 대신 누란 왕으로 세웠다. 그 공으로 의
    양후(義陽侯)에 봉해졌다.

16 '포정해우'와 같은 재주를 지닌 반초가 자신이 지닌 기량의 일부만을 보여줬을 뿐이
    라는 뜻이다.

17 현재 신장위구르자치구 카슈가르에 '반초성(班超城)'이 만들어져 있다. 당시 소륵 궁
    전이 있던 자리에 조성되었는데, 반초와 그의 부하들의 상을 만들어 놓았다.

18 '의천검'은 조조가 들고 다녔던 칼이라고 하는데, 진용(金龍)의 무협소설《의천도룡기
    (倚天屠龍記)》에서는 곽정(郭靖)이 들고 다니는 칼로 나온다. 조조가 들고 다녔다는 이
    야기가 나온 이후 '의천검'은 보검의 대명사가 되었다. '장검'이란 '칼을 들고 다닌다'
    는 뜻이니, 여기서 '의천장검'은 '칼로 세상을 평정하는 무림계의 인물'을 의미하는 말
    로 쓰였다.

19 "晴空一鶴排雲上, 便引詩情到碧霄." 유우석(劉禹錫)의 시 〈추사(秋詞)〉에 나오는 구
    절이다.

20 소무구성은 전통적으로 '월지인'이라고 여겨져 왔으나 사실은 소그드인이라는 주장
    이 최근에는 많이 나오고 있다. 전통적으로 조로아스터교를 숭배했던 소그드인이 당
    (唐) 때 많이 들어오면서 '소무(昭武)'라는 호칭도 함께 갖고 왔는데, 사실 '소무'라는
    것은 'jabula'의 역음으로 '성주(城主)'라는 뜻이라고 한다. 당 사람들은 그 발음을 한
    왕조 때 장액에 세워졌던 소무성과 관련지어 생각했고, 소무구성이 한 왕조 때의 소

무성과 별 관련성이 없음에도 소무구성이 원래 한 왕조 때의 소무성에 살았다고 여겨 월지인이라고 생각했다는 것이다(陳海濤, 〈昭武九姓族源考〉, 《西北民族硏究》 2000年 第3期(總第27期), 140쪽). 하지만 쉬쉬야(許序雅)는 소무구성은 말 그대로 성(姓)을 가리킬 뿐이지, 족속을 말해주는 것은 아니라며 소무구성 모두를 다 소그드인이라고 볼 수는 없다면서 그들을 '구성호(九姓胡)'로 불러야 한다고 했다. 또한 그는 소무구성은 소그드인뿐 아니라 월지인으로도 구성되어 있었던 것으로 보아야 한다고 주장한다 (許序雅, 〈粟特, 粟特人與九姓胡考辯〉, 《西域硏究》 2007年 第2期, 15쪽).

21 '호선'과 '호등'은 모두 같은 의미를 지닌 소그드어로서, '호선'은 의역을 한 것이고 '호등'은 음역을 한 것이라고 한다(李金梅·路志峻, 〈古代中亞的胡旋舞考釋〉, 《敦煌硏究》 2010年 第3期(總第121期), 43쪽).

22 천징야(陳婧雅)는 이 춤의 고향인 강국이나 석국의 주요 민족이 '소그드인'이라고 보고, 호선무나 호등무 등이 모두 소그드인의 춤이라고 한다. 서역 춤이 본격적으로 중국 땅에 유입된 시기는 북위 시대이며 수·당 시대의 이 춤들은 북주(北周)를 거쳐 들어왔다고 한다(陳婧雅, 〈唐代柘枝舞新探〉, 《音樂硏究》 2012年 第6期, 76쪽, 2012.12.). 특히 자지무의 경우 아사나씨(阿史那氏) 황후를 맞이한 북주를 통해 그것이 수(隋)로 그대로 유입되었고 당(唐)이 전승한 것이라고 말한다(같은 논문, 78쪽). 천징야의 논문은 당 왕조 때 자지무의 기원뿐 아니라 교방(敎坊)에서 유행하던 상황, 자지무를 언급한 당 왕조 문인의 작품들에 대해서도 매우 상세하게 서술하고 있다.

23 "胡旋女, 胡旋女, 心應弦, 手應鼓. 弦鼓一聲雙袖擧, 回雪飄飄轉蓬舞. 左旋右轉不知疲, 千匝萬周無已時. 人間物類無可比, 奔車輪緩旋風遲. 胡旋女, 出康居, 徒勞東來萬里餘. 中原自有胡旋者, 鬪妙爭能爾不如. 天寶季年時欲變, 臣妾人人學圓轉. 中有太眞外祿山, 二人最道能胡旋……." 중간에 "춤 다 추고 나자 천자에게 절하며 감사드리니, 천자 역시 기분 좋아 미소 짓는구나(曲終再拜謝天子, 天子爲之微啓齒)"라는 구절이 빠졌고, 뒷부분은 생략했다.

24 탈라스 전투의 패배와 고선지의 책임론에 대해서는 다른 시각에서도 보아야 한다. 고구려 유민 출신 장군에 대한 현지인의 왜곡된 시선들이 역사서에도 반영되어 있을 수 있다는 점을 염두에 두어야 할 것이다. 특히 석국 왕의 목을 벤 것은 고선지가 아니라 당(唐) 조정이었다. 서역에서 세운 고선지의 혁혁한 전공은 폄하하고, 서역을 잃게 된 계기가 된 탈라스 전투의 빌미를 고선지의 '전횡'에서 찾는 것은 희생양의 논리와 다름없다.

25 이런 식의 서술에 대해 지배선은 "석국을 공격하였던 것이, 마치 고선지의 욕심때문인 냥 기록하였던 사가들은 그 당시 상황을 제대로 이해하지 못한 듯싶다"라고 하면

서 고선지와 그의 군대를 무뢰한으로 서술한 샤반느나 고선지가 전공에 욕심이 나서 석국을 정벌했다는 뤼쓰몐(呂思勉)의 견해는 모두 오류라고 말한다. 고선지의 석국 정벌과 탈라스 전투 등에 대한 자세한 내용은 지배선, 《고구려 유민 고선지와 토번·서역사》(혜안, 2011) 제10장 참조.

26 '大食'은 '타지크'를 한자로 음사한 것인데, 서구에서 아랍 세계를 가리켜 '사라센제국'이라고 불렀던 것처럼, 당·송 시대의 역사서에서 아랍 세계를 가리키는 호칭으로 쓰였다. 7세기의 칼리프 시대, 우마이야 왕조와 이후 13세기까지 지속된 아바스 왕조 등을 가리킨다.

27 한 왕조 때 소월지인은 황중 일대에서 강인과 섞여 살아 '황중 월지호' 혹은 '의종호'라고 불렸다. 후한 시기에는 서쪽으로 갔던 대월지인들 중에서 다시 동쪽으로 돌아오는 월지인도 있었다고 한다. 또한 분포 범위도 조금 넓어져서 기련산, 황수 유역뿐 아니라 타림분지와 파미르 일대에도 살았다. 양진 시대로 접어들면서 소월지인 역시 페르샤와를 비롯해 더 서쪽까지 진출했다. 16국 시대로 접어들면서 오늘날 산시, 허베이 등지로 진출해 갈羯과 관련을 맺게 된다. 즈징(支靜)은 흉노가 서역 각국으로 진출하며 월지인을 포로로 잡아왔고, 그들이 갈에 섞여 들어갔을 것이라고 말한다(支靜, 《小月氏歷史考述》, 陝西師範大學, 碩士學位論文, 20~21쪽, 2010.5.). 그러니까 소월지인이 갈인으로 바뀐 것이라기보다는 소월지인이 갈인의 주요 구성 성분이 되었을 것이라고 말하는 것이 정확해 보인다. 한화(漢化)된 소월지인의 성으로는 지성(支姓)과 낭성(狼姓)이 있었다.

28 '축록중원(逐鹿中原)'과 '녹사수수(鹿死誰手)'를 가리킨다. '축록중원'은 원래 《사기》〈회음후열전(淮陰侯列傳)〉에 나오는 말로, 한신에게 충고를 했던 괴통이 한신이 죽은 뒤 유방에게 잡혔는데, 그때 그가 "진나라가 사슴을 놓쳤을 때, 천하의 모두가 그것을 쫓았다(秦失其鹿, 天下共逐之)"라고 말했다. 여기서 '사슴'은 '황권'을 가리킨다. '녹사수수'는 《진서(晉書)》〈석륵재기(石勒載記)·하(下)〉에 나오는 말로서, '사슴이 누구의 손에서 죽을지는 모른다'는 것은 바로 '누가 이길지는 아무도 모른다', '정권이 누구의 손에 들어올 지는 아무도 모른다'는 뜻으로 쓰였다.

29 "黃鐘毀奔, 瓦釜雷鳴. 讖人高張, 賢士無名"은 굴원의 《초사(楚辭)》〈복거(卜居)〉에 나오는 구절이다. "황종처럼 좋은 악기는 깨뜨려 내버리고, 질그릇 가마를 천둥 치듯 울려대는구나. 거짓 아첨하는 자가 잘난 척을 하니, 지혜로운 선비는 이름조차 없구나." 즉 아첨하는 간신배가 득세하고 고고한 선비들은 목소리를 내지 못하는 어지러운 시절을 의미한다.

30 유우석(劉禹錫)의 시 〈오의항(烏衣巷)〉에 나오는 구절이다. '오의항'은 동진 시대 때 위

풍당당했던 왕도(王導)와 사안(謝安)의 저택이 있던 곳이다. "朱雀橋邊野草花, 烏衣 巷口夕陽斜. 舊時王謝堂前燕, 飛入尋常百姓家(주작교 근처 황량한 곳에 들풀과 들꽃만 피어있는데, 오의항 무너진 담벽엔 석양이 비껴드네. 예전 진나라 때 기세등등했던 왕도와 사안의 집에 깃들었던 제비, 지금은 보통 백성 집으로 날아드는구나)."

31 "千里絶煙, 人迹罕見. 白骨成聚, 如丘隴焉."《남사(南史)》〈후경전(侯景傳)〉에 나오 는 구절이다.

제13장 몽골

1 몽골사의 시작을 실위로 보는 중국 학계의 시각에 대해 이평래는 "몽골사가 흥안령 북부에서 활동한 실위족(室韋族)의 역사에서 시작되었다는 사실을 강조함으로써 몽 골족과 그 이전 다른 유목민의 연계 관계를 차단하기 위한 목적에서" 나온 것이라고 한다. 특히 실위족의 활동영역이 현재 내몽골자치구 스웨이(室韋)라는 점이 중요한데, 이것은 몽골족이 "중국에서 출자(出自)한 사람들이라는 뜻이고, 이는 곧 몽골사가 궁 극적으로 중국 땅에서 이루어진 중국사의 일부라는 말로 귀결"된다고 설명한다(이평 래, 〈중국 학계의 몽골사 서술 분석〉,《중국 학자들의 소수민족 역사 서술》, 66쪽, 동북아역사재단, 2008).

2 《몽골의 역사》(강톨가 지음, 김장구·이평래 옮김, 동북아역사재단, 2009)에서는 실위를 몽 올실위, 울로후 등 몽골 계통 뿐 아니라 함니간(Khamnigan, 통구스 계통), 투르크 계통 까지 모두 포함한 부족으로 본다(911쪽).

3 몽골의 기원 설화를 보면 튀르크 부족에 의해 멸망당하고 살아남은 두 남자와 두 여 자가 험준한 곳으로 도망쳤는데, "그 산지 중간에는 목초가 풍부한 아름다운 초원이 있었는데, 그곳의 이름이 에르게네 쿤이었다. '쿤'의 뜻은 '협곡'이고, '에르게네'는 '가파르다'이니, 곧 '가파른 山崖'(를 의미한다."(라시드 앗 딘 지음, 김호동 역주,《부족지》, 252~253쪽, 사계절, 2002). 몽골이 시작된 '에르구네 쿤'이 어디인가에 대해서는 지금도 많은 논의가 있다.

4 라시드 앗 딘은《집사》〈부족지〉에서 '몽골'의 원래 뜻을 '무력한', '어리석은'이라 하 고 있는데, 이것에 대한 김호동의 설명을 참조하라(《부족지》, 254쪽). '몽골'의 의미에 관 한 일반적인 학설들에 대해서는《몽골의 역사》85~86쪽을 참조.

5 《몽골비사》에서 나온 기록이다. 그러나 사실 '테무친'은 '대장장이'라는 의미를 갖

고 있다고 한다. 이븐 바투타 역시 여행기에서 "틴기즈칸은 하타 지방의 대장장이"라고 쓰고 있다. 테무친의 동생들 역시 '테무게', '테물룬'이라 불린 것으로 보아 '철'을 뜻하는 '테무'가 이름에 쓰인 것이며, 이것은 그들이 야철 기술을 알고 있었음을 보여주는 것이다(김호동,《몽골제국과 세계사의 탄생》, 90쪽, 돌베개, 2010).

6   몽골의 대법전이다. 현재 일부 단편적인 내용만 여러 글에 인용되고 있다.

7   오코나를 우두머리로 하는 450명의 사절단을 오트라르에 파견한 것은 1217년이고, 오트라르의 성주 이날축(Inalchuk)이 사절단을 모두 살해하자 칭기즈칸이 1218년에 다시 사절단을 파견하여 사과를 요구한 것이다(《몽골의 역사》, 124~125쪽).

8   칭기즈칸 군대의 호레즘 전투에 대한 상세한 묘사는 《유라시아 유목제국사》(르네 그루세, 345~355쪽, 사계절, 1998)를 참조하라.

9   "十年兵火萬民愁, 千萬中無一二留." 구처기는 오늘날 산둥성 출신으로, 전진도(全眞道)의 창시자 왕중양(王重陽)의 제자이다. 송과 금에서 도교를 중시해 여러 차례 그를 모셔가려 했으나 모두 거절했는데, 유독 칭기즈칸의 초청에만 응해 지금의 아프가니스탄에 있던 칭기즈칸을 만나러 먼 길을 떠났다. 도교와 아무런 관련성도 없던 칭기즈칸의 초청을 받아들인 것은 얼핏 이해하기 어려우나, 73세의 노구를 이끌고 머나먼 길을 떠난 데에는 이유가 있었을 터였다. 전란을 끝내고 백성들은 편하게 해주는 것이 자신의 책무라 여겼을 것이라고 추측한다. 이 시는 그가 사막과 설산을 넘어 그를 만나러 가는 길에 친구에게 보낸 시의 한 구절이라고 한다.

10 사실 윌리엄 에드가 게일(William Edgar Geil)은 미국 출신으로 영국왕실지리학회 회원이다. 1865년 미국 펜실베이니아 주에서 태어났다. 1890년부터 선교사로 일했고, 예루살렘으로 성지순례를 다녀온 후, 30여 년간 아프리카를 비롯해 태평양 제도와 오스트레일리아, 아시아 등 여러 곳을 여행했다. 1903년에 처음으로 중국 땅을 밟은 이후 중국의 여러 곳을 다니며 많은 책을 썼다.

11 서구에서는 칭기즈칸을 '침략의 화신'으로 여기지만 르네 그루세는 그가 처했던 환경과 그의 기질을 고려해 "문명에 이르는 새 길을 열어젖힌 개척자"였다고 평가한다(르네 그루세, 《유라시아 유목제국사》, 365~367쪽).

12 칭기즈칸의 무덤이 어디 있는지는 확실히 알 수 없다. 본문에서는 '기련곡'이라 하는데, 라시드 앗 딘의 《집사》에서는 우구데이가 죽은 후 칭기즈칸과 툴루이 옆에 묻혔다고 하면서, 그곳을 "부르칸 칼둔이라는 곳 – 그곳을 '예케 코룩'이라고도 부른다"라 했다. 김호동은 역주에서 '예케 코룩'이 '대금구大禁區'라는 뜻이라고 했다(라시드 앗 딘 지음, 김호동 역주, 《칸의 후예들》, 346쪽, 사계절, 2005).

13 1954년, 중국 내몽골자치구 이진훠뤄기(伊金霍洛旗, 에젠호로)에 조성된 칭기즈칸 능

을 가리킨다. 이곳의 능은 실제로 칭기즈칸의 시신이 묻힌 곳이 아니라, 일종의 의관 총(衣冠塚)이다.

14 라시드 앗 딘의 《집사》에 의하면, 칭기즈칸의 카툰인 부르테 푸진이 메르키트에게 끌려갈 때 이미 임신 중이었고, 옹칸에게 보내졌던 부르테 푸진이 칭기즈칸에게로 돌아올 때 길에서 주치를 낳았다고 했다(《칸의 후예들》, 151~152쪽).

15 칭기즈칸은 자식들의 장단점에 대해 누구보다 잘 알고 있었던 듯하다. 라시드 앗 딘에 의하면 칭기즈칸은 우구데이와 툴루이 중에서 누구를 후계자로 정할 것인지 망설였던 듯하다. 결국 그는 우구데이를 후계자로 정했지만, 이런 말도 남겼다. "(사냥을) 좋아하는 사람은 주치와 함께 하도록 하라. 야사와 규범과 관례와 성훈들에 대해서 잘 알기를 원하는 사람은 차가타이에게로 가라. 관용과 관대, 은사와 재화를(원하는) 사람은 우구데이를 가까이 하라. 용맹과 명성, 승전과 정복, 그리고 세계 정복을 희망하는 사람은 누구나 툴루이칸을 모시도록 하라!"(라시드 앗 딘 지음, 김호동 옮김, 《칸의 후예들》, 16~17쪽, 사계절, 2005)

16 몽케칸 시절에 카라코룸을 방문한 윌리엄 루브룩의 《몽골기행》에 은제 나무를 비롯해 카라코룸에 관한 자세한 묘사가 나온다(《몽골 제국 기행》, 325~334쪽).

17 《몽골비사》에 의하면 금나라와의 전쟁에서 돌아오는 길에 우구데이가 병에 걸렸는데, 그때 샤먼이 이는 금나라 신의 저주 때문이며, 우구데이 친족 중 누군가를 제물로 바쳐야 한다고 말했다. 그 말을 들은 툴루이가 자청해서 제물이 되었다고 한다. 라시드 옷딘의 《집사》에서는 툴루이의 아내 입을 빌려 우구데이를 대신해서 툴루이가 희생했다고 적고 있다(라시드 앗 딘 지음, 김호동 역주, 《칸의 후예들》, 60~61쪽, 사계절, 2005). 김종래는 이러한 기록들을 소개하며 툴루이가 알코올 중독으로 죽었다는 말에 대해 의문을 제기하고, 독살이 몽골 역사에서 자주 등장했던 일임을 말하고 있다(김종래, 《결단의 리더 쿠빌라이 칸》, 63~64쪽, 꿈엔들, 2009).

18 라시드 앗 딘의 《집사》에 의하면 우구데이는 술을 너무 많이 마셔서 병약해졌으며, '과도한 음주로 인해 잠자던 도중에 사망'했다고 한다(《칸의 후예들》, 101~102쪽).

19 구유크가 죽은 구체적인 장소에 대해 여러 가지 견해가 있다. 바르톨드는 우룽구 지역, 펠리오는 베슈발리크(짐사) 동북쪽을 꼽지만 어쨌든 베슈발리크에서 '하루 여정이 안 되는 곳'임은 분명하다(르네 그루세, 《유라시아 유목제국사》, 394쪽).

20 진용(金庸)의 무협소설 《사조영웅전》에서 동사(東邪) 황약사(黃藥師), 서독(西毒) 구양봉(歐陽峰), 남제(南帝) 단지흥(段智興), 북개(北丐) 홍칠공(洪七公), 중신통(中神通) 왕중양(王重陽)이 화산에 모여 《구음진경(九陰眞經)》을 놓고 무예를 겨루는데, 중신통 왕중양이 모두를 물리치고 《구음진경》을 차지한다는 이야기다.

21 《묵자(墨子)》〈공수(公輸)〉편에 나오는 이야기다. 유명한 발명가 공수반(公輸班)이 초(楚)에서 운제(雲梯, 성을 공격할 때 쓰는 높은 사다리)를 만들어 송나라를 공격할 것이라는 이야기를 들은 묵자가 영(郢)에 있는 공수반을 찾아가 초왕까지 만나면서 약한 소국인 송나라를 공격하지 말라고 권유했다. 그러나 상황이 여의치 않자 묵자가 공수반을 다시 만나 허리띠를 풀어 성(城) 모양으로 만들고 대나무 조각들로 그 성을 수비했다. 공수반은 여러 가지 다양한 공성법으로 묵자의 수비를 무너뜨리려 했지만 결국은 무너뜨리지 못했다. 묵자가 자신을 죽이더라도 이미 수성할 수 있는 방법을 제자들에게 알려놓았다고 하니, 결국 초왕은 송나라를 공격하지 않기로 한다. 공수반은 노반(魯班)이라고도 하는데, 현재 중국에서 수공업자들의 수호신으로 받들어지고 있다.

22 라시드 앗 딘의 《집사》에 의하면, 몽케칸이 성채를 포위하고 있을 때 혹심한 더위가 닥치면서 이질이 돌고 역병이 발생해 많은 사람이 죽었다. 몽케도 역병을 막기 위해 포도주를 마셨고 그런 습관을 계속했는데, 갑자기 병마가 닥쳐 위독하게 되어 '불길한 성채 아래에서 타계'했다고 한다(《칸의 후예들》, 345쪽). 러시아의 게오르기 베르낫스키가 쓴 《몽골 제국과 러시아》(김세웅 옮김, 선인, 2016)에서도 이질 때문에 희생되었다고 서술하고 있다(110쪽).

23 카이두는 우구데이칸의 다섯째 아들 카시의 장남, 즉 쿠빌라이의 조카다. 아리크 부케가 항복한 4년 후부터 그는 여러 차례에 걸쳐 쿠빌라이를 공격했으나 쿠빌라이는 그를 죽이지 않았다. 북경을 수도로 정하면서 초원의 카라코룸을 버린 쿠빌라이에 대한 초원의 적대 세력이 분명 존재했으나, 쿠빌라이는 그 존재를 인정하고 있었다(김종래, 《결단의 리더 쿠빌라이 칸》, 137~138쪽).

24 대칸국 원과 초원의 칸국의 관계를 '분열'이라고 보는 시각이 있으나 사실은 일종의 '울루스' 연맹으로 보아야 한다. 김호동은 각 칸국의 칸들이 모두가 칭기즈칸의 일족이라는 관념을 갖고 있었고, 또한 '카안(대칸)'에 대한 정치적 우위를 인정했다고 본다. 말하자면 몽골제국이 1260년 이후 몇 개의 계승국가로 분열된 것이 아니라 느슨한 울루스 연맹으로 제국적 연대성과 일체성을 보존하면서 '팍스 몽골리카'를 탄생시킨 배경이 되었다고 보았다(김호동, 《몽골제국과 세계사의 탄생》, 129쪽).

25 르네 그루세의 작품이다. 중국에서는 《초원제국(草原帝國)》이라고 번역했으나 한국에는 《유라시아 유목제국사》(김호동·유원수·정재훈 옮김, 사계절, 1998)라는 제목으로 번역되었다. 저자가 여기서 언급한 내용은 이븐 울 아씨르가 남긴 일화이다. "나는 무기를 휴대하지 않은 한 타타르인이 자기가 포로로 잡은 사람을 죽이고자 그 사람에게 땅에 눕도록 명령한 뒤 가서 칼을 가져오게 하여 꼼짝 못하고 있던 그 가련한 사람을 죽였다는 얘기를 들었다."(르네 그루세, 《유라시아 유목제국사》, 380쪽)

26 이것을 '노예근성'이라고만 보기에는 어려운 점이 있다. 당시 몽골 기병이 점령지를 끔찍할 정도로 초토화시켜버렸던 것은 일종의 전략으로, 한 지역을 그렇게 만들어 놓으면 인근 지역 주민은 감히 저항할 엄두를 내지 못하고 항복했던 것이다. 비슷한 예가 호레즘과의 전투 장면에도 나온다(르네 그루세, 《유라시아 유목제국사》, 354쪽).

27 '양절'이 가리키는 지역은 시대마다 좀 다르지만 현재 지리 개념으로 보면 대략 오늘날의 저장성 전체 지역, 장쑤성의 전장(鎭江)과 우시(無錫) 지역, 상하이, 푸젠성의 동부 지역 등을 포함한다.

28 김호동은 금나라 말기 1207년 통계에 의하면 하북 3성과 섬서, 하남의 인구는 모두 768만 호 정도였는데, 금이 멸망한 직후 몽골인이 호구조사를 한 결과 집계된 숫자가 100여만 호라고 했다. 하지만 역사상의 다른 전쟁과 비교해볼 때 몽골인의 살육만이 '야만적'이라고 말할 수는 없는 것이라며, 농경민의 편견과 악의에서 벗어나 13~14세기라는 상황을 보다 객관적으로 볼 필요가 있다고 말한다(김호동, 《몽골제국과 세계사의 탄생》, 76~77쪽).

29 《기네스북》 1985년판에 수록되었다. 〈세계사 최악의 사건과 재해(Worst Accidents & Disasters in the World)〉 항목의 〈대량학살(genocide)〉 조에 '몽골-중국 농민 전멸시킴(Mongol-extermination of Chinese peasantry)(1311~1340)'이라고 되어 있고, 그 숫자는 3천 500만이라고 기록되어 있다.

30 1965년에 중국 장쑤성에서 출생했다. 난징(南京)대학 중문과를 졸업했으며 난징대학 고전문학연구소 부교수. 이 말은 그의 저서 《송 왕조를 평하다(品宋朝)》(陝西師範大學出版社, 2007)에 나온 구절이다.

31 문천상의 시 〈영정양을 지나며(過零丁洋)〉(1279)에 나오는 구절이다. "사람이 살아가면서 죽지 않은 자 아무도 없었거늘, 나라 향한 붉은 마음 남겨 역사서를 환하게 비출 수 있기를(人生自古誰無死, 留取丹心照汗靑)!" 여기서 '한청(汗靑)'이란 '푸른 대나무에 배어나오는 습기'라는 뜻인데, 고대에 죽간을 만들기 위해서는 대나무를 잘라 푸른색을 없애고 말리는 과정이 필요했다. 그때 말리는 과정에서 대나무에 습기가 밖으로 배어나오기 마련인데, 그것이 마치 땀을 흘리는 모습 같다고 하여 '한청'이라 했다. 죽간에 역사를 기록했기에 여기서는 '역사서'의 의미로 쓰였다.

32 칭기즈칸이 '중국'의 판도를 크게 만들었다거나 '중화민족'의 명예를 멀리까지 떨쳤다는 묘사는 현재 중국 정부가 민족 문제를 바라보고 있는 시각을 명확하게 나타낸다. '통일적 다민족국가론'에 의하면 몽골인 역시 '중화민족'에 속하기 때문에, 몽골인 칭기즈칸이나 쿠빌라이도 '중화민족' 혹은 '중국인'이 되어버린다. 소위 '통일적 다민족 국가론'이나 '다민족일체론'의 허구성을 잘 보여주는 대목이다. 그래서 여기에 나

오는 '중국'과 '중화민족', 다음 문단에 나오는 '중국인'에 역자 임의로 작은따옴표를 표시했다. 주의 깊게 봐야 할 부분이다. '통일적 다민족 국가론'과 '다민족 일체론'이 갖고 있는 문제점에 대해서는 강현사의 〈중국 학계의 중국민족사 서술 분석〉《중국 학자들의 소수민족 역사 서술》, 36~37쪽, 동북아역사재단, 2008)을 참조.

33 송의 제도에서 10가(家)를 1보(保)라 하고, 보(保)에는 보장(保長)을 두었다.

34 이 점에 대해서는 조금 객관적인 판단이 필요하다. 이 '등급' 구분은 정사초(鄭思肖)의《대의략서(大義略敍)》에 나온 것인데, 이것은 원래 당시의 제색호(諸色戶)를 나열한 것일 뿐, 사회적 신분 서열과는 무관한 것이었다고 한다. '사초(思肖)'라는 이름부터 송 황제의 성씨인 '조(趙, 肖)를 그리워하다'는 뜻을 담고 있을 만큼 반몽골 감정이 강했던 사람의 생각을 그대로 받아들여, 몽골인이 유학을 천시하고 비천하게 대우했다고 보는 것은 온당치 못하다는 것이다(김호동,《몽골제국과 세계사의 탄생》, 161쪽). 하지만 한인과 남인들의 무기 소지를 금지했다거나 중요 정부조직의 최고위직은 대부분 몽골과 색목인이 독점했던 것도 사실이다. 그러나 지위가 아래로 내려갈수록 한인의 참여도가 높아졌다. 몽골의 '민족등급' 제도라는 것이 차별에 목적이 있다기보다는 '본속주의(本屬主義)(각 민족은 각자가 소속된 집단의 법규에 따라 처리한다)'를 존중하기 때문이었음을 염두에 두어야 할 것이다.

35 저자는 한족의 시각에서 쿠빌라이 정책의 문제점을 나열하면서도 그가 위대한 지도자였음을 부정하지는 않는다. 쿠빌라이 시절의 개방적 정책과 온건한 법률 집행 등에 대해서는《칭기즈칸, 잠든 유럽을 깨우다》8장 〈쿠빌라이 칸의 새로운 몽골제국〉(잭 웨더포드 지음, 정영목 옮김, 사계절, 2007)을 참조할 만하다.

36 중국에서 마르코 폴로의 여행기가 처음으로 나온 것은 1913년이다. 웨이이(魏易) 번역으로 베이징 정몽인서국(正蒙印書局)에서 출판한《원대 객경 마르코 폴로 여행기(元代客卿馬哥博羅遊記)》가 그것이다.

37 원나라 순제 지정 연간에 통화 위기를 해결하기 위하여 '지정교초(至正交鈔)'를 비롯한 여러 가지 화폐를 발행했으며, 또한 '지정통보(至正通寶)' 등 동전을 발행하기도 했다. 화폐 남발로 인하여 통화 팽창을 가져와 민심이 크게 흔들렸으며, 그것은 결국 백련교(白蓮教) 기의의 원인 중 하나가 되었다.

38 원 순제 지정 연간에 공부상서 가로(賈魯)에게 명하여 황하에 새로운 물길을 파게 했다. 오늘날 허난성 카이펑(開封)과 안후이성 허페이(合肥) 등지의 수십만 군인을 동원해 황하의 물길을 새로 파서 화이허강과 합쳐 바다로 나가게 하려 했는데, 거대한 이 토목 공사는 수많은 부작용을 낳았고, 결국 민심을 흔들리게 했다.

39 '북원'이라는 용어는 중국 학자들을 제외하고는 거의 사용하지 않는다(이평래, 앞의 논

문, 82쪽). 특히 중국 학자들은 몽골이 북쪽으로 물러간 뒤의 상황을 '남북조'라고 하여, 명(明)과 더불어 중국 땅에 존재했던 '두 개의 정권'이라고까지 하는데, 이것은 정확한 용어가 아니다.

40 칭기즈칸 일족의 오르두는 금사(金絲)로 짠 직물로 덮이고 각종 장식물도 황금으로 되어 있어 노란 천막이라는 뜻의 '시라 오르두(Sira Ordu)'로 불린다. 이것을 영어로 옮기면 'Golden Horde', 즉 '금장한국'이 되는 것이다(플라노 드 카르피니·윌리엄 루브룩, 김호동 역주, 《몽골 제국 기행》, 93쪽, 까치, 2015)

41 원서에는 '也速里'라고 되어 있으나 '也迷里'의 오타인 것으로 보인다. 야율대석이 서천해서 처음으로 자리를 잡은 곳이며, 어민강의 상류에 있다. '예미리'는 몽골어로 '말안장'이라는 뜻인데, 어민강 상류의 형태가 말안장 모양이라서 이런 이름이 붙었다고 한다.

42 네 개의 칸국, 즉 울루스(ulus)는 발전 특징이 달랐다. 킵차크와 차가타이 칸국은 무역과 경제가, 일 칸국은 학문과 학자 후원 방면에서 두각을 나타냈다. 특히 역사학과 의학이 발전했는데, 아타 말릭 주베이니(1226~1283)의 《세계정복자사》, 라시드 앗 딘의 《집사》 등이 이 시기에 나왔다(《몽골의 역사》, 145~146쪽).

43 '토목보의 변'의 발생 이유를 에센이 혼인을 거부당했기 때문이라고 보는 것은 문제를 매우 단순화시킨 것이다. 당시 몽골과 명은 마시(馬市)를 열어 말 무역을 했다. 몽골이 좋지 않은 말들을 보냈다는 이유도 있긴 했으나 왕진이 갑자기 말 가격을 엄청나게 낮춰버리는 바람에 몽골 사람들이 분노했다. 혼인 문제보다 더 중요한 것이 바로 말 무역으로 인한 갈등이었던 것이다.

44 오군영(五軍營), 삼천영(三千營)과 더불어 명나라 경성 3대 금위군(禁衛軍) 중 하나로서 화총으로 무장한 부대다. 명의 초기 신기영의 전체 병력은 5천 명이고, 상당수의 총포와 대포를 보유했다.

45 "粉身碎骨渾不怕, 只留淸白在人間." 우겸의 〈석회음(石灰吟)〉에 나오는 구절이다. 일종의 '영물시(詠物詩)'(사물을 읊은 것)인데, 석회 가루를 만드는 과정을 묘사한 내용 같지만 이 과정을 자신의 마음에 빗대었다. 석회석처럼 불에 달궈지고 가루로 빻아지더라도 청렴하고 순결한 마음만은 세상에 남을 것임을 넌지시 표현한 것이다.

46 저녁부터 새벽 사이에 북을 다섯 번 쳐서 시각을 알린다. 1경(저녁 7~9시)에 울리는 것이 1고(鼓), 2경(밤 9시~11시)에 울리는 것이 2고이다.

47 명·청 때 사법기관으로 형부(刑部), 도찰원(都察院), 대리사(大理寺)를 '삼법사'라고 불렀다. 중대한 사건이 발생하면 삼법사가 함께 심사를 했는데 그것을 '삼사회심(三司會審)'이라고 한다.

48 과연 서유정이 우겸의 죽음에 모든 책임이 있는가에 대해서는 이견이 있다. 왕둥(王冬)은 우겸의 죽음을 기록한 《명사》〈우겸전〉, 《명사》〈서유정전〉, 이현(李賢)의 《천순일록(天順日錄)》, 윤직(尹直)의 《쇄철록(瑣綴錄)》, 팽시(彭時)의 《팽문헌공필기(彭文憲公筆記)》 등의 내용을 소개하며 서유정 때문에 죽었다고 기록한 것은 《쇄철록》이 유일하다고 말한다. 이현이나 윤직의 기록은 서유정에 대한 비우호적인 감정에서 나온 것이고, 우겸의 죽음은 당시의 황권 경쟁 때문이라는 것이다. 서유정을 탓하는 것은 그에게 불만을 가졌던 기득권층의 이익 때문이었다고 추측한다(王冬, 〈徐有貞冤殺于謙案之淺探〉, 《蘭州敎育學院學報》第24卷 第1期, 43~46쪽). 하지만 우런안(吳仁安)처럼 '민족영웅' 우겸을 죽이고서 자신이 한 짓이 아니라고 생전에도 말했던 '주모자' 서유정을 교활한 인물이라고 성토하는 목소리도 여전히 나온다(吳仁安, 〈殺害"救時宰相"于謙的主謀徐有貞其人其事〉, 《江南大學學報(人文社會科學版)》第10卷 第2期, 52쪽, 2011.4.).

49 1578년에 알탄칸은 청해(칭하이)에서 티베트 겔룩파의 고승인 소남 갸초를 만나 그에게 '달라이 라마'라는 호칭을 내린다. 소남 갸초는 자신의 스승 두 명에게 그 호칭을 추존했고, 자신은 제3대 달라이 라마가 된다. 겔룩파 교세 확장을 위해 권력자의 지지가 필요했던 소남 갸초, 왕권을 강화하고 부족을 결합시킬 이념이 필요했던 알탄칸이 만나면서 몽골에는 티베트 불교가 널리 퍼지게 된다.

50 이 부분에 대해서는 학자들의 견해가 엇갈린다. 이런 내용이 기록된 책들은 주로 명의 관방 한문사료인 《명실록》, 《명사》, 《명사기사본말》, 적구사(翟九思)의 《만력무공록(萬曆武功錄)》 등인데 몽골인의 손에서 나온 자료로는 《알탄칸전(俺答汗傳)》(朱榮嘎 譯著, 內蒙古人民出版社, 1990)이 유일하다. 한융린(韓永林)은 《三娘子文獻考》(內蒙古師範大學 碩士學位論文, 2009.5.)에서 관련 자료를 상세히 분석한 후, 삼낭자는 알탄칸의 외손녀가 아니며, 바간나기가 명에 항복한 계기가 된 사건과는 관련이 없다고 했다. 그는 《알탄칸전》의 기록이 신빙성이 있다고 하면서, 삼낭자는 오이라트 몽골 출신이라고 말한다(7~8쪽). 알탄칸에 대해서는 2009년에 화중사범대학(華中師範大學)에서 〈알탄칸 연구(俺答汗硏究)〉라는 제목으로 원더화(溫德華)(몽골인)의 박사학위 논문이 나왔다.

51 명 가정 29년(1550) 6월, 알탄칸이 군대를 이끌고 오늘날 산시성 다퉁으로 공격해왔으나, 다퉁을 지키던 총병 구란(仇鸞)이 뇌물을 주어 다퉁을 치지 말라고 한다. 이에 알탄칸은 다시 동쪽으로 진격해 고북구(古北口)를 거쳐 북경성 바로 밑 통주(通州)까지 진입한다. 당시 엄숭(嚴嵩)은 병부상서 정여기(丁汝夔)에게 알탄칸이 노략질을 실컷 하고 나면 물러갈 것이니 아무런 대응을 하지 말고 성을 지키라고 지시한다. 이에 화살 하나 쏘지 않았고, 알탄칸은 북경성 근처를 8일 동안 침탈한 후 군사를 거두어 돌

아갔다. 엄숭은 자신의 명령을 따랐던 정여기에게 오히려 책임을 떠넘겨 그를 죽였다. 이를 '경술의 변'이라 하는데, '토목보의 변' 같은 것이 다시 일어날까 봐 두려워했던 명이 통공을 거부하면서 생긴 사건이다.

52   '봉공'이란 중원의 왕조가 몽골의 지도자를 왕으로 봉하고, 중원 왕조는 변경 지역에 무역시장(互市)을 열어 양국 간에 무역을 진행하는 것을 가리킨다. 이 '봉공'은 명 융경제 때에 이루어진 것이긴 하지만 알탄칸의 끊임없는 요구에 의해 열린 것이므로 '알탄 봉공'이라고도 불린다.

53   융경 시기의 내각수보(內閣首輔)이자 대학사(大學士)였던 고공(高拱)이 왕숭고(王崇高)에게서 변경의 호시에 관한 보고를 들은 후 읊은 데서 나온 표현이다. "수개월 동안 변방에 아무런 일이 일어나지 않아, 먼지 하나 흩날리지 않을 정도로 조용하구나. 변방 백성이 무기를 버리고 호미를 들었으며, 관문과 성에 봉화가 꺼지고 베개를 높이 베도 될 정도로 평안하구나. 자고이래로 드문 일인데, 오늘날 이런 세상이 되다니(數月之間, 三陲晏然, 曾無一塵之憂. 邊民釋戈而荷鋤, 關城熄烽而安枕. 自古希覯之事, 而今有之)" (고공,《복융기사(伏戎紀事)》).

54   사실 삼낭자는 네 번째로 62세 때인 1611년에 추르게의 손자인 부시투와 혼인한다. 물론 또다시 재혼하는 것은 원치 않았으나 정지된 호시를 다시 열고, 왕권 다툼으로 인한 분열을 막기 위한 정치적 이유에서 다시 혼인한 것이다. 혼인한 지 1년 후, 삼낭자는 63세로 세상을 떠난다(李美玲, 〈三娘子四家順義王與明末蒙漢關係〉,《陰山學刊》第16卷 第6期, 28쪽, 2003.11.). 삼낭자와 혼인한 왕들이 '순의왕'의 호칭을 이어받았음을 상기해볼 일이다. 말하자면 알탄칸이 시작한 '봉공'과 '호시'이지만 그것이 계속 유지된 것은 삼낭자가 있었기에 가능했던 일이다.

55   울란바토르에서 290킬로미터 떨어진 지점에 있다. 헨티 아이막(Khentii Aimag)의 주도이다. 1971년 9월 13일, 중국공산당 부주석이었던 린뱌오가 비행기를 타고 소련으로 가다가 알 수 없는 이유로 비행기가 추락하여 죽은 곳이다.

56   1755년부터 1758년 사이에 오이라트의 아마르사나, 할하의 칭군잡(chingünjab) 등이 조직하여 지도한 몽골인의 무장봉기는 건륭제의 분노를 촉발하여 오이라트 몽골인 셋 중에 둘이 참사를' 당하는 지경에 이르렀지만, 이들의 영웅적 저항은 지금도 많은 전설과 노래의 소재가 되고 있다(《몽골의 역사》, 211~213쪽).

57   예카테리나 2세 때의 농민 반란(1773~1775)이다. 푸가체프는 돈 코사크 출신으로 우랄강 유역의 코사크인을 모아 "토지와 자유를 달라"며, 농노를 해방하고 부세를 없애라고 주장했다. 많은 농민들의 지지를 받아 매우 빠르게 5만여 명이 모였으나 푸가체프는 1774년에 체포되어 1775년에 모스크바에서 처형되었다.

58 이 사건에 대해《몽골의 역사》에서는 "이 사건은 첫째 외몽골인들의 독립 쟁취와 몽골족의 부흥을 알리는 시발점이 되었고, 둘째 몽골인들을 중국화하려는 이 사악한 정책을 종식시키고 민족을 구원하였다는 점에서 역사적 의의가 있다."고 쓰고 있다(252쪽).

59 곳곳에서 사용된 이 같은 용어가 몽골의 역사를 중국 역사의 틀에서 바라보려는 중국 학자들의 시각을 보여준다. 당시 몽골의 독립 역시 몽골 스스로의 힘보다 러시아에 의한 연출로 보는 것이 중국 학자들의 일반적인 시각이다(이평래, 〈1911년 몽골 독립선언에 대한 중국 역사학자들의 인식〉《중국 역사가들의 몽골사 인식》, 고구려연구재단, 2006) 참조).

60 이 시기에 의사이자 독립운동가인 이태준(1883~1921)이 몽골에서 '동의의국(同義醫局)'이라는 병원을 경영하며 독립운동을 했고, 복드칸의 주치의가 되는 등 몽골인의 많은 존경을 받았다. 그러나 '미친 남작'이라는 별명을 갖고 있던 운게른 군대에 의해 1921년에 살해당했다. 2001년에 울란바토르에 이태준 기념공원이 조성되었다.

61 중국 사람들은 몽골까지 '중화민국'의 판도에 넣은 지도를 '해당화잎'의 형태라고 말하고, 몽골이 빠져나간 '중국'을 그린 지도를 '닭'의 형상이라고 말한다. 얄타회담 때문에 몽골을 포함한 '해당화잎' 모양이었던 중국의 영역이 몽골이 사라진 '수탉' 모양으로 변한 것이라고 표현한 것이다.

62 이평래는 중국에서 출간된 몽골 역사에 관한 책들을 분석한 후, "1921년 외몽고 혁명 이전까지의 몽골사가 모두 중국사의 일부분으로 서술되어 있음을 확인했다"며 내몽골자치구 북쪽에 독립국 몽골국이 엄연히 존재하고 있는 상황에서 이것은 "몽골국 입장에서 보면 도저히 받아들이기 어려운" 것이라고 말했다(이평래, 〈중국 학계의 몽골사 서술 분석〉,《중국 학자들의 소수민족 역사 서술》, 106~107쪽).

63 위나라 조조의 아들 조식(曹植)의 작품인 〈칠보시(七步詩)〉에 나오는 구절이다. 조식의 형 조비(曹丕)가 재주 많은 동생 조식을 제거하려고 일곱 걸음을 떼기 전에 시를 지으라는 명을 내리자, 이 시를 지어 둘이 형제임을 일깨웠다고 한다. "콩깍지를 태워 콩을 삶으니, 콩이 솥 안에서 눈물 흘리네. 원래 한 뿌리에서 나왔거늘, 어찌 그리 급하게 삶아대는 것인지(煮豆燃豆萁, 豆在釜中泣, 本是同根生, 相煎何太急)." 이 작품에 나오는 구절을 인용한 것은 이민족과 한족 사이에 일어났던 갈등의 역사를 지우고 민족의 융합을 강조하는 중국 역사학계의 경향과 관련이 있다.

64 여기에 '괴뢰'라는 단어를 붙인 것은 이것이 1932년 3월 9일 일본이 '괴뢰' 만주국 정권을 세운 후 만들어진 기관이기 때문이다. 원래 헤이룽장성에서 관할하던 훌룬부이르 지역을 새로 설립한 싱안(興安)성에 편입시켰다.

65 원래 자싹투기(札薩克圖旗) 군왕(郡王)인 에지르가 세운, 가문의 사원이다. 나무와 돌, 석회를 사용해서 지은 티베트식 건축물인데, 사원 양 옆에는 흙과 나무로 지은 승려들의 거주지가 있었다. 가장 흥성하던 시기에는 승려들이 100여 명이나 거주했으며 1년에 네 번 큰 법회를 거행했다. 음력 6월 15일의 법회는 가장 규모가 커서 주변 농민들 모두가 참배하러 왔으며 군왕도 가족과 관리를 이끌고 친히 가서 '참'을 관람하기도 했다.

제14장 오손

1 오손이 카자흐의 조상인가에 대해서는 많은 논의가 있다. 카자흐를 구성하는 주요 부락인 오손은 2천 년 전의 서역 오손이 아니라는 견해(錢伯泉, 〈哈薩克族族源新探〉, 《民族研究》 2001年 第5期)에서부터 오손이 카자흐와 직접적이고 긴밀한 관계를 갖고 있는 것이 확실하다는 견해(賈合甫·米爾扎汗, 〈烏孫與哈薩克族的源流關係〉, 《西域研究》, 2006年 第2期)에 이르기까지 다양한 의견들이 있다. 특히 류닝(劉寧) 같은 경우, 체질인류학적 측면에서 오손인의 무덤에서 나온 유골들을 분석한 결과, 오손인은 원래 유럽인종이었으나 서쪽으로 이주해 일리강 지역에 거주하며 샤카, 월지 등과 섞이면서 몽골인종 성분도 들어가, 황인종과 백인종 체질이 섞인 남시베리아 인종, 즉 현재의 카자흐인이 되었다는 흥미로운 견해를 발표했다(劉寧, 〈從人類學材料探討烏孫與哈薩克族的關係〉, 《文化學刊》 2008年 第4期(總第12期), 102쪽). 저자가 여기서 인용한 것은 1987년 신장인민출판사(新疆人民出版社)에서 나온 《카자흐족간사(哈薩克族簡史)》(카자흐족간사편찬팀(哈薩克族簡史編寫組))의 내용과 같다.
2 '안국'은 우즈베키스탄의 부하라, '석국'은 타슈켄트를 가리킨다.
3 '목초의 왕'이라는 별명을 갖고 있는 콩과의 목초로서, 특히 '자주개자리(Medicago sativa)'가 유명하다. 클로버처럼 잎이 세 개라서 '삼엽초(三葉草)'라고도 불린다.
4 북방에서는 '완수(Coriander Herb)'라고 부르지만 일반적으로 '향채'라 부른다. 잎이 가늘고 작으며 향이 독특해 음식이나 탕 요리에 많이 쓰인다. '호수'라고도 불렸지만 진(晉)의 석륵(石勒)이 '호(胡)'라는 단어를 싫어해 '향수(香荽)'라고 불렀다는 이야기도 전해진다. 원산지는 서아시아 지역이며 페르시아어로는 'gosniz'라고 불렀다.
5 원산지가 이란이라서 '페르시아 풀'이라고 불린다. 647년에 당에 들어왔다고 전해진다. 당시 네팔 왕이 서역에서 가져온 시금치를 선물로 갖고 왔다고 하는데, 그것이 서

역의 파릉국(菠薐國)에서 생산된 것이라 하여 '파릉채(菠薐菜)'라 불렀다가 그것을 줄여 '파채(菠菜)'라고 쓰는 것이라 한다.

6   '장홍화(藏紅花)', '서홍화(西紅花)'라고도 한다. 지중해와 서아시아 지역에 주로 분포되어 있으며, 명 때 중국에 들어왔다고 한다. 향료, 약재로 쓰인다.

7   진(晉) 최표(崔豹)의 《고금주(古今注)》〈초목(草木)〉의 기록에 의하면 넝쿨이 어깨만큼 굵고, 잎은 칡 같고, 꽃과 열매는 오동(梧桐)을 닮았다고 한다. 꽃이 단단해 술잔으로 쓸 수 있어 사람들이 술을 들고 넝쿨 아래에 와서 꽃을 따 술을 떴다고 한다. 장건이 대원(大宛)에서 가져왔다고 적고 있다.

8   현재의 페르가나분지, 즉 대원국의 말인데, 달리고 나면 어깨 부분에서 피처럼 붉은 땀을 흘렸다고 하여 '한혈보마(汗血寶馬)'라 불렀다. 말을 달라는 요구를 대원국이 거절하자 한 무제가 이광(李廣)장군을 보내었고, 결국 대원은 말을 바쳤다. 한의 군대가 엄선한 3천 마리를 갖고 돌아왔지만 옥문관에 이르렀을 때에는 1천 마리만 남았다고 한다. 무제는 그 말을 무척 좋아해 '천마(天馬)'라 불렀고, 그것과 몽골말을 교배하여 산단군마(山丹軍馬)를 얻었다.

9   장건 이후 서역 사람들이 타조 알과 타조를 공물로 한 왕조에 보냈다고 한다. 《후한서》〈서역전〉 영원(永元)13년(101)의 기록에 의하면 "안식왕 만굴복이 사자와 조지의 큰 새를 바쳤는데, 그때 사람들이 그 새를 안식작이라 불렀다(安息王滿屈復獻獅子及條枝大鳥, 時謂之安息雀)"고 한다.

10   혹소(zebu)의 원산지는 인도이다. 목 위에 커다란 혹 같은 것이 붙어 있고 목 아래 살은 늘어져 있어서 더위를 잘 견딜 수 있다. 한 마리의 무게가 1,300여 킬로그램에 달한다.

11   여기 나오는 '천마'는 사실 피처럼 붉은 땀을 흘린다는 대원의 '한혈마(汗血馬)'가 아니라 오손의 말, 즉 '서극천마(西極天馬)'를 가리킨다. 《사기》〈대원전〉의 기록에 의하면 무제가 오손에서 먼저 말을 받고, 그다음에 더 튼튼한 대원의 말을 받았다. 그래서 대원의 말을 '천마'라 부르고 오손의 말을 '서극천마'라 불렀다. 일반적으로 알려진 것은 《사기》〈악서(樂書)〉와 《한서》〈예악지(禮樂志)〉에 실린 〈태일천마가(太一天馬歌)〉이다. 그 내용은 다음과 같다. "천제께서 주셨네, 천마가 내려왔구나. 피처럼 붉은 피를 흘리는구나, 자철석처럼 붉은 땀을 흘리네. 생김새도 멋지구나, 만리를 치달리네. 누가 저 말과 대적하랴, 친구 될 자는 오직 용밖에 없구나(太一貢兮天馬下. 沾赤汗兮沫流赭. 馳容與兮跖萬里, 今安匹兮龍爲友)." '서극천마'와 '천마', 〈천마가〉의 관련성에 대해서는 왕수하이(王淑海)와 위성팅(于盛庭)의 〈再論漢武帝〈天馬歌〉的寫作緣由和年代問題〉《樂府學》第5輯, 130~135쪽) 참조.

12   사슴처럼 생긴 동물로서, 머리는 말, 뿔은 사슴, 목은 낙타, 꼬리는 나귀처럼 생겼으나

그 무엇도 아닌('사불상'이란 문자 그대로 해석하면 '네 가지 서로 닮지 않은'이라는 뜻) 동물 (Elaphurus davidianus)이다. 원래 장강 중하류 지역에 분포했으나 지금은 멸종되었다. 그러나 여기서는 '나귀도 아니고 말도 아닌 이상한 동물'이라는 뜻으로 쓰였다.

13 '동창' 아래에서 악비를 해칠 음모를 꾸민 송나라 재상 진회(秦檜)와 그 부인 왕씨(王氏)의 이야기에서 유래된 말이다. 원래 명나라 전여성(田汝成)의 《서호유람지여(西湖遊覽志餘)》 권4에 나오는 내용인데, '동창사발(東窓事發)', '동창사범(東窓事犯)'이라는 고사성어가 되었다. '동창에서 꾸민 일이 발각되다'라는 뜻으로서, 음모가 만천하에 드러났다는 의미이다. 여기서는 강도왕 유건이 스스로 옥새를 새기는 등, 자신이 황제가 될 꿈을 꾸다가 발각되었다는 뜻으로 쓰였다.

14 진(晉) 사람 부현(傅玄)이 쓴 〈비파부서(琵琶賦序)〉에 의하면 한이 공주를 오손으로 시집보낼 때 공주가 외로워할까 봐 음악을 연주하는 사람들을 딸려 보내 말 위에서 연주하게 했다고 하는데, 그 대목에서 비파라는 악기가 등장한다. 만든 사람이 누구인지 확실히 알 수는 없으나 어쨌든 오손으로 시집간 공주의 이야기와 더불어 비파가 처음 등장하는 것은 확실하다(李倩, 〈細君公主和親烏孫對漢文化的影響〉, 《廣西職業技術學院學報》第5卷 第5期, 85쪽, 2012.10.).

15 《홍루몽(紅樓夢)》 제3회에서 임대옥(林黛玉)의 병약한 아름다움을 묘사한 대목에 나오는 구절이다. "조용히 있을 때엔 마치 물에 비친 고운 꽃처럼 아름답고, 움직일 땐 가느다란 버들이 바람에 흔들리듯 가녀린 모습이었다(嫻靜時如嬌花照水, 行動處似弱柳扶風)."

16 역시 《홍루몽》 제3회에 나오는 임대옥에 대한 묘사이다. 비간(比干)은 은나라 때의 지혜로운 신하인데, "비간의 심장에는 구멍이 일곱 개라던데 그것을 확인해봐야겠다"라던 폭군 주왕(紂王)에게 피살되었다. 심장에 구멍이 일곱 개라 비간이 그렇게 총명했다는 데에서 '칠규영롱심(七竅玲瓏心)'이라는 말이 나왔다. 그러니까 그런 비간보다 구멍이 하나 더 있다는 것은 '비범할 정도로 총명하다'는 의미이다. 미녀 서시 역시 심장병이 있어 늘 심장 부분을 움켜쥐고 미간을 찌푸리고 다녔다는데, 임대옥은 병든 서시보다 더 가녀린 모습을 하고 있다는 뜻이다. 역시 총명하고 아름다웠지만 병약했던 임대옥의 모습을 이렇게 묘사하고 있다.

17 당나라 시인 이기(李頎)의 〈고종군행(古從軍行)〉에 나오는 구절이다. 서북 지역 변방에 있는 군인이 모래바람 휘몰아치는 곳에서 느끼는 감정을 써내려간 '변새시(邊塞詩)'에 속한다.

18 《한서(漢書)》 〈서역전(西域傳)·하(下)〉와 《옥대신영(玉臺新詠)》 권9에 기록되어 있다.

19 신장위구르자치구의 중심지인 우루무치에서 서쪽으로 879킬로미터 떨어진 지점에

있다. 카자흐스탄, 키르기스스탄과의 접경 지대에 위치한다.

20 세군과 해우 등 화친공주들에 관한 이야기가 왕소군이나 문성공주 이야기에 비해 거의 알려지지 않았던 이유에 대해 위밍(兪明)은 몇 가지 요인을 들고 있다. 우선 거리상으로 볼 때 흉노나 토번에 비해 훨씬 먼 곳에서 일어난 일이었다는 점, 세군과 해우의 이야기가 왕소군이나 문성공주에 비해 훨씬 전의 일이었다는 점, 한에 대한 흉노와 당에 대한 토번의 영향력에 비하면 오손은 그리 강성한 나라가 아니었다는 점, 세군의 아버지가 잔혹한 인물이었으며 또한 세군이 아이를 낳다가 일찍 죽었다는 점 등을 그이유로 들고 있다(兪明,〈細君, 解憂公主和親述論〉,《江蘇社會科學》2003年 第5期, 145~146쪽). 상루이(尙蕊)는 그것에 덧붙여 세군이 손자인 잠추에게 다시 시집간 것이 한족 윤리 관념으로 볼 때 받아들여지기 힘든 것이었다는 점을 들고 있다(尙蕊,〈細君公主和親烏孫簡考〉,《邊疆經濟與文化》2007年 第9期(總第45期), 110쪽).

21 《한서》〈서역전〉의 기록에 의하면 "能史書, 習事, 嘗持節爲公主使, 行賞賜于城郭諸國, 敬信之, 號曰馮夫人"이라 한다. 오손 지역에서의 활약이 대단해 '풍부인'이라 불릴 정도였다.

22 리옌화(李艶華)와 쿵링위안(孔令遠)은 해우를 가리켜 "서역도호부가 설치되기 전, 해우는 서역에서 한의 비공식 전권대사였다"라고 말하고 있다. 해우를 도와 각국을 돌아다녔다는 풍료에 관한《한서(漢書)》〈서역전(西域傳)·하(下)〉,〈오손전(烏孫傳)〉의 기록에 의거해볼 때 해우의 정치활동은 결코 오손에만 국한되지 않았으리라는 것이다(李艶華·孔令遠〈細君與解憂〉,《湘潭大學社會科學學報》第25卷 第2期, 55쪽, 2001.4.).

23 말 한 마디가 황권의 상징인 구정(九鼎)과 같은 가치를 지닌다는 뜻으로,《사기》〈평원군열전(平原君列傳)〉에서 나온 말이다.

24 '(달은 하나이지만) 천 개의 강에 물이 있으니 천 개의 달이 뜨고, 만 리에 구름이 없으면 만 리(전체)가 푸른 하늘이라(千江有水千江月, 萬里無雲萬里天)'라는 말은 불교 선종(禪宗)의 유명한 게어(揭語)이다. 사람은 누구나 불성(佛性)을 가지고 있고, 구름 같은 번뇌가 사라지면 불심(佛心)의 본성이 저절로 나타난다는 뜻이다. 남송 뇌암정(雷庵正)이 편(編)한《가태보등록(嘉泰普燈錄)》권18에 나온다.

25 1996년 4월 26일, 상하이에 중국, 러시아, 카자흐스탄, 키르기스스탄, 타지키스탄 등다섯 개 나라의 대표가 참가해〈국경지역 군사 영역 신뢰 강화에 관한 협정〉을 조인하여 5개국이 협조할 것을 다짐했다. 5개국은 국경지역에서 서로 침범하지 않는다, 상대국의 군사훈련에 간섭하지 않는다, 군사훈련의 규모와 횟수 등에 제한을 둔다, 서로 군사훈련 참관단을 파견한다는 등의 여러 개 항목에 합의해 상호 간의 평화와 안정을 도모하겠다고 선포했다. 2001년 이후 '상하이협력기구(上海合作組織, The Shanghai

Cooperation Organisation: SCO)'로 명칭이 바뀌었다.

26 셴싱하이(1905~1945)는 마카오 출신의 음악가이다. 파리에 유학 갔다가 1935년에 귀
국해 항일 구국운동에도 참여했으며, 1940년에 러시아에 유학 갔다. 1943년에 모스
크바에서 카자흐스탄 알라무트로 옮겨 죽을 때까지 2년 반 동안 머물며 제1교향곡
〈민족해방〉, 제2교향곡 〈신성한 전쟁〉, 그리고 〈중국 광시곡(中國狂想曲)〉과 〈만강홍
(滿江紅)〉 등 여러 작품들을 작곡했다. 그는 또한 8악장으로 이루어진 〈황하대합창〉,
〈태항산(太行山)에서〉 등 항일 애국 음악의 작곡가이기도 하다. 특히 〈황하대합창〉은
"20세기 중국음악을 대표하는 위대한 작품"(魏峰·喬春霞, 〈簡析二十世紀中國音樂最具
代表性的偉大作品〉, 《才智》, 2011年 8期, 214쪽)이라고 불린다. 그의 음악 속에는 그가 수
집한 카자흐스탄 민가(民歌)가 편곡되어 들어가 있다. 카자흐스탄에서는 그가 중국과
카자흐스탄 우정의 상징이라고 여겨 그를 기념하는 기념비를 세우고 옛 집을 정비했
다. 1998년 7월 장쩌민 주석이 카자흐스탄을 방문했을 때 카자흐스탄 대통령과 함께
셴싱하이 옛집의 기념비를 제막했다. 현재 중국 광둥성 광저우에 그의 무덤이 있다.

27 2013년 이후 중국에서 야심차게 추진하고 있는 '일대일로(一帶一路)' 전략에 의해 유
라시아대륙을 하나로 묶으려는 정책들이 다양하게 추진되고 있는데, 롄윈강에서 로
테르담에 이르는 10,900킬로미터의 제2유라시아 철도(第二亞歐大陸橋)가 이미 개통
되었다.

제15장 월

1 '월족'이라는 용어는 사실 정확한 것이 아니다. 역사서에서는 '백월(百越)'이라 말하
는데, 백월은 한 민족을 지칭하는 것이 아니라 상당히 많은 민족들을 통칭하는 말이
다. 《여씨춘추》 〈시군(恃君)〉편의 '백월'에 대한 고유(高誘)의 주(注)에서는 "월유백종
(越有百種)"이라 말하고 있을 정도다. '백월'이라는 단어는 전국시대 말기에 나왔고,
북방 민족을 '호(胡)'라고 통칭하듯 '월(越)' 역시 남방 민족을 통칭하는 말이다. 그래
서 백월은 양월(揚越), 남월(南越), 우월(于越), 민월(閩越), 외월(外越), 육량(陸梁), 서구
(西甌), 낙월(駱越) 등 여러 가지 명칭으로 불린다. 백월 지파 중에서 남월은 오늘날의
광둥성과 광시좡족자치구 동부, 서구는 광시좡족자치구와 그 남쪽 지역을 가리킨다
(朱鳳祥, 〈論趙佗經略嶺南的作用〉, 《洛陽師範學院學報》 2002年 第1期, 84쪽). 여기서 저자
가 '월족'이라는 용어를 사용한 것은 아마도 '남월'을 위주로 이야기를 풀어가기 위한

것으로 보이지만, 엄밀하게 말하면 정확한 호칭은 아니다.

2 그러나 대부분의 자전(字典)에는 '월(越)'의 갑골문(甲骨文)과 금문(金文)은 나타나지 않는다. '월'자는 전문(篆文)에 보이는데《설문해자(說文解字)》에서는 "월(越), 도야(度也)"라고 하여 '넘어가다, 지나가다'라는 의미로 풀고 있다. '월'이 나라 이름이 된 것은 '중원에서 멀리 떨어진 곳'이라는 의미 때문이니, 일종의 파생어라고 하겠다.

3 백비의 코에 '하얀 가루가 칠해졌다'는 것은 경극(京劇)에서 얼굴에 하얀 칠을 한 배역을 가리킨다. 경극 얼굴 분장인 '검보(臉譜)'에서 하얀 칠을 하는 얼굴은 '분검(粉臉)' 혹은 '백말자(白抹子)'라고 하는데, 이런 분장을 한 인물은 성격이 음험하고 교활하다. 대표적인 '하얀 얼굴'로는 조조나 사마의, 동탁이 있다.

4 '굴묘편시'란 초(楚) 평왕의 시신을 무덤에서 꺼내어 채찍질한 사건을 가리킨다. 오자서가 초에 있을 때 그의 아버지 오사(伍奢)가 태자 건(建)의 스승이었다. 초 평왕이 참언을 듣고 태자 건과 스승 오사를 죽이려 했고, 오사를 가둔 뒤 아들 둘을 부르라고 했다. 오자서는 오나라로 도망쳤으나 형 오상(伍尙)과 아버지는 평왕에게 죽었다. 그 원한을 가슴에 품고 있다가 오왕 합려를 보좌하여 초를 함락한 뒤, 초 평왕의 시신을 무덤에서 끌어내 채찍으로 300번 쳤다고 한다.

5 오늘날 장쑤성 쑤저우(蘇州)에 있는 산. 관왜궁은 부차가 서시를 위해 지어주었다는 이야기가 전해지는 곳이다.

6 청 초기, 오위업(吳偉業)(1609~1671)의 시〈원원곡(圓圓曲)〉에 나오는 구절들이다.

7 "有志者, 事竟成. 破釜沉舟, 百二秦關終屬楚. 苦心人, 天不負, 臥薪嘗膽, 三千越甲可吞吳." 이것은 중국 민간에 널리 알려진 대련(對聯)에서 나온 글귀다. 이 대련은 포송령(蒲松齡)(청), 김정희(金正希)(명), 호기원(胡奇垣)(명) 등이 썼다는 설이 전해지지만 확실히 알 수는 없다. 다만 '파부침주'는《사기》〈항우본기(項羽本紀)〉, '와신상담'은《사기》〈월왕구천세가(越王句踐世家)〉에 나오는 고사성어로서 상련(上聯)은 항우, 하련(下聯)은 구천의 이야기를 소재로 하고 있다. '뜻이 있는 자, 반드시 이룬다(有志者, 事竟成)'라는 구절은《후한서》〈경엄전(耿弇傳)〉에 나온다. 이 글귀는 목표를 정해놓고 열심히 노력해야 한다는 의미로 많이 써서 붙인다.

8 나은(833~909)의 시〈서시〉는 독특하다. 서시를 오 멸망의 희생양으로 삼지 말라는 논조는 그 시대 작가들과 비교해볼 때 매우 혁신적이다. 그는 또 다른 작품〈황제가 촉으로 가다(帝行蜀)〉에서도 "황천에서 현종은 반드시 말해야 하네, 이번에는 양귀비 억울하게 하지 말고"라며 양귀비의 억울함을 대신 말해주고 있다. 당 말기 7대 임금을 거치며 왕조의 쇠락과 멸망의 과정을 지켜보면서 매우 비판적인 시들을 많이 썼다. 저자가 인용한 시의 글자들 중 '시(時)'는 '오(吳)', '구(咎)'는 '원(怨)', '망(亡)'은 '경(傾)'

으로 바꿔야 한다.

9 저자가 인용한《동파이물지》가 어디 시대의 책인지, 혹은 어느 책에 인용되어 있는 것인지 알 수 없다. '이물지'라는 이름의 책들은 역대로 많이 나왔고, 《태평광기》나 《태평어람》, 《북당서초》 등 많은 책에 인용되기는 했으나 원서들은 이미 사라졌다.

10 방아를 다 찧고 나면 방아를 돌리던 노새를 죽인다는 뜻. 자기를 도와준 사람을 일이 다 끝나고 나면 버린다는 의미이다. 허베이성 출신의 현대문학 작가 류사오탕(劉紹棠, 1936~1997)의 장편소설《낭연(狼烟)》에 나오는 구절이다.

11 '정보 비대칭성(asymmetries of information)'이란 미국의 경제학자 조지 애컬로프(George A. Akerlof)가 1970년에 처음 사용한 용어이다. 중고차 시장에서의 중고차 매매를 예로 들며 구매자와 판매자 사이에 숨겨진 정보가 있는 등, 정보의 비대칭성이 존재한다고 설명했다. 판매자에 비해 구매자는 '정보의 열등자'가 된다고 볼 수 있는 것이다. 저자는 아마도 왕과 공신의 사이에 이러한 '정보의 비대칭성'이 존재한다고 본 것 같다. 왕(구매자)은 공신(판매자)이 갖고 있는 '숨겨진 정보'들을 제대로 알 수 없어 '정보의 열등자'가 되는 것이다.

12 '배주석병권(杯酒釋兵權)'이라고 일컫는다. 송 태조 조광윤이 황제가 된 후 즉시(963) 술자리를 열어 공신들을 모아놓고 "만일 자네들이 원치 않는다 해도 자네 부하들이 자네들을 황제로 만들어 황포(黃袍)를 입게 해주겠다고 하면 어쩔 것인가?"라는 말을 하여 모두를 대경실색하게 했다. 다음 날 석수신(石守信), 고회덕(高懷德)을 비롯한 장군들은 모두 병을 칭해 자리를 내놓고 물러났다.

13 이 이야기는 정사에 나온 것이 아니라고 한다. 청 때 유행한 평서(評書)《영렬전(英烈傳)》에 있는 내용인데, 명 시기부터 전해지는《영렬전》에는 이 내용이 없기 때문에 청 때 끼워 넣은 것이라는 주장도 있다. 이 내용을 보면 태조 주원장은 영원한 주씨 왕조를 위해 걸림돌이 되는 공신들을 모두 없애려고 했는데, 이를 눈치 챈 유백온(劉伯溫)만이 먼저 관직을 내놓고 낙향해 살았고, 친구 서달(徐達)에게 알려줘 그 역시 살아남았다고 한다. '포타경공루(炮打慶功樓),' '포타공신루(炮打功臣樓)'라고도 한다.

14 미야모토 무사시(1584~1645)는 '검성(劍聖)'이라 불리는 인물로서 에도 시대 초기의 유명한 무사이자 화가이다. 쌍검을 사용하는 검도인 '니토류(二刀流)'를 개발했다. 1582년 도요토미 히데요시가 등장하면서 사무라이만이 장검을 지닐 수 있게 했고, 그로 인해 사무라이는 최고의 시대를 구가한다. 그러나 에도 시대(1603~1867)로 접어들면서 평화로운 시기가 도래하고, 사무라이는 방랑무사가 된다. 미야모토 무사시는 그러한 사무라이의 전형으로, 일본인에게는 하나의 상징이 되어 있다. 만화《배가본드》의 주인공이기도 하다. 저자는 '25회' 결전을 했다고 소개했지만, 무사시가 쓴 병

법서인《오륜서(五輪書)》에 의거해 '60전(戰) 불패'라는 이야기가 전해진다.

15 오늘날 쓰촨성 청두(成都) 서북쪽 두장옌(都江堰)시에 있는 2천여 년 전 진(秦) 시대
    의 수리공정. 분수어취(分水魚嘴)를 설치해 민강(岷江, 민장)의 물을 내강(內江)과 외강
    (外江)으로 나누어 청두 지역의 고질적인 홍수를 해결했다. 태수 이빙(李氷)의 작품이
    라고 전해진다. 쓰촨 대지진 때에도 두장옌의 수리시설은 피해를 입지 않아 그 수리공
    정의 뛰어남을 다시 입증했다. 유네스코 세계문화유산으로 지정되어 있다.

16 진시황 원년(BC246), 한국(韓國)의 기술자인 정국(鄭國)이 10여 년에 걸쳐 만든 관중
    지역 최초의 수리공정. 경수(涇水)의 물을 끌어들여 낙수(洛水)로 연결한 관개로인데,
    길이는 300여 킬로미터에 달한다. 원래 진의 국력에 불안감을 느끼던 인근의 한(韓)이
    진의 국력을 소모하게 만들기 위해 토목사업을 하게 하려고 정국을 몰래 보낸 것인데,
    진시황이 그것을 알고 정국을 죽이려고 했다. 그러나 어차피 진의 수리 기술이 낙후했
    던 차, 정국에게 그것을 마무리하게 하여 진의 식량생산을 늘리려고 수리작업을 완성
    하게 했다.《한서》〈구혁지(溝洫志)〉,《사기》〈하거서(河渠書)〉참조.

17 화취(鏵嘴)에서 갈라져 각각 대천평과 소천평을 지나 북거(北渠)와 남거(南渠)로 흘러
    드는 물줄기는 이강과 상강으로 간다. 전체 길이 36.4킬로미터, 폭 10미터, 깊이 1.5미
    터 정도다.

18 상강 상류 해양하(海洋河)에서 흘러내려오는 물줄기를 쟁기 모양으로 생긴 돌 구조물
    인 '화취(鏵嘴)'가 두 갈래로 갈라 30퍼센트는 이강으로, 70퍼센트는 상강으로 흘러
    들어가도록 해준다.

19 화취에서부터 갈라져 나온 '사람 인(人)'자 형태의 돌 제방으로, 대천평은 344미터, 소
    천평은 130미터이다. 높이는 2미터 정도이고 너비는 17~23미터 정도 된다. 물이 많아
    지는 기간에는 물줄기를 남북이거 사이에 있는 상강고도로 흘러가도록 하여 수로 내
    에 흐르는 물의 깊이가 1.5미터 정도를 유지할 수 있도록 해준다. 물의 수위를 유지해
    준다고 하여 '천평'이라고 부른다.

20 설수천평은 남거에 두 곳, 북거에 한 곳이 있는데 대·소천평의 부족한 점을 보충해준
    다. 수로 내에서 다시 물을 방류하는 작용을 하여 수로 제방이 잘 버틸 수 있도록 해주
    며 또한 홍안성의 안전을 지켜준다.

21 "海陽一水化湘漓, 南北分流各有期." 명나라 상열(桑悅, 1447~1513)의 시구라고 한
    다(桂北民俗博物館,〈海陽山名稱沿革〉, 2012.5.11.).

22 "一道原泉却兩支, 右爲湘水左爲漓. 誰知萬里分流去, 到海還應有會時." 명나라 진
    사 노탁(魯鐸)이 안남(安南)으로 출사하면서 광서(廣西)를 지나갈 때 지은 시〈분수령
    (分水嶺)〉에 나오는 구절이다.

23 상계철도는 북으로 후난성 헝양(衡陽)시에서부터 시작해 남쪽으로 광시좡족자치구의 구이린(桂林), 류저우(柳州), 난닝(南寧)을 지나 핑샹(憑祥)시까지 이르는 철도로서, 전체 길이 1,013킬로미터에 이른다.

24 보통 민월의 개국 군주는 무저가 아니라 그보다 앞선 월인이었을 것이라고 추측한다. 《사기》 등의 문헌에서 무저를 민월국의 '왕'이라고만 하고 있을 뿐 '개국 군주'라고는 하지 않고 있기 때문이다. 또한 천옌(陳燕)은 '민월'이라는 호칭에 대해, 원래 월이 초에 망한 후 월의 귀족들이 남쪽으로 이주해 민 땅으로 들어와 나라를 세울 때, 현지 토착민인 '민'의 인구가 훨씬 많았기 때문에 나라 이름의 앞에 '민'을 붙이고 뒤에 '월'을 붙인 것이라고 말한다(陳燕,〈閩越國開國問題硏究〉,《海峽科學》2009年 第11期(總第35期), 21쪽).

25 '야'라는 이름은 오늘날 푸저우 야산(冶山, 예산) 구야지에서 비롯되었다. 춘추시대 말기, 칼을 잘 만드는 장인이었던 구야자(歐冶子)가 야산 일대에서 야금을 하며 칼을 만들었다고 하여 그곳이 '구야지', 산 이름은 '야산'이라 불린 것이다. 1996년 10월, 고고학 팀이 푸저우 신점고성(新店古城)을 발굴했는데, 전국시대 말기의 것으로서, 무저 시절의 것으로 추측되고 있다(陳春惠,〈閩越國都城"冶"與武夷山軍事城堡〉,《南方文物》1996年 第4期, 64쪽). 황융춘(黃永春) 역시 신점고성이 규모는 작지만 무저의 '야성'임이 분명하다고 말한다(黃永春,〈閩越國冶城遺址考〉,《福建論壇(人文社會科學版)》1998年 第2期, 66~69쪽).

26 민월이 멸망한 요인에 대해 학자들은 몇 가지 공통적인 견해를 내놓고 있다. 한 무제의 '대일통' 정책에 의해, 인구도 적고 영토도 작았던 민월은 어쨌든 망할 수밖에 없었다는 필연론에서부터 시작해 외교적인 실책, 여선이 도성을 푸젠성의 바다 지역으로 정했다면 결과는 달라졌을 것이라는 견해에 이르기까지 몇 가지 의견들이 있다. 민월은 '수전(水戰)'에 강한데도 여선이 푸젠성 북부 산악 지역을 거점으로 삼았기에 자신들의 장점을 살리지 못했다는 것인데, 상당히 일리가 있는 견해이다(李尾咕,〈閩越亡國原因探析〉,《龍岩學院學報》第23卷 第2期, 53쪽, 2005.4.). 이런 공통된 견해 외에 천여우시(陳有喜)와 궁정취안(龔正權)은 민월지역의 습하고 더운 기후를 이유로 들기도 한다.《한서》〈엄조전(嚴助傳)〉에 나오는 기록("南方暑濕, 近夏癉熱, 暴露水居, 蝮蛇生, 疾癘多作, 並未血刃而病死者什二三, 雖擧越國而虜之, 不足以償亡, 夏月暑時, 歐泄霍亂之病相隨屬也, 曾未施兵接刃, 死傷者必衆矣")을 예로 들면서, 전쟁으로 죽은 병사들도 많았지만 그보다는 덥고 습한 기후에 창궐한 콜레라 등의 전염병으로 죽은 병사들이 열에 두세 명이었다고 말한다(陳有喜·龔正權,〈從自然地理因素看西漢時期閩越國存亡〉,《科技信息》2010年 第4期, 178쪽).

27 원서에는 '정정(正定)'이라고 되어 있으나 《사기》 〈남월열전〉에는 '진정'으로 되어 있어서 수정했다.

28 1986년에 광둥성 문물 고고팀과 러창(樂昌)시 문물 고고 관계자들이 조타성 성벽 유적지로 추정되는 곳을 발견했다. 동서 길이 58.7미터, 남북으로 너비 28.5미터이며 면적은 약 1,673제곱미터 정도 된다. 기와 조각과 도기 조각이 발견되었다. 오늘날 러창시 악성가도(樂城街道) 부근에 있다(駱學旺, 〈趙佗城歷史遺址信息初探〉, 《韶關學院學報‧社會科學》第31卷 第4期, 13~14쪽, 2010.4.).

29 조타가 이렇게 했던 것은 이유가 있다. 한 고조가 기원전 196년에 그를 남월왕에 봉하면서 좋은 관계를 유지했던 것이 여후(呂后)가 정권을 잡으면서 틀어졌기 때문이다. 여후는 한나라 주변 민족에 대해 적대적인 정책을 추진했다. 조타가 세 차례에 걸쳐 글을 보냈지만 모두 소용이 없었다. 그래서 분노한 조타가 기원전 183년에 다시 '남월무제(南越武帝)'를 자칭했다. 여후가 죽고 한 문제가 즉위한 후 기원전 179년에 오늘날의 허베이성에 있는 조타의 조상 무덤들을 확충해주는 등 조타를 위한 정책을 편 뒤, 육가를 사신으로 보내니 그때서야 조타가 수그러들어 칭신하기로 했다. 한으로서도 남월을 위무해야할 필요가 있었고, 조타 역시 당시 대제국이었던 한과 대적하는 것이 이익이 되는 일은 아니었기에 서로 이런 관계를 유지한 것으로 보인다. 그러나 현재 중국 학자들 대부분은 이러한 조타의 행적을 '국가 통일을 위한 것'이었다고 서술하고 있으며, 조타를 '중국인'이라고 말하고 있고, 남월국 역시 '한대남월국(漢代南越國)'이라고 표기하여 '한나라 때의 지방 소수민족 정권'이라는 일관된 관점에서 서술하고 있다.

30 안양왕(安陽王)은 어우 락(甌駱)의 왕 '안 즈엉 부엉'을 가리킨다. 그는 기원전 257년에 반 랑을 멸망시켰다. 그 시기에 관한 전설을 보면 찌에우 다(조타)가 어우 락에 강화를 요청하면서 자기 아들 쫑 투이(仲始)를 안 즈엉 부엉의 셋째 딸 미쩌우(媚珠)와 결혼시켜, 안 즈엉 부엉의 뛰어난 무기였던 쇠뇌의 비밀을 알아오게 한다. 그 쇠뇌는 금빛 거북의 발톱으로 만든 것이라 했는데, 쫑 투이가 미쩌우를 꾀어 몰래 쇠뇌를 구경한다면서 발사장치를 망가뜨렸고, 찌에우 다에게로 돌아온다. 발사장치가 망가진 줄 모르고 쇠뇌만 믿고 있던 안 즈엉 부엉이 결국 패배했다(유인선 지음, 《새로 쓴 베트남의 역사》, 36~37쪽, 이산, 2002). 여기서 '미인계'를 사용했다는 것이 바로 이 전설을 가리킨다.

31 《송사(宋史)》 〈외국열전〉에서는 교지(交趾)가 원래 한나라 초기 '남월의 땅'이었다고 말한다. 한나라 초기에 남월은 외국으로 여겨졌다. 조타(베트남에서는 찌에우 다라고 한다)가 홍하 북부에 교지를, 남부에 구진(九眞)을 설치했는데, 명대에 편찬된 《원사(元史)》에는 남월이 빠져버리고 《명사(明史)》에 이르면 베트남이 당나라 이전에는 중국

에 속했던 곳으로 간주된다. 원대에 대리국이 멸망하면서 중국 영토가 남부 3개 성으로 확대된 상황에 맞추어 베트남 역사의 시작을 10세기로 본 것이다. 그러나 베트남 역사서 《대월사기전서(大越史記全書)》(147쪽)에서는 10세기를 건국이 아닌 (중국으로부터의) 독립 시기로 보고 있다. 백월(百越)의 시조인 락 롱 꾸언의 후손들이 반 랑(Van Lang, 文郎)국을 세웠고, 그 후에 어우 락(Au Lac, 甌駱)국이 들어서며, 어우 락국을 병합한 남 비엣(남월)을 자신들 역사의 일부로 보고 있는 것이다(최병욱, 〈중국 역대 왕조의 베트남 인식〉, 《동북아역사논총》 11, 277~278쪽, 2006.6.).

32 조타가 이렇게 효율적인 통치를 할 수 있었던 데에는 몇 가지 중요한 요인이 있었다. 우선 그는 월의 습속을 존중했다. 월인은 중원 사람들이 '속발(束髮)'을 하고 오(吳), 월(越), 민동(閩東) 지역 사람들이 '단발문신(斷髮文身)'을 했던 것과 달리 '추계(椎髻)'(머리를 상투처럼 틀어 올리는 것)를 했다. 조타 역시 '관대를 버리고(棄冠帶)' 그들의 습속에 따라 '추계'를 하고 한의 사신들을 맞이했다. 둘째, 그는 월인을 중용했다. 한인만을 주요 관직에 앉혔다면 '절대 진나라 포로가 되지는 않으리(莫肯於秦虜)'라고 외치던 월인과 민족 갈등이 많았을 것이나, 월의 지도자였던 여가(呂嘉)를 승상에 앉히는 등, 월인에게 중책을 맡겼다. 셋째, 영남 지역으로 이주해 온 한인을 월인과 통혼하게 했다(張誠, 〈試論趙佗對開發嶺南的貢獻〉, 《史學月刊》 1997年 第2期, 15쪽).

33 《사기》 〈여생육가열전(酈生陸賈列傳)〉, 여태후가 권력을 잡고 여씨 일족이 정권을 장악하니, 우승상 진평은 재앙이 자신에게 미칠까 봐 전전긍긍하고 있었다. 그때 가생이 찾아와 장군과 재상이 손을 잡으면 두려울 것이 없다고 알려주었다. 진평은 그의 계책에 따라 태위 강후를 초빙해 손잡고 마침내 여씨 일족을 견제할 수 있었다.

34 역사적 사건을 누구의 시각에서 서술하는가에 따라 내용이 달라진다. 육가가 왔을 때 조타가 무릎을 세우고 앉았다는 사실에 대해서도 《사기》에서는 조타가 '야만적' 행동을 한 것으로 서술하고 있으나 《대월사기전서》에서는 그곳에 오래 살다보니 예의를 잊어버렸다는 식으로 얼버무린다. 육가가 조타에게 황제를 칭하지 못하게 했다고 《사기》에는 서술되어 있으나 또한 동시에 남월이 한에 사절을 보낼 때에만 왕을 칭하고 나라 안에서는 여전히 황제라 칭했다고 쓰고 있다. 한이 베트남 지역에 대해 직접적인 지배권을 행사한 것은 남월이 아니라 후한 시기에 교지에서 일어났던 쯩 자매(쯩 짝(徵側)과 쯩 니(徵貳))의 봉기를 진압한 후부터로 봐야 한다.

35 사마천의 《사기》나 베트남 레 반 흐우(黎文休)의 《대월사기전서》에서 남월은 중국과는 다른 나라로 여겨졌다. 조타가 한인이었다고 해서 남월의 역사를 한의 역사로 보는 것은 무리가 있다. 뒤에 등장하는 월인 승상 여가(呂嘉, 르 쟈)가 조타 사후 한에 내부(內附)하고자 하는 왕을 살해하고 맞선 것을 보면, "남월에서의 분란은 결국 한인과

월인의 대결이었던 것이다."(최병욱, 앞의 논문, 279쪽)

36   남월왕묘는 남월 2대 왕 조매(趙眜)의 무덤이다. 1983년에 발견되었는데, 최근 중국 5
      대 발굴 중의 하나로 꼽힐 정도로 유명하다. 특히 2,291조각의 옥으로 만들어진 사루
      옥의(絲縷玉衣)와 '문제행새(文帝行璽)'라는 글자가 새겨진 금인(金印), '조매'라는 글
      씨가 있는 옥인(玉印)이 발견되어, 무덤의 주인이 조타의 손자이자 2대 왕인 조매의 무
      덤이라는 것을 알게 되었다(岳南, 〈南越王墓-追尋嶺南文明的千年隱迷〉, 《文明》2009年 第
      2期, 104~111쪽). 2,100년 전의 무덤으로 1천여 점의 유물도 함께 출토되었고, 전설 속
      남월의 존재를 확실하게 알려주었다. 그러나 현재 발굴지에 조성된 박물관의 명칭은
      '서한남월왕묘박물관(西漢南越王墓博物館)'이다. '남월왕묘'라고 하는 것이 정확한 명
      칭임에도 앞에 '서한'이라는 글자를 붙여 현재 중국 정부에서 추진하고 있는 '다민족
      일체론' 정책을 충실하게 구현하고 있다. 한편 이런 것과 달리, 최근에는 남월왕묘에서
      나온 다양한 옥기(玉器)의 문양들을 분석해 문화상품에 응용하는 방안을 제시한 논
      문도 나오고 있다(吳羚祥, 《南越王墓紋樣研究及再應用探索》, 廣東工業大學碩士學位論文,
      2011.5.).

37   1995년에는 지하에서 돌로 만든 남월국 시절의 연못이 발견되었고, 1997년에는 어화
      원이 발굴되었다. 2000년에는 광저우시 아동공원에서 남월국의 궁전 터가 발견되었
      다. 이것들은 중국에서 발견된 가장 오래된 궁정 화원인데 특히 어화원에는 7개 왕조
      의 지층이 중첩되어 있어 무려 83개의 서로 다른 시대의 우물들이 발견되었다. 무엇
      보다 특징적인 것은 중국의 건축물이 대부분 목조인데 비해 이곳의 구조물은 로마 시
      대 건축물처럼 돌로 되어 있다는 점이다(月明日, 〈割去嶺南近百年-南越國之迷〉, 《百科知
      識》, 39쪽, 2009.3.).

38   "다른 사람이 내쉬는 숨에 기대어 살아간다"라는 뜻이니, 남에게 기대어 생존하는 것
      을 의미한다. 《후한서》 〈원소전(袁紹傳)〉에 나온 말이다.

39   건덕은 베트남 역사에서 '끼엔 득'이라고 하는데, 그가 바로 남 비엣의 마지막 왕 투엇
      즈엉 브엉(術陽王)이라고 한다.

40   당의 시인 백거이(白居易)의 시 〈비파행(琵琶行)〉에 '천애(天涯)'라는 단어가 나오는데,
      '천애해각(天涯海角)'이란 하늘 끝 바다 머나먼 곳이라는 의미로, 아주 멀리 떨어진 곳
      을 뜻한다. 해남도(하이난섬)는 중국대륙의 남쪽 끝에 자리해 일찍부터 유배지로 유명
      했던 곳이다. 송의 소동파(蘇東坡), 명의 해서(海瑞) 등이 모두 이곳에 유배되었다. 서남
      쪽 바닷가에 '천애', '해각'이라는 글씨가 새겨진 바위가 있어 관광 명소가 되고 있다.

41   사실 한 원제 이후 중원 왕조와 580년 동안 격절되어있던 해남도(하이난섬)를 세부인
      이 왜 자발적으로 중원 지역 왕조에 귀속시키려 했는지에 대해서는 여러 가지 논의들

이 있을 수 있다. 한인 풍보와 혼인하여 해남도 지역을 중원에 예속시킨 행동은 부정적 관점에서도 볼 수 있기 때문이다. 한 무제가 이곳에 군현을 설치한 후 20여 년 동안 반란이 무려 여섯 차례나 일어났는데, 실익도 없이 골치 아픈 일만 생기는 것을 피곤해하던 한 왕조의 조정에서는 "바다 가운데에 있어 습기가 많고 독초와 뱀 등으로 인한 질병도 많은 곳이니, 버려도 아쉬울 것이 없다"라고 말하며 군현을 없애버렸다. 그후 해남도는 중원 정권과 상관없는 독립적인 지역으로 수백 년을 지냈던 것이다. 세부인의 혁신적 결정과 과감한 정책 시행 등에는 긍정적으로 평가할 면이 충분히 있고 현지에서는 신으로 받들어지며 상당히 많은 존경을 받고 있는 것도 사실이지만, 그녀의 결정에 대한 의문이 남는 것 또한 사실이다. 본문에서도 세부인이 조국의 통일을 지켰으며 분열 할거행위를 반대했다고 쓰고 있듯, 현재 중국에서 나온 거의 모든 논문에서는 세부인의 이러한 행적을 '국가를 통일'하고 '민족을 단결'시키는 행동이었으며(王芹,〈洗夫人在海南的歷史功勛〉,《海南師範大學學報(社會科學版)》1999年 第2期, 83쪽) 세부인 덕분에 낙후했던 이 지역이 경제, 문화적인 면에서 중원의 발달한 선진 문명의 세례를 받을 수 있었다고 쓰고 있다.

42 중국에는 현재 두 개의 '남천일주'가 있다. 하나는 영화 〈아바타〉의 배경으로도 나왔던 '남천일주'로서, 후난성 장가계(張家界, 장자제)의 기묘한 봉우리를 가리키고, 다른 하나는 하이난섬에 있는 기이한 바위를 가리킨다. '천애(天涯)'와 '해각(海角)'이라는 이름을 가진 두 개의 바위에서 멀지 않은 곳에 위치해 있는 높이 7미터의 큰 바위이다. 신화 속에서 공공(共工)이 전욱(顓頊)과 싸우다가 부주산(不周山)을 머리로 받아 부러뜨리는 바람에 '천주(天柱)'가 부러졌다고 했는데, 그 부러진 '천주'가 이곳에서 남쪽 하늘을 받치고 있다는 것이다. 청 선통제 때(1911) 애주지주(崖州知州) 범운제(范雲梯)가 이 전설에 근거해 바위에 '남천일주'라는 네 글자를 새겼다고 한다. 여기서는 해남도의 남천일주가 하늘을 떠받치듯, 세부인이 통일 대업을 떠받치는 중요한 역할을 하고 있다는 의미로 쓰였다.

43 의천검은 조조의 보검이었다고 하는데, 송옥의 〈대언부〉에 나오며 《의천도룡기》에도 등장한다.

44 하이난섬의 충산(瓊山)시 신포(新坡)진에 있다. 명칭은 '세부인기념관(洗夫人紀念館)'인데, 1989년에 원래 '세태부인 사당(洗太夫人廟)'이 있던 자리에 세워졌다. 해마다 음력 2월 9일부터 13일까지 세부인에게 제사를 올리는 행사가 열린다. 가오저우(高州)시에도 '고주성 세태부인 사당(高州城洗太廟)'이 있는데, 원래 명 때 세워졌고 청 때 중수했다. 2000년에 장쩌민 주석이 이곳을 방문해 세부인을 가리켜 자신들이 배워야 할 인물이라고 칭송한 바 있다.

45 전류(852~932)는 임안(臨安) 사람으로 가난한 집에서 태어나 16세 때부터 소금을 밀매하는 직업에 종사하면서 담력을 키웠다. 17세 때부터《손자병법》을 읽으며 동창(董昌)의 군대에 들어갔고, 당 말기 희종(僖宗) 때 황소(黃巢)의 난이 일어나 황소 기의군이 임안으로 치고 들어올 때에 적은 군대로 그것을 막아냈다. 896년부터 양절(兩浙) 지역을 다스리며 지방에 할거했다. 932년, 81세로 죽었고 임안의 전왕릉(錢王陵)에 묻혔다. 그의 33대손인 국무원 부총리 첸치천(錢其琛)이 그를 위해 '전무숙왕릉(錢武肅王陵)'이라는 글씨가 쓰인 패방(牌坊)을 세웠다.

46 말하자면 전류의 정책은 일종의 '사대(事大)'였다. 그는 죽을 때에도 자손들에게 "자손들은 중원을 잘 섬기도록 하라, 중원 왕조의 성씨가 바뀐다고 해서 사대의 예를 폐기해서는 절대 안 된다(子孫要善事中國, 勿以易姓廢事大之禮)"《十國春秋》〈吳越二·世家〉卷78)라고 말할 정도였다. 물론 그가 '사대'를 표방하긴 했지만 정치, 경제, 사회적인 면에서는 독립을 유지했다. 한편 작은 나라였던 오월을 곁에 있던 강한 나라 남당이 정복하지 못한 이유에 대해 탕룽란(湯蓉嵐)은 전류의 통치 능력이 뛰어나 오월 내부가 안정되었고, 그의 정책을 후대 왕들이 그대로 이어받았다는 점, 백성에게 너그러운 조치들을 취했다는 점 등을 들고 있다(湯蓉嵐,〈論錢氏吳越國的立國基礎和內外關係〉,《台州師專學報》第18卷 第5期, 32~34쪽).

47 사실 당시 중원 왕조가 53년 사이에 '5성(姓)13군(君)'으로 바뀔 정도였고, 왕들이 왕위에 있었던 기간도 길어야 10년, 짧으면 3,4년에 불과했던 것과 비교해보면 난세에 80여 년을 버틴 오월의 '처세'는 놀랍다고 할 만하다. 강한 나라에 명분상으로 '신속(臣屬)'하면서 약소국의 생존을 추구했던 전류의 지혜로운 정책은 역사적으로도 상당히 긍정적인 평가를 받았다.

48 소위 '납토(納土)'라고 한다. 이것은 오월국 개국 군주였던 전류의 "稟號令於闕庭, 保封疆於邊徼"를 계승한 정책이다. 중국 학자들은 이러한 전숙의 결정을 당시의 정세를 객관적으로 판단하여 자신의 백성을 보전하고자 한 현명한 선택이었다고 말하고 있다(曾國富,〈五代吳越國治國方針淺析〉,《文史博覽》, 9~10쪽, 2006.12.).

49 산문작가 주쯔칭(朱自清)의 작품〈등불 그림자 속에 노젓는 소리 들려오는 진회하(槳聲燈影中的秦淮河)〉(1923)에 나온 구절이다. 밤배에 등불을 걸고 진회하(친화이허)에서 천천히 노를 저으며 배를 탄다는 것이니, 강남의 고요하고 아름다운 풍광을 잘 묘사하고 있다.

50 사실 항주(항저우)가 화려한 모습을 간직하게 된 것에는 전류의 공이 컸다. 그는 890년부터 907년에 이르는 시기에 항주성을 다섯 차례에 걸쳐 확장했으며 서호를 준설해 아름다운 모습을 갖출 수 있게 만들었다. 수나라 때 항주에는 15,380호가 있었으나

오대 시기에는 10여 만 호가 있었다고 한다. 그뿐만 아니라 항주는 일본으로 떠나는 무역선들의 출발지이기도 했다. 또한 불교 사원이 150여 개나 있어 '강남불국'이라는 호칭을 갖고 있었다. 유명한 영은사와 뇌봉탑 등도 모두 오월국 시기에 만들어졌다(陶福賢, 〈錢鏐與吳越國〉, 《今日浙江》, 2000年 23期, 42~43쪽).

51 '대가'란 남녀가 편을 갈라 노래 시합을 하는 것인데, 밀고 당기는 사랑의 노래들이 주조를 이룬다. 좡족 전설 속에서 노래의 여신으로 등장하는 유삼저(劉三姐, 류싼제) 역시 노래 시합을 하다가 돌로 변했다고 한다. 남부 지방에 거주하는 대부분의 소수민족 사회에서 노래는 매우 중요한 작용을 하고, 남녀의 사랑을 전해주는 중요한 매개체 역할을 한다.

52 1851년, '태평천국의 난'이 일어난 곳이 바로 광서 계평(桂平) 금전촌(金田村)이다. 홍수전(洪秀全)이 이곳에서 태평천국을 칭하며 기의를 일으켰다.

53 1929년 12월 11일, 난창기의와 추수기의의 뒤를 이어 덩샤오핑과 천하오런(陳豪人), 장윈이 등이 광시 바이써(百色)에서 기의를 일으켜 공농홍군(工農紅軍) 제7군을 창립했다. 현재 광시 바이써시 동북쪽 잉룽산(迎龍山)에 〈바이써 기의 기념관〉이 만들어져 있다.

54 좡족 출신으로 22세 때 구이저우에서 위안스카이(袁世凱)를 토벌하는 호국군에 가입했고 구이저우 강무당(講武堂)에서 공부했다. 26세에 광시로 돌아와 자신의 고향인 둥란(東蘭)에서 농민운동에 참가한다. 농민 무장군을 조직했고, 32세 때 둥란현 혁명위원회를 조직했으며 그해 중국공산당에 가입한다. 35세 때인 1929년에 '바이써 기의'를 주도하여 유장(右江) 혁명근거지를 만들었다. 중국 농민운동의 대표적 지도자 3인(마오쩌둥, 펑바이, 웨이바췬) 중의 하나이다.

55 좡족 출신으로 원래 이름은 웨이방콴(韋邦寬)이며 역시 둥란현 가난한 농민가정에서 태어났다. 1929년에 중국공산당 청년단에 가입했고, '바이써 기의'에 참가했으며 중국 공농홍군 제7군에 입대했다. 1934년에 홍군대학 상급 지휘과에 들어가 공부했고, 1934년에 '대장정'에 참가했다. 금사강(진사강) 전투와 항일전쟁에도 참가하고, 1950년에는 베트남 군사고문단 단장도 지냈다. 1955년에 상장(上將)이 되었으며, 광시좡족자치구 주석, 정치협의회 주석 등도 역임했다.

56 시솽반나 다이족의 최고 지도자를 '자오펜링(召片領)'('드넓은 토지의 주인'이라는 뜻)이라 불렀는데, 태력(傣曆) 542년(1180)에 '파야젱(帕雅眞)'이 각 부를 통일해 '경룽(징훙(景洪))에 세운 나라다. 태력 1306년(1944)에 마지막 자오펜링이 즉위한 것을 끝으로 44대 800년의 통치가 끝났다. 저자가 '유성처럼 사라져 갔다'라고 했으나 사실은 원·명·청 왕조와 '신속' 관계를 맺어 계속되었다.

57 '납염'이란 천에 밀랍으로 문양을 그린 뒤 그것을 염색액에 담가 염색을 하는 기법이다. 염색을 하고나면 밀랍으로 그림을 그린 부분만 하얗게 되면서 고운 문양이 나타난다. 비단 부이족뿐 아니라 중국 서남부 지역에 거주하는 대부분의 민족이 이런 방식으로 옷감을 염색한다. 먀오족의 경우엔 밀랍뿐 아니라 단풍나무 수액으로 무늬를 그리기도 한다. 염색은 주로 남전초(藍靛草, 쪽의 일종)를 이용해 푸르게 물들인다.

58 그대로 번역하면 '북 집'이 된다. 원래 고루는 마을의 중심에 있는 여러 겹의 지붕 구조를 가진 목조 건축물을 가리킨다. 못을 하나도 쓰지 않고 짓는 것으로 유명하다. 이곳엔 북을 두곤 했는데, 그 '북'이란 대부분 청동 북, 즉 동고(銅鼓)를 가리킨다. 동고는 그들의 조상께 바치는 제사를 지낼 때 빠져서는 안 되는 중요한 물건이다. 때로 그것은 조상의 영혼이 깃든 곳으로 여겨지기도 한다. 동고는 마을의 지도자만 아는 장소에 보관해두기도 하고, 고루에 두기도 했다. 마을의 중심인 고루는 마을 장로들의 회의가 열리는 곳이기도 하고, 마을을 방문한 외지인을 맞아들이는 곳이기도 하며 달이 뜬 밤이면 남녀가 모여 노래하는 곳이기도 했다. 작은 마을엔 고루가 하나이지만, 마을이 크면 고루도 여러 개가 있다. 주로 구이저우성 동남부(쳰둥난) 지역의 충장(從江), 룽장(榕江), 자오싱(肇興) 등 둥족 거주지에서 주로 볼 수 있다(김선자,《중국 소수민족 신화기행》, 55~62쪽, 안티쿠스, 2009).

59 비와 바람을 막아주는 다리라는 의미에서 '풍우교'라 불린다. 우리가 일반적으로 알고 있는 다리 위에 기둥을 세우고 지붕을 덮은 형태다. 주로 나무로 만들어진 풍우교는 구이저우성과 광시좡족자치구 등을 대표하는 다리다. 고루와 풍우교의 지붕에는 꽃과 새, 동물, 그들의 역사, 마을 사람들의 생활 모습 등 다양한 문양을 그려놓곤 한다.

60 '조각루'는 그대로 번역하면 '다리를 세우고 그 위에 매달린 형태로 짓는 집'이 된다. 먀오족이나 둥족 등이 거주하는 곳은 주로 산지이고, 비탈에 집을 지을 수밖에 없기 때문에 산비탈에 먼저 기둥을 세우고 그 기둥 위에 판자를 깐 뒤 그 위에 이층, 혹은 삼층의 목조주택을 짓는다. 아래층은 헛간으로 쓰고 위층에 사람이 거주한다. 난방시설이 없는 곳이기 때문에 집안의 가운데에 화덕을 만들어 취사를 하고 집안 공기를 데운다.

61 둥족을 대표하는 현악기다. 나무를 깎아서 직접 만드는데, 현이 세 개이고 악기의 형태가 마치 소의 뒷다리 같다고 하여 '우퇴금'이라고 불린다.

62 '수서'는 수이족의 책을 가리키기도 하고 문자를 가리키기도 한다. 수이족 사람들이 길을 떠나거나 혼인할 때, 집을 지을 때, 아이가 태어났거나 사람이 죽을 때 수서선생을 모셔다가 점을 치고 의례를 행하는데, 그때 사용하는 문자다. 글자 형태를 보면 상형도 있고 지사도 있으며 한자에서 빌려온 것도 있다. 수서는 백서(白書)와 흑서(黑書)

로 나뉘는데 백서는 혼인, 집을 지을 때, 길 떠날 때 사용하고, 흑서는 귀신을 쫓는 일을 행할 때 사용한다. 현재 수서는 모두 1,200자인데 이체자(異體字) 480자를 제외해도 대략 800자 정도로 여겨지고 있다(曾曉渝·孫易,〈水族文字新探〉,《民族語文》2004年第4期, 13쪽). 수서의 기원에 대해서는 은 갑골문과 같은 기원을 갖는 것으로 은 문화의 잔존물이라는 견해(천자우(岑家梧)), 한자 문화의 영향으로 만들어진 것이라는 견해(리빙쩌(李炳澤) 등 다수), 도교 부호에서 비롯된 것이라는 견해(탄룽(坦龍)), 수족 스스로 만든 것에 한자를 병용한 것이라는 견해(네훙인(聶鴻音)) 등이 있다.

63 원래 리족은 스스로를 '싸이(塞)'라고 불렀다. 그런데 당 후기부터 중원 왕조에서 그들을 '여(黎)'라고 불렀고, 송 때에 이르면 그 호칭으로 굳어진다. 그리고 송 주거비(周去非)의《영외대답(嶺外代答)》권(卷)2에 이르면 '여'를 '생려(生黎)'와 '숙려(熟黎)'로 나눈다. 송나라 봉건 통치를 받아들이는가, 부세(賦稅)를 내는가에 따라 '생려'와 '숙려'를 구분했는데, 중원 왕조가 주변부 민족을 비하해 바라보는 시선이 느껴지는 모욕적인 호칭이다. '생려'는 순수한 여족으로 오지산(五指山)을 중심으로 하는 산지에 거주하며 성격이 강인하고, 몸에 문신을 하며 귀걸이를 착용했다. '숙려'는 한족 문화의 영향을 받은 여족, 여족 지역에 들어가 거주하는 한족 등을 가리켰다. 그들은 송나라가 설치한 주현(州縣)에 거주하며 한족의 언어와 여족의 언어를 모두 알았다. 구체적인 호칭들에 대해서는 왕시안쥔(王憲軍)과 샤오리핑(蕭麗萍)의〈古代漢文史籍中對黎族內部各族群的稱謂〉(《新東方》2009年 11期, 24~26쪽)를 참고할 것.

64 〈홍색낭자군〉은 1960년에 중국 제4세대를 대표하는 셰진(謝晉) 감독이 만든 작품이다. '홍색낭자군'은 1930년 중국 토지혁명 시기에 충야(瓊崖)(즉 하이난섬) 소비에트 지역에 조직된 여성 무장부대인데, 대부분 농촌 부녀자들로 구성되었으며 충야 소비에트 지역의 국민당 세력을 소탕하는 지원부대 역할을 했다. 작품의 주인공인 충화(瓊花) 역시 가난한 농민 출신으로, 악덕 지주의 가혹한 탄압을 받다가 '홍색낭자군'에 들어가 우여곡절 끝에 악덕 지주를 몰아내고 그 지역을 '해방구'로 만든다는 이야기를 담고 있다. '홍색낭자군' 이야기는 발레극으로도 만들어진 바 있으며, 이 영화는 그해에 '백화장(百花獎)' 영화제에서 최우수 감독상, 최우수 극 영화상, 여자 주연상, 남자 조연상 등을 휩쓸었다. 2010년에도 발레극 '홍색낭자군' 우표가 발행된 바 있다.

65 저자는 상당히 정확하게 나희의 기원을 짚어내고 있다. 현재 나희는 중국의 허베이성을 제외하곤 대부분 구이저우성, 후난성, 쓰촨성 등의 남부 지역에서 주로 전승되고 있는데 그중에서도 구이저우성의 거라오족 지역에서 오랫동안 전승되어왔다. 무엇보다 나희는 지금 예술적 요소, 즉 오락적 기능이 많이 강화되어 있지만 원래는 신을 모셔다가 제사를 올리는 종교적 기능이 중요했다. 그래서 나희의 여러 극목들을 보면 신

을 청해 오고 신의 내력담을 이야기하는 부분이 많은 것이다(王繼英,〈從仡佬族儺戲看我國古代戲劇的産生〉,《貴州民族學院學報(哲學社會科學版)》2010年 第6期 總第124期, 59쪽). 이것은 우리나라 서사무가와 매우 흡사하다. 무엇보다 탄생이나 혼인, 장례와 관련된 현지의 민간 습속들이 나희와 여러 측면에서 연결되어 있는 것이 그것의 종교적 기능을 보여주고 있다.(任正霞·張小兵,〈試論黔北仡佬族儺戲文化與民俗活動的關係〉,《蘭州教育學院學報》第28卷 第2期, 2012.4.)

66 징족(Kinh)은 원래 베트남의 주요 민족인데, 15세기 말에서 16세기로 접어드는 동안 이곳으로 이주해왔다. 북송 시절 광서 토사(土司) 농지고(儂智高)가 난을 일으켰을 때 월남이 이곳을 차지해 오랫동안 베트남에 속해있었다. 그러다가 1885년 청 이홍장이 프랑스와 조약을 맺으면서 이곳이 중국의 영역으로 들어오게 되었다. 그러니까 현재는 중국의 영역에 속해 있으나 문화적, 역사적으로는 베트남과 깊은 관련을 맺고 있는 지역이다.

제16장 서남이

1 고대 강인들이 거주하던 지역에서 황하를 부르는 명칭이었을 것으로 추측한다.

2 칭하이성 위수(玉樹) 티베트족자치주 바옌카라산(巴顔喀拉山)에서 발원해 1,000킬로미터 이상 흘러 쓰촨성의 민강(岷江)으로 흘러든다. 민강의 최대 수계(水系)이다.

3 칭하이성 바옌카라산에서 발원해 1,187킬로미터를 흘러 윈난성 경계에서 진사강(金沙江)으로 흘러든다. 고대에는 '약수(若水)', '노수(瀘水)'라고 불렸다.

4 이 책의 저자를 비롯해서 이전의 학자들은 '서남이'의 기원을 칭하이, 티베트 지역의 저, 강 계통 민족으로 보았다. 그러나 최근의 연구를 보면 쓰촨을 비롯해서 중원 지역의 한족이 남쪽으로 이주해 현지에 살던 사람들과 '융합'되어 이루어진 것으로 보는 경향이 나타난다. 중국 학계의 '다민족일체론'과 고대 중국 땅에 있던 정권들이 모두 중원 왕조의 '지방정권'이었다는 시각을 보여주고 있는 것이다. 수인(叟人)에 대해서도 이전에는 이족의 조상(方國瑜, 1984), 바이족의 조상(馬曜, 1987), 샤카인(張增祺, 1982)이라는 등 다양한 견해들이 나왔으나, 최근에 와서는 진(秦)이 촉(蜀)을 멸망시켰을 때, 남쪽으로 이주한 촉인(蜀人)이 현지 주민과 결합하여 생겨난 것이 수인이라는 견해가 나오고 있다. 스숴(石碩)는 '휴(雟)' 역시 남쪽으로 이주해온 촉인을 가리키는 말이라고 했다(石碩,〈漢晉之際西南夷中的"叟"及其與蜀的關係〉,《民族研究》2011年 第6

期, 71~81쪽/ 石碩, 〈漢代西南夷中"嶲"之族群內涵–兼論蜀人南遷以及西南夷的融合〉, 《民族研究》, 2009年 第6期, 72~74쪽).

5　현재의 바이족은 서찬백만, 나시족은 동찬오만에서 비롯되었다고 보는 것이 학계의 대체적인 의견인데, 최근에는 이러한 견해에 덧붙여 서찬백만, 동찬오만이 중원에서 남중 지역으로 이주해 온 한인이 섞여들어 '융합'되어 나온 새로운 민족 군체(群體)라는 의견들이 나오고 있다(魯剛, 〈論爨文化時期南中地區的夷漢民族融合〉, 《雲南民族大學學報(哲學社會科學版)》第25卷 第4期, 2008.7.). 사실 이곳은 야랑의 땅이었고, 야랑이 망한 후에는 한에서 파견한 관리들과 전한 이래 이곳으로 이주해온 한족(龍·傅·尹·董·謝氏), 그리고 '이수(夷帥)'라 불리던 토착 세력(孟·高氏)이 중요한 정치 세력이었다. 그것은 구분해서 보아야만 한다.

6　제갈량이 맹획을 일곱 번 잡고 일곱 번 놓아주었다는 이 이야기는 역사적 사실이 아니라 《삼국연의》라는 소설에 등장하는 허구적 사건이다. 이 이야기는 동진 시대에 나온 《한진춘추(漢晉春秋)》와 《화양국지(華陽國志)》에 기록된 것으로서 역사적 사실에 부합되지 않는다. 제갈량이 맹획을 생포한 것은 사실이고 맹획이 어사중승이 된 것도 사실이지만, '일곱 번' 잡았다가 놓아주었다는 것은 허구이다. 사학자 머우웨(繆鉞)가 1983년에 열린 제1회 《삼국연의》 토론회에서 이의를 제기한 바 있고, 팡궈위(方國瑜)도 《이족사고(彝族史稿)》에서 심도 있게 고찰한 바 있다(王鴻儒, 〈七擒孟獲:《三國演義》的搞笑版〉, 《文史天地》 2008年 11期, 52쪽).

7　그러나 최근 논문에 의하면 찬씨의 역사를 700년으로 보기도 한다. 찬씨의 조상을 한의 역사가 반고(班固)까지 소급하고 있는데, 윈난의 찬씨가 한 무제 때부터 시작된 것으로 여기고 있는 것이다. 이런 주장을 하는 사람들은 "남중대성은 한 무제가 윈난 지역을 열어젖힌 후 중원에서부터 이곳으로 이민 온 사람들 중에서 실력 있는 자가 점차 영향력을 행사하면서 윈난 지방정권을 통제하게 되었는데, 바로 그들 가족을 가리킨다"(秦建文, 〈爨·爨氏·爨文化〉, 《曲靖師範學院學報》第26卷 第5期, 34쪽, 2007.9.)라고 말하고 있다. 즉 윈난의 토착민이 아니라 중앙에서 이주해 온 한인이 그 지역의 지배 세력이 되었다고 보는 것이다. 이 지역이 한 왕조 때부터 이미 중앙 정권의 지배 아래 있었다는 논리를 펼치고 있는 것이다.

8　현재 다리고성 안에 '오화루'라는 이름을 달고 있는 건물이 있으나 그것은 1999년에 만들어진 상징적인 건물일 뿐, 실제 오화루는 아니다. 《남조야사(南詔野史)》, 《남조비고(南詔備考)》 등의 기록에 의하면 오화루는 높이가 무려 '100척(百尺)'에 만여 명을 수용할 수 있는 거대한 건물로, 태화성의 상징물이었다고 한다. 쿠빌라이가 이곳에 들어왔을 때에도 그 건물이 그대로 있었다고 하는데, 명의 군대에 의해 불태워졌다. 이

모심(異牟尋)이 779년에 이곳을 도읍으로 정한 이후 1382년에 이르기까지, 이 건물은 줄곧 태화성의 상징이었다.

9 《운남지략(雲南志略)》, 《전재기(滇載記)》 등에서는 모두 그를 몽(蒙) 청평관(淸平官) 충국(忠國)의 6세손, 포변 보륭(保隆)의 아들이라고 묘사하고 있다. 그러나 자오인쑹(趙寅松)은 그것이 사평이 왕의 자리에 올라간 후 나온 기록일 뿐, 사실은 가난한 목민(牧民) 출신이었을 것이라고 주장한다(趙寅松, 〈試論大理國的建立和段思平的出身〉, 《雲南民族學院學報(哲學社會科學版)》第19卷 第5期, 77쪽, 2002.9.).

10 대리국 단씨의 토착민 설에 대해 돤위밍(段玉明)은 그것이 성립될 수 없는 몇 가지 이유를 들고 있다. 우선 그는 피라각 이전에 단씨라는 성이 보이지 않는다는 점, 대리국 시기에 단씨가 천수군(天水郡)이라든가 성기진(成紀鎭)이라는 서북 지역 군현 이름을 사용하였다는 것, 무엇보다 단씨가 부자연명제(父子聯名制)나 중명제를 사용했다는 점 등을 들고 있다. 부자연명제나 중명제는 서북 지역 저강 계통 민족의 특징이다. 이런 몇 가지 이유를 들어 돤위밍은 대리국 단씨가 오늘날의 간쑤성 지역에서 내려온 저(氐) 계통일 것이라고 주장한다(段玉明, 〈大理國段氏爲雲南土着說質疑〉, 《雲南民族大學學報(哲學社會科學版)》第22卷 第4期, 108~109쪽, 2005.7.).

11 현재 윈난성 다리시의 상징물이 '샤관의 바람, 상관의 꽃, 창산의 눈, 얼하이의 달(下關之風, 上關之花, 蒼山之雪, 洱海之月)'이다. 즉 '풍화설월(風花雪月)'의 도시라고 여긴다. 여기에 '상관의 꽃'이 등장하기에 '대리의 꽃'이라는 표현을 쓴 것이다.

12 저자는 이것을 고대 일본과 같다고 말하고 있으나, 사실 윈난성 지역 대부분의 소수민족 사회에서 '부자연명제'는 보편적으로 나타나는 현상이다. 그뿐 아니라 여기에 나오는 것처럼 '부자중명제(父子重名制)'도 있었다. 아버지나 할아버지 이름자를 피하는 '피휘' 같은 것은 그들에겐 생소한 제도였다. 그들에겐 오히려 조상의 이름을 자신의 이름에 간직하는 것이 당연한 일이었던 것이다. 앞에서 '세륭'이 왜 그렇게 분노했는지, 현지인의 관점에서 보아야 한다.

13 진융의 무협소설 《천룡팔부》는 대리국을 배경으로 한 작품이다. 이 작품 속에 등장하는 여러 인물들이 실제 역사 속의 인물과 부합되는가를 놓고 많은 논의들이 있으나, 소설에 등장하는 보정제, 즉 단정명은 작품에서든 실제 역사에서든 모두 온화하고 착하며 자애로운 인물로 등장한다. 명 《전사(滇史)》에서는 그를 "왕이 제대로 하지 못하여 인심이 고씨에게로 쏠렸다(爲君不振, 人心歸高氏)"라고 말하고 있으나, 《남조야사(南詔野史)》에서는 "단씨의 세상이 쇠락해져 인심이 고씨에게로 쏠렸다. 단정명은 그들이 핍박할 것을 꺼려해 그것을 피해 스스로 중이 되었고, 여러 신하들은 고승태에게 왕이 될 것을 주청했다(段氏世衰, 人心漸歸高氏, 正明畏其逼, 因避爲僧, 群臣遂請高升泰爲

君也)"라 쓰고 있다(楊周偉, 〈大理段氏與《天龍八部》〉,《大理文化》, 107쪽, 2010.5.).

14　《남조야사》에 이렇게 기록되어 있다.

15　여기서는 대리국 왕들이 고씨에 의해 정치적 실권을 빼앗긴 꼭두각시였던 것처럼 묘사하고 있다. 단화예(단예, 단정엄) 역시 송에 '조공'을 했다는 것만 기록할 만하다고 쓰고 있으나, 사실 그가 무려 39년 동안이나 왕위에 있었다는 점을 기억해야 한다.《천룡팔부》에 등장하는 단예가 낭만적인 모습으로 묘사되는 것과 달리, 역사 속의 단예는 모든 면에 있어서 신중하고 문무를 겸비한 훌륭한 황제였다. 특히 그가 즉위할 때에는 주변국들이 모두 축하사절단을 보내올 정도로 대리국은 성대한 모습을 보여주었다. 그는 송과의 외교 관계가 중요하다고 생각해, 이후 30여 년 동안 좋은 관계를 유지했고, 특히 송 휘종 때에는 오늘날의 광시좡족자치구 일대에서 송과 무역을 진행할 수 있었다(楊周偉, 〈大理段氏與《天龍八部》〉,《大理文化》, 108~109쪽, 2010.5.). 대리국 22명의 황제 중 가장 오랫동안 왕좌에 있었으며 94세까지 살았던 그는 '꼭두각시'가 아니라 대리국의 지혜로운 국왕이었다.

16　하지만 이것은 저자의 시각일 뿐, 대리국의 단씨과 고씨의 관계는 서로 상보적인 것이었다고 봐야 할 것이다. 서로 거리를 유지하면서 각각의 역할을 하며 대리국을 오래도록 유지할 수 있었던 것이라는 긍정적 측면이 있다.

17　우샤오량(吳曉亮)은 남조, 대리의 도성을 오늘날의 다리고성으로 한정지으면 안 된다고 하면서, 남조, 대리의 도성을 세 군데로 정리했다. 피라각(皮羅閣)과 각라봉(閣羅鳳)에 의해 세워진 태화성(739~779), 이모심 때부터 도읍으로 정해져 450년간 지속되었던 양저미성(779~1254), 그리고 이모심(784~787)과 풍우(豐祐, 827~849) 시절에 잠시 도읍이었던 대리성(大厘城, 오늘날의 시저우(喜洲))이 그것이다. 물론 그중에서 양저미성이 가장 중요함은 말할 것도 없다(吳曉亮, 〈對南詔大理國都的幾點考釋〉,《雲南社會科學》2003年 第2期, 99쪽). '양저미'라는 단어의 뜻에 대해서는 우다오융(吳道永)의《大理地名的語言和文化分析》(雲南師範大學 碩士論文, 2009.5.), 9~10쪽을 참조할 것. 우다오융은 양저미를 '소나무와 시냇물이 흐르는 땅'이라고 해석하고 있다.

18　'다리'라는 도시를 대표하는 네 개의 단어다. 다리 바이족의 민가에 이런 내용이 있다. "샤관의 바람, 상관의 꽃. 창산의 눈, 얼하이의 달. 샤관의 바람이 불어 상관의 꽃을 피우고, 창산의 눈이 얼하이의 달을 비춘다네(下關風, 上關花. 蒼山雪, 洱海月. 下關風吹上關花, 蒼山雪映洱海月)." 창산과 얼하이가 나란히 있고, 아이라오산(哀牢山)과 창산이 만나면서 만들어지는 샤관 지역의 좁고 긴 지형이 바람의 통로 역할을 하여 시시때때로 거센 바람이 몰아치곤 한다. 특히 겨울에서 봄에 이르는 시기에는 35일 이상 큰 바람이 분다. 헝돤(橫斷)산맥의 남쪽 부분에 속하는 창산은 높이가 3천 미터가 넘어

산꼭대기에는 만년설이 있지만, 산기슭은 겨울에도 기후가 온화해 동백을 비롯한 고운 꽃들이 핀다(馬南山, 〈大理風花雪月〉, 《炎黃縱橫》 2010年 第1期, 27쪽).

19 '남방실크로드'는 쓰촨성의 청두(成都)에서 시작하여 영관도(靈關道)와 오척도(五尺道)를 거쳐 윈난성의 다리(大理)에 도착한 뒤, 서남부의 텅충(騰沖)을 거쳐 미얀마로 넘어가 인도 아삼 지역까지 이르는, 오래된 옛 길이다. '차마고도'는 윈난성의 남부에 있는 차 산지인 푸얼(普洱)에서 시작하여 다리와 리장(麗江)을 거쳐 북쪽으로 샹그릴라를 지난 뒤 티베트의 라싸까지 가는 길이다. 다리는 고대의 중요한 통로였던 '남방실크로드'와 '차마고도'가 교차하는 십자로에 위치했던 번성한 도시였으며 강성했던 남조국과 대리국의 중심도시였다.

20 1959년 창춘(長春) 영화제작소에서 만든 작품이다. 당시 프랑스에서 막 돌아온 왕쟈이(王家乙) 감독이 자오지캉(趙季康)의 극본을 바탕으로 촬영했다. 당시 건국 10주년을 기념해 몇 편의 영화가 만들어졌으나, 정치적 색채가 너무 강한 것을 우려한 저우언라이 총리가 문화부장 샤옌(夏衍)에게 서정적인 극영화를 만들어보는 것이 어떻겠느냐는 제안을 했고, 그 결과 나온 것이 바로 이 작품이다. 윈난성 다리의 창산과 얼하이를 배경으로 '금화'라는 이름을 가진 다섯 명의 젊은 여성이 등장한다. 남주인공 아펑(阿鵬)이 창산 기슭 호접천(蝴蝶泉)에서 열린 봄 축제(삼월가(三月街)에서 여주인공 금화를 만나는데, 서로 호감을 가진 그들은 다음 해 그날, 사랑의 전설이 깃든 다리 호접천에서 다시 만나기로 한다. 1년이 지난 후 아펑은 호접천으로 금화를 찾아갔는데 만나지 못하자 이름이 '금화'인 네 명의 여자를 찾아다닌다. 그러다가 마침내 자신이 그리워하던 금화를 만나게 된다는, 청춘남녀의 사랑 이야기다.

21 이족 중에서도 싸니인(撒尼人)의 장편 서사시다. 여주인공 아스마는 매우 아름답고 노래도 잘하는 소녀이고, 남주인공 아헤이는 씩씩하고 활도 잘 쏘며 노래도 잘하고 삼현(三弦)도 잘 연주하는 청년이다. 둘이 사랑을 했으나, 마을의 토호인 러부바라의 아들이 아스마를 좋아하면서부터 비극이 시작된다. 아헤이가 가축을 키우기 위해 다른 곳으로 간 사이에 러부바라 부자가 아스마를 납치하여 가둔다. 러부바라는 온갖 협박을 하며 자기 아들과 혼인하라고 하지만 아스마는 끝내 거부하고, 마침내 소식을 듣고 돌아온 아헤이가 아스마를 구해 도망친다. 그러나 가는 길에 러부바라 부자의 음모로 인하여 아스마가 물에 휩쓸려 떠내려가고, 아헤이만 살아남는다. 아스마는 메아리 여신이 되어 오늘날의 쿤밍 스린(石林)에서 한없는 메아리를 만들어내고 있다. 현재 유명한 관광지가 된 스린에 가면 반드시 들을 수 있는 유명한 전설이다. 이 서사시는 1953년에 윈난성 인민문공단(人民文工團) 규산(圭山) 작업팀에서 수집, 정리하였으며, 1964년에 상하이 영화제작소에서 영화로도 만들었는데, 거옌(葛炎)과 류춍(劉

瓊)이 극본을 썼고 류충이 감독도 맡았다.

22 '삼현'은 원래 조롱박으로 만들어진 악기로서 이족의 전통 제삿날이자 축제날인 횃불
절(火把節)이나 꽃축제(挿花節) 등에서 남자들이 연주하며 춤을 출 때 사용한다. 전해
지는 바에 의하면 1921년에 윈난성 동부 미러(彌勒)현의 이족 지파 아시인(阿細人) 청
년이 그것을 조금 큰 크기로 개조했고, 개조한 대삼현은 1930년대에 아시인의 마을에
널리 퍼졌다. 1946년 봄에 당시 서남연합대학 교수와 학생들이 이족 가무단을 조직하
여 쿤밍에서 〈아시의 노래와 춤(阿細跳樂)〉을 무대에 올렸는데, 이후 그것이 사람들에
게 널리 알려졌다. 달이 뜬 밤, 삼현을 연주하며 노래하고 춤추는 아시인의 축제다. 현
재 대삼현은 보통 130~140센티미터의 크기이지만, 커다란 것은 2미터에 육박한다.

23 1935년 5월 10일, 홍군 선발부대가 오늘날의 쓰촨성 몐닝(冕寧)현에 도착하였고, 5월
22일에 이족과 한족 천여 명이 모여 량산의 첫 번째 홍색정권인 몐닝현 혁명위원회를
세웠으며, 홍군 총사령관 주더(朱德)가 연설을 했다. 혁명위원회가 성립되기 이틀 전,
류보청이 홍군 1사단을 이끌고 먼저 도착해 어해자(魚海子, 이해(彝海))에서 샤오예단
(小葉丹)과 결맹을 맺었다. 예단의 원래 이름은 궈지 무지 예단(果基木吉葉丹)이다. '궈
지'는 가문의 성씨, '무지'는 아버지의 이름이며 자신의 이름은 '예단'이다. 이족은 부
자연명제를 사용하기 때문에 아버지의 이름을 자신의 이름 속에 담고 있다. 같은 이
름을 가진 '예단'과 구별하기 위해 앞에 '샤오(小)'자를 붙인 것이다. '예단'을 음차하
면 '웨단(約丹)' 혹은 '예단(葉丹)'이 된다.

24 사실은 홍군 류보청 부대가 도착했을 때 이족 무장 부대가 홍군의 진군을 저지했다.
이에 대해 류보청 군대는 이족을 공격하지 않고, 이족 언어를 할 줄 아는 통역을 보내
어 자신들이 그저 길을 빌려 북쪽으로 가고자 할 뿐, 이족과 싸울 뜻이 없다는 생각을
전했다. "친구는 많을수록 좋고, 적은 적을수록 좋다"는 생각을 갖고 있던 이족 궈지
집안의 샤오예단 역시 자신의 넷째 숙부와 한어를 잘하는 사람을 보내 그들의 생각을
알아보게 한 뒤, 마침내 오해를 풀고 결의형제가 되었다고 한다(陳國光, 〈"彝海結盟"的
歷史功績及現實意義〉, 《中央民族大學學報(哲學社會科學版)》2005年 第6期 第32卷(總第163
期), 24쪽).

25 이런 이야기가 전해지고 있기는 하나 언제 어느 곳에서 발언한 것인지는 찾지 못했다.

26 쓰촨에 거주하는 모쒀인은 스스로를 몽골족이라 여기고, 윈난의 모쒀인은 나시족이
라고 여긴다. 윈난 모쒀인은 강족 계통으로 여겨지고 있지만, 쓰촨의 모쒀인은 쿠빌라
이 시절에 내려온 몽골인의 후손이라고 생각한다는 것이다(劉遂海, 〈摩梭的母系家庭和
阿夏婚姻探源〉, 《西南民族大學學報·人文社科版》總25卷 第9期, 41쪽, 2004.9.).

27 이러한 형태를 '아샤 이거혼(異居婚)'이라고 부른다. '아샤혼', 즉 '주혼(走婚)' 상태를

유지하면서 각자 다른 집에 거주하는 것으로, 아이를 낳으면 어머니가 기르고 어머니 성을 따른다. 경제적으로도 독립적으로 생활한다. 이런 혼인 형태 이외에 '아샤 동거혼(同居婚)'도 있는데, 아샤혼을 유지하면서 같은 집에 사는 경우이다. 이런 경우에도 서로의 애정 관계가 식으면 아무런 제약 없이 헤어진다. 아샤혼 제도하에서는 외삼촌이 아버지의 역할을 대신한다. 물론 현재는 일부일처제도 있다.

28 "문 밖에 그물을 쳐서 참새를 잡는다"는 뜻인데, 관리가 높은 직책에 있을 때에는 집 안에 드나드는 사람이 헤아릴 수 없이 많지만 직책에서 물러나면 집 앞이 휑하다는 의미로 쓰인다.《사기》〈급정열전(汲鄭列傳)·찬(贊)〉에 나오는 말이다.

29 위안양(元陽)에 있는 하니족 다랑논(梯田)은 2013년 6월에 유네스코 세계유산에 등재되었다.

30 1988년에 나온 애니메이션이다. 상하이 미술영화제작소에서 만들었다.〈조롱박 칠형제(葫蘆七兄弟)〉의 뒤를 이어 나온 속편으로, CCTV에서 방영해 1980년대 전국을 떠들썩하게 했다. 조롱박산(葫蘆山)에 지네와 뱀의 요괴가 갇혀있었는데, 천산갑이 꼬리를 휘두르다가 그만 실수로 산에 구멍을 뚫는 바람에 지네와 뱀 요괴가 탈출하여 인간을 괴롭혔다. 그때 천산갑이 지혜로운 할아버지에게 물으니 일곱 가지 색깔의 조롱박이 있어야만 그들을 물리칠 수 있다며, 조롱박 씨앗을 주었다. 씨앗을 심으니 무지개 빛깔의 조롱박 일곱 개가 자라났고, 그 안에서 일곱 명의 남자아이들이 나왔다. 천산갑과 할아버지는 지네와 뱀 요괴에게 잡혀가는데, 그들을 구하기 위해 일곱 형제는 갖은 고생을 다한 끝에 결국 요괴들을 물리친다. 속편에서는 뱀과 지네 요정의 복수를 하겠다며 푸른 뱀 요정이 등장한다. 일곱 형제가 푸른 뱀 요정에게 잡혀 단약(丹藥)을 만드는 화롯불에 갇혔으나, 일곱 형제가 각자의 힘을 한데 모아 마침내 화로에서 탈출한다. 우여곡절이 또 있었으나 마침내 푸른 뱀 요정을 잡은 후, 조롱박산으로 변하여 뱀 요정들을 눌러놓는다는 이야기다.

31 지눠족이 살고 있는 집의 지붕은 여성들이 쓰고 있는 모자의 모양을 본뜬 것이라고 하는데, 여성들의 모자를 '공명모(孔明帽)'라고 부르는 사람들이 있다. 저자가 소개했 듯, 그것을 제갈공명과 관련시켜 말하는 사람들이 없는 것은 아니다. 하지만 그렇다고 해서 지눠족을 제갈공명의 후손들이라고 말하기는 힘들다. 제갈공명에 관한 전설은 오늘날의 윈난성 남부 지역 여기저기에 많이 퍼져 있다. 다이족과 징포족에게 집을 짓고 쌀을 기를 수 있게 해준 것이 공명이라거나, 다이족이 발수절(潑水節)을 행할 때 공명등(孔明燈)을 켜는 것, 다이족의 절 형태가 공명의 모자를 본뜬 것이라는 것 등등 비슷한 이야기들이 많이 보인다(方素梅,〈諸葛亮與南中少數民族〉,《民族團結》1995年 5期, 50~51쪽). 하지만 공명이 윈난 지역에 벼농사 짓는 법을 알려주고 집짓는 법을 알려주

었다는 이러한 이야기들은 한족의 시각이 반영된 것들로서, '칠종칠금'과 마찬가지의 전설로 보아야 할 것이다. 문자가 없는 대부분의 소수민족이 입고 있는 복식에 그들의 역사가 반영되어 있는 것으로 미루어볼 때, 지눠족 사람들의 모자나 복식 역시 제갈 공명이 아니라 그들 민족 자신의 역사를 반영하는 것으로 보는 것이 합리적이다.

32 윈난성 더훙 다이족징포족자치주 룽촨(隴川)현 후싸(戶撒)향 여섯 개 마을에 전승되는 전통 칼이다. '아창도(阿昌刀)'라고도 불린다. 이곳에서는 징포족과 리쑤족이 좋아하는 '배도(背刀)'를 비롯하여 다양한 민족들의 기호에 따라 100여 가지 이상의 칼을 만드는데, 적어도 그 역사가 600년 이상이라고 한다. 이 칼의 유래에 대해서도 명 홍무 연간에 목영이 윈난에 파견되었을 때 현지 민족에게 알려주었다고 하지만, 사실 윈난 지역 제철의 역사는 2천여 년 이상 되었다(游峭,〈迷失與尋找-阿昌族戶撒刀工藝特色初探〉,《雲南藝術學院學報》, 2009年 第3期, 73~74쪽). 지눠족의 집이 제갈공명의 모자를 흉내 낸 것이라거나 아창족의 아창도가 명의 군인들이 가르친 것이라는 것 등은 모두 후대에 생겨난 한족 중심의 전설로 보는 것이 적당할 것이다. 현지 조사를 통해 아창도에 대한 논문을 쓴 다오칭위안(刀青原)은 아창족의 제철 역사가 적어도 1천 년 이상은 되었다고 보고 있다(《阿昌族戶撒刀造型藝術研究》, 昆明理工大學 碩士學位論文, 14쪽, 2010.5.).

33 윈난성 지역에는 '미선(米線, 미셴)'이라는 것을 즐겨 먹는다. 대부분이 하얀 쌀국수를 국물에 말아 양념을 얹어 먹는 식이지만, 아창족이 먹는 쌀국수는 좀 다르다. 하얀 쌀이 아니라 이 지역에서 생산되는 자홍미(紫紅米)로 국수를 만든다. 삶아 놓은 쌀국수를 집어 손바닥에 놓은 뒤, 그 위에 돼지고기 소를 얹어 땅콩 가루와 고추 같은 것, 생강 등을 얹어 쌈처럼 싸서 먹는다.

34 윈난성 남부 지역에 거주하는 다이족, 아창족, 와족 남자들이 즐겨 부는 악기다. 조롱박에 대나무 관 세 개를 꽂아서 만든 악기로서, 위에는 구멍이 일곱 개 나있다. 조롱박이 울림통 역할을 한다. 명절에 빠지지 않는 중요한 악기이며 저자가 소개했듯, 젊은 청년들이 사랑을 고백할 때에도 반드시 필요하다.

35 '대설산(大雪山)'이라고도 한다. 윈난성 서북부 누장(怒江)주 란핑(蘭平)현에 있으며 '삼강병류(三江並流)' 지역에 속한다. 란창강과 진사강이 갈라지는 곳이다.

제17장 복

1   구이저우성 먀오족(苗族) 산지 마을에는 오랫동안 전해온 의사결정기구가 있는데, 바로 '의랑'이다. '의랑'은 먀오족 말로 '거우항(勾夯)'이라고 한다. '거우'는 '의논하다', '항'은 '규약'이라는 의미인데, 곧 공동체 사회의 질서와 지방 치안을 위해 각 마을의 지도자들이 모여 여는 일종의 집단 의사 결정회의다. 이 모임에서 마을 공동체의 규칙, 즉 일종의 관습법인 '낭약(榔約)'을 정한다. 정한 낭약은 나무판에 새겨 삼나무나 단풍나무 등 '의랑수(議榔樹)'에 걸어두기도 했다.

2   사실 '야랑'이라는 이름에 대해서는 수많은 견해가 있다. 물론 그것이 현지 발음을 한자로 표기한 것이라는 것에는 모두가 공감하지만 '야랑'이라는 단어가 무엇을 의미하는지는 가지각색의 견해를 보인다. '야랑'이 거라오족 말로 '죽왕(竹王)'을 뜻한다는 견해(覃曉航, 〈夜郎語源新探〉, 《廣西民族研究》, 1994年 第3期, 133~134쪽)부터 시작해 '야랑'이 '이낙(以諾)'의 역음으로 '검은 강', 즉 '금사강'을 의미하는 것이라는 견해(王鴻儒, 〈夜郎自大還是眞大〉, 《中華遺産》 2008年 1期, 133쪽)에 이르기까지, 정설이 없어 보인다.

3   《상서(尙書)》〈목서(牧誓)〉의 기록에 의하면 미(微)·팽(彭)·복(濮)·노(盧)·강(羌)·용(庸)·촉(蜀)·모(髳) 등 여덟 개 부족 연합군을 거느리고 조가(朝歌) 부근의 목야(牧野)에서 맹세를 확인한다. 본문에는 '18'이라고 되어있으나 '8'의 오타인 듯하다.

4   그러나 리샹싱(李相興)은 현재 윈난성과 쓰촨성에 거주하는 이족의 원래 호칭에 '복(濮, pú)', '발(潑, pō)', '발(撥, bō)'이라는 단어가 많이 들어가고 그들의 조상을 '아푸(阿普, 阿濮)'라고 부르는 것으로 보아(이족 말로 '푸'는 '조상', '사람'라는 뜻이다) 현재의 이족과 '고복인(古濮人)' 사이에는 분명한 상관관계가 있으며, 여러 가지 민속학적 습속(이족의 대나무 숭배와 야랑 죽왕 전설 등)과 고고학적 출토 유물을 통해 볼 때 그들이 또한 고대 저강 계통이라는 것에도 동의한다고 말하고 있다(李相興, 〈彝族與古濮人關係論析〉, 《雲南民族大學學報(哲學社會科學版)》 第20卷 第3期, 69~70쪽, 2003.5.).

5   량샤오창(梁曉强)은 "'복(濮)'은 결코 어떤 특정한 민족을 지칭하는 것이 아니라 범칭으로서 윈난 각지의 '복'을 가리키는 것이다. 그러니까 하나의 민족을 가리키는 것이 아니다. 당 때의 '백만(白蠻)'이나 '오만(烏蠻)'처럼 어떤 특정 민족이나 통일된 족계(族系)를 가리키는 것이 아니다. 윈난 동부의 복은 현재 부이족의 조상, 윈난 서부의 복은 징포족의 조상, 윈난 서남부의 복은 이족의 일부, 복수(濮水) 유역의 복은 이족의 조상을 가리키는 식이다"(113쪽)라고 하면서 와·더양어군에 속하는 와족, 더양족, 부랑족을 복인이라고 불러서는 안 된다고 말한다(梁曉强, 《百濮考》詳解, 《曲靖師範學院學報》

第29卷 第1期, 2010.1.).

6 왕훙루(王鴻儒)는 《서남이전(西南夷志)》, 《이족원류(彝族源流)》, 《찬문총간(爨文叢刊)》, 《야랑사전(夜郞史傳)》, 《익나비가(益那悲歌)》 등 이족 문헌자료를 중시할 것을 주장한다. 이족 문자가 명청 시대에 만들어졌다는 일부 주장은 한족중심주의에서 나온 시각이라고 하면서 고야랑국(古夜郞國)은 원래 윈난 지역에서 일어났고, 구이저우성 등지의 대야랑국(大夜郞國)은 윈난의 야랑이 구이저우 지역으로 확장한 결과라고 말한다. 그는 청두(成都)평원의 싼싱두이(三星堆) 유적지 유물에 나타난 부호를 이족 문자로 보아야 한다고 주장한다. 특히 야랑국은 춘추시대에 생겨난 것으로 한보다 훨씬 더 먼저 국가를 이루었으며, 서남 지역에서 충분히 '자대(自大)'할 만한 근거가 있던 국가라고 말한다(王鴻儒, 〈夜郞自大還是眞大〉, 133~135쪽).

7 양징화(楊經華)는 《사기》 〈서남이열전〉에 기록된 "한나라가 얼마나 넓은지 (전왕과 야랑왕이) 몰랐다(不知漢廣大)"라는 구절에서 이미 '서남이'에 대한 편견이 시작되었다고 말한다. 사실 한 무제 역시 당시 야랑이 얼마나 큰 나라인지 몰랐다는 점에서 본다면 야랑이나 한이나 서로를 잘 알지 못했던 것은 같다. 당시 정예병 10만을 소유하고 있던 야랑을 '이(夷)'라고 묘사했다는 것에서부터 이미 편견은 나타난다고 봐야 한다 (楊經華, 〈書寫與歧視-"夜郞自大"現象與少數民族歷史的異化〉, 《貴州民族硏究》 2007年 第4期(第27卷 總第116期, 148~150쪽). 더구나 청대의 소설가인 포송령(蒲松齡)의 《요재지이(聊齋志異)》 〈강비(絳妃)〉에 '야랑자대'라는 단어가 나온 이후, 이 단어는 중앙 왕조가 변경 지역 소수민족을 바라보는 시각을 대표하는 용어가 된다.

8 《한서》 〈서남이전(西南夷傳)〉에 의하면 당시 야랑왕이 한 조정의 화해 요구를 받아들이지 않자 진립을 보낸다. 진립은 계책을 세워 차란정(且蘭亭)으로 야랑의 왕 흥을 유인해 미리 매복시켜두었던 도부수를 시켜 그의 목을 치게 한다. 사실 야랑은 여러 가지 기록으로 볼 때 당시 해상 실크로드에 위치해 인도, 동남아 지역 등과의 무역을 통해 상당한 부를 축적했던 것으로 보인다. 촉(蜀) 땅에서 생산되는 유명한 특산품 중 '구장(枸醬)'(일설에 의하면 이것이 구이저우 마오타이주의 시작이라는 주장도 있다)이라는 것이 있었는데, 금지령도 어기고 야랑으로 그것을 팔러간 사람이 많았다는 기록이 있다. 그 기록만 보아도 야랑 사람들의 소비 수준이 상당했다는 것을 말해준다. 저자가 서술한 대로, 야랑은 지역도 상당히 넓었으며 군대도 10만 명이나 있었던 강국이었다. 아직 야랑에 대해 밝혀진 것은 많지 않으나 '자대'할 만한 상당한 근거가 있는 국가였음이 분명하다.

9 '치망설존(齒亡舌存)'이라는 고사성어를 가리킨다. 한 유향(劉向)의 《설원(說苑)》 〈경신(敬愼)〉 편에 보인다. 노자가 스승 상종(常從)이 떠날 때 찾아가 가르침을 달라고 하

니, 스승이 제자인 노자에게 입을 벌려 보이며 혀가 보이냐고 했다. 혀가 보인다고 하니 이번엔 이가 보이냐고 했고, 노자는 이는 보이지 않는다고 했다. 그것이 무엇을 의미하는 것인지 아느냐는 스승의 물음에 노자가 대답했다. "혀가 있는 것은 그 부드러움 때문이 아니겠습니까, 이가 없어진 것은 그것이 단단하기 때문이 아니겠습니까?(夫舌之存也, 豈非以其柔耶? 齒之亡耶, 豈非以其剛耶?)" 즉, 약한 것이 강한 것을 이기고, 부드러운 것이 강한 것보다 오래 살아남는다는 이치를 말한 것이다.

10 1856년에 태평천국 지도층 내부에서 일어난 사건이다. 당시 수도였던 천경(天京)(난징(南京))에서 일어났는데, 동왕(東王) 양수청(楊秀清), 북왕(北王) 위창휘(韋昌輝), 연왕(燕王) 진일강(陳日綱)이 피살되었고 2만 명이 연루되어 죽었다. 당시 천왕(天王)은 홍수전이었지만 권력은 양수청에게 집중되어 있었다. 동왕이 '천부하범(天父下凡)'을 빙자해 자신을 '만세(萬歲)'라고 부르게 하는 등 전횡하니, 북왕이 연왕과 함께 동왕 양수청과 그 일가, 추종자들을 모조리 주살했다. 익왕(翼王) 석달개(石達開)는 북왕이 무고한 자들까지 죽였다고 하여 죄를 물었고, 북왕과 연왕 세력을 없앴다. 하지만 익왕 역시 형제들을 동원해 익왕의 세력을 견제하려는 홍수전에게 반감이 생겨 군사를 거느리고 떠나버리고, 태평천국은 몰락의 길을 걸었다. 역시 '분봉'이 가져온 재앙이었다.

11 《사기》〈평진후주부열전(平津侯主父列傳)〉에 기록된 바에 따르면, 주부 언(偃)이 무제에게 상소를 올려 제후들이 자신들의 봉토를 여러 아들들에게 나눠주도록 하는 '추은령'을 내릴 것을 건의한다. 중앙 정부의 통제력을 강화하려던 무제는 그 건의를 받아들여 제후들이 아들들에게 땅을 나눠줄 수 있도록 허락해주었고, 그 결과 제후들의 '왕국'이 여러 개의 '후국(侯國)'으로 나뉘었는데, 후국은 군(郡)에 예속되어 그 지위가 현(縣)과 같았다. 말하자면 제후들의 '왕국'은 축소되고 중앙 정부 직할 토지는 늘어나는 효과를 가져와 한 무제는 결국 제후국의 지위를 약화시키는 데 성공한다.

12 야랑왕의 성이 '죽(竹)'이었다고 하는 것은 한족의 문헌자료를 근거로 한 것이다.《화양국지(華陽國志)》〈남중지(南中志)〉의 기록이다. "한 여자가 물가에서 빨래를 하는데 세 마디 대나무가 다리 사이로 떠내려 왔는데, 밀어내도 떠내려가지 않으니 그것을 갖고 돌아와 갈라보았다. 그 안에서 남자아이가 나왔는데, 자라면서 재능이 출중하고 무예가 뛰어나, 이복(夷濮)을 통솔하게 되었다. '죽'을 성씨로 삼았고, 그가 나온 갈라진 대나무는 숲을 이루었다. 지금의 '죽왕사'가 바로 그것이다." 즉 이 지역에서 그들의 지도자가 대나무에서 나왔다는 신화가 여러 곳에서 전승되고 있어 한족 문헌에 그렇게 기록된 것일 뿐, 실제로 야랑왕의 성이 '죽'이었는지는 알 수 없다.《후한서》〈남만서남이열전(南蠻西南夷列傳)〉에도 비슷한 내용이 들어 있다.

13 한 왕조 이후 오랫동안 기록에서 사라졌던 고대 전국의 유적지가 1956년, 윈난성 진닝(晉寧)의 스자이산(石寨山)에서 발굴되었다. 그 지역에서 무려 100여 기 이상의 무덤이 발굴되었고, '전왕지인(滇王之印)'이라는 글씨가 새겨진 금빛 찬란한 인장과 아름답고 정교한 청동기 유물들이 쏟아져 나와 전설 속의 전국의 존재를 알려주었다.

14 1962년과 1972년에 광시좡족자치구 바이써(百色)시 시린(西林)현에서 동관묘장(銅棺墓葬)과 동고묘장(銅鼓墓葬)이 발견되었는데, 학자들은 이를 구정왕의 무덤이라고 추측하고 있으며, 현재의 시린이 고대 구정국이 있던 곳이라고 말하고 있다.

15 가의(B.C.200~168)는 어릴 때부터 글재주가 뛰어나 스무 살에 한 문제에게 불려가 박사가 되고 스물세 살이라는 어린 나이에 태중대부 벼슬을 했다. 그러나 모함에 휘말려 장사로 쫓겨 장사왕 태부(太傅)가 된다. 그곳에 있을 때 유명한 〈복조부(鵩鳥賦)〉를 지었다. 기원전 173년, 문제가 다시 그를 장안으로 불러 올려 양(梁) 회왕(懷王)의 태부로 삼았다. 그러나 회왕이 말에서 떨어져 죽는 일이 일어나자 자신의 탓이라고 여겨 우울해하다가 33살에 세상을 떴다.

16 원문은 "先天下之憂而憂, 後天下之樂而樂"이다. 송의 범중엄(范仲淹)이 지은 〈악양루기(岳陽樓記)〉에 나온다. 악양루는 오늘날 후난성 창사시 북쪽, 웨양(岳陽)시 둥팅호(洞庭湖)에 있으며 중국 4대 누각 중의 하나다.

17 '천황해'의 '해(解)'는 지방에서 보는 시험인 향시(鄕試)에서 일등을 한 거인(擧人)을 가리키는 말로, '해원(解元)'이라 한다. 즉, 지방 시험인 향시에서는 일등을 했지만 경성(京城)에서 보는 시험인 회시(會試)나 황제 앞에서 보는 전시(殿試)에 참가하면 늘 낙방하여 단 한 명도 급제한 자가 없다는 의미다.

18 일설에 의하면 '파천황'이라는 이 단어를 송나라 문호 소동파(蘇東坡)도 사용했다고 한다. 소동파가 멀리 해남도(海南道, 하이난섬)로 귀양 갔을 때 담주(儋州)에 서당을 열고 학생을 모집했으나 아무도 오지 않았다. 그때 100리 밖에 사는 강당좌(姜唐佐)라는 청년이 총명하다는 말이 있어 그를 제자로 데려오려고 그의 집을 방문했으나 당좌가 집에 없어 만나지 못하고 왔다. 나중에 강당좌가 찾아와 소동파에게 반 년 남짓 배웠는데, 어머니의 병환으로 집으로 다시 돌아가야 했다. 그때 제자에게 소동파가 써준 글귀가 "滄海何曾斷地脈, 白袍端合破天荒"이라고 한다. 그때까지 해남도에는 과거에 급제한 자가 없는데, 강당좌가 나중에 급제하거든 그 구절을 넣어 시를 완성시키라고 했다는 것이다. 나중에 강당좌가 급제해 허창(許昌)을 지날 때 친구 영빈(潁濱)을 통해 소동파가 이미 죽었다는 소식을 들었다. 이에 강당좌가 눈물을 흘리니 영빈이 그 구절을 넣어 시를 완성했다고 한다(浦江 · 黃禎翔, 〈何謂"破天荒"〉, 《文苑史園》 133期, 45쪽, 1997.4.). 그러나 이 이야기는 전설적 요소가 강하다. 원래 이 구절은 송 갈립방(葛立

方)이 쓴《운어양추(韻語陽秋)》권(卷)18에 나온다. 소동파가 경주(瓊州) 진사(進士) 강당좌를 매우 아껴 이 구절을 써주면서 등과(登科)하거든 이 구절을 넣어 시를 쓰라고 했다고 한다. 그런데 강당좌가 광주(廣州)에 가서 뜻을 이룰 때 소동파의 동생 자유(子由)에게서 동파가 이미 세상을 떠났다는 소식을 들었고, 자유가 강당좌를 위해 이 구절이 들어간 시를 완성해주었다고 한다.

19 "五十年來, 自是人廢. 一千里外, 豈曰天荒." 조정 사람들이 후난 사람을 폐인 취급하고 후난 지방을 '천황'으로 보는 것에 반대한다는 강한 뜻을 내보이고 있다. 그가 돈을 받지 않은 것도 같은 의미다.

20 회시(會試)는 해마다 3월에 열리고, 붙으면 공사(貢士)가 되어 4월에 열리는 전시(殿試)에 참가할 자격이 주어진다. 전시에 참가한 자들은 갑방(甲榜)(금방(金榜))에 들어가는데, 갑방은 셋으로 나뉜다. 일갑(一甲)은 장원(壯元)·방안(榜眼)·탐화(探花) 단세 명으로 '진사급제'라 하며, 이갑(二甲)은 여러 명으로 '진사출신', 삼갑(三甲)은 '동진사출신'이라 한다. 전시는 순서를 정한다는 의미이며 전시에 참가한 공사들은 모두 '진사'가 될 수 있다.

21 전시에 붙은 자들 중에서 일갑은 한림원(翰林院) 수찬(修撰)이나 편수(編修)가 되고, 나머지 진사들은 다시 조고(朝考)를 거쳐 1·2·3등급으로 분류한 후 성적이 좋고 나이가 젊은 자들은 한림원 '서길사(庶吉士)'를, 성적이 그 다음인 자들은 6부(部), 중서(中書), 어사(御使) 등의 직책을 제수받았다.

22 위원(1794~1856)은《해국도지(海國圖志)》를 쓴 지리학자이고, 중국번(1811~1872)은 상군을 조직하여 태평천국의 난을 진압했으며, 좌종당(1812~1885) 역시 태평천국의 난과 신장위구르 지역의 난을 평정한 문관 관료이자 군사지도자다.

23 담사동(1865~1898)은 광서제 때 유신(維新) 운동에 참가했다가 희생된 '무술육군자(戊戌六君子)' 중 하나이고, 당재상(1867~1900)은 청 말기 유신파의 지도자로서 일본과 싱가포르 등지에서 돈을 모아 귀국해 자립군(自立軍)을 조직, 기의를 준비하다가 누설되어 죽었다. 담사동과 더불어 '유양이 낳은 두 명의 인재(瀏陽二杰)'라 불린다.

24 황싱(1874~1916)은 쑨원의 친구로서 '중화민국' 건국에 상당한 역할을 했으며, 차이어(1882~1916)는 유명한 군인으로 신해혁명에 호응하여 위안스카이에 대항하는 호국전쟁을 벌인 바 있다. 쑹자오런(1882~1913)은 중화민국 성립 후 처음으로 내각제를 이끈 정치가이지만 32세에 암살당했다. 천톈화(1875~1905) 역시 혁명가로서 1905년에 쑨원이 일본에서 중국동맹회를 만들었을 때 비서를 맡았다. 그리고 중국동맹회 기관지인《민보(民報)》에 글을 싣기도 했다. 그해 12월, 〈절명사(絶命詞)〉를 남기고 바다에 투신자살했다.

25   학명은 '덴트로칼라무스 기간티우스(Dendrocalamus giganteus)'인데, 미얀마나 스리
랑카, 중국 서남부 지역 등에서 자라는 키가 아주 큰 대나무다. 보통 24~30미터 정도
까지 자라는데, 1999년 5월에 열린 윈난성 쿤밍 원예박람회에서는 40미터나 되는 용
죽이 소개된 바 있다. 줄기의 지름이 20~30센티미터 정도로 굵기 때문에 집을 짓거나
수로를 만들 때 많이 사용한다. 우리나라에서는 '대마죽(大麻竹)', '자이언트 대나무'
등으로 불린다.

26   우리말로는 '잣나무'라고 번역한다. 고대 세계에서 해발고도가 높은 곳에 자라던 나
무로서 설송(雪松), 향백(香柏), 신목(神木) 등의 명칭으로 불린다. 수지(樹脂)를 많이
포함하고 물에 잘 견딘다. 그러나 시간이 흐르면서 전 세계의 고페르 나무는 거의 사
라지고 현재 레바논 지역의 고페르 나무가 남아 있다고 한다.

27   제4기 빙기(Quaternary glaciation) 중의 마지막 빙기(Last glacial period). 대체로 11만 년
전부터 시작해서 9600~9700년 전까지를 가리킨다. 1920년대와 1930년대에 지질학
자 리쓰광(李四光)이 산시, 허베이, 장시, 윈난 등에서 빙천(氷川, glacier), 즉 빙하흔적
을 발견했다. 다리 빙하는 윈난성 다리 창산(蒼山)에서 발견된 것으로 대략 홍적세(플
라이스토세) 말기, 즉 7만~1만 년 전 시기의 것이다. 중국에서 가장 오래된 것은 포양빙
기(鄱陽氷期)로서 약 120만 년 전이다.

28   거대한 원형의 얼음덩이로서 넓은 면적을 모자처럼 뒤덮고 있는 두꺼운 얼음 층이다.
5만 제곱킬로미터 이하의 것을 '빙모(氷帽, ice cap)'라고 하며 그 이상의 것은 '빙상(氷
床, ice sheets)'이라고 한다.

29   야오족 사람들은 자신들이 용감한 개 판후(盤瓠)의 후손이라고 생각한다. 고신왕(高
辛王)이 아끼는 개였던 판후는 왕을 도와 적국 왕의 목을 물고 왔고, 그 공적으로 고신
왕의 딸과 혼인한다. 몸은 사람으로 변신했지만 머리는 개의 형태인 채로 고신왕의 딸
과 혼인했고, 둘 사이에서 태어난 아이들이 야오족이 되었다고 전한다.

30   "歲雲暮矣多北風, 瀟湘洞庭白雪中. 漁夫天寒網罟凍, 莫徭射雁鳴桑弓." 당나라 시
인 두보의 시 〈세안행(歲晏行)〉에 나오는 구절이다. '세안행'은 '세모(歲暮)에 지은 시'
라는 뜻이다. 대력 3년(768) 무렵, 두보가 호남에 있을 때 동정호 물가에서 고기 잡는
야오족 사람들의 고통스런 생활을 묘사했다. 고관대작 집에는 술과 고기가 넘쳐나지
만 가난한 사람들의 초가집은 텅 비어 있고, 추위에 떨며 기러기를 잡아도 그 지역 사
람들이 새고기 먹는 걸 즐겨하지 않아 팔리지도 않는데 세금만 비싸다는 등, 그 지역
사람들의 힘든 생활을 구체적으로 묘사했다.

31   야오족 사람들의 전통 염색 방식인 납염(蠟染)으로 만든 푸른색 천. 밀랍으로 그림을
그리고 남전초(藍靛草, 板蘭根)로 푸르게 염색한다.

32 뤄톈찬(羅天嬋, 1934~)이라는 광둥성 출신 여성음악가가 만든 마오쩌둥 찬양가. 마오 쩌둥 정권 시절의 유명한 '문예전사(文藝戰士)'다. 원래 제목은 〈와족 사람들이 새 노래를 부르네(阿佤人民唱新歌)〉이다. 저자가 인용한 것은 노래의 일부다. 중국에서는 이러한 노래들을 '혁명노래(홍가(紅歌))'라고 하는데 〈동방홍(東方紅)〉, 〈태양은 붉고 마오 주석은 친근하네(太陽最紅毛主席最親)〉, 〈유양하(瀏陽河)〉, 〈접련화(蝶戀花)〉 등이 모두 그런 종류의 노래다. 이 노래 역시 중국 정부가 들어선 이후 마오 주석과 중국공산당의 뒤를 따라 열심히 일해서 즐겁고 행복한 와족 마을을 만들자는 내용이 들어 있는, 매우 밝은 느낌을 주는 전형적인 '혁명노래'다.

33 최근에 와서는 와족, 더양족, 부랑족을 백복 계통으로 보는 것에 대해 의문을 제기하는 논문이 나오고 있다. 윈난을 구성하는 주요 민족 계통이 저강, 백월, 백복이라고 하는 것이 전통적인 견해였고 와족과 더양족, 부랑족이 백복 계통이라고 여겨져 왔으나, 그것이 아니라는 것이다. 그들을 백복으로 여긴 것은 명 때 동난(董難)이 쓴 〈백복고(百濮考)〉에서 유래한 것인데, 그것이 여러 가지로 문제점이 많은 견해라는 것이다. 몽·크메르어파의 조상인 전한의 '포만(苞滿)', 후한의 '민복(閩濮)'은 백복에 속하지 않는다고 한다. 창강과 한수이(漢水) 이남의 복인, 그리고 남쪽으로 이주해 온 복인은 윈난 서남부의 복인과는 다른 민족 군체라는 것이다. 창강과 한수이 이남의 복인, 남쪽으로 이주해 온 복인은 백월(百越) 민족과 합쳐져 현재의 따이·까다이어파가 되었고, 윈난 서남부의 복인이 몽·크메르어파 세 민족의 조상이라고 봐야 한다는 것이다(段麗波·龍曉雲, 〈雲南百濮考--一個需要重新思考的民族源流問題〉, 《思想戰線》 2009年 第4期 第35卷, 58~59쪽). 단리보(段麗波)와 룽샤오윈(龍曉雲)은 백복은 원래 둥팅호 일대부터 한수이 지역에 거주하던 사람들로서 초(楚)가 세워진 후 쓰촨, 윈난, 구이저우 등으로 이주했다고 하며, '포만'이나 '민복'은 란창강 서부 지역에 대대로 거주했기에 고고학적으로 보아도 서로 다른 문화를 보여준다고 말한다.

34 1955년 초부터 1958년 9월까지 윈난성 홍하(紅河) 이남 지역에서 실시된 토지개혁을 가리킨다. 지주들에게서 약 200제곱킬로미터의 토지를 '평화적 협상을 통해' 몰수했고 가축 1만여 두를 거둬들여, 각 호마다 0.13~2제곱미터 정도의 토지를 나눠주었고 3호마다 큰 가축 한 마리씩을 지급했다.

35 중국 정부가 들어선 이후 소수민족에게 국가가 '도움을 주어' 민주 개혁운동 등의 단계를 거치지 않고 '곧바로(直接)' 사회주의 체제로 '건너오게(過渡)' 한 것을 말한다. 두룽족, 지눠족, 오로첸족, 와족, 징포족, 리쑤족 등 대략 60만 명의 소수민족이 이에 해당되었다.

36 허핑(何平) 역시 몽·크메르어파에 속하는 세 민족을 중국 남부 지방에서부터 현재의

지역으로 내려간 것으로 보고 있다. 이 민족들이 인도에서 기원했다고 보는 것은 증거가 부족하다는 것이다(何平, 〈孟高棉語民族的起源及其與古代濮人的關係〉, 《貴州民族研究(雙月刊)》 2007年 第1期, 115~117쪽, 2007.2.). 기존의 견해는 인도차이나반도에서 중국 남부 지역으로 들어왔다고 여겼으나 최근에는 중국 남부 지역에서 인도차이나반도로 들어간 것으로 봐야 한다는 견해가 지배적이다. 북방의 퉁구스 계통 민족 역시 황하 유역에서 북쪽으로 올라간 것이라는 견해가 나오는 것과 마찬가지로, 이런 견해가 최근에 와서 많이 나온다는 점에 주목해야 할 것이다. '다민족일체론', '현재의 중국에 존재했던 고대 민족이 이룬 정권은 모두 중국의 역사'라고 보는 시각과의 관련성을 배제할 수 없는 대목이다.

제18장   누란

1   중국 사서에는 '공작하(孔雀河)'라고 되어 있다. 발레리 한센은 "강물이 워낙 맑아서 공작새의 푸른 빛(peacock blue)을 띤다고 해서 강 이름이 공작강"이라고 했지만 그것이 어디에 근거한 것인지는 밝히지 않았다(발레리 한센 지음, 류형식 옮김, 《실크로드》, 56쪽, 소와당, 2015). '콩처다리야(Konche-daria)' 혹은 '쿰다리야(Qum-darya)'라 불리기도 한다고 했다. 하지만 이 강 이름의 기원에 대해서는 확실히 알 수가 없다.

2   누란은 '크로라이나(Kroraina)'를 한자로 음사한 것이다. 이는 왕국의 명칭인 동시에 문서에 등장하는 수도의 명칭이기도 한다(발레리 한센, 앞의 책, 69쪽).

3   로프노르를 대표하는 3대 야르당(Yardan) 지형 중의 하나. 소금기 있는 토대가 100여 킬로미터에 이어져 있는데, 고대 실크로드 중도(中道)가 이곳을 지나가 당나라 때까지도 많은 사람이 오갔다. 백룡퇴 토대는 자갈과 흙, 석고와 소금으로 이루어져 회백색을 띠며, 햇살을 받으면 하얀 용처럼 빛난다.

4   원래 '장두초'는 가느다란 풀의 이름인데 여기서는 그냥 '담장 위에 자라나는 힘없는 풀'이라는 의미로 쓰였다. 즉 담장 위에 자라나서 이리저리 흔들리는 가느다란 풀처럼, 강한 나라가 뭐라고 하면 그쪽으로 쏠리고 또 다른 강한 나라가 나서면 이번엔 다시 그쪽으로 쏠리는 약소국을 의미하고 있다.

5   '양면파'는 원래 '양면패(兩面牌)'에서 유래했다. 원 말기 주원장이 기의를 일으켰을 때, 황하 이북에서 밀고 당기는 접전을 벌였는데 그때 예북(豫北, 허난성 북부) 회경부(懷慶府)는 워낙 접전 지역이어서 점령자가 수시로 바뀌었다. 그래서 마을 주민들은

아예 나무 판 한 쪽에는 원의 군사를 환영하는 글귀를, 다른 한 면에는 주원장의 기의 군을 환영하는 글귀를 새겨 어느 편 군대가 들어오면 바로 팻말을 뒤집어 놓곤 했다. 어느 날 주원장 군대가 들어와 자신들을 환영하는 글귀가 집집마다 붙어 있는 것을 보고 흐뭇해했는데, 바람이 불어오면서 팻말이 뒤집혀 뒤쪽에 새겨져 있는 원의 군대를 환영하는 글귀가 나타났다. 그것을 본 주원장 군대가 분노해 그 팻말을 걸어놓은 집 사람들을 죽였다는 이야기가 전해진다. 힘없는 백성들이 힘의 논리에 의해 이리저리 흔들려야 했던 슬픈 모습을 보여주는 말이다.

6 '호양'은 물이 아주 조금만 있어도 살 수 있는 생명력이 강한 나무다. '3천 년을 산다'는 말이 있을 정도로 생명력이 강한 이 나무는 중국의 타클라마칸사막과 고비사막 일대에 자라고 있다.

7 "上無飛鳥, 下無走獸. 遍望極目, 欲求度處則莫知所擬, 唯以死人枯骨爲標志耳." 법현스님의《불국기(佛國記)》에 나오는 구절이다. 당시 법현 스님은 장안을 떠나 하서주랑(河西走廊)을 거쳐 돈황에 이른 후 로프노르 지역의 선선에 왔다. 로프노르 동쪽의 삼룡사(三龍沙, 쿠무타크사막)를 보고 이렇게 묘사한 것이다.

8 크로라이나왕국의 주민들이 사막의 혹독한 조건에서 생활하다가 5세기 어느 시점에 막을 내리는데, 고문서들은 그들이 왜 누란과 미란, 니야 유적지를 버리고 떠났는지 명확하게 알려주지 않는다. 대부분의 학자들이 자연환경의 악화 때문이라고 추측하지만, 고고학자들이 니야에서 발견한 3~4세기의 거대한 나무 화석을 통해 보면 그 나무들을 잘라 집을 지을 수 있을 정도였다고 한다. 또한 니야 주민들이 돌아오려고 했던 흔적들도 보인다는 것이다(발레리 한센, 앞의 책, 102쪽).

9 시 전체 내용은 다음과 같다. "오월에도 눈 쌓인 천산에, 꽃은 없고 추위뿐이네. '절양류' 피리 소리 들려오지만, 봄빛은 찾을 수 없구나. 새벽엔 종과 북소리 따라 싸우고, 밤이면 말안장 끌어안고 잠드네. 원컨대 허리에 찬 칼을 뽑아, 곧바로 누란을 베어버리고 싶도다(五月天山雪, 無花祗有寒. 笛中聞折柳, 春色未曾看. 曉戰隨金鼓, 宵眠抱玉鞍. 願將腰下劍, 直爲斬樓蘭)."

10 20세기 초에 실크로드를 탐험했던 스벤 헤딘이나 오렐 스타인, 폴 펠리오(Paul Pelliot) 등의 탐험가와 고고학자들을 중국에서는 '유물 도둑들'이라고 부르며 분노를 표한다. 그러나 오아시스 왕국들이 이미 사라진 지금, 그들이 반출한 유물의 귀속 문제는 여전히 많은 논란을 불러일으키고 있다. 이들에 관한 자세한 이야기는 피터 홉커크의《실크로드의 악마들》(김영종 옮김, 사계절, 2000) 참조.

11 그러나 이제 로프노르와 누란은 신비로운 곳이 아니다. 2012년 7월 22일, 중국 정부는 하미부터 뤄부포호(로프노르) 뤄중진(羅中鎭)까지 373.8킬로미터에 달하는 하뤄

(哈羅)철도를 개통했다.

12 원래 이곳은 감초 생산지로 유명했던 곳이다. 1950년대만 하더라도 감초 분포 지역이
    320~350만 헥타르에 달했는데 그것을 무분별하게 채취하면서 2011년에는 110만 헥
    타르로 급격하게 감소했다. 2011년의 보도에 따르면 그런 추세가 계속 된다면 5년 쯤
    후에는 야생감초의 씨가 마를 것이라고 했다. 그뿐 아니라 토지의 사막화는 더욱 심각
    하게 진행되었다(http://news.sina.com.cn/c/2011-04-11/110522270990.shtml). 이런 위기
    의식으로 1990년대부터 정책 입안이 시작되었고 최근에는 인공적으로 감초를 재배
    하는 지역이 점점 늘어나고 있다.

찾아보기

ㅈ

절반의 중국사
한족과 소수민족, 그 얽힘의 역사

초판 1쇄 | 2017년 4월 30일 발행
초판 5쇄 | 2018년 5월 7일 발행

지은이 | 가오훙레이
옮긴이 | 김선자

펴낸이 | 김현종
펴낸곳 | (주)메디치미디어
등록일 | 2008년 8월 20일 제300-2008-76호
주소 | 서울시 종로구 사직로 9길 22, 2층(필운동 32-1)
전화 | 02-735-3315(편집)   02-735-3308(마케팅)
팩스 | 02-735-3309
전자우편 · 원고투고 | medici@medicimedia.co.kr
페이스북 | medicimedia   홈페이지 | www.medicimedia.co.kr

출판사업본부장 | 김장환
편집 | 손소전 김남혁
디자인 | 임연선
마케팅 | 성기준 이지희 김신정
경영지원 | 김소영 최윤정

인쇄 | 천광인쇄사

ISBN   979-11-5706-085-6   93910